国学名篇鉴赏辞典

新一版

上海辞书出版社

主要撰稿人（以姓名笔画为序）

王永祥　王弘治　王庆其　王红旗　王　俊　王振复
王雅军　贝新祯　龙　晦　卢　敏　叶建华　史佩信
白　奚　朱义禄　刘培育　汤勤福　汤漳平　祁润兴
许　晶　孙中原　孙以楷　李存山　李似珍　李宗桂
杨月清　杨　芳　杨　明　杨泽波　杨善群　杨德博
吴长庚　吴　光　邱轶皓　张文儒　张传友　张　琳
陈五云　陈秉才　陈艳萍　陈鼓应　邵祖新　林其琰
明　森　罗　炽　尚　娅　周振甫　周桂钿　赵志伟
胡逢祥　俞荣根　施忠连　施炎平　施觉怀　洪　波
贺圣迪　夏乃儒　徐洪兴　唐明邦　龚　杰　崔清田
阎　韬　董凌白　戢斗勇　童庆炳　曾　亦　谢祥皓
赖汉屏　翟廷瑨　熊　岳　潘富恩　燕国材　穆　庄
魏　薪

主要注释者（以姓名笔画为序）

毛慧君　汤勤福　杨英姿　张传友　张剑光　张　静
饶玲一　施忠连　夏乃儒　夏广兴　储玲玲　燕永成

《文化思想名篇鉴赏辞典》策划　于鹏彬　张良一
责任编辑　张良一　朱可宁　廖健华
装帧设计　姜　明

出版说明

国学，通常相对于“西学”而言，义同“国故”。尽管学术界对其范围所说不一，但大致涉及了中国古代经史子集中一些最基本、最重要的作品，其内容涉及哲学、历史、政治、伦理、教育、文学、艺术、语言、地理、科技等。

本书就是为便于读者了解和鉴赏国学中的一些代表性作品而编撰的。所选著作或作品，主要以思想性、经典性和知名度为据；以先秦为重点，同时兼顾各个时代以及相关学科和方面。由于本社已另有《中国文学鉴赏大系》，限于篇幅，故本书不收国学中的文学作品类。

本书中名篇鉴赏的撰写者，都是相关领域中的专家学者。所撰鉴赏，着重于阐发思想文化的深刻内涵，通过对国学代表性经典的解析，以认识其思想文化的博大精深及精髓所在。为便于读者阅读和理解，本书还对国学名篇原文作了注释。精选、注释、鉴赏的三者合一，又使本书拓展为国学的简明选本和精到注本。

本书自 2009 年出版后，多次重印。此次新版，不仅增补了一批重要的篇目，对原书作了修订，还对全书的开本、装帧、版式、字体、字号进行全新改版，以更好地满足当今广大读者的需求。

由于国学作品浩如烟海，所收难免挂一漏万，敬请读者多多指正。

上海辞书出版社

凡　例

一、本书选收国学名篇共200余篇。

二、本书正文包括原文、注释、鉴赏三部分。原文一般采用通行本，同时也参照其他版本，择善而从。

三、本书使用简体字，在可能产生歧义时，酌用繁体字或异体字。

四、有的名篇篇幅过长，则略作节选。

五、本书附录有：名篇作者小传、篇目笔画索引。

目　录

篇目表

乾　卦　　《周易》

䷀①（下乾上乾②）

乾③：元亨④，利贞⑤。

初九⑥：潜龙，勿用⑦。

九二：见龙⑧在田，利见大人⑨。

九三：君子终日乾乾⑩，夕惕若⑪，厉无咎⑫。

九四：或跃在渊，无咎。

九五：飞龙在天，利见大人。

上九：亢龙有悔⑬。

用九⑭：见⑮群龙无首，吉。

〔注释〕 ① 这里的符号被称为“卦象”，由六根阳爻（yáo）构成。 ② 括号内的文字为《周易》的注释者所加。“下”指下面的三根爻组成独立的卦象，“上”则指由上面的三根爻组成独立的卦象，都是乾卦。从出土的西周文物可以看到，原先的六爻卦是一整体，并非是由两个三爻卦构成的。把六爻卦看成是由两个三爻卦组成是后世易学家的做法。 ③ 这里的“乾”字在易学上成为“卦名”。乾象征天。 ④ 元：大。亨：祭祀。元亨：一种隆重的祭祀。这里及以下各卦的注释参考各家之解，但主要取高亨的《周易大传今注》之说，“元亨”以及下文的“利贞”的字义在各个时代有许多不同的理解，传统的注解，可参见下面的《象传·乾》和《文言》。 ⑤ 贞：占问。利贞：有利于占问。 ⑥ 初：由下往上数第一根爻。由下往上数每一卦的爻，确定它们的爻位，是易学的传统做法。九：指阳爻。每根爻的名称以下的文字称为“爻辞”。 ⑦ 勿用：勿动，意思是不要轻举妄动。 ⑧ 见（xiàn）：同“现”，出现。 ⑨ 大人：指有很高地位的人，如贵族。 ⑩ 终日：整个白天。乾乾：勤勉努力。 ⑪ 夕惕若：夜里表现出警惕的样子。 ⑫ 厉：危险。咎：灾。 ⑬ 亢：极高之位。悔：较小的不幸。 ⑭ 用：通。用九：六根阳爻其数都为九，按照传统筮法，都要变为阴爻。 ⑮ 见：也读为“现”。（施忠连）

〔鉴赏〕 《周易》经文的内容包括六十四卦每一卦的卦象、卦名、卦辞和爻辞。它们的产生经历了从西周初年到春秋时代这个漫长的历史过程。到春秋早期《周易》已经有几种定本出现，而为学术界普遍接受的权威定本则是在汉朝出现的。卦辞和爻辞有许多可能是取自早期祭祀占卜的卜辞。这些卦爻辞每条由几个字到十几个字不等，都相当简短，但是由于是从上古流传下来的，因而极其宝贵。它们反映了商周时代的政治、经济、军事、文化、宗教、民俗、生活等各方面的状况。其中有一些是韵文，具有文学性。不少文字包含深刻的哲理，后来成为哲学阐述的原始材料，对中国古代哲学思想和民族精神的形成产生了深远的影响。

乾、坤两卦是通行本《周易》的第一、二卦。它们的卦象前者六根爻全是阳爻，象征天；后者六根全是阴爻，象征地。两卦放在一起表现了宇宙的根本法则：一阴一阳之道。乾、坤两卦放在全书的最前面，表明它们是六十四卦中最重要的两卦。无论从卦名、卦象及其象征的事物，还是从卦爻辞来看，这两卦都可以说构成了全书的总纲。

乾卦的卦辞只有“元、亨、利、贞”四个字，它们原来是祭祀用语，但是后来被理解为分别表示善、美、利物和正四个观念，从而将这四个观念置于中国传统思想体系中头等重要的地位。又有人将“元”解释为开始、起源、本初状态，它同“气”的概念结合在一起，成为哲学的基本范畴，用来说明天地万物的起源和构成，解释各种自然现象。

乾卦的爻辞的选择和排列显然具有深意。它们全是描绘龙在不同的时间和地点的不同状态。龙是远古时代以来华夏民族世代相传的崇拜物，用龙来表现中国人心目中的天道极其恰当而传神。中国哲人认为天道健而不息，而在爻辞中龙或潜或隐，时而现身于田，时而翻腾于深水池之中，又冲天而起，升腾翱翔于九霄之上。它运行不止，变化不定，目标高远，充满了力量，如此生动的形象可以说是对天道、即世界的普遍法则和宇宙的生命力的最好的喻示，也是对人的自强不息、雄健顽强、奋发向上、一往无前的精神最精彩的刻画，又是对人的那种微妙神奇、变化莫测、出神入化的智慧深刻的描绘。

根据传统的易学方法论，《周易》的爻辞是用以塑造理想人格的，因此在乾卦中龙在不同的情况下的不同的表现，以及爻位和爻象的不同实质上是要告诉人们，根据《周易》的智慧，君子要根据实际情况决定自己的行为，具有与时俱进的品格。

“初九”指第一根阳爻，处于最下面的爻位，因此爻辞是“潜龙，勿用”。这是说君子虽胸怀大志，想有所作为，但是在他们未受任用之时，或是未被大用、受到压制之时，或是处于极端困难的境地之时，不能轻举妄动，锋芒毕露。

“九二”指第二根阳爻，爻位有所上升，爻辞是“见龙在田”，表明君子出潜离隐，担任一定的职务，受到一些信任，应当发挥自己的聪明才智，造福于社会。

第三根还是阳爻，表明阳势进一步增强，但不处于下面三爻卦的中位（即第二爻）或上面三爻卦的中位（即第四爻），所以易学家认为是处于危地，君子当有忧患意识，白天勤勉努力，夜里也应当保持警惕。

第四根爻的爻辞是“或跃在渊”，描绘龙的变化无常，充满活力，同时此阳爻又处于上卦的下位，表明君子遇到复杂的情势，地位未定，可上可下，可进可退。

“九五”是连续第五根阳爻，阳势大盛，所以爻辞是“飞龙在天，利见大人”。辞意是此时君子处于高贵之位，可以大有作为。

“上九”指最上面的阳爻，爻辞是“亢龙有悔”，指出物极必反，处于极高之位，势力极盛之时，如得意忘形，忘乎所以，仍然好大喜功，知进不知退，又骄傲自满，妄自尊大，盛气凌人，必定会犯错误，甚至最终落个失败的下场。

“用九”是通观全部六根阳爻，爻辞是“见群龙无首，吉”。按照这条经文，豪杰之士在群雄蜂起之时，如无绝对优势的力量，德才也不足以服人，就不要急于争当领袖，或称王称霸，以免成为众矢之的。

龙的隐喻所表现的理想人格是乾卦所描绘的刚健精神和神奇莫测的智慧的体现，因此，龙的精神对塑造中国人的民族性格，特别是对培育豪杰之士发挥了巨大的作用。《三国演义》一书就是个明证，其中曹操煮酒论英雄一节可以说是乾卦爻辞的发挥。曹操对刘备说：“龙能大能小，能升能隐；大则兴云吐雾，小则隐介藏形；升则飞腾于宇宙之间，隐则潜伏于波涛之内。方今春深，龙乘时变化，犹人得志而纵横四海。龙之为物，可比之英雄。夫英雄者，胸怀大志，腹有良谋，有包藏宇宙之机，吞吐天地之志者也。”可以说，整本《三国演义》就是对这样一些英雄的绘声绘色的刻画，也可以说是对乾卦全部卦爻辞最生动的诠释。

（施忠连）

坤　卦　　《周易》

䷁（下坤上坤）

坤①：元亨。利牝马之贞②。君子有攸③往，先迷后得主④，利。西南得朋⑤，东北丧朋。安贞⑥吉。

初六：履⑦霜，坚冰至。

六二：直方⑧，大不习⑨，无不利。

六三：含章⑩，可贞。或从王事，无成有终。

六四：括囊⑪，无咎，无誉。

六五：黄裳⑫，元吉⑬。

上六：龙战于野，其血玄黄⑭。

用六⑮：利永贞⑯。

〔**注释**〕 ① 坤：象征大地。 ② 牝(pìn)马：雌马。利牝马之贞：对于询问乘牝马出征或出行的占卜吉利。 ③ 攸：所。 ④ 迷：迷失方向。主：主人。 ⑤ 朋：朋友，一说指古代钱币。 ⑥ 安贞：了解是否安全的占卜。 ⑦ 履：踩踏。 ⑧ 直方：为人正直，品行方正。 ⑨ 不习：不熟悉某事和某个环境。 ⑩ 含：具有，但不急于表现。章：色彩，花纹，比喻卓越的品质和才能。 ⑪ 括：收紧。囊：盛物的袋子。 ⑫ 黄：黄色，在周朝代表尊贵、吉祥。裳：古代男性下身服装，多穿在外衣的里面，似裙。 ⑬ 元吉：大吉。 ⑭ 玄：青色。玄黄：青黄混合之色。 ⑮ 用：通。用六：六根阴爻其数都为六，按照传统筮法，都要变为阳爻。 ⑯ 永贞：有利于关于长期之事的占问。 （施忠连）

〔**鉴赏**〕 坤卦与乾卦成对立卦，由六根阴爻构成，象征大地。在《周易》中阴的概念表示对立面中次要的、被动的、承受的、被支配的、顺从的、温和的、柔弱的方面，因此坤卦的卦辞用牝马、即柔顺的雌马为隐喻，讲述处下之道。

坤卦卦象纯阴，显示了一种极柔弱的状态，所以卦辞说君子有所往，先迷失方向，然而最后终究有所归。卦辞中“后得主”之“主”可以理解为主人、人生的依靠、政治首领、事业上的领导者，也可解释为信仰、信念、精神上的归宿。《周易》并不认为阴阳的地位与强弱是固定不变的，其基本的理念是认为世界处于阴阳消长的过程之中。原来属于阴的事物不会永远处于柔弱的状态而没有任何希望，由于主客体、内外两方面各种条件的变化会造成强弱转化和阴阳易位，“先迷而后得主”就是这一过程的反映。《周易》全书处处扶阳抑阴，就是说使用一切手段来弘扬刚健的精神，以转弱为强，由阴变阳。坤卦的卦爻辞以隐喻的方法所解说的处下之道就是促进这种转化。

“初六”是说第一根阴爻，位于最下面，爻象以霜比拟。霜在古人看来是阴气所凝，其势犹微，但是预示着阴气将盛，严寒将至。因此爻辞说“履霜，坚冰至”，其文字虽极其简短，但力透纸背，读来顿感寒气逼人，阴冷彻骨。此五字突出了阴积微必著的思想，就是说处境、形势的恶化其始甚微，然而其后必将渐趋严重，最后甚至变得不可收拾。因此，处下之道首先要有一种特别敏锐的眼光和深沉的忧患意识，善于发现细微难辨的恶化征兆；其次要对严峻的形势有清醒的认识，不能有任何侥幸的心理和不切实际的幻想，如此方能沉着应对，采取适当、有效的措施，逐步改变力量的对比和自己的处境。

自第二根爻起，爻辞告诉人们处于下位和不利的情况之下应当怎样做才是最明智的。“六二”即第二根阴爻说“直方，大不习，无不利”。根据传统的解释，所谓“直方”就是正直，方正，走正路，做事讲原则，不走歪门邪道。处于下位，没有权力和势力，有些人又急于要达到自己个人的目的，常常不择手段，无所不为，由此或是弄得身败名裂，或是一时得逞，但是因此邪念更多，做坏事的胆子更大，最终招致更严重的后果。因此在人生处于困境之时尤其要记取《周易》的智慧，保持正直的品行，行为决不能苟且。

第三根阴爻的爻辞中的“含章”，易学家注释为含有文章。这里所谓的文章指美丽的色彩和花纹，比喻卓越的精神和才能。而第五条爻辞则用“黄裳”、即穿在里面的精美的服装来比喻君子内在的美德，同第三爻的意思是一样的。显然，改变劣势绝对不能依靠不正当的手段，然而平庸无能，一味地循规蹈矩也不能开辟新的局面。只有内在的卓异的品质、杰出的才能和非凡的精神力量方能转变强弱之势。只要自身努力，就能够在艰难的环境中得到锻炼和培育。然而坤卦爻辞指出，处于下位和劣势之中人们即使磨炼出一定的才能也不能自鸣得意，沾沾自喜，更不能恃才傲物，自命不凡，如此才不至于过早地招致敌对势力的摧残，因为木秀于林，风必摧之。所以第三爻有个“含”字，而第五爻中之“裳”字则指点人们在内里下工夫。

“六四”中的“括囊”是说要收紧袋口，犹言守口如瓶。这既是指保守秘密，不透露要紧的信息，防止被对手利用，又是为了避免失言，造成误解，伤害他人。古代哲人都鄙视巧言令色，反对夸夸其谈，孔子就曾提出过：“言之必可行也，君子于其言无所苟而已矣。”（《论语·子路》）又说：“君子耻其言而过其行。”（《论语·宪问》）他怕话说多了做不到。这些看法都可以视为对“括囊”一语的诠释。

与乾卦一样，坤卦也是按照物极必反的理念说明最后一根爻。“上六”是连续第六根阴爻，阴盛至顶点，意味着将有决战，所以爻辞说“龙战于野，其血玄黄”，双方都会有损失，但是阴极返阳，新因素、新事物、新希望将会在斗争中萌发，阴阳消长将出现新格局，双方的力量对比将发生重大的变化。

坤卦从让人不寒而栗的初爻爻辞开始，但是最后一根爻的爻辞却充满了鼓舞人心的战斗气息和不畏牺牲的英勇精神，中间的爻辞又多鼓励人们努力的言语。可见，坤卦中的处下之道不是要人们总是消极地顺从或保持无所作为的谨小慎微，它一方面要人们面对艰难、险恶的处境和形势时要谨慎小心，明智地应对；另一方面则是大力增强人的精神生命力，引导人们永远在完善自我和增强才干上取积极进取的态度，并且总是让人们对前途充满希望。《周易》是一部求成功之道的著作，坤卦的处下之道提供了求成功的必不可少的精神和方法。

（施忠连）

泰 卦

《周易》

☷☰(下乾上坤)泰①：小往大来②；吉，亨。

《彖》曰："《泰》，'小往大来，吉，亨'，则是天地交而万物通也。上下交而其志同也。内阳而外阴③，内健而外顺，内君子而外小人。君子道长，小人道消也。"

《象》曰："天地交，《泰》。后以财成天地之道④，辅相天地之宜⑤，以左右⑥民。"

初九：拔茅茹，以其汇⑦。征吉。

《象》曰："'拔茅'、'征，吉'，志在外⑧也。"

九二：包荒⑨，用冯河⑩，不遐遗⑪。朋亡⑫，得尚于中行⑬。

《象》曰："'包荒'、'得尚于中行'，以光大也⑭。"

九三：无平不陂⑮，无往不复⑯。艰贞无咎⑰。勿恤其孚⑱，于食有福。

《象》曰："'无往不复'，无地际也⑲。"

六四：翩翩⑳，不富，以其邻不戒以孚㉑。

《象》曰："'翩翩，不富'，皆失实也㉒。'不戒以孚'㉓，中心愿也㉔。"

六五：帝乙归妹，以祉㉕元吉。

《象》曰："'以祉元吉'，中以行愿㉖也。"

上六：城复于隍㉗，勿用师㉘，自邑告命㉙，贞吝㉚。

《象》曰："'城复于隍'，其命㉛乱也。"

〔注释〕 ① 泰：通，表示天地之气、阴阳之气相通。 ② 小：指的是坤阴，即此卦之上卦或外卦(即泰卦上面三根爻构成的卦象)。大：指的是乾阳，即此卦之下卦或内卦(即泰卦下面三根爻构成的卦象)。小往大来：阴本来在下，由下而上，故曰"往"；阳本来在上，由上而下，故曰"来"。小往大来有阴阳相遇、相交、相通之象。 ③ 内：指泰卦下面三根阳爻构成的内卦，是为乾卦。外：指泰卦上面三根阴爻构成的外卦，是为坤卦。 ④ 后：君主。财：借为"裁"，剪裁。财成：以适当的举措来实现。 ⑤ 辅相：辅助。天地之宜：天地山川适时出现或产生的事物。 ⑥ 左右：支配。 ⑦ 茅：茅草。茹：茅根。以：及。汇：同类。茅草及其同类是危害庄稼生长的杂草，这里比喻为危害国家生存的势力。 ⑧ 志在外：志在征讨外邦。 ⑨ 包：借为瓠，即今之葫芦。荒：又空又大。 ⑩ 冯(píng)河：浮水渡河，这里是说将大葫芦缚于腰间渡河。 ⑪ 遐(xiá)：远。遗：遗弃。 ⑫ 朋亡：汉帛书《周易》作"弗忘"，古代"亡"、"忘"通用，因此"弗忘"可以解为朋友未死，也可解为不忘记。 ⑬ 得尚：得到奖赏。中行：途中。一说"中行"为人名。 ⑭ 以光大：(得到奖赏)是因为帮助朋友渡河的行为表现了崇高的品质。 ⑮ 陂(bēi)：倾斜的坡。 ⑯ 复：返回。 ⑰ 咎(jiù)：凶。 ⑱ 恤：忧虑，担心。孚：诚信，一说即"俘"字，俘虏。 ⑲ 天地际：天地之法则。 ⑳ 翩翩：鸟疾飞的样子，形容人的游荡。 ㉑ 戒：戒备。孚：这里意为被掠夺。 ㉒ 实：财物。失实：失去财物。 ㉓ 不戒以孚：《象传》把这句爻辞解读为"不以诚信给以告戒"。 ㉔ 中心：内心。愿：借为"傆"，狡猾之义。 ㉕ 帝乙：殷代君主，名乙，纣王之父。归：嫁。妹：少女。以：因而。祉：福。帝乙嫁女于周文王，周邦因而得福。 ㉖ 中：正。愿：愿望。 ㉗ 复：同"覆"，倾倒。隍：城下沟，即护城河。 ㉘ 用师：用兵。 ㉙ 告命：请命。 ㉚ 吝：难。 ㉛ 命：用兵的命令。　(施忠连)

〔鉴赏〕 泰卦是《周易》的第十一卦，在六十四卦中具有特别的意义。首先从卦象来看，可以把它看成是由两个三爻卦构成的，即由下乾和上坤构成。我们知道，乾卦代表天，代表支配的方面，如君、父、夫；而坤代表地，代表被支配的方面，如臣、子、妻。在传统观念中，君尊臣卑，父尊子卑，夫尊妻卑。如果按照上下的次序排列，则应当是君上臣下，父上子下，夫上妻下。但是有趣的是，在泰卦中这种位置完全颠倒过来了。阳上阴下变成了阳下阴上，人们可以把这种卦象理解为表示臣上君下，子上父下，妻上夫下。

当然，卦象排列有它自己的法则和规律，六根爻有六十四种排列方法，因而出现六十四卦。如果完全按照符号的排列法则，总是会出现这样的卦象：即下面三根爻全为阳，上面三根爻全为阴，这是不足为奇的。不过根据传统观念，似乎应当给这样的卦象下一条否定性的或不吉利的断语。然而，真正令人惊讶的是，《易经》竟然给这一卦象肯定性的、吉祥的卦名"泰"，因为"泰"字常常同"太平"、"至高无上"、"至尊"等义相联系。卦辞也说是"吉，亨"。其爻辞大都言吉利。可见泰卦是对传统观念的一个挑战。尽管《周易》并没有提出要彻底地颠覆现存的尊卑等级秩序，但是它不把这种秩序看成是固定不变的，而是视为动态的。

从卦、爻辞所表达的意义来看，泰卦可以说是在中国最早以文字的形式表述了对立统一和物极必反的法则。虽然在《周易》和中国其他古籍中包含了极其丰富的辩证法思想，但是古代第一次以最明确、最简明扼要的语言概括这一世界最普遍的法则是泰卦"九三"爻辞："无平不陂，无往不复。"这两句话包含两个意思，其一是相反相成。平与斜坡(陂)本来是相反的地形，往与返(复)也是相反方向的行走，但是《易经》把这些互相排斥的方面统一起来了。“无平不陂”可以理解为无论多么平坦的一块地区总是会有或高或低的地段存在，就是说世界上不存在绝对平坦、没有任何高低起伏的地形。而“无往不复”可以解释为一次旅行，不可能只有“往”而没有“返”，也不可能只有“返”而没有“往”。因此没有“往”就没有“复”，没有“复”也就没有“往”。其二是事物向其相反的方向变化，即物极必反。一块相对而言比较平坦的土地延续一段地区以后，总是会出现斜坡，变得不平坦，反之亦然。出行抵达目的地以后就要朝相反的方向走，返回。

这里“无……不……”的句型既是表示强调的语气，同时也是着重指明没有例外，说明事物的这种存在方式和运动变化的这种趋势的普遍性和必然性。因此“无平不陂，无往不复”不是随意选择的卜辞，这句爻辞所举的事例虽是日常生活中普通的事例，却是一种哲学思维的表达形式。它也不是一般地表达生活哲理的格言，联系到泰卦的卦象，可以看到《易经》明显地赋予这句话的内容以世界普遍法则的意义。它与卦辞的意义完全一致。“小往大来”所描述的泰卦中，“小”与“大”这两个对立面、“往”与“来”这一对矛盾都统一于一个完整的卦象中。可见泰卦揭示了对立统一法则的三个基本点，第一，一个统一的事物或过程存在两个相反的方面；第二，对立面既相互排斥又相互依存；第三，对立面的相互转化。

乾卦的爻辞只描绘一个事物，即龙，与此不同，泰卦的爻辞讲到了几件事，它们虽不相关，但是细加分析，也都与“无平不陂，无往不复”的道理相通。它们都表明事物的状况不是固定不变的，总是会向着与其原来状况相反的方向变化，或是向好，或是变坏，关键在于人们自己的主观努力。“初九：拔茅茹，以其汇”，是说现在敌人气焰嚣张，构成了威胁，但是就像把茅草连根拔去庄稼就会茁壮成长一样，只要发扬大无畏的精神，不怕牺牲，英勇作战，把敌人彻底消灭掉，天下也就太平了。“九二：包荒，用冯河，不遐遗。朋亡，得尚于中行”。这是说渡过大河很危险，本是件让人担忧的事情，但是即使在这样的情况下，也关心别人的安危，帮助朋友渡河，最终不仅化险为夷，而且还得到奖赏。“六四：翩翩，不富，以其邻不戒以孚”，则是讲相反的情况，一户人家本来富裕，但后来骄奢淫逸，无所事事，自然也无所用心，最后被邻居掠夺，走向没落。“上六：城复于隍，勿用师，自邑告命，贞吝”。这里所喻示的是，当原来是人们安全的依靠（城墙）现在垮掉了，表明内部出了问题，事态将要严重恶化，因此必须十分谨慎，绝对不可冒险向外扩张，要兢兢业业，整顿内部，逐步转变局势。所有这些爻辞如果只是从字面上去把握，其意义就显得十分肤浅，甚至会完全当作卜辞看待。但是如果把它们同“无平不陂，无往不复”中的道理联系起来思索，我们就能通过它们逐步领会《周易》的出神入化的智慧。

（杨月清　穆　庄）

否　卦 《周易》

䷋（下坤上乾）

《否》：否之匪人①，不利，君子贞。大往小来②。

《彖》曰：“否之匪人，不利，君子贞。大往小来。”则是天地不交而万物不通也，上下不交而天下无邦也③。内阴而外阳，内柔而外刚，内小人而外君子④。小人道长，君子道消也。

《象》曰：“天地不交，《否》。君子以俭德辟难⑤，不可荣以禄⑥。”

初六：拔茅茹，以其汇⑦。贞吉，亨。

《象》曰：“‘拔茅’、‘贞吉’，志在君也⑧。”

六二：包承⑨，小人⑩吉；大人否⑪，亨。

《象》曰：“‘大人否，亨’，不乱群也⑫。”

六三：包羞⑬。

《象》曰：“‘包羞’，位不当也⑭。”

九四：有命⑮，无咎，畴离祉⑯。

《象》曰：“‘有命，无咎’，志行也。”

九五：休否⑰，大人吉。其亡其亡⑱，系于苞桑⑲。

《象》曰：“‘大人’之‘吉’，位正当也⑳。”

上九：倾否㉑。先否后喜。

《象》曰：“否终则倾，何可长也！”

〔**注释**〕 ① 否(pǐ)：卦名，象征闭塞之义。匪：非。否之匪人，意思是被闭塞的是不该闭塞的人。 ② 小：指的是坤阴，否卦下卦和内卦为纯阴爻。大：指的是乾阳，否卦上卦和外卦为纯阳爻。小往大来：就是说乾阳往外而坤阴入内，比喻君子受到排斥，小人受到重用。 ③ 无邦：无此邦，意思是此邦将亡。 ④ 内：提拔到朝廷里担任要职。外：排斥。 ⑤ 俭德：节俭的美德。辟：同“避”，避开。 ⑥ 荣、禄：都是名词用作动词，意思分别是追求荣华、谋取禄位。⑦ 拔茅茹，以其汇：此句在取象上与泰卦初九爻相同，意思是连根拔掉茅草。 ⑧ 志在君：为君除害。 ⑨ 包：裹也。承：借为“脀”，烝肉也。包承：指的是祭祀时以物包烝肉。“包承”也解作心怀惩戒之意，如此，庶民可转为吉利，贵族虽处闭塞，也有亨通之时。 ⑩ 小人：指庶民；小人吉，意思是庶民无牲可献，只有烝肉可供，是小裕之象，故吉。 ⑪ 大人：指贵族；大人否，意思是贵族如果也这样，是没落之象，故否。 ⑫ 不乱群：意指大人心怀惩戒，不使臣民、群众相乱。 ⑬ 包：裹也；羞：熟肉也。包羞：意指祭祀时以物包熟肉，也解作心怀羞耻。⑭ 位不当：才德与职位不相称。从爻象上说，“六三”为阴爻，居阳位（第三爻为阳位）。⑮ 命：天命，有命，已有天命安排之意。 ⑯ 畴：借为“寿”。离：借为“丽”，意为附。祉(zhǐ)：福。 ⑰ 休：犹怵，恐惧的意思。休否：惧怕否闭。 ⑱ 其：将要。 ⑲ 苞：此处取其草木丰盛之意。苞桑：生长茂盛的桑树，桑树以根深蒂固为特点，系于苞桑，就是说可以像系结于茂盛的桑树一样坚固不拔了。 ⑳ 位正当：以正道行其职责，才德足以胜任。以爻位言，“九五”居上卦之中，位正。 ㉑ 倾否：倾覆否闭之势。

（施忠连）

〔鉴赏〕 否卦是《易经》中的第十二卦，同第十一卦泰卦构成了最典型的对立卦。首先从卦名看，“泰”表通达，而“否”表闭塞，两者代表了两种相反的状态。所以《杂卦》说：“《否》、《泰》反其类也。”

从卦象看，它们既是倒爻对立卦，也是对爻对立卦，又是倒经对立卦。所谓“倒爻对立卦”，也称“综卦”，是说纵向看对立的两卦的卦象，一卦六爻的排列同另一卦上下颠倒后的六爻相同。所谓“对爻对立卦”，又称“错卦”，是横向比较对立的两卦的卦象，相同爻位的两爻爻象相反。而“倒经对立卦”则是指把六爻卦看作是由内外或曰上下两个经卦（即三爻卦）构成，对立的两卦其内外卦呈颠倒的状态。泰、否两卦卦象在上述三种意义上都呈对立形态，这在六十四卦中是少见的。

从卦序看，泰卦象征一个事物或过程达到顺畅通达的状态，但是物极必反，《序卦》言：“物不可以终通，故受之以《否》。”指明否卦在泰卦之后有泰极否来的意思。

从卦义看，泰卦的卦辞是“小往大来，吉。亨”。而否卦的卦辞是“否之匪人，不利，君子贞。大往小来”。两卦卦辞所解释的卦象的象数学和政治学的意义都完全相反，吉凶也相反。文字表达形式是经过精心考虑后采用的。以“大往小来”对“小往大来”，说明《易经》已自觉地意识到、并且有意要突出这两卦在意义上的对立。与此相似，《彖传》和《象传》解说这两卦卦义时都是严格地采取对比的手法，以相同的句型讲述相反的意义，也是刻意表现两者的对立。

否卦的卦象是坤下乾上，象征的意义是地下天上，从传统的观点来看这反映的是正常的秩序，应当是表吉利的，应当加以肯定。然而否卦以相反相成的眼光看世界,认为这违背了对立统一的法则,阴阳相隔,天地、上下不交,其结果是万物不通,君臣离心,天下无道,因此是不吉利的。可见,泰卦是从正面阐述天地、上下交的重要作用,而否卦则是从反面说明这个道理,两者都是对通的观念的阐释。《周易》的观念、逻辑和方法是统一的,就是说它用阴阳相交的表达方法来论证阴阳相交的理念,因为它是用对立卦的相互对照的方式,来强调对立面之间的互动对于事物、观念的发展的积极作用。

可见,由通的概念所表达的相反相成的思想渗透于泰卦和否卦的各个方面。对立统一在这两卦中已经成为极其自觉、成熟而深刻的意识,可以说这两卦对于对立统一法则的把握和表达已经到了出神入化的境地。如果说《周易》第一对对立卦、即第一、二卦(乾、坤两卦)主要是讲一分为二,即确定世界的两极、《周易》的两个基本点,以及中国文化和中国古代哲学话语中两个最高价值观念的话,那么泰卦和否卦则是最成功地演示合二为一,即阴阳交感、天地相通、两极互动、对立面互相作用、对立统一。这样,《周易》就全面把握了对立统一的法则,避免了片面性和绝对化。

在《周易》中任何一种状态都不是固定的。尽管否卦象征闭塞,预示困厄,是不吉利的,但是,"上九"爻辞言"倾否,先否后喜",《象传》正确地解释说"'否'终则'倾',何可长也",指出否运就要结束了,它压制人们的时间怎会很长呢?但是人们所盼望的这种转化不是自动发生的,能否发生关键在于人们自己的努力。实现这种转变的一个重要条件是要具备忧患意识。否卦的精神导向除了通的观念以外,就是精神警戒。它以闭塞的现状和困厄的前景警示人们要保持警惕,要预防可能出现的灾难。所以《象传》说:"天地不交,《否》。君子以俭德辟难,不可荣以禄。"在《周易》看来,忧患意识能够使人在顺利的时候不骄傲自满,忘乎所以,放松警惕,松懈斗志;身处逆境的黑暗时刻又能收敛锋芒,兢兢业业,从容应对,等待时机成熟,扭转不利局面。因此"九五"爻辞说:"休否,大人吉。其亡其亡,系于苞桑。"在《周易》看来,保持一项事业的常胜不败、永远兴旺发达的根本依靠不是哪一种外部条件或自身的某种才能,而是这种忧患意识。因为它能激发人的主体精神和奋斗意识,把人的所有潜在的力量和能力发挥到最大的程度。忧患是《周易》的主要观念之一,《周易》之为书,也是生于忧患,成于忧患,《周易》文化的生命也在于此。《系辞》说:"君子居安而不忘危,存而不忘亡,治而不忘乱,是以身安而国家可保。"这种思想极大地增强了中华民族的生存力和生命力。

(杨月清 穆 庄)

谦　卦　　《周易》

䷎（下艮上坤）

《谦》①：亨。君子有终②。

《彖》曰："《谦》，亨，天道下济③而光明，地道卑而上行④。天道亏盈而益谦⑤，地道变盈而流谦⑥，鬼神害盈而福谦，人道恶盈而好谦⑦。谦尊而光，卑而不可逾⑧：'君子'之'终'也。"

《象》曰："地中有山⑨，《谦》。君子以裒多益寡⑩，称物平施⑪。"

初六：谦谦君子，用涉大川，吉。

《象》曰："'谦谦君子'，卑以自牧也。"⑫

六二：鸣谦⑬，贞吉。

《象》曰："'鸣谦贞吉'，中心得⑭也。"

九三：劳谦君子⑮，有终，吉。

《象》曰："'劳谦君子'，万民服也。"

六四：无不利，㧑谦⑯。

《象》曰："'无不利㧑谦'，不违则也。"

六五：不富，以⑰其邻，利用⑱侵伐，无不利。

《象》曰："'利用侵伐'，征不服⑲也。"

上六：鸣谦，利用行师征邑国。

《象》曰："'鸣谦'，志未得也。可'用行师'，征邑国也。"

〔**注释**〕 ① 谦：卦名，象征谦虚、谦卑。 ② 有终：有善终，有美好的结果。 ③ 天道下济：指日光往下照射，风朝下吹，雨向下降落。 ④ 地道卑：地的位置在天之下。上行：地气上升。⑤ 亏：损。盈：满。天道亏盈：指太阳到正午后开始倾斜，月满后渐亏。益：增益。谦：这里指低下者。（天道）益谦：指日从低位上升，月由缺渐圆。 ⑥ 变：毁。流：由上往下运动，增益低处，如泥、水降落到低洼处。 ⑦ 恶（wù）盈而好（hào）谦：憎恶盈满而喜好谦卑。⑧ 逾：逾越。 ⑨ 地中有山：谦卦上坤下艮，坤作地，而艮表山，地高于山，所以说"地中有山"，意为山本高而自立于卑微。 ⑩ 裒（póu）：取出。益：增补。 ⑪ 称物平施：称量财物的多寡而平均施舍于人。 ⑫ 牧：放牧，此处指约束、管理的意思。自牧：自我约束。⑬ 鸣：名声在外，有声望。鸣谦：即名谦，有名而谦，意为有美誉名声而不傲。 ⑭ 中心得：即心得中，言心得中正之道。 ⑮ 劳：（有）功劳。劳谦：意为居功不傲而谦虚有余。

⑯ 㧑(huī)：谦逊。一说同"挥"，举止、行动，释为挥手、摆手而表谦虚之义。 ⑰ 以：因为。 ⑱ 用：以。利用：有利于。 ⑲ 不服：指不服王命之人。

（施忠连）

〔鉴赏〕 谦卦的卦象是下艮(象征山)上坤(象征地)，本来山高地低，现在山在地下，表示高大者自居于下位，是谦虚的表现。谦卦的卦名、卦象、卦辞和大多数爻辞，乃至《彖传》和《象传》的解释，都直接而明确地赞扬谦虚，一卦各个组成部分如此高度集中于一个抽象的概念，这在六十四卦中是罕见的。此外，谦卦的卦辞和六爻爻辞都言吉利，其中有一个"亨"，三个"吉"，三个"利"，如此大吉大利，在六十四卦中也是唯有此卦。谦卦的前三爻都为吉，据有高位的人，谦虚谨慎，能够度过任何艰险。他们遵循正道，虽有声誉，又有功劳，但居功不傲，万民敬服，结果都是吉利而有善终。后三爻稍次，但也无不利，小至一举一动，大到出兵征伐，都因虚怀若谷，恪尽职守，遵循准则，而最后得到好的结果。由此可见，在远古时代谦的观念已经在中华民族的思想中占据十分突出的地位，在他们看来，谦虚有百利而无一害，是人们求成功所必需的美德。

在《周易》中，谦绝不是故作姿态，也不只是事关个人礼貌这一类的小节。谦卦赋予它许多重要的含义，其中主要有：第一，态度温和，恭敬，不粗暴，这是"初六"爻辞中"谦谦君子"所包含的意义。第二，"裒多益寡，称物平施"，即限制特权，实行平等。第三，"卑以自守"，即谦让，不争雄为首，不锋芒毕露。第四，"鸣谦"，即不急于表现自己，有美德不自矜，有美誉不自诩，有才华不自吹，讲述自己的品性和业绩始终保持低调。第五，"劳谦"，即不自满，既是由于有远大的目标，也是意识到成绩、功劳是依靠众人之力获得的。

这里特别值得注意的是谦这一观念中不自满、不自足的意义，《彖传》就是由此把握、发挥谦的观念的，进一步把它规定为万事万物最具生命力的状态，维护这种状态是宇宙运动变化的普遍法则。在它看来，世界是生生不息的万化之流，宇宙的生命力就表现在有无限广阔的运行空间和无穷的发展前途。谦就保证了这样的空间和前途。在人类看来，天在上，所以最广阔的运行空间是在它的下方；地在下，上方是它的发展空间。所以《彖传》说"天道下济而光明，地道卑而上行"。这里"下济"和"地道卑"的用语同老子的崇拜下位的思想十分相似，但是同老子的贵柔守雌理念毫不相干，其本意是讲天地之道都是谋求最广阔的发展空间。《象传》的思想是，谦使人"卑以自守"就不会自满自大、故步自封、停滞不前，从而为人们打开了极其广阔的发展空间。

《彖传》还根据《周易》的物极必反的哲学来看待天地万物的运行过程，评价谦的作用。正是以否极泰来、泰极否来的眼光看，极盛就意味着将要走向衰落，而新生事物却有远大的发展前途。因此在《彖传》的世界图式中天地之道总是不利于“盈”、即“满”的方面，而有利于“谦”、即“不满”的方面。它说：“天道亏盈而益谦，地道变盈而流谦。”它把天地之道解释为以下为根本，着眼于下，倾向于下，特别重视新生事物，特别关注尚未完满的方面。把希望寄托于有无比广阔的发展空间的方面。这样，谦就不只是一种个人美德，而是宇宙普遍法则的一种作用。在《彖传》中它已经突破伦理学的范畴，进入哲学的范畴。

必须注意的是，《周易》推崇的谦的观念决不意味着自卑、退缩和无所作为。可能正是由于考虑到人们会从消极的方面理解谦的观念，《彖传》有意识地渲染低调的谦的神奇功用。它说天道“下济”却“光明”，“地道卑”却“上行”。谦不仅是一种崇高品质的表现，而且是同宏伟的抱负、不懈的追求、伟大的事业相联系的，并且终将获得巨大的成功，在精神上所达到的境界和在事业上所取得的成就是普通人难以逾越的，所以《彖传》说：“谦尊而光，卑而不可逾：君子之终也。”退缩和无所作为是绝不会有这样的结果的。谦卦把乾卦的自强不息的阳刚与坤卦的厚德载物的柔顺完美地结合在一起了。

谦的观念在中国传统文化中具有特别重要的意义，因为“知足常乐”的思想在中国人中有很大的影响，虽然讲“知足”主要是为了克服人们的贪婪心理和反对无止境地追求物质享受，但是有保守倾向的人往往以“知足”的古训来为安于现状、不思进取的生活和工作态度辩解。由此，在中国古人思想中占有崇高地位的《周易》的谦的观念要求人们在精神上永远不自满，在任何时候都不满足于现状，不满足于自己在道德修养和事业上已经取得的进步，这在很大的程度上抵消了“知足”思想的消极作用，使人们能够始终积极进取，奋发向上。

（杨月清　穆　庄）

复　卦　　《周易》

䷗（下震上坤）

《复》①：亨。出入无疾，朋来无咎。反复②其道，七日来复。利有攸③往。

《彖》曰：“《复》，‘亨’，刚反④。动而以顺行，是以‘出入无疾，明来无咎’。‘反复其道，七日来复’，天行⑤也。‘利有攸往'，刚长也⑥。《复》，其见天地之心乎⑦？"

《象》曰："雷在地中，《复》。先王以至日闭关⑧，商旅不行，后不省方⑨。"

初九：不远复⑩，无祇悔⑪。元吉。

《象》曰："'不远之复'，以修身也。"

六二：休复⑫，吉。

《象》曰："'休复之吉'，以下仁⑬也。"

六三：频复⑭，厉无咎⑮。

《象》曰："'频复之厉'，义⑯无咎也。"

六四：中行独复⑰。

《象》曰："'中行独复'，以从道也。"

六五：敦复⑱，无悔。

《象》曰："'敦复无悔'，中以自考也⑲。"

上六：迷复⑳，凶，有灾眚㉒。用行师，终有大败；以其国君凶，至于十年不克征㉓。

《象》曰："'迷复'之'凶'，反君道也。"

〔注释〕 ① 复：卦名，象征返回、回复之义。 ② 反复：往返。 ③ 攸：所。 ④ 刚反：震为阳刚之卦，坤为阴柔之卦，所以刚反是指刚反于内，即刚者返回之义。刚者可指君主、父亲、男子、君子等。 ⑤ 七日来复：据高亨《周易大传今注》，七日表数七，七日来复是说以七为一周期，如正月阴气始退，到八月而复来；八月阳气始退到正月又渐盛。卦象也如此，卦爻有六，数至第七，则又为另一卦。天行：天道。 ⑥ 刚长：指复卦最下之阳爻，《周易》每卦之爻位都是由下而上确定。复卦表明阳、刚开始增强。 ⑦ 天地之心：天地之本，即天地万物循环往复的生生不息之规律。 ⑧ 以：因此。至日：冬至之日。闭关：封闭城关。 ⑨ 后：指君主。省：视察。方：邦国。 ⑩ 不远复：不远而返。 ⑪ 祇(qí)：大。悔：较小之不幸。 ⑫ 休：欣喜，也作辞官退休。休复：欣喜而返，也作辞官退休，返其故居。 ⑬ 下仁：让其位给仁人。 ⑭ 频：同"颦"，皱眉也。 ⑮ 厉：危险。厉无咎：指人们出行，遇到危险，皱眉而返，知难而退，故无凶。 ⑯ 义：同"宜"。 ⑰ 行：道。中行：中道、中途。中行独复：意思是中途独自而返。 ⑱ 敦：考察。敦复：指经过考察而返。 ⑲ 自考：自我考察。中以自考：意为自我反省以守中正之道。 ⑳ 迷复：迷路后返回。 ㉒ 眚(shěng)：灾祸。 ㉓ 克：能。

（施忠连）

〔鉴赏〕 复卦在《周易》中位居第二十四，与剥卦成倒爻对立卦、即综卦。剥卦一阳爻孤悬于五根阴爻之上，表明阳刚将尽，为大凶。但是《周易》总是以动态、转化的眼光看世界,以为否极泰来,大凶中也蕴涵着转机,因此接着推出复卦。“复”有返回、回复之义,预示生机再来,所以《序卦》说:“物不可以终尽,剥,穷上反下,故受之以《复》。”而从卦象看,虽然上面五根阴爻相重,阴势极盛,但是下面已有一根阳爻出现,说明一阳返回,就将横扫萧瑟凋零之象,再度勃发生机。而从两经卦的组合来看,复卦的下卦是震,象征雷;上卦为坤,象征地,因此复卦显示阳刚初生,如初春之惊雷,必将奋发显威于大地之上。因此,此卦自然是吉利的。

复卦的卦辞“反复其道,七日来复”,本来是说旅行七天后安全回到家中。《彖传》从中体悟到一个哲学道理:事物的运动都有周期性,这就是它所理解的“复”,并把这种周期性说成是“天行”、即天道,也就是宇宙的普遍法则。实际上《彖传》把这种周期性看成是万事万物运动、发展的普遍规律的一种表现。天行是一种不以人的意志为转移的客观必然性,荀子的《天论》中“天行有常,不为尧存,不为桀亡”之语就是对此最精辟的表述。看起来《彖传》很可能是荀子学派的著作,所以《彖传·复卦》说“动而以顺行,是以‘出入无疾,朋来无咎’”,以为人们遵循这种具有某种周期性的客观规律是求得成功的必要条件。“顺动”是《彖传》中经常出现的用语,可见它高度重视客观规律。

特别值得注意的是《彖传》中“《复》,其见天地之心乎?”之说。通览全部《彖传》或整本《周易》,我们发现“天地”的用语是指大自然、客观世界或宇宙,从来没有用来称呼超自然的人格神。既然这样,何来“天地之心”?南宋有个学人黄樵仲就曾向他的老师朱熹提出过这样的问题。朱熹对这个问题的回答揭示了《彖传》中一个很有价值的思想。他提出“天地”不是神,就此而言是可以说天地无心。但是大自然是有秩序的,冥冥之中似乎有个什么东西在决定着一切。他说:“若果无心,则须牛生出马,桃树上发李花,他又却自定。”(《朱子语类·理气上》)因此他认为“心”就是“主宰”的意思,就是理:“心便是他个主宰处,所以谓天地以生物为心……某谓天地别无勾当,只是以生物为心。”(同上)他又说:“天地以此心普及万物,人得之遂为人之心,物得之遂为物之心,草木禽兽接着遂为草木禽兽之心,只是一个天地之心尔。”(同上)通过朱熹的解释,我们从《彖传》的这一表述中看到广阔无垠的宇宙中充满了生机、生气,整个世界既有特定的秩序,又是一个生命流畅不滞、盎然不竭的大化流行的过程。复卦的卦象最生动地表现了宇宙生命力的深刻含义,其中一根阳爻处在五根重叠的阴爻之下,表明阳气复生于下,虽然力量尚小,但是生机不可抑制,内在的活力终将爆发。这种卦象最能说明哲学上的生命意义：内在的、不竭不灭的生机，腐朽的事物中产生新事物，使一成为多、柔弱变刚强的生命力，正如朱熹所说："万物生长，是天地无心时；枯槁欲生，是天地有心时。"（同上）复卦告诉人们大地萧瑟凋零之时生机常存，正如《彖传》所说："《复》，'亨'，刚反。""一阳来复"在中国传统的话语中具有极其巨大的鼓舞力量，不论是久病未愈的病人，还是事业处于极度困难境地的人，看到"一阳来复"就会信心百倍，以最大的精神力量经受磨难，争取最后的胜利。

《象传》赋予复的概念以伦理学意义。第一根阳爻的爻辞"不远复，无祗悔"本来是说旅行不远就返回了，但是《象传》把此语当作一种隐喻，说明一个人迷途未远，幡然悔改，回归正道，所以说："'不远之复'，以修身也。""六四"爻辞的诠释与此相似。儒家认为人的本心是善的，因为人人都有恻隐之心，所以都有内在的精神生命力。人走入歧途，是因为一时丧失本心，只要努力修身养性，复其本心，就能变成有道德的人。因此复的观念对于儒家伦理学具有重要作用，它能增强人们求善弃恶的自信心，帮助人们调动修身的内在动力，提高自我完善的自觉性。

（杨月清　穆　庄）

坎　卦　　《周易》

䷜（下坎上坎）

《习坎》①：有孚维心②，亨③，行有尚④。

《彖》曰：习坎⑤，重险也⑥。水流而不盈，行险而不失其信。维心亨，乃以刚中⑦也。行有尚，往有功也。天险不可升也，地险山川丘陵也，王公设险以守其国，坎之时，用大矣哉！

《象》曰：水洊至⑧，习坎，君子以常德行，习教事。

初六：习坎，入于坎⑨窞⑩，凶。

《象》曰："习坎"入坎，失道"凶"也。

九二：坎有险，求小得。

《象》曰："求小得"，未出中⑪也。

六三：来之坎⑫，坎险且枕⑬，入于坎，窞，勿用。

《象》曰："来之坎坎⑭"，终无功也。

六四：樽酒簋贰⑮，用缶⑯，纳约自牖⑰，终无咎。

《象》曰："樽酒簋贰"，刚柔际[18]也。

九五：坎不盈，祇[19]既平，无咎。

《象》曰："坎不盈"，中未大也。

上六：系用徽纆[20]，置于丛棘[21]，三岁不得[22]，凶。

《象》曰："上六"失道，"凶""三岁"也。

〔**注释**〕 ① 习：按《周易》行文惯例，卦象后当为卦名，因此这个"习"字当为误入，可能是由于初九爻辞及《象传》均有"习坎"二字。误为卦名。 ② 孚：同"俘"。维：借为"惟"，意为二心。③ 亨：祭祀，指杀俘虏祭神。这句卦辞《象传》读为"有孚，维心亨"，把"孚"解为诚信；维即"惟"；亨解为美。 ④ 尚：同"赏"。 ⑤ 习：重，指坎卦为两个三爻坎卦相重而成。 ⑥ 坎：象征水，卦义为险。 ⑦ 刚中：就卦象言，指九二、九五两爻分处下上两经卦之中位，为阳爻，表刚健；就卦义言，指刚健、正中二美德。 ⑧ 洊(jiàn)：再次。水洊至：水不断地流出，比喻人的道德修养，日有长进。 ⑨ 坎：坑。 ⑩ 窞(dàn)：陷。 ⑪ 出中：不背离中道。从爻象看，九二居下卦之中位。 ⑫ 之：此。 ⑬ 枕：同"沈"，深。 ⑭ 坎坎：多坑洼之地。⑮ 樽：酒杯。簋(guǐ)：盛饭的器具。贰当为资，形似而误。资借为粢，谷类食物。 ⑯ 缶(fǒu)：一种腹大口小的瓦器。 ⑰ 纳约：送进取出。牖(yǒu)：窗户。此句言某人被关入牢中，但有亲属送食物。 ⑱ 际：交接。刚柔际：指囚犯受到官吏的压迫；从爻象看六四阴爻处于九五阳爻之下。 ⑲ 祇(zhī)：同"坻"，小丘。 ⑳ 系：缚。徽纆(mò)：黑色绳索。 ㉑ 丛棘：指监狱，因监狱墙上墙外都种了长刺的荆棘。 ㉒ 得：可能借为"置"。置意为赦免。

（施忠连）

〔**鉴赏**〕 坎卦是《周易》第二十九卦，由两个经卦(三爻卦)坎组成。经卦坎象征水，卦义为险，因此别卦(六爻卦)坎就是表示重重危险。此卦卦辞讲到俘虏有二心，爻辞写路途多坎坷、陷于坑中、囚禁于监狱之中，都是讲人生中的危险境遇。可见此卦的卦象、卦义、卦辞和爻辞完全一致，《象传》与《象传》也是围绕此卦义阐发思想，这就使如何认识、对待危险成为《周易》的一个重要课题。

坎卦首先告诉人们，人生旅程中有无数危险，人们对此要有思想准备，绝不能掉以轻心。整个坎卦五次讲到"习坎"，如此一而再、再而三地不断重复"重重危险"的卦义，表明《周易》把正确地对待危险看成是获得人生成功的头等大事。一个人处于险境，如有警觉，就会采取适当的应对措施，化险为夷；相反，如麻痹大意，我行我素，甚至恣意妄为，灾难就必定会降临。在这里是否有警觉性是决定一切的，坎卦的卦义就是要加强人们对人生征途中种种危险的警觉性。《周易》自始至终渗透了一种忧患意识，提倡谨慎戒惧的精神状态，在它看来，"乾乾因其时而惕，虽危无咎矣"(《文言·乾卦》)。

其次，坎卦提出人们处于险境之中必须保持美好的品质。许多人平时对危险没有戒备，一旦险情突然降临，往往心慌意乱、手足无措。有的人为了自救，不择手段，为非作歹，甚至堕落到陷害朋友、亲人的地步。针对这种情况，《彖传》指出："行险而不失其信。"《象传》提出："习坎，君子以常德行，习教事。"《彖传》进一步说明了应当具有怎样的美好心灵，即"以刚中"，就是说要有刚健精神，思想行为要合乎中正的原则。刚健就是自强不息，中正就是走正道，不走邪路。险境对人是一个考验，如若损人利己，虽一时得计，但人格低劣，最终必为人们抛弃；如若品质高尚，坚持原则，虽一时可能多受磨难，遭受损失，但最终必为人们所赞赏，能够得到他们的支持和帮助，逐步化解险情。

再次，也是最值得注意的是，坎卦主张在险境中要用智慧把不利的方面变为有利的方面。《周易》不是以固定的眼光，而是根据变易、转化的哲学来看待危险。在它看来，一个事物是否危险、能否从危险转变为有利，决定于"时"。坎卦《彖传》说天险是难以攀登的，险要的山川丘陵也难以逾越，应当说这些都是险境，但是肩负国家安全责任的王公却据以设险，以阻止敌人的侵犯。这是启发人们，任何一个危险的事物都有两方面，即有害和有利这两方面，人们要善于运用《周易》的智慧，避害就利，化险为夷。这一智慧就是《周易》中"时"的观念。

时是《周易》中极其重要的观念，《彖传》言时有二十四卦，《象传》言时有六卦，所以清朝著名学者惠栋说："易道深矣！一言以蔽之曰：时中。"（《易汉学》卷七）所谓时就是时间，在《周易》中通过四时的概念加以理解。由于四时的更替，植物经历萌芽、生长、成熟、结果的过程，动物和人也相应地采取不同的活动。由此《周易》认为天地间万事万物都是在一定的时间内发生，并且随着时间的变化而变化。在这种思想基础上，《周易》把时看成为表示事物存在和变化所依赖的全部外在条件，进而认为没有绝对的利与害、吉与凶、是与非，一切以特定的时间、地点和条件为转移，所以《系辞下》说："变动以利言，吉凶以情迁。"历代哲学家中精于易道者都致力于揭示时的这种奥义。三国魏王弼说："一时之制，可反而用也；一时之吉，可反而凶也。"（《周易略例》）宋朝张载指出《周易》时中概念可以使人"无成心"（《正蒙・大心》），而欧阳修强调"时无不可为"（《易或问》）。所有这些说法使我们认识到，按照时的观念，人们不仅不用害怕险情，在任何情况下都能够有所作为，而且能够不受固有的思维定式束缚，出神入化地运用智慧，神奇莫测地变通方法，从而绝处逢生，转危为安。

战国时期孙膑具有非凡的军事才能，被嫉妒其才的同学、魏将庞涓设毒计受膑刑，挖掉了膝盖骨，并有被杀的危险。这一处境使庞涓自鸣得意，觉得孙膑不再对他构成威胁。孙膑就是利用这一形势中对己有利的因素，佯狂装疯，逃出了庞涓的魔爪，后来成为齐王军师，在马陵大破魏军，庞涓也自刎而死。此外像项羽的破釜沉舟、三国诸葛亮的空城计等著名故事，都可以视为《周易·坎卦》卦义的生动诠释，从中体会到时的观念有无穷深意。我们也要像坎卦《彖传》那样，由衷地感叹："坎之时，用大矣哉！"

（施忠连）

既济卦 《周易》

䷾（下离上坎）

《既济》①：亨，小，利贞；初吉终乱。

《彖》曰："《既济》，'亨'，小者亨也。'利贞'，刚柔正而位当也②。'初吉'，柔得中③也；终止则乱，其道穷也。"

《象》曰："水在火上④，《既济》。君子以思患而豫防之⑤。"

初九：曳其轮⑥，濡其尾⑦，无咎。

《象》曰："'曳其轮'，义无咎也。"

六二：妇丧其茀⑧，勿逐，七日得。

《象》曰："'七日得'，以中道也。"

九三：高宗伐鬼方⑨，三年克之。小人勿用。

《象》曰："'三年克之'，惫⑩也。"

六四：繻有衣袽⑪，终日戒⑫。

《象》曰："'终日戒'，有所疑也。"

九五：东邻杀牛⑬，不如西邻之禴祭⑭，实受其福。

《象》曰："'东邻杀牛'，不如西邻之时也。'实受其福'，吉大来也。"

上六：濡其首，厉⑮。

《象》曰："'濡其首，厉'，何可久也？"

〔注释〕 ① 既济：卦名，象征事已成。济：渡水。 ② 刚柔正：上卦为坎，是阳卦，下卦为离，是阴卦，刚上柔下，是"刚柔正"。位当：指第一、三、五爻皆为阳爻，居阳位，第二、四、六爻皆为阴爻，居阴位。 ③ 柔得中：指第二根爻为阴爻，居下卦之中位。 ④ 水：坎卦表示水。火：离卦表示火。水在火上：表明水将灭火，救火之事会成功。 ⑤ 思患：思虑后患。豫：当为"预"。豫防：事先预防。 ⑥ 曳(yè)：拖、拉、牵引。轮：疑借为"纶"，腰间佩带的垂穗，是贵重之饰物。⑦ 濡(rú)：沾湿。尾：这里指衣后之假尾，为西周时人们的饰物中之贱者。⑧ 丧：失去。茀(fú)：借为"帗"，当作发，大巾。⑨ 高宗：殷王，名武丁，庙号高宗。鬼方：国名，古代猃狁部落之一，是当时中国西北的一个强族；克：胜也。⑩ 惫：疲惫不堪。⑪ 繻(xū)：当作濡，沾湿。有：助词，无义。衣袽(rú)：衣絮。⑫ 戒：提心吊胆、戒备。⑬ 东邻：指殷王朝。杀牛：其下汉帛书《周易》有"以祭"二字，意为杀牛的厚祭，与禴祭相对。⑭ 西邻：指周王朝。禴(yuè)祭：祭名，祭品薄约，仅用饭菜等，不用大牲。⑮ 濡其首：谓渡河而水浸湿其头。厉：危险。

（施忠连）

〔鉴赏〕 既济卦在《周易》中位居第六十三，它的第一、三、五爻都是阳爻，而且都居于阳位（即第一、三、五位），而第二、四、六爻都是阴爻，也都居于阴位（即第二、四、六位），可见，阴阳和谐，各得其位，卦象圆满，象征一事已成。

卦名"既济"表示已经渡过了河，此卦大部分爻辞也是讲渡河之事。用渡河比喻一事的完成与后人以渡海比喻人生历程异曲同工。渡河虽然不像渡海那样艰难危险，但是用来说明完成一件事情还是相当恰当的。特别是在远古，桥梁和船只不多，渡过一条大河的困难程度，远非现代人能够想象。"初九"爻辞讲到渡河时浸湿了衣服，"上六"甚至说河水没过了头，头发都湿透了，差一点送了命，事情一度变得十分危险。这个故事在《周易》中显然作为隐喻使用，用以表现做事的艰难。而"九三"爻辞"高宗伐鬼方，三年克之"虽然同渡河无关，却更加强了这方面的意义。由此可见，用渡河来形容做完一件事是一种包含了人生智慧的比喻，它表明做事是不可能一帆风顺的，总是会出现各种问题，需要有不怕危险的勇敢品质，具备战胜种种艰难险阻的顽强意志和坚韧精神。

即济卦对事情成功后的状况的描述也是非常值得注意的。卦辞的用语是"初吉终乱"，从卦象上看可以解说为第一根爻是阳爻，为吉象，而最后一根爻为阴爻，是凶兆；就卦义而言明显是警告人们，取得了成功以后不是事情已经一劳永逸地彻底解决了，从此就万事大吉，可以高枕无忧了，在卦辞作者看来，人们如果疏忽大意的话，就可能出大乱子。《象传》对此义心领神会，并进一步点明，说"水在火上，《既济》，君子以思患而豫（通'预'）防之"。这里"水"指上卦坎，"火"指下卦离，"水在火上"既可以解为水降落以灭火，是救火成功之象，喻一件事的做成；但是水火有相克之性，如果火势盛，也可能结果是火烧干了水，造成严重的问题。"上六"爻辞与卦辞遥相呼应，说"濡其首，厉"也指明事情完成以后仍然潜伏着危机，人们要有忧患意识，获得成功后还要提防接踵而至的弊端或新形成的矛盾，要居安思危，防患于未然。此外，人间的事情总是不进则退，如果采取保守的态度，最终也必定弊端丛生。

既济卦是《周易》的最后第二卦。在前面的六十二卦中，从天道到人事，从进德修业到结婚生育，从畜牧种植到旅行饮食，举凡政治、经济、军事、教育之理，《周易》都已言及，可以说已完成了一部古代社会生活的百科全书。到了这个地步，此卦以“既济”命名，无疑具有总结前面内容的性质。但是我们从它的卦名、卦象、卦辞和爻辞来看，似乎一点也没有大功告成的感觉。前面六十二卦无所不包的叙述在这一卦中只是比喻为渡过一条河流。既济卦不是在结束一个过程，而是指明《周易》到此为止只是完成了一个漫长的、可以说是一个无限的过程中的一步。通过此卦人们可以领悟到，易理无比深刻，其内容无限地丰富，任何一种特定的表述只能揭示它某一方面的意义，而不能穷尽它的全部内涵。

即以完成一件事而言，既济卦卦辞说“亨”，可见这是值得高兴和庆贺的。但是接着它马上就说“小”，提示人们这只不过是一个微小的成功，不能沾沾自喜，志得意满，更不该得意忘形，忘乎所以。这里卦辞所说具有普遍的指导意义。当然，人们完成的事有大有小，有的事情的成功经历了漫长的过程，战胜了无数的困难，显示了卓越的才智和巨大的精神力量，甚至可能产生重大的历史作用，这种胜利自然值得骄傲和欢庆。然而，无论在什么时代，无论所取得的成就有多么伟大的意义，它对于有崇高的志向、远大的目标的人来说，或对于一个更大的过程、更伟大的事业来说，都是渺小的，只具有相对的意义，不能把它加以夸大和绝对化。因此既济卦卦辞中“小”字虽只是一个字，但是用在这里却具有很大的力度。它产生过巨大影响，自古以来提醒了无数人在成功面前保持清醒的头脑，采取谦虚的态度。

（杨月清　穆　庄）

未　济　卦　　《周易》

䷿（下坎上离）

《未济》①：亨，小狐汔济②，濡③其尾，无攸利。

《彖》曰：“《未济》，‘亨’，柔得中④也。‘小狐汔济’，未出中⑤也。‘濡其尾，无攸利’，不续终⑥也。虽不当位⑦，刚柔应⑧也。”

《象》曰：“火在水上，《未济》；君子以慎辨物居方⑨。”

初六：濡其尾⑩，吝。

《象》曰：“‘濡其尾’，亦不知极⑪也。”

九二：曳其轮⑫，贞吉。

《象》曰：“‘九二’‘贞吉’，中以行正也。”

六三：未济，征凶。利涉大川。

《象》曰：“‘未济，征凶’，位不当也。”

九四：贞吉，悔亡。震用伐鬼方⑬，三年有赏于大国⑭。

《象》曰：“‘贞吉，悔亡’，志行也。”

六五：贞吉，无悔。君子之光⑮，有孚⑯吉。

《象》曰：“‘君子之光’，其晖⑰吉也。”

上九：有孚⑱于饮酒，无咎；濡其首⑲，有孚失是⑳。

《象》曰：“‘饮酒’‘濡首’，亦不知节㉑也。”

〔注释〕 ① 未济：卦名，象征事情未获得成功。 ② 汔(qì)：借为“迄”，直行。济：渡水。 ③ 濡(rú)：沾湿。 ④ 柔得中：第五爻为阴爻，居上卦之中位。 ⑤ 未出中：未出于中道。 ⑥ 不续终：不能继续前进，未能渡过河去。 ⑦ 不当位：第一、三、五爻为阴爻，却居阳位，而第二、四、六爻为阳爻，却居阴位。 ⑧ 刚柔应：指上下两卦相对应的爻位上的爻象相反，即第一与第四、第二与第五、第三与第六爻都为阴阳相对。 ⑨ 慎：审慎。辨物：辨别各种事物。居方：处于某种位置、地位。 ⑩ 濡其尾：见《既济》卦注释。 ⑪ 极：当作儆，警戒的意思。一说“不知极”当解为“不知之极”。 ⑫ 曳其轮：见《既济卦》注释⑥。 ⑬ 震：当是人名，是周的君或臣。用：虚词，无义。鬼方：国名，古代玁狁部落之一，是当时中国西北的一个强族。 ⑭ 大国：指殷国。 ⑮ 光：光辉也。 ⑯ 孚：同“俘”。有孚(fú)：《象传》解为有诚信。 ⑰ 晖：光辉也，这里用作动词。 ⑱ 孚：这里意为“罚”。有孚：《象传》理解为有诚信。 ⑲ 濡其首：这里是指饮酒过量，以致酒泼其头。 ⑳ 是：正也。 ㉑ 节：节制，不知节即是酗酒过度。

（施忠连）

〔鉴赏〕 未济卦在《周易》中位居第六十四，是最后一卦。它与第六十三位的既济卦既为综卦，又为错卦，所以叫做“错综卦”。“济”意为渡河，“未济”从字面上是说没有渡过河，表示的意义是一件事没有完成。结束《易经》的一卦却以“未济”命名，表明任何一个完成都是未完成的终结，是新问题的产生，是迈向新目标的开始。

未济卦中的象辞主要通过分析卦象来说明这一哲理，由此我们能够把握成与未成、终结与开始、新与旧、生与死的辩证法。未济卦的前面一卦，即既济卦第一、三、五爻全是阳爻，都处于阳位，而第二、四、六爻全是阴爻，并且都处于阴位，阴阳全都各得其位，这在《周易》全部六十四卦中是绝无仅有的，表明事情获得了应有结果。与此相反，未济卦阴阳爻均不得其位，在六十四卦中也只有此卦如此，表示事情没有成功，但是《彖传》指出："虽不当位，刚柔应也。"这就是说新的对立面、新的矛盾产生了，新的变化正在酝酿之中。这也意味着改变旧局面的新契机、又一轮发展的新趋势在形成，新的生命在萌发。

所谓"刚柔应"是按照象数学对两经卦（即上下两个三爻卦）爻象的一种对比分析。未济卦虽然阴阳爻不得正位，但上下两经卦各爻阴阳相应，就是说下卦坎和上卦离相对应的爻位（即下卦第一爻与上卦第一爻相对应，第二、三爻依此类推）上的爻象阴阳相反。这也使本卦充满了活力。而从两经卦所代表的事物来看，下卦坎是水，上卦离是火，水势往下，火势向上，上下背道而驰，互不相交，表明事情未获成功，与卦名和卦义相一致。但是水火之性相反。水火相遇，两者相胜相克，象征对立面之间的相互作用，相互交感，在易学家看来生命的活力就在于此。因此，未济卦象意味着事物内部蕴藏着能动的力量，前途是有希望的，虽然现在形势仍很严峻，需要谨慎小心，量力而行。

由上可见"既济"与"未济"、既成与未成、旧与新、死与生的相生相续，相互更替，构成了宇宙生生不息的无限过程。在《周易》中这种彻底的变易观作为一种极其深邃的智慧，是十分自觉的意识，渗透于它的全部符号和文字之中，用以分析和说明任何一个实际的和理论的问题。这种观念是破除停滞的观点、无所作为的思想、保守的倾向的非常锐利的理论武器。

《周易》并不满足于对宇宙普遍法则、必然趋势的一般描述，它的主要兴趣是在研究人们如何按照这种普遍的法则指导自己的实践活动，以取得成功。它看到了成与未成的对立统一和相互联系，但是它并不主张相对主义的诡辩，不认为成就是未成，未成就是成。它的主旨、它的最高智慧表现在以最有效的方式将未成转变为成。在未济卦中，《彖传》提出"中"的观念对于这种转化具有决定性的意义。"中"是《周易》所推崇的主要观念之一，也是《易传》用以解释卦名、卦象、爻象和爻辞的一个基本的理论工具。从象数学上看，中是指上下两经卦的中位，即一个六爻卦中的第二爻和第五爻。而从哲学上看，中则是表示正道、中道、中庸之道，其基本意义是不偏，即正直、正确；无过无不及，即不过头，不走极端；采取合乎特定情势的态度、方式和方法，要符合特定时间中的外部条件；不同的因素之间的协调和平衡。在《易传》中，几乎所有六十四卦的吉和凶都同爻象是否处中、所喻示的人是否行中道相关。由于如此强调中的重要性，在《周易》中，中就成为取得成功的必备条件。

未济卦辞在推出卦名之后即断为"亨"，事情并未成功为什么会"亨"？《彖辞》的说法是因为"柔得中"。这是指第五爻为阴，是为"柔"，但处于上卦之中位，故云"柔得中"。在中国哲学话语中，柔本来是指被支配的、柔弱的、弱小的方面，显然，对于企求成功的人来说，这种爻象是不会令人鼓舞的，但是，一个"中"字却有扭转乾坤的力量，可以使未成功之事亨通。《彖辞》要说的意思显然是，一个人力量弱小但如果被安排在适当的位置，行正道，采取适当的方法，其事业也会获得发展。同样，卦辞之所以说"小狐汔济，濡其尾，无攸利"，是因为"未出中"。从爻象看，第二爻在下卦之中，下卦坎为水，为险，因此陷于水，处于危险之中，未能出；而从文字上说，小狐狸过河结果不好，是由于小狐没有采取恰当的方法，以至于深陷水中，尾被浸湿。这是要告诫那些缺乏经验、却又自以为是的新手做事不能莽撞，必须善于学习，采取正确的方法解决面临的问题。值得注意的是，这里对中的理解是十分灵活的，不硬套僵死的模式。因为《周易》所说的中不是固定的，没有不变的标准，它是要保持动态的平衡，就像朱熹所说，在冬天喜欢热，合乎中；在夏季寻求凉，也就是讲求中。

总之，《周易》所勾画的世界不是封闭的，而是开放的，平衡总是暂时的，任何一个完成都只是一个环节的终止，一个阶段的终点。阴阳之间的不平衡和互动会打破原有的平衡，展开新的环节和阶段，寻求新的平衡，世界就是在平衡与不平衡、成与未成的无穷更替中不断前进的。　（杨月清　穆　庄）

彖传·乾　　《周易》

乾①：元亨，利贞。

《彖》②曰：大哉乾"元"③，万物资④始，乃统天。云行雨施⑤，品物流形⑥。大明终始⑦，六位时成⑧，时乘六龙以御天⑨。乾道⑩变化，各正性命⑪，保合大和⑫，乃"利贞"⑬。首出庶物⑭，万国咸宁。

〔**注释**〕 ① 对乾卦卦辞的解释，见本书《乾卦》。 ②《彖》(tuàn)：即《彖传》，又称为《彖辞》，是解释六十四卦每一卦的卦名、卦象和卦辞的著作，主要是揭示一卦的意义所在，它大约产生于战国的中期。 ③ 乾元：原指卦名"乾"和卦辞中的"元"字，这里连用构成一个概念，表示天道或世界的本原、本体。 ④ 资：赖以。 ⑤ 施：降落。 ⑥ 品：类。品物：万物。流行：运动，变化。 ⑦ 大明：太阳。终：日落。始：日出。 ⑧ 六位：东、西、南、北、上、下六个方位。时：于是。 ⑨ 时：按时。御：行，运行。乘六龙以御天：古代神话说日神每天早晨乘坐六龙拉的车子从东方升空，傍晚从西方降落。 ⑩ 乾道：即天道，指宇宙的普遍法则，自然规律。⑪ 性：本性，品性，属性，特性。命：生长的周期，生命的长短。各正性命：指万物在天道的支配下，各得其自身之性，各有其生长发育的规律。 ⑫ 保：保持。合：合成。大(tài)：同“太”。大和：最高的和谐。 ⑬ 贞：《彖传》通常把这个字解释为“正”。利贞：有利于万物才是正道。⑭ 首出：始生。庶物：万物。 (施忠连)

〔鉴赏〕 《彖传》是战国中期的哲学家解释和发挥《易经》思想的最重要的成果，所以得以一代代地传承下来。《周易》原来是古代占卜留下的文字的选编和集锦，它的哲学化过程就是从《彖传》开始的。《周易》正是由于《彖》、《象》、《文言》、《系辞》等著作的辅助，才成为中国古代哲学观念和理论的来源和宝库，并且成为二千年中使用最广泛的哲学教科书，对培养中国人的抽象思维能力发挥了极其巨大的作用。

《彖传》的作者在理论上具有大胆创新的精神，他们的解释既紧扣卦名和卦辞的原文，又不受文字的束缚，往往借题发挥，讲述前人未发的哲学道理，乾卦的《彖辞》就是代表。“大哉乾‘元’，万物资始，乃统天”这句话从文字上看是解释卦名“乾”和卦辞中“元”字，但是它把这两个字结合在一起，提出了一个哲学范畴“乾元”，使它具有全新的意义。这句话以及以下文字如果从易学上看，都是解释乾卦卦名、六根阳爻构成的乾卦卦象和卦辞中另外三个字“亨、利、贞”，而从哲学上看，乾卦《彖辞》的全部文字已经与占卜和卜辞的原义无任何联系，它们都是阐述天道，表达《周易》的宇宙观。这种宇宙观具有以下一些特征：

第一，《彖传》明显地受到道家的影响，把宇宙描绘成它自己的运动，排除了任何超自然神秘力量的创生和决定作用。文中虽然有“时乘六龙以御天”的话语，但是这纯粹是借用古代的神话材料，形容六根阳爻所蕴含的极其巨大的能动和说明四时昼夜的更替，就像现代人引用愚公移山的故事时最后讲天帝被人的艰苦奋斗精神所感动搬走大山一样，并不相信实有其事。乾卦是象征天，而在乾卦《彖辞》中，所谓天就是“云行雨施，品物流形”，就是“乾道变化，各正性命”。其中没有人格神的主宰作用，万物自我生长、自我运动、自我发展。孔子说：“天何言哉，四时行焉，百物生焉。天何言哉？”(《论语·阳货》)这一表述同《彖传》之说异曲同工。这种无神论的自然观对后世宇宙观的发展起了十分重要的作用。

第二，《彖传》把世界描绘成生机无限，充满活力。“云行雨施，品物流形”，一派生气勃勃的景象。而“大明终始，六位时成”的词句和日神御六龙行天的隐喻则显示了宇宙的生命力、其变化的规律性和周期性。根据《彖传》，整个世界是按时变化、生生不息的万化之流。可见《周易》的自然观带有明显的生命哲学的特征。对乾卦卦、爻辞的这种思想提炼具有非常重大的哲学意义，就是在这种思想的基础之上,《彖传》才能够直截了当地把刚健观念规定为天道的根本特征。

第三,天道是宇宙万物的来源和变化发展的根据。《彖传》中的“乾元”和“乾道”都是指天道,“大哉乾‘元’,万物资始,乃统天”的论述表明天道既是世界的本源、本体,又是世界的普遍法则,它是支配宇宙万物的。正是由于“乾道变化”,万物才能够“各正性命”。可见,《彖传》是以天道的观念取代人格神的地位,说明宇宙的生命和活力的来源。

第四,世界是多样性的统一,是和谐的整体。万物按照天道而“各正性命”,从而各得其自身之性,各有其特征,各有其生长发育的规律。这造成了事物之间的各种差别,形成了世界的多样性。但是整个世界却又是一个有秩序的、和谐的整体,所以它说“保合大和,乃‘利贞’”。就像一年有春暖、夏热、秋凉、冬寒四季的不同,却不会整年都是冰冻三尺的严寒,或全是酷热的盛暑日子。由于一年有四季的更替和冷热的周期变化,才有动植物的生长、繁盛和百业的繁荣发展。根据《彖传》,这种多样性的统一是由天道造成的,因此它说:“首出庶物,万国咸宁。”

乾卦《彖传》的字句极其简略,因此它的宇宙观和自然观没有理论上的细致说明,在内容上未能充分展开。但是它为《周易》的世界观奏响了一个充满活力的基调,为儒学的本体论提供了一个生命哲学的大框架,确定了一个无神论的根本方向,其重要性是不能低估的。

(施忠连)

彖传·坤 《周易》

坤①:元亨。利牝马之贞。君子有攸往,先迷后得主,利。西南得朋,东北丧朋。安贞吉。

《彖》曰:至哉坤“元”②,万物资生,乃顺承天。坤③厚载物,德合④无疆。含弘光大⑤,品物咸“亨”⑥。“牝马”地类⑦,行地无疆,柔顺“利贞”⑧。“君子”攸行,“先迷”失道,“后”顺“得”常⑨。“西南得朋”,乃与类⑩行;“东北丧朋”,乃终有庆⑪。“安贞”之“吉”⑫,应地无疆。

〔注释〕 ① 对坤卦的卦辞的解释,见本书《坤卦》。 ② 坤“元”:原指卦名“坤”和卦辞中的“元”字,这里连用构成一个概念,表示地道或地德。 ③ 坤:指大地。 ④ 合:遍及(万物)。 ⑤ 弘:宏大。光:广。含弘光大:指大地无所不容,无所不有。 ⑥ 亨:繁盛,美好。 ⑦ 牝马地类：牝马与大地都属于阴。 ⑧ 贞：在《彖传》和《象传》中大都解为“正”。利贞：利于驾驭于正道。 ⑨ 得常：找到正路，语义双关，既指旅行的大路，捷径，又指人生正路。 ⑩ 类：同类，如同学，志同道合者，趣味相同者。 ⑪ 庆：幸事。 ⑫ 安贞之吉：安于正道的好处。

（施忠连）

〔赏析〕 坤卦的《彖传》赞美大地的品格，但是《彖传》并不奉行二元论，将天道与地道规定为世界的两个互不统辖的本源，而是从另外一个角度，即通过讲述地德来说明天道的作用。同乾卦一样，坤卦卦辞中也有“元亨”两字，《彖传》颂扬“坤元”，因为万物一定要依靠大地才能生存，但是其赞词肯定大地最根本的品格是“顺承天”，就是说只有天道才是唯一的原动力，而地道只是遵循天道，以实现天道。

这里所谓的“顺承天”意思是遵循天道，即宇宙的普遍法则、自然规律，在《周易》中这就是阴阳消长变化之道。《周易》最令人惊异的一点是，尽管它形成于宗教迷信盛行的远古，虽然它本身是向神鬼问吉凶的占卜活动的产物，但是《周易》自始至终几乎不提人格神，文字中没有超自然的奇迹的出现。

因此在坤卦《彖传》中“顺”的观念同服从天命的思想无任何相同之处。在《彖传》作者看来，天道是一种不可抗拒的必然性，顺应天道是避免失败、取得成功的必由之路；天道又意味着秩序和规律，认识了天道就具有一种大智慧，能够掌握事物变化发展的途径和方向。坤卦言处下之道，《彖传》所说的顺就是要人们在艰难的环境中借水行舟，顺势而为，当然也包括顺从长上，这是身处下位的题中应有之意，不然不可能有任何作为。

柔顺并不意味着无条件地遵从长上或君主的任何一种意志或意旨。《彖传》清楚地意识到，柔顺的观念会被恶势力利用，使人们为虎作伥，助纣为虐。因此《彖传》提出柔顺必须以“正”为前提，要遵循正确的方向，以防止这一观念被误解为盲从。《彖传》指出，“‘牝马’地类，行地无疆，柔顺‘利贞’”，就是说牝马柔顺，可以驾驭它行至无比遥远的地方，这是因为行在正道之上。同样，《彖传》把“先迷”解释为失去了正道，君子后来之所以顺利其原因就是因为找到了正道。卦辞在最后又一次强调，只有安于正道，才能“应地无疆”，即建功立业，鹏程万里。可见《彖传》明确地反对无原则的顺从。由于有“正”的概念的限定，柔顺就是顺应以刚健为基本特征的天道的意义变得更加突出，因而没有任何消极的成分。

《彖传》对坤卦卦义的又一发明是把地道归结为德，说“坤厚载物，德合无疆”。这是赞颂大地无比深厚和广袤，它承载和滋养之德无私地普及万物。因此，人们要有博大的胸怀，无私的美德，恢宏的气度。《象传》以德说坤卦和地道，这不是简单比拟，而是有深刻的哲学思想为根据的。中国古代哲学家大都把德解释为“得”，说：“德者，得也。”（见《老子》、《管子·心术》、《乐记》）所谓“得”就是得其所以然，也就是得其道于己而不失。同时“得”还有“获得”、“具备”等义，转化为名词是指所拥有的东西。可见，在中国古代哲学中，“德”是一个事物所秉承的天道与其自身品性、材质的统一，即其自身合于天道的一切，也就是其自身所有的卓越的东西。而大地“载华岳而不重，振江河而不泄，万物载焉”（《中庸》），最能显示一个事物本身内在价值的丰富和美好，以及这些价值的生命力和创造力，因而是“德”的各种含义的最生动的表现。所以《象传》言大地“含弘光大，品物咸‘亨’”，万物因大地的滋养而蓬勃生长，显得丰茂繁盛。

《象传》的这种道德观有助于破除僧侣主义的道德论。僧侣主义认为道德是一种外在的行为准则，把道德变成清规戒律，用以禁锢人们的思想，束缚人们的行为，从而使人们的精神变得干枯。与之相反，《象传》把道德视为人的内在的品性和精神的卓越。充满了勃勃生机和无限的活力。《象传》的道德观能够成为抵御这种僧侣主义的有力的思想武器。

坤卦六爻皆阴，为柔顺之象，与此相应，卦、爻辞言处下之道，但是，《象传》正确地把握和深刻地阐发了坤卦卦义，赋予坤卦以巨大的能动的精神力量，使人们明白，虽然处于下位，但是，他们仍然可以在精神上形成强大的优势，应当具有自信，认识到自己是可以大有作为的。（施忠连）

象传·乾 《周易》

乾①：元亨，利贞。

《象》曰：天行健，君子以自强不息。

初九：潜龙勿用。

《象》曰：“潜龙勿用”，阳在下②也。

九二：见龙在田，利见大人。

《象》曰：“见龙在田”，德施普也。

九三：君子终日乾乾，夕惕若厉，无咎。

《象》曰：“终日乾乾”，反复道③也。

九四：或跃在渊，无咎。

《象》曰："或跃在渊"，进④无咎也。

九五：飞龙在天，利见大人。

《象》曰："飞龙在天"，大人造⑤也。

上九：亢龙有悔。

《象》曰："亢龙有悔"，盈⑥不可久也。

用九：见群龙无首，吉。

《象》曰："用九"天德，不可为首⑦也。

〔注释〕 ① 对乾卦的卦辞、爻辞的解释，见本书《乾卦》。 ② 阳在下：指由下往上数的第一根阳爻。 ③ 反复道：往来、进退、举动都合乎道。 ④ 进：前进，进取。 ⑤ 造：兴起，作为。 ⑥ 盈：满，自满，骄傲。 ⑦ 不可为首：群雄蜂起，不可自封为首领。 （施忠连）

〔鉴赏〕 《象传》又称《象辞》，简称《象》，解释六十四卦每一卦的卦名、卦象、卦辞、爻辞，大约形成于战国后期，最晚不迟于西汉前期。《象传》一般总是以简明扼要的字句指出每一卦的卦义，这部分文字被称为"大象"，而对每一爻的解释则称为"小象"。《象传》对卦、爻辞的解释不拘一格，有些是根据卦象、爻象、爻位来解说《易经》，有些是注释字义，还有的是阐发经文中所包含的思想观念。《象传》主要从政治学和伦理学上规定每一卦的意义，儒家的思想观念在其中发挥了主导作用。

乾卦的《象传》对乾卦的卦义和《彖辞》的思想作出了非常精辟的概括，一语道明了天道和奉行天道的理想人格的本质特征。它说："天行健，君子以自强不息。"所谓"天行"就文字而言既可注为天体的运行，也可解为"天道"，然而从哲学上看，《象传》讲天体运行也是说天道。这里的"健"字即"刚健"之意，从字面上说表示天体以巨大的动能运行不已，而作为中国哲学的一个范畴，它有自主运动、运行不息、生机洋溢、活力无限的含义。中国现代著名的哲学家熊十力曾把刚健解说为宇宙本体的开发无穷、升进不已、向上的势用，从而赋予这个范畴以本体论意义。刚健为《周易》之魂，崇尚阳刚精神是《周易》自始至终的基调，在《彖传》和《象传》解读六十四卦时，凡是卦、爻辞吉利的，或虽有险象但最终无灾的，它们都以该卦有阳刚之象来说明。可以说整本《周易》是刚健观念的展开，是刚健精神的颂歌。由于崇尚刚健观念，儒家思想萌发勃勃生机，儒家人格在保持温和谦让的君子风度的同时，也具有强大的精神活力和进取精神。

在《周易》中天人是合一的，因此《象传》认为人的精神、品质和行为应与天道相一致,刚健的天德在人身上的体现就是自强不息。所谓自强不息就是说不相信命运的安排,不依赖于外部的条件,也不屈服于险恶的环境或局势,自我进德修业,奋斗不止。君子身处富贵,心怀忧患;愈是穷困,其志愈坚。总之,在任何情况下都不放弃自己的努力,总要有所作为。《象传》以"自强不息"四字来总结乾卦的意义非常贴切而又传神,因为乾卦龙的隐喻所刻画的理想人格在各种情况下所表现的就是自强不息的精神。"小象"的断语对此做了非常清楚的说明。

《象传》对"初九"的"潜龙勿用"的解释是"阳在下也",这是从"初九"即第一根阳爻处于最下的爻位来说爻辞,但是这里值得注意的是,《象传》不是以"勿用"两字来警告人们不要有所作为,而是提醒人们"阳"处于最下面的位置。而"阳"是代表能动的、自主的、决定的、刚强的、向上的因素或力量。因此,这句爻辞实际上点明了这样的意思:当胸有大志的君子不受任用、身处山野之地或困厄之境之时,虽然一时不能轻举妄动,但是他们内具强大的精神生命力,终将有所作为。对于"九二:见龙在田"、"九三:君子终日乾乾,夕惕若"的爻辞,"小象"分别解释说:"德施普也","反复道也",都指明了思想品质和道德观念能够使人产生巨大的精神力量,能够始终自励自勉、孜孜不倦、勤勉努力。"九四:或跃在渊"表明君子遇到复杂的情势,地位未定,可上可下,其一"或"字更突出了这种可进可退的情势。但是《象传》明确指出唯有"进"才"无咎",强调前进、进取、进步才是避免灾难的正确途径。"九五:飞龙在天"的爻辞本是对连续第五根阳爻所处爻位的形容,可是以《象传》的视角来看,这正是昭示君子在大好形势下当大显身手,奋力成就非凡的功业。与此同时,在解说"上九"和"用九"爻辞时,《象传》又提醒君子在取得辉煌成就的时候,要懂得物极必反的道理,保持清醒的头脑和谦虚谨慎的品质,从而使自己的能动精神不至于因为胜利而松懈、削弱、丧失。

由上可见,乾卦《象传》虽然文字十分简略,但把自强不息的精神阐发得淋漓尽致,使人们能够从整体上把握人的自觉性和主体精神,这对于发展儒家的自我意识和自我观念作出了重要的贡献。 (施忠连)

象传·坤 《周易》

坤①:元亨。利牝马之贞。君子有攸往,先迷后得主,利。西南得朋,东北丧朋。安贞吉。

《象》曰:地势坤②,君子以厚德载物。

初六：履霜，坚冰至。

《象》曰："履霜坚冰"，阴始凝也。驯③致其道，至"坚冰"也。

六二：直方，大不习，无不利。

《象》曰："六二"之动，"直"以"方"也④。"不习，无不利"，地道光⑤也。

六三：含章，可贞。或从王事，无成有终。

《象》曰："含章，可贞"；以时发⑥也。"或从王事"，知光大⑦也。

六四：括囊，无咎，无誉。

《象》曰："括囊无咎"，慎不害也。

六五：黄裳，元吉。

《象》曰："黄裳元吉"，文在中⑧也。

上六：龙战于野，其血玄黄。

《象》曰："龙战于野"，其道穷⑨也。

用六：利永贞。

《象》曰："用六永贞⑩"，以大终也。

〔注释〕 ① 对坤卦的卦辞、爻辞的解释，见本书《坤卦》。 ② 坤：顺应。 ③ 驯：顺势。 ④ 直：为人正直。方：品行方正。 ⑤ 光：广大。 ⑥ 以时发：意思是人有了卓越的品质和才能，需涵养深沉，不能急于表现，要根据具体情况以时而发。 ⑦ 知：智慧，才智。光：广大。知光大：是说由于有杰出的才智，效力于朝廷，虽无大成就，最终会有好结果。 ⑧ 文：色彩，花纹，这里指美德、才华。中：这里意为内里，指心灵。 ⑨ 道穷：以爻位解释爻辞，"上六"为连续第六根阴爻，阴势盛至极点，物极必反。 ⑩ 永贞：《象传》解读为永远正直。（施忠连）

〔鉴赏〕 《象传》对坤卦的卦义的表述十分允当，它说："地势坤，君子以厚德载物。"显然，这个判断是对照乾卦的《象传》作出的，因为两句的字数和句型都相同，用字对称。从文字上看，"厚德载物"是《彖传》"坤厚载物，德合无疆"八字的进一步的浓缩，而从观念上看，可以说是坤卦全部卦爻辞和《彖传》思想的结晶。

《象传》这一判断的前提是"地势坤"，这里的"坤"字解为"顺"，即顺应天道。大地无比深厚、广阔、辽远，持载、养育万物，功德无量，仍然顺承于天，而且正是由于顺应天道，按照四季的天时生长万物，才使世界呈现一派生机。因此人们要取法大地，厚德载物。

“厚德”二字兼有四义，其一是道德品质深厚，心灵深处纯洁无邪，行为有坚实的思想基础，精神达到非常崇高的境界；其二是推己及人，己欲立而立人，己欲达而达人，道德影响覆盖面非常广阔；其三是性情敦厚，为人正直，待人真诚；其四是仁厚宽容，不念旧恶，以德报怨，善于团结他人。这样“厚德”的观念就否定了这样一些虚假的道德行为：做表面文章以博得人们的称赞；矫揉造作，以某些伪装看似合乎道德的行为来自欺欺人；矫情，即做得比有道德的人还要过分，以某种别出心裁然而违反常情的行为来显示自己的高明，既危害自己，也伤害别人。这些都违背《象传》提倡的厚德。

“载物”不仅突出了厚德概念中宽厚容人的含义，更重要的是进一步指明道德不应只反映在其个人的思想品质上，而且应当表现为其产生的社会效应，能够造福社会。大地之德既能容载万物，又能养育万物，因此，人的品德不能仅仅满足于独善其身，也不能只是停止于博施济众，让他人被动地接受施舍，而且要以自己的道德品质和行为感化他人，完善环境，使他人具有为善向上的自觉性，并使国家能够焕发生机，社会健康地发展。这才是“载物”的完整含义。

在《象传》看来，道德是纯洁的品质，是崇高的精神境界，又是一种智慧，更是无比强大的精神力量。因此，它虽然不考虑功利，但是必定大有利于社会，也赋予个体克服前进道路上的种种障碍、战胜人生途中的巨大挑战、转变困境的睿智和精神力量，为他们建功立业创造各种主、客观条件。“六二”《象传》“‘六二’之动，‘直’以‘方’也。‘不习，无不利’，地道光也”、“六三”《象传》“‘含章，可贞’，以时发也。‘或从王事’，知光大也”，以及“六五”《爻辞》“‘黄裳元吉，’文在中也”，都清楚地反映了这一信念。对于那些受制于他人，又想有所作为、取得成功的人来说，道德的作用是显而易见的。因为虽处于下位，但是道德高尚，办事公道，待人以诚，就能得到上下左右各方面的人的理解、关心、支持和帮助，这样就不会做不成事情。“用六”《象传》说“‘用六永贞’，以大终也”，则把道德同最终的成功直接联系在一起了。当然，道德不能保证一个人获得财富、地位和权力，就此而言，它并不能使人在每一件事情上取得成功；但是道德使人有一个正确的方向，能够使他在各种事情上发挥出自己最大的力量，虽然他在某件事情上失败了，或是终生穷困，甚至牺牲了生命，但是我们仍然可以说，他度过了一个成功的人生。

乾、坤两卦是《周易》一书的总纲，《象传》把这两卦的卦义加以并举，反映了一种非常深刻的哲学思想。如果割裂这两个卦义,分别加以绝对化,走向极端,就会产生祸患。《象传》把它们结合起来,打造为统一的《周易》精神。刚健有为并不是强横霸道,咄咄逼人,也不是恃才傲物、目空一切、天马行空、独往独来;厚德载物不是循规蹈矩,墨守成规,也不是鲁钝木讷,毫无主见,人云亦云,更不是一味地逆来顺受,委曲求全。海纳百川,有容乃大,壁立千仞,无欲则刚,刚健与宽容,自强不息与厚德载物的结合,是《周易》精神的真谛所在。这种结合构成了中国文化的精髓,成为中华民族精神的最重要的特征。 (施忠连)

文 言 《周易》

乾

《文言》曰①:"元"者,善之长也;"亨"者,嘉之会也;"利"者,义之和也;"贞"者,事之干也。君子体仁②足以长人,嘉会足以合礼,利物③足以和义,贞固④足以干事。君子行此四德者,故曰:"乾:元、亨、利、贞。"

初九⑤曰:"潜龙⑥勿用",何谓也?子⑦曰:"龙,德而隐者⑧也。不易乎世⑨,不成乎名⑩。遁世⑪无闷⑫,不见是而无闷。乐⑬则行之,忧⑭则违⑮之,确⑯乎其不可拔⑰,'潜龙'⑱也。"

九二曰:"见⑲龙在田,利见大人⑳",何谓也?子曰:"龙德而正中㉑者也。庸言㉒之信,庸行㉓之谨㉔。闲邪㉕存其诚,善世㉖而不伐㉗,德博㉘而化㉙。《易》曰:'见龙在田,利见大人',君德㉚也。"

九三曰:"君子终日乾乾㉛,夕惕㉜若,厉㉝无咎㉞",何谓也?子曰:"君子进德㉟修业㊱。忠信㊲,所以进德也;修辞㊳立其诚,所以居业㊴也。知至㊵至之㊶,可与言几㊷也;知终㊸终之㊹,可与存义㊺也。是故居上位而不骄㊻,在下位而不忧㊼。故乾乾因其时而惕,虽危无咎矣。"

九四曰:"或跃在渊,无咎",何谓也?子曰:"上下㊽无常,非为邪也;进退㊾无恒,非离群㊿也。君子进德修业,欲及时[51]

也，故‘无咎’。”

九五曰：“飞龙[52]在天，利见大人”，何谓也？子曰：“同声相应[53]，同气相求[54]；水流湿[55]，火就燥[56]；云从[57]龙，风从虎。圣人作[58]而万物睹[59]；本[60]乎天者亲上，本乎地者亲下，则各从其类也。”

上九曰：“亢龙有悔[61]”，何谓也？子曰：“贵[62]而无位[63]，高而无民[64]，贤人在下位而无辅[65]，是以动而‘有悔’也。”

“潜龙勿用”，下[66]也。“见龙在田”，时舍[67]也。“终日乾乾”，行事也。“或跃在渊”，自试[68]也。“飞龙在天”，上治[69]也。“亢龙有悔”，穷之灾[70]也。乾元“用九[71]”，天下治[72]也。

“潜龙勿用”，阳气潜藏[73]。“见龙在田”，天下文明[74]。“终日乾乾”，与时偕行[75]。“或跃在渊”，乾道乃革[76]。“飞龙在天”，乃位乎天德[77]。“亢龙有悔”，与时偕极[78]。乾元“用九”，乃见天则[79]。

《乾》“元”者，始而亨[80]者也。“利、贞”者，性情[81]也。乾[82]始能以美利利[83]天下，不言所利[84]，大矣哉！大哉乾乎！刚健中正，纯粹精[85]也；六爻发挥[86]，旁通[87]情[88]也；时[89]乘六龙[90]，以御天也；云行雨施，天下平也[91]。君子以成德[92]为行[93]，日可见之行[94]也。“潜”之为言也，隐而未见[95]，行而未成[96]，是以君子弗用也。君子学以聚[97]之，问以辩[98]之，宽[99]以居[100]之，仁以行之。《易》曰“见龙在田，利见大人”，君德也。

九三重刚[101]而不中[102]，上不在天[103]，下不在田[104]，故“乾乾”，因其时而“惕”，虽危“无咎”矣。

九四重刚而不中，上不在天，下不在田，中不在人[105]，故“或[106]”之。“或”之者，疑之也，故“无咎”。

夫“大人”者，与天地合其德[107]，与日月合其明[108]，与四时合其序[109]，与鬼神合其吉凶[110]。先天[111]而天弗违[112]，后天而奉[113]天时。天且弗违，而况于人乎？况于鬼神乎？

"亢"之为言也,知进而不知退,知存而不知亡,知得而不知丧,其唯[114]圣人[115]乎?知进退存亡而不失其正[116]者,其唯圣人乎!

坤

《文言》曰:《坤》至柔[117]而动[118]也刚[119],至静而德方[120]。后得主[121]而有常[122],含万物而化光[123]。坤道其顺[124]乎!承[125]天而时行[126]。

积善之家,必有余庆;积不善之家,必有余殃[127]。臣弑[128]其君,子弑其父,非一朝一夕之故,其所由来者渐矣!由[129]辩之不早辩也。《易》曰:"履霜,坚冰至[130]",盖言顺[131]也。

"直[132]"其正[133]也,"方"其义[134]也。君子敬[135]以直内[136],义以方外[137],敬义立而德不孤[138]。"直、方、大[139],不习[140],无不利",则不疑其所行也。

阴虽有美,"含"之[141]以"从王事[142]",弗敢成[143]也。地道[144]也,妻道也,臣道也。地道"无成"而代[145]"有终"[146]也。

天地变化,草木蕃[147];天地闭,贤人隐。《易》曰:"括囊[148],无咎无誉[149]",盖言谨也。

君子"黄"[150]中通理[151],正位[152]居体[153],美在其中而畅[154]于四支[155],发[156]于事业,美之至也!

阴疑于阳[157]必"战",为其嫌于无阳[158]也,故称"龙"焉。犹未离其类[159]也,故称"血"[160]焉。夫"玄黄"[161]者,天地之杂也,天玄而地黄。

〔注释〕 ①《文言》曰:《文言》解释的是《易》中诸卦爻辞的理论意义,与《易》中诸卦爻辞原来占卜含义不同。如《易·乾》:"元亨,利贞。"元,大;亨,即"享"字,是供物祭祀神灵;利,利于;贞,即占,占卜。《文言》解释元为"善之长",亨为"嘉之会";利为"义之和";贞为"事之干"。长,成长;嘉,美、善;会,会合、聚合;和,相应;贞,正;干,古为"幹"字,躯体,即主体。 ② 体仁:实行仁德。 ③ 利物:对人、物有利。 ④ 贞固:正而坚定,即坚持正道。 ⑤ 初九:《周易》每卦六爻,爻分阴阳,阳爻为"—",称"九";阴爻为"--",称"六"。从爻所处位置来说,最底下为初,依次为二、三、四、五、上。其中初、二象征"地",三、四象征人,五、上象征"天"。从爻位来说,初、三、五是奇数，属于阳位，二、四、六(或上)是偶数，属于阴位。乾卦“初”是阳爻，故为“初九”。《彖传》、《象传》、《文言》、《系辞》等都是解释诸卦中爻位(即爻象)、爻辞中的含义。⑥ 潜龙：潜伏之龙。按马融解释：“物莫大于龙，故借龙以喻天之阳气也。初九建子之月(即阴历十一月)，阳气始动于黄泉，既未萌芽，就是潜伏，故曰潜龙也。” ⑦ 子：孔子。 ⑧ 德而隐者：有德而隐居不仕者。 ⑨ 不易乎世：不为世俗而改易品行。易，改易、转移。 ⑩ 不成乎名：不求成名。成，求。 ⑪ 遁世：避世隐居。 ⑫ 闷：苦闷。 ⑬ 乐：高兴、喜欢。指自己喜欢之事。 ⑭ 忧：忧患。指有忧患之事。 ⑮ 违：避免。 ⑯ 确：坚定不移。 ⑰ 拔：改变、移动。 ⑱ 潜龙：指隐居的君子。 ⑲ 见：同“现”。 ⑳ 大人：贵族、有地位者。㉑ 正中：正，正直。中，不偏不倚、无过无不及。 ㉒ 庸言：日常之言。 ㉓ 庸行：日常之行。㉔ 谨：谨慎。 ㉕ 闲邪：闲，防止。邪，邪僻。 ㉖ 善世：使世风变善。善，使……善。㉗ 伐：夸耀自己的功劳。 ㉘ 德博：德泽广博。博，广大、博大。 ㉙ 化：感化。 ㉚ 君德：人君之德。 ㉛ 乾乾：勤勉努力。 ㉜ 夕惕：夜里也保持警惕。 ㉝ 厉：危险。 ㉞ 咎：害。 ㉟ 进德：提高品德。 ㊱ 修业：研习学问，发展事业。 ㊲ 忠信：指君子讲忠信。㊳ 修辞：修饰言辞。 ㊴ 居业：保有功业。 ㊵ 知至：适可而止。 ㊶ 至之：达到这种程度。 ㊷ 几：征兆。 ㊸ 终：结果。 ㊹ 终之：达到这一结果。 ㊺ 义：通“宜”，指合宜。㊻ 骄：骄横、骄傲。 ㊼ 忧：忧虑。 ㊽ 上下：或上或下。 ㊾ 进退：或进或退。 ㊿ 群：族群。 51 及时：指及时作事业。 52 飞龙：此爻在九五之位，五为天位，故称飞龙。53 应：应和。 54 求：求取。 55 湿：低湿处。 56 燥：干燥处。 57 从：随从。 58 作：兴起。 59 覩：同“睹”，看见。 60 本：扎根。 61 亢龙有悔：意思是居高位者须戒骄傲自满，否则便有败亡之危。亢，至高。 62 贵：尊贵。 63 无位：没有地位，上九阳爻居阴位是无位。 64 无民：丧失民心。 65 无辅：没有得到(贤人)的辅佐。贤人即君子，处九三之位。66 下：指龙潜在下，比喻隐居潜伏，以待时而进用。此后数语从人事来解释。 67 时舍：适时而止。指做事恰到好处。时，适时。舍，止。一说是“暂时住在民间”，恐误。因为从上文解释来看，“见龙在田”是“庸言之信，庸行之谨。闲邪存其诚，善世而不伐，德博而化”，都是指一种合宜的行为，故仅说居于民间则不准确。 68 自试：自试才能。 69 上治：在上位治理国事。70 穷之灾：指阳爻达到顶点，物极必反而有危险。穷，顶点、极点。 71 用九：即通九，指六爻皆来自数九，则九爻辞断事。 72 治：太平。 73 潜藏：潜藏于地下。初九为地、为阴历十一月至十二月，故天寒地冻，阳气乃藏于地下。此后数语从天道变化来解释。 74 文明：文，文采。明，鲜明。九二为阳气出土，故万物始生。 75 行：进。九三为阴历三、四月，草木始为繁盛，君子与时俱进。 76 革：变革、变易。九四为阴历五、六月，天气渐热，相对冬春而言，天气变易较大。 77 天德：九五为阴历七、八月，万物成熟，是为天所成就。 78 极：达到极点。上九为阴历九、十月，天气由热趋寒，万物由盛而衰，故为极。 79 天则：天的法则。 80 始而亨：开始通顺。 81 性情：即乾元使万物得性情之正。 82 乾：天。 83 利：使……利。84 所利：所利之物。 85 精：精美。 86 六爻发挥：指乾卦的六爻发出作用。 87 旁通：即广通、广泛通达。 88 情：指天道、人道之情状。 89 时：适时。 90 六龙：卦象指六爻。91 平：太平。 92 成德：成就德业。 93 行：名词，(自己的)行为。 94 行：动词，行动。95 见：显现。 96 未成：没有成就。 97 聚：积聚、积累。 98 辩：通“辨”，辨别。 99 宽：宽容。 100 居：原指居住，此指君子存心。 101 重刚：九二阳爻，九三又为阳爻，是为重刚。102 不中：没有处在中位。前三爻的中位为九二，后三爻的中位是九五，故九三处位不中。103 上不在天：指九五之位。 104 下不在田：指九二之位。 105 中不在人：九三是人位，九四不在人位。 ⑯ 或：同“惑”，疑惑。 ⑰ 合其德：合天地之德。指大人之德与天地好生之德相合。 ⑱ 合其明：指大人明察与日月光辉相合。 ⑲ 合其序：指大人的恩威与四时顺序相合。 ⑩ 合其吉凶：大人的赏罚与鬼神的福祸相合。 ⑪ 先天：先于天时而行事。 ⑫ 天弗违：天不会违反他。 ⑬ 奉：尊奉。 ⑭ 唯：是。 ⑮ 圣人：王肃本作“愚人”。根据上下文，此二字应为“愚人”。 ⑯ 正：正确。指圣人对进退存亡处置正确。 ⑰ 至柔：极其柔顺。⑱ 动：变动，即阴阳交感而化生。 ⑲ 刚：指外柔内刚。 ⑳ 方：方正。坤为阴，属地，天圆地方，故地“德方”。 ㉑ 主：指天道。 ㉒ 常：常道。 ㉓ 化光：化，化生、化育。光，“广”字假借，即广大。 ㉔ 顺：即柔顺。 ㉕ 承：承奉。 ㉖ 时行：依时而行。即春生夏长秋获冬藏之时序。 ㉗ 殃：灾殃。 ㉘ 弑：按当时伦理观念，臣杀君、子杀父，均为弑。 ㉙ 由：原由、缘故、原因。 ㉚ 履霜，坚冰至：踩着霜，坚硬的冰就要来临。 ㉛ 顺：顺着时令。指履霜而坚冰至。 ㉜ 直：地道顺天道而行，故为直。 ㉝ 正：正确。 ㉞ 义：合宜。 ㉟ 敬：主敬。 ㊱ 直内：使内心正直。直，使……正直。 ㊲ 义以方外：行事合宜使自己对外事方正不偏。 ㊳ 孤：孤独无援。 ㊴ 直、方、大：三者均为坤道。 ㊵ 不习：不熟悉(之事)。㊶ 含之：含，含蓄。之，指坤道之德。 ㊷ 从王事：从事王事。 ㊸ 成：有所成。 ㊹ 地道：坤为地，故为地之道。下面“妻道”、“臣道”均为坤卦之义。 ㊺ 代：代替(天道)。 ㊻ 有终：有结果，指化育万物。 ㊼ 蕃：繁盛。 ㊽ 括囊：扎住口袋。 ㊾ 无咎无誉：没有灾殃也没有赞誉。 ㊿ 黄中：黄，黄色衣裳。中，指在内。《象》“黄裳元吉，文在中也。” (151) 通理：通达道理。 (152) 正位：端居其位。 (153) 居体：符合礼制。 (154) 畅：畅发。 (155) 支：同“肢”。(156) 发：表现。 (157) 阴疑于阳：疑，同“拟”，即势均力敌。阴阳势均力敌。则阴不从阳，故两者必战。 (158) 嫌：当读为“疑”，同“拟”。“无”为衍文。“嫌于无阳”即拟于阳，指上六阴达到于极盛，其势力等于阳，龙：刚健之象，为阳物。 (159) 未离其类：并未离开它的本类(阴类)。坤为阴，虽占阳位，但仍是阴类。 (160) 血：释上六爻辞“龙战于野，其血玄黄”。 (161) 玄黄：天玄地黄，原指天地颜色，但阴阳相战，两龙相斗，两败俱伤，故流血，其色玄黄。 (施忠连)

〔**鉴赏**〕《文言》为“十翼”之一，相传为孔子所作，对《周易》乾坤二卦的微言大义，作了精湛阐发，言简意赅，发人深思。中心思想在论述儒家处世哲学。教人树立“进德修业”的人生理想，坚持“刚健中正”的独立人格；主之以阳刚，辅之以阴柔，谱写“刚柔相济”的人生进行曲。

志士仁人立足社会，经邦济世，当顶天立地，至大至刚。以“进德修业”为人生追求，完善优良道德，建树宏伟功业，开拓进取，自强不息，努力实现崇高的人生价值。处世接物，忠信笃实，“忠信所以进德也，修辞立其诚，所以居业也”。待人诚恳，做事谨慎，言必信，行必果。学习先贤教诲，以积累知识，增长才干；多问多闻，广开言路，明察是非，是谓“学以聚之，问以辩之”。心地至诚，奠定立业之根基。“宽以居之，仁以行之”，宽厚居心，仁惠处事，气量恢宏，心胸坦荡，不图名，不贪利。治理人民宽惠博爱，团结群体合乎礼仪，掌管财物公正无私，处理政务坚守正道，这就是“君子体仁足以长人，嘉会足以合礼，利物足以合义，贞固足以干事”。谨遵元亨利贞“四德”，牢树做人的基本准则。为社会立功建业，切忌居功骄傲，妄自矜夸，“善世而不伐”，民众自会“风从虎，云从龙”，油然望风倾慕。

《文言》思想，首重舒张阳刚之气，为人奋发向上，自立自强，“与天地合其德，与日月合其明，与四时合其序，与鬼神合其吉凶”，即是说待人接物，泛爱民众，若天无私覆，地无私载；光明正直，若日月经天，无不照临；信赏必罚，如四时之刻期不爽；惩恶扬善，如鬼神之灵威应验。刚健自雄，一身正气，“云行雨施，天下平”，体乎仁，合乎义，披肝沥胆，心昭日月。

《文言》倡导阴柔之道，予人生以深层启迪。教人顺从时势，灵活应变。“在上不骄，在下不忧”。出处进退，豁达大度。“知至至之”，“知终终之”。时机来临，当进取则勇于进取；时不我利，该罢休则毅然罢休。切忌一意孤行，“知进而不知退，知存而不知亡，知得而不知丧”，贪功冒进，无所节制，走向事物的反面，导致“贵而无位，高而无民，贤人在下而无辅”，沦为孤家寡人。此之谓“亢龙有悔，穷之灾也”。

人生旅途中，难免遭遇逆境。谋略远大而不受重用，满腹经纶而无从施展。当此之时，应及时退隐，“遁世无闷”。韬光养晦，以待时机，是谓“天地闭，贤人隐”，“阴柔有美，含之”。虽有才华而含蓄不露，大智若愚，深藏若虚，外虽至柔，实则至刚，故云：“阴至柔而动也刚。”当柔不柔，该隐不隐，执拗独行，难免“龙战于野，其血玄黄”。

无论进取或退遁，均当“敬以直内，义以方外”，保持刚健中正的独立人格，不随风偏倒，不丧失原则，不出卖灵魂，兢兢业业，“闲邪，存其诚”。闲邪，即抑制利欲之心的冲动；存诚，即永葆赤诚之心。苍天在上，日月鉴临，光明磊落，无咎无悔。《文言》阐扬的处世哲理，切中“自强不息，厚德载物”的民族精神。

（唐明邦）

系　　辞　　　　《周易》

上

天尊地卑，乾坤①定矣。卑②高以陈，贵贱③位矣。动静④有常⑤，刚柔⑥断⑦矣。方⑧以类聚⑨，物以群分，吉凶生矣。在天成象⑩，在地成形⑪，变化见⑫矣。

是故刚柔相摩⑬，八卦相荡⑭，鼓⑮之以雷霆，润⑯之以风雨，日月运行，一寒一暑。乾道成男，坤道成女⑰。乾知⑱太始[19]，坤作成物[20]。乾以易知[21]，坤以简能[22]。易则易知[23]，简则易从[24]。易知则有亲[25]，易从则有功[26]。有亲则可久，有功则可大。可久则贤人之德，可大则贤人之业。易简而天下之理得矣，天下之理得而成位[27]乎其中[28]矣。……

易与天地准[29]，故能弥纶[30]天地之道。仰以观于天文，俯以察于地理，是故知幽明之故[31]。原始反终[32]，故知死生之说。精气为物[33]，游魂为变[34]，是故知鬼神之情状[35]。与天地相似[36]，故不违；知周[37]乎万物而道济[38]天下，故不过[39]；旁行[40]而不流[41]，乐天知命，故不忧；安土[42]敦乎仁[43]，故能爱；范围[44]天地之化而不过，曲成万物[45]而不遗，通乎昼夜之道而知。故神[46]无方[47]而易无体[48]。

一阴一阳[49]之谓[50]道，继[51]之[52]者善也，成[53]之者性也。仁者见之谓之仁[54]，知者见之谓之知，百姓日用[55]而不知，故君子之道鲜[56]矣。

显诸仁，藏诸用[57]，鼓万物而不与圣人同忧，盛德大业，至矣哉！富有之谓大业，日新[58]之谓盛德，生生[59]之谓易[60]。成象[61]之谓乾，效法[62]之谓坤，极数知来[63]之谓占，通变[64]之谓事[65]，阴阳不测[66]之谓神。

夫易广矣，大矣，以言乎远则不御[67]，以言乎迩[68]则静而正[69]，以言乎天地之间则备[70]矣。夫乾，其静也专[71]，其动也直[72]，是以大生焉。夫坤，其静也翕[73]，其动也辟[74]，是以广生焉。广大配[75]天地，变通配四时，阴阳之义配日月，易简之善配至德。……

是故阖户[76]谓之坤，辟户[77]谓之乾，一阖一辟谓之变，往来不穷谓之通，见[78]乃谓之象，形乃谓之器，制而用之[79]谓之法[80]，利用出入[81]，民咸[82]用之，谓之神。

是故易有太极[83]，是生两仪[84]，两仪生四象[85]，四象生八卦，八卦定吉凶，吉凶生大业[86]。是故法象莫大乎天地，变通莫大乎四时，悬象著明[87]莫大乎日月，崇高莫大乎富贵，备物致用，立功成器[88]以为天下利，莫大乎圣人。探赜[89]索[90]隐[91]，钩[92]深致[93]远，以定天下之吉凶，成天下之亹亹[94]者，莫大乎著龟[95]。是故天生神物，圣人则[96]之；天地变化，圣人效之；天垂象[97]见吉凶，圣人象[98]之；河出图，洛出书，圣人则之。……

乾坤其易之缊[99]邪！乾坤成列[100]而易立乎其中矣。乾坤毁则无以见易，易不可见，则乾坤或几乎息矣。

是故形而上[101]者谓之道[102]，形而下[103]者谓之器[104]，化而裁之[105]谓之变，推而行之谓之通，举而措之天下之民[106]，谓之事业。

是故夫象，圣人有以见天下之赜，而拟[107]诸其形容，象其物宜[108]，是故谓之象。圣人有以见天下之动，而观其会通[109]，以行其典礼[110]，系辞[111]焉以断其吉凶，是故谓之爻。极天下之赜者存乎卦[112]，鼓天下之动者存乎辞[113]，化而裁之存乎变，推而行之存乎通，神而明之[114]存乎其人，默而成之[115]，不言而信[116]，存乎德行。

下

……

天地之道，贞[117]观[118]者也，日月之道，贞明者也，天下之动，贞夫一[119]者也。夫乾，确然[120]示人易矣；夫坤，隤然[121]示人简矣。爻也者，效此者也，象也者，像此者也。爻象动乎内[122]，吉凶见乎外，功业见乎变，圣人之情见乎辞[123]。天地之大德曰生，圣人之大宝[124]曰位，何以守位曰仁，何以聚人曰财，理财正辞[125]、禁民为非曰义。

古者包牺氏之王天下也，仰则观象于天，俯则观法于地[126]，观鸟兽之文与地之宜[127]，近取诸身，远取诸物，于是始作八卦以通神明之德[128]，以类[129]万物之情。作结绳而为网罟，以佃[130]以渔,盖取诸离[131]。包牺氏没,神农氏作,斫木为耜,揉木为耒[132],耒耨[133]之利,以教天下,盖取诸益[134]。日中为市,致天下之民,聚天下之货,交易而退,各得其所,盖取诸噬嗑[135]。神农氏没,黄帝、尧、舜氏作[136],通其变[137]使民不倦,神而化之[138],使民宜之。易,穷则变,变则通,通则久。是以自天祐之,吉无不利[139]。……

易曰:憧憧往来,朋从尔思[140]。子曰:天下何思何虑[141]?天下同归而殊涂,一致[142]而百虑[143],天下何思何虑?日往则月来,月往则日来,日月相推[144]而明生焉。寒往则暑来,暑往则寒来,寒暑相推而岁成焉。往者,屈也;来者,信[145]也;屈信相感[146]而利生焉。尺蠖[147]之屈,以求信也;龙蛇之蛰[148],以存身也。精义[149]入神[150],以致用也;利用[151]安身[152];以崇[153]德也。过此以往,未之或知也。穷神知化[154],德之盛也。……

子曰:危者[155]安其位者[156]也,亡者保其存者也,乱者有其治者也。是故君子安而不忘危,存而不忘亡,治而不忘乱,是以身安而国家可保也。……

天地纲缊[157],万物化醇[158],男女构精,万物化生。……

子曰:乾坤其易[159]之门[160]邪?乾,阳物也;坤,阴物也。阴阳合德[161]而刚柔有体[162],以体[163]天地之撰[164],以通神明之德。……

易之兴也,其当殷之末世[165],周之盛德也,当文王与纣之事也,是故其辞危[166]。危者使平,易[167]者使倾,其道甚大,百物不废,惧以终始[168],其要[169]无咎。此之谓易之道也。

〔注释〕 ① 乾坤:乾坤为两卦名,就其象征的事物来说,是指天地。 ② 卑:低。指爻所处位置。 ③ 贵贱:指天贵于地。 ④ 动静:天地动静。 ⑤ 常:常则。 ⑥ 刚柔:天刚健地柔顺。 ⑦ 断:区分、区别。 ⑧ 方:事物的性质。 ⑨ 类聚:指事物因性质相同而聚合。 ⑩ 象:天象。 ⑪ 形:形体,指一切事物的有形之体。 ⑫ 见:现、呈现。 ⑬ 刚柔相摩:从卦象来说,是阴阳两爻错综相合,就事物来说,指阳刚、阴柔互相交感摩擦。 ⑭ 八卦相荡:就卦象来说,指八卦激荡所形成的六十四卦,就事物说,指天、地、雷、山、火、水、泽、风八类事物的相互作用。 ⑮ 鼓:震动。 ⑯ 润:滋润。 ⑰ 乾道成男,坤道成女:得到乾道者成男性,得到坤道者成女性。 ⑱ 知：主管。 ⑲ 太始：初始，指事物最初的开端。 ⑳ 作成物：使万物成形。 ㉑ 易知：以平易为主。知：为人所知。 ㉒ 简能：以简易为能。 ㉓ 知：理解。 ㉔ 从：遵从。 ㉕ 有亲：容易亲近。有，无意义。 ㉖ 有功：功业、功绩。 ㉗ 成位：指人居于天地中的位置，即指人在天地之中的作用。 ㉘ 其中：指天地之中。 ㉙ 准：符合。 ㉚ 弥纶：普遍包括、普遍包含。 ㉛ 幽明之故：隐晦彰显的原因。隐晦，指事物无形，彰显，指事物有形。 ㉜ 原始反终：考察开端返归终始。原，考察、探研。反，归结、返归。 ㉝ 精气为物：精气聚而为形体。物，指人。 ㉞ 游魂为变：灵魂离开形体而起变化。 ㉟ 情状：情实状况。 ㊱ 相似：相合，指圣人与天地之道相合。 ㊲ 知周：知，智慧。周，周遍。知周即对事物考虑十分周到。 ㊳ 道济：道，道德。济：救济、救助。 ㊴ 过：过失、过错。 ㊵ 旁：当读为方，正直。旁行：行为合于正道。 ㊶ 流：流散，即放纵。 ㊷ 安土：安居乐业。土，指所居之处。 ㊸ 敦乎仁：厚于仁德。 ㊹ 范围：效法、模仿、仿效。 ㊺ 曲成万物：普遍助成万物。曲成，多方设法使之有成就。 ㊻ 神：神妙、神奇。 ㊼ 方：方所、固定场所。 ㊽ 体：形体。 ㊾ 一阴一阳：即又阴又阳。阴阳两爻不孤立存在，天地万物都有阴阳这两个对立面。 ㊿ 之谓：就是。 (51) 继：承受。 (52) 之：指一阴一阳之道。 (53) 成：具备、具有。 (54) 谓之：称它。全句意思是，仁者见到道的一个方面，便称它为仁。 (55) 日用：原指日常生活，此作平时经常使用。 (56) 鲜：少。 (57) 显诸仁，藏诸用：指阴阳之道表现为仁德，隐藏于其生育万物之作用中。 (58) 日新：日日更新。 (59) 生生：生而又生，即生生不息。 (60) 易：变易。 (61) 成象：即前文所说“在天成象”。 (62) 效法：据前文“乾知太始，坤作成物”，指坤效法乾。 (63) 极数知来：极，穷极。数，变易之数。知，推测。来，未来。 (64) 通变：通顺达变。 (65) 事：人事。 (66) 阴阳不测：阴阳变化莫测。 (67) 不御：无止境。 (68) 迩：近。 (69) 正：不邪僻。 (70) 备：完备。 (71) 专：专一。 (72) 直：刚直。 (73) 翕：闭、合。 (74) 辟：同“闭”，隐蔽。 (75) 配：相匹配。 (76) 阖户：关闭门户。 (77) 辟户：开启门户。 (78) 见：同“现”，显现、显示出来。 (79) 制而用之：制成器物而使用。 (80) 法：效法。 (81) 出入：有所改进。 (82) 咸：都。 (83) 太极：指天地未开辟时的混沌合一状态。 (84) 两仪：就筮法说是阴阳两爻，就事物说是天地。 (85) 四象：就筮法说是太阳、太阴、少阳、少阴，表示春夏秋冬四时。 (86) 大业：伟大事业。 (87) 悬象著明：悬象，天象。著明，极其光明。 (88) 成器：造成器物。 (89) 赜(zé)：繁杂。 (90) 索：求。 (91) 隐：隐晦。 (92) 钩：追寻。 (93) 致：达、抵达。 (94) 亹亹(wěi)：勤勉不倦。 (95) 蓍龟：蓍，筮。龟，卜。 (96) 则：效法、仿效。 (97) 垂象：显示天象。 (98) 象：象征。 (99) 缊：蕴藏。 (100) 成列：指乾坤各有六爻，六爻排成列。 (101) 形而上：有形之上，即无形。 (102) 道：事物变化的规律。 (103) 形而下：有形。 (104) 器：具体器物。 (105) 化而裁之：自然的演化而人为的制裁。 (106) 举而措之天下之民：把道与器施于天下之民。 (107) 拟：模拟。 (108) 象其物宜：象征事物之所宜。 (109) 会通：相通，指事物之间的联系。 (110) 典礼：典章制度。 (111) 系辞：系于卦、爻象下之辞，即卦、爻辞。 (112) 卦：卦象。 (113) 辞：卦、爻辞。 (114) 神而明之：通晓神妙之理。明，通晓、明白。 (115) 默而成之：默然而成功。默，不做声、不开口。 (116) 不言而信：不说话而使人相信。信，使……信。 (117) 贞：正。 (118) 观：(天地之道)以象示人。 (119) 一：指恒常不变的秩序。 (120) 确然：刚健貌。 (121) 隤然：柔顺貌。 (122) 内：卦内，指在卦象中变易。 (123) 辞：爻辞、卦辞。 (124) 大宝：最贵重的东西。 (125) 正辞：严正言辞。 (126) 观法于地：观察地上事物的形式。法，法则，此作形式。 (127) 地之宜：即土地适宜种植之物，宜，作特产。 (128) 神明之德：神妙显著的德性。神，神奇、神妙。明，著明、显著。 (129) 类：类似、类比。 (130) 佃：即“田”，打猎。 (131) 离：离卦，离为绳，两离相重，象结绳为网罟。 ⑬² 斫木为耜，揉木为耒：斫(zhuó)，砍、削。揉：弯曲。耒耜(lěi sì)：是古代翻土的农具。全句意为砍削弯曲木材，成为耒耜。 ⑬³ 耨(nòu)：锄草农具。 ⑬⁴ 取诸益：取之于益卦。益卦震下巽上，震为动，巽为木，圣人观益卦，见木在土中动，于是发明了耒耜。⑬⁵ 噬嗑：卦名，卦象为震下离上，离为日象，震为大路，表示日照大路，圣人观此卦而发明集市。⑬⁶ 作：继之而起。 ⑬⁷ 通其变：指改变旧器具而推广之。 ⑬⁸ 神而化之：指巧妙运用。⑬⁹ 自天祐之，吉无不利："大有"卦上九爻辞。 ⑭⁰ 憧憧往来，朋从尔思："咸卦"九四爻辞。憧憧，心神不定；从，跟从、随着；尔，你。 ⑭¹ 何思何虑：意为何须多思虑。 ⑭² 一致：目的一样。 ⑭³ 百虑：想法多端。百，泛指多。 ⑭⁴ 相推：相推移，即交替。 ⑭⁵ 信：同伸。⑭⁶ 相感：互相感应。 ⑭⁷ 尺蠖(huò)：蛾的幼虫。 ⑭⁸ 蛰：潜伏。 ⑭⁹ 精义：指研究出的精妙道理。 ⑮⁰ 入神：进入神妙境界。 ⑮¹ 利用：利，便利；用，应用。 ⑮² 安身：安定身心。⑮³ 崇：提升，提高。 ⑮⁴ 穷神知化：穷究神妙的事物，认识事物变化之理。 ⑮⁵ 危者：危险，危险的事物或事情。 ⑮⁶ 安其位者：安于他统治地位的人。 ⑮⁷ 细缊(yīnyùn)：指天地间阴阳两气交合时的状态。 ⑮⁸ 醇：同"纯"。 ⑮⁹ 易：变易。 ⑯⁰ 门：门径、根源。 ⑯¹ 合德：德性配合。 ⑯² 有体：各有自己的形制。阴爻为柔，阳爻为刚，相合而为各卦，各卦有自己的形制。 ⑯³ 体：体现、呈现。 ⑯⁴ 撰：度数。 ⑯⁵ 殷之末世：商朝的末年。 ⑯⁶ 危：危惧、担忧。 ⑯⁷ 易：慢，引申为懈怠。 ⑯⁸ 惧以终始：始终抱着危惧担忧的心情。 ⑯⁹ 要：总归。

(施忠连)

〔鉴赏〕 《系辞传》分上、下两篇，列《易传》十翼的第六、七篇，系对《易经》卦象和文辞之义理、意蕴的解释和发挥。相传作者为孔子，似根据不足。后世治易者有许多猜测，都难有确论。有学者根据战国后期哲学家已引用《系辞传》文字的事实，提出它是战国中期的作品。也有学者认为《系辞传》成书当在战国末诸子思想出现合流以后，其作者兼有儒道思想的色彩。

宋代大儒张载曾指出："观《易》必由系辞(传)。"意谓从《系辞传》入手，方是解易经、求易理的正途和要津。从易学史的角度看，《系辞传》不仅是周易经文义理的通论，也是《易传》十翼的概论，它通过对《易经》卦象和文辞系统的创造性诠释，促成了《周易》由占筮之书向哲理之书的转折。

《系辞传》以"天下同归而殊途，一致而百虑"为其构造思想体系的指导，以天道、地道、人道三才之道为立论依据。所谓"三才之道"，据《说卦传》的解说，"昔者圣人之作《易》也，将以顺性命之理，是以立天之道曰阴与阳，立地之道曰柔与刚，立人之道曰仁与义"，其旨在"推天道以明人事"，联系天道阴阳，地道柔刚，推断和落实于人道上的仁义之德、性命之理。从思想渊源上讲，它显然是借鉴道家的宇宙观和人生论思想来沟通天人关系，进而论证和阐述儒家的思想主张和道德观念。

易之"义"(或易之道)，这是《系辞传》着重阐发的一项内容。汉代学者普遍认同的"《易》一名而含三义：所谓易(简)也，变易也，不易也"一说(参见《周易乾凿度》)，实际上是概括《系辞传》的意思而来的。《系辞传》称："易简而天下之理得"，又称："《易》与天地准，故能弥纶天地之道"，旨在以简括的形式和方法涵盖天地间的一切道理。此即"易简"之义。《系辞传》断言："易者，变也"，以"易变"为"易"之主导性含义；至于"不易"，则是讲周易卦象系统的整体定位，所谓"天地设位，而'易'行乎其中"，认定易变之中还有个不变的秩序和永恒的法则。

由对易之"义"的理解为出发点，《系辞传》还提出"易有圣人道四"，即"以言者尚其辞，以动者尚其变，以制器者尚其象，以卜筮者尚其占"。以为观"易"者当深契周易的文辞精义来规范自己的言论，把握易变之理指导自己的行动，参稽周易筮法来卜问决策，又以易的卦爻象征创制器物，确立了辞、变、象、占为"易"理的四大要素。其中尤为重要的是"象"，可以说，《系辞传》要在以象见(现)"变"，由象解"辞"，循象明"道"。

"是故《易》者，象也。"《系辞传》肯定易就是"象"。此"象"，从形式上看是卦象、爻象，即八经卦、六十四重卦和三百八十四爻组成的卦象系统，是一种符号化、图式化的结构。而从内容上讲，'象'有两方面含义：一是讲观物取象之"象"。因为，"象者，像也"，"爻也者，效天下之动也"。按《系辞传》的设想，周易的卦象系统本质上是象征事物、效法天下变化之状的，故其形成当是"仰则观象于天，俯则观法于地，观鸟兽之文与地之宜，近取诸身，远取诸物"的结果，目的则在"通神明之德，以类万物之情"。观物取象的关键在"观"。此"观"，非指眼观、耳观，而是"圣人有以见天下之赜而拟诸其形容，象其物宜"，属"圣人之心观"，一种神秘化的悟性或直观。二是讲观象制器之"象"。《系辞传》引"子曰：圣人立象以尽意，设卦以尽情伪"，以为"象"一旦形成可以表达语言不能尽述的深意，揭示事物的真实情态，故观象重在明"意"，然后据"意"而制器。制者，创设之谓，器者，有器物、制度等方面内容。"观象制器"，强调了易道的推广、应用，须在社会人事、日用器物的层面加以落实，此即"推而行之谓之通，举而错之天下之民谓之事业"之意。

《庄子·天下篇》提出"易以道阴阳"，《系辞传》正式确立"一阴一阳之谓道，继之者善也，成之者性也"的命题，它们表明《系辞传》顺着儒道结合的轨道发展了哲学思维的智慧。"一阴一阳之谓道"的命题，和"易有太极，是生两仪，两仪生四象，四象生八卦，八卦定吉凶，吉凶生大业"的宇宙发生图式相呼应，突出了"生生之谓易"，"天地絪缊、万物化醇"，"阴阳不测之谓神"的思想，集中表达了《易》“为道也屡迁，变动不居，周流六虚，上下无常，刚柔相易”的朴素辩证法。

不过，《系辞传》试图用一种模式化的卦象结构，寻求“范围天地之化而不过，曲成万物而不遗”的终极性表述，是违背了宇宙万物真实变化的丰富性、多样性的；《系辞传》始终不忘把易道思维纳入“天生神物，圣人则之”的框架内，势必把周易的“变化之理”神秘化了，也无法摆脱主观的推测和臆断。这也是我们不可忽视的。

（施炎平）

序 卦 《周易》

有天地①然后万物生焉。盈②天地之间者唯万物，故受③之以《屯》。《屯》者，盈也。《屯》者，物之始生也。物生必蒙④，故受之以《蒙》。《蒙》者，蒙也，物之稺⑤也。物稺不可不养也，故受之以《需》。《需》者，饮食之道也。饮食必有讼，故受之以《讼》。讼必有众起，故受之以《师》。《师》者，众也。众必有所比⑥，故受之以《比》。《比》者，比也。比必有所畜⑦，故受之以《小畜》。物畜然后有礼，故受之以《履》。履而泰，然后安，故受之以《泰》。《泰》者，通也。物不可以终通，故受之以《否》。物不可以终否，故受之以《同人》⑧。与人同者，物必归焉，故受之以《大有》。有大者，不可以盈，故受之以《谦》。有大而能谦必豫⑨，故受之以《豫》。豫必有随，故受之以《随》。以喜随人者必有事，故受之以《蛊》。《蛊》者，事也。有事而后可大，故受之以《临》。《临》者，大也。物大然后可观，故受之以《观》。可观而后有所合，故受之以《噬嗑》⑩。嗑者，合也。物不可以苟合而已，故受之以《贲》⑪。《贲》者，饰也。致饰然后享则尽矣，故受之以《剥》。《剥》者，剥也。物不可以终尽剥，穷上反下，故受之以《复》。复则不妄矣，故受之以《无妄》。有无妄然后可畜，故受之以《大畜》。物畜然后可养，故受之以《颐》。《颐》者，养也。不养则不可动，故受之以《大过》。物不可以终过，故受之以《坎》。《坎》者，陷也。陷必有所丽⑫，故受之以《离》。《离》者，丽也。

有天地然后有万物，有万物然后有男女，有男女然后有夫妇，有夫妇然后有父子，有父子然后有君臣，有君臣然后有上下，有上下然后礼义有所错⑬。夫妇之道不可以不久也，故受之以《恒》。《恒》者，久也。物不可以久居其所，故受之以《遯》⑭。《遯》者，退也。物不可以终遯，故受之以《大壮》。物不可以终壮，故受之以《晋》。《晋》者，进也。进必有所伤，故受之以《明夷》。夷者，伤也。伤于外者必反于家，故受之以《家人》。家道穷必乖⑮，故受之以《睽》⑯。睽者，乖也。乖必有难，故受之以《蹇》⑰。蹇者，难也。物不可以终难，故受之以《解》。解者，缓也。缓必有所失，故受之以《损》。损而不已必益，故受之以《益》。益而不已必决⑱，故受之以《夬》⑲。夬者，决也。决必有遇，故受之以《姤》⑳。姤者，遇也。物相遇而后聚，故受之以《萃》。萃者，聚也。聚而上者谓之升，故受之以《升》。升而不已必困，故受之以《困》。困乎上者必反下，故受之以《井》。井道不可不革㉑，故受之以《革》。革物者莫若鼎，故受之以《鼎》。主器㉒者莫若长子，故受之以《震》。震者，动也。物不可以终动，止之，故受之以《艮》。艮者，止也。物不可以终止，故受之以《渐》。渐者，进也。进必有所归，故受之以《归妹》。得其所归者必大，故受之以《丰》。丰者，大也。穷大者必失其居，故受之以《旅》。旅而无所容，故受之以《巽》。巽者，入也。入而后说㉓之，故受之以《兑》。兑者，说也。说而后散之，故受之以《涣》。涣者，离也。物不可以终离，故受之以《节》。节而信之，故受之以《中孚》。有其信者必行之，故受之以《小过》。有过物者必济，故受之以《既济》。物不可穷也，故受之以《未济》，终焉。

〔注释〕 ① 天地：这里也指乾、坤两卦。 ② 盈：充盈、充满。 ③ 受：继也。 ④ 蒙：幼小的样子。 ⑤ 穉(zhì)：同“稚”，物之小者，幼稚的事物。 ⑥ 比：依附，辅佐，顺从。 ⑦ 畜：积蓄。指辅佐长上者得俸禄而有积蓄。 ⑧ 此句说人处于逆境就努力争取他人的理解和帮助。 ⑨ 豫：同“愉”。 ⑩ 噬(shì)：咬。嗑(hé)：同“合”。噬嗑：口中咬有食物。 ⑪ 贲(bì)：精美的装饰。 ⑫ 丽：依附。 ⑬ 错：通作措，措施、实施。 ⑭ 遯(dùn)：退避。 ⑮ 乖：背离。 ⑯ 睽(kuí)：背离，违背。 ⑰ 蹇(jiǎn)：跛，困苦。 ⑱ 益：这里指水不断增加。决：河流决口。 ⑲ 夬(kuài)：决。 ⑳ 姤(gòu)：遇。 ㉑ 井道：指井壁、井底。革：变更，这里指疏井，去除沉积之物。 ㉒ 器：指鼎，政权的象征物。 ㉓ 说：通“悦”。

（施忠连）

〔**鉴赏**〕《序卦》一篇解释《易经》六十四卦的排列顺序，产生的年代不晚于西汉初年，因为《淮南子·缪称训》引用了《序卦》中的话。自殷、周起，在后来的数千年中，《周易》六十四卦的排列次序出现了许多版本，长沙马王堆汉墓出土的帛书《易经》，其卦序就同现在的通行本不同。但是，今本卦序至迟到战国晚期已为社会和学术界普遍接受，成为主要的排列方式，所以《序卦》以它为依据，寻求相邻两卦在意义上的联系。

今本六十四卦的排列原则是以符号的联系为主，以意义之间的联系为辅。全部六十四卦是严格地按照对立卦的概念、以二卦为一组排列起来的。对立卦有三种形态：一，是倒爻对立卦，又名综卦，即纵向比较，一卦的卦象与另一卦的卦象上下颠倒；二，是对爻对立卦，又名错卦，即横向比较，一卦的爻象同另一卦相对应的爻相反；三，是二卦上下二经卦(即三爻卦)相互颠倒。今本卦序的通例是按倒爻对立卦排列，也就是说把一对综卦放在一起，如此排列的有二十八对。然而有四对对立卦各自上下颠倒过后，仍然是自身，没有变化，它们是乾与坤、坎与离、颐与大过、中孚与小过，所以它们是以对爻对立卦的关系排列在一起的。至于一组对立卦置于何位，有些是由哲学观念决定的，如乾坤两卦放在第一、二位，是考虑到它们所代表的天地是宇宙的两极、世界万物之源；既济、未济两卦放在最后两位，是因为《周易》认为世界的发展过程不是封闭的，任何一个完成都不是发展的终结，而是新阶段的开始，《周易》的最后一卦并不结束对世界和哲学的论述。

对于六十四卦的卦名和卦义的解释，《序卦》多与《彖传》和《象传》相同。如根据《彖传》和《象传》，讼卦卦义是诉讼，《序卦》的看法也是如此；蹇卦卦名，《序卦》取《彖传》之说，释义为“难”，即艰难；萃卦的卦义，《彖传》和《象传》都理解为“聚”，《序卦》也接受了这一主张。但是，《序卦》也有一些说法同《彖传》和《象传》相歧异，例如《序卦》说“蒙者，蒙也，物之穉也”，把“蒙”解释为萌、即萌芽，而《彖传》和《象传》都释为蒙昧不明。又如临卦卦义，《彖传》、《象传》都说有临民众之上而治理国家、教化百姓的意思，然而《序卦》却解为“大”。《序卦》的不同的解释是为了建立两卦之间的意义联系的需要。

贯穿《序卦》的一个根本观念是万事万物，乃至整个世界都处于不断的运动、变化、发展和转化之中，不会停止于它的本来的状态。所以在《序卦》中最常见的句型是“物不可以终”，如它说：“物不可以终通，故受之以《否》，”“物不可以终否，故受之以《同人》，”“物不可以终尽剥，穷上反下，故受之以《复》”，“物不可以终壮，故受之以《晋》”，如此等等，举不胜举。当然，《序卦》并不否定事物或观念有其自身的确定性，所以它在谈到每一卦的时候，首先给它一个定义，规定它的意义，确定事物的性质，但是正是事物的本性，它的内在的需要和自身发展趋势决定了一事向另一事的转变。如它把蒙卦卦名解为萌芽，然后指出“物穉不可不养也，故受之以《需》。《需》者，饮食之道也”。可见事物的变化和发展不是外部原因造成的，其动力来自其自身。正是这种变化和发展形成了事物之间和观念之间的联系。

关于事物变化的一般趋势，《序卦》提出了两种模式。一是前进式，表现了一种进步观。它的抽象概括是“《遯》者，退也。物不可以终遯，故受之以《大壮》。物不可以终壮，故受之以《晋》，《晋》，进也”。这种模式最生动的具体表现是：“有天地然后有万物，有万物然后有男女，有男女然后有夫妇，有夫妇然后有父子，有父子然后有君臣，有君臣然后有上下，有上下然后礼义有所错。”另一种模式是物极必反，它的表现很多，如“升而不已必困，故受之以《困》。困乎上者必反下，故受之以《井》”。这反映了《周易》最典型的思想方式。

《序卦》不是从符号的对立、而是从观念上的联系来看卦序，因而也就从卦序的角度说每一卦的意义。它以为每一卦在意义上都是承上启下的，也就是说所有的对立卦排列在一起是因为它们在意义上有联系，而且全部相邻的二组对立卦之间在观念上也都相关。然而，一般说来，相邻的二组对立卦之间无论在意义上还是在符号上都没有必然的联系，此外，有不少对立的两卦的先后次序并不能从逻辑上推导。因此，《序卦》把六十四卦接成环环相扣的意义链条是勉为其难，免不了有牵强附会之处。尽管如此，《序卦》努力探索事物之间和观念之间的关系，努力寻求事物或观念合乎逻辑的发展过程，力图把《周易》六十四卦变成条理分明的思想体系，这是很有价值的理论尝试。它促进了古人抽象思维能力和理论分析水平的提高，丰富了中国古代哲学的思想内容。　（杨月清　穆　庄）

杂 卦

《周易》

《乾》刚《坤》柔,《比》乐《师》忧①。《临》、《观》之义,或与或求②。《屯》见③而不失其居,《蒙》④杂而著。《震》起也,《艮》止也,《损》、《益》盛衰之始也,《大畜》时也,《无妄》灾也⑤。《萃》聚而《升》不来也,《谦》轻⑥而《豫》怠也。《噬嗑》食也,《贲》无色也⑦,《兑》见而《巽》伏也⑧。《随》无故⑨也,《蛊》则饬⑩也。《剥》烂也,《复》反也,《晋》⑪昼也,《明夷》诛也⑫,《井》通而《困》相遇⑬也。《咸》速也,《恒》久也,《涣》离也,《节》止也,《解》缓也,《蹇》难也。《睽》外⑭也。《家人》内也。《否》、《泰》反其类也。《大壮》则止,《遯》则退也。《大有》众也,《同人》亲也。《革》去故也,《鼎》取新也。《小过》过也,《中孚》信也,《丰》多故也,亲寡《旅》也⑮,《离》上而《坎》下也⑯。《小畜》寡也,《履》不处也⑰,《需》⑱不进也,《讼》不亲也,《大过》颠也,《姤》遇也。柔遇刚也。《渐》女归待男行也⑲。《颐》养正也,《既济》定也。《归妹》女之终也,《未济》男之穷也。《夬》决⑳也,刚决柔也。君子道长,小人道忧㉑也。

〔注释〕 ①《比》乐:比卦卦义为辅佐君主,受到任用,得到俸禄,故乐。《师》忧:"师"为军队,转义为战争,担忧战败。 ② 与:给予。"与"和"求"都是对民而言。 ③ 见:通"现",指物初生而出现于地上。 ④ 蒙:萌发。 ⑤ 按高亨言,"灾"前当有一"不"字。此"不"字已误入下句"《萃》聚而《升》不来也"中。 ⑥ 轻:通"劲",意为强。 ⑦ 贲:饰。无色:装饰用色彩太多,等于无色。 ⑧ 兑:悦。见:通"现",意思是为他人欣赏就能受到任用。巽:在巽卦爻辞中意为伏,这里表示隐居。 ⑨ 故:事。无故:《象传》解释随卦卦义为休息。 ⑩ 饬(chì):整治。《象传》解释蛊卦为"振民育德"。 ⑪ 晋:晋卦卦象是日出地上。 ⑫ 明夷:明夷卦卦象是日入地中,象征贤人受罚。诛:这里意为罚。 ⑬ 遇:这里意为"遏"。 ⑭ 睽外:《序卦》解释睽卦言人离家在外。 ⑮ 此句字序有误,当为"《旅》寡亲"。 ⑯ 离上:离为火,火势向上。坎下:坎为水,水向下流。 ⑰ 履:在地上行走。不处:不停在原地。 ⑱ 需:这里意为驻足有所等待。 ⑲ 归:女子出嫁。待男行:等待男子亲迎而行。 ⑳ 决:决定。㉑ 忧:当读为"消"。

(施忠连)

〔鉴赏〕《杂卦》与《彖传上》、《彖传下》、《象传上》、《象传下》、《文言》、《系辞上》、《系辞下》、《序卦》、《说卦》构成《易经》的"十翼"。《杂卦》是"十翼"的最后一篇，也是其中最简短的著作，仅以寥寥二百多字概括《易经》的全部内容，一般以一两个字概括一卦的主旨和特点。它不依照今本《周易》六十四卦次序，而是错综交杂各卦讲说其意义，所以称为“杂卦”。此文看起来虽然“杂”，但也有规律可循。文章差不多都以二卦为一组，比较它们的卦义。文中大过卦以上并论的二卦都是对立卦，但是符号成对立形态的二卦前后排列顺序往往同今本卦序、因而也就同《序卦》相反，这大概是为了押韵的需要。全篇都用韵文，便于人们记诵卦名和卦义，这可能是它能够保存、流传下来的一个重要原因。

在解说卦名和卦义的时候，《杂卦》对于经意、《彖传》、《象传》和《序卦》各有所取，既继承了它们的思想成果，也提出了自己独有的见解。如《杂卦》说：“《渐》女归待男行也”，这个说法与《易经》相符，但是不合于《彖传》和《象传》。《彖传》释“渐”为“进”，而《象传》说为渐进，进步。《杂卦》有“《比》乐《师》忧”的名言，但是比卦有“后夫（后来者）凶”的卦辞和“比之无首（意为辅佐君主却被杀），凶”的爻辞，这没有什么可乐的；而《彖传》、《象传》和《序卦》都认为比卦讲辅佐。师卦卦辞言“无咎”，“九二”爻辞说“在师中吉，无咎”，这却是令人高兴的；而《彖传》、《象传》和《序卦》都把“师”理解为拥有众多百姓，这也是好事。可见，“《比》乐《师》忧”都不合于经意及《彖传》、《象传》和《序卦》。《杂卦》的说法显然是为了突出两卦在意义上的对立。

《序卦》是从卦序的角度探询每一卦的意义，与此不同，《杂卦》是以相反的方式铺陈各卦卦义。它在解说六十四卦卦义的时候，这种方法似乎成了一种固定的模式，有时不顾《易经》文字的本来含义，使人产生削足适履的感觉，但是它至少具有两个重要作用：

第一，进一步深化了《周易》的思想体系。尽管相反相成是《周易》的根本观念，虽然《易经》六十四卦从符号上看都是以二个对立卦为一组排列起来的，但就对立卦的卦名和卦义而言，除了《乾》与《坤》、《泰》与《否》、《剥》与《复》、《损》与《益》、《既济》与《未济》等少数几卦以外，无论是《易经》的卦、爻辞，还是《彖传》、《象传》或《序卦》，大都没有强调它们在意义上的对立。可是在《杂卦》中，差不多所有的对立卦在意义上都是相反的，但是它们都结合在一起。《系辞上》说“一阴一阳之谓道。继之者善也，成之者性也”，《杂卦》可以说正是《周易》这一天地生成普遍法则的具体运用和生动体现。经过这样的解说，《易经》全部六十四卦不仅在符号上，而且在意义上也都成为由对立面构成的统一的系统。如果说在《序卦》中各卦之间的联系表现为承上启下的关系，那么在《杂卦》中各卦则是由一种更深刻的关系，即相反相成的关系联系在一起。这样，它就更清楚地展示了《周易》的文本、观念、逻辑、结构在相反相成的法则的基础上的完美统一。

第二，《杂卦》发展了中国古代哲学的方法论和范畴论。它在哲学上的最大特色是以对立统一的眼光观看和把握万事万物，乃至整个世界，以对立统一的法则为方法来分析和阐述事物变化的态势和范畴关系。由于《杂卦》的发明，《周易》六十四卦就成为按照对立统一的法则建立起来的范畴系统。虽然这一系统仍然十分粗略，没有严格的逻辑推导程序，但是它赋予《周易》的卦名以范畴的意义和作用，规定了范畴之间的关系。如在"《比》乐《师》忧"中"比"就是政治，而"师"就是军事，根据《杂卦》，政治手段优越于军事手段，前者会造成各方协调一致、社会安宁祥和的令人高兴的结果，而后者则会带来巨大的损失，可能造成严重的祸患。同样，《革》就是改革，《鼎》就是创新，所以《杂卦》说"《革》去故也，《鼎》取新也"，这就是革故鼎新的改革观念的来源。这种哲学思想赋予中华民族以破旧立新的意识和活力，极大地促进了政治和社会习俗的除旧布新，以及艺术的内容与形式的推陈出新。

（杨月清　穆　庄）

尧　典

《尚书》

曰若稽古①，帝尧曰放勋，钦、明、文、思、安安、允恭克让②，光被四表③，格于上下④。克明俊德⑤，以亲九族⑥。九族既睦，平章百姓⑦；百姓昭明，协和万邦⑧；黎民于变时雍⑨。

乃命羲、和⑩，钦若昊天⑪，历象日月星辰⑫，敬授民时⑬。分命羲仲⑭，宅嵎夷⑮，曰旸谷⑯。寅宾⑰出日，平秩东作⑱。日中⑲，星鸟⑳，以殷仲春㉑。厥民析㉒，鸟兽孳尾㉓。申命羲叔㉔，宅南交㉕，曰明都㉖，平秩南讹㉗，敬致㉘。日永㉙，星火㉚，以正仲夏。厥民因㉛，鸟兽希革㉜。分命和仲，宅西，曰昧谷㉝。寅饯纳日㉞，平秩西成㉟。宵中㊱，星虚㊲，以殷仲秋。厥民夷㊳，鸟兽毛毨㊴。申命和叔，宅朔方㊵，曰幽都㊶。平在朔易㊷。日短㊸，星昴㊹，以正仲冬；厥民隩㊺，鸟兽氄㊻毛。帝曰："咨㊼！汝羲暨㊽和。期三百有六旬有六日㊾，以闰月定四时㊿，成岁51。允厘百工52，庶绩咸熙53。"

帝曰："畴咨⑭，若时登庸⑮？"放齐⑯曰："胤子朱⑰，启明⑱。"帝曰："吁⑲！嚚讼⑳，可乎？"

帝曰："畴咨，若予采㉑？"驩兜㉒曰："都㉓！共工方鸠僝功㉔。"帝曰："吁！静言庸违㉕，象恭滔天㉖。"

帝曰："咨！四岳㉗，汤汤洪水方割㉘，荡荡怀山襄陵㉙，浩浩滔天㉚，下民其咨㉛，有能俾乂"㉜？佥㉝曰："于㉞！鲧㉟哉。"帝曰："吁！咈㊱哉，方命圮族㊲。"岳曰："异哉，试可乃已。"帝曰："往！钦哉㊳！"九载，绩用弗成。

帝曰："咨！四岳。朕在位七十载，汝能庸命巽朕位㊴？"岳曰："否德忝帝位㊵。"曰："明明扬侧陋㊶。"师锡帝曰㊷："有鳏㊸在下，曰虞舜。"帝曰："俞㊹！予闻，如何？"岳曰："瞽㊺子，父顽，母嚚，象傲；克谐㊻，以孝烝烝㊼，乂不格奸㊽。"帝曰："我其试哉！"

女于时㊾，观厥刑㊿于二女。厘降二女于妫汭[51]，嫔于虞[52]。帝曰："钦哉！"

〔注释〕 ① 曰若：一作越若或粤若，发语词。稽：考察。曰若稽古：周代成语，用于追述前代著名人物事功的开端。 ② 钦：严审。明：明察。文：文采。思：善虑。安安：温和宽厚。允：诚信。恭：恭谨。克：能。让：谦让。 ③ 光：光耀。四表：四方边缘。 ④ 格：至、达到。上下：天地。 ⑤ 克：能够。明：显示表彰。俊德：才智品德兼备的人。 ⑥ 九族：古代指以己为本位，上经父、祖、曾祖，而至于高祖；下历子、孙子、曾孙，而及于玄孙，上下九代之内，所有同姓的直系旁系亲族包括其妻妾，合称九族。一说以外祖父、外祖母、姨母之子、妻父、妻母、姑母之子、姊妹之子、女儿之子及己之同族为九族。 ⑦ 平：辨别。章：彰明。百姓：百官族姓。 ⑧ 万邦：天下各国总称。当时部族众多，各自为国。 ⑨ 黎民：众民。于变：接受尧的教诲而化变。时：犹似随四时代序而合于时宜。雍：和悦、和谐。 ⑩ 羲、和：羲氏、和氏为重黎氏，世代为掌管天地四时之官。 ⑪ 钦若：敬顺。昊天：广阔苍茫的天宇。 ⑫ 历：推演计算。象：观测。 ⑬ 敬授民时：将所制定的历法授予民众。 ⑭ 羲仲：羲氏家族同辈中的老二。 ⑮ 宅：居于。嵎夷：一作郁夷，东方某地区，所在不明。 ⑯ 旸(yáng)谷：或作阳谷、汤谷，传说中的日出之处。 ⑰ 寅宾：恭敬地等候迎接。 ⑱ 平秩：辨别事情缓急，确定先后次序。东作：在古代时空统一观中，东方与春天相合。东作即春天的农事耕作。 ⑲ 日中：昼夜时间相等之日，指春分。 ⑳ 星鸟：星名，相当于朱雀中央的张宿。 ㉑ 殷：正，确准。仲春：春季的第二个月，一年中的二月。 ㉒ 析：散于田野，以从事农作。 ㉓ 孳：生育繁殖。尾：牝牡交接。 ㉔ 申：再。羲叔：羲氏家族同辈兄弟中的老三。 ㉕ 南交：旧说南方交阯之地，不可信。当为黄河流域的南部某地区。 ㉖ 明都：极南明亮之处。 ㉗ 南：

用来代指夏季。讹：发动。南讹：夏季所从事的农作。 ㉘ 敬致：太阳运行达于南方极致，对此加以测定、记载，并举行一定的仪式加以礼敬。 ㉙ 永：长。日永：白昼最长的一天，为夏至。 ㉚ 星火：大体相当于苍龙中央的心宿。 ㉛ 因：就居高处。 ㉜ 希革：羽毛稀疏。 ㉝ 昧谷：传说中的西方日入冥昧之地。 ㉞ 寅饯：恭敬地送行。纳日：落日。 ㉟ 西成：秋天收获的农事。 ㊱ 宵中：夜与昼等长，指秋分。 ㊲ 星虚：相当于玄武中央的虚宿。 ㊳ 夷：平地。 ㊴ 毨(xiǎn)：重生而盛。 ㊵ 朔方：北方某地区。 ㊶ 幽都：极北幽暗之地。 ㊷ 在：观察。朔易：由今冬更新为来春。 ㊸ 日短：白昼最短的一天，是为冬至。 ㊹ 星昴：大体相当于白虎中央的昴宿。 ㊺ 隩(yù)：室内。 ㊻ 氄(róng)：柔软细密的绒毛。 ㊼ 咨：感叹声。 ㊽ 暨：与。 ㊾ 期(jī)：一周年。旬：十日、十天。 ㊿ 以闰月定四时：中国历法为阴阳合历，以太阳运行一周为一年，以月亮一度圆缺为一月。又规定一年十二个月，春夏秋冬四季各三个月。然而，地球绕日一周为365天多，一个朔望月为29天多。十二个月的长度为354或355天，与年值相差十一天多。为足此差数，求得年值与月值的最小公倍数，在若干年内设几个闰月来调节，以此保障四季的运行均衡。 51 岁：年。 52 允：用。厘：制定。百工：百官。 53 庶：众。熙：兴。 54 畴：谁。咨：访问。 55 若时：顺应四时。登庸：擢用。 56 放齐：尧时官员。 57 胤(yìn)：后嗣。朱：尧之子丹朱。 58 启明：智慧通达。 59 吁：表示惊讶之词。 60 嚚：语无忠信。讼：争辩。 61 若予：顺从我。采：事，办理公共事务。 62 驩兜(huān dōu)：驩即欢。尧时官员，与共工相善。 63 都：赞美之声。 64 共工：尧时官员，治水不当造成洪水泛滥，被尧诛杀或流放。方(páng)：周遍。鸠：聚集。僝(zhuàn)：显示。 65 静言：漂亮话。庸违：做着违背命令的事。 66 象：好似。滔：即慆，轻慢。天指天子、指尧。 67 四岳：官名。 68 汤汤：水势涌流之状。割：危害。 69 荡荡：大水奔突涤除所遇之物。怀：包围。襄：水面升高淹没陆地。 70 浩浩：盛大的水势无有际涯。滔：趋赴。 71 咨：哀叹，愁苦。 72 俾乂(yì)：使之得到治理。 73 佥(qiān)：都。 74 于：赞叹之声。 75 鲧(gǔn)：尧时官员，禹之父亲。受命治水，以堤防相御，失败后被流放羽山。 76 咈(fú)：违背乖戾。 77 方命：放弃教命。圮(pǐ)：毁。圮族：危害同族。 78 钦哉：谨慎一心地干吧。 79 庸命：顺用天命。巽：践，继任。 80 否：鄙陋。忝(tiǎn)：辱，不配。 81 明明：明察贤良之人。扬：推选。侧陋：隐居卑微之人。 82 师：众人。锡帝：赐言于尧。 83 鳏(guān)：病，困苦。 84 俞：表示肯定的语气。 85 瞽：双目失明的瞎子。 86 克谐：克制自己达到家庭和谐。 87 烝烝：孝德美厚。 88 乂不格奸：处理事务不至于邪恶。 89 女：嫁女。女指尧的两个女儿娥皇、女英姊妹。时：是，指舜。 90 刑：型，法度、规范。 91 厘(lí)：饬命。妫汭(guī ruì)：妫水的弯曲处。妫水，源于历山，在今河南永济南六十里。 92 嫔(pín)：女子出嫁为妇叫嫔。虞：舜所建朝代名。这里指舜。舜之后世有以虞为姓者。

（贺圣迪）

〔鉴赏〕《书经·尧典》记尧事，这一部分可分四段。首段，赞颂尧之德行事功。次段，记叙任命羲和观天象、定历法之事。第三段，讲述尧询问群臣、举用人才的过程。末段议定天子——部落联盟领袖候选人。所记反映古代的民主制度以及定历治水等国之大事。

《尧典》的成书年代，有殷末周初至汉武帝时的不同说法。对此，王世舜先生在《尚书今译》中说："我们可以把这个时期当作《尧典》的流传时期。在流传过程中，由于后人的不断润色或附益，因而也就有了从殷末周初到秦汉这一时期的不同阶段的时代色彩。”尽管它不是当时的原文记录，但我们仍能从其中看到中国原始社会后期的社会状况、政治制度和思想意识。

文中所记载的百官任职、帝位继承，不由天子一人内定，而由众人议决。这同近现代所了解的原始部落的管理制度，有其相似之处。记载是真实的，反映了中国原始居民曾经有过的民主的制度和意识。这在周代还有残存。

文中说："九族既睦"、"协和万邦"、"克谐以孝"，这些话语所表达的和睦、和好、和谐思想，在原始人中是否存在呢？应当说，唐尧时代及其以前、以后的原始祖先确实有着这样的意识。"和"的意识使他们强化了氏族、部族和部落联盟的力量，在与自然的日复一日斗争中，在与周围氏族—部族—部落联盟的纷争中，原始祖先逐渐发展起来。在斗争的同时，还存在与万邦协和的一面。这种"和"的思想，至迟在殷周间已用文字来表示。《尚书·康诰》说："周公初基，新作大邑于东国洛，四方民大和会。"《康诰》是成王时的诰词，引文中所语"和"是和睦喜悦之意。到西周晚期史伯论和，"和"已经是哲学概念，为当时思想意识体系的一个重要内容。追索"和"的思想与观念的来源，当可上及原始时代。

《尧典》中的又一重要思想是："历象日月星辰，敬授民时。"这是一种究天人之际的科学探索，由前后相关的四个层次构成。它从观察日月星辰运行起始，而后将观察的结果加以计算，再综合各种计算及其结果制定历法，最终目的是用历法指导人的活动。这种历法思想，是尧的时代所固有的，还是撰写、修改《尧典》的周秦人氏所赋予的呢？

天文学是在人类文明早期出现的科学，在中国远古文明的发展中占有重要地位。我们的原始祖先，在掌握一定量的天文知识后，就将其构建成一个体系，并表达其世界观。这一点为出土文物所表明。1988年，考古工作者在河南濮阳西水坡发掘了一座距今六千余年的仰韶文化时期古墓，较之帝尧时期早了二千年。据那座墓推测，当时人的天文知识及其对世界的认识已达到相当高度：形成了天圆地方的宇宙模式，太阳周日和周年视运动轨迹；能够确定寒暑的长短及其变化，春分、秋分日的标准天象，以及东宫苍龙、西宫白虎和北斗。由此而言，尧时观察星象，计算星体运行，据此制定历法，用以指导生活和生产，都是完全可能的，也就有可能概括为"历象日月星辰，敬授民时"，形成具有理论性的天文思想。至于文中所记的为何时星象，学术界则诸说纷纭，从距今四千余年的尧时到二千几百年前的战国都有，专治《尚书》和先秦史的历史学者力倡后者，而力攻中国天文学史的中外学者多主前说。如陈遵妫认为《尧典》所说是根据实际观测的记录。文中所提及的阴阳合历及年值是否为当时的,难于肯定和否定。根据对甲骨文的研究,殷代的历法确是阴阳合历。自盘庚迁殷上溯到尧治天下,约有八百五十年,阴阳合历是在尧舜禹时期还是夏代或商代前期确立,是个历史之谜。有人从《管子·轻重己》推知春秋时期的年值为三百六十八日,以此否定尧时有三百六十六日的年值。这样的思维未必正确。后人超越前人是从总体而言,并非每一个后人都超越于前辈。根据历法史研究,至迟在春秋中期已出现了四分历,确定回归年的长度为三百六十五又四分之一日。

由上可见,无论是从政治制度史、思想史,还是从科学发展史来看,《尧典》都是一篇极其重要、十分宝贵的古代文献。 (贺圣迪)

皋陶谟① 《尚书》

曰若稽古。皋陶曰:“允迪厥德②,谟明弼谐③。”禹曰:“俞④!如何?”皋陶曰:“都⑤!慎厥⑥身修思永⑦,惇叙⑧九族,庶明励翼⑨,迩可远在兹⑩。”禹拜昌言⑪曰:“俞!”

皋陶曰:“都!在知人,在安民。”禹曰:“吁!咸若时⑫,惟帝⑬其难之。知人则哲⑭,能官⑮人。安民则惠,黎民怀之。能哲而惠,何忧乎驩兜⑯,何迁乎有苗⑰,何畏乎巧言令色孔壬⑱?”

皋陶曰:“都!亦行有九德⑲。亦言其人有德,乃言⑳曰,载采采㉑。”禹曰:“何?”

皋陶曰:“宽而栗㉒,柔而立㉓,愿而恭㉔,乱而敬㉕,扰而毅㉖,直而温㉗,简而廉㉘,刚而塞㉙,彊而义㉚。彰厥有常,吉哉!”

“日宣三德㉛,夙夜浚明有家㉜。日严祗敬六德,亮采有邦㉝。翕受敷施㉞,九德咸事㉟,俊乂在官㊱,百僚师师㊲,百工惟时㊳,抚于五辰㊴,庶绩其凝㊵。无教逸欲有邦㊶,兢兢业业,一日二日万几㊷。无旷庶官㊸,天工,人其代之。天叙有典㊹,敕我五典五惇哉㊺!天秩㊻有礼,自我五礼有庸哉㊼!同寅协恭和衷哉[48]！天命有德，五服五章[49]哉！天讨有罪，五刑五用[50]哉！政事懋[51]哉！懋哉！天聪明，自我民聪明。天明畏，自我民明威，达于上下，敬哉有土。”

皋陶曰：“朕言惠可厎行[52]。”禹曰：“俞！乃言厎[53]可绩。”皋陶曰：“予未有知，思曰赞赞襄[54]哉！”

〔注释〕 ① 皋陶(gāo yáo)：即咎繇。舜时为掌刑的士官。禹晚年，被推选为继承人，而早死于禹。谟，文体，用于记载议谋要事。 ② 允：信奉。迪：导，遵循。厥：其，指先代贤君。 ③ 弼(bì)：辅佐。谐：和谐，同心协力，团结一致。 ④ 俞：表示肯定的语气词。 ⑤ 都：赞叹词。 ⑥ 慎厥：谨慎对待自身。 ⑦ 身修思永：加强道德修养，思考问题要深远。 ⑧ 惇(dūn)叙：厚待于人要有等次区别。 ⑨ 庶明：一群贤明之人。励翼：要相互勉励做好辅佐。 ⑩ 迩可远：可以由近而推至远。兹：此。 ⑪ 昌言：美言。 ⑫ 咸：都、全。时：是，如此。 ⑬ 帝：帝尧。 ⑭ 哲：明智。 ⑮ 官：任用。 ⑯ 驩兜(dōu)：驩即欢，尧时官员，与共工相善。 ⑰ 有苗：即三苗，古族名，其地在今江苏、安徽、河南南部至湖南洞庭湖、江西鄱阳湖一带。舜时迁至三危(今甘肃敦煌一带)。 ⑱ 令：善。色：脸色。孔：大。壬：奸佞。 ⑲ 亦：大，大凡。九德：九种品德，即下文所说的“宽而栗”至“彊而义”。 ⑳ 乃言：一作“丂言”。丂(kǎo)，稽考。 ㉑ 载：为。采采：事事，许多事。 ㉒ 宽而栗：宽宏大量而又严肃恭谨。 ㉓ 柔而立：性情温和而又敢于坚持原则。 ㉔ 愿而恭：谨慎小心而又处事庄重。 ㉕ 乱而敬：有能力而又办事认真。 ㉖ 扰而毅：恭敬柔顺而又果敢坚定。 ㉗ 直而温：正直不阿而又态度温柔。 ㉘ 简而廉：着眼大处而又从小处着手。 ㉙ 刚而塞：刚正有则而又多方思考。 ㉚ 彊而义：坚强勇敢而又合乎道义。 ㉛ 宣：表现，践履。三德：上述九德中的任三种。 ㉜ 浚：恭敬。明：勉力而行。家：大夫的采邑。 ㉝ 亮：佐理。采：事。有邦：有国，指可为诸侯。 ㉞ 翕(xī)：合。翕受：合九德而并用。敷施：普遍推行。 ㉟ 九德：指行为合于九德者。事：担任职事。 ㊱ 俊：才德过于千人者。乂(yì)：才德过于百人者。 ㊲ 百僚：担任各种职事的全部官员。师师：互相为师。 ㊳ 时：善。 ㊴ 抚：顺应，随从。五辰：金、木、水、火、土五星，这里泛指天象。 ㊵ 庶：众多。凝：成就。 ㊶ 逸：安逸。欲：私欲。邦：诸侯。 ㊷ 一日二日：指天天。万几：万端，指所发生的众多事情。 ㊸ 旷：空。庶官：众官。 ㊹ 天叙：天定。典：常，法规，指夫妇、父子、兄弟、君臣、朋友之伦常。 ㊺ 敕(chì)：命令。五典：即五常。惇：厚。 ㊻ 天秩：天所规定的尊卑贵贱次序。 ㊼ 自：遵循。五礼：天子、诸侯、大夫、士、庶民之礼。庸：常。 ㊽ 寅：敬。同寅：君臣上下互相尊重。协恭和衷：同心一意。 ㊾ 五服五章：天子、诸侯、卿大夫、士、庶民五等服装各有其相应的五种不同文采。 ㊿ 五刑五用：五种刑法各自应用于与其相应的罪行。 [51] 懋(mào)：勉力。 [52] 朕：我。在秦始皇称帝前，朕是第一人称代词。惠：顺。厎(zhǐ)：必定。 [53] 厎：这里意为致，求得。 [54] 曰：当作日。赞：辅佐。襄：治理。　　（贺圣迪）

〔鉴赏〕 本文可分成三部分。第一部分至“谟明弼谐”，提出全篇主旨。其下至“何畏乎巧言令色孔壬”，是第二部分，主张继承发扬传统，表现在三个方面：修身、知人、安民。最后谈辅弼大臣怎样做才能实现修身、知人、安民。本文所论述的是治国方略,突出了九德和五典的作用。

《皋陶谟》是后人根据皋陶的传说整理而成的。其重编写定时代,学者多主张在春秋战国时,自皋陶活动的尧舜禹之时到春秋,经历夏商西周三代,历时至少 13 个世纪。作为传说,它不断地被更新着的语词所复述。这些多次被今译的语词,其所表达的含义不同于皋陶在世之时是显而易见的。与语词的含义发生变化的同时,还存在着内容的增删改动。讲述传诵者根据自己的需要会自觉地去做,因为理解领会的不同也会无意地使其思想变化。思想在其自身的发展中,又具有历史与逻辑的不一致性。还有要考虑到单音节词有歧义和古人思维比较混沌这些因素的存在。这一切,使我们在确认文中思想的具体历史时期时,感到十分困难。但是,其中的某些思想,还是可以肯定是属于皋陶及其时代的。

本文在谈到天及天人关系时说:"天叙有典"、"天秩有礼"、"天命有德"、"天讨有罪"。又说"天聪明,自我民聪明";"天明畏,自我民明威"。其中的天民关系论,自然不是虞、舜、禹时代的说法。然而,以抽象的天为至高无上之神,在当时出现却是合乎历史和思想发展的逻辑的。对神的信奉,起始于原始时代。各民族在其原始时代信神的初期为多神教的信仰,以天上之神而言,有日、月、星、风、雨、雷、电、云、霓等方面的神。随着社会的发展、认识的提高,当国家形成之时,在宗教信仰上也创造了至上神。在我国至上神名为天,其他诸神都降而为其臣属。这正是华夏族的君主体制形成在神灵世界的反映。皋陶活动的时代,华夏族部落联盟的公共机构正向阶级统治工具国家转化,部落联盟长正蜕化为国君。在这个时代有天神观念,假天之名而说"有典"、"有礼",神化等级关系及服务于这种关系的礼仪也是必然的。在部落联盟之间发生战争时,以天之命宣扬自己有德,声讨对方之罪,也是可能的。至于"五礼"、"五服"、"五章"、"五刑"的概念,以数字五来称礼、服、章、刑,显然是后起之说,是受五行说世界图式影响的结果,不属皋陶本有的世界观。天作为至上神而存在,并不否定其他诸神的地位与作用。早于天神观念出现的五星之神:太白、岁、辰、荧惑、镇,即现在的金、木、水、火、土的信仰仍旧保持着,要求人的行为"抚于五辰"。五星之神在天神出现后从属于后者。按照后世的说法,五星之神以其运行来显示天道。这是一种理智性的天命观。然而,商代卜辞中所反映的天神信念,以天神为恣情任意、喜怒无常者。本文的天神显然是理智之神,而非不可捉摸者。这大概是《皋陶谟》的整理者将其"现代化"的结果。

文中的"慎厥身修思永"说修身,"惇叙九族"话齐族,"庶明励翼"语治国,而

"迩可远在兹"可视为平天下。此处修身、齐族、治国、平天下之论,同《尧典》以下之说相似:"克明俊德,以亲九族。九族既睦,平章百姓。百姓昭明,协和万邦,黎民于变时雍。"两者的区别在于,《皋陶谟》中为皋陶之论,而《尧典》中为史家寓论断于叙事。前者被视为夏朝创立前夜的意识,后者则是"曰若稽古"者之言。问题是皋陶的思想与《大学》的修身、齐家、治国、平天下理论的关系是怎样的。是子思发展了传说的皋陶之说,还是《皋陶谟》的作者本于《大学》而敷衍出这段话?由修身而齐族而治国至于平天下的意识,在皋陶及其时代也不是没有产生的可能。而其中的齐族,更能体现国家形成前,氏族社会的特点。到子思的时代,氏族制崩溃,家的地位上升,因此他在继承前人思想的时候,以家代族,作了更为简明的概括。

本文重德,对后世的政治与思想深有影响。 (贺圣迪)

盘 庚 上 《尚书》

盘庚迁于殷①,民不适有居②。率吁众戚出矢言③,曰:"我王④来,既爰宅于兹⑤,重⑥我民,无尽刘⑦。不能胥匡以生⑧,卜稽⑨曰:其如台⑩?先王有服⑪,恪谨⑫天命,兹犹不常宁⑬。不常厥邑,于今五邦⑭。今不承于古,罔知天之断命⑮。矧曰其克从先王之烈⑯。若颠木之有由蘖⑰,天其永⑱我命于兹新邑,绍复先王之大业⑲,厎绥⑳四方。"

盘庚敩于民㉑,由乃在位㉒,以常㉓旧服,以正㉔法度,曰:"无或敢伏小人之攸箴㉕。"王命众,悉至于庭。

王若曰:"格㉖汝众,予告汝训汝,猷黜㉗乃心,无傲从康㉘。

"古我先王,亦惟图任旧人共政㉙。王播告之修㉚,不匿厥指㉛。王用丕钦㉜,罔有逸言㉝,民用丕变。今汝聒聒㉞,起信险肤㉟,予弗知乃所讼㊱。

"非予自荒㊲兹德,惟汝含德㊳,不惕㊴予一人。予若观火㊵,予亦拙㊶谋,作乃逸㊷。

"若网在纲。有条而不紊㊸。若农服田力穑㊹,乃亦有秋㊺。汝克黜㊻乃心,施实德于民,至于婚友,丕乃㊼敢大言,汝有积德!乃不畏戎毒于远迩㊽,惰㊾农自安。不昏㊿作劳,不服[51]田亩,越其罔有黍稷[52]。

"汝不和[53]吉言于百姓,惟汝自生毒[54]。乃败祸奸宄[55],以自灾于厥身。乃既先[56]恶于民,乃奉其恫[57],汝悔身何及!相时憸民[58],犹胥顾于箴言[59],其发有逸口[60],矧予制乃短长之命[61]!汝曷弗告朕[62],而胥动以浮言?恐沈于众[63]。若火之燎于原,不可响迩[64],其犹可扑灭?则惟汝众自作弗靖[65],非予有咎[66]!

"迟任[67]有言曰:'人惟求旧,器非求旧,惟新[68]。'

"古我先王,暨[69]乃祖乃父,胥及逸勤[70],予敢动用非罚[71]?世选尔劳[72],予不掩尔善。兹予大享[73]于先王,尔祖其从与享之。作福作灾,予亦不敢动用非德[74]。

"予告汝于难,若射之有志[75]。汝无侮老成人[76],无弱孤[77]有幼,各长于厥居,勉出乃力,听予一人之作猷[78]。

"无有远迩[79],用罪伐厥死[80],用德彰厥善。邦之臧[81],惟汝众;邦之不臧,惟予一人有佚[82]罚。

"凡尔众,其惟致告[83]:自今至于后日,各恭尔事[84],齐乃位[85],度[86]乃口,罚及尔身,弗可悔!"

〔注释〕 ① 殷:旧说为亳,误。当为今河南安阳殷墟。 ② 适:悦,乐意。有:语助词。③ 率:因此。吁:召唤。戚:贵戚。矢:陈述。 ④ 我王:系盘庚自指。 ⑤ 爰:变易。爰宅指变更居处。兹:此。 ⑥ 重:重视。 ⑦ 刘:杀害。孙星衍释此句为"无为水灾所害"。⑧ 胥:互相。匡:救助。 ⑨ 卜:占卜。稽:稽考。 ⑩ 台(yí):疑问代词。其如台:将如何。 ⑪ 服:法度。 ⑫ 恪:敬。谨:顺从。 ⑬ 常宁:长久定居。 ⑭ 五邦:指五次迁都。 ⑮ 断命:决断的意旨。 ⑯ 矧(shěn):况且。克:能够。烈:功业。 ⑰ 颠:倾倒。由:枯木萌芽。蘖:树木被砍伐后重生的枝条。 ⑱ 永:使永久。 ⑲ 绍:继续。复:复兴。⑳ 厎(zhǐ):定。绥:安。 [21] 敩(xiào):觉醒。民:臣民。此句意为盘庚认识到臣民不愿迁徙。 [22] 由:原因。在位:贵戚重臣。 [23] 常:遵循。 [24] 正:整顿。 [25] 无:不许。伏:隐匿。小人:指平民。攸:所。箴:规诫。 [26] 格:来。 [27] 猷:通"由",为了。黜:除去。[28] 傲:傲慢。从:追求。康:安逸。 [29] 惟:思,考虑。图:谋划。旧人:指世代从政的贵族阶级。 [30] 播:公布(政令)。修:治。 [31] 匿:隐瞒。厥:其,指代先王。指:通"旨",意旨。[32] 用:因此。丕:大。钦:敬重。 [33] 罔:无,没有。逸:错误。 [34] 聒(guō)聒:大嚷大叫。

㉟ 起：编造。信：读为伸，申说。险：邪恶之言。肤：浮夸之言。 ㊱ 讼：争辩。 ㊲ 荒：废。 ㊳ 含：隐藏。德：德政。 ㊴ 惕：通"施"，给予。 ㊵ 观：通"爟"，爟火指热火，此处比喻君王的威严。一说"观"如字，指明察秋毫。 ㊶ 拙：通"炪"，火不发光的样子。比喻像爟火一样把威严藏在内里。 ㊷ 作：因此。乃：你们。逸：放纵。 ㊸ 若网在纲二句：以纲比君，以网比臣。比喻臣民要听从君主的命令。 ㊹ 服：治。穑：收获庄稼。 ㊺ 乃：于是。秋：收成。 ㊻ 黜：除去。 ㊼ 丕乃：岂不。 ㊽ 戎：大。毒：毒害。戎毒：指反对迁徙的贵族毒害臣民。远迩：远近。 ㊾ 惰：懒于。 ㊿ 昏(mǐn)：通"暋"，努力。 (51) 服：治，指耕作。 (52) 越：在。其：指田亩。 (53) 和：宣布。 (54) 惟：是。自生毒：自己埋下祸根。 (55) 败：败露。宄(guǐ)：作恶。 (56) 先：引导。 (57) 奉：承受。恫：痛苦。 (58) 相：看。时：此。憸(xiān)：小。 (59) 胥：都。顾：顾及，看。箴：箴言，规劝的话。 (60) 发：说出。逸口：从口中说出的错话。 (61) 矧：况且。制：操纵，掌握。短长之命：生杀的权力。 (62) 曷弗：何不。朕：我。 (63) 恐沈于众：恐怕在民众中造成深刻的影响。 (64) 响迩(xiǎng ěr)：响，朝着。迩，指靠近。 (65) 惟：因为。弗靖：不善。 (66) 咎：过错。 (67) 迟任：古代贤人名。 (68) 旧：指旧臣。惟新：指迁新都。 (69) 暨：及，与。 (70) 胥：相与，皆。逸：安乐。 (71) 非罚：非分的惩罚。 (72) 选：通"纂"，继续。劳：劳绩。 (73) 享：祭祀。 (74) 非德：不合乎道理的惩罚、赏赐。 (75) 志：准的，即射箭的靶子。 (76) 老成人：上年纪的人。 (77) 弱孤：欺凌。 (78) 猷(yóu)：已，止。作猷：或行或止。 (79) 远迩：指关系亲疏。 (80) 厥：其。本句指以刑罚惩戒其罪行。 (81) 邦：国。臧：善。 (82) 佚：失，过错。 (83) 致告：转达。 (84) 恭：奉，努力做好。 (85) 齐：整，指严肃认真的样子。位：职事。 (86) 度：通"杜"，杜绝。　（邱轶皓）

〔鉴赏〕《盘庚》是关于商代历史的重要文献，记载了商王盘庚率领民众自耿地迁至殷地(即河南安阳地区)这一段史事，保存了商代政治思想，史料价值很高。

《盘庚》共有三篇，本处所选为上篇，是盘庚迁殷后对贵族的训话。商自成汤以来屡屡迁都，约400年间共迁了五次。至盘庚时，因旧都迫近山水，水患益重。而此时贵族阶级日趋腐化，对内矛盾愈发尖锐。有鉴于此，他作出了迁都的决定。此举遭到了一些贵族的反对，故而盘庚对其加以劝导，最终缓和了矛盾，使商朝得以振兴。

《盘庚》上篇可分为四段：自"盘庚迁于殷"至"王命众，悉至于庭"为第一段，记载盘庚迁殷后，发现民心不安，于是召集众执政者至王庭商讨。自"王若曰"至"作乃逸"为第二段，盘庚训诫众执政者，民有怨言，是因大臣们出于私心鼓惑，对此他已有所察觉。自"若网在纲"至"非予有咎"为第三段，盘庚告诫众贵族不要自取祸咎，要施德于民。自"迟任有言"至"弗可悔"为第四段，盘庚表示仍将继先王之制，重用旧臣，以此加以安抚，并要求他们勤勉其事。

商代文明的发展已达到很高的程度，政治体系已初具规模。但作为人类发展较早的历史阶段，其中新旧成分错综相间，体现在《盘庚》篇中，即为强调敬天、任旧人和尚德重民的政治思想的相杂。

“敬天”即重视天命。当商人在盘庚率领下迁居殷地后，“民不适有居”，纷纷抱怨定居新邑。于是盘庚召集贵戚近臣，告诉他们迁都是上天的意志。正因为“先王有服，恪谨天命”，所以辗转迁居了五次。而这次也是天命昭示我们要在新邑绵延发展，复兴“先王之大业”，因此惟有谨从。相反，如果“不承于古，罔知天之断命”，既不遵循先王的传统，又不了解上天的决断，那继承“先王之烈”将何从谈起？这里的“天命”的用语只是一种思想形式，表达的是一种使命感，即复兴民族的伟大使命，就是所谓“克从先王之烈”，“绍复先王之大业”，而“天命”说则赋予这种使命以神圣性。这种神圣的使命感产生了巨大的精神力量，使中华民族不断地走向兴旺发达。

本文中的“旧人”指在商代世袭预政的奴隶主贵族，他们与商王同族或近支，在政治上享有很高的特权。所以盘庚在对他们训话时，用的是劝诱的口吻。他说“古我先王，亦惟图任旧人共政”，认为可与之共同管理政事的，也就是那些世家旧臣。但同时又引古代贤人迟任的话说“人惟求旧，器非求旧，惟新”，一方面承认旧臣特殊的政治地位，同时告诫他们国家陈规当如器物，旧不足居，便当顺势应变，另谋新邑。盘庚表示“世选尔劳，予不掩尔善”，同时严厉批评贵族隐瞒商王的德政，并且在“百姓”中造作谣言，煽动贵族的不满情绪，那就是你们“自生毒”，最终将自取罪咎。所以盘庚要求他们与自己同心同德，改善政治。

另一方面，盘庚也指出国事不振，是因为贵族们好逸恶劳，日趋腐化的结果。故又令其勤政。指出行政要“若网在纲。有条而不紊”，只有“若农服田力穑”才会有所收益。而现在的局面是贵族们“惰农自安。不昏作劳，不服田亩”，一味盘剥人民，致使社会矛盾益发尖锐。所以令其勤勉政事，使国家齐治。

可以看出，盘庚时代，商王国的政治体制仍然保留了许多旧制残余，贵族是实施国家政令的重要力量。盘庚通过迁都，一方面保护他们的世袭特权，一方面加以规诫，引导他们向善，“去奢行俭”。终于令政事一新，暂时地缓解了社会矛盾。

“重民尚德”也是《盘庚》篇中重要的思想。此处的“民”是与“百姓”相对的平民阶级，他们能参与祭祀活动，在平时则承担生产，拥有一定的民主权利和自由。商王对他们是十分重视的，他将迁都说成是出于“重我民，无尽刘”的考虑，即不欲使小民受到水灾的祸患。另外，盘庚觉悟到民情不安，是因为贵族的煽动，就一再告诫贵族不要隐瞒商王对小民所作的规诫，这说明盘庚始终非常关注民心之动向。而"重民"的核心是"尚德"，即文中"施实德于民"的意思。施德的内容是用刑赏的手段，对民众的行为加以约束，使得人民得到体恤，政治变得清明。同时他也指出蛊惑民心的后果"若火之燎于原"，以原野上之野火来比喻民心失控的危害，认为这将是"不可响迩，其犹可扑灭?"反映了他对"民"的重视与对其所拥有的力量的敬畏。此后历代的统治者多强调"保民"，而这也许就是商代重民思想的继承。

（邱轶皓）

牧　誓

《尚书》

时甲子昧爽①，王朝至于商郊牧野②，乃誓。

王左杖黄钺③，右秉白旄以麾曰④："逖⑤矣！西土之人！"

王曰："嗟！我友邦冢君⑥，御事：司徒、司马、司空、亚旅、师氏、千夫长、百夫长⑦，及庸、蜀、羌、髳，微、卢、彭、濮⑧人，称尔戈⑨，比尔干⑩，立尔矛，予其誓。"

王曰："古人有言曰：'牝鸡无晨⑪。牝鸡之晨，惟家之索⑫。'今商王受⑬，惟妇言是用，昏弃厥肆祀弗答⑭，昏弃厥遗王父母弟不迪⑮，乃惟四方之多罪逋逃是崇，是长，是信是使，是以为大夫、卿士，俾⑯暴虐于百姓，以奸宄于商邑⑰。今予发⑱惟恭行天之罚。

"今日之事，不愆⑲于六步、七步，乃止，齐⑳焉。夫子勖哉㉑！不愆于四伐㉒、五伐、六伐、七伐，乃止，齐焉。勖哉夫子！尚桓桓㉓如虎，如貔㉔，如熊，如罴㉕。于商郊，弗迓克奔㉖，以役㉗西土。勖哉夫子！尔所弗勖，其于尔躬㉘有戮！"

〔注释〕 ① 甲子：周历武王十三年(前1046)二月五日。昧爽：黎明。 ② 王：周武王姬发。他创立周朝，建都于镐(今陕西西安西南沣水东岸)。朝：早晨。商郊：商朝别都朝歌(今河南淇县)之郊。牧野：朝歌南七十里，当今淇县原朝歌镇南。甲子朝征商的事为铜器铭文证实。 ③ 杖：持拿。钺(yuè)：大斧。 ④ 旄(máo)：饰有牛尾的旗。麾(huī)：指挥。 ⑤ 逖(tì)：远。 ⑥ 冢(zhǒng)君：大君，对各友邦君主的尊称，即下述庸、蜀等国国君。 ⑦ 御事：对分职治理政务及事务的各级官吏的泛称。司徒：官名，主管土地、人口。司马：主管军政和军赋的官。司空：主管工程的官。 ⑧ 庸：古代部族国，都于上庸(今湖北竹山西南)。蜀：古代部族国。其地当今汉中东南至四川西部平原。羌：古代部族国，在今陕甘境内。髳(máo)：一作髦，其地在当时周之西南方。微：古部族国，其地在今陕西眉县附近。卢：古部族国，其地在今湖北宜城西南。彭：古部族国，其地在今湖北房县、谷城之间。濮：约在今湖北郧县和河南邓县之间。 ⑨ 称：举起。尔：你。戈：兵器。 ⑩ 比：按次排列。干：兵器。 ⑪ 牝鸡无晨：母鸡不会晨啼。 ⑫ 索：破落。 ⑬ 受：即纣、帝辛。据说他暴虐荒淫，征东夷而胜，却为周联合西南各族所败。自焚身亡，商为周代。 ⑭ 昏弃：泯弃。厥：其，指帝辛。肆：祭祀先祖。弗：不。答：问。 ⑮ 迪：任用。 ⑯ 俾：使。 ⑰ 奸宄(guǐ)：为非作歹。商邑：商国。 ⑱ 发：姬发。 ⑲ 愆：超越。 ⑳ 齐：整齐队形。 ㉑ 夫子：对成年男子的尊称。勖(xù)：勉力。 ㉒ 伐：一击一刺称为一伐。 ㉓ 桓桓：勇武威严之貌。 ㉔ 貔(pí)：豹类猛兽。 ㉕ 罴(pí)：大熊。 ㉖ 迓(yà)：抵御。克：杀害。奔：来降之敌。 ㉗ 役：服役。 ㉘ 躬：身。

（贺圣迪）

〔鉴赏〕《牧誓》分三个部分，先是说反商联军进至商郊牧野，武王与友邦冢君、御事宣誓伐纣。接着列举殷纣王罪状，最后讲如何进军，如何攻击，如何对待来降之敌。总之，这是一篇气壮山河的战前动员令。

《牧誓》的价值就在于它的历史真实性。1976 年出土的周初青铜器《利簋》的文字与它相符，进一步证明了它的可信。牧野之战是中国古代极其重要的一场战争，它决定了商、周两国的命运。战争的直接结果是周朝的建立，由此对中国的政治、思想、文化以至于中华民族的发展产生了极其重大而深远的影响。《牧誓》是同战争直接相关的历史文献，它记载了战争发生的时间、地点，参战部队的组成，战争的理由，伐商盟军使用的战术，以及军事纪律。它不仅提供了第一手原始材料，而且我们可以借以了解商周之际的思想观念，以及政治、社会状况。

《牧誓》宣布庸、蜀、羌、微、卢、彭、濮等部族同周人合力“恭行天之罚”。这是一支声势十分浩大的联军，战士来自今天的陕西、甘肃、四川、湖北、河南等地，这在古代来说，动员的地区非常广。以前人们大多把殷军在牧野之战中的惨败归因于“前徒倒戈”，即奴隶起义，但是从《牧誓》我们可以看到这场战争主要是以商、周为首的两大军事集团的一场生死较量，这一性质不能因为奴隶起义而被忽视。正因为攻方是许多部族的联合，各个部分有相当大的独立性，所以周武王特别强调各支部队之间要协调配合。他提出，在决战中要稳步推进，相互之间不要拉开太远，队伍乱了就要停下来，整理队形。

周原来是认商为宗主国的，至晚在武丁时期，周族首领就接受了商王给予的爵位“周侯”，从属于商。周原出土的早周卜辞表明，当地曾祭祀过商王帝乙。周人曾从商征伐商西北不臣服的部族。参加反商联军的部族如羌原来也是商的藩属，《诗经·商颂·殷武》中“自彼氐羌，莫敢不来享，莫敢不来王”就是对这种关系的描绘。因此，商已经是一个多民族的国家。但是由于周族的兴起，原来的力量平衡被打破，实际的利益冲突导致了两大军事集团的决战。这场规模空前的大战既是不同政权之间的激烈冲突，又是更大规模的民族融合的新过程的开始，其结果是产生了以周为首的新的多民族的国家，进而形成华夏民族。

毫无疑问，牧野之战发生的原因是各诸侯国之间在政治、经济上不可调和的矛盾和重大的利害冲突，然而武王在檄文中对此一点也没有提及，他所列举的纣王罪行却全属于商王朝在内政上的过错。这也表明各族正在形成一个大家庭，逐渐连成一体，因此大国商的内政成为各国共同干预的理由。而战争的结局从民族关系上说则是以商王为天下共主转变为以周王为天下之共主。

由于时代过于久远，武王的谴责具体地牵涉到什么人、什么事，难以详考，因此今人不可能准确地判断是非曲直，但是可以肯定的是纣王的暴政激化了当时社会矛盾和统治阶级内部的矛盾。纣王拒绝谏诤，因此其叔父箕子装疯被废为奴，庶兄微子去国，忠臣比干被杀，这大概就是文中“昏弃厥遗王父母弟不迪”之说所指。然而人们如果不受传统见解的束缚，就能发现武王声讨的某些罪行并不能成立，对它们加以客观而细致的研究可能会显示以前曾经被人们忽略的商朝社会和政治的某些真实状况。

特别值得人们注意的首先是商朝妇女的社会地位。《牧誓》指责商王“惟妇言是用”，如果不只是指某个恶妇乱政，只就这些文字本身的含义加以分析，那么我们可以推测妇女在当时的社会中的地位可能高于后世，考古材料也印证了这一推测。商朝妇女可以拥有自己的奴隶、土地，以及其他财富，能够独立地经营田产；死后可单独下葬，独自享受子孙的特祭；可以参与作为政治活动的祭祀、占卜，甚至可以担任主祭，因而具有一定的政治地位；她们中还有人统率军队，守备地方，参与演习，率师出征，商王武丁之妻妇好就曾率领数万精兵远征巴、羌。因此，纣王“惟妇言是用”有可能是沿袭商朝传统的做法。

其次，《牧誓》言纣王对“四方之多罪逋逃是崇是长，是信是使，是以为大夫、卿士”。今人也难以弄清这些所谓的“多罪逋逃”是哪些人，犯了什么样的罪行。但是，我们确知在奴隶社会，确实有许多“罪犯”是只因为逃亡而犯罪的奴隶，这里“多罪逋逃”很可能大部分是逃亡奴隶。实际上商朝从开国之初就有重用有才干的奴隶的做法。商朝的开创者成汤就任命其妻有莘氏的陪嫁奴隶伊尹为相，平定天下。成汤第十世孙武丁将从事版筑的奴隶傅说提拔为相，使商得以中兴。可见，纣王重用才智卓越的奴隶是商朝常见的做法。当然少数杰出奴隶被置于高位并不能改变整个奴隶阶级的悲惨命运，如果政治举措不当，反而可能加剧统治阶级内部的矛盾。而纣王的做法最终就成为反殷的口实，从而引起拥有奴隶的盟军各部首领或贵族的愤恨。

武王伐纣被称为一场人民大革命，这主要是因为它铲除了纣王的暴政，开启了一个新的伟大的时代，短短的三百字的一篇文章虽然不能全面揭示战争的重大意义，却保存了有关这场战争和当时社会的状况的真实史料，这就使它的每一个字具有无可估量的价值。

（贺圣迪）

洪　范

《尚书》

惟十有三祀①，王访于箕子②。王乃言曰："呜呼！箕子。惟天阴骘③下民，相协厥居④，我不知其彝伦攸叙⑤。"

箕子乃言曰："我闻在昔，鲧陻洪水⑥，汩陈其五行⑦，帝⑧乃震怒，不畀'洪范'九畴⑨，彝伦攸斁⑩。鲧则殛⑪死，禹乃嗣兴⑫。天乃锡⑬禹'洪范'九畴，彝伦攸叙。

"初一曰五行，次二曰敬用五事⑭，次三曰农用八政⑮，次四曰协用五纪⑯，次五曰建用皇极⑰，次六曰乂⑱用三德，次七曰明用稽疑⑲，次八曰念用庶征⑳，次九曰向㉑用五福，威用六极㉒。

"一、五行：一曰水，二曰火，三曰木，四曰金，五曰土。水曰润下㉓，火曰炎上，木曰曲直，金曰从革㉔，土爰稼穑㉕。润下作咸㉖，炎上作苦，曲直作酸㉗，从革作辛，稼穑作甘㉘。

"二、五事：一曰貌，二曰言，三曰视，四曰听，五曰思。貌曰恭，言曰从㉙，视曰明，听曰聪，思曰睿㉚。恭作肃㉛，从作乂，明作哲，聪作谋，睿作圣。

"三、八政：一曰食㉜，二曰货㉝，三曰祀，四曰司空㉞，五曰司徒㉟，六曰司寇㊱，七曰宾㊲，八曰师㊳。

"四、五纪：一曰岁㊴，二曰月㊵，三曰日㊶，四曰星辰㊷，五曰历数㊸。

"五、皇极：皇建其有极㊹。敛时五福㊺，用敷锡厥庶民㊻，惟时厥庶民于汝极[47]，锡汝保极[48]。凡厥庶民，无有淫朋[49]，人无有比德[50]，惟皇[51]作极。凡厥庶民，有猷有为有守[52]，汝则念之。不协[53]于极，不罹于咎，皇则受[54]之。而康而色[55]，曰：'予攸好德[56]。'汝则锡之福，时人斯[57]其惟皇之极。无虐茕独[58]，而畏高明。人之有能有为，使羞[59]其行，而邦其昌[60]。凡厥正人[61]，既富方谷[62]，汝弗能使有好于而家[63]，时人斯其辜[64]。于其无好德[65]，汝虽锡之福，其作汝用咎[66]。

"无偏无陂[67]，遵王之义；无有作好[68]，遵王之道；无有作恶[69]，遵王之路。无偏无党[70]，王道荡荡[71]；无党无偏，王道平平[72]；无反无侧[73]，王道正直。会其有极[74]，归其有极，曰，皇极之敷言[75]，是彝是训[76]，于帝[77]其训。凡厥庶民，极之敷言，是训是行，以近[78]天子之光。曰，天子作民父母，以为天下王。

"六、三德：一曰正直，二曰刚克[79]，三曰柔克。平康[80]，正直；彊弗友[81]，刚克；燮友[82]，柔克。沈潜[83]，刚克；高明[84]，柔克。惟辟[85]作福，惟辟作威，惟辟玉食[86]。臣无有作福、作威、玉食。臣之有作福、作威、玉食，其害于而[87]家，凶于而国。人用侧颇僻[88]，民用僭忒[89]。

"七、稽疑：择建立卜筮[90]人，乃命卜筮。曰雨，曰霁，曰蒙[91]，曰驿[92]，曰克[93]，曰贞[94]，曰悔[95]，凡七。卜五[96]，占用二[97]，衍忒[98]。立时人[99]作卜筮，三人占，则从二人之言。汝则有大疑，谋及乃[100]心，谋及卿士，谋及庶人，谋及卜筮。汝则从，龟从，筮从，卿士从，庶民从，是之谓大同。身其康彊，子孙其逢[101]，吉。汝则从，龟从，筮从，卿士逆，庶民逆，吉。卿士从，龟从，筮从，汝则逆，庶民逆，吉。庶民从，龟从，筮从，汝则逆，卿士逆，吉。汝则从，龟从，筮逆，卿士逆，庶民逆，作内[102]，吉；作外[103]，凶。龟筮共违于人，用静[104]，吉；用作[105]，凶。

"八、庶征：曰雨，曰旸[106]，曰燠[107]，曰寒，曰风。曰：时[108]五者来备，各以其叙，庶草蕃庑[109]。一极备[110]，凶；一极无，凶。

“曰休征⑪：曰肃⑫，时雨若；曰乂，时旸若；曰哲⑬，时燠若；曰谋，时寒若；曰圣，时风若。

“曰咎征：曰狂，恒雨⑭若；曰僭⑮，恒旸若；曰豫⑯，恒燠若；曰急，恒寒若；曰蒙，恒风若。

“曰：王省惟岁⑰，卿士惟月，师尹惟日。岁、月、日时无易，百谷用⑱成，乂用明，俊民用章⑲，家用平康。日、月、岁时既易，百谷用不成，乂用昏不明，俊民用微，家用不宁。

“庶民惟星，星⑳有好风，星㉑有好雨。日月之行，则有冬有夏。月之从星㉒，则以风雨。

“九、五福：一曰寿，二曰富，三曰康宁，四曰攸好德，五曰考终命。㉓。六极：一曰凶短折㉔，二曰疾，三曰忧，四曰贫，五曰恶，六曰弱。”

〔注释〕 ① 惟：发语词。有：又。祀：年。惟十有三年：十三年。 ② 王：周武王，姓姬名发。箕子：殷纣王叔父。 ③ 阴骘(zhì)：不言而决定。 ④ 相：相互。协：和。厥：天所生之人。 ⑤ 彝伦：常理。攸：所。叙：顺。 ⑥ 鲧(gǔn)：禹之父亲。陻(yīn)：堵塞。鲧以陻治水，失败后，被撤职流放。 ⑦ 汩(gǔ)：乱。陈：排列。五行：水、火、木、金、土各自的运行，即它们各自的规律。 ⑧ 帝：上帝，至高无上的神。 ⑨ 畀(bì)：给予。洪范：大法，根本法则。畴：种类。 ⑩ 斁(dù)：败坏。 ⑪ 殛(jí)：诛责，在此指流放。 ⑫ 嗣(sì)：继承。兴：兴起，此指受命治理洪水。 ⑬ 锡：赐予。 ⑭ 次：第。用：做。 ⑮ 农：勉，努力。政：政事。 ⑯ 协：合。五纪：五种记录时间的方法。 ⑰ 建：建立。皇：大。极：至高无上，这里指至高无上之准则。 ⑱ 乂(yì)：治理。 ⑲ 稽：考察。疑：疑惑、疑难之事。 ⑳ 念：思虑。庶：多。征：征兆。 ㉑ 向：通享，享受。 ㉒ 威：畏惧。六极：六大困厄。 ㉓ 润下：水自高往低处流，润湿所经之处。 ㉔ 从：顺。革：变革。从革：顺从人意，在锻铸中变革形态。 ㉕ 爰(yuán)：表语气的助词。稼穑：种植与收获，指庄稼。 ㉖ 润下作咸：江河湖泊中的水味淡，但最终流入大海，海水味咸。 ㉗ 曲直作酸：树木的果实多酸味。 ㉘ 甘：甜。 ㉙ 从：顺。这里指语言要顺理。 ㉚ 睿：通达。 ㉛ 作：产生。恭作肃：态度恭敬会形成严肃的作风。 ㉜ 食：以粮食为主的所有食品。 ㉝ 货：指衣料及以天然物质制造用作一般等价物的货币。 ㉞ 司空：金文作司工，掌管工程的官员。 ㉟ 司徒：金文多作司土，掌管土地和人民的官员。 ㊱ 司寇：掌管司法事务的官员。 ㊲ 宾：掌管诸侯朝觐的官员。 ㊳ 师：掌管军事的官员。 ㊴ 岁：岁星，即木星。以岁星在空中运行一周为一岁，即一年。 ㊵ 月：月亮。以月亮在空中运行一个圆缺，为一月。 ㊶ 日：太阳。以太阳在空中运行一周为一日，即一天。 ㊷ 星辰：选取日、月、木星以外的星象，用作分辨一年四季十二个月的标志，尤其是以北斗七星在空中运行定时。 ㊸ 历数：推算岁时节候的次序。将其所得编为一定的系统，是为历法。 ㊹ 皇：君王、天子。建：建立。极：至高准则。 ㊺ 敛：聚。时：此。五福：寿、富、康宁、攸好德、考终命。 ㊻ 用：以。敷：布。锡：赐。厥：其。 ㊼ 时：此。汝：指君王、天子。于汝极：对于你所确立的至高无上原则加以拥护奉行。 ㊽ 保极：保有至高无上的原则。 ㊾ 淫朋：在交游中结成的朋党、集团。 ㊿ 比：勾结。德：心意。比德：与淫朋之义相似。 51 皇：君王、天子。 52 猷：谋虑。守：执守。 53 协：合。 54 受：宽容。 55 第一个“而”：如果。康：和谐。第二个“而”：你。色：态度表情。 56 攸：所。好：喜爱。德：德行准则。 57 斯：将。 58 茕独：孤独无所依靠的人。 59 羞：进。 60 邦：国。其：将。 61 厥：语助词。正人：正长，正职长官。 62 谷：禄位。 63 而：你。有好于而家：于王室有好处。 64 斯：就。辜：罪。 65 于：对。其：那些。 66 用：为。咎：恶。 67 陂(bēi)：颇，不平坦。 68 好：私自一己之好。 69 恶：私自一己之恶。 70 党：偏私。 71 荡荡：广阔。 72 平平：齐一均等。 73 反：违反。侧：倾侧。 74 会：聚集。其：那。 75 敷：宣布、公布。敷言：公之于众的言论。 76 彝：法。训：教。 77 帝：上帝。 78 近：亲附。 79 刚克：以强硬威严的办法取胜。 80 平康：太平安康。 81 友：亲近。 82 燮(xiè)友：和善可亲。 83 沈潜：亦作沉潜，深沉隐伏。 84 高明：高妙精明。 85 辟：天子。 86 玉食：美食。 87 而：指天子。 88 用：奉行。侧：倾侧。颇：偏颇。僻：邪恶。 89 用：因而。僭：过分。忒：同慝，恶念。 90 卜：以龟甲兽骨灼于火上，据其裂纹占卜。筮：以蓍草若干根，运用数数方法占卜。 91 蒙：古人以天气下降所造成的空中昏暗。 92 驿：即圛，此种卦兆，今已不明。 93 克：凌犯。 94 贞：卦的下面三爻，即下体，内卦。 95 悔：卦的上面三爻，即上体，外卦。 96 卜五：前五种用甲骨占卜。 97 占用二：后二种用蓍草占卦。 98 衍：推演、演述。忒：变化。 99 立：设置。时人：指上述的卜者、筮者。 100 乃：你。 101 逢：大。子孙其逢：指人丁滋生，家族鼎盛。 102 内：家内之事。 103 外：对外之事。 104 静：静守无所举动。 105 作：举事。 106 旸(yáng)：日出，指晴天。 107 燠(yù)：炎热。 108 时：是，此。 109 蕃：生长茂盛。庑：芜，丰盛。 110 一：指上述五种气象中的任何一种。极：过甚。 111 休征：美好的征兆。 112 肃：敬，这里指认真办事。 113 哲(zhé)：明智。 114 恒雨：长期下雨。 115 僭：差错无序。 116 豫：安逸。 117 省：即眚，过失。岁：指过失影响一年。 118 用：因。百谷成因岁、月、日时无易。 119 章：显，指提拔任用。 120 星：指箕星。 121 星：指毕星。 122 月之从星：月亮在空中运行，以二十八宿为坐标。箕、毕是二十八宿中的二宿。 123 考终命：老寿而终。 124 凶短折：未成年而死为凶。 （贺圣迪）

〔鉴赏〕 关于本篇时代，古人认为作于周初，五四以来学者以持战国说者为多，笔者采取刘起釪先生《〈洪范〉成书时代考》之说，认为原本写于商末，自西周至战国，为传播者所增益润色，也有可能整理加工。

“洪”意为大，“范”即法，“洪范”就是大法，即治国之大法，相传是周灭殷以后的第二年箕子向周武王提出的治国之策。本文由两部分组成。第一部分，自开篇至“彝伦攸叙”，简述洪范九畴的性质与来源。其下至文终，为第二部分，先述洪范九畴名目，而后依次诠释各目，有详、有略，而重在皇极、稽疑、庶征三畴。《洪范》讲述的范围十分广泛，从哲学到政治、经济、教育，举凡与治国相关的重大问题无不论及。

《洪范》从头到尾都贯穿着“天”的观念，而且有“稽疑”这一大法专门讲说占卜定吉凶的问题,这在儒家论政治学的著作中是少见的。在《洪范》中天是一种人格神,它繁殖了下界臣民,是天把“洪范九畴”传给大禹,用以治国安民。天与人事是相互感应的:天子办事恭谨,政治清明,通达事理,就会风调雨顺,阳光明媚;相反,如果天子行为狂妄,胡作非为,贪图享受,就会经常发生洪涝、干旱之灾。总之,天是宇宙和人间的最高主宰。

《洪范》中的天的观念是时代给它打下的烙印,显示了中国早期思想的特点,因为西周时期天帝的观念仍然牢牢地统治着人们的头脑。因此,文中关于天的说法也从一个方面说明这篇著作产生的时代甚早。但是,更值得注意的是,从《洪范》我们也可以看到古人逐渐摆脱天帝观念束缚的缓慢过程。

首先,文章表明中国古人越来越重视对自然界本身的观察、研究和解释。它在开头以后就提出了五行的概念,力图用自然界中的事物及其性质和自然原因来说明自然界。五行是构成万物的物质基础和基本单位,《洪范》不仅描述了五行的特性和功用,而且提出只有顺应和利用它们的客观特性,做事才能获得成功,而鲧正是由于违背了五行之性和变化法则,才招致治水的失败。此外,《洪范》还要求密切关注自然现象的变化的规律,其第八条大法“庶征”就指出雨、晴、暖、寒、风五种自然现象是非常重要的,它们如按照一定的规律发生,草木就会茂盛地生长,庄稼也会丰收。可见在《洪范》中人们需要注视的正在从天帝转向自然。其次,事天的祭祀活动的重要性在下降。在远古,政治上的一个信条是“国之大事祀与戎”,但是《洪范》列举的八条大政中祭祀却排列在第三位,次于农业生产和工商贸易。再次,问天和求天的占卜在决定政治行为中已经不具优先权。在“稽疑”中,《洪范》规定,君主如遇到重大疑难问题,首先要自己多加考虑,然后再同卿士商议,再后同庶民讨论,最后才问到卜筮;在整个决策过程中占卜的结果都不是惟一的决定因素,始终要将这种结果同自己的考虑,以及卿士的意见加以参照研究。而且从总体上说,在《洪范》的全部文字中占卜问神的篇幅只占小部分。人类挣脱天帝的观念经历了十分艰难的过程,《洪范》的思想演变就是这一过程的一个缩影。

《洪范》思想的又一特色是竭力加强天子的权威。它在“皇极”中提出周王应当确立至高无上的原则,臣民应当服从这些原则,要按照天子所建立的规范来要求自己,为天子办事。“三德”又规定只有天子才能给人以奖赏和惩罚。人们如果脱离时代条件来看这些主张,就会把它们当作宣扬君主专制而加以否定。然而人们要看到,西周时代实行的是分封制,各地众多诸侯国拥有相当大的独立性,周王朝的幅员极其辽阔,但是远古的政治制度不健全,交通和通讯条件又十分落后,因此中央对地方的控制非常困难。正是由于这些原因,春秋战国时期延续了数百年残酷的战争,给人民造成了无数痛苦。《洪范》要求强化周王的权力,就是以天子为天下共主,以维护天下的统一、秩序和安宁,防止国家的分裂和诸侯国之间的战争。古代中国在那样大的地域范围内、在那样长的时期内能够保持着统一的局面,同《洪范》所表述的这种政治理念的作用是分不开的。

《洪范》中最有价值的思想是在"八政"中把农业生产和工商贸易确定为最重要的两项政务,把它们当作治国的头等大事。这表现了《洪范》对民生问题的高度重视。《洪范》指出政府应当设法使人民生活幸福,在列举"五福"时它把长寿、富裕、平安而无病置于喜欢美德之前。此外,它把交通、建筑、教育等方面的事情列为治国的基本要务。与此成为对照的是,它把军事放在"八政"的最后一项,这种做法后来逐渐成为一个传统。就是说中国主要采取政治、经济、教育、行政的手段、而不是通过武力来解决各种社会问题和民族矛盾,从而避免了军国主义的倾向,因此,中华民族以爱好和平而闻名于世。 (贺圣迪 穆 庄)

无 逸 《尚书》

周公①曰:"呜呼!君子所其无逸②,先知稼穑③之艰难,乃逸则知小人之依④。相小人⑤,厥⑥父母勤劳稼穑,厥子乃不知稼穑之艰难,乃逸,乃谚⑦。既诞⑧,否则⑨侮厥父母,曰昔之人无闻知⑩。"

周公曰:"呜呼!我闻曰:昔在殷王中宗⑪,严恭寅⑫畏,天命自度⑬,治民祗惧⑭,不敢荒宁⑮。肆⑯中宗之享国七十有五年。其在高宗⑰,时旧劳于外⑱,爰⑲暨小人。作⑳其即位,乃或亮阴㉑,三年不言。其惟不言,言乃雍㉒。不敢荒宁,嘉靖㉓殷邦。至于小大㉔,无时或怨。肆高宗之享国五十有九年。其在祖甲㉕,不义惟王㉖,旧为小人㉗。作其即位,爰知小人之依,能保惠于庶民,不敢侮鳏寡。肆祖甲之享国三十有三年。自时厥后,立王生则逸㉘。生则逸,不知稼穑之艰难,不闻小人之劳,惟耽乐之从。自时厥后,亦罔㉙或克寿,或十年,或七八年，或五六年，或三四年。”

周公曰：“呜呼！厥亦惟我周太王、王季㉚，克自抑畏㉛。文王卑服㉜，即康功田功㉝。徽柔懿恭㉞，怀㉟保小民，惠鲜㊱鳏寡。自朝至于日中昃㊲，不遑暇食㊳，用咸和㊴万民。文王不敢盘于游田㊵，以庶邦惟正之供㊶。文王受命惟中身㊷，厥享国五十年。”

周公曰：“呜呼！继自今嗣王，则其无淫于观㊸，于逸，于游，于田，以万民惟正之供。无皇㊹曰：今日耽乐㊺。乃非民攸训，非天攸若㊻，时人丕则有愆㊼。无若殷王受㊽之迷乱，酗于酒德㊾哉！”

周公曰：“呜呼！我闻曰：‘古之人犹胥㊿训告，胥保惠，胥教诲，民无或胥诪张为幻[51]。’此厥不听，人乃训[52]之，乃变乱先王之正[53]刑，至于小大。民否则厥心违怨[54]，否则厥口诅祝[55]。”

周公曰：“呜呼！自殷王中宗，及高宗，及祖甲，及我周文王，兹四人迪哲[56]。厥或告之曰：‘小人怨汝詈汝[57]。’则皇[58]自敬德。厥愆，曰‘朕之愆’。允若时[59]，不啻[60]不敢含怒。此厥不听，人乃或诪张为幻，曰‘小人怨汝詈汝’，则信之。则若时，不永念厥辟[61]，不宽绰[62]厥心，乱罚无罪，杀无辜。怨有同[63]，是丛[64]于厥身。”

周公曰：“呜呼！嗣王其监于兹[65]！”

〔注释〕 ① 周公：周武王弟，成王叔父。名姬旦。 ② 君子：指统治者。所：在位。 ③ 稼穑(sè)：指农民在田地里辛苦的劳作。 ④ 依：疾苦。此句意为身居安逸环境也就知道农民的疾苦了。 ⑤ 相小人：看看那些小民。 ⑥ 厥：其。 ⑦ 谚：通“喭”，粗俗。 ⑧ 诞：诳骗。 ⑨ 否(pǐ)则：乃至于。 ⑩ 昔之人无闻知：从前的人不懂什么。 ⑪ 中宗：即殷王祖乙。 ⑫ 寅：内心恭敬。 ⑬ 度(duó)：揣测。 ⑭ 祇(zhī)惧：恭敬小心。 ⑮ 荒宁：荒废政事，贪图安逸。 ⑯ 肆：同“故”。 ⑰ 高宗：即殷王武丁。 ⑱ 时：是，此，指高宗；旧：久。 ⑲ 爰：于是。 ⑳ 作：开始。 ㉑ 亮阴：亦写成“谅阴”，天子守孝之礼。 ㉒ 雍：和谐，喜悦。 ㉓ 嘉靖：安定。 ㉔小大：指政府中的大小官员。 ㉕ 祖甲：武丁之子，祖庚之弟。 ㉖ 不义惟王：武丁欲废兄立弟，祖甲认为父亲立己为王是不合理的。 ㉗ 旧为小人：久为平民。 ㉘ 生则逸：生于安乐之中。 ㉙ 罔：没有。 ㉚ 太王、王季：周公的曾祖父和祖父。 ㉛ 抑畏：谨慎小心。 ㉜ 卑服：卑贱之事。 ㉝ 即康功田功：即，成就；功，事；意谓成就安定民众和开垦土地的事业。 ㉞ 徽柔懿恭：徽，善；柔，仁；懿，美。 ㉟ 怀：安。 ㊱ 惠鲜：爱护。 ㊲ 昃(zè)：太阳偏西。 ㊳ 不遑暇食：没工夫吃饭。 ㊴ 用咸和：用，以；咸和，普遍和谐。 ㊵ 盘于游田：盘，乐；田，打猎。 ㊶ 供：同"恭"。句谓文王恭于邦国间之政事。 ㊷ 中身：中年。 ㊸ 淫：无节制。观：古借用为"欢"字。 ㊹ 皇：一解为且。 ㊺ 今日耽乐：今天尽情享乐一下(再说)。 ㊻ 攸：所。训：训导。若：顺。 ㊼ 时：同"是"。丕则：那就。愆：过失。 ㊽ 受：即纣，殷代暴君。 ㊾ 德：此处指凶德。 ㊿ 胥：相互。 51 诪(zhōu)张：诳骗。幻：欺骗诈惑。 52 训：同"顺"，模仿。 53 正：同"政"。 54 违怨：不满意。 55 诅祝：诅咒。 56 迪哲：明智。 57 詈(lì)：骂。 58 皇：《汉熹平石经》作兄，即"况"，意谓更加。 59 允若时：诚如是。下文"则若时"义同。 60 不啻：不但。 61 不永念厥辟：永，时常；辟，为君之道。 62 宽绰：宽广。 63 同：共同。 64 丛：集中。 65 嗣王：指周成王。监：同"鉴"，鉴戒。 (王 俊)

〔鉴赏〕 夏灭商立，商亡周兴，周初统治者常慨叹"天命靡常"(《诗经·大雅·文王》)。因此一个问题时时萦绕于他们脑际：如何才能使周的统治永远维持下去？周公通过详尽地分析历史，认为朝代的建立和灭亡都和"天命"有关，而"德"是天表示自己意图的惟一根据，即所谓"皇天无亲，惟德是辅"(《左传》僖公五年引《周书》)。天命的存在或转移，取决于德的有无。所以，统治者应该实行包括"修德配命"、"敬德保民"的德治，以使天命长久不坠。本文就是周公在归政之际，根据上述思想，着重从无逸、民本方面对成王进行的谆谆告诫。

全文首句"君子所其无逸"，可谓开宗明义。此句郑玄注为"君子处位为政，其无自逸豫也"。爱好安乐本是人的天性，但在周公看来，君主必须对此有所克制。因为无逸是德的重要内容，君主应该以此来"修德"，才能保持天命。为了使成王信服，周公总结了历史经验教训，列举了大量史实，并把殷周的有关君主分成两类：一为于政事小心谨慎、"不敢盘于游田"的无逸之诸明君；一为"惟耽乐之从"的追求享乐之众昏王。明君皆享国长远，如殷中宗"七十有五年"，周文王"五十年"；昏王均在位短暂，甚至只有三四年的。至于商纣王，更是众叛亲离，身亡国灭。文章通过正反两方面的阐述和对比，有力地论证了首句论点对君主的重要性，深化了其警示意义。周公意在使成王领悟：无逸与否乃关乎国运泰否、君主寿夭之大事，今后必须努力克己以把握天命，方能在位长久，福祉绵绵。

那么，如何才能更好地做到无逸？周公从"舍"、"取"两方面进行了引导。舍，指摒弃某些行为，如"淫于观，于逸、于游、于田"之类。取，指要有所作为，如勤政。周公用崇敬的口吻赞叹周文王每日忙于国事，"自朝至于日中昃，不遑暇食"。对勤政的前朝贤君，也一再称赞"治民祗惧"、"不敢荒宁"。周公自己在这方面也身体力行，堪称典范，“一沐三捉发，一饭三吐哺”（《史记·鲁周公世家》），其勤政的辛劳之态，足见一斑。勤政导致出现了“嘉靖殷邦”、“咸和万民”的太平景象。周公的舍取之道，是为了使君主通过无逸，达到“修己”和“安人”的德治境地。

根据“敬德保民”的观点，敬德是手段，保民则是目的，所以周初统治者十分强调民本观念。王国维曾指出，《无逸》等篇“言治之意者，则惟言庶民”（《殷周制度论》）。针对殷末轻民虐民导致国灭的实际教训，周公在文中较集中地阐述了一系列的民本思想：君主要体恤民情，应“知稼穑之艰难”；要惠民利民，“怀保小民”、“惠鲜鳏寡”，使民众安居乐业；要倾听民声，即使出现“怨汝詈汝”的谤言，也应反躬自责，勇于承认，这是明君应有的政治气度。周公重视民本，亦把它作为德的内容，是因为充分认识到民心的向背直接关系到国的兴亡存废，天命虽难测，但通过掌握民心就可以把握天意。至此，文章通过对无逸和民本两方面的阐述发挥，严密地论证了如何才能维持周朝的长久统治，字里行间充溢着周公关怀成王、希冀其德治成功的殷殷之情。

成王没有辜负周公的期望。其治国“天下安宁”（《史记·周本纪》），成了开创“成康之治”局面的一代明君，享国达三十七年。本文（以及《尚书》有关各篇）中开启先河的德治思想，对后世产生了深远的影响。它是儒家德治思想的核心“仁政”、“民本”的理论来源；是诸如北宋欧阳修“忧劳可以兴国，逸豫可以亡身”（《五代史伶官传序》）等历代贤明君臣治国安邦警世通则的思想源头。直至今天，在对其进行合乎时代需要的改造之后，仍不失为重要借鉴。

本文记言完整而有条理，每段之间具有一定的逻辑关系，可以连缀成意义贯通之文，所以超越了前代单纯的语录。记事如实而生动，出现了周文王那样较鲜明的形象。文章以“无逸”为标题，通篇阐发其广泛含义，这种“据题抒论”的写法，对后世有关的议论文也有着重要影响。

（王 俊）

立 政

《尚书》

周公若曰：“拜手稽首①，告嗣天子王②矣。”用咸戒③于王，曰：“王左右常伯、常任、准人④、缀衣、虎贲⑤。”周公曰：“呜呼！休兹知恤⑥，鲜⑦哉！古之人迪惟⑧有夏，乃有室⑨大竞⑩，吁俊⑪，尊上帝迪⑫，知忱恂⑬于九德之行⑭。乃敢告教厥后曰，拜手稽首后矣⑮。曰：宅乃事，宅乃牧，宅乃准⑯，兹惟后矣。谋面用丕训德⑰，则乃宅人⑱，兹乃三宅无义民⑲。桀德⑳，惟乃弗作往任㉑，是惟暴德，罔后㉒。亦越成汤陟㉓，丕釐上帝之耿命㉔。乃用三有宅，克即宅㉕，曰三有俊㉖，克即俊。严惟丕式㉗，克用三宅三俊。其在商邑，用协㉘于厥邑，其在四方，用丕式见㉙德。呜呼！其在受德㉚，暋惟羞刑暴德之人㉛，同㉜于厥邦；乃惟庶习逸德之人㉝，同于厥政。帝钦罚之㉞，乃伻我有夏式商受命㉟，奄甸万姓㊱。亦越文王、武王，克知三有宅心，灼㊲见三有俊心，以敬事上帝，立民长伯㊳。立政㊴：任人、准夫、牧，作三事，虎贲、缀衣、趣马小尹、左右携仆、百司庶府㊵。大都小伯、艺人、表臣、百司、太史、尹伯㊶，庶常吉士㊷。司徒、司马、司空、亚旅㊸。夷微卢烝㊹。三亳阪尹㊺。文王惟克厥宅心，乃克立兹常事司牧人，以克俊有德。文王罔攸兼于庶言㊻，庶狱庶慎㊼，惟有司之牧夫是训用违㊽。庶狱庶慎，文王罔敢知于兹㊾。亦越武王率惟敉功㊿，不敢替厥义德[51]，率惟谋从容德[52]，以并受此丕丕基[53]。呜呼！孺子[54]王矣！继自今我其立政。立事、准人、牧夫。我其克灼知厥若，丕乃俾乱[55]，相我受民，和我庶狱庶慎。时则勿有间之[56]，自一话一言，我则末惟成德之彦[57]，以乂我受民[58]。呜呼！予旦已受人之徽言[59]，咸告孺子王矣！继自今文子文孙，其勿误于庶狱庶慎，惟正[60]是乂之。自古商人，亦越我周文王立政，立事、牧夫、准人，则克宅[61]之，克由绎[62]之，兹乃[63]俾乂，国则罔有。立政用憸人[64]，不训于德，是罔显在厥世。继自今立政，其勿以憸人，其惟吉士，用劢相我国家[65]。今文子文孙，孺子王矣。其勿误于庶狱，惟有司之牧夫。其克诘[66]尔戎兵[67]，以陟禹之迹，方行天下，至于海表，罔有不服。以觐[68]文王之耿光，以扬武王之大烈。呜呼！继自今后王立政，其惟克用常人[69]。”

〔**注释**〕 ① 拜手：跪后两手相拱至地，俯首至手。稽首：行礼时叩头至地。 ② 嗣天子王：指周成王。 ③ 用：因。咸：同"箴"，告诫。戒：告诫。 ④ 左右：指王身边的大臣。常伯，治民的官，即下文的牧、牧人。常任，治事的官，即下文的事与任人。准人，平法之官，即下文的准、准人。以上三者为三事之官。 ⑤ 缀衣、虎贲：指王的近臣，前者掌衣服，后者为侍卫。⑥ 休：美。兹：这。恤：忧。休兹知恤，意为居安思危。 ⑦ 鲜：少。 ⑧ 迪惟：助词，无实义。 ⑨ 有室：指诸侯。 ⑩ 竞：强。 ⑪ 吁俊：吁，呼，吸引。俊，俊德，指人才。 ⑫ 迪：启迪，教导。 ⑬ 忱：诚、信。恂：信。 ⑭ 九德：即《皋陶谟》中"宽而栗，柔而立，愿而恭，乱而敬，扰而毅，直而温，简而廉，刚而塞，强而义"，可泛指诸种德行。行：行为。 ⑮ 后：君主。⑯ 宅：考虑、任用。乃：你的。事、牧、准，即三事之官。 ⑰ 谋面：以貌取人。丕：不。训：顺。德：道德标准。 ⑱ 宅人：指任人唯亲。 ⑲ 三宅：即三事。义民：贤人。 ⑳ 德：即"得"，这里指继承王位。 ㉑ 作：任用。往任：指过去老成持重的大臣。 ㉒ 罔后：不能再流传下去，指夏朝灭亡。 ㉓ 越：等到。陟：即王位。 ㉔ 釐(xī)：受福。丕釐：大福。耿：光、明。耿命：明命。 ㉕ 克：胜任。即：就任。宅：居官。克即宅意为成汤所选之三事均能胜任其职位，有实际的能力。 ㉖ 俊：才德，意指三事各自选拔、任用有德才的人。 ㉗ 严：严格。惟：思、念。丕：大。式：法。 ㉘ 协：和谐。 ㉙ 见：现，显示。 ㉚ 其：指商纣王。受德：继承王位。 ㉛ 暋(mǐn)：强。羞：进。刑暴德：指性情残暴只知用刑的人。 ㉜ 同：聚集。 ㉝ 庶：众多。习：亲近。逸：失，少。 ㉞ 帝：上帝。钦罚：重罚。 ㉟ 伻(bēng)：使。有夏：周人自称，因周为夏人之后。式：代替。 ㊱ 奄：覆。甸：治理。万姓：指天下臣民。 ㊲ 灼：明白、清楚。 ㊳ 长伯：泛指官员。 ㊴ 立政：设立官长。 ㊵ 趣马小尹：指负责养马的官。左右携仆：指王的近侍。百司庶府：泛指各种王室内臣。 ㊶ 大都小伯：泛指王城内的地方官。艺人：征收赋税的官员。表臣：指诸侯国的官员。百司：百官。太史：史官。尹伯：泛指内朝官长。 ㊷ 庶：众。常：祥。吉：善。庶常吉士：总括上文各官，说他们各司职守，和谐如一。 ㊸ 司徒、司马、司空：朝廷三公。亚：仅次于。亚旅：指仅次于三公的百官。 ㊹ 夷：泛指东方的少数民族。微：泛指南方的少数民族。卢：泛指西方的少数民族。烝：君主，指少数民族的君王。 ㊺ 三亳：商曾定都于亳，三亳泛称商之旧地。阪：夏之故都。三亳阪尹：指在夏、商旧地设立官员。 ㊻ 罔：无。攸：所。兼：兼有。庶言：各种具体的法令。罔攸兼于庶言，指不过问具体的法令。 ㊼ 庶狱庶慎：指谨慎地处理各种案件。 ㊽ 训：顺。违：违背。 ㊾ 罔敢知于兹：指对司法处理不加干涉。 ㊿ 率惟：助词，无实义。敉(mǐ)：完成，实现。 51 替：废弃。厥：指文王。义德：美德。 52 谋从：顺从，遵循。容：宽容。 53 丕丕：伟大的。基：基业，指伐商建周。 54 孺子：长辈对于晚辈的称呼，指成王。55 丕乃：这样。俾：使。乱：治理。 56 时：此，指庶狱庶慎。间：代替。 57 末：始终。成德：具备九德，即品德完美。彦：有才德之人。 58 乂(yì)：治理。受民：从上天接受来的人民。 59 予旦：周公自称。徽言：美言。 60 正：官长。 61 宅：考察。 62 由绎：扶持。63 兹乃：这样。 64 憸人：奸佞之人。 65 劢(mài)：勉力。相：帮助。 66 诘：治。67 戎兵：泛指军事活动。 68 觐：显示。 69 常人：吉士贤人。 （何善蒙）

〔**鉴赏**〕《立政》传为周公所作。是他为成王而写的诰词。周武王逝世后周公摄政。成王亲政后，周公担心他年轻缺少治国经验，又懈怠荒废政务，所以作此文加以告诫。在诰词中，周公总结了夏、商两朝兴盛的政治原因，它们衰落灭亡的深刻教训，追述周朝开国君主所开创的优良传统，希望成王借鉴夏商两朝的历史，能够居安思危（“休兹知恤”），尽心尽力治国安邦，以继承文王、武王的伟大功业（“觐文王之耿光”、“扬武王之大烈”），达到周朝长治久安的目的。

在诰词中，周公提出了对于成王执政至关紧要的四项大事，首先是完备官制，确定各种官员的职责。题目“立政”的意思就是设立官长，即组织政府。周公提出要按照传统的做法来建设政府，特别要重视设立行政、司法、治民这三类官职，他分别称之为“任人”、“准夫”、“牧”。他强调商汤、周文王、周武王都非常重视这三类官职。因此他要求成王特别要重视政府这三个部门的工作。此外，周公还提到要设立国王的卫官，至于朝内的太史、尹伯诸官、三公、卿大夫封地的官员、侯国的官员、东西南北边疆少数民族的君主等等。都要逐步一一建立起来。在周公看来，只要设立了所有这些职位，明确了各自的职责，从中央到地方的各级政府的工作就能够有条不紊地开展起来。从周公所规定的职官来看，周初政治家在组织政府方面已经取得了相当丰富的经验，当时中国政治制度的基本框架已经形成，且已经初具规模。这保证了此后西周经济、社会、文化获得巨大的进步。

第二，重视对官员的选拔、任用和考察，这是这篇诰词着重讲述的事项。关于官员的选拔，周公主张任人惟贤，反对以貌取人（“谋面”），或按照个人的喜好任人惟亲（“宅人”）的倾向。他提出早在夏代，诸侯们就竞相招徕贤人，然而夏桀不愿任用贤人，从而招致国家覆亡。周公指出任人惟贤就是要以道德标准作为依据选拔人才，商汤信任的人就是确实有美德而不是徒具虚名的人，因此他们都能在自己的职位上很好地对待百姓。然而商纣王只知重用缺德之人，所以政治昏乱，终于亡国。因此，作为文王、武王事业的继承者，周公希望成王能够切实地坚持道德标准，“继自今立政，其勿以憸人，其惟吉士，用劢相我国家”，将德政推行于普天之下。

对于官员的任用，周公一再向成王指出要做到官员分工明确，各司其职，即所谓“宅乃事”、“宅乃牧”、“宅乃准”。周公要求以周文王为榜样，文王设立各种官位以后就放手让官吏去工作，从来不去代替他们发号施令，总是根据各方面的负责官员的意见作出决定，从不对他们加以不适当的干预。

对于官员的考察，周公也很重视，认为这是施政中的一个重要环节。他以商汤为例说，汤“乃用三有宅”，就是根据赋予官员的职责，考察他是否确实胜任，而不旷其职（“克即宅”），特别要考核担任朝廷重任的“事”、“牧”、“准”（即他所说的

"任人"、"牧"、"准夫"三职)是否确实具有美好的品德("三有俊")。周公重视官员的考评是为了落实任人的道德标准,督促官员出色地完成各自承担的职责。

第三,维护司法公正。诰词不厌其烦地多次要求"庶狱庶慎",就是说要非常慎重地处理刑事案件,他的意思是要正确、公正地定案判刑。周公又以文王的事例来说明他这一主张:文王对于司法方面的事情从来不敢加以干预,他总是尊重主管审理案件的官员的意见。周公的用意是要维护法官和法律的权威,不以君主的个人的意志或偏向来破坏司法的公正。所以周公教导成王说,你要让掌管司法的准人帮助自己准确地量刑用刑,但是切不可包办代替,甚至一言一语的命令也不要发布来干扰他们的办案("和我庶狱庶慎。时则勿有间之,自一话一言"),这样,那些贤人的作用才能充分地发挥出来,也才能把臣民治理好。

第四,要加强武装力量,用心于军队的管理。周公作为开国元勋,经历过长期的战争,当然深知军队对于巩固政权、弘扬国威的决定性作用,所以他在诰词的最后部分希望成王建立一支强大的军队,使他的威力遍于天下,甚至伸张到海外("方行天下,至于海表")。

周公是周初具有战略眼光的伟大的政治家,他不仅宵衣旰食,夙兴夜寐,不辞劳瘁地处理烦琐的日常政务,而且一直殚精竭虑,呕心沥血,筹划治国安邦的大政方针,力图为周实现永久的统治打下坚实的基础。他提出了许多具有深远意义的战略措施。从《立政》一文我们可以看到,他极其重视对君主的思想道德的教育,并且以历史的经验和教训作为生动的教材,从而使这种教育具有很大的说服力。他对成王所提出的四项要求可以说触及古代政治建设的最重大、最关键的方面。他不仅一般地强调德政的原则,而且注重政治制度的建设和操作层面的根本问题,并且力求把这两方面结合起来,企图把德政的理念落到实处。他关于政府各部门要分工明确、各级官员要各司其职、君主不得以个人的意志加以干预的思想在古代社会显得尤其难能可贵,它们可以在一定程度上抵消君主专制的消极作用。周公以上这些思想后来成为中国古代政治的优良的传统。

(何善蒙 杨德博)

牧 民 《管子》

凡有地牧民者①,务②在四时③,守④在仓廪⑤。国多财则远者⑥来,地辟举⑦则民留处⑧,仓廪实⑨则知礼节,衣食足则知荣辱，上服度[10]则六亲[11]固[12]，四维[13]张[14]则君令行。故省刑之要[15]，在禁文巧[16]；守国之度[17]，在饰[18]四维；顺民[19]之经[20]，在明[21]鬼神、祗[22]山川、敬宗庙[23]、恭祖旧[24]。不务[25]天时[26]，则财不生；不务地利[27]，则仓廪不盈[28]；野芜旷[29]，则民乃荒[30]；上无量[31]，则民乃妄[32]；文巧不禁，则民乃淫[33]；不障[34]两原[35]，则刑乃繁[36]；不明鬼神，则陋民[37]不信[38]；不祗山川，则威令不闻[39]；不敬宗庙，则民乃上校[40]；不恭祖旧，则孝悌不备[41]。四维不张，国乃灭亡。

国有四维，一维绝[42]则倾[43]，二维绝则危，三维绝则覆[44]，四维绝则灭[45]。倾可正也，危可安也，覆可起也，灭不可复措[46]也。何谓四维？一曰礼，二曰义，三曰廉，四曰耻。礼不逾节[47]，义不自进[48]，廉不蔽恶，耻不从枉[49]。故不逾节则上位安，不自进则民无巧诈，不蔽恶则行[50]自全[51]，不从枉则邪事不生。

政[52]之所行，在顺民心；政之所废，在逆民心。民恶[53]忧劳，我逸乐之[54]；民恶贫贱，我富贵之；民恶危坠[55]，我存安之[56]；民恶灭绝[57]，我生育之[58]。能逸乐之，则民为之[59]忧劳；能富贵之，则民为之贫贱；能存安之，则民为之危坠；能生育之，则民为之灭绝。故刑罚不足以畏[60]其意，杀戮不足以服[61]其心。故刑罚繁而意不恐，则令不行矣；杀戮众[62]而心不服，则上位[63]危矣。故从其四欲[64]，则远者自亲[65]；行其四恶[66]，则近者[67]叛之。故知予之为取[68]者，政之宝也。措国于不倾之地，积[69]于不涸之仓[70]，藏[71]于不竭之府[72]，下令于流水之源[73]，使民于不争之官[74]，明必死之路[75]，开必得之门[76]，不为不可成[77]，不求不可得，不处[78]不可久，不行不可复[79]。措国于不倾之地者，授有德[80]也；积于不涸之仓者，务五谷也；藏于不竭之府者，养桑麻育六畜也；下令于流水之源者，令顺民心也；使民于不争之官者，使各为其所长[81]也；明必死之路者，严刑罚也；开必得之门者，信[82]庆赏[83]也；不为不可成者，量[84]民力也；不求不可得者，不强[85]民以其所恶也；不处不可久者，不偷取一时[86]也；不行不可复者，不欺其民也。故授有德，则国安；务五谷，则食足；养桑麻育六畜，则民富；令顺民心，则威令行；使民各为其所长，则用备[87]；严刑罚，则民远[88]邪；信庆赏，则民轻难[89]。量民力，则事无不成；不强民以其所恶，则诈伪不生；不偷取一时，则民无怨心；不欺其民，则下[90]亲其上。

以家为乡[91]，乡不可为也；以乡为国，国不可为也；以国为天下，天下不可为也。以家为家，以乡为乡，以国为国，以天下为天下。毋[92]曰不同姓[93]，远者不听；毋曰不同乡，远者不行；毋曰不同国[94]，远者不从。如地如天[95]，何私何亲[96]？如月如日，唯[97]君之节[98]！

御[99]民之辔[100]，在上之所贵[101]；导[102]民之门，在上之所先；召[103]民之路，在上之所好恶。故君求之则臣得之，君嗜[104]之则臣食之，君好之则臣服[105]之，君恶之则臣匿[106]之。毋蔽[107]汝恶[108]，毋异[109]汝度[110]，贤者将不汝助[111]。言室满室[112]，言堂满堂，是谓[113]圣王。

城郭[114]沟渠[115]，不足以固守；兵甲[116]强力[117]，不足以应敌；博地多财，不足以有众[118]。唯[119]有道者，能备患[120]于未形[121]也，故祸不萌[122]。天下不患[123]无臣，患无君以使之；天下不患无财，患无人以分之。故知时者可立以为长，无私者可置[124]以为政[125]，审于时[126]而察于用[127]，而能备官[128]者，可奉[129]以为君也。缓者[130]后于事[131]，吝于财者[132]失所亲，信[133]小人[134]者失士[135]。

〔**注释**〕 ① 牧民者：指国君。牧，治理、统治。 ② 务：致力。 ③ 四时：四季，泛指农业生产季节。 ④ 守：依靠。 ⑤ 仓廪：原指粮仓，此作粮食储备。 ⑥ 远者：远方之人，指其他诸侯国的人。 ⑦ 辟举：开垦、开发。 ⑧ 留处：定居。处，居住。 ⑨ 实：充满。 ⑩ 上：指君主。服度：遵守礼法。度，法度。 ⑪ 六亲：指血缘近亲属。 ⑫ 固：稳固，指团结牢固。 ⑬ 四维：指礼义廉耻。维，原指绳子，此作纲纪。 ⑭ 张：施行、伸张。 ⑮ 要：要领、关键。 ⑯ 文巧：泛指奢侈品。文，华丽的服饰；巧，玩赏之物。 ⑰ 度：法度，此作手段。 ⑱ 饬：整顿。 ⑲ 顺民：使人民顺从。 ⑳ 经：常道、根本办法。 ㉑ 明：尊崇、尊敬。

㉒ 祇：祭祀。 ㉓ 宗庙：古代帝王、诸侯祭祀祖宗的庙宇。此作祖宗。 ㉔ 祖旧：宗亲老臣。一说先祖的大臣，亦通。 ㉕ 务：致力。 ㉖ 天时：农业生产季节，此借指农业时机。 ㉗ 地利：农业生产的土地条件。 ㉘ 盈：满。 ㉙ 芜旷：荒废。 ㉚ 荒：荒废生产、不务正业。 ㉛ 量：限度。 ㉜ 妄：胡作乱为。 ㉝ 淫：放纵。 ㉞ 障：阻塞、杜绝。 ㉟ 两原：两个根源。即上文所指的君主荒废农业和聚敛放纵。 ㊱ 繁：多。 ㊲ 陋民：小民。 ㊳ 信：信从、相信。 ㊴ 闻：传布、传扬。 ㊵ 上校(jiào)：抗上作乱。校，较量、对抗。 ㊶ 备：完备。 ㊷ 绝：断。 ㊸ 倾：倾斜。 ㊹ 覆：翻倒。 ㊺ 灭：灭亡。 ㊻ 复措：重新安排，意为挽救。 ㊼ 逾节：超越一定的法度。逾，逾越、超过；节，法度。 ㊽ 自进：自行钻营。 ㊾ 从枉：干坏事。枉，邪曲、不正直。 ㊿ 行：品行。 51 全：完美。 52 政：政策法令。 53 恶：厌恶、讨厌。 54 逸乐之：使人民安逸快乐。 55 危坠：危亡。 56 存安之：使人民生存安定。 57 灭绝：死亡绝后。 58 生育之：使人民生养繁息。 59 之：指能使民逸乐的君主。 60 畏：使……恐惧。 61 服：使……信服。 62 众：多。 63 上位：君主的地位。 64 四欲：指前述"逸乐"、"富贵"、"存安"、"生育"四种欲望。 65 亲：接近，此作投奔。 66 四恶：指前述"忧劳"、"贫贱"、"危坠"、"灭绝"四种令人厌恶的事。 67 近者：亲近的人。 68 予之为取：给予就是索取。予，给予；为，是；取，索取。 69 积：堆积、储积。 70 不涸之仓：取之不尽的粮仓。涸，干枯。 71 藏：储藏。 72 不竭之府：永不枯竭的府库。 73 下令于流水之源：在流水源头下令。此比喻命令要顺应民心，易于推行。 74 不争之官：互不争夺的职业。官：事。这里指职业、行业。 75 明必死之路：向众民指明犯罪必死的道路。明，申明、指明。 76 开必得之门：向人民敞开建功必赏的大门。 77 不为不可成：不能成功的事不做。 78 不处：不停留。 79 不行不可复：不做不可重复的事。 80 有德：有德行的人。 81 所长：所擅长的职业。 82 信：实践诺言、兑现。 83 庆赏：赏赐。 84 量：衡量、估量、依据。 85 强：勉强、强迫。 86 偷取一时：意为贪图眼前利益。 87 用备：物品齐全。用，用品、物品。 88 远：避开、远离。 89 轻难：不畏困难。畏，畏惧、不怕；难，困难、死难。 90 下：指人民。 91 以家为乡：用治家的方法去治理乡。为，治理。乡，古代地方上基层行政单位。 92 毋：不要。 93 不同姓：不是同姓宗族。 94 国：诸侯国。 95 如地如天：像天地那样负载万物。如，像。 96 何私何亲：哪有什么偏私偏爱的呢？何，疑问代词；私，偏私、不公。 97 唯：句首语气词。 98 节：准则、法度。 99 御：驾驭、统治。 100 辔(pèi)：驾驭牲口用的缰绳，引申为要领、关键。 101 贵：重视、崇尚。 102 导：引导。 103 召：通"诏"，告诫、教诲。 104 嗜：喜欢、嗜好。 105 服：从事。 106 匿：隐藏、躲避。 107 蔽：掩饰、遮盖。 108 汝恶：君主的不良行为。汝，你，此指君主。 109 异：改变。 110 度：法度。 111 汝助：即"助汝"，帮助你。 112 言室满室：在室里说话要传遍全室。满室，实指开诚布公，使每人知晓。后一句"言堂满堂"是同意重复。 113 是谓：这便被称为。 114 郭：外城称郭。 115 沟渠：护城河。 116 兵甲：武器盔甲。 117 强力：指有战斗力的军队。 118 有众：拥有民众。 119 唯：通"惟"，只有。 120 备患：防患。 121 未形：还未形成。 122 萌：发生。 123 患：担心。 124 置：安排、安置。 125 政：通"正"，官长。 126 审于时：掌握时势。 127 察于用：明察财用。 128 备官：安排官员。 129 奉：尊奉。 130 缓者：迟钝的人。 131 后于事：落后于事态。事，事态、形势。 132 吝于财者：吝惜财物的人。 133 信：信任。 134 小人：人格卑鄙的人。 135 士：士人、有知识的人，此指贤者、智者。 （燕永成）

〔鉴赏〕《牧民》篇讲的是如何去统治、治理民众的问题，西汉司马迁在《史记·管晏列传》中认为这篇中的思想即是管仲学派(他以《管子》为管仲学派所作,但后人更多以为此书中还包括了稷下学宫其他学派的观点)的核心观点。这一说法是否准确尚可商榷,但这也提示了我们,此篇在《管子》一书中的重要地位。

《牧民》认为,讲治民首先应懂得重视民众,这是我国自西周以来"敬德保民"观念的继承。它意味着当时的统治者已注意到人民在社会历史发展中的作用所在。当然,如《牧民》篇中的类似思想,在其同时代亦已有所见,他们与唯权贵独尊的保守势力展开斗争,在当时社会上形成一股进步的合力,由此推动了社会的前行。

在想到先秦"重民"观念的发展时,人们往往首先忆及的是孟子的"民本"说,确实他所说的"民为贵,社稷次之,君为轻"(《孟子·尽心下》)是如何的精彩,以致直到近代,仍成为民主主义思潮的创导者的重要思想旗帜。然而我们不必因此而为《牧民》的历史意义所担心,它所提出的"仓廪实则知礼节,衣食足则知荣辱"同样被奉为"重民"观中不可缺少的重要内容;而且从整体比较而言,《牧民》篇中的相关思想不但毫不比孟子逊色,甚至有超出的地方。这是因为:

首先,它们之间有"贵民"与"顺民"的不同要求。属于儒家学派的孟子,仍遵循孔子传统,较注重等级观念。与孔子分人为"上智"与"下愚"一样,孟子也认为人的等级不可改变,他把从事农业劳动生产的人称为"小人"、"野人",把封建统治者称为"大人"、"君子",所以他讲"民贵君轻",主要是让统治者注意到"保民"、"养民"、"教民"的重要性,但仍不愿让统治者在制定政策时去听取百姓意见,更不许让民众牵着鼻子走的现象出现。而《牧民》篇则更多地倾向于法家的观点,它提出了"政之以行,在顺民心"的思想,要求统治者能根据百姓的喜怒好恶去制定政策,并说到若所实施之政策不合民意,则"刑罚不足以畏其意,杀戮不足以服其心",如果执政者一意孤行,只知道以刑罚来达到目的的话,那么他自己也难以逃脱灭亡的命运。这个说法显然是站在了老百姓的立场,连只知以奖罚行政的商鞅都没有达到这个水平。所以可以说"顺民"说在当时的重民观中绝对居有思想上的领先地位。

其二,在思考治民方式上,《牧民》篇注意从经济生产的角度出发去考虑对民众意愿的满足。春秋时代以来,社会上出现奴隶大批逃亡、奴隶与平民公开向奴隶主斗争,甚至发生武装起义的现象,这不能不使人们认识到哪怕是保证身为奴隶的民众的基本生存权利的重要性,所以《牧民》篇中较多考虑的是如何通过"务五谷”、“养桑麻、育六畜”等各种富民方式来使民众接受统治者的管理。当然篇中也讲到一些提倡仁义道德“四维”的“授有德”方法，但又认为这主要是能起到对发展经济的促进作用。孟子也说过应“制民之产”即使百姓有田可耕、有正业可务，但他认为那是行仁政的自然结果，所以在义与利的权衡中，仁义必须放在功利之前来考虑。这样正好与《牧民》中对两者位置的安排处相反的方面。应当说，从现代的眼光来看，要满足老百姓的需求，物质条件上的提高与文化教育的实施具有同样重要的意义，但是在人们尚未完全解决温饱问题的情况下，空谈“仁义”而不懂得人类生存需要迫切性的人，无疑是不能真正实现其“贵民”愿望的。孟子正是由于其这一缺陷，而被时人视为“迂远而阔于事情”（《史记·孟子荀卿列传》）。

其三，我们还可以注意到，虽然《牧民》篇因受主题表述的限制，无法对如何实际达到“仓廪实”、“衣食足”目的提出具体意见，但从字里行间，还是能看出其欲以新兴地主阶级经济政策为前提来制定相应措施的意向，这个思想特别可从末段中“审于时而察于用而能备官者，可奉以为君”的话中体现出来。而这与孟子要求在经济上回到上古“三代”、恢复“井田制”古老生产方式的“复古”观念有着截然的区别。

综上所述，我们不难得出结论：表面上看似相互接近的管、孟“重民”观念，其实质还是有较多的差异。孟子虽然在口头上提出了十分漂亮的口号，但由于他在实际设计中的太多主观理想化成分，而使得这一口号在实践中难以得到真正的实现；相形之下，《牧民》篇的“重民”观，则以其结合实际、可行性强而体现其充分的优势。

（李似珍）

权　修　　《管子》

万乘之国①，兵不可以无主②；土地博大，野③不可以无吏；百姓殷众④，官⑤不可以无长；操⑥民之命，朝⑦不可以无政⑧。

地博而国贫者，野不辟⑨也；民众而兵弱者，民无取⑩也。故末产⑪不禁，则野不辟；赏罚不信⑫，则民无取。野不辟，民无取，外不可以应敌，内不可以固守。故曰，有万乘之号⑬，而无千乘之用⑭，而求权⑮之无轻⑯，不可得也。

地辟而国贫者，舟车饰[17]，台榭[18]广[19]也；赏罚信而兵弱者，轻用众，使民劳也。舟车饰，台榭广，则赋敛[20]厚[21]矣；轻[22]用众[23]，使民劳[24]，则民力竭[25]矣。赋敛厚，则下怨上矣；民力竭，则令不行矣。下怨上，令不行，而求敌之勿谋己[26]，不可得也。

欲为[27]天下者，必重[28]用其国[29]；欲为其国者，必重用其民；欲为其民者，必重尽其民力。无以畜[30]之，则往[31]而不可止也；无以牧[32]之，则处[33]而不可使[34]也。远人[35]至而不去，则有以[36]畜之也；民众而可一[37]，则有以牧之也。

见其可[38]也，喜之有征[39]；见其不可也，恶[40]之有形[41]。赏罚信于其所见[42]，虽其所不见，其[43]敢为之乎？见其可也，喜之无征；见其不可也，恶之无形。赏罚不信于其所见，而求其所不见之为之化[44]，不可得也。厚爱利[45]足以亲之，明智礼[46]足以教之，上身服[47]以先[48]之，审[49]度量[50]以闲[51]之，乡置[52]师[53]以导[54]之。然后申[55]之以宪令[56]，劝[57]之以庆赏，振[58]之以刑罚。故百姓皆悦[59]为善，则暴乱之行无由至矣。

地之生财有时[60]，民之用力有倦[61]，而人君之欲[62]无穷[63]。以有时与有倦，养无穷之君，而度量[64]不生于其间，则上下相疾[65]也。是以臣有杀其君，子有杀其父者矣。故取于民有度[66]，用之有止[67]，国虽小必安；取于民无度，用之不止，国虽大必危[68]。

地之不辟者，非吾地也；民之不牧者，非吾民也。凡牧民者，以其所积[69]者食[70]之，不可不审[71]也。其积多者其食多，其积寡者其食寡，无积者不食。或有积而不食者，则民离上[72]；有积多而食寡者，则民不力[73]；有积寡[74]而食多者，则民多诈[75]；有无积而徒食[76]者，则民偷幸[77]。故离上、不力、多诈、偷幸，举事不成，应敌不用[78]。故曰，察能授官，班禄[79]赐予，使民之机[80]也。

野与市[81]争民，家与府[82]争货[83]，金与粟争贵，乡与朝[84]争治。故野不积草[85]，农事先[86]也；府不积货，藏于民也；市不成肆[87]，家用足也；朝不合众[88]，乡分治也。故野不积草，府不积货，市不成肆，朝不合众，治之至[89]也。

人情不二[90]，故民情可得而御[91]也。审[92]其所好恶，则其长短可知也；观[93]其交游[94]，则其贤不肖可察也。二者[95]不失，则民能可得而官[96]也。

地之守[97]在[98]城，城之守在兵[99]，兵之守在人，人之守在粟[100]。故地不辟，则城不固。有身不治[101]，奚[102]待[103]于人？有人不治，奚待于家？有家不治，奚待于乡？有乡不治，奚待于国？有国不治，奚待于天下？天下者，国之本[104]也；国者，乡之本也；乡者，家之本也；家者，人之本也；人者，身之本也；身者，治之本也。故上[105]不好本事[106]，则末产不禁；末产不禁，则民缓[107]于时事[108]，而轻地利[109]。轻地利而求田野之辟[110]，仓廪之实[111]，不可得也。

商贾在朝[112]，则货财上流[113]；妇言[114]人事[115]，则赏罚不信；男女无别，则民无廉耻。货财上流，赏罚不信，民无廉耻，而求百姓之安难[116]，兵士之死节[117]，不可得也。朝廷不肃[118]，贵贱不明，长幼不分，度量不审，衣服无等[119]，上下凌节[120]，而求百姓之尊主政令[121]，不可得也。上好诈谋间欺[122]，臣下赋敛竞得[123]，使民偷一[124]，则百姓疾怨[125]，而求下之亲上，不可得也。有地不务本事，君[126]国不能一民[127]，而求宗庙社稷之无危，不可得也。上恃[128]龟筮[129]，好用巫医[130]，则鬼神骤[131]祟[132]。故功之不立，名之不章[133]，为之患者三[134]：有独王[135]者，有贫贱[136]者，有日不足[137]者。

一年之计，莫如树谷[138]；十年之计，莫如树木；终身之计，莫如树人[139]。一树一获者，谷也；一树十获者，木也；一树百获者，人也。我[140]苟种之[141]，如神用之[142]，举事如神，唯王之门[143]。

凡牧民者，使士[144]无邪行[145]，女无淫事[146]。士无邪行，教[147]也；女无淫事，训[148]也；教训成俗，而刑罚省，数[149]也。凡牧民者，欲[150]民之正[151]也。欲民之正，则微邪[152]不可不禁也。微邪者，大邪之所生也。微邪不禁，而求大邪之无伤[153]国，不可得也。凡牧民者，欲民之有礼也。欲民之有礼，则小礼不可不谨[154]也。小礼不谨于国，而求百姓之行[155]大礼，不可得也。凡牧民者，欲民之有义也。欲民之有义，则小义不可不行也。小义不行于国，而求百姓之行大义，不可得也。凡牧民者，欲民之有廉也。欲民之有廉，则小廉不可不修[156]也。小廉不修于国，而求百姓之行大廉，不可得也。凡牧民者，欲民之有耻也。欲民之有耻，则小耻不可不饬[157]也。小耻不饬于国，而求百姓之行大耻，不可得也。凡牧民者，欲民之谨小礼，行小义，修小廉，饬小耻，禁微邪，此厉[158]民之道也。民之谨小礼，行小义，修小廉，饬小耻，禁微邪，治之本也。

凡牧民者，欲民之可御[159]也。欲民之可御，则法不可不重[160]。法者，将立[161]朝廷者也。将立朝廷者，则爵服[162]不可不贵也。爵服加于不义[163]，则民贱[164]其爵服。民贱其爵服，则人主不尊[165]。人主不尊，则令不行矣。法者，将用民力者[166]也。将用民力者，则禄赏[167]不可不重也。禄赏加于无功，则民轻其禄赏。民轻其禄赏，则上无以劝[168]民。上无以劝民，则令不行矣。法者，将用民能[169]者也。将用民能者，则授官不可不审[170]也。授官不审，则民间[171]其治。民间其治，则理[172]不上通[173]。理不上通，则下怨其上。下怨其上，则令不行矣。法者，将用民之死命[174]者也。用民之死命者，则刑罚不可不审也。刑罚不审，则有避就[175]。有避就，则杀不辜[176]而赦[177]有罪。杀不辜而赦有罪，则国不免于贼臣矣。故夫爵服贱，禄赏轻，民间其治，贼臣首难[178]，此谓败国之教[179]也。

〔注释〕 ① 万乘(shèng)之国：拥有兵车万乘的大国。乘，兵车计量单位，一辆兵车称为一乘。

②主：主帅。③野：城郊以外的广大地区。④殷众：众多。⑤官：官府。⑥操：掌握。⑦朝：朝廷、国家。⑧政：政令、政策、法令。⑨辟：开垦。⑩取：同“趋”，趋向、目标。⑪末产：指手工业、商业。⑫信：兑现诺言、守信。⑬号：称号。⑭用，作用。⑮权：君权。⑯无轻：不被削弱。轻，减少、削弱。⑰舟车饰：船车装饰得过于华丽。⑱台榭：泛指楼台殿阁。⑲广：原指宏大，此指众多。⑳赋敛：泛指各种赋税杂役。㉑厚：重。㉒轻：轻率，随意。㉓用众：役使百姓。㉔劳：劳累、劳苦。㉕竭：用尽。㉖谋己：算计自己，指敌人的侵犯。㉗为：治理。㉘重：慎重。㉙国：国力。尽：用完、用尽。㉚畜：畜养。㉛往：离去。㉜牧：治理、统治。㉝处：停留、居住。㉞使：役唤。㉟远人：指其他诸侯国的人。㊱有以：是因为，此处指有原因。㊲可一：可以齐一，指听从统治。㊳可：对。㊴征：原指征验，此作奖赏、赞许。㊵恶：厌恶、反对。㊶形：通“刑”，刑罚。㊷其所见：指君主见到的好事、坏事。㊸其：指人民。㊹为之化：被感化，指百姓都能按君主旨意行事。化，教化、感化。㊺厚爱利：多加惠于，指更多地给予好处。㊻明智礼：申明是非界限和礼节。㊼身服：身体力行。㊽先：倡导。㊾审：明确、审明。㊿度量：法度，规定。(51)闲：防止、限制。(52)置：设立、任命。(53)师：乡的长官。(54)导：引导、劝导、教导。(55)申：约束、申明。(56)宪令：法令。(57)劝：劝勉、勉励。(58)振：通“震”，使……震慑。(59)悦：乐于。(60)时：时节。(61)倦：疲倦。(62)欲：欲望。(63)穷：限量。(64)度量：限度。(65)相疾：互相憎恨。(66)度：限度。(67)止：止境。(68)危：危亡。(69)积：通“绩”，劳绩。(70)食(sì)：拿东西给人吃，此指给予俸禄奖赏。(71)审：细察、省察。(72)离上：对君主离心离德。(73)不力：不卖力。(74)寡：少。(75)诈：欺骗、作假。(76)徒食：凭空地得到俸禄奖赏。(77)偷幸：苟且侥幸。(78)应敌不用：对敌打仗不肯出力。(79)班禄：按等级给予俸禄奖赏。(80)机：关键。(81)野与市：农村与商市。(82)家与府：私家与府库。府：府库，此指国家储藏财物的地方。(83)货：财货。(84)乡与朝：地方与朝廷。(85)野不积草：田地不荒。(86)先：首位。(87)市不成肆：市场上货摊稀少。肆，指集市上的货摊。(88)合众：召集群臣。(89)治之至：达到治国的最高境界。(90)不二：没有两样。(91)御：驾驭、控制。(92)审：了解、审察。(93)观：观察。(94)交游：交往。(95)二者：指“长与短”和“贤与不肖”。(96)官：驾驭、管理。(97)守：防守。(98)在：取决于。(99)兵：兵器。(100)粟：粮食。(101)有身不治：不能管好自身。有，无意义；身，自身。(102)奚：疑问词，怎么。(103)待，期待、指望。(104)本：根本、基础。(105)上：君主。(106)本事：指农业生产。(107)缓：放松。(108)时事：指农事。(109)轻地利：轻视农业效益。(110)辟：开垦。(111)实：充实。(112)在朝：指商人在朝廷当官，有了权力。(113)货财上流：指行贿受贿之事。(114)言：议论。(115)人事：国家政事。(116)安难：不避危难。(117)死节：为国而死。(118)肃：庄重、严肃。(119)无等：不分等级。(120)凌节：凌越等级制度。凌，超过。(121)尊主政令：尊重国君的政策法令。(122)诈谋间欺：诡诈欺骗。间欺，暗地里欺骗。(123)竞得：争相收取。(124)偷一：贪图眼前利益。(125)疾怨：仇视怨恨。(126)君：君临、统治。(127)一民：使人民一致服从统治。(128)恃：依赖、凭借。(129)龟筮：龟甲和蓍草，占卜用具，此指靠占卜来维持统治。(130)巫医：靠求神占卜来为人消灾治病者。(131)骤：屡次、频繁。(132)祟(suì)：作怪。(133)章：彰显、显著。(134)为之患者三：产生三种祸患。(135)独王：独断专行的国君。(136)贫贱：指国贫位卑的君主。(137)日不足：指朝政混乱，疲于奔命的君主。(138)树谷：种植谷物。(139)树人：培养人才。(140)我：指君主。(141)种之：指培养人才。(142)如神用之：使用起来得心应手。

⑭³ 唯王之门：这是王天下的必由之路。 ⑭⁴ 士：男子。 ⑭⁵ 邪行：邪恶行为。 ⑭⁶ 淫事：淫乱行为。 ⑭⁷ 教：教育。 ⑭⁸ 训：训导。 ⑭⁹ 数：十分自然的道理。 ⑮⁰ 欲：希望。 ⑮¹ 正：正派、正直、走正道。 ⑮² 微邪：微小的邪恶行为。 ⑮³ 伤：危害。 ⑮⁴ 谨：谨慎。 ⑮⁵ 行：遵行。 ⑮⁶ 修：修治。 ⑮⁷ 饬：整顿、整治。 ⑮⁸ 厉：磨砺、教育。 ⑮⁹ 御：服从统治。 ⑯⁰ 重：严格、严厉。 ⑯¹ 立：树立、维护。 ⑯² 爵服：爵位和服饰，意指官爵。 ⑯³ 不义：指不该获得官爵者。 ⑯⁴ 贱：鄙视、轻视。 ⑯⁵ 不尊：得不到尊重。 ⑯⁶ 将用民力者：意指用来使人民尽力的。 ⑯⁷ 禄赏：俸禄赏赐。 ⑯⁸ 劝：劝勉。 ⑯⁹ 能：才能。 ⑰⁰ 审：慎重。 ⑰¹ 间：背离、违背。 ⑰² 理：诉求、要求。 ⑰³ 上通：上达君主。 ⑰⁴ 死命：生死。 ⑰⁵ 避就：回避迁就，指包庇坏人、冤枉好人。 ⑰⁶ 不辜：无辜者。 ⑰⁷ 赦：赦免。 ⑰⁸ 首难：首先发难、带头作乱。 ⑰⁹ 败国之教：亡国之道。

（燕永成）

〔鉴赏〕 为《管子》作校正的清人戴望，曾评《权修》篇名曰："权者，所以知轻重也。君人者，必知事之轻重，然后国可为，故须修权。"点出此篇论文主要是讲作为国君者如何去处理治国的要领，应当说是抓住了这篇文章的中心。

先秦时期从上述角度去讨论问题者不乏其人，《尚书》中的《伊训》、《太甲》、《无逸》等篇，即可视为此类讨论的篇章，以后诸如《晏子春秋》、《商君书》等书中亦有关于这方面的讨论。相比之下，这些问题的议论者大都本人便是执政的君王或辅助其行政的朝臣，由于他们的思考往往出自某一特定事件的触及，所以较多偏重于结合某一特定的背景条件，所作的考虑亦往往专注于某一个侧面。《管子·权修》篇的作者则有些不同。我们知道，《管子》是齐国稷下学派的论文集。这一学派是齐国国君在其首都临淄建立的专门学术研究机构——稷下学宫中的成员，这些被召请来的各国名"士"，受到国君的奉养，不兼任官职，专心于对学术或政治问题的思考，从主观上说是为齐国的政治活动提供咨询服务，而在客观上却使相关问题的探讨从经验而走向理论，从单一问题的触发而导致全面的推敲与归纳，这样就使有关的政治学说（在偏重于管理学科的方面）更富有理论性与层次感。《权修》篇在其思想深度上更好地体现了这一特点。

《权修》讨论君主执政之道，提出六个方面：

1. 纠正"野不群，民无取"的现象，为民众确立奋斗目标，为发展创业提供有利的条件。

2. 忌"赋敛厚"、"轻用众"，避免贵族与平民之间的过大生活差距，使民众没有怨情。

3. "劝之以庆赏，振之以刑罚"，做到赏罚公开，使百姓有法有依。

4. 重农抑商，官不扰民，使民去虚浮之业，重务实之事。

5. 从政者应以身作则，不能兼商谋利，不能“恃龟筮、用巫医”，相信鬼神迷信。

6. 注重教育，懂得“教训成俗”的道理，使百姓自觉养成良好的道德品质，避免触犯刑罚。

这些内容涉及治民、制法、定经济决策、确定领导素质要求、国民教育等诸多方面，很多说法都是发前人所未见的，特别是其中提到的对领导者的要求，应当是不搞“舟车饰、台榭广”即轻车高楼、不兼商营利、不相信鬼神迷信等方面的要求，不仅在当时具有超前意识，甚至在今天仍未失去其教育意义。

与同时代的思想家相比，《权修》篇的最突出特点在于它论述的全面与深入。与其作者同时代的商鞅，也曾写过《修权》篇（与《权修》标题仅有用字顺序之差）来讨论类似问题，但他所讲的主要是执政者如何通过法律来把握大权这一点，在其他方面则未涉及。稍后于《管子》作者的另一位著名思想家韩非，也曾注意到“权”，但他在所作的《扬权》中，阐述的是君王如何御臣以保持政权，眼界相对还嫌不够宽阔。其他在这一时期的治国之道探讨者，大致也都脱不过这种局限。或许正是由于有这一方面的问题存在，西方现代管理学家韦伯在中西方相关思想比较中，得出了中国传统文化中具有较多反映官僚需求而注意经济事业发展要求的结论，并认定我国古代的“士”即知识分子“对经济事务的态度……集中在消费问题而非生产上”（《新教伦理与资本主义精神》）。但是，如果他能注意到《管子·权修》篇的存在的话，可能会从新的角度去概括自己的观点。

值得提示的是，《权修》篇中对于自己思想阐述显得十分用心。如篇中第五至七等段落里对经济问题的论述，涉及劳动力分配、市场价格等十分专业的方面，还用本与末的矛盾关系来说明为什么要抑制商业活动、奢侈品生产的道理，对读者很有说服力。此外，关于民众教育问题，作者用了“一年之计，莫如树谷；十年之计，莫如树木；终身之计，莫如树人”等的说法，这些话如今已被概括为成语而广泛流传。作者的这些深厚的理论基础与娴熟的语言驾驭能力，也使他的思想观念得到了较好的体现。所以从种种方面来看，《权修》不愧为一篇有关治国方略的较好论文，值得引起现代管理科学研究者的重视与回顾。（李似珍）

心　术　上　　《管子》

心①之在体，君之位②也；九窍③之有职④，官之分⑤也。心处其道⑥，九窍循理⑦；嗜欲⑧充益⑨，目不见色，耳不闻色。

故曰：心术[10]者，无为[11]而制[12]窍者也。上[13]离其道，下[14]失其事[15]。毋代马走[16]，使尽其力；毋代鸟飞，使弊[17]其羽翼；毋先物[18]动，以观其则[19]；动则失位[20]，静乃自得[21]。

道不远[22]而难极[23]也，与人并处[24]而难得也。虚[25]其欲[26]，神[27]将入舍[28]；扫除不洁[29]，神乃留处[30]。人皆欲智而莫索[31]其所以智[32]乎。智乎，智乎，投[33]之海外[34]勿自夺[35]！求之者[36]不及虚之者[37]。夫圣人无求之也，故能虚。

虚而无形[38]谓之道，化育[39]万物谓之德。君臣父子、人间之理[40]谓之义；登降揖让[41]、贵贱有等、亲疏之体谓之礼；简物[42]小大一道[43]，杀戮禁诛谓之法。

夫道可安[44]而不可说[45]。真人[46]之言[47]，不义不颇[48]，不出于口，不现[49]于色[50]。四海之人，又孰[51]知其则[52]。

天曰虚，地曰静，乃不忒[53]。洁其宫[54]，开其门[55]，去私[56]毋言[57]，神明[58]若存[59]。纷[60]乎其若乱，静[61]之而自治[62]。强[63]不能遍立[64]，智不能尽谋[65]。物固[66]有形[67]，形固有名[68]，名当[69]谓之圣人。故必知[70]不言之言[71]，无为之事[72]，然后知道之纪[73]。殊形异势[74]，不与万物异理[75]，故可以为天下始[76]。

人之可杀[77]，以[78]其恶[79]死也；其可不利[80]，以其好利也。是以君子不怵乎好[81]，不迫乎恶[82]，恬愉[83]无为，去智与故[84]。其应[85]也，非所设[86]也；其动也，非所取[87]也。过[88]在自用[89]，罪[90]在变化[91]。是故有道之君子，其处[92]也若无知，其应物[93]也若偶之[94]，静因之道[95]也。

"心之在体，君之位也；九窍之有职，官[96]之分也"。耳目者视听之官也，心而无与[97]于视听之事，则官得守其分[98]矣。夫心有欲[99]者，物过而目不见，声至而耳不闻也。故曰"上离其道，下失其事"。"心术者，无为而制窍者也"，故曰"君"。"毋代马走"，"毋代鸟飞"，此言不夺能能[100]，不与[101]下试[102]也。"毋先物动"者，摇者不定，躁者不静，言动不可以观其则也。

“位”者，谓其所立[103]也；人主者立于阴[104]，阴者静，故曰“动则失位”。阴则能制[105]阳矣，静则能制动矣，故曰“静乃自得”。

道在天地之间也，其大无外，其小无内，故曰“不远而难极也”。虚[106]之与人也无间[107]，唯圣人得虚道，故曰“并处而难得也”。人之所职[108]者精[109]也，去欲则寡[110]，寡则静矣；静则精，精则独[111]立矣；独则明[112]，明则神[113]矣。神者至贵也，故馆[114]不辟除[115]，则贵人[116]不舍[117]焉，故曰“不洁则神不处”。“人皆欲知而莫索其所以知”，其所知，彼[118]也；其所以知，此[119]也。不修[120]之此，焉能知彼？修之此，莫能虚矣。“虚”者，无藏[121]也。故曰去知[122]则奚求矣，无藏则奚投[123]矣。无求无投则无虑[124]，无虑则反复[125]虚矣。

天之道，虚其[126]无形；虚则不屈[127]，无形则无所低趋[128]；无所低趋，故遍流万物而不变。“德”者，道之舍[129]，物得以生生，知得以职道[130]之精。故德者得也。得也者，谓得其所以然也。无为之谓道，舍之[131]之谓德，故道之与德无间[132]，故言之者不别也。“人间之理”者，谓其所以舍也。“义”者，谓各处其宜[133]也。“礼”者，因[134]人之情[135]，缘义之理[136]，而为之节文[137]者也。故礼者谓有理也，理也者，明分以谕义[138]之意也。故礼出乎义，义出乎理，理因[139]乎道者也。“法”者，所以同出[140]，不得不然者也，故杀戮禁诛以一[141]之也。故事督[142]乎法，法出乎权[143]，权出乎道[144]。

道也者，动不见其形，施[145]不见其德，万物皆以得，然莫知其极[146]，故曰“可以安而不可说”也。“真人”，言至[147]也。“不宜[148]”，言[149]应也。应也者，非吾所设[150]，故能无宜也。“不颇[151]”，言因也。因也者，非吾所取，故无颇也。“不出于口，不现于色”，言无形也。“四海之人，孰知其则”，言深囿[152]也。

天之道虚，地之道静，虚则不屈，静则不变，不变则无过，故曰“不忒[153]”。“洁其宫，开其门”。“宫”者，谓心也。心也者，智之舍也，故曰“宫”。洁之者，去好过[154]也。“门”者，谓耳目也。耳目者，所以闻见也。“物固有形，形固有名”，此言名不得过[155]实，实不得延名[156]。诂形以形[157]，以形务[158]名，督[159]言正名[160]，故曰“圣人”。“不言之言”，应也。应也者，以其为之人者也。执[161]其名，务[162]其所以成，此应之道也。“无为之事”，因也。因也者，无益[163]无损[164]也。以其形[165]因为之名，此因之术[166]也。名者，圣人之所以纪万物[167]也。人者立于强[168]，务于善[169]，本于能[170]，动于故[171]者也。圣人无之，无之则与物异[172]矣。异则虚，虚者万物之始也。故曰“可以为天下始”。

人迫于恶[173]，则失其所好；怵于好[174]，则忘其所恶，非道也。故曰“不怵乎好，不迫乎恶”。恶不失其理[175]，欲不过其情[176]，故曰“君子”。“恬愉无为，去智与故”，言虚素[177]也。“其应非所设也，其动非所取也”，此言因也。因也者，舍己[178]而以物为法[179]者也。感[180]而后应[181]，“非所设也”；缘[182]理[183]而动，“非所取也”。“过在自用，罪在变化”；自用则不虚，不虚则仵[184]于物矣；变化则伪生[185]，伪生则乱矣。故道贵[186]因。因者，因其能[187]者，言所用[188]也。“君子之处也若无知”，言至虚[189]也。“其应物也若偶之”，言时[190]适[191]也，若影之象形，响[192]之应[193]声也。故物至[194]则应，过则舍矣。舍矣者，言复所[195]于虚也。

〔**注释**〕 ① 心：指思维器官。 ② 君之位：主宰的地位。 ③ 九窍：指人体器官耳、目、口、鼻等九个孔道。 ④ 职：职能、功能。 ⑤ 官之分：百官和职服。 ⑥ 心处其道：“心”按照正常规律活动。处，按照；道，规律。 ⑦ 理：规律。 ⑧ 嗜欲：嗜好与欲望。 ⑨ 充益：充满。 ⑩ 心术：指心认识事物的方法和途径。 ⑪ 无为：顺其自然。 ⑫ 制：控制、驾驭。 ⑬ 上：指心。 ⑭ 下：九窍。 ⑮ 事：职事。 ⑯ 走：奔跑。 ⑰ 弊：破损、破败。 ⑱ 物：外界事物，全句指“心”不要先于客观事物出现躁动。 ⑲ 则：法则、规律。 ⑳ 失位：指失去作为认识主体的位置。 ㉑ 静乃自得：指心神宁静才能获得对客观事物的正确认识。 ㉒ 道不远：道离人不远。道，客观规律。 ㉓ 难极：难于探究。 ㉔ 并处：在一起。 ㉕ 虚：排除。 ㉖ 欲：嗜欲、成见。 ㉗ 神：指最高的智慧。 ㉘ 入舍：指进入心中。 ㉙ 不洁：指嗜欲成见。 ㉚ 留处：停留下来。 ㉛ 索：探索。 ㉜ 所以智：如何获得智慧。智，智慧，指对客观事物的正确认识。 ㉝ 投：抛。 ㉞ 海外：指很远的地方。 ㉟ 自夺：使自己丧失智慧。夺，使……丧失。 ㊱ 求之者：追求智慧的人。 ㊲ 虚之者：放弃追求智慧而使心境虚空的人。 ㊳ 无形：没有形体。 ㊴ 化育：使……生长发育。 ㊵ 人间之理：人世间的种种道理。 ㊶ 登降揖让：指各种礼节、仪式。 ㊷ 简物：简单繁杂。简，简单；物，繁杂。 ㊸ 一道：统一于道。 ㊹ 安：顺应。 ㊺ 说：解释、说明。 ㊻ 真人：指悟“道”之人。 ㊼ 言：言论思想。 ㊽ 不义不颇：不偏不倚。义、颇，均为偏颇之意。 ㊾ 现：显露。 ㊿ 色：表情。 (51) 孰：谁。 (52) 则：法则。 (53) 忒：差错。 (54) 洁其宫：清除心中的成见杂念。宫，指心。 (55) 开其门：发挥感官的功能。门，指耳目等器官。 (56) 去私：去除嗜欲。 (57) 毋言：不固执主观成见。 (58) 神明：指智慧。 (59) 若存：就产生了。 (60) 纷：纷杂貌，指客观事物纷纭复杂。 (61) 静：使……平静。 (62) 自治：自然丝毫不乱。 (63) 强：精力有余、能力强。 (64) 遍立：把所有的事办成功。立，成功。 (65) 尽谋：全部考虑周详。 (66) 固：本来。 (67) 形：形体。 (68) 名：客观事物的名称、概念。 (69) 名当：名与形相符。 (70) 必知：必须懂得。 (71) 不言之言：未曾说出来的意思。 (72) 无为之事：未曾做的事。 (73) 道之纪：“道”的纪纲准则。 (74) 殊形异势：指圣人与万事万物的形和势皆不相同。 (75) 异理：违背法则。 (76) 为天下始：做天下万物的主宰。始，根本、本源，此作主宰。 (77) 可杀：指可用杀戮来加以威慑。 (78) 以：因为。 (79) 恶(wù)：厌恶、讨厌。 (80) 不利：剥夺其利益(来加以惩罚)。 (81) 怵乎好：被喜好的事物所诱惑。怵，诱惑。 (82) 迫乎恶：被憎恶的事情所威胁。 (83) 恬愉：恬安愉快。 (84) 智与故：智谋与巧诈。故，诡诈、巧伪。 (85) 应：应对、反应。 (86) 设：设想、谋划。 (87) 取：采取、选取。 (88) 过：过失。 (89) 自用：自以为是。 (90) 罪：过错。 (91) 变化：指主观对客观事物的改变与歪曲。 (92) 处：止。 (93) 应物：顺应事物。 (94) 偶之：两者完全相合。 (95) 静因之道：虚静因循的理论。即排除主观成见与嗜欲，如实地反映、认识客观事物的方法。 (96) 官：器官。 (97) 与：参与。 (98) 守其分：行使它的职能。 (99) 欲：嗜欲、成见。 (100) 能能：能者之能。 (101) 与：参与。 (102) 试：做。 (103) 所立：所处地位。 (104) 阴：古代以阴、阳作为事物对立面，人主坐北朝南，故为阴。 (105) 制：控制、驾驭。 (106) 虚：指道虚空而无形。 (107) 间：此指距离。 (108) 职：职守。 (109) 精：专一。 (110) 寡：单纯。 (111) 独：指独立于万物之外。 (112) 明：明了、明察。 (113) 神：指具有最高的智慧。 (114) 馆：指“心”。 (115) 辟除：排除、清除。 (116) 贵人：喻指神、道。 (117) 舍：居留。 (118) 彼：指客观事物。 (119) 此：指认识的主体“心”。 (120) 修：修明、整治。 (121) 无藏：指心中没有嗜欲、成见。 (122) 知：通“智”。 (123) 投：抛弃。 (124) 虑：忧虑、思虑。 (125) 反复：回到、返回。 (126) 其：而。 (127) 屈：穷尽。 (128) 仾赶：同“抵牾”。 (129) 舍：体现。 (130) 职道：掌握道。职，掌握。 (131) 舍之：体现它(道)。 (132) 无间：无本质差别。间，此指差异、差别。 (133) 各处其宜：各自处于应有的地位上。宜，适当。 (134) 因：依据。 (135) 情：指情感欲望。 (136) 缘义之理：指按照等级关系的规定。 (137) 节文：制定礼仪，使行之有度。指由等级制度派生出来的各种礼节、仪式、规定。 (138) 明分以谕义：明确各人的名分、职守，来表明相互间的关系。 (139) 因：因循，此作从……产生。 (140) 所以同出：用来整齐千差万别的社会关系。同出，指把参差不齐的万事万物统一起来。 (141) 一：统一。 (142) 督：监督、督察。 (143) 权：权衡、衡量。 (144) 权出乎道：权衡的准则是道。 (145) 施：发挥，施展。 (146) 极：原指尽头，此作究竟。 (147) 言至：理论极致，指认识水平达到极高水准。 (148) 宜：通“义”，偏离。 (149) 言：被称作。 (150) 设：主观设想。 (151) 颇：偏颇。 (152) 深囿：深藏。 (153) 忒：差错。 (154) 好过：指私欲与偏见。好过，好恶。 (155) 过：超过。 (156) 延名：超出名。 (157) 诂形以形：按客观事物的实际来说明客观事物。诂，解释、解说。 (158) 务：确定。 (159) 督：考察。 (160) 正名：使名实相符。 (161) 执：握、掌握。 (162) 务：尽力、致力。 (163) 益：增加。 (164) 损：减少。 (165) 以其形：指按照客观事物本来面貌。 (166) 因之术：“因”的方法。 (167) 纪万物：掌握万物。纪，掌握、控制。

⑯⑧ 立于强：依仗强力。 ⑯⑨ 务于善：致力于修饰。善，修饰。 ⑰⓪ 本于能：意指本性喜好显能。 ⑰① 动于故：指凭借主观意志做事。故，旧有、主观。 ⑰② 与物异：与万物不同。 ⑰③ 迫于恶：被憎恶所驱使。 ⑰④ 怵于好：为利益所诱惑。 ⑰⑤ 不失其理：不丧失理智。 ⑰⑥ 不过其情：不超过一定限度。 ⑰⑦ 虚素：虚静淡泊。素，空。 ⑰⑧ 舍己：指抛弃主观成见。 ⑰⑨ 以物为法：以客观事物的本来面貌作为准则。 ⑱⓪ 感：感觉、感触。 ⑱① 应：反应。 ⑱② 缘：依据、凭借。 ⑱③ 理：指客观事物的规律。 ⑱④ 忤：逆、违背。 ⑱⑤ 伪生：产生人为的假象。伪，人为。 ⑱⑥ 贵：看重、重视。 ⑱⑦ 因其能：根据事物的性能。 ⑱⑧ 言所用：指发挥它应有的作用。 ⑱⑨ 至虚：极虚。至，极、极致。 ⑲⓪ 时：时时、随时。 ⑲① 适：适合、合适。 ⑲② 响：回音。 ⑲③ 应：回应。 ⑲④ 至：到来。 ⑲⑤ 复所：回复处于。复，回复；所，处、处于。

（燕永成）

〔鉴赏〕 《心术》分上、下两篇，本书收入的是上篇。《心术》与《管子》中的《内业》、《白心》被后世的学术界视为一组讨论问题相接近的文章，它们所涉及的是当时人们尚较少论及的人类认识的问题。由于人类意识活动深藏于人体之内，不能像对自然界或人类社会活动考察那样，容易从外界观察中得到启示，所以往往被先秦时人视为难题，议而不论。《管子》中的这几篇文章能集中对这一问题作出较为系统的论述，为当时的学术进展作出了贡献。

相对而言，《内业》篇的注意力主要放在解开人类意识由来及活动过程之谜上，而《心术》篇讲得更多的是关于人的认识活动在什么情况下才能产生，以及怎样才能发挥其最佳作用等方面。首先，它同样用《内业》所提出的"精气说"来解释人类意识的由来。指出："气者，身之充也。"(《心术下》)这种物质最小单位的气进入人体使人拥有生命，而人类意识活动的中心——心脏也由于有了"气"的进入，才获得活力。这种说法虽然从今天的眼光看显得十分天真、幼稚，但在当时已抵御了充斥于社会的以纯精神的灵魂出入来解释人类意识产生原因的唯心论说法。

接着，《心术》篇又讨论了关于人类的智慧即意识活动的成果如何能够产生的问题。它认为人的意识活动中具有主体、客体两个方面，主体是指人能进行意识活动的各类器官及其功能，客体则是指外界的事物。它以彼、此来区分这两者，说："其所知，彼也；其所以知，此也。"(《心术上》)然后，它把主要精力放在了对人的认识主体能力的分析上，指出在这方面可分为感性认识与理性认识两类，感性认识依托的形体基础是诸如耳、目、口、鼻、四肢等的"九窍"，它们的作用在于发挥各自的独特功能，来获得源自外界的信息。而"心"(指心脏)这个器官的作用则在于能对从感官中获得的信息加以综合处理，上升到理性的高度，然后再反馈到人体器官的各个组成部分,使之发生各种活动。感觉器官与理性思维器官之间的关系犹如君臣,其中占主导地位的是“心”,“九窍”则各有自己的职分,心能够“无为而制窍”即在内在的精神活动中与“九窍”相沟通。

那么,怎样才能较好地发挥其“制窍”的作用呢?《心术》篇提出了“因”的办法。它指出心的所谓“无为”,就是指“因”。所谓“因”即是指不掺杂一点主观的损益,完全按照事物的本来面貌(形)给它以名称、概念。在这一过程中特别要注意的是,抛弃主观成见而如实地反映(效法)客观事物,感触事物而后有反应,并非出于主观的设想:遵循客观规律而办事,并非随意采取行动。为了形象地说明这种“因”的方法,它举例说,这就像影子与形体、回声与发音的关系一样,并没有其他任何的主观成分在内。后人根据《心术》的这些说法,取了“静因之道”的名词来概括它。

《心术》的上述思想中,有很多来自《内业》、《白心》篇的影响。但“静因之道”则以此篇论之详尽,故要说《心术》篇的特点的话,可以说即在于此。

当然,任何思想都不会突如其来,它会受到前人相关观点的潜在影响。《心术》篇的“静因之道”有受《老子》思想启示的一面,因为老子也曾提到过人要获得认识必须使“心”即理性处于虚静、无为状态的话。但是,老子要人们“塞其兑,闭其门”,即完全否认人通过感官接触客观物质世界的必要性。而《心术》却说“洁其宫,开其门”,即要求打开感官的门窗,保持理性的清明。这种说法要求人的认识与客观外界相接触,显然比老子的认识更有所进步。

不过,《心术》篇的“静因之道”仍有其不足之处,那就是它忽视了人在认识中的主观能动作用,所以被现代学术界认为是一种消极的、直观的反映论。《心术》篇中的思想以后被荀子所继承,他在《解蔽》篇中提出了“虚壹而静”的认识方法,这种提法与《心术》之“静因之道”十分相近。荀子解释他的“虚壹而静”,说人心中总藏有先前得到的认识,当人思索问题时应当做到不使已有的知识妨碍即将接受的新知识,这是虚;心能同时兼知两物,但是不要使两物互相妨碍以影响人的认识,这就是壹;人的思维活动不会停止,甚至睡眠中也有梦境出现,但不要以混乱不清的胡思乱想去淆乱正常的认识活动,这就是静。总之,要使思维活动保持高度清醒的状态,使心如同水镜般地波澜不兴,这样就可以鉴照清楚客观事物,也是认识的最高境界。荀子的这种解释不但较《心术》所说的更为清楚明白,而且把人的意识活动看作是有前后联系、相互影响的过程,这样就弥补了后者从静止的状态去看待意识活动,将它视为客观事物消极、被动反映体的缺陷。

《心术》篇中还有相当的篇幅涉及从"静因之道"出发,对政治问题的看法,总的宗旨是要求为君王者不受个人喜恶的干扰,去除主观的图谋与巧诈,以恬静愉快、虚静无为的态度去应对所面临的世事,这个思想与《老子》的"无为而治"亦有相通之处。

（李似珍）

学 而

《论语》

子曰①:"学而时习之②,不亦说乎③?有朋自远方来④,不亦乐乎?人不知而不愠⑤,不亦君子乎⑥?"

有子曰⑦:"其为人也孝弟而好犯上者⑧,鲜矣;不好犯上而好作乱者,未之有也。君子务本,本立而道生。孝弟也者,其为仁之本与!"

子曰:"巧言令色⑨,鲜矣仁!"

曾子曰⑩:"吾日三省吾身⑪:为人谋而不忠乎?与朋友交而不信乎?传不习乎?"

子曰:"道千乘之国⑫,敬事而信,节用而爱人,使民以时⑬。"

子曰:"弟子入则孝,出则弟,谨而信,汎爱众而亲仁⑭。行有余力,则以学文。"

子夏曰⑮:"贤贤⑯,易色⑰;事父母,能竭其力;事君,能致其身;与朋友交,言而有信。虽曰未学,吾必谓之学矣。"

子曰:"君子不重则不威,学则不固,主忠信,无友不如己者,过则勿惮改。"

曾子曰:"慎终追远⑱,民德归厚矣。"

子禽问于子贡曰⑲:"夫子至于是邦也,必闻其政,求之与⑳?抑与之与㉑?"子贡曰:"夫子温、良、恭、俭、让以得之。夫子之求之也,其诸异乎人之求之与?"

子曰:"父在观其志,父没观其行,三年无改于父之道,可谓孝矣。"

有子曰:"礼之用,和为贵。先王之道,斯为美,小大由之㉒。有所不行，知和而和，不以礼节之，亦不可行也。”

有子曰：“信近于义，言可复也㉓。恭近于礼，远耻辱也。因不失其亲，亦可宗也。”

子曰：“君子食无求饱，居无求安，敏于事而慎于言，就有道而正焉㉔，可谓好学也已。”

子贡曰：“贫而无谄㉕，富而无骄，何如？”子曰：“可也，未若贫而乐、富而好礼者也。”子贡曰：“《诗》云：‘如切如磋，如琢如磨’㉖，其斯之谓与？”子曰：“赐也，始可与言《诗》已矣，告诸往而知来者。”

子曰：“不患人之不己知，患不知人也。”

〔**注释**〕 ① 子：古代男子的尊称。《论语》“子曰”的“子”，都是指孔子。 ② 习：温习、演习、实习。 ③ 说：通“悦”，欣喜、愉快的意思。 ④ 朋：同类，志同道合者。一说这里指的是弟子。 ⑤ 愠(yùn)：怨恨。 ⑥ 君子：有德者。 ⑦ 有子：孔子弟子，姓有，名若。 ⑧ 孝弟：善事父母为孝，善事兄长为弟。弟，即悌，音 tì。 ⑨ 巧言令色：花言巧语和讨人喜欢的脸色。 ⑩ 曾子：孔子弟子，名参(shēn)。 ⑪ 省(xǐng)：反省，自我检查。 ⑫ 道：治理。乘(shèng)：兵车。千乘之国，春秋时大国。 ⑬ 使民以时：使用民力，不违农时。 ⑭ 汎(fàn)：同“泛”，广泛。亲仁：亲近有仁德的人。 ⑮ 子夏：孔子弟子，姓卜，名商，字子夏。 ⑯ 贤贤：尊重贤人。 ⑰ 易色：不重容貌。 ⑱ 慎终：谨慎地对待送终之礼。追远：追思久逝的祖先。 ⑲ 子禽：陈亢，字子禽。子贡：孔子弟子，姓端木，名赐，字子贡。 ⑳ 求之：主动求得的。 ㉑ 与之：别人告知的。 ㉒ 小大：小事大事。由之：按照“和”的观念去做。 ㉓ 复：实践诺言。 ㉔ 就有道而正焉：按有道者的言行来匡正自己。 ㉕ 无谄：不谄媚于人。 ㉖ 两句诗见《诗经·卫风·淇奥》。

（夏乃儒）

〔**鉴赏**〕 《论语》共二十篇，每篇各取首章第一、二句的二字或三字为题。《论语》每篇分列若干章。看似散珠，无所贯串，然而《论语》的“论”字，就含讨论编次的意义。其编次的意图，通过研究文本，还是可以解读的。

以首篇为例，历代研究者不断寻绎篇中各章之间的关联。南宋朱熹认为此篇“先言自修，而后亲师友”（《朱子语类》卷二十）。他并且认定该篇“乃入道之门，积德之基，学者之先务也”（《论语集注》）。清代崔述也认为《论语》首篇之大义为教人“学为仁而已矣”，“故首章言学，次二三章即言仁也”（《论语余说》）。

《论语》首篇开宗明义就记孔子论学：“学而时习之，不亦说乎？”这的确不是偶然的。这一方面是由于孔子一生为人，乐于学而勤于教。孔子自称“学而不厌，诲人不倦”（《述而》），并说：“十室之邑，必有忠信如丘者焉，不如丘之好学也。”(《公冶长》)他还教育弟子要“笃信好学”(《泰伯》)。他最担心的是“德之不修,学之不讲”(《述而》),这也是孔子的自勉。

另一方面,强调孔子论学是达到“仁”的境界的重要条件。“仁”是孔子思想的核心,是为人的最高精神境界。“仁”的范畴也是孔子伦理思想体系中的最高道德原则。这不免使人有难以企及的神秘感。所以众弟子问“仁”颇多,孔子的回答也因人因时而异。然而孔子认为仁者并非天生而就,而是要通过后天的学习,以“学”求“仁”,以“知”达“仁”的这一观点则是始终如一。他还告诫弟子:要想成为仁人君子而不努力学习,“其蔽也愚”(《阳货》)。

以“学”求“仁”,有一个由浅入深、就近至远的过程。读者在琢磨本篇所蕴含的孔学这个观点时,有两个问题值得注意:

第一个是基础道德和道德理想境界的关系。孔子把孝悌作为仁的基础,敬爱父母兄长是实现仁德的第一要求。正如孔子学生有子所说,孝悌为“仁之本”。一个人如能做到“入则孝,出则弟”,那么推而广之,进一步达到“汎爱众”,既欲立己,又能立人,可以推断他最终达到仁德的理想境界并非不可能。强调孝悌这一基础道德自然是传统社会的要求,但是只要存在家庭,敬爱父母兄长这一美德就必须大力提倡。对于孔子所说的“三年无改于父之道”,近人常有争议。如果把它放在古代社会的文化历史背景中来思考,那么就容易理解了。在古代社会里,父辈老者具有较高的社会地位。因为他们既是生产经验的传播者,又是道德思想的教育者,也是宗教祭祀活动的主持者。告诫子辈不要轻易地改动乃至否定父辈长期积累的经验,这是有一定道理的。

第二个是“诚信”在中国古代社会的提出。本篇有多章谈论诚信问题,应予关注。“信”这一伦理范畴,在春秋时期已经出现。贵族以此处理上下等级关系,所以常常“忠、信”并提,要求下对上讲诚信。孔子对诚信思想有很大的突破。他认为人与人交往必须“谨而信”(《学而》),“人而无信,不知其可也”(《为政》)。这里的“信”,已拓展为人与人之间必须讲的“信誉”,不只是对上而言。这在当时是一种新思想。所以弟子们感到很新鲜,纷纷阐述自己对“信”的理解。如本篇中子夏说:“与朋友交,言而有信。”有子说:“信近于义,言可复也。”曾子更是把“信”作为每日三省的内容之一:“与朋友交而不信乎?”可见在孔学中,“信”与“孝、悌”一样,也是实践“仁”最高道德原则的一个重要的基础道德规范。

本篇的重点是论学论仁,以学求仁,而最后几章又辑入论礼的内容,论述了礼的功用问题,“礼之用,和为贵”;强调“礼”的制度的执行,要达到在思想情感上和谐、在行动上恰到好处为最佳。本篇还讨论了"恭"与"礼"的关系,"恭近于礼,远耻辱也";提出了"富而好礼"的观点,认为"富而无骄"固然不错,但远不如"富而好礼"层次更高。礼与仁的关系,是研究孔子思想的重要问题。本篇尾段引入这一问题,是有承上启下的作用,具体论述将在第三篇《八佾》中展开。

(夏乃儒)

为　政　　《论语》

子曰:"为政以德,譬如北辰,居其所而众星共之①。"

子曰:"《诗》三百②,一言以蔽之③,曰:'思无邪'。"

子曰:"道之以政④,齐之以刑,民免而无耻⑤;道之以德,齐之以礼,有耻且格⑥。"

子曰:"吾十有五而志于学,三十而立,四十而不惑,五十而知天命⑦,六十而耳顺⑧,七十而从心所欲,不逾矩。"

孟懿子⑨问孝,子曰:"无违"。樊迟御⑩,子告之曰:"孟孙⑪问孝于我,我对曰无违。"樊迟曰:"何谓也?"子曰:"生,事之以礼;死,葬之以礼,祭之以礼。"

孟武伯⑫问孝,子曰:"父母唯其疾之忧。"

子游问孝⑬,子曰:"今之孝者,是谓能养。至于犬马,皆能有养。不敬,何以别乎?"

子夏问孝,子曰:"色难⑭。有事,弟子服其劳;有酒食,先生馔⑮;——曾是以为孝乎?"

子曰:"吾与回言终日⑯,不违,如愚。退而省其私,亦足以发,回也不愚。"

子曰:"视其所以⑰,观其所由,察其所安⑱。人焉廋哉⑲?人焉廋哉?"

子曰:"温故而知新,可以为师矣。"

子曰:"君子不器⑳。"

子贡问君子,子曰:"先行其言而后从之。"

子曰:"君子周而不比㉑,小人比而不周。"

子曰:"学而不思则罔㉒,思而不学则殆㉓。"

子曰:"攻乎异端㉔,斯害也已。"

子曰:"由㉕!诲女㉖,知之乎?知之为知之,不知为不知,是知也。"

子张学干禄㉗,子曰:"多闻阙疑㉘,慎言其馀,则寡尤㉙;多见阙殆㉚,慎行其馀,则寡悔。言寡尤,行寡悔,禄在其中矣。"

哀公问曰㉛:"何为则民服?"孔子对曰:"举直错诸枉㉜,则民服;举枉错诸直,则民不服。"

季康子问㉝:"使民敬、忠以劝,如之何?"子曰:"临之以庄,则敬;孝慈,则忠;举善而教不能,则劝。"

或谓孔子曰:"子奚不为政㉞?"子曰:"《书》云㉟:'孝乎惟孝,友于兄弟。'施于有政,是亦为政,奚其为为政?"

子曰:"人而无信,不知其可也。大车无輗㊱,小车无軏㊲,其何以行之哉?"

子张问:"十世可知也㊳?"子曰:"殷因于夏礼,所损益可知也;周因于殷礼,所损益可知也;其或继周者,虽百世,可知也。"

子曰:"非其鬼而祭之㊴,谄也㊵。见义不为,无勇也。"

〔注释〕 ① 北辰:即北极星。共:同"拱",环绕运行。 ②《诗》:即《诗经》,共三百零五篇,称"三百",举其整数。 ③ 蔽:概括。 ④ 道:引导。 ⑤ 免:免于罪罚。无耻:无羞愧心。 ⑥ 格:至于善。 ⑦ 天命:指非人力所能改变的客观必然性。 ⑧ 耳顺:一听即能辨别是非。 ⑨ 孟懿子:鲁国大夫,姓孟孙,名何忌。 ⑩ 樊迟:孔子弟子。御:驾车。 ⑪ 孟孙:即孟懿子。 ⑫ 孟武伯:姓孟孙,名彘(zhì),孟懿子之子。 ⑬ 子游:孔子弟子,姓言,名偃,字子游。 ⑭ 色难:指侍奉父母以能和颜悦色为最难。 ⑮ 先生:长辈,这里指父母。馔(zhuàn):吃喝。 ⑯ 回:孔子最得意的弟子,姓颜,名回,字渊。 ⑰ 视其所以:看他所为。 ⑱ 察其所安:细察他所安或不安的心态。 ⑲ 廋(sōu):藏匿。 ⑳ 器:器皿。器皿各有其用途而不能相通,都有所局限。 ㉑ 周:以道义相团结。比:以私利相勾结。 ㉒ 罔:迷惘、诬罔。 ㉓ 殆(dài):危险。 ㉔ 异端:截然不同的学说,引申指邪说。 ㉕ 由:孔子弟子,姓仲,名由,字子路,一字季路。 ㉖ 女:同"汝"。 ㉗ 子张:孔子弟子,姓颛孙,名师,字子张。干:求也。禄:俸禄。干禄即求仕。 ㉘ 阙疑:存疑。 ㉙ 尤:过失。 ㉚ 阙殆:避开危险。 ㉛ 哀公:鲁国国君,姓姬,名蒋,"哀"是谥号。 ㉜ 错:同"措",放置。直:指正直的人。枉：指邪曲的人。㉝季康子：鲁大夫，季孙氏，名肥。㉞奚(xī)：何，为什么。㉟《书》：即《尚书》，所引文字不见今本《尚书》。㊱輗(ní)：联结大车两辕与衡的榫头。㊲軏(yuè)：联结小车辕与衡的活塞。㊳世：一世为一代，古称三十年为一世。㊴鬼：指已死的祖先。㊵谄(chǎn)：谄媚。

（夏乃儒）

〔**鉴赏**〕 孔子一生从事的实践活动，主要有两类：一是政治活动，另一是教育活动。前者的时间比较短。在他五十岁的时候，曾任鲁国的中都宰、司空，后又升迁为司寇。孔子在五十五岁时被迫离开鲁国，开始长达十四年的周游列国的活动，宣传他的政治主张，但终不见用。他从事教育活动的时间相当长，经历了他一生中的三个时期。从"三十而立"到三十五岁期间，收受了最早的一批弟子；从三十七岁到五十岁期间，他的弟子已遍及各诸侯国；其后返鲁后的教育活动一直终其晚年，其杰出弟子在一些诸侯国政治生活中开始发挥积极作用。相比之下，孔子政治活动远不如教育活动的成绩辉煌。但是他的政治思想和教育思想，都对后世产生了极为深远的影响。

本篇收录了孔子关于政治、教育的重要言行。正如现代学者钱穆所说："孔门论学，最重人道。政治，人道中之大者。"(《论语新解》)所以，在首篇论学之后，接着编排了论述为政的内容，是顺理成章的。

"德治"的治国之道，为儒家所倡导。孔子提出"为政以德"，认为"德治"优于"法治"。他说："道之以政，齐之以刑，民免而无耻；道之以德，齐之以礼，有耻且格。"如果实现了"为政以德"，百姓就会像"众星"那样，围绕着"北辰"而旋转。孔子提倡的"为政以德"，包含着"君德"和"政德"两个方面。所谓"君德"，包括后世所说的"官德"，强调执政者要"身正"。"身正"才能感化人，才能"令行"(《子路》)。所谓"政德"，即为政要以德为先，强调对民众进行道德教化。这并非要取消刑罚，而只是反对"不教而诛"。这为后世儒家以德治国思想奠定了基础。

如何来实现"德治"主张呢？孔子曾在不同的场合论述过他的一些设想。从本篇来看主要有：第一，认为孝为德治之本。孔子在回答他为何不从事政治的问题时说，在家实施孝道，"施于有政，是亦为政"。他的意思是将孝道推而广之，人皆知孝，便从"齐家"达到"治国"的目的。孔子还针砭时弊，认为孝不仅仅是"能养"。他指出，"至于犬马，皆能有养。不敬，何以别乎"。孝道应该包含一"养"二"敬"两个方面。两者缺一不可，而后者更被强调。譬如敬重父母，做到始终和颜悦色，这是难能可贵的，此所谓"色难"。这些思想后来被孔子弟子曾子所继承和发挥。相传曾子及其门人编著了《大学》和《孝经》，更是明确提出了"以孝治天下”的思想。第二，提出“举直错诸枉”的主张。孔子在回答鲁哀公问政时说：“举直错诸枉，则民服。”选用正直的人士，把他安置于邪曲的人之上，这是孔子一贯的政治主张。在《子路》篇中孔子更明确地提出“举贤才”。如果贤才不在位，而让不贤之人掌权，孔子斥之为“窃位”（见《卫灵公》）。那么德治是实施不了的。

孔子总结长期的教育实践活动而得出的精辟见解，是本篇另一个亮点。首先，孔子反思自己为学一生，与年俱进：他十五而“志于学”，三十“而立”，四十“不惑”，五十“知天命”，六十“耳顺”，至七十从心所欲“不逾矩”。中华学人常以此得到启发和激励。

其次，孔子在教育中概括出一系列符合人类认识发展规律的合理见解。比如：（一）“知之为知之”的学风。学习必须采取老老实实的态度，来不得半点虚假。“知之为知之，不知为不知，是知也。”这是最聪明，也是最具智慧的态度。（二）“多闻多见”与“阙疑阙殆”。“多闻多见”是认识的基础，所以力求广博。“阙疑阙殆”，搁置疑虑，使知识力求精审。（三）“视”、“观”、“察”三步递进的观察次序。孔子提出：“视其所以，观其所由，察其所安。”从粗视其所为，到观其所为之依据，再细察其所安或不安的心态。讲究观察由粗到细、从浅入深的递进顺序。（四）学思相结合。孔子说：“学而不思则罔，思而不学则殆。”学而不思会感到迷惘，思而不学也会产生危险。他曾以自己为例说：“吾尝终日不食，终夜不寝，以思，无益，不如学也。”（《卫灵公》）（五）温故知新。孔子说：“温故而知新，可以为师矣。”学习新知识往往离不开原有知识；温习原有知识，也可由已知而推出新知。这个辩证的道理，也就是我们所说的有些道理历古长新，常学常新的缘由。（六）继承、更新传统。孔子说：“殷因于夏礼，所损益可知也；周因于殷礼，所损益可知也。”损，即废除，否定；益，即发展，肯定。历史的发展总是对前代的传统有所继承、肯定，也会有所变革、否定。孔子在这里指明，对于传统要继承其有生命力的精华，废除其过时的部分，创造和发展适应时代需要的新内容，这是一条永世长存的法则。

此外，本篇还辑有孔子论诗的一句名言：“诗三百，一言以蔽之，曰：‘思无邪。’”他认为诗三百篇的作者，无论是臣民孝子，还是怨男愁女，都是内心感情的真实流露，毫无虚假矫饰。这句话表明孔子评诗论学，都重在己心之德。这是读者需要细心揣摩的。

（夏乃儒）

八　佾　　　　《论语》

孔子谓季氏①，八佾舞②于庭，“是可忍也，孰不可忍也”。

三家者以《雍》彻③。子曰：“‘相维辟公，天子穆穆④’，奚取于三家之堂⑤？”

子曰：“人而不仁，如礼何⑥？人而不仁，如乐何？”

林放问礼之本⑦，子曰：“大哉问！礼，与其奢也，宁俭；丧，与其易也⑧，宁戚⑨。”

子曰：“夷狄⑩之有君，不如诸夏之亡⑪也。”

季氏旅于泰山⑫，子谓冉有⑬曰：“女弗能救⑭与？”对曰：“不能。”子曰：“呜呼！曾谓泰山不如林放乎⑮？”

子曰：“君子无所争，必也射乎！揖让而升，下而饮，其争也君子。”

子夏问曰：“‘巧笑倩兮⑯，美目盼兮⑰，素以为绚兮⑱’。何谓也？”子曰：“绘事后素⑲。”曰：“礼后乎？”子曰：“起予者商也⑳！始可与言《诗》已矣。”

子曰：“夏礼，吾能言之，杞不足征也㉑；殷礼，吾能言之，宋不足征也㉒。文献不足故也㉓。足，则吾能征之矣。”

子曰：“禘自既灌而往者㉔，吾不欲观之矣㉕。”

或问禘之说，子曰：“不知也。知其说者之于天下也㉖，其如示诸斯㉗乎！”指其掌。

祭如在㉘，祭神如神在。子曰：“吾不与㉙祭，如不祭㉚。”

王孙贾㉛问曰：“与其媚于奥㉜，宁媚于灶㉝，何谓也？”子曰：“不然。获罪于天，无所祷也。”

子曰：“周监于二代㉞，郁郁乎文哉㉟！吾从周。”

子入太庙㊱，每事问。或曰：“孰谓鄹人之子知礼乎㊲？入太庙，每事问。”子闻之，曰：“是礼也。”

子曰：“射不主皮㊳，为力不同科㊴，古之道也。”

子贡欲去告朔之饩羊㊵。子曰:“赐也,尔爱其羊,我爱其礼。”

子曰:“事君尽礼,人以为谄也。”

定公㊶问:“君使臣,臣事君,如之何?”孔子对曰:“君使臣以礼,臣事君以忠。”

子曰:“《关雎》乐而不淫㊷,哀而不伤。”

哀公问社于宰我㊸,宰我对曰:“夏后氏以松㊹,殷人以柏,周人以栗,曰:使民战栗。”子闻之,曰:“成事不说,遂事不谏㊺,既往不咎。”

子曰:“管仲㊻之器小哉!”或曰:“管仲俭乎?”曰:“管氏有三归㊼,官事不摄㊽,焉得俭?”“然则管仲知礼乎?”曰:“邦君树塞门㊾,管氏亦树塞门;邦君为两君之好有反坫㊿,管氏亦有反坫。管氏而知礼,孰不知礼?”

子语鲁大师乐[51],曰:“乐其可知也:始作,翕[52]如也;从[53]之,纯[54]如也,皦[55]如也,绎[56]如也,以成。”

仪封人[57]请见,曰:“君子之至于斯也,吾未尝不得见也。”从者见之。出曰:“二三子何患于丧[58]乎?天下之无道也久矣,天将以夫子为木铎[59]。”

子谓《韶》[60]:“尽美矣,又尽善也。”谓《武》[61]:“尽美矣,未尽善也。”

子曰:“居上不宽,为礼不敬,临丧不哀,吾何以观之哉!”

〔注释〕 ① 季氏:鲁国正卿季孙氏,这里指季平子。 ② 佾(yì):古代乐舞行列,一佾八人。八佾:为周天子专用的乐舞舞列,由六十四人组成。 ③ 三家:指控制着鲁国政权的三家贵族:孟孙氏、叔孙氏和季孙氏。《雍》:《诗经》中《周颂》的篇名。古代天子祭祀宗庙结束撤下祭品时唱这首歌。彻:同撤,取走。 ④ 这两句诗出于《雍》。相:助,这里指助祭。辟公:诸侯。穆穆:肃穆。 ⑤ 奚:为何。取:这里指采用天子祭祀仪式。堂:接待宾客祭祀祖先的庙堂。⑥ 如礼何:意为礼仪制度又有何意义呢? ⑦ 林放:鲁国人,或曰孔子弟子。 ⑧ 易:治办周全。 ⑨ 戚:哀痛。 ⑩ 夷:指东方少数民族。狄:指北方少数民族。 ⑪ 诸夏:指当时黄河流域华夏族诸侯国。 ⑫ 旅:祭祀名。按照礼制,只有国君才能祭祀泰山。 ⑬ 冉有:孔子的弟子,姓冉,名求,字子有,当时任季氏家臣。 ⑭ 女:同“汝”。救:劝阻。 ⑮ 泰山:指泰山之神。 ⑯ 倩(qiàn):笑貌动人。 ⑰ 盼:眼睛黑白分明。这两句诗见《诗经·卫风·硕人》。⑱ 绚(xuàn):有文采。这句诗不见于今本《诗经》。⑲ 绘事后素:古人绘画,在白底上加上五彩色。⑳ 起:启发。予:我。商:孔子弟子子夏,名商。㉑ 杞:周之封国,相传为夏禹之后代。征:证明。㉒ 宋:周之封国,是殷代之后。㉓ 文献:古代文指典籍,献指贤人。㉔ 禘(dì):祭名,只有天子才能举行的祭祀祖先的隆重典礼。灌:祭祀开始的时候,以酒洒地,以降神。周成王因周公功勋卓著,特许其后代(鲁国国君)祭周公以禘礼。㉕ 意为因鲁国宗庙中已死国君排列位序有不合礼制者,所以孔子不愿再往下观看。㉖ 之于天下:对待天下,意思是治理天下。㉗ 示:同视。斯:这,指手掌,比喻道理明白易懂。㉘ 如在:这里表示像祖先就在面前。㉙ 与:参加。㉚ 如不祭:指让人代理参加祭祀,这对于孔子来说,就如同没有参加祭祀。㉛ 王孙贾:卫国大夫。㉜ 媚:讨好。奥:指屋内西南角的神,当时人认为这种神地位高于灶神。㉝ 灶:灶神,人们认为灶神虽卑微,但管事。王孙贾有权势,他用这两句话讽刺孔子,企图诱使孔子投靠权臣。㉞ 监:借鉴。二代:指夏、商。㉟ 郁郁:丰富多彩。文:指礼乐制度。㊱ 太庙:指周公庙。㊲ 鄹(zōu):又作陬,鲁小邑,孔子父亲曾任鄹大夫。鄹人之子,指孔子。㊳ 皮:用皮革制成的箭靶。此句意为射箭只要中靶即可,不是必定要射穿皮靶。㊴ 科:等级。㊵ 朔(shuò):农历每月初一。告朔:礼制规定每月初一国君到祖庙,宰杀一只活羊以祭祀,表示每月听政开始,当时鲁君已不告朔,但有关官员仍杀一只羊以行祭礼。㊶ 定公:鲁定公,姓姬,名宋。㊷《关雎》:《诗经》之首篇,写一男子追求少女的忧思。关:鸟鸣声。雎(jū):鸠类鸟。㊸ 社:土地神。宰我:孔子学生,名予,字子我。㊹ 夏后氏:夏朝人。松:用松树作为土地神的神主。㊺ 遂事:已经结束的事。谏:规劝。㊻ 管仲:春秋齐国杰出的政治家,姓管,名夷吾,辅佐齐桓公成霸业。㊼ 三归:楼台名。㊽ 摄:兼职,意为冗员多。㊾ 邦君:国君。树:动词,设置。塞门:照壁。㊿ 反坫(diàn):国君招待另一国君主时,放置献过酒的杯子的土台。51 大师:同"太师",乐官。52 翕(xī):协调。53 从(zòng):展开。54 纯:和谐。55 皦(jiǎo):明快。56 绎(yì):连续不断。57 仪:地名,在今河南省兰考县。仪封人:在仪守卫边界的长官。58 丧:失去,这里意为丧失官位离开故国。59 木铎(duó):木舌铜铃,古代摇木铎以召集群众发布政令。60《韶》:舜时乐曲名。61《武》:周武王时乐曲名。

（夏乃儒）

〔鉴赏〕 中国历来被称为"礼仪之邦"。"礼"不仅是一些具体的礼节仪式,而且包括古代社会一系列制度以及相关的宗教、政治、伦理等思想观念。"礼"在中国古代社会的政治文化生活中有着重要的地位。到了周代,礼仪制度已发展到了相当完备的程度。这在以后被称为"礼经"的《周礼》、《仪礼》、《礼记》中,充分体现出来。

孔子以继承、弘扬中国古代文化为已任。他对周代的礼仪制度有着浓厚的兴趣,由衷地赞叹说:"周监于二代,郁郁乎文哉!吾从周。"(第十四章)孔子对周礼的赞美反映了他对传统文化的热爱。春秋末期,大国称霸,周天子的宗主地位遭到削弱,周礼受到了严重破坏。但是孔子生活的鲁国却是周文化典籍保存最为丰富的诸侯国。连晋大夫韩起访鲁时也惊叹:"周礼尽在鲁矣!"(《左传·昭公二年》)孔子后来成为中华古代文化的象征,除了得益于鲁国文化背景外,还由于他本人具有超乎常人的勤奋学习精神。《论语》记载"子入太庙,每事问"(第十五章),可见一斑。当时有人讥笑他"不知礼"才"每事问",这恰恰是浅陋之见。朱熹认为"每事问"一方面反映孔子"不自足",另一方面是"知底更审问"(《朱子语类》卷二五)。这是有道理的。

本篇集中了孔子谈论周礼的言论,涉及范围广泛。例如:祭天之礼、祭历代先祖的禘礼、贵族间的射礼、事君礼、丧礼等。从中可以窥测孔子礼教的大致内容。对其具体细节,不必深究,因为历史"文献不足"也。需要注意的倒是孔子在礼教中的创新精神。

具有创新意义的首先是,孔子提出了纳仁入礼、仁礼结合的主张。孔子认为:"人而不仁,如礼何? 人而不仁,如乐何?"(第三章)离开了仁德,光讲礼乐有何意义? 这个问题的提出,在当时是相当尖锐的。因为当时一批贵族,总是"礼"不离口,满嘴"礼"呀"非礼"呀,而干的尽是违礼缺德的事。孔子倡导仁德,主张纳仁入礼,使"礼"不单是作为外在的行为规范起作用,而且有"仁"作为其内在的灵魂,从而产生人道主义精神和理性自觉的力量。

孔子这一思想,很快被一些聪颖的弟子所领悟。本篇第八章记载了一则有趣的事例。有一次,子夏向老师讨教《诗经》中描写女子美貌诗句的含义:"'巧笑倩兮,美目盼兮,素以为绚'。何谓也?"孔子答以"绘事后素"。即绘画是先有白底,然后加上五彩色。才思敏捷的子夏立即联系到仁与礼的关系,说:"礼后乎?"这就是说:在仁德修养的基础上,加以礼仪的文饰。这正合乎孔子强调的"文质彬彬",即文与质、礼与仁相结合的思想。因此孔子听后大加赞赏:"起予者商也!"

具有创新意义的其次是,采取敬重天命但怀疑鬼神的态度。孔子提出"祭神如神在"(第十二章)。对祭礼要重视,临祭时,当"神在"。言下之意,神并不是真的存在。这表明他在告别殷周宗教有神论上,跨出了艰难的一步。这种"敬鬼神而远之"的态度对后世有着深远的影响。

"礼"还和"乐"有着密切关系。孔子常把两者相提并论。因为礼和乐是相辅相成的,音乐、舞蹈能起到感化人的作用。礼有了乐的配合,才能有效地发挥陶冶性情、协调社会关系的功能。孔子对《韶》乐舞有极高的评价。相传《韶》为虞舜时期的乐舞,由《九招》发展而成,用鼓鼙(小鼓)、钟、磬、埙、管等多种乐器伴奏。演者化装成凤凰,翩翩起舞。孔子"在齐闻《韶》,三月不知肉味"(《述而》)。

他高度称赞《韶》乐"尽美矣，又尽善也"（第二十五章）。他还比较了《韶》乐和《武》乐，认为"《武》尽美矣，未尽善也"。反映周武王伐纣的《武》乐，在孔子看来，艺术形式是"尽美"的，而其内容与武力相关，未能达到"尽善"的地步。孔子对民间音乐也很关注。他说："《关雎》乐而不淫，哀而不伤。"（第二十章）孔子关于艺术形式与艺术内容相统一的观点，在中国艺术史上也有很大影响。（夏乃儒）

里　仁

《论语》

子曰："里仁为美[①]。择不处仁[②]，焉得知[③]？"

子曰："不仁者不可以久处约[④]，不可以长处乐。仁者安仁，知者利仁。"

子曰："唯仁者能好人[⑤]，能恶人[⑥]。"

子曰："苟志于仁矣[⑦]，无恶也。"

子曰："富与贵，是人之所欲也，不以其道得之，不处也。贫与贱，是人之所恶也，不以其道得之[⑧]，不去也。君子去仁，恶乎成名[⑨]？君子无终食之间违仁[⑩]，造次必于是[⑪]，颠沛必于是。"

子曰："我未见好仁者，恶不仁者。好仁者，无以尚之[⑫]；恶不仁者，其为仁矣，不使不仁者加乎其身。有能一日用其力于仁矣乎？我未见力不足者。盖有之矣[⑬]，我未之见也。"

子曰："人之过也，各于其党[⑭]。观过，斯知仁矣[⑮]。"

子曰："朝闻道，夕死可矣。"

子曰："士志于道，而耻恶衣恶食者，未足与议也。"

子曰："君子之于天下也，无适也[⑯]，无莫也[⑰]，义之与比[⑱]。"

子曰："君子怀德，小人怀土；君子怀刑，小人怀惠。"

子曰："放于利而行[⑲]，多怨。"

子曰："能以礼让为国乎，何有[⑳]？不能以礼让为国，如礼何？"

子曰："不患无位，患所以立。不患莫己知，求为可知也。"

子曰:"参乎㉑! 吾道一以贯之㉒。"曾子曰:"唯㉓。"子出,门人问曰:"何谓也?"曾子曰:"夫子之道,忠恕而已矣。"

子曰:"君子喻于义㉔,小人喻于利。"

子曰:"见贤思齐焉,见不贤而内自省也。"

子曰:"事父母几㉕谏,见志不从,又敬不违,劳而不怨。"

子曰:"父母在,不远游,游必有方。"

子曰:"三年无改于父之道,可谓孝矣。"

子曰:"父母之年,不可不知也。一则以喜,一则以惧。"

子曰:"古者言之不出,耻躬之不逮也㉖。"

子曰:"以约失之者鲜矣㉗。"

子曰:"君子欲讷于言而敏于行㉘。"

子曰:"德不孤,必有邻。"

子游曰:"事君数㉙,斯辱矣;朋友数,斯疏矣。"

〔注释〕 ① 里:居住。 ② 处仁:择居求有仁厚风俗之乡。 ③ 知:同"智"。 ④ 约:穷困。 ⑤ 好(hào):喜爱。 ⑥ 恶(wù):厌恶。 ⑦ 苟:如果。 ⑧ 不以其道得之:此句解释历来多有歧义,朱熹释为"不当得而得之",也可读为"不以其道去之"。 ⑨ 恶(wū):何处。恶乎:在哪里。 ⑩ 终食之间:一顿饭时间。 ⑪ 造次:匆促之时。 ⑫ 尚:超过、胜于。 ⑬ 盖:大概。 ⑭ 党:类别。 ⑮ 仁:同"人"。 ⑯ 適:亲近,一说释为敌对。 ⑰ 莫:疏远,一说释为羡慕。 ⑱ 比(bì):适从、靠拢。 ⑲ 放(fǎng):依照。 ⑳ 何有:有何难。 ㉑ 参:孔子弟子曾子,名参。 ㉒ 贯:贯穿。 ㉓ 唯:是。 ㉔ 喻:知晓、明白。 ㉕ 几:这里表示婉转。 ㉖ 逮:及。 ㉗ 约:约束。 ㉘ 讷(nè):说话迟钝,此指谨慎。 ㉙ 数(shuò):烦琐。

(夏乃儒)

〔鉴赏〕 《论语·里仁》篇着重论仁,思考层层深入,进入到孔子思想体系中的核心。因而弄通本篇内容对于理解孔子思想有着重要的意义。

可是开篇就碰到难题。孔子说:"里仁为美。"里有居义。难道孔子真的认为"择居"有那么重要,成为成仁之首么? 康有为认为"择邻里为熏德之要义。此篇言仁,故孔子首贵择邻焉"(《论语注》)。有人引孟子论函矢巫匠之术而认为孔子强调的是"择业"。这些说法未必有很强的说服力。其实这里还是顺第三篇而谈礼与仁相结合的关系。荀子曾说:"仁有里,义有门。仁,非其里而处,非仁也。"(《荀子·大略》)荀子以"里"、"门"来喻"礼",强调"礼"的重要。孔子也是以"里"喻"礼",而强调"仁"的重要。首章既已提出"仁"的重要性,那么需要进一步阐述。往后各章展开了以下一些问题：

第一，仁与智的统一。孔子常以仁智并举。从本篇开始，《论语》多次记述孔子这方面言论。孔子说："仁者安仁，知者利仁。"有仁德的人必然会自觉地实现道德原则，有知识的人也会懂得如何去实现道德原则。在这里知识与道德是统一的。孔子认为只有把仁与智统一起来，才达到了理想的人格。以后儒家后学也常用"仁且智"来称道孔子的人格。

第二，义与利的统一。孔子开始把义、利作为一对伦理范畴，规定原则与功利的关系，用来调节人与人之间的关系。"义"重在群体利益，"利"重在个体利益。孔子并不完全排斥个体利益，相反承认私利为人之所欲。他说："富与贵，是人之所欲也"，"贫与贱，是人之所恶也"。可是私利不能背离仁道。他认为富与贵"不以其道得之，不处也"。如果无所抑制地"放于利而行"，偏离于"义"，必然招致"多怨"，引发多种社会矛盾。究竟是把"义"放在第一位，还是把"利"放在首位，孔子认为这是区别"君子"与"小人"的试金石。所谓"君子喻于义，小人喻于利"就是这个意思。

第三，为仁在己。"君子"与"小人"，"好仁者"与"不仁者"有根本的区别。前者是"义以为上"，后者是"利以为上"。孔子认为造成两者不同的一个基本原因是一个人是否真心实意努力为仁。如以行仁作为自己人生的根本目标，就能从内心"好仁"，"恶不仁"。好仁者既然以追求仁德为最高理想，那么就应该以自己的言行去影响"不仁者"，更不能"使不仁者加乎其身"，受"不仁者"所左右。孔子说："有能一日用其力于仁矣乎？我未见力不足者。"从求仁的角度来说，最重要的是一个人主观上肯不肯"用力"，而不是力足与不足的问题，因为，无论什么人从根本上来说都有为仁的能力。这里已蕴涵着在道德面前人人平等的思想。以后孟子加以发展，提出"人皆可以为尧舜"的命题。

第四，言与行的统一。在道德实践过程中，一个很重要的问题是言行之一致。针对人们往往言过其行的弊病，孔子说："君子欲讷于言而敏于行。"提倡说话要谨慎，行动要敏捷。他还以古代贤人的道德榜样告诫弟子："古者言之不出，耻躬之不逮也。"对于口头上表示"志于道"，而行动上却"耻恶衣恶食者"，孔子非常厌恶地斥之为"未足与议也"。

第五，一以贯之之道。孔子说："吾道一以贯之。"的确如此，整部《论语》似有一根红线贯串始终，那就是"仁"的思想。可是由于曾子立即答以已经明白，孔子未加以明说。而其他门人疑惑不解时，曾子告之："夫子之道，忠恕而已矣。"曾子以忠、恕二道来表述孔子一以贯之的思想，引起后世各种不同的诠释。据《卫灵公》篇所记：子贡问曰："有一言而可以终身行之者乎？"子曰："其恕乎。"其意一致。"忠、恕"二者可看作"仁"的内涵。朱熹注释"忠恕"为："尽己之谓忠，推己之谓恕。"尽己心以待人，并将心比心，推己及人，不以己所不欲者施于人。这与孔子所阐述"仁"的思想是相通的。

第六，以孝达仁。首篇已明孔门视"孝悌"为"仁之本"。以后又有多篇申述以孝达仁之意，这并不奇怪。除本篇第二十章与前《学而》第十一章有所重复外（可能弟子各有所记，而详略不同），其余几章论孝，皆有新意。例如本篇中提出的"几谏"，即可解除一般人的疑虑。父母之言行也可能有不当之处，也会有过失。子女决非一味听从，而是婉言规劝，如果父母不从，待父母心平气和，再相机劝谏。读了这一章，对孔子的"无改于父之道"，会有较全面的理解。（夏乃儒）

公冶长 《论语》

子谓公冶长①，"可妻也。虽在缧绁②之中，非其罪也"。以其子③妻之。

子谓南容④，"邦有道，不废⑤；邦无道，免于刑戮"。以其兄之子妻之。

子谓子贱⑥，"君子哉若人⑦，鲁无君子者，斯焉取斯⑧"。

子贡问曰："赐也何如？"子曰："女，器也⑨。"曰："何器也？"曰："瑚琏⑩也。"

或曰："雍也仁而不佞⑪。"子曰："焉用佞？御人以口给⑫，屡憎于人。不知其仁，焉用佞？"

子使漆雕开仕⑬，对曰："吾斯之未能信⑭。"子说⑮。

子曰："道不行，乘桴浮于海⑯，从我者，其由与！"子路闻之喜。子曰："由也好勇过我，无所取材⑰。"

孟武伯问⑱："子路仁乎？"子曰："不知也。"又问。子曰："由也，千乘之国，可使治其赋⑲也，不知其仁也。""求⑳也何如？"子曰："求也，千室之邑㉑，百乘之家㉒，可使为之宰也㉓，不知其仁也。""赤也何如㉔？"子曰："赤也，束带立于朝，可使与宾客言也，不知其仁也。”

子谓子贡曰：“女与回也孰愈[25]？”对曰：“赐也何敢望回？回也闻一以知十，赐也闻一以知二。”子曰：“弗如也。吾与[26]女弗如也。”

宰予昼寝[27]，子曰：“朽木不可雕也，粪土之墙不可杇[28]也，于予与何诛[29]！”子曰：“始吾于人也，听其言而信其行；今吾于人也，听其言而观其行。于予与改是。”

子曰：“吾未见刚者。”或对曰：“申枨[30]。”子曰：“枨也欲[31]，焉得刚？”

子贡曰：“我不欲人之加诸我也[32]，吾亦欲无加诸人。”子曰：“赐也，非尔所及也。”

子贡曰：“夫子之文章[33]，可得而闻也；夫子之言性与天道[34]，不可得而闻也。”

子路有闻，未之能行，唯恐有[35]闻。

子贡问曰：“孔文子何以谓之‘文’也[36]？”子曰：“敏而好学，不耻下问，是以谓之‘文’也。”

子谓子产[37]：“有君子之道四焉：其行己也恭，其事上也敬，其养民也惠，其使民也义。”

子曰：“晏平仲[38]善与人交，久而敬之。”

子曰：“臧文仲居蔡[39]，山节藻棁[40]，何如其知[41]也！”

子张问曰：“令尹子文三仕为令尹[42]，无喜色；三已之[43]，无愠色。旧令尹之政，必以告新令尹。何如？”子曰：“忠矣。”曰：“仁矣乎？”曰：“未知，焉得仁？”“崔子弑齐君[44]，陈文子有马十乘[45]，弃而违之[46]，至于他邦，则曰：‘犹吾大夫崔子也。’违之。之一邦，则又曰：‘犹吾大夫崔子也。’违之。何如？”子曰：“清矣。”曰：“仁矣乎？”曰：“未知，焉得仁？”

季文子三思而后行[47]。子闻之，曰：“再，斯可矣。”

子曰：“宁武子[48]，邦有道，则知；邦无道，则愚[49]。其知可及也，其愚不可及也。”

子在陈㊿，曰：“归与！归与！吾党之小子狂简[51]，斐然成章[52]，不知所以裁之[53]。”

子曰：“伯夷、叔齐不念旧恶[54]，怨是用希[55]。”

子曰：“孰谓微生高[56]直？或乞醯[57]焉，乞诸其邻而与之。”

子曰：“巧言、令色、足恭[58]，左丘明耻之[59]，丘亦耻之。匿怨而友其人[60]，左丘明耻之，丘亦耻之。”

颜渊、季路侍[61]。子曰：“盍各言尔志[62]？”子路曰：“愿车马衣裘与朋友共[63]，敝之而无憾[64]。”颜渊曰：“愿无伐善[65]，无施劳[66]。”子路曰：“愿闻子之志。”子曰：“老者安之，朋友信之，少者怀之。”

子曰：“已矣乎[67]！吾未见能见其过而内自讼者也[68]。”

子曰：“十室之邑，必有忠信如丘者焉，不如丘之好学也。”

〔注释〕 ① 公冶长：孔子弟子，姓公冶，名长。 ② 缧绁(léi xiè)：这里指被监禁。 ③ 子：这里指女儿。 ④ 南容：孔子的弟子，姓南宫，名适(kuò)，字子容。 ⑤ 不废：受到任用。⑥ 子贱：孔子的弟子，姓宓(fú)，名不齐，字子贱。 ⑦ 若：此，这。 ⑧ 斯：此，这，前面的斯指此人。焉：从哪里。后面的斯指此人获得的品德。 ⑨ 女：同“汝”。器：器具。 ⑩ 瑚琏(hú liǎn)：古代祭祀时盛粮食的器皿，因为贵重，常用以比喻人有才能，堪当重用。 ⑪ 雍：孔子弟子，姓冉，名雍，字仲弓。佞(nìng)：能言善谈。 ⑫ 御：对付。口给：善于言辞，应对不穷。 ⑬ 漆雕开：孔子学生，姓漆雕，名开。 ⑭ 斯：此，指出仕。信：自信。 ⑮ 说：同“悦”。 ⑯ 桴(fú)：小筏子。 ⑰ 材：同“裁”，裁度事理。 ⑱ 孟武伯：鲁大夫孟懿子之子。⑲ 赋：兵赋，古代兵役制度。治赋：治军。 ⑳ 求：孔子弟子，姓冉，名求，字子有。 ㉑ 千室之邑：春秋时大邑，只有卿大夫才有此采邑。 ㉒ 百乘之家：春秋时诸侯车千乘，卿大夫车百乘。 ㉓ 宰：大夫采邑之总管。 ㉔ 赤：孔子弟子，姓公西，名赤，字子华，也称公西华。㉕ 女：同“汝”。愈：更好。 ㉖ 与：赞同。 ㉗ 昼寝：白天睡觉。㉘ 杇(wū)：同“圬”，刷墙壁的工具，这里是动词，表示刷墙壁。 ㉙ 予：宰予。与：语气词，表示停顿。诛：这里意为责备。 ㉚ 申枨(chéng)：孔子弟子，姓申，名枨。 ㉛ 欲：嗜欲，意为欲望多。 ㉜ 加：凌辱。㉝ 文章：指诗、书、礼、乐。 ㉞ 性：人的本性。天道：自然现象及其运行规律。 ㉟ 有：同“又”。 ㊱ 孔文子：卫国大夫孔圉，文为其谥号。 ㊲ 子产：春秋时郑国大夫公孙侨，字子产，执政二十二年，使郑国力大增。 ㊳ 晏平仲：齐国大夫，曾任齐景公的宰相。名婴，字仲，谥“平”。 ㊴ 臧文仲：臧孙氏，名辰，谥“文”。蔡：这里指蔡国出产的用以占卜的大龟的壳。居：作动词解，藏。 ㊵ 山节：雕成山形的柱子上斗拱。藻棁(zhuō)：刻有花草图案的梁上短柱。 ㊶ 知：同“智”。 ㊷ 令尹子文：春秋时楚国大夫。令尹为官名。子文为名。 ㊸ 已：罢免。 ㊹ 崔子：春秋时齐国大夫崔杼，于襄公二十五年杀了齐君庄公。 ㊺ 陈文子：齐大夫，名须无。 ㊻ 违：离开。 ㊼ 季文子：鲁大夫季孙行父，文为其谥号。 ㊽ 宁武子：卫大夫宁俞，武为其谥号。 ㊾ 愚：意为韬晦装愚。 ㊿ 陈：周分封的诸侯国。其地在今河南开封以东，安徽亳县以北。 ㉛ 狂简：进取有大志。 ㉜ 斐然成章：文采斐然。 ㉝ 裁：裁剪，裁正。 ㉞ 伯夷、叔齐：殷封国孤竹君之二子。 ㉟ 是用：因此。希：稀少。 ㊱ 微生高：鲁国人，复姓微生，名高。素有直名。 ㊲ 醯（xī）：醋。 ㊳ 足：十足，过分。 ㊴ 左丘明：鲁人，与《左传》作者恐为二人。 ㊵ 匿：隐藏。 ㊶ 侍：立侍。 ㊷ 盍（hé）：何不。 ㊸ 共：有断句在“共”之前，两意相近。 ㊹ 敝：坏。 ㊺ 伐：夸大。 ㊻ 施：表白。 ㊼ 已矣乎：算了吧。 ㊽ 内自讼：自责。 （夏乃儒）

〔**鉴赏**〕 与前几篇相比，本篇有两个鲜明的特色：一是通过评论孔门弟子、臧否历史人物，来阐发“仁”的思想。一是通过师生对话和孔子自评，来抒发孔门的人生志向和学术旨趣。前者由于有具体的实例作为印证，话语引人入胜，容易捉摸；后者由于对话者敞开心扉，言谈生动，使人如入其境，领悟他们的智慧。

评论弟子贤否，往往是针对当时社会上所追逐的风尚，通过分析某一弟子的言行来解答一些似是而非的问题。以本篇所列为例：

一、“以佞为贤”。在春秋时期，“佞”指能言善谈，口才流利，当时并不是个贬义词。比如晋厉公自称：“寡人不佞。”（《左传·成公十三年》）此处“佞”即“才”。“有口才”与“有才能”相通。这在社会急剧变动时期，是毫不奇怪的。各诸侯国欲扩张国力，急需招募军事、政治、外交等方面的人才，而有口才的士人往往首先见用，所以出现“以佞为贤”的时尚。而孔子十分推崇的弟子冉雍（仲弓）恰恰是不善言辞，不与人争辩。于是有人认为他“仁而不佞”，怀疑他是否有才能。孔子认为快口利齿，反而会“屡憎于人”。他退一步说：“不知其仁，焉用佞？”（第五章）虽不能断定冉雍是否称得上为仁人，但哪里一定要有口才才是人才呀！孔子重德而不重利嘴的人才观，是始终不渝的。上篇所引“君子欲讷于言而敏于行”也是一例。孔门高足中也不乏冉雍这样的人才，如颜回、曾参等，都具有浑厚淳朴的气象。

二、“好勇为仁”。好勇也是当时的风尚。“勇”是武士、勇士所不可缺少的品质，也是文士应具备的基本素养之一。所以孔子以“勇”与“仁”、“智”并提。他对子路好勇也是肯定的，所以有“道不行，乘桴浮于海，从我者，其由与”的称赞。可是，孔子并不认为好“勇”即是达到了“仁”德。这是两个不同层次的问题。有意思的是本篇还列举了孔子另一弟子漆雕开。他也是个以勇著称的弟子。《韩非子·显学》还记载他遇到威胁时“不色挠，不目逃”的威武神色。他还具有谦逊的美德。所以当孔子要他去做官，而他表示“吾斯之未能信”时，孔子听了表示赞赏。可见孔子认为好勇固然可赞,但还需因时因事有所取裁。

三、刚者多欲。孔子很重视刚直、刚毅的品德。他认为"刚毅木讷近仁"(《子路》)。但是在当时难觅有刚毅品质的人才。孔子说:"吾未见刚者。"有人举出孔子弟子申枨性刚。孔子的一段答语值得细细品味:"枨也欲,焉得刚?"在一个动荡的社会里,贫富贵贱变迁迅速,一个物欲强烈的人,难以抵制种种诱惑。纵然生性刚烈,也不一定能养成真正刚毅、刚直的品格。

四、获罪必弃。孔子认为这是一种缺乏分析的错误的人才观。在一个无道的国家里,有才能的人更容易无端获罪。所以不能以有罪获刑为由,一概弃之不用。孔子以其弟子公冶长为例,说他"虽在缧绁之中,非其罪也",还把女儿嫁给他。可能由于公冶长很有才能,相传他还通鸟语(见皇侃《论语义疏》)。

五、以聪颖为贤。人的聪颖程度自有差异,以此划分贤否未必全面。本篇并列子贡与子路两才。一是唯恐无闻。关于"性与天道",孔子确是很少谈到。子贡担心自己未闻。一是"唯恐有闻"。子路性急正直,闻善即行。生怕再有闻,而自己做不到。此两人都为孔门弟子中之贤者。

从孔子对弟子和历史人物的评价中,可以知道孔子对仁德标准的把握极其严格。春秋列国执政大夫中有几个口碑较佳的,孔子都未许以仁德。如本篇中记载三次当政、三次罢官都不喜不怒的楚国令尹子文,孔子认为算他是"忠"已可以了,哪里称得上是"仁"呢?只有春秋大政治家子产,孔子对他的评价甚高。说他有四项"君子之道",即"行己也恭","事上也敬","养民也惠","使民也义"。所以孔子赞叹:"人谓子产不仁,吾不信也。"(《左传·襄公三十一年》)

本篇中抒发孔门的人生志向和学术旨趣部分是不能忽略的。如记孔子与弟子们在讨论学问之余,闲谈各自的志向。耿直的子路愿自己的车马衣裘与朋友共享用。深沉的颜渊不愿自我夸耀,以"无伐善,无施劳"为愿,正合其师教诲。孔子也即兴述志:"老者安之,朋友信之,少者怀之。"使整个社会都敬老爱幼,朋友间讲诚信,这是何等高尚的志向。这与后来《礼记·礼运》篇里的"使老有所终,壮有所用,幼有所长"的大同理想是一脉相承的。孔子有如此崇高的志向,这与他一生执著于仁的观念以及"敏而好学"是分不开的。本篇末尾记孔子自评:"十室之邑,必有忠信如丘者焉,不如丘之好学也。"确是意义深长。

（夏乃儒）

雍　　也　　　《论语》

子曰："雍也可使南面①。"

仲弓问子桑伯子②，子曰："可也，简③。"仲弓曰："居敬而行简④，以临其民⑤，不亦可乎？居简而行简，无乃大简乎⑥？"子曰："雍之言然。"

哀公问："弟子孰为好学？"孔子对曰："有颜回者好学，不迁怒，不贰过⑦。不幸短命死矣。今也则亡⑧，未闻好学者也。"

子华使于齐，冉子为其母请粟⑨，子曰："与之釜⑩。"请益，曰："与之庾⑪。"冉子与之粟五秉⑫。子曰："赤之适齐也，乘肥马，衣轻裘。吾闻之也：君子周急不继富⑬。"

原思为之宰⑭，与之粟九百⑮。辞。子曰："毋，以与尔邻里乡党⑯乎！"

子谓仲弓，曰："犁牛之子骍且角⑰，虽欲勿用⑱，山川其舍诸⑲？"

子曰："回也，其心三月不违仁⑳，其馀则日月至焉而已矣㉑。"

季康子㉒问："仲由可使从政也与？"子曰："由也果㉓，于从政乎何有？"曰："赐也可使从政也与？"曰："赐也达㉔，于从政乎何有？"曰："求也可使从政也与？"曰："求也艺㉕，于从政乎何有？"

季氏使闵子骞为费㉖宰，闵子曰："善为我辞焉！如有复我㉗者，则吾必在汶上㉘矣。"

伯牛有疾㉙，子问之，自牖执其手㉚，曰："亡之，命矣夫！斯人也而有斯疾也㉛！斯人也而有斯疾也！"

子曰："贤哉，回也！一箪食㉜，一瓢饮，在陋巷，人不堪其忧，回也不改其乐。贤哉，回也！"

冉求曰:“非不说子之道,力不足也。”子曰:“力不足者,中道而废,今女画[33]。”

子谓子夏曰:“女为君子儒,无为小人儒。”

子游为武城宰[34]。子曰:“女得人焉耳乎[35]?”曰:“有澹台灭明者[36],行不由径[37],非公事,未尝至于偃之室也[38]。”

子曰:“孟之反不伐[39],奔而殿[40],将入门,策[41]其马,曰:非敢后也,马不进也。”

子曰:“不有祝鮀[42]之佞,而有宋朝[43]之美,难乎免于今之世矣。”

子曰:“谁能出不由户,何莫由斯道也?”

子曰:“质胜文则野[44],文胜质则史[45]。文质彬彬[46],然后君子。”

子曰:“人之生也直,罔之生也幸而免[47]。”

子曰:“知之者不如好之者,好之者不如乐之者。”

子曰:“中人以上,可以语上也;中人以下,不可以语上也。”

樊迟问知[48],子曰:“务民之义[49],敬鬼神而远之,可谓知矣。”问仁,曰:“仁者先难而后获[50],可谓仁矣。”

子曰:“知者乐水,仁者乐山。知者动,仁者静。知者乐,仁者寿。”

子曰:“齐一变,至于鲁;鲁一变,至于道。”

子曰:“觚不觚[51],觚哉!觚哉!”

宰我问曰[52]:“仁者,虽告之曰,‘井有仁焉’[53],其从之也?”子曰:“何为其然也?君子可逝也[54],不可陷也;可欺也,不可罔也[55]。”

子曰:“君子博学于文,约之以礼,亦可以弗畔矣夫[56]!”

子见南子[57],子路不说。夫子矢之曰[58]:“予所否者[59],天厌之[60]!天厌之!”

子曰："中庸之为德也，其至矣乎！民鲜久矣。"

子贡曰："如有博施于民而能济众，何如？可谓仁乎？"子曰："何事于仁！必也圣乎！尧舜其犹病诸[61]！夫仁者，己欲立而立人，己欲达而达人。能近取譬[62]，可谓仁之方也已。"

〔**注释**〕 ① 南面：古代以面朝南为尊位。使南面：任命为卿大夫。 ② 子桑伯子：春秋末隐士，鲁国人。 ③ 简：不烦琐。 ④ 居：居心，自处。 ⑤ 临：上对下之称，意为治理。 ⑥ 无乃：岂不是。大：同"太"。 ⑦ 贰过：重犯过失。 ⑧ 亡：同"无"。 ⑨ 请粟：求送养米。 ⑩ 釜(fǔ)：古容量，一釜为六斗四升，合今量之半。 ⑪ 庾(yǔ)：古容量，一庾为二斗四升。 ⑫ 秉：古容量，一秉十六斛，一斛十斗。 ⑬ 周：救济。继：接济。 ⑭ 原思：孔子学生，姓原，名宪，字子思，曾任孔子家的总管。宰：这里指大夫家总管。 ⑮ 九百：九百斗，一说为九百石。 ⑯ 与：赠予。乡党：同乡人。 ⑰ 犁牛：耕牛。骍(xīn)：红色。古代祭祀用的牛要有红毛，还要长角，不能用耕牛代替。这里用耕牛的小牛犊比喻仲弓。其父据说地位卑贱，又行为不端，但仲弓本人有德行。 ⑱ 用：字面意思是用于祭祀，比喻任用。 ⑲ 山川：山川之神，这里比喻为握有大权的人。舍：舍弃。诸："之乎"二字的合音。 ⑳ 三月：言其久。 ㉑ 日月：指短时间。而已矣：如此而止。 ㉒ 季康子：时任鲁国正卿，孔子学生冉求帮他理政。 ㉓ 果：果断。 ㉔ 达：通事理。 ㉕ 艺：有才能。 ㉖ 闵子骞(qiān)：孔子弟子，姓闵，名损，字子骞，鲁国人。费(mì)：地名，在今山东省费县西北，是季氏的封邑。 ㉗ 复我：再来召我。 ㉘ 汶(wèn)：河流名，即今山东省境内的大汶河，当时流经齐鲁之间。在汶上：到汶水那边，意即逃到齐国。 ㉙ 伯牛：孔子学生，姓冉，名耕，字伯牛。 ㉚ 牖(yǒu)：窗。 ㉛ 斯人：指伯牛。斯疾：指所患恶疾。 ㉜ 箪(dān)：盛饭竹器。 ㉝ 女：同"汝"。画：中途停止。 ㉞ 武城：鲁国的城邑。 ㉟ 焉耳：于此。通行本"耳"作"尔"。 ㊱ 澹台灭明：孔子晚年弟子，姓澹台，名灭明，字子羽。 ㊲ 径：小路。 ㊳ 偃：子游名。 ㊴ 孟之反：名侧，鲁国大夫。伐：夸耀。 ㊵ 奔：败走。殿：殿后。 ㊶ 策：以鞭子抽马。 ㊷ 祝鮀(tuó)：卫国大夫，字子鱼，有口才。 ㊸ 而：这里意为"与"。宋朝：宋国贵族，以美貌得到卫灵公及其夫人南子的宠幸。 ㊹ 质：质朴，未经文饰的自然状态。文：文采，指经礼仪的修饰。野：粗鄙。 ㊺ 史：虚华无实。 ㊻ 彬彬：两者相杂，配合适当。 ㊼ 罔：指不正直者。 ㊽ 樊迟：孔子学生，姓樊名须，字子迟。 ㊾ 务民之义：专用力于人道所宜。 ㊿ 先难：先致力于解决难事。 [51] 觚(gū)：古代盛酒的器具，上圆下方，有棱角，呈喇叭状，盛行于商代和西周初年，后改为圆筒形，无棱角，不合礼制规定。 [52] 宰我：孔子弟子，姓宰，名予，字子我。 [53] 井有仁焉，井中有人。 [54] 可逝：使之往救。 [55] 罔：迷惑，愚弄。 [56] 畔：同"叛"，背离。 [57] 南子：卫灵公夫人，名声不佳。 [58] 矢：发誓。 [59] 所：假若。否：不是，不对。 [60] 厌：厌弃。 [61] 尧、舜：上古二帝王，为孔子所推崇。病：有所不足。 [62] 能近取譬：就近从己身取例然后推己及人的修养方法。

（夏乃儒）

〔**鉴赏**〕 本篇上半部分接公冶长篇，继续评论弟子。不过讨论的重心开始移向对人生价值理想的探求，并一直延续到篇末。

孔子开创的儒家学派，所树立的人格品德最高的典范是"圣人"。可是在孔子那里，“圣人”只是一个虚悬的理想。除了历史上的尧、舜、禹、周文王、周公之外，很难找到可称为圣人的人。当然孔子也否认自己是圣人。当子贡问到“如有博施于民而能济众”可否称为已达到了“仁”的标准了，孔子回答他这何止于仁，“必也圣乎”。即使是尧、舜，在“博施于民而能济众”这一方面也有许多不足之处。可见这一品德的崇高、伟大。

“仁者”是孔子所创导的比较具体、在现实社会中可以追求的理想人格。“仁”是孔子一生身体力行所体现的，也是循循教导弟子去实践的最高理想境界。由于这个境界的标准也相当高，不是所有的弟子一下子能理解的，于是孔子在众弟子中物色了一个他最得意的弟子——颜回，作为实践“仁”的道德精神的榜样。颜回思想品格具有以下特点：

一、“安贫乐道”。对于颜回“一箪食，一瓢饮，在陋巷，人不堪其忧，回也不改其乐”，孔子前后两次叹曰：“贤哉，回也！”可以体会到孔子对这位高足的满意，已经到了赞不绝口的地步。

二、“好学”不倦。在孔门七十二贤弟子中，好学者不乏其人。然而在孔子眼中，颜回是卓尔不群的。要不然孔子怎么会在颜回死后忧伤地说：“今也则亡，未闻好学者也。”这里还须补充一点，颜回之好学，并非师云亦云，而是善于思索的。在《为政》篇中曾记述孔子说颜回看似愚笨，然而“退而省其私，亦足以发”。

三、“不迁怒，不贰过”。两条六字，要做到实非易事。遇到令人愤慨的事，不怨天尤人，不迁怒他人，而严于责己，这正合孔子关于“躬自厚而薄责于人”的教诲。一般人孰能无过，过后一犯再犯也非稀见。颜回的“不贰过”的品德，后儒也赞扬不已。如《易·系辞下》说他“有不善未尝不知，知之未尝复行也”。

四、“其心三月不违仁”。别的人“日月至焉而已矣”。这里的“三月”不是实数，而是指其多。一日一时做善事，不违仁，也该肯定；而长期坚持，始终不违仁，可就不容易了。

我们很容易发现，颜回的“安贫乐道”、“好学”不倦的精神，实际上就是孔子的“乐以忘忧”、“敏而好学”精神的翻版。所以，宋代的思想家提出要探寻“孔颜乐处”。把“孔颜乐处”作为道德修养的一个崇高的典型。即使人类已处在物质生活较古代大为丰富的今天，寻求塑造崇高精神生活的典型，仍是一个重要课题。

人类崇高的精神生活，往往是真、善、美相统一的。孔子有时从审美情趣的角度来向弟子们谈论仁与智的统一。他说：“知者乐水，仁者乐山。”朱熹注释为：

“知者达于事理而周流无滞，有似于水，故乐水；仁者安于义理，而厚重不迁，有似于山，故乐山。”(《论语集注》)从对自然山水的审美欣赏，折射出对伦理精神的崇高追求。从中我们可以窥见传统文化关于天人合一、美善统一的深刻见解。

如何才能达到崇高的理想境界呢？实践仁道的方法、途径何在？孔子提出运用“能近取譬”的方法，认为掌握“己欲立而立人，己欲达而达人”的原则，就能成为一个“仁者”。所谓“能近取譬”，就是以身边的事为实例，并将心比心，推己及人。这是所有的人都能把握到的一种修养方法。所谓“立己立人”、“达己达人”的原则，和孔子提出的另一原则——“己所不欲，勿施于人”(见《颜渊》和《卫灵公》)，是相辅相成的。自己要想站得住，行得通，也应该让他人也站得住，行得通。自己所不愿意的，则不强加于他人。这两条原则，是实现人与人之间的和谐关系所必不可少的。这两条原则也是为一切不为“小人儒”而做“君子儒”的人，从现实世界到达理想境界所架设的两座桥梁。

具体说来，可以通过“博学于文，约之以礼”，即一方面广泛学习诗书礼乐典籍文献，另一方面，躬行实践，严格以礼来规范自己的行为，两者齐头并进，来达到人生修养的理想境界。此也即是第十八章的“文质彬彬，然后君子”之谓也。

（夏乃儒）

述　而　　《论语》

子曰：“述而不作①，信而好古，窃比于我老彭②。”

子曰：“默而识之③，学而不厌，诲人不倦，何有于我哉？”

子曰：“德之不修，学之不讲，闻义不能徙④，不善不能改，是吾忧也。”

子之燕居⑤，申申如也⑥，夭夭如也⑦。

子曰：“甚矣吾衰也！久矣吾不复梦见周公⑧！”

子曰：“志于道，据于德，依于仁，游于艺⑨。”

子曰：“自行束脩⑩以上，吾未尝无诲焉。”

子曰：“不愤不启⑪，不悱不发⑫。举一隅不以三隅反⑬，则不复也。”

子食于有丧者之侧，未尝饱也。

子于是日哭，则不歌。

子谓颜渊曰："用之则行，舍之则藏⑭，惟我与尔有是夫⑮！"子路曰："子行三军⑯，则谁与？"子曰："暴虎冯河⑰，死而无悔者，吾不与也。必也临事而惧，好谋而成者也。"

子曰："富而可求也，虽执鞭之士⑱，吾亦为之。如不可求，从吾所好。"

子之所慎：齐⑲，战，疾。

子在齐闻《韶》，三月不知肉味，曰："不图为乐之至于斯也。"

冉有曰："夫子为卫君⑳乎？"子贡曰："诺，吾将问之。"入，曰："伯夷、叔齐何人也？"曰："古之贤人也。"曰："怨乎？"曰："求仁而得仁，又何怨。"出，曰："夫子不为也。"

子曰："饭疏食㉑，饮水，曲肱而枕之㉒，乐亦在其中矣。不义而富且贵，于我如浮云。"

子曰："加我数年，五十以学《易》㉓，可以无大过矣。"

子所雅言㉔，《诗》、《书》、执礼，皆雅言也。

叶公问孔子于子路㉕，子路不对。子曰："女奚不曰：其为人也，发愤忘食，乐以忘忧，不知老之将至云尔。"

子曰："我非生而知之者，好古，敏以求之者也。"

子不语：怪，力，乱，神。

子曰："三人行，必有我师焉。择其善者而从之，其不善者而改之。"

子曰："天生德于予，桓魋㉖其如予何？"

子曰："二三子以我为隐乎㉗？吾无隐乎尔。吾无行而不与二三子者，是丘也。"

子以四教：文，行，忠，信。

子曰："圣人，吾不得而见之矣；得见君子者，斯可矣。"子曰："善人，吾不得而见之矣；得见有恒者，斯可矣。亡而为有，虚而为盈，约而为泰㉘，难乎有恒矣。"

子钓而不纲㉙，弋不射宿㉚。

子曰："盖有不知而作之者，我无是也。多闻，择其善者而从之，多见而识之，知之次也㉛。"

互乡难与言㉜，童子见，门人惑。子曰："与其进也，不与其退也，唯何甚㉝！人洁己以进，与其洁也，不保其往也。"

子曰："仁远乎哉？我欲仁，斯仁至矣。"

陈司败问㉞："昭公知礼乎㉟？"孔子曰："知礼。"孔子退，揖巫马期而进之㊱，曰："吾闻君子不党㊲，君子亦党乎？君取于吴㊳，为同姓㊴，谓之吴孟子㊵。君而知礼，孰不知礼？"巫马期以告。子曰："丘也幸，苟有过，人必知之。"

子与人歌而善，必使反之㊶，而后和之。

子曰："文，莫吾犹人也㊷。躬行君子，则吾未之有得。"

子曰："若圣与仁，则吾岂敢！抑为之不厌㊸，诲人不倦，则可谓云尔已矣。"公西华曰："正唯弟子不能学也。"

子疾病㊹，子路请祷。子曰："有诸㊺？"子路对曰："有之。诔㊻曰：祷尔于上下神祇㊼。"子曰："丘之祷久矣。"

子曰："奢则不孙㊽，俭则固㊾。与其不孙也，宁固。"

子曰："君子坦荡荡㊿，小人长戚戚(51)。"

子温而厉，威而不猛，恭而安。

〔注释〕 ① 述：传述。作：创作。 ② 老彭：商之贤大夫。 ③ 识(zhì)：记住。 ④ 徙(xǐ)：迁移，赶往。 ⑤ 燕居：家居，闲暇无事之时。 ⑥ 申申如：衣冠整齐的样子。 ⑦ 夭夭如：行动舒缓的样子。 ⑧ 周公：周文王之子，周武王之弟，鲁国君主之祖，曾代理天子之职。 ⑨ 艺：指礼、乐、射、御、书、数六艺。 ⑩ 束脩(xiū)：一束干肉，共十条，古代的一种见面礼。脩是干肉。 ⑪ 愤：心求通而未得。启：开启。 ⑫ 悱(fěi)：口欲言而未能。 ⑬ 隅(yú)：角。 ⑭ 舍：不用。 ⑮ 尔：指颜渊。 ⑯ 行：率领。三军：古军制，大国三军。 ⑰ 暴虎：徒手搏虎。冯(píng)河：徒足涉河。 ⑱ 执鞭：贱职。 ⑲ 齐：同"斋"，戒斋。 ⑳ 为：这里意为帮助。卫君：指卫灵公之孙出公，名辄。其父因谋杀南子而被灵公驱逐出国。灵公死，国人立辄为君，其父回国与之争君位。其父子行径与伯夷、叔齐兄弟互相让位形成鲜明对照。 ㉑ 饭：吃。疏食：粗粮。 ㉒ 肱(gōng)：胳膊。 ㉓《易》：即《周易》，《易经》。 ㉔ 雅言：周王朝官话，为当时各诸侯国通行语言。 ㉕ 叶(shè)公：楚大夫沈诸梁。 ㉖ 桓魋(tuí)：宋国主管军事的大臣。孔子周游列国时从卫国去陈国途经宋国，在一棵大树底下与弟子演习周礼，桓魋率领士兵包围了他们，欲杀孔子，并砍断了大树，孔子师生成功地逃离了此地。 ㉗ 二三子：指诸弟子。 ㉘ 约：穷困。泰：安泰，这里是奢侈的意思。 ㉙ 纲：以大绳系网，系钩而渔。 ㉚ 弋：以生丝系矢而射。宿：宿鸟。 ㉛ 次：次一等。 ㉜ 互乡：地名，当地人与外界很难沟通。 ㉝ 唯何甚：意为如此有何过分。 ㉞ 司败：陈国官名，即司寇。 ㉟ 昭公：鲁国君，名裯，"昭"为谥号。 ㊱ 巫马期：孔子弟子，姓巫马，名施，字子期。 ㊲ 党：偏私。 ㊳ 取：同"娶"。 ㊴ 同姓：鲁吴都是姬姓。 ㊵ 吴孟子：鲁昭公夫人，按周礼应称为吴姬，昭公讳之，称为吴孟子。 ㊶ 反：重复。 ㊷ 莫：大约。 ㊸ 抑：然而，不过。为之不厌：努力不懈。 ㊹ 疾：生病。病：形容病重。 ㊺ 诸："之乎"二字合音。 ㊻ 诔(lěi)：这里指向鬼神祈福的祷文。 ㊼ 神祇(qí)：天神为神，地神为祇。 ㊽ 孙：同"逊"。 ㊾ 固：固陋。 ㊿ 荡荡：宽广。 ○51 戚戚：迫促忧愁。

（夏乃儒）

〔鉴赏〕 本篇有两个重点：孔子的自我评价和孔子的教育思想。关于孔子对自己的评价，在别的篇章中也有所见，但是不如本篇如此集中地记载。关于孔子的教育思想部分，可以看作是对第二篇有关部分的继续展开。

历史上对孔子的评价，有时褒，有时贬。其中有不少背离了实事求是精神。其中原因很多，不过有一点是共同的——全然不顾孔子曾多次作过的自我评价，造成了评论偏颇，就毫不奇怪了。

本篇中孔子对自己评价可分为五类：

第一类，否定自己是"生而知之者"。他说："我非生而知之者，好古，敏以求之者也。"又说"盖有不知而作之者，我无是也"，只是依靠"多闻"、"多见"，"择善而从"而获得知识，只能算是"知之次也"。

第二类，强调其"好学"精神。他说："默而识之，学而不厌，诲人不倦，何有于我哉？"前篇还记载孔子曾说："十室之邑，必有忠信如丘者焉，不如丘之好学也。"步入老年，孔子还说："加我数年，五十以学《易》，可以无大过矣。"表达他至晚年还要继续钻研宇宙人生哲理的心愿。

第三类，自述其道德志向。本篇中记叶公向子路打听其师之为人，子路一时不知如何作答。孔子说，你为何不这样说："其为人也，发愤忘食，乐以忘忧，不知老之将至"，如此而已。他还说吃粗粮，喝白开水，弯着胳膊当枕头，"乐亦在其中矣"，而"不义而富且贵，于我如浮云"。

第四类，自评其学术旨趣。孔子把"述而不作，信而好古"奉为治学准则。他对古代文化有很高的素养，因而达到了"信"而不疑的地步。但说他只是阐述而不去创造，事实并非如此。他建立以"仁"为核心的思想体系，就是一个伟大的创造。他总结的符合人类认识规律的教育思想，极大地丰富和发展了中国古代的教育理念和实践。他按轻重次序表述的四条："志于道，据于德，依于仁，游于艺”,不仅是对教学纲目的概述,而且也是对他学术旨趣的高度概括。

第五类,体现其谦和、坦诚的品格。当时弟子们已把孔子视为“圣人”,孔子否定地说:“若圣与仁,则吾岂敢!”他说自己对“文”的掌握与他人差不多,而在“躬行君子”,实践君子的理想方面,还“未之有得”。他认为“富而可求”,“吾亦为之”。与常人一样,他也有过失,他认为所幸的是“苟有过,人必知之”。

从以上孔子坦诚的自评中,我们就可以大致了解了这位中国文化伟人的为学与为人。

本篇还记载了孔子关于教育实践活动的一些重要言行,其内容与《为政》篇不相重复。这里,择其要者介绍如下:(一)关于教育内容,“子以四教:文,行,忠,信”。除了第一项“文”为历代文献外,后三项都属于道德教育范围。可见德育在孔子办学中的地位。(二)关于教育方法,孔子提出启发式教育的原则。他说:“不愤不启,不悱不发。”“心愤口悱”(即心求通而未得,口欲言而不能)是学习的基础,“举一反三”是学生积极思维的表现。(三)提出“三人行,必有我师”的名言。这从孔子“每事问”,“学无常师”以及本篇第二十章所说的“我非生而知之者”,“敏以求之者也”,得到印证。这里要注意,孔子并非是唯师言是从,他一再强调“择善而从”。

还有一个问题,值得重视。孔子提出“钓而不纲,弋不射宿”。历来的解释,只是就事论事,或望文生义,未及其所含深刻含义。或释其“仁人之本心”,或认为是“游于艺”之事。直到现代人类面临自然资源日益减少、生态环境急剧恶化的危机,才真正体会到,孔子反对过度捕杀鱼、鸟,其智慧与现代生态伦理学的观点有相契合之处。我们不能不惊叹古代文化伟人的思想资源,历经二千余年,仍有其不竭之价值。

（夏乃儒）

泰　伯　　《论语》

子曰:“泰伯①,其可谓至德也已矣。三以天下让②,民无得而称焉③。”

子曰:“恭而无礼则劳,慎而无礼则葸④,勇而无礼则乱,直而无礼则绞⑤。君子笃于亲,则民兴于仁,故旧不遗⑥,则民不偷⑦。”

曾子有疾,召门弟子曰:“启⑧予足!启予手!”《诗》云:

"'战战兢兢，如临深渊，如履薄冰。'[9]而今而后，吾知免夫[10]！小子！"

曾子有疾，孟敬子问之[11]。曾子言曰："鸟之将死，其鸣也哀；人之将死，其言也善。君子所贵乎道者三：动容貌，斯远暴慢矣[12]；正颜色，斯近信矣；出辞气，斯远鄙倍矣[13]。笾豆之事[14]，则有司存[15]。"

曾子曰："以能问于不能，以多问于寡；有若无，实若虚；犯而不校[16]。昔者吾友尝从事于斯矣[17]。"

曾子曰："可以托六尺之孤[18]，可以寄百里之命[19]，临大节而不可夺也。君子人与？君子人也！"

曾子曰："士不可以不弘毅[20]，任重而道远。仁以为己任，不亦重乎？死而后已，不亦远乎？"

子曰："兴于《诗》[21]，立于礼，成于乐。"

子曰："民可使由之，不可使知之。"

子曰："好勇疾贫，乱也。人而不仁，疾之已甚，乱也。"

子曰："如有周公之才之美[22]，使骄且吝，其余不足观也已。"

子曰："三年学，不至于谷[23]，不易得也。"

子曰："笃信好学，守死善道，危邦不入，乱邦不居。天下有道则见[24]，无道则隐。邦有道，贫且贱焉，耻也；邦无道，富且贵焉，耻也。"

子曰："不在其位，不谋其政。"

子曰："师挚之始[25]，《关雎》之乱[26]，洋洋乎盈耳哉。"

子曰："狂而不直，侗而不愿[27]，悾悾而不信[28]，吾不知之矣。"

子曰："学如不及，犹恐失之。"

子曰："巍巍乎[29]，舜、禹之有天下也[30]，而不与焉[31]。"

子曰："大哉，尧之为君也！巍巍乎，唯天为大，唯尧则之㉜。荡荡乎㉝，民无能名焉㉞。巍巍乎，其有成功也。焕乎㉟，其有文章㊱。"

舜有臣五人㊲而天下治。武王曰："予有乱臣十人㊳。"孔子曰："才难，不其然乎？唐虞之际㊴，于斯为盛。有妇人焉，九人而已。三分天下有其二，以服事殷。周之德，其可谓至德也已矣。"

子曰："禹，吾无间然矣㊵！菲饮食而致孝乎鬼神㊶，恶衣服而致美乎黻冕㊷，卑宫室而尽力乎沟洫㊸。禹，吾无间然矣！"

〔**注释**〕 ① 泰伯：亦作"太伯"，周太王古公亶父之长子，周文王之伯父。 ② 三让：史传不详。据传说，古公看重幼子季历之子姬昌，欲传季历，后再传给昌（周文王）。泰伯知其父意，故让。 ③ 得：通"德"。无得：指无实迹记载。 ④ 葸（xǐ）：害怕。 ⑤ 绞：尖刻、刺人。 ⑥ 遗：遗弃。 ⑦ 偷：薄。不偷：厚道。 ⑧ 启：同"瞖"，意为看看。 ⑨ 这三句诗出于《诗经·小雅·小旻》。 ⑩ 免：指身体免于损伤。 ⑪ 孟敬子：鲁国大夫仲孙捷。 ⑫ 暴慢：粗暴怠慢。 ⑬ 鄙倍：粗鄙悖理。 ⑭ 笾豆：古代祭祀礼器，笾为竹制的，豆为木制的。 ⑮ 有司：专司其事的小吏。 ⑯ 犯：非礼相加。校：计较。 ⑰ 吾友：历来注家认为"吾友"指颜回。 ⑱ 六尺：古人以七尺指成年，六尺（合今1.38米）指十五岁以下的人。托孤：受前君命辅佐幼主。 ⑲ 百里：指大国。 ⑳ 弘毅：宏大强毅。 ㉑ 兴：起。 ㉒ 周公：西周初政治家，姬姓，名旦，周武王之弟。 ㉓ 谷：即小米。古代用谷作为官吏的俸禄，这里的谷代指官职。 ㉔ 见：同"现"。 ㉕ 师挚：春秋时鲁国乐师，名挚。始：指开始演奏。 ㉖ 乱：乐之终，用合奏。 ㉗ 侗：幼稚无知。愿：老实。 ㉘ 悾（kōng）悾：愚蠢。 ㉙ 巍巍：高大的样子。 ㉚ 舜、禹：远古国君，传说他们都由禅让而即帝位。 ㉛ 不与：不相关，意不以君位为乐。 ㉜ 则：效法。 ㉝ 荡荡：空旷的样子。 ㉞ 名：用语言来称说。 ㉟ 焕：光明的样子。 ㊱ 文章：礼仪制度。 ㊲ 五人：相传是禹，稷，契，皋陶，伯益。 ㊳ 乱臣：治理国家的能臣。十人：即周公旦，召公奭，太公望，毕公，荣公，太颠，闳夭，散宜生，南宫适，还有一位妇女叫文母。 ㊴ 唐虞：尧舜时代。 ㊵ 无间：无可非议。 ㊶ 菲：菲薄。 ㊷ 黻（fú）：祭服。冕（miǎn）：大夫以上的帽子都通称冕，这里指祭祀时用的礼帽。 ㊸ 沟洫：田间水渠，这里指农田水利。

（夏乃儒）

〔**鉴赏**〕 传统是不能摆脱、抛弃的。文化创造，也只能在传统的基础上有所因革，有所损益，才有可能。孔子对中华文化发展的贡献，就是在传承优秀的文化传统的过程中作出的。阅读了本篇内容，我们会感受到孔子对从远古至周代的先哲们的崇敬、仰慕的感情。比如孔子赞美尧这位政治家"大哉"，"巍巍乎"！只有"天"才可以与他相比拟，他的成就"焕乎"，是多么的光辉灿烂啊！又比如孔子深赞夏禹的"菲饮食"、"恶衣服"，而为民"尽力乎沟洫"，"吾无间然矣"，找不到任何可以批评他的话了。

懂得了对传统的继承、吸收与改革、创造之间的关系，我们就可以评价本篇另一个重要内容——礼治与德治的关系了。以礼治国并不是孔子的创造，但孔子对西周的礼仪制度非常欣赏。可是到了西周末年，礼治遭到了破坏。“礼”成了徒具形式的外在的饰具了。孔子大力倡导德治，把“仁”作为新鲜血液灌输到“礼”的躯体中去，礼仪这外在的行为规范有了内在的仁爱之心和理性自觉的支撑，重新发挥作用。有人认为孔子的政治思想中，“德治”思想是进步的，而“礼治”主张是倒退的，这种说法没有看到这两者之间有统一的地方。

“礼”对于“德”的作用，不是可有可无的。孔子以“恭”、“慎”、“勇”、“直”等道德规范为例，说明如果“无礼”的配合，那么就会分别演变为“劳”（扰劳）、“葸”（畏惧）、“乱”（盲动）、“绞”（尖刻）。如果统治者推行礼治，做到“故旧不遗”，“笃于亲”，既尊老又敬亲，那么“民兴于仁”，“民不偷”，民间大讲道德，人际关系不淡漠，德治才能真正得到实施。

在教育中，“礼”的作用同样不能忽视。孔子说：“兴于诗，立于礼，成于乐。”诗教、礼教、乐教三者都是孔子对学生进行道德教育的重要手段。其中知礼才能立身，是孔子多次强调的。因为礼教是讲究恭敬辞让的，通过礼仪制度对人的行为的约束、规范，使人“能卓然自立而不为事物之所摇夺”（朱熹语）。诗教和乐教，是“由内”通过感情去陶冶人，而礼教是“由外”通过行为来规范人。内外相互配合，交互作用，在教育中起到事半功倍之效。这也纠正了人们的一种误解：认为孔子办学也像现代一些学堂那样，主要通过语言文字来进行道德说教。实际上孔子在教育中更注重于诗、乐的艺术熏陶和礼对行为的规范。这能启发现代教育工作者，对当今有些单纯进行道德说教而收效甚微的现象进行反思。孔子不认为教化是可以一蹴而就的，可以边实践边教化，有些道理教了未必能化的。

在孔子所处的春秋末期，礼崩乐坏，道德衰败，这种社会环境对于推行以德治国是极其不利的。所以孔子以他洞察社会的经验所总结出来的处世哲学来教给学生：首先，要坚持自己的信念，至死不变，所谓“笃信好学，守死善道”。其次，要把握住一条原则，即“天下有道则见，无道则隐”。当天下太平，国家政治清明，作为一个知识分子应当积极地出来工作，反之则应隐居不仕。在孔子看来，“邦有道”时还是那样贫困没出息，与“邦无道”时却“富且贵”同样是可耻的。孔子以完善天下为己任，不折不挠地弘扬仁道，推崇德治，其精神也为其弟子所继承、发扬。

本篇还辑录了不少曾子的言行。这多少透露了曾子的弟子们参与编撰《论语》的信息。历来认为曾子性格内向，处事谨慎。这从他临终前引《诗》说“战战兢兢，如临深渊，如履薄冰”中也可得到印证。但是我们不能由此得出曾子心志不宏大的结论。且看他的豪言：“可以托六尺之孤，可以寄百里之命，临大节而不可夺也。”这才是曾子心理品质的主导方面。曾子认为士应该以弘扬仁道为己任，“任重道远”，“死而后已”，这与其师的观点毫无二致。他提出的“犯而不校”也是对孔子“恕”道思想的发挥。正因为如此，曾子在孔子以后的儒学传承上有着重要地位。由他传给子思（孔子的孙子），再经子思的门人，传到孟子，儒家学派的思想又发展到了一个新的高峰。　　（夏乃儒）

子　罕　　　　《论语》

子罕言利，与命与仁①。

达巷党人②曰：“大哉孔子！博学而无所成名。”子闻之，谓门弟子曰：“吾何执③？执御乎？执射乎？吾执御矣。”

子曰：“麻冕④，礼也；今也纯⑤，俭，吾从众。拜下⑥，礼也；今拜乎上，泰⑦也。虽违众，吾从下。”

子绝四：毋意⑧，毋必⑨，毋固⑩，毋我⑪。

子畏于匡⑫，曰：“文王既没，文不在兹⑬乎？天之将丧斯文也，后死者不得与于斯文也⑭；天之未丧斯文也，匡人其如予何⑮？”

太宰问于子贡曰⑯：“夫子圣者与？何其多能也？”子贡曰：“固天纵之将圣⑰，又多能也。”子闻之曰：“太宰知我乎！吾少也贱，故多能鄙事⑱。君子多乎哉？不多也。”

牢⑲曰：“子云，吾不试⑳，故艺。”

子曰：“吾有知乎哉？无知也。有鄙夫问于我㉑，空空如也。我叩其两端而竭焉㉒。”

子曰：“凤鸟㉓不至，河不出图㉔，吾已㉕矣夫！”

子见齐衰㉖者、冕衣裳者㉗与瞽㉘者，见之，虽少必作㉙；过之必趋㉚。

颜渊喟然[31]叹曰："仰之弥高[32]，钻之弥坚。瞻之在前，忽焉在后。夫子循循然善诱人[33]，博我以文，约我以礼，欲罢不能。既竭吾才，如有所立卓尔[34]。虽欲从之，末由也已[35]。"

子疾病，子路使门人为臣[36]。病间[37]，曰："久矣哉，由之行诈也。无臣而为有臣。吾谁欺？欺天乎？且予与其死于臣之手也，无宁[38]死于二三子之手乎？且予纵不得大葬[39]，予死于道路乎？"

子贡曰："有美玉于斯，韫匵[40]而藏诸？求善贾而沽诸[41]？"子曰："沽之哉，沽之哉！我待贾者也。"

子欲居九夷[42]。或曰："陋[43]，如之何？"子曰："君子居之，何陋之有？"

子曰："吾自卫反鲁[44]，然后乐正[45]，雅颂各得其所[46]。"

子曰："出则事公卿，入则事父兄，丧事不敢不勉，不为酒困，何有于我哉？"

子在川上曰："逝者如斯夫[47]，不舍昼夜[48]。"

子曰："吾未见好德如好色者也。"

子曰："譬如为山，未成一篑[49]，止，吾止也；譬如平地，虽覆一篑，进，吾往也。"

子曰："语之而不惰者，其回也与？"

子谓颜渊曰[50]："惜乎[51]！吾见其进也，未见其止也。"

子曰："苗而不秀[52]者有矣夫；秀而不实者有矣夫！"

子曰："后生可畏，焉知来者之不如今也？四十五十而无闻焉，斯亦不足畏也已。"

子曰："法语之言[53]，能无从乎？改之为贵。巽与之言[54]，能无说乎[55]？绎[56]之为贵。说而不绎，从而不改，吾未如之何也已矣。"

子曰："主忠信，毋友不如己者，过则勿惮改。"

子曰："三军可夺帅也，匹夫不可夺志也。"

子曰："衣敝缊袍㊼，与衣狐貉㊽者立而不耻者，其由也与？'不忮不求㊾，何用不臧'㊿？"子路终身诵之。子曰："是道也，何足以臧？"

子曰："岁寒然后知松柏之后彫[61]也。"

子曰："知者不惑，仁者不忧，勇者不惧。"

子曰："可与共学，未可与适道[62]；可与适道，未可与立；可与立，未可与权[63]。"

"唐棣之华[64]，偏其反而[65]。岂不尔思[66]，室[67]是远而。"子曰："未之思也，夫何远之有？"

〔注释〕 ① 与：肯定，一说为和，同。 ② 达巷：地名。党：古代五百家为一党。 ③ 执：这里意为从事。 ④ 麻冕：黑色麻布制成的帽子。 ⑤ 纯：丝织品。 ⑥ 拜下：臣见君当拜于堂下。 ⑦ 泰：傲慢。 ⑧ 意：同"臆"，主观臆断。 ⑨ 必：自以为是。 ⑩ 固：固执。 ⑪ 我：自私自利。 ⑫ 畏：警戒。匡：地名，在今河南省长垣县西南。公元前496年孔子周游列国期间在匡被当地百姓围困。 ⑬ 兹：这里，孔子自指。 ⑭ 后死者：也是孔子讲自己。与：这里意为掌握。 ⑮ 如予何：把我怎样，对我无可奈何。 ⑯ 太宰：负责宫廷内部事务的官吏。 ⑰ 纵：让，使。 ⑱ 鄙事：卑贱的工作。 ⑲ 牢：孔子弟子，姓琴，字子开。 ⑳ 试：被委以官职。 ㉑ 鄙夫：乡下农夫。 ㉒ 叩(kòu)：询问。两端：两头，一个事物的两方面。 ㉓ 凤鸟：古代传说中的一种吉祥鸟，在舜的时代出现过，文王时鸣于岐山。 ㉔ 河：指黄河，传说伏羲时黄河有龙马背负八卦图出现。古人认为凤鸟与河图的出现象征圣人将要出世。 ㉕ 已：止，指生命将要结束。 ㉖ 齐衰(zī cuī)：丧服。 ㉗ 冕：帽子；衣：上衣；裳：下衣。冕衣裳者：指地位高的人。 ㉘ 瞽：盲人。 ㉙ 作：起身站立，表示敬意。 ㉚ 趋：快步走。 ㉛ 喟(kuì)然：叹息声。 ㉜ 弥(mí)：更，愈。 ㉝ 循循然：有次序的样子。 ㉞ 所立：面前树立的东西。卓尔：高耸的样子。 ㉟ 末：无。由：路径。 ㊱ 为臣：充当家臣，以准备后事。孔子当时已不是大夫，无家臣，子路想以家臣治丧，以提高丧事的规格。 ㊲ 间：间隙，指病情有所好转。 ㊳ 无：发语词，无义。宁：宁可。 ㊴ 大葬：指大夫的隆重葬礼。 ㊵ 韫(yùn)：收藏。匵(dú)：柜子。 ㊶ 善贾(gǔ)：识货的商人。沽：卖掉。 ㊷ 九夷：我国东部几个少数民族。 ㊸ 陋：经济、文化、习俗落后。 ㊹ 反：同"返"。公元前484年卫国发生内乱，孔子由卫返鲁，结束了长达14年的周游列国的历程。 ㊺ 乐正：审定礼乐以及为《诗经》中的《雅》和《颂》伴奏的乐曲。 ㊻ 雅颂：指与《诗经》中《雅》、《颂》诗相配的乐曲。 ㊼ 逝者：时光，也指天地万物之变化。夫：语气词。 ㊽ 舍：停息。 ㊾ 篑(kuì)：装泥土的筐。 ㊿ 谓：谈及。 [51] 惜乎：叹息，为颜渊英年早逝而惋惜。 [52] 秀：庄稼吐穗扬花。 [53] 法语：合于礼法的话。 [54] 巽：谦逊，婉转。 [55] 说：同"悦"。 [56] 绎(yì)：原意抽丝，这里意为分析鉴别。 [57] 衣：动词，穿。敝：破的。缊(yùn)：旧的丝绵絮。 [58] 狐貉(hé)：狐貉皮毛制成的袍子。 [59] 忮(zhì)：妒忌。求：贪求。 [60] 臧(zāng)：善，好。引语出自《诗经·邶风·雄雉》。 [61] 彫：同凋，凋零。 [62] 适：往，这里意为达到。 [63] 权：权宜，随机应变。 [64] 唐棣：又名棠棣、郁李，一种果树。华：花。 [65] 偏：也写为翩，随风摇动。反而：树木开花通常是先合后开，唐棣反之：先开后合。 ⑯ 尔思：倒装句，意为思念你。⑰ 室：住处。

（施忠连）

〔鉴赏〕 《论语》全方位、多层次地描绘了孔子，活现了孔子的灵魂。《论语》展现的孔子不是一个干巴巴的道德说教者，不是一个没有凡人情感的圣人，也不是一个干瘪的理论家，而是一个有血有肉、情感丰富、思想深刻、真实的历史人物形象。《论语》最终使一个不朽的文化伟人的崇高形象耸立于中国历史的原野之上，这是它对中国文化的重大贡献。本篇几乎所有的文字都是直接用以塑造孔子的形象，其手法有三：

第一，通过孔子弟子之口赞颂孔子。他的弟子、尤其是其高徒，对孔子的思想、学问和人品了解最为真切，对老师的感情非常深厚，因此他们对孔子的精神风貌的描绘最为传神。颜渊赞孔子的学问“仰之弥高，钻之弥坚；瞻之在前，忽焉在后”。孔子对弟子循循善诱，激发、培育学生的学习积极性和完善自身人格的内在动力，以至于颜渊感到“欲罢不能，既竭吾才”，使其才能得到充分的发展。

第二，通过孔子同时代的人的评论来描绘孔子。本篇记载了达巷这个地方一个人对孔子的看法，此人虽然因为觉得孔子没有一项专长特别突出而感到惋惜，但是他由衷地感叹孔子的伟大和博学。此外，在第六章中太宰问子贡：“夫子圣者与？何其多能也？”与达巷的人感觉相似。这些都表明孔子生前虽然在政治上地位不高，但是他在思想、学术上的崇高地位、他的品格的高尚，已经在社会上得到了承认。

第三，孔子自道。本篇通过孔子对自己的学术研究、人生经历的总结以及对所见所闻的反应来刻画他的形象，本篇主要使用这种手法来描绘孔子。由于记录的多为孔子的心声，所以读来感到亲切自然，启发颇多。使用的文字虽然不多，但所反映的孔子思想非常广泛深刻，所描绘的孔子人格十分丰满感人。

这些文字显示了孔子是一个具有使命感的非凡人物。第五章说他身处危难之际，但却毫不慌张，因为他相信上天赋予自己传承、弘扬传统文化的神圣使命，只要上天不想毁灭这种文化，他就会安渡难关。

孔子在文中被描绘为一个智者、哲人，他望着奔流不息的河水说“逝者如斯夫，不舍昼夜”，文字极精练，却包含了非常丰富深刻的哲理：世界是万化之流，充满了生机，蕴涵着无穷的力量；流年似水，时光飞逝，人生短促，韶华不再，人们应当珍惜现在的时光，奋发图强，完成自己的人生使命，以成就富有意义的人生；河水后浪推前浪，一个人不论创造了多么伟大的业绩，终将无可挽回地成为过去，退出历史舞台，后人终究会作出新的卓越成就，以至于更加伟大的功业，从而掩盖前人的光辉，如孔子所说："后生可畏，焉知来者之不如今也。"

孔子崇尚那种蔑视强暴的大无畏精神，忠于自己的理想的坚韧意志。他要求人们面对强大、凶残的敌人，要坚守自己的信念与主张，毫不动摇，说"三军可夺帅也，匹夫不可夺志也"。他指出，只有在艰难困苦的条件下仍然能坚持原则，维护道义，遵循道德规范，才能显示崇高的情操和气节，说"岁寒然后知松柏之后彫也"。

本篇还描绘了孔子完美的精神品质、思想风格和心理状态，这就是第四章所说的"子绝四"：不猜疑，不自以为是，不固执，不自私自利。仁的观念要求关爱、尊重他人，摒弃自我中心，它在精神、思想、心理上的表现自然就是孔子的"绝四"。

尽管厌恶自我中心主义，孔子并不反对自我表现和自我实现，这可以在本篇中清楚地看到。子贡问：如有美玉，是把它藏在柜子里，还是卖掉？孔子立即连声回答说"卖掉它"。在这里孔子以生意人的用语表达自己为世所用的迫切心情，毫无半点酸腐气味，这反映了孔子的坦诚、率真，只会使人感到孔子形象的可爱。

孔子的纯真还表现为如实地讲述自己被上层社会视为不光彩的经历。如太宰问孔子何以多能，子贡解释说"天纵之将圣，又多能"，把他神化。但是孔子不为虚荣心所支配，采取老实的态度，纠正子贡的说法，讲自己"少也贱，故多能鄙事"。他不为统治阶级的偏见和世俗之见所左右，不以地位低贱、能"鄙事"为耻，不允许以华丽的不实之词来打扮、虚饰自己，这反而显示了他的形象的高大。

孔子纯真又坦率地披露自己的内心世界，《论语》甚至把他心中的一闪念、情绪的波动、消极思想的流露也都记录下来。如他哀叹："凤鸟不至，河不出图，吾已矣夫！"又"欲居九夷"，在《公冶长》中说孔子因"道不行"而想乘木筏漂流到海外。这后两句话可能是孔子在遇到困难、情绪低落时心中闪过的想法，并不真正要去实行，但是这样的描写反而使孔子的形象真实可信，同时也反映了孔子以平等的眼光看待少数民族，并不歧视他们的文化和生活方式。

《论语》表达孔子的思想、观念是同描绘孔子的形象相结合的，它对孔子的形象的塑造十分成功，是中国古籍中以一个人为中心精雕细刻人物形象的第一部。儒家学派的形成与发展，儒学在中国思想界支配地位的形成与巩固，都与《论语》成功塑造的孔子形象相关。

（施忠连）

先　进　《论语》

子曰："先进[①]于礼乐，野人[②]也；后进[③]于礼乐，君子也。如用之，则吾从先进。"

子曰："从我于陈蔡者[④]，皆不及门也[⑤]。"

德行：颜渊、闵子骞[⑥]、冉伯牛、仲弓。言语[⑦]：宰我、子贡。政事：冉有、季路。文学[⑧]：子游、子夏。

子曰："回也非助我者也，于吾言无所不说[⑨]。"

子曰："孝哉闵子骞！人不间[⑩]其父母昆[⑪]弟之言。"

南容三复白圭[⑫]，孔子以其兄之子妻之[⑬]。

季康子问："弟子孰为好学？"孔子对曰："有颜回者好学，不幸短命死矣，今也则亡。"

颜渊死，颜路请子之车以为之椁[⑭]。子曰："才不才[⑮]，亦各言其子也。鲤[⑯]也死，有棺而无椁。吾不徒行以为之椁[⑰]。以吾从大夫之后[⑱]，不可徒行也。"

颜渊死，子曰："噫！天丧予！天丧予！"

颜渊死，子哭之恸[⑲]。从者曰："子恸矣。"曰："有恸乎？非夫人[⑳]之为恸而谁为？"

颜渊死，门人欲厚葬之。子曰："不可！"门人厚葬之。子曰："回也视予犹父也，予不得视犹子[㉑]也。非我也，夫[㉒]二三子也。"

季路问事鬼神。子曰："未能事人，焉能事鬼？"曰："敢问死。"曰："未知生，焉知死。"

闵子侍侧，訚訚[㉓]如也；子路，行行[㉔]如也；冉有子贡，侃侃[㉕]如也。子乐。"若由也，不得其死[㉖]然。"

鲁人为长府[㉗]。闵子骞曰："仍旧贯[㉘]，如之何？何必改作？"子曰："夫人不言，言必有中。"

子曰："由之瑟[㉙]奚为于丘之门[㉚]？"门人不敬子路。子曰：

“由也升堂矣，未入于室[31]也。”

子贡问：“师与商也孰贤？”子曰：“师也过，商也不及。”曰：“然则师愈[32]与？”子曰：“过犹不及。”

季氏富于周公[33]，而求也为之聚敛而附益[34]之。子曰：“非吾徒也。小子鸣鼓而攻之可也。”

柴[35]也愚，参也鲁[36]，师也辟[37]，由也喭[38]。

子曰：“回也其庶[39]乎，屡空[40]。赐不受命，而货殖[41]焉，亿[42]则屡中。”

子张问善人之道，子曰：“不践迹[43]，亦不入于室[44]。”

子曰：“论笃是与[45]，君子者乎？色庄者[46]乎？”

子路问：“闻斯行诸[47]？”子曰：“有父兄在，如之何其闻斯行之？”冉有问：“闻斯行诸？”子曰：“闻斯行之。”公西华曰：“由也问闻斯行诸，子曰有父兄在，求也问闻斯行诸，子曰闻斯行之。赤也惑，敢问。”子曰：“求也退[48]，故进之；由也兼人[49]，故退之。”

子畏于匡，颜渊后。子曰：“吾以女[50]为死矣。”曰：“子在，回何敢死？”

季子然[51]问：“仲由、冉求可谓大臣与？”子曰：“吾以子为异之问[52]，曾[53]由与求之问。所谓大臣者，以道事君，不可则止。今由与求也，可谓具臣[54]矣。”曰：“然则从之[55]者与？”子曰：“弑父与君，亦不从也。”

子路使子羔为费[56]宰。子曰：“贼夫人之子[57]。”子路曰：“有民人焉，有社稷[58]焉，何必读书，然后为学？”子曰：“是故恶夫佞者。”

子路、曾皙[59]、冉有、公西华侍坐。子曰：“以吾一日长乎尔，毋吾以也[60]。居[61]则曰不吾知也，如或知尔，则何以[62]哉？”子路率尔[63]而对曰：“千乘之国，摄[64]乎大国之间，加之以师旅，因之以饥馑，由也为之，比及[65]三年，可使有勇，且知方[66]也。”

夫子哂[67]之。“求，尔何如？”对曰：“方六七十[68]，如[69]五六十，求也为之，比及三年，可使足民。如其礼乐，以俟君子。”“赤，尔何如？”对曰：“非曰能之，愿学焉。宗庙之事[70]，如会同[71]，端章甫[72]，愿为小相[73]焉。”“点，尔何如？”鼓瑟希[74]，铿尔，舍瑟而作[75]，对曰：“异乎二三子者之撰[76]。”子曰：“何伤乎？亦各言其志也。”曰：“莫[77]春者，春服既成，冠者[78]五六人，童子六七人，浴乎沂[79]，风乎舞雩[80]，咏而归。”夫子喟然叹曰：“吾与点也！”三子者出，曾皙后。曾皙曰：“夫三子者之言何如？”子曰：“亦各言其志也已矣。”曰：“夫子何哂由也？”曰：“为国以礼，其言不让，是故哂之。”“唯[81]求则非邦也与？”“安见方六七十如五六十而非邦也者？”“唯赤则非邦也与？”“宗庙会同，非诸侯而何？赤也为之小，孰能为之大？”

〔注释〕 ① 先进：这里指先学习礼乐，然后任职官府。 ② 野人：郊外之民，这里指原为贵族但后家道衰落、流落民间的人士。 ③ 后进：这里指先凭借世袭特权为官，然后由于职务需要而学习礼乐。 ④ 孔子在陈、蔡曾被围困，以至于断粮七日，跟随他的弟子遭受了苦难。 ⑤ 不及门：不在面前受教。当时颜回已死，不少弟子已学成离去，有的在诸侯国担任要职。 ⑥ 闵子骞(qiān)：孔子弟子，姓闵，名损，字子骞，鲁国人，以孝著称。 ⑦ 言语：擅长辞令，有外交才能。 ⑧ 文学：通晓古代文献典籍。 ⑨ 说：通“悦”。 ⑩ 间：非议。不间：指人们对其父母兄弟赞扬他的话语提不出不同的看法。 ⑪ 昆：兄。 ⑫ 南容：孔子弟子，姓南宫，名适(kuò)，字子容。白圭：君臣行礼时手执之玉器，这里指《诗经·大雅·抑》中关于白圭的诗句：“白圭之玷，尚可磨也；斯言之玷，不可为也。” ⑬ 子：女儿。妻：动词，嫁女儿。 ⑭ 颜路：颜渊之父，也是孔子弟子，名无繇(yóu)，字路。椁(guǒ)：古代富贵之人棺材有内外两层，外层称“椁”，里层称“棺”。 ⑮ 才不才：指下文所说颜路之子与孔子之子一个有才，一个无才。 ⑯ 鲤：孔子之子，字伯鱼。 ⑰ 徒行：步行，指卖车后步行。 ⑱ 从大夫之后：做过大夫。 ⑲ 恸(tòng)：极度悲痛。 ⑳ 夫(fú)人：这个人。 ㉑ 予不得视犹子：意思是虽然同颜回情深如父子，但不能违背周礼，像葬自己儿子那样葬颜回。 ㉒ 夫(fú)：指示代词，那。 ㉓ 訚訚：见《乡党篇》注⑤。 ㉔ 行行(hàng)：刚强的样子。 ㉕ 侃侃：说话理直气壮的样子。 ㉖ 不得其死：死于非命。 ㉗ 为：这里意为改建。长府：鲁国国库。 ㉘ 贯：事。仍旧贯：按照老样子。 ㉙ 瑟(sè)：与琴相似的古乐器。 ㉚ 奚为于丘之门：指弹出的乐声与孔子府上乐调不和谐，据说是因子路弹的乐曲有杀伐之声。 ㉛ 未入于室：孔子肯定他弹瑟、悟道已入门，但尚未深入精微之奥。 ㉜ 愈：胜过，好于。 ㉝ 季氏：鲁国的执政。周公：周文王之子，武王之弟，鲁国国君之始祖。一说指周朝的公爵。 ㉞ 聚敛(liǎn)：搜刮百姓钱财。附益：增加财富。 ㉟ 柴：孔子弟子，姓高，名柴，字子羔。 ㊱ 鲁：迟钝。 ㊲ 辟：偏激。 ㊳ 喭(yàn)：粗鲁。 ㊴ 庶：差不多。 ㊵ 空：匮乏、穷困。 ㊶ 货殖：经商。 ㊷ 亿：通“臆”，预测、猜度。 ㊸ 践：踩踏。迹：脚印。践迹：遵循前人的做法。 ㊹ 入于室：喻学问、修养达到精深地步。 ㊺ 论：言论。笃：诚恳。与：赞许。 ㊻ 色庄者：貌似庄重。 ㊼ 诸："之乎"二字的合音。 ㊽ 退：谨小慎微，畏缩。 ㊾ 兼人：胜过别人。 ㊿ 女：同"汝"，你。 51 季子然：季氏子弟。 52 异之问：问别人。 53 曾：乃，原来。 54 具臣：普通的臣子。 55 从之：指听从季氏，冉求与子路都是季氏的家臣。 56 费(mì)：地名，在今山东省费县西北。 57 贼：祸害。夫：指示代词，指费邑的百姓。子：指费邑百姓子弟。 58 社稷：祭祀土地神和谷神之处，这种祭祀由一国之君或地方行政长官主祭，因而社稷是政权的象征。 59 曾皙(xī)：孔子弟子，字子皙，曾参之父。 60 吾以：倒装句，即"以吾"，全句意为不要因为我比你们年长了几岁而有顾虑。 61 居：平时。 62 何以：何以为用，以什么作为努力的目标。 63 率尔：轻率地，急忙地。 64 摄：夹。 65 比及：等到。 66 知方：知道努力的方向，即向义而行。 67 哂(shěn)：微笑，讥笑。 68 方六七十：六七十里见方，指小国。 69 如：或者。 70 宗庙之事：指祭祀。 71 会同：诸侯国君盟会活动。 72 端：古代的礼服。章甫：古代的礼帽。 73 小：谦辞。相：司仪，赞礼人。 74 希：通"稀"，指瑟声逐渐变缓、变弱。 75 作：站起身。 76 撰：具有，指前面三人所表达的志向。 77 莫：同"暮"。 78 冠者：成年人，已行冠礼，表示成年。 79 沂(yí)：河流名，由山东南部流经江苏北部，注入黄海。 80 风：吹风，乘凉。舞雩(yú)：地名，在今山东省曲阜，祭天求雨之处。 81 唯：语首词，无意义。

（施忠连）

〔鉴赏〕 《论语》以一个人物，即孔子为中心描绘各种人物形象，这在中国古代典籍中是个首创。这些人物来自十分广泛的社会阶层，包括执政者、贵族、各种等级的官吏、军队首领、学者、隐士等。书中写得最多的是同孔子关系最密切的弟子。本篇的主要内容就是描写孔子与他的弟子的关系，记录孔子对他们的评价。

师生关系在儒家文化的形成、发展中占有特别重要的地位，《论语》中以从事各种活动、面貌神态性格各异的诸弟子烘托孔子形象。孔子的思想和美德经常在同其弟子的关系中表现出来，而这些弟子的言行在显示其个性的同时又表现了孔子的理念，丰富了孔子的思想，发展了孔子的精神。众弟子或身处贫困、但坚守原则或理想；或好学，刻苦钻研，对经书发表具有独创性的见解；或相互讨论、切磋，加深对孔子学说的理解。他们在一个尔虞我诈、相互残杀的社会中创造了一个和平宁静，充满温馨和友谊，追求美德、知识和真理，富有诗情画意的文化孤岛。

孔子师生之间存在的不仅是知识的传授者与接受者的关系，而且也有共同探寻真理、一起匡时救世的同道志士的关系。在他们那里，导师由于其人格的高尚、思想的深邃和学问的渊博而受到学生由衷的敬仰，同时师生之间又平等相处，相互切磋学问，形成亲密无间的关系。在本篇中可以看到，孔子在艰难困苦中同其弟子结成的深厚情谊感人肺腑。孔子师生在匡地被围困时，颜回最后逃脱,孔子见到他后喜出望外,说以为他已遇难,颜回回答说“子在,回何敢死!”可见颜回把保护孔子的安全、完成他的事业看得比自己的生命还更重要。颜回去世后,孔子两声“天丧予”的撕心裂肺的号鸣,真让人不禁潸潸泪下。他悲痛之极,说我不为此人悲痛还为谁悲痛呢?这些表明他们师生关系不是父子而胜似父子。

孔子的弟子在老师的精心培育下,养成了各种卓越的品质和才能,本篇中就有孔子对其主要弟子的长处所作的精要概括。他还对各人特有的优点以明确具体的语言加以表扬。如孔子赞扬子贡的经商才能,说他的预测总是非常准确。孔子既热爱学生,又严格要求他们,直言不讳地指出他们的短处和缺点。孔子对自己最喜爱的弟子颜回作了批评,指出他对老师所说没有一句不心悦诚服,不发表自己的意见,提出质疑,认为颜回这样做对自己(孔子自指)没有什么好处。又说高柴愚笨,曾参迟钝,子张偏激,子路莽撞。

本篇还有一些文字惟妙惟肖地描写诸弟子在日常生活中的神情笑貌,使读者如见其人,如闻其声。本篇中有描绘侍于孔子身边的弟子的神态:闵子骞和悦而温顺,子路显得刚强,冉有、子贡理直气壮而又从容不迫。《论语》所塑造的、儒学形成时期其主要的信奉者、阐发者和传播者群像与在宗教庙堂所见迥然不同,他们身上放射出来的不是神性、而是人性的光辉;他们不是令人敬畏、以至于恐怖的木石偶像,而是有血有肉、真实可信,而又令人敬佩的求道者形象。

孔子师生是一个追求精神价值、共同享受美好的精神生活乐趣的集体。他们不仅在一起切磋学问,而且还经常畅谈理想抱负,本篇最后一章就展现了这一情景。这一章是《论语》中少有的长文,文学性很强,包含了丰富的思想内容,很值得仔细研读、品味。

孔子让身边几个弟子各谈自己的志向:子路有志于让一个中等国家变得强大;冉求企望治理一个小国,使人民富裕;公西赤只想在朝廷的祭祀或诸侯的盟会中发挥作用。与这三人不同,曾点的理想是在暮春季节同五六个成年人,六七个少年,去沂河中洗澡,上岸后一路上沐浴春风,唱着歌返回。出乎人们意料之外的是,在评论四人的志向时,孔子这位想在治国安邦中有所作为的人竟然更欣赏曾点的志向。这表明孔子提倡修身养性,要求人们全身心地为他人和国家效劳,这并不意味着让人们过清教徒式的枯燥生活,相反他主张生活要有情趣。孔子虽然不反对人们求功名,但在他看来,最理想的生活方式不在于追求功名,而是在寻常的生活中营造一种洁净、和谐的环境和氛围,追求自然的情趣、人情的温馨,达到一种极高的精神的和审美的境界。

孔子师生关系堪称古今师生关系的典范。他们的榜样使师生关系显示出极高的精神价值,具有神圣的性质。因此师生关系成为促进中华文明高度发展的极端重要的因素。由于有这种平等、温馨的师生关系作为楷模,后世中国传播知识和思想、追求和实现最高精神价值的活动就不需要像欧洲中世纪那种以教皇为魁首、等级森严的教会组织作为依托。

本篇还有一个观念值得注意,这就是中庸之道。儒家对于中庸之道的经典表述为:无过无不及,过犹不及,就是在本篇中提出的。中庸的原意不是消极意义上的折衷调和,不是表示那种貌似公正,实际上是无原则的不偏不倚。因为这是同孔子重道义、重原则的一贯立场不相容的。他的中庸之道是要求在各个基本点之间保持平衡和协调,做事要恰如其分,把握适当的度,防止走极端。本篇中记载孔子对不同的弟子"听到了什么道理是否要立即行动"这同一问题的不同回答,冉求平时退缩,孔子就鼓励他作出行动;子路好勇过人,孔子就约束他。这不仅表现了孔子因材施教的教育方法,而且道出了他的中庸之道的本义。

中庸之道在《论语》其他篇章中还有许多表达。如在《子罕》篇中"叩其两端"、《尧曰》篇内"允执其中"都是阐述这一观念的意义。中庸之道可以说是孔子的根本的思想方法和人生态度,表现于他的全部思想和言行之中。如对待传统文化,他主张"损"、"益"(即破旧与创新)兼用。在治国方略上他提出"宽猛相济"。他的教育方针是"博学于文,约之以礼"。对于人格的培养和艺术创作,他规定要"文质彬彬"。他提倡的学习方法是"学"与"思"的结合,他说:"思而不学则罔,学而不思则殆。"(《为政》)总之,执二用中的中庸之道是孔子解决一切问题的最高智慧和有效方法。

(施忠连)

颜 渊 《论语》

颜渊问仁。子曰:"克己复礼为仁。一日克己复礼,天下归仁焉。为仁由己,而由人乎哉?"颜渊曰:"请问其目①。"子曰:"非礼勿视,非礼勿听,非礼勿言,非礼勿动。"颜渊曰:"回虽不敏,请事斯语矣。"

仲弓问仁。子曰:"出门如见大宾,使民如承大祭;己所不欲,勿施于人;在邦无怨,在家②无怨。"仲弓曰:"雍虽不敏,请事斯语矣。”

司马牛[3]问仁。子曰：“仁者其言也讱[4]。”曰：“其言也讱，斯谓之仁已乎？”子曰：“为之难，言之得无讱乎？”

司马牛问君子。子曰：“君子不忧不惧。”曰：“不忧不惧，斯谓之君子已乎？”子曰：“内省不疚，夫何忧何惧？”

司马牛忧曰：“人皆有兄弟，我独亡[5]。”子夏曰：“商闻之矣：死生有命，富贵在天。君子敬而无失，与人恭而有礼，四海之内，皆兄弟也。君子何患乎无兄弟也。”

子张问明。子曰：“浸润之谮[6]，肤受之愬[7]，不行焉，可谓明也已矣。浸润之谮，肤受之愬，不行焉，可谓远[8]也已矣。”

子贡问政。子曰：“足食，足兵，民信之矣。”子贡曰：“必不得已而去，于斯三者何先？”曰：“去兵。”子贡曰：“必不得已而去，于斯二者何先？”曰：“去食。自古皆有死，民无信不立。”

棘子成[9]曰：“君子质而已矣，何以文为？”子贡曰：“惜乎夫子之说君子也，驷不及舌[10]。文犹质也，质犹文也，虎豹之鞟[11]犹犬羊之鞟。”

哀公问于有若曰：“年饥，用不足，如之何？”有若对曰：“盍彻乎[12]？”曰：“二[13]，吾犹不足，如之何其彻也？”对曰：“百姓足，君孰与不足？百姓不足，君孰与足？”

子张问崇德辨惑，子曰：“主忠信，徙义[14]，崇德也。爱之欲其生，恶之欲其死；既欲其生，又欲其死，是惑也。‘诚不以富，亦祇以异[15]。’”

齐景公[16]问政于孔子。孔子对曰：“君君、臣臣、父父、子子。”公曰：“善哉！信如君不君，臣不臣，父不父，子不子，虽有粟，吾得而食诸[17]？”

子曰：“片言可以折狱者[18]，其由也与[19]？”子路无宿诺[20]。

子曰：“听讼[21]，吾犹人也。必也使无讼乎！”

子张问政。子曰：“居之无倦，行之以忠。”

子曰："博学于文，约之以礼，亦可以弗畔矣夫！"

子曰："君子成人之美，不成人之恶。小人反是。"

季康子问政于孔子。孔子对曰："政者正也。子帅㉒以正，孰敢不正。"

季康子患盗，问于孔子。孔子对曰："苟子之不欲，虽赏之不窃。"

季康子问政于孔子曰："如杀无道以就㉓有道，何如？"孔子对曰："子为政，焉用杀？子欲善而民善矣。君子之德风，小人之德草，草上之风必偃㉔。"

子张问："士何如斯可谓之达㉕矣？"子曰："何哉，尔所谓达者？"子张对曰："在邦必闻㉖，在家必闻。"子曰："是闻也，非达也。夫达也者，质直而好义，察言而观色，虑以下人㉗。在邦必达，在家必达。夫闻也者，色取仁而行违，居之不疑。在邦必闻，在家必闻。"

樊迟从游于舞雩之下，曰："敢问崇德修慝㉘辨惑。"子曰："善哉问。先事后得㉙，非崇德与？攻其㉚恶，无攻人之恶，非修慝与？一朝之忿，忘其身，以及其亲，非惑与？"

樊迟问仁。子曰："爱人。"问知。子曰："知人。"樊迟未达。子曰："举直错诸枉㉛，能使枉者直。"樊迟退，见子夏曰："乡㉜也吾见于夫子而问知，子曰'举直错诸枉，能使枉者直'，何谓也？"子夏曰："富哉言乎！舜有天下，选于众，举皋陶㉝，不仁者远矣。汤㉞有天下，选于众，举伊尹㉟，不仁者远矣。"

子贡问友。子曰："忠告而善道之，不可则止，毋自辱也。"

曾子曰："君子以文会友，以友辅仁。"

〔注释〕 ① 目：具体的细目。 ② 家：卿大夫的封地称为"家"。 ③ 司马牛：孔子弟子，姓司马，名耕，字子牛。 ④ 讱（rèn）：忍，话难说，这里意为讲话谨慎。 ⑤ 亡：无。 ⑥ 浸润：如水那样浸灌滋润。谮（zèn）：谗言。浸润之谮：暗中传播的坏话。 ⑦ 肤受：切身感受。愬（sù）：诽谤。 ⑧ 远：有远见。 ⑨ 棘子成：卫国大夫。 ⑩ 驷（sì）：同拉一辆车的四匹马。驷不及舌：意为一言既出，驷马难追。 ⑪ 鞟（kuò）：皮革，即去除毛的皮。 ⑫ 盍（hé）：何不。彻：西周税制，以收获的十分之一作为田税。 ⑬ 二：以收获的十分之二作为田税。⑭ 徙(xǐ)：迁移。徙义：向善。 ⑮ 引文是《诗经·小雅·我行其野》中最后两句。祇：只。诗句表达了一个被遗弃的女子的怨恨，意思是：你遗弃我，即使不是嫌贫爱富，也是喜新厌旧。有学者怀疑，这里有这两句诗可能是错简的缘故。 ⑯ 齐景公：齐国君主，名杵臼(chǔ jiù)。⑰ 诸："之"、"乎"二字的合音。 ⑱ 片言：诉讼双方中一方之辞。一说是指讲到一半的言词。折狱：断案。 ⑲ 由：即孔子弟子子路，名由。 ⑳ 宿诺：事先作出的诺言，一说长久未履行的诺言。 ㉑ 听讼：审理诉讼案件。 ㉒ 帅：表率。 ㉓ 就：成就。 ㉔ 草上之风：意思是草上有风吹来。偃(yǎn)：扑倒。㉕ 达：通达。 ㉖ 闻：有名声。 ㉗ 下人：对人谦恭。㉘ 慝(tè)：隐藏于心中的坏念头。修慝：改正邪念。 ㉙ 先事后得：先认真做事，然后才有收获。 ㉚ 攻：责备。其：这里指自己。 ㉛ 举直错诸枉：见《为政》篇第十九章注㉘。 ㉜ 乡(xiàng)：同"向"，从前，这里意为刚才。 ㉝ 皋陶(gāo yáo)：传说舜之臣，负责刑狱之事。㉞ 汤：商朝开国之君。 ㉟ 伊尹：商汤的宰相，辅佐汤灭夏桀。 (施忠连)

〔鉴赏〕 本篇围绕两个论题展开：即论仁、论政。这两个论题紧密地结合在一起：孔子阐发仁的观念时探讨了治国的实际问题，而在论政时他又按照仁的观念确立政治原则，规定应有的政治品质，这样他就为儒家的仁政学说奠定了思想基础。

孔子在回答樊迟问仁时说"爱人"，这是仁的概念的经典性定义。但是他不把仁限制于个人的一种品质这一范围之内，而是大大地深化和扩展了仁的观念的意义，用以规定理想的人格、心理状态、精神特质、人生态度、社会关系、国家政治和世界秩序，从而使仁成为儒学，以至于中国传统文化的最高价值标准。在孔子看来，仁的观念只有被用以治国安邦，它才能真正获得实现。

孔子说"克己复礼为仁"，这句话正是仁政思想的表达。从上下文来看，它不是教导普通百姓克服私欲，因为"一日克己复礼，天下归仁焉"的话，显然是针对统治者说的，是用以限制他们的私欲的。当然，毋庸赘言，后世封建统治者以及道学家也利用"克己复礼"及非礼勿视、听、言、动的说法来束缚人的个性，压制个人自由。

统览全篇可以看到，孔子的仁政学说包含以下一些内容：

一、保证百姓丰衣足食。子贡问政，孔子提出三条基本要求，其中第一条就是"足食"。孔子弟子有若答鲁哀公问时也把"百姓足"作为为政的主要目标。在前一篇《先进》中冉有谈自己志向是以三年时间实现"足民"的政纲。这两人的说法都反映孔子的一贯政治主张：让全国老百姓至少都能过上温饱的生活。

二、取信于民。在孔子提出的为政三项基本要求中他最强调的就是这一条。在他看来信并非只是讲诚信的个人品质，更重要的是它规定了统治者与人民之间关系的主要政治原则。根据他的说法，老百姓的信任是对君主统治的认可，因而也就是君主统治的合法性、合理性的根本前提。信是判定国家政治状况的主要标准，也是一个政权能否维持的决定性因素。所以他说："自古皆有死，民无信不立。"《子张》篇中也说："君子信而后劳其民；未信，则以为厉己也。"孔子不懂得统治者权力的合法性只有通过人民授权才能获得，他只是要求统治者以自己高尚的道德品质、政治上的诚信和惠民政策来取得百姓的信任和拥护。显然，孔子还没有产生民主思想，但是他将人民的信任和认可规定为统治者权力的合理性和合法性的来源，这是中国民本思想的重大发展。

三、薄赋敛。这是孔子的一贯思想，第九章中有若主张将十分之二的税率减为十分之一，就是将孔子这一思想加以具体化了。在上一篇《先进》中孔子宣布不再承认为季氏聚敛钱财的冉求是他的学生，甚至号召他的学生"鸣鼓而攻之"，表明孔子对统治者重税赋、搜刮百姓钱财的行为极端地憎恶痛恨。

四、统治者要在道德上以身作则，他们主要不是靠权势、而是靠道德楷模作用来引导百姓，治理国家。孔子的意图是以精神上的感染力取代或限制国家机器的暴力作用。这在本篇中表现得十分清楚。孔子坚决反对季氏用杀人的办法来打击罪恶，威吓百姓，迫使他们按照统治者的意图去做。孔子针锋相对地提出："子为政，焉用杀？子欲善而民善矣。"可见，孔子认为百姓的"不善"是由统治者的为非作歹造成的，相反，统治者道德上的示范作用也是巨大的，它具有权势和暴力所没有的思想上的说服力和精神上的感化力。它的影响力就像风吹草仆那样直接而有效。他的结论是："子帅以正，孰敢不正？"

孔子认为治理社会重在治本，从根本上减少、以至于消除罪恶。与法家相反，他对国家的镇压和惩罚功能及作用历来厌恶，不仅反对"用杀"，而且力图造成"无讼"的社会环境。这在传统社会中虽然是个空想，但是他企图用政治、道德、教育、经济的手段来妥善处理社会关系，缓和社会矛盾，提升人的精神、文化素质，以造成一个安宁、文明、富裕的世界，这一思想即使在当今时代也可补弊纠偏。

五、重用贤人，贬斥小人。孔子十分重视一个国家朝廷政治风气的好坏，认为如果坏人当道，国家政治就会败坏得不可收拾；如果贤人主政，就会造成良好的政治环境，邪恶之徒的鬼蜮伎俩就不能得逞，而且在清明的政治氛围中，邪恶之徒也会受到影响，其所作所为也会合于正道。所以他说："举直错诸枉，能使枉者直。"

六、从政者应有良好的政治品质，本篇提出的有勤政、爱民、谦恭、谨慎等，论述这些品质的语录，如“出门如见大宾，使民如承大祭”等成了千古名言，自古以来对官吏的政治品质的形成产生过巨大的作用。

总而言之，仁的观念与政治学说的结合，既大大地丰富了仁的内涵，又为中国传统政治思想奠定了理论基础，为后代同情人民、关心百姓疾苦的知识分子批判祸国殃民的专制主义政治提供了思想武器。 （施忠连）

子 路 《论语》

子路问政。子曰：“先之[1]劳之。”请益。曰：“无倦。”

仲弓为季氏宰，问政。子曰：“先有司[2]，赦小过，举贤才。”曰：“焉知贤才而举之？”曰：“举尔所知。尔所不知，人其舍诸[3]？”

子路曰：“卫君[4]待子为政，子将奚[5]先？”子曰：“必也正名[6]乎！”子路曰：“有是哉，子之迂[7]也！奚其正？”子曰：“野哉由也，君子于其所不知，盖阙[8]如也。名不正则言不顺，言不顺则事不成，事不成则礼乐不兴，礼乐不兴则刑罚不中[9]，刑罚不中则民无所措手足。故君子名之必可言也，言之必可行也。君子于其言，无所苟[10]而已矣。”

樊迟请学稼。子曰：“吾不如老农。”请学为圃[11]。曰：“吾不如老圃[12]。”樊迟出。子曰：“小人哉，樊须也！上好礼，则民莫敢不敬；上好义，则民莫敢不服；上好信，则民莫敢不用情[13]。夫如是，则四方之民襁负其子而至矣，焉用稼？”

子曰：“诵《诗》三百，授之以政，不达[14]；使于四方，不能专对[15]。虽多，亦奚以[16]为？”

子曰：“其身正，不令而行；其身不正，虽令不从。”

子曰：“鲁卫之政，兄弟也[17]。”

子谓卫公子荆[18]：“善居室[19]。始有，曰：‘苟合矣’[20]。少有，曰：‘苟完矣。’富有，曰：‘苟美矣。’”

子适[21]卫，冉有仆[22]。子曰：“庶[23]矣哉。”冉有曰：“既庶矣,又何加焉?”曰:“富之。”曰:“既富矣,又何加焉?”曰:“教之。”

子曰:“苟[24]有用我者,朞月[25]而已可也,三年有成。”

子曰:“善人为邦百年,亦可以胜残去杀[26]矣。诚哉是言也。”

子曰:“如有王者[27],必世[28]而后仁。”

子曰:“苟正其身矣,于从政乎何有?不能正其身,如正人何?”

冉子退朝[29]。子曰:“何晏[30]也?”对曰:“有政[31]。”子曰:“其事[32]也?如有政,虽不吾以[33],吾其与闻之[34]。”

定公问:“一言而可以兴邦,有诸?”孔子对曰:“言不可以若是其几也[35]。人之言曰:‘为君难,为臣不易。’如知为君之难也,不几乎一言而兴邦乎?”曰:“一言而丧邦,有诸?”孔子对曰:“言不可以若是其几也。人之言曰:‘予无乐乎为君,唯其言而莫予违也。’如其善而莫之违也,不亦善乎?如不善而莫之违也,不几乎一言而丧邦乎?”

叶公问政。子曰:“近者说[36],远者来。”

子夏为莒父[37]宰,问政。子曰:“无欲速,无见小利。欲速则不达,见小利则大事不成。”

叶公语孔子曰:“吾党[38]有直躬者[39],其父攘[40]羊,而子证[41]之。”孔子曰:“吾党之直者异于是:父为子隐,子为父隐,直在其中矣。”

樊迟问仁。子曰:“居处恭,执事敬,与人忠。虽之[42]夷狄,不可弃也。”

子贡问曰:“何如斯可谓之士矣?”子曰:“行己有耻,使于四方,不辱君命,可谓士矣。”曰:“敢问其次。”曰:“宗族称孝焉,乡党称弟焉。”曰:“敢问其次。”曰:“言必信,行必果[43],硁硁[44]然小人哉!抑亦可以为次矣。”曰:“今之从政者何如?”子曰:“噫!斗筲之人㊺,何足算也。”

子曰:“不得中行而与㊻之,必也狂狷㊼乎!狂者进取,狷者有所不为也。”

子曰:“南人有言曰:‘人而无恒㊽,不可以作巫医㊾。’善夫!‘不恒其德,或承之羞。’”㊿子曰:“不占(51)而已矣。”

子曰:“君子和而不同,小人同而不和。”

子贡问曰:“乡人皆好之,何如?”子曰:“未可也。”“乡人皆恶之,何如?”子曰:“未可也。不如乡人之善者好之,其不善者恶之。”

子曰:“君子易事而难说(52)也。说之不以道,不说也;及其使人也,器(53)之。小人难事而易说也。说之虽不以道,说也;及其使人也,求备焉。”

子曰:“君子泰(54)而不骄,小人骄而不泰。”

子曰:“刚、毅、木(55)、讷(56)近仁。”

子路问曰:“何如斯可谓之士矣?”子曰:“切切偲偲(57),怡怡(58)如也,可谓士矣,朋友切切偲偲,兄弟怡怡。”

子曰:“善人教民七年,亦可以即戎(59)矣。”

子曰:“以不教民战,是谓弃之。”

〔**注释**〕 ① 先:引导,包含二义:一指以身作则;二指道德教化。之:指百姓。 ② 先:引导。有司:专管具体事务的官吏。 ③ 舍:放弃,这里意为埋没。诸:“之乎”的合音,之指贤才。④ 卫君:卫出公,他拒绝流亡在外的父亲回国为君,由此造成内乱。 ⑤ 奚(xī):什么。⑥ 正名:辨正名分,言行举止要合于名分。 ⑦ 迂:迂腐。 ⑧ 阙:同“缺”,存疑。 ⑨ 中:适当。 ⑩ 苟:苟且,马虎。 ⑪ 圃(pǔ):菜地,这里意为种菜。 ⑫ 老圃:种菜老农。⑬ 情:诚实。 ⑭ 达:通达,这里意为灵活运用。 ⑮ 专对:独立地应对。 ⑯ 以:用。⑰ 兄弟:鲁国君主是周公之后,卫国君主是康叔之后,这两人本是兄弟。孔子时代,这两国都走向衰落,陷于内乱,政治状况相似。 ⑱ 公子荆:卫国大夫,字南楚,卫献公之子。 ⑲ 善居室:善于管理家产。 ⑳ 苟:聊且,庶几,差不多。合:指合乎公子荆的要求。 ㉑ 适:前往,到。 ㉒ 仆:赶车。 ㉓ 庶:众多,指人口众多。 ㉔ 苟:如果。 ㉕ 朞(jī)月:一周年。朞月也写为“期月”。 ㉖ 胜残:战胜残暴。去杀:免去杀戮。 ㉗ 王者:实行德治的统治者。 ㉘ 世:三十年为一世。 ㉙ 冉子:孔子弟子冉求,字子有。 ㉚ 晏:晚。 ㉛ 政:国政。 ㉜ 事:指季氏家事,当时季氏在鲁国专权。 ㉝ 以:用。吾以:倒装句,意为用我,指孔子不再任大夫。 ㉞ 与闻:古制:曾为大夫者,虽不见用,仍可与闻国政。这里批评季氏与家臣谋国政于私室。 ㉟ 几：期望，此句意为不可以如此期望一句话的效果。 ㊱ 说：同“悦”。 ㊲ 莒(jǔ)父：鲁国邑名，在今山东省莒县境内。 ㊳ 党：家乡。 ㊴ 直躬：正直的人。 ㊵ 攘：偷窃。 ㊶ 证：告发。 ㊷ 之：到。 ㊸ 果：坚决。 ㊹ 硁硁(kēng)：形容固执、浅薄。 ㊺ 斗：容量单位，等于十升。筲(shāo)：竹器，容一斗二升。斗筲：表示容量少。斗筲之人：才识短浅、器量狭小的人。 ㊻ 中行：行为合乎中庸之道的人。与：交往，交朋友。㊼ 狂：指理想、眼界高，但行为偏激的人。狷(juàn)：指坚持原则、有所不为、有些保守的人。㊽ 恒：恒心。 ㊾ 巫医：占卜治病的人。 ㊿ 二句引文见《周易·恒卦》九三爻辞，意思是：人不能长久地保持其德，不免招致耻辱。 (51) 不占：指无恒心之人不用去占卜了。 (52) 易事：指为君子办事很容易。说：同“悦”。 (53) 器：量才使用。 (54) 泰：安详，坦然。 (55) 木：朴实。 (56) 讷：说话迟钝。 (57) 切切偲偲(sī)：形容相互勉励的样子。 (58) 怡怡(yí)：和睦相处。 (59) 即戎：参军作战。

（施忠连）

〔鉴赏〕 本篇继续阐述《颜渊》篇提出的仁政思想。提出为政的一个目标是“近者悦，远者来”，也是强调统治者必须以惠民政策争取人民的真心拥护。并强调统治者“其身正，不令而行；其身不正，虽令不从”，再次指明统治者在伦理道德上的表率作用是治国成败的关键因素。重申了孔子的富民思想。提出“胜残去杀”的治国目标则是上一篇表达的“无讼”的德治理想的又一表述。此外，还有些语录进一步说明了孔子的“举贤才”、“勤政爱民”的主张。

除了对前面已提出的思想加以具体说明的语录以外，本篇还为仁政学说增添了一些新内容，其中值得注意的有三点：

第一，严厉谴责君主为所欲为的专制主义思想。孔子在回答鲁定公的问题时明确提出，君主权力欲膨胀，以为其意志不可违抗，因而唯我独尊，这是极其危险的。他警告说君主“唯其言而莫予违”的话是可能“一言而丧邦”的。这明显地表现了他反对君主绝对专制的立场。孔子不懂得可以用政治、法律制度来限制君主滥用权力，但是他明确地指出，君主的权力意志不加限制和制约，危害极大。

第二，认真备战，关爱士兵生命。孔子虽然向往“胜残去杀”，但他知道这是一个遥远的目标。孔子并不一味地反对战争，对于正义战争他不仅不反对，而且还要求积极地加以准备。所以在《颜渊》篇中他把“足兵”列为为政的第二项要务。在本篇中孔子提出，刻苦训练士兵七年，如此才能派遣他们去作战。这既是为了获得胜利，更重要的是为了关爱士兵生命，减少牺牲。孔子把这一点看得很重要，他说：“以不教民战，是谓弃之。”这些都反映了他的仁爱思想。

第三，仁政是一项长期的、艰难的事业，不能急功近利。孔子提出“如有王者，必世而后仁”；又说“善人为邦百年”，才能够“胜残去杀”，这就是说必须经过长期的艰苦努力，提高整个社会的文明程度，如此政治上各种举措才能收到预期的效果，所以他强调："礼乐不兴则刑罚不中。"正是出于这种考虑，孔子告诫将要到莒父为宰的子夏说："无欲速，无见小利。欲速则不达，见小利则大事不成。"

本篇另一论题是论士，这是孔学中十分重要的内容，是孔子对中国精神传统所作的一项重大贡献。士在古代本来是个社会地位不高的阶层，春秋时期多为卿大夫家臣。他们一般是败落贵族家庭子弟，掌握了古代文化知识，到春秋末期已构成知识分子阶层的主体，在各国政治生活中开始发挥重要作用，孔子就属于这一社会阶层。孔子论述了士的使命、职责，应有的品德和人格，从而塑造了中国古代知识分子的精神传统。

在本篇中孔子首先指出知识分子必须有社会责任感。知识分子要有专业知识和专门技能，而且要以自己的知识和技能服务于国家和社会。所以他说："诵《诗》三百，授之以政，不达；使于四方，不能专对。虽多，亦奚以为？"又说："行己有耻，使于四方，不辱君命，可谓士矣。"此句表达了同样的意思。

由于知识分子承担了重大的社会责任，所以孔子提出士要有坚韧的品质，提倡人要有恒心，又主张士要培养刚毅的精神和踏实的工作作风，由此指出："刚、毅、木、讷近仁。"

特别值得注意的是，孔子极其重视士的坚贞的品性和独立人格。孔子说："不得中行而与之，必也狂狷乎？"他之所以欣赏狂狷这种受到世人非议的人格，是因为狂狷者不盲从潮流、附和流俗，显示出独立的人格。狂者虽然在言行上容易走极端，但对现实保持批判的态度，蔑视困难和恶势力，有一股子精神。狷者拘谨，常常有所顾忌，气象不够宏大，但是有骨气，有节操，坚持信仰和原则，不随波逐流，不怕因此遭受损失、打击。因此孔子取人不以众人的意见为根据，他可能好众人之所恶而恶众人之所好，指出"乡人皆好之"、"乡人皆恶之"不能成为定论。

孔子思想的卓异之处在于他看到保持独立人格，维护自己的立场、观点与尊重他人的人格与意见、保持和谐的人际关系这两方面并不是完全对立的，他力图把这两方面结合在一起，不以其中一方面损害另一方面，他的名言"君子和而不同，小人同而不和"就是这一思想的集中表现。士人应当保持独立的人格，但仍然要与他人友善相处，因而说"切切偲偲，怡怡如也，可谓士矣"。这些都表明孔子力图把人的个体性、独特性、独立性与人的社会性、整体性加以结合或协调，这一思想在当今世界也具有极其重要的意义。

（施忠连）

宪　问

《论语》

宪[1]问耻。子曰："邦有道，穀[2]；邦无道，穀，耻也。""克[3]、伐[4]、怨、欲[5]不行焉，可以为仁矣？"子曰："可以为难矣，仁则吾不知也。"

子曰："士而怀居[6]，不足以为士矣。"

子曰："邦有道，危[7]言危行；邦无道，危行言孙[8]。"

子曰："有德者必有言，有言者不必有德。仁者必有勇，勇者不必有仁。"

南宫适[9]问于孔子曰："羿[10]善射，奡荡舟[11]，俱不得其死然。禹稷[12]躬稼而有天下。"夫子不答。南宫适出。子曰："君子哉若人！尚德哉若人！"

子曰："君子而不仁者有矣夫，未有小人而仁者也。"

子曰："爱之，能勿劳乎？忠焉，能勿诲乎？"

子曰："为命[13]，裨谌[14]草创之，世叔[15]讨论之，行人子羽修饰之[16]，东里[17]子产润色之。"

或问子产。子曰："惠人[18]也。"问子西[19]。曰："彼哉[20]！彼哉！"问管仲。曰："人也[21]。夺伯氏骈邑三百[22]，饭疏食，没齿无怨言[23]。"

子曰："贫而无怨难，富而无骄易。"

子曰："孟公绰为赵魏老则优[24]，不可以为滕薛[25]大夫。"

子路问成人[26]。子曰："若臧武仲之知[27]，公绰之不欲[28]，卞庄子[29]之勇，冉求之艺，文之以礼乐，亦可以为成人矣。"曰："今之成人者何必然[30]？见利思义，见危授命，久要[31]不忘平生之言，亦可以为成人矣。"

子问公叔文子于公明贾[32]曰："信乎，夫子[33]不言、不笑、不取乎？"公明贾对曰："以[34]告者过也。夫子时然后言，人不厌其言；乐然后笑，人不厌其笑；义然后取，人不厌其取。"子曰：

“其然，岂其然乎？”

子曰：“臧武仲以防求为后于鲁[35]，虽曰不要[36]君，吾不信也。”

子曰：“晋文公谲[37]而不正，齐桓公[38]正而不谲。”

子路曰：“桓公杀公子纠，召忽[39]死之，管仲不死[40]。”曰：“未仁乎？”子曰：“桓公九合诸侯[41]，不以兵车[42]，管仲之力也。如其仁[43]，如其仁。”

子贡曰：“管仲非仁者与？桓公杀公子纠，不能死，又相之。”子曰：“管仲相桓公，霸诸侯，一匡天下，民到于今受其赐。微[44]管仲，吾其被发左衽[45]矣。岂若匹夫匹妇之为谅[46]也，自经于沟渎[47]而莫之知也。”

公叔文子之臣大夫僎[48]与文子同升诸公[49]。子闻之曰：“可以为文矣。”

子言卫灵公之无道也，康子曰：“夫如是，奚而不丧[50]？”孔子曰：“仲叔圉治宾客[51]，祝鮀治宗庙[52]，王孙贾[53]治军旅，夫如是，奚其丧？”

子曰：“其言之不怍[54]，则为之也难[55]。”

陈成子弑简公[56]。孔子沐浴而朝，告于哀公曰：“陈恒弑其君，请讨之。”公曰：“告夫三子[57]。”孔子曰：“以吾从大夫之后[58]，不敢不告也。君曰‘告夫三子’者。”之[59]三子告，不可。孔子曰：“以吾从大夫之后，不敢不告也。”

子路问事君。子曰：“勿欺也，而犯[60]之。”

子曰：“君子上达[61]，小人下达[62]。”

子曰：“古之学者为己[63]，今之学者为人。”

蘧伯玉[64]使人于孔子，孔子与之坐而问焉。曰：“夫子何为？”对曰：“夫子欲寡其过而未能也。”使者出，子曰：“使乎[65]，使乎！”

子曰：“不在其位，不谋其政。”曾子曰：“君子思不出其位。”

子曰：“君子耻其言而过其行。”

子曰：“君子道者三，我无能焉，仁者不忧，知[66]者不惑，勇者不惧。”子贡曰：“夫子自道也。”

子贡方[67]人。子曰：“赐也贤乎哉？夫我则不暇。”

子曰：“不患人之不己知，患其不能也。”

子曰：“不逆诈[68]，不亿[69]不信，抑亦先觉者，是贤乎！”

微生亩[70]谓孔子曰：“丘，何为是栖栖[71]者与？无乃为佞[72]乎？”孔子曰：“非敢为佞也，疾固[73]也。”

子曰：“骥[74]不称其力，称其德也。”

或曰：“以德报怨，何如？”子曰：“何以报德？以直报怨，以德报德。”

子曰：“莫我知也夫！”子贡曰：“何为其莫知子也？”子曰：“不怨天，不尤[75]人，下学而上达[76]，知我者其天乎？”

公伯寮愬子路于季孙[77]。子服景伯[78]以告，曰：“夫子固有惑志于公伯寮[79]，吾力犹能肆诸市朝[80]。”子曰：“道之将行也与，命也；道之将废也与，命也。公伯寮其如命何？”

子曰：“贤者辟[81]世，其次辟地，其次辟色，其次辟言。”子曰：“作者七人[82]矣。”

子路宿于石门[83]。晨门[84]曰：“奚自？”子路曰：“自孔氏。”曰：“是知其不可而为之者与？”

子击磬[85]于卫，有荷蒉[86]而过孔氏之门者。曰：“有心哉，击磬乎！”既而曰：“鄙哉！硁硁[87]乎！莫己知也，斯己而已矣。深则厉[88]，浅则揭[89]。”子曰：“果[90]哉！末之难[91]矣。”

子张曰：“《书》云‘高宗谅阴[92]，三年不言。’何谓也？”子曰：“何必高宗？古之人皆然。君薨[93]，百官总己以听于冢宰[94]，三年。”

子曰：“上好礼，则民易使也。”

子路问君子。子曰:“修己以敬。”曰:“如斯而已乎?”曰:“修己以安人。”曰:“如斯而已乎?”曰:“修己以安百姓。修己以安百姓,尧舜其犹病诸[95]。”

原壤夷俟[96]。子曰:“幼而不孙弟[97],长而无述焉,老而不死,是为贼。”以杖叩其胫[98]。

阙党童子将命[99]。或问之曰:“益[100]者与?”子曰:“吾见其居于位也[101],见其与先生[102]并行也。非求益也,欲速成者也。”

〔注释〕 ① 宪:孔子弟子,姓原,名宪,字子思,鲁国人。 ② 穀:这里指担任官职拿俸禄。③ 克:好胜。 ④ 伐:自夸。 ⑤ 欲:贪欲。 ⑥ 怀居:留恋家中的安逸生活。 ⑦ 危:率直。 ⑧ 孙:同“逊”。 ⑨ 南宫适(kuò):孔子弟子,姓南宫,名适,字子容。孔子把他哥哥的女儿嫁给他。 ⑩ 羿(yì):传说夏代有穷国的君主,善射,曾夺取夏太康的王位,后被其臣寒浞(zhuó)杀害。 ⑪ 奡(ào):寒浞之子,后为夏君少康所杀。荡舟:用手推船,传说奡力大,能陆地行舟。 ⑫ 稷:传说中周朝国君的祖先,教民种植庄稼。 ⑬ 命:指朝廷的政令。⑭ 裨谌(bì chén):郑国大夫。 ⑮ 世叔:郑国大夫,曾任宰相。 ⑯ 行人:外交官员。子羽:郑国大夫,姓公孙,名挥。 ⑰ 东里:子产所住之地。子产:郑国大夫公孙侨,做过正卿,在郑国执政22年,有政绩。 ⑱ 惠人:对人民有恩惠的人。 ⑲ 子西:楚国的宰相,名申。⑳ 彼:他。彼哉:只用指示人称代词称他,表示此人没有什么可以称道的。 ㉑ 人也:有本领的人。 ㉒ 伯氏:齐国的大夫。骈(pián)邑:齐国地名。三百:三百户。 ㉓ 没齿:意为终身。整句的意思是,齐桓公夺取伯氏之食邑赐给管仲,伯氏自知己罪,而心服管仲之功,终身穷困而无怨言。 ㉔ 孟公绰:鲁国大夫。赵魏:春秋晋国赵氏、魏氏,两家在晋国很有势力。老:大夫家臣之长。 ㉕ 滕薛:当时两个小诸侯国,滕在今东滕县,薛在今山东滕县东南。㉖ 成人:成为一个完美的人。 ㉗ 臧武仲:名纥,鲁国大夫。知:同“智”。臧武仲在齐国时根据政局估计齐庄公的统治不会长久,设法拒绝了庄公给他的封地,后庄公被杀,他未受牵连。㉘ 公绰:即孟公绰。不欲:克制欲望。 ㉙ 卞庄子:鲁国大夫,封于卞邑(在今山东泗水县东),传说他曾只身打虎。 ㉚ 何必然:何必一定这样要求。 ㉛ 要(yāo):通“约”,意为贫困。 ㉜ 公叔文子:卫国大夫公孙拔,谥号“文”。公明贾:公叔文子的使臣,卫国人。 ㉝ 夫子:这里指公叔文子。 ㉞ 以:这里表示“这”的意思。 ㉟ 防:臧武仲的封地,在今山东费县东北。后指臧之后代。臧武仲因助季氏而得罪孟孙氏,被迫逃往邻国,不久返回防,要求鲁君为臧氏立后。 ㊱ 要:要挟。臧武仲表示如其要求不能满足,将据防城反叛。后其要求获准许,于是他流亡到齐国。 ㊲ 晋文公:姓姬,名重耳,公元前636—前628年在位,春秋五霸之一。谲:欺诈。 ㊳ 齐桓公:姓姜,名小白,公元前685—前643年在位,春秋五霸之一。㊴ 召忽:公子纠的家臣,在公子纠被杀后自杀身亡。 ㊵ 管仲不死:管仲原来也是公子纠家臣,受到齐桓公赏识,公子纠死后就投靠了他。 ㊶ 九合诸侯:多次邀集诸侯盟会。 ㊷ 不以兵车:意为不用武力。 ㊸ 如:就是。 ㊹ 微:没有。 ㊺ 被:同“披”。衽(rèn):衣襟。左衽:前襟向左,我国古代少数民族衣服式样,中原衣服式样是右衽。 ㊻ 谅:诚信,这里指毫无意义地守信守节。 ㊼ 自经:自杀。渎(dú):沟渠。 ㊽ 僎(xún):卫国大夫,曾为公叔文子的家臣。 ㊾ 诸:“之”“于”的合音字。公:公室,朝廷。同升诸公:指僎原为家臣,由于公叔文子之荐得以与公叔文子为同僚,共事于朝中。 ㊿ 奚而:为何。丧:灭亡。 ⑤¹ 仲叔圉(yǔ):即孔文子,卫国大夫。治:接待。 ⑤² 祝鮀(tuó):卫国大夫。治宗庙:负责祭祀。 ⑤³ 王孙贾:卫国大夫。 ⑤⁴ 怍(zuò):惭愧。 ⑤⁵ 为之也难:指讲大话不惭愧,做起来就很难。 ⑤⁶ 陈成子:名恒,又叫田成子,齐国大夫,于公元前481年杀死齐简公,并夺取了齐国政权。简公:姓姜,名壬,公元前484—前481年在位。 ⑤⁷ 三子:即鲁国权臣季孙、孟孙、叔孙三家。 ⑤⁸ 从大夫之后:曾做过大夫。 ⑤⁹ 之:到,往。 ⑥⁰ 犯:犯颜直谏。 ⑥¹ 上达:上进,求道。 ⑥² 下达:堕落,贪财。 ⑥³ 为己:为了完善自己,提高自己。 ⑥⁴ 蘧(qú)伯玉:卫国大夫,名瑗,孔子在卫国时曾住在他家,回到鲁国后蘧派人来问候孔子。 ⑥⁵ 使乎:以赞赏的口气说使者。 ⑥⁶ 知:同"智"。 ⑥⁷ 方:比,比较人物的长处和短处。 ⑥⁸ 逆诈:猜疑欺诈。 ⑥⁹ 亿:同"臆",猜测。 ⑦⁰ 微生亩:姓微生,名亩,鲁国人。 ⑦¹ 是:这样,栖(xī)栖:忙碌不安的样子。 ⑦² 无乃:岂不是。佞:能言善辩,花言巧语。 ⑦³ 疾:痛恨。固:固执,守一而不知变通。 ⑦⁴ 骥(jì):千里马。 ⑦⁵ 尤:责怪。 ⑦⁶ 上达:上达天命。 ⑦⁷ 公伯寮:孔子弟子,字子周,曾为季氏家臣。愬(sù):同"诉",揭发,指公伯寮向季氏告发子路企图攻打三桓(鲁国执政的三卿:孟孙氏、叔孙氏和季孙氏)的城堡。 ⑦⁸ 子服景伯:鲁国大夫,名何。 ⑦⁹ 夫子:指季孙氏。惑志:迷惑。 ⑧⁰ 肆:陈尸。 ⑧¹ 辟:避开。 ⑧² 作者:这样做的人。七人:即伯夷,叔齐,虞仲,夷逸,朱张,柳下惠,少连。一说此七人不可实考。 ⑧³ 石门:地名,一说是鲁国都城的城门。 ⑧⁴ 晨门:负责早晨开启城门的人。 ⑧⁵ 磬(qìng):一种打击乐器,以玉、石或金属制成。 ⑧⁶ 荷:肩挑。蒉(kuì):草筐。 ⑧⁷ 硁(kēng)硁:石声,这里描写乐器发出的声音,用以显示浅薄。 ⑧⁸ 深:河水深。厉:穿着衣服涉水。 ⑧⁹ 浅:河水浅。揭:提起衣服涉水过河。 ⑨⁰ 果:确实,指荷蒉者确实是个隐士。 ⑨¹ 末:无。末之难:如以这种态度对待世事,也就没有什么困难了。 ⑨² 《书》:指《尚书》。高宗:商王武丁。谅阴:古时候天子居丧守孝之名。 ⑨³ 薨(hōng):周代诸侯死亡称薨。 ⑨⁴ 总:总管,统领,负责。己:己职。冢(zhǒng)宰:官职名,相当于后世宰相。 ⑨⁵ 诸:"之乎"的合音。病诸:做不到这一点。 ⑨⁶ 原壤:孔子之故人,据说他母死而歌。夷:两腿叉开而坐,古代视为傲慢的表现。俟(sì):等候。 ⑨⁷ 孙:同"逊",孙弟:指孝悌。 ⑨⁸ 胫:小腿。 ⑨⁹ 阙(què)党:鲁国地名,在今山东曲阜境内,是孔子的家乡。将命:传达宾主之言。 ⑩⁰ 益:企求上进。 ⑩¹ 位:指成年人所坐之位。 ⑩² 先生:这里指长辈。

(施忠连)

〔鉴赏〕 本篇论述的人与事非常广泛,但是其中心思想十分明确,就是大力倡导自我修养,培育完美的人格。虽然孔子在其一生不同时期竭力强调要实行的思想和要做的事情多种多样,但是在他看来,实现这一切的关键、所有的事情中最重要的事情是自我培育理想人格。关于自我修养,孔子提出了许多深刻的思想,形成了一个完备的思想体系。本篇涉及了这一思想体系的许多重要方面。

儒家自我修养学说的一个理论基点是自我应是人们关注的焦点,即人首先要认识自身,审视自身,反省自身,充实自身,发展自身,完善自身。对此孔子有一经典性表述:"古之学者为己,今之学者为人。"这里"古之学者"代表学风正的求道者,而"今之学者"则是指陷溺于歪风之中迷失方向、走入歧路的士人。"为己”的内涵极其丰富，自然包含充实、发展、完善自我的意义，也有自我创新的含义。北宋哲学家程颢、程颐兄弟在解释这句话时说：“为己，欲得之于己也。”（朱熹《四书集注》转引）此语可以说揭示了孔子之说的深义。

“为人”与“为己”相对立，是说学习知识是为了向别人炫耀，或者是为了让别人赏识，为了名利，这就要适应别人的价值标准，从而丧失自我的价值，也像二程所说：“今之学者为人，其终至于丧己。”（同上）

孔子一贯主张关爱他人，为社会和国家效劳，避免陷入自我中心的陷阱。但是在他看来，所有这一切都应以自我发展、自我完善为前提，都不应取代、妨碍自我修养，因此孔子提出：“修己以安人”，“修己以安百姓”，不修己当然也就做不到“安人”、“安百姓”。可见，“修己”是孔子学说的总纲。

从“为己”的基本理念来看，修己不是消极地顺应他人和环境，消极地遵守外在的、固定的行为准则，而是积极地充实、完善自我，是培养内在的精神生命力。这也就是说修己是为求得自我觉悟。孔子多次讲到的“耻”，就是指一种自我觉悟，即摆脱盲目和麻木不仁的状态，认识到自己某种思想、言论和行为的丑恶，从而从内心产生一股巨大的自觉的精神力量，追求真善美。孔子在各种场合强调，不要以任何外部事物来妨碍对内在的完美的自我的追求。如说子贡喜欢议论别人之长短，虽然喜爱评论他人是人之常情，但是孔子仍然批评了他，孔子的考虑是人们应当始终首先关注自身之长短。孔子又提出，不要因为没有受到他人的了解和赏识而影响自己的心情，始终要考虑自己有什么欠缺要加以弥补。

本篇对于修己要达到的目标——理想人格，作出了许多规定。孔子所期待的理想人格不是单一的，更不是心胸狭隘、思想贫乏、循规蹈矩的人，而是一个具有不竭的精神动力完善自身、全面地发展自身、自觉地提升自己精神境界的谦谦君子。这一篇孔子的言论充分反映了这一点。

理想的人格在知识和精神上是非凡的。所以孔子提出：“若臧武仲之知，公绰之不欲，卞庄子之勇，冉求之艺，文之以礼乐，亦可以为成人矣。”孔子的要求是多方面的。又提出了要具备“仁者不忧，知者不惑，勇者不惧”这三个方面，要求也很高。本篇对于理想人格的一些突出的品质也作了具体的描绘，它们有以下这些方面：

理想人格有自己的理想和抱负，他认为君子上达，企慕仁义，小人下达，唯利是图，指出如留恋家庭的安逸生活，就不足以成为一个士了。他主张一个人应该有坚定的信念，为了实现心中的理想，敢于向命运挑战，不怕遭受挫折和失败，就像看守城门的人对孔子的描绘:“知其不可而为之。”

理想人格是正直的,孔子主张“以直报怨”,在评价杰出的历史人物时指出“晋文公谲而不正,齐桓公正而不谲”,都反映了他对正直的重视。

理想人格要以实际行动帮助他人,使人们得到实际的好处。所以孔子说:“爱之,能勿劳乎? 忠焉,能勿诲乎?”他特别欣赏郑国著名的政治家子产,因为他实行使人民得到实惠的政策,所以称他为“惠人”。辅佐齐桓公的管仲在孔子时代受到非议,但是孔子多次热情地赞扬他,因为他有功于人民和中华民族。孔子称赞他“九合诸侯,不以兵车”,就是说他给人民带来和平。孔子还赞扬他保存了中华文化传统,使中原地区免遭外族入侵。孔子特别重视“修己以安百姓”,他甚至说连尧舜这样的圣人都难以做到。可见,在孔学中修己不是单纯的个人行为,不只是一项内省的精神活动,它还同完善外部世界的实际活动相结合。

此外,本篇还指出理想人格是宽厚的,“不逆诈,不亿不信”,不怨恨人,说“不怨天尤人”。不怨恨人才能理解人,才能爱人;才能发现自己的不足之处,完善自身。在他看来,贫穷的处境最容易使人心态失衡,因此最能考验一个人是否有高尚的情操和宽广的胸怀。所以他说:“贫而无怨难,富而无骄易。”

总之,“修己”是要让人性得到全面的发展。后世儒家知识分子在社会与文化的各个领域都有一些杰出的代表涌现,这与孔子这种“修己”理论不是没有关系的。

(施忠连)

卫 灵 公 《论语》

卫灵公问陈① 于孔子,孔子对曰:“俎豆之事②,则尝闻之矣;军旅之事,未之学也。”明日遂行。

在陈绝粮③,从者病,莫能兴。子路愠④ 见曰:“君子亦有穷乎?”子曰:“君子固穷⑤,小人穷斯滥⑥ 矣。”

子曰:“赐也,女⑦ 以予为多学而识之者与?”对曰:“然,非与?”曰:“非也,予一以贯之。”

子曰:“由,知德者鲜⑧ 矣。”

子曰:“无为而治者,其舜也与? 夫何为哉? 恭己正南面⑨ 而已矣。”

子张问行⑩,子曰:“言忠信,行笃敬,虽蛮貊⑪ 之邦,行矣。

言不忠信，行不笃敬，虽州里，行乎哉？立则见其参于前也[12]，在舆则见其倚于衡[13]也，夫然后行。”子张书诸绅[14]。

子曰：“直哉，史鱼[15]！邦有道如矢[16]，邦无道如矢。君子哉，蘧伯玉！邦有道则仕，邦无道则可卷而怀之[17]。”

子曰：“可与言而不与之言，失人；不可与言而与之言，失言。知[18]者不失人，亦不失言。”

子曰：“志士仁人，无求生以害仁，有杀身以成仁。”

子贡问为仁，子曰：“工欲善其事，必先利其器。居是邦也，事其大夫之贤者，友其士之仁者。”

颜渊问为邦。子曰：“行夏之时[19]，乘殷之辂[20]，服周之冕，乐则韶舞[21]。放郑声[22]，远佞人[23]。郑声淫，佞人殆。”

子曰：“人无远虑，必有近忧。”

子曰：“已矣乎！吾未见好德如好色者也。”

子曰：“臧文仲其窃位[24]者与！知柳下惠[25]之贤而不与立[26]也。”

子曰：“躬自厚[27]而薄责于人，则远怨矣。”

子曰：“不曰‘如之何，如之何[28]’者，吾末如之何[29]也已矣。”

子曰：“群居终日，言不及义，好行小慧[30]，难矣哉！”

子曰：“君子义以为质[31]，礼以行之，孙以出[32]之，信以成之。君子哉！”

子曰：“君子病[33]无能焉，不病人之不己知也。”

子曰：“君子疾没世而名不称[34]焉。”

子曰：“君子求诸[35]己，小人求诸人。”

子曰：“君子矜[36]而不争，群而不党。”

子曰：“君子不以言举人，不以人废言。”

子贡问曰：“有一言而可以终身行之者乎？”子曰：“其恕[37]乎！己所不欲，勿施于人。”

子曰："吾之于人也，谁毁谁誉？如有所誉者，其有所试[38]矣。斯民也，三代之所以直道而行也。[39]"

子曰："吾犹及史之阙文[40]也，有马者借人乘之[41]，今亡矣夫。"

子曰："巧言乱德。小不忍，则乱大谋。"

子曰："众恶之，必察焉；众好之，必察焉。"

子曰："人能弘[42]道，非道弘人。"

子曰："过而不改，是谓过矣。"

子曰："吾尝终日不食，终夜不寝，以思，无益，不如学也。"

子曰："君子谋道不谋食。耕也，馁[43]在其中矣；学也，禄在其中矣。君子忧道不忧贫。"

子曰："知及之[44]，仁不能守之，虽得之，必失之。知及之，仁能守之，不庄以涖之[45]，则民不敬。知及之，仁能守之，庄以涖之，动之不以礼，未善也。"

子曰："君子不可小知而可大受[46]也，小人不可大受而可小知也。"

子曰："民之于仁也，甚于水火[47]。水火，吾见蹈而死者矣，未见蹈仁而死者也。"

子曰："当仁，不让于师。"

子曰："君子贞而不谅[48]。"

子曰："事君，敬其事而后其食。"

子曰："有教无类[49]。"

子曰："道不同，不相为谋。"

子曰："辞达而已矣。"

师冕[50]见，及阶，子曰："阶也。"及席，子曰："席也。"皆坐，子告之曰："某在斯，某在斯。"师冕出。子张问曰："与师言之道与？"子曰："然，固相[51]师之道也。"

〔注释〕 ① 陈：同"阵"，即布阵。　② 俎(zǔ)豆：古代的礼器，盛物的器皿。俎豆之事：关于礼制的事情。 ③ 陈：古代诸侯国，地域在今河南东部和安徽北部。在陈绝粮：孔子周游列国时从陈国去蔡的途中被陈国人包围，绝粮七天。 ④ 愠(yùn)：恼怒。 ⑤ 固：安守。⑥ 滥：为非作歹。 ⑦ 女：同“汝”。 ⑧ 鲜(xiǎn)：少。 ⑨ 正南面：遵守正道坐于王位之上。 ⑩ 行：主张的实行。 ⑪ 蛮貊(mò)：古代对边疆少数民族的贬称。 ⑫ 其：指忠信笃敬。参：列，显现。 ⑬ 舆：车。衡：车辕前的横木。 ⑭ 绅：束在腰间、一头垂下的宽带。⑮ 史鱼：名鳝(qiú)，字子鱼，卫国大夫。 ⑯ 矢：箭。如矢：比喻直。 ⑰ 卷：收起来。之：指其主张。 ⑱ 知：同“智”。 ⑲ 时：历法，以正月为岁首，自汉武帝至清代皆用夏时。⑳ 辂(lù)：大车。商辂为木制，朴素牢固。周人多饰以金玉，比较奢侈。 ㉑ 韶：指《韶》乐，古代歌颂舜的功德的乐舞。舞：指歌颂周武王的乐舞《武》。 ㉒ 放：排斥。郑声：郑国的民间音乐。 ㉓ 远：远离。佞人：善于花言巧语、阿谀奉承的人。 ㉔ 臧文仲：鲁国大夫臧孙辰，孔子曾批评他“不仁”，生活奢侈。窃位：窃居权位。 ㉕ 柳下惠：春秋中期鲁国大夫，姓展，名获，又名禽，柳下是其封地，谥为“惠”。 ㉖ 与立：与之并立于朝，即推荐、任用他。㉗ 自厚：严格要求自己，多责备自己。 ㉘ 如之何：怎么办。 ㉙ 末如之何：(对他们)没有办法。 ㉚ 行小慧：卖弄小聪明。 ㉛ 质：根本。 ㉜ 孙：同“逊”。出：表达。 ㉝ 病：忧虑。 ㉞ 疾：痛恨。没世：死亡。名不称：不能显身扬名。 ㉟ 诸：“之于”的合音。 ㊱ 矜：庄重。 ㊲ 恕：宽容，推己及人。 ㊳ 有所试：经过一定的考验。 ㊴ 三代：指夏、商、周三代。 ㊵ 及：看到。史：史官。阙：同“缺”。阙文：缺少的字。 ㊶ 此语与上文无关，可能是窜入的错简。 ㊷ 弘：弘扬，扩充。 ㊸ 馁(něi)：饥饿。 ㊹ 知：同“智”。之：指官职，一说指事理。 ㊺ 涖(lì)：同“莅”，临。 ㊻ 小知：从小事上看一个人。大受：承担重任。 ㊼ 甚于水火：(对仁的需要)比对水火的需要更迫切。 ㊽ 贞：正而坚定。谅：诚信，这里指不论是非，盲目地守于信。 ㊾ 类：族类，种类、宗族区分。 ㊿ 师：乐师，当时的乐师大多是盲人。冕：乐师的名字。 51 相：帮助，辅助。

(施忠连)

〔鉴赏〕 在《论语·宪问》中“为己”的理念在本篇得到了进一步的展开。孔子说：“君子求诸己，小人求诸人。”这句话表达了自我创新的要求。话中的“求”字有“责求”之义，因此“求诸己”就是严格要求自己，与本篇中“躬自厚而薄责于人”的意义相一致。无论是“求诸己”还是“躬自厚”都是诉诸个体的自觉性，要求增强内在的精神生命力，自我奋斗，自我创造，不要一味地依赖他人，盲目地效法他人。

孔子有自我实现的强烈意识，他提出“君子疾没世而名不称焉”就是明证。然而孔子又一贯鄙夷虚荣，他说：“君子病无能焉，不病人之不己知也。”上面两句话并不矛盾，因为他所痛恨的不是没有显赫的名声，而是自身没有卓异的才能，没有作出自己独有的贡献，不能显示自我的价值，因此，他强调“君子求诸己，小人求诸人”。

孔子理解的自我价值在于求道，即追求极高明的精神价值，追求最高价值观念仁，追求富有意义的人生，过一种理想的生活。《述而》篇中说“我欲仁，斯仁至矣"就显示了孔子心目中的自我价值。他的名言:"志士仁人,无求生以害仁,有杀身以成仁。"不是对自我的抹杀,而是自我精神力量的最大弘扬,是自我的最终、最壮美的实现。这句名言自古以来激励了无数志士仁人作出了惊天地、泣鬼神的壮烈行为。

"杀身成仁"表明了这样一种人生价值取向:精神价值高于物质利益,原则、道义的维护高于个体自然生命的延续,个体的人格尊严绝不屈服于专横、残暴的淫威,这应当是人们终生信奉的价值取向。牺牲生命只是在特殊情况下为了这种价值取向而不得已采取的抉择,在日常生活中没有死亡的危险,自然更应当实行这种价值取向。这就是孔子所说的行义,他说"君子义以为质",即以义为根本。他经常赞扬行义的模范人物,说史鱼无论国家政治状况如何,都不考虑个人的得失而奉直道;蘧伯玉不牺牲原则不贪恋官位,"邦有道则仕,邦无道则可卷而怀之"。

自我的精神追求必须见之于个体踏实的人生态度和生活作风,这是孔子思想中经常强调的方面,是孔子精神的突出表现。自我的精神追求不是好高骛远,不是一味探求脱离现实的空虚玄妙的理论,更不是说空话、大话。因此孔子指出,讲话讲究忠信,行为讲究笃敬,即使到了蛮貊地区,也能行得通。他最厌恶善于花言巧语、阿谀奉承的佞人,指出"巧言乱德,小不忍则乱大谋"。他还提出自我的精神追求必须以真才实学为基础,所以他说:"工欲善其事,必先利其器",并且以自己亲身体验说明精神追求只有以刻苦的学习为前提,才能富有成效,说:"吾尝终日不食,终夜不寝,以思,无益,不如学也。"

自我的精神追求在日常生活的各个方面都要加以坚持,对于妨碍这种追求的各种因素都要警惕,都要设法排除。孔子说:"道不同,不相为谋。"因为正人君子同利欲熏心的人不会有共同的语言,而且多接触会受到他们的负面影响。孔子认为不论人们怎样生活,都应当有某种意义,显示出某种精神价值。有些人"群居终日,言不及义,好行小慧",到处卖弄小聪明,表现自己。孔子以为,对于染上这种毛病的人是很难改正的。自我的精神追求应当成为主动、积极、进取的人生姿态,对于有意义的事情,即使在老师面前也不必谦让,孔子说"当仁,不让于师"。高尚的精神追求是高于一切的,不仅对老师的敬畏心理不应成为一种障碍,就是世人视为不可违背的美德也应灵活对待。如果"谅"即诚信只是在细小的事情上信守毫无意义的承诺,那么对于它,为了求道也是不必顾及的,所以孔子说:"君子贞而不谅。"

孔子还提出，自我的精神追求有一个必要条件，即对于培育美德，养成卓越的精神在内心要有一种非常自觉、强烈的欲望和要求。他举例说，人们依赖水火生活，一天也不能没水火，但是在他看来，人们对仁的需要更甚于对水火的需要，因为水火只是满足躯体的要求，而仁则是心灵的安身立命之处，不可一日无，否则烦恼痛苦、恶意邪念就会层出不穷，就会为非作歹，无所不为。水火虽然对人们很重要，但有时却伤害人，而“未见蹈仁而死者也”。因此人们对于仁应当比对于水火有更加自觉而急迫的要求。他甚至提出人们好德要达到像“好色”那样发自内心、日思夜想的程度。在他看来，只有具备这样强大的动力，自我的精神追求才能达到超越凡俗的地步。

从政治思想方面来看，本篇中孔子赞颂“无为而治”特别值得注意。“无为而治”原来是老子的政治主张，它包含了无欲、绝圣弃智、绝仁弃义的理念，与孔子思想有很大差别。孔子的无为而治可以说是他关于君主身正不令而行思想的另外一种表达。但是无论是老子，还是孔子，他们的“无为而治”的观念都要求君主在具体事务上不要干预臣下，让他们各司其职，都是为了一个共同的目的：反对统治者独断专行，防止君主好大喜功给国家造成灾难，从而都表现出反专制的倾向。

本篇还有一个特色，就是汇集了许多至理名言，它们虽然文字不多，但都包含了丰富而深刻的智慧和哲理，是孔子长期的学术研究、丰富的人生阅历的结晶，千百年来一直被当作人们学习、工作、生活的座右铭。（施忠连）

季 氏 《论语》

季氏将伐颛臾①。冉有、季路见于孔子曰：“季氏将有事于颛臾。”孔子曰：“求！无乃尔是过与②？夫颛臾，昔者先王以为东蒙主③，且在邦域之中矣，是社稷之臣④也。何以伐为？”冉有曰：“夫子⑤欲之，吾二臣者皆不欲也。”孔子曰：“求！周任⑥有言曰：‘陈力就列⑦，不能者止。’危而不持，颠而不扶，则将焉用彼相⑧矣？且尔言过矣。虎兕出于柙⑨，龟玉毁于椟中⑩，是谁之过与？”冉有曰：“今夫颛臾，固而近于费⑪。今不取，后世必为子孙忧。”孔子曰：“求！君子疾夫舍曰欲之而必为之辞⑫。丘也闻有国有家者，不患贫而患不均，不患寡⑬而患不安。盖均无贫，和无寡，安无倾。夫如是，故远人不服，则修文德以来之。既来之，则安之。今由与求也，相夫子，远人不服，而不能来也；邦分崩离析，而不能守也；而谋动干戈于邦内。吾恐季孙之忧，不在颛臾，而在萧墙之内[14]也。”

孔子曰：“天下有道，则礼乐征伐自天子出；天下无道，则礼乐征伐自诸侯出。自诸侯出，盖十世希不失[15]矣；自大夫出，五世希不失矣；陪臣[16]执国命，三世希不失矣。天下有道，则政不在大夫。天下有道，则庶人不议。”

孔子曰：“禄之去公室五世[17]矣，政逮于大夫四世[18]矣，故夫三桓之子孙微[19]矣。”

孔子曰：“益者三友[20]，损者三友。友直，友谅，友多闻，益矣。友便辟[21]，友善柔[22]，友便佞[23]，损矣。”

孔子曰：“益者三乐，损者三乐。乐节礼乐[24]，乐道人之善，乐多贤友，益矣。乐骄乐，乐佚游[25]，乐宴乐，损矣。”

孔子曰：“侍于君子有三愆[26]：言未及之而言谓之躁，言及之而不言谓之隐，未见颜色而言谓之瞽[27]。”

孔子曰：“君子有三戒：少之时，血气未定，戒之在色；及其壮也，血气方刚，戒之在斗；及其老也，血气既衰，戒之在得[28]。”

孔子曰：“君子有三畏：畏天命，畏大人[29]，畏圣人之言。小人不知天命而不畏也，狎[30]大人，侮圣人之言。”

孔子曰：“生而知之者，上也；学而知之者，次也；困而学之，又其次也；困而不学，民斯为下矣。”

孔子曰：“君子有九思：视思明，听思聪，色思温，貌思恭，言思忠，事思敬，疑思问，忿思难[31]，见得[32]思义。”

孔子曰：“见善如不及，见不善如探汤[33]。吾见其人矣，吾闻其语矣。隐居以求其志，行义以达其道。吾闻其语矣，未见其人也。”

齐景公有马千驷[34]，死之日，民无德而称焉。伯夷叔齐饿于首阳[35]之下，民到于今称之。其斯之谓与[36]？

陈亢问于伯鱼[37]曰："子亦有异闻[38]乎？"对曰："未也。尝独立，鲤趋而过庭。曰：'学诗乎？'对曰：'未也。''不学诗，无以言。'鲤退而学诗。他日，又独立，鲤趋而过庭。曰：'学礼乎？'对曰：'未也。''不学礼，无以立。'鲤退而学礼。闻斯二者。"陈亢退而喜曰："问一得三：闻诗，闻礼，又闻君子之远[39]其子也。"

邦君[40]之妻，君称之曰夫人，夫人自称曰小童，邦人称之曰君夫人；称诸[41]异邦曰寡小君，异邦人称之亦曰君夫人。

〔注释〕 ① 颛臾(zhuān yú)：鲁国的属国，在今山东省费县西。 ② 无乃：岂不是。尔是过：倒装句，是尔过。 ③ 东蒙：即蒙山，在今山东省蒙阴县南。东蒙主：主持东蒙山的祭祀。 ④ 社稷之臣：国家之臣，参见《先进》篇的相关注释。 ⑤ 夫子：指鲁国的权臣季孙。 ⑥ 周任：周大夫，贤臣。 ⑦ 陈力：尽力。就列：担当职责。 ⑧ 相：原指搀扶盲人者，这里指辅佐者。 ⑨ 兕(sì)：雌犀牛。柙(xiá)：关野兽的笼子。 ⑩ 龟：指宝物龟壳。椟(dú)：木匣。 ⑪ 固：防御坚固。费(mì)：季孙氏的封邑，在今山东省费县西北。 ⑫ 疾：痛恨。夫：那种。舍曰：不说。辞：借口。为之辞：为之寻找借口。 ⑬ 寡：人口少。 ⑭ 萧墙：门屏，古代宫室用以分隔内外的当门小墙。 ⑮ 希：同"稀"，少有。失：失去政权或爵位、封地。 ⑯ 陪臣：诸侯之臣，大夫的家臣，这里指后者。 ⑰ 禄：原意爵禄，这里指政权。五世：指鲁国五代君主，从鲁文公死，大夫东门遂杀国君嫡长子而立宣公起，经过成公、襄公、昭公至定公，共五代。 ⑱ 逮：及，这里意为落到。四世：宣公死，季文子驱逐东门氏，掌握国政，此后经武子、平子到桓子，季氏历四代。 ⑲ 三桓：季孙氏、叔孙氏、孟孙氏都是鲁桓公的后代，故名。此前三家一直控制着鲁国政权，但是到鲁定公时出现了家臣支配朝政的局面，三桓势力从此开始衰落。微：衰微。 ⑳ 益者三友：有益的朋友有三种。 ㉑ 便(pián)辟：逢迎谄媚的人。 ㉒ 善柔：善于奉承的人。 ㉓ 便(pián)佞：夸夸其谈、花言巧语的人。 ㉔ 节礼乐：以礼乐节制自己的情感、行为。 ㉕ 佚：同"逸"。佚游：闲荡，游手好闲。 ㉖ 愆(qiān)：过失。此句是说侍奉君子的时候要避免的三种过失。 ㉗ 颜色：脸色，表情。瞽(gǔ)：盲人。 ㉘ 得：贪得无厌。 ㉙ 大人：地位高的人。 ㉚ 狎(xiá)：亲近，这里意为轻侮，不尊重。 ㉛ 忿思难：发怒了要考虑会造成后患。 ㉜ 得：获得财利。 ㉝ 探汤：把手伸到沸水中。 ㉞ 驷(sì)：指四匹马拉的一辆车，或拉一辆车的四匹马。 ㉟ 伯夷、叔齐：殷朝末年孤竹君的两个儿子，曾阻止武王伐纣。殷亡，两人逃避到山中，最后饿死。首阳：山名，在今山西省运城县南。 ㊱ 其斯之谓与：此句与上下文意思不相连接，这里可能有缺文。 ㊲ 陈亢(kàng)：字子禽，孔子弟子。伯鱼：名鲤，孔子之子。 ㊳ 异闻：特别的教诲，指伯鱼作为孔子之子从父亲处获得的特别的教诲。 ㊴ 远：这里指不偏爱。 ㊵ 邦君：诸侯国君主。 ㊶ 诸："之于"的合音。

（施忠连）

〔**鉴赏**〕 本篇表达了孔子政治思想方面的三个理念，它们形成了古代中国的政治传统，对两千年来中国的国家的治理、社会的发展和民族关系的处理，产生了深远的影响。

第一，中央集权的理念，就是孔子所说的“天下有道，则礼乐征伐自天子出”。这一理念的负面效应是赋予天子以绝对的权力，加强君主的专制统治。所谓“天下有道，则庶人不议”，虽然可以理解为国家政治清明，老百姓没有什么政事可以批评政府，但是极易被利用来钳制百姓之口，剥夺人民的思想、言论的自由。应当承认，中国两千年的封建主义专制政治与孔子赋予天子以绝对权力不是没有关系的。

然而中央集权的理念也有其正面的、积极的效应：即维护国家的统一、社会的秩序和天下和平，这正是孔子上述话语的用意所在。孔子的想法是，如果礼乐征伐不自天子出，政权就会被颠覆，国家就会分裂，社会就会陷入混乱，人民就会处于水深火热之中。孔子身处春秋无义战的时代，痛切地感受到诸侯国之间的混战和国家内乱给百姓造成的深重的苦难，他想赋予天子以权威，加强中央集权，以清除这种灾难的根源。

“天子”这个政治概念在儒家的话语中，不是指一国之君，而是指天下之共主。在本篇中我们可以看到“礼乐征伐自天子出”是同“自诸侯出”、“自大夫出”、“陪臣执国命”的现象相对立的，目的是维护中央政权在天下的权威。而“天下”则是指中国人视野中的整个世界。因此“礼乐征伐自天子出”就是让天子成为天下统一的象征，就是要维护天下的秩序与和平。中国的历史发展表明孔子这一理念促进了中华世界大一统局面和中华民族大家庭和睦关系的形成与巩固。

第二，政治统一主要依靠文德，而不是武力。孔子渴望统一，但是与当时大多数政治家的信念相反，他反对以战争为手段来求得统一。在本篇中孔子反对季氏对颛臾用兵，提出“远人不服，则修文德以来之。既来之，则安之”。这种理念造成了中国崇尚和平的优良传统，它虽然不能禁绝后世的穷兵黩武的好战行为，但制约了军国主义，使它不至于过度猖獗，所以中国历史上信奉儒学的汉族统治者中极少以征服世界为己任的野心家、军阀。

第三，“均无贫，和无寡，安无倾”的理念。这里的“均”并非主张平均主义，因为孔子所注重的礼、名分都是以维护等级为前提，平均主义在其中没有存身之处。孔子提倡“均”是为了反对贫富悬殊、统治者无节制的聚敛和穷奢极欲的生活。他的“均”的理念与其说是表达了一项经济主张，还不如说是主要出于政治上的关切，要处理社会问题，即化解社会矛盾，缓和社会冲突，造成安定祥和的政治局面。

孔子的仁政学说的一个基本目标就是建立和谐社会，反过来说，和谐社会既是仁政的手段，又是其目的，是仁政能够达到的最高、最美好的境界。从第一章我们可以看到，“和”不是一种消极的、软弱的、调和的手段。国家的安全和强大从根本上说、从长远来看不是靠武力和征服，而是靠文德和和谐的关系。一个国家如果君臣关系、君民关系、各个阶层的人们之间的关系和谐，那么全国就会上下同心同德，整个社会就会万众一心，因此政权就会稳固、国家就会强大无比，不可战胜，就不会感到人口少对国家实力的制约，就不会畏惧外来的威胁。这就是孔子的“均无贫，和无寡，安无倾”要表达的真正意义。

本篇另一方面内容是讲述人生哲学。《论语》的主旨就是教人学做人，做一个真正的人，完美的人。孔子的人生哲学的全部内容就是引导人们自觉求完美，无论做什么事都保持自觉、清醒、良好的状态，把握活动或事情的最关键的方面，不为无意义的东西所左右，最终使自身的努力获得理想的结果。孔子说：“视思明，听思聪，色思温，貌思恭，言思忠，事思敬，疑思问，忿思难，见得思义。”就是对此的具体说明。其实在本篇中孔子论交友之道、论快乐等都体现了这种自觉求完美的精神。可见，孔子的人生哲学表达了一种自强不息、奋发进取、积极向上的人生观。

孔子不仅重视关于人生意义、人生态度的一般理论问题，而且还关注个体的精神、心理成长过程各个阶段的具体特征，根据人的成长的规律性，针对人生各个阶段的主要问题，对症下药，提出他的解决办法，以帮助人们自我修养，让自身的精神、心理保持自觉、清醒的状态。《为政》篇中孔子在回顾自己的一生时，曾经概括地总结了各个阶段的精神特征，从中我们可以看到人的精神成长的带有规律性的阶段，而且能够发现人的一生各个阶段中个体精神可以达到的高度。而在本篇中孔子则从反面指明人生各个阶段最容易产生的问题，即年轻时的好色，壮年时的好斗，老年时的贪心。警惕这些问题的出现，人们在生理、心理发展的各个时期，就能把握好自己，不至于走向歧路。显然，这同样也是帮助人们在一生各个阶段都能自觉地求完美。

（施忠连）

阳　货

《论语》

阳货欲见孔子①，孔子不见，归孔子豚②。孔子时其亡③也，而往拜之。遇诸涂④。谓孔子曰：“来！予与尔言。”曰：

“怀其宝而迷其邦[5]，可谓仁乎？”曰：“不可。”“好从事而亟失时[6]，可谓知[7]乎？”曰：“不可。”“日月逝矣，岁不我与[8]。”孔子曰：“诺，吾将仕矣。”

子曰：“性相近也，习相远也。”

子曰：“唯上知与下愚不移。”

子之武城[9]，闻弦歌之声。夫子莞尔[10]而笑，曰：“割鸡焉用牛刀？”子游对曰：“昔者偃也闻诸夫子曰：‘君子学道则爱人，小人学道则易使也。’”子曰：“二三子！偃之言是也。前言戏之耳。”

公山弗扰以费畔[11]，召，子欲往。子路不说[12]，曰：“末之也已[13]，何必公山氏之之[14]也？”子曰：“夫召我者，而岂徒[15]哉？如有用我者，吾其为东周[16]乎！”

子张问仁于孔子，孔子曰：“能行五者于天下，为仁矣。”“请问之。”曰：“恭，宽，信，敏，惠。恭则不侮，宽则得众，信则人任焉，敏则有功，惠则足以使人。”

佛肸[17]召，子欲往。子路曰：“昔者由也闻诸夫子曰：‘亲于其身为不善者，君子不入也。’佛肸以中牟[18]畔，子之往也，如之何？”子曰：“然，有是言也。不曰坚乎，磨而不磷[19]？不曰白乎，涅而不缁[20]？吾岂匏瓜[21]也哉？焉能系[22]而不食？”

子曰：“由也，女闻六言六蔽[23]矣乎？”对曰：“未也。”“居[24]！吾语女。好仁不好学，其蔽也愚；好知[25]不好学，其蔽也荡[26]；好信不好学，其蔽也贼[27]；好直不好学，其蔽也绞[28]；好勇不好学，其蔽也乱；好刚不好学，其蔽也狂。”

子曰：“小子何莫学夫《诗》？《诗》，可以兴[29]，可以观[30]，可以群，可以怨；迩[31]之事父，远之事君；多识于鸟兽草木之名。”

子谓伯鱼曰：“女为《周南》、《召南》[32]矣乎？人而不为《周南》、《召南》，其犹正[33]墙面而立也与！”

子曰：“礼云礼云，玉帛[34]云乎哉？乐云乐云，钟鼓云乎哉?”

子曰:“色厉而内荏[35],譬诸小人,其犹穿窬[36]之盗也与!”

子曰:“乡愿[37],德之贼[38]也。”

子曰:“道听而途说,德之弃也。”

子曰:“鄙夫[39]可与事君也与哉?其未得之也,患得之[40]。既得之,患失之。苟患失之,无所不至矣。”

子曰:“古者民有三疾,今也或是之亡也。古之狂也肆[41],今之狂也荡[42];古之矜也廉[43],今之矜也忿戾[44];古之愚也直,今之愚也诈而已矣。”

子曰:“巧言令色,鲜矣仁。”

子曰:“恶紫之夺朱[45]也,恶郑声之乱雅乐[46]也,恶利口[47]之覆邦家者。”

子曰:“予欲无言。”子贡曰:“子如不言,则小子何述焉?”子曰:“天何言哉?四时行焉,百物生焉,天何言哉?”

孺悲[48]欲见孔子,孔子辞以疾。将命者[49]出户,取瑟而歌,使之闻之。

宰我问:“三年之丧,期[50]已久矣。君子三年不为礼,礼必坏;三年不为乐,乐必崩。旧谷既没,新谷既升,钻燧改火[51],期可已矣。”子曰:“食夫稻[52],衣夫锦,于女[53]安乎?”曰:“安。”“女安则为之。夫君子之居丧,食旨[54]不甘,闻乐不乐,居处不安,故不为也。今女安,则为之!”宰我出,子曰:“予[55]之不仁也!子生三年,然后免于父母之怀,夫三年之丧,天下之通丧也。予也有三年之爱于其父母乎?”

子曰:“饱食终日,无所用心,难矣哉!不有博弈[56]者乎?为之,犹贤乎已[57]。”

子路曰:“君子尚勇乎?”子曰:“君子义以为上。君子有勇而无义为乱,小人有勇而无义为盗。”

子贡曰:“君子亦有恶[58]乎?”子曰:“有恶:恶称人之恶者,

恶居下流而讪上㊾者，恶勇而无礼者，恶果敢而窒㊿者。”曰：“赐也亦有恶乎？”“恶徼以为知[61]者，恶不孙[62]以为勇者，恶讦[63]以为直者。”

子曰：“唯女子与小人为难养也，近之则不孙[64]，远之则怨。”

子曰：“年四十而见恶[65]焉，其终也已。”

〔**注释**〕 ① 阳货：又叫“阳虎”，是季氏的家臣，曾一度执掌季氏一家之权和鲁国政权，又曾起兵反叛季氏。见：这里意为让孔子去见他。 ② 归：同“馈”(kuì)，赠送。豚(tún)：小猪，这里指蒸熟了的小猪。 ③ 时：同“伺”，窥伺。亡：外出。 ④ 涂：同“途”。 ⑤ 迷其邦：不努力消除其国家的迷乱。 ⑥ 从事：参政。亟(qì)：屡次。 ⑦ 知：同“智”，明智。 ⑧ 与：在一起，意为等待。 ⑨ 之：到。武城：鲁国小城，故址在今山东省费县西南。 ⑩ 莞(wǎn)尔：微笑的样子。 ⑪ 公山弗扰：又名公山不狃，字子洩，季氏家臣。畔：同“叛”。 ⑫ 说：同“悦”。 ⑬ 末：无，意为无地方。之：去。已：止，算了。全句意为道不行无处可去也就算了。 ⑭ 前面的“之”是助词，将宾语倒置于动词之前。后面的“之”是动词，意为去。 ⑮ 徒：徒然，无结果。 ⑯ 东：东方。周：周礼、周朝的清明政治。为东周：在东方复兴周朝政治、文化。 ⑰ 佛肸(bì xī)：晋国大夫范氏家臣，任中牟邑宰。 ⑱ 中牟：晋国之邑，地域在今河北邢台和邯郸之间。 ⑲ 磷(lìn)：损伤。 ⑳ 涅(niè)：一种可以用来染黑布匹的矿物质。缁(zī)：黑色。 ㉑ 匏(páo)瓜：一种葫芦，味苦不能食。 ㉒ 系(jì)：结，扣。 ㉓ 女：同“汝”。六言：六个字，指下文所说的仁、知、信、直、勇、刚。蔽：弊端，蔽障。 ㉔ 居：坐下。 ㉕ 知：同“智”。 ㉖ 荡：放荡，不受束缚。 ㉗ 贼：害，包括害己害人。 ㉘ 绞：话语尖刻。 ㉙ 兴：激发志气。 ㉚ 观：观察、分析、评价事物。 ㉛ 迩(ěr)：近。 ㉜《周南》、《召(shào)南》：《诗经·国风》的第一、第二两部分篇名。 ㉝ 正：面对着。 ㉞ 玉帛：这里是指举行礼仪时所使用的礼器。 ㉟ 色厉：脸色严厉。内荏(rěn)：内心虚弱。 ㊱ 穿：挖。窬(yú)：洞。 ㊲ 乡愿：也写为“乡原”，指在乡里有忠厚诚实的好人之名声，实际上是随波逐流、与不正之风同流合污的人。 ㊳ 贼：败坏。 ㊴ 鄙夫：原指郊外乡下人，后多指鄙陋浅薄之人。 ㊵ 患：担心。得之：指得到官职。患得之：担心得不到官职。 ㊶ 狂：志气太高。肆：不拘小节。 ㊷ 荡：放荡。 ㊸ 矜(jīn)：自负。廉：有棱角，不易相处。 ㊹ 忿戾(fèn lì)：凶狠霸道。 ㊺ 恶：厌恶。紫：红、蓝二色混合而成。朱：大红色，古人认为是正色。紫近似正色却不是正色。 ㊻ 郑声：郑国民间音乐，儒家以为郑声淫荡。雅乐：高雅纯正的音乐，多用于礼仪活动之中。 ㊼ 利口：能言善辩。 ㊽ 孺悲：鲁国人，曾向孔子学礼。 ㊾ 将命者：传话者。 ㊿ 期：一周年。 [51] 燧(suì)：取火之木。改火：四季取火之木不同，一年轮换一遍。 [52] 夫：指示代词，这，那。稻：古代稻的种植面积少，因此稻米珍贵。 [53] 女：同“汝”，你。 [54] 旨：甜美，指美味食品。 [55] 予：宰我之名，字子我。 [56] 博弈：下围棋。 [57] 贤：好于。已：止，不做任何有意义的事。 [58] 恶：厌恶。 [59] 居下流：处于下位。讪(shàn)：诽谤。 [60] 窒：不知变通。 [61] 徼(jiāo)：抄袭。知：同“智”。 [62] 孙：同“逊”。 [63] 讦(jié)：揭人阴私。 [64] 孙：同“逊”，这里意为不礼貌，不恭敬。 [65] 恶：憎恶。

（施忠连）

〔鉴赏〕 孔子思想与世界上其他伟大的精神传统、宗教理论明显不同的地方是他将自我精神修养与经世致用相结合，本篇文字集中地反映了这一特点。

孔子有强烈而迫切的参政意识。本篇中写孔子在路上邂逅阳货，他对此人从来没有好感，一直设法回避，可是阳货简单的几句话，竟然能立即在孔子心中激发起在政治上显身手的欲望，当下决定要出来任职。孔子一贯反对犯上作乱的行为，但是公山弗扰在费邑造反并邀请孔子前往时，他又动心了，想利用这支武装来实现自己的政治抱负。佛肸在中牟反叛召孔子去参加，他又跃跃欲试，想投奔这支部队。对于弟子子路的责难，孔子为自己辩解的理由是他不是"匏瓜"，"焉能系而不食?"就是说他迫切希望为世所用。这里孔子没有使用华丽的辞藻、冠冕堂皇的理由来美化自己的动机，而是坦然发出自己的心声：他不甘寂寞，不愿政治上无所作为，要为自己开拓政治前途。

孔子不避嫌疑想去公山弗扰处，这突出地反映了他这样的根深蒂固的信念：政治是救世济民的基本手段。孔子是个道德家、精神导师，是一个伟大的学者和教育家，但他一生栖栖惶惶，奔走于列国之间，游说于诸侯、权贵之中，这种不怕挫折失败、坚持不懈、利用各种机会、以政治为手段实现自己的抱负和理想的做法，后来逐渐形成了中国知识分子议政、参政、革新政治的传统。这一源远流长的传统是两千多年中国文明演变、发展的基本因素之一。

孔子不避嫌疑想去公山弗扰处，也表现了他在实行道德规范和政治观念上的灵活性，即《子罕》篇中孔子所说的"权"。按照孔子的看法，"权"即权变、随机应变，这是一种十分高明的政治艺术，不是什么人都能做到的。孔子不是一个僵硬的道德主义者，他不把道德观念或准则当成固定不变的教条，到处硬套，而是按照实际情况加以灵活对待。他不仅对那些被世人视为不道德的行为不盲目拒绝，即使对美德，他也强调不能陷入盲目性。《子路》篇中孔子说"言必信，行必果，硁硁然小人哉"，《卫灵公》中孔子又说"君子贞而不谅"，这些话语都表明孔子反对把诚信变成死守毫无意义的、甚至有害的承诺。

不仅如此，根据孔子的说法，儒家所有的道德观念，如果盲目地实行，都会走向其反面，成为真正的美德的蔽障，有害于人们的人格完美，对此本篇第八章说得非常明白。孔子说："好仁不好学，其蔽也愚；好知不好学，其蔽也荡；好信不好学，其蔽也贼；好直不好学，其蔽也绞；好勇不好学，其蔽也乱；好刚不好学，其蔽也狂。"这里所谓"不好学"是指不懂得圣人思想的精髓，从而不能根据实际情况实行美德，这样，这些道德规范就成了盲目性的种种表现。

由上可见，孔子意识到美德有其假象，并以具有普遍性的比喻来表达他这种认识。他之所以“恶紫之夺朱”，就是因为道德的假象表面看是美德，实际上是丑恶的，而且具有很大的迷惑力和欺骗性，它混淆了善恶美丑。他对一贯热衷于追求美德的假象的人即所谓“乡愿”，表示出深深的厌恶，并对他们加以严厉的谴责，称之为“德之贼”。因为乡愿正像孟子所批评的：居心好像忠诚信实，行为又似乎很廉洁，大家都喜欢他，他也自以为是，要非难他又举不出什么事情，要谴责他又找不出理由，但是乡愿顺同世俗之人，与浊乱之世同流合污，因此搅乱了道德，是道德的祸害(见《孟子·尽心下》)。

由此看来，孔子的伦理学虽然提出了许多具体的伦理规范，但是他重视的不是道德的外在标准和固定的具体准则，而是道德观念的精神实质和核心价值，所以他说：“礼云礼云，玉帛云乎哉？乐云乐云，钟鼓云乎哉？”在孔子的思想体系中，道德观念的精神实质和核心价值是仁，即灵魂的纯正无邪，即心灵对他人的关爱、理解、同情、敬重和热爱。孔子从正面所列举的五项美德，以及从反面所列举的四种厌恶和子贡所列举的三种厌恶都描写了这种精神实质和核心价值在不同情况下的种种表现。

本篇涉及的思想内容也很广泛，有的话语的内涵没有充分展开，但其中的思想却非常值得注意。如孔子讲“天无言”，这表明孔子经常说到的“天”，不是人格神。他把天描绘为“四时行焉，万物生焉”，可见天是自然界、自然秩序和自然规律。这种描绘显示出宇宙是充满了内在生命力、生生不息的万化之流，这种生命哲学的宇宙观对中国古代哲学的发展产生了重大影响。　　(施忠连)

子　张　　《论语》

子张曰：“士见危致命，见得思义，祭思敬，丧思哀，其可已矣。”

子张曰：“执德不弘，信道不笃，焉能为有①？焉能为亡②？”

子夏之门人问交③于子张。子张曰：“子夏云何？”对曰：“子夏曰：‘可者与之，其不可者拒之。’”子张曰：“异乎吾所闻：君子尊贤而容众，嘉善而矜不能④。我之大贤与⑤，于人何所不容？我之不贤与，人将拒我，如之何其拒人也？”

子夏曰："虽小道⑥，必有可观者焉，致远恐泥⑦，是以君子不为也。"

子夏曰："日知其所亡⑧，月无忘其所能，可谓好学也已矣。"

子夏曰："博学而笃志，切问⑨而近思，仁在其中矣。"

子夏曰："百工居肆⑩以成其事，君子学以致其道。"

子夏曰："小人之过也必文。"

子夏曰："君子有三变：望之俨然⑪，即之也温，听其言也厉。"

子夏曰："君子信而后劳其民，未信，则以为厉己也；信而后谏，未信，则以为谤己也。"

子夏曰："大德不逾闲⑫，小德出入可也。"

子游曰："子夏之门人小子，当洒扫应对进退则可矣，抑末也⑬。本之则无，如之何？"子夏闻之曰："噫，言游⑭过矣！君子之道，孰先传焉，孰后倦⑮焉，譬诸草木，区以别矣。君子之道，焉可诬⑯也？有始有卒者，其唯圣人乎？"

子夏曰："仕而优⑰则学，学而优则仕。"

子游曰："丧致⑱乎哀而止。"

子游曰："吾友张也为难能也，然而未仁。"

曾子曰："堂堂⑲乎张也，难与并为仁矣。"

曾子曰："吾闻诸夫子，人未有自致⑳者也，必也亲丧乎！"

曾子曰："吾闻诸夫子，孟庄子㉑之孝也，其他可能㉒也，其不改父之臣与父之政，是难能也。"

孟氏使阳肤为士师㉓，问于曾子。曾子曰："上失其道，民散久矣。如得其情，则哀矜㉔而勿喜。"

子贡曰："纣之不善，不如是之甚也。是以君子恶居下流㉕，天下之恶皆归焉。"

子贡曰："君子之过也，如日月之食㉖焉：过也，人皆见之；

更也,人皆仰之。”

卫公孙朝㉗问于子贡曰:“仲尼焉学?”子贡曰:“文武之道㉘,未坠于地,在人。贤者识其大者,不贤者识其小者,莫不有文武之道焉。夫子焉不学?而亦何常师之有?”

叔孙武叔㉙语大夫于朝曰:“子贡贤于仲尼。”子服景伯㉚以告子贡。子贡曰:“譬之宫墙,赐之墙也及肩,窥见室家之好。夫子之墙数仞㉛,不得其门而入,不见宗庙之美,百官㉜之富。得其门者或寡矣。夫子㉝之云,不亦宜乎!”

叔孙武叔毁仲尼。子贡曰:“无以为也!仲尼不可毁也。他人之贤者,丘陵也,犹可逾也;仲尼,日月也,无得而逾焉。人虽欲自绝,其何伤于日月乎?多㉞见其不知量也。”

陈子禽谓子贡曰:“子为恭也,仲尼岂贤于子乎?”子贡曰:“君子一言以为知㉟,一言以为不知,言不可不慎也。夫子之不可及也,犹天之不可阶而升也。夫子之得邦家者,所谓立之斯立,道㊱之斯行,绥之斯来㊲,动之斯和。其生也荣,其死也哀,如之何其可及也?”

〔**注释**〕 ① 焉能为有:怎能说有这样一个人,意思是此人对社会、他人不能发挥积极作用。② 亡:同“无”。 ③ 交:交往。 ④ 嘉:赞扬。矜(jīn):怜悯。 ⑤ 与:语气词,表假设。⑥ 小道:不重要的专门知识、技能。 ⑦ 远:远大的目标。泥(nì):妨碍。 ⑧ 亡:无,指不知道的事物。 ⑨ 切问:提问切身相关的问题。 ⑩ 百工:各种行业的手工业者。肆:工场作坊。 ⑪ 俨(yǎn)然:庄重,严肃。 ⑫ 大德:大节。逾:超越。闲:木栏,指界限。⑬ 抑:不过,但是。末:末节。 ⑭ 言游:孔子弟子,姓言,名偃,字子游。 ⑮ 倦:可能是“传”之误。 ⑯ 诬:曲解。 ⑰ 优:有余力,也可解为优秀。 ⑱ 致:达到。 ⑲ 堂堂:外表不凡。 ⑳ 自致:人的真情达到最强烈的程度。 ㉑ 孟庄子:鲁大夫孟孙叔,其父名蔑(献子),有贤德。 ㉒ 其他:别人。可能:能够做到。 ㉓ 阳肤:曾子的弟子。士师:法官。㉔ 矜(jīn):怜悯。 ㉕ 恶:憎恨。下流:下游,这里指因为非作歹而臭名昭著。 ㉖ 日月之食:日食和月食。 ㉗ 公孙朝:卫国大夫。 ㉘ 文武之道:周文王、周武王的思想。 ㉙ 叔孙武叔:鲁国大夫,名洲仇。 ㉚ 子服景伯:鲁国大夫。 ㉛ 仞(rèn):古代长度单位,七尺或八尺为一仞。 ㉜ 官:这里意为房屋、房间。 ㉝ 夫子:指叔孙武叔。 ㉞ 多:只是。㉟ 知:同“智”。 ㊱ 道:同“导”。 ㊲ 绥之:安抚百姓。来:归顺。 (施忠连)

〔**鉴赏**〕 本篇辑录的多为孔子弟子的言行,这说明《论语》一书成于孔子诸弟子及再传弟子之手。他们的言行所反映的思想与孔子的观念相一致,属于孔学范畴。文中所记弟子之言,以子夏最多,其次是子贡。这些语录反映了孔子弟子各自的思想倾向和特征,如子张的恢弘,子贡的敏锐,子夏的笃实。在这些记述中,孔门弟子思想之间的差异和矛盾已初现端倪,这预示了孔子死后孔门的分裂和儒家不同学派的出现。这些不同倾向也表明孔子学说具有可以加以不同的解释、发挥和发展的广阔空间。在这些言论中特别值得注意的是子贡对孔子的评价,这是孔子弟子中具有代表性的观点,对孔子在中国思想史上地位的确立产生了深远的影响。

子贡被称为孔子的四大弟子之一,他与孔子接触很多,关系密切。从《论语》可知,他的领悟能力强,对孔子所说能举一反三,触类旁通,孔子表扬他能"告诸往而知来者"(《学而》)。子贡很有钻研精神,善于提问题,对孔子所说颇多发挥。孔子的许多重要思想就是在回答子贡的问题或在同子贡的交谈中表达出来的。

在《论语》许多篇章中有子贡对孔子的具体、生动、准确而传神的描绘。子贡最早意识到孔子对于中国文化的伟大意义,在本篇中子贡对孔子的颂扬并非只是出于学生对老师的敬仰之情而表达的溢美之词,也是一个有广博知识、丰富阅历和卓越眼光的学者、政治家和外交家对相知甚深、切身感受其思想、学问和人格超绝的历史性人物的一种描绘。这些评价与颂扬突出了以下三个方面:

第一,孔子是中华传统文化的继往开来者。在本篇中子贡提出孔子是文武之道的继承者。儒家话语中的"文武之道"代表了古代优秀的文化传统。子贡说:"文武之道,未坠于地,在人。"可见他们所说的文武之道并非只是周朝建国时统治者的政治理念,而是活在中国人心中、并被中华民族相沿成俗的文化传统。子贡说:"贤者识其大者,不贤者识其小者",而孔子学无常师,凡有价值的无所不学,从而把握了文武之道的根本精神,继承了优秀的文化传统。子贡实际上把孔子看作孔子之前两千年古代文化的最伟大的总结者和代表者。

第二,孔子的思想、学术之博大精深,非普通人所能探知。子贡是个很有才干的人,他不仅有经商天才,而且善于辞令,擅长外交,所以孔子称他是一个很宝贵的器具(见《公冶长》),又说他通达,从政没有什么困难(见《雍也》)。子贡具有这么多突出的才能,无怪乎本篇第二十三章中鲁国大夫叔孙武叔要说子贡"贤于仲尼"。子贡的回答用及肩之墙自比,而以数仞之墙比孔子,这不是自谦,而是基于他的自知之明和对孔子思想意义的深切认识而作出的比喻,这样的比喻是符合实际的。子贡的才能多表现于处理实际事务和思考问题的敏捷,易于察知,而孔子的思想关系到国家的治理、理想的社会关系的确立、文明的繁荣昌盛,涉及人文学科主要领域基本的理论问题，探索了人生的意义、人性的弱点、邪恶的根源、完善人格的途径、理想的精神境界、思维的失误原因和富有智慧的思维方法。显然，没有一定的阅历、知识基础和认识水平，对于孔子的思想和学术，诚如子贡所说，"不得其门而入，不见宗庙之美，百官之富"。

第三，孔子在中国思想史上的特殊地位。子贡把孔子比喻为日月，把他的地位提升到极端崇高的地步，显然这种说法反映了一种个人崇拜的情感，作为弟子对于伟大的老师的崇敬心理的表达，这是可以理解的，然而以孔子为不可超越，将批评孔子说成是自绝于日月，这会助长对一种观念、思想、理论的盲目崇拜的倾向，会妨碍思想和学术的自由发展。如果撇开子贡此说消极、负面的作用，以历史的眼光，从总体上看孔子在中国思想和东方文明发展史上的影响，那么，可以说子贡预见了孔子在东方思想、文化和社会发展史上的特殊地位。孔子作为古代文化的总结者，作为后来数千年东亚文明发展的精神导师，在东方世界是无人与之相匹的，以至于当今西方战略家用"儒家文化"的概念概括东亚文化传统，把它与基督教文化、伊斯兰文化并列，把它们视为当今和未来世界最有活力的伟大的精神传统。而儒家文化在英文中写为"Confucian Culture"，直译出来就是"孔子主义文化"，这就是对孔子历史地位的一种承认。就此而言，子贡对孔子的评价显示了他非凡的眼光和识见。

（施忠连）

老　子(节选)　　《老子》

一　章

道可道①，非常道②。名③可名④，非常名。无名天地之始⑤；有名万物之母⑥。故常⑦无欲⑧以观其妙，常有欲以观其徼⑨。此两者同出而异名，同谓之玄⑩。玄之又玄，众妙之门⑪。

二　章

天下皆知美之为美，斯恶矣①；皆知善之为善，斯不善矣。有无相生②，难易相成③，长短相形④，高下相倾⑤，音声⑥相和⑦，前后相随⑧。是以圣人处无为之事，行不言之教，万物作[9]焉而不为始[10]；生而不有[11]，为[12]而不恃[13]，功成而不居[14]。夫唯不居是以不去[15]。

三　章

不尚贤，使民不争；不贵[1]难得之货，使民不为盗；不见[2]可欲[3]，使民心不乱。是以圣人之治，虚其心[4]，实其腹[5]；弱其志[6]，强其骨[7]；常使民无知无欲，使夫知者[8]不敢为也。为无为，则无不治矣。

五　章

天地不仁，以万物为刍狗[1]；圣人不仁，以百姓为刍狗。天地之间，其犹橐籥[2]乎？虚而不屈[3]，动而愈出[4]。多言数[5]穷，不如守中[6]。

六　章

谷神[1]不死，是谓玄牝[2]。玄牝之门[3]，是谓天地根[4]。绵绵[5]若存，用之不勤[6]。

八　章

上善[1]若水，水善利万物而不争[2]。处众人之所恶[3]，故几[4]于道。居善地[5]，心善渊[6]，与善仁[7]，言善信[8]，政善治[9]，事善能[10]，动善时[11]。夫唯不争，故无尤[12]。

九　章

持[1]而盈之[2]，不如其已[3]。揣[4]而锐之[5]，不可常保[6]。金玉满堂，莫之能守[7]。富贵而骄，自遗[8]其咎[9]。功成身退，天之道。

十　章

载营魄[1]抱一[2]，能无离[3]乎？专气[4]致柔[5]，能婴儿乎⑥？涤除⑦玄览⑧，能无疵⑨乎？爱民治国，能无为乎？天门⑩开阖⑪，能为雌⑫乎？明白⑬四达，能无知⑭乎？生⑮之畜⑯之，生而不有⑰，为而不恃⑱，长而不宰⑲，是谓玄德⑳。

十 一 章

三十辐①共一毂②，当其无③，有车之用。埏④埴⑤以为器，当其无，有器之用。凿户⑥牖⑦以为室，当其无，有室之用。故有之以为利，无之以为用⑧。

十 二 章

五色①令人目盲，五音②令人耳聋，五味③令人口爽④，驰骋畋猎⑤令人心发狂，难得之货令人行妨⑥。是以圣人之治也，为腹不为目⑦，故去彼取此。

十 四 章

视之不见名曰夷①，听之不闻名曰希②，抟③之不得名曰微④。此三者不可致诘⑤，故混⑥而为一。其上不皦⑦，其下不昧⑧，绳绳⑨不可名，复⑩归于无物。是谓无状之状，无象之象，是谓忽恍⑪。迎之不见其首，随之不见其后。执古⑫之道，以御今⑬之有，能知古始⑭，是谓道纪⑮。

十 六 章

致虚极①，守静笃②，万物并作③，吾以观其复④。夫物芸芸⑤，各复归⑥其根。归根⑦曰静，静曰复命⑧。复命曰常⑨。知常曰明⑩。不知常，妄作⑪，凶。知常容⑫，容乃公⑬，公乃王，王乃天⑭，天乃道，道乃久，没身⑮不殆⑯。

十 八 章

大道废，有仁义。智慧①出，有大伪。六亲②不和，有孝慈。国家昏乱,有忠臣。

十　九　章

绝圣弃智,民利百倍;绝仁弃义,民复孝慈;绝巧弃利,盗贼无有。此三者以为文①不足,故令有所属②:见素③抱朴④,少私⑤寡欲⑥,绝学⑦无忧。

二 十 一 章

孔德①之容②,惟道是从。道之为物,惟恍惟惚③。惚兮恍兮,其中有象④;恍兮惚兮,其中有物。窈⑤兮冥⑥兮,其中有精⑦。其精甚真⑧,其中有信⑨。自古及今,其名不去,以阅⑩众甫⑪。吾何以知众甫之状哉?以此⑫。

二 十 二 章

曲①则全,枉②则直③,洼④则盈⑤,敝⑥则新,少则得,多则惑⑦。是以圣人抱一⑧为天下式⑨。不自见⑩故明,不自是⑪故彰⑫,不自伐⑬故有功,不自矜⑭故长⑮。夫唯不争,故天下莫能与之争。古之所谓曲则全者,岂虚言哉?诚全而归之⑯。

二 十 三 章

希言①自然。飘风②不终朝③,骤雨不终日④。孰为此者?天地。天地尚不能长久,而况于人乎?故从事于道者同于道,德者⑤同于德⑥,失者⑦同于失⑧。同于道者,道亦乐得之⑨;同于德者,德亦乐得之;同于失者,失亦乐得之。信不足⑩焉,有不信焉⑪。

二 十 五 章

有物混成①,先天地生。寂②兮寥③兮,独立而不改,周行而不殆④。可以为天下⑤母⑥。吾不知其名，字之⑦曰道，强⑧为之名曰大。大曰逝⑨，逝曰远，远曰反⑩。故道大，天大，地大，王亦大。域中⑪有四大，而王居其一焉。人法⑫地，地法天，天法道，道法自然。

二 十 九 章

将欲取天下而为之①，吾见其不得已②。天下神器③，不可为④也。为者⑤败之，执者⑥失之。故物或行或随⑦，或歔⑧或吹⑨，或强或羸⑩，或挫⑪或隳⑫。是以圣人去甚⑬，去奢⑭，去泰⑮。

三 十 二 章

道常无名①。朴②虽小，天下莫能臣③也。侯王若能守之，万物将自宾④。天地相合⑤，以降甘露，民莫之令⑥而自均⑦。始制有名⑧。名亦既有，夫亦将知止⑨，知止可以不殆。譬道之在天下，犹川谷之于江海⑩。

四 十 章

反①者道之动，弱者道之用②。天下万物生于有③，有生于无④。

四 十 二 章

道生一①，一生二②，二生三③，三生万物。万物负④阴而抱⑤阳，冲气⑥以为和⑦。人之所恶，唯孤、寡、不榖⑧，而王公以为称⑨。故物或损⑩之而益⑪，或益之而损。人之所教，我亦教之⑫。强梁者不得其死⑬，吾将以为教父⑭。

四 十 五 章

大成①若缺②，其用不敝③。大盈④若冲⑤，其用不穷⑥。

大直⑦若屈⑧,大巧若拙⑨,大辩若讷⑩。躁⑪胜寒,静胜热。清静为天下正⑫。

四 十 七 章

不出户,知天下。不窥牖①,知天道②。其出③弥④远,其知弥少。是以圣人不行而知,不见而名⑤,不为⑥而成。

四 十 八 章

为学日益①,为道②日损。损之又损,以至于无为。取天下③常以无事④。及其有事,不足以取天下。

五 十 一 章

道生之①,德畜②之。物形③之,势④成之。是以万物莫不尊道而贵德。道之尊,德之贵,夫莫之命⑤而常自然。故道生之,德畜之,长⑥之,育⑦之,亭⑧之,毒⑨之,养⑩之,覆⑪之。生而不有,为而不恃,长而不宰,是谓玄德⑫。

五 十 七 章

以正①治国,以奇②用兵,以无事取天下。吾何以知其然哉?以此。天下多忌讳③,而民弥贫④;民多利器⑤,国家滋昏⑥。人多技巧,奇物滋起。法令滋彰⑦,盗贼多有。故圣人云:我无为而民自化⑧,我好静而民自正⑨,我无事而民自富,我无欲而民自朴⑩。

五 十 八 章

其政闷闷①,其民淳淳②。其政察察③,其民缺缺④。祸兮福所倚⑤,福兮祸所伏⑥。孰⑦知其极⑧?其无正⑨?正复为奇,善复为妖⑩。人之迷⑪,其日固久。是以圣人方⑫而不割⑬,廉⑭而不刿⑮,直而不肆⑯,光而不耀⑰。

六十五章

古之善为道者，非以明民[①]，将以愚[②]之。民之难治，以其智多。故以智治国，国之贼[③]；不以智治国，国之福。知此两者亦稽式[④]。常知稽式，是谓玄德。玄德深[⑤]矣远[⑥]矣，与物反[⑦]矣，然后乃至大顺[⑧]。

六十七章

天下皆谓我道大，似不肖[①]。夫唯大，故似不肖。若肖，久矣其细[②]也夫！我有三宝，持而保之。一曰慈[③]，二曰俭[④]，三曰不敢为天下先。慈故能勇；俭故能广[⑤]；不敢为天下先，故能成器长[⑥]。今舍慈且[⑦]勇，舍俭且广，舍后且先，死矣！夫慈以战则胜，以守则固。天将救[⑧]之，以慈卫之。

七十四章

民不畏死[①]，奈何以死惧之。若使民常畏死，而为奇[②]者，吾得执而杀之。孰敢[③]？常有司杀者[④]杀。夫代司杀者杀，是谓代大匠斲[⑤]。夫代大匠斲，希有不伤手[⑥]者矣。

七十五章

民之饥，以其上食税[①]之多，是以饥。民之难治，以其上之有为，是以难治。民之轻死[②]，以其上求生之厚[③]，是以轻死。夫唯无以生为者[④]，是贤于贵生[⑤]。

七十七章

天之道，其犹张弓[①]与！高者抑[②]之，下者举[③]之；有余者损之，不足者补之。天之道，损有余而补不足。人之道则不然，损不足以奉[④]有余。孰能有余以奉天下？唯有道者。是以圣人为而不恃[⑤]，功成而不处[⑥]，其不欲见贤[⑦]。

八　十　章

小国寡民，使民有什伯之器①而不用，使民重死②而不远徙。虽有舟舆，无所乘之；虽有甲兵③，无所陈④之。使人复⑤结绳而用之。甘⑥其食，美⑦其服，安⑧其居，乐⑨其俗。邻国相望，鸡犬之声相闻，民至老死不相往来。

〔注释〕

一　章

①可道：可以言说。道，动词，说。　②常道：恒常不变的道。"道可道，非常道"的意思是，可以言说的道，那么就不是恒常不变的道。　③名：概念。　④可名：可以称呼。名，动词，命名、称呼。　⑤无名天地之始：无名，没有概念；天地之始，即天地未开辟时的状态。⑥万物之母：万物开始的状态。　⑦常：常，恒常。　⑧无欲：没有任何欲望的状态。⑨徼(jiào)：边界，此作表象。"观其徼"即观察万物的表象。　⑩玄：玄妙。　⑪众妙之门：众妙，万物变化之妙；门，门径，即万物变化之妙所出之所，也就是道。

二　章

①斯恶矣：斯，就。"斯恶矣"即就有了恶这个概念。　②相生：相互为生。　③相成：相互对立而成。　④相形：相互对立而体现。形，体现。　⑤相倾：相互对立而存在。倾，倾倚，此作存在。　⑥音声：音，回声；声，声音，指发出的声音。　⑦相和：相互对立而和谐。⑧相随：相互对立而产生顺序。随：随从，此作顺序。　⑨作：兴起、产生。　⑩始：借为"辞"，即言辞，含义是用语言进行干预。　⑪不有：不占有。指万物生成而不去占有它。⑫为：施与。　⑬不恃：不自恃恩德。恃，自恃，指圣人施与而不自恃恩德。　⑭不居：不占有。指不自以为有功绩。　⑮不去：没失去。意思是由于不自以为有恩德与功绩，自然也不会失去什么。

三　章

①不贵：不以……为贵。　②见：同"现"，显露。　③可欲：可以引起欲望的东西。④虚其心：使他们的心智虚空。　⑤实其腹：使他们的肚子吃饱。实，充实，此作吃饱。⑥弱其志：使他们志向弱化。弱，削减、弱化。　⑦强其骨：使他们的筋骨强健。　⑧知者：智者。

五　章

①刍狗：用草扎成的用于祭祀的狗。刍狗用完便丢弃，因此这里是不爱惜之意。　②橐籥(tuó yuè)：风箱。　③屈：竭、尽。　④动而愈出：即越是拉动风箱，出风越大。　⑤数：同"速"。　⑥中：当中，即适当。守中，指统治者无须作为。

六　章

①谷神：指道。谷，虚空；神，神妙莫测。　②玄牝(pìn)：指产生万物的母体。　③门：此作地方。　④根：根源，此指生长万物的母体。　⑤绵绵：细微貌。　⑥勤：同"尽"，止境。

八　章

①上善：道德最完美者。　②不争：指水利于万物生长而不争其功。　③处众人之所

恶：处于众人最讨厌的地方。 ④ 几：接近、近。 ⑤ 居善地：居处善于像地一样卑谦。善，善于；地，指卑下之处。 ⑥ 心善渊：心地像深渊一样澄寂无欲。 ⑦ 与善仁：傅奕《道德经古本篇》作“与善人”，人为“天”字之讹。“与善天”，意为给予善于像天一样无私。一说“人”与“仁”通，故后儒改为“与善仁”。 ⑧ 言善信：言谈善于引申阐发。信，伸。 ⑨ 政善治：施政善于长治久安。 ⑩ 事善能：行事善于发挥能力。 ⑪ 动善时：行动善于合乎时宜。时，适合时宜。 ⑫ 尤：过失。

九　章

① 持：拿、执。 ② 盈之：使它满。 ③ 已：停止、罢手。 ④ 揣(chuǎi)：捶打。 ⑤ 锐之：使它锋利。锐：使……尖锐、使……锋利。 ⑥ 常保：长久保持(锋利)。 ⑦ 莫之能守：即莫能守之。 ⑧ 自遗：自取。 ⑨ 咎：灾祸。

十　章

① 载营魄：精神与躯体。载，装载；营魄，精神、魂魄。 ② 抱一：即守一，一是“道”，抱一指守道。 ③ 离：分离、离开。 ④ 专气：聚集精气。专即“抟”，聚集、积聚；气，精气。 ⑤ 致柔：达到柔顺。致，达到；柔，柔和、柔顺。 ⑥ 能婴儿乎：通达到像婴儿那样(境界)吗。 ⑦ 涤除：清除、清洗。 ⑧ 玄览：即玄鉴，原意为镜子，此指心。 ⑨ 疵：瑕疵、弊病。 ⑩ 天门：指耳目鼻口等感官。 ⑪ 阖：闭、关。 ⑫ 雌：老子主张守雌，即主静柔顺。 ⑬ 明白：通晓、理解。 ⑭ 知：通“智”，智慧。 ⑮ 生：生长、生成。 ⑯ 畜：养育、哺育。 ⑰ 不有：不以为己有。 ⑱ 不恃：不恃为己功。 ⑲ 不宰：不主宰。 ⑳ 玄德：大德、高深美德。

十一章

① 辐：辐条。 ② 毂(gǔ)：车毂，即车轴穿过的圆木。 ③ 无：空，指辐条连着车毂，车毂空才可装上车轴，使车转动。一说非指车毂之空，而是指车厢为空，亦可通。 ④ 埏(yān)：揉、揉和。 ⑤ 埴(zhí)：黏土。 ⑥ 户：门。 ⑦ 牖：窗。 ⑧ 有之以为利，无之以为用：“有之”指有车、器皿、房子等物；利，指对人有利；“无之以为用”是指因为有了这些具体事物“无”，才使具体事物有了功用。

十二章

① 五色：指青黄赤白黑。 ② 五音：指宫商角徵羽。 ③ 五味：指辛酸苦咸甘。 ④ 口爽：口味败坏。爽，败坏。 ⑤ 畋猎：打猎。 ⑥ 行妨：行为败坏。妨，妨害，此作败坏。 ⑦ 目：此指代声色耳目之欲。

十四章

① 夷：指道无形无象。 ② 希：指道无声无息。 ③ 抟：摸。 ④ 微：指道不可触及。 ⑤ 致诘：思议、追问。 ⑥ 混：同“浑”，浑然。 ⑦ 皦(jiǎo)：光明。 ⑧ 昧：暗昧。 ⑨ 绳绳：无边无际貌。 ⑩ 复：返回。 ⑪ 忽恍：即惚恍，似有似无。 ⑫ 执古：掌握古时。执，掌握。 ⑬ 御今：治理今世。御，治理；今，今世、当今。 ⑭ 古始：原始、原初。 ⑮ 纪：纲纪、纲要。

十六章

① 致虚极：致，达到；虚，心中之虚空状态；极，顶点。 ② 笃：纯、纯一。 ③ 作：兴起。 ④ 复：返回(原本状态)。 ⑤ 芸芸：众多貌。 ⑥ 复归：返回归于。 ⑦ 根：根本、原本状态。 ⑧ 复命：复，返回；命，即性，指物的本性。 ⑨ 常：常规。 ⑩ 明：明智。 ⑪ 妄作：任意妄为。 ⑫ 容：包容。 ⑬ 公：公正。 ⑭ 天：与天相通。 ⑮ 没

身：即殁身，终身。　⑯ 殆：害。

十　八　章

① 智慧：智巧。此为贬义。　② 六亲：父子、兄弟、夫妇。

十　九　章

① 文：条文。　② 属：从属、归顺。指使百姓归顺。　③ 见素：识见纯素。指不要见解。④ 抱朴：保持质朴(本质)。　⑤ 少私：使私欲减少。少，使……少。　⑥ 寡欲：使欲望寡有。指达到一种无欲状态。寡，使……寡有，使……少。　⑦ 绝学：拒绝学问。指抛弃前面所述的圣、智、仁、义、巧、利之类的学问。

二　十　一　章

① 孔德：大德。　②容：形态。　③ 惟恍惟惚：即恍恍惚惚。　④ 象：形态、物象。⑤ 窈：深远。　⑥ 冥：幽暗。　⑦ 精：精神。一说为精气，亦通。　⑧ 真：真实。　⑨ 信：信验、实在。　⑩ 阅：观察。　⑪ 甫：开始。　⑫ 此：指代道。

二　十　二　章

① 曲：委曲。　② 枉：弯曲。　③ 直：伸展。　④ 洼：地势低下处。　⑤ 盈：盈满。⑥ 敝：凋敝。　⑦ 惑：迷惑。　⑧ 抱一：坚持道。一，指道。　⑨ 式：范式、法则。　⑩ 不自见：不自以为有所见。　⑪ 不自是：即不自以为是。　⑫ 彰：显明、彰显。　⑬ 不自伐：不炫耀。　⑭ 不自矜：不自高自大、不自我满足。　⑮ 长：为天下之长。　⑯ 全而归之：指天下百姓都归顺于他。

二　十　三　章

① 希言：少说话。　② 飘风：狂风。　③ 终朝：整个早晨。　④ 终日：一整天。⑤ 德者：得道者。　⑥ 同于德：符合德，即按照德的要求而行。　⑦ 失者：失道者。　⑧ 同于失：违背道德要求，即背道而驰。　⑨ 乐得之：愿意得到它。即与之相会合。　⑩ 信不足：守信不够。　⑪ 有不信焉：才有不信之事发生。

二　十　五　章

① 混成：混合而成，即混合成为一个整体。　② 寂：静寂无声。　③ 寥：无形无象。④ 不殆：不停止、不停息。　⑤ 天下：帛书本作天地，亦可。　⑥ 母：母亲。指道孕育天地万物。　⑦ 字之：称呼它。　⑧ 强：勉强。　⑨ 逝：往。　⑩ 反：同“返”，返回。　⑪ 域中：宇宙之中。　⑫ 法：以……为法则。

二　十　九　章

① 为之：有所作为。　② 不得已：达不到目的。　③ 神器：神妙之物。指政权。④ 不可为：不可勉强去作为。　⑤ 为者：勉强去作为者。　⑥ 执者：勉强执守者。执守者即掌权者。　⑦ 或行或随：或在前或在后。即有前必有后之意。行，前行；随，随后。　⑧ 歔：同“嘘”，缓缓吐气。　⑨ 吹：急促吐气。　⑩ 羸：羸弱、弱。　⑪ 挫：一本作“载”，指乘车安全。　⑫ 隳：坠车危险。　⑬ 甚：同“媅”，极端淫乐。　⑭ 奢：侈奢。　⑮ 泰：安逸。

三　十　二　章

① 无名：不可称名。即道没有具体名称可称呼它。　② 朴：素朴、淳朴。　③ 莫能臣：不有使它为臣。即不能臣服它。　④ 宾：归服。　⑤ 天地相合：天地间阴阳两气相合。⑥ 莫之令：即莫令之，不需要命令。　⑦ 自均：自然均衡。均，均平、均衡。　⑧ 始制有名：开始生成万物便有名称。制，作，指道生成万物。　⑨ 知止：知其所止，即适可而止。　⑩ 川谷之于江海：川谷汇归于江海。

四十章

① 反：同“返”，反复、往复。意指道的运动循环往复。 ② 用：效用、作用。 ③ 有：天地。全句意为天下万物由天地而生。一说指有形有象之事物，一说为有名，恐不确。 ④ 无：无名，即指无形无象的道。

四十二章

① 一：指天地未分时的混沌状态。 ② 二：指天地。一说为阴阳两气，亦可。实际上，从万物产生现象说，是天地；从物质构成来说，是阴阳两气。 ③ 三：指阴阳两气交感而产生之状态，称之为“和”。此“和”含阴阳而不可分，可形成万物。一说阴阳两气交感之和，或称和气，亦可。但将“三”分别说成阴气、阳气、和气三者则不可，因为“和”指一种和合的状态，即下文“冲气以为和”。 ④ 负：背负。 ⑤ 抱：怀抱。“万物负阴而抱阳”实指万物混合阴阳而成。⑥ 冲气：指阴阳两气相激荡(即交感)。 ⑦ 和：阴阳两气相激荡而产生的一种和合的状态。⑧ 不穀：不善。 ⑨ 称：称谓、自称。 ⑩ 损：减损。 ⑪ 益：增加。 ⑫ 教之：教他。之，即指“人之所教”中的“人”。 ⑬ 不得其死：没有好下场。 ⑭ 教父：教，教训；父，开始。

四十五章

① 大成：极其完美。 ② 缺：缺陷、残缺。 ③ 敝：缺点、败坏。 ④ 大盈：极其充盈。⑤ 冲：冲虚、空虚。 ⑥ 穷：穷极、穷尽。 ⑦ 大直：极其正直，指语言。 ⑧ 屈：亏、理亏。⑨ 拙：笨拙。 ⑩ 讷：拙讷、迟钝，形容说话困难。 ⑪ 躁：疾动。 ⑫ 正：长、君长。

四十七章

① 牖：窗户。 ② 天道：天体运行变化。 ③ 出：外出。 ④ 弥：愈。 ⑤ 名：通“明”，明了、明晓。 ⑥ 为：作为。

四十八章

① 益：增加。 ② 为道：从事于道。 ③ 取天下：治理天下。 ④ 无事：即无为、无所作为。

五十一章

① 之：指万物。 ② 畜：养育、抚育。 ③ 形：使……成形。 ④ 势：发展的势态。⑤ 莫之命：不对它(万物)发布命令。 ⑥ 长：使……生长。 ⑦ 育：使……孕育。 ⑧ 亭：同“停”，使……安定。 ⑨ 毒：通“熟”，使……成熟。 ⑩ 养：一本作“盖”，使……得到养护。⑪ 覆：使……得到覆罩。意为得到保护。 ⑫ 玄德：最深远的德。

五十七章

① 正：正道。 ② 奇：诡诈。 ③ 忌讳：禁制、禁令。 ④ 弥贫：愈加贫困。 ⑤ 利器：便利器具。一说为锐利武器，亦可通。 ⑥ 滋昏：滋，产生；昏，紊乱、混乱。 ⑦ 彰：彰显、显明。 ⑧ 自化：自然归化。 ⑨ 自正：自然归正，即安定。 ⑩ 自朴：自然淳朴。

五十八章

① 闷闷：宽大，一说昏默。 ② 淳淳：淳朴。 ③ 察察：苛刻。 ④ 缺缺：狡狯、狡猾。⑤ 倚：依凭。 ⑥ 伏：潜伏、潜藏。 ⑦ 孰：谁。 ⑧ 极：究竟。 ⑨ 正：准则。 ⑩ 妖：妖孽。一说为灾异。 ⑪ 迷：迷惑。 ⑫ 方：方正。 ⑬ 割：伤害。 ⑭ 廉：有棱角。⑮ 刿：毁伤。 ⑯ 肆：放肆。 ⑰ 不耀：不闪耀。即不让人看见。

六十五章

① 明民：使百姓聪明。 ② 愚：使……愚昧无知。 ③ 贼：伤害、贼害。 ④ 稽式：法则、法式。 ⑤ 深：深奥。 ⑥ 远：幽远。 ⑦ 反：相反。 ⑧ 大顺：极其顺畅(的境界)。

六十七章

①不肖：不象(具体事物)。②细：渺小。③慈：慈爱、仁慈。④俭：啬俭。⑤广：扩大。⑥长：君长。⑦且：取、追求。⑧救：救助。

七十四章

①畏死：畏惧处死。②为奇：行为不正、行为乖戾。③孰敢：有谁再敢妄为呢。④司杀者：专管杀戮者。一说为“天”，天能伺察人过。⑤斲：斫。⑥伤手：伤残己手。手，指代大匠斲者的手。

七十五章

①食税：指官吏。②轻死：看轻死亡，即不怕死。③求生之厚：过于贪求生存。厚，过于、过分。④无以生为者：不重视自己生命者。⑤贤于贵生：比重视生命者高明。贤于，比……高明。

七十七章

①张弓：拉开弓弦。②抑：压低。③举：升高。④奉：供奉。⑤不恃：不自恃。⑥不处：不占有。指不自以为有功绩。⑦见贤：见同“现”，见贤即现贤，炫耀自己贤德。

八十章

①什佰之器：众多的器物。②重死：以死为重，即看重生命。③甲兵：武器装备。④陈：陈列。⑤复：返回、回复。⑥甘：以……为甘(香甜)。⑦美：以……为美。⑧安：以……为安乐。⑨乐：喜欢。

(汤勤福)

〔鉴赏〕 关于老子姓名及里贯，目前并无一个比较确切的结论。按《史记》说，老子是“楚苦县厉乡曲仁里人”，《老子》一书是他所作。现存《老子》通行本为五千余字，而在湖北荆门郭店发现的竹简仅为通行本一半，因此郭店本可能比较接近原始面貌。

《老子》一书的思想核心是复归自然，其社会思想是小国寡民，其辩证法是以复归自然为基点，理想人格是道法自然的圣人。

说老子思想的核心是复归自然，可以从自然与道的关系来讨论。“道”是老子的哲学的核心，按照老子的说法，“道”是一种超自然、超时空的永恒之物，它并不作为，但由它而产生宇宙万物：“道生一，一生二，二生三，三生万物”(四十二章)，人们对它“视之不见”、“听之不闻”、“搏之不得”(十四章)，即“道”是一种看不见、听不到、难以捉摸、无法感知的东西，即“无”。“天下万物生于有，有生于无”(四十章)，它“先天地生”，它“独立而不改，周行而不殆”(二十五章)，无声无形、不依其他力量而运动不息的东西。“道常无为而无不为”(三十七章)，即道不用显示力量却是无限的。然而，在老子看来，“道法自然”(二十五章)，正由于“道”效法自然，它才可以与自然一样永存。

老子提出“道法自然”的目的在于说明使抽象的“道”回归自然。回归自然，即是“复”。他说:“致虚极,守静笃。万物并作,吾以观复。夫物芸芸,各复归其根。归根曰静,是谓复命,复命曰常,知常曰明。不知常,妄作,凶。”(十六章)“复归其根”就是回复到原初状态中去,也就是回复到自然状态中去。

复归自然的思想与其社会政治观点是紧密相连的。老子强调圣人“以辅万物之自然而不敢为”(六十四章)。不敢为便是无为,即循万物的自然形态而不去改变它,这就是“道”。《老子》一书中对天地万物、治国、治学等等方面的论述都可归于此。

老子在社会思想方面是悲观、倒退的。老子对春秋末年礼崩乐坏的政治局面是失望、悲观的。一方面,他强调指出:“民之饥,以其上食税之多,是以饥”(七十五章),对当时百姓深受剥削表示同情,揭露了民生困弊的真正原因是“食税之多”,甚至称那些“服文彩,带利剑,财货有余”(五十三章)者为“盗夸”(大盗)。但是,他并不主张积极地去解决这一社会问题,而是主张采用“愚民”政策来解决。他说:“古之善为道者,非以明民,将以愚之。民之难治,以其智多。故以智治国,国之贼;不以智治国,国之福。”(六十五章)在他看来,只有将社会退回到小国寡民之中去才是解决社会问题的唯一出路:“小国寡民,使有什佰之器而不用;使民重死而不远徙。虽有舟舆,无所乘之;虽有甲兵,无所陈之。使人复结绳而用之。甘其食,美其服,乐其俗。邻国相望,鸡犬之声相闻,民至老死不相往来。”(八十章)显然,这里充分说明老子对解决社会政治方面的问题无能为力,因此只能采取消极的愚民政策,倡导回归“小国寡民”社会来“解决”,显然,这是老子“复归自然”思想在社会政治方面的表现。

他进一步从哲理上讨论弃智绝欲的“重要性”。他认为“圣人处无为之事,行不言之教”(三章),“无为而民自化,我好静而民自正,我无事而民自富,我无欲而民自朴”(四十七章)。因此强调“为学日益,为道日损;损之又损,以至于无为。无为而无不为。取天下常以为无事,及其有事,不足以取天下”(四十八章)。这种弃智绝欲的思想,实际上放弃了对社会的规范与治理,放弃了人的学习和发挥主观能动性。

在老子看来,只要弃智绝欲、不争不夺,国家便会安宁,百姓就可安居乐业。他说:“绝圣弃智,民利百倍;绝仁去义,民复孝慈;绝巧去利,盗贼无有”(十九章),“故失道而后德,失德而后仁,失仁而后义,失义而后礼。夫礼者忠信之薄,而乱者之首。前识者道之华,而愚之始”(三十八章)。可见,老子认为德、仁、义、礼都是“失道”之后的产物,因此“孔德之容,惟道是从”(二十一章)。只有回归

“道”才有出路;回归“道”,便是归于自然。

辩证法思想是老子思想中最有价值的部分。老子使用了大量对立、矛盾的概念:“有无相生;难易相成;长短相较;高下相倾;声音相和;前后相随”(二章);“祸兮福之所倚,福兮祸之所伏”(五十八章);“曲则全,枉则直,洼则盈,敝则新”(二十二章);“少则得,多则惑”(二十二章);“重为轻根,静为躁君”(二十六章);“故贵以贱为本,高以下为基”(三十九章)等等,在论述这些概念时,老子无一不是辩证地看待这些矛盾的概念。这种辩证法思想在当时无人可及,确实是极有价值的。

但是,老子的辩证法思想仍然是以自然为归着点的,因此有很大的局限性。老子认为一切事物运行的规律都是趋向于自己的对立面,“物壮则老”(三十章),就像“兵强则灭,木强则折”(七十六章)一样。这里,老子初步猜测到量变到质变的“度”的问题。然而他的落脚点不在讨论如何促使“量变”向“质变”发展,促进旧事物的灭亡及新事物的产生,却主张保持旧事物生存下去、防止新事物产生的“损益论”,从而错过了对这一问题的深入分析,走向了“复归”。老子主张损有余而补不足,认为“天之道,损有余而补不足”(七十八章),“高者抑之,下者举之,有余者损之,不足者补之”(七十七章),认为这样才能保持事物的平衡,“物或损之而益,或益之而损”(四十二章),使它们处于“自然”而不变的状态,这样就体现了“道”。实际上,这便是“复归自然”的观点,显示了老子辩证法思想的局限性。

老子的理想人格也体现出“回归自然”的倾向。老子的理想人格是“道法自然”的圣人。他说:“不出户,知天下。不窥牖,同天道。其出弥远,其知弥少。是以圣人不行而知,不见而名,不为而成。”(四十七章)显然,不出户、不窥牖、其出弥远、其知弥少的圣人,都是为了达到“不行而知,不见而名,不为而成”这个终极目的。他以为圣人无须作为,只须守真归朴:“我有三宝:一曰慈,二曰俭,三曰不敢为天下先。”(六十七章)“不敢为天下之先”即“无为”;不开风气之先,也就是顺应自然之势,他以为这样才能真正驾驭天下之事物。这种不敢为天下先与弃智绝欲、主静守雌等内容,构成了老子理想人格的基点与主要部分。

老子明确指出:“人法地,地法天,天法道,道法自然”,即强调人的道德原则应是“唯道是从”(五十七章)。基于“道法自然”的观点,他认为人不需要追求身外之物,他说:“名与身孰亲?自与货孰多?得与亡孰病?甚爱必大费,多藏必厚亡。”(四十四章)放弃一切追求,“无为”、“不争”,就会使自己立于不败之地。换句话说,无私无欲、回归自然状态是人生最佳的选择。

老子不主张人们追求社会发展与社会规范："民多利器，国家滋昏；人多伎巧，奇物滋起；法令滋彰，盗贼多有"（五十八章），因为民无欲则心不乱。由此，老子认为"圣人之治，虚其心，实其腹，弱其志，强其骨，常使民无知无欲"（五十六章）。在老子看来，"古之善道者，非以明民，将以愚之"（六十五章）。换句话说，圣人教民以"愚"，因为，民多利器是由于民有"智"导致的，从而必然导致社会混乱、争执四起的结果。由此，老子主张回复到结绳记事的小国寡民的社会中去。

（汤勤福）

始 计①

《孙子兵法》

孙子曰：兵②者，国之大事③，死生之地④，存亡之道⑤，不可不察也。

故经⑥之以五事⑦，校之以计⑧，而索⑨其情：一曰道⑩，二曰天⑪，三曰地⑫，四曰将⑬，五曰法⑭。道者，令民与上同意，故可与之死，可与之生，而不畏危⑮也。天者，阴阳⑯、寒暑、时制⑰也。地者，远近、险易、广狭、死生⑱也。将者，智⑲、信⑳、仁㉑、勇㉒、严㉓也。法者，曲制㉔、官道㉕、主用㉖也。凡此五者，将莫㉗不闻，知之者胜，不知者不胜。故校之以计而索其情，曰：主孰有道㉘？将孰有能？天地孰得㉙？法令孰行？兵众孰强？士卒孰练㉚？赏罚孰明？吾以此知胜负矣。

将听吾计，用之必胜，留之；将不听吾计，用之必败，去之。

计利以听㉛，乃为之势㉜，以佐其外㉝。势者，因利而制权㉞也。

兵者，诡道㉟也。故能而示之不能，用而示之不用；近而示之远，远而示之近；利而诱之㊱，乱而取㊲之，实而备之㊳，强而避之，怒而挠㊴之，卑而骄之，佚而劳之，亲㊵而离㊶之，攻其无备，出其不意。此兵家之胜㊷，不可先传也。

夫未战而庙算㊸胜者，得算㊹多也；未战而庙算不胜者，得算少也。多算胜，少算不胜，而况于无算乎。吾以此观之，胜负见㊺矣。

〔**注释**〕 ① 始计："始"字为后人所加。"计"本义是计算，此指战前的谋划与决策。 ② 兵：军事、战争。 ③ 国之大事：古人以祭祀和军事为国家最重大的事。 ④ 地：指地形。死地指不便作战而有危险的地形；生地则相反。 ⑤ 道：规律、事理，此引申为关键。 ⑥ 经：衡量。 ⑦ 五事：指下文的道、田、地、将、法。 ⑧ 校之以计：校，校验核对；计，计算。 ⑨ 索：探究。 ⑩ 道：道义。 ⑪ 天：天时，如季节、气候等。 ⑫ 地：地形。 ⑬ 将：将帅。 ⑭ 法：法令、军法。 ⑮ 危：危险。 ⑯ 阴阳：指日照方向。 ⑰ 时制：时令。 ⑱ 死生：指死地、生地。 ⑲ 智：智慧谋略。 ⑳ 信：信用。 ㉑ 仁：仁爱，即关爱士卒。 ㉒ 勇：勇敢。 ㉓ 严：严毅。 ㉔ 曲制：指军队编制的制度。 ㉕ 官道：指将吏的委派和权责。 ㉖ 主用：物资供应和管理。 ㉗ 莫：没有。 ㉘ 主孰有道：哪一方的国君有道义。 ㉙ 天地孰得：哪一方掌握了天时地利。 ㉚ 练：精炼、精锐。 ㉛ 计利以听：计谋有利并能执行。以，而、并。 ㉜ 势：态势，指人为制造的态势。 ㉝ 以佐其外：用来辅助在国外的军事行动。外，国外。 ㉞ 权：权宜、变通。 ㉟ 诡道：诡诈之道。 ㊱ 利而诱之：以利来诱惑它(敌方)。 ㊲ 取：攻取。 ㊳ 实而备之：敌方力量充实就防备它。 ㊴ 挠：骚扰。 ㊵ 亲：团结。 ㊶ 离：离间。 ㊷ 此兵家之胜：这是兵家取胜的诀窍。 ㊸ 庙算：亦作庙筭。庙指庙堂，算指计算。指战前在庙堂上对战争的各种因素进行的计算以及对战事进行的谋划。 ㊹ 算：算即筭，计算时用的筹码，以竹或象牙制成的小棒。 ㊺ 见(xiàn)：显现。 （燕永成）

〔**鉴赏**〕《孙子兵法》是我国现存最早的一本军事名著，共十三篇，总结了我国春秋末期及以前的战争经验，揭示出许多有普遍意义的军事规律、军事思想和军事原则。该书千百年来一直广泛流传，影响深远，至今依然魅力不减，深受国内外军事学家、哲学家、管理学家的重视和人民群众的喜爱。

《计篇》主要从战略角度论述了研究和谋划战争的极端重要性，探讨了决定战争胜负的基本条件，并提出了"攻其无备，出其不意"的军事名言和一些战术层面上的用兵方法。全文言简意赅，内容深刻，条理分明，笔触洗练，分析鞭辟入里，体现出高瞻远瞩的军事谋略眼光和成熟的政治智慧。

文章开宗明义指出，战争是涉及一个国家生死存亡的大事，因此不能不认真地加以研究和考察。首先要分析五个方面的情况，即经之以"五事"，一曰道，二曰天，三曰地，四曰将，五曰法。所谓"道"，是指要使百姓的想法与国君的意愿一致，也就是说只有争取到民众的支持，才能赢得战争；"天"，是指昼夜、晴雨、寒暑和四季变化等各种气象条件；"地"，是指路程远近，地势的平坦或险阻，作战区域的宽广或狭窄，地形是否有利于攻守进退等等；"将"，是指将帅们必须具备智、信、仁、勇、严五项基本素质，具体表现在他们要有智谋才能，要做到赏罚有信，爱抚士卒，勇敢果断，并使军队纪律严明；"法"，是指军队的组织编制是否整齐，各级将吏的权责是否分明，统辖指挥是否迅速有力，军用物资供应调动是否有充分的保障等等。孙子认为，这是决定战争胜负的五个基本条件，统率军队领兵打仗的将帅对此必须有全面深刻的了解，“知之者胜，不知者不胜”。

在此基础上，还要更深入细致地校之以“七计”。即具体分析交战双方哪一个国家的国君更贤明，哪一方军队的将帅们更有才能，哪一方军队占据着较为有利的天时地利条件，哪一方军队的号令更能迅速有效地贯彻下去，哪一方军队的战斗力更强、士卒的训练更有素、赏罚更严明，经过分析比较，就可知道双方的胜算各有多少，“吾以此知胜负矣”。

一旦战争的基本决策、基本谋划确定下来，指挥战争的将帅们便要“因利而制权”，设法造“势”，以佐其外，因为用兵打仗完全是一种诡诈的行为，“兵者，诡道也”，它包括十二条具体的用兵策略，即能进攻装作不能进攻；要打装作不想打；要在近处行动却装作在远处行动；要在远处行动却装作在近处行动；对于贪利的敌人，用小利去引诱它；对处于混乱状态的敌人，要抓住机会去攻取它；对力量充实的敌人，要加倍防备它；对强大的敌人，要暂时避其锋芒；对易怒的敌人，要想办法激怒它；对轻视我方的敌人，要使其更加骄傲轻敌；对休整充分的敌人，要想办法使之疲劳；对内部团结的敌人，则要想办法离间。总之，要在敌人最缺少准备最意想不到的情况下采取突然的行动，“攻其无备，出其不意”，这是制胜的根本法宝。

在篇末，孙子总结说：“夫未战而庙算胜者，得算多也，未战而庙算不胜者，得算少也。多算胜，少算不胜，而况于无算乎！”这是说，在战争尚未开始之前，就要进行周密的筹划。对战争双方各自有利或不利的情况了解得越充分，就越能掌握战争的主动权，最终赢得胜利；计算不周，胜利的可能性就小。至于不加分析，盲目地乱碰乱撞，那是不可能取得胜利的。战争胜负，其实在战争进行之前，已在“庙算”中对双方“五事”、“七计”等基本情况的分析中就判然了。如果临阵用兵时，又能审时度势灵活巧妙地运用“攻其无备，出其不意”的策略，那取得战争的胜利也就是在情理中的事了。孙子所总结的经验，对于指导现代战争仍然是有积极作用的。

（邵祖新　董凌白）

作　　战　　《孙子兵法》

孙子曰：凡用兵之法，驰车①千驷②，革车③千乘④，带甲⑤十万，千里馈粮⑥；内外⑦之费，宾客⑧之用，胶漆⑨之材，车甲⑩之奉⑪，日费千金⑫，然后十万之师举⑬矣。

其用战⑭也，胜久⑮则钝兵挫锐⑯，攻城则力屈⑰，久暴师⑱则国用不足。夫钝兵挫锐，屈力殚货⑲，则诸侯乘⑳其弊而起㉑，虽有智者，不能善其后㉒矣。故兵闻拙速㉓，未睹巧之久㉔也。夫兵久而国利者，未之有也。故不尽知用兵之害者，则不能尽知用兵之利也。

善用兵者，役不再籍㉕，粮不三载㉖。取用于国㉗，因粮于敌㉘，故军食可足也。

国之贫于师者远输㉙，远输则百姓贫。近于师者贵卖㉚，贵卖则百姓财竭，财竭则急于丘役㉛。力屈㉜，财殚㉝，中原内虚于家。百姓之费，十去其七；公家之费，破车、罢㉞马、甲胄、矢弩、戟盾、矛橹㉟、丘牛㊱、大车㊲，十去其六。

故智将务㊳食于敌，食敌一钟㊴，当吾二十钟；萁秆㊵一石㊶，当吾二十石。

故杀敌者，怒也；取㊷敌之利㊸者，货也。车战，得车十乘以上，赏其先得者，而更㊹其旌旗。车杂而乘之㊺，卒㊻善㊼而养之，是谓胜敌而益强㊽。

故兵贵胜，不贵久。

故知兵之将，民之司命㊾，国家安危之主㊿也。

〔注释〕 ① 驰车：轻型战车，即轻车，驾以四马。 ② 千驷：千辆。四马拉车称驷。 ③ 革车：重型战车，即重车。 ④ 乘(shèng)：辆。 ⑤ 带甲：身披甲胄的战士。 ⑥ 馈粮：输送粮食。 ⑦ 内外：国内国外，指后方与前线。 ⑧ 宾客：外交使臣。 ⑨ 胶漆：胶与漆，指黏结修理军事装备的材料。 ⑩ 车甲：战车和铠甲。 ⑪ 奉：供应。 ⑫ 千金：泛指开支大。 ⑬ 举：出发、开拔。 ⑭ 用战：进行战争。 ⑮ 胜久：耗时长久才取胜。 ⑯ 钝兵挫锐：指兵力消耗，锐气挫伤。 ⑰ 屈：竭、耗尽。 ⑱ 暴(pù)师：陈兵于外，蒙受风霜雨露。 ⑲ 殚货：耗尽钱财。 ⑳ 乘：趁。 ㉑ 起：起兵来袭。 ㉒ 善其后：收拾残局。 ㉓ 兵闻拙速：战争中只听说有笨拙的速决。 ㉔ 巧之久：巧妙地持久。 ㉕ 役不再籍：兵役不征发两次。役，兵役；籍，按名籍征役。 ㉖ 三载：运载多次。三并非实指。 ㉗ 取用于国：在国内征用粮食。 ㉘ 因粮于敌：从敌国取粮。 ㉙ 远输：长途运输。 ㉚ 近于师者贵卖：近，靠近；师，军队；贵卖，物价高涨。 ㉛ 丘役：赋役。 ㉜ 力屈：人力耗尽。 ㉝ 殚：空竭。 ㉞ 罢，通“疲”。 ㉟ 橹：大盾。 ㊱ 丘牛：大牛。 ㊲ 大车：牛车。 ㊳ 务：务必、力求。 ㊴ 钟：容量单位。 ㊵ 萁(jì)秆：萁，通“萁”，豆秸；秆为禾秆。萁秆皆为牛马的草料。 ㊶ 石：重量单位，古代以一百二十斤为一石，约合今三十公斤。 ㊷ 取：夺取。 ㊸ 利：赏赐。 ㊹ 更：更换。 ㊺ 车杂而乘之：即将缴获的战车混杂在自己车阵中乘用。 ㊻ 卒：降卒。 ㊼ 善：善待、宽大。 ㊽ 益强：更强。 ㊾ 司命：掌握命运。 ㊿ 主：主宰。

（燕永成）

〔鉴赏〕 春秋时期，诸侯蜂起，相互间攻伐砍杀，连年征战不断。每发动一场战争，从招募士兵，操练军队，调集物资，组织运输，到行军布阵，攻城略地，血肉相搏，直至尸横遍野，战争结束。对交战双方来说，无论胜负，还是媾和，都要耗尽大量人财物力，以致社会的稳定和经济的发展需要很长的时间才能恢复。因此，如何以最小的投入换取最大的胜利，成了军事家们必须考虑的问题。

《作战》篇从战争对人力、财力和物力的依赖关系出发，着重论述了“兵贵胜，不贵久”的速胜思想，并提出“因粮于敌”等原则，充满了朴素唯物主义和辩证法的观点。孙武指出，凡兴兵打仗，除出动战车千辆、辎重车千辆，千里运粮之外，还要部署各种武器装备、器材物资的供给，伤亡人员的补充，提供外交使节的往来费用，以及前方后方各项与战争有关的开支等等。所有这一切，靡费既大，以“日费千金”来形容并不为过。这样，才能保证十万大军顺利远征。

用这样庞大的军队去作战，当然要求速战速决，尽早取得胜利。旷日持久地拖延战争，只能带来一连串的弊端，军队疲惫，锐气挫伤，战斗力削弱，国家财政府库空虚。一旦有其他诸侯趁此鹬蚌相争之机出兵，后果将不堪设想。即使有高明才智之人，也难挽回危局。故只听说用兵打仗宁可笨拙也要迅速获胜的道理，而从未闻有光顾显示技巧久拖下去的。拖延战争决不会使一个国家获得利益，相反，若不深知其中害处之人，肯定不懂得打仗务求速胜的种种好处。

善于用兵的将帅无不坚持速胜论的军事指导思想，同时在具体的军事行动中遵守这样一条军事原则，亦即不是一味地从本国征调军队，也不能过多地从国内千里迢迢地调运粮草，而是要想方设法地在敌国解决粮草和兵员补充问题，“因粮于敌”，“务食于敌”，善待和使用俘虏。从敌人那里获取一钟粮食，其利相当于从国内运送二十钟粮食；获取一石饲草，其利相当于从国内运送二十石饲草。对俘虏“卒善而养之”。然后编入自己的队伍充实军力。再加上赏罚分明，激励士气等手段，这支军队就会愈战愈勇，愈战愈强。

导致国家贫困的一个重要原因是远道运输。百姓因运送军备而疲于奔命，靠近军队的地方则物价飞涨，结果弄得百姓生活困难，国家为支撑长期的战争和远道运输，别无选择，只有不断地加重赋税。如此一来，举国上下是一片“力屈、财殚”的局面。生民涂炭，国步维艰，也就在所难免。

说到底，善于用兵打仗的将帅一定要贯彻速胜的思想，也要尽可能地避免远道运输的毛病。这关系到国家的安危。

孙子总结长期以来的战争经验，提出速胜的军事思想在许多场合下是合理的。一方面可以减少战争中人、财、物力的消耗，另一方面又可防止“诸侯乘其弊而起”。但今天的人们在阅读《孙子兵法·作战》篇时，如果将这作为普遍的永恒不变的军事思想或原则来看待，是会遇到一些麻烦的。如弱小民族在反对强敌入侵时就不适用，还须仔细把握速胜与持久的辩证关系。（邵祖新　董凌白）

谋　　攻[1]

《孙子兵法》

孙子曰：夫用兵之法，全国为上[2]，破国次之[3]；全军[4]为上，破军次之；全旅[5]为上，破旅次之；全卒[6]为上，破卒次之；全伍[7]为上，破伍次之。是故百战百胜，非善之善者也；不战而屈人之兵，善之善者也。

故上兵[8]伐谋[9]，其次伐交[10]，其次伐兵[11]，其下攻城；攻城之法，为不得已。修橹[12]、轒辒[13]，具器械，三月而后成；距堙[14]，又三月而后已[15]。将不胜[16]其忿，而蚁附[17]之，杀[18]士卒三分之一，而城不拔[19]者，此攻之灾也。故善用兵者，屈人之兵，而非战也。拔人之城，而非攻也；毁人之国，而非久也。必以全争于天下，故兵不顿[20]而利可全，此谋攻之法也。

用兵之法，十[21]则围之，五则攻之，倍[22]则分[23]之，敌[24]则能战之，少[25]则能逃之，不若[26]则能避之。故小敌之坚[27]，大敌之擒[28]也。

夫将者，国之辅[29]也。辅周[30]则国必强，辅隙[31]则国必弱。

故君之所以患于军者三：不知军之不可以进，而谓之进；不知军之不可以退，而谓之退；是谓縻军[32]。不知三军[33]之事，而同[34]三军之政，则军士惑矣；不知三军之权[35]，而同三军之任[36]，则军士疑矣。三军既惑且疑，则诸侯之难[37]至矣，是谓乱[38]军引胜[39]。

故知胜有五：知可以与战[40]、不可以与战者胜；识众寡之用㊶者胜；上下同欲㊷者胜；以虞㊸待㊹不虞者胜；将能㊺而君不御㊻者胜。此五者，知胜之道也。

故曰：知彼知己，百战不殆㊼；不知彼而知己，一胜一负；不知彼，不知己，每战必败。

〔注释〕 ① 谋攻：用智谋攻敌取胜。 ② 全国为上：使敌人全国屈服是上策。全，完整。 ③ 破国次之：攻破敌国为次。破，击破。 ④ 军：军队的编制单位，万人为军。这里泛指大部队。 ⑤ 旅：军队编制单位，五百人为一旅。 ⑥ 卒：军队编制单位，百人为卒。 ⑦ 伍：军队编制的最低一级单位，五人为伍。 ⑧ 上兵：用兵的上策。 ⑨ 伐谋：伐敌之谋，即挫败敌人的计划，摧毁敌人的意志。 ⑩ 伐交：破坏敌方的联盟。 ⑪ 伐兵：在双方交战中取胜。 ⑫ 橹：一种战车，车上有瞭望台。 ⑬ 轒辒：古代用于攻城的战车，蒙以牛皮，可容十人，木石所不能伤。 ⑭ 距堙：靠近敌城筑土丘，用以攻城。 ⑮ 已：完成、完毕。 ⑯ 胜：承受。 ⑰ 蚁附之：驱使士卒像蚁群一样攀附攻城。 ⑱ 杀：杀死，此指损失。 ⑲ 拔：攻取。 ⑳ 顿：疲劳、消耗。 ㉑ 十：十倍于敌。 ㉒ 倍：一倍于敌。 ㉓ 分：分割。 ㉔ 敌：势均力敌、相互匹敌。 ㉕ 少：弱。 ㉖ 不若：不如。 ㉗ 小敌之坚：小敌，实力弱小的一方；坚，引申为硬拼；之，无意义。 ㉘ 大敌之擒：大敌，实力强大的一方；擒，擒获。 ㉙ 辅：辅佐、辅弼。 ㉚ 周：周密、周全。 ㉛ 隙：缺失、不周。 ㉜ 縻军：束缚军队。縻，束缚、牵制。 ㉝ 三军：上中下三军或左中右三军。 ㉞ 同：共同参与。 ㉟ 权：权变。 ㊱ 任：职责。 ㊲ 难：发难。 ㊳ 乱军：搅乱自己的军队。 ㊴ 引胜：导致敌军获胜。引，引导、导致。 ㊵ 与战：交战。 ㊶ 众寡之用：懂得力量多少的功用。 ㊷ 同欲：同心协力、同仇敌忾。 ㊸ 虞：事先准备。 ㊹ 待：对付、对待。 ㊺ 能：才能、能干。 ㊻ 御：干预。 ㊼ 殆：危亡。

（燕永成）

〔鉴赏〕 《孙子兵法》十三篇，是中国兵学的最高经典。而《孙子兵法》十三篇的灵魂所在，就在《谋攻》一篇。"上兵伐谋"，"不战而屈人之兵"，作为古今兵家战略思想中最杰出的思想学说，正是本篇的主题所在。

前此，孙子写了《始计》篇、《作战》篇。

计者，算也，计算敌我双方最根本的战争条件，从而判断敌我双方基本形势的优劣，此即为战争胜负的基本因素。"夫未战而庙算胜者，得算多也；未战而庙算不胜者，得算少也。"（《孙子·始计》）——然而"庙算"，只是预测，并未进入实战。

《作战》篇，则具体计算了战争的物质消耗："驰车千驷，革车千乘，带甲十万，千里馈粮，则内外之费，宾客之用，胶漆之材，车甲之奉，日费千金，然后十万之师举矣。"（《孙子·作战》）没有"日费千金"的物质基础，就无法支持"十万之师"的行动。

"庙算"胜，可打；资财备具，可打。如此，方可决定战争是否可以进行。而一旦要进入实战,战略方针就成为制约胜负的关键所在。所以,在《孙子兵法》十三篇之中,《始计》篇统筹全局;《作战》核定物质基础;而《谋攻》,就是根本战略方针的确立。《形》、《势》、《虚实》以下,则逐步进入攻、守形势及各类战场行动的具体分析,可谓层层深入,几入细微。历代学者均称:《孙子》十三篇是一个具有有机联系的整体。其环环之相扣,事理、逻辑之明晰,虽今之智者,亦无以过之也。而在环环相扣的十三篇之中,《谋攻》一篇正处于承上启下的关键位置,既承上之能否打仗的根本决策;又启下之各类实战部署的具体方针或原则。故《谋攻》一篇,实乃《孙子兵法》之眼目所在也。

以最低、最小的代价,去换取最高、最大的战略目标,这是古今一切战争活动所遵循的一条最根本的原则。"上兵伐谋"者,乃以"谋"相伐也,以我方之谋,破敌方之谋,取胜于未战,所谓"兵不血刃"者也。西汉韩信用李佐车之计,驰咫尺之书,不战而下燕城;东汉王霸"闭营坚卧",迫使敌方以"粮食不足"而自退;春秋吴、晋黄池之会,吴军深夜振兵而使晋服;战国齐、燕之战,鲁仲连一封书札射入城中,聊城不攻而自溃……此皆"伐谋"取胜之先例也。韩信用兵"多多益善",而陈平一谋使之束手就擒,所谓"特一力士耳"! 可见,以谋取胜,确为"上之上"者也。孙子所称"是故百战百胜,非善之善者也;不战而屈人之兵,善之善者也",可谓至理名言,古今不易之理也。

以谋取胜,其贵在"全"。"凡用兵之法,全国为上,破国次之;全军为上,破军次之;全旅为上,破旅次之……""全"者,完整也;"破"者,不完整也。若能使敌方"全旅""全军",乃至"全国"屈从于我,我又何乐而不为也! 既以"全"而服,则必无争斗厮杀之举,因而我方所付出之代价,亦必最低,最少,低、少之极,可至于为"零",为"无",这就是"不战而屈人之兵"。而"百战百胜"者,何能及此? 既有"战"举,何能无伤? 权衡利弊,故孙子曰:"故上兵伐谋,其次伐交,其次伐兵,其下攻城;攻城之法,为不得已。"——这就是《谋攻》篇所制定的根本战略方针。

"战争"本身不是目的,"杀人"本身更不是目的,它只是服从某种政治目的的一种手段。《司马法》曰:"杀人安人,杀之可也";"以战止战,虽战可也"。目的在于"安人",则可杀妨害"安人"者;目的在于"止战",则可以用战争去消灭发动战争者。为了人民的安居,为了国家的和平,可以进行战争。这一思想,可称是贯串于中国古代兵学的一条红线,这也正是《孙子兵法》的灵魂所在。

南朝文学评论家刘勰曰:"孙武兵经,辞如珠玉。"(《文心雕龙·程器》)此评决非过誉。为后人所称颂的孙子的名句"知彼知己,百战不殆",即出自《谋攻》。

《孙子兵法》可谓字字珠玑，句句生辉。宏观者，识其大体，微观者，入其细微。细细品味，随处可得意外之惊喜。 （谢祥皓）

军 形① 《孙子兵法》

孙子曰：昔之善战者，先为不可胜②，以待敌之可胜③；不可胜在己，可胜在敌。故善战者能为不可胜，不能使敌之必④可胜。故曰：胜可知⑤，而不可为⑥。不可胜者，守⑦也；可胜者，攻⑧也。守则不足⑨，攻则有余。善守者，藏于九地⑩之下；善攻者，动于九天之上。故能自保而全胜⑪也。

见⑫胜不过⑬众人之所知，非善之善者也；战胜而天下曰善，非善之善者也。故举秋毫⑭不为多力⑮，见日月不为明目，闻雷霆不为聪耳。古之所谓善战者，胜于易胜者⑯也。故善战者之胜也，无智名⑰，无勇功⑱。故其战胜不忒⑲；不忒者，其所措⑳必胜，胜已败者㉑也。故善战者，立于不败之地，而不失敌之败㉒也。是故胜兵㉓先胜㉔而后求战，败兵先战而后求胜。善用兵者，修道㉕而保法㉖，故能为胜败之政㉗。

兵法㉘：一曰度㉙，二曰量㉚，三曰数㉛，四曰称㉜，五曰胜㉝。地生度㉞，度生量㉟，量生数㊱，数生称㊲，称生胜㊳。

故胜兵若㊴以镒称铢㊵，败兵若以铢称镒。胜者㊶之战，若决㊷积水于千仞㊸之谿㊹者，形也。

〔注释〕 ① 军形：汉简本、《十一家注》本无“军”字。形指战争时客观存在的战略状态。 ② 为不可胜：创造不可被战胜的条件。 ③ 待敌之可胜：等待敌方可以被战胜的时机。 ④ 必：必定、确实。 ⑤ 可知：可预知。 ⑥ 不可为：不能一定做到。 ⑦ 守：采取守势。 ⑧ 攻：采取攻势。 ⑨ 守则不足：采取守势是由于力量不足。 ⑩ 九地：极深的地下。 ⑪ 自保而全胜：保存自己并完整地取胜。 ⑫ 见：预见。 ⑬ 不过：没有超过。 ⑭ 秋毫：秋天鸟兽新生的毫毛，极轻细。 ⑮ 多力：力大。 ⑯ 易胜者：易于被战胜者。 ⑰ 智名：智慧的名声。 ⑱ 勇功：勇武的功业。 ⑲ 忒：差错。 ⑳ 措：措施、方法。 ㉑ 已败者：已注定失败者。 ㉒ 不失敌之败：抓住敌人已败的机会。不失，不错过，即抓住。 ㉓ 胜兵：能打胜仗的部队。 ㉔ 先胜：指战前已具备了取胜的条件。 ㉕ 道：战争之道，君民团结一致、同仇敌忾，将卒为国尽忠等等。 ㉖ 保法：保障法制、法令的贯彻。 ㉗ 政：通“正”，主宰。 ㉘ 兵法：计算出兵数之法。 ㉙ 度：丈量，此指土地大小。 ㉚ 量：容量，指粮食多少。 ㉛ 数：兵数。 ㉜ 称：称量、对比。 ㉝ 胜：胜利。 ㉞ 地生度：有土地就可丈量它的面积。 ㉟ 度生量：土地面积决定粮食的产量。 ㊱ 量生数：粮食产量决定士兵数量。古代兵农合一。 ㊲ 数生称：士兵数量可比较双方力量。 ㊳ 称生胜：双方力量对比决定胜负。 ㊴ 若：好像。 ㊵ 以镒称铢：以重举轻，即不费力。镒，重量单位，一镒有二十两或二十四两之说；铢，二十四铢为一两。 ㊶ 胜者：指力量对比占优势而能取胜的一方。 ㊷ 决：打开决口，引申为开掘、挖开。 ㊸ 千仞：形容极高。仞，一仞八尺。 ㊹ 谿：山涧。

（燕永成）

〔鉴赏〕《军形》篇所谓“形”，就是形象、形状、形体，是实实在在的东西。《周易·系辞上》说：“形乃谓之器”，器就是器物，看得见，摸得着，清清楚楚呈现在眼前。该书又说：“形而上者谓之道，形而下者谓之器。”古人注释：“道是无体之名，形是有质之称。”在古人看来，自然界是从“无体”的道，慢慢转化为“有质”的形。战争中军队都显示出一定的“形”，如队伍、装备、旗鼓、士气等，实际上代表了它的军事实力。《孙子兵法》全部讲的是如何用军队去战胜敌人的法术，而《形篇》就是阐述如何加强和运用军队的“形”，以及由“形”决定战争胜负的规律。

如何加强军队的形，孙子首先提出了“先为不可胜，以待敌之可胜”的英明论断。他在后面又补充说：军队要“立于不败之地，而不失敌之败也”。预先做好各种准备工作，如占领制高点，修筑防御工事，储备充足的武器和粮食，军队士气高昂、训练有素等等，这样就使自己不可战胜，也就是立于不败之地；同时又要等待敌人出现松懈、空虚或混乱的“可胜”时机，一举将其击溃或歼灭。这是孙子在论述军队的形时，提出的一个极为重要的战略思想。这一战略思想不仅在军队打仗时极为有效，在其他非军事领域，如商业竞争、体育竞赛、医疗疾病等方面，也能起重要的指导作用。

运用军队的形进行攻守时，孙子强调，必须发挥主观能动性，以达到最佳效果。守要使敌“不可胜”，攻要千方百计使敌“可胜”。守时“藏于九地之下”，无影无踪，使敌无法进攻；攻时“动于九天之上”，来势凶猛，使敌闻风丧胆。战争决策者利用军队去进行战斗，指挥得好与不好是大不一样的。运用同样的形，包括军队和自然条件，有的指挥者频频失利，而有的指挥者能在战场上驰骋千里，神出鬼没，既能保全自已，又能全歼敌人，使捷报频传，演出许多有声有色威武雄壮的活剧来。

为了加强军队的实力，孙子进一步提出“修道而保法”的主张。所谓“道”，就是《计篇》所说的“令民与上同意”，也就是《谋攻》篇所说的“上下同欲”。这是一种上下同心同德、团结奋斗的理想境界。所谓“法”，就是军队中各方面的法制、法令。根据孙子阐述，法包括“曲制”（部队编制）、“官道”（将吏职责）、“主用”（掌管物资费用)等项。只要加强军队内部的团结,使上下一心、同仇敌忾,又健全军队的法制,使命令通达、纪律严明,军队具备这样的"形",就能成为"胜败正",即胜败的主宰。军队打仗无往而不胜,决不会败下阵来。

按照一般的法则,孙子认为,军队的实力是由"度"、"量"、"数"这些因素决定的。"度"指国家疆域的大小,"量"指物产的多少,"数"指人口的众寡。由这些因素而形成"称",即国家和军队的实力。再由双方的"称"而决定战争的胜败,即实力强者胜,弱者败。孙子所指出的这个规律,在通常情况下都是正确的。如春秋时代的战争,总是齐、晋、楚、秦、吴、越几个大国取胜。

基于上述论断,孙子提出有"胜兵"和"败兵"两种兵形,并作了鲜明的对比。他说:"胜兵先胜而后求战,败兵先战而后求胜";"胜兵若以镒称铢,败兵若以铢称镒。"在未开战之前,看一看双方的兵形,就知道哪方是胜兵,哪方是败兵。因为胜兵作了各方面的准备工作,"先为不可胜",人强马壮,士气高昂;而败兵正好相反。在用冷兵器作战的时代,胜兵与败兵之形尤为明显。

最后,孙子指出,胜兵之形"若决积水于千仞之谿"。这里已经有"势"的作用。"形"借助于居高临下的"势"更能发挥其威力,从而为《势篇》的阐述作了铺垫。

(杨善群)

兵　势　　《孙子兵法》

孙子曰:凡治众①如治寡,分数②是也。斗众③如斗寡,形名④是也。三军之众,可使必受敌而无败者,奇正⑤是也。兵之所加⑥,如以碫⑦投卵者,虚实⑧是也。

凡战者,以正合⑨,以奇胜⑩。故善出奇者,无穷如天地,不竭如江海。终而复始,日月是也。死而更生,四时⑪是也。声不过五,五声⑫之变,不可胜听也。色不过五,五色⑬之变,不可胜观也。味不过五,五味⑭之变,不可胜尝也。战势⑮不过奇正,奇正之变,不可胜穷也。奇正相生⑯,如循环之无端,孰能穷之哉!

激水之疾⑰,至于漂石者,势也⑱;鸷鸟之疾至于毁折⑲者,节也⑳。是故善战者,其势险㉑,其节短㉒。势如彍弩㉓,节如发机㉔。

纷纷纭纭㉕，斗乱而不可乱也㉖；浑浑沌沌㉗，形圆㉘而不可败。

乱生于治㉙，怯生于勇，弱生于强。治乱，数㉚也；勇怯，势也；强弱，形也。

故善动敌㉛者，形之㉜，敌必从㉝之；予之㉞，敌必取之。以利动之，以本待㉟之。

故善战者，求之于势，不责㊱于人，故能择㊲人而任势㊳。任势者，其战㊴人也。如转木石，木石之性，安㊵则静，危㊶则动，方则止，圆则行。故善战人㊷之势，如转圆石于千仞之山者，势也㊸。

〔注释〕 ① 治众：管理众多士卒。 ② 分数：原指辨别数量，此指军队各级的组织编制。古代军队分级管理，军旅卒伍人数有一定的规定。如百人为卒、五人为伍。 ③ 斗众：指挥众多士兵战斗。 ④ 形名：事物的形体和名称。这里指军队指挥的方式方法。 ⑤ 奇正：古代兵法术语。作战以对阵交锋为正，设伏掩袭为奇；交战以正面主攻为正，机动部队侧翼、突袭为奇。 ⑥ 所加：所向。 ⑦ 碫：磨刀石，泛指石。 ⑧ 虚实：指兵力的分散和集中。 ⑨ 正合：主攻部队与敌正面交战。 ⑩ 以奇胜：用机动部队取胜。 ⑪ 四时：四季。 ⑫ 五声：五个音阶，宫、商、角、徵、羽。 ⑬ 五色：青、赤、黄、白、黑。 ⑭ 五味：酸、甜、苦、辛、咸。 ⑮ 战势：作战的态势。 ⑯ 相生：相互转化。 ⑰ 疾：急剧而猛烈。 ⑱ 势也：是水势造成的。 ⑲ 毁折：毙命，指鸷鸟捕杀小动物。 ⑳ 节也：节奏快的缘故。 ㉑ 险：疾速而迅猛。 ㉒ 短：短促。 ㉓ 彍弩：拉满的弓弩。 ㉔ 发机：扣动弩机。 ㉕ 纷纷纭纭：杂乱的样子。 ㉖ 斗乱而不可乱也：战斗虽乱而自己不可被搞乱。 ㉗ 浑浑沌沌：形状模糊不清。 ㉘ 形圆：阵形严整。 ㉙ 乱生于治：敌方混乱是由于我方的纪律严明造成的。 ㉚ 数：军队编制。 ㉛ 动敌：调动敌人。 ㉜ 形之：显露自己军队之形，即采用诱敌之法。 ㉝ 从：信从。 ㉞ 予之：给予好处。 ㉟ 待：等待、守候。 ㊱ 责：要求。 ㊲ 择人：放弃对人的要求。择，通"释"，放弃。 ㊳ 任势：依靠势。 ㊴ 战：使……作战。 ㊵ 安：平置。 ㊶ 危：倾侧。 ㊷ 善战人：善于使人战斗。 ㊸ 势也：是态势的效能。 （燕永成）

〔鉴赏〕 势，是物质在运动中所产生的一股潜在力量，说得具体些，又有态势、气势、声势等各种各样的势。形与势密切相关。军队的形，表现为它存在的状态；军队的势，表现为它对敌冲击的能量。形相对来说比较静止，而势一定要在运动中才能体现。孙子在《军形》篇中谈了许多如何加强和运用军队的形去战胜敌人的问题，接着就在《兵势》中阐述如何造成和运用军队的势，去赢得对敌战争的胜利。

在对敌战争中造成军队强大的势，孙子指出，可以有多种方法：其一，用"分数”即组织编制去治理众多的军队，这样就在数量上造成对敌的优势；其二，用“形名”即队形名号的变化去指挥众多的军队，这样全军动作整齐，拧成一股绳，对敌又造成一种威胁之势；其三，用“奇正”即把军队分成正兵和奇兵两部分，这样在进攻或防守时可造成对敌的夹击之势，使敌人难以防备；其四，用“虚实”即避实击虚的办法，造成对敌战争中的以石击卵之势而获取胜利。孙子列举这四种办法，说明造势技巧的多样以及它在军队作战中的重要性。

上述军队作战中造势的方法，以“奇正”之法运用得最为普遍，其效果也最显著，因而孙子着重介绍奇正之法的要领及其特点。奇正之法就是在作战时“以正合，以奇胜”，即以正兵当敌，以奇兵出其不意地偷袭而取胜。孙子特别强调要“善出奇”，奇兵的出击，其路线、时间、兵种、方式可以变化无穷。同时，正兵和奇兵还可以互相变换，“奇正相生”，这样更能使敌人无法防备，措手不及而陷于失败。历史上许多著名的战役，如战国时代的秦赵长平之战，第二次世界大战中德国进攻法国的马其诺防线，都以运用奇兵在侧面偷袭而取得重大的战果。

造成对敌进攻强大的势之后，还要注意攻击的节奏。“势”和“节”这两方面应该密切配合，方能产生奇效。孙子认为，英明的指挥者安排他的作战计划，经常是“其势险，其节短”。造成“势险”的方法可以占领制高点，集结众多的军队，使用最猛烈的武器，采取出其不意的突袭方式，等等；“节短”就是间隔的时间短，要连续地对敌人发起攻击，使其没有喘息和重振旗鼓的机会。“势险节短”的进攻，往往能给对方以巨大的杀伤和沉重的打击。

军队在战争中的胜敌之势是在运动中形成的，因此，时时处处都要保持这股势，想方设法造成这种势。孙子列举“纷纷纭纭”和“浑浑沌沌”两种阵法，指出由于它们组织严密，是“不可乱”和“不可败”的，因而造成坚强的攻守之势。孙子谆谆告诫：由于“数”即组织指挥的技术问题，治可以生出乱；由于“势”即态势的变化，勇可以变成怯；由于“形”即实力的消耗，强可以变成弱。只有示敌人以利而诱使其出动，再在道路上以伏卒等待，才能造成一种突袭之势而将敌歼灭。孙子对于势的营造、保持和变化，真谈得头头是道。

战争中靠人还是靠势，两者哪一个重要？孙子认为，主要应该依靠运动中造成的势，而不要对人求全责备。但是，势要由人去设计制造的，故人的作用也不可忽视，最好的方法是“择人而任势”，即选择优秀人才去造作和利用可胜之势。孙子这种既要“任势”又要“择人”的观点是相当全面的：在军事战争中要选择优秀的指挥员和战斗员，在商业竞争中要选择优秀的管理和营销人员，在体育竞赛中要选择优秀的教练员、运动员。只有这样，才能在军事、商业、体育等方面造成对竞争者的必胜之势。

关于“势”的理论是孙子战略战术思想的一个重要组成部分，造势和任势是孙子克敌制胜的法宝之一。本篇用了许多浅显的比喻，使文章更加形象生动，引人入胜。

（杨善群）

虚 实 《孙子兵法》

孙子曰：凡先处①战地而待②敌者佚③，后处战地而趋战④者劳。故善战者，致人⑤而不致于人。

能使敌人自至⑥者，利⑦之也；能使敌人不得至者，害之也。故敌佚能劳之，饱能饥之，安能动之。

出⑧其所不趋，趋其所不意。行千里而不劳者，行于无人之地也。攻而必取⑨者，攻其所不守⑩也；守而必固者，守其所不攻也。

故善攻者，敌不知其所守；善守者，敌不知其所攻。

微⑪乎！微乎！至于无形；神乎！神乎！至于无声。故能为敌之司命⑫。

进而不可御者，冲其虚也；退而不可追者，速而不可及也。故我欲战，敌虽高垒⑬深沟⑭，不得不与我战者，攻其所必救也；我不欲战，虽画地⑮而守之，敌不得与我战者，乖其所之⑯也。

故形人⑰而我无形⑱，则我专⑲而敌分⑳。我专为一，敌分为十，是以十攻其一也，则我众而敌寡；能以众击寡者，则吾之所与战者，约㉑矣。吾所与战之地不可知，不可知，则敌所备者多㉒；敌所备者多，则吾所与战者，寡矣。

故备前则后寡，备后则前寡，备左则右寡，备右则左寡，无所不备，则无所不寡。寡者，备人㉓者也；众者，使人备已者也。

故知战之地，知战之日，则可千里而会战。不知战地，不知战日，则左不能救右，右不能救左，前不能救后，后不能救前，而况远者数十里，近者数里乎？

以吾度㉔之，越㉕人之兵虽多，亦奚㉖益于胜哉？故曰：胜可为㉗也。敌虽众，可使无斗㉘。

故策㉙之而知得失之计，作之㉚而知动静之理，形之㉛而知死生之地，角㉜之而知有余不足之处。

故形兵㉝之极，至于无形；无形，则深间㉞不能窥，智者不能谋㉟。

因形㊱而措胜于众，众不能知；人皆知我所以胜之形㊲，而莫知吾所以制胜㊳之形。故其战胜不复㊴，而应形于无穷㊵。

夫兵形象水，水之形，避高而趋下；兵之形，避实而击虚。水因地而制流，兵因敌而制胜。故兵无常势，水无常形；能因敌变化而取胜者，谓之神。

故五行㊶无常胜㊷，四时无常位㊸，日有短长，月有死生㊹。

〔注释〕 ① 处：到达。 ② 待：等待。 ③ 佚：通“逸”，安逸。 ④ 趋战：急速。 ⑤ 致人：使……人来。即调动人。 ⑥ 自至：自己来到。 ⑦ 利：引诱。 ⑧ 出：出击。 ⑨ 取：夺取、占取。 ⑩ 守：防守、防御。 ⑪ 微：精深、奥妙。 ⑫ 司命：命运的主宰。 ⑬ 垒：土垒成的墙。 ⑭ 沟：环绕垒的壕沟。 ⑮ 画地：以指划地，即不筑城垒挖壕沟、不设防。 ⑯ 乖其所之：即出乎他的意料之外。乖，违背。 ⑰ 形人：使敌人现形。形：现形。 ⑱ 无形：不现形，即不被发现。 ⑲ 专：集中兵力。 ⑳ 分：分散兵力。 ㉑ 约：原意为简略，此为少。 ㉒ 所备者多：设防之处多。 ㉓ 备人：防备他人。 ㉔ 度：推测、估计。 ㉕ 越：越国。 ㉖ 奚：何。 ㉗ 胜可为：胜利可以创造的。 ㉘ 无斗：无法战斗。 ㉙ 策：策划、谋算，即所谓的“庙算”。 ㉚ 作之：做它，指策划。 ㉛ 形之：指通过布置兵力所造成的阵形。 ㉜ 角：角逐、较量。 ㉝ 形兵：兵阵布置。 ㉞ 深间：隐蔽得很深的间谍。 ㉟ 不能谋：无法谋算。 ㊱ 因形：依靠兵阵布置。 ㊲ 形：指态势。 ㊳ 制胜：致胜。 ㊴ 复：重复。 ㊵ 应形于无穷：指顺应各种态势而不断变换兵阵战术。 ㊶ 五行：水、火、木、金、土。 ㊷ 无常胜：指五行相生相克，互为胜负。 ㊸ 无常位：指四季所当辰位并非一成不变。 ㊹ 月有死生：指月有盈亏。

（燕永成）

〔鉴赏〕 虚是空虚，实指实在，是人所共知的。不过，战争行为里，虚和实又有特别的含义，凡说到虚，是说兵力的空虚而薄弱；实，则是兵力的集中而强大。怎样辨别对方的虚还是实，又怎样做到以实击虚，还是要费一番周章的。《虚实》篇正是为回答这个问题。

曹操在解释这一篇的题旨时说:"能虚彼实己也",意思是说,能够做到虚彼、实己,就会有取胜的把握,亦就是孙子所说的胜利是可以用智慧和转换力量的配置而取得的。

为什么能做到这一点,本篇里有一个形象化的比喻。孙子说,水适应不同的地形而流动,但总是避高而趋下;用兵应针对不同敌情,用不同方法而取胜,但又总是避实而击虚。由此看来,正像水往下流是一条千古不易的规律那样,战争中用以实击虚的方法取胜,也是一条千古不易的规律。

所不同的是,水是依自己的本性,自然地决定流向,无须人来参与,而战争中的以实击虚却不是自然出现,要通过人的努力来达到虚与实的变换。从这点看,人的努力成了关键。

究竟人应怎样去努力,《虚实》篇提出了知与形两个方面。

先说知。

所谓知,是指探知对方的实情。如果知道作战地点,又知道作战日期,便可以到千里以外去会战;如果既不知战地,又不知战日,哪怕只有几里地的路程也不要去打。原因在于,前一种情况是对方情况能了然于胸,能互相救援,后一种情况像瞎子摸象,会孤立无援。

如何去知,本篇中提供了四项办法。一是策,就是经过筹算和比较,去洞悉对方计划的得失;二是作,是想办法引诱对方先动作,以暴露他的兵力配置和活动规律;三是形,就是我方故意做假动作,观察对方的反应,来判断与对方作战的地形是否有利;四是角,也就是用试探性的进攻,看看对方兵力的强点和弱点究竟在何处?这四项办法,都是服从和服务于判断对方兵力的虚还是实这一目的。

知与不知是相对的,对于敌方情况,应尽可能多地知;反过来,自己的情况,则尽可能封锁起来,不许对方去知或者少知,也就是使他产生错乱和迷惑,不知其所守,又不知其所攻,处于被动挨打的可悲境地。

除了上面说的知以外,还有一个办法是形。

什么是形,形指军形,也就是指兵力配置。这里说的形是指善于使用力量变换的办法,使自己始终立于不败之地。《虚实》篇里举例说,如果我想攻打对方,兵力应配置在对方的军队"必趋"之地,使他不得不应战;如果我不想和对方打,就应该把进军方向选在"无人之地",这样,即使走一千里路也不会疲劳。他又举例说,如果我方兵力能集中在一处,敌军兵力分散在十处,我军得以十倍兵力对付一处敌军,形成我众而敌寡,结果是以众击寡;反过来,如果我不想让对方来攻，可以画地而守，摆出一副坚决防守的架势，敌人弄不清我究竟在哪里是真有准备，哪里是表面上有准备，结果会迟疑坐困，失去进攻的机会。

总的来看，《虚实》篇里说的“胜可为”，即胜利可以通过人的努力去创造，是靠了“知”和“形”这两个关节来实现的。由于善用“知”和“形”，就可以达到调动对方、支配对方（致人）而不被对方所调动（致于人）这个目的，换成现在的话，就是牢牢地掌握住战争中的主动权。

《虚实》篇里关于战争中虚实变换、避实击虚的道理，以及他说的“以利诱敌”、“以难阻敌”、“出其所必趋，趋其所不意”的各项措施，为历代兵家所认可。吴子说：“用兵必审敌虚实而趋其危”，是要人们把兵力集中到敌人的虚弱部位和危难之点。曹操说“形藏则敌疑”（见《十一家注孙子》），凡能掩盖自己的真实情况者就能产生迷惑对方的积极效果。还说，以其至实，击其至虚，是用兵的规律。李荃说：“善用兵者，以虚为实；善破敌者，以实为虚。”（同上）这些论述都是强调：一个善战者必须懂得以实击虚和虚实变换的道理。　（张文儒）

九　变　　《孙子兵法》

孙子曰：凡用兵之法，将受命于君，合军聚众①。圮地②无舍③，衢地④合交⑤，绝地⑥无留⑦，围地⑧则谋⑨，死地则战。

途⑩有所不由⑪，军有所不击，城有所不攻，地有所不争，君命有所不受。

故将通于九变⑫之利者，知用兵矣；将不通于九变之利者，虽知地形，不能得地之利⑬矣。治兵不知九变之术，虽知五利⑭，不能得人之用⑮矣。

是故智者之虑，必杂于利害⑯。杂于利⑰，而务⑱可信⑲也；杂于害，而患可解也。

是故屈⑳诸侯者以害㉑，役㉒诸侯者以业㉓，趋㉔诸侯者以利。

故用兵之法，无恃㉕其㉖不来，恃吾有㉗以待之；无恃其不攻，恃吾有所不可攻也。

故将有五危㉘：必死㉙，可杀㉚；必生㉛，可虏㉜；忿速㉝，可侮[34]；廉洁[35]，可辱[36]；爱民[37]，可烦[38]。凡此五者，将之过也，用兵之灾也。覆军杀将[39]，必以[40]五危，不可不察也。

〔注释〕 ① 合军聚众：即征集军队。 ② 圮地：难于通行的地方。圮，毁坏、坍塌。 ③ 无舍：不能宿营。 ④ 衢地：要冲之地。 ⑤ 合交：结交。 ⑥ 绝地：险恶无出路的境地。 ⑦ 无留：不可滞留。 ⑧ 围地：易被包围之地。 ⑨ 谋：设计谋。 ⑩ 途：道路。 ⑪ 由：经过。 ⑫ 九变：指变化多端，在各种境地应采取相应战术。 ⑬ 地之利：地形带来的好处。 ⑭ 五利：指上文"途有所不由"五个方面，五者皆有变通之利。 ⑮ 不能得人之用：指不能获得人们运用"五利"的效用。 ⑯ 杂于利害：兼顾到利和害两面。杂，混合。 ⑰ 杂于利：考虑到利的一面。 ⑱ 务：所从事的事。 ⑲ 信：通"伸"，进展。 ⑳ 屈：使……屈服。 ㉑ 害：有危害的事。 ㉒ 役：役使。 ㉓ 业：本业，引申为事务。 ㉔ 趋：使人奔走，引申为调动。 ㉕ 恃：依靠，此引申为企望。 ㉖ 其：指敌人。 ㉗ 有：有准备。 ㉘ 危：危险。 ㉙ 必死：一味拼命。 ㉚ 可杀：会被杀。 ㉛ 必生：一味贪生。 ㉜ 可虏：会被俘虏。 ㉝ 忿速：愤怒急切。 ㉞ 可侮：会被侮辱。 ㉟ 廉洁：指贪图廉洁的名声。 ㊱ 可辱：会丢面子。 ㊲ 爱民：溺爱其民。 ㊳ 可烦：会被烦扰。 ㊴ 覆军杀将：使全军覆灭使将领被杀。 ㊵ 必以：必定因为。 （燕永成）

〔鉴赏〕 《九变》篇的主旨是告诉战争指挥员：一定要懂得利弊相关的道理，并应具有相应的权衡利弊的能力。

《孙子兵法》认为，战争是一种特殊的社会现象，其所以特殊的一个重要表现是双方都通过战争来争利。《孙子兵法》一书中出现"利"字的地方大约有 40 多处，有一些著名论断，如"非利不动，非得不用，非危不战"；"合于利而动，不合于利而止"；"举军争利"，都是和利连在一起。《九变》篇里说的"地之利"、"趋诸侯者以利"，也是这样的内容。

既然有利，就会有不利，不利可称为害，也可称为弊。

《孙子兵法》认为，利和害（弊）常常是同在的，要兴利除弊，就要能分清什么是利，什么是弊；在利中，又要能分清什么是大利，什么是小利；聪明的做法不仅是会兴利除弊，还应该做到兴大利而去小利。

如何做到这一点？孙子在《九变》篇里提供给人一种双向思维原则。用他的话说，即凡是一个有智慧的人，在考虑问题时必定会兼顾到利和害两个方面，充分考虑到利的方面，能够建立起胜利的信心；同时又考虑到不利的方面，能免除可能发生的祸患。这个意思引申开来，就是看到自己的长处，也看到自己的不足；看到对方的缺点，也敢于承认对方的优点。总之，看到事情的正面，也看到它的负面；用曹操对这段话的解释是：见利思害，见害思利。

既然利和弊同在，就不应一厢情愿，见到利时一味追逐，不计后果；见到害时，一味避开，不懂得避害取利；而应对利弊有所权衡、有所选择。

按照一般人都有的惯常思维方式，既然战争的目的在争利，那么，利来得愈快愈好，愈大愈好。由于求利心切，往往就不善于或不屑于去作认真的比较与权衡。比如，认为凡是道路都可走，凡遇到的敌人都可打，凡是对方把守的城池或地区都要去夺，凡是来自上级的命令都应无异议地执行。其结果呢？欲图其快，反变为慢；欲图其利，反受其害。究其失足处，在于不懂得利弊相连和趋利避害的道理，把双向思维变成单性的直线思维。孙子针对这种错误批评说，人们采取什么样的战争行为，应根据利与弊的权衡有所选择：有些道路不能通过，有的敌人不要攻击，有些城池和地区不必争夺，有的国君的命令，如果不合时宜，可以不执行。这样做，正是为避害而取利。

在战争行为里，还有一种不同寻常的情况，就是由于参战双方的利益对立而形成了对利与害的相反的评价：甲方之利正是建立在乙方受害的基础上；反过来，乙方之利也往往是甲方之害。这样，当战争中的一方决策时，就要充分估计这个因素，应区分利与害的相对性，并善于利用利与害的相对性来做对自己有利的事。

比方说，对方的将领有弱点，我们正好去利用，这个弱点是对方之害，却不妨成为我方之利，利用这项弱点叫“乘敌之隙”。

《九变》篇举例说：对方的将领也同我方将领一样，往往有这样或那样的弱点或不足，对于这种情况，我方应努力抓住并加以利用。如果对方将领宁死不屈，我方应设法捕杀他；如果他贪生怕死，应想办法俘虏他；如果他秉性急躁，应尽可能地激怒他，使他丧失理智；如果他洁身自好，便应当羞辱他；假若他过分地爱护下属和民众，则要利用他这项弱点，努力使他的部队陷入处处设防又处处不及的疲劳状态。总之，如果处置得当，敌方将领的这五项弱点（“五危”），正好变成我方的五利。

《孙子兵法》还认为，对于列国诸侯，也要用利益相反的原则去思考与处置，能够变患为利，变小利为大利。例如，要想使对方为自己奔走，就要先给他一些小利，使他心甘情愿去做；如果想要他屈服（臣服）于自己，便应当以他最害怕和最忌讳的事去扰害他。这也是用利弊相关和利弊相权的方法来达到支配对方与调动对方的目的。

（张文儒）

尚　贤(上)　　《墨子》

子墨子言曰:“今者王公大人①为政②于国家者,皆欲国家之富,人民之众,刑政之治,然而不得富而得贫,不得众而得寡,不得治而得乱,则是本失其所欲,得其所恶,是其故何也?”

子墨子言曰:“是在王公大人为政于国家者,不能以尚贤③事能④为政也。是故国有贤良之士众,则国家之治厚⑤,贤良之士寡,则国家之治薄⑥。故大人之务,将在于众⑦贤而已。”

曰:“然则众贤之术将奈何哉?”

子墨子言曰:“譬若欲众其国之善射御⑧之士者,必将富之,贵之,敬之,誉⑨之,然后国之善射御之士,将⑩可得而众也。况⑪又有贤良之士厚⑫乎德行,辩乎言谈,博⑬乎道术者乎,此固⑭国家之珍⑮,而社稷⑯之佐⑰也,亦必且富之,贵之,敬之,誉之,然后国之良士,亦将可得而众也。”

是故古者圣王之为政也,言曰:“不义不富⑱,不义不贵,不义不亲⑲,不义不近⑳。”是以㉑国之富贵人闻之㉒,皆退而谋㉓曰:“始㉔我所恃㉕者,富贵也,今上举义㉖不辟㉗贫贱,然则我不可不为义。”亲者闻之,亦退而谋曰:“始我所恃者亲也,今上举义不辟疏㉘,然则我不可不为义。”近者闻之,亦退而谋曰:“始我所恃者近也,今上举义不避远,然则我不可不为义。”远㉙者闻之,亦退而谋曰:“我始以远为无恃,今上举义不辟远,然则我不可不为义。”逮㉚至远鄙㉛郊㉜外之臣,门庭㉝庶子㉞,国中㉟之众、四鄙㊱之萌人㊲闻之,皆竞㊳为义。是其故何也?曰:上之所以使下者,一物㊴也,下之所以事士者,一术也。譬之富者有高墙深宫,墙立既㊵,谨㊶上㊷为凿一门,有盗人入,阖㊸其自㊹入而求㊺之,盗其无自出。是其故何也?则上得要㊻也。

故古者圣王之为政，列德㊼而尚贤，虽在农与工肆㊽之人，有能则举㊾之，高予㊿之爵(51)，重予之禄，任之以事(52)，断予之令(53)，曰："爵位不高则民弗(54)敬，蓄禄不厚(55)则民不信(56)，政令不断则民不畏，举三者授之贤者，非为贤赐(57)也，欲其事之成。故当是时，以德就列(58)，以官服事(59)，以劳殿(60)赏，量功而分禄。故官无常贵，而民无终贱，有能则举之，无能则下之，举公义，辟私怨，此若(61)言之谓也。故古者尧举舜于服泽(62)之阳(63)，授之政，天下平；禹举益于阴方(64)之中，授之政，九州成；汤举伊尹(65)于庖厨之中，授之政，其谋得(66)；文王举闳夭泰颠(67)于罝(68)罔(69)之中，授之政，西土服。故当是时，虽在于厚禄尊位之臣，莫不敬惧而施(70)，虽在农与工肆之人，莫不竞劝(71)而尚意(72)。故士者所以为辅相(73)承嗣(74)也。故得士则谋不困(75)，体不劳，名立而功成，美章(76)而恶不生，则由得士也。"

是故子墨子言曰："得意(77)贤士不可不举，不得意贤士不可不举，尚(78)欲祖述尧舜禹汤之道，将不可以不尚贤。夫尚贤者，政之本(79)也。"

〔**注释**〕①大人：泛指卿大夫等贵族。②为政：治理。③尚贤：崇尚贤人。④事能：任用能者。⑤厚：增益。⑥薄：弱、衰微。⑦众：动词，增多。⑧射御：射箭驾车。⑨誉：赞美。⑩将：乃。⑪况：何况。⑫厚：敦厚。⑬博：广博。⑭固：本来。⑮珍：珍宝。⑯社稷：国家。⑰佐：辅佐。⑱不义不富：不义之人不使他富。⑲不亲：不与他亲密。⑳不近：不使他接近。㉑是以：所以。㉒闻之：听到。㉓谋：议论、商量。㉔始：当初。㉕恃：倚恃。㉖举义：举用有义之士。㉗辟：同"避"。㉘疏：疏远。㉙远：指血统疏远或关系不紧密的人。㉚逮：及、达。㉛鄙：边邑、边境。㉜郊：周制，距国都百里或五十里之内区域为郊。㉝门庭：宫廷。㉞庶子：指公族子弟担任宫中宿卫者。㉟国中：城郭中。㊱四鄙：四方边境地区。㊲萌人：萌通"氓"，百姓。㊳竞：争先。㊴一物：同一类事。㊵既：完了、终了。㊶谨：仅。㊷上：疑为"止"。㊸阖：关闭。㊹自：从。㊺求：搜求。㊻要：要领。㊼列德：任用有德之士。列，此作用。㊽肆：商人。㊾举：举用。㊿予：给予。(51)爵：爵位。(52)事：职事。(53)断：同"决"、决断。断予之令：给予决断政令之权。(54)弗：不。(55)厚：丰厚。(56)信：信任。(57)赐：赏赐(58)就列：以就其位。(59)服事：从事公职。(60)殿：定。(61)若：与前"此"同意，古代有这样连用句式。(62)服泽：古地名，不详其地。一说为蒲泽，在今山西运城境内。(63)阳：山南水北为阳。(64)阴方：古地名，不详其地。(65)伊尹：名挚，商之贤相，助汤伐桀灭夏。(66)得：得以成功。(67)闳夭、泰颠：

均为周文王时人。 ㊳ 罝(jū)：捕兔的网。 ㊴ 罔：同"网"，捕鸟兽工具。 ㊵ 施：惕，警惕。 ㊶ 劝：规劝、劝勉。 ㊷ 意：一说当作"悳"，即"德"。 ㊸ 辅相：辅佐大臣。 ㊹ 承嗣：继承嗣位之子。 ㊺ 困：困乏。 ㊻ 章：彰著。 ㊼ 得意：得意时。 ㊽ 尚：同"上"。 ㊾ 本：根本。 （燕永成）

〔**鉴赏**〕 "尚贤"，是指治理国家政事者必须崇尚、尊重、任用贤能的人。在墨子看来，"尚贤事(使)能"，国家就治理得好；相反，国家就治理得差。所以，"尚贤者，政之本也"。"尚贤"是治国的根本措施，也是墨子的一项基本政治主张。

说起来，选贤治国，这几乎成了先秦思想家的共同话题。例如，《论语》有"举贤才"，《孟子》有"尊贤使能"，《荀子》更提出"不在乎不言用贤，而在乎诚必用贤"。不仅儒家，法家也是如此。《韩非子》主张，国之明主必须"进贤才劝有功"。

尊贤人人会讲，然而主旨各有不同。比较墨子的"尚贤"与孔子的"举贤才"，就可看出两者的本质区别和"尚贤"的难能可贵。

这种区别主要表现在以下两方面：

其一，"为贤之道"，即做贤人的道理不同。

墨子认为，德义是为贤的第一条件。所谓德义，就是为民着想，有力量就去帮助人，有钱财就去周济人，懂事理就去开导人，使饥寒交迫又陷于动乱的人们得到衣食，安宁地生活。如果一个人能这样做，就是有德义，有德义也才有可能是位贤人。

孔子则认为，成为贤人的根本途径是学习和实行周礼。他曾说，一个人只有遵循周礼，才能自立于世；要"成人"就要按照礼去修身养性，规范自己，使视、听、言、动都合乎礼。惟其如此，才可能有完全的人格，也才可能成为贤人。

其二，"众贤之术"，即选拔贤才的原则和方法不同。

墨子的"众贤之术"是"列德而尚贤"。这是以德义为选拔贤人的唯一标准。按照这个原则，凡有德义的贤者就要举用，凡无德义的庸者就要罢黜；以亲疏贵贱为标准的人事任用终身制，要彻底废除。这就是墨子所说，"不党父兄，不偏富贵"，"列德而尚贤"。

孔子与墨子不同。他虽然也说"知贤而举"，但更要求"君子笃于亲"和"故旧不遗"(《论语·泰伯》)。权贵的亲族与故旧，自然也多是贵族。所以，孔子的"众贤之术"仍然限于统治阶层之中。着眼于贵族，就要排斥下层劳动者。在孔子看来，"难养"又"愚"的下层"小人"，自然不能入贤者之列，更何况"小人"从来都不是"仁者"！孔子的"小人"，含有品德方面的意义，但主要指人的社会等级，尤其是那些活动于本乡本土，从事农耕和其他劳作以维持生计的劳动者，即“怀土”的小民。

墨子“尚贤”与孔子“举贤才”表现出的上述区别，其实质是对劳动者以及奴隶主贵族宗法制和等级制的态度不同。

孔子的“为贤”，是要恢复和维持周礼。墨子的“为贤”，则是要“举义”，首先是要求满足劳动者最起码的生存条件：饥则得食，寒则得衣，乱则得治，此安生生。先秦思想家中，同情劳动者的不乏其人。但是，能够对劳动者疾苦有如此深刻的体察，真切的同情，并为之发出如此感人肺腑的呼号的，只有墨子！

孔子的“众贤”，是要维护奴隶主贵族的宗法制和等级制。墨子的“众贤”，则是不分亲疏、远近、贫富、贵贱，一视同仁。他坚决主张，“虽在农与工肆之人，有能则举之”，虽为“王公大人骨肉之亲”，“无能则下之”；“官无常贵，而民无终贱”。这是对劳动者政治觉醒和争取政治权利要求的直接反映；也是对儒家“亲亲贵贵”思想的深刻批判；更是对奴隶主贵族统治的有力冲击！

墨子的《尚贤》，不仅在当时是有胆有识的难能可贵之作，就是在今天也是具有现实意义且发人深省的宏论。

（崔清田）

兼　爱(上)

《墨子》

圣人以治天下为事者也，必知乱之所自起①，焉②能治之，不知乱之所自起，则不能治。譬之如医③之攻④人之疾者然⑤，必知疾之所自起，焉能攻之；不知疾之所自起，则弗能攻。治乱者何独不然，必知乱之所自起，焉能治之；不知乱之所自起，则弗能治。

圣人以治天下为事者也，不可不察乱之所自起，当⑥察乱何自起？起不相爱⑦。臣子之不孝君父，所谓乱也。子自爱不爱父，故⑧亏⑨父而自利；弟自爱不爱兄，故亏兄而自利；臣自爱不爱君，故亏君而自利，此所谓乱也。虽父之不慈⑩子，兄之不慈弟，君之不慈臣，此亦天下之所谓乱也。父自爱也不爱子，故亏子而自利；兄自爱也不爱弟，故亏弟而自利；君自爱也不爱臣，故亏臣而自利。是何也⑪？皆起不相爱。虽至天下之为盗贼者亦然⑫,盗⑬爱其室⑭不爱其异室⑮,故窃异室以利其室;贼⑯爱其身⑰不爱人⑱,故贼人⑲以利其身。此何也?皆起不相爱。虽至大夫之相乱家⑳,诸侯之相攻国者亦然。大夫各爱其家㉑,不爱异家㉒,故乱异家以利其家;诸侯各爱其国,不爱异国,故攻异国以利其国,天下之乱物㉓具此而已矣㉔。察此何自起?皆起不相爱。

若㉕使天下兼相爱㉖,爱人若爱其身㉗,犹㉘有不孝者乎?视㉙父兄与君若其身,恶施不孝㉚?犹有不慈者乎?视弟子与臣若其身,恶施不慈?故不孝不慈亡有㉛,犹有盗贼乎?故视人之室若其室,谁窃?视人身若其身,谁贼?故盗贼亡有。犹有大夫之相乱家、诸侯之相攻国者乎?视人家若其家,谁乱?视人国若其国,谁攻?故大夫之相乱家、诸侯之相攻国者亡有。若使天下兼相爱,国与国不相攻,家与家不相乱,盗贼无有,君臣父子皆能孝慈,若此则天下治。故圣人以治天下为事者,恶得㉜不禁恶㉝而劝㉞爱?故天下兼相爱则治,交相恶㉟则乱。故子墨子曰:"不可以不劝爱人者,此也。"

〔注释〕 ① 所自起:从那里产生。 ② 焉:乃。 ③ 医:医师。 ④ 攻:治。 ⑤ 然:那样。 ⑥ 当:通"尝",试。 ⑦ 起不相爱:起源于互不相爱。 ⑧ 故:所以、于是。 ⑨ 亏:损害。 ⑩ 慈:慈爱。 ⑪ 是何也:这是什么缘故。 ⑫ 亦然:也一样。 ⑬ 盗:窃贼。 ⑭ 其室:自己家。 ⑮ 其异室:"其"字衍;异室,别人家。 ⑯ 贼:强盗。 ⑰ 其身:自身。 ⑱ 不爱人:不爱别人之身。 ⑲ 贼人:伤害他人。贼,作动词。 ⑳ 相乱家:互相侵扰别人的家。 ㉑ 其家:自己的家。 ㉒ 异家:别人的家。 ㉓ 乱物:乱事。 ㉔ 具此而已矣:都具备在这里了。 ㉕ 若:如果。 ㉖ 兼相爱:互相关爱。 ㉗ 若爱其身:如同爱护自己身体一样。 ㉘ 犹:还、仍然。 ㉙ 视:看待。 ㉚ 恶施不孝:从何去行不孝。恶,同"何"。 ㉛ 亡有:没有。 ㉜ 恶得:怎得、怎么能。 ㉝ 禁恶:禁止互相憎恶。 ㉞ 劝:劝导、规劝。 ㉟ 交:互相。交相恶:互相憎恨。

(燕永成)

〔鉴赏〕 墨子的"兼爱"说究竟是怎么一回事呢?所谓"兼爱",就是普遍平等地相爱互助。"兼"字的本义是一手执二禾,引申为整体、无差别之意。墨家把"兼爱"又叫"尽爱"、"周爱"等,主张把"爱"扩展到人的外延的全部,认为人口的数量不妨碍兼爱,人的处所不妨碍兼爱,爱人口多和人口少的世代一样,爱过去、现在、未来的人一样,兼爱全人类不可分割,爱人包括爱奴仆、爱自己等等,这种爱是平等的，不因血缘关系的亲疏远近、身份等级的高低贵贱而有差别，与儒家的只爱君子、统治者的部分、局部之爱(别爱、偏爱)和“爱有差等”、“亲亲有杀(等级)”的学说相对立。

墨子的“兼爱”思想来源于中国人民在千百年的交往中所形成的传统美德。《诗经·大雅》篇说：所有的言论都会得到回应，所有的恩德都会得到报答：你投给我一个桃子，我回敬你一个李子。墨子引此诗作为证明兼爱思想的重要论据，可见这种兼爱思想本是早已存在于民间的互相爱护、互相帮助的道德元素的升华。墨子的理想是进一步让全社会所有的人们都按照兼爱的道德原则行事，并把兼爱的道德原则引申为治理国家的方针，医治社会机体疾病的良方，“国家务夺侵凌，则语之兼爱”(见《鲁问》)。治病要找病根，治国也要针对国家机体疾病的根源。墨子认为一切社会混乱都起源于不相爱。

在《兼爱》三篇中，墨子充分运用自问自答、模拟辩论的手法展开论说，使文章生动活泼，一波三折，层层递进，以增强说服力。如模仿辩论对方的口气说兼爱好是好，但有什么用呢？墨子设计两场对比试验，像演戏一样，让一士一君执兼(实行墨家兼爱说)，一士一君执别(实行儒家别爱说)，你有困难需人帮助时，一定会选择兼士、兼君，这就是兼爱的用处。又模仿辩论对方的口气说，兼爱即使符合仁义，但能办得到吗？墨子就用大量历史文献证明古代圣王夏禹、商汤、周文王、武王曾经实行过兼爱说。最后又模仿辩论对方的口气说，兼爱实行起来太难了。墨子则举楚灵王、越王勾践、晋文公上行下效的故事，说明只要上边喜欢兼爱学说，加以鼓励、提倡，人们就会像火就上、水就下一样，以不可阻挡的力量来实行兼爱。

墨子把兼爱作为崇高的道德理想和奋斗目标，以身作则地实行。古语说“墨突不黔”、“墨子无暖席”，形容墨子救世之急。墨子裂裳裹足、走十日十夜以止楚攻宋的故事被传为千古佳话。时人称墨子是“独自苦而为义”的贤圣人。连曾无理攻击墨子的孟夫子也不得不说“墨子兼爱，摩顶放踵利天下为之”。《庄子·天下》称墨子“真天下之好”，是“求之不得”的“才士”。可见墨子道德境界之高。

墨子在坚持兼爱说的同时，又以鲜明的是非、善恶观反对盗贼和攻伐掠夺者，认为这与强调“一切人应爱一切人”的兼爱说并不矛盾。因为谴责、诛罚暴人是现实的急需，而兼爱是争取实现的理想。不过一般认为墨子把“兼爱”作为理想和目标，让广大人群都不折不扣地实行，这是操之过急，要求太高，不容易办到。特别是在中国长期封建社会中统治者奉行保护宗法制度的儒家思想，墨子

“兼爱”的主张更是受到压抑。墨子的“兼爱”说只在农民起义的某些阶段，在极有限的范围内实行过。但其“兼爱”说中所包含的深厚人文精神，是中国传统文化的珍贵遗产。

（孙中原）

非 攻(上) 《墨子》

今有一人，入人园圃①，窃其桃李，众闻则非②之，上为政者③得④则罚之。此何也？以⑤亏人自利也。至⑥攘⑦人犬豕鸡豚⑧者，其不义又甚入人园圃窃桃李。是何故也？以亏人愈多，其不仁兹⑨甚，罪益厚⑩。至入人栏厩⑪，取⑫人马牛者，其不仁义又甚攘人犬豕鸡豚。此何故也？以其亏人愈多。苟⑬亏人愈多，其不仁兹甚，罪益厚。至杀不辜⑭人也，扡⑮其衣裘，取戈剑者，其不义又甚入人栏厩取人马牛。此何故也？以其亏人愈多。苟亏人愈多，其不仁兹甚矣，罪益厚。当此，天下之君子皆知而非之，谓之不义。今至大为攻国，则弗知非，从而誉⑯之，谓之义⑰。此可谓知义与不义之别⑱乎？

杀一人谓之不义，必有一死罪矣，若以此说往⑲，杀十人十重不义，必有十死罪矣；杀百人百重不义，必有百死罪矣。当此⑳，天下之君子皆知而非之，谓之不义。今至大为不义攻国，则弗知非，从而誉之，谓之义，情㉑不知其不义也，故书㉒其言以遗后世。若知其不义也，夫奚㉓说㉔书其不义以遗后世哉？今有人于此，少见黑曰黑，多见黑曰白，则以此人不知白黑之辩㉕矣；少尝苦曰苦，多尝苦曰甘，则必以此人为不知甘苦之辩矣。今小为非，则知而非之。大为非攻国，则不知非，从而誉之，谓之义。此可谓知义与不义之辩乎？是以知天下之君子也，辩义与不义之乱㉖也。

〔注释〕 ① 园圃：种果树为园，种菜为圃。 ② 非：非难、非议、责怪。 ③ 上为政者：在上面为政者，即当官者。 ④ 得：得知。 ⑤ 以：因为。 ⑥ 至：至于。 ⑦ 攘：偷盗、窃取。 ⑧ 犬豕鸡豚：豕，猪；豚，小猪。 ⑨ 兹：通“滋”，更加。 ⑩ 益厚：更加深重。 ⑪ 栏厩：牛栏马厩。 ⑫ 取：偷取。 ⑬ 苟：假如。 ⑭ 不辜：无辜。 ⑮ 扡：即“拕”，同“拖”，夺取。 ⑯ 誉：称赞。 ⑰ 谓之义：说合乎义。 ⑱ 别：区别。 ⑲ 若以此说往：如果按此说推论下去。往,去,此作类推。　⑳ 当此:对此。　㉑ 情:诚、果真。　㉒ 书:写、记载。　㉓ 奚:何、什么。　㉔ 说:说词、理由。　㉕ 辩:通“辨”,辨别、分辨。　㉖ 乱:混乱。(燕永成)

〔鉴赏〕　“非攻”是墨子思想的重要组成部分。继儒学而创立的墨学,有一整套治国方略,用以纠正当时社会的弊病。墨子将其归纳为十个方面:“国家昏乱,则语之尚贤尚同;国家贫,则语之节用节葬;国家憙音湛湎,则语之非乐非命;国家淫僻无礼,则语之尊天事鬼;国家务夺侵凌,则语之兼爱非攻。”(《墨子·鲁问》)

墨子生活于战国初年。战国时代是一个典型的“弱肉强食”的时代,西周初期由周公制定的那套礼乐制度早已被破坏,因此春秋时期的孔子已对“礼崩乐坏”的状况感慨不已;到了战国时代,连春秋五霸提出的“尊王攘夷”的口号也已成空谷回声,代之而起的是永无休止的兼并战争,终于在中国大地上形成七雄并立的局面。战国七雄又都雄心勃勃地为扩大地盘,主宰江山而发动一次又一次的战争。战争对于获胜的诸侯而言,当然是一笔大的财富,可以掠夺到大量的土地、人口、宝物。然而带给人民的却是无穷无尽的灾难。“饥者不得食,寒者不得衣,劳者不得息”(《墨子·非乐》),每场战争之后,尸横遍野,白骨森森。

出身“低贱”而又学识渊博、技艺超群的墨子对于民众的疾苦给予深切的同情,他认为社会之所以出现混乱、战争,是因为人与人之间缺乏爱心,各人只知道爱己利己,并为此不惜去欺凌和损害别人的利益。为了解决这种状况,他提出了“兼爱”的主张,就是“兼相爱;交相利”。具体地说就是要做到“视人之国若视其国,视人之家若视其家,视人之身若视其身”(《兼爱(中)》)。这是政治伦理层面的准则,而在实际行动中则要制止战争。为此,墨子写了《非攻》,讲述战争的祸害,驳斥那些好战者所散布的战争理论,希望以此制止战争。

《墨子》一书中,《非攻》有上、中、下三篇,分别从不同的侧面和角度阐述他反对战争(攻即相互攻伐)的道理,尤其是《非攻(上)》向来为人所称引。文章先写:“今有一人,入人园圃,窃其桃李,众闻则非之,上为政者得则罚之。此何也?以亏人自利也。”从一件小事揭示出问题的实质——“亏人以自利”。接着,他又举出“攘人犬豕”、“取人牛马”、“杀不辜人”的事实,由小到大,由轻及重,指出“亏人愈多,其不仁兹甚,罪益厚”的道理。之后文章又从杀人罪写起:“杀一人谓之不义,必有一死罪矣”,推导出杀十人、杀百人就有十死罪、百死罪,这些都是众所周知的“不义”行为。最后以如今诸侯发动战争,攻城略地,杀人如麻,则其罪孽又是何等深重。文章由近及远,层层递进,将道理讲得十分透彻,号召大家共同谴责不正义的战争,并痛斥了那些为战争大唱赞歌的所谓君子们是不辨黑白,不明是非的人。

墨子反对写文章过于讲究文辞华丽,他认为太注重文采会使读者光注意文章的表面形式而忽视文章所要阐述的深层道理。然而,要宣传自己的主张,就必须使文章写得令人信服,为此,墨学注重于采用逻辑推理的方法,《非攻(上)》便是其典型之作。墨子提出"察类明故"的论辩法,"类"即概念的类别,"故"是原因。《非攻》中,从"窃其桃李"、"攘人犬豕"、"取人马牛"等行为中,归纳出"亏人以自利"的"类"来,作为推论的前提;然后用杀一人、杀十人、杀百人的罪行之轻重,推论到诸侯发动战争,杀人愈多而罪愈重的结论。由类比法展开,层层推进,显得极有说服力。

《非攻(中)》以春秋末年发生的吴越之战和晋国的韩、赵、魏三家联合消灭智伯的故事,说明穷兵黩武者必将自取灭亡这样一个道理。其采用的就是该篇开头所说的"以往知来,以见知隐"的说理方法。

墨子不仅是反对战争的倡言者,而且是制止战争的实践者。墨子有一大批弟子,都听从他的号令,他们善守御,作战十分勇敢,能够"赴火蹈刃,死不还踵"。《墨子·公输》篇中记载,墨子为了保卫宋国不受大国楚国的侵略,步行十天十夜到郢都,在楚王面前与为楚国制造了攻城云梯的公输盘比赛攻守之术,并战胜了他,终于使楚王放弃攻打宋国的意图。《墨子·公输》篇实际上是墨子"非攻"思想的具体实施,文中生动地刻画了墨子过人的才智与高尚的品格。鲁迅《故事新编》曾以此为题材再现了墨子光彩照人的艺术形象。 (汤漳平 许 晶)

节 用(上) 《墨子》

圣人为政一国,一国可倍①也;大之为政天下,天下可倍也。其倍之非外取地也,因其国家,去其无用之费,足以倍之。圣王为政,其发令②兴③事,使民用财④也,无不加用⑤而为者,是故用财不费⑥,民德⑦不劳,其兴利多矣。其为衣裘何?以为冬以圉⑧寒,夏以圉暑。凡为衣裳之道,冬加温,夏加清⑨者,芊䱉⑩不加⑪者去⑫之。其为宫室何?以为冬以圉风寒,夏以圉暑雨,有盗贼加固⑬者,芊䱉不加者去之。其为甲盾五兵⑭何?以为以圉寇乱盗贼,若有寇乱盗贼,有甲盾五兵者胜，无者不胜。是故圣人作为甲盾五兵。凡为甲盾五兵加轻以利⑮，坚而难折者，芊鲍不加者去之。其为舟车何？以为车以行陵陆⑯，舟以行川谷，以通四方之利。凡为舟车之道，加轻以利者，芊鲍不加者去之。凡其为此物也，无不加用而为者，是故用财不费，民德不劳，其兴利多矣。

有⑰去大人之好⑱聚⑲珠玉、鸟兽、犬马，以益⑳衣裳、宫室、甲盾、五兵、舟车之数于数倍乎！若则不难，故孰㉑为难倍㉒？唯人为难倍。然人有可倍也。昔者圣王为法曰："丈夫㉓年二十，毋敢不处家㉔。女子年十五，毋敢不事人㉕。"圣王既没，于民次㉖也，其欲蚤㉗处家者，有所㉘二十㉙年处家；其欲晚处家者，有所四十年处家。以其蚤与其晚相践㉚，后㉛圣王之法十年。若纯㉜三年而字㉝，子生可以二三年㉞矣。此不惟使民蚤处家，而可以倍与？且不然已㉟。

今天下为政者，其所以寡人㊱之道㊲多，其使民劳，其籍敛㊳厚，民财不足，冻饿死者不可胜数也。且大人㊴惟毋㊵兴师以攻伐邻国，久者终年，速者数月，男女久不相见，此所以寡人之道也。与居处不安，饮食不时，作疾病死者，有与侵就㊶僾橐㊷，攻城野战死者，不可胜数。此不令㊸为政者，所以寡人之道数术㊹而起与？圣人为政特无此，不㊺圣人为政，其所以众人之道亦数术而起与？故子墨子曰："去无用之费，圣王之道，天下之大利也。"

〔注释〕　① 倍：加倍。　② 发令：发布政令。　③ 兴：兴办。　④ 用财：使用钱财。　⑤ 加用：更有用、更有价值。　⑥ 费：用财多。　⑦ 德：通"得"。　⑧ 圉：通"御"，抵御。　⑨ 清：凉。　⑩ 芊鲍：不详其意。一说为"鲜且"之误，恐不确。　⑪ 不加：无益。　⑫ 去：去掉。　⑬ 固：坚固。　⑭ 五兵：戈、殳、戟、酋矛、夷矛五种兵器。　⑮ 加轻以利：使更加轻便锐利。　⑯ 陵：大土山。陵陆：陆地。　⑰ 有：又。　⑱ 好：喜好。　⑲ 聚：搜集、积聚。　⑳ 益：增加。　㉑ 孰：为什么。　㉒ 难倍：不容易加倍。　㉓ 丈夫：男子。　㉔ 处家：成家。　㉕ 事人：嫁人。　㉖ 于民次：次同"恣"，听任。"于民次"即听任百姓所欲之意(指嫁娶之事)。　㉗ 蚤：早。　㉘ 有所：有时。　㉙ 二十年：二十岁。　㉚ 践：比较。　㉛ 后：迟于。　㉜ 纯：皆。　㉝ 字：扶养。　㉞ 年：当作"人"。　㉟ 且不然已：当有脱文。　㊱ 寡人：减少人口。　㊲ 道：原因、缘故。　㊳ 籍敛：赋税。　㊴ 大人：当政者。　㊵ 毋：不要。

㊶ 侵就：未详。 ㊷ 偻橐：偻，一说即"援"字；一说为"伏"字。橐，举火攻城之具。 ㊸ 不令：不释为"犹"，令当为"今"，现在。 ㊹ 数术：措施、政策。 ㊺ 不：后当脱一"令"字。

（燕永成）

〔鉴赏〕 "节用"也是墨子思想的重要组成部分。他说："国家贫，则语之节用节葬。"(《鲁问》)今传《墨子》中保存有《节用》上、中两篇文章。本书收入上篇。

节俭是中华民族传统的美德。作为小生产者出身的墨子对此更是深有感受。他自觉地站在劳动者的立场上，对一切奢侈浪费的行为给予无情的抨击。《淮南子·要略》中说："墨子学儒者之业，受孔子之术，以为其礼烦扰而不说，厚葬靡财而贫民，(久)服伤生而害事，故背周道而用夏政。"可知，墨子之所以别立墨学，首先是不满意儒家的繁文缛礼，不满意其"厚葬"浪费钱财的做法。他所以"背周道而用夏政"，是因为儒家所信奉提倡的正是周礼那一套。而夏政则是传说中夏王朝的奠基者古代英雄大禹的做法。在古籍记载中，禹是个治水英雄，他"亲自操橐耜而九杂天下之川，腓无胈，胫无毛，沐甚风，栉甚雨"(《庄子》)，就是讲禹亲自拿耜掘地，以橐负土，疏导山川，风雨无阻地坚持不懈。他虽为帝王，但"菲饮食"，"恶衣服"，"卑宫室而尽力乎沟洫"(《论语·泰伯》)。说的是禹吃得很简单，穿着很不像样的衣服，宫室也建造得很低矮简陋。"用夏政"的墨子以禹为榜样，他"摩顶放踵，利天下而为之"(《孟子》)。

在本篇中，墨子提出"节用"的原则，是"去无用之费"。文章开头即写道："圣人为政一国，一国可倍也；大之为政天下，天下可倍也。其倍之非外取地也，因其国家，去其无用之费，足以倍之。"墨子认为，要使国家不穷，关键在于节省开支。节省了开支，国家、天下就能得到加倍的好处。当然，节用不等于不用，而是确有益于实用的才做："圣王为政，其发令兴事，使民用财也，无不加用而为者。是故用财不费，民德不劳，其兴利多矣。"也就是说，应当十分珍惜人力物力，使"用财不费，民德不劳"。

接着，文章分述"圣人为政"的具体做法：制作衣裘，以冬天可以保暖，夏天可以防暑就行了；建造宫室，以冬天抗风寒，夏天避暑雨就可以了；制作铠甲、盾牌、戈矛，达到坚固锋利，足以抵御外寇和盗贼就好了；制造车船，以轻快便利为原则。与此同时，要去掉奢华和无用的东西，即墨子在文中所说的"去大人之好聚珠玉、鸟兽、犬马"，他认为这些都是于民于国无用之物。

在节省财物的基础上，文章又具体讨论了增加人口的方法。先秦时期，由于饥荒、战争、疾病等，各国普遍感到人口不足，因而希望增加人口。墨子在文中提出增加人口的方法：其一是制定法令，男女到了一定年龄就应当成家，以繁殖人口；其二是当政者应当停止暴政。他指责当今的为政者所实行的是“寡民之道”，“其使民劳，其籍敛厚，民财不足，冻饿死者不可胜数”，而“攻伐邻国，久者终年，速者数月，男女久不相见”，加上“居处不安，饮食不时，作疾病死者”与“攻城野战死者，不可胜数”，自然人口只会减少而不能增加。最后墨子提出，只有去无用之费，行圣王之道，这样才能使天下大利。

墨子的学说具有鲜明的时代特色，春秋战国时代，尽管当时的社会生产力还比较低下，但各诸侯国君却穷奢极欲，不顾劳动人民的死活。他们对外频频发动战争，专事掠夺扩张；对内厚敛民财，以供其无餍之需。《老子》中已猛烈抨击过这种现象，他描写当时的状况是：“朝甚除，田甚芜，仓甚虚，服文彩，带利剑，厌饮食，财货有余，是谓盗夸，非道也哉！”（《老子》第53章）也就是说诸侯们的朝廷宫室修建整齐，田野却一片荒芜，仓中十分空虚，而诸侯们却穿着锦衣绣服，佩带名贵宝剑，大吃大喝，搜刮大量财宝，因此他们是一群强盗头子（盗夸），是违反“道”的。墨子所描写的也是这种境况：奢侈必然导致财用的不足，贪欲和攻战必然导致民劳和人口的减损。

据载，墨子和他的门徒曾组成过一个纪律组织严明的社团，他们奉行大禹的遗教，将财产归于团体所有，生活十分节俭，“量体而衣，量腹而食”（《吕氏春秋·学义》），“以裘褐为衣，以跂跻为服”（《庄子·天下》），也就是吃得省，穿得很低档，专门做有利于天下的好事，体现了其理论与实践的一致性。司马谈在《论六家之要旨》中说：“强本节用，则人给家足之道也。此墨子之所长，虽百家不能废也。”对墨子的“节用”思想给予了充分的肯定。

（汤漳平　许　晶）

天　志①(上)　　《墨子》

子墨子②言曰：“今天下之士君子，知小而不知大。何以知之？以其处③家者知之④。若处家得罪于家长，犹有邻家所⑤避逃之。然且亲戚⑥兄弟所知识⑦，共相儆戒⑧，皆曰：‘不可不戒矣！不可不慎矣！恶⑨有处家而得罪于家长，而可为⑩也！’非独处家者为然⑪，虽处国亦然。处国得罪于国君，犹有邻国所避逃之，然且亲戚兄弟所知识，共相儆戒，皆曰：‘不可不戒矣！不可不慎矣！谁亦有处国得罪于国君，而可为也’！

此有所避逃之者也，相儆戒犹若此其厚[12]，况[13]无所避逃之者，相儆戒岂不愈厚，然后可[14]哉？且语言有之曰[15]：'焉而[16]晏日[17]焉[18]而得罪，将恶[19]避逃[20]之？'曰无所避逃之。夫天不可[21]为林谷幽门[22]无人，明必见之[23]。然而天下之士君子之于天也，忽然[24]不知以相儆戒，此我所以知天下士君子知小而不知大也。"

然则[25]天亦何欲[26]何恶[27]？天欲义而恶不义。然则率[28]天下之百姓以从事于义，则我乃为[29]天之所欲也。我为天之所欲，天亦为我所欲。然则我何欲何恶？我欲福禄而恶祸祟[30]。若我不为天之所欲，而为天之所不欲，然则我率天下之百姓，以从事[31]于祸祟中也。然则何以知天之欲义而恶不义？曰[32]天下有义则生，无义则死；有义则富，无义则贫；有义则治，无义则乱。然则天欲其生而恶其死，欲其富而恶其贫，欲其治而恶其乱，此我所以知天欲义而恶不义也。

曰且夫[33]义者政[34]也，无从下之政上，必从上之政下[35]。是故[36]庶人竭力从事，未得次[37]己而为政，有士政之；士竭力从事，未得次己而为政，有将军大夫政之；将军大夫竭力从事，未得次己而为政，有三公诸侯政之；三公诸侯竭力听治，未得次己而为政，有天子政之；天子未得次己而为政，有天政之。天子为政于三公、诸侯、士、庶人，天下之士君子固明知[38]，天之为政于天子，天下百姓未得之[39]明知也。故昔三代圣王禹汤文武，欲以天之为政于天子，明说[40]天下之百姓，故莫不犓牛羊[41]，豢[42]犬彘[43]，洁为粢盛[44]酒醴[45]，以祭祀上帝鬼神，而求祈福于天[46]。我未尝闻天下之所求祈福于天子者也，我所以知天之为政于天子者也。

故天子者，天下之穷[47]贵也，天下之穷富也，故于富且贵者，当[48]天意而不可不顺[49]，顺天意者，兼相爱，交相[50]利，必得赏。反天意者，别相恶[51]，交相贼[52]，必得罚。然则是谁顺天意而得赏者？谁反天意而得罚者？子墨子言曰："昔三代圣王禹汤文武，此顺天意而得赏也。昔三代之暴王桀纣幽厉，此反天意而得罚者也。然则禹汤文武其得赏何以[53]也？"子墨子言曰："其[54]事[55]上尊天，中事[56]鬼神，下爱人，故天意曰：'此之我所爱，兼而爱之；我所利，兼而利之。爱人者此为博[57]焉，利人者此为厚[58]焉。'故使贵为天子，富有天下，业[59]万世子孙，传[60]称[61]其善，方[62]施[63]天下，至今称之，谓之圣王。然则桀纣幽厉得其罚何以也？"子墨子言曰："其事：上诟[64]天，中诟鬼，下贼人，故天意曰：'此之我所爱，别而恶之，我所利，交而贼之。恶人者此为之博也，贱人者此为之厚也。'故使不得终其寿，不殁[65]其世，至今毁之，谓之暴王。"

然则何以知天之爱天下之百姓？以其兼而明之[66]。何以知其兼而明之？以其兼而有之[67]。何以知其兼而有之？以其兼而食焉[68]。何以知其兼而食焉？四海之内，粒食之民[69]，莫不犓牛羊，豢犬彘，洁为粢盛酒醴，以祭祀于上帝鬼神，天有邑人[70]，何用弗爱[71]也？且吾言杀一不辜[72]者必有一不祥。杀不辜者谁也？则人也。予[73]之不祥者谁也？则天也。若以天为不爱天下之百姓，则何故以人与人相杀，而天予之不祥？此我所以知天之爱天下之百姓也。

顺天意者，义政[74]也。反天意者，力政[75]也。然义政将奈何哉？子墨子言曰："处[76]大国不攻小国，处大家不篡小家，强者不劫弱，贵者不傲贱，多诈者不欺愚。此必上利于天，中利于鬼，下利于人，三利无所不利，故举天下美名加之，谓之圣王。力政者则与此异，言非此，行反此，犹倖驰[77]也。处大国攻小国，处大家篡小家，强者劫弱，贵者傲贱，多诈欺愚。此上不利于天，中不利于鬼，下不利于人。三不利无所利，故举天下恶名加之，谓之暴王。"

子墨子言曰："我有天志，譬若轮人[78]之有规，匠人[79]之有矩，轮匠执其规[80]矩[81]，以度天下之方圜[82]，曰：‘中[83]者是也，不中者非也。’今天下之士君子之书，不可胜载[84]，言语[85]不可尽计[86]，上说诸侯，下说列士[87]，其于仁义则大相远[88]也。何以知之？曰我得天下之明法[89]以度[90]之。”

〔注释〕 ① 天志：天的意志。 ② 子墨子：对墨子的尊称。 ③ 处：处身。 ④ 之：指示代词，指“知小而不知大”的道理。 ⑤ 所：可。 ⑥ 亲戚：指父母。 ⑦ 知识：认识。 ⑧ 共相儆戒：相互告诫。 ⑨ 恶：何。 ⑩ 可为：可行。 ⑪ 然：相同，也是这样。 ⑫ 厚：郑重。 ⑬ 况：何况。 ⑭ 可：可以，决定。 ⑮ 且语言有之曰：言为衍字；况且古语有这样的说法。 ⑯ 焉而：于是。 ⑰ 晏日：光天化日。 ⑱ 焉：语助词。 ⑲ 恶：怎么。 ⑳ 避逃：逃避。 ㉑ 可：以，依恃。 ㉒ 幽门：应为幽间，指僻静深暗之处。 ㉓ 明必见之：明是使动用法，使（避逃之人）显现出来并见到他。全句有“天鉴甚明，无所逃脱”之意。 ㉔ 忽然：疏忽。 ㉕ 然则：那么。 ㉖ 欲：希望。 ㉗ 恶：憎恶。 ㉘ 率：带领。 ㉙ 为：做。 ㉚ 祸祟：祸，天降灾殃为祸；祟，鬼神降灾祸为祟。 ㉛ 从事：原义为从事事务，此为“陷身”之意。 ㉜ 曰：衍字。 ㉝ 且夫：表示递进的连词。 ㉞ 政：通“正”，正道、正义之意。 ㉟ 无从下之政上，必从上之政下：两“之”字无义，政通“正”，使动用法，即“使……合于正道”。 ㊱ 是故：所以。 ㊲ 次：同“恣”，放任。 ㊳ 固明知：一说“固明知”下漏“之”字。 ㊴ 之：一说应移在“天下”两字后。 ㊵ 说(shuì)：劝告。 ㊶ 犓牛羊：犓同“刍”，犓牛羊即喂牛羊。 ㊷ 豢：喂养。 ㊸ 彘：猪。 ㊹ 洁：干净；粢盛：祭品，一般是指装在容器中的黍稷；洁为粢盛：干净地准备好祭品。 ㊺ 醴：甜酒。 ㊻ 求祈福于天：求、祈同义，一说祈为祺之形误，祺为吉祥。 ㊼ 穷：极。 ㊽ 当(dàng)：适合。 ㊾ 顺，顺从。 ㊿ 交相：互相。 (51) 别相恶：别，隔绝人我关系；相恶，互相厌恶。 (52) 贼：伤害。 (53) 何以：因何，因为什么原因呢。 (54) 其：指示代词。 (55) 事：作动词用。 (56) 事：侍候。 (57) 博：广泛。 (58) 厚：厚重。 (59) 业：使万世子孙纂业。纂，通“缵”，继承。 (60) 传：相传。 (61) 称：称颂。 (62) 方：通“旁”，普遍。 (63) 施：施与、散布。 (64) 诟：辱骂。 (65) 殁：通“没”，不殃其世，不能终身。 (66) 兼：全都；明：《尔雅·释诂》训作“成”，使动用法；兼而明之：使百姓全都长成。 (67) 兼而有之：之指爱。 (68) 兼而食焉：食，使……食，句意为，使百姓全都能吃到那些东西（指下面的粮食、牛羊、犬猪之类）。 (69) 粒食之民：凡吃五谷的人。 (70) 邑人：全邑之人。 (71) 弗爱：不爱。 (72) 不辜：无辜。 (73) 予：给予。 (74) 义政：以义服人的政治，义是墨子宣扬的一种高尚品德。 (75) 力政：以暴力统治的政治。 (76) 处：处于、居于。 (77) 犹倖驰：犹，如同；倖驰，一作偝驰，即背道而驰。 (78) 轮人：制作车轮的人。 (79) 匠人：木工。 (80) 规：圆规。 (81) 矩：曲尺。 (82) 圜：同“圆”。 (83) 中：合、符合。 (84) 不可胜载：不能尽载。 (85) 言语：指士君子著述中的言论。 (86) 不可尽计：不可尽记，计，同“记”。 (87) 列士：有名望之人。 (88) 远：指与真正的仁义相距很远，即差距很大。 (89) 天下之明法：即天志。 (90) 度：衡量。

（燕永成）

〔鉴赏〕 孔子有“畏天命”（《论语·季氏》）之说，但极少讲到“天”。以致他的弟子说，几乎听不到老师谈论“天道”。墨子则不然，他认为“天”有意志，主宰世事，并且有《天志》专论。墨子这样做，是出于纯粹的宗教迷信，还是另有用意？

这应进行认真的分析。

究其实,“天志”主要是墨子推行“义事”的工具。因为墨子的“天志”不是别的,恰恰是墨子的意志。请看墨子坦言:“我为天之所欲,天亦为我所欲”。所谓“我为天之所欲”是形式,“天亦为我所欲”方是实质。这是因为所谓“天志”的全部内容并非真的来自虚幻的上苍,而是实实在在地出自墨子这位“仁者”的设计。

先看墨子的欲求与意志。他说:“我欲福禄而恶祸祟”,要灭祸祟获福禄,就要用“兼相爱,交相利”之法。于是,“兼相爱”就成了墨子的欲求与意志。

再看“天”的欲求与意志。《天志中》说:“‘顺天之意何若?’曰:‘兼爱天下之人’”。“天之意”恰恰也是“兼爱天下之人”。可见,“天志”与墨子之“所欲”如出一辙,毫无二致。

墨子之欲与“天之意”,哪个是本,哪个是本之所出?《天志下》说得明白:“子墨子置立天志以为仪法”。《天志上》则有“子墨子言曰:‘我有天志……’”。可见,“天志”是墨子置立并为墨子所有,“天志”只是墨子意志的另一种显现形式而已。

墨子所以要把自家的意志转化为“天志”的形式,其中自有原因。

其一,推行墨家“义事”的需要。墨子全力提倡和推行的“义事”,反映了“弱者”、“贫者”、“贱者”求取生存权利的要求。同时,墨子的“义”也充满了对“当今之主”、“王公大人”等横征暴敛,屠戮百姓,极尽奢靡罪行的揭露,以及对维护这种暴行的统治制度的批判。

很显然,对于墨子的思想,不仅统治者会认为是一种威胁而予以拒绝,就连一般士人也会从正统思想出发有所怀疑而不予接受。面对这种“天下莫为义”的艰难局面,墨子要切实推行自己的主张,就势必要依托一个既可以为百姓利益呼号,又足以制约统治者的强大支撑者。这样的支撑者,最合适和现成的就是传统宗教中的“天”。于是,墨子接过“天”的观念并配以“神、鬼”,通过改造,使之成为自己意志的化身,手中治世的“法仪”,推行“义事”的强力保证。因此,有人讲,与其说墨子“替天行道”,倒不如说“天”在“替墨子行道”。这话不无道理。

其二,古代传统宗教思想的影响。在古代,随着人间王权的确立,天上也有了至高无上的尊神,形成了奴隶社会的宗教。这个神被称为“帝”、“上帝”,后又称为“天”。古代宗教的“天”,是能主宰祸福及世间诸事的人格神,有广泛影响。《论语》所载“天生德于予”,“死生有命,富贵在天”等,即是这种影响的例证。墨子略后于孔子。很难设想古代传统宗教对墨子思想会毫无影响。

因此,我们是否可以说,墨子的“天志”主要是墨家推行“义事”的手段、工具和保证,同时,其中也含有古代传统宗教的影响。虽然墨子的"天"较之古代宗教的"天"有了变化,但客观上也还在麻痹着百姓的思想,甚至压抑他们的反抗意志,所以不能说是一面高明的旗帜。正由于此,后期墨家进步的标志之一,是对"天、鬼"的舍弃。

(崔清田)

非 乐(上)

《墨子》

子墨子言曰:"仁之事者①,必务②求兴天下之利,除天下之害,将以为法乎天下。利人乎,即为;不利人乎,即止。且夫仁者之为天下度③也,非为其目之所美,耳之所乐,口之所甘④,身体之所安,以此亏夺民衣食之财,仁者弗为也。"

是故子墨子之所以非⑤乐者,非以大钟、鸣鼓、琴瑟⑥、竽⑦笙之声,以为不乐也;非以刻镂⑧华文章⑨之色,以为不美也;非以犓豢⑩煎炙⑪之味,以为不甘也;非以高台厚榭⑫邃野⑬之居,以为不安也。虽身知其安也,口知其甘也,目知其美也,耳知其乐也,然上考之不中⑭圣王之事,下度⑮之不中万民之利,是故子墨子曰:"为乐非也。今王公大人,虽无⑯造为乐器,以为事乎国家,非直掊潦水⑰折壤坦⑱而为之也,将必厚⑲措敛⑳乎万民,以为大钟、鸣鼓、琴瑟、竽笙之声。古者圣王亦尝厚措敛乎万民,以为舟车,既以成矣,曰:'吾将恶许㉑用之?曰:舟用之水,车用之陆,君子息㉒其足焉,小人休其肩㉓背焉。'故万民出财赍㉔而予之,不敢以为戚恨㉕者,何也?以其反中㉖民之利也。然则乐器反中民之利亦若此,即我弗敢非也。然则当用乐器譬之若圣王之为舟车也,即我弗敢非也。"

民有三患㉗:饥者不得食,寒者不得衣,劳者不得息,三者民之巨患也。然即当为之撞巨钟、击鸣鼓、弹琴瑟、吹竽笙而扬㉘干戚㉙,民衣食之财将安可得乎?即我以为未必然也。

意舍此㉚。今有大国即㉛攻小国,有大家即伐小家,强劫弱,众暴寡,诈欺愚,贵傲贱,寇乱盗贼并兴,不可禁止也。然即当为之撞巨钟、击鸣鼓、弹琴瑟、吹竽笙而扬干戚，天下之乱也，将安㉜可得而治与？即我未必然也。是故子墨子曰："姑尝㉝厚措敛乎万民，以为大钟、鸣鼓、琴瑟、竽笙之声，以求兴天下之利，除天下之害而无补也。"

是故子墨子曰："为乐非也。今王公大人，唯毋处高台厚榭之上而视之，钟犹㉞是延鼎㉟也，弗撞击将何乐得焉哉？其说㊱将必撞击之，惟勿㊲撞击，将必不使老与迟㊳者，老与迟者耳目不聪明，股肱不毕㊴强，声不和调，明不转朴㊵。将必使当年㊶，因其耳目之聪明，股肱之毕强，声之和调，眉之转朴。使丈夫为之，废丈夫耕稼树艺之时，使妇人为之，废妇人纺绩织纴之事。今王公大人唯毋为乐，亏夺民衣食之财，以拊㊷乐如此多也。"

是故子墨子曰："为乐非也！今大钟、鸣鼓、琴瑟、竽笙之声既已具㊸矣，大人鏽㊹然奏而独听之，将何乐得焉哉？其说将必与贱人不与君子。与君子听之，废君子听治㊺；与贱人听之，废贱人之从事。今王公大人惟毋为乐，亏夺民之衣食之财，以拊乐如此多也。"是故子墨子曰："为乐非也。昔者齐康公㊻兴乐万㊼，万人不可衣短褐㊽，不可食糠糟㊾，曰食饮不美，面目颜色不足视也；衣服不美，身体从容㊿丑羸[51]，不足观也。是以食必粱肉[52]，衣必文绣，此掌[53]不从事乎衣食之财，而掌[53]食乎人者也。"是故子墨子曰："今王公大人惟毋为乐，亏夺民衣食之财，以拊乐如此多也。"

是故子墨子曰："为乐非也。今人固与禽兽麋鹿、蜚[54]鸟、贞虫[55]异者也，今之禽兽麋鹿、蜚鸟、贞虫，因其羽毛以为衣裘，因其蹄蚤[56]以为绔[57]屦，因其水草以为饮食。故唯使雄不耕稼树艺，雌亦不纺绩[58]织纴[59]，衣食之财固已具矣。今人与此异者也，赖[60]其力者生，不赖其力者不生。君子不强[61]听治，即刑政乱；贱人不强从事，即财用不足。今天下之士君子，以吾言不然,然即[62]姑尝数[63]天下分事[64],而观乐之害。王公大人蚤[65]朝晏[66]退,听狱治政,此其分事也;士君子竭股肱之力,亶[67]其思虑之智,内治官府,外收敛关市[68]、山林、泽梁之利,以实仓廪府库,此其分事也;农夫蚤出暮入,耕稼树艺,多聚叔[69]粟,此其分事也;妇人夙兴夜寐[70],纺绩织纴,多治麻丝葛绪细[71]布縿[72],此其分事也。今惟毋在乎王公大人说[73]乐而听之,即必不能蚤朝晏退,听狱[74]治政,是故国家乱而社稷危矣。今惟毋在乎士君子说乐而听之,即必不能竭股肱之力,亶其思虑之智,内治官府,外收敛关市、山林、泽梁之利,以实仓廪府库,是故仓廪府库不实[75]。今惟毋在乎农夫说乐而听之,即必不能蚤出暮入,耕稼树艺,多聚叔粟,是故叔粟不足。今惟毋在乎妇人说乐而听之,即不必能夙兴夜寐,纺绩织纴,多治麻丝葛绪细布縿,是故布縿不兴[76]。曰:孰为大人之听治而废国家之从事?曰:乐也。"

是故子墨子曰:"为乐非也。何以知其然也?曰先王之书,汤之官刑[77]有之曰:其恒[78]舞于宫,是谓巫风。其刑君子出丝二卫[79],小人否[80],似二伯黄径[81]。乃言曰:呜乎!舞佯佯[82],黄言孔章[83],上帝弗常[84],九有[85]以亡[86],上帝不顺,降之百殃[87],其家必坏丧。察九有之所以亡者,徒[88]从[89]饰[90]乐也。于《武观》[91]曰:启乃[92]淫溢康乐,野于饮食[93],将将铭苋磬以力[94],湛浊[95]于酒,渝食[96]于野,万舞翼翼[97],章闻于大[98],天用弗式[99]。故上者天鬼弗戒[100],下者万民弗利。"

是故子墨子曰:"今天下士君子,请[101]将欲求兴天下之利,除天下之害,当在乐之为物[102],将不可不禁而止也。"

〔注释〕 ① 仁之事者:即仁者之所以事者。事,行事。 ② 必务:务必。 ③ 度:揣度、设想。 ④ 甘:此指美味。 ⑤ 非:斥责、反对。 ⑥ 瑟:一种弦乐器。 ⑦ 竽:一种吹奏器。⑧ 刻镂:极力描摹和修饰。 ⑨ 文章:错杂的色彩或花纹。 ⑩ 犓豢:指牛羊犬豕等牲畜。⑪ 煎炙:指煎烤之肉。 ⑫ 榭:建在高台上的房子。 ⑬ 邃:深;野:通"宇",屋宇;邃野:深屋。 ⑭ 中:符合。 ⑮ 度:测度。 ⑯ 虽无:音"唯毋",语助词,无意义。 ⑰ 掊:手扒;

潦水：路上积水；掊潦水：用手扒路上积水。⑱ 折壤坦：挖泥土。折，挖；坦，当作“垣”。一说“坦”为“坛”，亦通。⑲ 厚：加重。⑳ 措敛：聚敛。㉑ 恶许：如何。㉒ 息：休息。㉓ 休其肩：免其背荷之意，即休息。㉔ 赍：给人以物称赍。㉕ 戚恨：怨恨、懊恨。㉖ 反中：反而合乎。㉗ 患：忧患。㉘ 扬：举。㉙ 干戚：盾与斧。㉚ 意舍此：即抑舍此，意思为暂且放下此事不谈。㉛ 即：就。㉜ 安：语助词。㉝ 姑尝：如果。㉞ 犹：象。㉟ 延鼎：不圆的鼎。㊱ 其说：如此来说。㊲ 惟勿：即唯毋，无意义。㊳ 迟：晚，此指幼小的人。㊴ 毕：疾、快速。㊵ 明不转朴：“朴”为“抃”字之误，“抃”与“变”同义，意为音不转变。㊶ 当年：壮年。㊷ 拊：击、鼓。㊸ 具：准备完备。㊹ 鏽：通“肃”，肃静。㊺ 听治：从事公务。㊻ 齐康公：齐宣公之子，名贷，时当周安王时。㊼ 兴乐万：喜爱各种乐舞。兴，喜欢。一说“万”应作“舞”，译作“舞者万人”，亦通。㊽ 短褐：粗衣。㊾ 糠糟：粗食。㊿ 从容：举动之貌。51 丑羸：衍文当删。52 粱肉：粱即粟，今称小米。粱肉泛指美食。53 掌：通“常”。54 蜚：同“飞”。55 贞虫：细腰蜂。56 蚤：“爪”字假借。57 绔：即“裤”，套裤。58 纺绩：绩是把麻搓成线，纺绩即纺线。59 织纴：织布。60 赖：凭借、依靠。61 强：尽力。62 然即：然则、那么。63 数：列举。64 天下分事：天下人分内的事。65 蚤：早。66 晏：晚。67 亶：通“殚”，竭尽。68 关市：集市。69 叔：“菽”，豆类。70 夙兴夜寐：早起迟睡。71 綑：通“捆”。72 缪：缣帛。73 说：同“悦”，喜欢。74 听狱：断狱。75 不实：空虚。76 兴：兴盛。77 官刑：即《汤刑》，商汤制定的法律。78 恒：常。79 卫：通“纬”。80 否：无。一说“否”为“咅”，即“倍”，指对小人加倍处罚，亦通。81 似二伯黄径：文有脱误，不可通释。82 佯佯：犹洋洋，众多貌。83 黄言孔章：黄字恐为“其”字之误；孔，大、甚。全句意为声音响亮。84 上帝弗常：上帝不喜欢这样。“常”通“尚”，喜欢。85 九有：即九州。86 亡：沦亡。87 殃：“祥”字异文，女鬼。88 徒：只。89 从：放纵。90 饰：致力。91《武观》：夏代的逸书。92 乃：为“子”字之误。93 野于饮食：在野外饮食。94 将将铭苋磬以力：疑有脱误，难详其意。95 湛浊：沉湎。96 渝食：输送饮食。“渝”通“输”。97 翼翼：即奕奕，整齐的样子。98 章闻于大：“大”当作“天”，声音响亮达于天。99 式：用。100 弗戒：不护佑。101 请：通“诚”，果真。102 乐之为物：音乐这个事物。

（燕永成）

〔**鉴赏**〕“非乐”是墨子的一种基本学术观点，是他精心论证的十大论题之一。墨子曾对弟子魏越说：“凡入国，必择务而从事焉”，“国家喜音沉湎（喜欢音乐，沉湎于酒色享乐），则语之非乐。”（见《鲁问》）

所谓“非”是反对，“乐”主要指音乐，也包括歌舞等其他文化娱乐或更广义的享乐。读者也许会问：像墨子这样一位大思想家，为什么会反对音乐、文化娱乐或享乐，这有什么积极意义呢？《非乐》这篇名文基本上回答了以上问题。

墨子“非乐”论的出发点和积极意义，是站在当时占人口绝大多数的劳动人民一边，尖锐批判当时统治者残酷剥削、搜刮劳动者，而大办音乐歌舞，沉湎于声色，恣意享乐，过着骄奢淫逸、荒淫无耻的生活。墨子提出一个正确、积极和深刻的思想，认为人兽之别，是在于人能依靠自身的力量，从事生产劳动，种地打粮，纺纱织布，以满足人类衣食等基本生活需要，但由于统治者大办音乐歌舞，聚敛暴夺民财，导致人民肚饿没饭吃，身冷没衣穿，劳累过度，与统治者奢靡无度的生活形成鲜明对照。这是当时少有的一篇为被剥削的劳苦大众呐喊、尖锐批判统治者荒淫无耻生活的奇文。此文充分体现了墨子这位圣贤同情、热爱和保护人民的伟大人道主义精神。

你看，那些"王公大人"统治者，端坐于高台厚榭之上，迫使许多眉清目秀、手脚灵巧、嗓音悦耳、眉目传情的青年男女奏乐歌舞，不知耽误了他们多少种地纺纱的正经工夫！就说那位"淫于酒、妇人，不听政"的齐康公吧(见《史记·田敬仲完世家》)，他竟然编了一个名为《万》的大型乐舞，专门训练了一大批脱离生产、靠人养活的青年男女，叫他们吃着精米肉食，穿着锦绣衣衫，为自己奏乐歌舞，这不知浪费了多少人民的血汗！

因此，墨子怀着为天下兴利除害、救世济民的仁者之心，从广大人民的根本利益出发，提出"非乐"的主张。这一主张的正面、积极意义，是对统治者造成的社会阴暗面的激烈政治批判精神和对劳苦大众深表同情的人文伦理精神。

但是任何真理往前跨越半步都会走向谬误。墨子由否定统治者靠榨取人民血汗大办乐舞的过度奢靡，而走向禁止一切音乐，则是错误的。这就像在泼洗澡水时，连小孩子也一起泼出去了。《庄子·天下》批评墨子"非乐"是"为之太过"，尽管他能要求自己做到"生不歌"，但一般人很难办到，是"反天下之心，天下不堪"。墨子顶多只在口头上、理论上承认乐器奏出的声音好听，但考虑万民的疾苦他宁肯自己不享受音乐的美感。儒家信徒程繁在与墨子辩论时指出，农民忙完农活之后也要敲击盆瓮发出乐音来娱乐一番，如果否定了音乐，犹如让马总拉着套而不卸套，让弓总张着而不松开，这是有血气生命的人所办不到的(见《三辩》)。

历史上有传说："墨子非乐，不入朝歌之邑。"(《淮南子·说山训》)"邑号朝歌，而墨子回车。"(《史记·邹阳传》)因为地名叫"朝歌"(一清早就唱歌)，引起墨子反感，掉转车头就往回走。

可是也有墨子懂音乐的传说。《礼记·祭统》说："墨翟，乐吏之贱者也(当过乐工)。"《吕氏春秋·贵因》说："墨子见荆王，锦衣吹笙，因也(入乡随俗)。"《尸子》说："墨子吹笙。"可见墨子是一个有多方面技能和复杂性格的人。他之所以"非乐"，不是不懂音乐，而主要是反对统治者滥用音乐来享受。　(孙中原)

桓公六年(季梁论民为神主)　　**《春秋·左传》**

经

六年①,春正月,寔来②。夏四月,公会纪侯于成③。秋八月壬午④,大阅⑤。蔡人杀陈佗⑥。九月,丁卯⑦,子同生。冬,纪侯来朝。

传

六年,春,自曹来朝。书曰"寔来",不复其国⑧也。

楚武王侵随⑨,使薳章求成⑩焉,军于瑕⑪以待之,随人使少师董成⑫。斗伯比言于楚子⑬曰:"吾不得志于汉东⑭也,我则使然。我张吾三军而被⑮吾甲兵,以武临之,彼则惧而协⑯以谋我,故难间⑰也。汉东之国,随为大,随张必弃小国。小国离,楚之利也。少师侈⑱,请羸师以张之⑲。"熊率且比⑳曰:"季梁㉑在,何益?"斗伯比曰:"以为后图㉒,少师得其君。"王毁军而纳少师。少师归,请追楚师。随侯将许之,季梁止之曰:"天方授楚,楚之羸,其诱我也。君何急焉?臣闻小之能敌大也,小道大淫。所谓道,忠于民而信㉓于神也。上思利民,忠也;祝史正辞㉔,信也。今民馁而君逞欲㉕,祝史矫举㉖以祭,臣不知其可也。"公曰:"吾牲牷肥腯㉗,粢盛㉘丰备,何则不信?"对曰:"夫民,神之主也,是以圣王先成民而后致力于神。故奉牲以告曰'博硕㉙肥腯',谓民力之普存也,谓其畜之硕大蕃滋也,谓其不疾瘯蠡㉚也,谓其备腯咸有也;奉盛以告曰'絜㉛粢丰盛',谓其三时不害㉜而民和年丰也;奉酒醴以告曰'嘉栗旨酒㉝',谓其上下皆有嘉德而无违心也。所谓馨香,无谗慝也。故务其三时,修其五教㉞,亲其九族㉟,以致其禋祀㊱,于是乎民和神降之福,故动则有成。今民各有心,而鬼神乏主,君虽独丰,其何福之有?君姑修政而亲兄弟之国,庶[37]免于难。"随侯惧而修政,楚不敢伐。

夏,会于成,纪来谘谋齐难也。

北戎[38]伐齐,齐使乞师于郑,郑大子忽帅师救齐。六月,大败戎师,获其二帅大良、少良[39],甲首[40]三百,以献于齐。于是诸侯之大夫戍齐,齐人馈之饩[41],使鲁为其班[42],后郑。郑忽以其有功也,怒,故有郎之师[43]。公之未昏[44]于齐也,齐侯欲以文姜妻郑大子忽,大子忽辞。人问其故,大子曰:"人各有耦[45],齐大,非吾耦也。《诗》云:'自求多福。'在我而已,大国何为?"君子曰:"善自为谋。"及其败戎师也,齐侯又请妻之[46],固辞。人问其故,大子曰:"无事于齐,吾犹不敢;今以君命奔齐之急,而受室以归,是以师昏也。民其谓我何?"遂辞诸郑伯[47]。

秋,大阅[48],简[49]车马也。

九月,丁卯,子同生。以大子生之礼举之,接以大牢[50],卜士负[51]之,士妻食[52]之,公与文姜、宗妇命之[53]。公问名于申繻[54],对曰:"名有五[55],有信、有义、有象、有假、有类。以名生[56]为信,以德命[57]为义,以类命[58]为象,取于物[59]为假,取于父[60]为类。不以国,不以官,不以山川,不以隐疾,不以畜牲,不以器币。周人以讳事神[61],名,终将讳之。故以国则废名,以官则废职,以山川则废主,以畜牲则废祀,以器币则废礼。晋以僖侯废司徒[62],宋以武公废司空[63],先君献、武废二山[64],是以大物不可以命[65]。"公曰:"是其生也与吾同物[66],命之曰同。"

冬,纪侯来朝,请王命[67]以求成于齐。公告不能。

〔注释〕 ① 六年:鲁桓公六年,即周桓王十四年,公元前706年。 ② 寔(shí)来:实来。指鲁桓公五年聘曹的州国国君自曹来朝鲁桓公。 ③ 公:鲁桓公,即姬允,前712—前694年在位。纪:国名,都邑在今山东寿光县东南,与齐、鲁、夷等国相邻。为齐所伐,迁邑,春秋时亡于齐。国君姓姜,称侯。成:鲁国北边近齐之邑,在今山东宁阳县北。 ④ 壬午:八日。 ⑤ 阅:检阅军队。 ⑥ 陈佗:即陈他、陈五父,陈桓公弟。前707年,桓公卒,佗杀太子免,自立为君。

明年,蔡国出兵干涉,杀佗,立免弟跃。跃母,蔡国之女。此条为无传之经。 ⑦ 丁卯:二十四日。 ⑧ 不复其国:州国国君出访,国内发生变乱,自度无以平定,决定在外流亡不再返国。《春秋》笔法以流亡国君卿大夫所至之国为"寔来"。 ⑨ 楚武王,即熊通,前741—前690年在位。在他领导下,楚国始强。随:国名,都城在今湖北省随县南,亡于战国时。 ⑩ 薳(wěi)章:楚大夫,封于蒍(wěi),又名蒍章。楚武王时,出使随、黄等国。求成:求和。 ⑪ 瑕:地名,属随,为楚随交通要地。 ⑫ 少师:疑是官名。董成:主持和谈。 ⑬ 斗伯比:楚大夫,令尹子文之父。楚子:楚武王。 ⑭ 得志:开疆拓土之志得逞。汉东:即汉阳,汉水东岸之地。 ⑮ 张:张大、扩大。被:具。 ⑯ 协:协和联合。 ⑰ 间:离间。 ⑱ 侈:自高自大。 ⑲ 羸(léi)师:故作军容衰疲之状。张之:使少师益加自大。 ⑳ 熊率且比:楚国大夫。 ㉑ 季梁:随国大夫。 ㉒ 后图:日后之谋。 ㉓ 信:诚信。 ㉔ 祝史:管理祭祀祈祷的官员。正辞:言辞真实而不欺诳。 ㉕ 馁:饥饿。逞欲:力图满足欲望。 ㉖ 矫举:举虚假之辞。 ㉗ 牲牷(quán)肥腯(tún):牺牲色纯体肥。 ㉘ 粢盛:盛在祭器中用于祭祀的谷物。 ㉙ 博硕:大。 ㉚ 不疾瘯蠡(cù lǐ):不病瘦弱。 ㉛ 絜(jié):同"洁"。 ㉜ 三时不害:春夏秋三季,统治者不妨碍民众务农。下面的"务其三时",是说春夏秋三季要专心尽力从事农业活动。 ㉝ 醴(lǐ):甜酒。嘉栗:嘉粮。旨酒:美酒。 ㉞ 五教:父义、母慈、兄友、弟恭、子孝。 ㉟ 九族:说法不一。一般以外祖父、外祖母、从母子、妻父、妻母、姑之子、姊妹之子、女之子并己之同族为九族。 ㊱ 禋(yīn)祀:祭祀天神。 ㊲ 庶:庶几。 ㊳ 北戎:即山戎。 ㊴ 大良、少良:或云官名、或云人名、或云酋豪之称。 ㊵ 甲首:披甲将兵的头。 ㊶ 馈之饩(xì):赠送生食给人。 ㊷ 班:先后次序。 ㊸ 郎之师:鲁桓公十年(前702年),齐僖公、卫宣公、郑庄公联合进攻鲁国的郎(在今山东曲阜城郊)。 ㊹ 昏:通"婚",指鲁桓公娶齐女文姜为妻。 ㊺ 耦(ǒu):同"偶",配偶。 ㊻ 齐侯又请妻之:此时文姜归鲁已四年,盖以他女妻之。 ㊼ 辞诸郑伯:告其事于郑伯而辞婚。 ㊽ 阅:检阅军队。 ㊾ 简:检阅。 ㊿ 接:父亲接见初生之子,多在初生三日之内。大牢:太牢,以牛、羊、猪三牲并用。 (51) 负:抱负。 (52) 食:哺乳。 (53) 宗妇:宗人之妻。命之:为大子取名。 (54) 申繻(xū):鲁国大夫。 (55) 名有五:取名字的原则有五种。 (56) 以名生:以所生的体形特征和当时环境状况为名字。 (57) 以德命:以吉祥美德之字为名字。 (58) 以类命:以体形类似之物取名字。 (59) 取于物:假借他物之名为名字。 (60) 取于父:取自父亲的某一方面为名字。 (61) 以讳事神:对于已故父祖的名字要避讳。 (62) 晋以僖侯废司徒:晋因僖侯名司徒,改司徒官名为中军。 (63) 宋以武公废司空:宋因武公名司空,改司空官名为司城。 (64) 先君献、武废二山:鲁因献公名具,改具山(在今山东蒙阴县东北十五里)之名;因武公名敖,改敖山(在今蒙阴县西北三十五里)之名。 (65) 是以:所以。大物:指上面所说的国家、官职、山川、隐疾、牲畜、器币等方面的名。命:取名字。 (66) 同物:同一个月日。 (67) 请王命:拜托鲁侯转向周王请求命令。 (贺圣迪)

〔鉴赏〕 桓公六年,《春秋》记事六条,其中"蔡人杀陈佗"一条无传。《左传》记有七条,五条释经,"楚武王侵随"、"郑大子忽帅师救齐"二条为无经之传。对照经传所记各条,可见《春秋》、《左传》记事各有缺略,在取舍上,《左传》优于《春秋》。传文中"楚武王侵随"、"郑大子忽帅师救齐"、"鲁桓公命子为同"三条,叙事详,可窥见当时思想意识。"楚武王侵随"条,全文说明:随所以能以小邦敌大国楚,在于修政利民,"民和而神降之福"。"郑大子忽帅师救齐"一条,首叙郑军大败戎师;次述齐国慰劳救齐的诸侯军,郑忽怨恨鲁人代齐安排的先后次序;最后记郑忽辞婚于齐侯,班师归国。全文在论说郑军救齐过程中,突出郑忽的个人品质。“鲁桓公命子为同”一条,首记子同生时以生太子之礼庆贺;接着叙说申缥答桓公问,论说为新生儿取名的原则;最后记桓公依据“取于父为类”的原则,给儿子取名为“同”。

春秋时期,大国役使、兼并小国。在小国讲究以小事大之道时,随国大夫季梁的“小之能敌大”理论,尤其值得注意。季梁认为:在一般情况下,小国不能与大国相抗。但在“小道大淫”的情况下,便发生“小之能敌大”的态势。他这一理论的基础,是将道从天道即天命之道转变为人道即国君“忠于民而信于神”。季梁不曾否定天命,他说:“天方授楚”,将武王时的楚国日渐强大视为天授之命。他要统治者“信于神”,也是为了取得上天的支持。然而,“天命”与“信于神”都不是他刻意强调的。在他看来,天与神都为民所左右:“夫民,神之主也。”这是说鬼神的意志行为依据民众的心情、愿望。民众是一个群体,这个群体的意愿,可能一致,也可能相互抵触。当其一致时,群体内部的关系是和,神也就依民而行;当“民各有其心”时,群体内部不和,神之所行不知依据民众的哪一部分,也就“乏主”。这种民神关系论,或者天人关系论,是对周初“天命靡常”、“惟德是授”的继承与发展。二者同是以人事来修正天命,使虚无神秘的天命归依于实有可见的人事,不同之处是西周统治者强调统治者有德,而季梁则着眼于民和。从天命依据有德至“民和神降之福”,这是思想上的发展。这种发展是将决定天意的人事主体,由圣王转向民众。因为民是神之主,也就要求统治者、统治集团“忠于民”,探索如何“忠于民”。季梁指出忠于民要求“上思利民”,具体地说要“三时不害而民和年丰”;要“务其三时,修其五教,亲其九族”,以此作为统治者修政的主要内容。

左丘明还记载了郑大子忽的婚姻观。春秋时期,列国贵族间的婚媾,往往是出于政治利益考虑的一种结合。齐僖公二度向郑忽提出妻以齐女,显然是因郑国强盛。郑忽对婚事考虑的可贵处,在于能超越利害计较。他虽被其父亲郑庄公定为储君,但其地位并不稳固。兄弟中有人要取而代之,他也并非不知。娶齐女为妻,与大国通婚,有利于一己之利。谋臣祭足曾以此相告:“君多内宠,太子无大援将不立,三公子皆君也。”(《史记·郑世家》)但他却坚信“人各有耦,齐大,非吾耦也。”婚姻的双方要门当户对,贵族的国际婚姻,务必要与国之大小相当。郑国较之齐是小国,作为太子的他,不应当与大国齐联姻,而应当在相差无几的陈、蔡等国中考虑婚事。他又认为自己个人的命运不在于依托某个大国，而是决定于自己的努力，并引《诗·大雅·文王》中“自求多福”为证。他又反对以国家之力图谋个人利益的举动。当他大败戎师，齐侯第二次提婚时，他说：“今以君命奔齐之急，而受室以归，是以师昏也。民其谓我何？”这表明在他的心目中，婚姻是不应与利害计较纠缠在一起的；不应当以个人婚姻而劳民出师，损害国家民众利益。郑忽尽管品行高尚，但不善于为己谋划，最终成为政治上的可悲失败者。

给包括个人在内的事物命名，是人类认识客观世界的结果，又促使人类对客观世界的认识得到进一步的发展。在给事物命名过程中，逐渐形成一些原则、规律。研究事物得名的原则、规律，称之为命名学。并由此而产生分支，如地名学。对人名的研究，则形成人名学。在中国人名学的形成过程中，鲁国申繻是一位不容忘却的人物。他研究三代的人物命名，将其归纳为五条原则：“名有五：有信，有义，有象，有假，有类。以名生为信，以德命为义，以类命为象，取于物为假，取于父为类。”这五条原则无神秘色彩。除此之外，又因周代的避讳事神制度，他提出“不以国，不以官，不以山川，不以隐疾，不以畜牲，不以器币”为名。因为以这些事物为名，因避讳之故，将会发生废名、废职、废主、废祀、废礼的问题，结果是引起社会、政治、祭祀及礼仪等方面活动的混乱，造成不便与损害。这实际上也是一条原则，申繻将其概括为“大物不可以命”，与可以命的原则相反相成。从那时到现在，过了二千六百年，申繻所定的可以命的五条原则，仍旧见之于人名。而他所定的“大物不可以命”原则，因避讳制度随封建社会的结束而废除，原来不用的国、官、山川、器币也在取名上不受禁止。然而，政治时常变化无常，事过境迁，过去的命名可能成为后世的笑柄。此外隐疾、畜牲等名称中因不吉祥，或不雅，确有不宜作为人的名字的。可见“大物不可以命”的原则也没有完全过时，人们在取名时也当参照。

(贺圣迪)

襄公三年(祁奚举贤)　　《春秋·左传》

经

三年①，春，楚公子婴齐②帅师伐吴。公如晋。夏，四月壬戌③，公及晋侯盟于长樗④。公至自晋。六月，公会单子、晋侯、宋公、卫侯、郑伯、莒子、邾子、齐世子光⑤。己未⑥，同盟于鸡泽⑦。陈侯使袁侨如会。戊寅⑧，叔孙豹及诸侯之大夫及陈袁侨盟。秋,公至自会。冬,晋荀罃[9]帅师伐许。

传

三年,春,楚子重伐吴,为简[10]之师。克鸠兹[11],至于衡山[12],使邓廖帅组甲三百、被练三千以侵吴[13],吴人要[14]而击之,获邓廖,其能免者组甲八十,被练三百而已。子重归,既饮至[15],三日。吴人伐楚,取驾[16]。驾,良邑也;邓廖,亦楚之良也。君子谓子重于是役也,所获不如所亡。楚人以是咎子重,子重病之,遂遇心疾而卒。

公如晋,始朝[17]也。

夏盟于长樗。孟献子相[18],公稽首,知武子[19]曰:"天子在而君辱稽首,寡君惧矣。"孟献子曰:"以敝邑介在东表[20],密迩仇雠[21],寡君将君是望[22],敢不稽首?"

晋为郑服[23]故,且欲修吴好,将合诸侯,使士匄[24]告于齐曰:"寡君使匄以岁之不易[25],不虞之不戒[26],寡君愿与一二兄弟相见,以谋不协,请君临之,使匄乞盟。"齐侯欲勿许,而难为不协,乃盟于耏外[27]。

祁奚请老[28],晋侯问嗣焉,称解狐,其雠也,将立之而卒。又问焉,对曰:"午[29]也可。"于是羊舌职[30]死矣,晋侯曰:"孰可以代之?"对曰:"赤[31]也可。"于是使祁午为中军尉,羊舌赤佐之。君子谓:"祁奚于是能举善矣。称其雠不为谄,立其子不为比,举其偏不为党。《商书》曰:'无偏无党[32],王道荡荡。'[33]其祁奚之谓矣!解狐得举,祁午得位,伯华得官,建一官而三物成,能举善也夫!唯善,故能举其类。《诗》云:'惟其有之,是以似之。'[34]祁奚有焉。"

六月,公会单顷公[35]及诸侯。己未,同盟于鸡泽。晋侯使荀会[36]逆吴子于淮上[37],吴子不至。

楚子辛为令尹,侵欲[38]于小国。陈成公使袁侨如会[39]求成,晋侯使和组父告于诸侯。秋,叔孙豹㊵及诸侯之大夫及陈袁侨盟,陈请服也。

晋侯之弟扬干乱行于曲梁㊶,魏绛戮其仆㊷。晋侯怒,谓羊舌赤曰:"合诸侯以为荣,扬干为戮㊸,何辱如之㊹?必杀魏绛㊺,无失也!"对曰:"绛无贰志,事君不辟㊻难,有罪不逃刑,其将来辞㊼,何辱命焉㊽!"言终,魏绛至,授仆人㊾书,将伏剑㊿,士鲂、张老[51]止之。公读其书,曰:"日君乏使[52],使臣斯[53]司马。臣闻师众以顺[54]为武,军事有死无犯[55]为敬。君合诸侯,臣敢不敬?君师不武,执事不敬[56],罪莫大焉。臣惧其死。以及扬干,无所逃罪。不能致训[57],至于用钺[58],臣之罪重,敢有不从[59]以怒君心?请归死于司寇[60]。"公跣而出[61],曰:"寡人之言亲爱也,吾子之讨军礼也。寡人有弟弗能教训,使干大命[62],寡人之过也。子无重寡人之过也,敢以为请[63]。"晋侯以魏绛为能刑佐民矣,反役与之礼食[64],使佐新军,张老为中军司马,士富为候奄。

楚司马公子何忌侵陈,陈叛故也。

许灵公事楚,不会于鸡泽。冬,晋知武子帅师伐许。

〔注释〕 ① 三年:鲁襄公三年,即周灵王二年,公元前570年。 ② 婴齐:即子重,楚令尹。 ③ 壬戌:二十五日。 ④ 公:鲁襄公姬午,成公与定姒所生子,前573—前542年在位。长樗(chū):晋地。 ⑤ 晋侯:晋悼公,前572—前558年在位,姬周。即位后,任用贤能、整顿内政,复图霸业。救宋,胜楚,使郑国背楚归服,和戎,攻秦。在对外取得一系列胜利中,卿族强大,政令下移。宋公:宋平公成,前576—前532年在位。卫侯:卫献公姬衎,前577—前559年在位。因孙文子之叛,奔齐,卫人立其弟狄为君。前547年,弟殇公被杀,他自齐归国复位,卒于前544年。郑伯:郑僖公姬髡顽,前571—前566年在位。齐世子光:姜光,即齐庄公,前554—前548年在位。 ⑥ 己未:二十三日。 ⑦ 鸡泽:今河北邯郸市东稍北已经消失的湖泊。 ⑧ 戊寅:七月十三日。 ⑨ 荀罃(yīng):即知罃,晋国大夫,晋楚邲之战,被俘。后迎立悼公,助其修政施德。 ⑩ 简:挑选军吏士卒。 ⑪ 鸠兹:吴邑,在今安徽芜湖市东南二十五里。 ⑫ 衡山:吴地,一说即今安徽当涂东北六十里之横山。 ⑬ 组甲:用丝绵所织带穿甲片而成甲衣。组甲三百:穿着组甲的三百士卒。被练:以熟丝穿甲片而成的甲衣。被练三千:穿着被练的三千士卒。 ⑭ 要:中途。 ⑮ 饮至:周代制度,盟会讨伐归国,合饮于宗庙。 ⑯ 驾:在今安徽无为县境。 ⑰ 始朝:鲁襄公始朝见霸主。 ⑱ 孟献子:即仲孙蔑,鲁国大夫,仕于宣公、成公、襄公时。相:司仪。 ⑲ 知武子:即知罃。 ⑳ 介在东表:被其他国家阻隔在东方边缘地区。 ㉑ 密迩(ěr):贴近。仇雠(chóu):指齐楚吴等敌国。 ㉒ 将君是望:将晋君作为自己所景仰的人。 ㉓ 郑服:晋悼公三年、郑成公十四年(前571年),郑奉晋为霸主。 ㉔ 士匄(gài):又称范匄、范宣子,晋国大夫,仕于厉公、悼公。 ㉕ 易:治平。岁之不易:近年时势不安定。 ㉖ 不虞之不戒:对意外之事未加戒备。 ㉗ 耏(ér):河流名。耏外:在今山东淄博市东北旧临淄之西北郊近耏水处。 ㉘ 祁奚:晋大夫,仕于厉公。悼公时,为中军尉。平公时,任公族大夫。请老:请求致仕养老。 ㉙ 午:祁午,晋国大夫,祁奚子。 ㉚ 羊舌职:晋国大夫,时任中军尉佐。 ㉛ 赤:羊舌赤,职之子,晋国大夫。 ㉜ 无偏无党:无偏私、无结党。 ㉝ 引自今传《尚书·周书·洪范》。 ㉞ 引自《诗经·小雅·裳裳者华》。 ㉟ 单顷公:周朝大夫,灵王之卿。 ㊱ 荀会:晋国大夫。悼公即位,为公族大夫。 ㊲ 吴子:吴国君寿梦。淮上:在淮水北岸。 ㊳ 侵欲:以其所欲从事侵害。 ㊴ 陈成公:陈国国君,前599—前569年在位。袁侨:陈国大夫,涛涂四世孙,谥桓子。如会:至鸡泽参加盟会。 ㊵ 叔孙豹:鲁国大夫。 ㊶ 乱行:扰乱会盟时国君的随行部队。曲梁:在鸡泽附近。 ㊷ 魏绛(jiàng)戮其仆:时任晋国中军司马、主管晋军军法的魏绛,逮捕并杀死扬干的驾车者。 ㊸ 为戮:受辱。 ㊹ 何辱如之:有什么侮辱像这个。 ㊺ 必杀魏绛:羊舌赤为中军尉佐,位高于魏绛,故命他杀魏绛。 ㊻ 辟:避。 ㊼ 其将来辞:或许他将来您处有所汇报。 ㊽ 何辱命焉:何必要劳动您发表命令呢。 ㊾ 仆人:仆大夫的下属官员,其职务是接收官员的紧急奏事。 ㊿ 伏剑:即抽剑自杀。 (51) 士鲂(fáng):晋国大夫。张老:晋国大夫。 (52) 日:昔日。乏使:缺乏可使唤者。 (53) 斯:司,主持。 (54) 顺:遵守纪律,服从命令。 (55) 有死无犯:宁死而不触犯军纪、军令。 (56) 执事不敬:主管军吏不敢以法治不武者。 (57) 不能致训:不能事先训告众人。 (58) 用钺(yuè):用大斧执行死刑。 (59) 不从:不受刑戮。 (60) 司寇:最高司法长官。 (61) 跣(xiǎn)而出:赤足而出。悼公恐魏绛自杀,急出阻止,顾不及穿鞋袜。 (62) 大命:军纪军令。 (63) 请:请求魏绛勿再自尽。 (64) 反役:自盟会之事毕返国。礼食:以公食大夫之礼,视魏绛为宾,设宴于庙。

(贺圣迪)

〔鉴赏〕 襄公三年(前570年),《经》《左传》所叙,以盟会为多,而突出祈奚举贤和魏绛戮扬干之仆。

祁奚,晋国人,任职中军尉,因年迈体弱请求告老退休。晋悼公让他荐举继任者,他提名其仇人解狐,可是后者将被任命之时不幸去世。晋悼公又问祁奚,还有谁能担任此职,祁奚提出他的儿子祁午能够胜任。恰好此时祁奚的副手羊舌职也死去,在悼公让他推荐接替人选时,他说羊舌职的儿子羊舌赤堪当此任。这样,悼公就任祁午为中军尉,羊舌赤为他的副职。

祁奚的举荐,在当时就受到一致好评,人们认为祁奚确实能够做到举荐贤能。他推荐仇人不能算是讨好仇家,推举自己的儿子不能算是谋私,荐举他的副手也不能算是结党,他的行为真可谓光明磊落。看来祁奚受到肯定的根本原因是他举荐的这三个人德才兼备,为政界普遍认可,不然人们对祁奚的评价就将截然相反。

祁奚的做法数千年来受到广泛的赞扬,人们称他“外举不避仇,内举不避亲”。他被视为举贤任能少有的典型。显然,祁奚的难能可贵不在于他像伯乐那样善于发现被埋没的人才,因为对于这三人的品性和才能,在朝廷中人们一致赞赏,因此祁奚不是伯乐式的人物。但是他同伯乐一样千百年来受到人们的颂扬,这是因为他的做法不同凡响,表现了一种特别卓越、高尚的精神,是一般人很难做到的。这主要表现为“外举不避仇”。

在这里如果不考虑政治因素的话,那么仇人关系表明两方面过去曾发生过激烈的斗争,私人利益不可调和,很可能吃过对方的大亏。有的仇家双方闹到不共戴天、你死我活的地步,在情感上极端厌恶、仇视对方。一般人由于个人利益和人性弱点,很难摆脱希望仇家倒霉、遭灾的心理。祁奚外举不避仇,表明他把国家利益放到至高无上的地位,克服了常人普遍具有的恨仇人的心态,因而心胸坦荡,对待政事只以公正、公平、公道为准则,排除各种私心杂念。数千年前古人能有这样的心胸和精神境界,真是令人感叹不已。此外,祁奚这样做还要经受舆论的各种猜测和妄议的压力,要不顾家人的反对,这表明他具有为善的坚定决心和巨大勇气。

人们推崇祁奚的另一个重要原因是他的思想品质具有普遍的现实意义。不论是在古代还是在现代,不论实行什么样的用人制度,如何选拔人才、按照什么样的标准推荐人选,是经常遇到、又关系到一个企业(单位、部门)的发展前途和相关个人命运的大问题。这类问题主要不是以伯乐的眼光去发现旷世奇才的事,而是按照公正、公平、公道的原则在一个范围内确定最适合的人选。但问题是有荐举资格、权力或机会的人在推荐人选时往往出于私心,或根据个人的好恶,或为了小集团的私利,或怀有其他种种不可告人的卑鄙目的来确定用人名单。面对这样一些人,人们自然深深地感到祁奚精神的可贵,当然要大力呼唤这种精神在自己所处的时代出现。

晋国司马魏绛遇到的问题与祁奚不同,他是执法者,担负惩恶纠错的职责,但是同样需要非凡的精神力量和道德品质,以维护国家利益。晋、鲁、宋、卫、郑、莒、邾、齐等国君主聚集在鸡泽盟会,晋悼公的弟弟扬干的车子在鸡泽不远的曲梁扰乱了前往参加盟会的军队的行列,魏绛为了维护晋国的荣誉,保持晋国与盟国的友好关系,为了法律的尊严,他逮捕了扬干的车夫,以大斧处死。在春秋时代,刑不上大夫,礼不下庶人,再加上扬干又是君主之弟,魏绛对他是无可奈何的,但是他处死其车夫就是对扬干贵族威权的严重挑战。同时又因为盟会充满喜庆气氛,行刑杀人是犯忌的,因此魏绛是知道自己会激怒晋悼公的。但是他犯死执法，表现了大无畏的精神。由于他抱着必死的思想准备维护法律，打算以自杀来表达自己对国家和法律的忠诚，所以感动了悼公，得到了他的理解，从而化险为夷，迈过了一个政治险境。左丘明在这里以不多的文字塑造了一个赤胆忠心、维护正义的感人形象，为中国历史树立了一个不畏强权、公正执法的典型。

晋国自晋文公以后的一百多年时间内称雄中原，这是多方面的因素决定的。从政治上看，官员忠于职守、以国家利益为重，重视法律，是重要的原因，在这方面，赵盾、祁奚、魏绛可以说是杰出的代表。

(贺圣迪　魏自厚)

襄公二十九年(季札观周乐)　《春秋·左传》

经

吴子使札来聘①。

传

吴公子札来聘，见叔孙穆子，说②之。谓穆子曰："子其不得死乎！好善而不能择人③。吾闻君子务在择人。吾子为鲁宗卿④，而任其大政，不慎举，何以堪之？祸必及子！"

请观于周乐⑤。使工为之歌《周南》、《召南》⑥，曰："美哉⑦！始基⑧之矣，犹未⑨也，然勤⑩而不怨矣！"为之歌《邶》、《鄘》、《卫》⑪，曰："美哉渊⑫乎！忧而不困者也。吾闻卫康叔、武公⑬之德如是，是其《卫风》乎？"为之歌《王》⑭，曰："美哉！思而不惧，其周之东⑮乎？"为之歌《郑》⑯，曰："美哉！其细已甚，民弗堪也，是其先亡乎？"为之歌《齐》⑰，曰："美哉！泱泱⑱乎，大风⑲也哉！表东海⑳者，其大公㉑乎？国未可量也。"为之歌《豳》㉒，曰："美哉，荡㉓乎！乐而不淫，其周公之东㉔乎？"为之歌《秦》㉕，曰："此之谓夏声㉖。夫能夏则大㉗，大之至也，其周之旧乎？"为之歌《魏》㉘，曰："美哉，沨沨㉙乎！大而婉㉚，险而易行㉛，以德辅此，则明主也。"为之歌《唐》㉜，曰："思深哉！其有陶唐氏㉝之遗民乎？不然，何忧之远也？非令德㉞之后，谁能若是？"为之歌《陈》㉟，曰："国无主，其能久乎？"自

《郐》以下㊱，无讥㊲焉。为之歌《小雅》㊳，曰："美哉！思而不贰㊴，怨而不言，其周德之衰乎？犹有先王之遗民焉。"为之歌《大雅》㊵，曰："广哉！熙熙㊶乎！曲而有直体㊷，其文王㊸之德乎？"为之歌《颂》㊹，曰："至矣哉！直而不倨㊺，曲而不屈㊻；迩而不逼㊼，远而不携㊽；迁而不淫㊾，复而不厌㊿；哀而不愁，乐而不荒[51]；用而不匮[52]，广而不宣[53]；施而不费[54]，取而不贪；处而不底[55]，行而不流[56]。五声和[57]，八风平[58]，节有度[59]，守有序[60]，盛德之所同[61]也。"

见舞《象箾》、《南籥》[62]者，曰："美哉[63]！犹有憾[64]。"见舞《大武》[65]者，曰："美哉！周之盛也，其若此乎？"见舞《韶濩》[66]者，曰："圣人之弘也。而犹有惭德[67]，圣人之难也。"见舞《大夏》[68]者，曰："美哉！勤而不德[69]，非禹其谁能修之？"见舞《韶箾》[70]者，曰："德至矣哉！大矣，如天之无不帱[71]也，如地之无不载也。虽甚盛德，其蔑[72]以加于此矣。观止[73]矣！若有他乐，吾不敢请已。"

〔注释〕 ① 吴子使札来聘：时在鲁襄公二十九年，即周景王元年，公元前544年。吴子：吴国国君余祭，前548—前531年在位。札：季札，又称公子札、延陵季子、延州季子，吴国王族，三辞君位。曾代表吴往聘于鲁，在此前后游历访问徐、齐、郑、卫、晋诸国。来：来鲁国。聘：国与国间遣使访问。　② 说：同"悦"。　③ 择人：选择善人。④ 宗卿：具有宗人身份的天子与诸侯的高级官员。　⑤ 周乐：乐在当时是集音乐、诗歌、舞蹈为一体的艺术。周乐是周朝所确定的国乐，它包括虞、夏、商、周四代的音乐、诗歌、舞蹈。　⑥《周南》：周乐国风之一，编次于首。汉儒认为其歌诗采自今陕西、河南间。《召南》：周乐国风之一，编次于周南之后，与之合称二南。汉儒认为其歌诗采自今河南、湖北间。周代国风的编次程序与今传《诗经》不全相同。⑦ 美哉：一说"美哉"是"善其音乐"，其下"论其歌词"。　⑧ 始基：为王业奠定基础。⑨ 未：尚未灭商，未成王业。　⑩ 勤：劳。　⑪《邶》(bèi)：邶是西周国名，其都邑在今河南省汤阴县东南三十里，采自此地的民歌被编为《诗经》国风中的《邶风》。《鄘》(yōng)：鄘是西周国名，其都邑在今河南新乡市西南约三十里，采自此地的民歌被编为《诗经》国风中的《鄘风》。《卫》：卫是周初封周公弟康叔所建国，都城在今河南淇县，后迁都楚丘(今河南滑县)，又迁帝丘(今河南濮阳)，秦二世元年(前209年)为秦所灭。采自卫地的诗被编为《诗经》国风中的《卫风》。　⑫ 渊：深。　⑬ 康叔：周武王弟，即姬封。周公平定武庚之乱后，姬封自康(今河南禹县西北)迁封卫，建都沬即朝歌，为当时大国。他又供职周廷，担任司寇。武公：即姬元，西周末卫国国君，前812—前758年在位，政理民安。西周末年，犬戎杀幽王，他联合诸侯平乱，护送平王东迁洛邑。　⑭《王》：采自洛邑附近的民歌被编为《诗经》国风中的《王风》。　⑮ 周之东：

幽王十一年,为犬戎所杀,西周亡。太子宜臼在晋文侯、郑武公、卫武公等帮助下,自西往东迁都洛邑。 ⑯《郑》:郑是周代国名,采自郑地的民歌被编为《诗经》国风中的《郑风》。⑰《齐》:齐是周初姜尚所封国,都营丘,后改称临淄(今山东淄博市东北)。春秋初期,桓公任命管仲改革,国富民强,称霸中原。春秋末年,大臣陈氏(即田氏)专权。周安王十六年(前386年),承认田和为齐侯。至其孙时,改革称王,为战国七雄之一。采自齐地的歌诗被编为《诗经》国风中的《齐风》。 ⑱ 泱泱:宏大貌。 ⑲ 大风:大国之风。 ⑳ 表东海:为东海一带表率。 ㉑ 大公:即姜尚、吕望。商周间人,助武王灭商,受封于齐,因俗而治,对发展当地经济也有所贡献。 ㉒《豳》(bīn):采于豳地的歌诗被编为《诗经》国风中的《豳风》。 ㉓ 荡:广大貌。 ㉔ 周公之东:武王死后,成王年幼不能治国,由其叔周公摄政。周公兄弟管蔡二叔不满,煽动在其监视下的殷纣王子武庚叛乱,徐、奄、熊、盈等部落俱从。周公与召公在协调内部矛盾后,由周公率兵东征,历时三年,平定叛乱。 ㉕《秦》:秦是古国名,非子受周孝王封于秦(今甘肃张家川东),为附庸。其后拓地渐广。周幽王被杀,秦襄公保卫王室抵御犬戎,又护送平王至洛邑。平王赐襄公岐以西地,得列为诸侯。至穆公时,称霸西戎。孝公任命商鞅变法,国家富强,民事耕战。秦王政灭六国,统一中国。采自秦地的歌诗被编为《诗经》国风中的《秦风》。 ㉖ 夏声:西方之声。 ㉗ 能夏则大:扬雄《方言》:"自关而西,凡物至壮大者而爱伟之,谓之夏。" ㉘《魏》:魏是周初所封,国君姓姬,在今山西芮城县北,后为晋献公所灭。献公以其地封毕万,其后发展为战国魏。采自魏地的歌诗被编为《诗经》国风中的《魏风》。 ㉙ 沨(féng)沨:飘扬流荡貌。 ㉚ 大而婉:宏大而婉约。 ㉛ 险而易行:政令严峻而易于推行。㉜《唐》:唐,即晋,成王弟叔虞受封于此,在今山西太原市。其子改唐为晋。后迁都于绛(今山西翼城东南)。采自唐地的歌诗被编为《诗经》国风中的《唐风》。 ㉝ 陶唐氏:相传尧初封陶(今山东定陶西),后迁封唐。后世因封地称尧为陶唐氏。 ㉞ 令德:盛德。 ㉟《陈》:陈是古国名,周初封舜后裔妫满于陈(今河南淮阳),周敬王四十二年(前478年)陈亡于楚。采自陈地的歌诗被编为《诗经》国风中的《陈风》。 ㊱《郐》(kuài)以下:郐又作会、桧、侩,古国名。周初封和融后裔于郐(今河南密县东南),周平王二年(前769年),郐亡于郑。采自郐地的歌诗被编为《诗经》国风中的《郐风》。《郐》以下的国风,据今本《诗经》还有《曹风》,在当时很可能还有其他地区的。 ㊲ 讥:评论。 ㊳《小雅》:《诗经》的第二部分,今《诗经》中共七十四篇。其内容主要反映对统治危机的忧虑,对周朝与戎狄及东方各国相互间的矛盾也有不少描述,个别诗篇叙说人民生活。前两者出于统治阶级人士,后者是民间诗歌。其时代为西周后期至东周初期。 ㊴ 思而不贰:哀思时政而无背叛之心。 ㊵《大雅》:《诗经》的第三部分,今《诗经》中共三十一篇。其作品多出自西周王室贵族,歌颂后稷、公刘、文王、武王、宣王等功绩,谴责厉王、幽王的失政,并宣扬天命等思想和表露面临危机的忧患。 ㊶ 熙熙:和乐貌。 ㊷ 曲而有直体:乐曲总体声直而有抑扬顿挫高下之变。 ㊸ 文王:商属国周的国君姬昌,从周原迁丰(今陕西西安西南沣水西岸)。商纣王任为西伯,解决虞、芮二国纠纷,征伐犬戎、密须(在今甘肃安定),攻灭黎(即耆,今山西黎城)、崇(今河南嵩县北)等,为武王灭商打好基础。㊹《颂》:即三颂,《周颂》、《鲁颂》、《商颂》,为《诗经》的最后部分,今《诗经》中共四十篇。《周颂》多为周初祭祀祖先、天地、农神的诗歌,鼓吹天命神权,反映当时经济生活。《鲁颂》是公元前七世纪鲁贵族作家歌颂鲁僖公的作品。《商颂》是宋国贵族在前八至前七世纪所作,用于祭祀和祝颂殷代先王。 ㊺ 直而不倨:正直无私而不倨傲无礼。 ㊻ 曲而不屈:委曲而不屈从。 ㊼ 迩而不逼:亲近而不侵犯。 ㊽ 远而不携:相远而不离贰。 ㊾ 迁而不淫:变迁而不邪乱。 ㊿ 复而不厌:反复而不厌烦。 51 乐而不荒:欢乐而不过度。 52 用而不匮:节用而不匮乏。　㊸广而不宣：宽广而不自显。　㊹施而不费：施惠而无所费。　㊺处而不底：宁静而非停滞。　㊻行而不流：行动而不流俗。　㊼五声和：宫、商、角、徵、羽五声和谐成曲调。　㊽八风：金、石、丝、竹、匏、土、革、木八类乐器所发之音。八风平：八类不同质地的乐器合奏时乐曲音声协调。　㊾节有度：乐曲节拍得当。　㊿守有序：乐器的打击吹奏按着规定的次序。　61盛德之所同：三颂所赞扬盛德的共同之处。　62《象箾》(shuò)、《南籥》(yuè)：舞名，用以歌颂文王。　63美哉：赞美舞蹈艺术。　64憾：对文王未能致太平表示遗憾。　65《大武》：歌颂武王的舞蹈。　66《韶濩》(huò)：即《大濩》，歌颂商汤的乐舞。　67惭德：也许是指汤以诸侯征伐天子，推翻夏朝。　68《大夏》：歌颂禹的乐舞。　69不德：不自以为有德。　70《韶箾》：配有奏箫的韶舞，用以歌颂舜。　71帱(dào)：覆盖。　72蔑：无。　73止：至此而止，表示无有高于《韶箾》者。　　（贺圣迪）

〔鉴赏〕 季子所属的吴国是周初太王子太伯、仲雍让位出逃至今太湖地区，与当地居民吴人结合所建立的国家。仲雍后世子孙虽在康王时接受周室的封号，但由于家族历史上的矛盾，地域相距遥远，有大江相隔，始终不曾认真地视周王为天子，也不遵行其所颁行的礼乐征伐，而自乐于当地习俗之中。春秋时期，由于中原与太湖地区政治联系的加强，经济、文化的发展与交流，尤其是中原华夏文化对太湖地区的深刻影响，吴国统治集团认为有必要进一步加强与中原各国的联系，了解其现状，借鉴其各方面成就，尤其在文化领域。为此，吴王余祭派遣季札北上聘鲁、齐、郑、卫诸国。

当季札北上之时，中原的文化中心已从周室东移至鲁国。周惠王二年(前675年)，王子颓争夺王位；襄王十七年(前635年)，叔带又争夺王位。两次政变，因大国诸侯的干涉而平定，但周天子的权威遭受沉重打击。世代掌管天文、祭祀、历史档案的太史司马氏离周去晋，东周在财政上日益困窘，导致文化官员的逐渐削减离散。这样，周在文化上的影响逐渐削弱。与此同时，保存在鲁国的礼乐典籍，不仅完好无缺，而且不断有人研究、演习。晚于季札四年到鲁的韩宣子说："周礼尽在鲁矣。"因此，季札北上往聘诸国，在文化上以访问鲁国为重点。

《左传》记季札聘鲁，于所聘无他言语，唯有规劝叔孙穆子和详论周乐。前者评论鲁国时势，后者赞美周乐的思想、艺术成就，并借此歌颂虞、夏、商、周四代圣王，且说明周朝及北方各地政权的盛衰大势。他顺着乐工表演的次序，先论述音乐和诗歌相结合的《国风》、《小雅》、《大雅》和《颂》，后评述音乐和舞蹈合为一体的《象箾》、《南籥》、《大武》、《韶濩》、《大夏》和《韶箾》。

季札论乐，无论是诗歌和音乐结合的作品，还是舞蹈和音乐合为一体的表演，他都以一、两个字来概括其艺术特色，表达自己的审美感受。他说卫风"渊乎”,郑风“细已甚”,齐风“泱泱乎”,豳风“荡乎”,魏风“沨沨乎”,大雅“熙熙乎”,《韶箾》“大矣”等。诸如此类的描绘突出总的特征和感受,着力表现审美者个人在情感与认识上的共鸣、领悟和体验。这种言不尽意的简略评说,在文献记载上或许以季札为最早,可以看作是中国文学艺术评论中风格论的起始。它对中国古代文论、诗论、艺术论的影响深远。

从作品的风格出发,进而从中窥见政治、历史、德行、风俗,是季札乐论的基本内容和主要审美方式。他以乐论政,观乐的风格而推论各国时局的现状及其发展趋势。如论郑国“民弗堪也,是其先亡乎”;齐国“大风也哉”,“国未可量也”;秦国“能夏则大,大之至也,其周之旧乎”;魏国“险而易行,以德辅此,则明主也”;唐国“忧之远”;陈国“国无主,其能久乎”。从春秋后期至战国前期的历史发展看,各国的前景恰是季札所预测的。他的预测以当时民歌所反映的民意政治状况和社会风貌为依据,不是占卜,具有一定的合理性。季札以乐观政的思想对后世深有影响,直到今天汉民族还具有听乐而察时政、观世俗的社会心理。

他又以乐论史。从古代传下来的音乐、诗歌、舞蹈中,他看到了华夏族的历史发展历程,尤其是周朝的兴起、发展和衰微的过程。他论说周的“始基之矣,犹未也”;“周之盛”;“周公之东”;“周之东”;“周德之衰”。他又论说周代的诸侯国,关于卫国,他说“吾闻卫康叔、武公之德”,“忧而不困”;齐国“表东海者,其大公乎”!作为与周室有血缘关系的旁系亲属,他以一种特殊的心态看待周朝的没落,以及有前途的地方政权都是非姬姓诸侯这一现实。他看到姬姓的天下将让位于他族,既意识到这一趋势不可改易,又感到悲哀。这样的心理使他形成今不如昔的历史观。在他看来越古越好,至少从有虞氏以来便是如此。虞舜“德至矣哉!大矣,如天之无不帱也,如地之无不载也。虽甚盛德,其蔑以加于此矣”。大禹“勤而不德,非禹其谁能修之”。商汤“圣人之弘也。而犹有惭德,圣人之难也”。周文王“犹有憾”。商、周的奠基创立者,无论从艺术作品,还是事功与德功来说,都不如前,而且一朝不如一朝,以顺序而降。这样的认识自然与他见闻的各国统治集团品行的败坏有密切关系。以道德论历史,使他看不到历史的发展,但在思想上旨在宣扬大德高行。除表彰“令德”、“盛德”、“至德”之外,还提出许多具体的德行品质,如“勤而不怨”、“忧而不困”、“思而不惧”、“乐而不淫”、“大而婉”、“思而不贰”、“曲而有直体”、“直而不倨”等等。这既是对传统乐教的继承,又是一种发扬光大,起着承上启下的作用。自古至今的中国乐教,始终蕴涵着道德教育的内容。

(贺圣迪)

襄公三十一年①(子产治郑)　　《春秋·左传》

传

子产之从政也②，择能而使之。冯简子③能断大事；子大叔美秀而文④；公孙挥能知四国⑤之为，而辨于其大夫之族姓、班位、贵贱、能否，而又善为辞令；裨谌⑥能谋，谋于野则获，谋于邑则否。郑国将有诸侯之事，子产乃问四国之为于子羽，且使多为辞令；与裨谌乘以适野，使谋可否；而告冯简子，使断之；事成，乃授子大叔，使行之，以应对宾客。是以鲜有败事。北宫文子⑦所谓有礼也。

郑人游于乡校⑧，以论执政。然明⑨谓子产曰："毁乡校何如？"子产曰："何为？夫人朝夕退而游焉，以议执政之善否。其所善者，吾则行之；其所恶者，吾则改之；是吾师也。若之何毁之？我闻忠善以损怨，不闻作威以防怨。岂不遽止⑩？然犹防川，大决所犯，伤人必多，吾不克救也。不如小决使道⑪，不如吾闻而药之也。"然明曰："蔑也今而后知吾子之信可事也！小人⑫实不才。若果行此，其郑国实赖之；岂唯二三臣⑬？"

仲尼闻是语也，曰："以是观之，人谓子产不仁，吾不信也。"⑭

子皮欲使尹何为邑⑮。子产曰："少⑯，未知可否？"子皮曰："愿⑰，吾爱之，不吾叛也。使夫⑱往而学焉，夫亦愈知治矣。"子产曰："不可。人之爱人，求利之也。今吾子爱人则以政⑲，犹未能操刀而使割也，其伤⑳实多。子之爱人，伤之而已；其谁敢求爱于子？子于郑国，栋也；栋折榱崩㉑，侨将厌㉒焉，敢不尽言。子有美锦㉓，不使人学制㉔焉。大官、大邑，身之所庇㉕也，而使学者制焉；其为美锦㉖，不亦多㉗乎？侨闻学而后入政，未闻以政学者也。若果行此，必有所害。譬如田猎,射御贯㉘,则能获禽。若未尝登车射御,则败绩厌覆㉙是惧,何暇㉚思获?"

子皮曰:"善哉,虎不敏。吾闻君子务知大者、远者,小人务知小者、近者。我,小人也。衣服附在吾身,我知而慎之;大官、大邑,所以庇身也,我远而慢㉛之。微㉜子之言,吾不知也。他日㉝我曰:'子为㉞郑国,我为吾家,以庇焉,其可也。'今而后知不足。自今请,虽吾家,听子而行!"子产曰:"人心之不同,如其面焉;吾岂敢谓子面如吾面乎?抑㉟心所谓危,亦以告也。"

子皮以为忠,故委政焉。子产是以㊱能为郑国。

〔注释〕 ① 襄公三十一年:即周景王三年,公元前542年。 ② 子产之从政也:此节《左传》系在本年十二月。所叙诸事,经未论及,为无经之传。子产:即公孙侨,以字行,郑穆公之孙。继子皮之后执政,为相二十二年(前543年—前522年)。 ③ 冯简子:郑国大夫,曾接待过境卫国之相北宫文子,被后者评为有礼,可无大国之讨。 ④ 子大叔:即游吉,郑国正卿,继子产之后为政治国,他发兵攻击聚集在萑苻泽的反抗者,杀尽乃止。美秀:外貌举止秀美。文:指熟习精通典章制度乐诗。 ⑤ 公孙挥:字子羽,事郑简公为行人。楚令尹围利用聘郑的机会图谋袭击,子产命他往说伍举,其事消弭。四国:周边的国家,其他国家。 ⑥ 裨谌(chén):郑国大夫。 ⑦ 北宫文子:即北宫佗,卫国之相。 ⑧ 乡校:郑国的一种学校。 ⑨ 然明:即鬷(zōng)明、鬷蔑,郑国大夫。 ⑩ 遽止:急止,立即制止在乡校议论执政。 ⑪ 道:引导,引导河流决水,使其按计划而流。 ⑫ 小人:然明自称谦词。 ⑬ 二三臣:指郑国统治集团中的核心人物,如子大叔、冯简子、公孙挥、裨谌等。 ⑭ 仲尼闻是语句:孔丘此时仅十一岁,此当是以后闻而所论。 ⑮ 子皮:即罕虎,以字行,公孙舍之子,郑国上卿,得民心,授政子产。为邑:管理邑,担任一邑之长的邑宰。 ⑯ 少:尹何年少。 ⑰ 愿:谨慎而善良。 ⑱ 夫:指尹何。 ⑲ 以政:以政与之,让他去为政治民。 ⑳ 伤:自伤,自相损害。 ㉑ 栋:正梁。榱(cuī):椽子。栋折榱崩:栋梁折断,架在其上的椽子散落于地。以房屋的倾倒,比喻政治败坏不治。 ㉒ 厌:被压,以人被压于倾倒房屋之下,比喻政治上受他人之累而处于绝境。 ㉓ 锦:有彩色花纹的高级丝绸。 ㉔ 制:裁剪缝纫衣服。 ㉕ 庇:庇护之所。 ㉖ 为:治理。其为美锦:居官治邑较之以美锦制衣。 ㉗ 多:重大。 ㉘ 贯:熟习。 ㉙ 败绩厌覆:车翻人压,危害田猎活动的进行。 ㉚ 暇:空闲。 ㉛ 慢:轻忽。 ㉜ 微:无。 ㉝ 他日:往日。 ㉞ 为:治理。 ㉟ 抑:不过。 ㊱ 是以:因此。 (贺圣迪)

〔鉴赏〕 本文所记之事,并非全都发生于鲁襄公三十一年(前542年),其主旨是论述子产能治好郑国的原因。子产姓公孙,名侨,曾平定贵族内乱,郑简公十二年(前554年)为卿,二十三年(前543年)执政,实行改革,整顿贵族田地和农户编制,增加了财政税收,却减轻了普通百姓的负担。他把法律条文铸在鼎上公布，为各国效法。郑处于晋楚两大国之间，动辄得咎，但由于子产内政外交处理得当，相安无事。孔子称赞子产行惠民之政。根据本文所记，子产的杰出的领导才能，他治理郑国的成功经验主要有以下三点：

第一，对于官员的任用，子产“择能而使之”，用人之长而避其短。他意识到“人心之不同，如其面焉”，认识到人们不仅在思想上，而且在才能、品性、性格上也很不相同。他十分熟悉同僚和下属，知道他们的优点和缺点，充分发挥他们的长处。如公孙挥熟知四国的政治和官员情况，裨谌富有谋略，如果郑国要与诸侯交涉，子产就向公孙挥求教四国之事，与裨谌谋划采取什么行动，把几种考虑告诉善于决断大事的冯简子，让他确定怎样做最可取，而让善于辞令、做事干练的子大叔去实行与相关国家应酬、谈判。子产这样做，很少失败。

第二，重视人才的培养，实行“学而后入政”的办法，根据官员的实际才能和实绩来任用和提拔官吏。郑国上卿子皮因为感到尹何善良，不会背叛自己，因而喜欢他，打算让他担任邑宰。子产坚决反对根据个人的好恶情感，轻率地决定重要职务的人选。子产指出“未能操刀而使割”，会害了他自己，让没有经验、没有真才实学的人担任重要公职，是对国家和人民极端不负责任的表现。

第三，发扬民主，容许国人在乡间学校议政，真心诚意地听取他们的意见。对于政令，他们认为好的，就加以实行；他们厌恶的，就坚决废除。他认为百姓议政可以宣泄不满和怨恨。统治者如果利用权势来制止人民表达不满，是非常危险的，就像河堤大决口，遭殃的人必定很多。他指出，不如开一个小口，引导河水流出。

把百姓的不满视为可怕的洪水，这一比喻古已有之，西周邵虎谏厉王弭谤说：“防民之口，甚于防川壅而溃，伤人必多，民亦如之。是故为川者，决之使导，为民者宣之使言。”(《国语·周语》)子产发展了邵虎的思想，他不是从消极的意义上，而是以建设性的眼光看待百姓的意见，把议政的百姓视为“吾师”，主张把听那些议论当作治病的药。应当承认，二千多年前的政治家能有这样的认识，实在难能可贵。子产关于以学校为议政场所的主张产生了值得注意的反响。明末清初的启蒙思想家黄宗羲在其包含丰富的民主思想内容的《明夷待访录》中提出“公是非于学校”，以学校而不是以君主“所非是为非是”，设想把学校办成代表民意的代议机构。这种设想在继承子产思想的基础上，作出了合乎时代要求的创新和发展。

从本文记载可知，子产治政不是只关注烦琐的政务，而是抓住对于国家和社会具有特别重大意义的根本问题，注意政治演变的大趋势，国家政治的主要隐患。所以子皮说“君子务知大者、远者”，这是对子产十分恰当的评价。实际上左丘明在此前后关于子产的一些记载也印证了子皮的评价。如他十分留意相邻国家的政治上的大问题，以作为治理郑国的借鉴。《左传·襄公三十年》记叙子产对陈国的观察，他发现陈国积聚粮食，修治城郭，只知道依仗这两点，而不知道要安抚百姓；他们的国君地位不牢固，公子奢侈，太子卑弱，大夫傲慢，政权不由一个人做主，从而断定像这样的国家处在大国之间是十分危险的，不用太久就会灭亡。陈国果然于公元前479年被楚国灭亡。子产在执政期间特别注意防止这些问题在郑国出现，他的改革措施就是要让百姓得到好处，限制贵族的权力，提高政府的行政效率。

子产治国和改革的成功，其原因最根本的在于他的政治品质。他把国家的利益放在第一位，勇于对国家负责，即使因此作出个人的牺牲也在所不惜。他曾经表露过自己的情怀，说“苟利社稷，死生以之。且吾闻为善者，不改其度，故能有济也”(《左传·昭公四年》)。正是本着这样的思想境界，他在郑国推进改革，促进了这一地区的发展。自此以后，“苟利社稷，死生以之”的思想鼓舞、激励了无数志士仁人为国家、民族、人民奉献自己，林则徐以诗“苟利国家生死”以明志，成为禁毒、反侵略英雄，他的精神与子产的情怀是一脉相承的。 (贺圣迪)

昭公二十年(晏子论和) 《春秋·左传》

经

二十年①，春，王正月。

夏，曹公孙会自鄸出奔宋②。秋，盗杀卫侯之兄縶。冬十月，宋华亥、向宁、华定出奔陈。十有一月辛卯③，蔡侯卢卒。

传

二十年，春，王二月，己丑④，日南至。梓慎望氛⑤，曰：“今兹宋有乱，国几亡，三年而后弭。蔡有大丧。”叔孙昭子曰：“然则戴、桓⑥也。汏侈无礼，已甚，乱所在也。”

费无极言于楚子曰：“建与伍奢将以方城之外叛，自以为犹宋、郑也。齐、晋又交辅之，将以害楚，其事集[7]矣。”王信之，问伍奢。伍奢对曰：“君一过[8]多矣，何信于谗。”王执[9]伍奢，使城父司马奋扬杀大子[10]，未至，而使遣之[11]。三月，大子建奔宋。王召奋扬，奋扬使城父人[12]执己以至。王曰：“言出于余口，入于尔耳，谁告建也？”对曰：“臣告之。君王命臣曰：‘事建如事余。’臣不佞，不能苟贰[13]。奉初[14]以还，不忍后命[15]，故遣之。既而悔之，亦无及已。”王曰：“而敢来，何也？”对曰：“使而失命[16]，召而不来，是再奸[17]也。逃无所入。”王曰：“归，从政如他日。”无极曰：“奢之子材，若在吴，必忧楚国。盍以免其父召之，彼仁，必来，不然将为患。”王使召之，曰：“来，吾免而[18]父。”棠君尚谓其弟员曰：“尔适吴，我将归死。吾知[19]不逮，我能死，尔能报。闻免父之命，不可以莫之奔也；亲戚为戮，不可以莫之报也。奔死免父，孝也；度功而行，仁也；择任而往，知也；知死不辟[20]，勇也。父不可弃，名不可废，尔其勉之！相从为愈[21]。”伍尚归。奢闻员不来，曰：“楚君大夫其旰食[22]乎！”楚人皆杀之。员如吴，言伐楚之利于州于[23]。公子光曰：“是宗为戮，而欲反其雠[24]，不可从也。”员曰：“彼将有他志[25]，余姑为之求士，而鄙以待之[26]。”乃见鱄设诸[27]焉，而耕于鄙。

宋元公无信多私，而恶华、向。华定、华亥与向宁谋曰：“亡[28]愈于死，先诸[29]？”华亥伪有疾，以诱群公子。公子问[30]之，则执之。夏，六月丙申。杀公子寅、公子御戎、公子朱、公子固、公孙援、公孙丁、拘向胜、向行于其廪[31]。公如[32]华氏请焉，弗许，遂劫之。癸卯，取大子栾与母弟辰、公子地以为质。公亦取华亥之子无戚、向宁之子罗、华定之子启，与华氏盟以为质。

卫公孟絷狎[33]齐豹，夺之司寇与鄄[34]。有役则反之，无则取之。公孟恶北宫喜、褚师圃，欲去之。公子朝通于襄夫人宣姜,惧,而欲以作乱。故齐豹、北宫喜、褚师圃、公子朝作乱。

初,齐豹见㉟宗鲁于公孟。为骖乘㊱焉。将作乱,而谓之曰:“公孟之不善,子所知也。勿与乘,吾将杀之。”对曰:“吾由㊲子事公孟,子假㊳吾名焉,故不吾远㊴也。虽其不善,吾亦知之。抑以利故,不能去,是吾过也。今闻难而逃,是僭㊵子也。子行事乎,吾将死之,以周㊶事子,而归死于公孟,其可也。”

丙辰,卫侯在平寿,公孟有事于盖获㊷之门外。齐子氏帷㊸于门外,而伏甲㊹焉。使祝鼃寘戈于车薪以当㊺门。使一乘㊻从公孟以出,使华齐御公孟,宗鲁骖乘。及闳㊼中,齐氏用戈击公孟,宗鲁以背蔽㊽之,断肱,以中公孟之肩。皆杀之。

公闻乱,乘驱自阅门入。庆比御㊾公,公南楚骖乘,使华寅乘贰车㊿。及公宫,鸿骝魋驷乘于公。公载宝以出。褚师子申遇公于马路之衢[51],遂从。过齐氏,使华寅肉袒,执盖以当其阙[52]。齐氏射公,中南楚之背。公遂出。寅闭郭门,逾[53]而从公。公如死鸟[54]。析朱鉏宵从窦出,徒行从公。

齐侯使公孙青聘[55]于卫。既出,闻卫乱。使请[56]所聘。公曰:“犹在竟[57]内,则卫君也。”乃将事[58]焉,遂从诸死鸟。请将事。辞曰:“亡人不佞,失守社稷,越在草莽,吾子无所辱君命。”宾曰:“寡君命下臣于朝曰:‘阿下执事[59]。’臣不敢贰。”主人曰:“君若惠顾先君之好,昭临敝邑,镇抚其社稷,则有宗祧在。”乃止。卫侯固请见[60]之,不获命[61],以其良马见,为未致使[62]故也。卫侯以为乘马[63]。宾将掫[64],主人辞[65]曰:“亡人之忧,不可以及吾子。草莽之中,不足以辱[66]从者。敢辞。”宾曰:“寡君之下臣,君之牧圉[67]也。若不获扞[68]外役,是不有寡君也。臣惧不免于戾[69],请以除死[70]。”亲执铎[71],终夕与于燎[72]。

齐氏之宰渠子召北宫子。北宫氏之宰不与闻,谋杀渠子,遂伐齐氏，灭之。丁巳晦[73]，公入，与北宫喜盟于彭水之上。秋七月戊午朔，遂盟[74]国人。八月辛亥[75]，公子朝、褚师圃、子玉霄、子高鲂出奔晋。闰月戊辰，杀宣姜。卫侯赐北宫喜谥曰贞子，赐析朱鉏谥曰成子。而以齐氏之墓予之。

卫侯告宁于齐，且言子石[76]。齐侯将饮酒，偏[77]赐大夫曰："二三子之教也。"苑何忌辞[78]曰："与于青之赏，必及于其罚。在《康诰》曰：'父子兄弟，罪不相及'，况在群臣？臣敢贪君赐以干[79]先王？"

琴张闻宗鲁死，将往吊之。仲尼曰："齐豹之盗[80]，而孟絷之贼[81]，女[82]何吊焉？君子不食奸[83]，不受乱[84]，不为利疚于回[85]，不以回待人，不盖[86]不义，不犯非礼[87]。"

宋华、向之乱。公子城、公孙忌、乐舍、司马彊、向宜、向郑、楚建、郳甲出奔郑。其徒与华氏战于鬼阎，败子城。子城适晋。

华亥与其妻，必盥[88]而食所质公子者而后食[89]。公与夫人每日必适[90]华氏，食公子而后归。华亥患之，欲归[91]公子。向宁曰："唯不信，故质其子。若又归之，死无日矣。"公请于华费遂，将攻华氏。对曰："臣不敢爱死，乃求去忧而滋长乎？臣是以惧，敢不[92]听命。"公曰："子死亡有命，余不忍其询。"冬十月，公杀华、向之质而攻之。戊辰[93]华、向奔陈，华登奔吴。向宁欲杀大子，华亥曰："干君而出，又杀其子，其谁纳我？且归之有庸[94]。"使少司寇牼以归。曰："子之齿长矣，不能事人。以三公子为质，必免。"公子既入。华牼将自门行。公遽见之，执其手曰："余知而无罪也，入，复而所。"

齐侯疥[95]，遂痁[96]，期而不瘳[97]。诸侯之宾问疾者多在。梁丘据与裔款言于公曰："吾事鬼神丰，于先君有加矣。今君疾病，为诸侯忧，是祝、史之罪也。诸侯不知，其谓我不敬，君盍[98]诛于祝固、史嚚以辞[99]宾？"公说[100]，告晏子。晏子曰："日[101]宋之盟，屈建问范会之德于赵武。赵武曰：'夫子之家事治；言于晋国，竭[102]情无私。其祝、史祭祀，陈信[103]不愧；其家事无猜[104]，其祝、史不祈。’建以语康王[105]。康王曰：‘神、人无怨，宜夫子之光辅五君以为诸侯主也。’”公曰：“据与款谓寡人能事鬼神，故欲诛于祝、史。子称是语，何故？”对曰：“若有德之君，外内不废，上下无怨，动无违事，其祝、史荐信，无愧心矣。是以鬼神用飨。国受其福，祝、史与焉。其所以蕃祉[106]老寿者，为信君使也，其言忠信于鬼神。其适遇淫君，外内颇邪[107]，上下怨疾，动作辟违，从欲厌私，高台深池，撞钟舞女。斩刈民力，输掠其聚，以成其违，不恤后人。暴虐淫从，肆行非度，无所还忌，不思谤讟[108]，不惮鬼神。神怒民痛，无悛[109]于心。其祝、史荐信，是言罪也。其盖失数美，是矫诬也。进退无辞，则虚以求媚。是以鬼神不飨其国以祸之。祝、史与焉。所以夭昏孤疾者，为暴君使也，其言僭嫚[110]于鬼神。”公曰：“然则若之何？”对曰：“不可为也：山林之木，衡鹿[111]守之；泽之萑蒲[112]，舟鲛[113]守之；薮之薪蒸，虞候守之；海之盐、蜃，祈望[114]守之。县鄙之人，入从其政；偪介[115]之关，暴征其私；承嗣大夫，强易其贿[116]。布常无艺[117]，征敛无度；宫室日更，淫乐不违。内宠之妾，肆夺于市；外宠之臣，僭令于鄙。私欲养求，不给则应[118]。民人苦病，夫妇皆诅。祝有益也，诅亦有损。聊、摄以东，姑、尤以西，其为人也多矣。虽其善祝，岂能胜亿兆人之诅？君若欲诛于祝、史，修德而后可。”公说，使有司宽政，毁关，去禁，薄敛，已责。

十二月，齐侯田于沛，招虞人[119]以弓，不进。公使执之。辞曰：“昔我先君之田也，旃[120]以招大夫，弓以招士，皮冠以招虞人。臣不见皮冠，故不敢进。”乃舍之。仲尼曰：“守道不如守官，君子韪[121]之。”

齐侯至自田，晏子侍于遄台[122]，子犹驰而造焉。公曰：“唯据与我和[123]夫！”晏子对曰：“据亦同也，焉得为和？”公曰：“和与同异乎?”对曰:“异。和如羹焉,水、火、醯、醢[124]、盐、梅,以烹鱼肉,燀[125]之以薪,宰夫[126]和之。齐之以味,济其不及,以泄[127]其过。君子食之,以平其心。君臣亦然。君所谓可而有否焉,臣献其否以成其可。君所谓否而有可焉,臣献其可以去其否。是以政平而不干,民无争心。故《诗》曰:‘亦有和羹,既戒[128]既平。鬷假[129]无言,时靡有争。’先王之济五味、和五声也。以平其心,成其政也。声亦如味,一气,二体,三类,四物,五声,六律,七音,八风,九歌,以相成也。清浊、大小、长短、疾徐、哀乐、刚柔、迟速、高下、出入、周疏,以相济也。君子听之,以平其心。心平,德和。故《诗》曰:‘德音不瑕。’今据不然。君所谓可,据亦曰可;君所谓否,据亦曰否。若以水济水,谁能食之?若琴瑟之专壹[130],谁能听之?同之不可也如是。”

饮酒乐。公曰:“古而无死,其乐若何!”晏子对曰:“古而无死,则古之乐也,君何得焉?昔爽鸠氏[131]始居此地,季萴因之,有逢伯陵因之,蒲姑氏因之,而后大公因[132]之,古者无死,爽鸠氏之乐,非君所愿也。”

郑子产有疾,谓子大叔曰:“我死,子必为政。唯有德者,能以宽服民,其次莫如猛。夫火烈,民望而畏之,故鲜死焉。水懦弱,民狎[133]而玩之,则多死焉。故宽难。”疾数月而卒。大叔为政,不忍猛而宽。郑国多盗,取人于萑苻之泽。大叔悔之,曰:“吾早从夫子,不及此。”兴徒兵以攻萑苻之盗,尽杀之。盗少止。仲尼曰:“善哉!政宽则民慢,慢则纠之以猛。猛则民残,残则施之以宽。宽以济猛,猛以济宽,政是以和。《诗》曰:‘民亦劳止,汔可小康。惠此中国,以绥四方’[134],施之以宽也。‘毋从诡随,以谨无良。式遏寇虐,惨不畏明’[135],纠之以猛也。‘柔远能迩,以定我王’,平之以和也。又曰:‘不竞不絿,不刚不柔,布政优优,百禄是遒[136],和之至也。’”

及子产卒,仲尼闻之,出涕曰:“古之遗爱[137]也。”

〔注释〕 ① 昭公二十年：鲁昭公二十年，即周景王二十三年，公元前522年。 ② 公孙会：宣公之孙，子臧之子。鄸(mèng)：今山东菏泽县西。 ③ 十一月辛卯：十一月七日。 ④ 己丑：初二。 ⑤ 望氛：望气以占卜。 ⑥ 戴、桓：一般认为戴族，华氏；桓族，向氏。 ⑦ 集：成，此处指将成。 ⑧ 一过：指楚王纳太子建妾。 ⑨ 执：逮捕。 ⑩ 大子：太子。 ⑪ 使遣之：让他逃走。 ⑫ 城父人：城父大夫。 ⑬ 贰：违命。 ⑭ 奉初：奉行最初的命令。 ⑮ 后命：指要其杀建的命令。 ⑯ 失命：未完成命令。 ⑰ 奸：犯，指违背命令。 ⑱ 而：尔，你。 ⑲ 知：通“智”，智慧。 ⑳ 辟：通“避”。 ㉑ 从：听从。愈：好。 ㉒ 旰(gàn)：晚。旰食：比喻楚国将有覆亡之虞，君臣将无心安食。 ㉓ 州于：吴子僚。 ㉔ 反其雠：指报仇。 ㉕ 彼将旬：指公子光有谋刺州于的企图。 ㉖ 鄙：野。鄙以待之：指退处于野以等待时机。 ㉗ 鱄(zhuān)设诸：即专诸。 ㉘亡：逃亡。 ㉙ 先诸：哪个更早。 ㉚ 问：探问病情。 ㉛ 廪：仓库。 ㉜ 如：至。 ㉝ 公孟：卫灵公之兄。狎：轻视。 ㉞ 之：其。鄄：齐豹之封邑。 ㉟ 见：通“现”，推荐。 ㊱ 骖(cān)乘：居车右的执甲卫士。 ㊲ 由：因为。 ㊳ 假：借。 ㊴ 不吾远：不远吾，即公孟亲近我。 ㊵ 僭(jiàn)：不信，即令你的话失去信用。 ㊶ 周：终竟。 ㊷ 有事：指祭祀。盖获：卫郭门。 ㊸ 帷：张帷，张起幕布。 ㊹ 伏甲：埋伏甲士。 ㊺ 寘：通“置”。当：通“挡”。 ㊻ 一乘：一辆车。 ㊼ 闳：曲门中。 ㊽ 蔽：遮挡。 ㊾ 御：为……驾车。 ㊿ 贰车：副车。 51 衢：衢路。 52 盖：车盖。阙：空阙处。 53 逾：越，跳出。 54 如：向。死鸟：地名。 55 公孙青：顷公之孙。聘：聘问。 56 请：遣使者问。 57 竟：通“境”。 58 事：行聘礼。 59 阿下：亲附而卑下之。执事：指卫侯。 60 固：一再。见：使……见。 61 不获命：不得已。 62 致使：致使命，指行聘礼。 63 乘马：良马。 64 掫(zōu)：戒备，宿卫。 65 辞：辞让。 66 辱：使受辱。 67 牧圉(yǔ)：放牧的家臣。 68 扞：警卫。 69 戾：获罪。 70 除死：免死。 71 铎：巡夜用的大铃。 72 燎：设火堆以守备。 73 丁巳晦：七月三十日。 74 盟：订立盟誓。 75 八月辛亥：八月二十五日。 76 子石：公孙青字。 77 偏：通“遍”。 78 辞：推辞不受。 79 干：犯。 80 盗：为盗。 81 贼：见贼，被害。 82 女：通“汝”，你。 83 食奸：受奸人的俸禄。 84 受乱：卷入动乱。 85 疚：病，为……所侵害。回：邪恶。 86 盖：掩盖。 87 不犯非礼：不做违礼的事情。 88 盥：盥洗。 89 食：使……食。 90 适：造访。 91 归：使……归。 92 敢不：岂敢不。 93 戊辰：十三日。 94 庸：功。 95 疥：患皮肤病。 96 店(shān)：热疟。 97 期：期年，一年。瘳：痊愈。 98 盍：何不。 99 辞：辞让。 100 说：通“悦”，高兴。 101 日：往日。 102 竭：尽。 103 陈信：陈述实情。 104 猜：猜忌。 105 康王：楚王。 106 蕃祉：子孙繁衍。 107 颇邪：偏颇邪恶。 108 谤讟(dú)：怨谤诅咒。 109 悛：悔改。 110 僭嫚(màn)：欺诈轻慢。 111 衡鹿：守山林的小吏。 112 萑(huán)蒲：芦苇。 113 舟鲛(jiāo)：舟渔，官名。 114 祈望：官名。 115 偪(bī)：通“逼”。偪介：靠近国都的关卡。 116 贿：财物。 117 布：公布政令。艺：准则。 118 应：以罪应之，加以罪名。 119 虞人：掌管山林水泽的官员。 120 旃(zhān)：旗帜。 121 韪(wěi)：同。 122 遄(chuán)台：地名，今山东临淄附近。 123 和：协调。 124 醯(xī)：醋。醢(hǎi)：肉酱。 125 燀(chǎn)：炊。 126 宰夫：厨师。 127 济：增加。泄：减。 128 戒：秩序井然。 129 鬷(zōng)：通“奏”，祷、告。假：格，神来。 130 专壹：只奏一个声调。 131 爽鸠氏：传说上古少皞时官名，此处为远古部族首领名。下文季萴(cè)、有逢伯陵、蒲姑氏都为传说中的远古人名。 132 大公：太公，姜太公。因：因袭，继承。 133 狎：玩弄。 134 引自《诗经·大雅·民劳》。汔(qì)：庶几，接近，差不多。 135 引自《诗经·大雅·民劳》。从：听从。诡随：诡诈欺骗。谨：谨防。无良：

不善。式遏：用以遏止。憯：曾。明：高明。　⑬⑥引自《诗经·商颂·长发》。絿(qiú)：急躁。优优：行仁政。遒：(qiú)聚。　⑬⑦爱：仁。

(邱轶皓)

〔鉴赏〕《左传》所记鲁昭公二十年(前522年)的历史事件相当纷繁复杂，重要的有楚平王逐太子建，杀伍奢及其子伍尚，次子伍子胥奔吴，宋卫两国内乱；晏婴劝阻齐景公杀主管祭祀、占卜的祝、史，以及论述和的观念；郑国执政子产和孔子主张治国兼用宽猛，子产的去世和孔子对他的评价。这些事件大都不相干，但通过作者对史料的处理、安排，人们仍然能够从中看到它们之间的内在联系。《左传》这些记述描绘了春秋后期诸侯国内惊心动魄的政治斗争，人民的痛苦生活，揭示了造成这些问题的根本原因，指明了克服政治动乱、解决社会问题的正确方法。

作者以大量的史实充分揭露了统治者的丑恶面貌，说明他们是造成政治动乱、人民生活痛苦的罪魁祸首。从本文我们看到，君主都是荒淫无耻之徒，他们多疑凶残，随意杀害自己不喜欢，或感到危险的人物。如楚平王为其太子聘秦女为妻，但是后来他却纳此秦女为夫人；又担心太子建勾结齐、晋发动叛乱，竟然派人杀害太子建，后者逃脱后楚王就杀害辅助太子的伍奢及其子尚，从而为楚国后来的大难埋下了祸根。又如宋元公不讲信用，而且私心很重，他十分厌恶华氏、向氏两家贵族，从而使宋国统治阶级内部矛盾激化。齐景公因身患疥疮、疟疾，竟然要处死祝、史，以发泄自己的不满。晏子在为祝、史辩解的过程中指明，国家祸患，包括君主本人的灾祸，都是君主为非作歹造成的。统治者霸占山林沼泽河海之利，禁止百姓用以谋生。他们到处设立关卡，横征暴敛，掠夺百姓，横行无度，无所顾忌。他们放纵私欲，建造亭台楼阁，水池苑林，终日沉溺于歌舞音乐之中，耗尽民力。宫内宠妾在市场上任意掠夺，宫外宠臣在边境上假传圣旨，声色犬马欲望无穷，谁不能满足其要求，就加以严办，致使百姓苦不堪言。晏子对统治者的罪行表示了极大义愤，对百姓的痛苦寄予深切同情。这篇文字可以说是对当时现实的尖锐、深刻、全面的批判，它大大加强了《左传》的人民性和思想性，形成了中国古代史学著作表达人民的思想感情的优良传统。

针对当时政治、社会问题，晏子论述了和的观念，这是孔子以前对和的概念最详尽的阐述。这一认识是儒家中和哲学重要思想来源，值得重视。

晏子首先把和与同加以严格的区分。齐景公混淆了这两个概念，他把一贯以谄媚讨好君主为能事的佞臣梁丘据与他的关系说成是和。晏子一针见血地指出，梁丘据所做的，只是同，即一味迎合君主，从不对君主的做法提出不同的看法。晏子强调和的概念肯定差别,要保持不同的成分:和就像做羹,用水、醋、肉酱、盐和梅来烹调鱼肉,先用火烧煮,然后厨师把它们搅拌调和在一起,使味道适中,太淡就再加调料,太浓就加水冲淡,这样人们食用它才会觉得味美,心里感到满意。晏子指出,君臣关系也当如此,君主认为可行,但其中有不可行的,臣就要指出,并加以纠正,使可行的得以实现;君主认为不可行,但其中有可行的,臣就要指出,并取消不可行的,这样政策才会平和,不违背礼,百姓也就没有争夺之心。可见,和的观念追求多样性,要实现多样性的统一,而从其政治意义来说,和的观念要求臣发表不同于君主的意见,指陈君主政令之失;而对君主来说,则要容许不同观点的存在,接受其中的正确意见,改正自己的错误做法。可见这里和的概念具有反对君主专制的意义。总之,和在政治上就是要政令温和,君臣关系宽松,政局平静,整个国家从上到下,人与人之间的关系保持和谐。

在论述和的意义时,晏子特别强调其精神功能。调和了多样食物、味道适中的羹,不仅味美,而且君子食用了心里才会觉得平静;国家政令温和、政局平静,百姓就不会产生争夺之心。而在讲述音乐舞蹈中的和时,晏子更加突出了这种精神功用。他说,乐(包括诗,曲、舞)自始至终贯穿了一种气韵,包括文武两种舞蹈形式,《风》、《雅》、《颂》三种诗歌类别,使用了四方材料制作乐器和道具,演奏出宫商角徵羽五音、阴阳六种律吕、七种音阶,表现了八方风格,融和九歌,这样各种音乐就是由清浊、大小、长短、缓急、哀乐、刚柔、快慢、高低、出入、疏密的相互配合协调而成的,从而体现了一种美妙的和谐。晏子指出,这种和谐能使人内心平静;内心平静了,人的品性才会温和,待人才会宽厚,才能与人和睦相处,形成一种和谐的环境。

在本文的最后部分,作者用子产和孔子的思想进一步丰富和的观念的内涵。子产临终之前在他的政治遗嘱中提出治国要宽猛并用,孔子对此极为欣赏,并以执两用中的思想方式加以发挥,提出“宽以济猛,猛以济宽”。根据孔子的说法,宽猛结合,能够避免宽或猛本身的弊端。孔子认为如此就能造成天下太平的盛世,宽猛最恰当的结合能够达到《诗经》所向往、歌颂的“不急不缓,不刚不柔,政策宽松,福禄降临”的理想境界。孔子赞颂此为“和之至”,即和谐的最高表现。这样,和就是对立面的统一,体现了对立面最完美的结合、配合、均衡和协调,在孔子看来,这是事物能够达到的最理想的状态。

(邱轶皓　魏自厚)

隐公元年(论大一统)　　《春秋·公羊传》

经

春,王正月。

传

“元年”者何?君[①]之始年也。“春”者何?岁之始也。“王”者孰谓?谓文王[②]也。曷为先言王而后言正月?王正月也。何言乎王正月?大一统也。公何以不言即位[③]?成公意也。何成乎公之意?公将平国而反之桓[④]。曷为反之桓?桓幼而贵[⑤],隐长而卑,其为尊卑也微,国人莫知。隐长又贤,诸大夫扳[⑥]隐而立之。隐于是焉而辞立,则未知桓之将必得立也。且如桓立,则恐诸大夫之不能相幼君也,故凡隐之立为桓立也。隐长又贤,何以不宜立?立適[⑦]以长不以贤,立子以贵不以长。桓何以贵?母贵也。母贵则子何以贵?子以母贵,母以子贵。

经

三月,公及邾娄仪父盟于眜[⑧]。

传

“及”者何?与也,会及暨[⑨]皆与也。曷为或言“会”,或言“及”,或言“暨”?“会”犹最[⑩]也;“及”犹汲汲[⑪]也;“暨”犹暨暨[⑫]也。及我欲之,暨不得已也。“仪父”者何?邾娄之君也。何以名?字也。曷为称字?褒之也。曷为褒之?为其与公盟也。与公盟者众矣,曷为独褒乎此?因其可褒而褒之。此其为可褒奈何?渐进[⑬]也。“眜”者何?地期[⑭]也。

经

夏五月,郑伯克段于鄢[15]。

传

"克"之者何?杀[16]之也。杀之则曷为谓之"克"?大[17]郑伯之恶也。曷为大郑伯之恶?母欲立之,己杀之,如勿与而已矣。"段"者何?郑伯之弟也。何以不称弟?当国[18]也。其地[19]何?当国也。齐人杀无知[20]何以不地?在内[21]也。在内虽当国不地也,不当国虽在外亦不地也。

经

秋七月,天王使宰咺来归惠公仲子之赗[22]。

传

"宰"者何?官也。"咺"者何?名也。曷为以官氏?宰士[23]也。"惠公"者何?隐之考[24]也。"仲子"者何?桓之母也。何以不称夫人?桓未君也。"赗"者何?丧事有赗。赗者,盖以马,以乘马束帛。车马曰赗,货财曰赙[25],衣被曰襚[26]。桓未君则诸侯曷为来赗之?隐为桓立,故以桓母之丧告于诸侯。然则何言尔?成公意也。其言"来"何?不及事[27]也。其言惠公仲子何?兼之,兼之非礼也。何以不言"及"仲子,仲子微也。

经

九月,及宋人盟于宿。

传

孰及之[28],内之微者也。

经

冬十有二月,祭伯㉙来。

传

“祭伯”者何?天子之大夫也。何以不称使?奔也。奔则曷为不言奔?王者无外,言奔则有外之辞也。

经

公子益师卒。

传

何以不日?远㉚也。所见异辞㉛,所闻异辞,所传闻异辞。

〔注释〕 ① 君:指鲁隐公,前722—前712年在位,名息姑。 ② 文王:周文王。隐公即位之年,时当周平王四十九年。《公羊传》把“王”解释为周文王是揭示《春秋》尊崇周朝数百年大一统的政统之义。 ③ 公:指鲁隐公。不言即位:《春秋》没有写鲁隐公即位的事,这表示他没有举行正式的即位典礼。 ④ 平:治理。反:同“返”,交还。桓:鲁桓公,前711—前694年在位,鲁隐公的同父异母弟。 ⑤ 桓幼而贵:桓公小于隐公,但是他是仲子所生。仲子为宋武公的女儿,出嫁时举行了正式的礼仪,后被封为鲁惠公的夫人,因此所生之子地位高于隐公。⑥ 扳(bān):挽,引,这里意为拥戴。 ⑦ 适:同“嫡”。先秦国君传位制度规定:立储君可以选择嫡子,也可以选择庶子,前者以年长为首选,后者以母贵或本人有贤德而立为君。隐公非其父鲁惠公的嫡长子,其母又不宠,不比仲子高贵。根据那时的有关规定,不宜立为君。⑧ 邾(zhū)娄:国名,国君曹姓,故址在今山东省费、邹、济宁一带,国都在今邹县。仪父:邾娄之君,名克。昧:《左传》、《穀梁传》写为“蔑”,二字古时通用。蔑即姑蔑,在今山东泗水东。⑨ 暨(jì):与,及,至,到。 ⑩ 最:聚集。 ⑪ 汲汲:急切的样子。 ⑫ 暨暨:果断刚毅的样子。 ⑬ 渐进:渐进于德。 ⑭ 地期:聚会之地。 ⑮ 郑伯:郑庄公。克:战胜。段:共叔段,郑庄公的同母弟。鄢:郑国邑名。 ⑯ 杀:根据《左传》,郑庄公并未杀共叔段,只是迫使他流亡国外。 ⑰ 大:突出。 ⑱ 当国:权势太大,几与国君相等。 ⑲ 其地:记载事件发生的地点。 ⑳ 无知:齐贵族,姓公孙,周庄王十二年(前685年)自立为君,次年被杀。 ㉑ 内:在国内。 ㉒ 天王:周王。春秋时楚吴等诸侯国君主相继称王,所以尊周天子为天王。这里指周平王。宰:官职名。咺(xuān):周王室官员。惠公仲子:隐公父鲁惠公夫人。赗(fèng):助葬用财物,如车马束帛等。 ㉓ 宰士:周天子的冢宰,掌管王室内外事务。 ㉔ 考:原意父,后只称亡父。 ㉕ 赙(fù):以财物助丧。 ㉖ 襚(suì):向死者赠送的衣被。 ㉗ 不及事:没有赶上丧事。 ㉘ 孰及之:谁参与了盟会。 ㉙ 祭(zhài):诸侯国名,始祖为周公之子。祭伯:祭国君主,他以诸侯的身份作为周朝廷大臣。 ㉚ 远:年代久远。 ㉛“所见异辞”以下三句:“所见”指《春秋》作者孔子亲眼所见的历史事件。“所闻”指孔子听说的历史事件,年代比亲眼所见的更远。“所传闻”指孔子所听到的前人传说的事件,年代更加遥远。这里三句是说孔子对于不同年代发生的事件,记载的详略、用词是有不同的,益师之死,因年代久远,孔子不去考订具体时日。后世今文经学家把“所见”、“所闻”、“所传闻”作为一个标准来划分《春秋》所记鲁国十二公二百四十二年的历史阶段,并进而提出“三世”说,认为历史要经历“据乱世”、“升平世”到“太平世”三个时期。 (施忠连)

〔鉴赏〕 根据传统的看法,解释《春秋》最权威的经典著作有三部,即《左传》、《公羊传》和《穀梁传》。《公羊传》又称《春秋公羊传》,相传为战国时子夏学生齐人公羊高所著。公羊学最初只有口头流传,西汉景帝时公羊高玄孙寿与学生齐人胡毋子都著录成书。《左传》实际上是一部独立的历史著作,以详述历史事件和刻画历史人物见长,时间跨度大致与《春秋》吻合,因而被经学家视为解释《春秋》的“传”。与《左传》不同,《公羊传》是纯粹的经学著作,是专为解释《春秋》而写,主要通过诠释《春秋》的字义、名物、礼仪、制度来揭示《春秋》的“微言大义”。由于《春秋》的文字极为简略,只是记载事件,因此《公羊传》所解读的《春秋》意义大多为传作者自己的发挥,成为汉代今文经学的主要理论来源。今文经学往往为当时政治、伦理、经济、法律上的要求而阐发经义,这在《公羊传·隐公元年》中清楚地表现了出来。

《春秋》“王正月”三字是西周春秋时期常用的一种时间表达方式,其中“王”字一般指当政的周王。但是《公羊传》认为“王”指周文王,“王正月”表达了“大一统”之义,这就是阐发公羊学家自己的政治主张。虽然孔子是大一统政治理念的倡导者,但是他写“王正月”只是指明时间。战国时期列国纷争,给人民造成无穷的祸害,人民迫切要求结束分裂,实现中国的统一。西汉初期中国大一统的局面出现了,但是拥有独立的治权、财权,拥有一定军事实力,占据很大一部分国土的诸侯国离心力日增,对西汉中央政权构成严重威胁,因此公羊学家力主加强政治上的大一统局面。西汉中期公羊学大师董仲舒在《举贤良对策》中向汉武帝提出的主要论点就是以大一统理念解释《春秋》,以这一理念统一国家、统一思想。他说:“《春秋》大一统者,天地之常经,古今之通谊也。”对《春秋》“春,王正月”四字别出心裁地发表了自己独有的理解:“《春秋》之文,求王道之端,得之于‘正’。‘正’次‘春’。‘春’者,天之所为也。‘正’者,王之所为也。其意曰:上承天之所为,而下以正其所为,正王道之端云尔。”这段话不仅重申了君权神授的思想,而且强调了儒家的一个传统观念:君主要使天下之事合于“正”,把儒家大一统的政治理念与德政思想融于一体,从而发展了《公羊传》对“春,王正月”的解释。董仲舒的这些论述可以说是公羊学、今文经学的思想倾向、学术特征和理论风格的集中表现。

关于《春秋》“郑伯克段于鄢”,《左传》留下了一段十分详细而精彩的历史记录,非常细致地描绘了郑庄公平定由其弟共叔段发动的叛乱这一历史事件的酝酿、发生、发展、结束的全过程及其后效。公羊学家不愿对历史的细节给予过多的关注,其兴趣只是在于分析孔子的用字,从中琢磨孔子对历史人物的好恶褒贬,据以评论历史事件和历史人物,更重要的是认识孔子的政治、伦理思想。《公羊传》提出《春秋》用“克”字就是要凸显郑庄公之恶,因为他必欲致共叔段于死地而后快,不是在事先劝说、警告共叔段,制止其弟准备叛乱的活动,而是恶意纵容,有意让其陷于“多行不义必自毙”的境地。由此《公羊传》告诉人们,仁爱应当成为处理统治阶级内部矛盾、兄弟手足之间关系的根本法则。

虽然《公羊传》在历史叙述方面远逊于《左传》,但是它对历史的解释和经典的诠释作出了重大贡献,从而发展了中国解释学传统。它特别重视寻求事件和文本的意义,关注历史的记录者和解释者的立场和眼光、他们与现实政治的关系。更加值得注意的是,公羊学不受经书文字的束缚,如将“王正月”解读为“大一统”,这虽然会造成附会的弊端,却为创造性地发挥经义打开了广阔的空间,无怪乎它在近代成了思想解放的理论武器。此外,由于训诂是《公羊传》探索《春秋》意义的主要进路,它在训诂学上也有许多建树,特别是对名词的训诂,涉及的内容极其广泛,包括古代政治、军事、外交、宗教、天文、婚丧、习俗等各个方面,显示了作者知识的广博。解释名词概念的方式很多,有下定义,如文中第一句“‘元年’者何?君之始年也”;有对比释义,如文中把“及”同“暨”、“会”加以对比以细致地辨析它们的意义的细微区别;有以共名释别名,如“‘宰’者何?官也”;此外还有因声求义,音近相训,同义相训,反义相训,等等。公羊学对于推动经学的发展和革新曾经发挥过积极的作用。

(施忠连)

襄公二十九年(季札让国)　　《春秋·公羊传》

经

吴子①使札来聘。

传

吴无君无大夫②,此何以有君有大夫?贤季子也。何贤乎季子?让国也。其让国奈何?谒也、余祭也、夷昧也与季子同母者四,季子弱③而才,兄弟皆爱之,同欲立之以为君。谒曰:“今若是迮④而与季子国,季子犹不受也。请无与子而与弟,弟兄迭为君,而致国乎季子。”皆曰:“诺。”故诸为君者,皆轻死为勇,饮食必祝⑤,曰:“天苟有吴国,尚速有悔⑥于予身。”故谒也死,余祭也立。余祭也死,夷昧也立。夷昧也死,则国宜之季子者也。季子使而亡焉。僚⑦者,长庶⑧也即之,季子使而反至而君之尔。阖庐⑨曰:“先君之所以不与子国而与弟者,凡为季子故也。将从先君之命与,则国宜之季子者也;如不从先君之命与,则我宜立者也,僚恶得为君乎?”于是使专诸刺僚,而致国乎季子。季子不受曰:“尔弑吾君,吾受尔国,是吾与尔为篡也。尔杀吾兄,吾又杀尔,是父子兄弟相杀终身无已也。”去之延陵⑩,终身不入吴国⑪。故君子以其不受为义,以其不杀为仁。贤季子则吴何以有君有大夫?以季子为臣,则宜有君者也。札者何?吴季子之名也。《春秋》贤者不名,此何以名?许⑫夷狄者不壹而足也。季子者所贤也,曷为不足⑬乎季子?许人臣者必使臣,许人子者必使子也。

〔注释〕 ① 吴子:吴王。吴国于周简王元年(前585年)始称王,但中原各国以周王室为正统,因此不承认吴国君主为王,所以《春秋》写为“吴子”。 ② 无君无大夫:在此之前《春秋》已提到吴国的君臣,因此这里“无君无大夫”之说是指吴国君臣言行举止不合周礼。 ③ 弱:年幼。季札为吴王第四子。 ④ 迮(zé):仓促。 ⑤ 祝:以言告神,表达愿望。 ⑥ 悔:灾祸。⑦ 僚:又名州于,夷昧子。 ⑧ 长庶:庶子中的年长者。 ⑨ 阖(hé)庐:名光,谒之子,一说为夷昧之子,公元前514—前496年在位。用楚亡臣伍子胥,屡败楚兵,后在与越王勾践作战中伤指而死。 ⑩ 延陵:季札封地,在今江苏省常州市。 ⑪ 吴国:吴国首都,在今江苏省苏州市。 ⑫ 许:赞许。 ⑬ 不足:不完全按照体例。

(施忠连)

〔**鉴赏**〕 《春秋》的“吴子使札来聘”六字是记载吴公子季札在鲁襄公二十九年(前544年)来鲁国访问的事。关于这次访问,《左传》记下了一篇不朽的文字,讲述季札在鲁国宫廷中观看周乐所发表的精彩的评论,表现了他对中原华夏文化的精通和美学见解的卓越。《公羊传》以另一种眼光来读这六个字,认为它们表明孔子赞成季札让国之举,用这样的写法褒扬他这一高尚的行为。《公羊传》如此阐发孔子的“微言大义”显然是牵强附会,因为《春秋》中这六个字完全是就事论事,客观记载历史事件,况且季札访鲁在前,让国在后,这六个字与让国一事毫不相干。尽管如此,《公羊传》倒是以自己独特的方式描绘了吴国和吴文化历史上第二个杰出人物(第一个当为吴国始祖、让国楷模泰伯,周太王长子,为让位于弟,来到江南,其后人创建了吴国)。《公羊传》的说明使季札的形象更加丰满,更有光彩。如果我们把《左传》和《公羊传》关于季札访问的记述联系起来分析,我们对季札这一特别值得注意的人物形象的意义就会有更深刻的理解。

从《左传》“季札观周乐”的记载,我们清楚地看到季札虽是被中原视为夷狄之邦吴国的公子,却非常熟知中原各国的历史、政治、社会、文化和艺术,他对于周代的诗歌、音乐和舞蹈的评论,在思想和艺术方面水平之高,即使在北方,也罕见其匹。因此,可以说季札是吴国人中精通和崇尚中原华夏文化的最杰出的代表。《左传》“襄公二十九年”部分记述了季札观周礼以后还相继访问了齐、郑、卫、晋等国,与晏子、子产、赵文子等著名的政治家讨论所在国政事,提出了一些很有价值的建议。这些建议受到重视,并被采纳,后来证明为极有远见。由此可见季札不仅不是对政治不感兴趣之人,而且在安邦治国方面富有睿智。然而,他为何如《公羊传》所说,要让国,不愿接受君位?

按照季札自己的说法,他让国是因为不愿与弑君者为伍,为了避免陷于不仁不义的境地。根据吴国君位继承兄终弟及的制度,季札三个哥哥谒(又名诸樊)、余祭、夷昧相继为君、相继死去后当季札为君。但是夷昧死后其子僚继位,破坏了原来的约定,谒之子阖庐以此为由派刺客杀死僚,造成宫廷内部相互残杀的悲剧。阖庐要把君位交给季札显然是故作姿态,他是个很有政治抱负、想有大作为的人,岂能把到手的政权拱手让给他人。季札洞悉宫廷政治阴谋,深知权力斗争的险恶,富有政治智慧,不会看不出他侄子的图谋和用心,不会让自己被拖入宫廷内争的污泥浊水之中。所以他说他要避免“父子兄弟相杀终身无已”的局面。

从季札对阖庐的回答可以看到,他是按照一定的政治原则和道德观念来对待国家大事和个人进退的问题。在他看来,臣弑君大逆不道、兄弟相杀是伤天害理、丧尽天良、罪大恶极的事情,都应当受到严惩。如果自己接受君位,就等于赞同、支持了阖庐的罪恶行为。所以他对阖庐说:“尔弑吾君,吾受尔国,是吾与尔为篡也。”阖庐罪恶当诛,但是季札又不忍心杀死他,这样他只有一个选择,放弃君位,回到封地,终身不入吴国首都。季札这样的思维和行为方式表明他已完全接受了中原华夏文化的价值观念和行为准则,所以《公羊传》称赞季札说:“故君子以其不受为义,以其不杀为仁。"就是说,按照儒家标准,季札堪称行仁义之楷模。

季札的选择是对吴国现实政治和社会风气的一种批判。长江流域的先民虽然在物质文化上早已取得辉煌的成就,但是在春秋时期,这个地区在知识文化,或曰精神文明方面仍然落后于中原地区。正如《公羊传》的文字所透露的,吴国早期政治风气是"轻死为勇",热衷于杀戮,因此统治集团内相互残杀之事层出不穷。如余祭也是被刺而死。古谚"吴王好剑客"就是在这种政治环境中出现的。季札的行为就是否定吴国所崇尚的"轻死为勇"的风气,提倡仁义、礼让的道德法则。《左传》和《公羊传》相关记载表明,季札是一个标志,说明中原华夏文化及其价值观念已在吴国产生重大影响,中原华夏文化与吴文化进入全面融合的新阶段,从此长江下游地区人民积极介入中原地区政治、军事、文化等方面的活动,与中原地区人民联手缔造中华民族的光荣历史。 (施忠连)

周语上(召公谏厉王止谤) 《国语》

厉王①虐,国人谤王。召公②告王曰:"民不堪命③矣!"王怒,得卫巫④,使监谤者。以告,则杀之。国人莫敢言,道路以目⑤。

王喜,告召公曰:"吾能弭⑥谤矣,乃不敢言。"召公曰:"是障⑦之也。防民之口,甚于防川。川壅而溃,伤人必多;民亦如之。是故为川者决之使导,为民者宣⑧之使言。故天子听政,使公卿至于列士⑨献诗,瞽⑩献曲,史⑪献书,师箴⑫,瞍⑬赋,矇⑭诵,百工⑮谏,庶人传语,近臣尽规,亲戚补察⑯,瞽史教诲,耆艾修之⑰,而后王斟酌焉。是以事行而不悖。民之有口也,犹土之有山川也,财用于是乎也;犹其有原隰衍沃也⑱,衣食于是乎生。口之宣言也,善败于是乎兴;行善而备败,所以阜⑲财用衣食者也。夫民虑之于心而宣之于口,成而行之,胡⑳可壅也?若壅其口,其与㉑能几何?"

王弗听,于是国人莫敢出言。三年,乃流王于彘㉒。

〔注释〕 ① 厉王(?—前828):周厉王,周恭王的曾孙,名胡。 ② 召(shào)公:周厉王的卿士,名虎,谥号穆公。召又作邵。 ③ 堪:能忍受;命:政令。 ④ 卫巫:卫国的巫师。 ⑤ 以目:用目光示意。 ⑥ 弭(mǐ):制止,消除。 ⑦ 障:阻塞。 ⑧ 宣:疏通。 ⑨ 列士:指上士、中士、下士。士是下层官员。 ⑩ 瞽(gǔ):乐官太史。 ⑪ 史:史官。 ⑫ 师:少师,为三公之副,官位高于卿。箴(zhēn):规劝。 ⑬ 瞍(sǒu):没有瞳人的盲人。 ⑭ 矇:有瞳人却看不见东西的盲人。 ⑮ 百工:犹言百官,古代官的总称。 ⑯ 亲戚:指与天子有亲属关系的人。补察:弥补天子的过失,审察天子的施政。 ⑰ 耆(qí)艾:老年人。这里指年高有德的老臣。修:劝诫。 ⑱ 原:高而平坦的土地。隰(xí):低洼潮湿的土地。衍:低而平坦的土地。沃:有河流灌溉的土地。 ⑲ 阜:盛多,丰厚。 ⑳ 胡:怎么。 ㉑ 与:党羽,同盟者。 ㉒ 彘(zhì):地名,在今山西省霍县地区。 (施忠连)

〔鉴赏〕 这是中国历史上第一篇全面、深刻、有力地批判统治者钳制百姓意见的文章,是中国思想史上最早维护人民言论自由的经典性的不朽著作。

厉王是西周后期一个臭名昭著的君王,他贪婪暴戾,重用佞臣荣夷公等人,实行山水财货专利政策,霸占公有的山地江湖,禁止百姓采樵渔猎,断了他们的生计。人民自然非常不满,要谴责厉王的罪行。但是这个无道之君不仅不有所顾忌,有所收敛,反而变本加厉,派人监视百姓的一举一动,发现有人批评朝廷就加以杀害,一时全国笼罩于恐怖之中,人民在路上都不敢讲话,只能以眼色示意。厉王志得意满,以为人民已经屈服于他的淫威之下。

对于厉王的倒行逆施,召公从六个方面指明了他对百姓意见的压制绝不会得逞,也不合乎事理,从而论证了人民表达自己对政府的不满是他们的正当权利。

第一,人民的愤怒情绪用武力来压服,不仅不会平息,反而会更加激烈。正是出于这种想法,他把不满的人民比为滔天的洪水,而把政府的镇压比为"障",即阻塞,越是阻塞,积聚的洪水就越多,最后必定会造成"川壅而溃"的后果。在这里召公实际上表达了人民的意志不可违背、人民的力量不可战胜的信念。

第二,召公指出政府的职能就是反映民意,传达民情,而不是相反。他在讲话中具体而详尽地列举了各级政府官员在搜集百姓意见、弥补中央政府施政缺失方面的职责。他提出:"为川者决之使导,为民者宣之使言",在他看来,从中央到地方的各级政府就是疏通人民不满、意见的渠道,而周厉王钳制民意完全违背了治国理政的基本准则。

第三,人民对国事发表自己的意见是他们的天然权利,不可剥夺。召公的看法是"民之有口也,犹土之有山川也",他们心里怎么想,嘴上就怎么说,对政事考虑成熟了就表达出来,这是十分自然的事情,政府没有任何理由加以禁止。

第四,召公从正面论述了人民是国家之本,财用之源,应当加以关心、爱护,不能加以压迫和掠夺。在他看来,听取百姓的意见,调动他们的积极性,“财用于是乎出”,“犹其有原隰衍沃也,衣食于是乎生”。显然,与人民为敌,就等于自毁根本,自堵财源。

第五,人民的意见是判断政事好坏的标准。老百姓指责统治者表明朝廷施政出了问题,所以召公说:让百姓用嘴发表意见,国家政治的好坏才能比较出来。这样,听取人民的意见就成为清明政治的首要前提,正像召公所说,根据百姓的意见,“行善而备败,所以阜财用衣食者也”。

第六,强行压制不同意见,最终将陷入极端孤立的境地。召公警告厉王说,“若壅其口,其与能几何?”就是说还有谁会支持你呢?历史证明了召公的预言,三年后厉王的暴虐统治在人民起义中被推翻,他被流放到彘,后来也就在那里死去。

召公这篇谏言很有逻辑性和说服力。它继承了西周初年形成的敬德保民观念,丰富和发展了民本思想,后世“民可载舟、民可覆舟”的思想与之一脉相承。它为后世反对专制君主压制百姓言论的行为提供了锐利的思想武器,三百年后郑国子产就是根据召公所说,赞成郑国百姓在乡校中议论政事,甚至把发表不同政见者称为“吾师”(见《左传》“襄公三十一年”)。

从艺术上说,这篇文章也很精彩。它的语言形象,生动,简练,如作者对周厉王镇压人民的过程没有多费笔墨加以描写,而是抓住最能表现其后果的细节、人们敢怒而不敢言的神态,仅用“道路以目”四个字就把当时镇压人民的残忍、血腥和恐怖真实地描绘出来。在此以后的数千年中这四个字就成了极富表达力、使用率很高的成语。

这篇文章在比喻的使用上也非常成功,尤其是它把谴责厉王的人民比为洪水,人们从中完全可以感受到受到镇压的人民群情激愤的样子,他们当中蕴藏的无穷力量,甚至可以想见这股力量摧枯拉朽、势不可挡的气势。当然,独夫民贼从中也会感觉到巨大的危险和恐惧。

文章塑造的人物形象鲜明,一个成为中国历史上压制人民意见的暴君典型,一个则是忧国忧民、敢于直言进谏的智者的典范。此外,文章叙事详略得当,结构完整。总之,它也是中国文学史上一篇杰作范文。

(施忠连)

春官宗伯(下)　　《周礼》

大司乐掌成均[1]之法，以治建国之学政，而合国之子弟焉。凡有道者有德者，使教焉，死则以为乐祖，祭于瞽宗[2]。以乐德教国子[3]：中和[4]、祗庸[5]、孝友。以乐语教国子：兴道[6]、讽诵[7]、言语。以乐舞教国子：舞《云门》、《大卷》[8]、《大咸》[9]、《大磬》[10]、《大夏》[11]、《大濩》[12]、《大武》[13]。以六律、六同、五声、八音、六舞大合乐，以致鬼神示[14]，以和邦国，以谐万民，以安宾客，以说远人[15]，以作动物[16]。乃分乐而序之[17]，以祭，以享，以祀[18]。乃奏黄钟，歌大吕，舞《云门》，以祀天神。乃奏大蔟，歌应钟，舞《咸池》，以祭地示。乃奏姑洗，歌南吕，舞《大磬》，以祀四望[19]。乃奏蕤宾，歌函钟，舞《大夏》，以祭山川。乃奏夷则，歌小吕，舞《大濩》，以享先妣[20]。乃奏无射，歌夹钟，舞《大武》，以享先祖。凡六乐者，文之以五声，播之以八音。凡六乐者，一变[21]而致[22]羽物及川泽之示，再变而致蠃物及山林之示，三变而致鳞物及丘陵之示，四变而致毛物及坟衍之示，五变而致介物及土示，六变而致象物[23]及天神。

凡乐，圜钟为宫，黄钟为角，大蔟为坟，姑洗为羽，靁鼓靁鼗[24]，孤竹之管，云和之琴瑟，《云门》之舞，冬日至，于地上之圜丘[25]奏之，若乐六变，则天神皆降，可得而礼矣。凡乐，函钟为宫，大蔟为角，姑洗为征，南吕为羽，灵鼓灵鼗[26]，孙竹之管，空桑之琴瑟，《咸池》之舞，夏日至，于泽中之方丘[27]奏之，若乐八变，则地示皆出，可得而礼矣。凡乐，黄钟为宫，大吕为角，大蔟为征，应钟为羽，路鼓路鼗[28]，阴竹之管，龙门之琴瑟，《九德》之歌，《九韶》之舞；于宗庙之中奏之，若乐九变，则人鬼可得而礼矣。

凡乐事，大祭祀[29]宿县[30]，遂以声展之[31]。王出入则令奏《王夏》，尸[32]出入则令奏《肆夏》，牲出入则令奏《昭夏》，帅[33]国子而舞。大飨㉞不入牲㉟，其它皆如祭祀。大射㊱，王出入，令奏《王夏》；及射，令奏《驺虞》。诏诸侯以弓矢舞。王大食，三宥，皆令奏钟鼓。王师大献㊲，则令奏恺乐㊳。凡日月食，四镇㊴五岳崩，大傀异灾㊵，诸侯薨，令去乐。大札㊶、大凶、大灾、大臣死，凡国之大忧，令弛县㊷。凡建国，禁其淫声、过声㊸、凶声㊹、慢声㊺。大丧，莅廞㊻乐器。及葬，藏乐器，亦如之。

乐师掌国学之政，以教国子小舞㊼。凡舞，有帗舞，有羽舞，有皇舞，有旄舞，有干舞，有人舞。教乐仪㊽，行以《肆夏》，趋以《采荠》，车亦如之，环拜以钟鼓为节。凡射，王以《驺虞》为节，诸侯以《狸首》为节，大夫以《采苹》为节，士以《采蘩》为节。凡乐，掌其序事㊾，治其乐政。凡国之小事用乐者，令奏钟鼓。凡乐成，则告备。诏来瞽皋舞㊿，及彻(51)，帅学士(52)而歌彻，令相(53)。飨食诸侯，序其乐事，令奏钟鼓，令相，如祭之仪。燕射，帅(54)射夫以弓矢舞。乐(55)出入，令奏钟鼓。凡军大献，教恺歌，遂倡之。凡丧，陈乐器，则帅乐官。及序哭(56)，亦如之。凡乐官，掌其政令，听其治讼。

〔注释〕 ① 成均：五帝时大学之名。 ② 瞽(gǔ)宗：殷时大学之名。 ③ 国子：国之子弟，即天子、诸侯、公卿、大夫、士各级贵族的子弟。 ④ 中和：忠顺调和。 ⑤ 祗庸：恭敬有常。 ⑥ 兴道(dǎo)：善喻引导。 ⑦ 讽诵：背诵吟咏。 ⑧ 云门、大卷：黄帝乐。 ⑨ 大咸：尧乐。 ⑩ 大磬(sháo)：舜乐。 ⑪ 大夏：禹乐。 ⑫ 大濩(huò)：汤乐。 ⑬ 大武：周武王乐。 ⑭ 鬼神亓(qí)：人神曰鬼，天神曰神，地神曰亓。 ⑮ 说(yuè)远人：使远方人民悦服。 ⑯ 作动物：使飞鸟走兽闻乐欢舞。 ⑰ 分乐而序之：分此六代(黄帝、尧、舜、禹、汤、武王)之舞，使尊卑有序。 ⑱ 以祭，以享，以祀：祭地曰祭，祭祖曰享，祭天曰祀。 ⑲ 四望：指五岳、四镇、四窦。 ⑳ 先妣：指周始祖后稷之母姜嫄。 ㉑ 变：更，指前乐成而更奏新乐。 ㉒ 致：使之至，指万物及神祇为六乐所感而来。 ㉓ 象物：指麟凤龟龙四灵。 ㉔ 靁(léi)鼓靁鼗(táo)：指六面有革可击的鼓。 ㉕ 圜丘：指圆形高坛。圜以象天之圆。 ㉖ 灵鼓灵鼗：指四面有革可击的鼓。 ㉗ 方丘：指方形高坛。方以象地之方。 ㉘ 路鼓路鼗：指两面有革可击的鼓。 ㉙ 大祭祀：指祭天神、天祇、人鬼。 ㉚ 宿县(xuán)：头天晚上把乐器悬挂摆放好。 ㉛ 以声展之：叩击乐器，听声音是否准确。 ㉜ 尸：古代祭祀时，代死者受祭，象征死者神灵的人。一般以臣子或死者的晚辈充任。后世逐渐改用神主、画像，立尸制度遂废。 ㉝ 帅：通"率"，带领。 ㉞ 大飨：指飨宾客。 ㉟ 不入牲：祭祀时牵牲入庙杀，而飨宾客则在庙门外杀牲,至烹熟方入。　㊱ 大射:将祭祀时,择士而射于西郊虞庠学中。　㊲ 大献:军队凯旋献功。　㊳ 恺乐:献功之乐。　㊴ 四镇:古代中国有州,每州各有一大山为一州之镇,如五岳即为九镇中之五镇。　㊵ 大傀(guī)异灾:傀,犹怪也。指天地奇变。　㊶ 札:瘟疫。㊷ 弛县(xuán):把经常悬挂着的乐器卸下收藏。　㊸ 过声:哀乐不中节之音。　㊹ 凶声:亡国之音。　㊺ 慢声:惰慢不恭之音。　㊻ 莅廞(xīn):莅,临也。廞,兴也。指临丧事时演奏乐器。　㊼ 小舞:年幼少时所教之舞。　㊽ 乐仪:王以乐出入朝廷、大寝之仪。　㊾ 序事:次序用乐之事。　㊿ 皋舞:皋,号呼也。号呼国子舞。　51 彻:祭毕将祭器撤下来。　52 学士:国子。　53 令相:指挥相者扶持瞽盲。　54 帅:同“率”,带领。　55 乐:指笙歌舞者及所用乐器。　56 序哭:指入葬时率乐官持乐器依次哭丧。

(曾　亦)

〔鉴赏〕《周礼》一书,本名《周官》,至王莽时,刘歆奏请立博士,从此改称《周礼》。传统礼家及注疏家认为《周礼》为“周公致太平之书”,后来学者又认为成于战国之时。《周礼》讲周代官制,作者根据周王室官制,参照战国时代各国制度,附益儒家政治理想编纂而成。《周礼》与《仪礼》、《礼记》合称“三礼”,也是儒家十三经之一,分为六部:天官、地官、春官、夏官、秋官、冬官。而冬官在秦汉间已佚失,汉河间献王以《考工记》补之,以成六篇之数。其中春官职掌邦礼、宗庙祭祀等。大司乐则是王家的音乐机构,管理音乐行政、音乐教育、音乐舞蹈表演等方面事务。

中国古代从传说中三皇、五帝开始,就立有学校。至三代之时,学校就已非常完备,“王宫国都以及闾巷,莫不有学”(朱熹《大学章句》序)。所教授的对象主要是贵族子弟,当然也包括平民中的少数优秀者,“王大子、王子、群后之大子、卿大夫元士之嫡子、国之俊选,皆造焉”(《礼记·王制》),亦即本篇所称之“国子”。历代学校其名虽各不相同,教授内容多样,礼与乐是其中主要二科目。本篇则专门叙述学校乐教之法,保存了中国古代教育史的宝贵资料。从中我们看到美育不仅在古代教育中占据十分重要的地位,而且已发展得相当完备,形成了非常优良的传统。本篇说乐教之法有三:乐德、乐语与乐舞。所谓乐德,就是教国子以中和、祗庸、孝友,即通过乐使国子养成忠顺、温和、恭敬、有恒、孝顺、友善的德性。可见在古代乐教不是单纯的音乐知识和技能的教育,而首先是为了陶冶精神,美化性情,净化灵魂,培养道德,这就抓住了乐教最重要的方面。所谓乐语,就是教国子以兴道、讽诵、言语,使国子掌握善喻、引导、背诵、吟咏、发言、答语的语言能力。可见乐教的内容和形式丰富多彩,不限于音乐、舞蹈的教学,包括口头和书写的文学艺术的创作和表演。所谓乐舞,就是使国子学会《云门》、《大卷》、《大咸》、《大磬》、《大夏》、《大濩》、《大武》这七种舞蹈。

此七种舞蹈乃黄帝、尧、舜、禹、汤、武王六代之乐舞，又称“六乐”。本篇进而叙述了六乐的具体功能。乐的作用在于祭祀神灵，而神灵有六，故以黄帝之《云门》舞祭祀天神，以尧之《咸池》（即《大咸》）祭祀地祇，以舜之《大磬》祭祀四望，以禹之《大夏》祭祀山川，以汤之《大濩》祭祀先妣，以武王之《大武》祭祀先祖。此六代乐舞为大舞，教授大舞为大司乐的职责。

大舞之外，又有小舞。教授小舞为乐师的职责，据《礼记·内则》的说法，一般是在国子幼小时学习小舞。所谓小舞，即帗舞、羽舞、皇舞、有旄舞、有干舞、人舞。大舞施用于天地宗庙正祭，而小舞则施用于一般祈请、晏饮、丧葬等场合。文章非常详细地规定了特定的仪式应当演奏什么样的音乐，表演何种舞蹈，乐器和歌曲应当用什么样的音律、音阶，这为研究中国古代音乐史提供了非常宝贵的材料。

在古代中国，正式、隆重的礼仪活动总是奏乐和表演乐舞的，因此礼乐总是并存的。乐美化了礼仪活动，使后者显得更加隆重、庄严和神圣，并且激发了人们最虔敬、深沉、诚挚、热烈的情感。其作用如《春官宗伯下》所说，是“以和邦国，以谐万民，以安宾客，以说远人，以作动物”。这样，礼乐就成为古代政治、社会生活的重要组成部分。孔子说：“天下有道，则礼乐征伐自天子出。”（《论语·季氏》）音乐同“征伐”相提并论，甚至置于“征伐”之前，列为天子所当关心、并应直接掌握其决定权的重要活动，可见乐同礼一样，不仅是个人精神修养活动的基本环节，更是国家政治的头等大事。儒家如此重视乐，是因为如《礼记·乐记》所说：“致乐以治心。”因此，中国传统文化是礼乐文化，它把具有极高美感的精神价值、精神生活规定为个人和国家应当追求的基本目标，这是东方文化的人文精神的突出表现，是中国古代文化中最值得珍视的传统之一。（曾　亦　熊　岳）

士相见礼　　《仪礼》

士相见之礼。挚①，冬用雉②，夏用腒③。左头④奉之，曰：“某也愿见，无由达。某子⑤以命命某见。”主人对曰：“某子命某见，吾子⑥有辱。请吾子之就家也，某将走见。”宾对曰：“某不足以辱命，请终赐见。”主人对曰：“某不敢为仪⑦，固请吾子之就家也，某将走见。”宾对曰：“某不敢为仪，固以请。”主人对曰：“某也固辞，不得命⑧，将走见。闻吾子称挚，敢辞挚。”宾对曰："某不以挚不敢见。"主人对曰："某不足以习礼，敢固辞。"宾对曰："某也不依于挚不敢见，固以请。"主人对曰："某也固辞，不得命，敢不敬从！"出迎于门外，再拜。宾答再拜。主人揖，入门右。宾奉挚，入门左。主人再拜受。宾再拜送挚，出。主人请见，宾反见，退。主人送于门外，再拜。

主人复见之，以其挚，曰："向者吾子辱，使某见。请还挚于将命者⑨。"主人⑩对曰："某也既得见矣，敢辞。"宾对曰："某也非敢求见，请还挚于将命者。"主人对曰："某也既得见矣，敢固辞。"宾对曰："某不敢以闻，固以请于将命者。"主人对曰："某也固辞，不得命，敢不从？"宾奉挚入，主人再拜受。宾再拜送挚，出。主人送于门外，再拜。士见于大夫，终辞⑪其挚。于其入也，一拜其辱也。宾退，送，再拜。

若尝为臣者，则礼辞其挚，曰："某也辞，不得命，不敢固辞。"宾入，奠挚⑫，再拜。主人答壹拜。宾出，使摈者还其挚于门外，曰："某也使某还挚。"宾对曰："某也既得见矣，敢辞。"摈者对曰："某也命某，某非敢为仪也。敢以请。"宾对曰："某也夫子之贱私⑬，不足以践礼⑭，敢固辞。"摈者对曰："某也使某，不敢为仪也。固以请。"宾对曰："某固辞，不得命，敢不从！"再拜受。

下大夫相见，以雁，饰之以布，维之以索⑮，如执雉。上大夫相见，以羔，饰之以布，四维之，结于面，左头，如麛⑯执之。如士相见之礼。

始见于君，执挚，至下⑰，容弥蹙⑱。庶人见于君，不为容，进退走。士大夫则奠挚，再拜稽首，君答壹拜。

若他邦之人，则使摈者还其挚，曰："寡君使某还挚。"宾对曰："君不有其外臣，臣不敢辞。"再拜稽首，受。

凡燕见⑲于君，必辩君之南面。若不得，则正方，不疑君⑳。君在堂，升见无方阶，辩君所在。

凡言，非对[21]也，妥而后传言[22]。与君言，言使臣。与大人言，言事君。与老者言，言使弟子。与幼者言，言孝弟于父兄。与众言，言忠信慈祥。与居官者言，言忠信。

凡与大人言，始视面，中视抱，卒视面，毋改。众皆若是。若父，则游目，毋上于面，毋下于带。若不言，立则视足，坐则视膝。

凡侍坐于君子，君子欠伸，问日之早晏，以食具告。改居，则请退可也。夜侍坐，问夜，膳荤，请退可也。

若君赐之食，则君祭先饭[23]，遍尝膳，饮而俟。君命之食，然后食。若有将食者，则俟君之食，然后食。若君赐之爵，则下席，再拜稽首，受爵，升席祭，卒爵而俟，君卒爵，然后授虚爵。退，坐取屦，隐辟而后屦。君为之兴，则曰："君无为兴，臣不敢辞。"君若降送之，则不敢顾辞，遂出。大夫则辞，退下，比及门，三辞。

若先生[24]、异爵[25]者请见之，则辞。辞不得命，则曰："某无以见，辞不得命，将走见[26]。"先见之[27]。

非以君命使，则不称寡。大夫士，则曰"寡君之老"。

凡执币[28]者，不趋，容弥蹙以为仪。执玉者，则唯舒武[29]，举前曳踵[30]。

凡自称于君，士大夫则曰"下臣"。宅者[31]在邦，则曰"市井之臣"；在野，则曰"草茅之臣"；庶人则曰"刺草之臣"。他国之人则曰"外臣"。

〔注释〕 ① 挚：见面时带给主人的礼物。 ② 雉：俗称野鸡。 ③ 腒(jū)：用鸟类肉制成的干肉。 ④ 左头：古人崇尚阳位，而左为阳，因此，作为礼物的鸟类以头向左的方式献给主人。⑤ 某子：指介绍宾主相见的中间人，宾主俱称中间人为"某子"。 ⑥ 吾子：主人称宾客为"吾子"。 ⑦ 不敢为仪：指主人不是仅仅出于礼貌，而是真心想亲自登门拜访。 ⑧ 不得命：指主人欲亲自登宾客门拜访，而不得见许。 ⑨ 将命者：指迎宾之人，即傧相。 ⑩ 主人：此前次造访之宾客，此次被访，则为主人。 ⑪ 终辞：古代礼有三辞：礼辞、固辞与终辞。礼辞为初辞，固辞为再辞，终辞为三辞。 ⑫ 奠挚：指主客尊卑不等，不亲相授受礼物，而直接放置于旁。 ⑬ 私：指家臣。 ⑭ 践礼：行礼。指臣地位低下，不足以行宾客之礼。 ⑮ 维之以索：用绳索把足捆起来。　⑯ 麛(mí)：同"麑"，幼鹿。　⑰ 下：指君所。　⑱ 蹙：局促不安状，表示极度的恭敬。　⑲ 燕见：私见，非公朝行礼。　⑳ 疑君：疑，同"拟"，揣度。古时君南面，则臣北面相见。如果君未必南面，则臣或正东面，或正西面，而不得预先揣度君王所处方向，或斜向面之。　㉑ 对：君发问，臣回答也对。　㉒ 妥：安坐。传言：发言。　㉓ 先饭：臣为君尝食。　㉔ 先生：指致仕者。　㉕ 异爵：指卿大夫。　㉖ 走见：急趋出来见宾。　㉗ 先见之：出来先拜宾。　㉘ 币：古代币有六种：玉、马、皮、圭、璧、帛。此处之币指皮马享币禽挚之类的礼物。　㉙ 舒武：武，足迹。舒武即足迹迟缓，不敢疾行。　㉚ 举前曳踵：踵，足跟。先抬起足前部，然后拖着足后跟，前行时足不离地，即拖着脚后跟小步前行。　㉛ 宅者：致仕的官员。

（曾　亦）

〔鉴赏〕《仪礼》亦称《礼经》，主要记载士阶层通行的礼仪，故又称《士礼》。《仪礼》十七篇，最早为高堂生所传授，所记载除士礼外，尚有大夫礼及诸侯之礼。

古人有"礼不下庶人，刑不上大夫"(《礼记·曲礼上》)之说，此处大夫为贵族的通称，而士则为贵族的最低等级。不论大夫还是百姓，都要守规矩，这就是法。刑是针对庶人的法，礼是针对大夫的法。刑与礼虽都有法的功能，但其性质又有根本的不同。借用后来宋儒关于心性修养的术语，刑是用来"闲邪"的，换言之，刑法的种种规定是防止人们犯错误的；礼则是用来"存诚"的，换言之，礼法的种种条目是保持人们本有的善心、涵养其固有德性的。古人的政治理想是无为而治，所以针对百姓所施设的刑网是宁愿疏略的，正因为如此，中国古代法制在今人眼里是相当不完备的。而另一方面，针对贵族施设的礼法却高度发达，在今人眼里简直就是繁文缛节。不过，在古人看来却未必如此，礼虽繁，却能养人，所以古人不惮其烦。

本篇主要记述了士阶层相见时往来交接的具体仪节。古人云"礼尚往来。往而不来，非礼也；来而不往，亦非礼也"(《礼记·曲礼上》)。古礼之烦莫过于往来，而一往一来之际，最能体现礼仪养人之功效。今人只讲真性情，然而，古人并非不知真性情之可贵，但又有"直情而径行者，戎狄之道也"(《礼记·檀弓下》)之语。古人施设礼仪的用意，千载之下，实难为后人所体鉴。后人或能由此篇文字品味一二，则收获亦多矣。

此外，本篇还记述了贵族其他阶层的相见礼仪，如士见大夫、大夫相见、士大夫见君等。因此，此篇虽名为"士相见礼"，实际上并不限于"士"相见之礼。关于篇名，清张尔岐认为，士见大夫以下诸仪"皆自士相见推之，故以士相见名篇"。

古代士与士相见时须有礼物，冬天用死的野鸡，夏天则用干野鸡肉。宾客捧着礼物说："在下久欲拜见先生，但无机缘通达。现在某人转达先生意旨，命在下前来拜见。”主人答道：“某人命在下前往拜会，但先生却屈尊驾临。请先生返家，在下将前往拜见。”宾客答道：“先生所言，在下实不敢当，还请先生赐见。”主人答道：“这不是讲客套，再次请求先生先回去，在下将上门拜见。”宾客答道：“在下也不是讲客套，还请先生赐见。”主人答道：“在下一再推辞，得不到先生的准许，将出去迎见先生。听说先生带着礼物，冒昧辞谢。”宾客答道：“在下不用此礼物，不敢来拜会先生。”主人答道：“在下不敢当此厚礼，冒昧再次辞谢。”宾客答道：“在下不凭此礼物，不敢求见先生，再次请求先生笑纳。”主人答道：“在下一再辞谢，得不到先生许可，不敢不敬从。”主人到大门外迎接，两拜。宾答两拜。然后宾主入门相见。主人两拜接受礼物，宾客两拜送礼物，然后出门。主人再次请宾客入门，宾客返回，共叙情谊，然后告退。他日，主人带着宾客所送礼物回拜，说道：“前不久先生辱临敝舍，得以相见，今日请将礼物还给传命的人。”主人答道：“在下既已得见先生，冒昧辞谢。”宾客答道：“在下不敢求见先生，只请求还礼物给传命者。”主人答道：“在下既得以拜见先生，冒昧再度辞谢。”宾客答道：“在下不敢以此小事聒烦先生，只是固请还礼物给传命者。”主人答道：“在下一再推辞，得不到准允，哪敢不从命。”宾客捧礼物而入内，主人两拜而受，宾两拜而授，然后退出。主人送宾至大门外，两拜。

宾客见主人，宾有三请，主则有三辞，主有三辞，宾亦有三请，前后宾六请，主六辞。而主人回见宾客，亦如是而各有六。当然，六请六辞并不是古代社会生活中必须遵循的固定模式，从历史的记载中我们从未看到在实际生活中有这样的烦琐做法。这一程式很可能是为某些极其正规、隆重的礼仪活动设计的，据以进行表演。就像在祭祀神灵、祖先的仪式上，人们的行为举止都严格地按规定一样。这程式也像戏剧，演员的一举手一投足都讲究形体美、形式美，由此美化生活，丰富生活的情趣，表达情感，提升生活的意义和精神境界。宾主之间，一往一来，礼仪虽繁，而彼此之欢，无不曲尽。礼数至为周到，人情也倍加浃洽。古人认为礼的实质在于“称情而立文”（《荀子·礼论篇》），可见，礼是为了表达人情的。而人情之表达各各不同，对于关系较亲近的人，则较直接一些；对于关系较疏远的人，则较曲折一些。《礼记》云：“人喜则斯陶，陶斯咏，咏斯犹，犹斯舞，舞斯愠，愠斯戚，戚斯叹，叹斯辟，辟斯踊矣。品节斯，斯之谓礼。”（《檀弓下》）正因为人情总是要曲折地表现出来的，所以就有如斯之次第。宾主一往一来，也是人情表达之次第，看似烦琐，其实是人情之自然。

本篇中所叙述的士见大夫、大夫相见、士大夫见君等礼仪，虽然具体形式稍

有不同，而其精神则与士相见礼同，不过是曲尽宾主之欢而已。（曾　亦）

曲　　礼(上)　　《礼记》

《曲礼》[1]曰：毋不敬，俨[2]若思，安定辞，安民哉！

敖不可长[3]，欲不可从，志不可满，乐不可极。

贤者狎[4]而敬之，畏而爱之。爱而知其恶[5]，憎而知其善。积而能散，安安而能迁[6]。临财毋苟得，临难毋苟免。很[7]毋求胜，分毋求多。疑事毋质[8]，直而勿有[9]。

若夫坐如尸[10]，立如齐[11]。礼从宜，使[12]从俗。

夫礼者，所以定亲疏，决嫌疑，别同异，明是非也。礼不妄说[13]人，不辞费[14]。礼不逾节，不侵侮，不好狎。修身践言，谓之善行。行修言道，礼之质[15]也。礼闻取于人，不闻取人。礼闻来学，不闻往教。

道德仁义，非礼不成；教训正俗，非礼不备；分争辨讼，非礼不决；君臣上下，父子兄弟，非礼不定；宦学事师，非礼不亲；班朝[16]、治军、莅官[17]、行法，非礼威严不行；祷祠祭祀，供给鬼神，非礼不诚不庄。是以君子恭敬、撙节[18]、退让以明礼。鹦鹉能言，不离飞鸟；猩猩能言，不离禽兽。今人而无礼，虽能言，不亦禽兽之心乎！夫唯禽兽无礼，故父子聚麀[19]。是故圣人作，为礼以教人，使人以有礼，知自别于禽兽。

太上贵德，其次务施报。礼尚往来，往而不来，非礼也；来而不往，亦非礼也。人有礼则安，无礼则危。故曰，礼者不可不学也。夫礼者，自卑而尊人。虽负贩者，必有尊也，而况富贵乎！富贵而知好礼，则不骄不淫；贫贱而知好礼，则志不慑。

人生十年曰幼，学；二十曰弱，冠[20]；三十曰壮，有室；四十曰强，而仕；五十曰艾，服官政；六十曰耆，指使；七十曰老，而传；八十九十曰耄；七年曰悼[21]。悼与耄，虽有罪，不加刑焉。百年曰期，颐[22]。大夫七十而致事[23]。若不得谢，则必赐之几㉔杖,行役㉕以妇人,适㉖四方,乘安车㉗。自称曰老夫,于其国㉘则称名。越国而问㉙焉,必告之以其制。

谋于长者,必操几杖以从之。长者问,不辞让而对,非礼也。

凡为人子之礼,冬温而夏凊㉚,昏定而晨省㉛,在丑夷㉜不争。

夫为人子者,三赐㉝不及车马。故州闾乡党㉞称其孝也,兄弟亲戚称其慈也,僚友称其弟也,执㉟友称其仁也,交游称其信也。见父之执,不谓之进不敢进,不谓之退不敢退,不问不敢对,此孝子之行也。

夫为人子者,出必告,反必面㊱,所游必有常㊲,所习必有业。恒㊳言不称老。年长以倍,则父事之;十年以长,则兄事之;五年以长,则肩随㊴之。群居五人,则长者必异席。

为人子者,居不主奥㊵,坐不中席,行不中道,立不中门,食飨不为概㊶,祭祀不为尸,听于无声,视于无形,不登高,不临深,不苟訾㊷,不苟笑。

孝子不服闇㊸,不登危,惧辱亲也。父母存,不许友以死,不有私财。

为人子者,父母存,冠衣不纯㊹素。孤子当室㊺,冠衣不纯采。

幼子常视毋诳㊻。童子不衣裘、裳㊼,立必正方,不倾听。长者与之提携,则两手奉长者之手。负剑辟咡诏之㊽,则掩口而对。……

〔注释〕 ① 曲:细小。曲礼:关于各种细小的礼仪的具体规定。 ② 俨:庄重。 ③ 敖:傲慢。长:产生,滋长。 ④ 狎(xiá):亲近。 ⑤ 爱:喜爱人。恶(è):这里意为不良行为,缺点,短处。 ⑥ 安安:安于、适应于安逸的生活。迁:变化。 ⑦ 很:这里意为与自己意见相左之人。 ⑧ 质:质问,质难。 ⑨ 直:这里意为“无疑”。勿有:直言相告,无保留讲述。⑩ 尸:古代祭祀时,代死者受祭、象征死者神灵的人,后世改用神主、画像。在祭祀过程中,尸要始终端坐在祭坛前。 ⑪ 齐:祭祀时恭敬的样子。 ⑫ 使:出使。 ⑬ 说:同“悦”,使人快乐。 ⑭ 费:无意义。 ⑮ 质:实质。 ⑯ 班朝:正朝仪位次。 ⑰ 莅(lì):临。莅官:

官吏上任履行职务。 ⑱ 撙(zǔn)节：约束，克制。 ⑲ 麀(yōu)：母鹿。聚麀：共妻，乱伦。 ⑳ 冠(guàn)：行冠礼，表示成人。 ㉑ 悼：年幼者。 ㉒ 颐：供养。 ㉓ 致事：辞职。 ㉔ 几：小桌子，古代置于座侧。以便凭倚。 ㉕ 行役：出差。 ㉖ 适：往，至。 ㉗ 安车：用一马拉的、可以坐的轻便小车。 ㉘ 其国：自己的朝廷。 ㉙ 越国：到别的国家。问：访问。 ㉚ 凊(qìng)：使凉快、凉爽。 ㉛ 定：铺床安枕。省：请安。 ㉜ 丑：同“俦”。丑夷：平辈。 ㉝ 三赐：多次赠送。 ㉞ 州闾乡党：《周礼》说二十五家为闾，四闾为党，五党为州，五州为乡。 ㉟ 执：至交。 ㊱ 面：面见。 ㊲ 常：一定的地方。 ㊳ 恒：平常。 ㊴ 肩随：与人并行而稍后，以表敬意。 ㊵ 奥：屋子的西南角，古时尊者所居之处。 ㊶ 食飨(xiǎng)：宴会。概：量具，这里意为标准。 ㊷ 苟訾(zǐ)：随便非议人。 ㊸ 闇：同“暗”。服闇：做见不得人的事情。 ㊹ 纯(zhǔn)：衣服和帽子的镶边。 ㊺ 孤子：未满三十岁的丧父之子。当室：主持家政。 ㊻ 视：同“示”，显示。诳(kuáng)：骗人的话。 ㊼ 裘：皮衣。裳：古代称裙为“裳”，男女都穿。 ㊽ 负剑辟咡(èr)诏之：意为长者俯身耳语。

(施忠连)

〔**鉴赏**〕《曲礼》上下两篇是《礼记》的第一、第二篇，它们非常具体地说明了吉、凶、宾、军、嘉五礼，详尽地记述了孝亲、尊长、事君、饮食、起居、婚姻、交友的行为规范，内容涉及古代社会理政、治军、教育、制器、备物、宗庙、宫室、衣冠、车旗、祭祀、卜辞等各个方面。作为《礼记》的第一篇，《曲礼上》首先从总体上论述了礼的精神所在，它的目的、原则、意义和作用。这部分内容犹如一部著作的导论，点明了后面文字的宗旨、总纲和灵魂。把握了这方面的思想，就不会因那些具体规定而迷失方向，机械地执行关于五礼的细致规定。

开宗明义，《曲礼上》第一句“毋不敬”三个字实际上道出了礼的精神实质。《礼记·礼器》言“曲礼(即礼之细目)三千”，《中庸》也说：“礼仪三百，威仪三千”，可见具体的礼节规定十分繁杂琐碎，但是它们都体现了一种精神：敬，即虔敬。敬是一种具有宗教意义的精神，在儒家传统中它主要还不是对于神的虔诚，而是以一种纯真的心灵、圣洁的意念、真诚的态度对待一切，如天、大自然、祖先的神灵、父母亲、兄弟姐妹、朋友、国家大事、自己的职业和工作等。具体说来，这种精神表现为虔诚、恭敬、端肃、尊敬、尊重、警惕、谨慎、认真。敬作为一种精神活动就是在圣洁的意向指引下自我抑制，自我收敛，思想专一而不涣散，心灵自作主宰。礼的细节由于敬的精神而同崇高的精神价值相联结，从而把凡俗变为圣洁。

第一行赞辞“安民哉”不是赞颂政治上的效果，而是讲述敬的精神功用：人们的心灵有了归宿，自我有了安身立命之处，因此人们的心灵都得到了安宁。此外，人们由于礼而身处温馨的氛围中，心灵变得安详。这些可以说是礼的精神目的。

礼的社会目的是正确处理各种身份、各个等级的人之间的关系。所以《曲礼上》说,礼用来“定亲疏”、“别同异”。当然,在古代社会,礼只可能按照宗法等级制来确定人们之间的关系,常常显示出等级森严的特点。所以文章指出“君臣上下,父子兄弟,非礼不定”,“班朝、治军、莅官、行法,非礼威严不行”。但是,礼的等级森严是历史条件决定的,不是它的精神实质所在。礼的本来目的是在特定的历史条件所决定的社会关系基础上,通过行为规范的实行,使人们之间互敬互爱。因此,“贤者狎而敬之,畏而爱之。爱而知其恶,憎而知其善”。文章又说:“宦学事师,非礼不亲。”可见,儒家提倡礼,意在建立温馨的人际关系,构造一个有秩序而又和睦、和谐的社会。

对于礼的原则,《曲礼上》作了如下规定:第一,“自卑而尊人”。这里所说的“自卑”当然不是指轻视自己,因为礼就是要维护人格尊严。这里的“自卑”意为克服妄自尊大的情绪,不能冒犯、凌辱他人。孟子认为礼的起源是“辞让之心”,无疑,“自卑而尊人”就是“辞让之心”的体现。第二,“礼从宜,使从俗”。这就是说,要根据特定的时间、地点的具体情况,按照世俗人情来实行礼的规定,不能刻板地照搬书上的条文。孔子说“礼与其奢也,宁俭;丧与其易也,宁戚”(《论语·八佾》),《礼记·檀弓下》主张丧礼要“节哀顺变”。这些说法都表现了“礼从宜,使从俗”的原则。第三,“礼尚往来,往而不来,非礼也”。这固然是指按照礼制规定的相互赠予,但又不限于这个方面,还包括报恩、报德,对别人对自己合乎礼的做法,也应当以合乎礼的行为来回报。如臣忠,君也要义;子孝,父也要慈,不能只要求别人实行对自己有利的礼,却不按照礼履行自己应尽的责任。礼的规定都是双向的,单方面的强求违背礼的原则。

根据《曲礼上》,礼的真正意义就在于它是人性化的手段,使人们避免野蛮,走向文明。孟子指出,人与禽兽之间的差别很小。与此相似,作者清楚地意识到,人性中存在着许多黑暗的方面,文章所说的“敖不可长,欲不可从,志不可满,乐不可极”就是提醒人们注意这些方面。此处所说的“敖”就是骄傲,基督教把它列为“七大罪”之一,现代心理学把它视为自我中心的表现,都认为有害于人的精神成长。在儒家看来骄傲违反礼的“自卑而尊人”的原则,导致惟我独尊,从而使自我中一切丑恶的东西恶性膨胀,做出种种伤天害理的事来。此处所说的“欲”当指私欲,即损人利己的欲望;此处所说的“志”、“满”当指贪心和野心;“乐”当指感官之乐。在《曲礼》作者看来,人们在这些方面丧失警觉,不以礼来节制,就会为非作歹,做出禽兽的行为,甚至变成衣冠禽兽。所以《曲礼上》说:“今人而无礼,虽能言,不亦禽兽之心乎!”在作者看来,礼使人成为真正的人,成为人性最丰满的人。

礼的特殊作用就在于它不是道德的说教或教条,而是通过仪式化的、具有审美价值、象征性和规范性行为来表达和培育道德意识和情感,引导人们进入圣洁的精神境界;它不是自上而下的行政命令或强制性的法律规定,而是构成传统的习俗化的家庭行为、社群行为或社会活动,具有很高的自觉性和自发性。正是由于这种作用,《曲礼上》说:“道德仁义,非礼不成;教训正俗,非礼不备;分争辩讼,非礼不决。”因此,礼就在儒家的价值系统、观念体系结构中占据了特殊的地位,从而在中华文明的发展过程中产生了独特的作用。　(施忠连)

檀　弓(下,节选)　《礼记》

晋献公①之丧,秦穆公②使人吊公子重耳③,且曰:“寡人闻之,亡国恒于斯④,得国恒于斯。虽吾子俨然⑤在忧服之中,丧亦不可久也,时亦不可失也。孺子其图之。”以告舅犯⑥。舅犯曰:“孺子其辞焉。丧人无宝,仁亲以为宝。父死之谓何?又因以为利,而天下其孰能说之?孺子其辞焉。”公子重耳对客曰:“君惠吊亡臣重耳,身丧父死,不得与于哭泣之哀,以为君忧。父死之谓何?或敢有他志,以辱君义。”稽颡⑦而不拜,哭而起,起而不私⑧。子显以致命于穆公⑨。穆公曰:“仁夫公子重耳!夫稽颡而不拜,则未为后⑩也,故不成拜。哭而起,则爱父也;起而不私,则远利也。”

帷殡⑪,非古也。自敬姜之哭穆伯⑫始也。

丧礼,哀戚之至也。节哀,顺变也。君子念始之者⑬也。……

孔子谓为明器⑭者知丧道矣,备物而不可用也。哀哉!死者而用生者之器也,不殆于用殉乎哉⑮!“其曰明器,神明之⑯也”。涂车⑰、刍灵⑱,自古有之,明器之道也。孔子谓为刍灵者善,谓为俑⑲者不仁,不殆于用人乎哉!

穆公问于子思⑳曰:“为旧君反服㉑,古与?”子思曰:“古之君子进人以礼㉒,退人以礼,故有旧君反服之礼也。今之君子,进人若将加诸膝,退人若将队[23]诸渊,毋为戎首[24],不亦善乎!又何反服之礼之有?"

……

陈子车[25]死于卫,其妻与其家大夫谋以殉葬,定而后陈子亢[26]至。以告曰:"夫子疾,莫养于下[27],请以殉葬。"子亢曰:"以殉葬,非礼也。虽然,则彼疾当养者孰若妻与宰[28]?得已[29],则吾欲已;不得已,则吾欲以二子者之为之也。"于是弗果用。

子路[30]曰:"伤哉贫也!生无以为养,死无以为礼也。"孔子曰:"啜菽[31]饮水尽其欢,斯之谓孝。敛手足形[32],还葬而无椁[33],称[34]其财,斯之谓礼。"

……

孔子过泰山侧,有妇人哭于墓者而哀。夫子式[35]而听之,使子路问之曰:"子之哭也,壹[36]似重有忧者。"而曰:"然。昔者吾舅[37]死于虎,吾夫又死焉,今吾子又死焉。"夫子曰:"何为不去也?"曰:"无苛政。"夫子曰:"小子识[38]之,苛政猛于虎也。"

鲁人有周丰也者,哀公执挚[39]请见之,而曰不可。公曰:"我其已夫。"使人问焉,曰:"有虞氏[40]未施信于民,而民信之;夏后氏[41]未施敬于民,而民敬之。何施而得斯于民也?"对曰:"墟墓之间,未施哀于民而民哀;社稷宗庙之中,未施敬于民而民敬。殷人作誓而民始畔[42],周人作会[43]而民始疑。苟无礼义、忠信、诚悫[44]之心以莅[45]之,虽固结之,民其不解乎!"

丧不虑居,毁不危身。丧不虑居,为无庙[46]也。毁不危身,为无后也。

延陵季子[47]适齐,于其反也,其长子死,葬于嬴、博之间[48]。孔子曰:"延陵季子,吴之习于礼者也。"往而观其葬焉。其坎[49]深不至于泉,其敛以时服[50]。既葬而封,广轮揜[51]坎,其高可隐也。既封,左袒[52],右还其封[53]且号者三,曰:“骨肉归复于土,命也。若魂气则无不之也,无不之也。”而遂行。孔子曰:“延陵季子之于礼也,其合矣乎!”

邾娄[54]考公之丧,徐君使容居来吊[55],含[56],曰:“寡君使容居坐含[57],进侯玉,其使容居以含。”有司曰:“诸侯之来辱敝邑者,易则易[58],于则于[59],易于杂者,未之有也。”容居对曰:“容居闻之,事君不敢忘其君,亦不敢遗其祖。昔我先君驹王西讨济于河[60],无所不用斯言也。容居,鲁[61]人也,不敢忘其祖。”

子思之母死于卫,赴于子思,子思哭于庙。门人至,曰:“庶氏之母[62]死,何为哭于孔氏之庙乎?”子思曰:“吾过矣!吾过矣!”遂哭于他室。

天子崩三日,祝先服[63];五日,官长服;七日,国中男女服;三月,天下服。虞人致百祀之木可以为棺椁者斩之[64]。不至者,废其祀,刎其人。

齐大饥,黔敖为食于路[65],以待饿者而食之。有饿者蒙袂辑屦[66],贸贸然[67]来。黔敖左奉食,右执饮,曰:“嗟!来食!”扬其目而视之,曰:“予唯不食嗟来之食,以至于斯也。”从而谢焉。终不食而死。曾子闻之曰:“微与[68]!其嗟也可去,其谢也可食。”

……

〔注释〕①晋献公:前676—前651年在位。②秦穆公:前659—前621年在位。③重耳(前697—前628):即晋文公,献公次子,春秋五霸之一。曾因内乱流亡国外多年,后在秦穆公支持下回国执政,在位二十五年,晋国大盛。④恒:常。斯:这,这里指这个时机。⑤俨然:神情肃穆的样子。⑥舅犯:重耳的舅舅狐偃,字子犯。⑦稽(qǐ):叩头至地。颡(sǎng):额。稽颡:古代居父母之丧时跪拜叩唁者之礼,以额触地,表示极度悲痛。⑧私:这里意为私下交谈。⑨子显:秦穆公派来的使者。致命:复命。⑩后:继承人。未为后:指不以君位继承人自居。⑪帷:帷幕。殡:停柩。帷殡:挂着帷幕哭。⑫穆伯:春秋鲁国大夫。敬姜是其妻。⑬始之者:指祖先。⑭明器:古代用竹、木或陶器制作,作为随葬物品的器物。⑮殆于:近于。殉:以活人殉葬。⑯神明之:把死者当成神灵。⑰涂车:泥土做的车。⑱刍灵:茅草扎成的人马。⑲俑:木偶人。⑳穆公:鲁国君主,前407—前376年在位。子思(前483—前402):姓孔,名伋,孔子之孙。后世多以为《中庸》

为他所著。 ㉑ 服:服丧。 ㉒ 君子:这里指国君。进人:任用人。下句“退人”意为免去官员的职务。 ㉓ 队(zhuì):同“坠”。 ㉔ 戎首:指被免职的官员带领敌国军队来攻旧主。 ㉕ 陈子车:齐国大夫。 ㉖ 陈子亢:陈子车之弟。 ㉗ 养:这里指侍奉。下:指地下,阴间。 ㉘ 宰:家宰,大夫的家臣。 ㉙ 得已:能取消决定。 ㉚ 子路(前542—前480):姓仲,名由,孔子弟子。 ㉛ 啜(chuò):喝。菽(shū):豆类总称,这里指豆粥。 ㉜ 敛手足形:用衣服遮住遗体。 ㉝ 还葬:殓毕就葬。椁(guǒ):古代套在棺材外面的大棺材。 ㉞ 称:相称。 ㉟ 式:古代马车车厢前的扶手横木,通“轼”。这里是动词,指扶轼,形容关注。 ㊱ 壹:确实。 ㊲ 舅:在古代一般指公公,即丈夫的父亲。 ㊳ 识(zhì):通“志”,记住。 ㊴ 挚:见面礼。 ㊵ 有虞氏:古代传说中的部落名,其首领为舜。 ㊶ 夏后氏:指大禹。 ㊷ 誓:盟誓。畔:同“叛”。 ㊸ 会:会盟。 ㊹ 悫(què):朴实,谨慎。 ㊺ 莅(lì):来临。莅之:对待百姓。 ㊻ 无庙:指先人尚未进入祖庙。 ㊼ 延陵季子:吴国公子季札,延陵是他的封地,因以为号。 ㊽ 嬴、博:齐国的二邑名,前者在今山东省莱芜西北,后者在今山东省淄博。 ㊾ 坎:墓穴。 ㊿ 时服:平日穿的衣服。 51 广轮:长宽。揜(yǎn):掩盖。 52 左袒(tǎn):袒露左臂。 53 右还:往右绕着走。封:土堆,即坟堆。 54 邾(zhū)娄:即邾国,春秋时诸侯国,在今山东省济宁县境内。 55 徐:春秋诸侯国,故址在今安徽省泗县。容居:徐国大夫。 56 含(hàn):含礼,将玉物放在死人的嘴里。 57 坐含:坐着行含礼。 58 易:礼仪简单。 59 于:广大,尊显,这里意为隆重。 60 济:渡河。河:黄河。 61 鲁:鲁钝,笨拙,迟钝。 62 庶氏之母:指子思之母已改嫁。 63 祝:男巫。服:成服。古代丧礼规定,大殓后,死者亲属按同死者的关系的亲疏,穿相应的丧服。 64 虞人:掌管宫廷山泽林苑的官吏。致:搜罗。 65 为食于路:指烧吃的救济饥民。 66 蒙袂(mèi):以衣袖遮面,不愿被人认出。辑屦(jù):疲惫地拖着鞋子,不让它脱落。 67 贸贸然:迷迷糊糊的样子。 68 微:小题大做。与:通“欤”。

（曾　亦）

〔鉴赏〕 东汉末年著名经学家郑玄注《周礼》、《仪礼》和《礼记》,并作《三礼目录》,于是有“三礼”之名。其中《礼记》与《仪礼》的关系尤为密切,通常认为《仪礼》为“经”,而《礼记》则为配合《仪礼》所作的“记”,其主要内容则在阐明经文及补充经之未备者。西汉以来,传《礼记》者有戴德与戴圣,世称大戴、小戴,于是有大戴《礼记》与小戴《礼记》之名。自郑玄注小戴《礼记》,世人独重小戴《礼记》,而大戴《礼记》遂废。后世所称的《礼记》,专指小戴《礼记》。

《檀弓》是《礼记》中非常重要的一篇,其内容主要在于通过记载各个历史人物的言语与行为来说明古代的丧礼及其他礼制之规定。《檀弓》与《礼记》的首篇《曲礼》互为姊妹篇,《曲礼》主要是从横的方面,并借助那些具有时代意义的具体礼制来阐述礼之基本精神,而《檀弓》则主要是从纵的方面,并借助礼制在不同时代的变迁及具体施行来说明礼之意义。

《檀弓》一篇之篇名,据东汉末年经学家郑玄《礼记目录》的说法:“以其记人善于礼,故著姓名以显之。姓檀名弓。今山阳有檀氏。”《檀弓》多记孔子弟子子游之言,而篇首亦言子游,宋代道学家朱熹据此以为此篇“恐是子游门人作”,清代经学家孙希旦赞同朱熹的说法,并批评了郑玄的说法。他在《礼记集解》中说道:“此篇盖七十子之弟子所作,篇首记檀弓事,故以《檀弓》名篇,非因其善礼著之也。篇中多言丧事,可以证《士丧礼》之所未备,而天子诸侯之礼,亦略有考焉。然其中多传闻失实之言,亦不可以不知。”近代学者有的以为《檀弓》为战国时期学者采集诸说礼者的不同意见,编辑而成;有的则以为本篇系汉儒辑七十子之门人所尝记闻者,杂以逸礼经记之文而成,多言丧礼,间及他事,但述义理者为多,且时有牴牾。

《檀弓》记载了许多关于丧礼的小故事,以及时人对其中人物行为的评论,其中有不少包含了一些很有价值的思想。如孔子反对以活人殉葬,由此他甚至批评人们用死者生前使用的器具、木偶人作随葬物品,他说这样做近于以活人殉葬。这种态度表现了他的人道主义精神。陈子亢以其人之道反治其人之身,提出应当由那些主张殉人的人自己去殉葬,非常机智地粉碎了家人残忍而又荒唐的主张。

此外,文章还主张“节哀顺变”,反对以丧礼和过度悲痛损伤死者家属的身体健康。子路针对社会上办丧事过于铺张的风气,提出“啜菽饮水尽其欢,斯之谓孝。敛手足形,还葬而无椁,称其财,斯之谓礼”,此语即使在今天也很有教益。

特别值得注意的是,文中有一些故事虽然开头从死人说起,但其内容却涉及国家大事、政治原则的重要问题,如重耳拒绝秦穆公的建议:利用父死之机,施展政治阴谋,以图返国执政。“苛政猛于虎”的故事则包含了更深刻的意义。所谓“苛”有繁忙、繁急的意思。“政”有二义,一说以为指“征”,指赋税和徭役;一说以为指政治。按照第一种说法,“苛政”所以猛于虎,是指赋税与徭税的沉重与急迫。对于这种做法的危害,儒家很早就意识到了,如孟子所阐释的“仁政”的一个重要内涵就是要轻徭薄赋、使民以时的爱民、亲民思想。不过,这种解释虽然切合儒家的一贯思想,但把它放在《檀弓》整个篇章中来看,则显得前后过于突兀,与全篇的主旨没有什么关系。

而就第二种说法而言,“苛政”指的是法制之烦苛。《论语·为政》中有这样一句话:“道之以政,齐之以刑,民免而无耻。道之以德,齐之以礼,有耻且格。”可见,在儒家看来,用政、刑来治理民众是一种办法,用德、礼来治理民众则是另一种办法,两种办法导致的效果是完全不同的。所以,本篇引述这个故事的用意就在于说明以礼制治民(礼治)与以法制治民(法治)是完全不同的,而法治的后果,儒家竟然认为可与老虎之吞噬人民相比。本来,法制是没有什么不好的,但如果把它作为治民的基本原则就会出问题,即必然导致烦苛。今人对"烦苛"的理解可能都有点问题,按照《汉书·刑法志》的说法,刘邦入咸阳,与民约法三章,"蠲削烦苛,兆民大悦"。"烦苛"与"残暴"是两个不同的概念:"烦苛"指法制条文的详密,而"残暴"则指执行法制的严厉以及量刑之重。秦王朝之所以二世而亡,不是因为法制太残酷,而是太烦苛,太详密完备了。那么,法治为什么会导致烦苛呢?其实,道理很简单,因为法制是死的,人心是活的,假如人心不好,法制就总会有漏洞,结果,人们只能够通过不断完善法制,来对付不断出现的新漏洞,这样,法制就变得烦苛了。

所以,"苛政猛于虎"此则故事旨在阐明这样一个道理:礼制是以治理人心为目的,而人心是万事之根本,只要人心好了,那么社会就治理好了。治国实际上就是治心,礼治较之法治,更为简易有效。在此,我们可以看到儒家关于治国的一贯理想,这就是无为而治,用现在的话来说,就是让老百姓自治,自己管理自己。

"不食嗟来之食"讲述了曾子对一个因不食嗟来之食而饿死的人的评论。人们以为"不食嗟来之食"这则故事的用意在于称扬清介、高岸的人格。其实,当我们联系曾子的评价,并将这则故事置于整个《檀弓》篇中时,我们就可发现作者记载这段话是为了表明儒家对待礼制的基本态度:人们行为的正当与否,关键在于是否合乎礼。嗟来之食所以不可食,是在于对方施与的方式不当,即不合乎礼,而不在于被施与本身是件令人羞辱的事情。因此,假如他人以一种恰当的方式施与食物,即以礼相待,则无不可食之理。这也是儒家所说的"中道"。"中道"与礼有着非常密切的关系,在这件事情上,不食嗟来之食是狷介过度,食嗟来之食则有卑屈自污之嫌,只有谢而后食才是儒家主张的"中道"态度。

由此,我们可以理解儒者在出仕与避仕二者之间那种非常微妙的态度。一般来说,儒者是主张天下"无道则隐,有道则现"的,然而,这种决定隐(避仕)与现(出仕)不同选择的有道、无道与现代知识分子所理解的政府在政治上的正确与否完全不同,而是出乎维护人格尊严和避祸全身的考虑。因此,即便天下无道之时,君王若能以礼相待,儒者不仅不会藏迹归隐,而且还往往会出仕显迹,杀身成仁,挽狂澜于既倒。

通过上述介绍,我们可以理解礼在古人的生活中起着多么大的作用。儒家正是基于这样一种认识,通过对礼的不断阐释,而不断塑造着中国的文化传统。

(曾　亦)

礼　运　　《礼记》

昔者仲尼与①于蜡②宾③，事毕，出游于观④之上，喟然而叹。仲尼之叹，盖叹鲁也。言偃⑤在侧，曰："君子何叹？"

孔子曰："大道之行也，与三代⑥之英⑦，丘未之逮⑧也，而有志⑨焉。大道之行也，天下为公，选贤与⑩能，讲信修睦。故人不独亲其亲⑪，不独子其子；使老有所终，壮有所用，幼有所长，矜⑫寡孤独废疾者皆有所养。男有分，女有归。货，恶其弃于地也，不必藏于己；力，恶其不出于身也，不必为己。是故谋闭而不兴，盗窃乱贼而不作⑬，故外户⑭而不闭。是谓'大同'。

今大道既隐⑮，天下为家，各亲其亲，各子其子，货力为己。大人世及⑯以为礼，城郭沟池以为固，礼义以为纪⑰，以正⑱君臣，以笃⑲父子，以睦兄弟，以和夫妇，以设制度，以立田里，以贤⑳勇智，以功为己。故谋用是作，而兵由此起；禹、汤、文、武、成王、周公，由此其选㉑也。此六君子者，未有不谨㉒于礼者也，以著其义㉓，以考其信㉔，著有过㉕，刑仁㉖讲让㉗，示㉘民有常㉙；如有不由此者，在埶者去，众以为殃㉚。是谓小康。"

言偃复问曰："如此乎礼之急㉛也？"

孔子曰："夫礼，先王以承㉜天之道，以治人之情，故失之者死，得之者生。《诗》曰：'相鼠有体，人而无礼？人而无礼，胡㉝不遄㉞死！'是故夫礼，必本于天，殽㉟于地，列于鬼神，达于丧、祭、射、御、冠、昏、朝、聘。故圣人以礼示之，故天下国家可得而正也。"

言偃复问曰："夫子之极㊱言礼也，可得而闻欤？"

孔子曰："我欲观夏道㊲，是故之㊳杞，而不足征㊴也，吾得夏时㊵焉。我欲观殷道，是故之宋，而不足征也，吾得坤乾㊶

焉。坤乾之义[42]，夏时之等[43]，吾以是观之。

夫礼之初[44]，始诸饮食。其燔[45]黍捭[46]豚，汙尊而杯饮[47]，蒉桴[48]而土鼓，犹若可以致其敬于鬼神。及其死也，升屋[49]而号[50]，告曰：'皋[51]！某复！'然后饭腥[52]而苴孰[53]。故天望[54]而地藏[55]也，体魄则降，知气[56]在上。故死者北首，生者南乡，皆从其初[57]。

昔者先王未有宫室，冬则居营窟[58]，夏则居橧巢[59]；未有火化[60]，食草木之实[61]，鸟兽之肉，饮其血，茹其毛[62]；未有麻丝，衣其羽皮。后圣有作[63]，然后修[64]火之利，范金[65]合土[66]，以为台榭宫室牖户[67]；以炮[68]以燔[69]，以亨[70]以炙[71]，以为醴酪[72]；治其麻丝，以为布帛。以养生送死，以事鬼神上帝，皆从其朔[73]。

故玄酒[74]在室，醴盏在户[75]，粢醍[76]在堂，澄酒[77]在下，陈其牺牲，备其鼎俎，列其琴瑟管磬钟鼓，修其祝[78]嘏[79]，以降上神与其先祖。以正君臣[80]，以笃父子[81]，以睦兄弟，以齐[82]上下，夫妇有所[83]。是谓承[84]天之祜[85]。

作其祝号[86]，玄酒以祭，荐[87]其血毛，腥[88]其俎，孰其殽[89]，与其越席[90]，疏布[91]以幂[92]，衣其澣帛[93]，醴盏以献，荐其燔炙。君与夫人交献[94]，以嘉[95]魂魄，是谓合莫[96]。然后退而合亨[97]，体[98]其犬豕牛羊，实[99]其簠簋、笾豆、铏羹[100]，祝以孝告[101]，嘏以慈告，是谓大祥[102]。此礼之大成也。"

孔子曰："於呼哀哉！我观周道，幽厉伤[103]之。吾舍鲁何适[104]矣？鲁之郊[105]禘[106]，非礼也，周公其衰矣[107]。杞之郊也，禹也[108]，宋之郊也，契也。是天子之事[109]，守[110]也。故天子祭天地，诸侯祭社稷。祝嘏莫敢易其常古[111]，是谓大假[112]。祝嘏辞说藏于宗、祝、巫、史，非礼也，是谓幽国[113]。盏斝[114]及尸君[115]，非礼也，是谓僭君[116]。冕[117]弁[118]兵革藏于私家，非礼也，是谓胁君[119]。大夫具官，祭器不假[120]，声乐皆具，非礼也，是谓乱国。故仕于公[121]曰臣，仕于家[122]曰仆。三年之丧与新有昏者，期[123]

不使[124]。以衰[125]裳入朝,与家仆杂居齐齿[126],非礼也,是谓君与臣同国[127]。故天子有田以处[128]其子孙,诸侯有国以处其子孙,大夫有采[129]以处其子孙,是谓制度。故天子适诸侯,必舍[130]其祖庙,而[131]不以[132]礼籍[133]入,是谓天子坏法乱纪。诸侯非问疾吊丧而入诸臣之家,是谓君臣为谑[134]。是故礼者,君之大柄[135]也,所以别嫌[136],明微[137],傧[138]鬼神,考制度,别仁义,所以治政安君[139]也。

故政不正,则君位危;君位危,则大臣倍[140],小臣窃[141]。刑肃而俗敝,则法无常;法无常,而礼无列[142];礼无列,则士不事[143]也。刑肃而俗敝,则民弗归[144]也,是谓疵国[145]。故政者君之所以藏身[146]也。是故,夫政必本于天,殽[147]以降命[148],命降于社之谓殽地,降于祖庙之谓仁义,降于山川之谓兴作[149][150],降于五祀[151]之谓制度。此圣人所以藏身之固也。

故圣人参[152]于天地,并[153]于鬼神,以治政也。处[154]其所存[155],礼之序也;玩[156]其所乐,民之治也。故天生时[157]而地生财,人其父生而师教之。四者,君以正用之,故君者,立于无过之地也。故君者所[158]明也,非明人者也;君者所养[159]也,非养人者也;君者所事[160]也,非事人者也。故君明人则有过,养人则不足,事人则失位[161]。故百姓明君以自治[162]也,养君以自安[163]也,事君以自显[164]也。故礼达[165]而分[166]定。故人皆爱[167]其死而患[168]其生。故用人之知[169]去其诈[170],用人之勇去其怒,用人之仁去其贪[171]。故国有患,君死社稷谓之义,大夫死宗庙谓之变。

故圣人耐[172]以天下为一家,以中国为一人者,非意[173]之也,必知其情[174],辟[175]于其义[176],明[177]于其利,达于其患,然后能为之。何谓人情?喜怒哀惧爱恶欲。七者弗学而能。何谓人义?父慈子孝,兄良弟[178]弟,夫义妇听,长惠[179]幼顺[180],君仁臣忠。十者谓之人义。讲信修睦,谓之人利;争夺相杀,谓之人患。故圣人之所以治人七情，修十义，讲信修睦，尚辞让，去争夺，舍礼何以治之？

饮食男女，人之大欲存焉；死亡贫苦，人之大恶存焉。故欲恶⑱¹者，心之大端⑱²也。人藏其心，不可测度也；美恶皆在其心，不见其色⑱³也。欲一以穷⑱⁴之，舍礼何以哉？”

〔注释〕 ① 与：参加。 ② 蜡(zà)：周制，每年十二月的一种祭祀。 ③ 宾：助祭祀事务的人。 ④ 观：阙，台门的门楼。 ⑤ 言偃：孔子弟子，字子游。 ⑥ 三代：指夏、商、周。 ⑦ 英：英才。 ⑧ 逮：赶上。 ⑨ 志：心意，此指向往。 ⑩ 与：举。 ⑪ 亲其亲：亲爱自己的双亲。 ⑫ 矜：鳏，老而无妻。 ⑬ 作：发生。 ⑭ 外户：大门。 ⑮ 隐：隐没、消失。 ⑯ 大人世及：君主的子弟世袭王位，贵族子弟世袭爵位。 ⑰ 纪：纲纪。 ⑱ 正：使……正。 ⑲ 笃：使……厚，指厚于亲情。 ⑳ 贤：尊崇。 ㉑ 选：代表。 ㉒ 谨：谨慎。 ㉓ 以著其义：用它来辨清事宜。 ㉔ 考其信：察考其真实。 ㉕ 著有过：指明错误。 ㉖ 刑仁：树立仁爱的楷模。刑，通“型”，法式，楷模。 ㉗ 讲让：劝讲礼让。 ㉘ 示：晓示。 ㉙ 有常：固定的准则。 ㉚ 殃：祸害。 ㉛ 急：要紧、重要。 ㉜ 承：奉。 ㉝ 胡：为何。 ㉞ 遄：快、迅速。所引诗句见《诗经·鄘风·相鼠》。 ㉟ 殽：通“效”，效法。 ㊱ 极：极力。 ㊲ 夏道：夏代的礼制。 ㊳ 之：到。 ㊴ 征：征信、征验。 ㊵ 时：岁时。 ㊶ 坤乾：泛指阴阳占卜之书。 ㊷ 义：意义。 ㊸ 等：类。 ㊹ 初：起源。 ㊺ 燔：烧。 ㊻ 捭：通“擘”，劈开。 ㊼ 汙尊而杯饮：掘地坑代为酒器，以手掬酒而饮。 ㊽ 蒉桴：土做的鼓槌。蒉(kuài)：土块。 ㊾ 升屋：爬上屋顶。 ㊿ 号：哀号。 (51) 皋：缓慢而拖长的呼唤声。 (52) 饭腥：以生米当饭放死者口中。 (53) 苴孰：祭亡者时的祭品。苴(jū)，包裹；孰，通“熟”，指熟肉。 (54) 天望：望天而祭。 (55) 地藏：埋入地下。 (56) 知气：灵气。 (57) 皆从其初：都是依照远古的风俗。 (58) 营窟：垒土或掘地而成的住所。 (59) 橧(zēng)巢：以薪柴堆造成的鸟巢形住所。 (60) 火化：以火熟物。 (61) 实：果实。 (62) 茹其毛：连毛吞咽。 (63) 有作：兴起。 (64) 修：备。 (65) 范金：用范模铸金。 (66) 合土：和合泥土。 (67) 牖户：牖，窗；户，门。 (68) 炮：烘。 (69) 燔：烤。 (70) 烹：煮。 (71) 炙：烧。 (72) 醴酪：甜酒和乳酪。 (73) 朔：初。 (74) 玄酒：祭祀中当酒用的清水。 (75) 盏(zhǎn)：白酒。户：户外。 (76) 粢醍(tǐ)：浅红色清酒。 (77) 澄酒：清酒。 (78) 祝：祝辞。主人飨神之辞。 (79) 嘏(gǔ)：致福于主人的祝辞。 (80) 以正君臣：用来正定君臣之位。 (81) 以笃父子：来增加父子亲情。 (82) 齐：齐同。 (83) 有所：各得其所。 (84) 承：承受。 (85) 祜(hù)：福。 (86) 祝号：尊美之号。 (87) 荐：献。 (88) 腥：生肉。 (89) 殽：通“肴”，带骨的熟肉。 (90) 越席：蒲草编织的席。 (91) 疏布：粗布。 (92) 幂：覆盖。 (93) 澣(huǎn)帛：煮练染色的丝织品。 (94) 交献：交替献祭。 (95) 嘉：使……乐。 (96) 合莫：指祭者通过进献祭物与受祭鬼神相感通。 (97) 合亨：一起煮熟。 (98) 体：区分，分别。 (99) 实：装入。 (100) 簠簋(fǔ guǐ)、笾(biān)豆、铏(xíng)羹：都是古代盛祭品的器具。 (101) 祝以孝告：祝文本着“孝”立言。 (102) 大祥：一种重要的祭祀仪式。 (103) 伤：破坏。 (104) 适：到……去。 (105) 郊：郊天礼。 (106) 禘：天子诸侯宗庙的大祭。 (107) 周公其衰矣：周公之道衰微了。 (108) 禹也：是由于禹的缘故。 (109) 事：指礼制、法度。 (110) 守：保存。 (111) 常古：自古相沿的法度。 (112) 是谓大假：这就是最大的道理。 (113) 幽国：政局黑暗、法制衰败的国家。 (114) 盏斝(jiǎ)：两种酒器。 (115) 尸君：代表亡者接受祭享者。 (116) 僭君：不遵守制度的国君。 ⑪⑦ 冕：礼帽。 ⑪⑧ 弁：皮革做的帽子。 ⑪⑨ 胁君：胁迫国君。 ⑫⓪ 假：借。 ⑫① 公：指国家。 ⑫② 家：私家。 ⑫③ 期：一年。 ⑫④ 使：任使。 ⑫⑤ 衰：通"缞"，古代丧服的一种。 ⑫⑥ 齐齿：并列。 ⑫⑦ 同国：同等享有国家。 ⑫⑧ 处：安置。 ⑫⑨ 采：采邑。 ⑬⓪ 舍：住。 ⑬① 而：若、如。 ⑬② 以：根据。 ⑬③ 礼籍：记载礼仪的典籍。 ⑬④ 谑(xuè)：戏谑、开玩笑。 ⑬⑤ 柄：权柄。 ⑬⑥ 别嫌：辨别嫌疑。 ⑬⑦ 明微：彰明幽隐。 ⑬⑧ 傧(bīn)：敬。 ⑬⑨ 安君：巩固君主地位。 ⑭⓪ 倍：背叛。 ⑭① 窃：舞弊。 ⑭② 无列：无序，指失去应有作用。 ⑭③ 事：尽职。 ⑭④ 归：归附。 ⑭⑤ 疵国：疵，当作"疪"，病国。 ⑭⑥ 藏身：保藏自身。 ⑭⑦ 殽：效法。 ⑭⑧ 降命：下达教令。 ⑭⑨ 请：当作"谓"。 ⑮⓪ 兴作：制作。 ⑮① 五祀：有不同说法，一指中霤、门、户、灶、井之神；一指户、灶、门、行、中霤之神。 ⑮② 参：参比、参拟。 ⑮③ 并：配合。 ⑮④ 处：审察。 ⑮⑤ 所存：所存事物。 ⑮⑥ 玩：研讨。 ⑮⑦ 时：岁时。 ⑮⑧ 所：被。 ⑮⑨ 养：奉养。 ⑯⓪ 事：服事。 ⑯① 失位：失去本位，指丧失地位与权力。 ⑯② 治：安定。 ⑯③ 安：安乐。 ⑯④ 显：显赫，即升官封爵。 ⑯⑤ 达：通达、贯彻。 ⑯⑥ 分：名分。 ⑯⑦ 爱：惜。 ⑯⑧ 患：担心。指担心不义而生。 ⑯⑨ 知：智慧、智谋。 ⑰⓪ 诈：诈伪。 ⑰① 贪：贪婪。 ⑰② 耐：古"能"字。 ⑰③ 意：臆测。 ⑰④ 情：实情。 ⑰⑤ 辟：通"晓"。 ⑰⑥ 义：宜，指做人的道理。 ⑰⑦ 明：明了。 ⑰⑧ 弟(tì)：即悌。 ⑰⑨ 惠：慈惠。 ⑱⓪ 顺：和顺。 ⑱① 欲恶：欲望和厌恶。 ⑱② 端：方面。 ⑱③ 色：表现。 ⑱④ 穷：彻底了解。　（施忠连）

〔鉴赏〕　经常出现于书报杂志的"大同"、"小康"两词，最早出自两千年前西汉初期的儒家典籍《礼记·礼运》。据《礼运篇》的描述，大同是远古的黄金时代，其根本特点是大道流行，天下为公。那时，国家权力属于全体民众，各级领导都是由选举产生的贤能。社会财富属于全体民众，大公无私成为普遍观念。人们为全天下的人珍惜财富，生产劳动，努力使男女老幼鳏寡孤独各得其所。因此，社会安定，天下太平，路不拾遗，夜不闭户，没有犯罪，没有针对他人的阴谋。《礼运》说孔子有志于复兴大同，这就是说，只要经过人的努力，创造出一定的条件，大同又将是人类美好的未来。深受阶级压迫之苦的人们，在《礼运》中看到自己的希望，思想上的震动是巨大的。从那以来，大同成为不灭的理想，鼓舞人民起来争取自由、解放。在近现代的历史上，康有为、孙中山等都曾把大同当作理想社会的代名词，它的影响更超过以往任何时代。

《礼运》认为，大道衰落之后，社会进入天下为家的历史阶段。作者对这个阶段的观察同样入木三分。它指出此时公有制消亡，私有制兴起，利益单位不是全社会而是家族、家庭，经营劳作不再为公而是为私。人群划分为等级，贵族世世代代掌握政权。由于争斗的出现、升级，便有了阴险毒辣的计谋和血腥惨烈的战争，建造了保卫私有财产的城郭沟池。法律与道德观念——礼义被制定出来，用以调整君臣、父子、兄弟、夫妇的关系，建立秩序与和谐。所谓小康，就是这个时代的理想境界。三代的圣君贤相禹汤文武周公成王，推行礼义，使天下大治，便创造了这种境界。应当承认，文章对小康社会形成的叙述同私有制和国家形成的真实过程十分接近。在二千年前就能如此准确地描绘文明社会的产生过程，这不能不令人赞叹不已。“小康”一词后来具有了当前阶段理想境界与通向大同的中间环节的意义；又用以表示经济处于中等水平、生活较为富裕的社会。

《礼运》篇论述了天下为公与天下为家的根本区别，提出了大同小康两个影响深远的概念，这对中国古代政治学、社会学思想的发展作出了重大贡献。大同理想脱胎于老子的乌托邦思想。老子认为小国寡民的远古社会最为理想，当时的人民“甘其食，美其服，安其居，乐其俗”（《老子》八十章），十分幸福。但历史的发展是“朴散而为器，圣人用之以为官长”（《老子》二十八章），是“失道而后德，失德而后仁，失仁而后义，失义而后礼”（《老子》三十八章）。也就是说，大道废弃之后，出现了政权组织、法律和道德观念，等等。但是《礼运》作者在受到老子哲学思想影响的同时，提出了完全不同于道家思想倾向的政治理想。在老子看来，从原始社会到阶级社会的发展是每况愈下的堕落。大道既隐之后发展起来的文化特别是仁义礼乐，是违反人类本性的，“夫礼者忠信之薄而乱之首”（同上）。因此，当今最迫切的任务就是“绝圣弃智”、“绝仁弃义”（《老子》十九章），回归到原始时代。《礼运》则认为，历史不应当倒退，天下为家虽然不如天下为公，但这个时代也有可观的进步与提高，经过治理也能够达到一种理想的境地，不应该完全否定。它强调，天下为家已成定局，退到已往的大同不可能，要建立理想社会不应否定文明社会的成果，现在要进到未来的大同，条件远未成熟，人们应该面对现实，寻求适合于当前历史阶段的治道。这个道自然是礼。在新的时代，礼是正面的健康的因素，是使人类社会免于混乱与堕落的手段，有了它天下即可大治。道家看不到礼义的正面意义，儒家则相反，看不到礼义的负面影响，都有其片面性。但儒家理论更现实、更有利于治世，难怪被历代统治者确定为正宗思想。

汉初黄老思想占统治地位，在这种情况下，《礼运》利用道家观念中可以利用的思想资源，改变其思维定式，表彰仁义礼乐，既坚持原则性又不乏灵活性，机智而又务实地宣传了儒家思想，为后来儒家思想的发展奠定了良好的基础。（阎　韬）

学　记

《礼记》

发虑①宪②，求善良，足以谀闻③，不足以动众；就④贤体⑤远，足以动众，未足以化民。君子如欲化民成俗，其必由学乎！

玉不琢不成器，人不学不知道[6]。是故古之王者，建国君[7]民，教学为先。《兑命》[8]曰："念终始典[9]于学。"其此之谓乎。

虽有嘉肴，弗食不知其旨[10]也；虽有至道，弗学不知其善也。是故学然后知不足，教然后知困。知不足然后能自反[11]也，知困然后能自强也。故曰：教学相长也。《兑命》曰："学学半[12]。"其此之谓乎。

古之教者，家有塾，党[13]有庠[14]，术[15]有序[16]，国有学。比年[17]入学，中年考校。一年视离经[18]辨志[19]，三年视敬业乐群[20]，五年视博习亲师，七年视论学取友，谓之小成。九年知类通达[21]，强立[22]而不反[23]，谓之大成。夫然后足以化民易俗，近者说[24]服，而远者怀之。此大学之道也。记曰："蛾子时术[25]之。"其此之谓乎。

大学始教，皮弁祭菜[26]，示敬道也；《宵雅》[27]肄三[28]，官其始也；入学鼓箧[29]，孙[30]其业也；夏楚[31]二物，收其威也；未卜禘[32]不视学[33]，游其志也；时观而弗语，存其心也；幼者听而弗问，学不躐[34]等也。此七者，教之大伦[35]也。记曰："凡学，官先事[36]，士先志。"其此之谓乎。

大学之教也，时教必有正业，退息必有居学[37]。不学操缦[38]不能安弦，不学博依[39]不能安诗，不学杂服[40]不能安礼，不兴其艺[41]，不能乐学。故君子之于学也，藏[42]焉，修焉，息焉，游焉。夫然，故安其学而亲其师，乐其友而信其道，是以虽离师辅而不反也。《兑命》曰："敬孙，务时敏[43]，厥修乃来[44]。"其此之谓乎。

今之教者，呻[45]其占毕[46]，多其讯言，及于数[47]进，而不顾其安；使人不由其诚[48]，教人不尽其材。其施之也悖[49]，其求之也佛[50]。夫然，故隐其学而疾其师，苦其难而不知其益也。虽终其业，其去之必速。教之不刑[51]，其此之由乎！

大学之法：禁于未发之谓[52]豫[53]，当其可之谓时[54]，不陵节[55]而施之谓孙[56]，相观而善之谓摩。此四者，教之所由兴也。发然后禁，则扞格[57]而不胜[58]；时过然后学，则勤苦而难成；杂施而不孙，则坏乱而不修；独学而无友，则孤陋而寡闻；燕朋[59]逆[60]其师，燕辟[61]废其学。此六者，教之所由废也。君子既知教之所由兴，又知教之所由废，然后可以为人师也。故君子之教喻也，道[62]而弗牵[63]，强[64]而弗抑，开而弗达。道而弗牵则和，强而弗抑则易，开而弗达则思。和易以思，可谓善喻矣。

学者有四失，教者必知之：人之学也，或失则多，或失则寡，或失则易，或失则止。此四者，心之莫同也，知其心然后能救其失也。教也者，长善而救其失者也。善歌者使人继其声，善教者使人继其志。其言也约而达[65]，微而臧[66]，罕譬而喻，可谓继志矣。君子知至学之难易，而知其美恶，然后能博喻，能博喻然后能为师，能为师然后能为长[67]，能为长然后能为君。故师也者，所以学为君也。是故择师不可不慎也。记曰："三王四代惟[68]其师。"其此之谓乎。

凡学之道，严师为难。师严然后道尊，道尊然后民知敬学。是故君之所不臣于其臣者[69]二：当其为尸[70]则弗臣也；当其为师则弗臣也。大学之礼，虽诏于天子，无北面，所以尊师也。善学者，师逸而功倍，又从而庸[71]之；不善学者，师勤而功半，又从而怨之。善问者如攻坚木，先其易者，后其节目[72]，及其久也，相说以解；不善问者反此。善待问者如撞钟，叩之以小者则小鸣，叩之以大者则大鸣，待其从容，然后尽其声；不善答问者反此。此皆进学之道也。记问[73]之学，不足以为人师，必也其听语乎！力不能问，然后语之；语之而不知，虽舍之可也。良冶[74]之子，必学为裘；良弓之子，必学为箕[75]；始驾马者反之，车在马前。君子察于此三者，可以有志于学矣。

古之学者，比物丑[76]类。鼓无当[77]于五声，五声弗得不和[78]；水无当于五色，五色弗得不章[79]；学无当于五官[80]，五官弗得不治；师无当于五服[81]，五服弗得不亲。君子曰：大德不官，大道不器，大信不约，大时不齐。察于此四者，可以有志于本矣。三王之祭川也，皆先河而后海；或源也，或委[82]也，此之谓务本。

〔注释〕 ① 发虑：深思熟虑。 ② 宪：法令。 ③ 谀(xiǎo)闻：小有声名。 ④ 就：亲近。 ⑤ 体：关怀。 ⑥ 道：道理。 ⑦ 君：君临。 ⑧《兑命》：《尚书》中的《说命》。 ⑨ 典：经常。 ⑩ 旨：美味。 ⑪ 反：反省。 ⑫ 学学半：教与学各学得一半。 ⑬ 党：周制五百家为党。 ⑭ 庠：学校。 ⑮ 术：当作"遂"，郊区。 ⑯ 序：学校。 ⑰ 比年：每年。 ⑱ 离经：读断经书的句逗。 ⑲ 辨志：辨别志向。 ⑳ 乐群：友爱同学。 ㉑ 知类通达：触类旁通。 ㉒ 强立：独立判断的能力。 ㉓ 反：违背。 ㉔ 说：通"悦"。 ㉕ 蛾：大蚂蚁。术：学习。 ㉖ 皮弁(biàn)：古代的一种帽子，用白鹿皮制成。祭菜：以苹、藻之类水草祭先师。 ㉗《宵雅》：即《诗经·小雅》。 ㉘ 肄三：即《小雅》中的《鹿鸣》、《四牡》、《皇皇者华》三篇。 ㉙ 鼓箧：闻鼓声而启箧。 ㉚ 孙：通"逊"，顺也。 ㉛ 夏楚：指楸木和荆条，均可作鞭子。 ㉜ 卜禘：大祭祀前要占卜，故称卜禘。 ㉝ 视学：考察学业。 ㉞ 躐：超越。 ㉟ 伦：原则。 ㊱ 官先事：做官先学办事。 ㊲ 居学：居家的学习。 ㊳ 操缦：练习弹琴的指法动作。 ㊴ 博依：诗的比喻，比兴。一说指可以歌咏的杂曲。 ㊵ 杂服：区分等级身份的各种礼服制度。 ㊶ 艺：娱乐。 ㊷ 藏：积累。 ㊸ 务时敏：随时努力精进。 ㊹ 厥修乃来：才能学成。 ㊺ 呻：吟诵。 ㊻ 占毕：书籍。 ㊼ 数：频繁。 ㊽ 诚：真心、自愿。 ㊾ 悖：混乱。 ㊿ 佛：同"拂"，违背。 51 刑：成。 52 之谓：即"是谓"，叫做。 53 豫：预防。 54 时：适时、及时。 55 陵节：陵，超越；节，指年龄和智力高低程度。 56 孙：顺。 57 扞格：抵触。 58 胜：承受。 59 燕朋：即宴朋，酒肉朋友。 60 逆：违背。 61 燕辟：贪图享受玩乐。 62 道：引导。 63 牵：强迫。 64 强：劝勉。 65 达：通晓。 66 臧：善、中肯。 67 长：官长。 68 惟：顺从。 69 所不臣于其臣者：不把臣子当臣下看待的。 70 为尸：扮作受祭的神。 71 庸：功，感谢老师有功于己。 72 节目：木之节。 73 记问：记诵诗书以待问。 74 冶：冶工。 75 箕：簸箕。 76 丑：比。 77 当：处于。 78 弗得不和：无鼓则不和谐。 79 章：彰显。 80 五官：五行之官，木正句芒，火正祝融，金正蓐收，水正玄冥，土正后土。 81 五服：血缘亲疏的等差，斩衰、齐衰、大功、小功、缌麻。 82 委：水的下流。 （施忠连）

〔鉴赏〕 《学记》是中国教育史上，也是世界教育史上第一篇教育学的专论。它的成篇年代大约在公元前4世纪至前3世纪之间。作者可能是孟子的学生乐正克。全文虽然不过只有1 229个字，但概括和总结了先秦时期丰富的教育思想和各种教育实践活动。

《学记》开宗明义，首先表达了儒家对教育的功能与目的的认识。它从当时社会发展的需要出发，提出教育是为了"化民成俗"和"建国君民"，就是用道德观念和知识教育人，提高人民的精神素质和文化水平，转变不良的风俗习惯，从而能够更有成效地治理国家和社会。《学记》把教育同完善个人与社会进步相联系，尤其突出了教育的政治功能，后来成为中国古代教育的优良传统。

性善论是《学记》教育思想的理论基础。《学记》把受教育者比喻为玉石，说“玉不琢，不成器；人不学，不知道”。这一方面说明了学习对于人的重要性，另一方面也表明儒家认为人同玉石一样，生来具有美好的本质，从而表现了他们对人的发展的种种可能性充满了无限信心。正是由于对于人的价值和精神的作用有深刻的认识，因而《学记》在教育学的一系列重要问题上能够提出许多卓越的见解。

《学记》从教育的实际状况出发立论，它看到当时教师在实施教学过程中所存在的问题。教师不重视引导学生进行独立思考，一味地让学生朗读课文（“呻其占毕”）；总是教训、灌输，而不致力于培养学生的主动精神（“多其讯言”）；在教学过程中，教师只顾赶速度，而不考虑学生接受能力（“及于数进而不顾其安”）；只按照教育者的想法，而不是根据学生的内心需要来决定讲授内容（“使人不由其诚”）；不针对学生在个性及才能上的差异因材施教，发挥其特长（“教人不尽其材”）。文章指出这些问题造成的后果是学生厌学，缺少学习的自觉性，对教师不满，从而严重地影响了教学的效果。

针对这些弊端，《学记》提出了教育应遵循的方法：(1)“豫”，就是预防为主，“禁于未发”，引导学生在其不良品性尚在萌芽状态时就加以克服。(2)“时”，就是抓住时机，及时施教。要让青少年适时入学，在最佳的学习年龄读书。而在教学过程中教师则要善于抓住契机，及时点化。(3)“孙”，即循序渐进，“不凌节而施”。这就要考虑学生认识活动的规律性，安排教学内容，采取适当的教学方法。(4)“摩”，就是要鼓励学生互相切磋琢磨，取长补短。

与此同时，《学记》又总结了学生在学习中应当加以纠正的四种倾向。第一是“失则多”，就是贪多务博，知识面广，但浅尝辄止。第二是“失则寡”，就是贪深求精，但是知识面狭窄。第三是“失则易”，学习速度快，但是不扎实。第四是“失则止”，其优点是稳步前进，缺点是畏难止步，一曝十寒。《学记》看到这些缺点在每个人身上表现不同，产生的原因也各异，因此要求对学生做具体分析，针对实际情况因势利导，发扬其优点，克服其缺点，将消极因素转变为积极因素。因为“多”则知识渊博，“寡”则精深专一，“易”则充满信心，“止”则认真对待。这就要求教师善于做转化的工作。

孔子所开创的以人为本的教育传统主张尊重、关心、理解和信任每一个学生，因此重视启发式教学。《学记》对此有透彻的阐述，具体说来就是要“道而弗牵”：循循善诱，启发学生学习的主动性；“强而弗抑”：不断地鼓励学生，对他们提出高要求，但不要压抑他们的个性，这就要增强他们的信心，鼓舞他们的热情，督促他们最充分地发挥自己的力量；“开而弗达”：激励他们学习的积极性，不要急于提供现成的答案，而要引导他们独立思考，自己钻研，寻求结论，不要越俎代庖地帮助他们求得通达。这样师生关系才会融洽（“和”），教学才会成为师生共同努力、双向互动的过程，学生的发展才会顺利（“易”）。很明显，启发式教学就是尊重学生在学习中的主体地位和主体作用，这就是现代教育所推崇的学生主体论。

《学记》也十分重视教师在教育中的作用。它主张尊师，要求君主不要把老师当成臣下那样随意支使，就是说要把他们当成精神的指导者加以尊重，认为其结果是“民知敬学”。《学记》认为教学成败的关键在教师，因此《学记》对教师应具备的素质提出很高的要求。教师要有卓越的道德品质，广博的知识，精通自己所教授的专业知识，能够随时回答学生所提出的问题。教师要知道“教之所由兴，又知教之所由废”的道理，懂得、并能灵活地运用教育原则和方法。教师必须具备良好的语言表达能力，在讲解问题的时候，应该做到语言简明而透彻、精微而稳妥，举例不多但却具有典型性，能够充分地说明问题。关于教师如何进行自我提高的问题，《学记》在世界教育史上首次提出“教学相长”的思想。《学记》认识到教师教导别人的教育实践也是一种学习，学生的疑难能够促进教师对所教的内容作更深的钻研，从而对它们有更透彻的理解。

对于学制、考查的制度和标准，《学记》也作了具体的规定。它提出学制九年，学校经过一个阶段就要考查学生的学业及品行：第一年考查其分析经文、阐述经义的能力，了解他们的志趣；第三年考查他们是否专心学习，与周围的人是否和睦相处；第五年考查他们的知识是否广博，是否敬爱老师；第七年考查其研究学业的本领和交游择友的能力，合格者谓之“小成”。到第九年，考查学生在学术上融会贯通的能力，是否有自强自立的坚定志向，合格者称为“大成”。《学记》所建立的品性、学业、心理并重的考核制度，对我国当代的教育评估体制仍然具有启迪价值。

值得注意的是，《学记》十分重视教育者对学生心理特点的考察，要求了解不同学生之间的心理差异，针对不同的心理素质开展教学，促进学生心智的健康发展。它所说的“知其心”，就是了解学生的学习动机，学生遇到各种问题时的思想活动，还要知道学生的性格缺陷的心理根源。它强调“知其心然后能救其失”，就是说只有掌握了学生的思想、心理状况，才能对症下药，事半功倍，取得良好的教学效果。可以说《学记》首开教育心理学的先河。

关于正课学习与业余爱好之间的关系，《学记》也发表了一些精辟的见解。它指出学生既要把主要精力放在正课学习上，又要有广泛多样的业余爱好，两者兼顾，相互补充，使业余爱好有助于正课的学习。这样，学习活动就会有张有弛，活泼多样，饶有兴致。

《学记》相当全面而深入地论述了教育学的各个方面，丰富和发展了我国古代的教育思想，使之更加完备，更加系统化。《学记》对我国古代的教育事业产生了巨大的影响。

（燕国材　熊　岳）

乐　记(节选)

《礼记》

凡音之起，由人心生也。人心之动，物使之然也。感于物而动，故形于声。声相应，故生变，变成方①，谓之音。比音②而乐之，及干戚羽旄③，谓之乐。乐者，音之所由生也，其本在人心之感于物也。是故其哀心感者，其声噍以杀④；其乐心感者，其声啴⑤以缓，其喜心感者，其声发以散⑥；其怒心感者，其声粗以厉⑦；其敬心感者，其声直以廉⑧；其爱心感者，其声和以柔。六者非性也，感于物而后动。是故先王慎所以感之者。故礼以道其志，乐以和其声，政以一其行，刑以防其奸。礼乐刑政，其极⑨一也，所以同民心而出治道也。凡音者，生人心者也。情动于中，故形于声，声成文，谓之音。是故治世之音安以乐，其政和；乱世之音怨以怒，其政乖⑩；亡国之音哀以思，其民困。声音之道与政通矣。宫⑪为君，商为臣，角为民，徵为事，羽为物。五者不乱，则无怗懘⑫之音矣。宫乱则荒，其君骄；商乱则陂⑬，其官坏；角乱则忧，其民怨；徵乱则哀，其事勤；羽乱则危，其财匮。五者皆乱，迭相陵，谓之慢。如此则国之灭亡无日矣。郑卫之音⑭，乱世之音也，比⑮于慢矣。桑间⑯、濮上之音，亡国之音也，其政散，其民流，诬上行私而不可止也。凡音者，生于人心者也。乐者，通伦理者也。是故知声而不知音者，禽兽是也。知音而不知乐者，众庶是也。唯君子为能知乐。是故审声以知音，审音以知乐，审乐以知政，而治道备矣。是故不知声者不可与言音，不知音者不可与言乐，知乐则几于礼矣。礼乐皆得，谓之有德。德者，得也。是故乐之隆，非极音也。食飨[17]之礼，非致[18]味也。《清庙》[19]之瑟，朱弦而疏越[20]，壹倡而三叹，有遗音者矣。大飨之礼，尚玄酒而俎腥鱼[21]，大羹不和，有遗味者矣。是故先王之制礼乐也，非以极口腹耳目之欲也，将以教民平好恶而反[22]人道之正也。人生而静，天之性也。感于物而动，性之欲也。物至知知[23]，然后好恶形焉。好恶无节于内，知诱于外，不能反躬[24]，天理灭矣。夫物之感人无穷，而人之好恶无节，则是物至而人化物也。人化物也者，灭天理而穷人欲者也。于是有悖逆诈伪之心，有淫泆[25]作乱之事。是故强者胁弱，众者暴寡，知者诈愚，勇者苦怯，疾病不养，老幼孤独不得其所。此大乱之道也。是故先王之制礼乐，人为之节。衰麻[26]哭泣，所以节丧纪也。钟鼓干戚，所以和安乐也。昏姻冠笄[27]，所以别男女也。射乡[28]食飨，所以正交接也。礼节民心，乐和民声，政以行之，刑以防之。礼乐刑政，四达而不悖，则王道备矣。

乐者为同，礼者为异。同则相亲，异则相敬。乐胜则流，礼胜则离。合情饰貌者，礼乐之事也。礼义立，则贵贱等矣。乐文同，则上下和矣。好恶著，则贤不肖别矣。刑禁暴，爵举贤，则政均矣。仁以爱之，义以正之。如此则民治行矣。乐由中出，礼自外作。乐由中出，故静；礼自外作，故文。大乐必易，大礼必简。乐至则无怨，礼至则不争。揖让而治天下者，礼乐之谓也。暴民不作，诸侯宾服，兵革不试，五刑不用，百姓无患，天子不怒，如此则乐达矣。合父子之亲，明长幼之序，以敬四海之内，天子如此，则礼行矣。

大乐与天地同和，大礼与天地同节。和，故百物不失；节，故祀天祭地。明则有礼乐,幽则有鬼神。如此则四海之内合敬同爱矣。礼者,殊事合敬者也。乐者,异文合爱者也。礼乐之情同,故明王以相沿㉙也。故事与时并,名与功偕。故钟鼓管磬,羽籥㉚干戚,乐之器也。屈伸俯仰,缀兆㉛舒疾,乐之文也。簠簋俎豆㉜,制度文章,礼之器也。升降上下,周还裼袭㉝,礼之文也。故知礼乐之情者能作㉞,识礼乐之文者能述。作者之谓圣,述者之谓明。明圣者,述作之谓也。

乐者,天地之和也。礼者,天地之序也。和,故百物皆化;序,故群物皆别。乐由天作,礼以地制,过制则乱,过作则暴。明于天地,然后能兴礼乐也。论伦㉟无患,乐之情也;欣喜欢爱,乐之官㊱也。中正无邪,礼之质也;庄敬恭顺,礼之制也。若夫礼乐之施㊲于金石,越㊳于声音,用于宗庙社稷,事乎山川鬼神,则此所与民同也。

王者功成作乐,治定制礼,其功大者其乐备,其治辩㊴者其礼具。干戚之舞,非备乐也;孰亨㊵而祀,非达礼也。五帝殊时,不相沿乐;三王异世,不相袭礼。乐极则忧,礼粗则偏矣。及夫敦㊶乐而无忧,礼备而不偏者,其唯大圣乎!

天高地下,万物散殊,而礼制行矣。流而不息,合同而化,而乐兴焉。春作夏长,仁也。秋敛冬藏,义也。仁近于乐,义近于礼。乐者敦和,率㊷神而从天;礼者别宜,居㊸鬼而从地。故圣人作乐以应天,制礼以配地。礼乐明备,天地官㊹矣。天尊地卑,君臣定矣。卑高已陈㊺,贵贱位矣。动静有常,小大殊矣。方㊻以类聚,物以群分,则性命不同矣。在天成象,在地成形,如此,则礼者天地之别也。地气上齐㊼,天气下降,阴阳相摩,天地相荡,鼓之以雷霆,奋㊽之以风雨,动之以四时,煖㊾之以日月,而百化兴焉。如此,则乐者天地之和也。化不时则不生,男女无辨则乱升㊿,天地之情也。及夫礼乐之极乎天而蟠[51]乎地,行乎阴阳而通乎鬼神,穷高极远而测深厚。乐著太始[52]，而礼居[53]成物。著不息者天也，著不动者地也。一动一静者，天地之间也。故圣人曰礼乐云。

昔者舜作五弦之琴以歌《南风》[54]，夔[55]始制乐以赏诸侯。故天子之为乐也，以赏诸侯之有德者也。德盛而教尊，五谷时孰，然后赏之以乐。故其治民劳者，其舞行缀远[56]；其治民逸者，其舞行缀短。故观其舞，知其德；闻其谥[57]，知其行也。《大章》，章[58]之也。《咸池》[59]，备矣，《韶》[60]，继也。《夏》，大也。殷周之乐尽矣。

天地之道，寒暑不时则疾，风雨不节则饥。教者，民之寒暑也，教不时则伤世；事者，民之风雨也，事不节则无功。然则先王之为乐也，以法治[61]也，善则行象[62]德矣。夫豢豕为酒[63]，非以为祸也，而狱讼益繁，则酒之流生祸也。是故先王因为酒礼。壹献[64]之礼，宾主百拜，终日饮酒而不得醉焉，此先王之所以备酒祸也。故酒食者，所以合欢也。乐者，所以象德也。礼者，所以缀淫[65]也。是故先王有大事，必有礼以哀之；有大福，必有礼以乐之。哀乐之分，皆以礼终，乐也者，圣人之所乐也，而可以善民心。其感人深，其移风易俗，故先王著其教焉。

夫民有血气心知之性，而无哀乐喜怒之常，应感起物而动，然后心术[66]形焉。是故志微、噍杀[67]之音作而民思忧，啴谐[68]、慢易、繁文、简节之音作而民康乐，粗厉、猛起、奋末、广贲[69]之音作而民刚毅，廉直、劲正、庄诚之音作而民肃敬，宽裕、肉好[70]、顺成、和动之音作而民慈爱，流辟、邪散、狄成、涤滥[71]之音作而民淫乱。是故先王本之情性，稽[72]之度数，制之礼义，合生气之和，道五常之行[73]，使之阳而不散，阴而不密，刚气不怒，柔气不慑[74]，四畅交于中而发作于外，皆安其位而不相夺也。然后立之学等，广其节奏，省其文采，以绳德厚，律小大之称，比终始之序，以象事行，使亲疏、贵贱、长幼、男女之理皆形见于乐，故曰“乐观其深矣”。土敝则草木不长，水烦则鱼鳖不大,气衰则生物不遂,世乱则礼慝⑦⑤而乐淫。是故其声哀而不庄,乐而不安;慢易以犯节,流湎⑦⑥以忘本;广则容奸,狭则思欲;感条畅之气,而灭平和之德。是以君子贱之也。

凡奸声感人而逆气应之,逆气成象而淫乐兴焉。正声感人而顺气应之,顺气成象而和乐兴焉。倡和有应,回邪曲直各归其分,而万物之理各以类相动也。是故君子反情以和其志,比类以成其行⑦⑦,奸声乱色不留聪明,淫乐慝礼不接心术,惰慢邪辟之气不设于身体,使耳目鼻口心知百体皆由顺正以行其义。然后发以声音,而文以琴瑟,动以干戚,饰以羽旄,从以箫管,奋至德之光,动四气之和,以著万物之理。是故清明象天,广大象地,终始象四时,周还象风雨,五色成文而不乱,八风⑦⑧从律而不奸。百度得数而有常,小大相成,终始相生,倡和清浊,迭相为经。故乐行而伦清,耳目聪明,血气和平,移风易俗,天下皆宁。故曰:"乐者,乐也。"君子乐得其道,小人乐得其欲。以道制欲,则乐而不乱;以欲忘道,则惑而不乐。是故君子反情以和其志,广乐以成其教。乐行而民乡方⑦⑨,可以观德矣。德者,性之端也。乐者,德之华⑧⓪也。金石丝竹,乐之器也。诗,言其志也。歌,咏其声也。舞,动其容也。三者本于心,然后乐气从之。是故情深而文明⑧①,气盛而化神,和顺积中而英华发外,唯乐不可以为伪。乐者,心之动也。声者,乐之象也。文采节奏,声之饰也。君子动其本,乐其象,然后治其饰。是故先鼓以警戒,三步以见方⑧②,再始以著往⑧③,复乱以饬归⑧④,奋疾而不拔⑧⑤,极幽而不隐,独乐其志,不厌其道,备举其道,不私其欲。是故情见而义立,乐终而德尊,君子以好善,小人以听过。故曰:"生民之道,乐为大焉。"乐也者,施也。礼也者,报也。乐,乐其所自生,而礼反其自始。乐章德,礼报情,反始也。所谓大辂⑧⑥者,天子之车也。龙旂九旒⑧⑦,天子之旌也。青黑缘⑧⑧者,天子之宝龟也。从⑧⑨之以牛羊之群,则所以赠诸侯也。

乐也者，情之不可变者也。礼也者，理之不可易者也。乐统同，礼辨异。礼乐之说，管⑩乎人情矣。穷本知变，乐之情也。著诚去伪，礼之经也。礼乐偩⑪天地之情，达神明之德，降兴上下之神，而凝是精粗之体，领父子君臣之节。是故大人举礼乐，则天地将为昭焉。天地䜣合⑫，阴阳相得，煦妪覆育万物⑬，然后草木茂，区萌⑭达，羽翼奋，角觡⑮生，蛰虫昭苏，羽者妪伏⑯，毛者孕鬻⑰，胎生者不殰⑱，而卵生者不殈⑲，则乐之道归焉耳。

乐者，非谓黄钟、大吕、弦歌、干扬⑩⑩也，乐之末节也，故童者舞之。铺筵席，陈尊俎⑩①，列笾豆⑩②，以升降为礼者，礼之末节也，故有司掌之。乐师辨乎声诗，故北面而弦；宗祝⑩③辨乎宗庙之礼，故后尸⑩④；商祝⑩⑤辨乎丧礼，故后主人。是故德成而上，艺成而下，行⑩⑥成而先，事成而后。是故先王有上有下，有先有后，然后可以有制于天下也。

……

〔**注释**〕 ① 方：当为“文章”，意为色彩斑斓。 ② 比音：曲调的连接。 ③ 干戚：以刀剑、盾牌为道具的武舞。羽旄(máo)：文舞的道具。“旄”为旗杆头上用牦牛尾做装饰的旗子。 ④ 噍(jiào)以杀(shài)：声音急促、低沉。 ⑤ 啴(chǎn)：舒缓。 ⑥ 发：高昂。散：悠扬。 ⑦ 厉：猛烈。 ⑧ 廉：纯正。 ⑨ 极：终极目的。 ⑩ 乖：违背情理，不正常。 ⑪ 宫：古代五音之一，相当于简谱的“1”。以下商、角、徵、羽为另外四音，相当于简谱的“2”、“3”、“5”、“6”。 ⑫ 怗懘(zhān zhì)：声音不和谐。 ⑬ 陂(pèi)：倾斜。 ⑭ 郑卫之音：春秋、战国时期郑、卫国的民间音乐，后多指淫荡的乐曲或文学作品。 ⑮ 比：接近。 ⑯ 桑间：地名，在濮水畔，传说“殷纣使师颜作靡靡之音，已而自沉于濮水。” ⑰ 食飨(xiǎng)：乡人在一起饮酒。 ⑱ 致：意同“极”。 ⑲《清庙》：《诗经·周颂》中的一篇。 ⑳ 朱弦：红色丝弦。越(huó)：瑟底小孔。疏越：稀疏的底孔。 ㉑ 玄酒：上古祭祀用水。俎(zǔ)：古代祭祀时盛祭品的器具。 ㉒ 反：同“返”。 ㉓ 知知：前一个“知”同“智”，心智；后一个“知”意为觉知，感觉。 ㉔ 反躬：自我审视。 ㉕ 泆(yì)：放荡，荒淫。 ㉖ 衰(cuī)：古代的丧服。 ㉗ 昏：同“婚”。冠：古代男子成年之礼。笄(jī)：古代女子成年之礼。 ㉘ 射乡：地方上的士大夫以射箭为内容的礼仪活动。 ㉙ 沿(yán)：同“沿”，沿用，因袭。 ㉚ 籥(yuè)：古代管乐器。 ㉛ 缀：舞者的位置。兆：舞位的范围。 ㉜ 簠簋(fǔ guǐ)、俎豆：古代盛祭品的礼器。 ㉝ 周还：转圈子。裼(xī)：脱去上衣，露出身体一部分。袭：穿衣，覆盖。 ㉞ 作：创作，创新。 ㉟ 论伦：论乐所蕴含的伦理。 ㊱ 官：《史记·乐志》作“容”，表现。 ㊲ 施：用。 ㊳ 越：

发。 ㊴ 辩：遍。 ㊵ 孰亨：同“熟烹”，将肉煮熟。 ㊶ 敦：勉力。 ㊷ 率：循。 ㊸ 居：依照。 ㊹ 官：取法，效法。天地官：取法于天地。 ㊺ 卑：指泽。高：指山。陈：成列。 ㊻ 方：指各种动物。 ㊼ 齐：读为“跻”，意为升。 ㊽ 奋：《周易·系辞上》作“润”。 ㊾ 煖(nuǎn)：同“暖”。 ㊿ 升：成。 51 蟠(pán)：充满。 52 太始：原始，最初。 53 居：作“辨别”解。 54《南风》：古诗名。 55 夔(kuí)：传说舜时乐官。 56 缀远：舞位的距离远，表明参加的人比较少。 57 谥(shì)：古代对死去的帝王、贵族、大臣的称号。 58 章：同“彰”，彰明。 59《咸池》：古乐名，相传为尧时代的乐。 60《韶》：古乐名，相传为舜所作。 61 以法治：以乐为治之法。 62 象：效法。 63 豢(huàn)：喂养。豕(shǐ)：猪。 64 壹献：献一杯酒。 65 缀：停止。淫：过度。 66 心术：指情感活动。 67 志微：《汉书·乐志》作“纤微”。噍杀(jiào shài)：声音急促低沉。 68 啴(chǎn)谐：舒缓。 69 奋末：原意为鼓起四肢的力气，此处意为声音激昂。广贲(bēn)：高昂激越的乐声。 70 肉好：声音圆润。 71 流辟：放荡怪僻。邪散：散乱。狄成、涤滥：孔颖达说是乐声曲折多变、速成速止。 72 稽：参照。 73 五常：金、木、水、火、土五行。五常之行：五行之性。 74 慑：恐惧，怯懦。 75 慝(tè)：邪恶。 76 流湎(miǎn)：沉湎，沉溺。 77 比：比拟，效法。类：善类。 78 八风：八方之风，指与八风相应的八音。 79 乡：向往。方：道义。 80 华：光华，一说花朵。 81 文：文采，艺术性。明：灿烂。 82 方：开始起舞。 83 始以著往：循环往复。 84 复：回到原位。乱：乐曲的最后一章。饬归：整理好队伍回归。 85 拔：匆忙。 86 辂(lù)：大车。 87 龙旂(qí)：一种旗帜，上面画龙形，竿顶系铃。旒(liú)：旗帜下边悬垂的饰物。九旒：古代旗名。 88 缘：龟甲。 89 从：附有，附随。 90 管：《史记·乐书》作“贯”，贯穿。 91 偩(fù)：依附。 92 䜣(xī)合：和气交感。 93 煦(xǔ)：阳光的温暖。妪(yù)：养育。 94 区(gōu)萌：草木抽芽。 95 觡(gé)：骨角。 96 妪伏：禽类孵卵。 97 孕鬻(yù)：同“孕育”。 98 殰(dú)：流产。 99 殈(xù)：鸟蛋破裂。 100 干扬：舞蹈。 101 尊：酒器。俎(zǔ)：古代祭祀时放置牺牲的礼器。 102 笾(biān)：古代祭祀、宴会上用以盛果脯等食品的竹编器具。笾豆：祭祀的礼器。 103 宗祝：主持祭礼之人。 104 尸：古代祭祀时，代死者受祭、象征死者神灵的人，后世逐渐改为用神主、画像。后尸：跟在尸的后面。 105 商祝：丧礼仪式上的主持。 106 行：指德行。

(汤勤福)

〔鉴赏〕 作为《礼记》第十九篇的《乐记》，是中国最早的音乐理论专文，公孙尼子著。作者生活在战国初期，相传是儒家学派的创始人孔丘的再传弟子。这里所说的“乐”包括诗歌、音乐、舞蹈，涉及古代主要的艺术部类。此文系统论述了儒家的音乐论、艺术观和美学思想，是我国古代音乐理论的代表作。该文所讨论的内容十分广泛，如关于音乐的形成，音乐的本质和特征，音乐和政治的关系，音乐和生活的关系，音乐的审美作用，它的陶冶精神和教育的作用，音乐的社会功能，音乐家和作品的道德性，还论述了音乐的创作过程。

《乐记》首先论述了音乐的起源和本质，提出音乐、艺术是人心感于物而产生的情感的表达，说：“凡音之起，由人心生也。人心之动，物使之然也。感于物而动故形于声。”这是一种“物感说”。这里的“物”，不仅指自然景物，也指社会生活;可以是能够具体地指明的某些特定事物,更可以是种种事物合为一体的情境。这里的“感”不是机械地反映外物和被动地接受外物的作用,而是心灵由特定的情境引起的情感。因此作为音乐的主要表现手段的声音同情感关系特别密切,《乐记》对此作了非常充分而生动的说明:内心有悲伤的感受,发出的声音急促而低沉;内心有快乐的感受,发出的声音舒展而徐缓;内心有喜悦的感受,发出的声音欢快而激昂;内心有愤怒的感受,发出的声音粗壮而猛烈;内心有恭敬的感受,发出的声音平直而纯正;内心有爱慕的感受,发出的声音悦耳而柔和。

这种“物感说”强调了音乐是以声音的形式表达主体对主客体互动的一种特别的感受,比起以音乐或艺术是对外部世界的模仿的“摹拟说”,不仅更真实地揭示了音乐的起源和形成过程,而且更深刻地触及音乐的本质。音乐中的“音”既不是同客体毫无关系地存在于内心世界,又不是直接简单地摹拟外部音响。这种观点既看到了情境在音乐形成中的作用,又说明了心灵由“感”而“动”的主观能动性。《乐记》“物感说”对后世中国文论和诗论产生了巨大的影响。

在确定了音乐的起源和本质以后,《乐记》说明了“乐”的种种特征。它具有情感性,这决定了音乐具有抒情性特点。乐具有形象性,所谓“乐者,所以象德也”,是说音乐是对德性的形象表达,故而它能更深地进入人的心灵。“乐”的形象是由有组织的声音和所描绘的人和事物来体现的。它还有娱乐性,“夫乐者乐也,人情之所不能免也”,这说明了乐使人快乐,是人们为了满足感情的需要所不能没有的。

《乐记》着重讨论了音乐与现实的关系,改变了商周以来把音乐从属于祭祀敬神的传统,强调音乐是现实世界和社会生活的反映,从而形成了我国音乐的现实主义方向。与此同时,它又反对那种把音乐当作纯粹的享乐消遣的奢侈品的看法,说:“先王之制礼乐也,非以极口腹耳目之欲也。”作者认为音乐“生于人心”,人生活于社会之中,具有道德意识,所以“乐者,通伦理者也”。这是说音乐反映了社会生活和人们之间的关系,表达了具有普遍社会意义的情感。因此《乐记》提出欣赏音乐首先要体味其中所包含的思想内容和社会意义,不能把音乐当成自然意义上的纯粹的声音。它指出:“知声而不知音者,禽兽是也;知音而不知乐者,众庶是也。”由此它要求“审声以知音,审音以知乐,审乐以知政,而治道备矣”。

在《乐记》中音乐同现实社会的关系集中地表现为音乐同政治的关系,因此它特别详细地描绘了各个时代的政治状况是如何通过音乐表现出来的。治世政治清明,音乐就安详而快乐;乱世政治黑暗,音乐就饱含怨恨和愤怒;国家将亡时代民生困苦不堪,音乐则充满悲哀。此外,根据《乐记》,各个时代的音乐是否繁荣也是同社会政治状况密切相关的。它对中国音乐史上不朽作品产生的社会原因的解说是"王者功成作乐",说"功大者其乐备",功业越大,政治越清明,"乐"越完备;并且用这样的音乐来表现这个时代的精神,所以"观其舞,知其德"。古代伟大的时代产生的音乐《大章》、《咸池》、《韶》、《夏》都显示出宏大的气象。

自古以来乐总是同礼并用的,因此人们常常将礼乐并提。《乐记》把礼乐同"刑"、"政"即法律和政治并列为治国的四个基本手段;"礼乐刑政,四达而不悖,则王道备矣"。这就是说,音乐不只是被动地反映社会现实,而且能够积极地干预社会。《乐记》对礼乐的作用加以对比分析,提出"乐者为同,礼者为异"。它认为乐表达共同的心声,在人们之间培育相敬相爱的情感;而礼则是用种种规定来分别人们身份的不同,使亲疏、上下、高低、贵贱有序。两者都是为了保持社会的良好秩序。它说"同则相亲,异则相敬"。它具体地描述了乐的这种社会作用,说"乐在宗庙之中,君臣上下同听之则莫不和敬;在族长乡里之中,长幼同听之则莫不和顺;在闺门之内,父子兄弟同听之则莫不和亲"。它认为这种作用同礼、刑和政一样能够达到"同民心而出治道"的目的。乐的另一社会功用表现为它是教化之具。音乐能够"教民平好恶而反人道之正",纯正无邪的乐章,其声快乐而不放任,节奏感人至深,可以化民成俗,使人心向善,恶念就不易产生,人们就能够返回人的本性。

《乐记》中还重点论述了乐的移风易俗的功能。乐的社会功用除了前面所说在人们之间培育相敬相爱的情感、使人们返回人道之正的教育作用之外,还有一个是能够节制人们的情感的表达,使他们在快乐或悲伤的时候不至于过度。根据儒家的中和哲学,任何一种状态无论是过度还是不足,都会产生弊端,甚至灾难。就像喝酒本身不是坏事,但是无节制地饮酒作乐,就要产生祸患。《乐记》说:"天地之道,寒暑不时则疾,风雨不节则饥。"同样,教育、政事不做得恰到好处,也就不能收到良好的效果。美好的音乐能够使人的喜怒哀乐的情感合乎道德地表达出来,这就是"乐者,所以象德也"一语之意。

《乐记》对中国古代美学的一个重大贡献是指明了乐的社会功能的本质原因,即乐的根本特征:和谐("和")。音乐要符合五声调和的法则,五声谐和,才不至于成为噪声,从而听起来悦耳,能使人心安神宁。特别值得注意的是,《乐记》不只是从声音谐调的法则来说音乐的"和",它进一步提出音乐体现了宇宙自然的和谐，说:“大乐与天地同和。”这里的和是指世界的多样性的统一，宇宙的完美的秩序和合乎规律的谐动，客观世界的各种事物和主观世界的种种因素恰如其分地表现自己，以及它们最恰当的组合。和不是静止的，它显示了大自然运动的节奏和生命的韵律。在“和”中人的喜怒哀乐、情感与理性、个体与社会都达到和谐，并且最后达到天人合一的境界。

正是由于和，音乐才能产生心灵的共鸣。《乐记》说:“乐者，天地之和也；礼者，天地之序也。和，故万物皆化；序，故群物皆别。”在音乐的旋律中，人们的身体与心灵一齐随着音乐的旋律和节奏颤动，随着乐曲所表达的情感和主题的展开而体验种种精神境界，在这一过程中人的灵魂得到净化。《乐记》强调音乐对人们心灵的巨大感染力量，认为有什么样的音乐，人们听了就有什么样的感受，又会产生什么样的行为。它说，“情深而文明，气盛而化神，和顺积中而英华发外，唯乐不可以为伪”。这样就能陶冶人的性情，改变人的品质，并通过人进而对现实政治产生各种作用。这里提出的“唯乐不可以为伪”，是说音乐是人的真实情感的表达。音乐是不能矫揉造作、弄虚作假的。正因为音乐出自心灵深处，是“心之动”，是从人的生命根源处流出，所以乐为心声，才具有巨大的感染力。这样，《乐记》就揭示了音乐何以能产生心灵共鸣的奥秘，从而也就说明了音乐是以何种精神功能来移风易俗的。

音乐能够产生共鸣作用，不仅由于乐为心声，是真实情感的流露，而且因为“正声感人而顺气应之”。所谓“正声”是指纯正的音乐，表现了和平中正的情感、美好高尚的精神。在《乐记》看来，只有那种真正美的艺术作品，即不仅在艺术上，而且更重要的是从思想上说是高雅美妙的作品才真正具有激动心灵、净化灵魂的熏陶作用和感染力量。《乐记》强调靡靡之音迎合低下庸俗的趣味，狂乱呼噪之声投合粗鄙猥陋的爱好。相反“志微、噍杀之音作而民思忧，啴谐、慢易、繁文、简节之音作而民康乐，粗厉、猛起、奋末、广贲之音作而民刚毅，廉直、劲正、庄诚之音作而民肃敬，宽裕、肉好、顺成、和动之音作而民慈爱”。

正是出于这种对乐的共鸣作用的认识，《乐记》特别重视音乐的思想性，始终强调乐的道德标准。它说“德成而上”，就是说只有那种表达卓越精神的音乐，才是上等作品。就此而言，艺术标准是次要的，故言“艺成而下”。所以，《乐记》指出，乐的创作和欣赏中最重要的不是指器乐的演奏和声调的处理这类事，它认为“黄钟、大吕、弦歌、干扬”都是“乐之末节”。音乐的创作和欣赏中最重要的是体验那种“情之不可变者”，即在声音、旋律、情感和精神上体现“天地之和”的最高境界的和谐，把握它的展开和演变。《乐记》说“穷本知变，乐之情也”，认为这才是创作和欣赏艺术的最高的情趣所在。

当然，《乐记》的作者并不认为“艺”不重要，它把乐比喻为“德”开出来的花朵（“德之华”），指出音乐“情深而文明”、“英华发外”。“文明”在这里意为光彩。音乐这个道德的花朵由于它的艺术性而显得美丽，散发芬芳，招人喜爱。总之，在《乐记》看来，凡是思想性和艺术性相统一的作品，才是应该提倡的正声德音。

《乐记》的上述思想丰富和发展了中国古代美学理论体系，并且对我国古代的艺术创作产生了深远的影响。 （施忠连 汤勤福）

儒 行

《礼记》

鲁哀公问于孔子曰：“夫子之服，其儒服与①？”孔子对曰：“丘少居鲁，衣逢掖之衣②；长居宋，冠章甫之冠③。丘闻之也，君子之学也博，其服也乡④。丘不知儒服。”哀公曰：“敢问儒行。”孔子对曰：“遽数之不能终其物，悉数之乃留⑤。更⑥仆⑦，未可终也。”哀公命席。孔子侍⑧，曰：

“儒有席上之珍⑨以待聘⑩，夙⑪夜强学以待问，怀忠信以待举，力行⑫以待取。其自立有如此者。

“儒有衣冠中⑬，动作慎；其大让⑭如慢⑮，小让⑯如伪；大⑰则如威⑱，小则如愧；其难进而易退也，粥粥⑲若无能也。其容貌有如此者。

“儒有居处齐难⑳，其坐起恭敬；言必先信，行必中正；道途不争险易之利，冬夏不争阴阳之和㉑；爱其死以有待也，养其身以有为也。其备豫有如此者。

“儒有不宝金玉，而忠信以为宝；不祈土地，立义以为土地；不祈多积㉒，多文以为富；难得㉓而易禄㉔也，易禄而难畜㉕也。非时不见，不亦难得乎？非义不合，不亦难畜乎？先劳而后禄，不亦易禄乎？其近人有如此者。

“儒有委㉖之以货财，淹㉗之以乐好，见利不亏其义；劫㉘之以众，沮㉙之以兵，见死不更其守；鸷虫㉚攫搏，不程勇者㉛；

引重鼎，不程其力；往者不悔，来者不豫；过言不再[32]，流言不极[33]；不断[34]其威，不习其谋。其特立[35]有如此者。

“儒有可亲而不可劫[36]也，可近而不可迫[37]也，可杀而不可辱也。其居处不淫[38]，其饮食不溽[39]，其过失可微辨而不可面数[40]也。其刚毅有如此者。

“儒有忠信以为甲胄[41]，礼义以为干橹[42]；戴[43]仁而行，抱义而处；虽有暴政，不更其所。其自立有如此者。

“儒有一亩[44]之宫[45]，环堵[46]之室，筚门[47]圭窬[48]，蓬户[49]瓮牖[50]；易衣而出[51]，并日而食[52]；上答之不敢以疑，上不答不敢以谄。其仕有如此者。

“儒有今人与居，古人与稽[53]；今世行之，后世以为楷[54]；适弗逢世，上弗援，下弗推，谗谄之民有比党[55]而危之者；身可危也，而志不可夺也；虽危起居，竟信[56]其志，犹将不忘百姓之病也。其忧思有如此者。

“儒有博学而不穷，笃行而不倦，幽居[57]而不淫，上通[58]而不困；礼之以和为贵，忠信之美，优游之法；举贤而容众，毁方而瓦合[59]。其宽裕有如此者。

“儒有内称[60]不辟[61]亲，外举不辟怨；程[62]功积事，推贤而进达之，不望其报，君得其志；苟利国家，不求富贵。其举贤援能有如此者。

“儒有闻善以相告也，见善以相示也，爵位相先也，患难相死也，久相待也，远相致[63]也。其任举[64]有如此者。

“儒有澡身而浴德，陈言而伏[65]，静[66]而正之，上弗知也；粗而翘[67]之，又不急为也；不临深而为高，不加少而为多；世治不轻，世乱不沮[68]；同弗与，异弗非也。其特立独行有如此者。

“儒有上不臣天子，下不事诸侯；慎静[69]而尚宽，强毅以与人[70]，博学以知服[71]；近文章，砥厉廉隅[72]；虽分国，如锱铢[73]，不臣不仕。其规为[74]有如此者。

“儒有合志同方，营道同术；并立⑮则乐，相下⑯不厌；久不相见，闻流言不信；其行本方⑰立义，同而进⑱，不同而退⑲。其交友有如此者。

“温良者，仁之本也。敬慎者，仁之地也。宽裕者，仁之作也。孙接⑳者，仁之能也。礼节者，仁之貌也。言谈者，仁之文也。歌乐者，仁之和也。分散㉑者，仁之施也。儒皆兼此而有之，犹且不敢言仁也。其尊让有如此者。

“儒有不陨获㉒于贫贱，不充诎㉓于富贵，不慁㉔君王，不累㉕长上，不闵㉖有司，故曰儒。今众人之命㉗儒也妄，常以儒相诟病。”

孔子至舍，哀公馆之㉘。闻此言也，言加信，行加义：“终没吾世，不敢以儒为戏。”

〔注释〕 ① 与：通“欤”。 ② 逢掖之衣：袖子宽大的衣服，为有道艺的人所穿。逢，宽大。掖，袖。 ③ 章甫之冠：殷代玄冠。 ④ 乡：和所居地方习俗相同。 ⑤ 留：久。 ⑥ 更：更迭。 ⑦ 仆：侍御。 ⑧ 侍：陪坐。 ⑨ 珍：玉。 ⑩ 待聘：待诸侯聘问。 ⑪ 夙：早。 ⑫ 力行：努力实践。 ⑬ 中：中正。 ⑭ 大让：指让国、让天下等。 ⑮ 慢：轻忽，指诚心相让，好似不屑一顾。 ⑯ 小让：指饮食等小事的谦让。 ⑰ 大：做大事。 ⑱ 威：畏惧。 ⑲ 粥粥：或作“鬻鬻”，柔弱愚笨的样子。 ⑳ 齐难：庄肃谨慎。 ㉑ 冬夏不争阴阳之和：指冬季天寒不争温和，夏季天热不争凉爽。 ㉒ 积：聚财。 ㉓ 得：罗致。 ㉔ 禄：俸禄。 ㉕ 畜：畜养。 ㉖ 委：赠送。 ㉗ 淹：浸渍。 ㉘ 劫：胁迫。 ㉙ 沮：恐吓。 ㉚ 鸷虫：猛鸟，猛兽。 ㉛ 不程勇者：《文选·辨命论》注引作“不程其勇”。程，度量。 ㉜ 不再：不重犯。 ㉝ 不极：不追究其由来。 ㉞ 断：本或作“继”。 ㉟ 特立：卓然而立，不同流合污。 ㊱ 劫：威胁。 ㊲ 迫：逼迫。 ㊳ 淫：侈滥。 ㊴ 溽(rù)：丰厚。 ㊵ 面数：当面揭发和指责。 ㊶ 甲胄：铠甲和头盔。 ㊷ 干橹：干，盾牌。橹，小盾牌。 ㊸ 戴：或作“载”。 ㊹ 亩：长、宽各十步。周代以八尺为一步。 ㊺ 宫：墙垣。 ㊻ 环堵：指周长四十尺，或东西南北各一方丈。环，周围。堵，一堵为四十尺，一说一堵为一方丈。 ㊼ 筚(bì)门：用荆竹编成的门。 ㊽ 圭窬(yú)：形似玉圭上尖下方的边门。窬，通“宝”，门旁小户，即边门。 ㊾ 蓬户：以蓬草盖屋。 ㊿ 瓮牖：如同瓮口一样简陋的窗子，或以为用破瓮口做的窗。 (51) 易衣而出：指出门时方才换上正装，平时在家穿短便装。 (52) 并日而食：指平日在家一日只吃两餐或一餐。 (53) 稽：考究。 (54) 楷：楷模。 (55) 比党：勾结坏人而结为党羽。 (56) 信：通“伸”，伸展。 (57) 幽居：闲居之时。 (58) 上通：通达为仕，即出仕为官宰。 (59) 毁方而瓦合：陶瓦本圆形，剖为四分，每分呈方形，四者相合，复成圆形。喻在涵容中也有分辨之意。 (60) 称：称许，称誉。 (61) 辟：通“避”。下“不辟怨”之“辟”与此同。 (62) 程：考量。 (63) 致：罗致。 (64) 举：称引。 (65) 伏：顺从，信服。 (66) 静：或作“诤”，矫正。 (67) 翘：举告。 (68) 沮：沮丧，颓废。 (69) 慎静：谨饬而不妄动。 (70) 与人：亲和他人。 (71) 知服：知其所当行。　⑫ 廉隅：有棱角，有志气。　⑬ 锱铢：比喻非常轻微。锱，八两为锱。铢，一两的二十四分之一。　⑭ 规为：规度与作为。　⑮ 并立：聚处。　⑯ 相下：以尊位让友而己处于其下。　⑰ 方：方正。　⑱ 进：进而相从。　⑲ 退：退而相避。　⑳ 孙接：谦逊地待人接物。孙，通“逊”。　㉑ 分散：分散财物救济穷人。　㉒ 陨获：指志向有所坠失。陨，坠落。获，有所割刈。　㉓ 充诎：志满意得而失去节制。充，或为“统”。　㉔ 慁：污辱。　㉕ 累：负累。　㉖ 闵：或作“愍”，或作“文”。使……担忧。　㉗ 命：命名。　㉘ 馆之：指提供给养，加以款待。

（曾　亦）

〔鉴赏〕　孔子周游列国，欲推行其政治主张而不得，晚年回到鲁国。本篇大致为孔子自卫返鲁之初，应鲁哀公之问，而陈述儒者之为儒者十五个方面的品质或行为特征。“儒行”之篇名，据郑玄《三礼目录》说：“名曰‘儒行’者，以其记有道德者所行也。儒之言优也，柔也，能安人，能服人。又儒者濡也，以先王之道能濡其身。”郑玄认为“儒”一词之本义就是以先王之道陶冶、教化自身与百姓。本篇在形式上为孔子与哀公之对话记录，不过，学者一般以为本篇系由后世儒者假托孔子之言而作。近人章太炎 1932 年在《与吴观斋书》中，称许本篇道：“奋厉志行，兼综儒侠，莫隆于《儒行》。”“《儒行》所列十五儒，大抵倜傥奇伟之士，东汉士风颇近之。”

本篇以鲁哀公就儒服发问开始，大概当时人们普遍对儒者有一种偏见，所谓“今众人之命儒也妄”，甚至“常以儒相诟病”，所以，孔子在此为了澄清人们对儒者的这种偏见，从正面阐述了儒者之为儒者不在于儒服这些外在特征，而在于儒者自身的品行。文章提出儒者具有十六个方面的优秀品质：

一、自立。古人做学问与今人不同，“古之学者为己，今之学者为人”（《论语·宪问》）。儒者无论修德，还是求知，都看做纯粹是完善自己的事情，而不是以此博得经济上的利益与政治上的地位，至于其价值能否为当时社会所认可，则是次要的事情。所以，儒者讲的自立不是指在政治、经济上有一定的地位，而是指自身德性与才智的完善。正是基于这样一种认识，儒者才能时刻表现出那种宠辱不惊、不知不愠的达观心态。

二、容貌。指人们在待人接物时所应有的仪态举止，儒者不仅在小处极谨于礼，即所谓谨小慎微，而在大处又能放得开，举重若轻，有豪杰之姿。

三、备豫。儒者虽不畏死，但又极爱其身，故有“君子不立乎岩墙之下”、“乱邦不入，危邦不居”之语，其目的都在于“养其身以有为也”。

四、近人。儒者之“有为”一般指出仕以实现自己的政治抱负，所以，儒者虽居庙堂之上，“先劳而后禄”，而绝无一毫谋私利之心，所以能近人。

五、特立。孟子所言大丈夫之“富贵不能淫，贫贱不能移，威武不能屈”（《孟子·滕文公下》）与此段言儒者之特立，可为互相印证。

六、刚毅。儒者既可亲可近，又不降志辱身，此其刚毅也。

七、自立。此处言“自立”与第一段不同，大概前者就儒者对待出仕的态度而言，后者则就儒者平日处世的态度而言，要求儒者怀抱忠信仁义以自处于世。

八、出仕。君子固穷，故能安贫乐道；在长上面前既有自信，又能保持尊严，而不逢迎谄媚。

九、忧思。儒者忧道不忧食，虽处困厄之中，心中所思所忧惟国惟民而已，范仲淹“先天下之忧而忧，后天下之乐而乐”是为儒者忧思之心的写照。

十、宽裕。古人讲的宽裕，不是物质上的宽裕，而是精神上的宽裕。因此，本篇强调儒者不论外在物质条件如何，居仕抑或闲处，都能保持一种优游、自得的心态。《中庸》云：“君子素其位而行，不愿乎其外。素富贵，行乎富贵；素贫贱，行乎贫贱；素夷狄，行乎夷狄；素患难，行乎患难。君子无入而不自得焉。”可谓对本篇所言宽裕的最好注脚。

十一、举贤援能。儒者一心为国，故能“内称不辟亲，外举不辟怨”，惟贤能是举。

十二、任举。儒者遇到升官晋爵的机会就推让，遇到患难勇于牺牲自己。

十三、特立独行。儒者在政治清明的时代不低估自己，在动乱的时代也不放弃自己的操守，随波逐流；不与主张相同的人结为朋党，也不对主张不同的人加以诽谤。

十四、规为。儒者以原则决定进退取舍，如政治黑暗，上不臣天子，下不事诸侯，以道为行为规范。

十五、交友。儒者交友要以志同道合为基础，相互信任，相互鼓励，相互帮助，共同前进。

十六、尊让。为仁就要做到温和，善良，恭敬，宽厚，谦逊，推让。儒者为仁不已，而不以仁者自居。

总之，儒者要具有“不陨获于贫贱，不充诎于富贵，不慁君王，不累长上，不闵有司”的品质。在上述这些品质中，有许多看上去是相互矛盾的，但儒者能够在自己的言语和行动中将它们完美地结合起来，这就是儒家主张的“中道”或“中庸”。因此，这种将诸多品质完美地集合于一身，尤其是将那些看上去相矛盾的品质相互协调，一方面是儒者所追求的目标，另一方面，也是身处几千年文化传

统中的现代读书人所应该细心体会与学习的地方。　（曾　亦）

大　学(节选)　《礼记》

大学①之道②：在明③明德④，在亲民⑤，在止⑥于至善⑦。知止⑧而后有定⑨，定而后能静⑩，静而后能安⑪，安而后能虑⑫，虑而后能得⑬。物有本末，事有终始，知所先后，则近道⑭矣。

古之欲明明德于天下者，先治⑮其国。欲治其国者，先齐⑯其家。欲齐其家者，先修⑰其身。欲修其身者，先正⑱其心。欲正其心者，先诚其意⑲。欲诚其意者，先致其知。致知⑳在格物㉑。物格㉒而后知至㉓，知至而后意诚，意诚而后心正，心正而后身修，身修而后家齐，家齐而后国治，国治而后天下平。

自天子以至于庶人㉔，壹是㉕皆以修身为本㉖。其本乱㉗而末㉘治㉙者，否㉚矣。其所厚者㉛薄㉜，而其所薄者㉝厚，未之有也。此谓知本，此谓知之至也㉞。

所谓诚其意者，毋自欺也。如恶恶臭，如好好色㉟，此之谓自谦㊱。故君子必慎其独㊲也。小人闲居㊳为不善，无所不至。见君子而后厌然㊴，揜㊵其不善而著其善。人之视己，如见其肺肝然，则何益矣。此谓诚于中，形于外。故君子必慎其独也。曾子曰："十目所视，十手所指，其严乎？"富润㊶屋，德润身，心广体胖㊷。故君子必诚其意。……

所谓修身在正其心者，身有所忿懥㊸则不得其正；有所恐惧，则不得其正；有所好乐，则不得其正；有所忧患，则不得其正。心不在焉：视而不见，听而不闻，食而不知其味。此谓修身在正其心。

所谓齐其家在修其身者，人之其所亲爱而辟㊹焉；之其所贱恶㊺而辟焉；之其所畏敬而辟焉；之其所哀矜㊻而辟焉；之其所敖惰[47]而辟焉。故好而知其恶，恶而知其美者，天下鲜[48]矣。谚有之曰："人莫知其子之恶，莫知其苗之硕[49]。"此谓身不修，不可以齐其家。

所谓治国必先齐其家者，其家不可教，而能教人者，无之。故君子[50]不出家，而成教于国。孝者，所以事君[51]也；弟[52]者，所以事长[53]也；慈者，所以使众也。《康诰》曰："如保赤子[54]。"心诚求之，虽不中[55]，不远矣。未有学养子而后嫁者也。一家仁，一国兴仁；一家让，一国兴让；一人贪戾[56]，一国作乱。其机[57]如此。此谓一言偾事[58]，一人定国。尧、舜率[59]天下以仁，而民从之。桀、纣率天下以暴，而民从之。其所令反其所好，而民不从。是故君子有诸己[60]而后求诸人，无诸己而后非诸人。所藏乎身不恕[61]，而能喻[62]诸人者，未之有也。故治国在齐其家。……

所谓平天下在治其国者，上老[63]老，而民兴孝；上长[64]长，而民兴弟；上恤[65]孤，而民不倍[66]。是以君子有絜矩之道[67]也。所恶于上，毋以使下；所恶于下，毋以事上；所恶于前，毋以先后；所恶于后，毋以从前；所恶于右，毋以交[68]于左；所恶于左，毋以交于右；此之谓絜矩之道。《诗》云："乐只[69]君子，民之父母。"民之所好好之，民之所恶恶之。此之谓民之父母。《诗》云："节[70]彼南山，维石岩岩[71]。赫赫师尹[72]，民具尔瞻[73]。"有国者不可以不慎，辟[74]，则为天下僇[75]矣。《诗》云："殷之未丧师[76]，克[77]配上帝。仪监[78]于殷，峻[79]命不易。"道得众则得国，失众则失国。是故君子先慎乎德。有德此[80]有人，有人此有土；有土此有财，有财此有用。德者本也，财者末也。外本内末[81]，争民施夺[82]。是故财聚则民散，财散则民聚。是故言悖而出[83]者，亦悖而入[84]。货悖而入者，亦悖而出[85]。《康诰》曰："惟命不于常。"道善则得之，不善则失之矣。《楚书》[86]曰："楚国无以为宝，惟善以为宝。"舅犯[87]曰："亡人[88]无以为宝，仁亲以为宝。”

《秦誓》[89]曰：“若有一个臣[90]，断断[91]兮无他技，其心休休[92]焉，其如有容焉。人之有技，若己有之；人之彦圣[93]，其心好之，不啻[94]若自其口出，实能容之，以能保我子孙黎民，尚[95]亦有利哉！人之有技，媢疾[96]以恶之；人之彦圣，而违之俾不通[97]，实不能容，以不能保我子孙黎民，亦曰殆[98]哉！”

唯仁人放流之，迸[99]诸四夷，不与同中国。此谓唯仁人为能爱人，能恶人。见贤而不能举，举而不能先，命[100]也。见不善而不能退，退而不能远，过也。好人之所恶，恶人之所好，是谓拂[101]人之性，菑[102]必逮夫身。是故君子有大道，必忠信以得之，骄泰以失之。

生财有大道[103]。生之者众，食之者寡，为之者疾，用之者舒，则财恒足矣。仁者以财发身[104]，不仁者以身发财[105]。未有上好仁而下不好义者也，未有好义其事不终者也，未有府库财[106]非其财者也。

孟献子[107]曰：“畜马乘不察于鸡豚[108]，伐冰之家[109]不畜牛羊，百乘之家[110]不畜聚敛之臣，与其有聚敛之臣，宁有盗臣。”此谓国不以利为利，以义为利也。长[111]国家而务财用者，必自[112]小人矣。彼为善[113]之，小人之使为国家，菑害并至。虽有善者，亦无如之何矣！此谓国不以利为利，以义为利也。

〔**注释**〕 ① 大学：大学与小学相对而言，大学是指儒家修己教人、治国平天下的学说。 ② 道：宗旨、原则。 ③ 明：动词，使……显明。 ④ 明德：光明的德性。 ⑤ 亲民：二程解为新民。新，动词，使……新。新民即使百姓弃旧图新、去恶从善。 ⑥ 止：达到。 ⑦ 至善：善的最高境界。 ⑧ 止：名词，所止之地，即至善。 ⑨ 定：定向、志向。 ⑩ 静：安静，指心不浮躁、妄动。 ⑪安：安稳。 ⑫ 虑：思虑。 ⑬ 得：有所收获，即得到至善。 ⑭ 道：指大学的道理，即至善之道。 ⑮ 治：治理。 ⑯ 齐：整、整顿。 ⑰ 修：修养。 ⑱ 正：端正。 ⑲ 诚其意：心诚意实，即始终忠实于自己的道德理念。 ⑳ 致知：致，至、推至；知，知识。 ㉑ 格物：穷究物理。 ㉒ 物格：即遇事即物便推究其理。 ㉓ 知至：知识充满于内心，达到无所不知。 ㉔ 庶人：普通百姓。 ㉕ 壹是：都是。 ㉖ 本：根本。 ㉗ 乱：败坏。 ㉘ 末：指修身之后的齐家、治国、平天下。 ㉙ 治：即做得很好。 ㉚ 否：不可能。 ㉛ 所厚者：指己身。因为人们对己身最关切，最为重视。厚，重视。 ㉜ 薄：轻视、轻蔑。 ㉝ 所薄者：指已身之外的家国天下，与己身关系稍远，故称薄者。 ㉞"此谓"二句程颐以为是多余的文字，应当删去，朱熹认为此二句为结语，前面应有文字，已亡佚。 ㉟好色：美色。 ㊱谦：同"慊"，满意，满足。 ㊲独：朱熹解释为人所不知而己所独知之地。 ㊳闲居：独居。 ㊴厌然：遮遮掩掩的样子。 ㊵揜(yǎn)：同"掩"。 ㊶润：装修，装饰。 ㊷胖(pán)：快乐，安舒。 ㊸身：朱熹说当为"心"。忿懥(zhì)：愤恨，发怒。 ㊹之：对。以下四句同此。辟：偏。 ㊺贱恶：轻视，厌恶。 ㊻哀矜：同情，怜惜。 ㊼敖：骄傲。惰：懈怠。 ㊽鲜：少。 ㊾硕：大。 ㊿君子：这里指治国者。 (51)事君：奉侍君主。 (52)弟：悌，敬爱兄长。 (53)长：这里指上司、长官。 (54)如保赤子：此为周成王告诫康叔的话，意为保护平民如母亲养护婴孩。 (55)中：符合(标准)。 (56)贪戾：贪婪、暴虐。 (57)机：关键。 (58)偾(fèn)事：败事。 (59)帅：统率，率领、领导。 (60)有诸己：为自己所有。 (61)藏：积藏。恕：恕道。 (62)喻：使……明白。 (63)上：指国君或统治者。老：尊敬。 (64)长：尊重。 (65)恤：体恤、周济。孤：幼年丧父称孤。 (66)倍：通"背"，背弃。 (67)絜(xié)矩之道：挈是衡器，矩是度器，此指衡量的标准，即以己心度人之心的恕道。 (68)交：施加。 (69)只：语气词，哉。这二句诗引自《诗经·小雅·南山有台》。 (70)节：高大。 (71)维：发语词，无义。岩岩：险峻的样子。 (72)赫赫：显耀光明的样子，引申为权势显赫。师尹：太师尹氏。太师是周代的三公之一。 (73)具：通"俱"，都。尔瞻：即"瞻尔"，望着你、注视着你。这四句诗引自《诗经·小雅·节南山》。 (74)辟：偏私，偏差。 (75)僇：通"戮"，杀戮。 (76)丧师：失去众人，即丧失民心。 (77)克：能够。 (78)仪：即"宜"。监：鉴戒。 (79)峻：大。这四句诗见《诗经·大雅·文王》。 (80)此：这样、这么。 (81)外本内末：轻视根本，重视枝末，意为主次颠倒。本，指德；末，指财；外，轻视；内，重视。 (82)争民：与民争利。施夺：施行劫夺。 (83)悖：通"背"，违背。言悖而出：把不合道德规范的话说出去。 (84)亦悖而入：也会从百姓那里听到同样不合道德的话。 (85)货悖而入：搜刮百姓的钱财。亦悖而出：钱财被百姓抢去。 (86)《楚书》：楚国古书。 (87)舅犯：春秋晋文公舅狐偃，字子犯。 (88)亡人：流亡在外的人，指晋文公，当时他逃亡于外国。 (89)《秦誓》：《尚书》篇名。 (90)一个臣：《尚书》中写为"一介臣"。 (91)断断：诚实专一的样子。 (92)休休：宽容的样子。 (93)彦：卓越。圣：明智。 (94)不啻(chì)：不只，不止。 (95)尚：差不多。 (96)媢(mào)疾：妒忌。 (97)违：作对，离弃。俾不通：压制，使不为上级所知。 (98)殆：危险。 (99)迸(bǐng)：同"屏"，摒弃、驱逐。 (100)命：郑玄说当作"慢"，程颐说当为"怠"字之误，两说意相近。因此，这里"命"当解为怠慢。 (101)拂：违背。 (102)菑(zāi)：同"灾"。 (103)大道：原则。 (104)发：起。以财发身：意为散财得民。 (105)以身发财：意为冒死发财。 (106)府库财：仓库里的财宝，这里意为抢夺不去的财宝。 (107)孟献子：鲁国贤大夫仲孙蔑。 (108)畜马乘：指士刚被任为大夫。四马为"乘"，士被任为大夫，才开始备有车子，驾四马。不察：不关注。豚(tún)：小猪，猪。 (109)伐冰之家：卿大夫之家。这一等级的家庭在丧祭时才能使用冰。 (110)百乘之家：有封地者。 (111)长：统治。 (112)自：用。 (113)善：擅长。意为小人善于理财。

(施忠连)

〔鉴赏〕 《大学》原为《礼记》中的一篇，传为曾子所作，一说为秦汉之际佚名儒家的作品。其独立成书要比《中庸》晚得多。《汉书·艺文志》录有《中庸说》二篇，而《大学》则迟至北宋司马光才单独列卷。

确认《大学》在儒学史、经学史发展中的特殊作用，当始于唐代的韩愈、李翱。

韩、李两人把《大学》(连同《中庸》)看得和《论语》、《孟子》同样重要。北宋程氏兄弟承韩、李之意,详述二书之意涵,强调《大学》系“孔氏之遗书,而初学入德之门”。《宋史·道学传》亦称:二程“表彰《大学》、《中庸》二篇,与《语》、《孟》并行。于是上自帝王传心之奥,下至初学入德之门,融会贯通,无复余蕴”。南宋淳熙年间,朱熹在彰州刊刻《四书》,把《大学》列入其中,说《大学》是“为学纲目”,“所以教人之法”,“修身治人底规模”,视之为士人、君子之为学、修身、治人、行政的依据和规范,尊奉为儒家正统的经典,置于与《五经》同等的地位。

从思想史、文化史的角度看,《大学》所论为大人之学,相对于小人之学(即小学)而言。旧说人生八岁皆入小学,教之以洒扫、应对、进退之节,礼乐、射御、书数之文,属知识性、技艺性、礼仪性的教育培训。及至十五岁,自天子至公、卿、大夫之子及凡民之俊秀者方可入大学,而授之以穷理、正心、修己、治国平天下之道。《大学》基本内容主要对孔子代表的原始儒家思想作一种体系性、结构性的概括和描述,以阐明儒家关于学习的内容、目标和为学的次序途径,旨在张扬儒家的君子修德之学和圣王的治政之道。

首先,《大学》对儒学作了一个高度概括,提出“明明德,在亲民,在止于至善”三项,它们被宋儒称为大学“三纲领”。这一概括非常准确地揭示了儒学的基本精神,也道出了《大学》的主旨。《大学》是讲治国平天下的学问,但是它按照孔子思想,不就事论事,而是将人的精神的弘扬和品德修养置于首位。“明明德”是发扬自己固有的德性,是激发求学者完善自己的自觉性,而不是用某种外在的、固定的道德准则束缚自己。“亲民”即“新民”,就是不仅自觉地进行自我修养,而且努力提高全体人民的道德品质,在儒家看来这是为治国平天下的伟业奠定精神基础。“止于至善”就是要将自己的道德品质和社会、国家的治理提升到最完美的地步,不达到最理想的境界绝不停止,实际上是一个无限的完善过程。

其次,《大学》提出欲明明德于天下者,要经历格物、致知、诚意、正心、修身、齐家、治国、平天下八个环节(即朱熹所称的大学“八条目”)。其中,修身以上,“格物、致知、诚意、正心”四者,专注于心性修养,属儒家的“内圣”之学;修身以下,“齐家、治国、平天下”,系君子之行为规范及治政之事,属儒家的“外王”之学,其意主要在彰明儒家“为政以德”的观念和“道德转化为政治”的思想。作者指出:“物有本末,事有终始,知所先后,则近道矣。”《大学》对八条目排列了次序,这主要不是规定实行中的时间先后的次序,而是确定八条目之间的关系。它指明了只有把家庭、封地管理得井井有条,才能获得经验,有资格进而治理国家;要治好家庭、封地首先自己要以身作则，进行自我修养；要作自我修养就要端正思想，而不能只做表面文章，遵守外在的行为准则；端正思想就要做到真诚，心灵纯洁，排除种种私心杂念；而要意念诚实就要学习知识，提高认识，不至于陷入愚昧、偏执，从而避免盲目性；而掌握知识、提高认识能力，就要研究事物，以防止被他人之说误导。可见《大学》全面地展示了同明明德和治国平天下相关的主要方面，深刻地揭示了它们之间的关系，使儒家学说成了一个条理分明的思想体系。

再次，《大学》第一次提出“格物”的概念，把格物致知列为儒家伦理学、政治学和哲学的基本范畴，从而赋予认知活动对于修身养性的精神、心理过程和治理社会与国家的实践活动的极其重要的意义，这是儒学的一个重大发展。

最后，《大学》把修身规定为自天子以至于庶人的一切活动的根本，这既指明天子没有特权置身于修身之事之外，又提出普通百姓不能降低对自己的要求，把修身当作无关紧要的事。修身就是关注自我，认识自我，审视自我，完善、发展自我。可见以修身为本就是将培育完善、发展自我的自觉性置于极端重要的地位，这种思想能够极大地增强个体的自强不息的、内在的精神生命力。

正因为《大学》包含了如此多的重要而深刻的思想，所以会被宋代儒学大师单列为篇，看成同五经、《论语》、《孟子》、《中庸》同等重要，规定为士人必读之书。

（施炎平　魏　薪）

中　庸(节选)　　《礼记》

天命[1]之谓性[2]，率[3]性之谓道[4]，修[5]道之谓教[6]。道[7]也者，不可须臾[8]离也，可离非道也。是故君子[9]戒慎[10]乎其所不睹[11]，恐惧乎其所不闻。莫[12]见[13]乎隐[14]，莫显乎微[15]。故君子慎其独也。喜怒哀乐之未发[16]，谓之中[17]，发而皆中节[18]，谓之和[19]。中也者，天下之大本也；和也者，天下之达道[20]也。致[21]中和，天地位[22]焉，万物育[23]焉。

仲尼曰：“君子中庸[24]，小人反[25]中庸。”君子之中庸也，君子而[26]时中[27]。小人之中庸也，小人而无忌惮[28]也。

子曰：“中庸其至[29]矣乎，民鲜[30]能久矣。”

子曰：“道之不行也，我知之矣。知者[31]过之，愚者不及也。道之不明[32]也，我知之矣。贤者过之，不肖者不及也。人莫不饮食也，鲜能知味[33]也。”

子曰：“道其不行矣夫[34]！”

子曰：“舜其大知[35]也与[36]！舜好问，而好察迩言[37]。隐恶而扬善。执其两端[38]，用其中于民。其斯[39]以为舜乎！”

子曰：“人皆曰予[40]知[41]，驱[42]而纳诸罟[43]擭[44]陷阱之中，而莫之知辟[45]也。人皆曰予知，择乎中庸而不能期月[46]守也。”

子曰：“回[47]之为人也，择乎中庸，得一善，则拳拳服膺[48]而弗失之矣。”

子曰：“天下国家可均[49]也，爵[50]禄[51]可辞[52]也，白刃可蹈[53]也，中庸不可能[54]也。”……

哀公[55]问政。子曰：“文武[56]之政，布[57]在方策[58]。其人存，则其政举[59]；其人亡，则其政息。人道敏[60]政，地道敏树[61]。夫政也者，蒲芦[62]也。故为政在人，取人以身，修身以道，修道以仁。仁者人也，亲亲为大。义者宜[63]也，尊贤为大。亲亲之杀[64]，尊贤之等，礼所生也。在下位，不获乎上，民不可得而治矣。故君子不可以不修身，思修身不可以不事亲，思事亲不可以不知人，思知人不可以不知天。

“天下之达道五，所以行之者三。曰：君臣也，父子也，夫妇也，昆弟[65]也，朋友之交也。五者，天下之达道也。智仁勇三者，天下之达德也。所以行之者一[66]也。或[67]生而知之，或学而知之，或困而知之。及其知之一也。或安[68]而行之，或利而行之，或勉强而行之。及其成功一也。”

子曰：“好学近乎知，力行近乎仁，知耻近乎勇。知斯三者，则知所以修身；知所以修身，则知所以治人；知所以治人，则知所以治天下国家矣。”

凡为[69]天下国家有九经[70]，曰：修身也，尊贤也，亲亲也，敬大臣也，体[71]群臣也，子[72]庶民也，来百工[73]也，柔[74]远人也，怀[75]诸侯也。修身则道立，尊贤则不惑，亲亲则诸父昆弟不怨，敬大臣则不眩[76]，体群臣则士之报[77]礼重，子庶民则百姓劝[78]，来百工则财用足，柔远人则四方归之，怀诸侯则天下畏之。齐[79]明盛服，非礼不动，所以修身也。去谗[80]远色，贱货而贵德，所以劝贤也。尊其位，重其禄，同其好恶，所以劝亲亲也。官盛[81]任使[82]，所以劝大臣也。忠信重禄，所以劝士也。时使[83]薄敛[84]，所以劝百姓也。日省月试[85]，既廪称事[86]，所以劝百工也。送往迎来，嘉善而矜[87]不能，所以柔远人也。继绝世[88]，举废国[89]，治乱持[90]危，朝聘[91]以时，厚往而薄来，所以怀诸侯也。

凡为天下国家有九经，所以行之者一也。凡事豫[92]则立[93]，不豫则废。言前定则不跲[94]，事前定则不困，行前定则不疚[95]，道前定则不穷[96]。在下位不获乎上，民不可得而治矣。获乎上有道[97]，不信乎朋友，不获乎上矣。信乎朋友有道，不顺乎亲，不信乎朋友矣。顺乎亲有道，反诸身不诚，不顺乎亲矣。诚身有道，不明乎善，不诚乎身矣。

诚[98]者，天之道也。诚之者[99]，人之道也。诚者，不勉而中，不思而得，从容中道，圣人也。诚之者，择善而固执[100]之者也。博学之，审问之，慎思之，明辨之，笃行之。有弗学，学之弗能，弗措[101]也。有弗问，问之弗知，弗措也。有弗思，思之弗得，弗措也。有弗辨，辨之弗明，弗措也。有弗行，行之弗笃，弗措也。人一能之，己百之；人十能之，己千之。果能此道矣，虽愚必明，虽柔必强。

自诚明[102]谓之性，自明诚[103]谓之教[104]。诚则明矣，明则诚矣。

唯天下至诚，为能尽其性[105]。能尽其性，则能尽人之性；能尽人之性，则能尽物之性；能尽物之性，则可以赞天地之化育[106]；可以赞天地之化育，则可以与天地参[107]矣。

其次致曲[108]。曲能有诚，诚则形[109]，形则著[110]，著则明，明则动[111]，动则变[112]，变则化[113]。唯天下至诚为能化。

至诚之道，可以前知。国家将兴，必有祯祥[114]；国家将亡，必有妖孽[115]。见乎蓍龟[116]，动乎四体[117]。祸福将至，善必先知之，不善必先知之。故至诚如神。

诚者自成[118]也，而道自道[119]也。诚者物之终始，不诚无物。是故君子诚之为贵。诚者非自成己[120]而已也，所以成物[121]也。成己仁也，成物知也，性之德也，合外内之道也，故时措[122]之宜也。

故至诚无息[123]。不息则久，久则征[124]，征则悠远，悠远则博厚，博厚则高明。博厚所以载物也，高明所以覆物也，悠久所以成物也。博厚配[125]地，高明配天，悠久无疆。如此者，不见而章[126]，不动而变，无为而成。天地之道，可一言而尽也：其为物不贰，则其生物不测[127]。天地之道：博也，厚也，高也，明也，悠也，久也。今夫天，斯昭昭[128]之多，及其无穷也，日月星辰系[129]焉，万物覆焉。今夫地，一撮土之多；及其广厚，载华岳[130]而不重，振[131]河海而不洩，万物载焉。今夫山，一卷[132]石之多，及其广大，草木生之，禽兽居之，宝藏兴[133]焉。今夫水，一勺之多，及其不测[134]，鼋鼍蛟龙鱼鳖生焉[135]，货财殖[136]焉。《诗》曰："惟天之命，於穆不已[137]。"盖[138]曰天之所以为天也。"於乎不[139]显，文王之德之纯[140]！"盖曰文王之所以为文也，纯亦不已。

大哉圣人之道！洋洋[141]乎发育万物，峻极[142]于天。优优[143]大哉！礼仪三百，威仪[144]三千，待其人[145]然后行。故曰：苟不至德[146]，至道不凝焉[147]。故君子尊德性而道[148]问学，致广大而尽精微，极高明而道中庸，温故而知新，敦厚[149]以崇礼。是故居上不骄，为下不倍[150]。国有道，其言足以兴；国无道，其默足以容[151]。《诗》曰："既明且哲[152]，以保其身。"其此之谓与！……

王天下有三重焉[153]，其寡过矣乎！上焉者虽善无征[154]，无征不信，不信民弗从。下焉者[155]虽善不尊，不尊不信，不信民弗从。故君子之道，本诸身[156]，征诸庶民；考诸三王而不缪[157]，建诸天地而不悖[158]，质[159]诸鬼神而无疑，百世以俟圣人而不惑。质诸鬼神而无疑，知天也。百世以俟圣人而不惑，知人也。是故君子动而世为天下道[160]，行而世为天下法，言而世为天下则。远之则有望[161]，近之则不厌。《诗》[162]曰："在彼无恶[163]，在此无射[164]，庶几夙夜[165]，以永终誉。"君子未有不如此而蚤[166]有誉于天下者也。

仲尼祖述[167]尧舜，宪章[168]文武，上律[169]天时，下袭[170]水土。譬如天地之无不持载，无不覆帱[171]，譬如四时之错[172]行，如日月之代明。万物并育而不相害，道并行而不相悖，小德川流[173]，大德敦化[174]，此天地之所以为大也。

唯天下至圣，为能聪明睿知[175]，足以有临[176]也；宽裕温柔，足以有容也；发[177]强刚毅，足以有执[178]也；齐[179]庄中正，足以有敬也；文理密察[180]，足以有别[181]也。溥博渊泉[182]，而时出之。溥博如天，渊泉如渊。见[183]而民莫不敬，言而民莫不信，行而民莫不说[184]。是以声名洋溢乎中国，施及蛮貊；舟车所至，人力所通；天之所覆，地之所载，日月所照，霜露所队[185]；凡有血气者，莫不尊亲，故曰配天。

唯天下至诚，为能经纶天下之大经[186]，立天下之大本，知天地之化育。夫焉有所倚？肫肫[187]其仁！渊渊[188]其渊！浩浩[189]其天！苟不固[190]聪明圣知达天德者，其孰能知之？

《诗》曰"衣锦尚絅[191]"，恶其文之著也[192]。故君子之道，闇然而日章[193]；小人之道，的然[194]而日亡。君子之道：淡而不厌，简而文，温而理，知远之近，知风之自，知微之显，可与入德矣。《诗》[195]云："潜虽伏矣，亦孔之昭[196]！"故君子内省不疚，无恶于志[197]。君子之所不可及者，其唯人之所不见乎。《诗》[198]云："相在尔室[199]，尚不愧于屋漏[200]。"故君子不动而敬，不言而信。《诗》[201]曰："奏假[202]无言，时靡有[203]争。"是故君子不赏而民劝，不怒而民威于铁钺[204]。

《诗》[205]曰："不显[206]惟德！百辟其刑之[207]。"是故君子笃恭[208]而天下平。《诗》[209]云："予怀明德，不大声以色[210]。"子曰："声色之于以化民，末也。"《诗》[211]曰"德輶如毛[212]"，毛犹有伦[213]。"上天之载[214]，无声无臭[215]"，至矣！

〔注释〕①天命：这里指自然的禀赋。②性：天赋予人的本性。③率：遵循。④道：规范、人道。⑤修：修明、实行。⑥教：教化。⑦道：日常事物当行之理。⑧须臾：片刻、一会儿。⑨君子：《中庸》中的君子，有时指有德行的人，有时指有地位的人。这里指有德行的人。⑩戒慎：警戒、谨慎。⑪睹：见、察看。⑫莫：无、没有。⑬见(xiàn)：同"现"，体现。⑭隐：隐蔽。⑮微：细微小事。⑯发：表露、显露。⑰中：这里意为恰当。⑱中节：合于自然的道理。中，符合。节，法度、常理。⑲和：和谐。⑳达道：通达的道路，或说是天下人民共由之路，引申为天下共同遵循的普遍规律。㉑致：到达。㉒位：安于其所、各得其所。㉓育：养育、生长。㉔中庸：不偏不倚，既不过分也无不足。庸，"常"的意思。㉕反：违背、违反。㉖而：能、能够。㉗时中：应时而处中，即言行处处符合道的规范。㉘忌惮：畏惧。㉙至：极、最。㉚鲜：少。㉛知者：有智慧、有教养的人。知，同"智"。㉜明：著明、明了。㉝味：滋味。㉞矣夫：叹词。㉟知：同"智"。㊱也与：语气词连用。㊲迩(ěr)言：浅近之言。㊳执其两端：掌握它的两个方面。㊴斯：此。㊵予：我。㊶知：同"智"。㊷驱：驱逐、驱赶。㊸罟(gǔ)：捕鱼的网。㊹擭：装有机关的捕兽的木笼。㊺辟：同"避"。㊻期月：一个月。㊼回：颜回，孔子的学生。㊽拳拳服膺：牢牢地放在心上。拳拳，牢握不舍。服，放置。膺，胸口。㊾均：平，指治理公正。㊿爵：爵位。[51]禄：官吏的俸禄。[52]辞：放弃。[53]蹈：踩、踏。[54]中庸不可能：上述三事，即平治国家、辞爵禄、蹈白刃虽难还是能做到，而行中庸之道看似容易，实际更难。[55]哀公：春秋时鲁国国君。[56]文武：指周文王、周武王。[57]布：陈列。[58]方策：典籍。方，书写用的木版。策，书写用的竹简。[59]举：推行。[60]人道：指按照普通人的愿望和要求施政的道理。敏：勉力、用力。[61]地道：指以土地种植植物的道理。树：种植。[62]蒲芦：芦苇。芦草容易生长，比喻国家政事得到君子治理，则很快会繁荣昌盛。[63]宜：适宜。[64]杀(shài)：减少、降等。[65]昆弟：兄弟。[66]一：指诚、至诚。[67]或：有的。[68]安：安适。[69]为：治理。[70]九经：九条准则。经，常道、准则、原则。[71]体：体察、体谅。[72]子：动词，这里意为关爱。[73]来：同"徕"，招徕。工：工匠。[74]柔：安抚。[75]怀：安抚。[76]眩：眼花，引申为迷惑。[77]报：报答。[78]劝：劝勉、努力。[79]齐：斋戒。[80]谗：谗邪之人。[81]官盛：官属众多。[82]任使：听任差使。[83]使：役使。[84]敛：征收租税。[85]省：省察。试：考核。[86]既廪称事：既，即"饩"，赠送别人粮食或饲料；廪，给予粮食；称，符合；事，职事。[87]矜：怜悯、同情。[88]继绝世：继，承继、延续；绝世，已经停止食采邑的贵族世系。[89]举：任用、复兴。废国：已经废黜灭亡的邦国。[90]持：扶持、解救。[91]朝聘：诸侯定期朝见天子的礼仪。每年一见，叫小聘，三年一见叫大聘，五年一见叫朝聘。[92]豫：同"预"，预谋、筹划。[93]立：成功。[94]跲(jiá)：绊倒。[95]疚：内心不安。[96]穷：困厄。[97]道：这里指方法。[98]诚：真实无妄。[99]诚之者：实现诚的理念。[100]固执：坚守不渝。[101]措：置。[102]自诚明：从诚到明。

明：明白，明智，觉悟，智慧。 ⑩③ 自明诚：从明到诚。 ⑩④ 教：教化。 ⑩⑤ 尽其性：穷尽自己的本性，意指充分发挥自己天赋的本性。尽：穷尽。 ⑩⑥ 赞：赞助。化育：自然生长变化，养育。 ⑩⑦ 参：并列。 ⑩⑧ 其次：指次于至诚的人，通过学习达到至诚。致：至。曲：细微之事。致曲：指从细微之事入手做功夫。 ⑩⑨ 形：外部行为上的表现。 ⑪⓪ 著：显著。 ⑪① 动：感动人。 ⑪② 变：变革，指变恶为善。 ⑪③ 化：感化，指使人不自觉地改恶从善。 ⑪④ 祯祥：吉祥的征兆。 ⑪⑤ 妖孽：物类反常的现象，泛指灾祸。草木之类称妖，虫豸之类称孽。 ⑪⑥ 见：同"现"，呈现。蓍龟：蓍草和龟甲，古人用来占卜。 ⑪⑦ 四体：手足，此指动作及仪态。 ⑪⑧ 自成：自己完成。 ⑪⑨ 自道：自己遵循当行的路径。 ⑫⓪ 成己：成就自己。 ⑫① 成物：成就外物。 ⑫② 时措：得时而用之。 ⑫③ 息：止息。 ⑫④ 征：征兆。 ⑫⑤ 配：匹配。 ⑫⑥ 章：即"彰"，彰明、显现。 ⑫⑦ 测：估计、测度。 ⑫⑧ 昭昭：光明。 ⑫⑨ 系：悬挂、悬系。 ⑬⓪ 华岳：指西岳华山。 ⑬① 振：托起。 ⑬② 卷：通"拳"，石小如拳。 ⑬③ 兴：兴盛。 ⑬④ 不测：不可测度。指水波一望无际，浩瀚无涯。 ⑬⑤ 鼋(yuán)：大鳖。鼍(tuó)：即扬子鳄。蛟：古代传说中的水生龙类动物。鳖：俗称甲鱼。 ⑬⑥ 殖：增殖。 ⑬⑦ 惟：语气词。於：叹词。穆：深远。诗句出自《诗经·周颂·维天之命》。 ⑬⑧ 盖：表示推测之词。 ⑬⑨ 於乎：同"呜呼"。不：通"丕"，语气助词。 ⑭⓪ 纯：纯洁无瑕。诗句出处同上。 ⑭① 洋洋：盛大众多的样子。 ⑭② 峻极：高大到极点。 ⑭③ 优优：和适、宽裕。 ⑭④ 威仪：礼仪的细节。 ⑭⑤ 其人：指圣人。 ⑭⑥ 至德：最高的德性。 ⑭⑦ 至道：圣人之道，即指中庸之道。凝：聚，成功。 ⑭⑧ 道：由、从。 ⑭⑨ 敦厚：真诚、朴实、宽厚。 ⑮⓪ 倍：通"背"，背弃、背叛。 ⑮① 容：容身，指保全自己。 ⑮② 哲：智慧，指洞察事理。诗句见《诗经·大雅·烝民》。 ⑮③ 王：称王，指统治天下。三重：三件重要的事，即议礼仪、定制度、考文字。 ⑮④ 上焉者：在上位的人，指君。征：验证，证明。 ⑮⑤ 下焉者：在下位的人，指臣。 ⑮⑥ 本诸身：以修身为本。诸，之于。 ⑮⑦ 三王：即夏、殷、周三代君王。缪：通"谬"，错误。 ⑮⑧ 建：确立。悖：通"背"，违背。 ⑮⑨ 质：询，就正。 ⑯⓪ 君子：此指君主。动：指言语行动。道：通"导"，先导。 ⑯① 望：仰望。 ⑯②《诗》：指《诗经·周颂·振鹭》。 ⑯③ 恶(wù)：厌恶。 ⑯④ 射(dù)：厌恶的意思。 ⑯⑤ 庶几：差不多。夙(sù)：早晨。夙夜：朝朝夜夜。 ⑯⑥ 蚤(zǎo)：同"早"。 ⑯⑦ 祖述：继承、传播。 ⑯⑧ 宪章：取法，效法。 ⑯⑨ 律：以……为准。 ⑰⓪ 袭：遵循。 ⑰① 帱(dào)：覆盖。 ⑰② 错：更替。 ⑰③ 小德：指诸子百家之说。川流：如大小河流各行其道，说明并行不悖之意。 ⑰④ 大德：指孔学。敦化：教化。 ⑰⑤ 睿(ruì)：聪慧，明智。知：同"智"，智慧。 ⑰⑥ 有临：居君位或官位治民。 ⑰⑦ 发：奋发。 ⑰⑧ 执：执中守正。 ⑰⑨ 齐(zhāi)：严肃。 ⑱⓪ 文理：文章的条理。密：详细。察：明辨。 ⑱① 别：辨别(事理、是非)。 ⑱② 溥(pǔ)博：周遍广远。渊泉：幽深而有本。 ⑱③ 见(xiàn)：同"现"，显现，表现。 ⑱④ 说(yuè)：同"悦"，高兴。 ⑱⑤ 队(zhuì)：同"坠"。 ⑱⑥ 经纶：原为整理蚕丝之法，这里意为治理。大经：治国之大纲。 ⑱⑦ 肫肫(zhūn)：诚恳、真挚的样子。 ⑱⑧ 渊渊：幽深的样子。 ⑱⑨ 浩浩：广大的样子。 ⑲⓪ 固：确实。 ⑲①《诗》：《诗经·卫风·硕人》、《诗经·郑风·丰》有相似语句，用字略有出入。衣(yì)：穿衣。尚：加上。絅(jiǒng)：罩在外面的单衣。 ⑲② 恶(wù)：嫌，厌恶。文：同"纹"，指锦衣上的纹彩。著：显著。 ⑲③ 闇(àn)然：冥暗的样子，这里指低调，不张扬。章：同"彰"，显著。 ⑲④ 的(dì)然：鲜明的样子。 ⑲⑤《诗》：指《诗经·小雅·正月》。 ⑲⑥ 孔：非常，甚。昭：明。 ⑲⑦ 无恶(wù)于志：无愧于心。 ⑲⑧《诗》：指《诗经·大雅·抑》。 ⑲⑨ 相(xiàng)：看。尔：你。 ⑳⓪ 屋漏：房屋的西北角，是房屋的最深处，比喻最隐蔽的地方。 ⑳①《诗》：指《诗经·商颂·烈祖》。 ⑳② 奏：进。假(gé)：至。 ⑳③ 靡有：没有。 ⑳④ 威：畏。𫓧(fū)：

铡刀。钺(yuè)：古代兵器，用于砍杀。铁钺：古代刑戮之具。　㉕《诗》：指《诗经·周颂·烈文》。　㉖不显：岂不明显。　㉗辟：君主。百辟：四方诸侯。刑：同"型"，效法。　㉘笃恭：笃实，恭敬。　㉙《诗》：指《诗经·大雅·皇矣》。　㉚声：指言论。以：与。色：仪容。㉛《诗》：指《诗经·大雅·烝民》。　㉜輶(yóu)：轻。德輶如毛：意思是道德的感化作用，不著痕迹，好似羽毛一样轻。　㉝伦：比较，指以羽毛比喻。　㉞载：事。　㉟臭：气味。

（魏　薪）

〔鉴赏〕《中庸》相传为子思所作，本来是《小戴礼记》中的第三十一篇，《汉书·艺文志》著录有《中庸说》二篇，说明西汉时已有人专门研究《中庸》。南北朝宋散骑常侍戴颙的《礼记中庸传》二卷、南朝梁武帝萧衍的《中庸讲疏》一卷，援佛入儒。唐中叶以后，李翱作《复性书》，发挥《中庸》的思想，试图建立起一套新的儒家的心性理论。

北宋儒者认为，《中庸》是孔门"传授心法"的要籍，由曾子所传、而由子思"笔之于书以授孟子"。南宋朱熹根据北宋二程兄弟等理学开创者的观点，把《大学》和《中庸》从《礼记》中单独抽出，与《论语》、《孟子》合编在一起，并分别为这四部书作了注释，称之为"集注"。本书《中庸》各章的划分即依据朱熹的《四书集注》。

在《四书》中，《中庸》的理论性、思辨性高于其他三者，这从朱熹对《四书》次序的排列中可以看出。《四书》的排列次序，今通行本是《大学》、《中庸》、《论语》、《孟子》。实际上，朱熹在其编排中曾把《中庸》置于最后。朱熹把《大学》看作纲领，故列于首位；把《中庸》看作精髓，故列于最后。这一起一结，首尾呼应，中间以孔、孟的言论作印证，从而构筑了一个完整的思想体系。

朱熹之所以重视《中庸》，原因在于他视《中庸》为："始言一理，中散为万事，末复合为一理，放之则弥六合，卷之则退藏于密，其味无穷，皆实学也。善学者玩索而有得，则终身用之，有不能尽矣。"（《四书集注·中庸章句卷首》）他指明了《中庸》所阐明的理论具有普遍性，思想深刻，分析透彻细致，同实际密切相关，对学者有很大的启发作用。这些说法是符合实际的。

综观《中庸》整篇，大致提出和论述了以下几个重要观点和思想。

一、《中庸》论述道与中庸两个观念，这里所说的道即中庸之道，然而他先从哲学上阐述道的概念，不仅为中庸之道奠定了本体论基础，而且赋予道以天人合一的意义，从而发展了道的观念。道是老子哲学的核心观念，它作为宇宙的本体、本原和根本法则，是超越于人的。在孔子学说中道是一个政治学和伦理学概念，《中庸》则第一次把道论述为儒家哲学的基本范畴。它的"天命之谓性，率性之谓道"之说规定了道的基本意义，既指出了道之本原出于天，体现了宇宙法则，又强调了道与本性、人性的一致性,从而避免了天与人、内与外之间的分离和对立。

在论述中庸观念的意义和重要性时,它首先提出中庸即“中和”,从词义上说中和表示适度,恰当。“喜怒哀乐之未发”就是描绘此时情感、意念无所偏倚,当于理;“发而皆中节”是说情感、意念的表达有分寸,不乖戾。而从哲学上说,明代王阳明认为“未发之中”即良知,即本心,即宇宙本体。可见,根据中庸的观念,世界、本心、本性的本然状态是适度,适宜,恰当。

其次,中庸意为“时中”,即人们在各方面的行为举止要合乎时宜,随时而处中。因为“中”无固定的标准,要根据时代条件和具体情况来确定。时中意味着要面对现实,尊重外部的客观条件,不能随心所欲。那些私心太重的人,往往肆欲妄行,所以《中庸》说小人反中庸,言行无所忌惮。

再次,中庸是指无过无不及,这除了表示适度的意义之外,还是针对人性弱点提出的。所谓“知(读为“智”)者过之,愚者不及”、“贤者过之,不肖者不及”,描述了普遍存在的认识和行动的误区:智者、贤者由于个人主观上的偏爱和过度自信而往往走过头;而愚者、不肖者则由于智识或人格上的缺陷而常常达不到要求或标准。当然无过无不及的含义也是反对走极端。

最后,中庸是一种执两用中的方法论,就是把握两个基本点,使两者保持均衡,也就是遵循对立统一的法则,这是孔子在各种问题上都采用的方法,如他主张在政治上要宽猛并用,在学习方法上要“学”与“思”兼顾,在处理内容与形式的关系时做到“文质彬彬”等等。

《中庸》作者看到,由于人性的弱点,人们容易落入认识的陷阱之中,所以他们的行为常常反中庸,即使有时能遵循中庸之道,但也不能持久,所以说“民鲜久矣”。《中庸》大力提倡中庸之道,说它是极端重要的法则,自然、社会以至于整个宇宙的秩序赖以建立和维持,因此要不惜任何代价加以实行。这样,中庸就同仁、义一起被确立为儒家和中国文化的最高价值观念。

二、《中庸》在论述儒家的政治哲学时,提出本篇的一个核心观念:诚。

作者按照儒家的思维方式,提出人是国家政治中的决定性因素。人的因素在儒家的政治理论中包括了全体人民的道德水平,但在这里是指治理国家的人的思想品质。根据《中庸》的观点,如果执政者思想品质不好,那么任何一种优良的政治制度和政治学说都会落空,不能发挥其作用,因此人的因素是决定性的,是最重要的。《中庸》说:“为政在人,取人以身,修身以道,修道以仁。”这是对孔子政治思想的准确总结，是儒家政治理论的思维逻辑最简练的公式化表达，是对儒家政治思想精髓的高度概括，与《大学》的论述异曲同工。

对于修身的内容，《大学》规定的是格物致知、正心诚意，而《中庸》总结为实行智、仁、勇三项达德，两者大同小异，但又各有所长。对于求知，《大学》讲得更明确，提出要认识外部事物，而不能满足于读书；对于道德完善和精神修养，《中庸》突出了仁与诚的观念，从而发展了儒家的哲学理论。

《中庸》第一次提出"仁者人也"的命题，指明仁不是一种束缚人的、外在的道德准则，不是超越或违背人的情感的抽象法则，而是人的一种情感的表现，即是人的恻隐、同情、关爱、慈爱的感情。虽然《中庸》由此又说"亲亲（即爱亲人）为大"，但其本意不是要把仁爱之情限制于亲人之间，而是说要从爱亲人中体味、培育和增强亲人之间最容易产生的那种最纯洁、真诚、自然、热烈的爱心，目的是将这种爱心无限制地推广到他人和社会，即孟子所说的"老吾老，以及人之老；幼吾幼，以及人之幼"（《孟子·梁惠王上》第七章）。而《中庸》要以仁这一"达德"来对待、处理无所不包的五伦社会关系，也正是对仁这层意义的明白喻示。

从这层意义出发，《中庸》合乎逻辑地进一步提出："力行近乎仁"，最诚挚、炽烈的情感必定会表现为行为，仁不应当只是一种感情，而应当是以巨大的精神力量为动力，自觉的、坚持不懈的行动。孔子一贯重视行，《论语》说他平常以文、行、忠、信教人，推崇躬行君子（见《述而》），提倡"行笃敬"（《卫灵公》）。《中庸》总结了这些思想，用以规定仁的内涵，从而加深了人们对仁的根本意义的认识。这里一个"力"字特别值得注意，它发展了"行笃敬"的思想，凸显了行仁者的精神活力，仁的活动本身所达到的力度，仁的行为的自觉性和不怕艰难险阻、克服任何阻碍、坚持到底、不达目的决不罢休的气概。力行就是真心实意、一心一意地做，无止境地追求，正是这个意义导出了《中庸》最注重的观念：诚。

无论是行君臣、父子、夫妇、昆弟和朋友五达道，实行智、仁、勇三达德，还是贯彻治理天下国家的九经：修身、尊贤、亲亲、敬大臣、体群臣、子庶民、来百工、柔远人、怀诸侯，所有这些能否做好，只决定于一个字，即诚。

"诚"这个词在孔子的学说中仍然是人的一种品质，属于伦理学范畴，但是在《中庸》中发展为最重要的哲学观念，所谓"诚者，天之道也"就表明诚已成为本体论概念。诚作为天之道，如朱熹所说，意为真实无妄（见《四书集注》），即指宇宙最真实的存在，指其本然状态。

所谓"诚之者"，是人的行为，指实现诚的理念，遵循天之道诚。按照《中庸》

的解释,其含义是"择善而固执之"。根据下文对博学、审问、慎思、明辨和笃行的说明,我们可以知道,这里所说的善不单指美德,其主要意义是广义的完美、美好。可见"择善而固执之"就是坚持不懈、永无止境地追求完美,就是要做到"人一能之,己百之;人十能之,己千之"。这就是遵行天道,这里天人合一的理念是要极大地发扬人的主观能动性和自强不息、追求卓越的奋斗精神。有了这种精神,人们无论做什么事都会获得成功,而治理国家的人也必定会在政治上取得成就。

三、《中庸》论述了至诚与尽性、成己、成物的关系,描绘了至诚所产生的神奇效应和不可思议的结果。这一部分包含了极其丰富而又深刻的哲学思想,是中国哲学史上经典性的文本。

所谓至诚就是最高的真实。从天人合一的理念出发,《中庸》将性规定为天之道——诚——的自觉,说"自诚明谓之性",这样它就合乎逻辑地提出天下之至诚就是个体无限地发挥自己的本性,即所谓"能尽其性",可以说"尽其性"是对至诚的描绘,是至诚这种理想状态形成的根本原因。

至诚包括三方面内容:尽其性、即尽己之性,以及尽人之性和尽物之性。尽己之性就是成己,这一命题是孔子的"求诸己"、"古之学者为己"理念的思想飞跃和理论升华,具有更强的哲学性,表达了儒家强烈的自我意识和自我实现的欲望。秉承孔子的理念,《中庸》作者把"尽其性"视为至诚的根本,完善外部世界的起点,思想、精神的基础和原动力。这表明作者对人性的光明怀有坚定的信念,认为人性具有无限的可能性,是一切创造力的根源,并且规定了人的所有活动和实践都不应当脱离或违背维护、完善和发展自己的本性、即最真实的自我这一目标。

《中庸》明确提出人们不能满足于自成,这是由于至诚不能归结为纯粹个人的精神状态,它是天人合一、万物一体的精神境界,而从实践的层面来说,个人只有依靠众人的觉悟、只有在理想的社会关系的基础之上才能完善外部世界,因此尽己之性必须同尽人之性相结合。对于个人同他人的关系,孔子的说法是爱人、惠人、安人、己欲立而立人、己欲达而达人、己所不欲,勿施于人,以及以美德教化百姓、感化他人等等。《中庸》在这些理念的基础上提出尽己之性以尽人之性,把启发、培育他人的觉悟、发挥他们的潜在可能性放在最重要的地位,而不是用外在的规定和准则去限制、束缚他人,这显然有助于培育人们的精神生命力和完善自身与外部世界的自觉性,而这一点才是对人最大的关爱和帮助。这一理念可以说是对儒家哲学和伦理学的重大发展。

尽物之性是从哲学上对儒家的格物致知、经世致用、治国平天下的理念所作的理论表述，它指明了要认识、把握事物的本质，无限地发挥它们的性质的作用。这反映了儒学的二个基本特征：既尊德性又道问学，即重知性；合外内之道，即把内圣与外王两方面加以统一，就是将内在的精神生活与完善外部世界的实践活动相结合。这是儒家执两用中的中庸之道的思想方法的一种表现。

《中庸》特别强调至诚是一个自我发展的无限过程，所以它说“至诚无息”。它以天、地、山、水为例，生动地说明了这样一个道理：一个事物的本质方面最初看似简单微小，但是如果始终如一、坚持不懈地无限发展下去，最终就会产生不可思议的结果，即其所谓“其为物不贰，则其生物不测”。这些比喻竭力渲染至诚的功用悠远、博厚、高明，其神奇作用可与天地的功用相媲美，说“博厚配地，高明配天，悠久无疆”。

四、《中庸》论述至诚所造成的理想人格，其思想品质所达到的崇高境界以及对于国家、人民和现实社会所起的伟大作用。

《中庸》所说的“君子之道”就是指圣人之道，是说圣人的思想与学说。在《中庸》中圣人就是称精神的完善、发展达到至诚地步的理想人格，在《中庸》作者看来，孔子是理想人格的典范，是最具代表性、最能清楚地显示理想人格特征的圣人。

《中庸》指出了圣人思想和学说的主要价值所在：依据自身的本性，因而同普通人的思想感情相通；应用于社会，从普通百姓的反应可以看到它们的效验；考诸历史，可以发现同古代优良传统一脉相承；放到宇宙中看，与天地之道相一致；即使同世上最神奇的事物相比较分析，也没有什么问题发生；对于未来而言，它们能够指导后世思想家。在《中庸》作者的心目中，最高的真理和价值观念应当以人为本，不违背普通百姓的愿望与要求，应当继承古代文化优良传统，反映自然法则，能解释、说明各种神奇的现象，触及到人与文化的根本问题，从而具有超越时代的永恒性。这些理念应当说相当全面地为评判文化的基本价值观念规定了最重要的标准。

《中庸》在描绘至诚所形成的伟大人格和美好品性时，从理论上将儒家圣人确立为世界秩序的建立者，民族的精神导师和国家的政治领袖。他们“能经纶天下之大经，立天下之大本”，“见(读为‘现’)而民莫不敬，言而民莫不信，行而民莫不说(读为‘悦’)。是以声名洋溢乎中国，施及蛮貊；舟车所至，人力所通；天之所覆，地之所载，日月所照，霜露所队(读为"坠")；凡有血气者，莫不尊亲"。可见他们的影响和作用遍见全人类。《中庸》作者竭力强调理想人格的思想、品性的崇高、伟大，极大地增强他们的权威，目的是制约专制君主，企图以道统指导政统。

由至诚所达到的理想人格有三个特征值得充分注意。

第一，他们并非只是道德家，而且还是智识非凡的人，《中庸》反复指明这一点。如它说："唯天下至圣，为能聪明睿知('知'读为'智')"，"文理密察，足以有别也"；又说："唯天下至诚"，"知天地之化育"。这些话语表明，儒学思想家一贯重视人的知性能力，重视知识和智慧。

第二，圣人具有顶天立地的独立人格，又毫无偏见地广泛吸收、包容一切有价值的东西。所以强调天下至诚没有"所倚"，这是说他们独立地作出判断和选择，自主立说创制，不是人云亦云，因袭旧规。然而这不意味在思想、理论、学术问题上可以固执己见，顽固地坚持片面的观点，一味排斥不同的看法和立场。所以在赞颂孔子之道时说："万物并育而不相害，道并行而不相悖，小德川流，大德敦化，此天地之所以为大也。"作者认为孔子学说体现了这种博大的包容精神，说其像天地"无不持载，无不覆帱"，又"如四时之错行，如日月之代明"。

第三，理想人格虽有卓越的品性与才能，但却又谦虚笃实，沉稳凝重，质朴无华。这与小人的张扬、浮躁、炫耀恰成鲜明的对比。作者深信，德性与智慧主要不是靠语言来表现，更是与刻意的表现与做作不相容。德性的潜移默化的感化作用远远胜过语言的力量，而智慧则是因势利导，调动和发挥各个方面的积极性，所以《中庸》说君子"不动而敬，不言而信"，"不赏而民劝，不怒而民威于鈇钺"，如"上天之载，无声无臭"，却造成世界万物的发育、生长、变化。

《中庸》关于最高精神境界和理想人格的论述对于中华民族的精神和性格形成产生了无可估量的作用。　(魏　薪　徐洪兴)

孝　经　　《孝经》

开宗明义章第一

仲尼居①，曾子侍②。子曰："先王有至德要道③，以顺④天下，民用⑤和睦，上下无怨。汝知之乎?"曾子避席⑥曰："参不敏，何足以知之?"子曰："夫孝，德之本也；教之所由生也。复坐，吾语汝；身体发肤，受之父母，不敢毁伤，孝之始也；立身行道，扬名于后世，以显父母，孝之终也。夫孝，始于事亲，中于事君，终于立身。《大雅》云：‘无念尔祖，聿修厥德⑦’。”

天子章第二

子曰：“爱亲者，不敢恶于人⑧；敬亲者，不敢慢于人⑨。爱敬尽于事亲，而德教加于百姓，刑⑩于四海，盖天子之孝也。《甫刑》⑪云：‘一人有庆⑫，兆民赖之’。”

诸侯章第三

在上不骄，高而不危；制节谨度⑬，满而不溢⑭。高而不危，所以长守贵也；满而不溢，所以长守富也。富贵不离其身，然后能保其社稷⑮。而和其民人，盖诸侯之孝也。《诗》曰：“战战兢兢，如临深渊，如履薄冰。”⑯

卿、大夫章第四

非先王之法服⑰，不敢服⑱。非先王之法言⑲，不敢道；非先王之德行，不敢行。是故非法不言，非道不行。口无择言⑳，身无择行。言满天下无口过㉑，行满天下无怨恶。三者㉒备矣，然后能守其宗庙，盖卿、大夫之孝也。《诗》云：“夙夜匪懈，以事一人㉓。”

士章第五

资㉔于事父，以事母，而爱同；资于事父，以事君，而敬同。故母取其爱，而君取其敬，兼之者父也。故以孝事君则忠，以敬事长则顺。忠顺不失，以事其上，然后能保其禄位，而守其祭祀，盖士之孝也。《诗》云：“夙兴夜寐，无忝尔所生㉕。”

庶人章第六

用天之道，分地之利，谨身节用，以养父母，此庶人之孝也。故自天子至于庶人,孝无终始,而患不及者,未之有也。

三才[26]章第七

曾子曰:"甚哉,孝之大也!"子曰:"夫孝,天之经[27]也,地之义[28]也,民之行[29]也。天地之经而民是则[30]之,则天之明,因地之利,以顺天下。是以其教不肃而成,其政不严而治。先王见教之可以化民也,是故先[31]之以博爱,而民莫遗其亲;陈之以德义,而民兴行。先之以敬禳[32],而民不争;导之以礼乐,而民和睦;示之以好恶,而民知禁。《诗》云:'赫赫师尹,民具尔瞻[33]'。"

孝治章第八

子曰:"昔者明王[34]以孝治天下也,不敢遗小国之臣,而况于公、侯、伯、子、男乎?故得万国之欢心,以事[35]其先王。治国者不敢侮于鳏寡[36],而况于士民乎?故得百姓之欢心,以事其先君[37]。治家者不敢失于臣妾[38],而况于妻子乎?故得人之欢心,以事其亲。夫然[39],故生[40]则亲安之,祭则鬼享之。是以天下和平,灾害不生,祸乱不作[41]。故明王之以孝治天下也,如此。《诗》云:'有觉德行,四国顺之[42]'。"

圣治章第九

曾子曰:"敢问圣人之德,无以加于孝乎?"子曰:"天地之性,人为贵。人之行,莫大于孝;孝莫大于严[43]父;严父莫大于配天[44],则周公其人也。昔者,周公郊祀后稷以配天[45],宗祀文王于明堂以配上帝[46]。是以四海之内,各以其职来祭。夫圣人之德,又何以加于孝乎?故亲[47],生之膝下[48],以养父母日严。圣人因严以教敬,因亲以教爱。圣人之教,不肃而成。其政不严而治。其所固者本[49]也。父子之道天性也,君臣之义也。父母生之,续[50]莫大焉。君亲临之,厚莫重焉。故不爱其亲而爱他人者，谓之悖[51]德；不敬其亲而敬他人者，谓之悖礼。以顺则，逆，民无则焉。不在于善，而皆在于凶德[52]，虽得之[53]，君子不贵也。君子则不然，言思可道[54]，行思可乐[55]，德义可尊，作事可法，容止[56]可观，进退可度[57]，以临其民。是以其民畏而爱之，则而象之[58]。故能成其德教，而行其政令。《诗》云：'淑人君子，其仪不忒[59]'。"

纪[60]孝行章第十

子曰："孝子之事亲也，居则致其敬[61]，养则致其乐，病则致其忧，丧则致其哀，祭则致其严，五者备矣，然后能事亲。事亲者，居上不骄，为下不乱，在丑[62]不争。居上骄则亡，为下而乱则刑，在丑而争则兵。三者不除，虽日用三牲之养[63]，犹为不孝也。"

五刑[64]章第十一

子曰："五刑之属三千，而罪莫大于不孝。要君者无上[65]，非[66]圣人者无法，非孝者无亲，此大乱之道也。"

广要道章第十二

子曰："教民亲爱，莫善于孝。教民礼顺，莫善于悌[67]。移风易俗，莫善于乐[68]。安上治民，莫善于礼。礼者敬而已矣。故敬其父则子悦，敬其兄则弟悦，敬其君则臣悦，敬一人而千万人悦。所敬者寡，而悦者众，此之谓要道也。"

广至德章第十三

子曰："君子之教以孝也，非家至而日见之也[69]。教以孝，所以敬天下之为人父者也；教以悌，所以敬天下之为人兄者也；教以臣，所以敬天下之为人君者也。《诗》云：'恺悌君子，民之父母[70]'。非至德，其孰能顺民，如此其大者乎。"

广扬名章第十四

子曰:“君子之事亲孝,故忠可移于君。事兄悌,故顺可移于长。居家理,故治可移于官。是以行成于内[71],而名立于后世矣。”

谏诤章第十五

曾子曰:“若夫慈爱、恭敬、安亲、扬名,则闻命矣。敢问,子从父之令,可谓孝乎?”子曰:“是何言与,是何言与?昔者,天子有争臣[72]七人,虽无道,不失其天下;诸侯有争臣五人,虽无道,不失其国;大夫有争臣三人,虽无道,不失其家;士有争友,则身不离于令名;父有争子,则身不陷于不义。故当不义,则子不可以不争于父,臣不可以不争于君。故当不义则争之,从父之令,又焉得为孝乎?”

感应章第十六

子曰:“昔者明王事父孝,故事天明[73];事母孝,故事地察[74];长幼顺,故上下治。天地明察,神明彰[75]矣。故虽天子,必有尊也,言有父也;必有先也,言有兄也。宗庙致敬,不忘亲也。修身慎行,恐辱先也。宗庙致敬,鬼神著[76]矣。孝悌之至,通于神明,光于四海,无所不通。《诗》云:‘自西自东,自南自北,无思不服[77]’。”

事君章第十七

子曰:“君子之事上也,进思尽忠,退思补过。将顺其美,匡救其恶,故上下能相亲也。《诗》云:‘心乎爱矣,遐不谓矣,中心藏之,何日忘之[78]’。”

丧亲章第十八

子曰:“孝子之丧亲也,哭不偯[79],礼无容,言不文,服美不安，闻乐不乐，食旨不甘，此哀戚之情也。三日而食，教民无以死伤生，毁不灭性[80]，此圣人之政也[81]。丧不过三年，示民有终也。为之棺、椁、衣、衾而举之[82]，陈其簠簋而哀戚之[83]，擗踊哭泣[84]，哀以送之，卜其宅兆[85]，而安措之[86]。为之宗庙[87]，以鬼享之[88]，春秋祭祀，以时思之。生事爱敬，死事哀戚，生民之本尽矣，死生之义备矣，孝子之事亲终矣。"

〔注释〕 ① 仲尼：孔子字，名丘。居：闲居。 ② 曾子：姓曾，名参(shēn)，字子舆，春秋时期鲁国人，孔子弟子，以孝著称。侍：陪伴在尊长者的身旁。 ③ 至德：至高无上的德行。要道：重要的道理。 ④ 顺：使动词，意为理顺，有"教化"之义。 ⑤ 用，因，由。 ⑥ 避席：指离开座位站起来，表示尊敬。 ⑦ 这两句诗引自《诗经·大雅·文王》篇。聿(yù)：继承，弘扬。厥(jué)：其。 ⑧ 恶(wù)：憎恶。人：此处指别人的父母。 ⑨ 慢：怠慢，轻侮。 ⑩ 刑：通"型"，效法。 ⑪《甫刑》：即《尚书·吕刑》篇。 ⑫ 一人：指天子。庆：善。 ⑬ 制节：节约费用。谨度：慎行法度。 ⑭ 满：指国家财富充裕。溢：外流，指浪费。 ⑮ 社：土地社。稷(jì)：谷神。古时祭祀此二神由君主主祭。后引申为国家政权。 ⑯ 此三句诗引自《诗经·小雅·小旻》篇。 ⑰ 法服：合乎礼法的服装。 ⑱ 服：此"服"为动词，穿。 ⑲ 法言：合乎礼法的言论。 ⑳ 口无择言：出口都合道理，不需选择恰当说法。 ㉑ 满：有传遍之义。口过：指责。 ㉒ 三者：指法服、法言、德行。 ㉓ 此二句诗引自《诗经·雅·蒸民》篇。夙(sù)：早。夙夜：早晚、朝夕。匪：通"非"，不。一人：君主。 ㉔ 资：取。 ㉕ 此二句诗引自《诗经·小雅·小宛》篇。兴：起。寐(mèi)睡。无：同"毋"，不要。忝(tiǎn)：羞辱，有愧。所生：生养之人，即父母。 ㉖ 三才：指天、地、人。 ㉗ 经：常道。 ㉘ 义：宜，适宜。㉙ 行：德行。 ㉚ 则：遵循。 ㉛ 先：率先，带头。 ㉜ 禳(ráng)：原意去邪除恶之祭。这里表示去除邪恶。 ㉝ 此二句诗引自《诗经·小雅·节南山》篇。赫(hè)赫：威名显赫。师：太师，周代三公。尹：尹氏，姓氏。具：所有，全部。瞻：瞻仰，仰视。 ㉞ 明王：圣明的帝王。㉟ 事：此处指襄助祭祀。先王：此指圣明帝王的祖先。 ㊱ 侮：轻侮。鳏(guān)：无妻的老人。 ㊲ 先君：国君的祖先。 ㊳ 治家者：指卿、大夫。卿、大夫都有自己的封地采邑，称为家。失：失礼。臣：家臣。 ㊴ 然：这样。 ㊵ 生：在世。 ㊶ 作：产生。 ㊷ 此二句诗引自《诗经·大雅·仰》篇。觉：崇高，正直。四国：四方之国。 ㊸ 严：尊敬。 ㊹ 配：配享，配祭。指祭天的同时，祭祀父亲。 ㊺ 郊祀：古代天子在郊外祭祀天地的礼仪。后稷(jì)：传说虞舜时代的农官，为周朝的始祖。 ㊻ 宗祀：祭祀祖宗、先人的礼仪。明堂：天子觐见诸侯，布政天下的地方。 ㊼ 亲：亲情，敬爱父母之心。 ㊽ 膝(xī)下：绕膝之时，指人的幼年。㊾ 本：指孝道这个根本。 ㊿ 续：传宗接代。 (51) 悖(bèi)：违背。 (52) 凶德：指上文的悖德、悖礼。 (53) 得之：指得到高官厚禄。 (54) 思可道：想到可以让人称道。 (55) 思可乐：想到可以让人高兴。 (56) 容止：容貌仪表，举止。 (57) 度：衡量。 (58) 象：效法。 (59) 此二句诗引自《诗经·曹风·鸤鸠》篇。淑：美好、善良。仪：威仪。忒(tè)：差错。 (60) 纪：通"记"。(61) 居：居家。致：尽。 (62) 丑：通"俦"，类，同类。 (63) 三牲：牛、羊、猪。泛指好东西。(64) 五刑：指墨(脸上刺字)、劓(yì，割鼻子)、刖(yuè，斩足)、宫(割掉生殖器)、大辟(杀头、死刑)。(65) 要(yāo)：要挟，用武力迫胁。无上：目无尊上。 (66) 非：通"诽"，诽谤。 (67) 悌(tì)：敬爱兄长,此为孝道重要内容。 ⑱ 乐(yuè):音乐。 ⑲ 家至:到每家每户。日见:每天见面。之:指教之孝。 ⑳ 此二句诗引自《诗经·大雅·泂酌》篇。恺(kǎi)悌:和易近人。 ㉑ 内:家内。 ㉒ 争:同"诤",诤臣,谏官。 ㉓ 事天:郊祀天。明:明白。 ㉔ 事地:社祭后土。察:明察。 ㉕ 彰:显扬。 ㉖ 著:显著,引申为显灵。 ㉗ 此二句诗引自《诗经·大雅·文王有声》篇。无思不服:没有人敢想不服从。 ㉘ 此四句诗引自《诗经·小雅·隰桑》篇。遐不谓矣:意为怎不殷切地期待呀。 ㉙ 偯(yǐ):哭时的余音。 ㉚ 毁:哀悼。性:人性的常情。 ㉛ 圣人之政:圣人制礼施教的规章。 ㉜ 棺:指内棺。椁(guǒ):指外棺,套在内棺外面。衣:寿衣。衾(qīn):敛尸用的包被。举之:举行敛礼。 ㉝ 陈:陈列。簠簋(fú guǐ):古代食器,青铜制,也可作祭祀器具,盛放黍稷稻粱,方曰簠,圆曰簋。 ㉞ 擗(pǐ):以手捶胸。踊:以脚顿地。 ㉟ 宅:阴宅,即坟墓。兆:指坟墓的界域。 ㊱ 安措之:指安置好棺木。㊲ 为之宗庙:指将父母牌位送入宗庙,附于祖先之后。 ㊳ 以鬼享之:以鬼礼祭祀。古时人们认为人死后都变成鬼。

(施忠连)

〔鉴赏〕《孝经》产生于战国时代,其作者不能确知,很可能是孔子的弟子或再传弟子。它历来被视为儒家经典,宋代以后被列入十三经。这篇著作确立了孝道在中国价值体系中的重要地位,阐述了它的内容及其与儒家各种道德观念的关系,规定了各个阶层的人实行孝道应当遵循的行为准则,以及推行孝道对于国家、社会和个人的重要意义。《孝经》是我国历朝历代自帝王及其子弟到老百姓的各阶级的道德教育的基本教材,二千多年来一直被人们反复诵读讲论,在中国人民的精神、道德形成、发展过程中曾经产生巨大的作用。中华民族以崇尚孝道、敬老爱幼的美德闻名世界,这与《孝经》的影响是分不开的。

《孝经》在中国历史上之所以有这样大的影响,是由于历代中央政府竭力推崇它,大力提倡孝道。而从这个经典的文本特点来看,它短小精悍,只有一千九百余字;文字通俗易懂,便于普通民众学习掌握,其道理容易流传于整个社会,深入人心。但根本原因则是由于它的思想博大精深,即使以现代人的眼光来看,也具有深厚的哲学意蕴和很高的精神价值,这主要表现在以下几方面:

第一,孝顺的本义就是关爱父母,但是《孝经》没有把它理解为仅仅是从物质上供养父母,而是要求"居则致其敬,养则致其乐"(第十章),即从内心敬重父母,从精神上关爱父母,这在现代社会尤为必要。在当今社会,由于自我意识和个人价值观念的过度膨胀,不少人完全按照自己的一时情绪对待父母,只要不顺己意就毫无道理地埋怨、责备,甚至谩骂父母,全然不顾这些行为对父母情感造成的伤害。许多人以为只要在生活上满足了父母的需要就尽到了对长辈的责任,而对于他们精神和心理上的需要则漠不关心。其实在物质条件大为改善的现代社会,在不少家庭中物质上供养已经不成问题,而《孝经》"居则致其敬,养则致其乐”的要求应当受到小辈更大的关注。

第二,孝顺父母并不是无条件地服从长辈,《孝经》第十五章明确地反对把孝说成是要“子从父之令”,提出如果君主、父亲言行不合于义,即违背道义原则,那么就不仅不能服从他们,而且要批评、劝谏他们,促使他们改正错误。正如第十一章所说的,行孝道事上,就要努力弥补长上之过,纠正其恶。现代有些批判家对儒家孝的观念有误解,认为它维护家长权威,加强父权主义制度。《孝经》第十五章表明这种批判是没有根据的。按照儒家学说,人们的思想言行不是以某个人的意志、不论是君主还是父亲的意志为准,而是以仁义为准绳。

第三,孝道并非只是关爱家庭、家族中的长辈,还要求关爱、敬重、帮助整个社会的长者,甚至要施博爱于社会所有的成员。正如《孝经》第十三章所说,“教以孝,所以敬天下之为人父者也;教以悌,所以敬天下之为人兄者也”。孝道并非只是家内之事,也是服务于社会之事;并非只是正确处理家庭内的人与人之间的关系,也是要正确处理社会上的人际关系。因此那些断定中国人只重私德,而西方人则是重社会公德的论调是完全没有根据的。在儒家看来,私德与公德不是对立的,而是统一的,要完善他人、环境和社会必须首先完善自身,如果脱离了完善他人、环境和社会的过程,也就不能完善自身,成就自我。

第四,孝道是同人类的各种美德相联系的,要求个体具有健全的人格,全面发展精神品质,这是《孝经》对儒家伦理思想的重大发展。孝道不仅需要对亲人、对他人的爱、敬,而且要求“在上不骄,高而不危,制节谨度,满而不溢”(第三章);遵循天道,因地制宜,勤俭节约(第六章);宽厚待人,与人和睦相处(第八章)。显然,如果子女有人格缺陷,那就很难对父母尽孝道,必定会给他们带来种种烦恼,痛苦,甚至灾难。

第五,孝道并不意味着子女要为长辈作出无谓的牺牲,相反,它主张子女必须在各方面爱惜自身,这就是第一章“身体发肤,受之父母,不敢毁伤”之意。因为子女是父母心爱之人,他们最不愿意看到子女的身体和精神上遭受伤害和痛苦。就此而言,“二十四孝”中王祥在天寒地冻的季节在河上赤身裸体卧冰为继母求鲤鱼的做法是不符合《孝经》精神的。根据《孝经》这一思想,子女必须保持自己的身体健康、生命安全,不可为非作歹,争强斗恶,以免肢体伤残,或受到法律的严惩。可见,孝道并不压制人性,相反,从来是关注维护个体生命的价值和尊严的。

第六,孝道并不是让人在父母面前唯唯诺诺,谨小慎微,以至于在社会上一事无成，而是要求个体在社会上奋发有为，事业有成，也就是第一章所说："立身行道，扬名于后世，以显父母。"虽然光宗耀祖是封建社会的观念，在现代社会不值得提倡，但是它激励人们发愤图强，走出一个成功的人生，具有十分积极的意义。千百年来《孝经》这一思想对于培育个体的自强不息的精神、从总体上增强中华民族的精神活力发挥了不可估量的作用。

最后，也是最重要的一点是，孝为德之本。《孝经》继承《论语》提出的孝悌为仁之本的思想，并且作了更明确的阐述和重要的发展。儒家不是把道德、仁当成一种外在于人、抽象的绝对准则，因为这种准则很容易变为凌驾于人之上、压制人性、摧残人的情感的僵死教条。儒家认识到道德必须要以纯真的爱人情感为基础，这样道德才能成为自觉的行为，才会具有强大的动力。在儒家看来，世上最纯洁、真挚、强烈的爱人情感发源于爱父母之情，它的产生最自然，没有任何功利考虑。所以，《孝经》第九章说："父子之道天性也"，又说，"故亲，生之膝下"，所以，"因亲以教爱"。不断地培养、增强爱亲之心，并且推而广之，以这种仁爱之心爱他人、以至于爱天下之人，这样，不仅能够提高社会的总体道德水平，而且容易解决社会各种问题。因此，第十二章说："教民亲爱，莫善于孝。教民礼顺，莫善于悌。"而以孝治国的神奇功效，即所谓"圣人之教，不肃而成。其政不严而治"（第九章），也就是可以理解了。

毋庸赘言，《孝经》中存在着诸如忠君之类的陈旧观念，考虑它产生于二千多年前，也就不必大惊小怪了。对于这些时代的局限性，我们不必过分苛求，对于《孝经》中有价值的思想我们倒是可以在建设社会主义精神文明的伟大事业中加以借鉴。

（施忠连）

更 法 《商君书》

孝公①平画②，公孙鞅、甘龙、杜挚③三大夫御④于君，虑⑤世事⑥之变⑦，讨⑧正法之本⑨，求使民⑩之道。

君曰："代立⑪不忘社稷⑫，君之道也；错⑬法务明主长⑭，臣之行也。今吾欲变法以治，更礼⑮以教百姓，恐天下之议⑯我也。"

公孙鞅曰："臣闻之：疑行⑰无成，疑事无功。君亟⑱定变法之虑，殆⑲无顾天下之议之也。且夫有高人之行者，固见负[20]于世；有独知之虑者，必见骜[21]于民。语曰：'愚者闇[22]于成事，知[23]者见于未萌[24]。民不可与虑始，而可与乐成。'郭偃[25]之法曰：'论至德者不和于俗，成大功者不谋于众。'法者，所以爱民也；礼者，所以便事也。是以圣人苟[26]可以强国，不法其故[27]；苟可以利民，不循[28]其礼。"孝公曰："善。"

甘龙曰："不然。臣闻之：圣人不易[29]民而教[30]，知者不变法而治。因[31]民而教者，不劳[32]而功成；据法而治者，吏习而民安。今若变法，不循秦国之故，更礼以教民，臣恐天下之议君。愿孰察[33]之！"

公孙鞅曰："子之所言，世俗之言也。夫常人安于故习，学者[34]溺[35]于所闻：此两者，所以居官而守法，非所与论于法之外也。三代不同礼而王，五霸不同法而霸。故知者作法，而愚者制[36]焉；贤者更礼，而不肖者拘焉。拘礼之人不足与言事，制法之人[37]不足与论变。君无疑矣。"

杜挚曰："臣闻之：利不百[38]，不变法；功[39]不十，不易器[40]。臣闻法古无过，循礼无邪。君其图[41]之。"

公孙鞅曰："前世不同教，何古之法？帝王不相复，何礼之循？伏羲、神农教而不诛[42]，黄帝、尧、舜诛而不怒[43]，乃至文、武[44]，各当时而立法，因事而制礼。礼、法以时而定，制、令各顺其宜，兵、甲、器备各便其用。臣故曰：治世不一道，便国[45]不必法古。汤、武之王也，不修古而兴；殷、夏之灭也，不易礼而亡。然则反古者未必可非，循礼者未足多是[46]也。君无疑矣。"

孝公曰："善。吾闻穷巷多恡[47]，曲学[48]多辨。愚者之笑[49]，智者哀焉；狂夫之乐，贤者丧[50]焉。拘世以议[51]，寡人不之疑矣。"于是遂出[52]垦草令[53]。

〔注释〕 ① 孝公：秦孝公，姓嬴，名渠梁，献公的儿子。公元前361—前338年为国君。 ② 平画：评议筹划。 ③ 甘龙、杜挚：秦国旧贵族的政治代表。 ④ 御：侍候。 ⑤ 虑：思考。 ⑥ 世事：国家大事。 ⑦ 变：变革、革新。 ⑧ 讨：探讨、研究。 ⑨ 本：原则、根本。

⑩ 使民：统治民众。 ⑪ 代立：继承君位。 ⑫ 社稷：国家的代称。 ⑬ 错：通“措”，建立，施行。 ⑭ 务明主长：力求显示国君的明智。务，力求；明，显示；长，长处。 ⑮ 更礼：变更礼制。 ⑯ 议：批评。 ⑰ 疑行：行动犹豫不决。 ⑱ 亟(jí)：急速，赶快。 ⑲ 殆：似乎，大约，恐怕。 ⑳ 见负：被讥笑指摘。 ㉑ 见骜：受诽谤诋毁。 ㉒ 闇：同“暗”，不明了。 ㉓ 知：通“智”，有见识。 ㉔ 萌：发生，开始。 ㉕ 郭偃：晋献公的大夫。 ㉖ 苟：如果，只要。 ㉗ 不法其故：不仿效古旧的成法。 ㉘ 循：遵循。 ㉙ 易：改变、改换。 ㉚ 教：施教。 ㉛ 因：顺着。 ㉜ 不劳：不费力。 ㉝ 孰察：孰，通“熟”，仔细考虑。 ㉞ 学者：这里指守旧学究。 ㉟ 溺：沉湎、拘泥、墨守。 ㊱ 制：受约束。 ㊲ 制法之人：拘守旧法的人。 ㊳ 利不百：倘若没有百倍之利。 ㊴ 功：功效。 ㊵ 器：器具。 ㊶ 图：图谋、打算。 ㊷ 诛：诛杀。 ㊸ 怒：过、超过。 ㊹ 文、武：指周文王、周武王。 ㊺ 便国：对国家有利。 ㊻ 未足多是：不值得称赞、肯定。 ㊼ 悋：通“吝”，鄙陋，少见多怪。 ㊽ 曲学：学识浅陋的人。 ㊾ 之笑：原作“笑之”。 ㊿ 丧：忧虑。 51 拘世以议：拘于世俗的议论。 52 出：公布。 53 垦草令：开垦荒地的命令。

（毛慧君）

〔**鉴赏**〕《商君书》是战国时期政治家、思想家商鞅及其后学思想言论的著作。“商君”者，商鞅之尊称也。《更法》在此书二十四篇中列于首位，其文并非商鞅自著，而是别人对其故事的一段记录。

事情大约发生在秦孝公六年(前356年)前后，当时作为卫国贵族后裔的公孙鞅(后封商、於之地，故称商鞅)，应秦孝公求贤之令来到秦国，欲推行变革，以改变其地域偏僻又积贫积弱的面貌。秦孝公为此特召集朝廷重臣来议论此事。在这过程中，秦孝公首先表示了自己欲“虑世事之变，讨正法之本，求使民之道”，即根据国家实际情况变化以采取有效施政纲领的宗旨，以引出各人的意见。其时公孙鞅马上以坚定的态度表示变法的决心。以后则有甘龙、杜挚表示了相反的看法。甘龙认为旧习惯、旧办法最不容易犯错，也能被人接受。杜挚的说法则比较有变通，提出要考察一下变法之利究竟有多大，若达不到“百十”倍之功利，不妨弃之不顾。公孙鞅分析他们这些说法都出自守旧观念，认为从历史上看，变化发展是社会的常态，固定不变则较为少见。就拿所谓的古代礼法即古代规章制度来说吧，它究竟是指什么时代的呢？从有历史记载的历代圣王来看，自伏羲、神农、黄帝、尧、舜直到周文王、周武王，都各有一套因时制宜的做法，究竟哪个朝代的东西才算是我们应循的礼法呢？可是“反古者未必可非，循礼者未足多是”。公孙鞅的这些说法非常有见地，使得反对者再无可言，秦孝公也由此坚定了变法的决心，说出“寡人不之疑”的话，并向全国颁布了变法的命令。

自此时起，前后历经二十余年，秦国君主采纳公孙鞅的主张，实施了一系列的改革方案，从而使秦国一跃而跻身强国之列，连中原诸侯都对它刮目相看。

不过，就像历史上多次出现过的情况一样，锐意改革、为秦国作过重大贡献的商鞅并没有因此而受到理所当然的欢迎。他因在厉行改革中触犯了一些贵族权势的利益，由此而在无意中得罪了很多人。待秦孝公死后不久，他即受到奴隶主贵族残余势力的报复，被“车裂”即五马分尸。甚至在其身后，有人仍对他骂声不绝，以致近人章太炎由此发出了“商鞅之中于谗诽也二千年”（见《章太炎政论集·商鞅》）的不平之鸣。他的遭遇从某个侧面反映出人类社会在前行过程中不同思想势力斗争的激烈与严酷。

当然，一个人的努力不会总是白费，商鞅虽然以身殉其事业，但他的思想仍在社会上得到广泛的流传，以致被稍后于他的韩非形容成“藏商、管之法者，家有之”（《韩非子·五蠹篇》）的地步。而他所开创的种种变法政治纲领，又一直被以后的秦国统治者所继承。所以现代学者郭沫若说：“秦王政后来之所以能够统一中国，是由于商鞅变法的缘故，甚至于我们要说，秦汉以后的中国的政治舞台是由商鞅开的幕，都是不感觉怎么夸诞的。”（《十批判书·前期法家的批判》）这个评价商鞅是当之无愧的。

商鞅思考变法，立足于秦国的实践，据说他在入秦时已具体了解了其国的各方面状况，所以提出的施政方案很有针对性。另外他又不拘泥于小处，而是从宏观的高度，从法与礼这两个最关键性的施政环节，能较为深刻地体现出当时新兴的地主阶级的根本要求，所以使其有关法治的学说构成有体系性的理论，从而在思想界中也因倡导“法家”而获得一席之地。这些作为在历史上赢得了“功如丘山，名传后世”（见《盐铁论·非鞅》引桑弘羊语）的赞语。也使以后的进步思想家仰慕不已。

（李似珍）

农 战 《商君书》

凡人主①之所以劝②民者，官爵也；国之所以兴者，农战也。今民求官爵，皆不以③农战，而以巧言虚道④，此谓劳民⑤。劳民者其国必无力，无力者其国必削⑥。

善为⑦国者，其教民也，皆作壹⑧而得官爵，是故⑨不官无爵⑩。国去言⑪则民朴⑫，民朴则不淫⑬。民见上利⑭之从壹⑮空⑯出也，则作壹，作壹则民不偷营⑰，民不偷营则多力⑱，多力则国强。今境内之民皆曰：“农战可避，而官爵可得也。”

是故豪杰皆可变业[19]，务学《诗》、《书》，随从外权[20]，上可以得显[21]，下可以求官爵；要靡[22]事[23]商贾，为技艺[24]，皆以避农战。具备，国之危也。民以此为教[25]者，其国必削。

善为国者，仓廪[26]虽满，不偷[27]于农；国大民众，不淫[28]于言，则民朴壹。民朴壹，则官爵不可巧而取也，不可巧取则奸[29]不生，奸不生则主不惑。今境内之民及处[30]官爵者，见朝廷之可以巧言辩说取官爵也，故官爵不可得而常[31]也。是故进则曲主[32]，退则虑私[33]，所以实[34]其私，然则下卖权[35]矣。夫曲主、虑私，非国利也，而为之者，以[36]其爵禄也；下卖权，非忠臣也，而为之者，以末货[37]也。然则下官之冀[38]迁[39]者皆曰："多货则上官[40]可得而欲[41]也。"曰："我不以货事[42]上而求迁者，则如以狸[43]饵[44]鼠尔，必不冀矣；若以情[45]事上而求迁者，则如引[46]诸绝绳[47]而求乘[48]枉木[49]也，愈不冀矣。二者不可以得迁，则我焉得[50]天下动众取货以事上，而以求迁乎？"百姓曰："我疾[51]农，先实公仓，收余以食亲[52]，为上忘生而战，以尊主、安国也。仓虚，主卑，家贫，然则不如索[53]官。"亲戚交游[54]合[55]，则更虑[56]矣。豪杰务学《诗》、《书》，随从外权；要靡事商贾，为技艺，皆以避农战。民以此为教，则粟焉得无少，而兵焉得无弱也？

善为国者，官法明[57]，故不任知虑[58]；上作壹，故民不偷营[59]，则国力抟[60]。国力抟者强，国好[61]言谈者削。故曰：农战之民千人，而有《诗》、《书》辩慧者一人焉，千人者皆怠[62]于农战矣；农战之民百人，而有技艺者一人焉，百人者皆怠于农战矣。国待[63]农战而安，主待农战而尊。夫民之不农战也，上好言而官失常[64]也。常官[65]则国治，壹务[66]则国富。国富而治，王之道[67]也。故曰：王道[68]作外[69]，身[70]作壹而已矣。

今上论材能知慧[71]而任之，则知慧之人希[72]主好恶，使官[73]、制物[74]，以适[75]主心。是以官无常，国乱而不壹，辩说之人[76]而无法[77]也。如此，则民务[78]焉得无多，而地焉得无荒？《诗》、《书》、礼、乐、善、修、仁、廉、辩、慧[79]，国有十者，上无使守战。国以十者治，敌至必削，不至必贫；国去此十者，敌不敢至，虽至必却[80]；兴兵而伐必取，按兵不伐必富。国好力[81]者以难攻[82]，以难攻者必兴；好辩者以易[83]攻，以易攻者必危。故圣人明君者，非能尽[84]其万物也，知万物之要[85]也。故其治国也，察[86]要而已矣。

今为国者多无要。朝廷之言治[87]也，纷纷焉[88]务相易[89]也。是以其君惛[90]于说，其官乱于言，其民惰而不农。故其境内之民，皆化[91]而好辩、乐学，事商贾，为技艺，避农战。如此，则不远[92]矣。国有事，则学民[93]恶[94]法，商民善化，技艺之民不用[95]，故其国易破也。夫农者寡而游食者[96]众，故其国贫危。今夫螟、螣、蚼、蠋[97]，春生秋死，一出而民数年不食。今一人耕而百人食之，此其为螟、螣、蚼、蠋亦大矣。虽有《诗》、《书》，乡一束[98]，家一员[99]，独[100]无益于治也，非所以反之[101]之术也。故先王反之于农战。故曰：百人农，一人居[102]者，王；十人农，一人居者，强；半农、半居者，危。故治国者欲民之农也。国不农，则与诸侯争权，不能自持[103]也，则众力不足也。故诸侯挠[104]其弱，乘[105]其衰，土地侵削而不振，则无及[106]已。

圣人知治国之要，故令民归心于农。归心于农，则民朴而可正[107]也，纷纷[108]则易使也，信[109]可以守战也。壹则少诈而重居[110]，壹则可以赏罚进[111]也，壹则可以外用[112]也。夫民之亲上、死制[113]也，以其旦暮[114]从事于农。夫民之不可用也，见言谈游士[115]事君之可以尊身也，商贾之可以富家也，技艺之足以餬口也。民见此三者之便[116]且利也，则必避农，避农则民轻其居[117]，轻其居则必不为上守战也。凡治国者，患[118]民之散而不可抟也，是以圣人作壹，抟之也。国作壹一岁者，十岁强；作壹十岁者，百岁强；作壹百岁者，千岁强，千岁强者王。君修[119]赏罚以辅⑳壹教㉑,是以其教有所常而政有成也。

王者得治民之至要⑫,故不待赏赐而民亲上,不待爵禄而民从事,不待刑罚而民致死⑬。国危主忧,说者成伍⑭,无益于安危也。夫国危主忧也者,强敌、大国也。人君不能服强敌、破大国也,则修守备⑮,便地形,抟民力,以待外事,然后患可以去,而王可致⑯也。是以明君修政作壹,去无用,止浮学⑰事淫⑱之民,壹之农⑲,然后国家可富,而民力可抟也。

今世主皆忧其国之危而兵之弱也,而强⑳听说者。说者成伍,烦言饰辞㉛而无实用。主好其辩,不求其实。说者得意,道路曲辩㉜,辈辈㉝成群。民见其可以取㉞王公大人也,而皆学之。夫人聚党与㉟说议㊱于国,纷纷焉,小民乐之,大人说㊲之。故其民农者寡,而游食者众。众则农者殆㊳,农者殆则土地荒。学者成俗㊴,则民舍农,从事于谈说,高言伪议㊵,舍农游食,而以言相高㊶也。故民离上而不臣㊷者成群,此贫国、弱兵之教也。夫国庸㊸民以言,则民不畜㊹于农。故惟明君知好言之不可以强兵、辟㊺土也。惟圣人之治国,作壹、抟之于农而已矣。

〔注释〕 ① 人主:国君。 ② 劝:鼓励。 ③ 以:用、靠。 ④ 巧言虚道:巧妙的言辞,空洞的道理。 ⑤ 劳民:损害民力。 ⑥ 削:削弱。 ⑦ 为:治理。 ⑧ 作壹:从事于一,指专一农战。 ⑨ 是故:所以。 ⑩ 不官无爵:意思是,不专一农战的人不给他官职和爵位。⑪ 去言:废除巧言虚道。 ⑫ 朴:朴实。 ⑬ 淫:放荡、游荡。 ⑭ 上利:国君的奖赏。⑮ 壹:同"一"。 ⑯ 空:同"孔",引申为途径。 ⑰ 偷营:指从事农战以外的不正当职业。⑱ 多力:实力雄厚。 ⑲ 变业:改变职业。 ⑳ 外权:其他诸侯国的势力。 ㉑ 显:显赫的名望、地位。 ㉒ 要靡(yāo mí):微小,指社会地位较低的人。 ㉓ 事:从事。 ㉔ 为技艺:从事手工业。 ㉕ 教:榜样。 ㉖ 廪:粮仓。 ㉗ 偷:苟且、马虎。 ㉘ 淫:泛滥。㉙ 奸:奸诈邪恶的人。 ㉚ 处:在。 ㉛ 常:常规、正常途径。 ㉜ 曲主:用阿谀奉承、欺上瞒下等不正当手段讨好国君。 ㉝ 虑私:谋求私利。 ㉞ 实:满足。 ㉟ 卖权:弄权、营私舞弊。 ㊱ 以:因为。 ㊲ 末货:钱财珍宝。 ㊳ 冀:希望。 ㊴ 迁:升官。 ㊵ 上官:大官、高官。 ㊶ 欲:遂愿。 ㊷ 事:事奉。 ㊸ 狸:猫。 ㊹ 饵:诱饵。 ㊺ 情:真情实意。㊻ 引:拉。 ㊼ 绝绳:朽断的绳子。 ㊽ 乘:登上。 ㊾ 枉木:弯曲的木材。 ㊿ 焉得:怎能。 (51) 疾:积极、努力。 (52) 食(sì)亲:食,供养亲人。 (53) 索:求。 (54) 交游:交往。(55) 合:合计。 (56) 更虑:改变主意。 (57) 官法明:任用官吏的制度严明。 (58) 不任知虑:不用所谓的智谋。 ⑲ 俭营：据上文应作“偷营”。 ⑳ 抟(tuán)：集中。 ㉑ 好(hào)：喜好。 ㉒ 怠：懒、松动。 ㉓ 待：依靠。 ㉔ 官失常：任用官吏失去常规。 ㉕ 常官：按照常规任用官吏。 ㉖ 壹务：指专一从事农战。 ㉗ 道：途径。 ㉘ 王道：统一天下的途径。 ㉙ 作外：“作”疑是“非”的误字。非外，不是别的。 ⑳ 身：指国君本身。 ㉑ 材能知慧：同“才能智慧”。 ㉒ 希：迎合。 ㉓ 使官：利用职权。 ㉔ 制物：处理政务。 ㉕ 适：迎合。 ㉖ 辩说之人：指巧辩空谈之士。 ㉗ 无法：不顾法令制度。 ㉘ 民务：指民众从事的职业。 ㉙ 善、修、仁、廉、辩、慧：善，善行。辩，巧言诡辩。慧，聪明才智。 ⑳ 却：退却。 ㉑ 好力：注重实力。 ㉒ 以难攻：用实力去攻打。难，难以得到的东西，指从事艰苦的农战所产生的实力。 ㉓ 易：容易得到的东西，指巧言空辩。 ㉔ 尽：完全。 ㉕ 要：纲要、要领。 ㉖ 察：考察。 ㉗ 言治：议论治国的方法。 ㉘ 纷纷焉：杂乱的样子。 ㉙ 务相易：力求改变别人的主张。易，改变。 ⑳ 惛(hūn)：糊涂。 ㉑ 化：变化。 ㉒ 不远：不长久，指离亡国不远了。 ㉓ 学民：勤于学问之民。 ㉔ 恶：害，破坏。 ㉕ 不用：不肯替国家出力。 ㉖ 游食者：在外游荡混饭吃的人。 ㉗ 螟、螣、蚼、蠋：都是农作物的害虫。 ㉘ 束：捆。 ㉙ 员：卷。 ⑩⓪ 独：惟独。 ⑩① 反之：反通“返”。指从贫危回到富强。 ⑩② 居：指闲居而不务农。 ⑩③ 自持：自保。 ⑩④ 挠(náo)：扰乱。 ⑩⑤ 乘：欺凌。 ⑩⑥ 无及：来不及。 ⑩⑦ 正：治理。 ⑩⑧ 纷纷：众多的样子。 ⑩⑨ 信：诚实。 ⑪⓪ 重居：不轻易迁移。 ⑪① 进：鼓励，推行。 ⑪② 外用：指对其他诸侯国作战。 ⑪③ 死制：为法制效死。 ⑪④ 旦暮：从早到晚。 ⑪⑤ 游士：游说之士。 ⑪⑥ 便：随便，自由自在。 ⑪⑦ 轻其居：指轻易搬迁。 ⑪⑧ 患：忧虑。 ⑪⑨ 修：制定。 ⑫⓪ 辅：辅助、辅佐。 ⑫① 壹教：统一教化。 ⑫② 至要：最根本的要领、关键。 ⑫③ 致死：尽力效死。 ⑫④ 成伍：成群结队。 ⑫⑤ 修守备：做好防守的准备。 ⑫⑥ 致：达到。 ⑫⑦ 浮学：浮夸空洞、毫无用处的学问。 ⑫⑧ 事淫：不搞农战而从事不正当的职业。 ⑫⑨ 壹之农：指民众专一务农。 ⑬⓪ 强(jiàng)：硬要。 ⑬① 烦言饰辞：烦琐虚伪的言词。烦，多；饰，粉饰、虚假。 ⑬② 曲辩：诡辩。 ⑬③ 辈辈：指很多人。 ⑬④ 取：取悦。 ⑬⑤ 党与：同伙。 ⑬⑥ 说议：评论国家政事。 ⑬⑦ 说：同“悦”，高兴。 ⑬⑧ 殆：同“怠”，懒散消极。 ⑬⑨ 俗：风气。 ⑭⓪ 高言伪议：高谈阔论，信口开河。 ⑭① 相高：互争高低。 ⑭② 不臣：不服从国君。 ⑭③ 庸：通“用”，任用。 ⑭④ 畜：止，停留。 ⑭⑤ 辟：开辟，扩大。 （毛慧君）

〔鉴赏〕《农战》是商鞅学派的另一篇代表作。司马迁在《史记·商君列传》中说：“余尝读商君《开塞》、《耕战》书，与其人行事相类。”这里的“《耕战》”无疑就是现传《商君书》中的《农战》。商鞅变法的目的是使秦国富强起来，也就是“富国强兵”，从而具有兼并天下的实力。所谓“富国强兵”，就是通过兴农而致富，通过好战而兵强，所以农和战犹如车之两轮、鸟之双翼，是法家最重视的两个方面。

《农战》篇的核心思想与商鞅本人的“行事”相符合。但它可能不是商鞅所作，这主要是因为：商鞅在世时，儒法两家的矛盾还没有达到激烈冲突的程度，如商鞅自撰的《垦令》篇，其列举的“国害”——“五民”不是直接针对儒家，而从《农战》篇所列举的“国害”——“十者”看，首当其冲是儒家的《诗》、《书》、礼、乐、仁等等，这说明儒法的激烈冲突已经开始了。

《农战》篇开宗明义，指出："凡人主之所以劝民者，官爵也；国之所以兴者，农战也。"这就是说，使国家兴盛强大的关键在于鼓励人民参加农战。因此，"善为国者，其教民也，皆作壹而得官爵。"所谓"作壹"，就是一之于农战，把人民驱使到从事"农战"这一条路上。在商鞅学派看来，除了农战之外，其余都是"巧言虚道"，是于国家无用的"劳民"之事，而"劳民者，其国必无力，无力则其国必削"。由此可以看出，法家力主耕战，崇尚的是一个"力"字，认为依靠国富兵强的实力才能统一天下。尚力与崇德，这是儒法两家在价值取向上的一个重大分歧。

《农战》篇非常重视国家对于人民的导向作用。这种导向就是它所说的"教民"、"作壹"，或者说"壹教"。此文云："圣人明君者，非能尽其万物也，知万物之要也。故其治国也，察要而已矣。""要"就是纲要，圣人明君之所以圣明，无非就是知道治国的纲要之所在。何为治国的纲要？在法家看来，就是教民耕战，使人民都去从事农业和战争，"壹则可以赏罚进也"，"君修赏罚以辅壹教，是以其教有所常而政有成也"。显然，作者认为"壹教"的主要手段是"赏罚"，这是教民之"常"，亦可谓纲常。儒家认为，治国的纲常在于德教；而法家认为，治国的纲常在于赏罚。

在赏、罚中，《农战》篇讲罚不多，它比较重视"官爵"、"赏赐"，这与《开塞》篇主张"刑九而赏一"不同。我们可以将本文作者归入法家中的较温和派。但本文在"壹教"方面又是很严厉的，它主张除农战的"实用"之外，禁绝一切的"巧言辩说"和商贾、技艺等"无用"。官爵、赏赐只能施之于农战，只有人民看见利益从农战的"壹孔"出来，才能"作壹"，而"作壹则民不偷营，民不偷营则多力，多力则国强"。反之，如果人民觉得可以避开农战，通过"巧言辩说"而取官爵，通过经商和技艺而得利益，那么"以此为教者，其国必削"，国家就危险了。《农战》篇是写给君主看的主张"作壹"的政论文章，它足以说动君主之心的就是"作壹"则国强，不"作壹"则国危，文中就此作了反复的论证。

文中说："国力抟者强，国好言谈者削。故曰：农战之民千人，而有《诗》、《书》、辩慧者一人焉，千人者皆怠于农战矣；农战之民百人，而有技艺者一人焉，百人者皆怠于农战矣。"国家要靠农战而安，君主要靠农战而尊，如果人民皆怠于农战，那么国安主尊就是不可能的。文中主要针对儒家提出："《诗》、《书》、礼、乐、善、修、仁、廉、辩、慧，国有十者，上无使守战。国以十者治，敌至必削，不至必贫。国去此十者，敌不敢至，虽至必却；兴兵而伐必取，按兵不伐必富。""十者"是

《农战》篇所列举的“国害”，作者认为，要“作壹”而国强，攻可取之，守可退之，就必须禁绝这些“国害”。

文中又说：“圣人知治国之要，故令民归心于农。”在农、战中，作者更重视农，因为农是战的基础，国富才能兵强。作者又说：“夫民之不可用也，见言谈游士事君之可以尊身也，商贾之可以富家也，技艺之足以餬口也。民见此三者之便且利也，则必避农。”若要人民“归心于农”，就必须禁绝言谈游士，使商贾不可富家，技艺不足餬口，这样就把人民驱使到只有务农这一条路上。

文章强调：“是以明君修政作壹，去无用，止浮学事淫之民，壹之农，然后国家可富，而民力可抟也。”在战国时期“诸侯力政，强侵弱，众暴寡，兵革不休”的形势下，此文高度重视农战，有其合理、深刻之处；但它把兴农富国、强兵辟土作为唯一的价值取向，视道德学术为“浮学”，视商贾、技艺为“事淫”，主张禁绝农战之外的其他社会活动，这又是褊狭、肤浅的。在法家学说中，合理与褊狭同在，深刻与肤浅共生。

（李存山）

壹　言　　《商君书》

凡将①立国，制度不可不察也，治法不可不慎也，国务不可不谨也，事本②不可不抟③也。制度时④，则国俗可化⑤而民从制；治法明，则官无邪；国务壹，则民应用⑥；事本抟，则民喜农而乐战。夫圣人⑦之立法化俗，而使民朝夕⑧从事于农也，不可不知也。夫民之从事死制⑨也，以上之设荣名、置赏罚之明也。不用辩说、私门而功立矣，故民之喜农而乐战也。见上之尊农战之士，而下⑩辩说、技艺之民⑪，而贱游学之人⑫也，故民壹务，其家必富，而身显于国。上开⑬公利⑭而塞⑮私门，以致⑯民力，私劳⑰不显于国，私门不请于君。若此而功臣劝⑱，则上令行而荒草辟，淫民⑲止而奸无萌⑳。治国能抟民力而壹民务者，强；能事本而禁末㉑者，富。抟，抟而不化㉓则不行，行而无富㉔则生乱。故治国者，其抟力也，以富国强兵也；其杀力也，以事敌㉕劝民也。夫开而不塞则知长㉖，长而不攻㉗则有奸；塞而不开则民浑㉙，浑而不用则力多，力多而不攻则有奸、虱㉘。故抟力以壹务也，杀力以攻敌也。治国者贵民壹㉚，民壹则朴㉛，朴则农，农则易勤，勤则富。富者废㉜之以爵，不淫；淫者废之以刑而务农。故能抟力而不能用者，必乱；能杀力而不能抟者，必亡。故明君知齐㉝二者，其国强；不知齐二者，其国削㉞。

夫民之不治者，君道㉟卑㊱也；法之不明者，君长乱㊲也。故明君不道卑、不长乱也。秉㊳权而立，垂法㊴而治，以得奸于上而官，无不赏罚断而器用㊵有度。若此，则国制明而民力竭，上爵尊而伦徒㊶举㊷。今世主皆欲治民，而助之乱，非乐以为乱也，安其故㊸而不窥㊹于时也。是上法古而得其塞，下修今而不时移，而不明世俗之变，不察治民之情，故多赏㊺以致刑，轻刑以去赏。夫上设刑而民不服，赏匮而奸益多。故上之于民㊻也，先刑而后赏。故圣人之为国也，不法古，不修今，因世而为之治，度㊼俗而为之法。故法不察民之情而立之，则不成；治宜于时而行之，则不干㊽。故圣王之治也，慎为察务，归心于壹而已矣。

〔**注释**〕 ① 将：欲，打算。 ② 事本：指从事农战。 ③ 抟：通"专"，专一。 ④ 时：适时，及时，适合当时的情况。 ⑤ 化：变化。 ⑥ 应用：听从使用。 ⑦ 圣人：作者心目中能适应社会发展而进行革新的统治者。 ⑧ 朝夕：从早到晚。 ⑨ 死制：愿为国家法令效死。 ⑩ 下：贬低，轻视。 ⑪ 技艺之民：手工业者。 ⑫ 游学之人：到处讲学游说的人。 ⑬ 开：开辟。 ⑭ 公利：指以国君为代表的新兴地主阶级国家的利益。 ⑮ 塞：杜绝。 ⑯ 致：招致。 ⑰ 私劳：为私门效劳。 ⑱ 劝：勉励、鼓励。 ⑲ 淫民：技艺、游学之人。 ⑳ 萌：萌生。 ㉑ 末：商业和手工业。 ㉒ 杀(shài)：减少，消耗。这里指使用。 ㉓ 化：用掉。 ㉔ 富：疑是"当"字。 ㉕ 事敌：对敌作战。 ㉖ 知长：原作"短长"。长，增长。 ㉗ 攻：治理。 ㉘ 虱：有害于国家的行为和现象。《去强》中有"六虱"，指岁、时、美、好、志、行。 ㉙ 浑：混沌，愚昧，不明白。 ㉚ 贵民壹：重视民众任务的统一。 ㉛ 朴：朴实、淳朴。 ㉜ 废：止。 ㉝ 齐：调和。 ㉞ 削：削弱。 ㉟ 道：通"导"，引导。 ㊱ 卑：低下。 ㊲ 长乱：助长混乱。 ㊳ 秉：持，执。 ㊴ 垂法：颁布法令。 ㊵ 器用：器物。 ㊶ 伦徒：各种人物。 ㊷ 举：行动。 ㊸ 故：旧，指旧制度。 ㊹ 窥(kuì)：缺乏。 ㊺ 多赏：滥赏。 ㊻ 上之于民：原作"民之于上"，根据文义改。 ㊼ 度(duó)：衡量，考虑。 ㊽ 干：抵触。

（毛慧君）

〔**鉴赏**〕《壹言》并非专论统一言论，而是讲"壹"即专一的重要性、如何做到“壹”,等等。

以《商君书》而论,“壹”出现的频率相当频繁,而且地位也甚为重要。此篇竟然作出了对“壹”的专篇大论,究竟是什么原因使作者对此发生了如此的兴趣,有如此的偏爱呢?

作者对秦国民风中的不足十分不满,那就是“民贵学问,又贱农”;“辟、淫、游、惰之民有所食”(《商君书·垦令》),也就是说,秦国之民表现得较为懒散、浮躁、事业心较差。这其中当然有自然条件相对其他国家较为不利等客观原因,但从管理者的角度而言,亦与在上者没有带好头、法律制度较为陈旧、束缚了人们积极性密切相关。针对此情,作者提出“凡将立国……事本不可不抟”的主张。意思是说,虽然看上去问题在百姓身上,其实根子却在统治者那里。要治理好这个国家,必须从改变人们的传统观念、使人心得到重新的凝聚、制定切实可行的施政纲领并持之以恒等方面做起。

那么,在百废待举的局面中,究竟以什么为可“壹”之事呢?《壹言》篇中提出了两条:一为农耕,他又称之为“抟力”;二为战事,他又称之为“杀力”。应当说这种选择是十分明智的。这是因为从当时的情况来看,由于社会经济以农业为主,工业、商业尚处于初始阶段,抓农业即是指要以国家经济的发展为首攻方向。另外,由于其时正值诸侯纷争、战火不断时期,国家的军事实力亦是直接关系到其生死存亡的大事。这两件事对于正处弱国地位的秦国来说,确实较之其他国家管理中应涉及的思想、文化、教育、外交、卫生等事宜,来得更为重要一些。因为对于一个积贫积弱的国家来说,只有振兴国力才能改变被动挨打的局面。

作者由此提出了一系列鼓励人民专心务农、勇于作战的办法。关于前者,通过户籍造册定编、对游惰之民课以重税重赋、农耕有功者可获官爵等方式,使人民安心于农事。至于后者,他亦因循突破既定等级制度的思路,使有军功者得到重赏,甚至可改变过去低贱的身份地位。这样的做法当然可以极大地调动了百姓参战的积极性。

作者认为,在做这些事情的时候,要做到从实际出发,“因世而为之治,度俗而为之法”,又持之以恒,坚持一抓到底,便能取得预期的成功。

战国时期,各种学派风起云涌,各家无不以改造天下为己任。如孟轲发出过“如欲平治天下,当今之世,舍我其谁”(《孟子·公孙丑下》)的感叹。但是他们的宏词高论往往经不起事实的检验,有的甚至还因此而误人国事(如宋襄公即因死守“仁义”之道而将江山拱手相让),能像《壹言》作者那样拿出切中时弊的有效办法，并执著其间、一抓到底者，则属凤毛麟角。从这一点上看，"壹"的思想确实具有时代的先进性。

作者讲"壹"，也强烈地透露出其脚踏实地的务实精神。他在整篇中所提倡都是一种据实情、办实事、求实效的精神。务实、专一，是受到中国古代有识之士普遍重视和提倡的一种美德。《壹言》作者以务实风格为秦国戒除虚浮、骄躁风气作出贡献，这确实是难能可贵的。当然这并不意味着治理国家只须务实、不必务虚(即注重意识形态领域内的引导、教育)；也不意味着任何决策都可"壹"以贯之，不知变通。根据不同的历史条件，提出不同的有针对性的管理方式方法，这同样也是《壹言》篇所提示于我们的地方。

（李似珍）

开 塞 《商君书》

天地设[1]而民生之。当此之时也，民知其母而不知其父，其道[2]亲亲[3]而爱私[4]。亲亲则别[5]，爱私则险[6]，民众而以别、险为务[7]，则民乱。当此时也，民务胜[8]而力征[9]。务胜则争，力征则讼[10]，讼而无正[11]，则莫得其性[12]也。故贤者立中正，设无私，而民说[13]仁。当此时也，亲亲废，上贤[14]立矣。凡仁者以爱利为务，而贤者以相出[15]为道。民众而无制[16]，久而相出为道，则有[17]乱。故圣人承[18]之，作为土地、货财、男女之分[19]。分定而无制，不可，故立禁[20]；禁立而莫之司[21]，不可，故立官；官设而莫之一[22]，不可，故立君。既立君，则上贤废而贵贵[23]立矣。然则上世亲亲而爱私，中世上贤而说仁，下世贵贵而尊官。上贤者，以道相出也；而立君者，使贤无用也。亲亲者，以私为道也；而中正者[24]，使私无行[25]也。此三者[26]，非事相反也，民道弊[27]而所重易[28]也，世事变而行道异也。故曰王道有绳[29]。

夫王道一端[30]，而臣道[31]亦一端，所道则异，而所绳则一也。故曰：民愚则知可以王[32]，世知则力[33]可以王。民愚则力有余而知不足，世知则巧有余而力不足。民之生[34]，不知则学，力尽而服。故神农教耕而王天下，师[35]其知也；汤、武致强[36]而征诸侯，服其力也。夫民愚，不怀[37]知而问；世知，无余力而服。故以知王天下者并[38]刑，力征诸侯者退[39]德。圣人不法[40]古，不修[41]今。法古则后于时，修今则塞[42]于势[43]。周不法商，夏不法虞，三代异势，而皆可以王。故兴王有道，而持[44]之异理。武王逆取[45]而贵顺[46]，争天下而上[47]让，其取之以力，持之以义。今世强国事[48]兼并[49]，弱国务力守，上不及虞、夏之时，而下不修汤[50]、武。汤、武塞，故万乘莫不战，千乘莫不守。此道之塞久矣，而世主莫之能废[51]也，故三代不四[52]。非明主莫有能听也，今日愿启[53]之以效[54]。

古之民朴以[55]厚，今之民巧以伪。故效于古者，先德而治；效于今者，前刑而法；此俗之所惑也。今世之所谓义者，将[56]立民之所好，而废其所恶[57]；此其所谓不义者，将立民之所恶，而废其所乐也。二者名贸实易[58]，不可不察[59]也。立民之所乐，则民伤其所恶；立民之所恶，则民安其所乐。何以知其然也？夫民忧则思，思则出度[60]；乐则淫，淫[61]则生佚[62]。故以刑治则民威[63]，民威则无奸[64]，无奸则民安其所乐；以义教则民纵，民纵则乱，乱则民伤其所恶。吾所谓刑[65]者，义之本[66]也；而世[67]所谓义者，暴之道[68]也。夫正[69]民者：以其所恶，必终其所好；以其所好，必败其所恶。

治国，刑多而赏少，故王者刑九而赏一，削国赏九而刑一。夫过有厚薄，则刑有轻重；善有大小，则赏有多少。此二者，世之常用也。刑加于罪所终[70]，则奸不去；赏施于民所义，则过不止。刑不能去奸而赏不能止过者，必乱。故王者刑用于将过[71]，则大邪不生；赏施于告奸[72]，则细过不失[73]。治民能使大邪不生、细过不失，则国治，国治必强。一国行之，境内独治；二国行之，兵[74]则少寝[75]；天下行之，至德复立。此吾以杀刑之反[76]于德，而义合于暴也。

古者，民藂[77]生而群处，乱，故求有上[78]也。然则天下之乐有上也，将以为治也。今有主而无法，其害与无主同；有法不胜⑲其乱，与不法同。天下不安无君，而乐胜⑳其法，则举世以为惑也。夫利天下之民者，莫大于治；而治莫康㉑于立君；立君之道，莫广㉒于胜法㉓；胜法之务，莫急于去奸；去奸之本，莫深㉔于严刑。故王者以赏禁，以刑劝㉕，求㉖过不求善，藉㉗刑以去刑。

〔注释〕 ① 天地设：开天辟地。设，设立。 ② 道：原则。 ③ 亲亲：爱自己的亲人。 ④ 爱私：贪图私利。 ⑤ 别：区分，即分别亲疏。 ⑥ 险(xiǎn)：通“俭”，为追求私利而损害别人的行为。 ⑦ 务：专心要做的事。 ⑧ 务胜：力求压服对方。 ⑨ 力征：竭力争夺。 ⑩ 讼：争辩、争吵。 ⑪ 正：公正、标准。 ⑫ 性：指人们过正常生活的愿望和要求。 ⑬ 说：通“悦”，高兴。 ⑭ 上贤：即尚贤，崇尚贤人。 ⑮ 相出：相互超出。 ⑯ 制：制度、法度。 ⑰ 有：通“又”。 ⑱ 承：接着。 ⑲ 分：通“份”，私有权力。 ⑳ 禁：禁令。 ㉑ 莫之司：没有人掌管。司，掌管、执行。 ㉒ 一：统一、统辖。 ㉓ 贵贵：使贵族更加显贵。 ㉔ 中正者：即“立中正者”，前可能漏“立”。 ㉕ 无行：行不通。 ㉖ 三者：指“上世”、“中世”、“下世”三个时代的做法。 ㉗ 弊：败、坏。 ㉘ 所重易：所注重的改变了。 ㉙ 绳：准绳、准则。 ㉚ 一端：一个方面。 ㉛ 臣道：臣所言之道。臣，指作者本人。 ㉜ 王：成就王业。 ㉝ 力：有实力的人。 ㉞ 生：通“性”。 ㉟ 师：学习。 ㊱ 致强：使用强力。 ㊲ 怀：具有。 ㊳ 并：通“摒”，摒除。 ㊴ 退：抛弃。 ㊵ 法：效法。 ㊶ 修：当作“循”，拘守。 ㊷ 塞：闭塞，意为受阻。 ㊸ 势：趋势、形势。 ㊹ 持：保持。 ㊺ 逆取：用暴力夺取天下。 ㊻ 贵顺：提倡顺从。 ㊼ 上：通“尚”，崇尚。 ㊽ 事：从事。 ㊾ 兼并：吞并。 ㊿ 不修汤、武：不能按汤、武那样去办。即不能像汤、武那样适应时代的需要而强盛。 51 废：“发”字的借字，打通。一说，废，废除。 52 三代不四：指夏、商、周之后，再也没有出现能同三代相比的第四个朝代。 53 启：开、说通。 54 效：功效。 55 以：而。 56 将：乃、就是。 57 恶：厌恶。 58 名贸实易：名称相似，而实质相反。贸通“侔”，齐等。 59 察：考察、搞清楚。 60 出度：产生守法思想。 61 淫：放荡。 62 佚：失、过错。 63 威：通“畏”。 64 奸：奸邪，犯法作乱。 65 刑：原作“利”，据文义改。 66 本：根本。 67 世：指世俗之人。 68 道：由、由来。 69 正：治理。 70 终：极，指重罪。 71 将过：刚开始犯罪，指轻罪。 72 告奸：告发奸人。 73 不失：不漏掉。 74 兵：兵器，指战争。 75 寝：息、停止。 76 反：通“返”，回归，转化。 77 藂：通“丛”，聚集。 78 上：首领。 79 胜：克服。 80 胜：克服，这里指破坏。 81 康：乐。 82 广：深远。 83 胜法：任法、用法。 84 深：重。 85 劝：劝导。 86 求：追究。 87 藉：通“借”，依靠、凭借。 （毛慧君）

〔鉴赏〕 《商君书》在战国末期已广泛流传，但在汉初人看来，其中最足以代表商鞅思想的是《开塞》和《农战》。《淮南子·泰族训》和《史记·商君列传》中都提到了《开塞》(《淮南子》中作“《启塞》”)。古人一般认为，《开塞》篇的作者就是商鞅本人；但据现代一些学者考察，《开塞》篇可能是商鞅的后学所作。

从史籍所载商鞅本人的事迹和《商君书》中的《垦令》、《外内》、《修权》等篇看，商鞅是主张"厚赏重刑"的；但《开塞》篇提出"治国，刑多而赏少，故王者刑九而赏一"，这是主张"重刑轻赏"或赏只"施于告奸"，此与商鞅本人的思想不合。《商君书》是商鞅及其学派的著作总集，"厚赏重刑"论与"重刑轻赏"论是商鞅学派的内部分歧。除此之外，《开塞》篇的思想与商鞅本人的思想是相一致的。我们可以把《开塞》篇看作商鞅及其学派的一篇代表作。

商鞅在变法前夕与秦国守旧派的辩论中提出了"当时而立法，因事而制礼"，"治世不一道，便国不必法古"的思想。"治世"之所以不应采取一种固定不变的原则，"便国"之所以不必完全效法古人，原因就在于社会历史是进化的，当今之时事并非已往之时事，要适应当今之时事，就必须变古之法，实行改革。历史进化论是商鞅变法的重要哲学理论基础，而《开塞》篇就是商鞅学派集中论述历史进化论的一篇杰作。

所谓"开塞"，即清除障碍、开拓新路的意思。此文开篇就叙述了人类社会的历史发展：在"天地设而民生之"的初民社会，"民知其母而不知其父，其道亲亲而爱私"。当此时，人们都努力去战胜对方而夺取私利，于是就发生争斗和争吵。由于争斗和争吵没有一定的是非评判标准，人的理性不能得到体现，所以后来就有贤人出，建立中正的标准，主张无私，人们也就喜好仁爱了。当此时，亲亲之道废，而崇尚贤人的思想立。仁者以爱人利人为职责，而贤人则要争着出人头地。这样争为人上的事情发生久了，社会仍会有纷乱。于是后来就有圣人出，划定土地、财物和男女之别。有分别而无制度不行，所以就创制了法律。有法律而无司法的人不行，所以就设置了官吏。有官吏而无统一的管辖不行，所以就建立了国君。有了国君，则崇尚贤人的思想废，而尊重权贵的思想立。——由此，《开塞》篇总结出"上世亲亲而爱私，中世上(尚)贤而说仁，下世贵贵而尊官"的三世说。此三世说虽然不完全符合历史进化的实际情况，但大致反映了人类社会由母系到父系，由亲亲爱私到有一定的道德规范，由平等到尚贤，由尚贤到尊官，由无法、无官、无君到有法、有官、有君的历史进程。

《开塞》篇进一步指出，亲亲是以自私为道，而建立中正的道德标准则是使自私不得伸展；尊贤是以才德相竞争，而建立国君则是使贤人没有用处。这三个时代并不是行事彼此矛盾，而是人们所走的道路发生了阻窒，因而所重视的东西就有了变革；社会的情况发生了变化，因而所采取的办法也就不同了。——在这里，道德、贤人、国君等等都不是一开始就有的，而是社会发展到一定的阶段，因旧路已经不通而新路需要开拓所必然产生的结果；历史不仅是进化的，而且是有必然趋势可循的。在两千多年前的中国古代，能得出这样的历史观，不能不令人惊叹其思想的深刻！

在历史进化论的基础上，《开塞》篇转而论证法家的尚力任法主张在当时的合理性。它指出知与力、德与刑两种不同的治道适用于不同的时代："民愚则知可以王，世知则力可以王"。人的生性是，对不知道的东西就学习，力量用尽了就屈服。所以，"神农教耕而王天下，师其知也；汤、武致强而征诸侯，服其力也"。靠知识、智慧统治天下者贬退刑罚，靠实力征伐诸侯者贬退道德。"效于古者，先德而治；效于今者，前刑而法"。这里的"先德而治"和"前刑而法"正是当时儒法两家政治主张分歧的要点所在，而《开塞》篇从其历史进化论中逻辑地引出的结论正是当时应该尚力、重刑、任法。

《开塞》篇还指出，用"刑治"则人民畏惧，人民畏惧就没有奸邪，没有奸邪则人民"安其所乐"；用"义教"则人民放纵，人民放纵则国乱，国乱则人民"伤其所恶"。因此，"吾所谓刑者，义之本也；而世所谓义者，暴之道也。……此吾以杀刑之反于德，而义合于暴也。"这虽然是为法家的严刑峻法作辩护，但它认识到刑与德、义与暴在一定的条件下可以相互转化，这种历史的辩证法的合理内核也仍能显示其思想之深刻。

总之，《开塞》篇是以历史进化论为基础，来为法家的政治主张作论证。我们从中可以感到其逻辑的力量，也可以看出其历史进化论和辩证法思想的深刻。它对以后中国哲学的历史观产生了重要而深远的影响。另外，篇中所说"武王逆取而贵顺，争天下而上让，其取之以力，持之以义"，对汉初的陆贾说服汉高祖刘邦尊儒也起了思想导引的作用。无论从哲学、政治的理论意义还是从其历史的影响而言，《开塞》篇的重要性都是不可低估的。

（李存山）

赏 刑

《商君书》

圣人①之为②国也，壹③赏、壹刑、壹教。壹赏则兵无敌，壹刑则令行，壹教则下听④上。夫明⑤赏不费，明刑不戮⑥，明教不变⑦，而民知于民务，国无异俗。明赏之犹⑧，至于无赏也；明刑之犹，至于无刑也；明教之犹，至于无教也。

所谓壹赏者，利禄⑨、官爵，抟⑩出于兵，无有异施⑪也。

夫固[12]知愚、贵贱、勇怯、贤不肖[13]皆尽其胸臆之知[14]，竭[15]其股肱之力[16]，出死[17]而为上用也。天下豪杰贤良，从之如流水，是故兵无敌而令行于天下。万乘之国，不敢苏[18]其兵中原[19]；千乘之国，不敢捍[20]城。万乘之国，若有苏其兵中原者，战将[21]覆[22]其军；千乘之国，若有捍城者，攻将凌其城。战必覆人之军，攻必凌人之城，尽城而有之，尽宾[23]而致之，虽厚庆赏[24]，何费匮[25]之有矣。昔汤封于赞茅[26]，文王封于岐周[27]，方百里。汤与桀战于鸣条[28]之野，武王与纣战于牧野[29]之中，大破九军[30]，卒[31]裂土[32]封诸侯。士卒坐陈[33]者，里有书社[34]，车休息不乘，从[35]马华山之阳，从牛于农泽，从之老而不收，此汤、武之赏也。故曰：赞茅、岐周之粟，以赏天下之人，不人得一升；以其钱赏天下之人，不人得一钱。故曰：百里之君而封侯其臣，大其旧[36]。自士卒坐陈者，里有书社。赏之所加[37]，宽于牛马者，何也？善因[38]天下之货[39]，以赏天下之人。故曰："明赏不费。"汤、武既破[40]桀、纣，海内无害[41]，天下大定[42]。筑五库[43]，藏五兵[44]，偃[45]武事，行文教[46]，倒载[47]干戈，搢笏[48]作为乐，以申[49]其德。当此时也，赏禄不行，而民整齐。故曰："明赏之犹，至于无赏也。"

所谓壹刑者，刑无等级。自卿相、将军以至大夫、庶人，有不从王令、犯国禁、乱上制者，罪死不赦[50]。有功于前，有败于后，不为损[51]刑；有善于前，有过于后，不为亏[52]法。忠臣孝子有过，必以其数断[53]。守法守职之吏有不行王法者，罪死不赦，刑及三族。周[54]官之人知而讦[55]之上者，自免于罪，无贵贱，尸袭[56]其官长之官爵、田禄。故曰："重刑连其罪[57]，则民不敢试[58]。"民不敢试，故无刑也。夫先王之禁，刺杀、断人之足、黥[59]人之面，非求伤民也，以禁奸止过也。故禁奸止过，莫若重刑；刑重而必得，则民不敢试，故国无刑民。国无刑民，故曰："明刑不戮。"晋文公[60]将欲明[61]刑以亲百姓[62]，于是合[63]诸侯大夫于侍千宫[64]。颠颉[65]后至，请其罪。君[66]曰："用事焉[67]。"吏遂断颠颉之脊以殉[68]。晋国之士稽焉皆惧[69]，曰："颠颉之有宠也，断以殉，况于我乎？"举兵伐曹[70]、五鹿[71]，及反[72]郑[73]之埤[74]，东卫之亩[75]，胜荆人[76]于城濮[77]。三军之士止之如斩足，行之如流水，三军之士无敢犯禁者。故一假道[78]重轻[79]于颠颉之脊而晋国治。昔者周公旦[80]杀管叔[81]，流霍叔[82]，曰："犯禁者也。"天下众皆曰："亲昆弟[83]有过不违[84]，而况疏远乎？"故天下知用刀锯于周庭[85]而海内治。故曰："明刑之犹，至于无刑也。"

所谓壹教者，博闻、辩慧、信廉、礼乐、修行，群党任誉清浊，不可以富贵，不可以评刑[86]，不可独立私议以陈[87]其上。坚者被[88]，锐者挫，虽曰圣知、巧佞[89]、厚朴[90]，则不能以非功[91]罔[92]上利。然富贵之门，要存战而已矣。彼能战者，践富贵之门；强梗[93]焉，有常刑而不赦。是父兄、昆弟、知识[94]、婚姻[95]、合同[96]者，皆曰："务之所加，存战而已矣。"夫故当壮[97]者务于战，老弱者务于守，死者不悔，生者务劝，此臣之所谓壹教也。民之欲富贵也，共[98]阖棺[99]而后止。而富贵之门必出于兵，是故民闻战而相贺也，起居饮食所歌谣者，战也。此臣之所谓"明教之犹，至于无教"也。

此臣所谓参教[100]也。圣人非能通，知万物之要[101]也，故其治国，举要以致万物，故寡教[102]而多功[103]。圣人治国也，易知而难行也。是故圣人不必加[104]，凡主[105]不必废，杀人不为暴[106]，赏人不为仁者，国法明[107]也。圣人以功授官予爵，故贤者不忧；圣人不宥[108]过，不赦刑，故奸无起[109]。圣人治国也，审[110]壹而已矣。

〔注释〕 ① 圣人：指作者理想中有作为的封建统治者。 ② 为：治理。 ③ 壹：统一。 ④ 听：听从。 ⑤ 明：费财。 ⑥ 戮：杀戮。 ⑦ 变：变更。 ⑧ 犹(yóu)：至极。 ⑨ 利禄：俸禄。 ⑩ 抟：通"专"，专一。 ⑪ 施：施与。 ⑫ 固：通"故"，所以。 ⑬ 不肖：不贤。 ⑭ 胸臆之知：胸中所知道的。臆，胸骨。 ⑮ 竭：尽。 ⑯ 股肱(gōng)之力：肱，胳膊;股,大腿。指全身力量。 ⑰ 出死:效死。 ⑱ 苏:通"溯",指向。 ⑲ 中原:指战场。 ⑳ 捍:抵御,保卫。 ㉑ 将:必。 ㉒ 覆:倾覆,覆灭。 ㉓ 宾:服,归顺。 ㉔ 庆赏:赏赐。 ㉕ 匮(kuì):竭,用尽。 ㉖ 赞茅:商的封地,在今河南修武县北。 ㉗ 岐周:周的封地,在今陕西岐山县。周族原住岐山以南的周原,故称岐周。 ㉘ 鸣条:地名,在今陕西运城安邑镇北。 ㉙ 牧野:地名,在今河南汲县、淇城间。 ㉚ 九军:九,表示多,非确数。九军,这里指桀、纣及其诸侯的军队。 ㉛ 卒:最后。 ㉜ 裂土:划分土地。 ㉝ 坐陈:临阵,参战。 ㉞ 里有书社:书,书写;社,二十五家为一社。指参战有功的士兵复员回乡,书写他们姓名于社中册籍之上。 ㉟ 从:同"纵",释放。 ㊱ 旧:指汤、武原来的封地。 ㊲ 加:增益。 ㊳ 因:由,利用。 ㊴ 货:财物。 ㊵ 破:打败。 ㊶ 害:祸患。 ㊷ 定:安定。 ㊸ 五库:指兵库、车库、祭器库、乐库、宴器库。 ㊹ 五兵:指戈、殳、戟、矛、弓矢五种兵器。 ㊺ 偃(yǎn):息,停止。 ㊻ 文教:这里指法度。 ㊼ 倒载:倒放。 ㊽ 搢(jìn)笏(hù):搢,插;笏,古代君臣朝见时所持的手板,用以记事备忘。搢笏,笏板不用是插在衣外的大带上,这里指天子接受诸侯朝见,偃武修文。 ㊾ 申:宣扬。 ㊿ 赦(shè):免除。 51 损:减。 52 亏:毁,破坏。 53 以其数断:按照犯罪轻重来判决。数,指罪的轻重程度。断,判断,判决。 54 周:当为"同"。 55 讦(jié):揭发,告发。 56 尸袭:主持,继承。 57 连其罪:连坐治罪。 58 试:尝试、触犯。 59 黥(qíng):刺刻犯人的脸,然后涂上墨。 60 晋文公:姓姬,名重耳,春秋时晋国的国君,五霸之一。 61 明:昭明。 62 亲百姓:使百姓亲从。 63 合:会合,召集。 64 侍千宫:官名。 65 颠颉(xié):颉,晋国大夫,曾随晋文公流亡十九年。 66 君:指晋文公。 67 用事焉:按法令处理。 68 殉(xùn):通"徇",示众。 69 稽焉皆惧:窃议此事,都有畏惧。 70 曹:诸侯国名。 71 五鹿:卫国地名。 72 反:覆,拆除,毁掉。 73 郑:国名。 74 埤(pí):通"陴",城墙上突出的小墙垛。 75 东卫之亩:把卫国田间道路改成东西的方向,以便晋国的战车向东方进军。 76 荆人:楚国人。 77 城濮(pú):濮,卫国地名,晋文公曾在此大败楚军。历史上称"城濮之战"。 78 假道:借路。 79 重轻:重刑轻罪。 80 周公旦:周武王弟,即周公。 81 管叔:周公旦兄。 82 霍叔:周公旦弟。这里"霍叔"当为"蔡叔"之误,霍叔即蔡叔。 83 昆弟:兄弟。 84 违:背离(法令)。 85 周庭:庭,当作"廷"。周庭,指周王室内部。 86 评刑:议论刑罚。 87 陈:陈说,指说长道短。 88 被:当作"破"。 89 巧佞(nìng):佞,口才。巧佞,巧言善辩。 90 厚朴:厚道朴实。 91 非功:没有战功。 92 罔:欺骗、骗取。 93 强梗:梗,硬,顽固。强梗,指顽固不化的人。 94 知识:相知相识的人。 95 婚姻:亲戚。姻,同"姻"。 96 合同:志同道合的人。 97 当壮:丁壮。 98 共:皆。 99 阖(hé)棺:合上棺材盖,意思是到死才罢休。阖,关闭。 100 参教:指赏、刑、教三事。参,同"三"。 101 要:纲要。 102 寡教:寡,少。寡教,指能壹教,壹教即壹赏、壹刑、壹教。 103 功:功效。 104 加:增加。 105 凡主:平庸的国君。 106 暴:残暴。 107 明:严明。 108 宥(yòu):宽恕,饶恕。 109 起:兴起,发生。 110 审:详尽了解,研究。

（毛慧君）

〔**鉴赏**〕《赏刑》篇继承、发挥了《农战》篇"作壹"的思想,将其具体化为"壹赏、壹刑、壹教",并且更加鼓吹好战,主张"富贵之门,必出于兵"。这可能是战国末期兼并战争更加紧张激化的形势的一种反映。

此文开篇云:"圣人之为国也,壹赏、壹刑、壹教。壹赏则兵无敌,壹刑则令行，壹教则下听上。夫明赏不费，明刑不戮，明教不变，而民知于民务，国无异俗。明赏之犹，至于无赏也；明刑之犹，至于无刑也；明教之犹，至于无教也。”这是此文的核心论点，其逻辑是：由壹赏、壹刑、壹教，达到无敌、令行、下听上，进而至于无赏、无刑、无教。道家主张由“无为”达到“无不为”，此文反其道而用之，认为通过壹赏、壹刑、壹教的“有为”，才能达到“无不为”，进而达到“无为”。法家是战国时期最“有为”的学派，但其思想中亦吸取了道家的“无为”的智慧，不过是反其道而用之而已。

所谓“壹赏”，此文将其明确界定为“利禄、官爵，抟（专）出于兵，无有异施也”，也就是赏只施于有军功者，除此之外，别无异施。这样，被利禄官爵的利益所驱使，人民就会“从之如流水”，“尽其胸臆之知，竭其股肱之力，出死而为上用”，如此则“兵无敌而令行于天下”。《赏刑》篇是主张“厚赏重刑”的，它所谓“明赏不费”，是说只要赏得正确，则虽然施行厚赏，财源也不会浪费、枯竭。为什么呢？因为“壹赏”可以使“兵无敌”，攻无不克，战无不胜，战利品源源而来，则“虽厚庆赏，何费匮之有矣”。作者引史为据，说殷、周的始封之地都不大，但汤伐桀、武伐纣，大败其军，然后裂土封诸侯，士卒可以安居，兵车可以不乘，连牛马都可以放之于山野而不收，这就是汤、武之赏。这种赏是“善因天下之货，以赏天下之人”，所以它是不会枯竭的。汤、武打败桀、纣之后，“海内无害，天下大定”，于是偃武修文，作礼乐以申其德，此时“禄赏不行而民整齐”，这就是“明赏之犹，至于无赏”了。作者强调了在一定条件下，厚赏可以“不费”，“壹赏”可以向“无赏”转化，其中蕴含了辩证思维的智慧。

关于“壹刑”和“壹教”，作者也是采取同样的方式，来论证重刑可以使民众不敢以身试法，最终转化为“无刑”，“壹教”可以在教成之后民俗不变，最终转化为“无教”。运用辩证法，论证从三“壹”转化为三“无”，这是本文的一个突出特色。

所谓“壹刑”，就是“刑无等级。自卿相、将军以至大夫、庶人，有不从王令、犯国禁、乱上制者，罪死不赦”。这里包含着以下几层含义：首先是“刑无等级”，法家主张法律面前人人平等，打破了以前“礼不下庶人，刑不上大夫”的传统观念，其与现代法制的区别主要在于制法和施法操之于君主的独断。其次是“有功于前，有败于后，不为损刑；有善于前，有过于后，不为亏法”，就是说无论以前是否有功、做过善事，只要现在犯了法，都不能减刑、赦免。第三是施行“重刑连其罪”，有犯法者“刑及三族”，同僚犯法而知情不报者，与犯法者同科，若举报则袭其官爵田禄。作者说：“禁奸止过，莫若重刑；刑重而必得，则民不敢试，故国无刑民。”作者是为法家的严刑峻法作辩护，我们从其思想深刻的一面也可以看出其刻薄、残酷的一面。

所谓“壹教”，就是除鼓励战争之外，禁绝“博闻、辩慧、信廉、礼乐、修行”等“国害”，使“富贵之门必出于兵”。作者狂热地鼓吹战争，主张造成一种“务之所加，存战而已矣”的形势，使人民除参战立功之外，别无谋取富贵的他途。这样，人民就会“闻战而相贺”，甚至“起居饮食所歌谣者”也是战争，强壮者务于攻，老弱者务于守，死者无悔，生者奋勉，总之，全民皆兵，全国是一片战争狂热的情绪。使人民养成了好战的气质和风俗，作者认为，就可以从“壹教”转化为“无教”了。从这里，我们可以看到法家的军国主义思想。凭借这样一种思想，秦国在战国末期成为兼灭其他六国的“虎狼之国”。

文章最后说：“圣人治国也，审壹而已矣。”壹赏、壹刑、壹教，对于秦兼灭六国、统一天下确实起了关键的作用；但是，仅仅“审壹而已”，排除刑赏、农战之外的其他治国方策，这也是秦祚短促、二世而亡的一个重要原因。秦任法家学说而留下的经验教训，不能不引起后人的深思。

（李存山）

威　王　问　　《孙膑兵法》

齐威王问用兵孙子，曰：“两军相当，两将相望①，皆坚而固，莫敢先举②，为之奈何？”孙子答曰：“以轻卒尝③之，贱而勇者将之，期④于北⑤，毋期于得。为之微阵⑥以触其侧⑦。是谓大得。”威王曰：“用众用寡有道乎？”孙子曰：“有。”威王曰：“我强敌弱，我众敌寡，用之奈何？”孙子再拜曰：“明王之问。夫众且强，犹问用之，则安国之道也。命⑧之曰赞师⑨。毁卒⑩乱行⑪，以顺其志，则必战矣。”威王曰：“敌众我寡，敌强我弱，用之奈何？”孙子曰：“命曰让威⑫。必臧其尾⑬，令之能归。长兵⑭在前，短兵在后，为之流弩⑮，以助其急者。□□毋动，以待敌能。”威王曰：“我出敌出，未知众少，用之奈何？”孙子：“命曰……”威王曰：“击穷寇奈何？”孙子：“……可以待生计矣。”威王曰：“击均⑯奈何？”孙子曰：“营而离之⑰，我并卒⑱而击之，毋令敌知之。然而不离，按⑲而止。毋击疑⑳。”威王曰：

“以一击十，有道乎？”孙子曰：“有。攻其无备，出其不意。”威王曰：“地平卒齐[21]，合[22]而北者，何也？”孙子曰：“其阵无锋也。”威王曰：“令民素[23]听[24]，奈何？”孙子曰：“素信[25]。”威王曰：“善哉！言兵势不穷。”

田忌[26]问孙子曰：“患兵者何也？困敌者何也？壁延不得者何也？失天者何也？失地者何也？失人者何也？请问此六者有道乎？”孙子曰：“有。患兵者地也。困敌者险也。故曰，三里沮洳[27]将患[28]军……涉将留大甲[29]。故曰，患兵者地也。困敌者险也。壁延[30]不得者寁寒[31]也……奈何？”孙子曰：“鼓[32]而坐之，十而揄[33]之。”田忌曰：“行阵已定，动而令士必听，奈何？”孙子曰：“严而视[34]之利。”田忌曰：“赏罚者，兵之急[35]者耶？”孙子曰：“非。夫赏者，所以喜众，令士忘死也。罚者，所以正[36]乱，令民畏上也。可以益[37]胜，非其急者也。”田忌曰：“权、势、谋、诈，兵之急者耶？”孙子曰：“非也。夫权者，所以聚众也。势者，所以令士必斗也。谋者，所以令敌无备也。诈者，所以困敌也。可以盖[38]胜，非其急者也。”田忌忿然作色：“此六者，皆善者[39]所用，而子大夫曰非其急者也。然则其急者何也？”孙子曰：“料敌计险[40]，必察远近……将之道也。必攻不守……”田忌问孙子曰：“张军[41]毋战有道？”孙子曰：“有。倅险[42]增垒[43]，诤戒[44]毋动。”田忌曰：“敌众且武必战有道乎？”孙子曰：“有，埤垒[45]广志[46]，严正[47]辑众[48]，避而骄之，引而劳之。攻击无备，出其不意，必以为久[49]。”田忌问孙子曰：“锥行[50]者何也？雁行[51]者何也？选卒[52]力士者何也？劲弩[53]趋发[54]者何也？剽风[55]之阵者何也？众卒[56]者何也？”孙子曰：“锥行者，所以冲坚毁锐也。雁行者，所以触侧应□[也]。选卒力士者，所以绝阵[57]取将也。劲弩趋发者，所以甘[58]战持久也。剽风之阵者，所以回□[□□也]。众卒者，所以分功有胜也。”孙子曰：“明主，知道[59]之将，不以众卒几[60]功。”孙子出而弟子问曰："威王、田忌臣主之问何如？"孙子曰："威王问九，田忌问七，几[61]知兵矣，而未达于道也。吾闻素信者昌，立义……用兵无备者伤，穷兵者亡。齐三世其忧矣。"

〔注释〕①相望：对峙。②举：发动进攻。③尝：试探、尝试。④期：希望、期望。⑤北：败北、失败。⑥微阵：隐行之阵。微，隐微。⑦侧：侧翼。⑧命：名。⑨赞师：引敌出战。赞，导、引。⑩卒：春秋时军队编制，百人为卒。⑪行：队列。⑫让威：隐其军威以让敌。让，辞让、让出。⑬臧其尾：隐藏后军。臧，通"藏"；尾，指后面的军队。⑭兵：兵器、武器。⑮流弩：游动的弩兵。⑯击钧：攻击势均力敌的敌人。钧，通"均"。⑰营而离之：迷惑敌人，使之兵力分散。营，通"荧"，荧惑、迷惑；离，使……离散。⑱并卒：集中兵力。⑲按：按兵不动。⑳疑：疑惑，指敌情不明。一说疑兵。㉑卒齐：军队齐整。㉒合：交战。㉓素：平素、一贯。㉔听：听从。㉕信：守信。㉖田忌：即陈忌，齐将。㉗沮洳：沼泽地。㉘患：对……有害。㉙大甲：甲士。㉚壁延：城壁隧道。延，隧道。㉛蜜寒：沟渠堵塞。㉜鼓：击鼓。㉝揄：引。㉞视：通"示"。㉟急：紧要。㊱正：整饬。㊲益：助益、有助。㊳盖：当作"益"。㊴善者：善战者。㊵料敌计险：分析敌情，审查地形。料，料想、分析。㊶张军：陈兵。㊷倅险：据险。倅，借为萃，聚、止。㊸增垒：增高壁垒。㊹诤戒：戒止。诤，止。㊺埤：厚、增厚。㊻广志：广开心志，即增强士兵的信心。㊼严正：指严格管理军队。正，整。㊽辑众：即将领与士卒同心协力。辑，和。㊾久：持久。㊿锥行：阵名，前尖如锥的阵形。(51)雁行：阵名，横列展开的阵形。(52)选卒：选拔出来的士卒。(53)劲弩：强弩。(54)趋发：亦作驺发，发射良箭，此指射箭部队。一说趋发为疾发，指快速部队。(55)剽风：疾风。(56)众卒：选卒以外的一般士卒。(57)绝阵：横穿敌阵。绝，度、横穿。(58)甘：通"酣"，酣战。(59)道：法则、规律。(60)几：期望、希冀。(61)几：近、接近。

（燕永成）

〔鉴赏〕中国历史进入到春秋战国时代，曾发生了一次历史性的重大变革，这就是中国社会由奴隶制向封建制的转变。而这次变革的具体表现形式，则是以周天子为代表的西周奴隶制国家政权的急剧衰落，而代之以各诸侯国，甚至是大夫、陪臣的迅速崛起。如果说齐桓、晋文之争霸尚须利用"尊王攘夷"的旗号，以尊奉周天子的名义以取得"民心"，而至春秋后期，先有三桓逼鲁、三家分晋，继则有田氏代齐，均公然以强力而遂其所欲，并且迫使周王认可。及至战国七雄争锋之时，所谓"周天子"的威风气势，可谓已荡然无存。《诗》曰"百川沸腾，山冢崒崩；高岸为谷，深谷为陵"（《小雅·节南山·十月之交》），正是这一社会变革的真实写照。"社稷无常奉，君臣无常位"（《左传·昭公三十二年》），已经成了人们完全接受的观念。

与这一社会现实相适应，谋诈、强力的意识陡然升起，"自春秋至于战国，出奇设伏，变诈之兵并作"（《汉书·艺文志》）；"当是之时，秦用商君，富国强兵；楚、魏用吴起,战胜弱敌;齐威王、宣王用孙子、田忌之徒,而诸侯东面朝齐”(《史记·孟子荀卿列传》)。以谋诈与强力牟取霸权,掠取土地,甚至统一中国,已成为雄心勃勃的诸侯之强者所倾力以求的理想目标。——立足于此,所谓“必攻不守”,“战胜而强立”,就成为一项基本的战略原则。这就是新兴地主阶级方将兴起之际的强烈进取的态势,其实质也正是当时的历史形势所提出的必然要求。而这一战略原则的提出者,正是孙膑。

孙膑认为,“兵”并无永恒不变的形势可以依恃,可胜,可败,胜则亡国可存,败则社稷可亡。虽然如此,亦不可乐兵好战。故孙膑又曰:“然夫乐兵者亡,而利胜者辱。兵非所乐也,而胜非所利也,事备而后动。”对战争,要有充分的准备,决不可盲动。当孙膑在历述了上古三代之历史经验之后,又认为不得不进行战争:“故曰,德不若五帝,而能不及三王,智不若周公,曰我将欲积仁义,式礼乐,垂衣裳,以禁争夺;此尧舜非弗欲也,不可得,故举兵绳之。”“绳”者,绳墨也,木工为取平直,必以墨线标之,超越墨线者,即以斧刨除之。故孙膑所谓绳之,乃以征伐的手段以平正之。所谓“战胜而强立,故天下服矣”。

既立足于以强力而服天下,故其基本的战略态势必然是进攻。孙膑入齐后,齐威王与田忌曾经十分详细地讨教了这方面的内容。如,“两军相当”,为之奈何?“用众用寡有道乎?”“我强敌弱”,用之奈何?“敌众我寡”,用之奈何?“以一击十”有道乎?……凡所问,孙膑皆给予了相当满意的回答。然当田忌问及“兵之所急”者为何时,二人几乎吵了起来,田忌之所称,屡屡被孙膑所否定。尤其是两人争论之中孙膑所说的“将之道也,必攻不守”,实为孙膑兵学思想的灵魂所在,这既是当时之新兴地主阶级的历史性要求,也是孙膑兵学中最基本的战略原则。持续保持战略进攻的态势,正是春秋战国时期之“强者”的普遍心态。“七雄”之秦、齐、楚、魏,稍有机会,几乎都要寻衅兴兵,特别是秦、齐,或有“西帝”“东帝”之称,斯皆欲充当“统一中国”的魁首。孙膑所在的齐威王时代,曾有“齐国大治”之誉;然其后继之主,力薄才疏,最后还是让秦国摘取了“皇帝”的桂冠。——此乃历史之综合因素所致,实非一人之力、一事之成所可左右也。

战国兵家,吴起曾用于魏、楚,然未见显绩即遭疑,先逐于魏,而后死于楚。孙膑用于齐,虽打了两次著名的大胜仗,后却随着田忌的被黜而远离。唯商鞅用于秦,执政二十年,虽终遭车裂,然却为秦国立下了巨大功绩,致使其后继者得以成为“千古一帝”。而作为“必攻不守”这一基本的战略原则,实为诸强国之“智者”所共守的。

（谢祥皓）

图　国[1]　《吴子》

吴起[2]儒服[3]，以兵机[4]见魏文侯[5]。

文侯曰："寡人不好军旅[6]之事。"

起曰："臣以见[7]占[8]隐[9]，以往[10]察来[11]，主君何言与心违[12]？今君四时[13]使斩离[14]皮革，掩[15]以朱漆[16]，画以丹青[17]，烁[18]以犀象，冬日衣之则不温，夏日衣之则不凉，为长戟二丈四尺，短戟一丈二尺，革车[19]掩[20]户[21]，缦轮笼毂[22]，观之于目则不丽[23]，乘之于田[24]则不轻[25]，不识[26]主君安[27]用此也？若以备[28]进战退守，而不求能用[29]者，譬[30]犹[31]伏鸡[32]之搏[33]狸，乳犬[34]之犯虎[35]，虽有斗心[36]，随之死矣！"

"昔承桑氏之君，修德废武，以灭其国；有扈氏之君，恃众好勇，以丧其社稷[37]。明主鉴[38]兹，内修文德[39]，外治武备。故当敌[40]不进，无逮[41]于义矣；僵尸[42]而哀之，无逮于仁矣。"

于是文侯身[43]自布[44]席，夫人捧觞[45]，醮[46]吴起于庙[47]，立为大将，守西河[48]。

与诸侯大战七十六，全胜六十四，余则均解[49]。辟土四面，拓地[50]千里，皆起之功也。

吴子曰："昔之图国家者，必先教百姓[51]，而亲[52]万民。"

"有四不和：不和于国，不可以出军[53]；不和于军，不可以出陈[54]；不和于陈，不可以进战[55]；不和于战，不可以决胜[56]。"

"是以[57]有道之主，将用其民，先和，而造[58]大事[59]。不敢信其私谋[60]，必告于祖庙，启于元龟[61]，参天之时，吉，乃后举[62]。"

"民知君之爱其命，惜[63]其死，若此之至，而与之临战[64]，则士[65]以进死为荣，退生为辱矣。"

吴子曰："夫道者，所以反本复始[66]；义者，所以行事立功；谋[67]者，所以违害就利；要[68]者，所以保业守成[69]。"

"若行不合道，举不合义，而处大居贵[70]，患[71]必及之。"

"是以圣人绥[72]之以道，理[73]之以义，动[74]之以礼，抚[75]之以仁。此四德[76]者，修之则兴，废之则衰。故成汤讨桀，而夏民喜悦；周武伐纣，而殷人不非[77]。举顺天人[78]，故能然矣。"

吴子曰："凡制[79]国治军，必教之以礼，励[80]之以义，使有耻[81]也。夫人有耻，在大[82]足以战，在小足以守矣。然战胜易，守胜[83]难。"

"故曰，天下战国[84]，五胜[85]者祸，四胜者弊[86]，三胜者霸[87]，二胜者王，一胜者帝。是以数得天下者稀[88]，以亡[89]者众。"

吴子曰："凡兵之所起[90]者有五：一曰争名[91]，二曰争利[92]，三曰积恶[93]，四曰内乱，五曰因饥。其名又有五，一曰义兵，二曰强兵，三曰刚兵，四曰暴兵，五曰逆兵。"

"禁暴救乱曰义，恃[94]众以伐曰强，因怒兴师曰刚，弃礼贪利曰暴，国乱人疲、举事动众曰逆。"

"五者之数，各有其道。义必以礼服[95]，强必以谦[96]服，刚必以辞[97]服，暴必以诈[98]服，逆必以权[99]服。"

武侯问曰："愿闻治兵[100]、料人[101]、固国[102]之道[103]。"

起对曰："古之明王，必谨君臣之礼，饰[104]上下之仪[105]，安集[106]吏民，顺[107]俗而教[108]，简募[109]良才，以备不虞[110]。"

"昔齐桓募士五万，以霸诸侯；晋文召为前行[111]四万，以获[112]其志；秦穆置陷陈[113]三万，以服邻敌。故强国之君，必料[114]其民。民有胆勇气力者，聚为一卒[115]；乐以进战效力，以显其忠勇者，聚为一卒；能逾高超远，轻足善走者，聚为一卒；王臣失位[116]，而欲见功于上者，聚为一卒；弃城去守[117]，欲除其丑[118]者，聚为一卒。此五者，军之练锐[119]也。有此三千人，内出[120]可以决围[121]，外入[122]可以屠城[123]矣。"

武侯曰："愿闻陈必定[124]，守必固，战必胜之道。"

起对曰："立见且可，岂直[125]闻乎？君能使贤者居上，不肖⑫⑥者处下，则陈已定矣；民安其田宅，亲其有司⑫⑦，则守已固矣；百姓皆是⑫⑧吾君，而非邻国，则战已胜矣。”

武侯尝谋事⑫⑨，群臣莫能及⑬⓪，罢朝⑬①而有喜色。

起进曰：“昔楚庄王尝谋事，群臣莫能及，罢朝，而有忧色。申公⑬②问曰：‘君有忧色，何也？’曰：‘寡人闻之，世不绝圣⑬③，国不乏贤，能得其师者王⑬④，能得其友者霸⑬⑤。今寡人不才，而群臣莫及者，楚国其殆⑬⑥矣！此楚庄王之所忧，与君说⑬⑦之，臣窃惧⑬⑧矣！”于是武侯有惭色⑬⑨。

〔注释〕 ① 图：计议、谋治。 ② 吴起：战国著名军事家，卫人，先后在鲁、魏、楚任职，有《吴子》六篇。 ③ 儒服：穿戴儒士衣冠。 ④ 兵机：用兵的机谋。 ⑤ 魏文侯：魏国君主。 ⑥ 军旅：军事。 ⑦ 见：通“现”，表象。 ⑧ 占：测度。 ⑨ 隐：此指内藏的欲望。 ⑩ 往：过去的行事。 ⑪ 来：未来的打算。 ⑫ 违：违背。 ⑬ 四时：四季。 ⑭ 斩离：切割。 ⑮ 掩：涂。 ⑯ 朱漆：红漆。 ⑰ 丹青：此指各种彩色。 ⑱ 烁：光彩夺目。 ⑲ 革车：一种兵车。 ⑳ 掩：覆盖。 ㉑ 户：门。 ㉒ 缦轮笼毂：缦，没有纹饰；笼，竹箍。缦轮笼毂指不华丽而用竹箍包车轴的车子。 ㉓ 丽：华丽。 ㉔ 田：打猎。 ㉕ 轻：轻巧便捷。 ㉖ 识：知道、懂得。 ㉗ 安：为什么。 ㉘ 备：预备、准备。 ㉙ 能用：能使用，指能用上述戟、车。 ㉚ 譬：比喻。 ㉛ 犹：如同、好像。 ㉜ 伏鸡：保护雏鸡的母鸡。 ㉝ 搏：与……搏斗。 ㉞ 乳犬：哺乳小犬的母犬。 ㉟ 犯虎：向虎进攻。 ㊱ 斗心：拼命搏斗的决心。 ㊲ 社稷：国家。 ㊳ 鉴：鉴戒。 ㊴ 文德：礼乐教化。 ㊵ 当敌：大敌当前。 ㊶ 逮：及、达到。 ㊷ 僵尸：指战败而死者。 ㊸ 身：亲自。 ㊹ 布：铺开。 ㊺ 觞：酒杯。 ㊻ 醮：祭祀。 ㊼ 庙：祖庙。 ㊽ 西河：今陕西北部黄河以西地方。 ㊾ 解：和解。 ㊿ 拓地：开拓疆域。 51 百姓：百官。 52 亲：亲和。 53 出军：出动军队。 54 出陈：陈同“阵”。 55 进战：进击。 56 决胜：决战。 57 是以：所以。 58 造：兴起。 59 大事：指战争。 60 私谋：一己之见。 61 启于元龟：以龟占卜。启，禀告，此指占卜。元龟，大龟，此指龟甲。 62 举：起兵。 63 惜：珍惜。 64 临战：参战。 65 士：士卒。 66 反本复始：返回本元，复其初始。 67 谋：计划、谋略。 68 要：关键之处。 69 保业守成：保持功业，守住成果。 70 处大居贵：身居大位贵爵。 71 患：祸患。 72 绥：安。 73 理：治理。 74 动：使。 75 抚：抚慰。 76 四德：道、义、礼、仁四种美德。 77 不非：不以为非。 78 举顺天人：指伐灭桀、纣都是顺天应人的举动。 79 制：统制、管理。 80 励：勉励。 81 有耻：懂得耻辱观念。 82 大：大的方面。 83 守胜：保持胜果。 84 战国：相互交战的国家。 85 五胜：虚指，义为屡次发动战争才偶尔战胜。后面四胜、三胜、二胜、一胜指发动战争状况逐渐减少。 86 弊：指国力疲惫。 87 霸：霸主。 88 稀：少。 89 亡：亡国。 90 起：发动。 91 名：名位。 92 利：各种利益。 93 恶：仇恨。 94 恃：凭恃。 95 服：使……敌方折服。 96 谦：谦恭。 97 辞：言辞。 98 诈：诡诈。 99 权：权术、谋略。 100 治兵：统军，用兵。 101 料人：忖度人，即对人的审察与评价。 102 固国：巩固国家。 103 道：方法。 104 饰：修整。 105 仪：礼仪制度。 106 安集：安抚辑集。 107 顺：顺应。

⑱ 教：进行教化。 ⑲ 简募：简选招募。 ⑩ 不虞：不测。 ⑪ 前行：先锋部队。 ⑫ 获：获得，此引申为实现。 ⑬ 陷陈：敢死之士。陈，通“阵”。 ⑭ 料：清点。 ⑮ 一卒：军制单位，百人为卒。此指编制在一起。 ⑯ 王臣失位：因事免职者。 ⑰ 去守：不守。 ⑱ 丑：耻辱。 ⑲ 练锐：精锐。 ⑳ 内出：自内向外冲击。 ㉑ 决围：突围。 ㉒ 外入：自外向城内进攻。 ㉓ 屠城：全歼守城之敌。 ㉔ 陈必定：战阵稳妥不乱。 ㉕ 岂直：岂止。 ㉖ 不肖：不贤。 ㉗ 有司：官吏。 ㉘ 是：赞成、拥护。 ㉙ 谋事：计议国事。 ㉚ 莫能及：比不上。 ㉛ 罢朝：退朝。 ㉜ 申公：申公巫臣，楚国大夫。 ㉝ 绝圣：没有圣人。绝，断绝，此指没有。 ㉞ 王：成就王业。 ㉟ 霸：成就霸业。 ㊱ 殆：危险。 ㊲ 说：同“悦”。 ㊳ 窃惧：暗暗恐惧。惧，恐惧、担心。 ㊴ 惭色：羞愧之色。 （燕永成）

〔鉴赏〕 在中国古代的兵家人物当中，能够“文武兼备”，或曰“儒、兵兼备”者，并不多见，吴起就是其中最有代表性者，既是政治上的改革家，又是军事上的兵家、战将；而其政治思想的基本倾向，又具有鲜明的儒、法并重的色彩。

吴起初学于儒，曾事曾申，唐陆德明《经典释文序录》叙及《左传》的传承时，言“左丘明作传以授曾申，申传卫人吴起”。后以母丧不归，曾子遂与之断绝了关系。又，《史记·儒林列传》言，自孔子卒后，子夏居西河，“如田子方、段干木、吴起、禽滑厘之属，皆受业于子夏之伦”。据此，大约吴起守西河之际，又曾师事于子夏。——可见，吴起之与儒是深有机缘的。

吴起之“为法”，亦其夙愿也。《韩非子》曾载吴起“出妻”之事：吴起“使其妻织组，而幅狭于度，吴子使更之，其妻曰‘诺’。及成，复度之，果不中度……吴子出之”（《外储说右上》）。“组”为用丝织成的带子；“出妻”即“休妻”，亦即今言“离婚”。由于其妻所织之丝带子（组）不合于预定的尺寸（度），就打离婚，似乎有点小题大作。他人或欲说情，其兄曰：“吴子，为法者也。其为法也，且欲以与万乘致功，必先践之妻妾，然后行之。”（同上书）吴起之严明法度，竟欲从家庭小事做起。

至于吴起之为兵，自与曾申断绝关系后，即“之鲁，学兵法，以事鲁君”。时齐鲁有战，为任鲁将，乃“杀妻”以求之（其妻为齐女）。可见，融儒、法、兵于一体，正是吴起思想学说的基本特色。

《图国》一篇，主题即在于“内修文德，外治武备”。吴起认为，单修文德，将灭其国；恃众好勇，亦丧社稷。“图国”，即谋治其国。吴起之治国，“必先教百姓，而亲万民”，只有万民亲和，才可以战胜强敌：“不和于国，不可以出军；不和于军，不可以出陈；不和于陈，不可以进战；不和于战，不可以决胜。”“和”即民心、军心之所向，上下一致，官兵一致，亦即孙子所称小民与君上思想完全一致的“道”：“道者，令民与上同意也，故可以与之死，可以与之生，而不畏危。”以民心、军心为战争的政治基础，这既是儒、兵诸家的基本观点，也是战争活动的根本规律。当魏武侯问“陈必定，守必固，战必胜之道”时，吴起竟答曰：“君能使贤者居上，不肖者处下，则陈已定矣；民安其田宅，亲其有司，则守已固矣；百姓皆是吾君，而非邻国，则战已胜矣。”吴起之答，似乎“文不对题”，武侯问“军事”，吴起答“政治”，何其“谬”耶？——若究其实，则不但不“谬”，实可谓“入木三分”也。子贡问政，孔子答以“足食，足兵，民信之矣”。若“不得已而去”之，孔子可“去兵”，“去食”，唯“民信”必须保留：“自古皆有死，民无信不立。”（《论语·颜渊》）孟子讲“王道”，则大谈“制民之产”，大讲“与民同乐”，宣称“养生丧死无憾，王道之始也”；“黎民不饥不寒然而不王者，未之有也”；“保民而王，莫之能御也”（《孟子·梁惠王上》）。对照吴起之论，可谓如出一辙。军事的本质在于政治，道义、民心，是政治，是军事胜利的根基所在，这既是儒家、兵家的共识，也是贯通古今的根本道理。

图国在“政”之清明，而不在“地”之险阻。“人和”居首，“天”“地”为次。如此鲜明的儒家观点出自吴起之口，非偶然也，吴起亦儒也。只有深刻理解“儒”与“兵”的统一，才能真正把握《图国》一文的精义所在。（谢祥皓）

论　将　　《吴子》

吴子曰：“夫总①文武②者，军之将也；兼③刚柔者，兵④之事也。”

“凡人⑤论将，常观于勇，勇之于将，乃数分之一⑥尔。夫勇者必轻合⑦，轻合而不知利⑧，未可也。”

“故将之所慎⑨者五：一曰理⑩，二曰备⑪，三曰果⑫，四曰戒⑬，五曰约⑭。理者，治众如治寡。备者，出门如见敌。果者，临敌⑮不怀生⑯。戒者，虽克⑰如始战。约者，法令省而不烦。”

“受命而不辞，敌破而后言返，将之礼也。故师出之日，有死之荣⑱，无生之辱⑲。”

吴子曰：“凡兵有四机⑳：一曰气机㉑，二曰地机㉒，三曰事机㉓，四曰力机㉔。三军之众，百万之师，张设轻重㉕，在于一人，是谓气机。路狭道险，名山大塞，十夫所守，千夫不过，是谓地机。善行间谍，轻兵㉖往来，分散其众，使其君臣相怨，上下相咎㉗，是谓事机。车坚㉘管㉙辖㉚，舟利㉛橹楫㉜，士习㉝战陈，马闲㉞驰逐，是谓力机。知此四者，乃可为将。然其威、德、仁、勇，必足以率下安众，怖㉟敌决疑㊱，施令而下不敢犯㊲，所在而寇不敢敌。得之国强，去之国亡，是谓良将。”

吴子曰：“夫鼙鼓金铎㊳，所以威耳；旌旗麾帜㊴，所以威目；禁令刑罚，所以威心。耳威于声，不可不清；目威于色，不可不明；心威于刑，不可不严。三㊵者不立，虽有其国，必败于敌。故曰，将之所麾㊶，莫㊷不从移㊸；将之所指，莫不前死㊹。”

吴子曰：“凡战之要㊺，必先战㊻其将而察其才。因其形㊼而用其权㊽，则不劳而功举。”

“其将愚㊾而信人㊿，可诈而诱(51)；贪而忽(52)名，可货而赂(53)；轻变(54)无谋(55)，可劳而困(56)。上富而骄(57)，下贫而怨(58)，可离而间(59)；进退多疑(60)，其众无依(61)，可震而走(62)；士轻其将而有归志，塞易(63)开险(64)，可邀而取(65)。进道易，退道难，可来而前(66)；进道险，退道易，可薄而击(67)。居军下湿(68)，水无所通，霖雨(69)数至，可灌而沉(70)；居军荒泽(71)，草楚(72)幽秽(73)，风飙(74)数至，可焚而灭；停久不移，将士懈怠，其军不备，可潜而袭(75)。”

武侯问曰：“两军相望(76)，不知其将，我欲相之(77)，其术如何？”

起对曰：“令贱(78)而勇者，将(79)轻锐(80)以尝之(81)，务于北(82)，无务于得(83)。观敌之来(84)，一坐一起，其政以理(85)，其追北(86)佯(87)为不及，其见利佯为不知，如此将者，名为智将，勿与战矣！若其众讙哗(88)，旌旗烦乱，其卒自行自止，其兵(89)或纵或横，其追北恐(90)不及，其见利恐不得，此为愚将，虽众可获(91)。”

〔注释〕 ① 总：汇集。　② 文武：文韬武略。　③ 兼：同时兼备。　④ 兵：指军事　⑤ 凡人：一般人。　⑥ 数分之一：诸多条件之一。　⑦ 轻合：贸然交战。　⑧ 不知利：不考虑关乎全局利益。　⑨ 所慎：应该谨慎对待的。　⑩ 理：条理。即将士兵编制起来，便于管理。　⑪ 备：预备、准备，此指常备不懈。　⑫ 果：果敢。　⑬ 戒：戒骄。　⑭ 约：简要、精炼。 ⑮ 临敌：遇敌。 ⑯ 不怀生：不抱生的念头，即有果敢必死的决心。 ⑰ 克：取胜。 ⑱ 有死之荣：只有以战死为荣的想法。 ⑲ 无生之辱：没有屈辱偷生的念头。 ⑳ 机：关键、要点。 ㉑ 气机：指将帅的决心。 ㉒ 地机：指对地形的把握与利用。 ㉓ 事机：制造并利用敌方内部矛盾。 ㉔ 力机：一切人、物的战力。 ㉕ 张设轻重：部署的轻重缓急。张设，部署。 ㉖ 轻兵：轻装的部队。 ㉗ 相咎：相互责怪。 ㉘ 坚：坚实、牢固。 ㉙ 管：锁匙。 ㉚ 辖：卡住车轴两端的铁销。 ㉛ 利：便利。 ㉜ 橹楫：大桨、小桨。 ㉝ 习：习惯。 ㉞ 闲：通"娴"，熟习。 ㉟ 怖：使……畏惧。 ㊱ 决疑：裁断疑难。 ㊲ 犯：违反。 ㊳ 鼙鼓金铎：军中各种器具。鼙，小鼓；铎，大铃。 ㊴ 旌旗麾帜：军中各种旗帜。旌，以牦牛尾或羽毛饰竿头的旗；麾：军中指挥用的旗。 ㊵ 三者：指上文的声之清、色之明、刑之严。 ㊶ 麾：指挥。 ㊷ 莫不：没有不。 ㊸ 从移：遵从命令行动。 ㊹ 前死：前进死战。 ㊺ 要：要旨。 ㊻ 战：与……较量。 ㊼ 形：军势、军形。 ㊽ 权：权谋、权变。 ㊾ 愚：暗于事理。 ㊿ 信人：轻信他人。 51 可诈而诱：可以诡诈引诱其中计。 52 贪而忽名：贪财而轻视名节。 53 可货而赂：可以财宝来收买他。 54 轻变：轻率更改部署。 55 无谋：无一定的计划、谋略。 56 可劳而困：使之疲劳困顿。 57 骄：骄横。 58 怨：怨恨。 59 可离而间：可以离间瓦解他们。 60 多疑：犹疑不定。 61 无依：无所依倚。 62 可震而走：可以震骇他们使其溃走。 63 塞易：阻断其平易的通道。 64 开险：开放险厄的道路。 65 可邀而取：可以半途截击歼敌取胜。 66 可来而前：可招引他向前。 67 可薄而击：可以逼近敌军而打击他们。薄，逼近。 68 居军下湿：军队部署于低洼潮湿之地。 69 霖雨：连雨三日以上为之霖。 70 可灌而沉：灌水淹没他们。 71 荒泽：荒野沼泽地。 72 草楚：干草与荆棘。 73 幽秽：昏暗污秽。 74 飙：暴风。 75 可潜而袭：可以潜行偷袭他们。 76 相望：对阵相持。 77 相之：审视敌将。 78 贱：地位低下。 79 将：率领。 80 轻锐：轻捷善战。 81 尝之：试探之。 82 北：败北。 83 得：取胜。 84 来：来追击。 85 其政以理：其行动有条有理。 86 追北：追击败退之军。 87 佯：假装。 88 讙哗：喧呼噪嚷。 89 兵：兵阵。一说作兵器。 90 恐：唯恐。 91 获：俘获。　　（燕永成）

〔**鉴赏**〕 战争，是敌对双方的集体厮杀，其千军万马之所以能协调统一者，关键乃在于将军。故历代兵家之著述，无不给"将"以极其重要的地位。

《孙子兵法》中的《计》篇首先"庙算"敌我双方之"五事"、"七计"，道、天、地、将、法，作为当时战争的五项基本条件，双方对比，谁优谁劣，此乃能否进行战争的先决条件。道，指民心、道义，是进行战争的政治基础，一般说来，只有首先占有道义的优势，有民众的倾力支持，才能够进行战争，才有克敌制胜的恒久优势，故孙子以"道"居五事之首，是深谙事理的。此即吴起所说的"内修文德"。天、地，为客观的自然条件，有利的天候，有利的地势，均大大有助于战场的胜负，故谁先据有，谁就明显增加了胜利的筹码。而当其他条件双方大致均衡的情况下，自然条件亦往往会成为决定的因素，所谓"一夫当关，万夫莫开"，对于超越自然之能力十分低下的古代人而言，可谓是无法逾越的障碍。故"天、地"因素之于古代战争，亦绝不可忽视也。将与法，则指战争之实体——军队自身。"法"指军队之素质,“将”则为军队的灵魂。如果说前几项条件均为具有“客观”性之因素,“将”与“法”,则明显是讲部队的“主观”因素了。而“将”,又是这主观因素中之最活跃的因素,最具有主动性的因素。民心、军心之和合,当以将心为媒体,为依托;天时、地利之利用,当以将才、将能为得失;而军队素质的高低,法度之严明,亦以将帅自身的素质为转移。故一旦进入战场,进入实战环境,“将”就会成为最有效的制胜因素。故《孙子兵法》言:“夫将者,国之辅也,辅周则国必强,辅隙则国必弱”(《谋攻》)。又曰:“故知兵之将,生民之司命,国家安危之主也。”(《作战》)均充分肯定了“将”的主导作用。

《吴子·论将》开篇即言:“夫总文武者,军之将也;兼刚柔者,兵之事也。”此明显继承了孙武的思想。“总文武”者,“文”以附众,乃言民心、军心之所向;而“武”能威敌,更指将才、将能,将威所能发挥的重大作用,即“威加于敌故其城可拔,其国可隳”(《孙子·九地》)。

由于一般人常以“勇”论将,吴起则对之特为辨析:“凡人论将,常观于勇,勇之于将,乃数分之一耳。夫勇者必轻合,轻合而不知利,未可也。”将的作用,在于战争的总体指挥,在于把握大局。只有深察敌情,准确判断双方的形势与动态,才能言及“勇”字。若“轻合”而不利,“勇”有何益?西汉李陵率步卒五千深入大漠,去迎战十万匈奴骑兵,诚可谓“勇”矣,其结果则是全军覆没,李陵亦被俘。此乃“小敌之坚,大敌之擒也”。“勇”字适为其害也。故吴起提出“五慎”以制约之。五慎:理、备、果、戒、约;“勇”仅是“果”的一种表现而已。

临机果断,是将军克敌制胜的重要手段,所谓“机不可失,时不再来”。一旦战机错过,甚至可输全局。吴起论将,又专门分析“兵”之“四机”:“一曰气机,二曰地机,三曰事机,四曰力机。”“知此四机,乃可为将”。只有“威德仁勇必足以率下安众,怖敌决疑,施令而下不敢犯,所在而寇不敢敌”,才能称得上“良将”。

吴起论将,不但论及为将之品格,而且言及对于敌将的判断,即通过对敌将之品质与指挥能力的分析,从而采取相应的措施。“凡战之要,必先占其将而察其才,因其形而用其权,则不劳而功举。”“将之所麾,莫不从移;将之所指,莫不前死”。——此足见“将”在战争过程中的重大作用与特殊地位。

有鉴于此,故明智之君必赋予将军以极高极大的权力:所谓“阃门之外,将军制之”,“将在军,君命有所不受”,“将能而君不御者胜”等等,均为对“将”的重大作用的充分肯定。权大,责亦重。故将“受命而不辞家,敌破而后言返”。稍后于吴起的兵家尉缭,对此似有更为形象的描述:“夫将者,上不制于天,下不制于地，中不制于人。……将者，死官也，故不得已而用之。无天于上，无地于下，无主于后，无敌于前。一人之兵，如狼如虎，如风如雨，如雷如霆，震震冥冥，天下皆惊。”（《尉缭子·武议》）

尉缭之论，似更为清晰、明朗，更为果断。也是对于孙、吴论将的补充与弘扬。

（谢祥皓）

无　厚　　《邓析子》

天于人，无厚也；君于民，无厚也；父于子，无厚也；兄于弟，无厚也。何以言之？天不能屏①勃厉②之气，全夭折之人，使为善之民必寿，此于民无厚也。凡民有穿窬③为盗者，有诈伪相迷者，此皆生于不足，起于贫穷，而君必执法诛之，此于民无厚也。尧、舜位为天子，而丹朱④、商均为布衣，此于子无厚也。周公诛管、蔡，此于弟无厚也。推此言之，何厚之有。

循名责⑤实，君之事也。奉法宣令，臣之职也。下不得自擅，上操其柄而不理者，未之有也。君有三累，臣有四责。何谓三累？惟亲所信，一累；以名取士，二累；近故亲疏，三累。何谓四责？受重赏而无功，一责；居大位而不治，二责；理官而不平，三责；御军阵而奔北⑥，四责。君无三累，臣无四责，可以安国。

异同之不可别，是非之不可定，白黑之不可分，清浊之不可理，久矣。诚听能闻于无声，视能见于无形，计能规于未兆，虑能防于未然。斯无他也，不以耳听则通于无声矣，不以目视则照于无形矣，不以心计则达于无兆矣，不以知虑则合于未然矣。君者，藏形匿影群下无私⑦，掩目塞耳万民恐震。

循名责实，案⑧法立威，是明王也。夫明于形者分不遇于事，察于动者用不失则利，故明君审一，万物自定。名不可以外务，智不可以从他，求诸己之谓也。

治世，位不可越，职不可乱，百官有司，各务其形。上循名以督实，下奉教而不违。所美观其所终，所恶计其所穷。喜不以赏，怒不以罚，可谓治世。

其所以然者，乘势之在外推。辩说，非所听也。虚言向⑨，非所应也。无益乱，非举也。故谈者，别殊类使不相害，序异端使不相乱，谕⑩志通意非务相乖也。若饰词以相乱，匿词以相移，非古之辩也。

故见其象，致其形，循其理，正其名，得其端，知其情。若此，何往不复，何事不成。

所谓大辩者，别天地之行，具天下之物，选善退恶，时措其宜，而功立德至矣。小辩则不然，别言异道，以言相射，以行相伐，使民不知其要，无他故焉，故浅知⑪也。

夫自见之，明。借人见之，暗⑫也。自闻之，聪。借人闻之，聋也。明君知此，则去就之分定矣。

〔注释〕 ① 屏：排除、除去。 ② 勃厉：起伤害作用的不正之气。 ③ 穿窬：穿壁翻墙，指偷窃行为。窬，门边小洞。 ④ 丹朱：尧之子。据传，尧因丹朱不孝，禅位于舜。 ⑤ 责：求。⑥ 奔北：临阵脱逃。北，败北。 ⑦ 无私：不敢有私心。 ⑧ 案：通“按”。 ⑨ 虚言向：虚言，不实之言；向，通“响”，回声，此作回应。虚言向即回应虚言。 ⑩ 谕：知道，理解。 ⑪ 浅知：知识浅陋。 ⑫ 暗：昏昧。

（张 静）

〔鉴赏〕 被《汉书·艺文志》列为名家第一人的邓析是春秋末年郑国人。在讲先秦逻辑思想的时候，人们总会讲到邓析“操两可之说”。《吕览·离谓》上有个有趣的故事：当时郑一富家的溺尸，为他人收得；富人欲用钱赎尸，然收尸者索价甚高。邓析对富人说：“安之，人必莫之卖矣。”邓析又对收尸者说：“安之，此必无所更买矣。”从表面上看，买卖对峙矛盾的双方，都可“安之”，乃“两可之说”；从深层上看，邓析正是把握了同一事物的不同侧面：对收尸者而言，他不可能将溺尸卖给别人；对富人而言，他不可能到别处去买到尸体。这正是对客观事物矛盾性质的一种朴素的辩证反映。

《无厚》是今本《邓析子》中仅有的两篇之一。文章一开头就用归纳法证明了天地君亲“何厚之有”。由此为发端，有心批评当时朝廷政事的邓析，便在“安国”、“治世”、“成事”等一系列重大问题上发表自己的见解；有人以为内容零杂，不妨视作作者的断想。

邓析既为“名家”，他特别强调“循名责实”，要求名实一致，“名不可以外务”。

他认为,保持名的规定性,才能“案法立威”,这是“君之事”,是成为“明主”的首要条件。邓析联系当时郑国的政治,提出“君有三累”,即惟亲所信、以名取士、近故亲疏;其实这三累盖出于名实不符,要使“安国”,首先就要君无三累。可见在邓析这里,名实问题已经包含了社会政治的重大内容;这正如与邓析同时代的老子所说:“无名天地之始,有名万物之母”;“始制有名,名亦既有,夫亦将知止。”

要“安国”,自然要“治世”,怎样才能有一个安定清明的大好局面呢?“上循名以督实,下奉教而不违”,还是要求按照规定的名分行事:百官自有各自的职位,不可超越,不能乱行,要“各务其形”。治世的主要手段是赏与罚,确定赏罚的内容,才能慎赏明罚,由此邓析提出“喜不以赏,怒不以罚”,你所认为的好事要看看它最终的结果,你所厌恶的坏事也要看看它的方方面面。

如何才能做到“循名责实”呢?《无厚》中提出了一个“求诸己”的原则。这里的“己”,首先是事物的本身。对于事物,要“明于形”,“察于动”,即要弄清楚它的实际情况,了解它的发展变化。邓析深感于当时的情形是,异同不别,是非不定,白黑不分,清浊不理。于是他提出要“闻于无声”,“见于无形”,“规于未兆”,“防于未然”;而要做到这一切,便要“不以耳听”,“不以目视”,“不以心计”,“不以知虑”。这里所说的,似乎是不能仅仅以我们的感觉器官去知觉事物的表象,更要去深入事物的内部,洞察事物的联系,要对事物作一种理性的认识,惟如此才能“见其象,致其形,循其理,正其名,得其端,知其情。”这才是“成事”之本。

“己”的又一层意思,即“自己”,认识事物的主体。就是说,要靠自己去辨析、探求。“自见之,明。借人见之,暗也。自闻之,聪。借人闻之,聋也。”这种不泥古,不袭前人之成说的思想,是很有光彩的。

“名”是我国古代一个重要的哲学与逻辑概念,《无厚》中充分体现了邓析的按名定实的观点。荀子曾批评邓析“好治怪说,玩琦辞”(《荀子·非十二子》)。但从《无厚》来看,意清辞明;倘若有人认为今本《邓析子》是伪托,也不妨碍对《无厚》检读一番,奇文共欣赏,疑义相与析。

(贝新祯)

梁惠王上(节选)　　《孟子》

齐宣王①问曰:“齐桓②、晋文③之事可得闻乎?”

孟子对曰:“仲尼之徒④无道⑤桓文之事者,是以后世无传焉,臣未之闻也。无以⑥,则王乎⑦?”

曰："德[8]何如[9]则可以王[10]矣？"

曰："保民[11]而王，莫之能御[12]也。"

曰："若寡人[13]者，可以保民乎哉？"

曰："可。"

曰："何由知吾可也？"

曰："臣闻之胡龁[14]曰，王坐于堂上，有牵牛而过堂下者，王见之，曰：'牛何之[15]？'对曰：'将以衅钟[16]。'王曰：'舍[17]之！吾不忍其觳觫[18]，若[19]无罪而就[20]死地。'对曰：'然则[21]废衅钟与[22]？'曰：'何可废也？以羊易[23]之！'——不识有诸[24]？"

曰："有之。"

曰："是[25]心足以王[26]矣。百姓皆以王为爱[27]也，臣固[28]知王之不忍[29]也。"

王曰："然；诚[30]有百姓者。齐国虽褊[31]小，吾何爱一牛？即不忍其觳觫，若无罪而就死地，故以羊易之也。"

曰："王无异[32]于百姓之以王为爱也。以小易大，彼恶[33]知之？王若隐[34]其无罪而就死地，则牛羊何择[35]焉？"

王笑曰："是诚何心[36]哉？我非爱其财而易之以羊也。宜乎[37]百姓之谓我爱也。"

曰："无伤[38]也，是乃仁术[39]也，见牛未见羊也。君子之于禽兽也，见其生，不忍见其死；闻其声，不忍食其肉。是以[40]君子远[41]庖厨也。"

王说[42]曰："诗云：'他人有心，予忖度[43]之。'夫子之谓[44]也。夫我乃行之，反而求之[45]，不得吾心。夫子言之，于我心有戚戚[46]焉。此心之所以合于王者，何也？"

曰："有复[47]于王者曰：'吾力足以举百钧[48]，而不足以举一羽，明[49]足以察秋毫之末[50]，而不见舆薪[51]，则王许[52]之乎？"

曰："否。"

"今恩足以及禽兽，而功[53]不至[54]于百姓者，独何与？然则一羽之不举,为不用力焉;舆薪之不见,为不用明焉;百姓之不见保,为不用恩焉。故王之不王,不为也,非不能也。"

曰:"不为者与不能者之形[55]何以异[56]?"

曰:"挟[57]太山[58]以超[59]北海[60],语人曰,'我不能。'是诚不能也。为长者折枝[61],语人曰,'我不能。'是不为也,非不能也。故王之不王,非挟太山以超北海之类也;王之不王,是折枝之类也。"

"老[62]吾老[63],以及人之老[64];幼[65]吾幼[66],以及人之幼[67]。天下可运于掌[68]。诗云,'刑[69]于寡妻[70],至于兄弟,以御[71]于家[72]邦。'言举[73]斯[74]心加诸彼而已。故推恩足以保四海[75],不推恩无以保妻子。古之人所以大过人者[76],无他焉,善推其所为而已矣。今恩足以及禽兽,而功不至于百姓者,独何与?"

"权[77],然后知轻重;度[78],然后知长短。物皆然[79],心为甚[80]。王请度[81]之!"

"抑[82]王兴[83]甲兵,危士臣[84],构怨[85]于诸侯,然后快[86]于心与?"

王曰:"否;吾何快于是?将以求吾所大欲[87]也。"

曰:"王之所大欲可得闻与[88]?"

王笑而不言。

曰:"为肥甘[89]不足于口与[90]?轻煖[91]不足于体与?抑[92]为采色[93]不足视于目与?声音不足听于耳与?便嬖[94]不足使令于前与?王之诸臣皆足以供之,而王岂为是哉?"

曰:"否;吾不为是也。"

曰:"然则王之所大欲可知已,欲辟[95]土地,朝[96]秦楚,莅[97]中国[98]而抚四夷[99]也。以若[100]所为求若所欲,犹[101]缘木[102]而求鱼也。"

王曰:"若是其甚[103]与?"

曰:"殆[104]有[105]甚焉。缘木求鱼,虽不得鱼,无后灾。以若所为求若所欲,尽心力而为之,后必有灾。”

曰:“可得闻与?”

曰:“邹[106]人与楚[107]人战,则王以为孰胜?”

曰:“楚人胜。”

曰:“然则小固[108]不可以敌[109]大,寡固不可以敌众,弱固不可以敌强。海内[110]之地方千里[111]者九,齐集有其一[112]。以一服[113]八,何以异于邹敌楚哉?盖[114]亦反其本[115]矣。”

“今王发政施仁[116],使天下仕者[117]皆欲立于王之朝,耕者皆欲耕于王之野,商贾[118]皆欲藏[119]于王之市,行旅皆欲出于王之涂[120],天下之欲疾其君者[121]皆欲赴愬[122]于王。其若是,孰能御之?”

王曰:“吾惛[123],不能进[124]于是[125]矣。愿夫子辅吾志[126],明以教我。我虽不敏[127],请尝试之。”

曰:“无恒产[128]而有恒心[129]者,惟[130]士[131]为能。若[132]民,则[133]无恒产,因[134]无恒心。苟[135]无恒心,放辟[136]邪侈[137],无不为已[138]。及陷于罪,然后从而刑[139]之,是罔[140]民也。焉有[141]仁人在位罔民而可为也?是故明君制[142]民之产,必使仰[143]足以事[144]父母,俯[145]足以畜[146]妻子,乐岁[147]终身饱,凶年[148]免于死亡;然后驱而之善[149],故民之从之也轻[150]。”

“今也制民之产,仰不足以事父母,俯不足以畜妻子;乐岁终身苦,凶年不免于死亡。此惟救死而恐不赡[151],奚暇[152]治礼义哉?”

“王欲行之[153],则盍[154]反其本矣:五亩之宅,树之以桑,五十者[155]可以衣帛矣。鸡豚狗彘[156]之畜,无失其时[157],七十者可以食肉矣。百亩之田,勿夺[158]其时,八口之家可以无饥矣。谨庠序[159]之教,申[160]之以孝悌[161]之义,颁白者[162]不负戴于道路矣。老者衣帛食肉,黎民不饥不寒,然而不王者,未之有也。”

〔**注释**〕 ① 齐宣王:战国时齐国君主,姓田,名辟疆,齐威王子,在位十八年。 ② 齐桓:春秋时齐国君主桓公,名小白,五霸之一。 ③ 晋文:春秋时晋国君主文公,名重耳,五霸之一。④ 徒:门人。 ⑤ 道:讲述。 ⑥ 无以:不得已。 ⑦ 则王乎:那么说说王道好吗。王,王道。 ⑧ 德:德行。 ⑨ 何如:怎么样。 ⑩ 王:称王天下。 ⑪ 保民:安民、养民。⑫ 御:抵挡、阻止。 ⑬ 寡人:君主谦称。 ⑭ 胡龁(hé):齐宣王的近臣。 ⑮ 何之:到哪里去。 ⑯ 衅钟:祭钟。衅同“衅”,是一种用牛羊等牲畜的血涂在新制器物上的祭祀仪式。⑰ 舍:释放。 ⑱ 觳觫(hú sù):恐惧得发抖。 ⑲ 若:假如。 ⑳ 就:赴、受。 ㉑ 然则:那么。 ㉒ 与:同“欤”,疑问语气词。 ㉓ 易:换。 ㉔ 不识有诸:不知道有没有这回事。诸,等于“之乎”。 ㉕ 是:这、这样。 ㉖ 王:称王天下。 ㉗ 爱:吝惜、舍不得。 ㉘ 固:本来。 ㉙ 不忍:不忍心。 ㉚ 诚:果真。 ㉛ 褊:狭小。 ㉜ 异:奇怪。无异:不要怪罪。 ㉝ 恶:疑问代词,怎么。 ㉞ 隐:哀怜、同情。 ㉟ 择:区别。 ㊱ 心:心理。㊲ 宜乎:难怪。 ㊳ 无伤:不碍事、没关系。 ㊴ 仁术:行仁政的方法。 ㊵ 是以:所以。㊶ 远:避开。 ㊷ 说:同“悦”,高兴。 ㊸ 忖度:揣测、推测。 ㊹ 夫子之谓也:正是对着您先生说的。谓,对……说。 ㊺ 求之:探求它的原因。反而求之:回过来问问自己。 ㊻ 戚戚:心动的样子。 ㊼ 复:禀告。 ㊽ 钧:三十斤。 ㊾ 明:视力。 ㊿ 秋毫:秋天鸟兽新生细毛的尖端,或说是禾穗上的白毛。秋毫之末:指极细小的东西。 (51) 舆:车;薪:木柴。舆薪:一车柴火。 (52) 许:赞同。 (53) 功:功效,此指恩惠。 (54) 至:达到。 (55) 形:外表、现象。 (56) 异:不同。 (57) 挟:用腋夹着东西。 (58) 太山:即泰山。 (59) 超:越过、跳过。(60) 北海:渤海。 (61) 折枝:折取草茎树枝,喻轻而易举。 (62) 老:作动词,尊奉。 (63) 吾老:自己的长辈。 (64) 人之老:别人的长辈。 (65) 幼:作动词,爱护、慈爱。 (66) 吾幼:自家的孩童。 (67) 人之幼:别人的孩童。 (68) 运于掌:在手掌上转动,意指容易。 (69) 刑:同“型”,给……作示范、给……作榜样。 (70) 寡妻:嫡妻。 (71) 御:治理。 (72) 家:卿大夫的采邑;邦:诸侯的国家。家邦:采邑与国家。 (73) 举:用。 (74) 斯:这种。 (75) 保四海:保有天下。(76) 大过人者:远远超过一般人。 (77) 权:此作动词,称一称。 (78) 度:作动词,量一量。(79) 物皆然:任何事物都如此。 (80) 心为甚:人心更是如此。此指人心对善恶优劣更需好好地衡量。 (81) 度:揣量、斟酌。 (82) 抑:转折连词,或许。 (83) 兴:发动。 (84) 危士臣:使士卒臣民陷于危境。 (85) 构怨:结怨。 (86) 快:快感、高兴。 (87) 大欲:最希望获得的东西。(88) 可得闻与:可说给我听听吗。 (89) 肥甘:美食。 (90) 不足于口与:不能满足口味吗。(91) 轻煖:指好衣服。煖,同“暖”。 (92) 抑:还是。 (93) 采色:华丽的衣着。一说色为美色,采色指后宫衣着华丽、容貌美丽的女子。 (94) 便嬖:左右受宠幸的小臣。 (95) 辟:开辟、开拓。(96) 朝:使……来朝。 (97) 莅:临、君临。 (98) 中国:指当时的中原。 (99) 抚四夷:安抚周边少数民族。 (100) 若:你。 (101) 犹:就像、如同。 (102) 缘木:攀缘树木。 (103) 甚:严重。(104) 殆:几乎。 (105) 有:同“又”,更。 (106) 邹:战国时的一个小国,在今山东邹县。 (107) 楚:当时大国。 (108) 固:本来。 (109) 敌:抵挡、抵敌。 (110) 海内:天下。 (111) 方千里:千里见方。(112) 齐集有其一:齐国的土地只占天下的九分之一。集,聚集,此意指把齐国土地全部算上。(113) 服:征服。 (114) 盍(hé):同“盍”,何不。 (115) 反其本:指回到根本上解决问题。 (116) 发政施仁:发布政令,施行仁政。 (117) 仕者:官吏。 (118) 商贾:商人。 (119) 藏:储藏,此指贸易。(120) 涂:道路。 (121) 疾:不满、憎恨。疾其君者:憎恨他的国君的人。 (122) 愬:同“诉”,申诉、控告。 (123) 惛:同“昏”,糊涂。 (124) 进:达到。 (125) 是:指行仁政。 (126) 辅:帮助。辅吾志:辅助我的志向(即达到称王天下的目的)。 (127) 敏:聪明。 (128) 恒产:一定的产业。 (129) 恒心:指良好的道德观念。 (130) 惟:只有。 (131) 士:士人,指有一定知识的人。 (132) 若:至于。

⑬ 则：就。 ⑭ 因：因而。 ⑮ 苟：假如。 ⑯ 放辟：放纵邪僻。 ⑰ 邪：歪道；侈：胡作非为。邪侈：违法乱纪。 ⑱ 无不为已：没有什么干不出来的。已，同“矣”。 ⑲ 刑：施加刑罚。 ⑭ 罔：陷害。 ⑭ 焉有：哪里有。 ⑭ 制：规定。 ⑭ 仰：向上。 ⑭ 事：奉养。 ⑭ 俯：向下。 ⑭ 畜：畜养、养育。 ⑭ 乐岁：好年成。 ⑭ 凶年：灾年。 ⑭ 驱：驱赶，此作诱导；之：达到，此作走上。驱而之善：诱导他们走上善良的道路。 ⑮ 轻：容易。 ⑮ 赡：足。 ⑮ 奚：哪里；暇：空闲时间。奚暇：哪里有空。 ⑮ 行之：指称王天下的事业。 ⑮ 盍：何不。 ⑮ 五十者：五十岁的人。 ⑮ 彘：大猪。 ⑮ 时：农时。 ⑮ 夺：耽误。 ⑮ 庠序：泛指学校。 ⑯ 申：再三阐明。 ⑯ 孝悌：孝顺父母，敬爱兄长。 ⑯ 颁白者：老人。颁，通“斑”。

（燕永成）

〔鉴赏〕 名篇之所以为名篇，总有其理由：《孟子·梁惠王上》中的齐桓晋文一章之所以为名篇，不仅仅因为它是《孟子》中最长的一章（全章记录了孟子与齐宣王的问答，往返17回，共1 311字，实为《孟子》之最），更在于它全面论述了孟子的政治主张，是研究孟子政治思想不可或缺的重要材料。

孟子之时，有两种不同的治国方略，一是王道，一是霸道。所谓王道就是行仁政，让人高高兴兴，近悦远来，内心诚服；所谓霸道，就是要武力，让人迫于压力，胆战心惊，不得不服。面对这两种不同的治国方略，孟子倡王道而黜霸道。

谈话伊始，齐宣王便问“齐桓、晋文之事可得闻乎”？齐桓即齐桓公，晋文即晋文公，二人都是春秋时著名的霸主。孟子认为，齐桓、晋文虽然名气大，但行的是霸道，不是王道，并不合自己的政治理想，便以“仲尼之徒无道桓文之事者”为托辞，将这个话头挡了回去。

孟子不赞成霸道，是有理由的。在孟子看来，霸道无非是“辟土地，朝秦楚，莅中国而抚四夷”，这种做法，无异于缘木求鱼，甚至连缘木求鱼都不如。因为缘木求鱼即使得不到鱼，总还不至于有什么灾患，行霸道则不同，“后必有灾”。孟子对齐宣王说，假如弱小的邹国同强大的楚国打仗，一定是楚国胜，这叫做“小固不可以敌大，寡固不可以敌众”。现在四海之内方圆千里的土地共有九块，齐国只占其中之一，以其一服其八个，同邹国与楚国打仗并没有什么不同，必败无疑。

既然霸道不是治理国家的最好办法，就应该“反其本”，从根本上来解决问题。怎样“反其本”呢？就是要“得道”，即所谓“得道者多助”。行仁政就是得道，因为它能让百姓过上好日子：五亩之宅种植桑树，年满五十的人就能穿上丝绸了；鸡鸭猪狗按时饲养，年满七十的人就能吃上肉食了；百亩之田不误农时，八口之家就没有饥荒了；注重乡校教育，强调孝敬长辈，须发斑白的人就不会背物负重在道路上行走了。这样一来，你就赢得了民心，得到的援助就多，甚至整个天下的人都来顺从：入仕的人愿意到你的国家来任职，耕田的人愿意到你的国家来耕种，从商的人愿意到你的国家来经营，旅行的人愿意到你的国家来行走，天下对自己君主不满的人都愿意到你的国家来投奔。果真如此的话，“不王者，未之有也”，即使不想称王，怕也很难。

行仁政的前景虽然令人向往，但齐宣王怀疑自己没有这个能力做到“保民而王”。孟子讲，没有问题呀，你完全有这个能力。根据呢？孟子讲了这样一件小事：有一次宣王坐在殿堂之上，有人牵牛从堂下经过，宣王问怎么回事，那人说拿去祭钟，宣王不忍牛战栗发抖，一副无罪而受死的样子，便下令把牛放了。孟子认为，此事足以证明，齐宣王有不忍之心。俗话说，“忍是心字头上一把刀”。“忍”的原意是承受，“不忍”就是不能承受。见过杀牛的人都知道，牛被杀之前，知道自己要死了，是要掉泪的。人见到牛瑟瑟发抖，老泪纵横的样子，内心戚戚然，不是滋味，这便是不忍之心。

有不忍之心，就有了行仁政的基础。既然可以恩及禽兽，当然就可以恩及百姓。“老吾老，以及人之老；幼吾幼，以及人之幼”，由此一级一级地向外“推恩”，天下就可以运转于手掌之上了。孟子打比方说，如果一个人说自己不能挟持泰山跨越北海，那是确实没有这个能力，但如果一个人说自己不能为长辈揉肩搓背，那不是没有这个能力，而是不肯去做。轻轻一根羽毛都举不起来，那是没有用力气；满满的一车木柴都看不见，那是没有用眼力；百姓过不上好的生活，那是没有对他们“用恩”。所以，“王之不王，不为也，非不能也”。

总之，此章系统论述了孟子的政治思想，这一思想说来也很简单：每个人都有不忍之心，将其发扬光大，推己及人，就能够行仁政；行仁政的最大好处，是能够在各国惨烈竞争的情况下赢得民心，得到天下人的拥戴；一旦得到天下人的拥戴，就有了胜敌的法宝，除非不战，战必能胜。

孟子的政治思想明显染有浓厚的理想色彩，在当时纷争不已、崇尚武力的情况下显得不合时宜，不切实际，不被人们采纳是必然的。但因为孟子特别重视民心的力量，对君主个人的德性提出了较高的要求，所以开创了一种理想政治的范型，成为后人反对绝对君主专制的精神武器。汉代之后，这种理想政治，进一步升华为现实政治唯一合法的对抗力量，使现实政治始终有一种向上提升的动能，保证其不至于向恶的方面无限度滑落。这种情况只要看看唐代及清代盛世，就可以清楚了。这是孟子对中国政治发展史的最大贡献。如果我们从这个角度重读历史，对中国政治的发展可能会有一个全新的认识。　　（杨泽波）

公孙丑上(节选) 《孟子》

公孙丑[1]问曰:“夫子[2]加[3]齐之卿相,得行道[4]焉,虽由此霸王[5],不异[6]矣。如此,则动心否[7]乎?”

孟子曰:“否;我四十[8]不动心。”

曰:“若是[9],则夫子过[10]孟贲[11]远矣。”

曰:“是不难[12],告子[13]先我[14]不动心。”

曰:“不动心有道[15]乎?”

曰:“有。北宫黝[16]之养勇[17]也:不肤桡[18],不目逃[19],思以一豪[20]挫[21]于人,若[22]挞之[23]于市朝[24];不受[25]于褐宽博[26],亦不受于万乘之君;视刺[27]万乘之君,若刺褐夫[28];无严[29]诸侯,恶声[30]至,必反之[31]。孟施舍[32]之所养勇也,曰:‘视不胜[33]犹胜[34]也;量敌[35]而后进[36],虑胜[37]而后会[38],是畏三军者也[39]。舍岂能[40]为必胜哉?能无惧而已[41]矣。’孟施舍似曾子,北宫黝似子夏。夫二子[42]之勇,未知其孰贤,然而孟施舍守约[43]也。昔者[44]曾子谓子襄[45]曰:‘子[46]好勇乎?吾尝闻大勇于夫子[47]矣:自反[48]而不缩[49],虽褐宽博,吾不惴焉[50];自反而缩[51],虽千万人,吾往矣[52]。’孟施舍之守气[53],又不如曾子之守约[54]也。”

曰:“敢问[55]夫子之不动心与告子之不动心,可得闻与[56]?”

“告子曰:‘不得于言[57],勿求于心[58];不得于心,勿求于气[59]。’不得于心,勿求于气,可;不得于言,勿求于心,不可[60]。夫志[61],气之帅[62]也;气,体之充[63]也。夫志至焉[64],气次焉[65];故曰:‘持[66]其志,无暴[67]其气。’”

“既曰,‘志至焉,气次焉。’又曰,‘持其志,无暴其气。’何也?”

曰:“志壹[68]则动[69]气,气壹则动志也,今夫蹶者[70]趋者[71],是气[72]也,而反动其心[73]。”

“敢问夫子恶乎长[74]?”

曰:“我知言[75],我善养吾浩然[76]之气。”

“敢问何谓浩然之气?”

曰:“难言也。其为气也,至大[77]至刚[78],以直养[79]而无害,则塞[80]于天地之间。其为气也,配[81]义与道;无是,馁[82]也。是集义所生[83]者,非义袭而取之[84]也。行有不慊[85]于心,则馁矣。我故曰,告子未尝知义,以其外之也[86]。必有事焉[87],而勿正[88],心勿忘,勿助长[89]也。无若[90]宋人然[91]:宋人有闵[92]其苗之不长而揠[93]之者,芒芒然[94]归,谓其人[95]曰:‘今日病[96]矣!予助苗长矣!’其子趋而往视之,苗则[97]槁矣。天下之不助苗长者寡矣。以为无益[98]而舍之者,不耘[99]苗者也;助之长者,揠苗者也——非徒无益[100],而又害之。”

“何谓知言?”

曰:“诐辞[101]知其所蔽[102],淫辞[103]知其所陷[104],邪辞[105]知其所离[106],遁辞[107]知其所穷[108]。——生于其心,害于其政;发于其政,害于其事。圣人复起[109],必从[110]吾言矣。”

“宰我、子贡善为说辞,冉牛、闵子、颜渊善言德行。孔子兼之[111],曰:‘我于辞命,则不能也。’然则[112]夫子既圣矣乎[113]?”

曰:“恶[114]!是何言也?昔者子贡问于孔子曰:‘夫子圣矣乎?’孔子曰:‘圣则吾不能,我学不厌[115]而教不倦也。’子贡曰:‘学不厌,智也;教不倦,仁也。仁且智,夫子既圣矣。’夫圣,孔子不居[116]——是何言也?”

“昔者[117]窃闻之:子夏、子游、子张皆有圣人之一体[118],冉牛、闵子、颜渊则具体而微[119],敢问所安[120]。”

曰:“姑舍是[121]。”

曰:“伯夷、伊尹何如?”

曰:“不同道[122]。非其君不事[123],非其民不使;治则进[124],乱则退,伯夷也。何事非君[125],何使非民[126];治亦进,乱亦进,伊尹也。可以仕则仕,可以止[127]则止,可以久则久,可以速[128]则速,孔子也。皆古圣人也，吾未能有行焉[129]；乃所愿[130]，则学孔子也。”

“伯夷、伊尹于孔子，若是班[131]乎？”

曰：“否；自有生民以来，未有孔子也。”

曰：“然则有同与？”

曰：“有。得百里之地而君[132]之，皆能以朝诸侯，有天下；行一不义，杀一不辜，而得天下，皆不为也。是则同。”

曰：“敢问其所以异。”

曰：“宰我、子贡、有若，智足以知圣人，汙[133]不至阿[134]其所好[135]。宰我曰：‘以予观于夫子[136]，贤于尧、舜远矣。’子贡曰：‘见其礼而知其政，闻其乐而知其德，由百世之后，等[137]百世之王，莫之能违[138]也。自生民以来，未有夫子也[139]。’有若曰：‘岂惟民哉[140]？麒麟之于走兽，凤凰之于飞鸟，太山之于丘垤[141]，河海之于行潦[142]，类也。圣人之于民，亦类也。出于其类，拔[143]乎其萃[144]，自生民以来，未有盛[145]于孔子也。’”

〔注释〕 ① 公孙丑：战国时齐人，孟子弟子，有政事之才。 ② 夫子：敬称，先生、老师。 ③ 加：“加”与“居”古代相通，担任。 ④ 得行道：能够实现您的抱负。 ⑤ 霸王：指霸业、王业。 ⑥ 异：惊异、诧异。不异：不足为怪。 ⑦ 动心否：会不会有疑惧而动心呢。 ⑧ 四十：指从四十岁起。 ⑨ 若是：这样说来。 ⑩ 过：胜过、超过。 ⑪ 孟贲：战国时著名勇士，卫国人。 ⑫ 是不难：这不难。 ⑬ 告子：与孟子是同时代的思想家。 ⑭ 先我：比我早。 ⑮ 道：方法。 ⑯ 北宫黝：齐国人。 ⑰ 养勇：培养勇气。 ⑱ 不肤桡(nào)：不因肌肤被刺而颤动。桡：一作“挠”，屈服、退却，此作颤动。 ⑲ 不目逃：眼睛被戳也不转睛。 ⑳ 一豪：豪通“毫”，一豪即一丝、一点点。 ㉑ 挫：受挫。 ㉒ 若：像。 ㉓ 挞之：鞭打他。 ㉔ 市朝：指闹市。 ㉕ 不受：不愿忍受。 ㉖ 褐宽博：穿宽大粗布衣服的人，泛指地位卑下者。 ㉗ 刺：刺杀。 ㉘ 褐夫：平民。 ㉙ 无严：不畏惧。 ㉚ 恶声：侮辱之话。 ㉛ 必反之：一定回击他。 ㉜ 孟施舍：生平事迹无考。 ㉝ 不胜：不能战胜的敌人。 ㉞ 犹胜：像能战胜的敌人一样。 ㉟ 量敌：估量敌人力量弱。 ㊱ 进：前进、进兵。 ㊲ 虑胜：考虑如何取胜。 ㊳ 会：会兵、交战。 ㊴ 是畏三军者也：这是惧怕众多敌人的人。 ㊵ 岂能：怎么能。 ㊶ 无惧而已：无所畏惧罢了。 ㊷ 二子：指孟施舍、北宫黝。 ㊸ 守约：坚守要领。 ㊹ 昔者：从前。 ㊺ 子襄：曾子的弟子。 ㊻ 子：您。 ㊼ 夫子：指孔子。 ㊽ 自反：反躬自问、反省自我。 ㊾ 缩：即“直”，理直。不缩：不在理。 ㊿ 惴：恐吓。吾不惴焉：我不去恐吓他。 51 自反而缩：自问正义在我。 52 吾往矣：我必勇往直前。 53 守气：保持勇气。 54 守约：坚守要领，此指抓住要领。 55 敢问：大胆请问。 56 可得闻与：可以让我听听(二者的异同)吗。 ㊼ 得于言：在言论上获胜。 ㊽ 心：思想。求于心：求助于思想。 ㊾ 气：意气。 ㊿ 可：对的。 ㊀ 志：意志、志向。 ㊁ 帅：主帅。 ㊂ 体之充：充满体内的力量。 ㊃ 至焉：到达哪里。 ㊄ 次焉：跟到哪里。 ㊅ 持：保持。 ㊆ 暴：乱，此可译为滥用。 ㊇ 壹：专一。志壹：志向专一于某一方面。 ㊈ 动：使……动，指使意气随意气感情(或志向)而转移。 ⑦⓪ 蹶者：跌倒的人。 ⑦① 趋者：奔跑的人。 ⑦② 是气：指支配颠跑行动的气。 ⑦③ 反动其心：反过来影响他们的思想。 ⑦④ 夫子恶乎长：老师您擅长于什么。恶，疑问代词，什么。 ⑦⑤ 知言：指善于辨析天下言论的是非得失及原因。 ⑦⑥ 浩然：盛大流行的样子。 ⑦⑦ 至大：极其宏大。 ⑦⑧ 至刚：极其刚劲。 ⑦⑨ 直：直道、正义之道。以直养：用直道去培养。 ⑧⓪ 塞：充满，填塞。 ⑧① 配：相配、配合。 ⑧② 馁：丧失勇气。 ⑧③ 集义所生：积累义而后生成浩然之气。 ⑧④ 非义袭而取之：指仅靠装出合乎义理的样子而取得它(浩然之气)。 ⑧⑤ 慊(qiǎn)：嫌恨、不满足；不慊可译为惭愧。不慊于心：于心有愧。 ⑧⑥ 以其外之也：因为他把义看成心外之物。 ⑧⑦ 必有事焉：一定要将义放在心里。有事，据上文可见是“义”；焉，那里(指心里)。 ⑧⑧ 勿正：据下文“勿忘”、“勿助长”，疑为“勿止”。 ⑧⑨ 勿助长：不要拔苗助长(即不要违反规律)。 ⑨⓪ 无若：不要像。 ⑨① 然：那样。 ⑨② 闵：即“愍”，忧虑、担心。 ⑨③ 揠：拔高。 ⑨④ 芒芒然：“芒”通“忙”，疲惫的样子。 ⑨⑤ 其人：指家人。 ⑨⑥ 病：疲惫。 ⑨⑦ 则：表示事与愿违的助词，无意义。 ⑨⑧ 无益：据上文，“无益”指培养人才的工作。 ⑨⑨ 耘：除草。 ⑩⓪ 非徒无益：不但没有好处。 ⑩① 诐辞：偏颇的话。 ⑩② 知其所蔽：知道说话人病根在于有所壅蔽。 ⑩③ 淫辞：放荡的话。 ⑩④ 陷：失足之处。 ⑩⑤ 邪辞：邪僻的话。 ⑩⑥ 离：(与正道的)分歧之处。 ⑩⑦ 遁词：躲闪之词。 ⑩⑧ 穷：指理亏之处。 ⑩⑨ 复起：再现。 ⑪⓪ 从：赞成。 ⑪① 兼之：指兼有上述诸人的长处。 ⑪② 然则：那么。 ⑪③ 夫子既圣矣乎：老师您已经成为圣人了么。 ⑪④ 恶：叹词，哎。 ⑪⑤ 厌：满足。 ⑪⑥ 不居：不自居、不敢当。 ⑪⑦ 昔者：从前。 ⑪⑧ 皆有圣人之一体：意指学到了孔子一部分长处。 ⑪⑨ 具体而微：指大体具有圣人德行，但还不够博大精深。 ⑫⓪ 安：比，指和上面几位相比与哪位更接近。 ⑫① 姑舍是：暂且放下这个吧。是，指讨论的话题。 ⑫② 不同道：处世之道不同。 ⑫③ 非其君不事：不是他认可的君主不奉事。 ⑫④ 治则进：治世就入朝做官。 ⑫⑤ 何事非君：什么君主都可奉事。 ⑫⑥ 何使非民：什么人民都可役使。 ⑫⑦ 止：原意为停止，此指辞职。 ⑫⑧ 速：指迅速离开。 ⑫⑨ 吾未能有行焉：我没有做到他们那样。 ⑬⓪ 乃：至于。乃所愿：至于我的愿望。 ⑬① 班：相同。 ⑬② 君：使……为君主。 ⑬③ 汙(wū)：汙，同“洿”，夸大。 ⑬④ 阿：曲从、迎合。 ⑬⑤ 所好：所喜爱的人。 ⑬⑥ 以予观于夫子：以我宰我来看老师。予，宰我自称。 ⑬⑦ 等：差等，意指用同等标准去评价。 ⑬⑧ 莫之能违：无一能背离孔子之道。 ⑬⑨ 未有夫子也：没有孔子这样的伟大人物。 ⑭⓪ 岂惟民哉：难道只有人民有高下之分吗。 ⑭① 垤：小土堆。 ⑭② 行潦(lǎo)：路上的积水。 ⑭③ 拔：突出、超出。 ⑭④ 萃：群，类。指聚在一起的人和物。 ⑭⑤ 盛：大，此指伟大。 (燕永成)

〔鉴赏〕 在人类思想史上，总有一些思想家的著作或他们著作中的某些篇章特别难懂，有关的争论纷纭不止，始终为学术研究的热点，《孟子·公孙丑上》中知言养气等章就属于这一类。

其实，除开许多枝节问题不谈，此章的主旨还是比较明白的，这就是“知言”和“养气”。

弟子问夫子擅长什么,孟子讲了两条,第一条就是“知言”。在孟子看来,言很重要,因为言为心声,“生于其心,害于其政;发于其政,害于其事”。当时,思想界很活跃,各种思想纷争不止,孔子思想的地位远没有像汉代以后那样独处一尊,甚至出现“天下之言不归杨,则归墨”的局面。面对这种情况,孟子忧心如焚,决心为捍卫孔子的思想而斗争。要达到这一目的,首先就要知道错误思想错在哪里,而这正是孟子的所长。孟子讲,对于偏颇的言辞(诐辞),他能知道片面在什么地方,对于浮夸的言辞(淫辞),他能知道失实在什么地方,对于邪异的言辞(邪辞),他能知道偏离正道在什么地方,对于搪塞的言辞(遁辞),他能知道理屈词穷在什么地方。这就是“知言”。

孟子另一个所长是“善养浩然之气”,简称“养气”。“善养浩然之气”的“善”字大有讲究,既指养气的原则,又指养气的方法。

说“善”字指养气的原则,是讲这种气始终与义和道联系在一起,并非一般之气,这就是孟子讲的“配义与道”。这个问题要和养勇联系起来。孟子比较了历史上北宫黝、孟施舍、曾子不同的养勇方法。北宫黝遇事蛮干一气,一味求胜,只是匹夫之勇。孟施舍讲究内心的支持,能够做到内心不畏惧。二者相比,孟施舍就高一个层次了。但孟施舍又赶不上曾子,因为曾子非常重视内心之仁,凡事按内心之仁去做,就可以毫无畏惧,这与孟施舍相比层次当然就更高了。孟子进一步发展了这种思想,提出养气必须“配义与道”,这样养出来的就是义气、道气。我们经常说,某某英雄凛凛然一身浩然正气,就是说他有内心的道德支撑。匹夫之勇不讲内心的道德支撑,在中国历史上从来就是让人瞧不起的。

说“善”字指养气的方法,是讲这种气要长久地培养,不能一蹴而就,这就是孟子讲的“是集义所生者,非义袭而取之”。孟子为此讲了一则故事,说是宋人为了田里的苗快点长,不辞辛劳,把苗拔起来,帮助其成长,结果“非徒无益,而又害之”。这个著名的揠苗助长的故事后来很流行,妇幼皆知,人们多认为其主旨是强调规律的客观性,其实其原意是说养气不能心急,既要“勿忘”,又要“勿助”。“勿忘”是指有人认为养气没有用处而不去做,孟子批评这是种庄稼而不锄草的懒汉;“勿助”是指有人认为养气不是“集义而生”,而去人为助长,孟子批评这是拔苗助长的蠢人。虽然孟子两方面都讲到了,但主要还是反对后一种情况,感叹“天下之不助苗长者寡矣”。也就是说,在孟子看来,当时养气的人不少,但大多并不注意内心的自然培养,而是靠人为助长。

如此说来,孟子此章主要是讲“知言”和“养气”,内容还是比较清楚的,可是为什么历史上对它会有那么多的争论呢？根本原因之一，是人们总是试图弄清“知言”和“养气”二者的关系。但这完全是一场误会，因为其本身就是一个伪问题。

从本章的语脉分析，孟子主要是借助告子的话来谈自己的特点。孟子强调，他的特点，一是知言，一是善养浩然之气，这两个方面都与告子不同：因为孟子“知言”，深知错误理论的危害，所以不同意告子“不得于言，勿求于心”的说法；因为孟子善养浩然之气，浩然之气的基础是仁义内在，所以不同意告子的义外之说。这两个问题分属两个不同的领域，“知言”是“知言”，“养气”是“养气”，二者并没有内在的逻辑关系。因为孟子讲话随意性很强，没有作必要的分疏，人们如果只看文字，不重语脉，很容易将两个不同的问题联系起来，询问“知言”和“养气”是什么关系。汉代以来，许多大思想家，包括朱熹在内，都想方设法试图回答这个原本并不存在的问题，殚精竭虑，却又总是不能自圆其说，遂使此章成为《孟子》中最难理解的部分，根本原因就在这里。

这个教训非常深刻，它告诉我们，在研究理论问题的时候，切忌完全跟着前人的思路走，而应该努力从本根上探讨问题。这是因为，前人的思路惯性太强，而基点很可能是虚假的，沿着虚假的基点出发，只能一而再、再而三地复述着南辕北辙的故事。

（杨泽波）

滕文公下(节选)　　《孟子》

公都子①曰：“外人皆称夫子好辩，敢问何也？”

孟子曰：“予岂好辩哉？予不得已也。天下之生久矣，一治一乱。当尧之时，水逆行②，氾滥于中国，蛇龙居之，民无所定③；下者为巢，上者为营窟④。《书》曰：‘洚水⑤警余⑥。’洚水者，洪水也。使禹治之。禹掘地而注之海，驱蛇龙而放⑦之菹⑧；水由地中行⑨，江、淮、河、汉是也。险阻既远，鸟兽之害人者消，然后人得平土而居之。”

“尧舜既没，圣人之道衰，暴君代作⑩，坏宫室⑪以为污池⑫，民无所安息；弃田以为园囿⑬，使民不得衣食。邪说暴行又作，园囿、污池、沛泽⑭多而禽兽至。及纣之身，天下又大乱。周公相武王诛纣，伐奄⑮三年讨其君⑯，驱飞廉⑰于海隅而戮之,灭国者五十,驱虎、豹、犀、象而远之,天下大悦。《书》曰:'丕显⑱哉,文王谟⑲! 丕承⑳者,武王烈㉑! 佑启㉒我后人,咸以正㉓无缺㉔。'"

"世衰㉕道微㉖,邪说暴行有㉗作,臣弑其君者有之,子弑其父者有之。孔子惧,作《春秋》。《春秋》,天子之事㉘也;是故孔子曰:'知我者其惟《春秋》乎! 罪我者其惟《春秋》乎㉙!'"

"圣王不作,诸侯放恣,处士㉚横议,杨朱㉛、墨翟之言盈天下。天下之言不归㉜杨,则归墨。杨氏为我,是无君也;墨氏兼爱,是无父也。无父无君,是禽兽也。公明仪㉝曰:'庖㉞有肥肉,厩㉟有肥马;民有饥色,野有饿莩㊱,此率兽而食人也。'杨墨之道不息㊲,孔子之道不著㊳,是邪说诬民,充塞仁义也。仁义充塞,则率兽食人,人将相食。吾为此惧,闲㊴先圣之道,距㊵杨墨,放㊶淫辞,邪说者不得作。作于其心,害于其事;作于其事,害于其政。圣人复起,不易㊷吾言矣。"

"昔者禹抑㊸洪水而天下平,周公兼㊹夷狄,驱猛兽而百姓宁,孔子成《春秋》而乱臣贼子惧。《诗》云:'戎狄是㊺膺㊻,荆舒㊼是惩㊽,则莫我敢承㊾。'无父无君,是周公所膺也。我亦欲正人心,息邪说,距诐㊿行,放淫辞,以承三圣[51]者;岂好辩哉? 予不得已也。能言距杨墨者[52],圣人之徒也。"

〔注释〕 ① 公都子:孟子弟子,复姓公都。 ② 逆:不按正常方向行进。水逆行:大水横流。 ③ 无所定:没有定居的地方。 ④ 营窟:相连的洞穴。 ⑤ 洚(hóng)水:洪水。 ⑥ 警余:警诫我们。 ⑦ 放:驱逐。 ⑧ 菹:长满水草的沼泽地。 ⑨ 由地中行:顺着河道流。 ⑩ 代作:意为不断地产生。⑪ 宫室:指民房。 ⑫ 污池:水池。 ⑬ 园囿:园林。 ⑭ 沛泽:沼泽。 ⑮ 奄:古国名,在今山东曲阜县。 ⑯ 讨其君:讨伐并杀死奄国之君。 ⑰ 飞廉:纣王的谀臣。 ⑱ 丕:显。丕显:英明。 ⑲ 谟:通"谋",谋略。 ⑳ 丕承:多好地继承了先人。"者"字一作"哉"。 ㉑ 烈:功绩。 ㉒ 佑启:帮助启示。 ㉓ 咸以正:都以正道,指遵行王道。 ㉔ 缺:缺陷。 ㉕ 世衰:世风衰败。 ㉖ 道微:王道式微。 ㉗ 有作:又出现了。有,通"又"。 ㉘ 事:职事、职权。 ㉙ 罪我者其惟《春秋》乎:怪罪我的,怕也在于《春秋》这部书了(指因其有越位之嫌)。 ㉚ 处士:居家不仕的士人。 ㉛ 杨朱:战国人,具体无考。 ㉜ 归:归属。 ㉝ 公明仪:春秋鲁人,复姓公明。 ㉞ 庖:厨房。 ㉟ 厩:马厩

㊱ 莩：通“殍”，饿死的人。 ㊲ 息：停止。 ㊳ 著：显明、发扬。 ㊴ 闲：捍卫。 ㊵ 距：通“拒”，拒绝、排斥。 ㊶ 放：驱逐。 ㊷ 易：改变。 ㊸ 抑：治理。 ㊹ 兼：原意合并，此作征服。 ㊺ 是：助词，用于倒装句的宾语与动词之间。 ㊻ 膺：攻击 ㊼ 荆舒：荆，楚国，在今湖北一带；舒，舒国，在今安徽庐江县西南。 ㊽ 惩：惩罚。 ㊾ 承：抵御。莫我敢承：无人敢抵挡我。 ㊿ 诐：邪僻。 ○51 三圣：指禹、周公、孔子三位圣人。 ○52 能言距杨墨者：能著书立说驳斥杨墨主张的人。

（燕永成）

〔鉴赏〕《滕文公》篇中的第九章，是孟子借回答弟子的机会，阐述了儒家和杨朱、墨翟等其他各家的原则分歧。说明自己对他们进行批判，不是出于好辩，而是为了捍卫自尧舜以来的圣人之道。

春秋末年，当孔子创立儒家学派时，虽然也遇到过不同的观点，但却很少与别人公开进行争辩。对待不同观点的人，只是主张“道不同不相为谋”。教导弟子，要“躬自厚而薄责于人”、“讷于言而敏于行”。反对“巧言”、“利口”。甚至当着弟子的面提出：“余欲无言。”编写《春秋》，臧否人物，也是采用隐晦的笔法，“寓褒贬，别善恶”。即使对“乱臣贼子”，也不是公然进行锋芒毕露的批判，而是将自己的是非善恶标准，隐寓于对历史事实的正面论述中。

到了战国中期，情况就不同了。这时，百家争鸣的高潮已经形成，各家学派之间，相互诘难，水火难容。“是其所非，而非其所是”，争辩非常激烈，儒家学派受到严峻的挑战。当时，孟子身为儒家的领袖，肩负重任，卫道有责。于是当仁不让，“舍我其谁”。周游列国，舌战诸子。对其他各家学派，特别是对杨朱、墨翟，上纲上线地大张挞伐。在现存《孟子》一书中，与人争辩的内容就占了相当大的篇幅，所以当时人们都认为孟子喜欢与人争辩。对此，他的弟子也有点困惑不解。因为从儒家传统的观点来衡量，喜欢去与别人争辩总是不大体面的事情，起码有损于儒者谦谦君子的风度。所以弟子公都子有一次鼓起勇气向老师提出质问说：“外人皆称夫子好辩，敢问何也？”孟子也颇有感慨地回答说：“予岂好辩哉？予不得已也。”

孟子究竟迫于什么而非要去和别人争辩不可呢？

首先，他认为儒家以外的各家学说，均为邪说淫辞，如果任其泛滥，将会“充塞”仁义，助纣为虐，使天下永无宁日。

其次，他认为，战国时期，邪说淫辞的流行泛滥出现了历史上从未有过的新特点，这就是他所说的“处士横议”。处士，就是没有官位的知识分子；横议，就是大量而系统地散布邪说淫辞。孟子对这一政治思想领域里出现的新特点，非常敏感和重视。因为过去学在官府，平民百姓缺少文化，所以当时散布邪说的人，同时也是身在官位的人;起来批判邪说的人,也是圣君贤相,如文武周公等人。后来文化下移,社会上出现了平民收徒讲学的现象,并形成不同的学派。但春秋时期,真正成为学派的还只有儒家一家。而儒家的宗旨,又在于恢复周礼,拨乱反正。虽然当时已经出现有反对儒家观点者,但尚未形成有组织的学派。孔子作《春秋》,批判的主要对象也还是"乱臣贼子"。因为"《春秋》天子之事也",所以孔子还认为自己有"越位"之嫌,曾不无歉疚地说:"知我者其惟《春秋》乎!罪我者其惟《春秋》乎!"孟子认为,到了战国时期,形势发生了重大变化,出现"处士横议"的局面,致使邪说淫辞流传速度之快,泛滥范围之广,都是空前的。当时已经是"杨朱、墨翟之言盈天下。天下之言不归杨,则归墨。"这已经关系到儒家的前途命运和天下的治乱兴亡。因为"杨墨之道不息,孔子之道不著,是邪说诬民,充塞仁义也。仁义充塞,则率兽食人,人将相食"。孟子认为,自己在如此严重的形势面前,必须肩负起"正人心,息邪说,距诐行,放淫辞,以承三圣者"的历史使命,决不能再保持缄默了。

孟子所以把杨墨二家作为当时邪说淫辞的代表加以集中批判,是因为他们的学说危及了儒家理论最主要的基石——事君和尊亲。孟子指出:"杨子取为我,拔一毛而利天下不为也。墨子兼爱,摩顶放踵,利天下为之。"又说:"杨氏为我,是无君也;墨氏兼爱,是无父也。无父无君,是禽兽也。"孟子这里已经开除了他们的"人籍",言词之激烈可谓无以复加了。

杨朱为战国初期道家学派的代表。既然其言"盈天下",可见在当时影响还是相当大的。杨朱主张的"为我",看来并非要人千方百计去敛财谋利,而是要人把自己的身心健康看得高于一切。所以韩非又说他是一位"轻物重生之士"。《淮南子》称他主张"全性葆真,不以物累形"。如果把这一主张推到极端,当然就是拔他们一根毫毛去做利国利民的大事,他们也不肯去干的。而儒家则主张以天下为己任,即使知道自己治国之道没人采纳,也要积极向人君宣传劝说。所以"孔子三月无君则皇皇如也"。杨朱则是千方百计与统治者保持距离,采取不合作主义。已经不是"避人之士",而是"避世之士"。即"欲洁其身而乱大伦",直接违背了儒家君臣之大伦。所以孟子说他是"无君"。

墨子的主张,有的看来正和杨朱相反,他主张"摩顶放踵,利天下为之"。但是,墨子区分利害的标准却与儒家不同,墨子把厚葬久丧,祭礼祖先等礼仪活动,都看成是靡费人民的财货,妨碍人民的生产活动,是使人民陷于饥寒的主要原因,因而是天下之大害。又主张"爱无差等",否认决定宗法制度的血缘关系,把父子视同路人,这又是和儒家的主张针锋相对的。所以孟子说墨家是“无父”。看来,骂杨墨为“禽兽”,对儒家来说,还不能算是单纯人身攻击之词。因为儒家认为,人和动物最根本区别,就在于人有基于仁义礼智而维持的君臣、父子、夫妇、兄弟、朋友等伦常关系。其中君臣、父子又是人伦之大者。所以主张“无君”、“无父”的人,“是禽兽也”。

孟子对杨墨开展的批判,维护了儒家的根本观点,为后来儒家学派的流传和发展奠定了基础。所以后世儒家每当受到“异端”攻击时,总是以孟子批杨墨作号召。唐代韩愈写《原道》,称赞孟子“功不在禹下”,为孟子在儒家中的崇高地位奠定了基础。

(翟廷瑨)

离 娄 上 《孟子》

孟子曰:“离娄①之明②,公输子③之巧,不以规矩④,不能成方员;师旷⑤之聪⑥,不以六律⑦,不能正五音⑧;尧舜之道,不以仁政,不能平治天下。今有仁心仁闻⑨而民不被⑩其泽,不可法⑪于后世者,不行先王之道也。故曰,徒⑫善不足以为政,徒法不能以自行。诗云:‘不愆⑬不忘,率⑭由⑮旧章。’遵先王之法而过者,未之有也。圣人既竭目力焉,继⑯之以规矩准绳⑰,以为方员平直⑱,不可胜⑲用也;既竭耳力焉,继之以六律,正⑳五音,不可胜用也;既竭心思焉,继之以不忍人之政㉑,而仁覆天下矣。故曰,为高㉒必因㉓丘陵,为下㉔必因川泽。为政不因先王之道,可谓智乎?是以惟仁者宜在高位。不仁而在高位㉕,是播其恶于众也。上无道揆㉖也,下无法守也,朝不信道,工不信度,君子犯义,小人犯刑,国之所存者幸㉗也。故曰:城郭不完㉘,兵甲不多,非国之灾也;田野不辟㉙,货财不聚,非国之害也。上无礼,下无学㉚,贼民兴,丧㉛无日矣。诗曰:‘天之方㉜蹶㉝,无然泄泄㉞。’泄泄,犹沓沓㉟也。事君无义,进退无礼,言则非先王之道者,犹沓沓也。故曰:责难㊱于君谓之恭,陈善闭邪㊲谓之敬,吾君不能谓之贼。”

孟子曰："规矩，方员之至[38]也；圣人，人伦之至也。欲为君尽君道，欲为臣尽臣道，二者皆法[39]尧舜而已矣。不以舜之所以事尧事君，不敬其君者也；不以尧之所以治民治民，贼其民者也。孔子曰：'道二：仁与不仁而已矣。'暴[40]其民甚，则身弑[41]国亡；不甚，则身危国削。名[42]之曰'幽厉'，虽孝子慈孙，百世不能改也。诗云'殷鉴[43]不远，在夏后之世'，此之谓也。"

孟子曰："三代之得天下也以仁，其失天下也以不仁。国[44]之所以废兴存亡者亦然。天子不仁，不保[45]四海[46]；诸侯不仁，不保社稷；卿大夫不仁，不保宗庙[47]；士庶人不仁，不保四体[48]。今恶死亡而乐不仁，是犹恶醉而强[49]酒。"

孟子曰："爱人不亲反[50]其仁，治人不治反其智，礼人[51]不答反其敬。行有不得[52]者，皆反求诸己，其身正而天下[53]归之。诗云：'永言配命[54]，自求多福。'"

孟子曰："人有恒言[55]，皆曰'天下国家'。天下之本在国，国之本在家，家之本在身[56]。"

孟子曰："为政不难，不得罪于巨室[57]。巨室之所慕[58]，一国慕之；一国之所慕，天下慕之；故沛然[59]德教溢乎四海。"

孟子曰："天下有道，小德役大德[60]，小贤役大贤；天下无道，小役大[61]，弱役强。斯二者天[62]也，顺天者存，逆天者亡。齐景公曰：'既不能令，又不受命[63]，是绝物[64]也。'涕出而女于吴[65]。今也小国师[66]大国而耻[67]受命焉，是犹弟子[68]而耻受命于先师也。如耻之，莫若师文王。师文王，大国五年，小国七年，必为政于天下[69]矣。诗云：'商之孙子[70]，其丽[71]不亿[72]。上帝既命，侯[73]于周服。侯服于周，天命靡[74]常。殷士肤敏[75]，裸[76]将[77]于京[78]。'孔子曰：'仁不可为众也[79]。夫国君好仁，天下无敌。'今也欲无敌于天下而不以仁，是犹执热[80]而不以濯[81]也。诗云：'谁能执热，逝[82]不以濯？'"

孟子曰："不仁者可与言[83]哉？安其[84]危而利其菑[85]，乐其所以亡者。不仁而[86]可与言，则何亡国败家之有？有孺子[87]歌曰：'沧浪之水清兮，可以濯[88]我缨[89]；沧浪之水浊兮，可以濯我足。'孔子曰：'小子[90]听之！清斯[91]濯缨，浊斯濯足矣，自取之也。'夫人必自侮[92]，然后人侮之；家必自毁[93]，而后人毁之；国必自伐[94]，而后人伐之。太甲曰：'天作[95]孽，犹可违[96]；自作孽，不可活[97]。'此之谓也。"

孟子曰："桀纣之失天下也，失其民也；失其民者，失其心也。得天下有道：得其民，斯得天下矣；得其民有道：得其心，斯得民矣；得其心有道：所欲与[98]之聚之，所恶勿施[99]尔也。民之归仁[100]也，犹水之就[101]下、兽之走圹[102]也。故为渊敺[103]鱼者，獭也；为丛敺爵[104]者，鹯[105]也；为汤武敺民者，桀与纣也。今天下之君有好仁者，则诸侯皆为之敺矣。虽欲无[106]王，不可得已。今之欲王者，犹七年之病求三年之艾[107]也。苟为不畜[108]，终身不得。苟不志于仁，终身忧辱[109]，以陷于死亡。诗云'其何能淑[110]，载[111]胥[112]及溺[113]'，此之谓也。"

孟子曰："自暴[114]者，不可与有言[115]也；自弃者，不可与有为[116]也。言非礼义，谓之自暴也；吾身不能居仁由义[117]，谓之自弃也。仁，人之安宅也；义，人之正路也。旷[118]安宅而弗居，舍正路而不由[119]，哀哉！"

孟子曰："道在尔[120]而求诸远，事在易而求之难。人人亲其亲、长其长[121]而天下平。"

孟子曰："居下位[122]而不获[123]于上，民不可得而治也。获于上有道：不信[124]于友，弗获于上矣；信[125]于友有道：事亲弗悦，弗信于友矣；悦亲有道：反身不诚，不悦于亲矣；诚身有道：不明乎善，不诚其身矣。是故诚者，天之道[126]也；思[127]诚者，人之道也。至诚而不动[128]者，未之有也；不诚，未有能动者也。"

孟子曰："伯夷辟[129]纣，居北海之滨，闻文王作，兴曰：'盍归乎来！吾闻西伯善养老者。'太公辟纣，居东海之滨，闻文王作，兴曰：'盍归乎来！吾闻西伯善养老者。'二老[130]者，天下之大老[131]也，而归之，是天下之父归之也。天下之父归之，其子焉往？诸侯有行文王之政者，七年之内，必为政于天下矣。"

孟子曰："求也为季氏宰[132]，无能改于其德，而赋粟[133]倍他日[134]。孔子曰：'求非我徒也，小子[135]鸣鼓而攻之可也。'由此观之，君不行仁政而富之，皆弃[136]于孔子者也。况于为之强战[137]？争地以战，杀人盈野；争城以战，杀人盈城。此所谓率土地而食人肉，罪不容于死。故善战者服上刑[138]，连诸侯者[139]次之，辟草莱[140]、任土地[141]者次之。"

孟子曰："存[142]乎人者，莫良[143]于眸子[144]。眸子不能掩其恶。胸中正，则眸子瞭[145]焉；胸中不正，则眸子眊[146]焉。听其言也，观其眸子，人焉廋[147]哉？"

孟子曰："恭者不侮人，俭者不夺人。侮夺人之君，惟恐不顺焉，恶得为恭俭？恭俭岂可以声音笑貌为[148]哉？"

淳于髡曰："男女授受不亲[149]，礼与？"孟子曰："礼也。"曰："嫂溺则援[150]之以手乎？"曰："嫂溺不援，是豺狼也。男女授受不亲，礼也；嫂溺援之以手者，权[151]也。"曰："今天下溺矣，夫子之不援，何也？"曰："天下溺，援之以道；嫂溺，援之以手[152]。子欲手援天下乎？"

公孙丑曰："君子之不教子，何也？"孟子曰："势不行[153]也。教者必以正[154]；以正不行，继之以怒；继之以怒，则反夷[155]矣。'夫子教我以正，夫子未出于正也。'则是父子相夷也。父子相夷，则恶矣。古者易子而教之。父子之间不责[156]善。责善则离[157]，离则不祥[158]莫大焉。"

孟子曰："事[159]孰为大？事亲为大；守[160]孰为大？守身为大。不失其身[161]而能事其亲者，吾闻之矣；失其身而能事其亲者，吾未之闻也。孰不为事？事亲，事之本也；孰不为守？守身，守之本也。曾子养[162]曾皙，必有酒肉。将彻[163]，必请[164]所与。问有余,必曰‘有’。曾皙死,曾元养曾子,必有酒肉。将彻,不请所与。问有余,曰‘亡矣’。将以复进[165]也,此所谓养口体者也[166]。若曾子,则可谓养志[167]也。事亲若曾子者,可也。”

孟子曰:“人[168]不足与适[169]也,政不足间[170]也。惟大人为能格[171]君心之非。君仁莫不仁,君义莫不义,君正莫不正。一正君而国定矣。”

孟子曰:“有不虞之誉[172],有求全之毁[173]。”

孟子曰:“人之易[174]其言也,无责耳矣。”

孟子曰:“人之患在好为人师。”

乐正子从于子敖之齐。乐正子见孟子。孟子曰:“子亦来见我乎?”曰:“先生何为出此言也?”曰:“子来几日矣?”曰:“昔者。”曰:“昔者[175],则我出此言也,不亦宜[176]乎?”曰:“舍馆[177]未定。”曰:“子闻之也,舍馆定,然后求见长者乎?”曰:“克有罪[178]。”

孟子谓乐正子曰:“子之从于子敖来,徒餔啜[179]也。我不意子学古之道,而以[180]餔啜也。”

孟子曰:“不孝有三,无后[181]为大。舜不告[182]而[183]娶,为无后也,君子以为犹告也。”

孟子曰:“仁之实,事亲是也;义之实,从兄是也。智之实[184],知斯二者弗去[185]是也;礼之实,节文[186]斯二者是也;乐之实,乐斯二者,乐则生矣;生则恶可已也,恶可已,则不知足之蹈之、手之舞之。”

孟子曰:“天下大悦而将归己。视天下悦而归己,犹草芥[187]也,惟舜为然。不得乎亲,不可以为人;不顺乎亲,不可以为子。舜尽事亲之道而瞽瞍[188]厎豫[189],瞽瞍厎豫而天下化,瞽瞍厎豫而天下之为父子者[190]定,此之谓大孝。”

〔注释〕 ① 离娄:即离朱,古之明目者,能视于百步之外,见秋毫之末。 ② 明:眼力。

③ 公输子：即公输班，又称为鲁班。 ④ 规矩：规，圆规；矩，曲尺。 ⑤ 师况：春秋时乐师。生而目盲，善辨声乐。 ⑥ 聪：听力。 ⑦ 六律：六音器，指黄钟、太蔟、姑洗、蕤宾、夷则、无射。 ⑧ 五音：中国音阶之名，官、商、角、徵、羽。 ⑨ 闻：声誉。 ⑩ 被：受。 ⑪ 法：取法、效法。 ⑫ 徒：只有、仅仅。 ⑬ 愆：过失。 ⑭ 率：皆。 ⑮ 由：遵从。 ⑯ 继：接着。 ⑰ 准绳：准，测定平面的水准仪；绳，画直线的墨线。 ⑱ 方员平直：指各种形状的器物。员，通“圆”。 ⑲ 胜：尽。 ⑳ 正：校正。 ㉑ 不忍人之政：即仁政。 ㉒ 为高：筑高。为，作。 ㉓ 因：凭借、依据。 ㉔ 下：深池。 ㉕ 高位：高职位。指官位高。 ㉖ 道揆：以义理度量事物。 ㉗ 幸：侥幸。 ㉘ 完：坚固。 ㉙ 辟：开垦。 ㉚ 学：此指教养。 ㉛ 丧：亡国。 ㉜方：正。 ㉝ 蹶：动。 ㉞ 无然泄泄：无，通“毋”，不要；然，这样；泄泄，多言的样子。 ㉟ 沓沓：语多的样子。 ㊱ 责难：责求人做难为之事，指行仁政。 ㊲ 陈善闭邪：讲说仁义，堵塞邪恶。 ㊳ 至：极，指标准。 ㊴ 法：取法、效法。 ㊵ 暴：暴虐。 ㊶ 弑：被杀。 ㊷ 名：称，指加恶谥。 ㊸ 鉴：借鉴。 ㊹ 国：诸侯国。 ㊺ 保：拥有。 ㊻ 四海：指天下。 ㊼ 宗庙：指采邑。 ㊽ 四体：四肢，代指自身、自己。 ㊾ 强(qiǎng)：勉强。 ㊿ 反：反省。 (51) 礼人：以礼待人。 (52) 不得：不能得到预期的效果。 (53) 天下：指天下人。 (54) 配命：与天命相配合。 (55) 恒：常。恒言：常用语、常说。 (56) 身：一个人的本身。 (57) 巨室：大家族，指当时有势力的卿大夫之家。 (58) 慕：敬慕。 (59) 沛然：盛大流行的样子。 (60) 小德役大德：道德不高的人为道德高的人所役使。役，为……役使。 (61) 小役大：力量小者役使力量大者。役，役使。 (62) 天：天意、天命。 (63) 受命：听命、听号令。 (64) 绝物：断绝有关人事交往。 (65) 涕：流泪。女(nǜ)：嫁女。涕出而女于吴：指齐景公流泪嫁女于吴王阖闾事。 (66) 师：师事。 (67) 耻：以……为耻。 (68) 弟子：学生、门徒。 (69) 为政于天下：指治理天下之政。 (70) 孙子：子孙。 (71) 丽：数目。 (72) 亿：古以十万为亿。 (73) 侯：乃、就。 (74) 靡：同“非”，无。 (75) 肤敏：品德优美、言行敏捷。 (76) 祼(guàn)：古代帝王以酒祭祖先或赐宾客饮之礼，此指祭祖仪式。 (77) 将：助。 (78) 京：指周京。 (79) 仁不可为众也：仁德的力量，是不能拿人多少来计算的。 (80) 执：执持。执热：执持热的东西。 (81) 濯：洗。 (82) 逝：发语词，无义。 (83) 言：商谈、交谈。 (84) 其：彼、他人。 (85) 菑：通“灾”。 (86) 而：如果。 (87) 孺子：小孩。 (88) 濯：洗。 (89) 缨：帽缨。 (90) 小子：老师对学生的称呼。 (91) 斯：则，就。 (92) 自侮：自取侮辱。 (93) 自毁：自取毁败。 (94) 自伐：自取讨伐。 (95) 作：造作、制造。 (96) 违：离、逃避。 (97) 活：“逭”的借字，逃。 (98) 与：给予。 (99) 施：加。 (100) 归仁：归服于仁德。 (101) 就：趋向。 (102) 走圹：走，奔跑；圹，原野。 (103) 敺：通“驱”。 (104) 爵：通“雀”。 (105) 鹯(zhān)：一种猛禽。 (106) 无：通“毋”。 (107) 艾：草名。有香气，干后制成艾绒，可作灸用，干久益善。 (108) 蓄：积蓄。 (109) 忧辱：忧，担忧、担心；辱，受辱。 (110) 淑：善。 (111) 载：则。 (112) 胥(xū)：语气助词，无义。一说为“相”。 (113) 及溺：陷入危难。 (114) 暴：糟蹋、害。 (115) 有言：有价值的言语。 (116) 有为：有所作为。 (117) 居仁由义：居心于仁，行道由义。 (118) 旷：空。 (119) 由：行走。 (120) 尔：通“迩”，近。 (121) 亲其亲、长其长：亲爱自己的父母，尊敬自己的长辈。 (122) 下位：低下的职位。 (123) 获：获得(信任)。 (124) 不信：得不到信任。 (125) 信：动词，取信。 (126) 天之道：自然的规律。 (127) 思：欲、求。 (128) 动：被感动。 (129) 辟：通“避”。 (130) 二老：指伯夷、太公望。 (131) 大老：年高望重者。 (132) 宰：家臣。 (133) 赋粟：田赋。 (134) 他日：常日，指冉求未做季氏家臣时。 (135) 小子：孔子称呼自己众多的学生。 (136) 弃：屏弃、唾弃。 (137) 强战：努力作战。 (138) 服上刑：服，受、用；上刑，重刑。 (139) 连诸侯者：指战国时期的纵横家。 (140) 草莱：荒地。 (141) 任土

地：根据土地情况制定田赋。 ⑭② 存：观察。 ⑭③ 良：好。 ⑭④ 眸子：眼睛。 ⑭⑤ 瞭：明亮。 ⑭⑥ 眊(mào)：昏眊，指朦然不明的样子。 ⑭⑦ 廋(sōu)：隐匿。 ⑭⑧ 为：通“伪”，伪装。 ⑭⑨ 授受不亲：授，授予；受，接受；亲，接近、接触。 ⑮⓪ 援：引、拉。 ⑮① 权：权变、变通。 ⑮② 手：用手。 ⑮③ 不行：行不通。 ⑮④ 正：正面道理。 ⑮⑤ 夷：伤害。 ⑮⑥ 责：责求。 ⑮⑦ 离：有隔阂。 ⑮⑧ 祥：善。 ⑮⑨ 事：侍奉。 ⑯⓪ 守：执守。 ⑯① 身：自身的德义。 ⑯② 养：赡养。 ⑯③ 彻：通“撤”，撤除。 ⑯④ 请：请问。 ⑯⑤ 进：进用。 ⑯⑥ 此所谓养口体者也：这就是所谓的口体之养。 ⑯⑦ 养志：心志之奉养。 ⑯⑧ 人：相对于后文“大人”而言，指“小人”。 ⑯⑨ 适：通“谪”，谴责。 ⑰⓪ 间：非议。 ⑰① 格：纠正。 ⑰② 虞：料想。誉：赞誉。不虞之誉：意想不到的赞扬。 ⑰③ 求全之毁：因过分追求完美而招致诋毁。 ⑰④ 易：改易。 ⑰⑤ 昔者：前日。 ⑰⑥ 宜：合适、应该。 ⑰⑦ 馆：客舍、住所。 ⑰⑧ 罪：过错。 ⑰⑨ 餔(bū)啜(chuò)：此作吃饭。餔：食。啜：饮。 ⑱⓪ 以：为着，为了。 ⑱① 后：后嗣，后代。 ⑱② 告：禀告。 ⑱③ 而：就。 ⑱④ 实：此作主要内容。 ⑱⑤ 去：放弃。 ⑱⑥ 节文：节，节制；文，修饰。 ⑱⑦ 草芥：比喻微贱之物。 ⑱⑧ 瞽瞍：舜父。 ⑱⑨ 厎(zhǐ)：致；豫：乐。厎豫：由不乐到乐。 ⑲⓪ 为父子者：父子之伦常。

（张　静）

〔**鉴赏**〕《离娄》是孟子亲自所作的一篇文章。此文论述面颇广，其中讨论的为君之道、君臣关系是极可注意的。

孟子提倡仁政，反对暴政，因此，他在阐述为君之道时十分强调君主个人的品德。他说：“欲为君尽君道，欲为臣尽臣道，二者皆法尧舜而已矣。不以舜之所以事尧事君，不敬其君者也；不以尧之所以治民治民，贼其民者也。孔子曰：‘道二：仁与不仁而已矣。’暴其民甚，则身弑国亡。”这段话中有两个问题值得重视，一是为君必须尽君道，二是强调治理国家应该行使仁政，反对暴政。孟子借用孔子的话“国君好仁，天下无敌”，强调“天下之本在国，国之本在家，家之本在身”。也就是说，国君个人品德如何，将决定国家存亡。他认为，“三代之得天下也以仁，其失天下也以不仁。国之所以废兴存亡者亦然。天子不仁，不保四海；诸侯不仁，不保社稷；卿大夫不仁，不保宗庙；士庶人不仁，不保四体”。正由于国君是一国安危所系，所以孟子十分强调“正君心”，他说：“君仁莫不仁，君义莫不义，君正莫不正。一正君而国定矣。”这种思想对后世影响颇多，如宋代大理学家朱熹、张栻等人对“正君心”都极为欣赏。

孟子深深懂得君主个人品德好恶与民心向背的关系：“桀纣之失天下也，失其民也；失其民者，失其心也。得天下有道：得其民，斯得天下矣；得其民有道：得其心，斯得民矣”，他认为“为汤武驱民者，桀与纣也”。可见，君主品德好恶是导致民心向背的真正原因。在《梁惠王》中，孟子提出的“保民而王”，保民自然要得民心，否则“保民”便成了一句空话。显然，这种观点无疑是正确的，至今仍然有一定参考价值。

虽然孟子强调“尧舜之道，不以仁政，不能平治天下”，但是他认为“徒善不足以为政，徒法不能以自行”，因为“上无道揆”，那么“下无法守”，从而导致“朝不信道，工不信度，君子犯义，小人犯刑”的结果。也就是说，尧舜虽以善政治国，但也应以法治作为辅助。

孟子以为，城郭不完、兵甲不多、田野不辟、货财不聚，都不是国家的灾难。在他看来，“人必自侮，然后人侮之；家必自毁，而后人毁之；国必自伐，而后人伐之”，而“上无礼，下无学”这种“自伐”，是导致国家败亡的真正原因。

《离娄》在讨论为君之道的同时还讨论了君臣关系，本篇中记载孟子对齐宣王所说的一段话：“君之视臣如手足，则臣视君如腹心；君之视臣如犬马，则臣视君如国人；君之视臣如土芥，则臣视君如寇仇。”自然，这种君臣如寇仇的关系，不是正常的君臣关系。

那么什么是正常的君臣关系呢？《梁惠王》中提出的“君臣有义”便是正常的君臣关系。君臣有义是一种双向的关系，而非一种单向的义务关系。

《告子》中提出大臣辅君主要责任是“务引其君以当道，志于仁而已”，而君主能听取谏言，则会“膏泽下于民”。他在《离娄》中认为那些为国君横征暴敛、穷兵黩武的大臣是助纣为虐，是“民贼”而非“良臣”：“今之所谓良臣，古之所谓民贼也。君不乡道，不志于仁，而求富之，是富桀也。‘我能为君约与国，战必克。’今之所谓良臣，古之所谓民贼也。君不乡道，不志于仁，而求为之强战，是辅桀也。”

因此，孟子以为“责难于君谓之恭，陈善闭邪谓之敬”，意思是臣下要求君主做到难做到之事（如仁义）才是恭，陈说善道、防止邪道才是敬，否则便是害君。这种君臣关系才是“君臣有义”。《万章》中甚至提出：“君有大过则谏，反复之而不听，则易位。”易位就是避位而去。在他看来，国君“无罪而杀士，则大夫可以去；无罪而戮民，则士可以徙。”

在孟子看来，维系君臣关系并非是单纯的国君委臣下官职、给其田宅，而臣下为国君效力的利益关系，因为两者之间还有一个“情”在内。他曾说，如果大臣确有原因要去其他国家任职，国君应该派人送其离开国境，去国三年不返回，才收回该大臣的田宅；而现在大臣“谏则不行，言则不听，膏泽不下于民”，离开国君而去，而国君却在该大臣“去之日，遂收其田里”，孟子认为这是“寇仇”，“寇仇何服之有？”显然，孟子所说的君臣关系并非后世的“愚忠”，而是建立在一种双向的关系之上，即“君臣有义”。

孟子对士大夫个人的道德修养也十分重视。在《离娄》中，他强调说："人之所以异于禽兽者几希，庶民去之，君子存之"，而"自暴者，不可与有言也；自弃者，不可与有为也。言非礼义，谓之自暴也；吾身不能居仁由义，谓之自弃也。仁，人之安宅也；义，人之正路也。旷安宅而弗居，舍正路而不由，哀哉！"因此，他对那些只知为国君聚敛财物之人而不注重道德修养者深恶痛绝。《离娄》中记载孔子学生由求担任权臣季氏之宰，"赋粟倍他日"，孔子便说"求非我徒也，小子鸣鼓而攻之可也"。孟子对此大发感叹："由此观之，君不行仁政而富之，皆弃于孔子者也"，在此基础上，他进一步阐述："争地以战，杀人盈野；争城以战，杀人盈城。此所谓率土地而食人肉，罪不容于死。故善战者服上刑，连诸侯者次之，辟草莱、任土地者次之。"也就是说，孟子强调以道德来制服对手，不应该以强力来压服对手。因此，孟子说："以善服人者，未有能服人者也；以善养人，然后能服天下。天下不心服而王者，未之有也。"

在本篇中，孟子还讨论了父子关系以及诚等重要伦理概念，限于篇幅，这里就不多介绍了。

（汤勤福）

告　子　上(节选)　　《孟子》

告子曰："性① 犹杞柳② 也，义③ 犹桮棬④ 也；以人性为仁义⑤，犹以杞柳为⑥ 桮棬。"

孟子曰："子能顺杞柳之性而以为桮棬乎？将戕贼杞柳⑦ 而后以为桮棬也？如将戕贼杞柳而以为桮棬，则亦将戕贼人以为仁义与⑧？率⑨ 天下之人而祸⑩ 仁义者，必子之言夫⑪！"

告子曰："性犹湍水⑫ 也，决⑬ 诸东方则东流，决诸西方则西流。人性之无分⑭ 于善不善也，犹水之无分于东西也。"

孟子曰："水信⑮ 无分于东西，无分于上下乎？人性之善也，犹水之就⑯ 下也。人无有不善，水无有不下。今夫水，搏⑰ 而跃⑱ 之，可使过颡⑲；激⑳ 而行之，可使在山。是岂水之性哉？其势则然㉑ 也。人之可使为不善，其性亦犹是㉒ 也。"

告子曰："生之谓性㉓。"

孟子曰："生之谓性也，犹白之谓白与㉔？"

曰:“然。”

“白羽之白也,犹白雪之白;白雪之白犹白玉之白与?”

曰:“然。”

“然则[25]犬之性犹牛之性,牛之性犹[26]人之性与?”

告子曰:“食色[27],性也。仁,内也,非外也;义,外也,非内也。”……

公都子曰:“告子曰:‘性无善无不善也。’或曰:‘性可以为[28]善,可以为不善;是故文武[29]兴,则民好善;幽厉[30]兴,则民好暴。’或曰:‘有性善,有性不善;是故以尧为君而有象;以瞽瞍为父而有舜;以纣为兄之子,且以为君,而有微子启、王子比干。’今曰‘性善’,然则彼皆非[31]与?”

孟子曰:“乃若[32]其情[33],则可以为善矣,乃所谓善也。若夫为不善,非才[34]之罪也。恻隐之心,人皆有之;羞恶之心,人皆有之;恭敬之心,人皆有之;是非之心,人皆有之。恻隐之心,仁也;羞恶之心,义也;恭敬之心,礼也;是非之心,智也。仁义礼智,非由外铄[35]我也,我固有之也,弗思[36]耳矣。故曰,‘求则得之,舍则失之。’或相倍蓰[37]而无算[38]者,不能尽其才[39]者也。《诗》曰,‘天生蒸[40]民,有物有则[41]。民之秉[42]彝[43],好是懿德[44]。’孔子曰:‘为此诗者,其知道乎!故有物必有则;民之秉彝也,故好是懿德。’”

孟子曰:“富岁[45],子弟多赖[46];凶岁[47],子弟多暴[48],非天之降才[49]尔[50]殊[51]也,其所以陷溺[52]其心者然也。今夫辫麦[53],播种而耰[54]之,其地同,树[55]之时又同,浡然[56]而生,至于日至[57]之时,皆熟矣。虽有不同,则地有肥硗[58],雨露之养、人事[59]之不齐[60]也。故凡同类者,举[61]相似也,何独至于人而疑之?圣人,与我同类者。故龙子[62]曰:‘不知足而为屦[63],我知其不为蒉[64]也。’屦之相似,天下之足同也。口之于味,有同耆[65]也;易牙[66]先得我口之所耆者也。如使口之于味也,其性与人殊[67],若犬马之与我不同类也，则天下何耆皆从[68]易牙之于味也？至于味，天下期[69]于易牙，是天下之口相似也。惟[70]耳亦然。至于声，天下期于师旷[71]，是天下之耳相似也。惟目亦然。至于子都[72]，天下莫不知其姣[73]也。不知子都之姣者，无目者也。故曰，口之于味也，有同耆焉；耳之于声也，有同听焉；目之于色也，有同美焉。至于心，独无所同然乎？心之所同然者何也？谓理也，义也。圣人先得我心之所同然耳。故理义之悦我心，犹刍豢[74]之悦我口。”

孟子曰：“牛山[75]之木尝美矣，以其郊[76]于大国也，斧斤[77]伐之，可以为美[78]乎？是其日夜之所息[79]，雨露之所润，非无萌蘖[80]之生焉，牛羊又从而牧之[81]，是以若彼濯濯[82]也。人见其濯濯也，以为未尝有材[83]焉，此岂山之性[84]也哉？虽存乎人[85]者，岂无仁义之心哉？其所以放其良心[86]者，亦犹斧斤之于木也，旦旦[87]而伐之，可以为美乎？其日夜之所息[88]，平旦[89]之气，其好恶与人相近也者几希[90]，则其旦昼[91]之所为，有[92]梏[93]亡[94]之矣。梏之反覆，则其夜气[95]不足以存；夜气不足以存，则其违[96]禽兽不远矣。人见其禽兽也，而以为未尝有才[97]焉者，是岂人之情[98]也哉？故苟得其养[99]，无物不长；苟失其养，无物不消[100]。孔子曰：‘操[101]则存，舍[102]则亡；出入无时，莫知其乡[103]。’惟心之谓与[104]？”……

孟子曰：“鱼，我所欲也，熊掌亦我所欲也；二者不可得兼[105]，舍鱼而取熊掌者也。生亦我所欲也，义亦我所欲也；二者不可得兼，舍生而取义者也。生亦我所欲，所欲有甚于生者，故不为苟得[106]也；死亦我所恶，所恶有甚于死者，故患[107]有所不辟[108]也。如使人之所欲莫甚于生，则凡可以得生者，何不用也？使人之所恶莫甚于死者，则凡可以辟患者，何不为也？由是则生而有不用也，由是则可以辟患而有不为也，是故所欲有甚于生者，所恶有甚于死者。非独贤者有是心也，人皆有之，贤者能勿丧耳。一箪[109]食，一豆[110]羹，得之则生，弗得则死，嘑尔[111]而与之[112]，行道之人弗受；蹴[113]尔而与之，乞人[114]不屑也；万钟[115]则不辩礼义而受之。万钟于我何加[116]焉？为宫室之美、妻妾之奉、所识穷乏者得我[117]与？乡[118]为身死而不受，今为宫室之美为之；乡为身死而不受，今为妻妾之奉为之；乡为身死而不受，今为所识穷乏者得我而为之，是亦不可以已[119]乎？此之谓失其本心。”

孟子曰：“仁，人心也；义，人路也。舍其路而弗由[120]，放[121]其心而不知求，哀哉！人有鸡犬放，则知求之；有放心而不知求。学问之道无他，求其放心[122]而已矣。”……

孟子曰：“人之于身[123]也，兼所爱[124]。兼所爱，则兼所养[125]也。无尺寸之肤不爱焉，则无尺寸之肤不养也。所以考[126]其善不善者，岂有他哉？于己取[127]之而已矣。体有贵贱[128]，有小大[129]。无以小害大，无以贱害贵。养其小者为小人，养其大者为大人[130]。今有场师[131]，舍其梧槚[132]，养其樲棘[133]，则为贱场师焉。养其一指而失其肩背，而不知也，则为狼疾[134]人也。饮食之人[135]，则人贱之矣，为其养小以失大也。饮食之人无有失[136]也，则口腹岂适为尺寸之肤哉[137]？”

公都子问曰：“钧[138]是人也，或为大人，或为小人，何也？”

孟子曰：“从[139]其大体[140]为大人，从其小体[141]为小人。”

曰：“钧是人也，或从其大体，或从其小体，何也？”

曰：“耳目之官[142]不思[143]，而蔽于物[144]。物交物[145]，则引[146]之而已矣。心之官则思，思则得之[147]，不思则不得也。此[148]天之所与我[149]者。先立[150]乎其大者[151]，则其小者不能夺[152]也。此为大人而已矣。”

孟子曰：“有天爵[153]者，有人爵[154]者。仁义忠信，乐善不倦，此天爵也；公卿大夫，此人爵也。古之人修[155]其天爵，而人爵从之[156]。今之人修其天爵，以要[157]人爵；既得人爵，而弃其天爵，则惑之甚[158]者也，终亦必亡而已矣。”

孟子曰：“欲贵者，人之同心也。人人有贵于己[159]者，弗思耳矣。人之所贵者[160]，非良贵[161]也。赵孟[162]之所贵，赵孟能贱之[163]。《诗》云：‘既醉以酒，既饱以德。’言饱乎仁义[164]也，所以不愿[165]人之膏粱[166]之味也；令闻广誉[167]施于身，所以不愿人之文绣[168]也。”

〔注释〕 ① 性：人的本性。 ② 杞(qǐ)柳：一种柳树，枝条细长柔韧，可编织箱筐等器物。 ③ 义：义理，此指道理。 ④ 桮(bēi)棬：木质饮水器具。桮，同“杯”；棬，以木制成胎坯。 ⑤ 以人性为仁义：把人性纳入仁义。 ⑥ 为：制作。 ⑦ 戕(qiāng)贼杞柳：毁害杞柳的本性。戕，与贼同义。 ⑧ 则亦将戕贼人以为仁义与：那么也要残害人的本性而使之具有仁义吗。 ⑨ 率：带领。 ⑩ 祸：危害。 ⑪ 必子之言夫：一定是你的这种学说了。言，言论，此指学说；夫，表示感叹的助词。 ⑫ 湍(tuān)水：势急而旋的水。 ⑬ 决：冲决、冲开。 ⑭ 无分：不分。 ⑮ 信：诚然、的确。 ⑯ 就：趋向。 ⑰ 搏：拍打。 ⑱ 跃：跳起、弹起。 ⑲ 颡：额头、脑门。 ⑳ 激：阻挡水势。 ㉑ 其势则然：形势使它如此。 ㉒ 其性亦犹是：本性的改变也正是这样。 ㉓ 生之谓性：天生的资质就称为性。 ㉔ 犹白之谓白与：就像一切东西的白色叫做白吗。 ㉕ 然则：那么。 ㉖ 犹：犹如。 ㉗ 食色：饮食男女。 ㉘ 为：使。 ㉙ 文武：周文王、周武王。 ㉚ 幽厉：周幽王、周厉王，两王均为暴君。 ㉛ 非：错。 ㉜ 乃若：发语助词，至于。 ㉝ 情：实情，指人的资质。 ㉞ 才：也指人的资质。 ㉟ 铄：渗入、授予。 ㊱ 弗思：没有意识到。 ㊲ 倍蓰：倍，一倍；蓰，五倍。 ㊳ 无算：无法计算。 ㊴ 尽其才：充分发挥他们人性本质。 ㊵ 蒸：众。 ㊶ 则：法则、规律。 ㊷ 秉：持、把握。 ㊸彝：常道、常规。 ㊹ 懿德：美德。 ㊺ 富岁：丰年。 ㊻ 赖：通“懒”，懒惰。 ㊼ 凶岁：荒年。 ㊽ 暴：强暴、暴戾。 ㊾ 天之降才：天生的资质。 ㊿ 尔：如此。 51 殊：不同。 52 陷溺：堕落、陷入。 53 麰(móu)麦：大麦。 54 耰(yōu)：古代农具，此作动词，覆盖。 55 树：种植。 56 浡然：茂盛的样子。 57 日至：夏至。 58 硗(qiāo)：土地坚硬贫瘠。肥硗：肥瘦。 59 人事：人工管理。 60 不齐：不同。 61 举：皆，都。 62 龙子：古贤人。 63 屦(jù)：用麻葛制成的鞋。 64 蒉(kuì)：装土的筐子。 65 耆：通“嗜”。喜好。 66 易牙：春秋时人，擅长烹饪。 67 其性与人殊：指如果各人的口味生来就与别人不同。 68 从：追随。 69 期：期望、希望。 70 惟：语气词，无意义。 71 师旷：春秋晋国著名乐师，善于辨音。 72 子都：古代著名的美男子。 73 姣：容貌美丽。 74 刍豢：吃草的家畜叫刍，如牛羊等；吃谷类的叫豢，如猪狗等。 75 牛山：在今山东临淄县南。 76 郊：邑外为郊。此作动词用，指处于大国的郊野。 77 斤：斧子。 78 美：指茂盛。 79 息：生息、生长。 80 蘖：砍伐过或倒下的树木再生的枝芽。萌蘖：萌芽、嫩芽。 81 牛羊又从而牧之：即“从而牧之牛羊”句式的变化。从而，接着；牧，放牧。 82 濯濯：草木光秃秃的样子。 83 材：树木。 84 性：本性，此指山的本来面貌。 85 存乎人：在人的身上。 86 放：放佚、丧失；良心：指天生的善心、善念。放其良心：丧失他原有的善心。 87 旦旦：天天。 88 息：生息、滋生。所息：指滋生出来的善心。 89 平旦：凌晨、清晨。 90 几希，极少、相差甚微。 91 旦昼：明天白天。 92 有：同“又”。 93 梏：原指戒具，此作圈围、圈禁，意指不让善心流布。 ㉔亡：丧失。即本性受到圈禁而丧失，不能发出。 ㉕夜气：指夜里滋生的善心。㉖违：离开。 ㉗才：指善良的资质。 ㉘情：本性。 ㉙养：滋养、培养。 ⑩消：消亡、消失。 ⑩操：把握。 ⑩舍：放弃。 ⑩乡：即“向”，趋向。 ⑩惟心之谓与：这就是指人心而言吧。 ⑩得兼：同时得到。 ⑩苟得：苟且偷生。 ⑩患：祸害。 ⑩辟：躲避。⑩箪：盛饭的圆形竹筐。 ⑩豆：古代一种盛食物的器皿。 ⑩嘑(hù)尔：呵斥。 ⑩与之：给他。 ⑩蹴：踢、踏。 ⑩乞人：乞丐。 ⑩万钟：指万钟俸禄的高官职务。 ⑩加：增添、增加。 ⑩得我：感激我。 ⑩乡：即“鄉”，以前、过去。 ⑩已：停止。 ⑩由：经由、经过。 ⑩放：丧失、放佚。 ⑩求其放心：找回丧失的良心。 ⑩人之于身：人们对于身体。 ⑩兼所爱：指对所有部分都爱护。 ⑩养：爱护、护养。 ⑩考：考察。 ⑩取：取是获取，此作注重、关注。 ⑩贵贱：贵重与低贱。 ⑩小大：与前贵贱意同。朱熹疏释贵贱大小说：“贱而小者，口腹也；贵而大者，心志也。” ⑩大人：君子。 ⑩场师：园艺师。⑩梧槚(jià)：梧桐和楸树，都是上等木料。 ⑩樲(èr)棘：酸枣和荆棘，都是下等木材。⑩狼疾：昏乱、糊涂。 ⑩饮食之人：贪图吃喝而不顾思想品德培养的人。 ⑩无有失：无损于(思想品德的培养)。 ⑩则口腹岂适为尺寸之肤哉：口腹，吃喝；岂，岂止；适同“啻”，仅仅；尺寸之肤，指与吃喝关联的那部分。 ⑩钧：同“均”，同。 ⑩从：顺从。 ⑩大体：指心志。 ⑩小体：指口腹之欲。 ⑩官：器官。 ⑩思：思考。 ⑩蔽于物：被外物所蒙蔽。 ⑩物交物：物与物相交，前一物指耳目，后一物指外物。 ⑩引：引诱，即上文所说的蒙蔽。 ⑩得之：“之”即上文“求则得之，舍则失之”的“之”，指人“固有”的“仁义礼智”之“才”(善良本性)。 ⑩此：指心。 ⑩我：泛指人类。 ⑩立：树立。 ⑩大者：即上文所说的“大体”。 ⑩夺：夺取(善性)。 ⑩天爵：自然的爵位，即后文的“仁、义、忠、信、乐善不倦”。⑩人爵：人为的爵位。 ⑩修：修养。 ⑩从之：随它(天爵)而来。 ⑩要：同“邀”，求、追求。 ⑩惑之甚：太糊涂。甚，表示程度厉害。 ⑩贵于己：对自己说来可尊贵的。 ⑩人之所贵者：别人所加予的尊贵。 ⑩良贵：真正的尊贵。 ⑩赵孟：春秋时晋国正卿赵盾，字孟，其子孙也都称赵孟。 ⑩能贱之：(同样)能使之卑贱。 ⑩言饱乎仁义也：这是说仁义已经富足。 ⑩不愿：不愿意、不羡慕。 ⑩膏粱：膏，肥肉；粱，精米。 ⑩令闻：好名声。令闻广誉：好名声广为传播。 ⑩文绣：古代有爵位人才能穿带有绣花纹的官服，这里的文绣是官位的意思。

(燕永成)

〔鉴赏〕 中国古代的战国中期曾经出现一场关于人性问题的大论争。这场被后世称为“人性善恶之辩”延续了很长一段时间，一直到汉代还不断有人持其中一说而发表一通见解。这场争论最集中体现在《孟子》的《告子》篇中。

据《告子上》记载，孟子的弟子公都子在讲到当时这场争论时，曾经列举了四种不同的观点：第一种，认为“性无善无不善”，即主张人性无所谓善恶。告子就是这种主张的代表者。第二种，认为“性可以为善，可以为不善”，主张人性本身包含善与不善两个方面。第三种，认为“有性善，有性不善”，人的天生本性有的人善良，有的人不善良。第四种，主张人性善，以孟子为代表。由于公都子想询问他的老师孟子“性善论”的理论依据，所以只列举了与性善论相关的几种观点。当然春秋战国时期的人性主张还不只是这几种。

《告子上》是以告子与孟子论辩为发端。告子,生卒年不详,名不害(据东汉赵岐说),曾受教于墨子,提出"性无善无不善"说。但无著作传世,唯有《孟子·告子》篇可供研究。告子和孟子的辩论,围绕着三个问题展开。我们不妨按顺序加以考察。

第一个问题,关于人性善恶的形成问题。

告子认为人性只能是为后天道德行为提供的一种素材,这种天生的素材是无所谓善恶的。他说:"性犹杞柳也,义犹桮棬也;以人性为仁义,犹以杞柳为桮棬。"他认为人性与仁义之间不能画等号;犹如杞柳可以弯曲编制成桮棬之类的器具,而不能就此认为"杞柳"即是"桮棬"。他又以湍水为喻,"决诸东方则东流,决诸西方则西流",水流无分于东西,说明"人性之无分于善不善"。

孟子认为人性本来就具有"善端",所以"能顺杞柳之性"编制成桮棬,顺着善端而修养成仁义品德。他说,水固然没有东流西流的定向,可是水总是向下流的,"人性之善也,犹水之就下也"。水流没有不向下的,人性没有不善的。

在辩论中,双方的见解各有其合理成分。告子主张人性本无所谓善恶,善恶的道德品质是后天形成的。这无疑是正确的。孟子的性善论,尽管他所说的先天就有的只是个"善端",从总体上说这种理论是先验主义的。人的伦理道德观念决不是与生俱来的。但在孟子的论辩中,也包含一些合理的因素。例如:他承认人的品质是可塑的;他认为人的恶的品质是后天形成的;他的见解中还含有人类道德发展具有积极向上趋向的思想。这些都是可取的。

第二个问题,关于人的自然属性和社会属性问题。

告子在论辩中为了守住不承认人与生俱来的先天的道德属性这一立场,提出了"生之谓性"与"食色,性也"的见解。他把作为生物的人之本能,也即以生存、繁殖为基本欲求的自然属性,视为人的本质属性。告子这一观点虽然曾经启迪了以后的进步思想家并以此为反对禁欲主义的思想武器,但是它的根本缺陷在于混同了人性与兽性,抹杀了两者的根本区别。

孟子抓住了告子这一缺陷进行驳难:如果"生之谓性"是对的,把生存、繁殖等自然属性当作是人的本质属性,那么"犬之性犹牛之性,牛之性犹人之性与?"这个质问还是有力的。对于人的自然属性,孟子并非加以抹杀。他说过"形色,天性也"(《孟子·尽心上》)。不过他认为自然属性不是人的本质属性,它是受人的社会道德属性制约的。在这一方面,孟子要比告子高明一些。

第三个问题,关于告子提出的"仁内义外"说。辩论双方都没有提出充足的论据。读者可不予深究。其中争论恭敬心是内在的还是外在的,孟子在下文中还将提及。

《告子上》以孟、告论辩为发端,转而折入孟子和公都子之间的师生答问。前者记述了二千多年前一场关于人性问题的论辩,历来为学人所瞩目。实际上这不过是本文的一个引子。后者,师生答问才是本篇的主干。因为它集中呈现了孟子"性善论"的基本观点。了解了这些观点即是把握了孟子思想体系的核心内容。下面根据本篇孟子的答问,作简要介绍与分析。

(一)"善端"说。孟子并不认为人生下来即具有完善的道德观念与行为。他认为与生俱来的只是一种潜在的为善能力,即"善端"。具体说来,有四种:"恻隐之心"(同情心)、"羞恶之心"(羞耻心)、"恭敬之心"与"是非之心"。由此"四端"形成为"四德"——"仁、义、礼、智"。

(二)"同类"说。孟子从人类都具有先天固有的相似的自然属性,推论出人类也应该有先天固有的相同的社会伦理属性。既然,人类的口、耳、目等感官对于美味、美声、美色都有共同的感知,那么"至于心,独无所同然乎?""故理义之悦我心,犹刍豢之悦我口"。他不了解人类的伦理道德观念是后天形成的,不了解不同阶级的道德观念是不相同的,甚至是对立的。在孟子看来,"善"是人的本性,而"恶"却不同了。

(三)"恶"产生的根源。既然人人都有善端,那么又怎么会产生"恶"呢?孟子是从外在环境与内在修养两方面来考察。他举例说:"富岁,子弟多赖;凶岁,子弟多暴。"自然环境的骤变会造成人的道德心变坏。他又以齐国临淄牛山的树木为例,它们曾经也是枝茂叶盛的,现在却是光秃的。这并非是树木本性如此,而是人们以斧斤伐之、牛羊牧之所造成的。再说到人,有些人晚上其"良心"还是好的,清晨与常人也没有差异,但在白天所作所为与禽兽不远了。其原因在于自身缺乏修养,使"夜气不足以存"。所以"苟得其养,无物不长;苟失其养,无物不消"。

(四)养心的成败得失在于己。孟子非常重视修养中的主观努力。一是修养要坚持不懈。如果"一日暴之,十日寒之"是不可能成功的。二是要"专心致志"。同时二人向棋圣奕秋学棋,一人专心致志,另一人"一心以为有鸿鹄将至",显然二人所学的本领大不相同。修养之成败,除了主观努力与否之外,还有一个问题,孟子认为十分重要:识"大体"与"小体"。

(五)"大体"与"小体"说。孟子把人体器官分为"大体"与"小体"两种。"小体"指的是"耳目之官","大体"指的是"心之官"。心之官能思索,而耳目之官不会思索,会受外物的蒙蔽,被引入迷途。所以他说:"从其大体为大人,从其小体为小人。"从大体的,发挥人的道德理性的作用,有可能成为君子;从小体的,追求感官刺激、物欲享受,甚至使人与禽兽无异。

(六)"良贵"说。孟子坚持每个人都有其尊贵的价值,只是不去思考罢了。"人之所贵"的,往往是权势者所给予的爵位,而这是可以被剥夺的。"人人有贵于己者",是"良贵",才是人所自有的尊贵的价值。

孟子的思想体系是建立在"性善"论的基础之上的。《告子上》又是孟子性善论重要观点的集中论述,其重要性是不言而喻了。 (夏乃儒)

尽 心 上 《孟子》

孟子曰:"尽①其心者,知其性也。知其性,则知天矣。存其心,养其性,所以事天也。夭寿不贰②,修身以俟③之,所以立命④也。"

孟子曰:"莫非命也,顺受⑤其正。是故知命者,不立乎岩墙⑥之下。尽其道而死者,正命也。桎梏⑦死者,非正命也。"

孟子曰:"求则得之,舍则失之,是求有益于得也,求在我者也。求之有道,得之有命,是求无益于得也,求在外者也。"

孟子曰:"万物皆备于我矣。反身⑧而诚⑨,乐莫大焉。强恕⑩而行,求仁莫近焉。"

孟子曰:"行之而不著⑪焉,习⑫矣而不察⑬焉,终身由⑭之而不知其道者,众也。"

孟子曰:"人不可以无耻。无耻之耻⑮,无耻矣。"

孟子曰:"耻之于人大⑯矣。为机变之巧⑰者,无所用耻焉。不耻不若人,何若人有?"

孟子曰:"古之贤王好善而忘势,古之贤士何独不然?乐其道而忘人之势。故王公不致敬尽礼,则不得亟见之。见且由不得亟⑱,而况得而臣之乎?"

孟子谓宋句践曰:"子好游⑲乎?吾语子游。人知之,亦嚣嚣[20];人不知,亦嚣嚣。”曰:“何如斯可以嚣嚣矣?”曰:“尊德乐义,则可以嚣嚣矣。故士穷不失义,达不离道。穷不失义,故士得己[21]焉;达不离道,故民不失望焉。古之人,得志,泽[22]加于民;不得志,修身见于世。穷则独善其身[23],达则兼善天下。”

孟子曰:“待文王而后兴者,凡民也。若夫[24]豪杰之士,虽无文王犹兴[25]。”

孟子曰:“附[26]之以韩魏之家,如其自视欿然[27],则过人远矣。”

孟子曰:“以佚道[28]使民,虽劳不怨;以生道[29]杀民,虽死不怨杀者。”

孟子曰:“霸者之民,驩虞[30]如也;王者之民,皞皞[31]如也。杀之而不怨,利之而不庸[32],民日迁善[33]而不知为之者。夫君子所过[34]者化,所存[35]者神,上下与天地同流,岂曰小补[36]之哉?”

孟子曰:“仁言,不如仁声之入[37]人深也。善政,不如善教之得民也。善政民畏之,善教民爱之;善政得民财,善教得民心。”

孟子曰:“人之所不学而能者,其良能[38]也;所不虑而知者,其良知也。孩提[39]之童,无不知爱其亲者;及其长[40]也,无不知敬其兄也。亲亲,仁也;敬长,义也。无他,达[41]之天下也。”

孟子曰:“舜之居深山之中,与木石居,与鹿豕[42]游,其所以异于深山之野人[43]者几希[44]。及其闻一善言,见一善行,若决[45]江河,沛然[46]莫之能御也。”

孟子曰:“无为其所不为,无欲其所不欲,如此而已矣。”

孟子曰:“人之有德慧术知[47]者,恒存乎疢疾[48]。独[49]孤臣孽子[50],其操心也危[51],其虑患也深,故达。”

孟子曰："有事君人者，事是君则为容悦[52]者也。有安社稷臣者，以安社稷为悦者也。有天民[53]者，达可行于天下而后行之者也。有大人[54]者，正己[55]而物正[56]者也。"

孟子曰："君子有三乐，而王天下[57]不与存焉[58]。父母俱存，兄弟无故[59]，一乐也。仰不愧于天，俯不怍[60]于人，二乐也。得天下英才而教育之，三乐也。君子有三乐，而王天下不与存焉。"

孟子曰："广[61]土众[62]民，君子欲之，所乐不存焉。中天下而立，定四海之民，君子乐之，所性不存焉。君子所性，虽大行[63]不加[64]焉，虽穷居[65]不损焉，分[66]定故也。君子所性，仁义礼智根于心。其生色[67]也，睟然[68]见于面，盎[69]于背，施[70]于四体，四体不言而喻。"

孟子曰："伯夷辟[71]纣，居北海之滨，闻文王作[72]兴，曰：'盍归[73]乎来！吾闻西伯善养老者。'太公辟纣，居东海之滨，闻文王作兴，曰：'盍归乎来！吾闻西伯善养老者。'天下有善养老，则仁人以为己归矣。五亩之宅，树墙下以桑，匹妇[74]蚕之，则老者足以衣帛矣。五母鸡，二母彘[75]，无失其时[76]，老者足以无失肉矣。百亩之田，匹夫耕之，八口之家足以无饥矣。所谓西伯善养老者，制[77]其田里[78]，教之树畜，导其妻子，使养其老。五十非帛不暖，七十非肉不饱。不暖不饱，谓之冻馁[79]。文王之民，无冻馁之老者，此之谓也。"

孟子曰："易[80]其田畴[81]，薄其税敛，民可使富也。食[82]之以时[83]，用之以礼[84]，财不可胜[85]用也。民非水火不生活[86]，昏暮叩人之门户，求水火无弗与者，至足矣。圣人治天下，使有菽粟[87]如水火。菽粟如水火，而民焉有不仁者乎？"

孟子曰："孔子登东山而小鲁，登太山而小天下。故观于海者难为水，游于圣人之门[88]者难为言。观水有术[89]，必观其澜。日月有明[90]，容光[91]必照焉。流水之为物也，不盈科[92]不行;君子之志于道也,不成章[93]不达。"

孟子曰:"鸡鸣而起,孳孳[94]为[95]善者,舜之徒[96]也。鸡鸣而起,孳孳为[97]利者,蹠[98]之徒也。欲知舜与蹠之分,无他,利与善之闲[99]也。"

孟子曰:"杨子取[100]为我,拔一毛而利天下,不为也。墨子兼爱,摩顶放踵[101]利天下,为之。子莫[102]执中,执中为近之,执中无权[103],犹执一[104]也。所恶执一者,为其贼[105]道也,举[106]一而废百也。"

孟子曰:"饥者甘[107]食,渴者甘饮,是未得饮食之正[108]也,饥渴害之也。岂惟口腹有饥渴之害?人心亦皆有害。人能无以饥渴之害为心害,则不及人不为忧矣[109]。"

孟子曰:"柳下惠不以三公易其介[110]。"

孟子曰:"有为者辟[111]若掘井,掘井九轫[112]而不及泉,犹为弃井[113]也。"

孟子曰:"尧舜,性之[114]也;汤武,身之[115]也;五霸,假之[116]也。久假而不归,恶知其非有也。"

公孙丑曰:"伊尹曰:'予不狎[117]于不顺[118]。'放[119]太甲于桐,民大悦。太甲贤。又反之[120],民大悦。贤者之为人臣也,其君不贤,则固可放与?"孟子曰:"有伊尹之志,则可;无伊尹之志,则篡也。"

公孙丑曰:"《诗》曰'不素餐兮',君子之不耕而食,何也?"孟子曰:"君子居是国也,其君用之,则安富尊荣;其子弟从[121]之,则孝弟忠信[122]。'不素餐兮',孰大于是?"

王子垫[123]问曰:"士何事?"孟子曰:"尚[124]志。"曰:"何谓尚志?"曰:"仁义而已矣。杀一无罪,非仁也;非其有而取之,非义也。居恶[125]在?仁是也;路恶在?义是也。居仁由义[126],大人之事备[127]矣。"

孟子曰:"仲子[128],不义与之齐国[129]而弗受,人皆信之,是舍箪食豆羹之义[130]也。人莫大焉[131]亡[132]亲戚、君臣、上下[133]。以其小[134]者信其大者,奚可哉?”

桃应问曰:“舜为天子,皋陶为士,瞽瞍杀人,则如之何?”孟子曰:“执[135]之而已矣。”“然则舜不禁[136]与?”曰:“夫舜恶得而禁之?夫有所受[137]之也。”“然则舜如之何?”曰:“舜视[138]弃天下,犹弃敝蹝[139]也。窃负[140]而逃,遵[141]海滨而处,终身䜣[142]然,乐而忘天下。”

孟子自范之齐,望见齐王之子。喟然叹曰:“居移[143]气,养[144]移体[145],大哉居乎!夫非尽人之子与[146]?”孟子曰:“王子宫室、车马、衣服多与人同,而王子若彼者,其居使之然也;况居天下之广居[147]者乎?鲁君之宋,呼于垤泽之门[148]。守者曰:‘此非吾君也,何其声之似我君也?’此无他,居相似也。”

孟子曰:“食[149]而弗爱,豕交之[150]也;爱而不敬,兽畜之[151]也。恭敬者,币[152]之未将[153]者也。恭敬而无实,君子不可虚拘[154]。”

孟子曰:“形色[155],天性[156]也;惟圣人,然后可以践形[157]。”

齐宣王欲短丧[158]。公孙丑曰:“为期之丧[159],犹愈[160]于已[161]乎?”孟子曰:“是犹或紾[162]其兄之臂,子谓之姑[163]徐徐云尔,亦[164]教之孝弟而已矣。”王子有其母死者,其傅为之请数月之丧。公孙丑曰:“若此者,何如也?”曰:“是欲终之而不可得[165]也。虽加[166]一日愈于已,谓夫莫之禁而弗为者也。”

孟子曰:“君子之所以教者五:有如时[167]雨化之者,有成德[168]者,有达财[169]者,有答问者,有私淑艾[170]者。此五者,君子之所以教也。”

公孙丑曰:“道则高矣,美矣,宜若登天然,似不可及也。何不使彼为可几[171]及而日孳孳也?”

孟子曰:“大匠不为拙工[172]改废绳墨[173],羿不为拙射[174]变其彀率[175]。君子引而不发,跃如[176]也。中道而立,能者从之。”

孟子曰:"天下有道,以道殉身[177];天下无道,以身殉道[178]。未闻以道殉乎人者也。"

公都子曰:"滕更之在门[179]也,若在所礼[180]。而不答,何也?"孟子曰:"挟[181]贵而问,挟贤而问,挟长[182]而问,挟有勋劳[183]而问,挟故[184]而问,皆所不答也。滕更有二焉。"

孟子曰:"于不可已[185]而已者,无所不已[186];于所厚者[187]薄,无所不薄也。其进锐者,其退速。"

孟子曰:"君子之于物也,爱之而弗仁[188];于民也,仁之而弗亲。亲亲而仁民,仁民而爱物。"

孟子曰:"知者无不知也,当务[189]之为急;仁者无不爱也,急亲贤之为务[190]。尧舜之知而不遍物,急先务[191]也;尧舜之仁不遍爱人,急亲贤也。不能三年之丧,而缌[192]小功[193]之察;放饭流歠[194],而问[195]无齿决[196],是之谓不知务[197]。"

〔注释〕 ① 尽:完善、充分。 ② 殀寿不贰:殀,同"夭",短命,与"寿"相对;贰,疑。不贰即专心,一心一意,不产生疑惑。 ③ 俟:等待。 ④ 立命:安身立命。 ⑤ 顺受:意为顺正道而接受便是正命。 ⑥ 岩墙:有倾倒危险的墙壁。 ⑦ 桎梏:刑具,脚镣手铐,此指犯罪受羁押。 ⑧ 反身:反省、反躬自问。 ⑨ 诚:实而不虚。 ⑩ 强恕:强,勉力、不懈;恕,推己及人。 ⑪ 著:明、明白。 ⑫ 习:习惯。 ⑬ 察:深究、明察。 ⑭ 由:从、经。 ⑮ 无耻之耻:即"耻无耻",以无所羞耻为羞耻。 ⑯ 大:(关系)重大。 ⑰ 机变之巧:指机谋巧诈之事。 ⑱ 亟(qì):屡次。 ⑲ 游:游说。 ⑳ 嚣嚣(áo áo):自得其乐的样子、不在乎的样子。 ㉑ 得己:自得其乐。 ㉒ 泽:恩泽。 ㉓ 独善其身:保持个人的节操、洁身自好。 ㉔ 若夫:至于。 ㉕ 兴:感动奋发。 ㉖ 附:附益、增益。 ㉗ 欿(kǎn)然:视盈若虚、不自满的样子。 ㉘ 佚道:佚通"逸",安乐。佚道即使百姓安逸的原则。 ㉙ 生道:使民生存的原则。 ㉚ 驩虞:驩即"欢",驩虞即"欢娱"。 ㉛ 皞皞:同"浩浩",广大自得的样子。 ㉜ 庸:酬谢。 ㉝ 迁善:改恶从善。 ㉞ 过:经过。 ㉟ 存:停留。 ㊱ 补:补益。 ㊲ 入:契合、深入。 ㊳ 良能:与下文"良知"都是孟子的哲学术语。 ㊴ 孩提之童:泛指幼儿。 ㊵ 长:长大成人。 ㊶ 达:通行、通达。 ㊷ 豕(shǐ):猪。 ㊸ 野人:乡野之人,指一般人。 ㊹ 几希:极少。希同"稀"。 ㊺ 决:挖开。 ㊻ 沛然:形容大水冲决的样子。 ㊼ 德慧术知:道德、智慧、道术、才智。 ㊽ 疢(chèn)疾:灾患。 ㊾ 独:仅仅、只有。 ㊿ 孽子:庶子,非嫡妻所生之子。 [51] 危:不安、心存戒惧。 [52] 容悦:逢迎以取悦于上。 [53] 天民:先知先觉之人。 [54] 大人:圣人。 [55] 正己:使自己端正。意为使自己思想或意识得到端正而具备高尚完美的道德。 [56] 物正:外物也随之正。即大人正己而使外物也顺应自然之道。一译为"外物便随着端正了的人",语意不通。 [57] 王天下:称王天下。 [58] 不与存焉:不包括在其中。 [59] 故:灾患。 [60] 怍:惭愧。 [61] 广:使……广大。 [62] 众:使……

众多。 ⑬ 大行：理想通行于天下。 ⑭ 加：增益。 ⑮ 穷居：穷，穷困；居，隐居。 ⑯ 分：命分、本分。此有命定论色彩。 ⑰ 生色：神色。 ⑱ 睟(cuì)然：润泽的样子。 ⑲ 盎：显现。 ⑳ 施(yì)：延及。 ㉑ 辟：同“避”，逃避、躲避。 ㉒ 作：兴起。 ㉓ 归：归附。 ㉔ 匹妇：妇女。 ㉕ 彘：猪。 ㉖ 时：时节，指繁殖季节。 ㉗ 制：制定、制作。 ㉘ 田里：指有关田地与住宅的制度。 ㉙ 冻馁：挨饿受冻。 ㉚ 易：治。 ㉛ 田畴：田地。 ㉜ 食：食用、吃。 ㉝ 以时：按时。 ㉞ 用：使用，意为消费。用之以礼：按礼的要求去消费。 ㉟ 胜：尽。 ㊱ 生活：生存。 ㊲ 菽粟：泛指粮食。 ㊳ 游于圣人之门：在圣人之门学习过的人。 ㊴ 术：方法。 ㊵ 明：光辉。 ㊶ 容光：容纳光线，指小的缝隙。 ㊷ 科：坎地。盈科：水灌满坑洼。 ㊸ 成章：事物发展到一定阶段或具有一定规模，这里指有一定成就。 ㊹ 孳孳：同“孜孜”，勤勉不懈的样子。 ㊺ 为：修行。 ㊻ 徒：类。 ㊼ 为：求取。 ㊽ 蹠：同“跖”，即盗跖。 ㊾ 间(jiàn)：区别。 ㊿ 取：治，主张。 ⑩① 摩顶放踵：磨秃头顶、走破脚跟。 ⑩② 子莫：鲁之贤人。 ⑩③ 权：权变。 ⑩④ 执一：执著一隅而无机变。 ⑩⑤ 贼：损害。 ⑩⑥ 举：取。 ⑩⑦ 甘：以……为甘美。 ⑩⑧ 正：正味，指正常的滋味。 ⑩⑨ 不及人不为忧矣：赶不上别人也不成其为一种忧虑了。及，赶上。 ⑪⓪ 介：节操、操守。 ⑪① 辟：通“譬”，譬如。 ⑪② 轫；通“仞”，八尺为一仞。 ⑪③ 弃井：废井。 ⑪④ 性之：以之为本性。意为习于本性而因于自然。 ⑪⑤ 身之：以之为身。即身体力行。 ⑪⑥ 假之：以之为假。即假借它来运用。 ⑪⑦ 狎：狎昵、亲近。 ⑪⑧ 不顺：违背礼义的人。 ⑪⑨ 放：放逐、流放。 ⑫⓪ 反之：使之反。反，通“返”，返回。 ⑫① 从：信从。 ⑫② 孝悌忠信：孝，孝敬父母；悌，敬爱兄长；忠，忠诚；信，信实。 ⑫③ 王子垫：齐王之子。 ⑫④ 尚：崇尚。一说高尚，亦通。 ⑫⑤ 恶(wū)：何。 ⑫⑥ 居仁由义：即居于仁而行由义，居处于仁，行世由义。由义，一说行走由义，恐不确。 ⑫⑦ 备：齐备。 ⑫⑧ 仲子：陈仲子。 ⑫⑨ 不义与之齐国：不合义而给予他齐国。不义之“义”是仁义之“义”，有人译为合理，不确。 ⑬⓪ 舍箪食豆羹之义：舍弃者为细微之义。箪，盛饭用的竹器；豆，古食器，木制，形似高足盘。 ⑬① 焉：于。 ⑬② 亡：通“无”。 ⑬③ 上下：尊卑。 ⑬④ 小：小义、小的节操。 ⑬⑤ 执：拘捕。 ⑬⑥ 禁：阻止。 ⑬⑦ 受：此作根据。 ⑬⑧ 视：看待。 ⑬⑨ 敝蹝：破鞋。蹝，通“屣”，鞋子。 ⑭⓪ 窃负：窃，偷偷地；负，背着。据说舜背着他父亲而偷偷地逃走。 ⑭① 遵：循、沿着。 ⑭② 䜣：通“欣”。 ⑭③ 移：改变。 ⑭④ 养：奉养。 ⑭⑤ 体：体质。 ⑭⑥ 夫非尽人之子与：他不是常人之子吗？尽人，所有的人，指常人。 ⑭⑦ 广居：宽大的居所，儒家以喻“仁”。 ⑭⑧ 垤泽之门：宋东城之南门。 ⑭⑨ 食(sì)：养。 ⑮⓪ 豕交之：像猪一样对待他。交，交接，意为对待。 ⑮① 兽畜之：像兽一样畜养他。 ⑮② 币：礼物。 ⑮③将：送、奉送。 ⑮④ 虚拘：为虚假礼节拘束。 ⑮⑤ 形色：身体容貌。 ⑮⑥ 天性：由天而生、受于天而生者。 ⑮⑦ 践形：体现人所天赋的素质。 ⑮⑧ 短丧：缩短服丧时间。 ⑮⑨ 期之丧：期年之丧，时间为一年。 ⑯⓪ 愈：超过、强于。 ⑯① 已：止、停止。 ⑯② 紾(zhěn)：拗折。 ⑯③ 姑：姑且、暂且。 ⑯④ 亦：但、只。 ⑯⑤ 不可得：办不到。 ⑯⑥ 加：增加、多。 ⑯⑦ 时：及时。 ⑯⑧ 成德：成就其品德。 ⑯⑨ 达财：使之通达成才。财，通“材”。 ⑰⓪ 私淑艾：即私淑，以自己品行学问为后人所学习。 ⑰① 几：通“冀”，希望。 ⑰② 拙工：拙劣的工匠。 ⑰③ 绳墨：规矩。 ⑰④ 拙射：拙劣的射手。 ⑰⑤ 彀(gòu)：弓弩。率：标准。彀率：张弓的标准。 ⑰⑥ 跃如：跃跃欲试的样子。 ⑰⑦ 以道殉身：使“道”为自身所用。殉，从。 ⑰⑧ 以身殉道：追求“道”而不惜舍身。 ⑰⑨ 在门：在您门下。 ⑱⓪ 所礼：所应礼遇的人。 ⑱① 挟：倚仗。 ⑱② 长：年长。 ⑱③ 有勋劳：有功劳。 ⑱④ 故：交情。 ⑱⑤ 不可已：不可停止不做的事情。 ⑱⑥ 无所不已：没有什么不可停止。 ⑱⑦ 所厚者：所应厚待的。 ⑱⑧ 弗仁：不用仁。 ⑱⑨ 当务：当前要务。 ⑲⓪ 急亲贤之为务：以爱亲人贤人为急务。急，以……为急。 ⑲① 先：首先，此作当前。先务：当前之要务。 ⑲② 缌(sī)：缌麻，是丧礼中服丧最短的，为期三月，以熟布为丧服。古代女婿为岳父母服丧即如此。 ⑲③ 小功：丧礼之一，服丧期为五个月。古代外孙为外祖父母服丧即如此。 ⑲④ 放：作副词，大。饭：动词，吃饭。歠(chuò)：饮、喝。放饭流歠：大口吃饭，大口喝汤。 ⑲⑤ 问：求、讲求。 ⑲⑥ 齿决：用牙齿咬断干肉。决，断。按照古代礼制，在长者面前不可用牙齿咬断干肉。 ⑲⑦ 务：要务，此作礼仪大体。 （张　静）

〔**鉴赏**〕《尽心》像其他诸篇一样是语录形式，论述较为分散，涉及问题较多。本篇侧重讨论了人性、人格问题，涉及的重要命题有：尽心知性、存心养性、修身立命、立志以及国家治乱等等。

本篇一开头，孟子便提出自己的观点："尽其心者，知其性也。知其性，则知天矣。存其心，养其性，所以事天也。夭寿不贰，修身以俟之，所以立命也。"显然，孟子认为存心养性是"知天"的基础，修身立命是士大夫处世的准则。

所谓存心，便是存"四心"：恻隐之心、羞恶之心、辞让之心与是非之心。孟子认为，四者缺其一便"非人也"。四心是仁义礼智"四德"的萌芽，也就是人所固有的良好的天生之道德。正如孟子在《告子》中所强调的那样："仁、义、礼、智，非由外铄我也，我固有之，弗思耳。故曰：'求则得之，舍则失之。'"

自然，人虽然生来便具有这种道德萌芽，但仍须对这种萌芽进行孕育、培养与扩充。《公孙丑上》说："凡有四端于我者，知皆扩而充之矣"，"苟能充之，足以保四海，苟不充之，不足以事父母。"在此基础上，孟子提出"向内"寻求的修养论，这便是大家所熟知的《告子》篇中的"学问之道无他，求其放心而已矣"。这种向内寻求的修养论并不科学，本篇所提出的人之"不学而能"的"良能"、"不虑而知"的"良知"，是一种神圣化了的先验的封建道德认识论，目的在于论证封建道德的永恒性，它深刻地影响了后世学者，如宋明时期陆九渊、王阳明等便是"向内"求索的学者，甚至这种向内寻求的修养论一度泛滥于世。

虽然孟子向内寻求的修养论有缺陷，但他在本篇中提出必须节制个人欲望的观点是有可取之处的。他说，求放心、养心最好的方法是"寡欲"："养心莫善于寡欲。其为人也寡欲，虽有不存焉者，寡矣；其为人也多欲，虽有存焉者，寡矣。"孟子讨论的道德修养与物质欲望之间关系，无疑是有一定价值的。因为在当时社会物质资料生产并不发达的情况下，节制物质欲望的过度膨胀，对防止道德沉沦确实有一定的作用。即使在现代社会物质资料生产已有较大发展，孟子的观点仍可对我们起着警示作用，节制个人欲望，以防止腐败的出现。

本篇中孟子还讨论了作为道德主体的人的"立志"问题。

《尽心下》中强调人必须有“志”:“说大人,则藐之,勿视其巍巍然。堂高数仞,榱题数尺,我得志弗为也;食前方丈,侍妾数百人,我得志弗为也;般乐饮酒,驱骋田猎,后车千乘,我得志弗为也。在彼者,皆我所不为也;在我者,皆古之制也,吾何畏彼哉?”在孟子看来,“志”便是“仁义而已”,基于这种“仁义”,“士”不可慑于权威,要敢于藐视他们,正确处理各种考验,不为饮食、游畋而丧志。这就是“立志”,实际上是提倡一种高尚的道德情操,孟子在《滕文公》中说“富贵不能淫,贫贱不能移,威武不能屈”便是其注脚。若进一步说,则是要求士要保持人格尊严,在关键之时有“舍生取义”的精神,这在《告子》中表述为:“生亦我所欲也;义,亦我所欲也。二者不可得兼,舍生而取义者也。”事实上,这是在孔子“杀身成仁”的基础上作出的新的解说。在《尽心上》中孟子明确说道:“附之以韩魏之家,如其自视欿然,则过人远矣。”显然,孟子强调的个人人格尊严、藐视权威、不为奢侈生活所引诱的道德人格学说,确实是有一定价值的。

自然,社会政治之道与仁义关系极其密切,个人的人格尊严并非能完全独立于社会政治之外的。本篇中,孟子说:“尊德乐义,则可以嚣嚣矣。故士穷不失义,达不离道。穷不失义,故士得己焉;达不离道,故民不失望焉。古之人,得志,泽加于民;不得志,修身见于世。穷则独善其身,达则兼善天下。”这里的“道”,自然是指社会政治之“道”,也就是“仁”:“仁也者,人也;合而言之,道也。”孟子强调,人在“得志”时须“泽加于民”,“不得志”则“修身见于世”。在他看来,是否遵循“道”,是人能否立于世的关键:“身不行道,不行于妻子;使人不以道,不能行于妻子”,“天下有道,以道殉身;天下无道,以身殉道。未闻以道殉乎人者也。”这些说法对后世影响极大,那些遵循孔孟遗训的封建士大夫们,大都奉行这种进而治国平天下,退而独善其身的信条。

本篇还讨论了仁政、国家治乱与君主道德修养的关系等问题。这些问题在其他篇目中多有论述,这里也就不多说了。 (汤勤福)

逍　遥　游 《庄子》

北冥①有鱼,其名曰鲲。鲲之大,不知其几千里也;化而为鸟,其名为鹏。鹏之背,不知其几千里也;怒②而飞,其翼若垂天之云。是鸟也,海运③则将徙于南冥。南冥者,天池也。齐谐者,志怪者也。谐之言曰:“鹏之徙于南冥也,水击三千里，抟[4]扶摇而上者九万里，去[5]以六月息者也。”野马也，尘埃也，生物[6]之以息相吹也。天之苍苍，其正色邪？其远而无所至极[7]邪？其视下也，亦若是则已矣。且夫水之积也不厚，则其负大舟也无力。覆杯水于坳堂[8]之上，则芥为之舟；置杯焉则胶，水浅而舟大也。风之积也不厚，则其负大翼也无力，故九万里则风斯在下矣。而后乃今培[9]风，背负青天而莫之夭阏[10]者，而后乃今将图南。蜩与学鸠笑之曰：“我决[11]起而飞，抢[12]榆枋，时则不至，而控[13]于地而已矣；奚以之九万里而南为？”适莽苍[14]者，三飡[15]而反，腹犹果然[16]；适百里者，宿[17]舂粮；适千里者，三月聚粮。之[18]二虫又何知？小知[19]不及大知，小年不及大年。奚以知其然也？朝菌[20]不知晦朔，蟪蛄[21]不知春秋，此小年也。楚之南有冥灵[22]者，以五百岁为春，五百岁为秋；上古有大椿者，以八千岁为春，八千岁为秋。而彭祖乃今以久特[23]闻，众人匹[24]之，不亦悲乎？

汤之问棘也是已：“穷发[25]之北有冥海者，天池也。有鱼焉，其广数千里，未有知其修者，其名曰鲲。有鸟焉，其名为鹏，背若[26]太山，翼若垂天之云；抟扶摇、羊角而上者九万里，绝云气，负青天，然后图南，且适南冥也。斥鴳笑之曰：‘彼且奚适也？我腾跃而上，不过数仞而下，翱翔蓬蒿之间，此亦飞之至[27]也。而彼且奚适也？’”此小大之辩[28]也。

故夫知效一官[29]、行比[30]一乡、德合一君、而[31]征一国者，其自视也亦若此矣。而宋荣子[32]犹然笑之。且举世而誉之而不加劝，举世而非之而不加沮[33]，定乎内外之分，辩乎荣辱之境[34]，斯已矣。彼其于世，未数数[35]然也。虽然，犹有未树[36]也。夫列子御风而行，泠然[37]善也，旬[38]有五日而后反。彼于致福者，未数数然也。此虽免乎行，犹有所待者也。若夫乘天地之正[39]，而御六气之辩[40]，以游无穷者，彼且恶乎待哉？故曰：至人无己，神人无功，圣人无名。

尧让天下于许由，曰："日月出矣，而爝火[41]不息；其于光也，不亦难乎？时雨降矣，而犹浸灌；其于泽也，不亦劳乎？夫子立而天下治，而我犹尸[42]之；吾自视缺然，请致天下。"许由曰："子治天下，天下既已治也；而我犹代子，吾将为名乎？名者，实之宾[43]也；吾将为宾乎？鹪鹩巢于深林，不过一枝；偃鼠饮河，不过满腹。归休乎君，予无所用天下为！庖人虽不治庖，尸祝[44]不越樽俎而代之矣！"

肩吾问于连叔曰："吾闻言于接舆[45]，大而无当，往而不反。吾惊怖其言。犹河汉而无极也；大有径庭，不近人情焉。"连叔曰："其言谓何哉？"曰："藐姑射[46]之山，有神人居焉。肌肤若冰雪，淖约[47]若处子，不食五谷，吸风饮露，乘云气，御飞龙，而游乎四海之外；其神凝，使物不疵疠[48]而年谷熟。——吾以是狂而不信也。"连叔曰："然。瞽者[49]无以与乎文章之观，聋者无以与乎钟鼓之声。岂唯形骸有聋盲哉？夫知亦有之！是其言也犹时女也。之人也，之德也，将旁礴[50]万物以为一，世蕲[51]乎乱，孰弊弊[52]焉以天下为事！之人也，物莫之伤：大浸稽天[53]而不溺，大旱金石流，土山焦而不热。是其尘垢秕穅[54]将犹陶铸尧舜者也，孰肯以物为事？"

宋人资章甫[55]而适诸越，越人断发文身，无所用之。尧治天下之民，平海内之政，往见四子[56]藐姑射之山，汾水之阳，窅然[57]丧其天下焉。

惠子谓庄子曰："魏王贻我大瓠[58]之种，我树之成，而实[59]五石。以盛水浆，其坚不能自举也。剖之以为瓢，则瓠落[60]无所容。非不呺然[61]大也，吾为其无用而掊之。"庄子曰："夫子固拙于用大矣！宋人有善为不龟[62]手之药者，世世以洴澼絖[63]为事。客闻之，请买其方百金。聚族而谋曰：'我世世为洴澼絖，不过数金；今一朝而鬻技百金，请与之。'客得之，以说吴王。越有难，吴王使之将，冬与越人水战，大败越人，裂地而封之。能不龟手一也，或以封，或不免于洴澼絖，则所用之异也。今子有五石之瓠，何不虑以为大樽，而浮于江湖，而忧其瓠落无所容？则夫子犹有蓬㊹之心也夫！”

惠子谓庄子曰：“吾有大树，人谓之樗㊺。其大本拥肿而不中绳墨，其小枝卷曲而不中规矩，立之涂㊻，匠人不顾。今子之言大而无用，众所同去也。”庄子曰：“子独不见狸狌㊼乎？卑身而伏，以候敖㊽者；东西跳梁，不辟高下；中于机辟㊾，死于罔罟㊿。今夫斄牛(71)，其大若垂天之云。此能为大矣，而不能执鼠。今子有大树，患其无用，何不树之于无何有之乡，广莫(72)之野，彷徨乎无为其侧，逍遥乎寝卧其下。不夭(73)斤斧，物无害者，无所可用，安所困苦哉！”

〔注释〕 ① 北冥：北海。冥，亦作“溟”。 ② 怒：奋起。 ③ 海运：海波动荡，这里形容波涛汹涌。 ④ 抟(tuán)：拍击。 ⑤ 去：离开。 ⑥ 生物：指自然界生生不息的物类。 ⑦ 极：尽。 ⑧ 坳堂：堂屋低洼的地方。 ⑨ 培：通“凭”，凭借。 ⑩ 夭阏(è)：阻拦、阻止。 ⑪ 决：迅速貌。 ⑫ 抢：突过。 ⑬ 控：落。 ⑭ 莽苍：郊野。 ⑮ 飡：即“餐”。 ⑯ 果然：形容饱的样子。 ⑰ 宿：一夜。 ⑱ 之：这。 ⑲ 知：通“智”，才智。 ⑳ 朝菌：生命极为短促的菌类。 ㉑ 蟪蛄：寒蝉。 ㉒ 冥灵：一说为树名，一说为传说中的大龟。 ㉓ 特：独。 ㉔ 匹：比。 ㉕ 穷发：不毛之地。 ㉖ 若：像。 ㉗ 至：极。 ㉘ 辩：区别。 ㉙ 知效一官：智慧能胜任一官之职的。 ㉚ 比：合、聚合。 ㉛ 而：能够。 ㉜ 宋荣子：战国时期著名的学者宋钘。 ㉝ 沮：沮丧。 ㉞ 境：界限。 ㉟ 数数：常常。 ㊱ 树：建树。 ㊲ 泠然：轻快的样子。 ㊳ 旬：十天。 ㊴ 正：正气。 ㊵ 御六气之辨：顺应六气的变化。御，顺应；六气，阴、阳、风、雨、晦、明；辨，通“变”，变化。 ㊶ 爝(jué)火：小火。 ㊷ 尸：主，引申为位居高位而不发挥作用。 ㊸ 宾：派生物、附属品。 ㊹ 尸祝：古时主持祭礼的司仪。 ㊺ 接舆：楚国的隐士。 ㊻ 藐姑射(yè)：藐，远；姑射，山名。 ㊼ 淖约：指女子姿态柔美的样子。淖，通“绰”。 ㊽ 疵疠：灾害、疾病。 ㊾ 瞽者：瞎子。 ㊿ 旁礴：混同。 (51) 蕲(qí)：求。 (52) 弊弊：劳苦的样子。 (53) 大浸稽天：指洪水滔天。 (54) 秕糠：米糠和瘪谷。 (55) 资章甫：资，购买；章甫，一种礼帽。 (56) 四子：指王倪、齧缺、被衣、许由四人。 (57) 窅然：窅，通“杳”，深远的样子。 (58) 瓠(hú)：葫芦。 (59) 实：容纳。 (60) 瓠落：大而平浅的样子。 (61) 呺(xiāo)然：虚无的样子。 (62) 龟(jūn)：通“皲”，指皮肤受冻开裂。 (63) 洴澼絖：洴，浮；澼，在水中漂洗；絖，丝絮。 (64) 蓬：草名。此作动词，意谓“茅塞”。 (65) 樗(chū)：俗称臭椿，质地粗劣。 (66) 涂：通“途”，道路。 (67) 狸狌(lí shēng)：狸，野猫；狌，黄鼠狼。 (68) 敖：遨，这里指鸡鼠之类路过的动物。 (69) 机辟：猎人为捕捉禽兽所设的机关。 (70) 罔罟：网。 (71) 斄(lí)牛：牦牛。 (72) 广莫：辽阔。莫，通“漠”。 (73) 夭：夭折。 （饶玲一）

〔鉴赏〕 《逍遥游》是《庄子》中的第一篇，它以形象的语言，开宗明义地表达了庄子的基本价值取向和根本的哲学观念。它以鲲鹏逍遥游的隐喻，生动地描绘了得道之士的超越的精神如何挣脱各种各样的世俗的价值观念的束缚，达到绝对自由的境界，以及这种精神在最高超越的境界中所显示的种种不可思议的、具有审美价值的无穷妙用。

庄子极其巧妙地利用了古代关于鲲鹏的神话传说，赋予全新而又非常深刻的意义。鲲鹏这一形象在庄子的笔下成了追求自由的精神的象征，它完整、充分地表现了得道之士的超越精神的意义。

首先，这种精神有最远大的目标。文章说大鹏"以之九万里而南为"，极言其志向的高远，不仅如此，实际上它的目标不是固定的，有限的，而是无限的："乘天地之正，而御六气之辨，以游无穷者。"此语喻示了这样一个意思，求道、与道为一，是一个不断地超越有限的价值、没有终结的无穷过程，是精神无限地飞升的过程。

其次，精神凭借无比巨大的动力向着自由飞升。庄子意识到"夫水之积也不厚，则其负大舟也无力"，"覆杯水于坳堂之上，则芥为之舟，置杯焉则胶"，因此以非凡的想象力、极其夸张地描绘鲲鹏之硕大无朋，他称大鹏是由大几千里的鱼——鲲——变化而来的，而其本身又大几千里，背若泰山，翅膀若垂天之云。这就喻示了超越的精神有深厚博大的内涵，而求道者也不是等闲之辈，而是超群绝伦的，有自我提升、自我发展、自我追求的巨大的内心冲动和精神力量，否则是不可能开展逍遥游这一非同寻常的精神历程的。

再次，精神的求道和飞升，要排除世人的非议和嘲笑，鄙弃士人所珍视的价值观念、挣脱它们的束缚。文章以蜩、学鸠和斥鴳指那些目光短浅、志趣低下的世人，不仅如此，还把它们比喻那些胜任职务的官吏、乡中品行非常卓越的人士、道德为国君所赞赏、人格为国人所信任的人；甚至鄙视上述人士的价值观念的宋荣子和御风而行的列子仍未达到逍遥游的境界，因为他们仍然有所待，即仍然依靠某些观念或事物，还没有完全摆脱束缚。作者竭力夸张大鹏的形象的宏伟，以衬托那些昆虫鸟雀的渺小，目的是贬低和鄙弃世人所推崇的价值：即功名、利禄、地位、财富、狭隘的道德观念等。在庄子看来，这些都妨碍逍遥游，即妨碍人们的精神飞升。庄子认为只有达到"无己"、"无功"、"无名"的境界，才能得道，获得绝对的精神自由。可见，精神的飞升是精神的解放的过程，是主观精神排除外来的压力和世俗的价值观念的过程。

再次，精神的飞升，气势磅礴，锐不可当，能冲破一切障碍和束缚。文章说

“鹏之徙于南冥也，水击三千里，抟扶摇而上者九万里”，其气势是何等的宏伟！李白曾这样描绘这种气势：“一鼓一舞，烟朦沙昏；五岳为之震荡，百川为之崩奔”；“簸鸿蒙，扇雷霆；斗转而天动，山摇而海倾，怒无所搏，雄无所争。”（《大鹏赋》）《庄子》的其他篇章也有类似的表达和描写，如《齐物论》说“骑日月，挟宇宙”。这些文字能抵消、克服道家学说中某些消极的因素，鼓舞人们积极努力，奋发向上，以无所畏惧、毫不退缩、一往无前的气概，斩断牵累，抛弃烦恼，制服痛苦，挣脱束缚，破除蔽障，突破障碍，去攀登并且去占领精神领域中的一个个高峰。

庄子的逍遥游所追求的绝对自由在现实生活中不可能实现，他要求彻底摆脱各种传统价值和世俗观念的束缚的思想，也可能导致虚无主义。尽管如此，这也不掩没他所塑造的鲲鹏精神的瑰丽光辉。这种精神与儒家的表现为浩然正气的豪杰精神一起，在我国各个时代造就了各种各样的魁奇多彩的知识分子人格，使士人心志高洁，胸怀博大，精神昂扬，奋发向上。追求自由的鲲鹏精神有助于知识分子挣脱各种思想的束缚，发挥他们的聪明才智，进行自由的创造。李白、苏轼等人在他们的作品中表现出大胆追求理想的热忱、豪放的气概、奇特的想象力和不竭的创造精神，这些正是庄子的鲲鹏精神的再现和扩展。 （施忠连）

齐　物　论　《庄子》

南郭子綦隐①机②而坐，仰天而嘘，荅焉③似丧其耦④。颜成子游立侍乎前，曰：“何居乎？形固可使如槁木，而心固⑤可使如死灰乎？今之隐机者，非昔之隐机者也。”子綦曰：“偃，不亦善乎，而⑥问之也！今者吾丧⑦我，汝知之乎？汝闻人籁⑧而未闻地籁，汝闻地籁而未闻天籁夫！”子游曰：“敢问其方⑨。”子綦曰：“夫大块噫气⑩，其名为风。是唯无作，作则万窍怒呺⑪。而独不闻之翏翏⑫乎？山林之畏佳⑬，大木百围之窍穴，似鼻，似口，似耳，似枅，似圈，似臼，似洼者，似污者；激者，謞⑭者，叱者，吸者，叫者，譹者，宎⑮者，咬者，前者唱于而随者唱喁。冷风⑯则小和，飘风则大和，厉风济⑰则众窍为虚。而独不见之调调⑱之刁刁乎？”子游曰：“地籁则众窍是已，人籁则比竹是已。敢问天籁。”子綦曰：“夫吹万不同，而使其自已也。咸其自取,怒[19]者其谁邪?”

大知闲闲[20],小知间间[21]。大言炎炎[22],小言詹詹[23]。其寐也魂交[24],其觉也形开[25]。与接为搆[26],日以心斗[27]。缦者、窖[28]者、密者。小恐惴惴,大恐缦缦[29]。其发若机栝[30],其司[31]是非之谓也;其留如诅盟[32],其守胜之谓也;其杀[33]若秋冬,以言其日消也;其溺[34]之所为之,不可使复之也;其厌[35]也如缄,以言其老洫[36]也;近死之心,莫使复阳[37]也。喜怒哀乐,虑[38]叹变慹,姚佚启态[39];乐出虚,蒸[40]成菌。日夜相代乎前,而莫知其所萌[41]。已乎,已乎!旦暮得此,其所由以生乎!

非彼无我,非我无所取[42]。是亦近矣,而不知其所为使。必有真宰,而特不得其眹[43]。可形已信,而不见其形,有情而无形。百骸、九窍、六藏,赅[44]而存焉,吾谁与为亲?汝皆说之乎?其有私[45]焉?如是皆有为臣妾乎?其臣妾不足以相治也。其递相为君臣乎?其有真君存焉!如求得其情与不得,无益损乎其真。一受其成形,不亡以待尽。与物相刃相靡[46],其行尽如驰,而莫之能止,不亦悲乎!终身役役[47]而不见其成功,苶然[48]疲役而不知其所归,可不哀邪!人谓之不死,奚益!其形化[49],其心与之然,可不谓大哀乎?人之生也,固若是芒[50]乎!其我独芒,而人亦有不芒者乎?夫随其成心而师之。谁独且无师乎?奚必知代[51]而心自取者有之?愚者与有焉!未成乎心而有是非,是今日适越而昔至也。是以无有为有。无有为有,虽有神禹,且不能知[52],吾独且奈何哉!

夫言非吹也,言者有言。其所言者特未定也。果有言邪?其未尝有言邪?其以为异于鷇[53]音,亦有辨乎?其无辨乎?道恶乎隐而有真伪?言恶乎隐而有是非?道恶乎往而不存?言恶乎存而不可?道隐于小成[54],言隐于荣华[55]。故有儒墨之是非,以是其所非而非其所是。欲是其所非而非其所是,则莫若以明。物无非彼[56],物无非是。自彼则不见,自知则知之。

故曰：彼出于是，是亦因彼。彼是方[57]生之说也。虽然，方生方死，方死方生；方可方不可，方不可方可；因[58]是因非，因非因是。是以圣人不由[59]，而照之于天，亦因是也。是亦彼也，彼亦是也。彼亦一是非，此亦一是非，果且[60]有彼是乎哉？果且无彼是乎哉？彼是莫得其偶，谓之道枢[61]。枢始得其环中，以应无穷。是亦一无穷，非亦一无穷也。故曰：莫若以明。

以指[62]喻指之非指，不若以非指喻指之非指也；以马喻马之非马，不若以非马喻马之非马也。天地一指也，万物一马也。可乎可，不可乎不可。道行之而成，物谓之而然。恶乎然？然于然。恶乎不然？不然于不然。物固有所然，物固有所可。无物不然，无物不可。故为是举莛[63]与楹，厉[64]与西施，恢恑[65]憰怪，道通为一[66]。其分也，成也；其成也，毁也。凡物无成与毁，复通为一。唯达者知通为一，为是不用而寓[67]诸庸。庸也者，用也；用也者，通也；通也者，得[68]也；适得而几[69]矣。因是已。已而不知其然，谓之道。劳神明为一而不知其同也，谓之朝三。何谓朝三？狙公[70]赋芧[71]，曰："朝三而暮四。"众狙皆怒。曰："然则朝四而暮三。"众狙皆悦。名实未亏而喜怒为用，亦因是也。是以圣人和之以是非，而休乎天钧[72]，是之谓两行[73]。

古之人，其知有所至[74]矣。恶乎至？有以为未始[75]有物者，至矣，尽矣，不可以加矣！其次以为有物矣，而未始有封[76]也。其次以为有封焉，而未始有是非也。是非之彰[77]也，道之所以亏也。道之所以亏，爱[78]之所以成。果且有成与亏乎哉？果且无成与亏乎哉？有成与亏，故昭氏[79]之鼓琴也；无成与亏，故昭氏之不鼓琴也。昭文之鼓琴也，师旷之枝策[80]也，惠子之据梧[81]也，三子之知几[82]乎，皆其盛者也，故载之末年[83]。唯其好之也以异于彼，其好之也欲以明之彼[84]。非所明而明之，故以坚白之昧终。而其子又以文之纶[85]终，终身无成。若是而可谓成乎，虽我亦成也；若是而不可谓成乎，物与我无成也。是故滑疑[86]之耀[87]，圣人之所图[88]也。为是不用而寓诸庸，此之谓以明。

今且有言于此，不知其与是类乎？其与是不类乎？类与不类，相与为类，则与彼无以异矣。虽然，请尝言之：有始也者，有未始有始也者，有未始有夫未始有始也者；有有也者，有无也者，有未始有无也者，有未始有夫未始有无也者。俄而有无矣，而未知有无之果孰有孰无也。今我则已有谓矣，而未知吾所谓之其果有谓乎？其果无谓乎？天下莫大于秋毫之末，而大山为小；莫寿于殇子，而彭祖为夭。天地与我并生，而万物与我为一。既已为一矣，且得有言乎？既已谓之一矣，且得无言乎？一与言为二，二与一为三。自此以往，巧历[89]不能得，而况其凡乎！故自无适有以至于三，而况自有适有乎！无适焉，因是[90]已！

夫道未始有封，言未始有常，为是而有畛[91]也。请言其畛：有左有右，有伦有义[92]，有分有辩，有竞有争，此之谓八德[93]。六合[94]之外，圣人存而不论；六合之内，圣人论而不议[95]；春秋经世先王之志，圣人议而不辩。故分也者，有不分也；辩也者，有不辩也。曰：何也？圣人怀之，众人辩之以相示也。故曰：辩也者，有不见也。夫大道不称[96]，大辩[97]不言，大仁不仁，大廉不嗛[98]，大勇不忮[99]。道昭而不道，言辩而不及，仁常而不成，廉清而不信，勇忮而不成。五者园[100]而几向方矣！故知止其所不知，至矣。孰知不言之辩，不道之道？若有能知，此之谓天府[101]。注焉而不满，酌[102]焉而不竭，而不知其所由来，此之谓葆光[103]。

故昔者尧问于舜曰："我欲伐宗、脍、胥敖[104]，南面而不释然[105]。其故何也？"舜曰："夫三子者，犹存乎蓬艾[106]之间。若[107]不释然，何哉？昔者十日并出，万物皆照，而况德之进[108]乎日者乎!”

啮缺问乎王倪曰:“子知物之所同是乎?”曰:“吾恶乎知之!”“子知子之所不知邪?”曰:“吾恶乎知之!”“然则物无知邪?”曰:“吾恶乎知之!虽然,尝试言之;庸讵[109]知吾所谓知之非不知邪?庸讵知吾所谓不知之非知邪?且吾尝试问乎女:民湿寝则腰疾偏死[110],鳅然[111]乎哉?木处则惴栗[112]恂惧,猿猴然乎哉?三者孰知正处?民食刍豢[113],麋鹿食荐[114],蝍蛆甘带,鸱鸦耆鼠,四者孰知正味[115]?猿猵狙以为雌,麋与鹿交,鳅与鱼游。毛嫱丽姬,人之所美也;鱼见之深入,鸟见之高飞,麋鹿见之决骤[116],四者孰知天下之正色哉?自我观之,仁义之端,是非之涂,樊然[117]殽乱,吾恶能知其辩[118]!”啮缺曰:“子不知利害,则至人固不知利害乎?”王倪曰:“至人神矣!大泽焚而不能热,河汉沍[119]而不能寒,疾雷破山风振海而不能惊。若然者,乘云气,骑日月,而游乎四海之外,死生无变于己,而况利害之端乎!”

瞿鹊子问乎长梧子曰:“吾闻诸夫子:圣人不从事于务,不就[120]利,不违[121]害,不喜求,不缘[122]道,无谓有谓,有谓无谓,而游乎尘垢之外。夫子以为孟浪[123]之言,而我以为妙道之行也,吾子以为奚若?”长梧子曰:“是皇帝之所听荧[124]也,而丘也何足以知之!且汝亦大[125]早计,见卵而求时夜[126],见弹而求鸮炙。予尝为女妄言之,女以妄听之。奚旁[127]日月,挟宇宙?为其脗合[128],置其滑涽[129],以隶相尊。众人役役,圣人愚芚[130],参[131]万岁而一成纯,万物尽然,而以是相蕴[132]。予恶乎知说生之非惑邪!予恶乎知恶死[133]之非弱丧而不知归者邪!

丽之姬,艾封人之子也。晋国之始得之也,涕泣沾襟,及其至于王所,与王同匡床,食刍豢,而后悔其泣也。予恶乎知夫死者不悔其始之蕲[134]生乎?梦饮酒者,旦而哭泣;梦哭泣者,旦而田猎。方其梦也,不知其梦也。梦之中又占其梦焉,觉而后知其梦也。且有大觉而后知此其大梦也，而愚者自以为觉，窃窃然[135]知之。君乎牧乎？固哉！丘也与女皆梦也，予谓女梦亦梦也。是其言也，其名为吊诡[136]。万世之后而一遇大圣知其解者，是旦暮遇之也。

既使我与若辩矣，若胜我，我不若胜[137]，若果[138]是也？我果非也邪？我胜若，若不吾胜，我果是也？而果非也邪？其或是也？其或非也邪？其俱是也？其俱非也邪？我与若不能相知也。则人固受其黮闇[139]，吾谁使正之？使同乎若者正之，既与若同矣，恶能正之？使同乎我者正之，既同乎我矣，恶能正之？使异乎我与若者正之，既异乎我与若矣，恶能正之？使同乎我与若者正之，既同乎我与若矣，恶能正之？然而我与若与人俱不能相知也，而待彼也邪？化声之相待，若其不相待。和之以天倪[140]，因之以曼衍[141]，所以穷年也。何谓和之以天倪？曰：是不是，然不然。是若果是也，则是之异乎不是也亦无辩；然若果然也，则然之异乎不然也亦无辩。忘年忘义，振[142]于无竟，故寓诸无竟。"

罔两问景曰："曩[143]子行，今子止；曩子坐，今子起。何其无特操与[144]？"景曰："吾有待而然者邪？吾所待又有待而然者邪？吾待蛇蚹蜩翼邪？恶识所以然？恶识所以不然？"

昔者庄周梦为胡蝶，栩栩然胡蝶也。自喻[145]适志与！不知周与。俄然[146]觉，则蘧蘧然[147]周也。不知周之梦为胡蝶与？胡蝶之梦为周也？周与胡蝶则必有分矣。此之谓物化。

〔注释〕 ① 隐：凭。 ② 机：通"几"。 ③ 荅焉：形容离形去智的样子。荅，通"嗒"。 ④ 耦：与精神相对立的肉体。 ⑤ 固：岂能，表示疑问的语气助词。 ⑥ 而：通"尔"，你。 ⑦ 丧：忘。 ⑧ 籁：古代的管乐器，即"箫"。"天籁"、"地籁"之"籁"指自然界发出的声音；"人籁"指人吹箫发出的声音。 ⑨ 方：道术。 ⑩ 大块噫气：大块，大地；噫气，吐气。 ⑪ 呺：呼啸、吼叫。 ⑫ 翏(liú)翏：风声。 ⑬ 畏佳：崔嵬，形容山的高大。 ⑭ 谪(xiào)：箭在空中飞行的声音。 ⑮ 宎(yáo)：形容深沉。 ⑯ 冷风：小风、和风。 ⑰ 济：停止。 ⑱ 调调：与刁刁同义，形容风吹物动的样子。 ⑲ 怒：音"努"，主持。 ⑳ 闲闲：广博。 ㉑ 间间：指喜欢观察别人的过失。 ㉒ 炎炎：指言论美盛。 ㉓ 詹詹：说话烦琐、喋喋不休。

㉔ 魂交：精神交错。 ㉕ 形开：形神开朗。 ㉖ 搆：即"构"，合、适应。 ㉗ 心斗：钩心斗角。 ㉘ 窖：心计深。 ㉙ 缦缦：形容沮丧的样子。 ㉚ 机栝：机，弩的发射器；栝，箭的末端扣弦之处。 ㉛ 司：主管。 ㉜ 诅盟：誓约。 ㉝ 杀：肃杀。 ㉞ 溺：沉溺。 ㉟ 厌：封固、闭藏。 ㊱ 洫：深。 ㊲ 复阳：恢复生机。 ㊳ 虑：多思。 ㊴ 姚佚启态：姚，轻浮躁动；佚，奢华放纵；启，狂放；态，妖媚姿态。 ㊵ 蒸：温度和湿度。 ㊶ 所萌：赖以发生的原因。 ㊷ 取：禀受、体现。 ㊸ 眹(zhèn)：通"朕"，征兆、迹象。 ㊹ 赅(gāi)：齐备。 ㊺ 私：偏爱。 ㊻ 相刃相靡：相互矛盾、相互顺应。靡，磨也。 ㊼ 役役：形容穷苦不休的样子。 ㊽ 苶(nié)然：困顿、精神不振的样子。 ㊾ 形化：形体变化，即由幼年、青年、壮年、死亡的过程。 ㊿ 芒：通"茫"，愚昧无知。 51 知代：懂得事物的变化。 52 知：理解。 53 鷇(kòu)：破卵而出的雏鸟的鸣声。 54 小成：小的成就，指儒家宣扬的仁义之道。 55 荣华：虚伪华丽。 56 彼：与下文的"是"相对，指对立面的对方。 57 方：始。 58 因：由、任。 59 由：经过、经由。 60 果且：果真。 61 道枢：道的关键。 62 指：要素、共相、性质。 63 莛(tíng)：茎，与下文的"楹"相对，莛比喻轻而易举的事；楹本指房屋的柱子，比喻难做到的事。 64 厉：丑陋的女人。 65 恢恑(guǐ)：恢，宽大；恑，变异。 66 一：统一。 67 寓：寄托。 68 得：自得、满意。 69 几：接近。 70 狙公：饲养猴子的人。 71 芧(xù)：橡子。 72 天钧：自然调和。 73 两行：任由是与非各自发展。 74 至：最高境界。 75 未始：未曾。 76 封：界域。 77 彰：明白。 78 爱：偏爱。 79 昭氏：姓昭名文，音乐家，以善于弹琴著称。 80 枝策：打拍板。 81 梧：梧桐木制成的几案。 82 几：尽。 83 末年：后代。 84 彼：众人。 85 纶：琴弦，这里指代琴。 86 滑(gǔ)疑：惑乱。 87 耀：炫耀言词。 88 图：鄙弃。 89 巧历：善于计算的人。 90 是：认为是正确的。 91 畛(zhěn)：界限。 92 有伦有义：伦即议论，义(议)即批评。 93 德：类。 94 六合：天地四方。 95 论而不议：论述而不批评。 96 不称：无名。 97 大辩：高论。 98 嗛：通"谦"，谦逊。 99 忮(zhī)：害。 100 园：圆。 101 天府：天然府藏。 102 酌：酌取。 103 葆光：隐藏着光辉。 104 宗、脍、胥敖：上古时代的三个部落。 105 释然：释，通"怿"，喜悦。 106 蓬艾：用来形容三个国家之小。蓬，蓬蒿；艾，艾草。 107 若：你。 108 进：超过。 109 庸讵：何以。 110 偏死：半身不遂。 111 然：这样。 112 惴栗：害怕得发抖。 113 刍豢：牛羊猪狗之类家畜。 114 荐：茂盛的草。 115 正味：可口的美味。 116 决骤：迅速奔跑。 117 樊然：杂乱的样子。 118 辩：通"辨"，区别、差异。 119 沍(hú)：冻结。 120 就：趋就、追逐。 121 违：避开。 122 缘：攀缘。 123 孟浪：轻率。 124 听莹：莹，一作荧，疑惑不明的样子。 125 大：通"太"。 126 时夜：司夜，指鸡。 127 旁：依傍。 128 脗合：吻合。 129 滑涽：昏乱。 130 愚芚：无知的样子。芚，通"钝"。 131 参：参合、糅合。 132 蕴：包含。 133 恶死：憎恶死亡。 134 蕲：求。 135 窃窃然：自以为明察的样子。 136 吊诡：怪异。 137 不若胜：宾语前置，不胜若，不赢你。 138 果：一定。 139 黮闇：不明的样子。 140 天倪：天然的分际。 141 曼衍：无穷的变化。 142 振：通畅、自。 143 曩(nǎng)：从前。 144 与：通"欤"，语气助词。 145 喻：觉得。 146 俄而：一会儿。 147 蘧(qú)蘧然：惊恐的样子。一说为"实实在在"。

（饶玲一）

〔**鉴赏**〕 庄子的哲学与老子的哲学有一点重要的不同，那就是庄子更为关注人的内心世界，更为注重人的精神境界。庄子的哲学可以称得上是关于境界的哲学，《齐物论》便是一篇专论境界的文章。

人生在世,最容易陷入的一个误区就是以自我为中心。世人皆以自我为中心来看待事物,思考问题,对待他人,由此便产生了种种烦恼和争执。《齐物论》一开始,便假借颜成子游和南郭子綦的对话,提出了“吾丧我”的境界。“丧我”就是破除自我中心(“成心”)的偏见,把人类的认识从狭隘、封闭的局限性中提升出来,以广大的、超脱的、开放的心灵来关照万物和把握人类的存在。庄子以争论不休的诸子百家为例,描绘了陷入自我中心误区的世人的种种心理状态和行为样态,在他看来,世人所执著的“我”不过是假我,人生所追求和拥有的,应该是真实的自我,他称之为“真君”、“真宰”,即摒除了各种偏见和成见而达到的“丧我”的精神境界,亦即“道”的境界。

在这篇文章中,庄子向人们提出了一个值得认真思考的严肃的问题:究竟什么是人生的真正意义和价值?庄子指出,世俗之人自从来到这个世界上,便终身沉溺于对功名利禄的追逐而不能自拔,结果反被这些身外之物所役使,这就是“人为物役”。为了追逐名利,他们“日以心斗”,相互之间钩心斗角,自己的内心也片刻不得安宁,可到头来却迷失了自我,不能为自己的心灵找到归宿,这样的人生是多么可悲,“人谓之不死,奚益!”他们的心灵是一种“近死之心”,虽说人还活着,可心却死了,这样的人生有什么意义?经过这番反思,庄子说出了一句名言:“哀莫大于心死,而身死次之。”庄子认为,人生在世,应该过一种高尚的、自由的、理性的生活,如此就必须摆脱功名利禄等身外之物的束缚,消除“近死之心”,达到《德充符》篇所说的“心未尝死”的境界,这样的人生才有意义,才有价值。有人讲,庄子主张避世全生,是对社会和人生的一种不负责任的态度,这是对庄子的误解。庄子表面上讲了许多超脱的甚至是冷酷的话,但内心中却深藏着对人生的眷恋和爱护。清朝有个叫胡文英的人说得好:“庄子眼极冷,心肠极热。眼冷,故是非不管,心肠热,故感慨万千。”从庄子对“近死之心”的批评来看,他对人生是高度负责的,否则就提不出这样发人深省的问题。在中国思想史上,还没有一个思想家像庄子这样尖锐而深刻地提出和思考人生的意义和价值的问题,这个问题直到今天仍然是人们必须经常反思和认真对待的问题。

庄子认为,人们的认识由于受到种种限制,往往只看到事物之间不同的一面,而事实上,任何差别都只有相对的意义。泰山固然很大,但和无限的宇宙相比又是极其渺小的;秋毫之末虽小,但和感官不能觉察的极细微的东西相比,又是十分巨大的。因为每个事物都是大的,也都是小的。以大道观之,万物都是齐同的,人的心灵也应像大道一样开放,涵容一切,不带任何偏见,不受任何限制,这样就能达到“天地与我并生，万物与我为一”的境界。达此境界，就超越了一切世俗的价值，彻底摆脱了是非、好恶、利害、生死等世俗观念的困扰，“乘云气，御飞龙，而游乎四海之外”，让精神获得绝对的独立和自由，恢复真实的自我，这样的人生才有意义。

最后，庄子讲述了一个极富浪漫色彩的寓言，梦见自己变成了一只自由飞舞的蝴蝶。沉醉于美妙梦境回味中的庄子分不清是自己做梦变成了蝴蝶，还是蝴蝶做梦化为自己。庄子评论说，自己和蝴蝶当然是有分别的，物和我当然是有界限的，但这个界限却是可以消融的，那就是主观精神和客观世界的交融与泯合，就是人生的最高境界——“物化”。

（陈鼓应　白　奚）

养　生　主

《庄子》

吾生也有涯，而知也无涯。以有涯随无涯，殆①已！已而为知者，殆而已矣！为善无近名，为恶无近刑，缘②督③以为经④，可以保身，可以全生，可以养亲，可以尽年⑤。

庖⑥丁为文惠君解⑦牛，手之所触，肩之所倚，足之所履，膝之所踦⑧，砉⑨然响然，奏刀騞然，莫不中⑩音，合于桑林⑪之舞，乃中经首之会⑫。

文惠君曰：“嘻⑬，善哉！技盖至此乎?”庖丁释刀，对曰：“臣之所好者道也，进⑭乎技矣。始臣之解牛之时，所见无非全牛者；三年之后，未尝见全牛也；方今之时，臣以神遇⑮而不以目视，官知⑯止而神欲⑰行。依乎天理⑱，批大郤⑲，道大窾⑳，因其固然。技经肯綮㉑之未尝，而况大軱㉒乎！良庖岁更刀，割也；族㉓庖月更刀，折也；今臣之刀十九年矣，所解数千牛矣，而刀刃若新发于硎㉔。彼节者有间，而刀刃者无厚，以无厚入有间，恢恢㉕乎其于游刃必有余地矣。是以十九年而刀刃若新发于硎。虽然，每至于族，吾见其难为，怵然㉖为戒，视为止，行为迟㉗，动刀甚微，謋㉘然已解，如土委㉙地。提刀而立，为之四顾，为之踌躇满志，善刀而藏之。”文惠君曰：“善哉！吾闻庖丁之言，得养生焉。”

公文轩见右师而惊曰："是何人也？恶乎介㉚也？天与㉛？其人与？"曰："天也，非人也。天之生是使独也，人之貌有与也。以是知其天也，非人也。"

泽雉㉜十步一啄，百步一饮，不蕲畜乎樊㉝中。神虽王㉞，不善也。

老聃死，秦失吊之，三号㉟而出。弟子曰："非夫子之友邪？"曰："然。""然则吊焉若此可乎？"曰："然。始也，吾以为其人也，而今非也。向㊱吾入而吊焉，有老者哭之，如哭其子；少者哭之，如哭其母。彼其所以会之，必有不蕲言㊲而言，不蕲哭而哭者。是遁㊳天倍情，忘其所受，古者谓之遁天之刑。适来㊴，夫子时也；适去，夫子顺也。安时而处顺，哀乐不能入也，古者谓是帝之县解㊵。"

指穷于为薪，火传也，不知其尽也。

〔**注释**〕①殆：危险。②缘：顺。③督：中、中道。④经：常。⑤尽年：享尽天年。⑥庖：厨工。⑦解：宰、分解。⑧踦：通"倚"，抵住。⑨砉(huà)：象声词，与下文"响"、"騞"用来形容宰牛时的声响。⑩中：合。⑪桑林：商汤王时的乐曲名。⑫经首之会：经首是尧时的乐曲名；会，节奏。⑬嘻：叹词，表示赞叹。⑭进：超过。⑮遇：接触。⑯官知：器官感知。⑰神欲：精神活动。⑱天理：这里指牛的生理构造。⑲郤：通"隙"，指牛骨节间的空隙。⑳窾：空。㉑綮(qìng)：筋骨连结的地方。㉒軱(gū)：大骨，即髀骨。㉓族：一般。㉔硎(xíng)：磨刀石。㉕恢恢：宽绰的样子。㉖怵然：小心谨慎。㉗迟：缓缓。㉘謋(huò)：牛被分解时发出的声音。㉙委：堆积。㉚介：独，指只有一只脚。㉛与：通"欤"，语气助词。㉜泽雉：草泽中的野鸡。㉝樊：笼子。㉞王：通"旺"，旺盛、饱满。㉟号：哭。㊱向：刚才。㊲言：借为"唁"，吊唁。㊳遁：此处指"违背"。㊴来：生。㊵县解：县，通"悬"。县解即解除倒悬之苦。

（饶玲一）

〔**鉴赏**〕养生是中国文化的永恒主题之一，古往今来备受人们的关注。然而哲学家讲的养生比起世俗之人的养生，却有着极大的不同。世俗之人所谓养生，关注于肉体生命的护养；哲学家所谓养生，却关注于精神生命的护养和精神境界的提升。《养生主》就是一篇专论养生之道的名文，它所揭示的主题思想，就是护养精神生命的方法莫过于顺其自然。

"庖丁解牛"这个家喻户晓的故事，是《养生主》篇的主体部分。庄子以宰牛之方喻养生之理，由养生之理喻处世之道。他以牛的筋骨之盘根错节，比喻世道之复杂凶险；以庖丁在实践中领悟的宰牛要“依乎天理”、“因其固然”的道理，启迪人们处世不能强行妄为，而要依循客观规律；以庖丁在解牛时遇到筋骨盘结之处所采取的“怵然为戒”、凝神专注的态度，告诫人们遇到困难时行事更应小心、专注；又以庖丁成功后“踌躇满志”的喜悦和“善刀而藏之”的谨慎，教导人们凡事应含藏内敛，不宜过于张扬；更以庖丁解牛之挥洒自如和出神入化，向人们展示了“得道”者的自由境界。

惠文君观看庖丁解牛，不由得发出了由衷的赞叹：“善哉！技盖至此乎？”庖丁放下刀回答说：“臣之所好者道也，进乎技矣。”庖丁把宰牛的技艺升华至“道”的境界，这就告诉我们，大道是无所不在的，人生所从事的一切活动中无不包含着通向最高的真理——“道”的途径，就看你是否善于体验和把握了。庄子在《达生》篇和《知北游》篇中讲述的“佝偻者承蜩”和“大马之捶钩者”，与“庖丁解牛”一样，都是讲的在日常活动中通过心灵的虚静、凝聚而升华而臻至“道”的完美境界。大道与人的心灵是相通的，惠文君观看了庖丁出神入化的表演，听了庖丁讲述解牛的道理，于是心领神会，从中悟出了养生的道理，那就是凡事都不能强行妄为，而应顺其自然，在平凡的生活中提升自己的精神境界。

对养生之“主”（即精神境界）的求索，是人生塑造、提升、完善自我的必由之路，也是人生的意义所在。同精神生命相比，人的肉体生命就显得不那么重要了，甚至形体残缺也不可怕，可怕的是形全而心残。庄子接着以残缺了一只脚却神气旺盛的右师为例，告诉人们那种存在于“形骸之外”的价值取向才是人生所真正应该予以关注和追求的。生活在大自然中的野鸡，十步才得一啄，百步方能一饮，比起养在笼中的同类，虽无丰足的滋养，却不受牢笼之困，得以奋翼高鸣，自适其志，悠然自在。足见不为名利所困的自由精神是多么可贵。

对待生与死，庄子也采取了顺其自然的态度。他借秦失吊唁老聃的故事，表达了这样的观念：生与死都不过是自然的形态变化，因而生不足喜，死亦不足悲，对于肉体生命不必过多地在意。庄子把对待生死的这种自然主义态度称为“县解”。为什么叫“县解”呢？因为人生无不时刻被生死问题所困扰，犹如倒悬一般，若能像老聃那样“安时而处顺，哀乐不能入”，对生死采取超然的达观态度，便是解除了倒悬之苦。在庄子看来，肉体生命的存在是暂时的，精神生命的存在才是永恒的，他用“薪尽火传”来说明这一道理：“薪”象征着有限的肉体，“火”象征着永恒的精神生命，人的精神、思想、人格的生命之火一旦点燃，就应该一直传递下去而永无穷尽，人生的真正价值和意义也正在于此。因而，人生在世，应该善于护养自己的精神生命，使其超越肉体生命的局限，在暂时中寻求永恒，在有限中追索无限，使自己短暂的一生生活得有意义，有价值。这就是《养生主》向人们讲述的人生哲理。

(陈鼓应　白　奚)

秋　水　　《庄子》

秋水时至①，百川灌河②。泾流③之大，两涘渚崖之间④，不辩⑤牛马。于是焉⑥河伯⑦欣然自喜，以⑧天下之美为尽在己。顺流而东行，至于北海⑨，东面而视，不见水端⑩。于是焉河伯始旋⑪其面目，望洋⑫向若⑬而叹曰："野语⑭有之曰：'闻道百⑮，以为莫己若⑯者。'我之谓也⑰。且夫⑱我尝闻⑲少仲尼之闻⑳而轻㉑伯夷之义者，始吾弗信㉒。今我睹子之难穷㉓也，吾非㉔至于子之门则殆㉕矣，吾长㉖见笑㉗于大方之家。"

北海若曰："井蛙不可以语㉘于海者，拘㉙于虚㉚也；夏虫不可以语于冰者，笃于时㉛也；曲士㉜不可以语于道㉝者，束于教㉞也。今尔出于崖涘，观于大海，乃㉟知尔丑㊱，尔将可与语大理㊲矣。天下之水，莫大于海；万川归之，不知何时止而不盈㊳；尾闾㊴泄之，不知何时已㊵而不虚㊶；春秋不变，水旱不知㊷。此其过㊸江㊹河之流㊺，不可为量数㊻。而吾未尝以此自多者，自以比形㊼于天地，而受气于阴阳㊽，吾在于天地之间，犹小石小木之在大山也。方㊾存乎见少㊿，又奚[51]以自多[52]！计[53]四海之在天地之间也，不似礨空[54]之在大泽乎？计中国[55]之在海内，不似稊米[56]之在大仓[57]乎？号[58]物之数谓之万[59]，人处一焉[60]；人卒九州[61]，谷食之所生[62]，舟车之所通[63]，人[64]处一焉。此[65]其比万物也，不似豪末[66]之在于马体乎？五帝之所连[67]，三王之所争[68]，仁人之所忧[69]，任士[70]之所劳[71]，尽此[72]矣！伯夷辞之[73]以为名，仲尼语之[74]以为博。此其自多也，不似尔向之[75]自多于水乎？"

河伯曰："然则吾大天地而小毫末，可乎？"北海若曰："否。夫物，量无穷[76]，时无止[77]，分无常[78]，终始无故[79]。是故大知[80]

观于远近[81]，故小而不寡[82]，大而不多：知量无穷[83]。证曏[84]今故[85]，故遥而不闷，掇而不跂[86]：知时无止。察乎盈虚[87]，故得而不喜，失而不忧：知分之无常也。明乎坦涂[88]，故生而不说[89]，死而不祸：知终始之不可故也。计[90]人之所知，不若其所不知；其生之时，不若未生之时；以其至小[91]，求穷其至大之域，是故迷乱[92]而不能自得也。由此观之，又何以知毫末之足以定至细之倪[93]，又何以知天地之足以穷至大之域！"

河伯曰："世之议者皆曰：'至精无形，至大不可围[94]。'是信情[95]乎？"北海若曰："失[96]自细视大者不尽[97]，自大视细者不明[98]。失精[99]，小之微也；垺[100]，大之殷[101]也：故异便[102]。此势之有[103]也。夫精粗者，期[104]于有形者也；无形者，数之所不能分[105]也；不可围者，数之所不能穷也。可以言论[106]者，物之粗也；可以意致[107]者，物之精也；言之所不能论，意之所不能察[108]致者，不期精粗焉。是故大人[109]之行：不出乎害人[110]，不多[111]仁恩；动不为利[112]，不贱门隶[113]；货财弗争，不多辞让；事焉不借人[114]，不多食乎力[115]，不贱贪污；行殊乎俗[116]，不多辟异[117]；为[118]在从众，不贱佞谄；世之爵禄不足以为劝[119]，戮耻不足以为辱；知是非之不可为分[120]，细大之不可为倪。闻曰：'道人[121]不闻[122]，至德[123]不得[124]，大人无己[125]。'约分之至[126]也。"

河伯曰："若物之外，若物之内，恶至[127]而倪贵贱[128]？恶至而倪小大？"北海若曰："以道观之，物无贵贱；以物观之，自贵[129]而相贱[130]；以俗观之，贵贱不在己。以差[131]观之，因[132]其所大而大之，则万物莫不大；因其所小而小之，则万物莫不小。知天地之为稊米也，知毫末之为丘山也，则差数睹矣。以功[133]观之，因其所有而有之，则万物莫不有；因其所无而无之，则万物莫不无。知东西之相反而不可以相无，则功分[134]定矣。以趣[135]观之。因其所然而然之，则万物莫不然；因其所非而非之，则万物莫不非。知尧、桀之自然[136]而相非[137]，则趣操[138]

睹矣。

“昔者尧、舜让而帝，之、哙让而绝[139]；汤、武争而王，白公争而灭[140]。由此观之，争让之礼，尧、桀之行，贵贱有时，未可以为常也。梁丽[141]可以冲[142]城而不可以窒[143]穴，言殊器[144]也；骐骥骅骝[145]一日而驰千里，捕鼠不如狸狌[146]，言殊技也；鸱鸺[147]夜撮蚤[148]，察毫末，昼出瞋目[149]而不见丘山，言殊性也。故曰：盖师是而无非[150]，师治而无乱乎？是未明天地之理，万物之情者也。是犹师天而无地，师阴而无阳，其不可行明矣！然且语而不舍[151]，非愚则诬也！帝王殊禅[152]，三代殊继。差其时，逆其俗者，谓之篡夫；当其时，顺其俗者，谓之义徒[153]。默默乎河伯，女[154]恶知贵贱之门，小大之家！”

河伯曰：“然则我何为[155]乎？何不为乎？吾辞受趣舍[156]，吾终奈何[157]？”北海若曰：“以道观之，何贵何贱，是谓反衍[158]；无拘而志[159]，与道大蹇[160]。何少何多，是谓谢施[161]；无一[162]而行，与道参差[163]。严[164]乎若国之有君，其[165]无私德[166]；繇繇[167]乎若祭之有社[168]，其无私福[169]；汎汎[170]乎其若四方之无穷，其无所畛域[171]。兼怀[172]万物，其孰[173]承翼[174]？是谓无方[175]。万物一齐，孰短孰长？道无终始，物有死生，不恃其成[176]。一虚一满，不位乎其形[177]。年不可举，时不可止[178]。消息[179]盈虚，终则有始。是所以语大义之方[180]，论万物之理也。物之生也，若骤若驰[181]。无动而不变，无时而不移[182]。何为乎，何不为乎？夫固将自化[183]。”

河伯曰：“然则何贵于道邪？”北海若曰：“知道者必达于理，达于理者必明于权[184]，明于权者不以物害己。至德者，火弗能热，水弗能溺，寒暑弗能害，禽兽弗能贼[185]。非谓其薄之[186]也，言察乎安危，宁[187]于祸福，谨于去就，莫之能害也。故曰：‘天在内[188]，人在外[189]，德在乎天[190]。’知天人之行[191]，本乎天，位乎得[192]，蹢躅[193]而屈伸，反要而语极[194]。”曰：“何谓天？何谓人?”北海若曰:“牛马四足,是谓天;落[195]马首,穿牛鼻,是谓人。故曰:‘无以人灭天[196],无以故[197]灭命[198],无以得殉名[199]。谨守而勿失,是谓反其真[200]。’”

夔怜蚿[201],蚿怜蛇,蛇怜风,风怜目,目怜心。夔谓蚿曰:“吾以一足趻踔[202]而行,予无如[203]矣。今子之使万足,独奈何?”蚿曰:“不然。子不见夫唾者[204]乎?喷则大者如珠,小者如雾,杂而下者不可胜数也。今予动吾天机[205],而不知其所以然。”蚿谓蛇曰:“吾以众足行,而不及子之无足,何也?”蛇曰:“夫天机之所动,何可易[206]邪?吾安用足哉!”蛇谓风曰:“予动吾脊胁而行,则有似[207]也。今子蓬蓬[208]然起于北海,蓬蓬然入于南海,而似无有[209],何也?”风曰:“然,予蓬蓬然起于北海而入于南海也,然而指我则胜我[210],䲡[211]我亦胜我。虽然,夫折[212]大木,蜚[213]大屋者,唯我能也。”故以众小不胜为大胜也。为大胜者,唯圣人能之。

孔子游于匡,宋人围之,数匝[214],而弦歌不辍。子路入见,曰:“何夫子之娱也?”孔子曰:“来,吾语汝。我讳[215]穷久矣,而不免,命也;求通[216]久矣,而不得,时也。当尧、舜而天下无穷人,非知得也;当桀、纣而天下无通人,非知失也:时势适然。夫水行不避蛟龙者,渔父之勇也;陆行不避兕虎者,猎夫之勇也;白刃交于前,视死若生者,烈士之勇也;知穷之有命,知通之有时,临大难而不惧者,圣人之勇也。由,处[217]矣!吾命有所制矣!”无几何[218],将甲者[219]进,辞[220]曰:“以为阳虎也,故围之;今非也,请辞而退。”

公孙龙问于魏牟曰:“龙少学先王之道,长而明仁义之行;合同异,离坚白[221];然不然,可不可;困百家之知,穷[222]众口之辩:吾自以为至达[223]已。今吾闻庄子之言,汒[224]焉异之[225],不知论之不及与?知之弗若与?今吾无所开吾喙[226],敢问其方。”公子牟隐几[227]太息[228],仰天而笑曰:“予独不闻夫坎井[229]之蛙乎？谓东海之鳖曰：'吾乐与！出跳梁[230]乎井干[231]之上，入休乎缺甃[232]之崖。赴水则接腋持颐[233]，蹶[234]泥则没足灭跗[235]。还[236]虷蟹[237]与科斗，莫吾能若也。且夫擅一壑之水，而跨跱[238]坎井之乐，此亦至矣。夫子奚不时来入观乎？'东海之鳖左足未入，而右膝已絷[239]矣。于是逡巡而却[240]，告之海曰：'夫千里之远[241]，不足以举其大；千仞[242]之高，不足以极其深。禹之时，十年九潦[243]，而水弗为加益；汤之时，八年七旱，而崖不为加损[244]。夫不为顷久[245]推移[246]，不以多少进退者，此亦东海之大乐也。'于是坎井之蛙闻之，适适然[247]惊，规规然[248]自失也。

且夫知[249]不知[250]是非之竟[251]，而犹欲观于庄子之言，是犹使蚊负山，商蚷[252]驰河也，必不胜任矣。且夫知不知论极妙之言，而自适一时之利[253]者，是[254]非坎井之蛙与？且彼方跐黄泉[255]而登大皇[256]，无南无北，奭然[257]四解[258]，沦[259]于不测；无东无西，始于玄冥[260]，反于大通[261]。子乃规规然而求之以察[262]，索之以辩，是直[263]用管窥天，用锥指地也，不亦小乎？子往矣！且子独不闻夫寿陵[264]余子[265]之学行于邯郸[266]与？未得国能[267]，又失其故行[268]矣，直匍匐而归耳。今子不去，将忘子之故，失子之业[269]。"公孙龙口呿[270]而不合，舌举而不下，乃逸[271]而走。

庄子钓于濮水。楚王使大夫二人往先[272]焉，曰："愿以境内累[273]矣！"庄子持竿不顾[274]，曰："吾闻楚有神龟，死已三千岁矣。王巾笥而藏之庙堂[275]之上。此龟者，宁其死为留骨而贵乎？宁其生而曳尾于涂中乎？"二大夫曰："宁生而曳尾涂中。"庄子曰："往矣！吾将曳尾于涂中。"

惠子相梁[276]，庄子往见之。或谓惠子曰："庄子来，欲代子相。"于是惠子恐，搜于国中，三日三夜。庄子往见之，曰："南方有鸟，其名为鹓鶵[277]，子知之乎？夫鹓鶵发于南海而飞于北海，非梧桐不止，非练实[278]不食，非醴泉[279]不饮。于是鸱[280]得腐鼠，鹓鶵过之，仰而视之曰：'吓[281]！'今子欲以子之梁国而吓我邪?”

庄子与惠子游于濠梁[282]之上。庄子曰:“鯈鱼[283]出游从容,是鱼之乐也。”惠子曰:“子非鱼,安知鱼之乐?”庄子曰:“子非我,安知我不知鱼之乐?”惠子曰:“我非子,固不知子矣;子固非鱼也,子之不知鱼之乐,全矣!”庄子曰:“请循其本。子曰‘汝安知鱼乐’云者,既已知吾知之而问我。我知之濠上也。”

〔注释〕 ① 时至:时,时令;时至,按季节到来。 ② 灌河:灌注黄河。 ③ 泾流:泾,直流的水波,泾流泛指水面。 ④ 两涘渚崖之间:涘,河岸;渚,水中之丘;崖,高耸的河岸。全句意为水面淹没水中之丘,两岸突然开阔。 ⑤ 不辩:辩通“辨”;不辩,不能分辨。 ⑥ 焉:语助词。⑦ 河伯:传说中的黄河之神。 ⑧ 以:认为。 ⑨ 北海:东海之北,指今渤海。 ⑩ 端:尽头。 ⑪ 旋:掉转,指改变。 ⑫ 望洋:即望羊,仰视貌。 ⑬ 若:北海之神,即下面的海若。⑭ 野语:俗语。 ⑮ 闻道百:百,泛指多;全句意为听到许多道理。 ⑯ 莫己若:倒装句,即莫若己,都不如自己。 ⑰ 我之谓也:宾语“我”前置,就指我啊。 ⑱ 且夫:语助词。⑲ 尝闻:曾经听说。 ⑳ 少仲尼之闻:少为意动用法,有轻视含义;闻,见闻,指学问;全句意为,觉得仲尼学问少。 ㉑ 轻:看轻,轻视。 ㉒ 弗信:不信。 ㉓ 难穷:穷,穷尽;难穷,难以穷尽。 ㉔ 非:要不是。 ㉕ 殆:危险。 ㉖ 长:长久。 ㉗ 见笑:被……笑。 ㉘ 语:讨论、谈论。 ㉙ 拘:局限。 ㉚ 虚:通“墟”,指所居之处。 ㉛ 笃于时:《尔雅·释诂》:笃,固也,引申为限制、局限;笃于时,受到时间的限制。 ㉜ 曲士:乡曲之士,指见识浅陋者。㉝ 道:高深的道理。 ㉞ 束于教:束,束缚;被所受的教育束缚。 ㉟ 乃:然后。 ㊱ 丑:浅陋卑微。 ㊲ 大理:大的道理,指高深的道理。 ㊳ 盈:溢出。 ㊴ 尾闾:传说中海底泄海水的洞。 ㊵ 已:停止。 ㊶ 虚:空虚。 ㊷ 不知:不受影响。 ㊸ 过:超过。 ㊹ 江:长江。 ㊺ 流:流量,指蓄水量。 ㊻ 量数:计算数量。 ㊼ 比形:比为庇,比形即托庇、寄形。㊽ 受气于阴阳:禀受气于阴阳之中;即指北海禀受阴阳两气。 ㊾ 方:正。 ㊿ 存乎见少:存在见识短缺。 [51] 奚:哪里。 [52] 自多:自满、骄傲。 [53] 计:估计。 [54] 礨空:礨,即垒;垒空,小孔穴。 [55] 中国:指黄河中下游地区,这一区域古称中国。 [56] 稊米:小米。[57] 大仓:古代在京师的国家仓库称大仓。 [58] 号:称。 [59] 万:万物。 [60] 人处一焉:人类在这中间(指万物)只居其一。 [61] 人卒九州:卒为尽、极、统括;全句意为,统括九州之人。[62] 谷食之所生:依靠谷食生存。 [63] 舟车之所通:依靠车船而通行。 [64] 人:这里指个人、一个人。 [65] 此:指个人。 [66] 豪末:豪通“毫”,毫末,指马身上的毫毛末梢。 [67] 五帝之所连:传说中的五个古帝;连,相接,指王位禅让。 [68] 三王之所争:三王:古称夏禹、商汤、武王为三王;争:相争,指争夺王位。 [69] 忧:思虑。 [70] 任士:以天下为己任者。 [71] 劳:力行。 [72] 尽此:只不过如此,指代上文“豪末之在于马体”。 [73] 辞之:辞去它(让位),指伯夷让国。 [74] 语之:谈论它,指天下之事。 [75] 向之:对着它,指黄河水。 [76] 量无穷:量,数量;穷,穷尽。 [77] 时无止:时,时间;止,休止。 [78] 分无常:分,禀分;常,恒常。 [79] 终始无故:全句意为,大化日新而终而复始,循环不已。 [80] 知:通“智”。 [81] 观于远近:即远近并观。 [82] 小而不寡:寡,少;全句为,不以小而为少。 [83] 知量无穷:参见上文“物量无穷”。[84] 证曏:证,证实;曏,即“明”,明了。 [85] 今故:故通古,今故即古今。 [86] 遥而不闷,掇

(zhuō)而不跂：遥，长；闷，闷闷不乐；掇，短；跂，通企，企盼。 ㊇ 盈虚：满空。 ㊈ 坦涂：涂即途，坦涂即康庄大道。 ㊉ 说：悦。 ㊿ 计：计算。 ⑨¹至小：最小；至小指前面人所知之小与未知之大、所生之短与未生之长相比，因此才有"求穷其至大之域"之说。 ⑨² 迷乱：迷惑昏乱。 ⑨³ 倪：端倪，即极至界限。 ⑨⁴ 至精无形，至大不可围：指惠施所讲的"至小无内"，"至大无外"。 ⑨⁵ 信情：实情。 ⑨⁶ 失：过失、错误。 ⑨⁷ 不尽：不能穷尽。 ⑨⁸ 不明：不分明、不清楚。 ⑨⁹ 失精：失疑为夫，发语词；精，微小。 ⑩⁰ 垺：盛。 ⑩¹ 殷：盛貌。 ⑩² 异便：异，不同；便通"辨"，审察；异辨，指对大小事物应采取不同的审察方式。 ⑩³ 有：通"囿"，局限。 ⑩⁴ 期：限。 ⑩⁵ 分：分辨。 ⑩⁶ 言论：言，言语；论，表达。 ⑩⁷ 意致：意，原义为猜测，这里指思考；致，达到。 ⑩⁸ 察：察觉、辨析。 ⑩⁹ 大人：得道之人。 ⑪⁰ 不出乎害人：不损害别人。 ⑪¹ 不多：不赞许，下同。 ⑪² 不为利：不谋利。 ⑪³ 不贱门隶：贱，轻视；门隶，守门的奴仆；意指奴仆为利而守门。 ⑪⁴ 事焉不借人：事，指当为之事；不借人，不借助他人。此句后疑佚一句，因为此段句式两两相对。 ⑪⁵ 食乎力：自食其力；此与下面"贪污"相对，因为贪污则不是自食其力而积财。 ⑪⁶ 殊乎俗：即与世俗之人不同。 ⑪⁷ 辟异：辟同僻，辟异指怪僻。 ⑪⁸ 为：行事、做事。 ⑪⁹ 劝：劝诱。 ⑫⁰ 分：区分，这里指标准。 ⑫¹ 道人：得道之人，即上文大人《庄子》中亦称至人。 ⑫² 不闻：不求闻达(指自己名声)。 ⑫³ 至德：至德之人。 ⑫⁴ 不得：不求获得(德)。 ⑫⁵ 无己：忘却自己。 ⑫⁶ 约分之至：约，简略；分，辨别；至，极点。 ⑫⁷ 恶至：何至，什么程度。 ⑫⁸ 倪贵贱：倪，分际，界限；倪贵贱即贵贱的界限。 ⑫⁹ 自贵：自视为贵。 ⑬⁰ 相贱：视别物为贱。 ⑬¹ 差：差异。 ⑬² 因：依据。 ⑬³ 功：功用。 ⑬⁴ 分：区分、区别；前句讲东西相反则无东便无西，因此就事物功用来说，有用与无用相对。 ⑬⁵ 趣：志趣、爱好。 ⑬⁶ 自然：自我肯定。 ⑬⁷ 相非：视别人为非。 ⑬⁸ 操：操守。 ⑬⁹ 之、哙让而绝：燕王哙采纳苏代之说，让位于燕相子之，三年国乱，燕国几至绝灭。 ⑭⁰ 白公争而灭：楚平王之孙白公胜僭称公，作乱而死。 ⑭¹ 梁丽：丽即欐，梁丽即屋栋。 ⑭² 冲：攻。 ⑭³ 窒：堵。 ⑭⁴ 殊器：不同的器具。 ⑭⁵ 骐骥骅骝：古之骏马。 ⑭⁶ 狸狌：狸，狸猫；狌，鼬鼠，即黄鼠狼。 ⑭⁷ 鸱鸺：枭类夜行之鸟，一说猫头鹰。 ⑭⁸ 撮蚤：捕捉跳蚤，喻其夜视极佳。 ⑭⁹ 瞋目：睁目，睁大眼睛。 ⑮⁰ 师是而无非：意为师心自用，以己见为是而无错误。 ⑮¹ 不舍：不放弃，意为不停止。 ⑮² 禅：借为嬗，传递王位。 ⑮³ 义徒：有高义者。 ⑮⁴ 女：同汝。 ⑮⁵ 何为：为何的倒装，做些什么。 ⑮⁶ 趣舍：同取舍。 ⑮⁷ 奈何：怎么样。 ⑮⁸ 反衍：散漫而无边际。 ⑮⁹ 拘而志：拘，局限；而，尔；志，志向。 ⑯⁰ 蹇：艰涩，即与道不合。 ⑯¹ 谢施：随顺貌，即不论其多少。 ⑯² 一：执一。 ⑯³ 参差：参差不齐，意谓与道所行不合拍、不同方向。 ⑯⁴ 严：俨然，稳重貌。 ⑯⁵ 其：表劝勉的语气，可不译；下几句相同。 ⑯⁶ 私德：私，偏私；德，恩惠。 ⑯⁷ 繇繇：自得貌，同悠悠。 ⑯⁸ 社：社稷之神。 ⑯⁹ 福：保佑。 ⑰⁰ 汎汎：即氾氾，普遍貌。 ⑰¹ 畛域：界限。 ⑰² 兼怀：包藏、兼容并包。 ⑰³ 孰：谁，指哪一个、哪一方面。 ⑰⁴ 承翼：承，承受；翼，扶助。 ⑰⁵ 无方：无所偏向。 ⑰⁶ 不恃其成：即其成不足恃。 ⑰⁷ 不位乎其形：即其形不位，位，定位。 ⑰⁸ 年不可举，时不可止：年、时对举，都指时间概念；举：把捉、把握；止，挽留。 ⑰⁹ 消息：消，消亡；息，生息。 ⑱⁰ 方：方法。 ⑱¹ 若骤若驰：骤驰都指马奔驰。 ⑱² 移：原义迁徙，此处指时间推移。 ⑱³ 自化：自己变化。 ⑱⁴ 权：权变。 ⑱⁵ 贼：伤残。 ⑱⁶ 薄之：薄，逼近；之，指知道者。 ⑱⁷ 宁：疑作审，形近而误。 ⑱⁸ 天在内：天，天意，实指自然，下同；在内，深藏不露。 ⑱⁹ 人在外：人，人为，下同；在外，显露于外。 ⑲⁰ 德在乎天：德合乎自然。 ⑲¹ 行：行为。 ⑲² 得：通德，下同。 ⑲³ 蹢躅：进退不定貌。 ⑲⁴ 反要而语极：反，回复；要，枢要；极，极致。

⑮落：即络，羁勒。 ⑯无以人灭天：不要以人为来伤害自然。 ⑰故：有心之为称故。 ⑱命：自然流行谓命。 ⑲殉名：殉世俗之名。 ⑳真：真性，自然本性。 ㉑夔怜蚿：夔，一足兽；怜，羡慕；蚿，百足虫。 ㉒跉踔：跳跃。 ㉓无如：如，往；无如即不善于行走。 ㉔唾者：打喷嚏者。 ㉕动吾天机：即顺着我的天性自然。 ㉖易：改变。 ㉗有似：似有，即蛇行有形迹。 ㉘蓬蓬：风声状。 ㉙似无有：风行而无形迹。 ㉚指我则胜我：以手指风则胜过风，意风无还击能力。 ㉛䲡：即蹴，踢。 ㉜折：摧折。 ㉝蜚：同飞，吹翻。 ㉞数匝：数重包围。 ㉟讳：忌讳。 ㊱通：通达。 ㊲处：原义安顿，此指安静地坐着。 ㊳无几何：没有多久。 ㊴将甲者：携带兵器者。 ㊵辞：道歉。 ㊶合同异，离坚白："合同异"与"离坚白"是当时名家的命题。公孙龙提出坚、白是脱离石头属性，夸大了差别性而抹杀同一性；惠施只看到事物间的差异与区别（小异），但以合同异来否定小异（大同），否定差别的客观存在。 ㊷穷：穷诘、屈服。 ㊸至达：达到极限。 ㊹汒：同茫，茫然。 ㊺异之：即对庄子言论感到奇异。 ㊻喙：嘴。 ㊼隐几：靠着案几。 ㊽太息：叹息。 ㊾坎井：废井、坏井。 ㊿梁：疑衍字，"出跳"与下"入休"相对。 ⑪井幹：井垣。 ⑫缺甃：残破的井壁。 ⑬接腋持颐：（水）承着腋部托着下颌。 ⑭蹶：踏。 ⑮没足灭跗：没，埋没；灭，与"没"同；跗：脚背。 ⑯还：回首。 ⑰虷蟹：井中之赤虫。 ⑱跨跱：跨、跱两字意义相近，可译作"盘踞"。 ⑲絷：原义拴缚马足，此作绊住。 ⑳逡巡而却：逡巡，从容貌；却，退却。 ㉑远：距离。 ㉒仞：长度单位，《说文解字》以八尺为仞。 ㉓潦：同涝。 ㉔加损：一作减损。 ㉕倾久：倾，短暂；久，长久。 ㉖推移：变化。 ㉗適（tì）適然：惊恐貌。 ㉘规规然：茫然自失貌。 ㉙知：同智。 ㉚不知：不知道，不懂得。 ㉛竟：通境，境界。 ㉜商蚷：北方一种小虫名。 ㉝自适一时之利：图一时快活。 ㉞是：指示代词"这"。 ㉟跐黄泉：跐，践踏，跐黄泉即走上黄泉路。 ㊱登大皇：登天，含义也是死。 ㊲奭然：释然，毫无障碍貌。 ㊳四解：四通八达，指对道的理解。 ㊴沦：陷入。 ㊵玄冥：玄，深奥、玄妙；冥，深思。 ㊶大通：指对道的理解达到极致。 ㊷察：辨析。 ㊸直：仅仅。 ㊹寿陵：燕国邑名。 ㊺余子：小孩。 ㊻邯郸：赵国国都。 ㊼国能：赵国以步姿美观著称，故称国能。 ㊽故行：原来的走路的方法。 ㊾业：学业。 ㊿呿：张口貌。 ㉑逸："奔"，赶快逃走。 ㉒先：事先致意。 ㉓累：麻烦，指把国家拜托给庄子管理。 ㉔顾：回首看。 ㉕庙堂：庙通廟，即庙。庙堂即宗庙明堂。 ㉖相梁：相略等于后世的宰相，此作动词用，即做梁国的相。 ㉗鹓鶵：属鸾凤类的鸟。 ㉘练实：竹实。 ㉙醴泉：甜泉。 ㉚鸱：鹞鹰。 ㉛嚇：发怒声。 ㉜濠梁：濠是濠水；梁，桥梁。 ㉝鯈鱼：白鱼。

（汤勤福）

〔鉴赏〕 先秦道家在诸子百家中独具特色，与儒家共同构成中国传统思想文化的灵魂。庄子继承和发展了老子的哲学思想，以对人的精神自由的执著追求和奇透纸背的语言魅力，开启了中国传统思想中一个新的理论方向，获得了"为百家之冠"（《庄子注》序）、"千古一人"（《南海经解》序）的至誉。

《秋水》气象恢宏，境界宽广，语言恣肆，是《庄子》中颇为引人注目的篇章。庄子相对主义的思想观点，化作"时至"的"秋水"，汩汩流光溢彩于字里行间。难怪金人马定国《读庄子诗》，由衷地发出观止之叹："吾读漆园书，《秋水》一篇足。"

庄子“万物齐一”的相对主义思想观点，在其代表作《齐物论》中有系统、全面的表述。在庄子“道”的思维和视角中，认为“彼是”齐、“是非”齐、“物我”齐、“生死”齐，即所谓“道通为一”。本篇与《齐物论》可谓一脉相承而又遥相呼应，亦着重阐述认识相对性的理论。前者以抽象思辨为主，后者引人进入丰富斑斓的物质世界，由“秋水”折射出辩证法的思想火花，更为发人深思。文章的核心部分是河伯与北海若的对话，其后几则相对独立的故事，是为活生生的例证，亦是对全篇基本思想观点的补充。

文章开头便呈现出一幅波澜壮阔、蔚为可观的图画：秋雨“时至”，“百川灌河”，浩荡东流，“至于北海”，“不见水端”。“欣然自喜”的“河伯”，不得不望洋兴叹，自嘲“见笑于大方之家”。而“北海若”却自比于“天地”，说“犹小石小木之在大山也”；又以“四海”比之于“天地”，说不过是土石之中的小孔洞而已。一叹“大”，一曰“小”，足见庄子思想之无限广阔，对“广”与“大”的无限追求。当河伯问及“大天地而小豪末”时，北海若又予以否定，说“夫物，量无穷，时无止，分无常，终始无故”，物量大小不能穷尽，时间的推移没有止境，名分地位也不是恒常不变的，终始往复更没有尽头。由此，庄子否定了“大”与“小”、“今”与“古”、“终”与“始”等看似不可调和的对立。就“大”而言，是因于“小”而“大”；就“小”而言，是因于“大”而“小”。事物是相对的，又是变化莫测、不断转化的。在庄子认识的相对性理论中，不时迸射出辩证法思想的闪光。庄子说“知东西之相反而不可无”，东、西方向相反却互不可缺。庄子明确否定“师是而无非”（以“是”为法而不要“非”）、“师治而无乱”（以“治”为法而不要“乱”）是“未明天地之理”，“师天而无地”、“师阴而无阳”是断不可行的。所以“以道观之”，“何贵何贱”、“何少何多”，在“道”的观照下，“万物齐一”，有什么“贵、贱”、“多、少”可言呢。“物之生也，若骤若驰，无动而不变，无时而不移”，物之生息若奔马，无一动不在变化，无一时不在推移，字里行间跳跃着辩证法思想的光波。对话末尾，借北海若之语“无以人灭天”，庄子告诫人类不要以人为去破坏天性、破坏自然。庄子由认识的相对性，最终达到一种“天人合一”的精神境界。

在庄子眼里，大小、是非、多少、贵贱、善恶等等都是相比较而存在，各自按照本性生灭变化，即所谓“以道观之”，“万物齐一”。庄子让“河伯”与“北海若”对话，又让“坎井之蛙”与“东海之鳖”定格为两种典型的代表，而“夔”、“蚿”、“蛇”、“风”也各具含义，在庄子笔下，认识的相对性的理性思维与形象思维融为一体。有人称《庄子》是“哲学的诗”、“诗的哲学”，就正是看到了它永放光芒的文学特质。

司马迁说庄子"终生不仕,以快吾志"。庄子鄙弃权贵,对个性精神自由有自己特殊的理解,本文中有几段记载。楚威王派二大夫前往礼聘,表示愿以国事相委,庄子却手持钓竿,不屑一顾,自语起千年"神龟"来,说"吾将曳尾于涂中",宁愿学龟拖着尾巴在泥里爬行,予以回拒。惠施在庄子一生交往中有着特殊的地位,是挚友,又是论辩对手。惠施死,庄子悲曰"吾无以为质矣"(《徐无鬼》),无人再与之对言了。惠施在梁国为相,可谓官高位显,但庄子却认为只不过是"鸱得腐鼠",猫头鹰得到一只腐烂的老鼠,表现出对世俗权力的极度轻蔑。惠施"以小人之心度君子之腹",令庄子十分生气,便给惠施上了一课,要惠施明白分辨一种叫鹓鸰的鸟与猫头鹰的截然不同:一个行为高尚,志向远大,心胸宽广;一个行为卑劣,心无大志,胸襟狭窄。

庄子与惠施富有哲学意味又充满情趣的争论,有"有用"与"无用"、"无情"与"有情"之争,还有著名的"鱼乐之辩"。庄子与惠施同游濠梁之上,围绕"鱼之乐也",展开了一场争论。惠施抓住人鱼异类这个问题不放,步步为营,企图驳倒庄子。庄子巧妙地避开这个问题,只在类比推理上做文章,让惠施无言以对。庄子曰"既已知吾知之而问我,我知之濠上也",既然你能知我,我为什么不能知鱼呢?我是在濠水桥上知道鱼的乐趣的。濠水清澈见底,鱼儿自由自在游弋,庄子见了,移情于鱼,产生一种审美情趣,而惠施无动于衷,只是由理智的思辨提出问题。一场偶然随意的"鱼乐之辩",竟深富哲学、文学和美学的意蕴,着实令人玩味。

本篇是庄子哲学思想体系中一个重要的篇章,它与《齐物论》相映生辉,共同构筑了相对主义的理论框架。庄子相对主义的认识论,取消事物及其人们认识之间的差别,有它消极的一面。但庄子承认事物及其认识的相对性,反对绝对性,也即是承认价值取向的多元性。不能不说,这是庄子为人类心灵开拓了一片新天地,也是人类精神成长的一个标志。在庄子看来,真理只能存在于各派学说之中,任何一家之言都不是真理之全,这对于现代学术的发展还是有借鉴意义的。

(俞荣根　明　森)

至　乐

《庄子》

天下有至乐无有哉?有可以活身者无有哉?今奚为奚据①?奚避奚处?奚就奚去?奚乐奚恶?夫天下之所尊者,

富贵寿善②也；所乐者，身安厚味美服好色音声也；所下③者，贫贱夭恶也；所苦者，身不得安逸，口不得厚味，形不得美服，目不得好色，耳不得音声。若不得者，则大忧以惧，其为形④也亦愚哉！夫富者，苦身⑤疾作，多积财而不得尽用，其为形也亦外矣！夫贵者，夜以继日，思虑善否，其为形也亦疏矣！人之生也，与忧俱生。寿者惛惛⑥，久忧不死，何苦也！其为形也亦远矣！烈士为天下见善矣，未足以活身。吾未知善之诚善邪？诚不善邪？若以为善矣，不足活身；以为不善矣，足以活人。故曰："忠谏不听，蹲循⑦勿争。"故夫子胥争之，以残其形；不争，名亦不成。诚有善无有哉？

今俗之所为与其所乐，吾又未知乐之果乐邪？果不乐邪？吾观夫俗之所乐，举群趣者，诶诶⑧然如将不得已，而皆曰乐者，吾未之乐⑨也，亦未之不乐也。果有乐无有哉？吾以无为诚乐矣，又俗之所大苦也。故曰："至乐无乐，至誉无誉。"天下是非果未可定也。虽然，无为可以定是非。至乐活身，唯无为几存。请尝试言之：天无为以之清，地无为以之宁。故两无为相合，万物皆化。芒乎芴乎⑩，而无从出乎！芴乎芒乎，而无有象乎！万物职职⑪，皆从无为殖⑫。故曰："天地无为也而无不为也。"人也孰能得无为哉！

庄子妻死，惠子吊之，庄子则方箕踞⑬鼓盆而歌。惠子曰："与人居，长子、老、身死，不哭亦足矣，又鼓盆而歌，不亦甚乎！"庄子曰："不然。是其始死也，我独何能无概然⑭！察其始而本无生；非徒无生也，而本无形；非徒无形也，而本无气。杂乎芒芴之间，变而有气，气变而有形，形变而有生。今又变而之死。是相与为春秋冬夏四时行也。人且偃⑮然寝于巨室⑯，而我噭噭然⑰随而哭之，自以为不通乎命，故止也。"

支离叔与滑介叔观于冥伯之丘，昆仑之虚⑱，黄帝之所休。俄而柳⑲生其左肘，其意蹶蹶⑳然恶之。支离叔曰："子恶之乎?”滑介叔曰:“亡㉑,予何恶!生者,假借也。假之而生生者,尘垢也。死生为昼夜。且吾与子观化㉒而化及我,我又何恶焉!”

庄子之㉓楚,见空髑髅,髐然㉔有形。撽㉕以马捶,因而问之,曰:“夫子贪生失理㉖而为此乎?将子有亡国之事、斧钺之诛而为此乎?将子有不善之行,愧遗父母妻子之丑而为此乎?将子有冻馁㉗之患而为此乎?将子之春秋故及此乎?”于是语卒,援髑髅、枕而卧。夜半,髑髅见梦曰:“子之谈者似辩士,视子所言,皆生人之累也,死则无此矣。子欲闻死之说乎?”庄子曰:“然。”髑髅曰:“死,无君于上,无臣于下,亦无四时之事,从㉘然以天地为春秋,虽南面王乐,不能过也。”庄子不信,曰:“吾使司命复生子形,为子骨肉肌肤,反子父母、妻子、闾里、知识,子欲之乎?”髑髅深矉蹙頞㉙曰:“吾安能弃南面王乐,而复为人间之劳乎?”

颜渊东之齐,孔子有忧色。子贡下席而问曰:“小子敢问:回东之齐,夫子有忧色,何邪?”孔子曰:“善哉汝问。昔者管子有言,丘甚善之,曰:‘褚㉚小者不可以怀大,绠㉛短者不可以汲深。’夫若是者,以为命有所成而形有所适也,夫不可损益。吾恐回与齐侯言尧、舜、黄帝之道,而重以燧人、神农之言。彼将内求于己而不得,不得则惑,人惑则死。”

“且女独不闻邪?昔者海鸟止于鲁郊,鲁侯御㉜而觞之于庙,奏《九韶》以为乐,具太牢㉝以为膳。鸟乃眩视忧悲,不敢食一脔,不敢饮一杯,三日而死。此以己养养鸟也,非以鸟养养鸟也。夫以鸟养养鸟者,宜栖之深林,游之坛陆㉞,浮之江湖,食之鳝㉟鲦,随行列而止,委虵㊱而处。彼唯人言之恶闻,奚以夫譊譊㊲为乎!咸池九韶之乐,张之洞庭之野,鸟闻之而飞,兽闻之而走,鱼闻之而下入,人卒闻之,相与还㊳而观之。鱼处水而生,人处水而死。彼必相与异其好恶,故异也。故先圣不一其能，不同其事。名止㊴于实，义设于适，是之谓条达㊵而福持。”

列子行食于道从，见百岁髑髅，攓㊶蓬而指之曰：“唯予与汝，知而未尝死、未尝生也。汝果养㊷乎？予果欢乎？”种有几，得水则为㡭㊸，得水土之际，死为蛙蠙之衣㊹，生于陵屯，则为陵舄，陵舄得郁栖则为乌足，乌足之根为蛴螬，其叶为胡蝶。胡蝶胥㊺也，化而为虫，生于灶下，其状若脱㊻，其名为鸲掇。鸲掇千日为鸟，其名为乾余骨㊼。乾余骨之沫为斯弥㊽，斯弥为食醯㊾。颐辂㊿生乎食醯，黄軦[51]生乎九猷[52]，瞀芮[53]生乎腐蠸[54]，羊奚[55]比乎不箰[56]，久竹[57]生青宁[58]，青宁生程[59]，程生马，马生人，人又反入于机。万物皆出于机，皆入于机。

〔**注释**〕 ① 据：定，安止。 ② 善：好名声。 ③ 下：以……为卑下。 ④ 为形：保养身体。 ⑤ 苦身：使身体劳苦。 ⑥ 惛惛(hūn)：通“惛”，糊涂。 ⑦ 蹲循：迟疑退却的样子。 ⑧ 誙誙(kēng)：争着跑去的样子。 ⑨ 未之乐：即“未乐之”，指世俗所说的快乐的事。 ⑩ 芒乎芴乎：即“恍惚”，渺茫暧昧的样子。 ⑪ 职职：繁多。 ⑫ 殖：滋生。 ⑬ 箕踞：两脚伸直岔开，形状像簸箕。 ⑭ 概然：感慨。 ⑮ 偃：休息。 ⑯ 巨室：巨大的房子，指天地之间。 ⑰ 噭噭然：哀鸣的样子。 ⑱ 虚：通“墟”，丘墟。 ⑲ 柳：通“瘤”，瘤子。 ⑳ 蹶蹶(guì)：惊动的样子。 ㉑ 亡：无，没有。 ㉒ 观化：观察事物的变化。 ㉓ 之：到达。 ㉔ 髐(xiāo)然：骨头干枯的样子。 ㉕ 撽(qiào)：敲击。 ㉖ 失理：违反天理。 ㉗ 馁(něi)：饿。 ㉘ 从：通“纵”，安逸貌。 ㉙ 深矉(pín)蹙頞：矉，通“颦”；頞，额。深深地皱眉头，表示忧愁的样子。 ㉚ 褚(zhū)：布袋子。 ㉛ 绠(gěng)：绳索、井绳。 ㉜ 御：迎。 ㉝ 太牢：古代帝王、诸侯祭祀的时候，备有牛、羊、豕三牲的称为“太牢”。 ㉞ 坛陆：广阔的天地。 ㉟ 鰌：鱼名。 ㊱ 委蛇：悠然自得的样子。 ㊲ 哓哓(náo)：喧闹的声音。 ㊳ 还：通“环”，围绕。 ㊴ 止：限。 ㊵ 条达：条理通达，指心情舒畅。 ㊶ 攓：拔。 ㊷ 养：忧虑、心烦。 ㊸ 㡭：继、断续。 ㊹ 蛙蠙之衣：青苔。 ㊺ 胥：时间少、不久。 ㊻ 脱：通“蜕”。 ㊼ 乾余骨：鸟名。 ㊽ 斯弥：米虫。 ㊾ 食醯：食醋的小虫名。 ㊿ 颐辂：虫名。 [51] 黄軦：虫名。 [52] 九猷：虫名。 [53] 瞀芮：虫名。 [54] 腐蠸：萤火虫。 [55] 羊奚：草名。 [56] 箰：笋。 [57] 久竹：老竹。 [58] 青宁：竹根虫。 [59] 程：虫名。不详为何虫。

（饶玲一）

〔**鉴赏**〕 《庄子·外篇·至乐》旨在阐明道家对人生苦乐的看法。“至乐”即至极的快乐。但是，“智者乐山，仁者乐水”，人生观人人不同，苦乐观也必然随之而异；要探究人生有无“至乐”，首先必须明确究竟什么是“至乐”。世俗以为至乐者，无非富贵寿善，尽享声色厚味之美；反之，处贫贱，乏财用，劳苦终生而不免于饥寒，便是至苦。《庄子》看法与此相反。《至乐篇》一开始就批判了上述那种庸俗的苦乐观，认为持这种观点的人是“其为形也亦外矣”“其为形也亦疏矣”“其为形也亦远矣”的“愚者”和“俗人”。“为形”即追求外在的形体感官的享受；“外矣”“疏矣”“远矣”是说此等人距离他追求的目标将愈追愈遥远，恍如南辕北辙，缘木求鱼。因为，人为了追求高官厚禄、美味声色的享受，少不得先要“苦身疾作”，殚精竭虑去累积财富，又往往“多积财而不得尽用”，“至乐”没有求得，先就吃尽了苦头，这种人岂不是“愚者”吗？

那么，人生是不是就没有至乐之境，只能是一片无边的苦海呢？《庄子》以为也并非如此。人间并非无至乐，“吾以为无为诚乐矣，又俗之所大苦也。”他提出了“无为诚乐”这个命题，这就是道家苦乐观的集中概括，是本文的中心论点。世俗之人以追求身外之物的享受为乐，庄子却以内在精神解放为至乐，这种观点与他在《逍遥游》中所标举的“无待而后逍遥”有近似之处。

什么叫“无为”？“无为”并非什么事都不做，而是告诫人们不要做那种违反自然、揠苗助长的傻事。人应该顺应自然，与世俯仰，“不以心损道，不以人助天”(《大宗师》)。意思是不要凭一己的心智去做违反客观自然规律的事；不要妄图用人力去改变自然规律。“揠苗助长”就是以人助天的典型例证。持“无为”观点的人，外表看来好像无所作为，却将取得“无为而无不为”的效果，这样就进入了“至乐”的境界。这种以“无为”取得的“至乐”，远远超过外在感官的享受。

《至乐篇》提出“无为诚乐”这个中心论点之后接下去写了庄子妻死鼓盆而歌，与空髑髅对话论死生苦乐；鲁侯以己养养鸟(用供养自己的方法养鸟)，以及列子遇百岁髑髅等几个寓言故事，多侧面论证和丰富了“无为至乐”这个中心论点。

妻死鼓盆而歌的寓言故事由于搬上了舞台和银幕，早已家喻户晓。寓言的主旨在于讨论死生苦乐的关系。庄子认为，人生多困境。他对人生的思考发端于如何从困境中超脱出来。所谓困境，即人难以超越的、外在的种种限制，人不能不死就是人生最大的限制。应该如何看待生死大限？他认为：“人之生，气之聚也。聚则为生，散则为死。”(《知北游》)由此他推衍出“死生存亡之一体”说。死生存亡是一个时刻在变化的整体过程，在不同时候以不同的存在形式表现出来。因此，“古之真人，不知说(悦)生，不知恶(wù)死”(《大宗师》)。他甚至认为：“生死存亡，穷达富贵，贤与不肖，毁誉、饥渴、寒暑，是事之变，命之行，日夜相代乎前”——人的生死穷达时刻在变化中，就像黑夜与白天一样交替出现。因此,“不可入于灵府”——不必放在心上(《德充符》庄子伪托孔子之言)。在《达生篇》中,庄子再申前论:“达生之情者,不务知(智)之所无以为;达命之情者,不务知(智)之所无奈何”——有德之人,对人的力量、智慧所无可如何的事,总是安之若命。“命”是一种外在的必然性,“安命”即是对命运必然性的承诺;不要去作人力所不能改变的事。生也好,死也好,都应该知其必然,处以“无为”,不喜不忧,无惧无惑。这样,人就能永远目若明镜,不染缁尘;心如止水,不生波澜,这不是人间的“至乐”吗?

至于庄子之楚,见空髑髅一则寓言,意在揭橥政治上的种种不自由,表明不辞一死摆脱那种“君于上”“臣于下”的种种束缚,提倡以无为换取自由,以自由为人生至乐。这种观点表现了他对精神自由的热烈追求,对人性解放的大声疾呼,显示了人的自我觉醒。

鲁侯以己养养鸟的寓言,从反面论证了处事不遵循自然法则而逆其天性,则爱之适足以害之的道理。“鱼处于水则生,人处于水则死”,苟顺其性,则鱼相忘于江湖。“名止于实,义设于适”。处事务求其“适”。这是对以无为求至乐的进一步的阐发和论证。

文章结尾用一系列例子说明万物时时在机变中,生生不已,循环往复,用以启迪人们懂得变化的必然性;促使人们对人世的种种限制一概泰然处之,不必处心积虑以避祸招福;引导人们在艰难的生活中寻求至乐。你不要追问野草怎么会变成虫子,叶子又怎么会变为蝴蝶。要肯定,庄子在公元前三百多年就建立了生生不已、瞬息万变的宇宙观,是我们中国文化源远流长的重要表现。

(赖汉屏)

达　生　　　　《庄子》

达①生②之情者,不务③生之所无以为;达命之情者,不务知之所无奈何。养形必先之以物④,物有余而形不养者有之矣。有生必先无离形⑤,形不离而生亡者有之矣。生之来不能却⑥,其去不能止。悲夫!世之人以为养形足以存生,而养形果不足以存生,则世奚⑦足为哉!虽不足为而不可不为者,其为不免矣!夫欲免为形⑧者,莫如弃世。弃世则无累,无累则正平⑨,正平则与彼更生⑩,更生则几矣!事奚足弃而生奚足遗[11]？弃事则形不劳，遗生则精不亏[12]。夫形全精复，与天为一。天地者，万物之父母也。合则成体，散则成始。形精不亏，是谓能移[13]。精而又精，反以相天。

子列子问关尹曰："至人潜行[14]不窒，蹈火不热，行乎万物之上而不栗。请问何以至于此？"关尹曰："是纯气之守[15]也，非知[16]巧果敢之列。居，予语女。凡有貌象[17]声色者，皆物也，物与物何以相远！夫奚足以至乎先！是色[18]而已。则物之造乎不形[19]，而止乎无所化。夫得是而穷[20]之者，物焉得而止焉！彼将处乎不淫之度[21]，而藏乎无端之纪，游乎万物之所终始。壹其性，养其气，合其德，以通乎物之所造。夫若是者，其天守[22]全，其神无郤，物奚自入焉！夫醉者之坠车，虽疾不死。骨节与人同而犯害[23]与人异，其神全也。乘亦不知也，坠亦不知也，死生惊惧不入乎其胸中，是故遻[24]物而不慴[25]。彼得全于酒而犹若是，而况得全于天乎？圣人藏于天，故莫之能伤也。复仇者，不折镆干[26]；虽有忮心[27]者，不怨飘瓦，是以天下平均。故无攻战之乱，无杀戮之刑者，由此道也。不开人之天，而开天之天，开天者德生[28]，开人者贼生。不厌其天，不忽于人，民几乎以其真[29]。"

仲尼适楚，出于林中，见痀偻者承蜩[30]，犹掇之也。仲尼曰："子巧乎，有道邪？"曰："我有道也。五六月累丸二而不坠，则失者锱铢[31]；累三而不坠，则失者十一；累五而不坠，犹掇之也。吾处身也，若橛株[32]拘；吾执臂也，若槁木之枝。虽天地之大，万物之多，而唯蜩翼之知。吾不反不侧，不以万物易蜩之翼，何为而不得！"孔子顾谓弟子曰："用志[33]不分，乃凝于神。其痀偻丈人之谓乎！"

颜渊问仲尼曰："吾尝济[34]乎觞深之渊，津人操舟若神。吾问焉曰：'操舟可学邪？'曰：'可。善游者数[35]能。若乃夫没人[36]，则未尝见舟而便操之也。'吾问焉而不吾告，敢问何谓也?”仲尼曰:“善游者数能,忘水也;若乃夫没人之未尝见舟而便操之也,彼视渊若陵[37],视舟之覆,犹其车却也。覆却万方陈乎前而不得入其舍[38],恶往而不暇[39]!以瓦[40]注[41]者巧,以钩[42]注者惮,以黄金注者殙[43]。其巧一也,而有所矜,则重外也。凡外重者内拙。”

田开之见周威公,威公曰:“吾闻祝肾学生[44],吾子与祝肾游,亦何闻焉?”田开之曰:“开之操拔篲[45]以侍门庭,亦何闻于夫子!”威公曰:“田子无让[46],寡人愿闻之。”开之曰:“闻之夫子曰:‘善养生者,若牧羊然,视其后者而鞭之。’”威公曰:“何谓也?”田开之曰:“鲁有单豹者,岩居而水饮,不与民共利[47],行年七十而犹有婴儿之色,不幸遇饿虎,饿虎杀而食之。有张毅者,高门县薄[48],无不走也,行年四十而有内热之病以死。豹养其内而虎食其外,毅养其外而病攻其内。此二子者,皆不鞭[49]其后者也。”仲尼曰:“无入而藏,无出而阳[50],柴立其中央。三者若得,其名必极。夫畏涂[51]者,十杀一人则父子兄弟相戒也,必盛卒徒而后敢出焉,不亦知乎!人之所取畏者,衽席之上,饮食之间,而不知为之戒者,过也!”

祝宗人[53]玄端以临牢筴[54]说彘,曰:“汝奚恶死!吾将三月犪汝,十日戒,三日齐,藉白茅,加汝肩尻[55]乎彫俎之上,则汝为之乎?”为彘谋曰:“不如食以糠糟而错[56]之牢筴之中。”自为谋,则苟生有轩冕[57]之尊,死得于腞楯之上,聚偻[58]之中,则为之。为彘谋则去之,自为谋则取之,所异彘者何也!

桓公田[59]于泽,管仲御[60],见鬼焉。公抚管仲之手曰:“仲父何见?”对曰:“臣无所见。”公反,诶诒[61]为病,数日不出。齐士有皇子告敖者,曰:“公则自伤,鬼恶能伤公!夫忿滀[62]之气,散而不反,则为不足;上而不下,则使人善怒;下而不上,则使人善忘;不上不下,中身当心,则为病。”桓公曰:“然则有鬼乎?”曰:“有。沈有履[63]。灶有髻[64]。户内之烦壤[65],雷霆处之；东北方之下者，倍阿鲑蠪[66]跃之；西北方之下者，则泆阳[67]处之。水有罔象，丘有峷，山有夔[68]，野有彷徨，泽有委蛇。”公曰：“请问委蛇之状何如？”皇子曰：“委蛇，其大如毂，其长如辕，紫衣而朱冠。其为物也恶[69]，闻雷车之声则捧其首而立。见之者殆[70]乎霸。”桓公辴[71]然而笑曰：“此寡人之所见者也。”于是正衣冠与之坐，不终日而不知病之去也。

纪渻子为王养斗鸡。十日而问：“鸡已乎？”曰：“未也，方虚憍[72]而恃气。”十日又问，曰：“未也，犹应向景[73]。”十日又问，曰：“未也，犹疾视[74]而盛气。”十日又问，曰：“几矣，鸡虽有鸣者，已无变矣，望之似木鸡矣，其德全矣。异鸡无敢应者，反走矣。”

孔子观于吕梁，县水[75]三十仞，流沫四十里，鼋鼍鱼鳖之所不能游也。见一丈夫游之，以为有苦而欲死也。使弟子并[76]流而拯之。数百步而出，被[77]发行歌而游于塘下。孔子从而问焉，曰：“吾以子为鬼，察子则人也。请问：蹈水有道乎？”曰：“亡，吾无道。吾始乎故，长乎性，成乎命。与齐俱入，与汩偕出，从水之道而不为私焉。此吾所以蹈之也。”孔子曰：“何谓始乎故，长乎性，成乎命？”曰：“吾生于陵而安于陵，故[78]也；长于水而安于水，性也；不知吾所以然而然，命也。”

梓庆削木为鐻[79]，鐻成，见者惊犹鬼神。鲁侯见而问焉，曰：“子何术以为焉？”对曰：“臣，工人，何术之有！虽然，有一焉：臣将为鐻，未尝敢以耗气也，必齐[80]以静心。齐三日，而不敢怀庆赏爵禄；齐五日，不敢怀非誉巧拙；齐七日，辄然忘吾有四枝[81]形体也。当是时也，无公朝。其巧专而外骨[82]消，然后入山林，观天性形躯，至矣，然后成见鐻，然后加手[83]焉，不然则已。则以天合天，器之所以疑[84]神者，其是与！”

东野稷以御见庄公，进退中绳，左右旋中规。庄公以为文弗过也。使之钩[85]百而反。颜阖遇之，入见曰：“稷之马将败。”公密[86]而不应。少焉，果败而反。公曰：“子何以知之？”

曰："其马力竭矣而犹求焉，故曰败。"

工倕[87]旋而盖规矩，指与物化而不以心稽[88]，故其灵台一而不桎[89]。忘足，履之适也；忘腰，带之适也；知忘是非，心之适也；不内变，不外从，事会[90]之适也；始乎适而未尝不适者，忘适之适[91]也。

有孙休者，踵门[92]而诧子扁庆子曰："休居乡不见谓不修[93]，临难不见谓不勇。然而田原不遇岁[94]，事君不遇世，宾[95]于乡里，逐于州部，则胡[96]罪乎天哉？休恶遇此命也？"扁子曰："子独不闻夫至人之自行邪？忘其肝胆，遗其耳目，芒然[97]彷徨乎尘垢之外，逍遥乎无事之业，是谓为而不恃，长而不宰。今汝饰知以惊愚[98]，修身以明汙[99]，昭昭乎若揭日月而行也。汝得全而形躯，具而九窍，无中道夭于聋盲跛蹇[100]而比于人数亦幸矣，又何暇乎天之怨哉！子往矣！"

孙子出，扁子入。坐有间，仰天而叹。弟子问曰："先生何为叹乎？"扁子曰："向者休来，吾告之以至人之德，吾恐其惊而遂至于惑也。"弟子曰："不然。孙子之所言是邪，先生之所言非邪，非固不能惑是；孙子所言非邪，先生所言是邪，彼固惑而来矣，又奚罪焉！"扁子曰："不然。昔者有鸟止于鲁郊，鲁君说之，为具太牢[101]以飨之，奏九韶以乐之。鸟乃始忧悲眩视，不敢饮食。此之谓以己养养鸟也。若夫以鸟养养鸟者，宜栖之深林，浮之江湖，食之以委蛇，则平陆而已矣。今休，款启寡闻之民也，吾告以至人之德，譬之若载鼷[102]以车马，乐鴳[103]以钟鼓也，彼又恶能无惊乎哉！"

〔**注释**〕 ① 达：通达、通晓。 ② 生：通性。 ③ 务：努力从事。 ④ 物：物质条件。 ⑤ 离形：死亡。 ⑥ 却：使……退却。 ⑦ 奚：何，什么。 ⑧ 为形：谋生。 ⑨ 正平：心性纯和本正。 ⑩ 更生：新生。 ⑪ 遗：忘怀。 ⑫ 亏：消耗。 ⑬ 移：变。 ⑭ 潜行：潜入水中。 ⑮ 纯气之守：心里保持着纯正之气。 ⑯ 知：通"智"，智慧。 ⑰ 貌象：形状。 ⑱ 色：指可以见到的东西。 ⑲ 不形：没有形体，这里指道。 ⑳ 穷：通晓。 ㉑ 不淫之度：恰如其分，指合乎天道的分寸。 ㉒ 天守：指得道者的心性。 ㉓ 犯害：受害。 ㉔ 遻(wù)：同"遌"，遇到。 ㉕ 慴：恐惧。 ㉖ 镆干：名剑，镆铘干将的简称。 ㉗ 忮心：忌恨之心。 ㉘ 生：养成。 ㉙ 真：天性。 ㉚ 承蜩(tiáo)：捕蝉的一种方法。承，粘。 ㉛ 锱铢：古代六铢等于一锱，四锱等于一两。这里形容极少数。 ㉜ 橛株：树墩。 ㉝ 志：心志。㉞ 济：渡。 ㉟ 数(shuò)：多次。 ㊱ 没人：善于潜水的人。 ㊲ 陵：山石。 ㊳ 舍：内心。 ㊴ 暇：闲暇、自由。 ㊵ 瓦：贱器。 ㊶ 注：赌博。 ㊷ 钩：银锞。 ㊸ 殙：心绪紊乱的样子。 ㊹ 学生：学习养生之道。 ㊺ 拔篲(huì)：扫帚。 ㊻ 无让：无，通“毋”，不要；让，谦让。 ㊼ 共利：争逐名利。 ㊽ 县薄：县，通“悬”；薄，通“簿”，即垂帘，意指小户人家。㊾ 鞭：鞭策。 ㊿ 阳：外露、显露。 ⑤① 涂：通“途”，路途上。 ⑤② 畏：危险。 ⑤③ 祝宗人：掌管祭祀的官。 ⑤④ 牢筴：猪圈。 ⑤⑤ 尻：屁股。 ⑤⑥ 错：通“措”，放。 ⑤⑦ 轩冕：贵族坐的车子；冕，贵族戴的礼帽。 ⑤⑧ 聚偻：殡车。 ⑤⑨ 田：通“畋”，打猎。 ⑥⑩ 御：驾车。⑥① 诶诒(xī yí)：疲惫懈怠的样子。 ⑥② 忿滀：蓄愤郁结。 ⑥③ 履：水中之鬼名。 ⑥④ 髻：灶神之名。 ⑥⑤ 烦壤：尘土堆积的地方。 ⑥⑥ 鲑蠪：神名，传说长一尺四寸，穿黑色衣服，戴红色头巾，带剑持戟。 ⑥⑦ 泆阳：神名，豹头马尾。 ⑥⑧ 夔(kuí)：一只脚的野兽。 ⑥⑨ 恶：丑陋。 ⑦⑩ 殆：近，可译成成为。 ⑦① 辴(zhěn)：大笑的样子。 ⑦② 憍：通“骄”，骄傲。⑦③ 向景：向，通“响”；景，通“影”。指鸡听到别的鸡叫或看到别的鸡的影子会有反应。 ⑦④ 疾视：憎恶地看。 ⑦⑤ 县水：县，通“悬”，指水从上面直流而下。 ⑦⑥ 并：沿着。 ⑦⑦ 被：通“披”。 ⑦⑧ 故：习惯。 ⑦⑨ 镰：古乐器名，似钟。一说为古时悬挂钟鼓的架子。 ⑧⑩ 齐：通“斋”，斋戒。 ⑧① 枝：通“肢”。 ⑧② 骨：通“汩”，乱。 ⑧③ 加手：动手施工。 ⑧④ 疑：通“拟”，合于。 ⑧⑤ 钩：兜圈。 ⑧⑥ 密：默然。 ⑧⑦ 倕：传说尧时的巧匠。 ⑧⑧ 稽：量度。⑧⑨ 桎：通“窒”，受拘束。 ⑨⑩ 事会：遇事。 ⑨① 适：适合。 ⑨② 踵门：亲自叩门求见。⑨③ 修：善。 ⑨④ 岁：好收成。 ⑨⑤ 宾：通“摈”，被抛弃。 ⑨⑥ 胡：何。 ⑨⑦ 芒然：芒，通“茫”。 ⑨⑧ 惊愚：令愚顽的人有所惊觉醒悟。 ⑨⑨ 汙：污秽的东西。 ⑩⑩ 蹇(jiǎn)：跛脚。⑩① 太牢：古代帝王、诸侯祭祀的时候，备有牛、羊、豕三牲的称为“太牢”。 ⑩② 鼷：小老鼠。⑩③ 鷃(yàn)：小雀名。

（饶玲一）

〔**鉴赏**〕 孔子说：“志士仁人，无求生以害仁，有杀身以成仁”（《论语·卫灵公》）。又说：“朝闻道，夕死可矣”（《论语·里仁》）。儒家那种汲汲于推行仁政以治天下的虔诚和炽热，情见乎辞，可谓殉身无悔。至于论及生死，孔子只说：“未知生，焉知死（《论语·先进》）”；或者如子夏所言：“死生有命”（《论语·颜渊》）。师生都表现了淡漠而不屑深究的态度。道家则不然。他们对人生的思考，立足于个人生存的困境。儒家哲学的核心是“仁”，仁字从“二人”，即人与人的关系。儒家重视人际关系，他是从人际关系中来确定个体价值的，道家则是从摆脱人际关系的困境中来寻求个体价值的。道家集大成者庄子继承杨朱的思想，轻物重生，认为死是人生第一位的、最难逾越的困境。他说：“已化为生，又化为死，生物哀之，人类悲之。”（《庄子·知北游》）庄子对生死大限的必然到来表现出深情的悲哀，他要探求从这个大限中超脱出来的途径和方法。现存《庄子》三十三篇中，讨论这类问题的篇章占了很大的比重，《达生篇》就是专论养生之道的名篇，它与《至乐》、《养生主》互为表里，以《大宗师》为归依，构成了庄子人生哲学的体系。

《庄子》论养生，首先论述了物、我、形、神四者在养生中内外轻重的地位。就“物”“我”言，《达生》认为“外物”皆轻，唯“我”为重。就“形”“神”（躯体与精神）论，则形体为轻，精神为重。因此，善养生者“不以形累神”——不要为了追逐形体的享受而使自己的精神受到损伤。《达生》一上来就告诫人们：养生应该“不务生之所无以为，不务知（智）之所无奈何”——不追求对养生无用的东西，不要做智力所不能及的事，这样，精神便不至为形体所累。做到这一点，就能保持心地经常纯正平和，身体日益健康，精神日益旺盛，自然就可以益寿延年了。

庄子认为贪图外在的物质享受是养生的大患。但他也深知：“声色、滋味、权势之于人，心不待学而乐之，体不待像（效法）而安之。夫欲、恶、避、就，固不待师（用不着老师教），此人之性（本能）也”（《盗跖》）。富贵食色毕竟人人喜爱，对人具有强大的诱惑力。因此，庄子强调养生的重点在养神。要在内心筑起一道无形的心防，以抗拒外物“挠（阻挠）我之志，摇（动摇）我之神”，最终使我“俱化为淫”——使我与一般俗人同化，成为形神两亏的人（王夫之《庄子解》）。所以他提出：养神要注重“纯气之守，一其性，养其气，合其德，使其神无郤（隙），物奚自入焉？”——内心保持纯正之气，专一而不旁骛，精神凝聚到毫无缝隙，外物的诱惑力也就无隙可乘了。醉汉坠车，虽伤不死，原因就在于坠车时他神志不清，死伤惊惧之感没有进入他的精神世界。同样，佝偻丈人捕蝉，也由于他神凝蝉翼，目无万物，心志既专，杂念不入，因此粘树枝上的蝉如同在地上拾物，百无一失。善游水的人操舟，一学便会甚至不学自会；吕梁丈人在激流骇浪中轻松地游泳，如履平川，皆因他熟悉水性，心无畏惧，才能毫不费力地顺着水势飘浮。

《达生》论养生，除了用一系列寓言从正面阐明“无以形累神”“形全精复，与天为一”的修养之道以外，还创造了祝宗人说彘（猪）这个极具漫画色彩的寓言，从反面鞭挞那些贪恋名位，以高轩（车）冠冕为重而以一己之性命为轻的官僚；用白日见鬼的寓言讽刺了心防不严、疑神疑鬼的春秋霸主齐桓公。

在《达生》中，庄子创立了“形精不亏，是谓能移”这个著名的命题。王夫之对此特别推重。王说：“唯此篇揭其纲宗于‘能移以相天’，则庶乎合幽明于一理，通生死于一贯，内篇之旨，于此反要而语极也。”（反要：反过来概括）“能移”究竟是什么意思？“移”即变化；“能移”即人能随自然变化而更生；也就是说，这种人可以非生非死，变化无穷，他已经跳出生死圈子之外了。

要正确理解这句话，必须对庄子的人生哲学及其生死观有一个基本的理解。庄子认为：“人之生，气之聚也。聚则为生，散则为死。”（《知北游》）气可聚可散，聚、散便只是气的一种形态变化,作为"气"的本体是永存的。这就是郭象注《至乐》所云:"此言一气而万形。"——气是一种物质,这一种物质可以表现为多种形态。气既然可以不断变化其形态,人也就可以不断变化,不断更生。人不可能没有生和死。但庄子认为,可以做到"死生无变乎已"(田子方),生与死只是生命的两种形态,人还可能变为其他许许多多形态。不管外形如何变化,内在的生命却是永存的。因此庄子认为:人从无到有,从生到死,是"相与为春秋冬夏四时行也。"甚至,"死生为昼夜"(《至乐》)。人从生变为死,像四季更替一样,像白天黑夜一样变换。春天过去了,你能说春天从此死了吗?黑夜降临了,难道白天从此永不存在了吗?人死了,生命可以不同的形态长存于世,这就叫"能移"。

按庄子的结论是,只要按照他的方法养生,人是不会死的,只会不断地变化,以另外的形态长存于世。究竟是何种形态?《达生》中齐国高士皇子告敖与齐桓公之间那一场说鬼的对话,可供参照。人们也许会说,这是典型的"谬悠之说,荒唐之言,无端崖之辞"。其实庄子又何尝不知道,人有生必有死?他在《齐物论》中说过:"人谓之不死,奚益?其形化,其心与之然,可不谓大哀乎?"可见,人死心即死,死是人的大哀。庄子的人生理想是追求无待、无累、无患的精神上的绝对自由。这种自由显然无法实现;于是,他变而企图在个人精神生活中通过良好的修养来获取这种自由。他理想的精神境界是一种安宁、恬静的心理环境。但是,困扰人的生死之限,哀乐之情,无时不在搅挠他心中的恬静与安宁。那么,倡"能移"之说,以之为养生的终极目标,求取心理上的安宁,你说,这是自欺欺人,还是自慰慰人?如果说,此论有悖于科学,《达生》中倡言的"养神重于养形","不以形累神","其天守全,其神无郤(隙),物奚自入"以及"醉者坠车,虽疾不死","用志不分,乃凝于神","善游者忘水","外重者内拙"等等,何往而不合于今天的科学——生理学和心理学?庄子寻求精神上的超脱,这种超脱不是企求人的感性存在的永生,而是探求人对感性存在的运动趋向和最终归宿的理解和认识。从这个角度读《达生》,将会引起你的深思而不是简单的肯定或否定。 (赖汉屏)

知　北　游

《庄子》

知北游于玄水之上,登隐弅①之丘,而适遭②无为谓焉。知谓无为谓曰:"予欲有问乎若:何思何虑则知道?何处何服则安道?何从何道则得道?"三问而无为谓不答也。非不答,不知答也。知不得问，反于白水之南，登狐阕之丘，而睹狂屈焉。知以之言也问乎狂屈。狂屈曰："唉！予知之，将语若。"中欲言而忘其所欲言。知不得问，反于帝宫，见黄帝而问焉。黄帝曰："无思无虑始知道，无处无服始安道，无从无道始得道。"

知问黄帝曰："我与若知之，彼与彼不知也，其孰是邪？"黄帝曰："彼无为谓真是也，狂屈似之，我与汝终不近也。夫知者不言，言者不知，故圣人行不言之教。道不可致③，德不可至。仁可为也，义可亏也，礼相伪④也。故曰：'失道而后德，失德而后仁，失仁而后义，失义而后礼。'礼者，道之华⑤而乱之首也。故曰：'为道者日损，损之又损之，以至于无为。无为而无不为也。'今已为物也，欲复归根⑥，不亦难乎！其易也其唯大人⑦乎！生也死之徒⑧，死也生之始，孰知其纪⑨！人之生，气之聚也。聚则为生，散则为死。若死生为徒，吾又何患！故万物一⑩也。是其所美者为神奇，其所恶者为臭腐。臭腐复化为神奇，神奇复化为臭腐。故曰：'通天下一气耳。'圣人故贵一。"知谓黄帝曰："吾问无为谓，无为谓不应我，非不我应，不知应我也；吾问狂屈，狂屈中欲告我而不我告，非不我告，中欲告而忘之也；今予问乎若，若知之，奚故不近？"黄帝曰："彼其真是也，以其不知也；此其似之也，以其忘之也；予与若终不近也，以其知之也。"狂屈闻之，以黄帝为知言。

天地有大美而不言，四时有明法⑪而不议，万物有成理⑫而不说。圣人者，原⑬天地之美而达万物之理。是故至人无为，大圣不作，观于天地之谓也。今彼神明至精，与彼百化⑭。物已死生方圆⑮，莫知其根也。扁然⑯而万物，自古以固存。六合⑰为巨，未离其内；秋毫为小，待之成体；天下莫不沉浮，终身不故⑱；阴阳四时运行，各得其序；惛然⑲若亡而存；油然不形而神；万物畜而不知：此之谓本根，可以观于天矣！

啮缺问道乎被衣，被衣曰：“若正汝形，一[20]汝视，天和将至；摄[21]汝知，一汝度[22]，神将来舍[23]。德将为汝美，道将为汝居。汝瞳[24]焉如新生之犊，而无求其故。”言未卒，啮缺睡寐。被衣大说，行歌而去之，曰：“形若槁骸[25]，心若死灰，真其实知，不以故自持。媒媒晦晦[26]，无心而不可与谋。彼何人哉！”

舜问乎丞曰：“道可得而有乎？”曰：“汝身非汝有也，汝何得有夫道！”舜曰：“吾身非吾有也，孰有之哉？”曰：“是天地之委[27]形也；生非汝有，是天地之委和[28]也；性命非汝有，是天地之委顺也；孙子非汝有，是天地之委蜕也。故行不知所往，处不知所持，食不知所味，天地之彊阳[29]气也，又胡可得而有邪！”

孔子问于老聃曰：“今日晏闲[30]，敢问至道。”老聃曰：“汝齐戒，疏瀹[31]而心，澡雪[32]而精神，掊击而知。夫道窅然[33]难言哉！将为汝言其崖略[34]：夫昭昭生于冥冥，有伦[35]生于无形，精神生于道，形本生于精，而万物以形相生。故九窍者胎生。八窍者卵生。其来无迹，其往无崖，无门无房，四达之皇皇[36]也。邀[37]于此者，四肢彊，思虑恂达[38]，耳目聪明。其用心不劳，其应物无方，天不得不高，地不得不广，日月不得不行，万物不得不昌，此其道与！且夫博之不必知，辩之不必慧，圣人以断之矣！若夫益之而不加益，损之而不加损者，圣人之所保[39]也。渊渊乎其若海，巍巍乎其终则复始也。运量[40]万物而不匮，则君子之道，彼其外与！万物皆往资焉而不匮。此其道与！

中国有人焉，非阴非阳，处于天地之间，直且[41]为人，将反于宗。自本观之，生者，喑醷[42]物也。虽有寿夭，相去几何？须臾之说也，奚足以为尧、桀之是非！果蓏[43]有理，人伦虽难，所以相齿[44]。圣人遭之而不违，过之而不守。调而应之，德也；偶而应之，道也。帝之所兴，王之所起也。

人生天地之间，若白驹之过郤[45]，忽然而已。注然[46]勃然，莫不出焉；油然[47]漻然，莫不入焉。已化而生，又化而死。生物哀之，人类悲之。解其天弢[48]，堕其天袠[49]。纷乎宛乎，魂魄将往，乃身从之。乃大归乎！不形之形，形之不形，是人之所同知也，非将至之所务也，此众人之所同论也。彼至则不论，论则不至；明见无值[50]，辩不若默；道不可闻，闻不若塞：此之谓大得。"

东郭子问于庄子曰："所谓道，恶乎在？"庄子曰："无所不在。"东郭子曰："期[51]而后可。"庄子曰："在蝼蚁。"曰："何其下邪？"曰："在稊稗[52]。"曰："何其愈下邪？"曰："在瓦甓[53]。"曰："何其愈甚邪？"曰："在屎溺[54]。"东郭子不应。庄子曰："夫子之问也，固不及质。正获之问于监市履狶[55]也，每下愈况。汝唯莫必，无乎逃物。至道若是，大言亦然。周、遍、咸三者，异名同实，其指一也。尝相与游乎无何有之宫，同合而论，无所终穷乎尝相与无为乎！澹[56]而静乎！漠[57]而清乎！调[58]而间乎！寥已吾志，无往焉而不知其所至，去而来而不知其所止。吾已往来焉而不知其所终，彷徨乎冯闳[59]，大知入[60]焉而不知其所穷。物物者[61]与物无际，而物有际者，所谓物际者也。不际之际，际之不际者也。谓盈虚衰杀[62]，彼为盈虚非盈虚，彼为衰杀非衰杀，彼为本末非本末，彼为积散非积散也。"

妸荷甘与神农同学于老龙吉。神农隐几，阖户昼瞑[63]。妸荷甘日中奓[64]户而入，曰："老龙死矣！"神农隐几拥杖而起，嚗[65]然放杖而笑，曰："天知予僻陋慢訑[66]，故弃予而死。已矣，夫子无所发予之狂言而死矣夫！"弇堈吊闻之，曰："夫体道者，天下之君子所系焉。今于道，秋豪之端万分未得处一焉，而犹知藏其狂言而死，又况夫体道者乎！视之无形，听之无声，于人之论者，谓之冥冥[67]，所以论道而非道也。"

于是泰清问乎无穷，曰："子知道乎？"无穷曰："吾不知。"

又问乎无为，无为曰："吾知道。"曰："子之知道，亦有数[68]乎？"曰："有。"曰："其数若何？"无为曰："吾知道之可以贵，可以贱，可约[69]，可以散，此吾所以知道之数也。"泰清以之言也问乎无始，曰："若是，则无穷之弗知与无为之知，孰是而孰非乎？"无始曰："不知深矣，知之浅矣；弗知内矣，知之外矣。"于是泰清中而叹曰："弗知乃知乎，知乃不知乎！孰知不知之知？"无始曰："道不可闻，闻而非也；道不可见，见而非也；道不可言，言而非也！知形[70]形之不形乎！道不当名。"无始曰："有问道而应之者，不知道也；虽问道者，亦未闻道。道无问，问无应。无问问之，是问穷也；无应应之，是无内[71]也。以无内待问穷，若是者，外不观乎宇宙，内不知乎太初[72]。是以不过乎昆仑，不游乎太虚。"

光曜问乎无有曰："夫子有乎？其无有乎？"光曜不得问，而孰视其状貌：窅然空然。终日视之而不见，听之而不闻，搏[73]之而不得也。光曜曰："至矣，其孰能至此乎！予能有无矣，而未能无无也。及为无有矣，何从至此哉！"

大马[74]之捶钩者，年八十矣，而不失豪芒[75]。大马曰："子巧与！有道与？"曰："臣有守[76]也。臣之年二十而好捶钩，于物无视也，非钩无察也。"是用之者假不用者也，以长得其用，而况乎无不用者乎！物孰不资[77]焉！

冉求问于仲尼曰："未有天地可知邪？"仲尼曰："可。古犹今也。"冉求失问而退。明日复见，曰："昔者吾问，'未有天地可知乎？'夫子曰：'可。古犹今也。'昔日吾昭然[78]，今日吾昧然[79]。敢问何谓也？"仲尼曰："昔之昭然也，神[80]者先受之；今之昧然也，且又为不神者求邪！无古无今，无始无终。未有子孙而有子孙可乎？"冉求未对。仲尼曰："已矣，未应矣！不以生生死，不以死死生。死生有待[81]邪？皆有所一体。有先天地生者物邪？物物者非物，物出不得先物也，犹其有物也；犹其有物也无已！圣人之爱人也终无已者，亦乃取于是者也。”

颜渊问乎仲尼曰：“回尝闻诸夫子曰：‘无有所将㉜，无有所迎。’回敢问其游㉝。”仲尼曰：“古之人外化而内㉞不化，今之人内化而外不化。与物化者，一不化者也。安化安不化？安与之相靡㉟？必与之莫多。狶韦氏之囿，黄帝之圃，有虞氏之宫，汤武之室。君子之人，若儒墨者师，故以是非相䪠㊱也，而况今之人乎！圣人处物不伤物。不伤物者，物亦不能伤也。唯无所伤者，为能与人相将迎。山林与，皋壤㊲与，使我欣欣然而乐与！乐未毕也，哀又继之。哀乐之来，吾不能御，其去弗能止。悲夫，世人直为物逆旅㊳耳！夫知遇而不知所不遇，知能能而不能所不能。无知不能者，固人之所不免也。夫务免乎人之所不免者，岂不亦悲哉！至言去言，至为去为。齐知之所知，则浅㊴矣！”

〔注释〕 ① 隐弅：高丘隆起的样子。 ② 遭：巧遇。 ③ 致：获得。 ④ 伪：欺骗。⑤ 华：伪饰。 ⑥ 根：根本，这里指道。 ⑦ 大人：圣人。 ⑧ 徒：空。 ⑨ 纪：始。⑩ 一：气。 ⑪ 明法：指四季的变化有一定的规律。 ⑫ 成理：一定的规律。 ⑬ 原：推究。 ⑭ 百化：无数的变化。 ⑮ 方圆：形容死生的变化。 ⑯ 扁然：即翩然，自然而然。⑰ 六合：天地四方。 ⑱ 故：常。 ⑲ 惛然：懵懂的样子。 ⑳ 一：集中。 ㉑ 摄：收敛。㉒ 度：态度。 ㉓ 舍：停留。 ㉔ 瞳：无知的样子。 ㉕ 槁骸：枯骨。 ㉖ 媒媒晦晦：懵懂的样子。媒，通“昧”。 ㉗ 委：给。 ㉘ 和：自然的和气，指阴阳的结合统一。 ㉙ 彊阳：彊，通“强”，运动。 ㉚ 晏闲：闲暇无事。 ㉛ 疏瀹：洗涤。 ㉜ 澡雪：洗净。 ㉝ 窅(yǎo)然：窅，深远的样子。 ㉞ 崖略：大概。 ㉟ 有伦：指社会的秩序及伦常。 ㊱ 皇皇：广大的样子。 ㊲ 邀：顺。 ㊳ 恂达：通达。 ㊴ 保：保护、爱护。 ㊵ 运量：运用量度。㊶ 直且：姑且。 ㊷ 喑醷(yìn yì)：气聚合的样子。 ㊸ 蓏(luǒ)：草本植物的果实。 ㊹ 相齿：以年龄大小为序。 ㊺ 郤：通“隙”，孔。 ㊻ 注然：形容自然而然兴起的样子。 ㊼ 油然：自然而然归去的样子。 ㊽ 弢(tāo)：弓囊。 ㊾ 袠(zhì)：衣囊。 ㊿ 值：遇。 51 期：一定。 52 稊稗(tí bài)：均指杂草。 53 甓：砖。 54 屎溺：屎，粪；溺，小便。 55 狶：猪，这里指猪价。 56 澹：安静的样子。 57 漠：清净。 58 调：协调、调和。 59 冯闳：空虚广阔的样子。 60 入：懂得、明白。 61 物物者：这里指道。 62 衰杀：增益、减损。63 瞑：通“眠”，小睡。 64 拳：推开。 65 嚗(bó)：象声词，形容放下手杖的声音。 66 慢訑：放诞。 67 冥冥：昏昏然、不明白。 68 数：规律、法则。 69 约：集中。 70 形：产生、创造。 71 无内：指心中无道。 72 太初：指宇宙万物的开始。 73 搏：捕捉。 74 大马：大司马。 75 豪芒：毫厘。 76 守：道。 77 资：供给、取用。 78 昭然：明白。79 昧然：糊涂。 80 神：精神。 81 待：对偶，指相辅相成的对立面。 82 将：送。

⑧③ 游：理由、原因。 ⑧④ 内：思想。 ⑧⑤ 靡：顺。 ⑧⑥ 爕(xiè)：和、响应。 ⑧⑦ 皋壤：平原。 ⑧⑧ 逆旅：客舍、旅馆。 ⑧⑨ 浅：浅陋。 （饶玲一）

〔鉴赏〕《知北游》是《庄子》外杂篇中最富有哲理性的篇目之一，也是《庄子》与《老子》之联系最为密切的篇目之一。

“道家”言“道”，本是题中应有之义，当无可厚非。然而，道家，特别是老与庄，其关于“道”的内在属性的规定，又使“道”之言说，根本没有可能，“道可道”者，“非常道”也。视之不见，听之不闻，搏之不得，无可言说，无可名状，无可奉告。然而，道家们又确信其有，确信其存在，甚至确信其无所不包的伟大作用：“道，冲而用之或不盈，渊兮似万物之宗”(《老子》四章)。——正是这一近乎“二律背反”性质的信念，使道家学者们不可避免地陷入了永无止境的追求，而又永远得不到解决的矛盾之中。

《知北游》一篇，正是庄子对这一问题苦苦跟踪，穷追不舍的记录。

老子曰：“道可道，非常道。”(《老子》一章)——这一表述，是道家关于“道”的最原始的规定，也是道家关于“道”的最权威的本质性界定。依通常理解，“道”之可以言说者，即非永恒之道。换句话说，既为“永恒之道”，自亦无可言说。故老子又曰：“知者不言，言者不知。”(《老子》五十六章)——至于“知者”既然“不言”，又何以表明其为“知者”，世人似乎难以晓知。

庄子不愧为老子的第一继承人，不愧为老子思想学说之“真谛”的传承者。在《知北游》中，庄子先后设定了“知”与无为谓的对话，“知”与狂屈的对话，“知”与黄帝的对话，齧缺与被衣的对话，舜与丞的对话，孔子与老聃的对话，东郭子与庄子的对话等等，对道之所以为道，多角度，多方位，反复申说，无止无休，使出了浑身的“解数”。

后韩非对《老子》“上德无为而无不为也”曾有一段绝妙的解说：“所以贵无为无思为虚者，谓其意无所制也。夫无术者，故以无为无思为虚也。夫故以无为无思为虚者，其意常不忘虚，是制于为虚也。虚者，谓其意无所制也。今制于为虚，是不虚也。虚者之无为也，不以无为为有常，不以无为为有常则虚，虚则德盛，德盛之谓上德。”(《韩非子·解老》)——韩非对《老子》的理解可谓“入木三分”，所谓“无为无思为虚”，并非主体的主观追求。若刻意追求“无为无思”，此反为“无为无思”所牵制，实乃在为，在思，正是“制于为虚”，故其实质乃“不虚也”。——这是何等深思捷辩也！

再看庄子对无为谓、狂屈、黄帝三者回答的判断，其先借黄帝之口曰：“彼无为谓真是也，狂屈似之，我与汝（‘知’）终不近也。夫知者不言，言者不知，故圣人行不言之教。”后又曰：“彼其真是也，以其不知也；此其似之也，以其忘之也；予与若（‘知’）终不近也，以其知之也。”（见《庄子·知北游》）由于“道”不可言，故言者不知。由此进而推知：无为谓“不知答”，故其“真是”知“道”；狂屈欲答而忘言，故狂屈“近似”知“道”；而黄帝直言“无思无虑始知道”，则反而“终不近”于“道”也。

庄子的这一系列逻辑推论，与韩非之解可谓有异曲同工之妙。

既要追求“道”，又永远不可接近或取得“道”，这就是道家永远追索又永无结果的命题。

（谢祥皓）

力 命 《列子》

力①谓命②曰：“若③之功④奚若⑤我哉？”命曰：“汝奚功于物而欲比朕⑥？”力曰：“寿夭⑦、穷达⑧、贵贱、贫富，我力之所能也。”命曰：“彭祖⑨之智不出尧、舜之上，而寿八百；颜渊之才不出众人之下，而寿十八。仲尼之德不出诸侯之下，而困于陈、蔡⑩；殷纣之行不出三仁⑪之上，而居君位。季札⑫无爵于吴，田恒⑬专有齐国。夷、齐⑭饿死首阳，季氏⑮富于展禽⑯。若是汝力之所能，奈何寿彼而夭此，穷圣⑰而达逆⑱，贱贤而贵愚，贫善而富恶邪？”力曰：“若如若言⑲，我固无功于物，而物若此邪，此则若之所制邪？”命曰：“既谓之命，奈何有制之者邪？朕直⑳而推之，曲㉑而任之。自寿自夭，自穷自达，自贵自贱，自富自贫，朕岂能识之哉？朕岂能识之哉？”

北宫子㉒谓西门子曰：“朕与子并世㉓也，而人子达㉔；并族也，而人子敬；并貌也，而人子爱；并言也，而人子庸㉕；并行也，而人子诚；并仕也，而人子贵；并农也，而人子富；并商也，而人子利。朕衣则裋褐㉖，食则粢粝㉗，居则蓬室㉘，出则徒行。子㉙衣则文锦，食则粱肉，居则连㭴㉚，出则结驷㉛。在家熙然㉜有弃㉝朕之心，在朝谔然㉞有敖㉟朕之色。请谒不及相㊱，遨游不同行，固有年矣。子自以德过朕邪？”西门子曰：

“予无以知其实。汝造事㊲而穷，予造事而达，此厚薄㊳之验㊴欤？而皆谓与予并㊵，汝之颜㊶厚矣。”北宫子无以应㊷，自失而归。中途遇东郭先生㊸。先生曰：“汝奚往而反㊹，偊偊㊺而步㊻，有深愧㊼之色邪？”北宫子言其状㊽。东郭先生曰：“吾将舍㊾汝之愧，与汝更㊿之西门氏而问之。”曰：“汝奚辱北宫子之深乎？固且51言之。”西门子曰：“北宫子言世族、年貌、言行与予并，而贱贵、贫富与予异。予语之曰：予无以知其实。汝造事而穷，予造事而达，北52将53厚薄之验欤？而皆谓与予并，汝之颜厚矣。”东郭先生曰：“汝之言厚薄不过言才德之差，吾之言厚薄异于是矣。夫北宫子厚于德，薄于命；汝厚于命，薄于德。汝之达，非智得也；北宫子之穷，非愚失也。皆天也，非人也。而汝以命厚自矜54，北宫子以德厚自愧，皆不识夫固然55之理矣。”西门子曰：“先生止矣！予不敢复言。”

北宫子既归，衣其裋褐，有狐貉56之温；进57其茙菽58，有稻粱之味；庇59其蓬室，若广厦之荫；乘其筚辂60，若文61轩之饰。终身逌然62，不知荣辱之在彼也，在我也。东郭先生闻之曰：“北宫子之寐63久矣，一言而能寤64，易悟65也哉！”

管夷吾66、鲍叔牙67二人相友甚68戚，同处于齐。管夷吾事公子纠69，鲍叔牙事公子小白70。齐公族71多宠，嫡庶并行72。国人惧乱。管仲与召忽73奉公子纠奔鲁，鲍叔奉公子小白奔莒74。既而公孙无知作乱75，齐无君，二公子76争入。管夷吾与小白战于莒，道77射中小白带钩78。小白既立79，胁80鲁杀子纠，召忽死之，管夷吾被囚。鲍叔牙谓桓公曰：“管夷吾能81，可以治国。”桓公曰：“我仇82也，愿杀之。”鲍叔牙曰：“吾闻贤君无私怨，且人能为其主，亦必能为人君。如欲霸王83，非夷吾其弗可。君必舍84之！”遂召管仲。鲁归之齐，鲍叔牙郊迎，释其囚85。桓公礼之，而位于高、国86之上，鲍叔牙以身下之，任以国政，号曰仲父。桓公遂霸。管仲尝87叹曰：“吾少穷困时，尝与鲍叔贾[88]，分财多自与[89]；鲍叔不以我为贪，知我贫也。吾尝为鲍叔谋事而大穷困，鲍叔不以我为愚，知时有利不利也。吾尝三仕，三见逐[90]于君，鲍叔不以我为不肖[91]，知我不遭时[92]也。吾尝三战三北，鲍叔不以我为怯，知我有老母也。公子纠败，召忽死之，吾幽囚受辱，鲍叔不以我为无耻，知我不羞小节而耻名不显于天下也。生我者父母，知我者鲍叔也！”此世称管、鲍善交者，小白善用能者。然实无善交，实无用能也。实无善交实无用能者，非更有善交，更有善用能也。召忽非能死，不得不死；鲍叔非能举贤，不得不举；小白非能用仇，不得不用。及管夷吾有病，小白问之，曰：“仲父之病病[93]矣，可不讳[94]。云[95]至于大病[96]，则寡人恶[97]乎属[98]国而可？”夷吾曰：“公谁欲欤[99]？”小白曰：“鲍叔牙可。”曰：“不可。其为人也，洁廉善士也，其于不己若[100]者不比[101]之人[102]，一闻人之过，终身不忘。使之理国，上且钩[103]乎君，下且逆乎民。其得罪于君也，将弗久矣。”小白曰：“然则孰可？”对曰：“勿已[104]，则隰朋[105]可。其为人也，上忘[106]而下不叛[107]，愧其不若黄帝而哀不己若者。以德分人谓之圣人，以财分人谓之贤人。以贤临[108]人，未有得人者也；以贤下人[109]者，未有不得人者也。其于国[110]有不闻也，其于家[111]有不见也。勿已，则隰朋可。”然则管夷吾非薄鲍叔也，不得不薄；非厚隰朋也，不得不厚。厚之于始，或薄之于终；薄之于终，或厚之于始[112]。厚薄之去来，弗由我也。

邓析[113]操两可[114]之说，设无穷之辞[115]，当子产[116]执政，作《竹刑》。郑国用之，数[117]难[118]子产之治。子产屈[119]之。子产执而戮[120]之，俄而诛之。然则子产非能用《竹刑》，不得不用；邓析非能屈子产，不得不屈；子产非能诛邓析，不得不诛也。

可以生而生，天福[121]也；可以死而死，天福也。可以生而不生，天罚也；可以死而不死，天罚也。可以生，可以死，得生得死，有矣；不可以生，不可以死[122]，或死或生，有矣。然而生生死死，非物[123]非我，皆命也，智之所无奈何。故曰，窈然无际[124]，天道[125]自会[126]；漠然[127]无分[128]，天道自运。天地不能犯[129]，圣智不能干[130]，鬼魅不能欺。自然者默之成之[131]，平之宁之[132]，将之迎之[133]。

杨朱[134]之友曰季梁。季梁得病，七日大渐[135]。其子环而泣之，请医。季梁谓杨朱曰："吾子不肖如此之甚，汝奚不为我歌以晓[136]之？"杨朱歌曰："天其弗识[137]，人胡能觉？匪[138]祐自天，弗孽[139]由人。我乎汝乎！其[140]弗知乎！医乎巫乎！其知之乎？"其子弗晓，终[141]谒三医。一曰矫氏，二曰俞氏，三曰卢氏，诊其所疾。矫氏谓季梁曰："汝寒温不节，虚实失度[142]，病由饥饱色欲，精虑烦散，非天非鬼。虽渐，可攻[143]也。"季梁曰："众医[144]也。亟[145]屏[146]之！"俞氏曰："女[147]始则胎气不足，乳湩有余。病非一朝一夕之故，其所由来渐矣，弗可已也。"季梁曰："良医也。且食[148]之！"卢氏曰："汝疾不由天，亦不由人，亦不由鬼。禀生[149]受形[150]，既有制之者[151]矣，亦有知之者[152]矣，药石其如汝何？"季梁曰："神医也。重贶[153]遣之！"俄而季梁之疾自瘳[154]。

生非贵之所能存，身非爱之所能厚；生亦非贱之所能夭，身亦非轻之所能薄。故贵之或不生，贱之或不死；爱之或不厚，轻之或不薄。此似反也，非反也；此自生自死，自厚自薄。或贵之而生，或贱之而死；或爱之而厚，或轻之而薄。此似顺也，非顺也；此亦自生自死，自厚自薄。鬻熊[155]语文王曰："自长非所增，自短非所损。算[156]之所亡若何[157]？"老聃语关尹曰："天之所恶，孰知其故？"言迎[158]天意，揣利害，不如其已。

杨布[159]问曰："有人于此，年兄弟也[160]，言[161]兄弟也，才兄弟也，貌兄弟也，而寿夭父子也[162]，贵贱父子也，名誉父子也，爱憎父子也。吾惑之。"杨子曰："古之人有言，吾尝识之，将以告若。不知所以然而然，命也。今昏昏昧昧，纷纷[163]若若[164]，随所为，随所不为，日去日来，孰能知其故？皆命也夫。信命者，亡[165]寿夭；信理者，亡是非；信心者，亡逆顺；信性者，亡安危。则谓之都亡所信，都亡所不信。真矣悫[166]矣，奚[167]去奚就[168]？奚哀奚乐？奚为奚不为？《黄帝之书》云：'至人居若死[169]，动若械[170]。'亦不知所以居，亦不知所以不居；亦不知所以动，亦不知所以不动。亦不以众人之观易其情貌，亦不谓众人之不观不易其情貌。独往独来，独出独入，孰能碍之？"

墨杘[171]、单至[172]、啴咺[173]、憋懯[174]四人相与游于世，胥[175]如[176]志也。穷年[177]不相知情，自以智之深也。巧佞[178]、愚直[179]、婩斫[180]、便辟[181]四人相与游于世，胥如志也；穷年而不相语[182]术，自以巧之微也。狡伢[183]、情露[184]、謇极[185]、凌谇[186]四人相与游于世，胥如志；穷年不相晓悟[187]，自以为才之得也。眠娗[188]、諈诿[189]、勇敢、怯疑[190]四人相与游于世，胥如志也；穷年不相谪发[191]，自以行无戾[192]也。多偶[193]、自专[194]、乘权[195]、只立[196]四人相与游于世，胥如志也；穷年不相顾眄[197]，自以时之适也。此众态也。其貌不一，而咸之于道[198]，命所归也。

佹佹[199]成者，俏[200]成也，初[201]非成也。佹佹败者，俏败者也，初非败也。故迷生于俏[202]，俏之际昧然[203]。于俏而不昧然，则不骇外祸，不喜内福；随时动，随时止，智不能知也。信命者于彼我无二心[204]。于彼我而有二心者，不若揜[205]目塞耳，背坂[206]面隍[207]亦不坠仆也。故曰：死生自命也，贫穷自时也。怨夭折者，不知命者也；怨贫穷者，不知时者也。当死不惧，在穷不戚[208]，知命安时也。其[209]使多智之人量[210]利害，料虚实，度人情，得亦中[211]，亡[212]亦中。其少智之人不量利害，不料虚实，不度人情，得亦中，亡亦中。量与不量，料与不料，度与不度，奚以异？唯亡所量，亡所不量，则全[213]而亡丧。亦非知全[214]，亦非知丧。自全也，自亡也，自丧也。

齐景公[215]游于牛山[216]，北临其国城而流涕曰："美哉国乎！郁郁芊芊[217]，若何滴滴[218]去此国而死乎？使古无死者，寡人将去斯而之何?”史孔、梁丘据[219]皆从而泣曰:“臣赖君之赐,疏[220]食恶肉可得而食,驽马[221]稜车[222]可得而乘也,且犹不欲死,而况吾君乎?”晏子独笑于旁。公雪[223]涕而顾晏子曰:“寡人今日之游悲,孔与据皆从寡人而泣,子之独笑,何也。”晏子对曰:“使[224]贤者常守之,则太公[225]、桓公将常守之矣;使有勇者而[226]常守之,则庄公[227]、灵公[228]将常守之矣。数君者将守之,吾君方将被蓑笠而立乎畎亩[229]之中,唯事[230]之恤[231],行假[232]念死乎?则吾君又安得此位而立焉?以其迭处之[233]、迭去之。至于君也,而独为之流涕,是不仁也。见不仁之君,见谄谀之臣。臣见此二者,臣之所为独窃笑也。”景公惭焉,举觞自罚。罚二臣者各二觞焉。

魏人有东门吴[234]者,其子死而不忧。其相室[235]曰:“公之爱子,天下无有。今子死不忧,何也?”东门吴曰:“吾常[236]无子,无子之时不忧。今子死,乃与向[237]无子同,臣奚忧焉?”

农赴时,商趣[238]利,工追术,仕[239]逐势,势[240]使然也。然农有水旱,商有得失,工有成败,仕有遇[241]否[242],命使然也。

〔注释〕 ①力:指人力。 ②命:指命运。 ③若:你。 ④功:功能。 ⑤奚若:怎么如。若,像、如。 ⑥朕:我。 ⑦寿夭:长寿与短命。 ⑧穷达:困顿与显达。 ⑨彭祖:传说中的长寿者。 ⑩困于陈蔡:陈、蔡为古国名,陈在今河南淮阳和安徽亳州一带,蔡在今河南新蔡。鲁哀公四年(前491年),孔子游于陈蔡间,被两国军队围困于荒野,断粮多日。 ⑪三仁:指商朝末年的贤者微子、箕子、比干三人,皆因劝谏纣王而被杀或被囚。 ⑫季札:春秋时吴王诸樊之弟公子札,有远见,多次推让君位,以贤称。 ⑬田恒:春秋时齐国执政陈成子,杀简公,由此陈氏专擅齐政。 ⑭夷、齐:商末孤竹君的儿子伯夷和叔齐,两人互相谦让王位而逃至周。他们反对武王伐纣,商亡后逃至首阳山,不食周粟而死。 ⑮季氏:春秋战国时掌握鲁国大权的家族季孙氏。 ⑯展禽:春秋时鲁国大夫柳下惠,以道德高尚著称。 ⑰穷圣:圣贤困厄失意。 ⑱达逆:悖逆者显达得意。 ⑲若如若言:如果像你所说。 ⑳直:在理。 ㉑曲:理屈。 ㉒北宫子:与下面西门子均为虚构的人物。 ㉓并世:同辈。 ㉔人子达:宾语前置,即“人达子”,人们给你显达的地位。 ㉕人子庸:即人庸子,庸通“用”,指用其言。 ㉖裋(shù)褐:古代低贱贫穷者所穿的粗陋衣服。 ㉗粢粝:粗米饭团。 ㉘蓬室:简陋的房屋。 ㉙子:您。古代对他人的尊称。 ㉚连楄:连,通“联”;楄,屋梁。连楄,接连着的高屋大厦。 ㉛结驷:四匹马拉的车。 ㉜熙然:和乐的样子。 ㉝弃:冷落。 ㉞谔然:直言争辩貌。 ㉟敖:通“傲”,轻慢。 ㊱请谒不及相:不互相往来拜访。谒,拜访;相,互相。 ㊲造事:遇事。 ㊳厚薄:指德行好坏。 ㊴验:应验。

㊵ 并：并列、一样。 ㊶ 颜：脸皮。 ㊷ 应：应对。 ㊸ 东郭先生：虚构人物。 ㊹ 反：返回、回来。 ㊺ 偊偊(yú)：孤独行走貌。 ㊻ 步：行走。 ㊼ 愧：羞愧。 ㊽ 状：情状、情由。 ㊾ 舍(shì)：通“释”，消除。 ㊿ 更：再到。 51 固且：姑且。 52 北：疑为“此”之误。 53 将：抑或、恐怕是。 54 以命厚自矜：以命运好而自夸自傲。 55 固然：本然、自然。 56 狐貉：狐、貉的皮毛均可制成皮衣，这里泛指名贵皮裘。 57 进：进食。 58 戎菽(róng shū)：大豆。 59 庇：作动词用，居住。 60 筚辂：柴车。 61 文：通“纹”，花纹。 62 逌(yóu)然：舒适自得的样子。 63 寐：睡。 64 寤：醒。 65 易悟：容易醒悟。 66 管夷吾：即管仲，帮齐桓公成就霸业。 67 鲍叔牙：春秋齐国大夫，以知人著称，荐管仲于桓公。 68 戚：亲近。 69 公子纠：齐襄公之弟，齐桓公之兄。 70 小白：即齐桓公。 71 公族：诸侯的同族。 72 嫡庶并行：嫡系与旁系享有同等地位。这里指齐僖公给予其侄公孙无知的礼遇同于太子之事。当时，正妻所生为嫡生，余为庶出，两者地位不同，享有同等地位则被视为礼法混乱。 73 召(shào)忽：齐国大臣。 74 莒：古国名，在今山东莒县一带。 75 作乱：指齐僖公母弟夷仲年的儿子公孙无知杀齐襄公篡位。无知后来被渠丘大夫雍林所杀。 76 二公子：指公子纠和小白。 77 道：路。 78 带钩：腰带钩。 79 立：立为国君。 80 胁：迫使。 81 能：有才能。 82 仇：仇敌。 83 霸王：成就霸、王之业。 84 舍(shì)：通“赦”，赦免。 85 囚：囚械。 86 高、国：齐国当政的两家卿大夫。 87 尝：曾。 88 贾(gǔ)：经商。 89 与：给予。自与：自己多分。 90 见逐：被逐。 91 不肖：不贤。 92 遭时：逢时。 93 病：作动词，加重。 94 可不讳：即不讳、不可讳，即将死去的婉辞。 95 云：假如、或许。 96 大病：指死。 97 恶：怎么。 98 属：通“嘱”，嘱托、托付。 99 谁欲：即欲谁，想要谁。 100 不已若：不像自己。 101 比：亲近。 102 人：疑为衍字。一说为“又”之误，则连下句。 103 钩：钩距，对人辗转追究，意为求全责备。 104 勿已：不得已。 105 隰朋：齐国的大夫。 106 上忘：居高位而不自傲。上，指地位高。 107 不下叛：对下不骄横跋扈。 108 临：凌驾于、超越于。 109 下人：居人之后，即对人谦让。 110 国：国事。 111 家：家事。 112 薄之于终，或厚之于始：此句与上句相同，疑“终始”二字应对换。 113 邓析：春秋时郑国大夫，主张法治，著有《竹刑》。 114 两可：可此可彼、无所可否。 115 无穷之辞：圆滑巧辩之辞。 116 子产：春秋郑国执政的大夫公孙侨，字子产。郑简公时当国，立丘赋，铸刑鼎，处晋楚两大国之间而得安。 117 数：屡次。 118 难：诘难、为难。 119 屈：理亏。指子产理亏。 120 戮：杀戮。《左传》记子产杀邓析，误。子产死于公元前522年，邓析则死于公元前501年，晚20余年。 121 福：赐福。 122 不可以生，不可以死：两“不”字疑为衍文，否则与上文重复。无“不”字，意思为可以生而死，可以死而生。 123 物：指自己以外的一切事物。 124 窈然无际：深奥无边。 125 天道：自然规律。 126 会：融会、相合相通。 127 漠然：寂静无声貌。漠通“寞”，无声。 128 分：分别。 129 犯：抵触、违背。 130 干：干预、干扰。 131 默之成之：默而成事。 132 平之宁之：安然处之，无所施为。 133 将：送；迎：接。将之迎之：将顺迎合，顺势助成。 134 杨朱：战国卫人，字子居。其事散见于《列子》、《孟子》等书，主张“为我”，即拔一毛而利天下则不为。 135 大渐：病危。 136 晓：使……明了、使……知晓。 137 天其弗识：天不知晓人生病的缘故。其，语助词。 138 匪：通“非”。 139 孽：罪孽、罪恶。 140 其：岂、难道。 141 终：到处。 142 虚实失度：身体中的正气与病邪失衡。 143 攻：治。 144 众医：平庸的医生。 145 亟：急速、赶快。 146 屏：赶走、驱逐。 147 女：通“汝”，你。 148 食(sì)：给……吃。 149 生：生命。 150 形：身体。 151 制之者：主宰者。 152 知之者：通晓者。 153 贶(kuàng)：送礼。 154 瘳：病愈。 155 鬻熊：周文王师。 156 算：推测、谋划。 157 若何：奈

何。 ⑱迎：预测、推算。 ⑲杨布：杨朱之弟。 ⑳年兄弟也：年龄如兄弟一般，比喻年纪相仿。 ⑯言：一本作"訾"字，俞樾释为"訾程"，即资历。 ⑯父子也：比喻差别悬殊。 ⑯纷纷：紊乱繁忙貌。 ⑯若若：盛多貌。此句指自然或人世纷纭变化的样子。 ⑯亡：通"无"。 ⑯悫(què)：诚笃。 ⑯奚：为何。 ⑯就：留。 ⑯居若死：得道者静坐如同死人。 ⑰械：得道者形如槁木。 ⑰墨㞽(nì)：默诈。 ⑰单至(zhàndié)：轻率。 ⑰啴咺(chǎnxuān)：迂阔。 ⑰憋憨(fǔ)：性急。 ⑰胥：皆。 ⑰如：依照、顺遂。 ⑰穷年：终年。 ⑰巧佞：巧言奸佞。 ⑰愚直：质朴憨愚。 ⑱婩斫(ànzhuó)：懵懂不悟。 ⑱便(pián)辟：逢迎谄媚。 ⑱语(yù)：告诉。 ⑱𤞞伢(jiǎojiā)：哀怒郁结。 ⑱情露：内情毕露。 ⑱谦(qiān)极：性急口吃。 ⑱凌谇(suì)：凌辱骂人。 ⑱晓悟：使人领悟。 ⑱眠娗(tiǎn)：害羞须腆。 ⑱诿诿：推诿繁重。 ⑲怯疑：怯懦不决。 ⑲谪：指责。发：揭发。 ⑲戾：乖张。 ⑲多偶：随顺和谐。 ⑲自专：独断专行。 ⑲乘权：倚仗权势。 ⑲只立：孤立无助。 ⑲顾眄：回视、斜视。 ⑲咸之于道：都符合于道。 ⑲佹佹(guǐ)：偶然。 ⑳佾：通"肖"，相似。 ⑳初：初始、本来。 ⑳迷生于佾：迷惑常发生于事情似成似败的时候。 ⑳昧然：昏暗难辨貌。 ⑳二心：喜惧之心。 ⑳揜(yǎn)：同"掩"，掩盖。 ⑳背坂：背对城墙。 ⑳面隍：面对护城壕沟。 隍，护城壕沟。 ⑳戚：忧愁、悲伤。 ⑳其：连词表假设，若。 ⑳量：称量、衡量。 ㉑得：预料准确。中：一半。 ㉑亡：预料错误。 ㉑全：保全。 ㉑知全：以智力保全。 ㉑齐景公：春秋时齐国君。 ㉑牛山：在今山东临淄南。 ㉑郁郁芊芊：草木繁盛的样子。 ㉑滴滴：为"滂滂"之误，大水涌流的样子，此指时光流逝。 ㉑史孔、梁丘据：均为人名，同为齐景公大臣。 ㉒疏：粗糙。 ㉒驽马：劣马。 ㉒稜车：为"栈车"之误。栈车，竹木制成的简陋车子，为普通士人所乘。 ㉒雪：拭、揩去。 ㉒使：假如。 ㉒太公：即姜太公。 ㉒而(néng)：通"能"，能够。 ㉒庄公：齐庄公。 ㉒灵公：齐灵公，庄公父。 ㉒甽(quǎn)亩：田亩。 ㉓事：农事。 ㉓恤：担忧。 ㉓行假：疑作何"暇"，哪有空闲时间。 ㉓迭：交替地。迭处之：指君主交替登居君位。 ㉓东门吴：人名。东门，复姓。 ㉓相室：管家。 ㉓常：通"尝"，曾经。 ㉓向：以前。 ㉓趣：通"趋"。 ㉓仕：官吏。 ㉔势：情势。 ㉔遇：顺通。 ㉔否(pǐ)：阻滞。

（燕永成）

〔鉴赏〕 通过寓言故事来阐释哲理，是《列子》的一大特色。《列子》旧传为先秦郑之隐人列御寇所作，《庄子》著录《列御寇》一篇。御寇亦作圄寇、圉寇，唐时被封为冲虚真人，《列子》亦改题为《冲虚真经》，宋时又尊为《冲虚至德真经》。今存《列子》八篇，已非《汉书·艺文志》著录的原书，经柳宗元至梁启超、马叙伦等人考证，认为是王弼、张湛之徒附盖晚说而成，亦可作为一部魏晋时代作者佚名书。

子列子"贵虚"(《吕氏春秋·不二》)，其书"以至虚为宗"(张湛《列子序》)。虚、至虚，也即太虚，或名之曰自然，亦即天道自然。无时不生，无时不化，常生常化，不得不然。天无所谓崩坠与毁灭，"杞国无事忧天倾"(李白《梁甫吟》)，以至寝食不安，是完全不必要的。这就肯定了宇宙的物质性，接触到了空间的无限性和时间的永恒性,反映了朴素的唯物辩证的宇宙观。

《力命》是《列子》中论述人生哲学的篇章。"力",指人力;"命",指命运。全文通过"力命问难"等一连串形象鲜明、含义深刻的寓言故事来明道释理。在"力命问难"中,通过彭祖之智慧不出尧、舜之上而寿八百,仲尼之道德不出诸侯之下而困于陈、蔡,伯夷、叔齐不食周粟饿死首阳山,季孙氏富于道德高尚的展禽(即柳下惠)等事迹,揭示了"穷圣而达逆,贱贤而贵愚,贫善而恶富"的不合理现象,认为这是"自寿自夭,自穷自达,自贵自贱,自富自贫"。而其原因则归咎于"命"。《列子》认为:"生生死死,非物非我,皆命也,智之所无奈何。"什么是命?张湛注:"必然之期,素定之分。"命不是由于上帝鬼神的主宰,而是一种必然的、预定的结果。也就是《庄子·人间世》所说的:"知其不可奈何而安之若命"的"命"。换言之,命是人的智力莫可奈何的某种必然性。命即自然。《列子》宣扬一切顺乎自然之道,与事无争,与人无争,所谓"虚者无贵也"(《天瑞》)。只要乐天知命,哪怕穿一件破短袄,也会感到有狐貉之温;哪怕吃粗粮杂菜,也会感到有稻粱之味;哪怕住的是茅舍蓬屋,也会感到有广厦之荫;哪怕坐的是驽马柴车,也会感到有文轩之饰。在《周穆王篇》还讲了个老役夫白天为人仆虏,夜晚梦为人君"其乐无比"的故事,实在令人忍俊不禁。

魏晋时期,门阀士族极端腐败。《列子》对"五情好恶"、"四体安危"、"世事苦乐"、"变易治乱",一切都采取有无两忘,任其自然的态度。认为死生来自命运,贫富由于时会。即使贤如尧舜,或恶如桀纣,也是"人必有死"、"死则腐骨"(《杨朱》)。什么纲常礼教,功名利禄,都是徒然。"人必有死",就用不着求神拜佛,希图成仙;"死则腐骨",那么焚之火,沉之水,埋之土,露之野,随便别人怎么处置都可以,把死生祸福都委之于"必然之期",一切任性情之自然。所以主张纵欲享乐,甚至玩世不恭,这是当时严酷现实的反映,是一种应该批判的消极的人生观。但是它鄙视今世名利的诱惑,也不怕来世罪孽的威胁,把生与死看成一种自然现象,不仅杜绝了鬼神对于现实生活的干预,而且也是对世俗贪鄙、名教束缚的一种曲折的对抗。虽然它所追求的只是一种抽象的人的自然本性,但是却透露着对于争取个性解放和人的尊严的憧憬。其中闪烁着无神论的火花,迸发出唯物论的光芒。

《列子》虽然主观上贬低"力"的作用,夸大"命"的权威,但是由于它尊重人的"自然本性",不得不形象地描绘了"力"的威风。勇敢坚定、感天动地改造自然的"愚公移山"(《汤问》)寓言就是一个典型生动的例子。愚公虽愚,智叟虽智,但是愚公以天地为一朝，亿代为瞬间，忘怀以造事，无心而为功，终于以诚感动了上帝，搬掉了挡住他家出路的太行、王屋两座大山，以事实批驳了智叟的错误思想。其他如"盗亦有道"(《天瑞》)则强调人们凭其智力利用天时地利从自然界获取财物的合理性。扁鹊为二人互相换心，"则均于善矣"(《汤问》)。偃师制造机器人"千变万化，唯意所适"(《汤问》)。古人的巧思与幻想，今天已成为科学的现实。《力命》最后总结全文旨意时，认为士、农、工、商各趋利而逐势，是人的情势所能为的；至于水旱、得失、成败、遇否，乃"命"使然。也就是说，谋事在人，成事在天。可见《列子》虽然宣扬命定论，但在一定程度上仍然肯定人的主观能动性。

《列子》所列举的寓言故事，其中不少情节相当完整，故事离奇曲折，并且闪耀着辩证思想和深刻的哲理，具有较高的抽象思维水平，这是《列子》哲学的精华所在。

(洪　波)

白　马　论　　《公孙龙子》

"白马非马"，可乎？

曰：可。

曰：何哉？

曰：马者，所以命形①也；白者，所以命色也。命色者非命形也。故曰：白马非马。

曰：有白马不可谓无马②也。不可谓无马者，非马也③？有白马为有马④，白之非马⑤，何也？

曰：求马，黄、黑马皆可致⑥；求白马，黄、黑马不可致。使白马乃马也，是所求一也⑦。所求一者，白者不异马也⑧。所求不异，如⑨黄、黑马有可有不可，何也？

可与不可，其相非⑩明⑪。故黄、黑马一也⑫，而可以应有马⑬，而不可以应有白马，是白马之非马，审⑭矣！

曰：以马之有色为非马，天下非有无色之马也。天下无马，可乎？

曰：马固⑮有色，故有白马。使马无色，有马如已耳⑯，安⑰取白马？故白者非马⑱也。白马者，马与白也，马与白非马也⑲，故曰白马非马也。

曰：马未与⑳白为马，白未与马为白。合㉑马与白，复名白马。是相与以不相与为名㉒，未可。故曰：白马非马未可。

曰：以有白马为有马，谓有白马为有黄马，可乎？

曰：未可。

曰：以有马为异有黄马㉓，是异黄马于马也；异黄马于马，是以黄马为非马。以黄马为非马，而以白马为有马，此飞者入池而棺椁异处㉔，此天下之悖言乱辞也。

曰："有白马不可谓无马者"，离㉕白之谓也；不离者有白马不可谓有马也。故所以为有马者㉖，独以马为有马耳㉗，非以白马为有马。故其为有马也，不可以谓"马马"㉘也。

曰："白者不定所白㉙"，忘之㉚而可也。白马者，言白定所白㉛也，定所白者非白㉜也。马者，无去取于色㉝，故黄、黑皆所以应；白马者，有去取于色，黄、黑马皆所㉞以色去，故唯白马独可以应耳。无去者非有去也㉟，故曰白马非马。

〔注释〕 ① 命形：称呼形体。命，称呼、称谓。 ② 无马：没有马的性质。 ③ 不可谓无马者，非马也：全句意为不可说白马不具有马的性质，那么白马不是马吗？ ④ 有白马为有马：有人说白马具有马的性质。 ⑤ 白之非马：以白来称呼白马不是马。 ⑥ 致：给予。 ⑦ 使白马乃马也，是所求一也：意思是求白马便是求马，那么他的所求是一样的。一说是求白马和白马不是一样的。 ⑧ 所求一者，白者不异马也：既然所求是一样的，那么白马便与其他颜色的马没有两样了。 ⑨ 如（ér）：然而。 ⑩ 相非：相反。非，不同。 ⑪ 明：明显。 ⑫ 故黄、黑马一也：因此从黄马黑马一样角度说。 ⑬ 而可以应有马：这可从它符合马的性质来说。应，适合、符合。 ⑭ 审：确定。 ⑮ 固：本来。 ⑯ 有马如已耳：只不过具有马的性质（概念）而已。如已，而已。 ⑰ 安：如何。 ⑱ 白者非马：白色不是马。 ⑲ 马与白非马也：原句为"马与白马也"，疑漏一"非"字。意为马与白色都不是马的性质（概念）。 ⑳ 未与：没有结合。 ㉑ 合：复合、合并。 ㉒ 是相与以不相与为名：句意为把没有结合的（指马或白）与相结合（白马）的一起称呼。 ㉓ 异有黄马：不同于黄马的性质（概念）。 ㉔ 飞者入池而棺椁异处：飞者指鸟，不应入池，棺椁相合，不可分离。此句比喻混乱。 ㉕ 离：离开、抛弃。 ㉖ 所以为有马者：所认为（白马）具有马的性质（概念）的原因。 ㉗ 独以马为有马耳：仅仅是以马具有马的性质（概念）。 ㉘ 马马：意思是如果将马认为具有马的性质（概念），白也具有马的性质（概念），那么白马便成为"马马"了。 ㉙ 不定所白：即不固定在什么上面的白色。 ㉚ 忘之：抛弃。 ㉛ 定所白：确定在一定东西上的白色。 ㉜ 非白：不是一般性质（概念）上的白色。 ㉝ 无去取于色：并不取舍于颜色。 ㉞ 所：衍文。 ㉟ 无去者非有去

也：没有取舍并不等同有取舍的。（汤勤福）

〔**鉴赏**〕《公孙龙子·白马论》提出并论证了一个著名的命题："白马非马"。

长期以来，学界对此有截然相反的两种观点：一种观点认为，"白马非马"是个违反常识的错误命题，作者对它的论证是典型的诡辩。另一种观点认为，"白马非马"是个正确的命题，作者对它的论证深刻地反映出中国古代一个重要的逻辑思想。

以上两种观点的分歧，主要源于对"白马非马"这一命题中的语词的不同理解上。主张"白马非马"是错误命题的学者，把命题中的"白马"、"马"解释为实实在在的实体，把命题中的"非"解释为"不是"，指一种全异关系，从而把整个命题说成是"白马不是马"，认为《白马论》的作者不承认白马是马。主张"白马非马"是正确命题的学者，把命题中的"白马"、"马"解释为两个概念，把命题中的"非"解释为"不等于"，指一种相异的关系，从而把整个命题说成是"'白马'不等于'马'"或"'白马'异于'马'"，也就是说，"白马"和"马"是两个不同的概念。

从语义上讲，"白马"、"马"确实可以指某种特定的实体，也可以指关于某种特定实体的概念；"非"是对"是"的否定，即"不是"。然而，在汉语(不论是古代汉语，还是现代汉语)中，"是"在表示两者关系时，仍然是个多义词，有等于、包含于、属于等不同含义。由此，"不是"也就有不等于、不包含于、不属于等含义。"不等于"说的是两者之间不全同，有差异；"不包含于"和"不属于"说的是两者之间的关系是全异的。若单从字面上看，可以把"白马非马"解释为"白马全异于马"，也可以把"白马非马"解释为"'白马'异于'马'"。

通读《白马论》全篇，可以看出，作者始终是围绕"'白马'异于'马'"进行论证的。文中说，"异黄马于马，是以黄马为非马"，就是将"非"解释为"异"的一个例证。

《白马论》的作者在论证"'白马'异于'马'"时提出了两个重要的思想：

第一，作者指出，"马者，所以命形也；白者，所以命色也"。就是说，"马"之名是指称形体的，"白"之名是指称颜色的。"白马者，马与白也"。就是说，"白马"之名兼指形体与颜色。又说，"马者，无去取于色"；"白马者，有去取于色"。就是说，"马"之名不涉及颜色，"白马"之名则涉及到颜色。作者由此得出"白马非马"。很显然，这是从内涵方面揭示了"马"与"白马"两个概念的不同。"白马"的内涵比“马”多，多了一个命色的属性。

第二，作者指出，“求马，黄、黑马皆可致；求白马，黄、黑马不可致”。就是说，如果有人要一匹马，你送给他黄马或黑马都可以；如果有人要一匹白马，你送给他黄马或黑马都不可以。也就是说，“马”这个概念可以指称黄马、黑马等各种颜色的马，而“白马”这个概念则不能指称除白马以外的其他各种颜色的马。作者由此得出“白马非马”。很显然，这是从外延上揭示了“马”与“白马”两个概念的不同。“白马”的外延比“马”的外延小，它不包括黄马、黑马等除白色以外的各种颜色的马。

中国古代名辩学有一个明显的特点，就是往往用一个典型的特例代表一般，甚至表达一个公式。如果我们把“白马非马”这个命题看作是阐述名辩学的概念理论的一个典型的特例的话，就可以由此得出具有属种关系的概念在内涵和外延上有反变关系的结论，就是说，属概念（如“马”）的内涵比种概念（如“白马”）少，而属概念的外延比种概念大。遗憾的是，公孙龙没有明确得出这个结论，他甚至于连概念的属种关系也不一定有自觉的认识，他只是强调了“白马”与“马”这样的两个概念不同。尽管如此，《白马论》对“白马非马”的论证也是对中国名辩学的一个重要贡献。

公孙龙是个有名的辩者，他有和别人进行论辩的“雅兴”。为作惊人之举，他有时可能故意把一个命题说得不那么明白，而又有意与人们的常识开玩笑。笼统地说“白马非马”，自然就可以有不同的解释。如果明白地说“白马”异于“马”，人们就不会同他辩了，他的“雅兴”也就无处可发了。

“白马非马”之说是公孙龙的重要思想。《公孙龙子·迹府》引用公孙龙自己的话说：“龙之所以为名者，乃以白马之论尔。”然而，“白马非马”之说并不是公孙龙首先提出的。据《韩非子·外储说左上》说，战国时宋国辩士儿说就“持白马非马”说，并“服齐稷下之辩者”。但他是怎样论述这一命题的，却没有留下具体资料。《战国策·秦策》说，“刑名之家，皆曰白马非马”，这说明“白马非马”之说在当时是很有影响的。

（刘培育）

修　身　　《荀子》

见善，修然①必以自存也；见不善，愀然②必以自省也；善在身，介然③必以自好也；不善在身，菑然④必以自恶也。故非[5]我而当者，吾师也；是我而当者，吾友也；谄谀我者，吾贼也。故君子隆师而亲友，以致[6]恶其贼。好善无厌，受谏而能诫，虽欲无进，得乎哉？小人反是，致乱，而恶人之非己也；致不肖，而欲人之贤己也；心如虎狼，行如禽兽，而又恶人之贼己也。谄谀者亲，谏争者疏，修正为笑[7]，至忠为贼，虽欲无灭亡，得乎哉？诗曰："噏噏呰呰[8]，亦孔[9]之哀。谋之其臧[10]，则具[11]是违；谋之不臧，则具是依。"此之谓也。

扁[12]善之度[13]：以治气养生，则身后彭祖[14]；以修身自强[15]，则名配尧、禹。宜于时通[16]，利以处穷[17]，礼信[18]是也。凡用血气、志意、知虑，由礼则治通，不由礼则勃[19]乱提[20]僈[21]；食饮、衣服、居处、动静，由礼则和节，不由礼则触陷生疾；容貌、态度、进退、趋行，由礼则雅，不由礼则夷固僻违[22]，庸众[23]而野。故人无礼则不生，事无礼则不成，国家无礼则不宁。诗曰："礼仪卒度[24]，笑语卒获[25]。"此之谓也。

以善先[26]人者谓之教，以善和人者谓之顺；以不善先人者谓之谄，以不善和人者谓之谀。是是[27]、非非谓之知，非是、是非谓之愚。伤良曰谗，害良曰贼。是谓是、非谓非曰直。窃货曰盗，匿行曰诈，易言[28]曰诞，趣[29]舍无定谓之无常，保利弃义谓之至贼。多闻曰博，少闻曰浅。多见曰闲[30]，少见曰陋。难进曰偍[31]，易忘曰漏。少而理曰治，多而乱曰秏[32]。

治气、养心之术：血气刚强，则柔之以调和；知虑渐深[33]，则一之以易良；勇毅猛戾，则辅之以道顺[34]；齐给便利[35]，则节之以动止；狭隘褊小，则廓之以广大；卑湿[36]重迟[37]贪利，则抗[38]之以高志；庸众驽散[39]，则劫[40]之以师友；怠慢僄弃[41]，则炤[42]之以祸灾；愚款[43]端悫[44]，则合之以礼乐，通之以思索。凡治气、养心之术，莫径[45]由礼，莫要得师，莫神一好[46]。夫是之谓治气、养心之术也。

志意修[47]则骄富贵，道义重[48]则轻王公；内省而外物轻矣。

传曰:"君子役物,小人役于物。"此之谓矣。身劳而心安,为之;利少而义多,为之;事乱君而通[49],不如事穷君而顺焉。故良农不为水旱不耕,良贾不为折阅[50]不市[51],士君子不为贫穷怠乎道。

体恭敬而心忠信,术[52]礼义而情爱人,横行[53]天下,虽困四夷,人莫不贵;劳苦之事则争先,饶乐之事则能让,端悫诚信,拘守而详[54],横行天下,虽困四夷,人莫不任。体倨固而心埶[55]诈,术顺墨[56]而精杂污,横行天下,虽达四方,人莫不贱;劳苦之事则偷儒[57]转脱[58],饶乐之事则佞[59]兑[60]而不曲,辟违而不悫,程役[61]而不录[62],横行天下,虽达四方,人莫不弃。

行而供[63]冀[64],非渍淖[65]也;行而俯项,非击戾[66]也;偶视[67]而先俯,非恐惧也。然[68]夫士欲独修其身,不以得罪于比俗之人[69]也。

夫骥一日而千里,驽马十驾[70]则亦及之矣。将以穷无穷、逐无极与?其折骨、绝筋终身不可以相及也;将有所止之,则千里虽远,亦或迟、或速、或先、或后,胡为乎其不可以相及也?不识步道者将以穷无穷、逐无极与?意[71]亦有所止之与?夫"坚白[72]""同异""有厚无厚[73]"之察,非不察也,然而君子不辩,止[74]之也;倚魁[75]之行,非不难也,然而君子不行,止之也。故学[76]曰:"迟[77]彼止而待我,我行而就之,则亦或迟、或速、或先、或后,胡为乎其不可以同至也?"故跬步而不休,跛鳖千里;累土而不辍,丘山崇[78]成;厌[79]其源,开其渎,江河可竭;一进一退,一左一右,六骥不致。彼人之才性之相县[80]也,岂若跛鳖之与六骥足哉?然而跛鳖致之,六骥不致,是无他故焉,或为之或不为尔!道虽迩[81],不行不至;事虽小,不为不成。其为人也多暇日[82]者,其出入不远矣。

好法而行,士也;笃志而体[83],君子也;齐明[84]而不竭,圣人也。人无法则伥伥然,有法而无志[85]其义则渠渠[86]然,依乎法而又深其类[87]然后温温[88]然。

礼者，所以正身也；师者，所以正礼也。无礼，何以正身？无师，吾安知礼之为是也？礼然而然，则是情安礼也；师云而云，则是知若师也。情安礼，知若师，则是圣人也。故非[89]礼，是无法也；非师，是无师也。不是师法，而好自用，譬之是犹以盲辨色，以聋辨声也，舍乱妄[90]无为也。故学也者，礼法也；夫师以身为正仪[91]，而贵自安者也。诗云："不识不知，顺帝之则[92]。"此之谓也。

端悫顺弟[93]，则可谓善少者矣；加好学逊敏焉，则有钧[94]无上，可以为君子者矣。偷儒惮事，无廉耻而嗜乎饮食，则可谓恶少者矣；加惕[95]悍而不顺，险贼而不弟焉，则可谓不详[96]少者矣，虽陷刑戮可也。

老老[97]，而壮者归焉；不穷穷[98]，而通者积焉；行乎冥冥[99]而施乎无报，而贤、不肖一焉：人有此三行，虽有大过[100]，天其不遂[101]乎。

君子之求利也略[102]，其远害也早，其避辱也惧，其行道理也勇。

君子贫穷而志广，富贵而体恭，安燕[103]而血气不惰，劳勧而容貌不枯，怒不过夺[104]，喜不过予[105]。君子贫穷而志广，隆[106]仁也；富贵而体恭，杀势[107]也；安燕而血气不惰，柬[108]理也；劳勧而容貌不枯，好交[109]也；怒不过夺，喜不过予，是法胜私也。书曰："无有作好[110]，遵王之道；无有作恶[111]，遵王之路。"此言君子之能以公义胜私欲也。

〔**注释**〕 ① 修然：认真整饬的样子。 ② 愀(qiǎo)然：灾害在身的样子。 ③ 介然：坚固的样子。 ④ 菑(zī)然：被玷污的样子。菑，同"缁"，黑色。 ⑤ 非：指出缺点和错误。 ⑥ 致：极，极其。 ⑦ 笑：嘲笑，讥笑。 ⑧ 噏噏呰呰：噏噏，相附和；呰呰，相诋毁。 ⑨ 孔：很，大。 ⑩ 臧：善，好。 ⑪ 具：同"俱"。 ⑫ 扁：通"遍"，普遍。 ⑬ 度：法则。 ⑭ 彭祖：名铿，传说中尧时长寿的人。 ⑮ 强：原作"名"。 ⑯ 时通：处于显达。 ⑰ 处穷：处于穷困。 ⑱ 信：诚，的确。 ⑲ 勃：同"悖"，谬误。 ⑳ 提：弛缓。 ㉑ 僈：同"慢"，驰慢。 ㉒ 夷固僻违：倨傲邪僻。夷，倨傲；固，固执丑陋；僻违，邪僻不正。 ㉓ 庸众：

庸俗粗野。 ㉔ 卒度：完全符合法则。 ㉕ 获：得时，得当。 ㉖ 先：引导，倡导。 ㉗ 是是：以是为是。是，肯定。 ㉘ 易言：语言轻率，不诚实。 ㉙ 趣：同“取”。 ㉚ 闲：熟习。 ㉛ 偍(tí)：迟缓。 ㉜ 秏(mào)：通“眊”，昏乱。 ㉝ 渐深：深沉。渐，通“潜”。 ㉞ 道顺：依顺，不越轨。 ㉟ 齐给便利：齐、给、便、利，都是敏捷轻快的意思。 ㊱ 卑湿：意志卑下。 ㊲ 重迟：行动迟钝。 ㊳ 抗：激发。 ㊴ 驽散：驽钝散漫。 ㊵ 劫：约束。 ㊶ 僄(piào)弃：轻浮自弃。 ㊷ 炤：同“昭”。使……明白。 ㊸ 愚款：单纯朴实。 ㊹ 端悫：正直诚实。 ㊺ 径：快捷迅速。 ㊻ 一好：专精不二。 ㊼ 修：美好。 ㊽ 道义重：即“重道义”。 ㊾ 通：显达。 ㊿ 折(shé)阅：亏本。折，阅，卖。 (51) 市：买卖。 (52) 术：通“述”，遵循。 (53) 横行：走遍。 (54) 详：明察事理。 (55) 埶：同“势”，势利。 (56) 顺墨：顺，阿谀顺从；墨，营私贪污。 (57) 偷儒：苟且偷懒。 儒，通“懦”，指怕事。 (58) 转脱：取巧逃避。 (59) 佞：口才伶俐。 (60) 兑(ruì)：通“锐”，行动敏捷。 (61) 程役：通“逞欲”。 (62) 录：检束，检点。 (63) 供：通“恭”，恭顺。 (64) 冀：当为“翼”，谨敬。 (65) 渎淖：陷入泥坑。 (66) 击戾：抵触。 (67) 偶视：面对面相视。 (68) 然：因为。 (69) 比俗之人：普通人。 (70) 十驾：马行十日所行路程。 (71) 意：通“抑”，还是。 (72) 坚白：战国时名家公孙龙的一个辩论命题。 (73) 同异、有厚无厚：战国时名家惠施的论题，一说有厚无厚是春秋邓析的论题。 (74) 止：节制。 (75) 倚魁：通“奇傀”，奇怪。 (76) 学：学者。 (77) 迟：等待。 (78) 崇：通“终”。 (79) 厌(yā)：同“压”，堵塞。 (80) 县：同“悬”，差别。 (81) 迩：远。 (82) 多暇日：指懒惰而不做事。 (83) 体：道德践履。体，实行，践履。 (84) 齐明：无所不明。齐，全。 (85) 志：识，知。 (86) 渠渠：局促不安。 (87) 类：与法律相类似的律例。 (88) 温温：平和踏实的样子。 (89) 非：违背。 (90) 乱妄：胡作非为。 (91) 正仪：典范。 (92) 顺帝之责：符合自然的法则。 (93) 弟(tì)：同“悌”，顺从兄长。 (94) 钧：通“均”，相等的人。 (95) 惕：同“荡”，放荡。 (96) 详：通“祥”，善。 (97) 老老：尊敬老人。 (98) 穷穷：轻辱穷困的人。 (99) 冥冥：不显要。意指行善不求人知。 (100) 过：祸。 (101) 遂：通“坠”，毁灭。 (102) 略：少。 (103) 安燕：安逸。燕，通“晏”，安。 (104) 过夺：过，过分；夺，处罚。 (105) 予：奖赏。 (106) 隆：重。 (107) 杀势：不盛气凌人。杀，减少。 (108) 柬：选择。 (109) 交：当作“文”，礼节。 (110) 作好：凭个人喜好办事。 (111) 作恶：凭个人憎恶办事。

（张 静）

〔**鉴赏**〕《荀子》的第一篇为《劝学》，第二篇便是《修身》。荀子在《劝学》篇中说：“古之学者为己，今之学者为人。”这是借古讽今，批评当时的学风不正。“为己”之学，旨在“美其身”（《劝学》），亦即修身，而后治国平天下。学习——修身，是《荀子》一书的开宗明义之句，也是先秦儒学的开宗明义之句。反映儒学宗师孔子思想的《论语》一书，第一篇为《学而》，第二篇才是《为政》。足见《荀子》与《论语》两书的编者在理解儒学精微上是相通的，也说明荀学与孔学是相通的。通过学习完善自己的道德，以德立身、以德立国，是先秦儒学大师们的孜孜追求。儒家思想的魅力正在于这种道德精神。它提出的精神走向就是人的世界。所以说，伦理道德思想是儒学理论体系的核心。《大学》所谓“身修而后家齐，家齐而后国治，国治而后天下平”，无疑是儒学大师们以德立国，实行伦理政治模式的纲领性总结。荀子的《修身》篇，正是这种时代思潮中承前启后的理论结晶。篇中着重论述了修身的道理和原则，强调学"礼"、"得师"、"一好"的修养方法，提倡道德的自我完善，提倡人生价值理想的追求，无疑是有一定的理论价值和现实意义的。

荀子有"治人"之论。"治人"者，道德高尚的治国之人之谓也。"治人"首要在"修身"，在个人的自我完善，在个人的灵魂关怀，道德毕竟是人的道德，道德建设的最终目标也只能是人的完善。荀子称之为"德操"，并要求"生乎由是，死乎由是"，一生坚持，这样就能成为"能定能应"的"成人"或"君子"(《劝学》)。荀子亦如孔、孟，是注意强调人的主体能动性的。修身过程也就是人的自觉意识觉醒的过程，修身的直接目标，是要造就"治人"。同孔、孟一样，他的着眼点始终在治国平天下，在政治。

孔子已提出"学习"二字，《论语》首句便曰"学而时习之，不亦说乎"。《荀子》开篇是《劝学》，云"学不可以已"。看来讲学习应该说是儒家首倡并世代发扬光大的一个重要传统。就在进入知识经济时代的今天，西方学者提出"学习化社会"(《学会生存》)的观念，也似可视作东方古老哲学智慧的现代转型。儒学的这一传统仍然是值得现代好好开发的思想资源。

"修身"的命题也源自孔子。《论语》的第一篇《学而》中就有"吾日三省吾身"的箴言。荀子说"君子博学而日参省乎己"(《劝学》)，显然脱胎于此。荀子又说"见不善，愀然，必以自省也"(《劝学》)，见到不良品行，务必要以忧虑恐惧的心情进行自我反省。这里说得明白不过，学习过程就是修身过程。近人梁启雄注云："荀子之意：以人性本恶，必以学正之。"(《荀子简释》)荀子强调"隆师而亲友"、"好善无厌"，即只有尊重老师，亲善友人，追求美德不满足，才可能取得事业的成功。学习的重要性，也跃然纸上。

说到修身的原则和方法，荀子有一句极精要的话："莫径由礼，莫要得师，莫神一好。"这是说，没有比礼更直接的途径，没有比得到好老师更重要的事情，没有比用心专一更有效的要领。荀子认为，这是调理神气、濡养心志、完成自我修养的必由途径和方法，即他所谓的"治气养心之术"。

荀子"隆礼"。"礼"在荀子思想中自有其特异的光彩，清人王先谦说得好："荀子论学政治，皆以礼为宗。"(《荀子集解序》)荀子之"隆礼"在《荀子》中的确是"一以贯之"。荀子说"礼者，养也"(《礼论》)，"礼"的含义是用来调节人的欲望、满足人的需要的，即所谓"养人之欲，给人以求"(同上)。"礼"的内容还有所谓

“别”，即“贵贱有等，长幼有差，贫富轻重皆有称”（同上），这实际是荀子勾勒的有等级差别的社会秩序。“礼”也就是一切言行和事物的最高准则。所以荀子强调“礼者，所以正身也”、“无礼何以正身”。荀子指引的修身之道就是始乎学礼，终乎遵礼，达到以正其身的境界。就学习的内容和程序而言，荀子也说是“始乎诵经，终乎读礼”（《劝学》），要落在一个“礼”字上。荀子将礼与修身、治国更是紧紧联系起来，说“人无礼则不生，事无礼则不成，国家无礼则不宁”，人没有礼就无法生存，做事没有礼就不能成功，国家没有礼就不得安宁。反之，有了礼，则“君子以修（身）百姓宁”，“国家既治四海平”（《成相》），君子以礼修身，可使百姓安宁，国家安定，四海莺歌燕舞庆升平。荀子所论之“礼”，是冶信念、法律、道德于一炉的综合体。以“礼”来“修身”或“正身”，用今天的话说，就是“君子”之类有身份的人应带头遵纪守法、以身作则，在道德上模范于社会。

荀子“隆师”。“师”之前冠“隆”，前无古人。在荀子心目中，“师”与“君”、“礼”并列而无愧。这大概与荀子毕其终身从事教育、著书立说、授徒传道有关。“有秀才”的荀子少年时，便“游学于齐”，后在稷下学宫中“三为祭酒”，学子们誉称其“最为老师”，晚年废居兰陵，仍著书授徒，直至“著数万言而卒”（《史记》本传）。作为战国时期一位伟大的教育家，荀子讲“礼有三本”时，说“君师者，治之本”（《礼论》），把教师与君主等同看待，足见其对教育的高度重视。荀子说：“礼者，所以正身也；师者，所以正礼也。无礼，何以正身；无师，吾安知礼之为是。”在荀子看来，“礼”是最高的社会规范，是纠正一个人思想行为的标准。而“礼”的观念和行为是通过教育形成的，是由教师传授的。荀子还不无感慨地说：“有师法者，人之大宝也；无师法者，人之大殃也。”（《儒效》）荀子把教育提高到安邦定国的高度，还说“国将兴，必贵师而重傅”，“国将衰，必贱师而轻傅”（《大略》）。教育的成败，关系到国家的前途和命运。

荀子之“莫神一好”，即其一贯强调的“虚壹而静”（《解蔽》）的治学修身态度和方法。就是说要排除一切杂念，专神致一地求取知识，“治气养心”。《劝学》中，荀子以蚯蚓、螃蟹作比，指出其结果有差距，就在一个“用心一”，一个“用心躁”。说明这是决定学习成败的关键。若用心专一、“锲而不舍”，成功就离你不远了。这也就是荀子所提倡的“并一而不二”的“成积”工夫（《儒效》）和“专于一”的“积微”精神（《大略》）。

荀子之谈“修身”，强调人要合于外在的礼义标准，又主张人们要通过学习，启发人的内心自觉，提高人的心灵素质，完善自身，成为“名配尧、禹”、“专广”（胸怀宽广)、"以公义胜私欲"(依据公共道义,去掉自己的私欲)的完善的人。荀子以"修身"为本的教育思想和以德立国的政治思想所闪现的理性光辉是可以惠泽后世的。

(明 森 俞荣根)

不 苟

《荀子》

君子行不贵①苟②难,说不贵苟察,名不贵苟传,唯其当之为贵。故怀负石而赴河,是行之难为者也,而申徒狄③能之;然而君子不贵者,非礼义之中也。山渊平,天地比④,齐、秦袭⑤,入乎耳,出乎口,鉤⑥有须,卵⑦有毛,是说之难持者也,而惠施、邓析能之;然而君子不贵者,非礼义之中也。盗跖吟口⑧,名声若日月,与舜、禹俱传而不息;然而君子不贵者,非礼义之中也。故曰:君子行不贵苟难,说不贵苟察,名不贵苟传,唯其当之为贵。诗曰:"物其有矣,唯其时矣。"此之谓也。

君子易知而难狎⑨,易惧而难胁,畏患而不避义死,欲利而不为所非,交亲而不比⑩,言辩而不辞⑪,荡荡乎,其有以殊于世也。

君子能亦好,不能亦好;小人能亦丑,不能亦丑。君子能则宽容易直以开道⑫人,不能则恭敬缚⑬绌⑭以畏⑮事人;小人能则倨傲僻违⑯以骄溢⑰人,不能则妬嫉怨诽以倾覆人。故曰:君子能则人荣学焉⑱,不能则人乐告之;小人能则人贱学焉,不能则人羞告之。是君子、小人之分也。

君子宽而不僈⑲,廉⑳而不刿㉑,辩而不争,察而不激,直立而不胜㉒,坚强而不暴,柔从而不流,恭敬谨慎而容:夫是之谓至文。诗曰:"温温恭人,惟德之基。"此之谓矣。

君子崇人之德,扬人之美,非谄谀也;正义㉓直指,举人之过,非毁疵也;言己之光美,拟于舜、禹,参㉔于天地,非夸诞也;与时屈伸,柔从若蒲苇,非慑怯也;刚强猛毅,靡所不信㉕,非骄暴也。以义变应,知当曲直㉖故也。诗曰:"左之左之,君子宜之;右之右之,君子有之。"此言君子能以义屈信变应故也。

君子，小人之反也。君子大心则敬天而道，小心则畏义而节；知则明通而类[27]，愚则端悫而法；见由[28]则恭而止，见闭[29]则敬而齐；喜则和而治，忧则静而理；通则文而明，穷则约而详。小人则不然，大心则慢而暴，小心则淫而倾[30]；知则攫盗[31]而渐[32]，愚则毒贼而乱；见由则兑[33]而倨，见闭则怨而险；喜则轻而翾[34]，忧则挫而慑；通则骄而偏，穷则弃而儑[35]。传曰："君子两[36]进，小人两废。"此之谓也。

君子治治[37]，非治乱也。曷谓邪？曰：礼义之谓治，非礼义之谓乱也。故君子者，治礼义者也，非治非礼义者也。然则国乱将弗治与？曰：国乱而治之者，非案[38]乱而治之之谓也，去乱而被[39]之以治。人污[40]而修[41]之者，非案污而修之之谓也，去污而易之以修。故去乱而非治乱也，去污而非修污也。治之为名，犹曰君子为治而不为乱，为修而不为污也。

君子絜[42]其身而同焉者合矣，善其言而类[43]焉者应矣。故马鸣而马应之，牛鸣而牛应之，非知也，其埶然也。故新浴者振其衣，新沐者弹其冠，人之情也。其谁能以己之潐潐[44]受人之掝掝[45]者哉？

君子养心莫善于诚，致诚则无它事矣，唯仁之为守，唯义之为行。诚心守仁则形，形则神，神则能化[46]矣；诚心行义则理，理则明，明则能变矣。变化代兴，谓之天德[47]。天不言而人推高焉，地不言而人推厚焉，四时不言而百姓期焉：夫此有常，以至其诚者也。君子至德，嘿[48]然而喻，未施而亲，不怒而威：夫此顺命，以慎其独[49]者也。善之为道者，不诚则不独，不独则不形，不形则虽作[50]于心，见于色，出于言，民犹若[51]未从也，虽从必疑。天地为大矣，不诚则不能化万物；圣人为知矣，不诚则不能化万民；父子为亲矣，不诚则疏；君上为尊矣，不诚则卑。夫诚者，君子之所守也，而政事之本也。唯所居以其类至[52]，操[53]之则得之，舍之则失之。操而得之则轻[54]，轻则独行，独行而不舍则济[55]矣。济而材尽，长迁而不反[56]其初[57]，则化矣。

君子位尊而志恭，心小而道大，所听视者近，而所闻见者远。是何邪？则操术[58]然也。故千人万人之情，一人之情是也[59]；天地始者，今日是也；百王[60]之道，后王[61]是也。君子审后王之道，而论于百王之前，若端拜[62]而议。推[63]礼义之统，分是非之分[64]，总天下之要，治海内之众，若使一人。故操弥约[65]而事弥大。五寸之矩，尽天下之方也。故君子不下室堂[66]而海内之情举积[67]此者，则操术然也。

有通士者，有公士者，有直士者，有悫[68]士者，有小人者。上则能尊君，下则能爱民，物至而应，事起而辨[69]，若是则可谓通士矣。不下比[70]以闇上，不上同[71]以疾下，分争于中，不以私害之，若是则可谓公士矣。身之所长，上虽不知，不以悖[72]君；身之所短，上虽不知，不以取赏；长短不饰[73]，以情[74]自竭[75]，若是则可谓直士矣。庸言必信之，庸行必慎之，畏法[76]流俗，而不敢以其所独甚[77]，若是则可谓悫士矣。言无常信，行无常贞，唯利所在，无所不倾，若是则可谓小人矣。

公生明，偏生闇，端悫生通，诈伪生塞，诚信生神，夸诞生惑：此六生者，君子慎之，而禹、桀所以分[78]也。

欲恶取舍之权[79]：见其可欲[80]也，则必前后[81]虑其可恶也者；见其可利也，则必前后虑其可害也者；而兼权之，孰[82]计之，然后定其欲恶取舍，如是则常不失陷矣。凡人之患，偏[83]伤之也。见其可欲也，则不虑其可恶也者；见其可利也，则不顾其可害也者，是以动则必陷[84]，为则必辱，是偏伤之患也。

人之所恶者，吾亦恶之。夫富贵者则类[85]傲之；夫贫贱者则求[86]柔[87]之：是非仁人之情也，是奸人将以盗名于晻世[88]者也，险莫大焉。故曰：盗名不如盗货。田仲[89]、史鰌[90]不如盗也。

〔**注释**〕 ① 贵：以……为贵。 ② 苟：不合理。 ③ 申徒狄：殷商末年人，因恨道不行而抱石跳河自杀。 ④ 比：相等。 ⑤ 袭：连接。 ⑥ 鉤：疑为“姁”。姁，同“妪”，妇女。 ⑦ 卵：鸡蛋。 ⑧ 吟口：称说于众人之口。 ⑨ 狎：不合乎礼义的亲近。 ⑩ 比：勾结。 ⑪ 辞：玩弄辞藻而强词夺理。 ⑫ 道：同“导”。 ⑬ 缚(zǔn)：通“撙”，谦诚。 ⑭ 绌(chù)：退让。 ⑮ 畏：敬。 ⑯ 僻违：邪僻不正。 ⑰ 溢：欺凌。 ⑱ 荣学焉：以向他学习为荣。荣，以……为荣；焉，指示代词。 ⑲ 僈：同“慢”，懈慢。 ⑳ 廉：有棱角。 ㉑ 刿：侵害别人。 ㉒ 胜：盛气凌人。 ㉓ 义：通“议”，评论。 ㉔ 参：比，并列。 ㉕ 信(shēn)：通“伸”，挺直，不屈。 ㉖ 当曲直：意为曲直得当。 ㉗ 类：触类旁通。 ㉘ 见由：被任用。见，被；由，任用。 ㉙ 见闭：不被重用。 ㉚ 倾：倾轧。 ㉛ 攫(jué)盗：巧取豪夺。攫，强夺。 ㉜ 渐：欺诈。 ㉝ 兑：通“悦”，得意忘形。 ㉞ 翾(xuān)：轻佻。 ㉟ 傒(xī)：志趣卑下。 ㊱ 两：即指“大心小心”、“智愚”两种情况。 ㊲ 治治：整治有秩序的国家。 ㊳ 案：通“按”，按照。 ㊴ 被：加上。 ㊵ 污：品行肮脏。 ㊶ 修：修饰。 ㊷ 絜：同“洁”，修整。 ㊸ 类：观点相同。 ㊹ 潐(jiāo)潐：明亮洁白的样子。 ㊺ 掝掝(huò)：浑浊肮脏的样子。 ㊻ 化：感化，指使不善为善。 ㊼ 天德：合乎自然规律的德行。 ㊽ 嘿：同“默”，不说话。 ㊾ 独：一丝不苟。 ㊿ 作：产生。 (51) 若：仍然。 (52) 唯所居以其类至：指天地诚则能化万物，圣人诚则能化万民，父子诚则亲，君上诚则尊。所居，所止。 (53) 操：追求，把握。 (54) 轻：不费劲。 (55) 济：成功。 (56) 反：同“返”。 (57) 初：指先天的恶性。 (58) 操术：掌握的方法。 (59) 一人之情是也：意为与一人之情同样。 (60) 百王：指古代许多帝王。 (61) 后王：指当代的君王。 (62) 端拜：正坐拱手，从容不迫。 (63) 推：推究。 (64) 分：界限。 (65) 约：少。 (66) 不下室堂：足不出户。 (67) 举积：举，全部；积，聚集。 (68) 悫：诚厚。 (69) 辨：通“办”，治理。 (70) 下比：向下勾结。 (71) 上同：迎合上面。 (72) 悖：怨。 (73) 饰：掩盖，伪装。 (74) 情：实情。 (75) 竭：不保留。 (76) 畏法：不敢效法。 (77) 甚：当作“是”。 (78) 分：不同。 (79) 权：衡量的标准。 (80) 可欲：想得到的东西。 (81) 前后：瞻前顾后。 (82) 孰：同“熟”，仔细。 (83) 偏：片面。 (84) 陷：犯错误。 (85) 类：皆，都。 (86) 求：尽，都。 (87) 柔：屈就。 (88) 晻世：乱世。晻，同“暗”。 (89) 田仲：战国时齐国人。其兄在齐国做官，他认为兄之禄为不义禄，便离兄独居，不食兄禄。孟轲吹捧其为齐国的“廉士”。 (90) 史鰌：即史鱼，春秋时卫国大夫，曾屡次规谏卫灵公。孔子曾说过“直哉史鱼”，荀子则认为他欺世盗名，骗取政治资本。

（张　静）

〔**鉴赏**〕 儒家思想有所谓“君子”人格。其理想情操充分展示了个体人格的价值和美，对启发人的自我意识的觉醒有重要意义。一个崇高世界的出现，首先得造就一批崇高的人。这正是儒家学说生命精神之所在。《论语》中言及“君子”者多达107次之多，不失为孔子人格理想的一道光环。以孔学正统传人自居的荀子，其著述中随处可触“君子”跳动的脉搏。荀子之《劝学》、《修身》、《不苟》、《荣辱》等等，皆着力在讴歌和塑造“君子”的理想人格。本篇从多层面阐述了“君子小人之分”，表达了荀子对人生的看法。同时，荀子还强调了“善于诚”、“慎其独”对于人生修养的意义。

“不苟”，意谓恰当合理。苟，苟且、不合理。全篇文字以鲜明的对比，颂扬

"君子"的种种可贵品格,揭露和批判了"小人"的种种不良行径。就在这鲜明的一褒一贬之中,荀子充分表达了自己的理想道德标准。

荀子要求"君子"持守"行不贵苟难,说不贵苟察,名不贵苟传,唯其当之为贵"的处世原则。意为君子在行为上不以能做不合理的难事为贵,学说不以追求不合理的精明为贵,名声不以能获得不合理的流传为贵,只有恰如其分才是可贵的。"唯其当"的"当",即"度"也,指符合礼义,或曰度于"礼义之中",无过也无不及。在荀子看来,"申徒狄"(相传殷商末年人)是个"行之难为者",见自己的主张不得实行便愤而投河自杀("怀负石而赴河");惠施、邓析之类的名辩家是"说之难持者",尽搞些"山渊平"、"卵有毛"之类的毫无实际意义的命题来争辩;盗跖即使"名声若日月",与"舜、禹俱传而不息",亦不足"贵",因为他们之"行"、之"说"、之"名"均"非礼义之中"。这样,荀子在《不苟》篇一开始,便为"君子"设定一个标准:其"行"、"说"、"名"必须符合礼义,得"礼义之中"。

荀子心目中的君子,"荡荡乎,其有以殊于世也",胸怀宽广,有着不同于世俗之处;"能亦好,不能亦好",处处与人为善;"夫是之谓至文",德行完备,尽善尽美,"温温恭人,惟德之基",如此宽厚柔顺的好人,这是道德的基础;"以义屈信(伸)变应故也",能依理而行,通权达变,当曲则曲,当直则直;"为治而不为乱,为修而不为污也",致力于安定,不致力于混乱,不做肮脏的事;"养心莫善于诚",从事内心修养的方法就是真诚;并"慎其独",即使独处也能谨慎真诚;"故操弥约,而事弥大",采用的方法十分简约,成就的事业非常伟大;"上则能尊君,下则能爱民",对上能尊敬君长,对下能爱护民众;公正导致明智,偏私导致昏昧,端正诚实导致通达,狡诈虚伪导致阻塞,真诚守信导致尽善尽洽,虚夸不实导致迷惑混乱,"此六生者,君子慎之",慎重对待这六个方面;"欲恶取舍之权",对喜爱和厌恶的东西,有正确的取舍标准。

荀子讲了"君子"的一系列行为准则。他力倡学做君子,又反对沽名钓誉。"盗名不若盗货",盗取美名的人,比盗取财货的人更等而下之。荀子要人们学做真正的有道德学问的君子,同时切齿痛恨那种"盗名于世者",欺世盗名的伪君子。

篇中还有一些句子,值得细细咀嚼一番。"孟子道性善"(《孟子·滕文公上》),荀子主张"人之性恶"(《性恶》),荀子是批评孟子的"性善论"的。表面上看,孟、荀在人性论上是对立的,实际上还是相通的。孟子搞"性善"论,认为人的"善端"可以通过保存、积累、发扬光大,从而成就为"圣人"。荀子认为,"善"是后天习得的。他叫作“化性起伪”。“伪”即人为，人的主观努力。人们通过“化性起伪”，亦可以成为“圣人”。从这个意义上说，荀子的“化性起伪”论，就是人性可以改造论。可见，在心性修养方面，荀子汲取了孟子心莫善于诚的思想，认为“唯仁之为守，唯义之为行”，诚能守仁守义而指导人之践履。荀子认为“心莫善于诚”，应以正心诚意加强主观道德修养，注重内在的工夫。守善扬善也好，“化性起伪”也好，都是说，人们应以“至诚”的态度来改造主观世界。世上并无天生的“君子”或“圣人”，“君子”人性是不断修身养性的结果，人们都得注重主观世界的改造。就此而言，孟、荀的有些警句是有恒常的启示意义的。

荀子颇为讲究心之操术，强调心(思维)的能动作用，心“虚壹而静”使认识升华到极高的层次，物来顺应，无不鉴照。荀子认为“心小而道大”，即“五寸之矩，尽天下之方也”，君子心存天下，以心为规矩，可以度量天下事，且不下室堂便可对天下事明察无误，“则操术然也”，这就是操术。显然，荀子旨在充分发挥心之理性的能动作用。

在本篇中，荀子将“君子”与“小人”作了种种对比加以区分。那么，究竟什么是“小人”？荀子勾勒了他们的典型嘴脸。他以十分犀利的笔墨指出，“小人”是那些“言无常信，行无常贞，唯利所在，无所不倾”的势利之徒。短短十六个字，点出了“小人”的本质特征。历代斥责小人的文字很多，但基本上是对此十六个字的丰富和发挥，少见出其右者。

综观《不苟》全篇关于成就“君子”人格的议论，当以“诚”和“慎独”二者最有新意，也最具高度和深度。“诚”，指笃实不欺，既不欺人，亦不自欺。“慎独”，即诚实地专一于仁义。荀子说：“不诚则不独。”可见，“慎独”是“诚”在修性方面的一种极致的境界，归总起来还是一个“诚”字。本篇中说：“不诚则不能化万物”，“不诚则不能化万民”。这与《中庸》的“唯天下至诚……则可以赞天地之化育”是一致的。荀子又说：“夫诚者，君子之所守也，而政事之本也。”进一步彰显了儒家以诚养德，以德治身立身、以德治国立国的伦理道德政治路线。

本篇所谓“君子”，也就是《劝学》篇中的“成人”，《儒效》篇中的“雅儒”、“大儒”，与《礼记·学记》篇说的“大成”，都是指那种德才兼备的人，是荀子理想人格的化身。荀子立于时代的前沿呼唤“君子”，呼唤治国平天下的贤才，处于世纪之交的伟大时代必定需要“巨人”，也能产生“巨人”。历史会作出很好的证明。

(俞荣根　明　森)

荣　辱 《荀子》

憍泄[①]者，人之殃也；恭俭者，偋[②]五兵也，虽有戈矛之刺，不如恭俭之利也。故与人善言，暖于布帛；伤人以言，深于矛戟。故薄薄[③]之地，不得履之，非地不安也，危足[④]无所履者，凡在言也。巨涂[⑤]则让[⑥]，小涂则殆，虽欲不谨，若云不使[⑦]。

快快而亡者，怒也；察察而残者，忮[⑧]也；博而穷者，訾[⑨]也；清之而俞[⑩]浊者，口也；豢[⑪]之而俞瘠者，交[⑫]也；辩而不说[⑬]者，争也；直立[⑭]而不见知者，胜也；廉而不见贵者，刿[⑮]也；勇而不见惮者，贪也；信而不见敬者，好刬行[⑯]也。此小人之所务，而君子之所不为也。

斗者，忘其身者也，忘其亲者也，忘其君者也。行其少顷之怒，而丧终身之躯，然且为之，是忘其身也；室家立残，亲戚不免乎刑戮，然且为之，是忘其亲也；君上之所恶也，刑法之所大禁也，然且为之，是忘其君也。忧[⑰]忘其身，内忘其亲，上忘其君，是刑法之所不舍[⑱]也，圣王之所不畜也。乳彘[⑲]触虎，乳狗不远游，不忘其亲也。人也，忧忘其身，内忘其亲，上忘其君，则是人也而曾狗彘之不若也。

凡斗者，必自以为是而以人为非也。己诚[⑳]是也，人诚非也，则是己君子而人小人也。以君子与小人相贼害也，忧以忘其身，内以忘其亲，上以忘其君，岂不过甚矣哉！是人也，所谓以狐父[㉑]之戈钃[㉒]牛矢[㉓]也。将以为智邪？则愚莫大焉。将以为利邪？则害莫大焉。将以为荣邪？则辱莫大焉。将以为安邪？则危莫大焉。人之有斗，何哉？我欲属[㉔]之狂惑疾病邪，则不可，圣王又诛之。我欲属之鸟鼠禽兽邪，则不可，其形体又人，而好恶多同。人之有斗，何哉？我甚丑之。

有狗彘之勇者，有贾盗之勇者，有小人之勇者，有士君子之勇者。争饮食，无廉耻，不知是非，不辟[㉕]死伤，不畏众强，恈恈[26]然唯利饮食之见[27]，是猗彘之勇也。为事、利，争货财，无辞让，果敢而振，猛贪而戾[28]，恈恈然唯利之见，是贾盗之勇也。轻死而暴，是小人之勇也。义之所在，不倾[29]于权，不顾其利，举国而与之不为改视[30]，重死、持义而不桡[31]，是士君子之勇也。

鯈[32]、鉢者，浮阳[33]之鱼也；胠[34]于沙而思水，则无逮[35]矣。挂[36]于患而欲谨，则无益矣。自知者不怨人，知命者不怨天；怨人者穷，怨天者无志[37]。失之己，反[38]之人，岂不迂乎哉！

荣辱之大分、安危利害之常体[39]：先义而后利者荣，先利而后义者辱；荣者常通，辱者常穷；通者常制人，穷者常制于人，是荣辱之大分也。材悫[40]者常安利，荡悍[41]者常危害；安利者常乐易，危害者常忧险；乐易者常寿长，忧险者常夭折[42]，是安危利害之常体也。

夫天生蒸民[43]，有所以取之。志意致修，德行致厚，智虑致明，是天子之所以取天下也。政令法[44]，举措时，听断[45]公，上则能顺天子之命，下则能保百姓，是诸侯之所以取国家也。志行修，临官[46]治，上则能顺上，下则能保其职，是士大夫之所以取田邑[47]也。循法则、度量、刑辟[48]、图籍，不知其义，谨守其数[49]，慎不敢损益也，父子相传，以持王公，是故三代虽亡，治法犹存，是官人百吏之所以取禄秩也。孝弟[50]原[51]悫，軥录[52]疾力[53]，以敦比[54]其事业，而不敢怠傲，是庶人之所以取暖衣饱食、长生久视[55]以免于刑戮也。饰邪说，文奸言，为倚事[56]，陶诞[57]突盗[58]，惕[59]悍憍[60]暴，以偷生反侧[61]于乱世之间，是奸人之所以取危辱死刑也。其虑之不深，其择之不谨，其定取舍楛僈[62]，是其所以危也。

材性知[63]能，君子、小人一也。好荣恶辱，好利恶害，是君子、小人之所同也，若其所以求之之道则异矣。小人也者，疾为诞[64]而欲人之信己也，疾为诈而欲人之亲己也，禽兽之行而欲人之善己也。虑之难知也，行之难安[65]也，持之难立也，成则必不得其所好，必遇其所恶焉。故君子者，信矣，而亦欲人之信己也；忠矣，而亦欲人之亲己也；修正治辨[66]矣，而亦欲人之善己也。虑之易知也，行之易安也，持之易立也，成则必得其所好，必不遇其所恶焉，是故穷则不隐，通则大明，身死而名弥白。小人莫不延颈举踵而愿[67]曰："知虑材性，固有以贤[68]人矣！"夫不知其与己无以异也，则君子注错[69]之当，而小人注错之过也。故熟察小人之知[70]能，足以知其有余可以为君子之所为也。譬之越人安越，楚人安楚，君子安雅[71]，是非知能材性然也，是注错习俗之节异也。

仁义德行，常安之术也，然而未必不危也；污僈[72]突盗，常危之术也，然而未必不安也。故君子道其常，而小人道其怪。

凡人有所一同：饥而欲食，寒而欲暖，劳而欲息，好利而恶害，是人之所生而有也，是无待[73]而然者也，是禹、桀之所同也；目辨白黑美恶，耳辨音声清浊，口辨酸咸甘苦，鼻辨芬芳腥臊，骨体肤理辨寒暑疾养[74]，是又人之所常生而有也，是无待而然者也，是禹、桀之所同也。可以为尧、禹，可以为桀、跖，可以为工匠，可以为农贾，在埶[75]注错习俗之所积耳，是又人之所生而有也，是无待而然者也，是禹、桀之所同也。为尧、禹则常安荣，为桀、跖则常危辱；为尧、禹则常愉佚，为工匠、农贾则常烦劳。然而人力为此而寡为彼，何也？曰：陋也。尧、禹者，非生而具者也，夫起于变故[76]，成乎修修[77]之为[78]，待尽而后备者也。人之生固小人，无师、无法，则唯利之见耳。人之生固小人，又以遇乱世、得乱俗，是以小重小也，以乱得乱也。君子非得埶以临之，则无由得开内[79]焉。今是人之口腹，安知礼义？安知辞让？安知廉耻、隅积[80]？亦呥呥[81]而噍[82]，乡乡[83]而饱已矣。人无师、无法，则其心正其口腹也。今使人生而未尝睹刍豢[84]稻粱也，惟菽[85]藿[86]糟糠之为睹，则以至足为在此也，俄而粲然[87]有秉刍豢稻粱而至者，则瞲然[88]视之曰："此何怪也！"彼臭[89]之而无嗛[90]于鼻，尝之而甘于口，食之而安于体，则莫不弃此而取彼矣。今以夫先王之道，仁义之统，以相群居，以相持养，以相藩饰，以相安固耶？以夫桀、跖之道，是其为相[91]县[92]也，几直[93]夫刍豢稻粱之县糟糠尔哉！然而人力为此而寡为彼，何也？曰：陋也。陋也者，天下之公患也，人之大殃大害也。故曰：仁者好告示人。告之示之，靡[94]之儇[95]之，鈆[96]之重之，则夫塞者俄且通也，陋者俄且僩[97]也，愚者俄且知也。是若不行，则汤、武在上曷益？桀、纣在上曷损？汤、武存，则天下从而治；桀、纣存，则天下从而乱。如是者，岂非人之情固可与如此可与如彼也哉？

人之情，食欲有刍豢，衣欲有文绣，行欲有舆马，又欲夫余财蓄积之富也，然而穷年累世不知不足[98]，是人之情也。今人之生也，方知畜鸡狗猪彘，又畜牛羊，然而食不敢有酒肉；余刀布[99]，有囷[100]窌[101]，然而衣不敢有丝帛；约者[102]有筐箧之藏[103]，然而行不敢有舆马。是何也？非不欲也，几不[104]长虑顾后而恐无以继之故也。于是又节用御欲、收敛蓄藏以继之也，是于己长虑顾后，几不甚善矣哉！今夫偷生浅知之属，曾此而不知也，粮食大侈[105]，不顾其后，俄则屈[106]安穷矣，是其所以不免于冻饿，操瓢囊为沟壑中瘠者[107]也，况夫先王之道，仁义之统，诗、书、礼、乐之分乎！彼固天下之大虑也，将为天下生民之属长虑顾后而保万世也，其汗[108]长矣，其温[109]厚矣，其功盛姚[110]远矣，非顺孰[111]修为之君子，莫之能知也。故曰：短绠不可以汲深井之泉，知不几[112]者不可与及圣人之言。夫诗、书、礼、乐之分，固非庸人之所知也。故曰：一之而可再也，有之而可久也，广之而可通也，虑之而可安也，反鈆察之而俞[113]可好也，以治情则利，以为名则荣，以群则和，以独则足乐，意者[114]其是邪？

夫贵为天子，富有天下，是人情之所同欲也，然则从人之欲，则埶不能容，物不能赡⑮也。故先王案为之制礼义以分之，使有贵贱之等，长幼之差，知愚、能不能之分，皆使人载其事而各得其宜，然后使悫禄⑯多。

故仁人在上，则农以力尽田，贾以察尽财，百工以巧尽械器，士大夫以上至于公侯莫不以仁厚知能尽官职，夫是之谓至平⑰。故或禄天下⑱而不自以为多，或监门⑲、御旅⑳、抱关㉑、击柝㉒，而不自以为寡。故曰："斩㉓而齐，枉而顺，不同而一。"夫是之谓人伦。诗曰："受小共大共㉔，为下国㉕骏蒙㉖。"此之谓也。

〔注释〕 ① 憍泄：憍，同"骄"，自高自大；泄，同"媟"，傲慢。 ② 偋：通"屏"，排除。 ③ 薄薄：形容广大无边的样子。 ④ 危足：踮起脚跟。危，高，使……高。 ⑤ 巨涂：大路。涂，通"途"。 ⑥ 让：通"攘"，拥挤。 ⑦ 若云不使：好像有什么迫使其非谨慎不可。 ⑧ 忮：嫉恨。 ⑨ 訾：毁谤。 ⑩ 俞：通"愈"，更加。 ⑪ 豢：喂养。 ⑫ 交：指交友不当。 ⑬ 不说：不被称道。说，同"悦"。 ⑭ 直立：立身正直。 ⑮ 刭：伤害。 ⑯ 钊行：独断专行。钊，同"专"。 ⑰ 忧：一说当作"下"。 ⑱ 舍：放过。 ⑲ 乳彘(zhì)：哺乳的母猪。彘，猪。 ⑳ 诚：果真。 ㉑ 狐父：古代地名，以出产优质的戈著名。 ㉒ 镯(zhú)：砍。 ㉓ 矢：屎。 ㉔ 属：归于。 ㉕ 辟：通"避"。 ㉖ 恈恈：非常想要的样子。 ㉗ 唯利饮食之见：只看到饮食。 ㉘ 戾：残暴。 ㉙ 倾：屈服。 ㉚ 改视：改变观点。 ㉛ 桡：同"挠"，屈从。 ㉜ 鯈(chóu)：白鲦，鱼名。 ㉝ 浮阳：浮载水面上晒太阳。 ㉞ 胠：通"阹"，遮拦。 ㉟ 无逮：来不及。 ㊱ 挂：牵绊，阻碍。 ㊲ 志：识。 ㊳ 反：归罪，责求。 ㊴ 常体：通常的情形。 ㊵ 悫：谨慎。 ㊶ 荡悍：放荡凶悍。 ㊷ 夭折：短命。 ㊸ 蒸民：万民。 ㊹ 法：合于法度。 ㊺ 听断：处理政事。 ㊻ 临官：做官。 ㊼ 田邑：封地。 ㊽ 刑辟：刑法。 ㊾ 数：条文。 ㊿ 弟：同"悌"，尊敬兄长。 (51) 原：诚实。 (52) 狗录：通"劬碌"，勤劳。 (53) 疾力：努力。 (54) 敦比：治理。比，通"庀"，治。 (55) 久视：长寿。 (56) 倚事：怪异之事。 (57) 陶诞：欺诈荒诞。陶，通"谄"，传播流言蜚语；诞，欺骗，说谎。 (58) 突盗：凶狠倔强。 (59) 惕：同"荡"。 (60) 憍：骄横。 (61) 反侧：不循正道。 (62) 楛僈：楛，粗劣，此指用心粗疏草率；僈，同"慢"，怠慢。 (63) 知：同"智"。 (64) 疾为诞：肆意妄言。疾，竭力。 (65) 安：妥善。 (66) 辨：治理。 (67) 愿：羡慕，向往。 (68) 贤：胜过。 (69) 注错：措置，安排处理。错，通"措"，置。 (70) 知：通"智"。 (71) 雅：正，正道。 (72) 污僈：污秽卑鄙。僈，通"慢"，污。 (73) 待：依靠。 (74) 疾养：痛痒。养，同"痒"。 (75) 埶：同"势"，客观形式。 (76) 变故：改变本性。 (77) 修修：悠悠，指身心修养的状态。 (78) 为：修养的行为。 (79) 内：同"纳"，指接受教导。 (80) 隅积：部分和整体，指局部的小道理和综合的大道理。 (81) 呥呥：咀嚼的样子。 (82) 噍：咀嚼。 (83) 乡乡：饱食甜美的样子。 (84) 刍豢(chú huàn)：供食用的家禽，泛指肉类食物。 (85) 菽(shú)：豆。 (86) 藿：豆叶。 (87) 粲然：鲜美的样子。 (88) 瞲(xuè)然：惊奇的样子。

⑧⑨ 臭：同"嗅"，闻。 ⑨⓪ 嗛：不足。 ⑨① 相：辅助。 ⑨② 县：同"悬"，悬殊。 ⑨③ 几直：岂止。 ⑨④ 靡：顺从。 ⑨⑤ 儇(xuān)：积累。 ⑨⑥ 鈆(yán)：通"沿"，遵循。 ⑨⑦ 僩(xiàn)：见识广博。 ⑨⑧ 不知不足：当作"不知足"。 ⑨⑨ 刀布：钱币。 ⑩⓪ 囷(qūn)：圆形谷仓。 ⑩① 窌(jiào)：地窖。 ⑩② 约者：节约的人。 ⑩③ 筐箧之藏：指有钱财积蓄。 ⑩④ 几不：岂不。 ⑩⑤ 大侈：太浪费。 ⑩⑥ 屈：竭尽。 ⑩⑦ 瘠者：饿死的人。 ⑩⑧ 沶：同"流"。 ⑩⑨ 温：同"蕴"，蕴藏。 ⑪⓪ 姚：通"遥"。 ⑪① 孰：同"熟"，熟悉，精通。 ⑪② 几：明白。 ⑪③ 俞：通"愈"，更加。 ⑪④ 意者：表示不肯定，猜测。 ⑪⑤ 赡：满足。 ⑪⑥ 悫禄：通"毂禄"，俸禄。 ⑪⑦ 至平：极其公正有序。 ⑪⑧ 禄天下：受整个天下供奉，指为君主。 ⑪⑨ 监门：看守城门的小官。 ⑫⓪ 御旅：旅店的管事人。 ⑫① 抱关：看守城门的士兵。 ⑫② 击柝(tuò)：守夜打更的人。柝，打更用的木棒。 ⑫③ 斩：通"儳"，不齐。 ⑫④ 小共大共：小事之法度与大事之法度。共，法。 ⑫⑤ 下国：天子统治下的诸侯国。 ⑫⑥ 骏蒙：庇护。 （张　静）

〔鉴赏〕 "荣"与"辱"是对人们行为进行道德评价的一对伦理范畴。就其内容而言，"荣"是一个人履行一定义务后得到社会公认和赞扬，或是一个人产生的道德情感上的满足；"辱"则是人们行为受到社会舆论的谴责和厌恶而产生的羞耻心。"荣辱"实际上是反映善恶价值观的一种形式。

在中国思想史上，荀子是第一个系统地对"荣辱"这一道德问题展开理论论述的人。他从人们日常生活的实例出发，指出：行为不顾及后果而死亡，是由于光凭一时的激怒；为人十分精明，而受到残害，是由于嫉妒；知识渊博而处境窘迫，是由于诋毁别人；想要得到好名声，名声反而更坏，是由于言过其实，言行不一；想用酒肉结交朋友，反而感情更淡薄，是由于交友的方法不对；善于辩论但不能说服别人，是由于不相让；行为正直而得不到别人称赏，是由于好胜；行为端正而不能受到敬重，是由于伤害了别人的感情……凡此种种行为，是那些违背礼义、品德卑劣的人所常做，而具有道德和才能的人所不为的。原因就在于他们懂得什么是"荣"和什么是"辱"。

由此，荀子对"荣辱"下了一个界定："荣辱之大分，安危利害之常体。先义而后利者荣，先利而后义者辱；荣者常通，辱者常穷；通者常制人，穷者常制于人，是荣辱之大分也。"认为荣辱的根本区别，在于"先义"还是"先利"。行为之所以为"荣"，是在于"义"。"荣"使人经常顺利，没有阻碍，使人能制服别人。在《正论》中，荀子又进一步把荣辱区分为各有两种："义荣"、"势荣"和"义辱"、"势辱"。"志意修，德行厚，知虑明，是荣之由中出者也"，是"义荣"；"爵列尊，贡禄厚，形势胜，上为天子诸侯，下为卿相士大夫"，是"势荣"。反之，下贱邪恶，行为不检点，违反等级名分，是"义辱"；受人斥责，被杖笞刖膝以至弃市暴死，车裂身死，或沦为刑徒，是"势辱"。荀子认为，"君子可以有势辱而不可有义辱，小人可以有势荣而不可以有义荣。有势辱无害为尧,有势荣无害为桀。"(《正论》)尽管荀子没有否定"势荣",并认为"义荣"与"势荣"可以统一,但荀子推崇的是"义荣"而非"势荣",突出的是荣的道义性质,而不是它的功利价值,具有明显的道义论特点。在荀子看来,身虽贫贱而无爵禄,但只要有道德"义荣",终不失为君子。反之,虽有"势荣"而无"义荣",即使是君主,也只能算作小人。

正是基于这一认识,荀子明确地提出,人的尊卑荣辱不是命定的,而是后天努力、环境影响的结果,所谓"材性知能,君子、小人一也。好荣恶辱,好利恶害是君子小人之所同也"。但他们追求"荣""利"的道路就不同了,就像越国的人安居于越国,楚国的人安居于楚国,不是自然具有的本性和认识能力使他们这样,而是由于他们举止和风俗习惯不同所造成的。荀子肯定了尧禹不是生来就具备仁义品德的,他们开始于经历各种患难,成功于长期努力端正品行,最后才具备了各种美德。

所以,人们要想得到尊贵荣耀,就必须遵循先王之道。先王之道,是仁义之统纲,是贯穿于《诗》、《书》、《礼》、《乐》中的政治伦理之道。掌握了《诗》、《书》、《礼》、《乐》的根本原则,就可以使国家长久,使社会稳定。以《诗》、《书》、《礼》、《乐》的根本原则来陶冶性情,处理社会各等级之间的关系,就可以达到和谐一致,得到好处。同时也要重视师法教化,努力奋斗,"谨注错,慎习俗,大积靡",注意选择好生活环境和习俗,不断改造恶的天性,积累仁义道德,即可达到圣人的境界。

荀子关于荣辱问题的论述,反映了封建地主阶级力求用自己的道德规范去维护内部团结,巩固封建统治秩序的要求,有明显的阶级局限性。但是他重"义荣"而轻"势荣"的观点,与封建社会所实际奉行的功名利禄、门第势位为"荣誉"标志的风尚有别,具有合理的因素,成为以后进步思想家抨击腐败风俗的思想工具。

(杨　芳)

非 十 二 子

《荀子》

假①今之世,饰邪说,文②奸言,以枭乱③天下,矞宇④嵬琐⑤,使天下混然不知是非治乱之所存者有人矣。

纵情性,安恣睢⑥,禽兽行⑦,不足以合文⑧通治;然而其持之有故,其言之成理,足以欺惑愚众。是它嚣⑨、魏牟⑩也。

忍[11]情性，綦谿[12]利跂[13]，苟以分[14]异人为高[15]，不足以合大众，明大分[16]；然而其持之有故，其言之成理，足以欺惑愚众。是陈仲[17]、史鰌[18]也。

不知壹天下、建国家之权称[19]，上[20]功用、大[21]俭约而僈[22]差等，曾[23]不足以容辨异[24]、县[25]君臣；然而其持之有故，其言之成理，足以欺惑愚众。是墨翟[26]、宋钘[27]也。

尚法而无法，下修[28]而好作，上则取听于上，下则取从于俗[29]，终日言成文典，反紃[30]察之，则倜然[31]无所归宿，不可以经国定分；然而其持之有故，其言之成理，足以欺惑愚众。是慎到[32]、田骈[33]也。

不法先王，不是礼义，而好治怪说，玩琦辞[34]，甚察而不惠[35]，辩而无用[36]，多事而寡功，不可以为治纲纪；然而其持之有故，其言之成理，足以欺惑愚众。是惠施[37]、邓析[38]也。

略[39]法先王而不知其统[40]，犹然[41]而材剧[42]志大，闻见杂博。案往旧[43]造说[44]，谓之五行[45]，甚僻违[46]而无类[47]，幽隐[48]而无说，闭约而无解。案[49]饰其辞而祗敬之曰：此真先君子之言也。子思唱之，孟轲和之，世俗之沟犹瞀儒[50]嚾嚾[51]然不知其所非也，遂受而传之，以为仲尼、子游为兹厚于后世。是则子思[52]、孟轲[53]之罪也。

若夫总方略，齐言行，壹统类[54]，而群天下之英杰而告之以大古[55]，教之以至顺；奥窔[56]之间，簟席之上，敛然[57]圣王之文章具焉，佛然平世[58]之俗起焉；六说[59]者不能入也，十二子者不能亲[60]也；无置锥之地，而王公不能与之争名；在一大夫之位，则一君不能独畜[61]，一国不能独容[62]；成名[63]况[64]乎诸侯，莫不愿以为臣。是圣人之不得埶者也，仲尼[65]、子弓是也。

一天下，财[66]万物，长养人民，兼利天下，通达之属[67]，莫不从服，六说者立息，十二子者迁化[68]，则圣人之得埶者，舜、禹是也。

今夫仁人也，将何务哉？上则法舜、禹之制，下则法仲尼、子弓之义，以务息[69]十二子之说，如是则天下之害除，仁人之事毕[70]，圣王之迹著矣。

信信[71]，信也；疑疑[72]，亦信也。贵贤，仁也；贱不肖，亦仁也。言而当，知也；默而当，亦知也。故知默犹知言也。故多言而类，圣人也；少言而法[73]，君子也；多言无法而流湎[74]然，虽辩，小人也。故劳力而不当民务，谓之奸事；劳知而不律[75]先王，谓之奸心；辩说譬谕，齐给[76]便利，而不顺礼义，谓之奸说。此三奸者，圣王之所禁也。知[77]而险[78]，贼[79]而神[80]，为[81]诈而巧，言无用而辩，辩不惠[82]而察[83]，治之大殃也。行辟[84]而坚[85]，饰非而好[86]，玩奸而泽[87]，言辩而逆[88]，古之大禁也。知而无法[89]，勇而无惮，察辩而操[90]僻[91]，淫太[92]而用之，好奸而与[93]众，利足[94]而迷[95]，负石而坠，是天下之所弃也。

兼服天下之心：高上尊贵不以骄人，聪明圣智不以穷[96]人，齐给速通不争先人，刚毅勇敢不以伤人。不知则问，不能则学，虽能必让，然后为德。遇君则修臣下之义，遇乡[97]则修长幼之义，遇长则修子弟之义，遇友则修礼节辞让之义，遇贱而少者则修告导宽容之义。无不爱也，无不敬也，无与人争也，恢然如天地之苞[98]万物。如是则贤者贵之，不肖者亲之。如是而不服者，则可谓讠夭怪[99]狡猾之人矣，虽则子弟之中，刑及之而宜[100]。诗云："匪[101]上帝不时，殷不用旧。虽无老成人，尚有典刑[102]。曾[103]是莫听，大命[104]以倾。"此之谓也。

古之所谓士仕[105]者，厚敦者也，合群者也，乐富贵者也，乐分施[106]者也，远罪过者也，务[107]事理者也，羞独富者也。今之所谓士仕者，污漫[108]者也，贼乱者也，恣睢者也，贪利者也，触抵[109]者也，无礼义而唯权埶之嗜[110]者也。

古之所谓处士[111]者，德盛者也，能静[112]者也，修[113]正者也，知命者也，箸是[114]者也。今之所谓处士者，无能而云能者也，无知而云知者也，利心无足而佯[115]无欲者也，行伪[116]险秽而强高言[117]谨悫[118]者也，以不俗为俗，离纵[119]而跂訾[120]者也。

士君子之所能不能为[121]：君子能为可贵，不能使人必贵己；能为可信，不能使人必信己；能为可用，不能使人必用己。故君子耻不修[122]，不耻见污；耻不信，不耻不见信；耻不能，不耻不见用。是以不诱[123]于誉，不恐于诽[124]，率道而行，端然正己，不为物倾侧，夫是之谓诚君子。诗云："温温恭人，维德之基。"此之谓也。

士君子之容[125]：其冠进[126]，其衣逢[127]，其容良[128]；俨[129]然，壮[130]然，祺[131]然，蕼[132]然，恢恢然，广广[133]然，昭昭[134]然，荡荡[135]然，是父兄之容也。其冠进，其衣逢，其容悫；俭[136]然，恀[137]然，辅[138]然，端[139]然，訾[140]然，洞[141]然，缀缀[142]然，瞀瞀[143]然，是子弟之容也。

吾语汝学者之嵬容[144]：其冠絻[145]，其缨禁[146]缓[147]，其容简连[148]；填填[149]然，狄狄[150]然，莫莫[151]然，瞡瞡[152]然，瞿瞿[153]然，尽尽[154]然，盱盱[155]然。酒食声色之中则瞒瞒[156]然、瞑瞑[157]然，礼节之中则疾疾[158]然、訾訾[159]然，劳苦事业之中则儢儢[160]然、离离[161]然，偷[162]儒[163]而罔[164]，无廉耻而忍謑诟[165]。是学者之嵬也。

弟佗[166]其冠，衶禫[167]其辞，禹行而舜趋，是子张氏之贱儒也。正其衣冠，齐其颜色，嗛然[168]而终日不言，是子夏氏之贱儒也。偷儒惮事，无廉耻而耆[169]饮食，必曰君子固不用力，是子游氏之贱儒也。

彼君子则不然。佚而不惰，劳而不僈[170]，宗原[171]应变，曲得其宜，如是然后圣人也。

〔注释〕 ① 假：借。 ② 文：修饰。 ③ 枭乱：枭，通"淆"，扰乱。 ④ 矞(jué)宇：矞，同"谲"；宇，通"讦"。矞宇，诡诈。 ⑤ 嵬琐：嵬，通"傀"，古怪荒谬；琐，委琐。 ⑥ 恣睢(zì suī)：放荡乖张。 ⑦ 行：行为。 ⑧ 合文：符合礼节。文，礼节。 ⑨ 它嚣：人名，或说即环渊，战国时曾在齐国的稷下讲学。 ⑩ 魏牟：战国时魏国贵族，认为人的欲望是不能克制的，主张纵欲以顺乎自然。 ⑪ 忍：抑制。 ⑫ 綦谿(qí xī)：綦，极；谿，通"蹊"，幽僻小径，指深的意思。綦谿，过于深峭。 ⑬ 利跂：利，好；跂，同"歧"。利跂，离世独立，意为喜欢故意搞奇特的行为。 ⑭ 分：区分。 ⑮ 高：清高。 ⑯ 大分：封建的等级、名分的基本准则。 ⑰ 陈仲：又称田仲，战国时齐国人。其兄在齐国做官，他认为兄之禄为不义禄，便离兄独居，不食兄禄。孟轲吹捧其为齐国的"廉士"。 ⑱ 史䲡：即史鱼，春秋时卫国大夫，曾屡次规谏卫灵公。孔子曾说过"直哉史鱼"，荀子则认为他欺世盗名，骗取政治资本。 ⑲ 权称：治国的准则。称，即"秤"。 ⑳ 上：崇尚。 ㉑ 大：重视。 ㉒ 僈：轻视。 ㉓ 曾：而。 ㉔ 异：差别。 ㉕ 县：同"悬"，悬殊。 ㉖ 墨翟：春秋战国之际鲁国人，墨家学派创始人。主张兼爱、平等。 ㉗ 宋钘：战国时宋国人，主张禁欲。 ㉘ 下修：修，同"循"。下修，指不循常规的意思。 ㉙ 俗：人情习俗。 ㉚ 反紃：反复研究。紃，同"循"。 ㉛ 倜(tì)然：疏阔。 ㉜ 慎到：战国时赵国人，早期法家人物。 ㉝ 田骈：战国时齐国人，与慎到同一学派。 ㉞ 琦辞：奇异的辞令。琦，同"奇"。 ㉟ 惠：顺，顺理。 ㊱ 无用：缺乏实际功用。 ㊲ 惠施：战国时宋国人，名家学派代表。 ㊳ 邓析：春秋时郑国人，刑名学家。 ㊴ 略：粗略。 ㊵ 统：纲领。 ㊶ 犹然：不紧不忙的样子。 ㊷ 剧：繁多。 ㊸ 往旧：古代。 ㊹ 造说：自造其说。指赋予前古之事以新的含义。 ㊺ 五行：这里指儒家的仁、义、礼、智、信等道德概念。 ㊻ 僻违：乖僻违戾。 ㊼ 无类：不伦不类。 ㊽ 幽隐：神秘。 ㊾ 案：语气助词，于是。 ㊿ 沟犹瞀(mào)儒：愚昧无知的儒者。"犹"为衍文。瞀，愚昧无知。 (51) 嚾嚾(huān)：喧嚣的样子，指争辩。 (52) 子思：战国时鲁国人，儒家学派代表人物，孔子子鲤之子。 (53) 孟轲：孟子，战国时邹国人，儒家学派代表人物。 (54) 统类：纲纪。 (55) 大古：一作"大道"，最根本的准则。 (56) 奥窔：奥，屋的西南隅；窔，屋的东南隅。 (57) 敛然：聚集的样子。 (58) 平世：政治清明的时代。 (59) 六说：指本书所批判的它嚣等人之说。 (60) 亲：接近。 (61) 畜：占有。 (62) 容：容纳。 (63) 成名：盛名。成，通"盛"。 (64) 况：增益。 (65) 仲尼：即孔丘。 (66) 财：同"裁"，控制，治理。 (67) 通达之属：人们所能达到的地方。 (68) 迁化：转化。 (69) 息：灭息，消灭。 (70) 毕：完成。 (71) 信信：相信可信的学说。 (72) 疑疑：怀疑可疑的学说。 (73) 法：守法典。 (74) 流湎：沉湎。 (75) 律：效法。 (76) 齐给：齐，疾；给，急。 (77) 知：智谋。 (78) 险：阴险。 (79) 贼：心地坏。 (80) 神：诡秘。 (81) 为：通"伪"，虚伪。 (82) 惠：顺(理)。 (83) 察：严密。 (84) 辟：同"僻"，邪僻。 (85) 坚：顽固。 (86) 好：巧妙。 (87) 泽：圆滑。 (88) 逆：违反常理。 (89) 无法：不走正路，骋其异见。 (90) 操：操行。 (91) 僻：邪僻。 (92) 淫太：娇侈过分。太，通"汰"，过分。 (93) 与：同党。 (94) 利足：走捷径。 (95) 迷：迷失正道。 (96) 穷：使……穷，即"使……难堪"。 (97) 乡：乡党。 (98) 苞：同"包"，包容。 (99) 讹怪：讹，同"妖"。 (100) 宜：应当。 (101) 匪：通"非"，不是。 (102) 典刑：准则。刑，同"型"。 (103) 曾：乃。 (104) 大命：政权。 (105) 士仕：当为"仕士"，出仕之士。 (106) 分施：指君王按封建等级名分赐予恩惠。 (107) 务：追求。 (108) 污漫：行为污浊。 (109) 触抵：抵触，意为反对法治。 (110) 嗜：嗜好，一心追求。 (111) 处士：有才德而隐居无官职的人。 (112) 能静：安时处顺。 (113) 修：道德。 (114) 箸是：疑为"著定"，有定守，不流于世俗。 (115) 佯：伪装。 (116) 行伪：行为。 (117) 高言：说自己清高，自我吹嘘。 (118) 谨悫(què)：谨慎朴实。 (119) 离纵：离于俗而放纵。 (120) 跂訾(zī)：跂足违俗而恣其意志。跂，踮起脚；訾，通"趾"，脚尖着地。 (121) 能不能为：能做到的和不能做到的。 (122) 耻不修：以道德不好为耻。耻，以……为羞耻。 (123) 不诱：不被诱惑。 (124) 诽：毁谤。 (125) 容：仪表。 (126) 进：高。 (127) 逢：宽大。 (128) 良：温和平易。 (129) 俨：庄重。 (130) 壮：威严。 (131) 祺：安详。 (132) 蕼(sì)：舒缓，从容大方。 (133) 广广：豪放，器量大。 (134) 昭昭：光明磊落。 (135) 荡荡：坦诚开朗。 (136) 俭：谦逊。 (137) 修：

温顺。 ⑱ 辅：亲近。 ⑲ 端：端正。 ⑭ 訾：勤勉。 ⑭ 洞：恭敬。 ⑭ 缀缀：规规矩矩。 ⑭ 瞀瞀(mào)：垂目下视，表示尊重。 ⑭ 嵬容：怪异样子。 ⑭ 绕：通“俯”，低。⑭ 禁：同“襟”，腰带。 ⑭ 缓：松散。 ⑭ 简连：傲慢。 ⑭ 填填：自满自得。 ⑮ 狄狄：轻佻。 ⑮ 莫莫：静默不言。 ⑮ 瞡瞡(guī)：眯着眼看，藐视。 ⑮ 瞿瞿：左顾右盼，东张西望。 ⑮ 尽尽：消沉沮丧。 ⑮ 盱盱(xū)：睁大了眼睛瞪着看。 ⑮ 瞒瞒：沉湎，贪婪。瞒，通“侔”。 ⑮ 瞑瞑：惛瞀迷乱。 ⑮ 疾疾：慌张不安。 ⑮ 訾訾：憎恶。 ⑯ 傂傂：懒散。 ⑯ 离离：游手好闲。 ⑯ 偷：懒惰。 ⑯ 儒：通“懦”，懦弱。 ⑯ 罔：不怕人议论。⑯ 謑询：询，同“诟”，骂。謑询，辱骂。 ⑯ 弟(tuí)佗：颓唐。 ⑯ 神禫：即“冲淡”，淡薄无味。 ⑯ 嗛然：嘴里像含着东西的样子。 ⑯ 耆：通“嗜”，嗜好。 ⑰ 僈：弛慢。⑰ 宗原：遵守根本原则。宗，遵守；原，本，根本原则。 （张 静）

〔鉴赏〕 战国末期是中国学术史上的一个收获季节，各种带总结性的学术著作纷纷问世，《非十二子》就是其中最为系统的一篇。

《非十二子》以批评诸子异说，统一学术思想为宗旨。他认为当时有一些学者利用天下分裂的局面，把“邪说”加以伪装，把“奸言”加以粉饰，制造思想混乱，使天下人浑然不知是非、治乱的所在，因此，他撰作是文“齐言行”，以适应“一天下”的历史发展趋势。

荀子把他所要批评的十二子划分为六个派别：它嚣(时代不详)、魏牟(疑与庄子同时)；陈仲(一作田仲，春秋齐人)、史鰌(春秋卫人)；墨翟、宋钘；慎到、田骈；惠施、邓析；子思、孟轲。上述六派分属于儒家、墨家、道家、法家、黄老道家、名家等。

荀子批评它嚣、魏牟一派纵情任性，放荡不羁，行如禽兽，这种纵欲主张不合礼义法度；陈仲、史鰌一派抑性去情，傲然离世，标新立异，自命清高，这种禁欲遁世主张，难以“合大众，明大分”，实践忠孝之道；墨翟、宋钘一派不知统一天下、治理国家的道理，崇尚劳苦、非攻、节用、节葬，反对区分尊卑，否认等级差别，这种“兼爱”、“非攻”主张，不利于建立君主集权制度。因道家宋钘的“禁攻寝兵”、“情欲寡少”思想与墨家墨翟的“攻伐为害”、“节用”、“节葬”等主张十分类似，故荀子把这两家合为一派；慎到、田骈一派“尚法而无法”，没有执法的具体举措，使上下各行其是，文典虽多，但又反复解释，使人无所适从，这种“法制”主张，“不可以经国定分”，稳定社会秩序；惠施、邓析一派“不法先王，不事礼义”，好发怪说奇辞，这种名辩主张，不切实用，“多事而寡功，不可以为治纲纪”，无益于治理国家，整饬纲纪。

《非十二子》着重批评了当时学术影响最大的子思、孟子一派，认为他们虽然大致上能够取法先王的学说，但并不懂得先王学说的真谛，他们自造出仁义礼智信“五行”之说，乖僻而没有逻辑，隐晦而无法言说，神秘而不能理解，却自我标榜是得自孔子真传，迷惑了不少愚陋的儒者，以为他们是孔子、子弓的续传。子思、孟子一派不能把隆礼与重法、崇道结合起来，也不能起到“总方略，齐言行，壹统类，而群天下之英杰”的作用，但比子张氏之儒、子夏氏之儒、子游氏之儒这些“贱儒”为高。在他看来，子张氏之儒其言浅薄，子夏氏之儒貌似清高，子游氏之儒行有偏执。可见，儒家除孔子以外，几乎都受到他的批评。但他所称颂的孔子，也不是孔子原型，而是荀子化的孔子。

荀子指出，当时不良的社会风气是十二子之说产生的社会根源之一。为此，他把所谓古代与当今之世作了对比。据他说，古代做官的士君子，为人都很敦厚，能够合群明分，行为检点，办事得理，务使家给人足；当今的士君子所贪图的是利、权和嗜欲。古代不做官的处士能洁身自守，不堕流俗；当今的处士无能而说能，无知而说知，贪得无厌而佯称无欲，俗不堪言而自诩脱俗。于是就造成社会上“奸事”、“奸心”、“奸说”横流。所谓“奸事”，就是“劳力而不当民务”，否认社会分工；“奸心”，就是“劳知而不律先王”，妄图以言代法；“奸说”，就是“辩说譬喻，齐给便利，而不顺礼义”，散布违背礼义的辩言巧语。他斥责此三者是“治之大殃也”，“古之大禁也”，“天下之所弃也”，认为十二子之说无不与此相关。因此，“迁化”十二子之说，必须与改变社会不良风气同时并举。

阅读《非十二子》，应该同时阅读《不苟》、《儒效》、《富国》、《王霸》、《天论》、《正论》、《乐论》、《解蔽》诸篇，因为其中都有对诸子的评说。只有把以上各篇联系起来加以思考，才不会对荀子的学术态度产生误解。荀子对诸子之说的“有见”之处，都加以吸取，而“无见”之处，也都予以批评。例如，他评说慎到是只注重事后的执法，而不注重事先的预防，这种“有见于后，无见于前”的法治思想，使群众得不到启迪、开导；老子是贵柔弱卑下，贱伸张尊上，这种“有见于诎(屈)，无见于信(伸)”的思想，使贵贱无分；墨子强调“兼爱”、“僈差等”，这种“有见于齐，无见于畸(不齐)”的思想，使治不齐的政令成为多余；宋钘宽恕他人的情欲，压抑自己的情欲，这种“有见于少，无见于多”的思想，无以劝诱人们控制情欲。清傅山《荀子评注》(手稿)说，荀子的思想“近于法家，近于刑名家”，又有“近于墨家者言”。近、现代学者对荀子及《非十二子》的研究有新的成果。吕思勉认为，荀子论礼，“亦法家论法之语”，是以儒家之名行法家之实。因而现代有学者根据荀子隆礼、重法、崇道的思想特点，认为他更似一个黄老道家。

荀子对先秦诸子有取舍的评说，使他能够完成一个综合百家之长，兼取儒、道、法精神的思想体系，开创了中国学术史上以儒、道为主体，以多元为特色的新篇章。这种学术上的兼容性与开放精神具有划时代的意义。 （龚 杰）

王 霸(节选) 《荀子》

国者天下之制①利用②也，人主者天下之利埶也。得道以持③之，则大安也，大荣也，积美之源也；不得道以持之，则大危也，大累也，有之不如无之；及其綦④也，索⑤为匹夫不可得也，齐湣⑥、宋献⑦是也。故人主天下之利埶也，然而不能自安也，安之者必将⑧道也。

故用国者，义立而王，信立而霸，权谋立而亡。三者明主之所谨择也，仁人之所务白⑨也。挈⑩国以呼礼义而无以害之，行一不义，杀一无罪，而得天下，仁者不为也，擽然⑪扶持心国⑫且若是其固也！之⑬所与为之者，之人则举义士也；之所以为布陈⑭于国家刑法者，则举义法也；主⑮之所极⑯然帅群臣而首乡⑰之者，则举义志也。如是，则下仰上以义矣，是綦⑱定也。綦定而国定，国定而天下定。仲尼无置锥之地，诚义乎志意，加义乎身行，箸⑲之言语，济⑳之日，不隐乎天下，名垂乎后世。今亦以天下之显诸侯诚义乎志意，加义乎法则度量，箸之以政事，案申重㉑之以贵贱杀生，使袭然㉒终始犹一也。如是，则夫名声之部发㉓于天地之间也，岂不如日月雷霆然矣哉！故曰：以国齐㉔义，一日而白㉕，汤、武是也。汤以亳㉖，武王以鄗㉗，皆百里之地也，天下为一，诸侯为臣，通达之属，莫不从服，无它故焉，以济义矣。是所谓义立而王也。德虽未至也，义虽未济也，然而天下之理略奏㉘矣，刑赏已诺㉙信乎天下矣，臣下晓然皆知其可要㉚也。政令已陈，虽睹利败，不欺其民；约结㉛已定，虽睹利败，不欺其与㉜。如是，则兵劲城固，敌国畏之；国一㉝綦㉞明，与国信之。虽在僻陋之国，威动天下，五伯㉟是也。非本政教也，非致隆高也，非綦文理也，非服人之心也,乡[36]方略,审[37]劳佚,谨畜[38]积,修[39]战备,齺然上下相信,而天下莫之敢当。故齐桓、晋文、楚庄、吴阖闾、越句践,是皆僻陋之国也,威动天下,强殆中国,无它故焉,略[40]信也。是所谓信立而霸也。挈国以呼功利,不务张其义,齐其信,唯利之求,内则不惮诈其民而求小利焉,外则不惮诈其与而求大利焉,内不修正[41]其所以[42]有,然常欲人之有。如是,则臣下百姓莫不以诈心待其上矣。上诈其下,下诈其上,则是上下析[43]也。如是,则敌国轻之,与国疑之,权谋日行,而国不免危削,綦之而亡,齐闵、薛公是也。故用强齐,非以修礼义也,非以本政教也,非以一天下也,绵绵[44]常以结引[45]驰外[46]为务。故强,南足以破楚,西足以诎[47]秦,北足以败燕,中足以举宋。及以[48]燕赵起而攻之,若振槁[49]然,而身死国亡,为天下大戮[50],后世言恶,则必稽[51]焉!是无他故焉,唯其不由礼义而由权谋也。三者明主之所以谨择也,而仁人之所以务白也。善择者制[52]人,不善择者人制之。

国者,天下之大器也,重任也,不可不善为择所而后错[53]之,错险则危;不可不善为择道然后道之,涂[54]薉[55]则塞;危塞则亡。彼国错者,非封[56]焉之谓也,何法之道,谁子之与[57]也。故道王者之法,与王者之人为之,则亦王;道霸者之法,与霸者之人为之,则亦霸;道亡国之法,与亡国之人为之,则亦亡。三者,明主之所以谨择也,而仁人之所以务白也。

故国者,重任也,不以积[58]持之则不立。故国者,世所以新者也,是惮惮[59],非变也,改玉改行[60]也。故一朝之日也,一日之人也,然而厌焉[61]有千岁之国何也?曰:援[62]夫千岁之信法以持之也,安与夫千岁之信士[63]为之也。人无百岁之寿,而有千岁之信士,何也?曰:以夫千岁之法自持者,是乃千岁之信士矣。故与积礼义之君子为之则王,与端诚信全之士为之则霸,与权谋倾覆之人为之则亡。三者,明主之所以谨择也,而仁人之所以务白也。善择之者制人,不善择之者人制之。

彼持国者,必不可以独[64]也;然则强固荣辱在于取相矣!身能,相能,如是者王。身不能,知恐惧而求能者,如是者强。身不能,不知恐惧而求能者,安唯便僻[65]左右亲比[66]己者之用,如是者危削。綦之而亡。国者,巨用之则大,小用之则小;綦大而王,綦小而亡,小巨分流[67]者存。巨用之者,先义而后利,安不恤亲疏,不恤贵贱,唯诚能[68]之求,夫是之谓巨用之。小用之者,先利而后义,安不恤是非,不治曲直,唯便僻亲比己者之用,夫是之谓小用之。巨用之者若彼,小用之者若此;小巨分流者,亦一[69]若彼,一若此也。故曰:"粹[70]而王,驳[71]而霸,无一焉而亡。"此之谓也。

国无礼则不正。礼之所以正国也,譬之犹衡之于轻重也,犹绳墨之于曲直也,犹规矩之于方圆也,既错之而人莫之能诬也。诗云:"如霜雪之将将[72],如日月之光明;为之则存,不为则亡。"此之谓也。

国危则无乐君,国安则无忧民。乱则国危,治则国安。今君人者,急逐乐而缓治国,岂不过甚矣哉!譬之是由好声色而恬[73]无耳目也,岂不哀哉!夫人之情,目欲綦色,耳欲綦声,口欲綦味,鼻欲綦臭[74],心欲綦佚。此五綦者,人情之所必不免也。养五綦者有具[75],无其具,则五綦者不可得而致[76]也。万乘之国可谓广大富厚矣,加有治辨[77]强固之道焉,若是则恬愉无患难矣,然后养五綦之具具也。故百乐者,生于治国者也;忧患者,生于乱国者也。急逐乐而缓治国者,非知乐者也。故明君者,必将先治其国,然后百乐得其中。暗君者,必将急逐乐而缓治国,故忧患不可胜[78]校[79]也,必至于身死国亡然后止也,岂不哀哉!将以为乐,乃得忧焉;将以为安,乃得危焉;将以为福,乃得死亡焉;岂不哀哉!於乎[80]!君人者,亦可以察若言矣!故治国有道,人主有职。若夫[81]贯日[82]而治详,一日而曲列[83]之,是所使夫百吏官人为也,不足以是伤游玩安燕之乐。若夫论[84]一相以兼率之,使臣下百吏莫不宿道[85]乡方[86]而务,是夫人主之职也。若是,则一天下,名配尧、禹。之主者,守至约而详,事至佚而功,垂衣裳[87]不下簟[88]席之上,而海内之人莫不愿得以为帝王。夫是之谓至约,乐莫大焉。

人主者,以官[89]人为能者也;匹夫者,以自能为能者也。人主得使人为之,匹夫则无所移[90]之。百亩一守,事业穷,无所移之也。今以一人兼听天下,日有余而治不足者,使人为之也。大有天下,小有一国,必自为之然后可,则劳苦秏顇[91]莫甚焉;如是,则虽臧获[92]不肯与天子易埶业[93]。以是县[94]天下,一四海,何故必自为之?为之者,役夫之道也,墨子之说也。论[95]德使能而官施[96]之者,圣王之道也,儒之所谨守也。传曰:"农分田而耕,贾分货而贩,百工分事而劝,士大夫分职而听[97],建国诸侯之君分土而守,三公总[98]方而议;则天子共[99]己而已矣!"出若[100]入若,天下莫不平均,莫不治辨,是百王之所同也,而礼法之大分[101]也。

百里之地可以取天下,是不虚,其难者在人主之知之也。取天下者,非负其土地而从之之谓也,道足以壹人而已矣。彼其人苟壹,则其土地且奚[102]去我而适[103]它!故百里之地,其等位爵服,足以容天下之贤士矣;其官职事业,足以容天下之能士矣;循其旧法,择其善者而明[104]用之,足以顺服好利之人矣。贤士一焉,能士官焉,好利之人服焉,三者具而天下尽[105],无有是其外矣。故百里之地,足以竭埶矣;致忠信,箸[106]仁义,足以竭人矣。两者合而天下取,诸侯后同[107]者先危。诗曰:"自西自东,自南自北,无思不服。"一人之谓也。

羿、蜂门者,善服[108]射者也。王良、造父[109]者,善服驭者也。聪明君子者,善服人者也。人服而埶从之,人不服而埶去之,故王者已[110]于服人矣。故人主欲得善射,射远中微[111],则莫若羿、蜂门矣；欲得善驭，及速致远，则莫若王良、造父矣；欲得调壹天下，制秦、楚，则莫若聪明君子矣。其用知甚简，其为事不劳而功名致大，甚易处而綦可乐也。故明君以为宝，而愚者以为难。

夫贵为天子，富有天下，名为圣王，兼制人，人莫得而制也，是人情之所同欲也，而王者兼而有是者也。重色而衣之，重味而食之，重财物而制之，合天下而君[112]之；饮食甚厚，声乐甚大，台谢[113]甚高，园囿[114]甚广，臣使诸侯，一天下，是又人情之所同欲也，而天子之礼制如是者也。制度以陈，政令以挟[115]；官人失要[116]则死，公侯失礼则幽[117]，四方之国，有侈[118]离之德则必灭；名声若日月，功绩如天地，天下之人应之如景[119]向[120]，是又人情之所同欲也，而王者兼而有是者也。故人之情，口好味而臭味莫美焉，耳好声而声乐莫大焉，目好色而文章致繁妇女莫众焉，形体好佚而安重闲静莫愉焉，心好利而谷禄莫厚焉；合天下之所同愿兼而有之，皋牢[121]天下而制之若制子孙，人苟不狂惑戆[122]陋者，其谁能睹是而不乐也哉！欲是之主并肩而存，能建是之士不世绝，千岁而不合，何也？曰：人主不公，人臣不忠也。人主则外[123]贤而偏举，人臣则争职而妒贤，是其所以不合之故也。人主胡[124]不广焉，无恤亲疏，无偏贵贱，唯诚能之求？若是，则人臣轻职业让贤，而安随其后；如是，则舜、禹还至，王业还起。功壹天下，名配舜、禹，物由[125]有可乐如是其美焉者乎！呜呼！君人者亦可以察若言矣！杨朱[126]哭衢[127]涂[128]曰：“此夫过举[129]蹞步[130]而觉跌千里者夫！”哀哭之。此亦荣辱安危存亡之衢已，此其为可哀甚于衢涂。呜呼！哀哉！君人者，千岁而不觉也。

无国而不有治法，无国而不有乱法；无国而不有贤士，无国而不有罢[131]士；无国而不有愿民[132]，无国而不有悍民；无国而不有美俗，无国而不有恶俗；两者并行而国在，上偏[133]而国安，在下偏[134]而国危;上一而王,下一而亡。故其法治,其佐贤,其民愿,其俗美,而四者齐,夫是之谓上一。如是,则不战而胜,不攻而得,甲兵不劳而天下服。故汤以亳,武王以鄗,皆百里之地也,天下为一,诸侯为臣,通达之属,莫不从服,无他故焉,四者齐也。桀、纣即厚[135]于有天下之埶,索为匹夫而不可得也,是无它故焉,四者并亡也。故百王之法不同,若是,所归者一也[136]。

上莫不致爱其下,而制之以礼。上之于下,如保赤子[137]。政令制度,所以接[138]下之人。百姓有不理[139]者如豪末[140],则虽孤[141]独[142]鳏[143]寡[144]必不加焉。故下之亲上欢如父母,可杀而不可使不顺。君臣上下,贵贱长幼,至于庶人,莫不以是为隆正[145]。然后皆内自省以谨于分,是百王之所以同也,而礼法之枢要也。然后农分田而耕,贾分货而贩,百工分事而劝,士大夫分职而听,建国诸侯之君分土而守,三公总方而议,则天子共己而止矣。出若入若,天下莫不平均,莫不治辨,是百王之所同,而礼法之大分也。若夫贯日而治平,权[146]物而称[147]用,使衣服有制,宫室有度,人徒有数,丧祭械用皆有等宜,以是用挟于万物,尺寸寻丈[148],莫得不循乎制度数量然后行,则是官人使吏之事也,不足数[149]于大君子[150]之前。故君人者,立隆政[151]本朝而当,所使要百事者[152]诚仁人也,则身佚而国治,功大而名美,上可以王,下可以霸。立隆正本朝而不当,所使要百事者非仁人也,则身劳而国乱,功废而名辱,社稷必危,是人君者之枢机也。故能当一人而天下取,失当一人而社稷危。不能当一人而能当千人、百人者,说无之有也。既能当一人,则身有何劳而为,垂衣裳而天下定。故汤用伊尹,文王用吕尚,武王用召公,成王用周公旦。卑者[153]五伯,齐桓公闺门[154]之内,县[155]乐奢泰[156]游抏[157]之修[158],于天下不见谓修,若九合诸侯,一匡[159]天下,为五伯长[160],是亦无他故焉,知一政于管仲也,是君人者之要守也。知者易为之兴力而功名綦大，舍是而孰足为也。故古之人，有大功名者，必道是者也；丧其国，危其身者，必反是者也。故孔子曰："知者之知，固以[161]多矣，有[162]以守少，能无察乎！愚者之知，固以少矣，有以守多，能无狂乎！"此之谓也。

治国者分[163]已定，则主相臣下百吏各谨其所闻，不务听其所不闻；各谨其所见，不务视其所不见。所闻所见，诚以齐矣，则虽幽闲隐辟[164]，百姓莫敢不敬分安制以化[165]其上，是治国之征[166]也。

主道治近不治远，治明不治幽，治一[167]不治二[168]。主能治近则远者理，主能治明则幽者化，主能当一则百事正。夫兼听天下，日有余而治不足者，如此也，是治之极也。既能治近，又务治远；既能治明，又务见幽；既能当一，又务正百；是过[169]者也，过犹不及也，辟[170]之是犹立直木而求其影之枉[171]也。不能治近，又务治远；不能察明，又务见幽；不能当一，又务正百；是悖者也，辟之是犹立枉木而求其影之直也。故明主好要[172]，而暗主好详。主好要则百事详，主好详则百事荒。君者，论一相，陈一法，明一指[173]，以兼覆[174]之，兼炤[175]之，以观其盛[176]者也。相者，论列百官之长，要百事之听，以饰[177]朝廷臣下百吏之分，度其功劳，论其庆赏，岁终奉其成功以效[178]于君。当则可，不当则废。故君人劳于索之，而休于使之。

用国者，得百姓之力者富，得百姓之死者强，得百姓之誉者荣。三得者具而天下归之，三得者亡而天下去之。天下归之之谓王，天下去之之谓亡。汤、武者，修其道，行其义，兴天下同利，除天下同害，天下归之。故厚德音[179]以先之，明礼义以道之，致忠信以爱之，赏贤使能以次[180]之，爵服赏庆以申重之，时其事[181]、轻其任以调齐之，潢然[182]兼覆之，养长之，如保赤子。生[183]民则致宽，使民则綦理，辩政令制度，所以接天下之人。百姓有非理者如豪末,则虽孤独鳏寡必不加焉。是故百姓贵之如帝,亲之如父母,为之出死断亡而不愉者,无他故焉,道德诚明,利泽诚厚也。

〔注释〕 ① 制:衍文。 ② 用:工具。 ③ 持:掌握。 ④ 綦(qí):极,极点。 ⑤ 索:要求。 ⑥ 齐湣:齐湣王,战国时齐国国君。 ⑦ 宋献:宋献公,战国时宋国国君。 ⑧ 将:推行。 ⑨ 白:明白。 ⑩ 挈:领导。 ⑪ 拆(luò)然:坚固稳定的样子。 ⑫ 心国:心,思想;国,国家。 ⑬ 之:相当于"其"。 ⑭ 布陈:颁布,设置。 ⑮ 主:衍文。 ⑯ 极:同"亟",急切。 ⑰ 乡:通"向"。 ⑱ 綦:通"基",基础。 ⑲ 箸:通"著",显露。 ⑳ 济:成功。 ㉑ 申重:反复强调。 ㉒ 袭然:一致。 ㉓ 部发:勃发。部,通"勃"。 ㉔ 齐:统一。 ㉕ 白:显著。 ㉖ 亳(bó):商朝的国都。 ㉗ 鄗:同"镐",周武王国都。 ㉘ 奏:通"凑",会聚,具备。 ㉙ 已诺:已,不允许;诺,允许。 ㉚ 要(yāo):约。 ㉛ 约结:盟约。 ㉜ 与:结盟的诸侯国。 ㉝ 一:上下一致。 ㉞ 綦:当作"基"。 ㉟ 五伯:指下文所说的齐桓公、晋文公、楚庄王、吴王阖闾、越王句践。 ㊱ 乡:同"向",专致,注重。 ㊲ 审:注意。 ㊳ 畜:同"蓄"。 ㊴ 修:施行。 ㊵ 略:取得。 ㊶ 修正:整治。 ㊷ 以:同"已"。 ㊸ 析:分离,貌合神离。 ㊹ 绵绵:接连不断。 ㊺ 结引:勾结。 ㊻ 驰外:向外扩张。 ㊼ 诎:同"屈",使……屈服。 ㊽ 及以:等到。 ㊾ 槁:枯叶。 ㊿ 戮:耻辱。 (51) 稽:考察,借鉴。 (52) 制:统制。 (53) 错:通"措",安置。 (54) 涂:通"途",道路。 (55) 蕨:同"秽",杂草丛生。 (56) 封:疆界。 (57) 谁子之与:任用什么样的人。 (58) 积:积累,指长期积累起来的管理办法。 (59) 惮惮:通"禅",更替,指具有继承性的演变。 (60) 改玉改行:古代贵族不同等级的人佩带的玉不同,在各种仪式时所行的步伐也不同。此指改变了贵族的等级地位。 (61) 厌焉:即"厌然",安然。 (62) 援:援引。 (63) 信士:老老实实地坚守"信法"的人。 (64) 独:独自一个人管理国家。 (65) 便僻(pián bì):通"便嬖",善于逢迎而得到君主宠信的近臣。 (66) 亲比:亲近依附。 (67) 小巨分流:介于巨用和小用之间。 (68) 能:才能。 (69) 一:一部分。 (70) 粹:纯粹,指"完全巨用之者"。 (71) 驳:指"小巨分流者"。 (72) 将将(qiāng):严正肃杀的样子。 (73) 恬:安于。 (74) 臭(xiù):气味。 (75) 具:条件,方法。 (76) 致:得到。 (77) 辨:通"办",治理。 (78) 胜(shēng):尽。 (79) 校:计数。 (80) 於乎:同"呜呼"。 (81) 若夫:至于。 (82) 贯日:累日,积日。 (83) 曲列:曲,周遍,周详;列,别,通"辨",指明辨。 (84) 论:选择。 (85) 宿道:归于正道。 (86) 乡方:向着正确的方向。 (87) 垂衣裳:形容无所事事,十分安闲。 (88) 簟:竹席。 (89) 官:任用。 (90) 移:转交。 (91) 秏顇:同"耗瘁",精力竭尽。 (92) 臧获:奴婢。 (93) 埶业:地位。 (94) 县:通"悬",掌握,治理。 (95) 论:选择。 (96) 施:给予。 (97) 听:处理政事。 (98) 总:统领。 (99) 共:通"拱",拱手,形容轻松从容。 (100) 若:如此。 (101) 大分:要领。 (102) 奚:何。 (103) 适:投往。 (104) 明:彰明,指公布、宣传。 (105) 尽:穷尽,全部取得。 (106) 箸:同"著",使……显明。 (107) 同:归附。 (108) 服:从事,治理。 (109) 造父:周穆王的驭手。 (110) 已:止,完毕。 (111) 微:小目标。 (112) 君:做君主。 (113) 谢:通"榭"。 (114) 园囿:古时帝王游猎场所。 (115) 挟:同"浃",融洽。 (116) 要:约,规定。 (117) 幽:囚禁。 (118) 侈:同"誃",离。 (119) 景:同"影"。 (120) 向:同"响",回响。 (121) 皋牢:牢笼,控制。 (122) 戆(zhuàng):陋。 (123) 外:疏远,排斥。 (124) 胡:为什么。 (125) 由:通"犹",还。 (126) 杨朱:战国时魏国人,主张"为我"、"贵生重己",反对儒家的"仁义"与墨家的"兼爱"。 (127) 衢:十字路口。 ⑫⑧ 涂：通“途”，道路。 ⑫⑨ 过举：错走。 ⑬⓪ 蹞步：半步。 ⑬① 罢：通“疲”，病，不贤，没有德行。 ⑬② 愿民：谨慎守法的人。 ⑬③ 上偏：偏于上者，即治法、贤士、愿民、美俗。 ⑬④ 下偏：偏于下者，即乱法、罢士、悍民、恶俗。 ⑬⑤ 厚：原作“序”。 ⑬⑥ 所归者一也：归结的道理是一个。 ⑬⑦ 赤子：婴儿。 ⑬⑧ 接：对待。 ⑬⑨ 不理：不合理。 ⑭⓪ 豪末：形容细微。豪，“毫”。 ⑭① 孤：幼而无父。 ⑭② 独：老而无子。 ⑭③ 鳏：老而无妻。 ⑭④ 寡：老而无夫。 ⑭⑤ 隆正：最高准则。 ⑭⑥ 权：合理地调节。 ⑭⑦ 称：合适。 ⑭⑧ 尺寸寻丈：均为古代长度单位，借指处理各种事物的标准。 ⑭⑨ 数：数说，一一列举。 ⑮⓪ 大君子：德才完备的君主。 ⑮① 政：通“正”。 ⑮② 要百事者：总领百事的人。 ⑮③ 卑者：次一等的。 ⑮④ 闺门：后宫。 ⑮⑤ 县：同“悬”。 ⑮⑥ 泰：通“汰”。 ⑮⑦ 抏：通“玩”。 ⑮⑧ 修：讲求。 ⑮⑨ 匡：正，扶正。 ⑯⓪ 五伯长：五伯中齐桓公居先，称五伯长。长，首领。 ⑯① 以：同“已”。 ⑯② 有：通“又”。 ⑯③ 分：职分。 ⑯④ 幽闲隐辟：指偏远的地方。闲，阻隔，闭塞；辟，通“僻”。 ⑯⑤ 化：顺从。 ⑯⑥ 征：征兆。 ⑯⑦ 一：指主要的事。 ⑯⑧ 二：指繁杂的事。 ⑯⑨ 过：超过。 ⑰⓪ 辟：同“譬”。 ⑰① 枉：弯曲。 ⑰② 要：要领。 ⑰③ 指：通“旨”，宗旨。 ⑰④ 覆：覆盖，庇护，指统治。 ⑰⑤ 炤：同“照”，察见。 ⑰⑥ 盛：通“成”，成功。 ⑰⑦ 饰：整顿。 ⑰⑧ 效：呈报。 ⑰⑨ 德音：道德声望。 ⑱⓪ 次：排列。 ⑱① 时其事：根据时节安排事情。 ⑱② 潢然：广大的样子。 ⑱③ 生：养育。

（张　静）

〔**鉴赏**〕 先秦时期，“同归而殊津”（《易·大传》），诸学纷呈，写下了我国学术史最光辉灿烂的一页。荀子“虚一而静”，对“蔽于一曲”（《荀子·解蔽》）的各家学说，加以批判和扬弃，作出了划时代的总结。荀子是先秦集大成者。

《史记》言李斯“从荀卿学帝王之术”。本篇说“王”说“霸”，就是在宣讲帝王之学，即《汉志》所云的“君人南面之术”。荀子之“道论”，重在“君道”，从某种意义上说，这是荀子思想的局限，可又是他无法超越的他所面临的历史现实。

“王霸”的含义，《天论》中有现成的解释：“隆礼尊贤而王，重法爱民而霸。”君主若能尊崇礼义，尊重贤良的人，就可以成为王者；若严法重刑，亲爱下民，使其为己所用，就可以成为霸主。本篇着重讨论的就是实行王道与霸道的问题。荀子不偏执一家之言，既积极主张王道政治，又不排除霸道，也即是说荀子既宣扬文王的王道之制，又肯定春秋五霸的力功。荀子认为“义立而王，信立而霸”，治理国家，若能信守道义，就能称王于天下，若树立了信用，就可以成为霸主。这与孔孟的主张王道，排斥霸道，有很大的区别。荀子在思维模式上更为开放，在社会效果上更为符合实际。

本篇的重心就在综合王霸，对先秦各家及儒家各派的王霸关系论加以总结。“安之者，必将道也”，要使天下安定，必须得到正确的治国方略。所以，本篇也是荀子对先秦治国经验的一次总结。

孟子说“以力服人”是“霸道”，“以德服人”是“王道”，明确表示了“尊王贱霸”

的政治主张(《孟子·公孙丑上》)。荀子讲"义立"是"王道","信立"是"霸道",还讲"权谋立而亡",玩弄权术就是"亡道"。荀子把眼光落在了"当时之变"(《儒效》)的社会现实上,提出了新的王、霸观,勾勒了自己的政治理想模式。荀子强调"臣使诸侯,一天下,是又人情之所欲也",统一中国,是人们的共同愿望。荀子顺应时代潮流,表达了"四海之内若一家"(《王制》)的政治理想。荀子认为,实行王道,"皆百里之地也,天下为一",即使是只有方圆百里的土地,也可以称王于天下。"汤武是也",以商汤王和周武王一统天下、令四方诸侯臣服为例证。春秋五霸崛起,"与国信之,虽在僻陋之国,威动天下,五伯是也"。荀子给予他们以历史的肯定。孔、孟羞于谈说的"齐桓公",在私德上确实存在不少问题,但由于能重用管仲,"九合诸侯,一匡天下",成就了霸业,荀子称颂他有"天下之大节"(《仲尼》)。荀子是肯定霸道的。荀子从当时社会实际出发,看到了王道与霸道的不同作用,把霸道作为以王道统一天下的辅助手段。这就是所谓"上可以王,下可以霸",荀子是主张"王道"兼采"霸道"的。汉宣帝的自白就说得透明透亮:"汉家自有制度,本以霸王道杂之。"(《汉书·宣帝纪》)后来的社会政治实践,大体如此,只是笼罩着某种"欺骗性"的阴影。荀子认为,霸道与王道不是绝对对立的,在一定条件下可以统一起来,"诚义乎志意",只要真正能用"义"来端正自己的思想,约束自己的行为,由"信立而霸"可以转变为"义立而王"。由此可见,荀子与孔、孟的政治主张虽有所不同,但其主旨是一致的,都崇尚王道,都赞美王道。

对于君主的用人之道,荀子尤为重视,提出了"不恤亲疏"、"不恤贵贱"、"唯诚能之求"、"尚贤使能"等原则。他告诫君王要慎重"取相",即选用好宰相。荀子指出,"取相"是治理好国家、统一天下的重要条件。"能当一人而天下取,失当一人而社稷危",这真不失为一句绝响千年的名言,至今仍余韵袅袅,能碰撞出时代的回音!

荀子主张的礼治,有别孔子的礼治和孟子的仁政,就在于礼治中包含了重法的内容。荀子是"隆礼重法"的。荀子强调"无国而不有治法",荀子所憧憬的理想政治蓝图是"其法治,其佐贤,其俗美"、"政令行,风俗美"。这当然仅仅是闪烁思想家睿智光芒的幻想而已。

荀子的王道和霸道作为一种社会政治思潮,在中国历史上有深远的影响。"安之者必将道也","得道以持之,则大安也,大荣也,积美之源也",觅得一条正确的治国方略,而后坚持遵循,天下就会大安定,国家就会大昌盛,呈现出一派和谐、美好的气象。细细咀嚼荀子的这些话,是会深受智慧的启迪的。　(明　森　俞荣根)

天　论(节选)　《荀子》

天①行②有常③,不为尧存,不为桀亡。应之以治④则吉,应之以乱则凶。强本⑤而节用,则天不能贫;养备⑥而动时,则天不能病;循道而不忒⑦,则天不能祸⑧。故水旱不能使之饥,寒暑不能使之疾,祆怪⑨不能使之凶。本荒而用侈,则天不能使之富;养略⑩而动罕⑪,则天不能使之全;倍⑫道而妄行,则天不能使之吉。故水旱未至而饥,寒暑未薄⑬而疾,祆怪未生而凶。受时⑭与治世同,而殃祸与治世异,不可以怨天,其道然也。故明于天人之分⑮,则可谓至人矣。

不为而成,不求而得,夫是之谓天职。如是者,虽深,其人⑯不加虑焉⑰;虽大,不加能焉;虽精,不加察焉:夫是之谓不与天争职。天有其时,地有其财,人有其治,夫是之谓能参⑱。舍其所以参,而愿其所参⑲,则惑矣。

列星⑳随旋,日月递炤㉑,四时代御㉒,阴阳大化㉓,风雨博㉔施,万物各得其和以生,各得其养以成,不见其事而见其功,夫是之谓神。皆知其所以成,莫知其无形㉕,夫是之谓天。唯圣人为不求知天。

天职既立,天功既成,形具而神㉖生。好恶、喜怒、哀乐臧㉗焉,夫是之谓天情㉘;耳、目、鼻、口、形,能各有接㉙而不相能㉚也,夫是之谓天官㉛;心居中虚㉜,以治五官,夫是之谓天君㉝;财㉞非其类㉟,以养其类,夫是之谓天养;顺其类者谓之福,逆其类者谓之祸,夫是之谓天政。暗其天君,乱其天官,弃其天养,逆其天政,背其天情,以丧天功,夫是之谓大凶。圣人清其天君,正其天官,备其天养,顺其天政,养其天情,以全其天功。如是,则知其所为,知其所不为矣,则天地官㊱而万物役㊲矣。其行曲治㊳,其养曲适㊴,其生不伤,夫是之谓知天。

故大巧在所不为㊵,大智在所不虑。所志㊶于天者,已其见[42]象之可以期[43]者矣。所志于地者,已其见宜[44]之可以息[45]者矣。所志于四时者,已其见数[46]之可以事[47]者矣。所志于阴阳者,已其见和之可以治者矣。官人守天而自为守道也。

治乱,天邪?曰:日月,星辰,瑞历[48],是禹桀之所同也,禹以治,桀以乱,治乱非天也。时邪?曰:繁[49]启[50]蕃[51]长于春夏,畜[52]积收臧于秋冬,是又禹桀之所同也,禹以治,桀以乱,治乱非时也。地邪?曰:得地则生,失地则死,是又禹桀之所同也,禹以治,桀以乱,治乱非地也。《诗》曰:"天作[53]高山[54],大王[55]荒[56]之;彼[57]作[58]矣,文王康[59]之。"此之谓也。

天不为人之恶寒也辍[60]冬,地不为人之恶辽远也辍广,君子不为小人之匈匈[61]也辍行。天有常道矣,地有常数矣,君子有常体矣。君子道其常,而小人计其功。《诗》曰:"礼义之不愆[62],何恤人之言兮。"此之谓也。

楚王后车千乘,非知也;君子啜[63]菽[64]饮水,非愚也,是节然[65]也。若夫心意修,德行厚,知虑明,生于今而志乎古,则是其在我者也。故君子敬其在己者,而不慕其在天者;小人错[66]其在己者,而慕其在天者。君子敬其在己者,而不慕其在天者,是以日进也;小人错其在己者,而慕其在天者,是以日退也。故君子之所以日进,与小人之所以日退,一也。君子小人之所以相县[67]者在此耳。

星队[68]木鸣[69],国人皆恐。曰:是何也?曰:无何也。是天地之变,阴阳之化,物之罕至者也。怪之,可也;而畏之,非也。夫日月之有蚀,风雨之不时,怪星之党见[70],是无世而不常[71]有之。上明而政平,则是虽并世起,无伤也;上闇而政险,则是虽无一至者,无益也。夫星之队,木之鸣,是天地之变,阴阳之化,物之罕至者也。怪之,可也;而畏之,非也。

物之已至者,人祆[72]则可畏也。楛[73]耕伤稼,耘耨[74]失岁,政险失民,田薉稼恶,籴[75]贵民饥,道路有死人:夫是之谓人祆。政令不明,举错[76]不时,本事不理:夫是之谓人祆。礼义不修,内外无别,男女淫乱,父子相疑,上下乖离,寇难[77]并至:夫是之谓人祆。祆是生于乱。三者错,无安国。其说甚尔[78],其菑[79]甚惨。勉力不时,则牛马相生,六畜作祆。可怪也,而不可畏也。传曰:“万物之怪,书不说。无用之辩,不急之察,弃而不治。”若夫君臣之义,父子之亲,夫妇之别,则日切瑳而不舍也。

雩[80]而雨,何也?曰:无何也,犹不雩而雨也。日月食而救之,天旱而雩,卜筮[81]而后决大事,非以为得求也,以文之也。故君子以为文,而百姓以为神。以为文则吉,以为神则凶也。

在天者莫明于日月,在地者莫明于水火,在物者莫明于珠玉,在人者莫明于礼义。故日月不高,则光晖不赫[82];水火不积,则晖润[83]不博[84];珠玉不睹[85]乎外,则王公不以为宝;礼义不加于国家,则功名不白。故人之命在天[86],国之命在礼。君人者,隆礼尊贤而王[87],重法爱民而霸,好利多诈而危,权谋倾覆幽险而尽亡矣。

大天[88]而思之,孰与[89]物畜[90]而制之?从天而颂之,孰与制天命而用之?望时而待之,孰与应时而使之?因[91]物而多[92]之,孰与骋能[93]而化之?思物而物[94]之,孰与理物而勿失之也?愿于物之所以生,孰与有物之所以成?故错人而思天,则失万物之情。

〔**注释**〕 ① 天:这里指自然或自然界。 ② 行:运行,变化。 ③ 常:固定的规律。 ④ 治:合理的措施。 ⑤ 强本:加强农业生产。 ⑥ 养备:生产和生活资料充足。 ⑦ 忒:原作“贰”,差错。 ⑧ 祸:使……祸。 ⑨ 祆怪:指自然灾难和自然界的某些怪异现象。祆,同“妖”。 ⑩ 略:不足。 ⑪ 动罕:行动消极。罕,少。 ⑫ 倍:通“背”,违背。 ⑬ 薄:迫近。 ⑭ 受时:遇到的天时。 ⑮ 分:职分。 ⑯ 其人:指“至人”。至人,高明的人。 ⑰ 焉:于此。 ⑱ 能参:能与天地相并列。参,并列。 ⑲ 所参:被并列的东西,指上文的天地。 ⑳ 列星:众星。 ㉑ 炤:同“照”。 ㉒ 代御:代,交替,轮流;御,运行。 ㉓ 化:变化生成。 ㉔ 博:普遍。 ㉕ 形:形态。 ㉖ 神:人的精神活动。 ㉗ 臧:同“藏”,蕴藏。

㉘ 天情：自然具有的情感。 ㉙ 接：接触。 ㉚ 不相能：不能互相替代。 ㉛ 天官：自然具有的感官。 ㉜ 中虚：指胸腔。 ㉝ 天君：指能自然主宰支配感官的心。 ㉞ 财：同“裁”，利用。 ㉟ 非其类：人类以外的万物。 ㊱ 官：任用。 ㊲ 役：役使。 ㊳ 曲治：普遍处理得好。 ㊴ 曲适：都恰当。 ㊵ 大巧在所不为：最大的技巧在于不做违反客观规律的事情。 ㊶ 志：知，了解。 ㊷ 见：同“现”。 ㊸ 期：期待。 ㊹ 宜：适宜，指适宜农作物生长的条件。 ㊺ 息：繁殖，指种植庄稼。 ㊻ 数：规律，指历数，带有规律性的节气。 ㊼ 事：从事，指安排农事。 ㊽ 瑞历：天象，指日月星辰运转的现象。 ㊾ 繁：众多。 ㊿ 启：发。 51 蕃：茂盛。 52 畜：同“蓄”。 53 作：生。 54 高山：指岐山。 55 大王：太王。 56 荒：开荒。 57 彼：指太王。 58 作：创立基业。 59 康：安定。 60 辍：停止。 61 匈匈：通“汹汹”，形容争辩喧闹的声音。 62 愆(qiān)：过失，过错。 63 啜(chuò)：吃。 64 菽：豆类，泛指粗粮。 65 节然：偶然。 66 错：通“措”。 67 县：通“悬”，悬殊。 68 队：通“坠”。 69 鸣：发出声音。 70 党见：即倘现，偶然出现。党，通“傥”，偶然。 71 常：通“尝”，曾经。 72 人祆：人为的灾祸。 73 楛：粗劣，草率。 74 耘耨：疑为“楛耘”。耘，除草。 75 粜(dí)：买粮食。 76 举错：指各种措施。举，兴办；错，通“措”。 77 寇难：寇，外患；难，内乱。 78 尔：通“迩”，浅近。 79 菑(zāi)：通“灾”。 80 雩(yú)：古代求雨的祭祀。 81 卜筮：古代用龟甲占吉凶叫卜，用蓍草占吉凶叫筮。 82 赫：明亮。 83 晖润：晖，火的光亮；润，水的润泽。 84 博：广博。 85 睹：显现。 86 在天：指如何对待自然。 87 王(wàng)：成就王业。 88 大天：以天为大，尊崇天。 89 孰与：何如，哪里及得上。 90 物畜：当作物来畜养，指把天当作物来看待。 91 因：依靠。 92 多：繁衍生长。 93 骋能：施展才能。 94 物：使用。 （张　静）

〔鉴赏〕 读《荀子·天论》，无疑是一件令人愉快的事情，暗自惊讶这位战国末期的哲学家何以会具有如此明晰的思想。当荀子的同时代人尚在那里笃信“天”的神秘与神性之时，荀子的这一“天论”，却第一次树起一面朴素、唯物地理解天行、天道的思想的旗帜。

谈到“天”，冯友兰先生《中国哲学史》上册曾列举“天”的五种含义：“曰物质之天，即与地相对之天。曰主宰之天，即所谓皇天上帝，有人格的天、帝。曰命运之天，乃指人生中所无可奈何者，如孟子所谓‘若夫成功则天也’之天是也。曰自然之天，乃指自然之运行，如荀子《天论》篇所说之天是也。曰义理之天，乃谓宇宙之最高原理，如《中庸》所说‘天命之为性’之天是也。”这一长段引文，指明古人心目中的“天”，分别指天空(苍穹)、天帝、命运、自然与义理。

荀子所说的“天”，是那种不以人的主观愿望与意志为转移的自然规律。《天论》中最著名的名言之一，叫做“天行有常，不为尧存，不为桀亡”，翻译成白话文，是说自然界运行的规律是固有的，既不因尧而存在，也不因桀而消失。因此，天则与人事、天与人没有因果关系。荀子说，你想想看，天下大治或者天下大乱，难道与天(自然)有什么关系吗？没有。无论日月、星辰还是历象、节气，在大禹与夏桀时代都是一样的，但是，大禹把世道人心治理得国富民安、井井有条，而夏桀呢，是典型的乱世昏君。可见，“治乱，非天也。”这是《天论》所得出的一个有力的结论。荀子还说，自然界从来不因为人们害怕严寒而废除冬天，也不因为人们厌恶路途遥远而使大地不再宽广无比，这叫做“天有常道”、“地有常数”。“天”的这一脾性，与人的主观愿望与意志，毫无联系。这种关于“天”的清醒的见解，在战国末年出现，应当说是很了不起的。

由此，荀子进一步提出了一个哲学命题，叫做“明于天人之分，则可谓至人矣”。我们知道，在中国哲学史、思想史上，孔子、孟子等中国原始儒家的代表人物，都是主张“天人合一”论的，并把懂得“天人合一”的道理，看作圣人、贤人必须具备的一种人格修养。可是到了荀子这里，却把明白“天人之分”的道理，看作最高明的人所必备的人格修养了。这在中国哲学史与思想史上，无疑推进了天人之学的发展。

既然天人相分、自然与人之间不是那种神秘的“感应”关系，那么，人在“无情”的“天”面前应当采取什么态度呢?

在这个问题上，荀子的回答是很积极的。《天论》指出，人在这样的“天”面前，不是无能为力、“听天由命”的，而应该“制天命而用之”。也便是说，人一旦掌握天行、天道的规律，人就可以改造自然、为我所用了。这种光辉的思想，在历史上第一次张扬人之所以为人的主体意识，具有葱郁的思想价值。《天论》指出：一般人见到星辰坠落、树木之际风声如吼，都害怕得要死，都问这是怎么回事?荀子说：没有什么。无非是很少见的天地阴阳变化罢了。对此感到奇怪是正常的，要是惊恐万状就错了(“怪之，可也；而畏之，非也”)。荀子举例说，比方举行求雨的祭祀而下了雨，这是为什么呢？回答说：没有什么。其实这与不举行求雨祭祀而下雨是一样的。又如日食月食发生了，迷信的人敲击盆盘去“营救”，其实不去作这样的“营救”，日食月食同样是会过去的。又说占卜、占卦等等，也不是人们一定很相信它的“灵验”，而是故意用来文饰政事而已。

那么，所谓“制天命而用之”的思想，是否还有另一面，即把“人力”强调过分、强不可为而为之呢?《天论》说：“大巧在所不为，大智在所不虑”，这叫做“守天”。意思是说，人对自然的改造，是不可以胡来的。最根本的技巧，是不去做那些不应做、不能做的事情；最根本的智慧，是不去考虑那些不应考虑、不能考虑的事情。这便是对自然规律的遵从。荀子作为战国末期的大思想家，其思想的基质无疑属于儒学范畴，但这里，显然吸取了《老子》关于“大巧若拙”、“大智若愚”的思想,应当说是相当精彩的。

尽管《荀子·天论》具有不可避免的历史局限,但它关于天人关系的思考,无疑代表了当时最高的思想水准。

（王振复）

礼　论(节选) 《荀子》

礼起于何也？曰：人生而有欲,欲而不得,则不能无求,求而无度量分界,则不能不争。争则乱,乱则穷。先王恶其乱也,故制礼义以分①之,以养人之欲,给人之求。使欲必不穷乎物,物必不屈②于欲,两者相持③而长④,是礼之所起也。

故礼者,养⑤也。刍豢⑥稻粱,五味调香,所以养口也;椒兰⑦芬苾⑧,所以养鼻也;雕琢刻镂黼黻文章⑨,所以养目也;钟鼓管磬琴瑟竽笙,所以养耳也;疏房⑩檖貌⑪越席⑫床笫⑬几筵⑭,所以养体也。故礼者,养也。

君子既得其养,又好其别。曷谓别？曰：贵贱有等,长幼有差,贫富轻重⑮皆有称⑯者也。故天子大路⑰越席,所以养体也;侧载睪芷⑱,所以养鼻也;前有错衡⑲,所以养目也;和鸾⑳之声,步中武、象,趋中韶、护,所以养耳也;龙旗九斿㉑,所以养信也;寝兕㉒、持虎㉓、蛟韅㉔、丝末㉕、弥龙㉖,所以养威也;故大路之马必信至㉗教顺然后乘㉘之,所以养安也。孰知夫出死要节㉙之所以养生也！孰知夫出费用㉚之所以养财也！孰知夫恭敬辞让之所以养安也！孰知夫礼义文理㉛之所以养情也！故人苟生㉜之为见,若者必死;苟利之为见,若者必害;苟怠惰偷懦㉝之为安;若者必危;苟情说㉞之为乐,若者必灭。故人一㉟之于礼义,则两得之矣;一之于情性,则两丧之矣。故儒者将使人两得之者也,墨者㊱将使人两丧之者也,是儒、墨之分也。

礼有三本：天地者,生之本也;先祖者,类㊲之本也;君师者,治之本也。无天地,恶㊳生？无先祖,恶出？无君师,恶治？三者偏亡㊴,焉㊵无安人。故礼,上事天,下事地,尊先祖而隆君师,是礼之三本也。

故王者天太祖[41],诸侯不敢坏,大夫士有常宗[42],所以别贵始。贵始,得[43]之本也。郊[44]止[45]乎天子,而社[46]止于诸侯,道[47]及士大夫,所以别尊者事尊,卑者事卑,宜大者巨,宜小者小也。故有天下者事七世[48],有一国者事五世,有五乘之地[49]者事三世,有三乘之地[50]者事二世,持[51]手而食者不得立宗庙,所以别积[52]厚者流泽[53]广,积薄者流泽狭也。

大飨[54],尚玄尊[55],俎生鱼[56],先大羹[57],贵食饮之本也。飨[58],尚玄尊而用酒醴[59],先黍稷而饭稻粱;祭[60],齐[61]大羹而饱庶羞[62],贵本而亲用也。贵本之谓文[63],亲用之谓理,两者合而成文,以归大一[64],夫是之谓大隆。故尊之尚玄酒也,俎之尚生鱼也,豆[65]之先大羹也,一也。利爵[66]之不醮[67]也,成事[68]之俎不尝也,三臭[69]之不食也,一也。大昏之未发[70]齐[71]也,太庙之未入尸也,始卒之未[72]小敛[73]也,一也。大路之素[74]未集也,郊之麻绕[75]也,丧服之先散麻[76]也,一也。三年之丧,哭之不反[77]也,清庙之歌,一唱而三叹[78]也,县[79]一钟,尚拊膈[80],朱[81]弦而通越[82]也,一也。

凡礼,始乎棁[83],成乎文[84],终乎悦校[85]。故至备,情[86]文俱尽;其次,情文代[87]胜;其下,复情以归大一也。天地以合,日月以明,四时以序,星辰以行,江河以流,万物以昌;好恶以节,喜怒以当,以为下则顺,以为上则明,万变不乱,贰[88]之则丧也。礼岂不至矣哉!立隆[89]以为极,而天下莫之能损益也。本末相顺,终始相应,至文[90]以有别,至察以有说。天下从之者治,不从者乱;从之者安,不从者危;从之者存,不从者亡。小人不能测也。

礼之理诚深矣,"坚白[91]""同异[92]"之察入焉而溺[93];其理诚大矣,擅作典制辟陋之说入焉而丧;其理诚高矣,暴慢恣睢[94]轻俗以为高之属入焉而队[95]。故绳墨诚陈矣,则不可欺以曲直;衡[96]诚县矣,则不可欺以轻重;规矩诚设矣,则不可欺以方圆;君子审于礼,则不可欺以诈伪。故绳者,直之至;衡者,平之至;规矩者,方圆之至;礼者,人道[97]之极也。然而不法礼,不足礼,谓之无方[98]之民;法礼,足礼,谓之有方之士。礼之中焉能思索,谓之能虑;礼之中焉能勿易,谓之能固。能虑,能固,加好之者焉,斯圣人矣。故天者,高之极也;地者,下之极也;无穷者,广之极也;圣人者,道之极也。故学者,固学为圣人也,非特学为无方之民也。

礼者,以财物为用,以贵贱为文,以多少为异,以隆杀[99]为要。文理繁,情用省,是礼之隆也。文理省,情用繁,是礼之杀也。文理情用相为内外表里,并行而杂,是礼之中流[100]也。故君子上致[101]其隆,下尽其杀,而中处其中。步骤[102]驰骋厉骛[103]不外是矣,是君子之坛宇宫廷也。人有[104]是,士君子也;外是,民也;于是其中焉,方皇周挟[105],曲[106]得其次序,是圣人也。故厚者,礼之积也;大者,礼之广也;高者,礼之隆也;明者,礼之尽也。诗曰:“礼仪卒度,笑语卒获。”此之谓也。

礼者,谨于治生死者也。生,人之始也;死,人之终也。终始俱善,人道毕矣。故君子敬始而慎终。终始如一,是君子之道,礼义之文也。夫厚其生而薄其死,是敬其有知而慢[107]其无知也,是奸人之道而倍[108]叛之心也。君子以倍叛之心接臧谷[109],犹且羞之,而况以事其所隆亲乎!故死之为道也,一而不可得再复也,臣之所以致重其君,子之所以致重其亲,于是尽矣。故事生不忠厚,不敬文,谓之野;送死不忠厚,不敬文,谓之瘠[110]。君子贱野而羞瘠,故天子棺椁[111]十重,诸侯五重,大夫三重,士再重,然后皆有衣衾[112]多少厚薄之数,皆有翣菨[113]文章之等,以敬饰之,使生死终始若一,一足以为人愿,是先王之道,忠臣孝子之极也。天子之丧动四海,属[114]诸侯。诸侯之丧动通国[115],属大夫。大夫之丧动一国[116],属修士[117]。修士之丧动一乡,属朋友。庶人之丧,合族党[118],动州里[119]。刑余罪人[120]之丧,不得合族党,独属妻子,棺椁三寸,衣衾三领,不得饰棺,不得昼行[121],以昏殣[122],凡缘[123]而往埋之,反无哭泣之节,无衰[124]麻之服,无亲疏月数之等,各反其平,各复其始,已葬埋,若无丧者而止,夫是之谓至辱。

礼者,谨于吉凶不相厌[125]者也。纩纩[126]听息之时,则夫忠臣孝子亦知其闵[127]已,然而殡[128]敛之具,未有求也;垂涕恐惧,然而幸生之心未已,持生[129]之事未辍也;卒矣,然后作具之。故虽备家[130]必逾日然后能殡,三日而成服[131]。然后告远者出矣,备物者作矣。故殡久不过七十日,速不损五十日。是何也?曰:远者可以至矣,百求可以得矣,百事可以成矣;其忠至矣,其节大矣,其文备矣。然后月朝[132]卜日,月夕[133]卜宅,然后葬也。当是时也,其义止,谁得行之!其义行,谁得止之!故三月之葬,其須以生设饰死者也,殆非直留死者以安生也,是致隆思慕之义也。

丧礼之凡[134]:变[135]而饰,动[136]而远[137],久而平[138]。故死之为道也,不饰则恶,恶则不哀;尒[139]则玩[140],玩则厌,厌则忘,忘[141]则不敬。一朝而丧其严亲[142],而所以送葬之者不哀不敬,则嫌[143]于禽兽矣,君子耻之。故变而饰,所以灭恶也;动而远,所以遂敬也;久而平,所以优生也。

礼者,断长续短,损有余,益不足,达爱敬之文,而滋成行义之美者也。故文饰、粗恶,声乐、哭泣,恬愉、忧戚,是反也,然而礼兼而用之,时举而代御[144]。故文饰、声乐、恬愉,所以持平奉吉也;粗恶、哭泣、忧戚,所以持险奉凶也。故其立文饰也,不至于窕冶[145];其立粗恶也,不至于瘠弃[146];其立声乐恬愉也,不至于流淫惰慢;其立哭泣哀戚也,不至于隘慑[147]伤生。是礼之中流也。

故情貌之变,足以别吉凶、明贵贱亲疏之节,期[148]止矣;外是，奸也；虽难，君子贱之。故量食而食之，量要[149]而带之。相高以毁瘠[150]，是奸人之道也，非礼义之文也，非孝子之情也，将以有为[151]者也。故说豫娩泽[152]，忧戚萃恶[153]，是吉凶忧愉之情发于颜色者也。歌谣謸[154]笑，哭泣谛号，是吉凶忧愉之情发于声音者也。刍豢稻粱酒醴餰鬻[155]，鱼肉菽[156]藿[157]酒浆，是吉凶忧愉之情发于食饮者也。卑绕[158]、黼黻[159]、文织，资粗[160]、衰绖[161]、菲繐[162]、菅屦，是吉凶忧愉之情发于衣服者也。疏房檖貌越席床笫几筵，属茨[163]倚庐[164]席薪枕块[165]，是吉凶忧愉之情发于居处者也。两情者，人生固有端[166]焉。若夫断之继之，博之浅之，益之损之，类之尽之，盛之美之，使本末终始莫不顺比[167]纯备，足以为万世则，则是礼也。非顺孰[168]修为之君子，莫之能知也。

故曰：性者，本始材朴[169]也；伪[170]者，文理隆盛也。无性则伪之无所加，无伪则性不能自美。性伪合，然后成圣人之名，一天下之功于是就也。故曰：天地合而万物生，阴阳接而变化起，性伪合而天下治。天能生物，不能辨[171]物也；地能载人，不能治人也；宇中万物、生人之属，待[172]圣人然后分[173]也。诗曰："怀柔[174]百神，及河乔岳[175]。"此之谓也。

丧礼者，以生者饰死者也，大象[176]其生以送其死也。故如死如生，如亡如存，终始一也。始卒，沐浴鬠[177]体[178]饭唅[179]，象生执[180]也。不沐则濡栉[181]三律[182]而止，不浴则濡巾三式[183]而止。充耳而设瑱[184]，饭以生稻，唅以槁[185]骨，反生术矣。设亵衣[186]，袭三称[187]，缙绅[188]而无钩带矣。设掩面儇[189]目，鬠而不冠笄[190]矣。书其名，置于其重[191]，则名不见而柩独明矣。荐[192]器[193]则冠有鍪[194]而毋縰[195]，瓮庑[196]虚而不实，有簟[197]席而无床笫，木器不成斫[198]，陶器不成物，薄器[199]不成用，笙竽具而不和，琴瑟张而不均，舆藏而马反，告不用也。具生器以适[200]墓，象徙道也。略而不尽，貇而不功，趋舆而藏之，金革辔靷[201]而不入，明不用也。象徙道，又明不用也。是皆所以重哀也。故生器文而不功，明器貇而不用。凡礼，事生，饰欢也；送死，饰哀也；祭祀，饰敬也；师旅，饰威也。是百王之所同，古今之所一也，未有知其所由来者也。故圹垄⑳²，其貇象室屋也；棺椁，其貇象版盖斯象拂⑳³也；无帾丝歶缕翣⑳⁴，其貇以象菲帷帱尉⑳⁵也；抗折⑳⁶，其貇以象槾⑳⁷茨⑳⁸番⑳⁹阏㉑⁰也。故丧礼者，无它焉，明死生之义，送以哀敬而终周藏也。故葬埋，敬藏其形也；祭祀，敬事其神也；其铭㉑¹诔㉑²系世㉑³，敬传其名也。事生，饰始也；送死，饰终也。终始具而孝子之事毕，圣人之道备矣。

〔注释〕 ① 分：划分。 ② 屈：竭尽。 ③ 持：制约。 ④ 长：增长，发展。 ⑤ 养：养护。 ⑥ 刍豢(chú huàn)：泛指家畜。刍，吃草的牲畜；豢，吃谷物的牲畜。 ⑦ 椒兰：两种香草。 ⑧ 苾(bì)：芳香。 ⑨ 黼黻文章：古代礼服上的花纹。 ⑩ 疏房：敞亮的房屋。 ⑪ 檖貇：檖，通“邃”，深远。 ⑫ 越席：蒲草编的席子。 ⑬ 床第(zǐ)：竹编的床席。 ⑭ 几筵：古人席地而坐，放在座位边上供倚靠的小桌子叫几，竹制的垫席叫筵。 ⑮ 轻重：尊卑。 ⑯ 称：相称，各得其宜。 ⑰ 大路：即“大辂”，古代君主坐的车。 ⑱ 睪芷(zé zhǐ)：香草。 ⑲ 错衡：用金银镶嵌花纹的车前横木。 ⑳ 和鸾：古代车和马上装饰的铃铛。 ㉑ 旒(liú)：旗上的飘带。 ㉒ 寝兕：卧着的犀牛。与下文的“持虎”都是画在天子车子上的图案。 ㉓ 持虎：蹲着的老虎。持，通“跱”。 ㉔ 蛟韅：鲛鱼皮做的马肚带。 ㉕ 丝末：丝织的车帘。 ㉖ 弥(mǐ)龙：车耳上画的龙。弥，车耳。 ㉗ 信至：训练得十分熟练。 ㉘ 乘：驾驭。 ㉙ 出死要节：舍生而求名节。 ㉚ 出费用：舍得花费。 ㉛ 文理：体现礼的各种制度和规定。 ㉜ 苟生：偷生。 ㉝ 怠惰偷懦：松懈懒惰。 ㉞ 说：同“悦”。 ㉟ 一：统一。 ㊱ 墨者：墨家学派。 ㊲ 类：种族。 ㊳ 恶(wū)：何，怎么。 ㊴ 偏亡：缺一方面。 ㊵ 焉：则。 ㊶ 天太祖：把始祖当作天来祭祀。天，把……当作天。 ㊷ 常宗：百世不变的大宗。 ㊸ 得：通“德”。 ㊹ 郊：祭天。 ㊺ 止：限。 ㊻ 社：祭地。 ㊼ 道：祭路神。一说道为禫的古字，卸除丧服的祭祀仪式。 ㊽ 事七世：侍奉七代祖先，即立七代祖先的神庙进行祭祀。 ㊾ 五乘之地：五十里封地，古代十里为乘(成)，每乘出兵车一辆，五乘指大夫一级。 ㊿ 三乘之地：三十里封地，指士一级。 51 持：通“恃”，依靠。 52 积：通“绩”，功业。 53 流泽：流传给后代的恩德。 54 大飨(tài xiǎng)：在太庙中合祭历代祖先。 55 玄尊：盛着清水的酒杯，指以清水为酒。尊，同“樽”，酒器。 56 俎(zǔ)生鱼：俎里放置生鱼。俎，一种四脚长方形器皿，是祭祀时盛置鱼肉的礼器。 57 大羹：不加调味的肉汁。 58 飨：一年四季对祖先的祭祀。 59 酒醴：甜酒。 60 祭：月祭。 61 齐：通“跻”，献供。 62 庶羞：美味的食物。 63 文：文饰，指礼节仪式和制度。 64 大(tài)一：大，太古时代。 65 豆：古时盛食品的器皿，也用作祭器。 66 利爵：古代祭祀时用一个活人代表死者受祭，叫做“尸”，劝“尸”吃东西的叫“利”。利爵，利献上的酒。 67 醮(jiào)：喝尽。 68 成事：祭祀完毕。 69 臭：通“侑”，劝。 70 发：举行。 71 齐：古代婚礼中的一种仪式。 72 未：当作末，丝，指寿衣，下未字同。 73 小敛：为死者换上寿衣。敛，同“殓”。 74 素：白色。 75 麻绕：麻布礼帽。

绕,同“冕”。 (76) 散麻:腰间系上麻带。 (77) 不反:指死者不复生。 (78) 三叹:三个人应和。 (79) 县:同“悬”。 (80) 拊膈:均为古代乐器名。 (81) 朱:把……染成红色。 (82) 通越:在瑟底通孔,使瑟声低沉。越,瑟底的孔。 (83) 棁:通“脱”,疏略。 (84) 文:文饰。 (85) 校:通“恔”,快意,满意。 (86) 情:感情,指礼仪所要表达的感情。 (87) 代:交替。 (88) 贰:违背。 (89) 隆:完备的礼制。 (90) 至文:十分完备。 (91) 坚白:即“离坚白”,名家公孙龙辩论的命题之一。 (92) 同异:即“合同异”,名家惠施辩论的命题之一。 (93) 溺:淹没,指站不住脚。 (94) 恣睢:恣肆放荡。 (95) 队:同“坠”,失败。 (96) 衡:秤。 (97) 人道:为人、治国的原则。 (98) 无方:没有原则,没有固定的法度。 (99) 杀:减少,简省。 (100) 礼之中流:适中的礼。 (101) 致:尽力做到。 (102) 步骤:步行。 (103) 厉骛:飞奔。 (104) 有:通“域”,居住。 (105) 方皇周挟:方皇,同“彷徨”,徘徊;周挟,周遍。 (106) 曲:皆,尽。 (107) 慢:怠慢。 (108) 倍:通“背”。 (109) 臧谷:臧,奴仆;谷,小孩。 (110) 瘠:薄。 (111) 椁(guǒ):外棺。 (112) 衾:被子。 (113) 翣菨(shà jiè):古代棺材上的一种装饰物。 (114) 属:会聚,集合。 (115) 通国:友好的诸侯国家。 (116) 一国:指同朝的官吏。 (117) 修士:品行端正的士。 (118) 族党:同族。 (119) 州里:乡里。 (120) 刑余罪人:犯法而受到制裁的人。 (121) 昼行:白天送葬。 (122) 殣(jìn):掩埋死尸。 (123) 凡缘:指平常的衣服。 (124) 衰(cuī):古代丧服之一。 (125) 厌:掩盖。 (126) 纩纩(zhù kuàng):放新丝绵与将死者的鼻前,看其是否还有呼吸。 (127) 闵:病,垂危。 (128) 殡:停放灵柩。 (129) 持生:侍奉活人。 (130) 备家:殡殓物品准备齐全。 (131) 成服:穿丧服。 (132) 月朝:月初。 (133) 月夕:月末。 (134) 凡:概要。 (135) 变:指尸体变形。 (136) 动:指举行丧礼的各种形式。 (137) 远:指举行仪式使死者逐步远离房间。 (138) 平:哀痛平复。 (139) 尒:同“迩”,近。 (140) 玩:轻忽,戏狎。 (141) 忘:怠慢。 (142) 严亲:严,君主;亲,父母。 (143) 嫌:近。 (144) 代御:代,交替;御,使用。 (145) 窕冶:妖艳。 (146) 瘠弃:毁伤身体。 (147) 隘慑:过分悲伤。 (148) 期:当作“斯”,此。 (149) 要:同“腰”。 (150) 毁瘠:毁坏自己的身体。 (151) 有为:有所作为,指沽名钓誉以取得官爵。 (152) 说豫娩泽:说,同“悦”;豫,快乐;娩泽,面色润泽。 (153) 萃恶:面色憔悴难看。萃,同“悴”。 (154) 詼:戏谑,开玩笑。 (155) 飦(zhān)鬻:飦,稠粥,鬻,稀粥。 (156) 菽:豆类。 (157) 藿:豆叶。 (158) 卑绝:通“裨冕”,祭服。 (159) 黼黻:古代礼服上的彩色花纹。 (160) 资粗:粗布制的丧服。 (161) 衰绖(cuī dié):丧服。 (162) 菲繐:薄而稀的麻布。 (163) 属茨:用草编成屋顶的房子。 (164) 倚庐:守丧人住的简陋木屋。 (165) 枕块:以土块为枕。 (166) 端:根源。 (167) 顺比:和顺。 (168) 孰:同“熟”。 (169) 朴:未加工过的木材。 (170) 伪:人为。 (171) 辨:通“办”,治理。 (172) 待:依靠。 (173) 分:区分职分。 (174) 怀柔:安抚。 (175) 乔岳:高山。 (176) 大象:大致效法。 (177) 髻(kuò):把头发束在一起。 (178) 体:剪指甲。 (179) 饭唅:把珠、玉、贝、米等放在死者的口里,放的东西视死者的贵贱等级而定。 (180) 生执:活着时所做的那样。 (181) 栉:梳篦总称。 (182) 律:梳头发。 (183) 式:同“拭”,擦拭。 (184) 瑱:塞耳的玉。 (185) 槁:当作“皜”,洁白。 (186) 亵衣:内衣。 (187) 称:古代计量衣服的量词,犹言“套”。 (188) 缙绅:插笏于腰带上。绅,古代贵族束在腰间的大带。 (189) 儇(xuān):绕。 (190) 笄(jī):簪。 (191) 重:木做的神主牌。 (192) 荐:陈设。 (193) 器:指陪葬的器物。 (194) 鍪(móu):帽子。 (195) 縰(xǐ):包头发的丝织品。 (196) 罋庑(wèng wǔ):盛物的陶器。 (197) 簟(diàn):竹席。 (198) 斫:砍削,加工。 (199) 薄器:竹苇编的器具。 (200) 适:去,到。 (201) 金革辔靷:套车的用具。 (202) 圹垄:坟墓。 (203) 版盖斯象拂:车前后左右的挡板和车盖。象,衍文。 (204) 无帾(chǔ)丝嵩(yú)缕翣:都是棺木上的丝织品。无,即“幠”。 (205) 菲帏帱尉:门帘及各种帷帐。 (206) 抗折:抗,加于圹上挡土的葬具;折,承抗的葬具。 (207) 槾(mán):粉刷墙壁。 ⑳⑧ 茨：用草盖房子。 ⑳⑨ 番：篱笆。 ㉑⓪ 阏(è)：遮风尘的门户。 ㉑① 铭：把记载死者事迹、歌颂死者功德的文字刻在器物上。 ㉑② 诔：哀悼死者的祭文。 ㉑③ 系世：世代传袭的记载。

（张　静）

〔**鉴赏**〕《荀子》一书共三十二篇，其中涉及礼的就有《劝学》、《修身》、《不苟》、《荣辱》、《非相》、《非十二子》、《儒效》、《王制》、《富国》、《王霸》、《君道》、《臣道》、《致仕》、《议兵》、《强国》、《天论》、《正论》、《解蔽》、《乐论》、《正名》、《性恶》、《君子》、《大略》、《子道》、《法行》、《尧问》等二十六篇，《礼论》则从礼的起源、礼的性质和礼的作用三方面对诸子礼学作了总结。可见，荀子政治思想中最突出的就是"礼"。

文章的起首，荀子就以惊人之笔提出并回答了关于礼的起源问题。这个问题在儒家创始人那里是含混不清的。他们一般都声称是圣人制礼作乐，但对圣人为什么、凭什么制礼作乐，则未作深层次的探究。荀子的可贵之处，就在于他试图揭示人类的观念活动与其经济活动之间的联系。他认为礼不是圣人凭空想出来的，而是根源于物质生活资料再分配的需要。他说，人生下来就有欲望，欲望得不到满足，就不能不求取；求取如果没有一个界限，就不能不争夺；争夺就会破坏社会安定，没有社会安定就必然贫穷。先世圣王厌恶这种混乱的局面，因而制订"礼义"作为"度量分界"，"以养人之欲，给人之求"，在物质条件允许的范围内使人人各有所得，于是，礼就产生了。所以他又说："礼者，养也。"礼是调节人们欲求的"规矩"、"方圆"，即标准，以防止"不足"或"太饱"的现象发生。这里，荀子第一次从人们的物质生活上来探讨礼的起源，这是他的一个贡献。

《礼论》着重分析了礼的性质。礼与法都是人们的行为规范。一般说来，礼是凭借教育感化和社会约束的力量来维持的，一个人有非礼的行为，他所受到的不外乎舆论的轻视和谴责。法是凭借强制的力量来维持的，一个人有违法的行为，他将受到精神上和肉体上的制裁。先秦时期在政治生活中起主导作用的是"礼不下庶人，刑不上大夫"。因此，礼主要是用于调节贵族内部的生活秩序，刑则是用来对付平民的。礼与刑在对象和功能上的不同，迸发出儒家与法家的论争。荀子淡化了礼与法的界限，他以礼为"度量分界"，所谓"分"，就是区分、区别，"曷谓别？曰贵贱有等，长幼有差，贫富轻重皆有称者也。"就是在分配社会产品时要区别贵贱、长幼、贫富，依他们身份的轻重不同，得到各自应得的份额。所以荀子所说的礼，实质上是一种封建法权。例如，同样是"养"，天子就应乘专用的车子，铺高贵的席子，身边要摆着香草，还要挂上象征天子尊威的画有龙的旗帜。同样是“死”,“天子棺椁十重,诸侯五重,大夫三重,士再重”。还要区别葬服的厚薄,装饰的多少,丧事规模的大小等等。这种以强化封建等级制为特征的礼,就兼有法的性质。所以他在《王霸》中就干脆直言“礼法”了,以致后来汉儒编撰《礼记》,就大量采用了他的言论。

荀子认为,礼不仅兼有法的性质,还兼有道的性质。他说,礼是“万世则”,是“人道之极”,是人人都必须遵循的最高法则。为了论证礼作为“人道之极”的合理性,他还用自然现象附会说,天地之间的事物都是有区别的结合,日月的区别,才有昼夜的光明,四时的区别,才有寒暑的交替,星辰的区别,才有多彩的巡游,江河的区别,才有百川的汇流,万物的区别,才有繁茂的生长。总之,在他看来,无论自然界抑或人类社会都是不齐不平的,而礼就是反映了这个宇宙共同法则的道。这样,他所说的道,就改造了老子的非礼之道,而把道予以伦理化,与宋钘、尹文所说的道十分类似;既然礼兼有“道法”的性质,这又与黄老道家无异了。

《礼论》指出,礼的作用主要是为了规范人的行为,使人在“财用”、“贵贱”、“多少(即上下)”、“隆杀(即厚薄)”等方面都符合礼的规定,做到“上事天,下事地,尊先祖,而隆君师”,“法礼足礼”,遵循礼,不折不扣地实践礼,成为“有方之士”,“方”与“道”同义,即有道的人。其中,他最重视的是遵循儒家所说的“忠臣孝子”之礼,因为它体现了等级制度中的顺从原则,是“先王之道”的核心所在。为此,他用了大量篇幅论述对君亲的“敬始而慎终”之事,强调“生,人之始也,死,人之终也,终始俱善,人道毕矣”。在祭祀的礼节上,也作了不少烦琐的规定。《礼论》在这方面的内容,可以说是《论语·学而》“慎终追远”说的张本。

《礼论》展示了荀子极其丰富的思想内涵。该文撷取儒家、法家、黄老道家思想,自成一家之言,鲜明地表达了作者的学术个性。这是研究荀子及其学派所应首选的篇章之一。

(龚　杰)

乐　论　　《荀子》

夫乐①者,乐②也,人情之所必不免③也,故人不能无乐。乐则必发于声音,形④于动静,而人之道⑤,声音动静,性术之变尽是矣。故人不能不乐,乐则不能无形,形而不为道⑥,则不能无乱。先王恶其乱也,故制雅、颂之声以道之,使其声足以乐而不流⑦,使其文⑧足以辨而不諰⑨,使其曲直⑩、繁省、[11]、廉肉[12]、节奏[13]，足以感动人之善心，使夫邪污之气无由得接焉。是先王立乐之方[14]也，而墨子非之，奈何！

故乐在宗庙之中，君臣上下同听之，则莫不和敬；闺门之内[15]，父子兄弟同听之，则莫不和亲；乡里族长[16]之中，长少同听之，则莫不和顺。故乐者，审一以定和[17]者也，比物[18]以饰[19]节者也，合奏以成文者也；足以率一道[20]，足以治万变[21]。是先王立乐之术也，而墨子非之，奈何！

故听其雅、颂之声，而志意得广焉；执其干戚[22]，习其俯仰屈伸，而容貌得庄焉；行其缀兆[23]，要[24]其节奏，而行列得正焉，进退得齐焉。故乐者，出所以征诛也，入所以揖让[25]也。征诛揖让，其义一也。出所以征诛，则莫不听从；入所以揖让，则莫不从服。故乐者，天下之大齐[26]也，中和之纪[27]也，人情之所必不免也。是先王立乐之术也，而墨子非之，奈何！

且乐者，先王之所以饰[28]喜也；军旅铁钺[29]者，先王之所以饰怒也。先王喜怒皆得其齐[30]焉。是故喜而天下和之，怒而暴乱畏之。先王之道，礼乐正其盛者也，而墨子非之。故曰：墨子之于道也，犹瞽之于白黑也，犹聋之于清浊也，犹欲之楚而北求之也。

夫声乐之入人也深，其化人也速，故先王谨为之文。乐中平则民和而不流，乐肃庄则民齐而不乱。民和齐则兵劲城固，敌国不敢婴[31]也。如是，则百姓莫不安其处，乐其乡，以至足其上矣。然后名声于是白[32]，光辉于是大，四海之民，莫不愿得以为师[33]。是王者之始也。乐姚冶[34]以险，则民流僈[35]鄙贱矣。流僈则乱，鄙贱则争。乱争则兵弱城犯，敌国危之。如是，则百姓不安其处，不乐其乡，不足其上矣。故礼乐废而邪音起者，危削侮辱之本也。故先王贵礼乐而贱邪音。其在序官[36]也，曰："修宪命，审诗商[37]，禁淫声，以时顺修[38]，使夷俗邪音不敢乱雅，太师[39]之事也。"

墨子曰："乐者，圣王之所非也，而儒者为之，过也。"君子以为不然。乐者，圣人之所乐也，而可以善民心，其感人深，其移风易俗，故先王导之以礼乐而民和睦。

夫民有好恶之情而无喜怒之应，则乱。先王恶其乱也，故修其行，正其乐，而天下顺焉。故齐衰[40]之服，哭泣之声，使人之心悲；带甲婴軸[41]，歌于行伍，使人之心伤[42]；姚冶之容，郑、卫之音，使人之心淫；绅[43]、端[44]、章甫[45]，舞韶[46]歌武[47]，使人之心庄。故君子耳不听淫声，目不视女色，口不出恶言。此三者，君子慎之。

凡奸声[48]感人而逆气应之，逆气[49]成象[50]而乱生焉。正声感人而顺气应之，顺气成象而治生焉。唱和有应，善恶相象，故君子慎其所去就[51]也。

君子以钟鼓道[52]志，以琴瑟乐[53]心。动以干戚，饰以羽旄[54]，从以磬管。故其清明象天，其广大象地，其俯仰周旋有似于四时。故乐行而志清，礼修而行[55]成，耳目聪明，血气和平，移风易俗，天下皆宁，美善相乐。故曰：乐者，乐也。君子乐得其道，小人乐得其欲。以道制欲，则乐而不乱；以欲忘道，则惑而不乐。故乐者，所以道乐也。金石丝竹，所以道德也。乐行而民乡[56]方[57]矣。故乐者，治人之盛者也；而墨子非之。

且乐也者，和之不可变者也；礼也者，理之不可易者也。乐合同，礼别异。礼乐之统，管乎人心矣。穷本极变[58]，乐之情也；著诚去伪，礼之经也。墨子非之，几遇刑[59]也。明王已没，莫之正[60]也。愚者学之，危其身也。君子明乐，乃其德也。乱世恶善，不此听也。于乎哀哉！不得成也。弟子勉学，无所营[61]也。

声乐之象：鼓大丽[62]，钟统实[63]，磬廉制[64]，竽、笙、箫和[65]，筦[66]、籥[67]发猛，埙[68]、篪[69]翁博[70]，瑟易良[71]，琴妇好[72]，歌清尽，舞意天道兼[73]。鼓，其乐之君邪！故鼓似天，钟似地，磬似水，竽笙箫筦籥似星辰日月，鞉[74]、柷[75]、拊[76]、鞷[77]、椌[78]、楬[79]似万物。曷以知舞之意？曰：目不自见，耳不自闻也，然而治俯仰诎[80]信[81]进退迟速，莫不廉制，尽筋骨之力以要[82]钟鼓俯会之节，而靡有悖逆者，众积意谔谔[83]乎！

吾观于乡[84]而知王道之易易[85]也。主人亲速[86]宾[87]及介[88]，而众宾皆从之，至于门外，主人拜宾及介，而众宾皆入，贵贱之义别矣。三揖至于阶，三让以宾升[89]，拜至[90]，献酬[91]，辞让之节繁。及介省矣。至于众宾，升受[92]，坐祭，立饮，不酢[93]而降。隆[94]杀[95]之义辨矣。工[96]入，升歌三终[97]，主人献之；笙[98]入三终，主人献之；间歌三终，合乐[99]三终，工告乐备，遂出。二人扬觯[100]，乃立司正[101]。焉知其能和乐而不流也。宾酬主人，主人酬介，介酬众宾，少长以齿[102]，终于沃洗者[103]。焉知其能弟[104]长而无遗也。降、说[105]屦升坐，修[106]爵无数。饮酒之节，朝不废[107]朝，莫[108]不废夕。宾出，主人拜送，节文终遂。焉知其能安燕[109]而不乱也。贵贱明，隆杀辨，和乐而不流，弟长而无遗，安燕而不乱——此五行者，足以正身安国矣。彼国安而天下安。故曰：吾观于乡而知王道之易易也。

乱世之征，其服组[110]，其容妇[111]，其俗淫，其志利，其行杂[112]，其声乐险，其文章匿[113]而采，其养生无度，其送死瘠墨[114]，贱礼义而贵勇力，贫则为盗，富则为贼，治世反是也。

〔**注释**〕 ① 乐：音乐。 ② 乐：欢乐。 ③ 不免：不可缺少。 ④ 形：表现。 ⑤ 人之道：人之所以为人的原因。 ⑥ 道：同“导”。 ⑦ 流：淫乱。 ⑧ 文：乐章。 ⑨ 諰(xǐ)：当作“偲”，邪。 ⑩ 曲直：声音曲折或平直。 ⑪ 繁省：声音繁复简单。 ⑫ 廉肉：声音的清脆或圆润。 ⑬ 节奏：声音的节制停顿或推进加快。 ⑭ 方：原则。 ⑮ 闺门之内：指家庭内。 ⑯ 乡里族长：都是古代的行政区域单位。一说“族长”即“族党”，指聚居在一起的同族亲属。 ⑰ 审一以定和：审定一个主音来确定乐调和谐。一，指五音(宫、商、角、徵、羽)中作为主音的一个音。 ⑱ 比物：比，配合；物，乐器。 ⑲ 饰：通“饬”，整治。 ⑳ 一道：治理社会的总原则，即上文所讲的君臣上下，父子兄弟，长少之间的“和敬”、“和亲”、“和顺”等根本原则。 ㉑ 万变：即声音、动静、性术的变化。 ㉒ 干戚：干，盾牌；戚，斧头。 ㉓ 缀兆：舞蹈的行列位置。缀，行列的标志；兆，舞蹈者活动的界限。 ㉔ 要(yāo)：迎合。 ㉕ 揖让：礼让。 ㉖ 齐：同。 ㉗ 纪：纲纪。 ㉘ 饰：表现。 ㉙ 铁钺(fū yuè)：铁，斧；钺，大斧，都是古代斩杀的刑具,泛指刑具。㉚ 齐:恰当。㉛ 婴:同“撄”,侵犯。㉜ 白:显赫。㉝ 师:君长。㉞ 姚冶:妖冶,轻浮。㉟ 流僈:放纵散漫。㊱ 序官:论列官职。㊲ 商:同“章”。㊳ 顺修:整治。㊴ 太师:乐官之长。㊵ 齐衰(zī cuī):丧服。㊶ 婴軸:戴上甲胄。㊷ 伤:“伤”通“壮”,悲壮。㊸ 绅:古代士大夫束在腰间,一头垂下的大带子。㊹ 端:礼服。㊺ 章甫:礼帽。㊻《韶》:相传是虞舜时代的一种乐曲。㊼《武》:相传是周武王时代的一种乐曲。㊽ 奸声:淫邪的音乐。㊾ 逆气:歪风邪气。㊿ 成象:形成风气。51 去就:取舍。52 道:同“导”。53 乐:使……乐。54 羽旄(máo):羽,野鸡毛;旄,牦牛尾。羽、旄均为古代舞蹈用具。55 行:德行。56 乡:同“向”。57 方:道。58 穷本极变:究穷本极达到从根本上改变人。59 遇刑:犯罪。60 正:纠正。61 营:通“荧”,迷惑、疑惑。62 丽:通“厉”,激越高亢。63 统实:统,声音洪亮;实,声音浑厚。64 廉制:清越明朗。65 和:小笙。66 筦(guǎn):同“管”,一种编管乐器。67 籥(yuè):古代编管乐器。68 埙(xūn):一种陶土烧制的吹奏乐器。69 篪(chí):一种单管横吹乐器。70 翁博:低沉宽广。71 易良:易,平和;良,温良。72 妇好:犹“女好”,柔婉。73 天道兼:意为包容了自然界的一切现象。74 鞉(táo):同“鞀”、“鼗”,有柄小鼓,犹如今之拨浪鼓。75 柷(zhú):一种漆筒似的打击乐器。76 拊(fǔ):一种打击乐器,形如小鼓,拍打时声音沉闷。77 鞷(gé):一种与“拊”类似的乐器。78 椌(qiāng):一种类似柷的打击乐器。79 楬(qià):一种虎状木制打击乐器,在雅乐结束时演奏。80 诎:同“屈”。81 信(shēn):通“伸”。82 要(yāo):迎合。83 谡谡(chí):谆谆,诚恳谨慎的样子。84 乡:指乡饮酒的礼仪。85 易易:非常容易。86 速:召请。87 宾:古代乡饮礼中有地位有名望的主客。88 介:古代乡饮礼中德行稍次于宾者称介,一般作为宾的辅佐。89 升:登上厅堂。90 拜至:拜谢宾客的到来。91 献酬:古代主客互相敬酒。92 升受:登堂受酒。93 酢(zuò):客人用酒回敬主人。94 隆:增添。95 杀:减省。96 工:乐工。97 终:将一首歌曲或乐曲从头到尾歌唱或演奏一遍叫一终。98 笙:吹笙的人。99 合乐:合奏。100 觯(zhì):酒器。101 司正:负责监礼的人。102 齿:年龄。103 沃洗者:洗酒器之类的人。104 弟:同“悌”,尊敬兄长。105 说:同“脱”。106 修:行。107 废:妨碍。108 莫:同“暮”,傍晚。109 燕:同“宴”,安逸快乐。110 组(chǔ):华丽。111 容妇:指男人模仿女人的打扮。112 杂:污。113 慝:通“慝”,邪恶。114 瘠墨:简省刻薄。 (张 静)

〔**鉴赏**〕 荀子的《乐论》是现存的先秦时期第一篇系统论述音乐的专著。荀子前,季札观周乐,发表了大段议论(《左传·襄公二十九年》),孔子也常对音乐进行评论,但并无专文论议。《乐论》的出现在文艺批评史上写下了璀璨一笔。季札、孔子对音乐,尤其是有中和之美的音乐持肯定态度;墨子却基于小生产者的狭隘功利主义反对音乐。荀子以《乐论》驳墨子的《非乐》,将对音乐的认识引向纵深。

荀子肯定人“目好色,耳好声,口好味,心好利,骨体肤理好愉佚”(《性恶》),并强调人的感官天生具有审美能力:“目辨黑白美丑,耳辨音声清浊”(《荣辱》),音乐当然属于审美观照的对象。《乐论》开篇即讲:“夫乐者,乐也,人情之所必不免也。故人不能无乐”,人天生具有对音乐的鉴赏能力与鉴赏需求(不仅是乐,且包括与乐紧密联系的诗和舞)，这是本性中不可去除的欲望，应尽可能予以满足。这种肯定人性的观点较之墨子等人否定美、否定正当审美性娱乐的禁欲主义或苦行主义思想无疑更顺应历史潮流。

人对音乐的需求发自本性，因为音乐的旋律、节奏的柔婉或刚直、繁密或简约、轻清或厚重、瘦劲或丰满足以感动人之善心，使"邪污之气"与民众远离。音乐可以感动人心，"入人也深"，"化人也速"，这是因为音乐本身是情感的产物，表达一定情感，并以情感触动为其情感内涵的进一步诠释。音乐动人心魄，引起相应情感，好的音乐则可以将人导向道德的正途。圣民的君主制定好的音乐准则可以"善民心"，"移风易俗"，使国家安定。荀子肯定了艺术以情感人的特质，强调提出艺术的"入人"、"化人"的特点，有不可忽视的意义，其后许多文论家都有述及。

荀子肯定了音乐的作用，但他并不认为音乐万能。人有善恶，音乐亦有正邪。如果对音乐放任自流，人的行为无正确引导，会内危外恐，社会会发生争乱。音乐的正邪与人心善恶对应，"唱声有应，善恶相象"，君子要"慎其所去就"，统治者要正确引导庶民。

在这种情况下，荀子认为情感性的音乐要和规范性的"礼"相辅而行。音乐应当为推行礼制服务，礼制之行应该有音乐的配合。礼是乐的主导，乐是礼的配合。荀子认为人有等级之分，"先王"厌恶社会的混乱，"制礼义以分之，使有贫、富、贵、贱之等"(《王制》)，这正如《乐论》所说"礼别异"，而乐可起"合同"作用。"乐也者，和之不可变者也，礼也者，理之不可易者也，乐和同，礼别异，礼乐之流，管乎人心矣"。礼乐相合，异同结合，可使人在遵守礼义之余得到一定程度上的欲望的满足，达到孔子之类"从心所欲不逾矩"的境界。国家安宁，人民安乐。这种礼乐相辅的思想符合古人思想脉络，如《左传·泰伯》中讲到"兴于诗，立于礼，成于乐"，《毛诗序》中要求"发乎情，止乎礼义"。在"礼"的约制下享受"乐"可以使"天下皆宁，美善相乐"。

荀子过分强调了音乐的社会政治作用，夸大了音乐作用，认为音乐可以使"天下大齐"，"足以率一道，足以治万变"，所以主张统治者用行政手段使"正统"观念通过文艺渗透人心；并且他排斥非正统的音乐，重视儒家"揖让"、"中平"之说，扩大了孔子"放郑声、远佞人"的主张。这些思想不免为文艺套上枷锁，在实际上不利于文艺的百家争鸣。

尽管《乐论》的思想不尽成熟，但它仍是一篇重要的音乐专论。文中，荀子铿锵有力地肯定了人性的确凿存在，高瞻远瞩地论述了音乐的巨大感染力量，精炼详尽地叙述了音乐寓教于乐的历史性作用，要求以音乐改善思想，敦厚风俗，促进和睦，强调音乐的正途，这些眼光远大的观点不仅在当时，便是在现在社会的文艺界的风云变幻中都有极强借鉴作用与极大指导意义。（陈艳萍）

解　蔽

《荀子》

凡人之患，蔽①于一曲②，而闇③于大理。治则复经④，两疑⑤则惑矣。天下无二道，圣人无两心。今诸侯异政，百家异说，则必或是或非，或治或乱。乱国之君，乱家之人，此其诚心⑥莫不求正而以自为也，妒缪⑦于道而人诱其所迨⑧也。私⑨其所积⑩，唯恐闻其恶也。倚其所私以观异术，唯恐闻其美也。是以与治离走⑪而是己⑫不辍⑬也。岂不蔽于一曲而失正求也哉！心不使焉，则白黑在前而目不见，雷鼓⑭在侧而耳不闻，况于使者⑮乎！德⑯道之人，乱国之君非之上，乱家之人非之下，岂不哀哉！

故⑰为蔽？欲为蔽，恶为蔽，始为蔽，终为蔽，远为蔽，近为蔽，博为蔽，浅为蔽，古为蔽，今为蔽。凡万物异则莫不相为蔽⑱，此心术之公患⑲也。

昔人君之蔽者，夏桀、殷纣是也。桀蔽于末喜⑳、斯观㉑而不知㉒关龙逢㉓，以惑其心而乱其行；纣蔽于妲己㉔、飞廉㉕而不知微子启㉖，以惑其心而乱其行。故群臣去忠而事私，百姓怨非㉗而不用，贤良退处而隐逃，此其所以丧㉘九牧㉙之地而虚㉚宗庙㉛之国也。桀死于鬲山㉜，纣县㉝于赤旆㉞，身不先知，人又莫之谏，此蔽塞之祸也。成汤监㉟于夏桀，故主其心㊱而慎治之，是以能长用伊尹㊲而身不失道，此其所以代夏王而受九有㊳也。文王监于殷纣，故主其心而慎治之，是以能长用吕望㊴而身不失道，此其所以代殷王而受九牧也。远方莫不致其珍，故目视备㊵色，耳听备声，口食备味，形居备宫，名受备号，生则天下歌，死则四海哭，夫是之谓至盛。诗曰："凤凰秋秋[41]，其翼若干，其声若箫，有凤有凰，乐帝之心。”此不蔽之福也。

昔人臣之蔽者，唐鞅[42]、奚齐[43]是也。唐鞅蔽于欲权而逐载子[44]，奚齐蔽于欲国而罪申生[45]，唐鞅戮于宋，奚齐戮于晋。逐贤相而罪孝兄，身为刑戮，然而不知，此蔽塞之祸也。故以贪鄙背叛争权而不危辱灭亡者，自古及今，未尝有之也。鲍叔、宁戚、隰朋[46]仁知且不蔽，故能持管仲[47]而名利福禄与管仲齐。召公[48]吕望仁知且不蔽，故能持周公而名利福禄与周公齐。传曰：“知贤之谓明，辅贤之谓能。勉之强之，其福必长。”此之谓也，此不蔽之福也。

昔宾孟[49]之蔽者，乱[50]家[51]是也。墨子蔽于用而不知文，宋子蔽于欲[52]而不知得，慎子[53]蔽于法而不知贤，申子[54]蔽于埶而不知知[55]，惠子蔽于辞[56]而不知实，庄子蔽于天而不知人。故由用谓之道尽利矣，由俗[57]谓之道尽嗛[58]矣，由法谓之道尽数矣。由埶谓之道尽便矣，由辞谓之道尽论[59]矣，由天谓之道尽因[60]矣：此数具者，皆道之一隅也。夫道者，体常而尽变，一隅不足以举之。曲知[61]之人，观于道之一隅而未之能识也，故以为足而饰[62]之，内以自乱，外以惑人，上以蔽下，下以蔽上；此蔽塞之祸也。

孔子仁知且不蔽，故学乱术[63]足以为先王者也。一家得周道，举而用之，不蔽于成积[64]也。故德与周公齐，名与三王[65]并，此不蔽之福也。

圣人知心术[66]之患，见蔽塞之祸，故无欲、无恶、无始、无终、无近、无远、无博、无浅、无古、无今，兼陈万物而中县衡[67]焉。是故众异不得相蔽以乱其伦[68]也。

何谓衡？曰：道[69]。故心不可以不知道，心不知道，则不可[70]道而可非道。人孰欲得恣而守其所不可以禁其所可？以其不可道之心取人，则必合于不道人而不知[71]合于道人。以其不可道之心与不道人论道人，乱之本也。夫何以知！

曰心知道然后可道。可道然后能守道以禁非道。以其可道之心取人，则合于道人而不合于不道之人矣。以其可道之心与道人论非道，治之要也。何患不知？

故治之要在于知道。人何以知道？曰：心。心何以知？曰：虚[72]壹[73]而静。心未尝不臧[74]也，然而有所谓虚；心未尝不满[75]也，然而有所谓一；心未尝不动也，然而有所谓静。人生而有知[76]，知而有志，志也者，臧也；然而有所谓虚，不以所已臧害所将受谓之虚。心生而有知，知而有异，异也者，同时兼知之；同时兼知之，两也；然而有所谓一，不以夫一害此一谓之壹。心卧则梦，偷[77]则自行，使之则谋。故心未尝不动也，然而有所谓静，不以梦剧[78]乱知谓之静。未得道而求道者，谓之虚壹而静。作之，则将须[79]道者之[80]虚，则人[81]；将事[82]道者之壹，则尽；将思道者静，则察。知道察，知道行，体道者也。虚壹而静，谓之大清明[83]。万物莫形而不见，莫见而不论，莫论而失位[84]。坐于室而见四海，处于今而论久远，疏观[85]万物而知其情，参稽[86]治乱而通其度，经纬[87]天地而材官[88]万物、制割[89]大理，而宇宙里[90]矣。恢恢广广[91]，孰知其极！睪睪[92]广广，孰知其德！涫涫[93]纷纷，孰知其形！明参日月，大满八极，夫是之谓大人。夫恶[94]有蔽矣哉！

心者，形之君也而神明之主也；出令而无所受令。自禁也，自使也，自夺也，自取也，自行也，自止也。故口可劫[95]而使墨[96]云，形可劫而使诎申[97]，心不可劫而使易意，是之则受，非之则辞。故曰：心容[98]，其择也无禁，必自见[99]，其物也杂博，其情之至也不贰。诗云："采采卷耳，不盈顷筐[100]。嗟我怀人，寘[101]彼周行[102]。"顷筐易满也，卷耳易得也，然而不可以贰周行[103]。故曰：心枝则无知，倾则不精，贰则疑惑。以赞[104]稽之，万物可兼知也。

身尽其故则美,类[105]不可两也,故知者择一而壹焉。农精于田而不可以为田师[106],贾精于市而不可以为市师,工精于器而不可以为器师。有人也,不能此三技而可使治三官,曰:精于道者也,精于物者[107]也。精于物者以物[108]物,精于道者兼[109]物物。故君子壹于道而以赞稽物。壹于道则正,以赞稽物则察;以正志行[110]察论,则万物官[111]矣。

昔者舜之治天下也,不以事诏而万物成。处一危[112]之,其荣满侧;养一之微,荣矣而未知。故道经曰:"人心之危,道心之微。"危微之几[113],惟明君子而后能知之。故人心譬如槃水,正错[114]而勿动,则湛[115]浊在下,而清明在上,则足以见须眉而察理矣。微风过之,湛浊动乎下,清明乱于上,则不可以得大形[116]之正也。心亦如是矣。故导之以理,养之以清,物莫之倾,则足以定是非决嫌疑矣。小物引[117]之,则其正外易,其心内倾,则不足以决粗理矣。故好书[118]者众矣,而仓颉[119]独传者,壹也;好稼者众矣,而后稷[120]独传者,壹也;好乐者众矣,而夔[121]独传者,壹也;好义者众矣,而舜独传者,壹也;倕[122]作弓,浮游[123]作矢,而羿[124]精于射;奚仲[125]作车,乘杜[126]作乘马,而造父[127]精于御:自古及今,未尝有两而能精者也。曾子曰:是[128]其庭[129]可以搏鼠,恶能与我歌矣!

空石[130]之中有人焉,其名曰觙。其为人也,善射以好思。耳目之欲接,则败其思;蚊虻之声闻,则挫其精。是以辟[131]耳目之欲,而远蚊虻之声,闲居静思则通。思仁若是,可谓微乎?孟子恶败而出妻[132],可谓能自强矣;有子[133]恶卧而焠[134]掌,可谓能自忍矣,未及好[135]也。辟耳目之欲,可谓能自强矣,未及思也。蚊虻之声闻则挫其精,可谓危矣,未可谓微也。夫微者至人[136]也。至人也,何强,何忍,何危!故浊明外景[137],清明[138]内景。圣人纵其欲,兼[139]其情,而制焉者理矣。夫何强,何忍,何危!故仁者之行道也,无为[140]也;圣人之行道也,无强也。仁者之思也,恭;圣人之思也,乐。此治心之道也。

凡观物有疑,中心不定,则外物不清;吾虑不清,则未可定然否[141]也。冥冥而行者,见寝石以为伏虎也,见植林以为后[142]人也,冥冥蔽其明也。醉者越百步之沟,以为蹞步[143]之浍[144]也;俯而出城门,以为小之闺[145]也,酒乱其神也。厌[146]目而视者,视一以为两;掩耳而听者,听漠漠[147]而以为哅哅[148],埶[149]乱其官也。故从山上望牛者若羊,而求羊者不下牵也,远蔽其大也。从山下望木者,十仞[150]之木若箸,而求箸者不上折也,高蔽其长也。水动而景[151]摇,人不以定美恶,水埶玄[152]也。瞽者仰视而不见星,人不以定有无,用精[153]惑[154]也。有人焉,以此时定物,则世之愚者也。彼愚者之定物,以疑决疑,决必不当。夫苟不当,安能无过乎?

夏首[155]之南有人焉,曰涓蜀梁,其为人也,愚而善[156]畏。明月而宵行,俯见其影,以为伏鬼也;卬[157]视其发,以为立魅也;背而走,比至其家,失气而死。岂不哀哉!凡人之有鬼也,必以其感忽[158]之间疑玄[159]之时正之。此人之所以无有而有无[160]之时也。而已以正事,故伤于湿而击鼓鼓痹[161],则必有敝鼓丧豚之费矣,而未有俞[162]疾之福也。故虽不在夏首之南,则无以异矣。

凡以[163]知,人之性也;可以知,物之理也。以可知人之性,求可以知物之理,而无所疑[164]止之,则没世穷年不能遍也。其所以贯理焉虽亿万,已[165]不足以浃[166]万物之变,与愚者若一。学,老身长子,而与愚者若一,犹不知错[167],夫是之谓妄人。故学也者,固[168]学止[169]之也。恶乎止之?曰:止诸至足。曷谓至足?曰:圣也。圣也者,尽伦[170]者也;王也者,尽制者也;两尽者,足以为天下极[171]矣。故学者以圣王为师,案以圣王之制为法,法其法以求其统类[172],以务象效其人。向是而务,士也;类是而几[173],君子也;知之,圣人也。故有知非以虑是[174],则谓之惧;有勇非以持是,则谓之贼;察孰[175]非以分是,则谓之篡[176];多能非以脩荡[177]是,则谓之知[178];辩利非以言是,则谓之詍[179]。传曰:"天下有二:非察[180]是,是察非。"谓合王制与不合王制也。天下有不以是为隆正也,然而犹有能分是非治曲直者邪?若夫非分是非,非治曲直,非辨治乱,非治人道;虽能之无益于人,不能无损于人;案直[181]将治怪说,玩奇辞,以相挠[182]滑[183]也;案强钳[184]而利口,厚颜而忍诟,无正而恣睢[185],妄辨而几[186]利;不好辞让,不敬礼节,而好相推挤,此乱世奸人之说也,则天下之治说者,方[187]多然矣。传曰:"析辞[188]而为察,言物而为辨,君子贱之。博闻强志,不合王制,君子贱之。"此之谓也。

为之无益于成也,求之无益于得也,忧戚之无益于几[189]也,则广[190]焉能弃之矣!不以自妨也,不少顷干之胸中。不慕往,不闵来[191],无邑[192]怜之心,当时[193]则动,物至而应,事起而辨[194],治乱可否,昭然明矣!

周[195]而成,泄而败,明君无之有也。宣而成,隐而败,暗君无之有也。故君人者,周则谗言至矣,直言反[196]矣,小人迩[197]而君子远矣。诗云:"墨以为明,狐狸而苍。"此言上幽而下险也。君人者,宣则直言至矣,而谗言反矣,君子迩而小人远矣。诗曰:"明明在下,赫赫在上。"此言上明而下化也。

〔**注释**〕 ① 蔽:蒙蔽。 ② 一曲:一隅的偏见。 ③ 闇:不明。 ④ 经:正道。 ⑤ 两疑:"两",指"一曲"和"大理"两方面;疑,犹豫不决。 ⑥ 诚心:本意。 ⑦ 缪:通"谬",指对道的看法错误又荒谬。 ⑧ 追:通"怡",喜爱。 ⑨ 私:偏爱。 ⑩ 积:指长期形成的知识。⑪ 离走:背道而驰。走,奔跑。 ⑫ 是己:自以为是。 ⑬ 辍:停止。 ⑭ 雷鼓:古祀天神时所用鼓。 ⑮ 使者:使,当是"蔽"字之误。使者,蔽者,指被片面知识蒙蔽的人。 ⑯ 德:通"得"。 ⑰ 故:犹"胡",何。 ⑱ 相为蔽:相互造成蒙蔽,指一个侧面掩盖了另一个侧面。⑲ 公患:通病。 ⑳ 末喜:或作"妺嬉",夏桀的妃子。 ㉑ 斯观:夏桀的宠臣。 ㉒ 知:知遇,赏识。 ㉓ 关龙逢:夏桀的贤臣,因规劝夏桀而被杀。 ㉔ 妲己:殷纣王的妃子,有苏氏之女,与胶鬲勾结而使商纣灭亡。 ㉕ 飞廉:商纣王的佞臣,有勇力、善奔走。 ㉖ 微子启:商纣的庶兄,归周后周公命其统帅殷族而封于宋。 ㉗ 非:同"诽",咒骂。 ㉘ 丧:使……丧失。 ㉙ 九牧:九州的长官,指代九州。 ㉚ 虚:同"墟",使……成废墟。 ㉛ 宗庙:象征国家政权。 ㉜ 鬲山:即历山,相传汤放桀于此山。 ㉝ 县:同"悬"。 ㉞ 旆(pèi):古代竖挂的旗帜下边垂悬的装饰品。 ㉟ 监:通"鉴",鉴戒。 ㊱ 主其心:指独自拿定主意而不被奸臣迷惑。 ㊲ 伊尹：商汤的相，辅佐汤消灭了夏桀。 ㊳ 九有：即九州。 ㊴ 吕望：即姜尚，字子牙，辅佐周武王灭商，封于齐。 ㊵ 备：齐备。 ㊶ 秋秋：同“跄跄”，腾跃飞舞的样子。㊷ 唐鞅：战国时宋康王的臣子。 ㊸ 奚齐：晋献公宠妃骊姬的儿子。 ㊹ 载子：当作“戴子”，宋太宰戴驩，后被唐鞅所逐而逃往齐国。 ㊺ 申生：晋献公的太子，奚齐的异母兄。㊻ 鲍叔、宁戚、隰朋：都是齐桓公的大臣。 ㊼ 管仲：齐桓公的相，曾辅佐齐桓公称霸，齐桓公尊为“仲父”。 ㊽ 召公：又作“邵公”，姓姬，名奭。 ㊾ 宾孟：战国时往来各诸侯国之间的游士。宾，客；孟，通“萌”，民。 ㊿ 乱：使……乱。 (51) 家：学派。 (52) 欲：欲望。 (53) 慎子：早期法家人物。 (54) 申子：法家代表人物之一。 (55) 知：通“智”。 (56) 辞：不切实际的事理分析。 (57) 俗：通“欲”。 (58) 嗛(qiè)：通“慊”，满足。 (59) 论：巧言辩说。 (60) 因：顺从，指消极地听天由命。 (61) 曲知：片面的知识。 (62) 饰：炫耀。 (63) 乱术：指孔子掌握的治理天下的方法。 (64) 成积：已有的知识。 (65) 三王：三代开国之王，即夏禹、商汤、周文王、武王。 (66) 心术：思想方法。 (67) 县衡：用一定的标准进行权衡。县，同“悬”，挂；衡，秤，指标准。 (68) 伦：条理。 (69) 道：治理社会的正确原则。 (70) 可：认可。 (71) 知：衍文。(72) 虚：虚心。 (73) 壹：专一。 (74) 臧：同“藏”，贮藏。 (75) 满：当作“两”，指同时认识不同的事物。 (76) 知：通“智”。 (77) 偷：懈怠。 (78) 剧：繁杂。 (79) 须：求、等待。 (80) 之：到。(81) 人：当作“入”，接受。 (82) 事：学习。 (83) 大清明：指认识上的极其透彻、毫无偏蔽的境界。 (84) 失位：不恰当。 (85) 疏观：洞察。 (86) 参稽：检验。 (87) 经纬：治理。 (88) 材官：管理。才，通“裁”，控制；官，利用。 (89) 制割：掌握、控制。 (90) 里：当作“理”，规律。(91) 广广：通“旷旷”，深远的样子。 (92) 睪睪(hào)：通“浩浩”，广大的样子。 (93) 涫涫(guàn)：水沸腾的样子。 (94) 恶：何，怎么。 (95) 劫：强制。 (96) 墨：通“默”。 (97) 诎申：诎，同“屈”；申，同“伸”。 (98) 心容：心的状态。 (99) 自见：自以为是，自作主张。 (100) 顷筐：畚箕一类的容器。 (101) 寘：通“置”，放。 (102) 周行：大路、大道。 (103) 贰周行：三心二意地在大路上待着。 (104) 赞：辅助。 (105) 类：指认识事物的法则。 (106) 田师：官名，与下文的“贾师”、“器师”分别为管理农、工、商的官。 (107) 精于物者：指农民、商人、手工业者之类。(108) 物：支配。 (109) 兼：兼管。 (110) 行：推行。 (111) 官：各当其任。 (112) 危：谨慎。 (113) 几：隐微的苗头或预兆。 (114) 错：通“措”，放置。 (115) 湛(chén)：通“沉”，沉淀。 (116) 大形：人的形体。大，当为本。 (117) 引：牵制，影响。 (118) 书：文字。 (119) 仓颉：黄帝时的史官，据说汉字由其所创，古代文字的搜集整理者。 (120) 后稷：尧时的农官，周族始祖，名弃。 (121) 夔(kuí)：尧舜时的乐官。 (122) 倕：尧舜时的巧匠。 (123) 浮游：或作“夷牟”，黄帝时人，传说他创造了箭。 (124) 羿：夏代东夷族有穷氏的部落首领，也称夷羿、后羿，善于射箭。 (125) 奚仲：夏禹时担任车正，相传他善于造车。 (126) 乘杜：即相土，商朝祖先契的孙子，由于发明了“乘马”，故称之为“乘杜”。 (127) 造父：周穆王的车夫，善于驾驭马车。 (128) 是：借作“视”。 (129) 庭：通“筳”，唱歌时用来打拍子的小棍。 (130) 空石：古地名。 (131) 辟：通“避”，避开。 (132) 出妻：休妻。 (133) 有子：即有若，孔子的学生。 (134) 焠：烧灼。 (135) 好：一说好字下有思字。(136) 至人：能掌握道而达到最高境界的人。 (137) 浊明外景：意为混沌地明白道的人只能在外表露出光彩。浊明，对道认识肤浅的人；景，亮光。 (138) 清明：对道认识透彻的人。 (139) 兼：全、尽。 (140) 无为：无所作为。指顺应自然。 (141) 然否：是非。 (142) 后：当作“立”。 (143) 頣步：同“跬步”，半步。 (144) 浍(kuài)：小沟。 (145) 闺：宫中小门。 (146) 厌：同“压”，手按着。(147) 漠漠：形容无声。 (148) 哅哅：喧闹声。 (149) 埶：外力。 (150) 仞：古代长度名称，一仞为八尺。 (151) 景：同“影”。 (152) 玄：通“眩”，看不清楚。 (153) 精：通“睛”，眼睛，视力。 (154) 惑：

迷乱。 ⑮⑤ 夏首：地名。 ⑮⑥ 善：容易。 ⑮⑦ 卬：同“仰”，抬头。 ⑮⑧ 感忽：恍惚。 ⑮⑨ 疑玄：神志不清。 ⑯⓪ 无有而有无：以有为无，以无为有。 ⑯① 鼓痹：敲鼓烹豚向神祷告来治病。 ⑯② 俞：通“愈”，治好。 ⑯③ 以：犹“能”。 ⑯④ 疑止：疑，通“凝”，固定。疑止，即止境。 ⑯⑤ 已：终。 ⑯⑥ 浃(jiā)：合。 ⑯⑦ 错：通“措”。 ⑯⑧ 固：本来。 ⑯⑨ 止：一定的范围。 ⑰⓪ 尽伦：精通万物之理。 ⑰① 极：顶点。 ⑰② 统类：法之大纲。 ⑰③ 几：接近。 ⑰④ 是：准则。 ⑰⑤ 孰：同“熟”，熟悉，周详。 ⑰⑥ 篡：非法夺取。 ⑰⑦ 荡：发扬光大。 ⑰⑧ 知：巧诈。 ⑰⑨ 诎(yì)：无用的多言。 ⑱⓪ 察：分辨。 ⑱① 直：只。 ⑱② 挠：扰。 ⑱③ 滑：乱。 ⑱④ 强钳：强行压制。 ⑱⑤ 无正而恣睢：不守正道而恣肆暴戾。 ⑱⑥ 几：近。 ⑱⑦ 方：却。 ⑱⑧ 析辞：玩弄辞句。析，玩弄。 ⑱⑨ 几：危险。 ⑲⓪ 广：广泛地。 ⑲① 闵来：担忧将来。闵，忧。 ⑲② 邑(yì)：通“悒”，愁闷不安。 ⑲③ 当时：时机恰当。 ⑲④ 辨(bàn)：通“办”，治理。 ⑲⑤ 周：周密。 ⑲⑥ 反：通“返”。 ⑲⑦ 迩：亲近。

（张　静）

〔鉴赏〕《荀子》中的这一名篇揭示了人类精神的最大公患——蔽；描绘了它的各种表现，它造成的巨大祸害；论述了精神的本质作用，指明了解蔽的根本途径和方式。

所谓“蔽”，是指人们的精神受蒙蔽的状态：心灵蔽塞，不能接受任何有益的东西；眼光受到蔽障，看不到事情的真相，分不清是非善恶；思想被限制和束缚，不能把握真理，进行创造性的思维。是什么东西蒙蔽了人的精神？荀子指出：事物令人喜爱，或是令人厌恶；事物初起时的状况，或其终结时的状态；事物的距离远，或是近；人的见识多，或是见识少；古代的经验，或是今人的认识都可能妨碍人获得正确的认识，阻碍精神的发展。这实际上是说任何事物、任何心理状态都可能成为精神的蔽障。

荀子对人类精神的公患给出了一个最一般的规定：“凡万物异则莫不相为蔽。”事物的不同怎会导致蔽？事物和观念各有其特征和功用，因而各有其价值和吸引力，一旦心灵陷入盲目性，被某种外物或僵化的观念所支配，“私其所积”，“倚其所私”，就会产生片面性。可见，事物的差别性是蔽发生的外部条件，而认识的绝对化和被支配状态则是蔽产生的内在根本原因。这里他接触到人类谬误的最深根源，看到人们的精神往往倾向于把一种认识凝固化和绝对化，从而让自己受其支配。荀子实际告诉人们，如果心灵陷入盲目性，他们在任何时候、任何地方、遇到任何事物都会发生谬误。

在用大量发人深省的历史教训说明蔽塞之祸，用许多富有启示的成功事例显示不蔽之福时，荀子极大地深化了对历史的总结。他令人信服地证明，人的精神状态是以往各种政治势力兴衰存亡的一个关键因素。由于从心术公患的角度看过去的学术史，他的眼光无比犀利，非常中肯地揭示了诸子思想的长处和短处。文中对墨子、宋钘、慎到、申不害、惠施和庄子思想的基本倾向的分析如此之精辟，对其根本观念和主要缺陷的概括如此之准确，以至于它们已成为历代学者评价诸子的一个主要依据。

荀子从内外、主客观两方面提出破除心灵蔽塞的方法。从外在的、客观的方面，他主张“兼陈万物而中县衡”。“兼陈万物”是为了克服思想的片面性。蔽实际上就是一种片面性，心灵为某物蔽障，见树木不见森林，即所谓“观于道之一隅，而未之能识也”。他强调道“体常而尽变，一隅不足以举”，因此必须全面地认识事物，从荀子对举欲与恶、始与终、近与远等概念可以看到，他是要求从对立面的统一来把握全面性，他看到人们常常由于只见事物的矛盾而产生片面性。“中县衡”是指用“道”而不是个人的好恶作为判断是非善恶的标准，把真善美的完美结合作为自己一切思想、言行的最高目标。

从内在的、主观的方面荀子提出了虚壹而静的认识方法。“虚”是不让原有认识和先定观念妨碍接受新事物：“壹”是凝神执一，精神对外物的细察深究；“静”是指精神不受内心种种杂念、私欲、妄想和烦恼的干扰。所有这些都是要使心灵成为无蔽障的“大清明”。在荀子看来，精神要达到这种状态，最重要的是心灵摆脱受束缚和支配的状态，发扬其自主创造的本质作用，增强其能动性和活力，自禁，自使，自夺，自取，自行，自止，不因为外部的压力而改变自己的意志。

解蔽就是思想解放，荀子抓住了思想解放中两个决定性环节，即对真理的追求和高扬精神的主体性，用他的话来说就是心知道和心自主。对于这两者的关系自古以来有两种倾向，一种是强调前者而忽视后者，将精神的本质归结为某种价值观念，将某种理想规定为精神追求的终极目标，这种倾向往往导致绝对主义和思想的僵化；另一种只强调精神的自主性，主张心灵不应执著于任何价值观念和理想，其极端的表现是相对主义和虚无主义。荀子力图避免这两种片面性，将精神对价值的追求与超越相结合，这是他对中国哲学的一个重大贡献。

（施忠连）

性 恶 《荀子》

人之性恶，其善者伪[①]也。

今人之性，生而有好利焉，顺是，故争夺生而辞让亡焉；生而有疾恶[②]焉，顺是，故残贼生而忠信亡焉；生而有耳目之欲，有好声色焉，顺是，故淫乱生而礼义文理[3]亡焉。然则从[4]人之性，顺人之情，必出于争夺，合于犯分乱理而归于暴。故必将有师法之化，礼义之道[5]，然后出于辞让，合于文理，而归于治。用此观之，然则人之性恶明矣，其善者伪也。

故枸[6]木必将待檃栝[7]烝[8]矫然后直，钝金[9]必将待砻厉[10]然后利。今人之性恶，必将待师法然后正，得礼义然后治。今人无师法，则偏险而不正；无礼义，则悖乱而不治。古者圣王以人之性恶，以为偏险而不正，悖乱而不治，是以为之起礼义、制法度，以矫饰[11]人之情性而正之，以扰化[12]人之情性而导之也。使皆出于治，合于道者也。今之人，化师法[13]，积文学，道[14]礼义者为君子；纵性情，安恣睢[15]，而违礼义者为小人。用此观之，然则人之性恶明矣，其善者伪也。

孟子曰："人之学者，其性善。"曰：是不然！是不及知人之性，而不察乎人之性伪之分者也。凡性者，天之就[16]也，不可学，不可事[17]。礼义者，圣人之所生[18]也，人之所学而能，所事而成者也。不可学、不可事、而在人[19]者，谓之性；可学而能、可事而成之在人者，谓之伪：是性伪之分也。今人之性，目可以见，耳可以听。夫可以见之明不离目，可以听之聪不离耳，目明而耳聪，不可学明矣。孟子曰："今人之性善，将皆失丧其性故也。"曰：若是则过矣。今人之性，生而离其朴[20]，离其资，必失而丧之。用此观之，然则人之性恶明矣。

所谓性善者，不离其朴而美之，不离其资而利之也。使夫资朴之于美，心意之于善，若夫可以见之明不离目，可以听之聪不离耳。故曰目明而耳聪也。今人之性，饥而欲饱，寒而欲暖，劳而欲休，此人之情性也。今人饥，见长[22]而不敢先食者，将有所让也；劳而不敢求息者，将有所代[23]也。夫子之让乎父，弟之让乎兄；子之代乎父，弟之代乎兄：此二行者，皆反于性而悖于情也。然而孝子之道，礼义之文理也。故顺情性则不辞让矣，辞让则悖于情性矣。用此观之，然则人之性恶明矣，其善者伪也。

问者曰："人之性恶，则礼义恶[24]生？"应之曰：凡礼义者，是生于圣人之伪，非故[25]生于人之性也。故陶人埏[26]埴[27]而为器，然则器生于工人[28]之伪，非故生于人之性也。故工人[29]斫[30]木而成器，然则器生于工人之伪，非故生于人之性也。圣人积思虑、习伪故[31]，以生礼义而起法度，然则礼义法度者，是生于圣人之伪，非故生于人之性也。若夫目好色，耳好声，口好味，心好利，骨体肤理[32]好愉佚[33]，是皆生于人之情性者也；感而自然，不待事而后生之者也。夫感而不能然，必且待事而后然者，谓之生于伪。是性伪之所生，其不同之征[34]也。故圣人化[35]性而起伪，伪起而生礼义，礼义生而制法度。然则礼义法度者，是圣人之所生也。故圣人之所以同于众其不异于众者，性也；所以异而过众者，伪也。夫好利而欲得者，此人之情性也。假之[36]人有弟兄资财而分者，且顺情性，好利而欲得，若是则兄弟相拂夺[37]矣；且化礼义之文理[38]，若是则让乎国人矣。故顺情性则弟兄争矣，化礼义则让乎国人矣。

凡人之欲为善者，为性恶也。夫薄愿厚，恶愿美，狭愿广，贫愿富，贱愿贵，苟无之中[39]者，必求于外；故富而不愿财，贵而不愿埶[40]，苟有之中者，必不及[41]于外。用此观之，人之欲为善者，为性恶也。今人之性，固无礼义，故强学[42]而求有之也；性不知礼义，故思虑而求知之也。然则生而已，则人无礼义，不知礼义。人无礼义则乱；不知礼义则悖。然则生而已，则悖乱在已。用此观之，人之性恶明矣，其善者伪也。

孟子曰："人之性善。"曰：是不然！凡古今天下之所谓善者，正理平治也；所谓恶者，偏险悖乱也。是善恶之分[43]也已。今诚以人之性固正理平治邪？则有[44]恶用圣王，恶用礼义矣哉！虽有圣王礼义，将曷加于正理平治也哉！今不然，人之性恶。故古者圣人以人之性恶，以为偏险而不正，悖乱而不治，故为之立君上之埶以临[45]之，明礼义以化之，起法正以治之，重刑罚以禁之，使天下皆出于治，合于善也。是圣王之治而礼义之化也。今当[46]试去君上之埶，无礼义之化，去法正之治，无刑罚之禁，倚[47]而观天下民人之相与[48]也；若是，则夫强者害弱而夺之，众者暴寡而哗[49]之，天下之悖乱而相亡不待顷[50]矣。用此观之，然则人之性恶明矣，其善者伪也。

故善言古者必有节[51]于今；善言天者必有征于人。凡论者，贵其有辨[52]合、有符[53]验。故坐而言之，起而可设[54]、张而可施行。今孟子曰："人之性善。"无辨合符验，坐而言之，起而不可设、张而不可施行，岂不过甚[55]矣哉！故性善则去圣王，息[56]礼义矣；性恶则与[57]圣王，贵礼义矣。故檃栝之生，为枸木也；绳墨之起，为不直也；立君上，明礼义，为性恶也。用此观之，然则人之性恶明矣，其善者伪也。

直木不待檃栝而直者，其性直也。枸木必将待[58]檃栝烝矫然后直者，以其性不直也。今人之性恶，必将待圣王之治，礼义之化，然后皆出于治，合于善也。用此观之，然则人之性恶明矣，其善者伪也。

问者曰：礼义积伪[59]者，是人之性，故圣人能生之也。应之曰：是不然！夫陶人埏埴而生瓦，然则瓦埴[60]岂陶人之性也哉？工人斫木而生器，然则器木[61]岂工人之性也哉？夫圣人之于礼义也，辟[62]亦陶埏而生之也，然则礼义积伪者，岂人之本性也哉？凡人之性者，尧、舜之与桀、跖，其性一也；君子之与小人，其性一也。今将以礼义积伪为人之性邪？然则有[63]曷贵尧、禹，曷贵君子矣哉？凡所贵尧、禹、君子者，能化性，能起伪，伪起而生礼义；然则圣人之于礼义积伪也，亦犹陶埏而生之也。用此观之，然则礼义积伪者，岂人之性也哉？所贱于桀、跖小人者，从其性，顺其情，安恣睢，以出乎贪利争夺。故人之性恶明矣，其善者伪也。

天非私曾、骞[64]、孝己[65]而外众人也；然而曾、骞、孝己独厚于孝之实，而全于孝之名者，何也？以綦[66]于礼义故也。天非私齐、鲁之民而外秦人也，然而于父子之义，夫妇之别，不如齐、鲁之孝具敬父[67]者，何也？以秦人之从情性，安恣睢，慢于礼义故也，岂其性异矣哉！

“涂之人[68]可以为禹。”曷谓也？曰：凡禹之所以为禹者，以其为仁义法正[69]也。然则仁义法正有可知可能之理，然而涂之人也，皆有可以知仁义法正之质，皆有可以能仁义法正之具；然则其可以为禹明矣。今以仁义法正为固无可知可能之理邪？然则唯[70]禹不知仁义法正不能仁义法正也。将使涂之人固无可以知仁义法正之质，而固无可以能仁义法正之具邪？然则涂之人也，且内不可以知父子之义，外不可以知君臣之正。今不然，涂之人者，皆内可以知父子之义，外可以知君臣之正，然则其可以知之质，可以能之具，其在涂之人明矣。今使涂之人者，以其可以知之质，可以能之具，本夫[71]仁义之可知之理，可能之具，然则其可以为禹明矣。今使涂之人伏[72]术为学，专心一志，思索孰[73]察，加日县久[74]，积善而不息，则通于神明，参于天地矣。故圣人者，人之所积而致也。

曰：圣可积而致，然而皆不可积，何也？曰：可以而不可使[75]也。故小人可以为君子而不肯为君子，君子可以为小人而不肯为小人。小人君子者，未尝不可以相为也；然而不相为者，可以而不可使也。故涂之人可以为禹，则然；涂之人能为禹，未必然也。虽不能为禹，无害可以为禹。足可以遍行天下，然而未尝有能遍行天下者也。夫工匠农贾，未尝不可以相为事也，然而未尝能相为事也。用此观之，然则可以为，未必能也；虽不能，无害可以为。然则能不能之与可不可，其不同远矣，其不可以相为明矣。

尧问于舜曰："人情何如？"舜对曰："人情甚不美，又何问焉？妻子具[76]而孝衰[77]于亲，嗜欲得而信衰于友，爵禄盈而忠衰于君。人之情乎！人之情乎！甚不美，又何问焉？"唯贤者为不然。有圣人之知者，有士君子之知者，有小人之知者，有役夫[78]之知者。多言则文而类[79]，终日议其所以，言之千举万变，其统类[80]一也，是圣人之知也。少言则径而省[81]，论[82]而法，若佚[83]之以绳，是士君子之知也。其言也谄[84]，其行也悖，其举事[85]多悔[86]，是小人之知也。齐给便敏[87]而无类，杂能旁魄[88]而无用，析速粹孰[89]而不急[90]，不恤是非，不论曲直，以期胜人为意，是役夫之知也。

有上勇者，有中勇者，有下勇者。天下有中[91]，敢直其身[92]；先王有道，敢行其意；上不循于乱世之君，下不俗[93]于乱世之民；仁之所在无贫穷，仁之所亡无富贵；天下知之，则欲与天下共乐之，天下不知之，则傀然[94]独立天地之间而不畏：是上[95]勇也。礼恭而意俭，大齐信焉，而轻货财；贤者敢推而尚之，不肖者敢援而废之：是中勇也。轻身而重货，恬祸[96]而广解[97]苟免[98]；不恤是非、然不然之情，以期胜人为意：是下勇也。

繁弱、巨黍，古之良弓也；然而不得排檠[99]，则不能自正。桓公之葱[100]，太公之阙，文王之录，庄君之曶，阖闾之干将、莫邪、巨阙、辟闾，此皆古之良剑也；然而不加砥厉则不能利，不得人力，则不能断。骅骝、骐骥、纤离、绿耳，此皆古之良马也；然而必前有衔辔之制，后有鞭策之威[101]，加之以造父之驭，然后一日而致千里也。夫人虽有性质美而心辩知，必将求贤师而事之，择良友而友之。得贤师而事之，则所闻者尧、舜、禹、汤之道也；得良友而友之，则所见者忠信敬让之行也。身日进于仁义而不自知也者，靡[102]使然也。今与不善人处，则所闻者欺诬、诈伪也，所见者污漫、淫邪、贪利之行也，身且加于刑戮而不自知者,靡使然也。传曰:"不知其子视其友,不知其君视其左右。"靡而已矣!靡而已矣!

〔注释〕 ① 伪:人为。 ② 疾恶:嫉妒、憎恨。疾,同"嫉"。 ③ 文理:礼仪制度。 ④ 从:通"纵",放纵。 ⑤ 道:同"导"。 ⑥ 枸:通"钩",弯曲。 ⑦ 檃栝(yǐn kuò):竹木的整形工具。 ⑧ 烝:同"蒸",用蒸气加热使木材柔软以便矫正。 ⑨ 纯金:金属武器或工具。 ⑩ 砻(lóng)厉:砻,磨;厉,同"砺"。 ⑪ 饰:整治。 ⑫ 扰化:驯服教化。 ⑬ 化师法:受师法教化。 ⑭ 道:实践。 ⑮ 恣睢:恣肆放荡。 ⑯ 天之就:自然生成的。 ⑰ 事:做,人为。 ⑱ 生:制定。 ⑲ 人:疑作"天"。 ⑳ 朴:固有的资质。 ㉑ 资:天生的资质。 ㉒ 长:尊长。 ㉓ 代:代劳。 ㉔ 恶(wū):何。 ㉕ 故:通"固",本来。 ㉖ 埏(shān):以水和土并揉捏捶击。 ㉗ 埴(zhí):细密的黄黏土。 ㉘ 工人:当作"陶人"。 ㉙ 工人:指木工。 ㉚ 斫(zhuó):砍削,加工。 ㉛ 伪故:人为的事物。 ㉜ 肤理:皮肤的纹理。 ㉝ 佚:同"逸",安逸。 ㉞ 征:征验。 ㉟ 化:改变。 ㊱ 假之:假如。 ㊲ 拂夺:争夺。 ㊳ 化礼义之文理:受到礼义规范的教化。 ㊴ 无之中:无之于中,本身没有它。 ㊵ 埶:权势。 ㊶ 及:寻求。 ㊷ 强学:努力学习。强,努力。 ㊸ 分:区别。 ㊹ 有:通"又"。 ㊺ 临:统治。 ㊻ 当:同"倘",假如,假使。 ㊼ 倚:站着。 ㊽ 相与:相互交往。 ㊾ 哗:喧哗。 ㊿ 顷:少顷。 (51) 节:证验。 (52) 辨:通"别",古代所用的一种凭证,分为两部分,双方各执一半为据,验证时相合则为证。 (53) 符:古代所用的一种凭证,双方各执一半。 (54) 设:部署安排。 (55) 过甚:错得厉害。 (56) 息:取消。 (57) 与:听从;肯定,拥护。 (58) 待:依靠。 (59) 积伪:积累人伪。 (60) 瓦埴:使埴为瓦。瓦,使……为瓦。 (61) 器木:使木为器。 (62) 辟:通"譬"。 (63) 有:通"又"。 (64) 曾、骞:指曾参、闵子骞,都是孔子的学生,以孝著名。 (65) 孝己:殷高宗的长子,以孝著名。 (66) 綦(qí):极。 (67) 孝具敬父:"具"当为"共"字之误,"共"通"恭";"父"当为"文"字之误,有礼节。 (68) 涂之人:普通老百姓。涂,通"途"。一说涂为地名。 (69) 法正:符合法度。 (70) 唯:通"虽",即使。 (71) 夫:那。 (72) 伏:通"服",从事。 (73) 孰:同"熟"。 (74) 加日县久:年深日久。加日,累日;县,同"悬"。 (75) 使:迫使。 (76) 具:具备。 (77) 衰:减弱。 (78) 役夫:服劳役之人。 (79) 文而类:文即文采,类即类推。文而类指有文采而且有条理。 (80) 统类:纲纪法度。 (81) 经而省:直截了当。 (82) 论:通"伦",条理。 (83) 佚:当作"扶",扶持,校正。 (84) 谄(tāo):荒诞。 (85) 举事:做事。 (86) 悔:过错。 (87) 齐给便敏:指口齿伶俐做事敏捷。齐,通"疾",迅速。 (88) 旁魄:同"磅礴",广泛。 (89) 粹孰:精熟。 (90) 不急:无关紧要。 (91) 中:正道。 (92) 直其身:挺身而出。 (93) 俗:染习,习俗。 (94) 傀(kuī)然:同"岿然",高大的样子。 (95) 上:通"尚",崇尚。 (96) 恬祸:安于祸乱。恬,安。 (97) 广解:多方解脱。 (98) 苟免:苟且逃脱罪责。 (99) 排檠(jǐng):矫正弓弩的工具。 (100) 葱:良剑名,后面阙、录、曶(hū)等均为古良剑名。 (101) 威:威逼。 (102) 靡:通"摩",受外力的影响。 (张 静)

〔鉴赏〕 人性,是指人的本质,也就是指人作为一个"类",区别于其他动物的地方。先秦时人开始讨论这一问题,这意味着当时的人们已不仅对自然界作出探讨,而且进一步注意到人类自身的特点问题。

荀子写作《性恶》篇,自以为是针对孟子的"性善说"而言。战国中期的孟子提出“性善说”，认为讲人性就是要找出人区别于禽兽的地方，那就是他所具有的社会属性，所以先天地具有道德伦理的观念，是人的本质所在。荀子觉得孟子的这种说法没有察觉到人性真伪之分的缘故。人性既然是指“天之就”即自然生成的东西，那它就是“不可学，不可事”的。人天生拥有的，其实只有耳目等感官及维持其生理需要的欲念。由此而言，人性并不善良相反倒是恶的。因为“饥而欲饱，寒而欲暖，劳而欲休”，都出自人的本然性情，所以按照人类的本愿，绝不肯在享受、利益之前有所谦让，人与人之间惟有贪利争夺。圣人有鉴与此，才制定了礼仪法度，使人性能受到约束而得到治理。所以说，在世人看来是合符于礼义规范要求的善行，只是后天教化的结果。从人的自然之情出发，本不至于达到这一点。由此可以说，“人之性恶，其善者伪也”。也就是说，孟子所看到的是人性的一种假象。

不过荀子又指出，人能受礼义约束的假象，也是人所具有的特点之一。他曾经说过，人有别于禽兽之处并非“以其二足而无毛”，而在于“有辨”（《荀子·非相》）。正是由于有这种能识辨的理性认识能力，才使人类能够制定共同遵循的相处之道，即“礼义”。而人就是因为能建立礼义这样的相处准则，才结成了社会群体。不过，他这一理性特征在一般人出生时隐藏于人性之中，以后通过后天的学习才得到了引发。从这一点上看，荀子的“性恶论”，其实并没有与孟子的“性善说”完全对立。从他的分析中看，即在肯定人具有理性、能结成社会群体、具有社会属性，可以说这样的观点是孟子强调人的社会属性的补充。不过，他又强调人还有更根本的物质自然属性。故近人梁启超论说：“荀子与孟子，同为儒家大师，其政治论之归宿点全同，而出发点则小异。孟子信性善，故注重精神上之扩充；荀子信性恶，故注重物质上之调剂。”（《先秦政治思想史·荀子》）荀子对人性善恶的分辨，启发人们注意到人的物质属性这一方面。从某种意义上说，这是他的唯物主义天道观在对人性本质考察上的延伸。它对于人们在更高层次上对唯物论的运用具有重要的意义。

与孟子一样，荀子探讨人性也不是出于纯理论推导的兴趣，而是要求在此基础上提出引导人们习礼好义，即按照封建伦理道德规范的要求成人的方法。孟子讲“人性善”，以为人先天地具有道德的属性，只是以后被外界环境污染，所以道德修养的过程，即是反身内向、自我反省的经历。而荀子以为人性本恶，所以人的道德修养是对质朴之才作人为加工的过程，即是通过对人的理性的启发，使人能接受礼义道德的教育，所以它是“化性起伪”的过程。这一思想肯定了人的德性由后天形成，较孟子的说法来得更为合理。至于改变人性的途径，荀子强调环境的影响与学习、积累。他说，一个人长期处于不良的境地，交往的尽是欺诈、贪利、诞漫之人，那必有一天被判刑了都不知是怎么回事。所以要使人们从善，一个国家应当建立明确的礼法制度，使百姓有所遵从；一个个人应当“化师法，积文学，道礼义”，即拜善者为师，并努力学习文化及伦理道德规范。这里看到了环境与教育对人性改造的作用。

与孟子讲“人皆可以为尧舜”一样，荀子也说“涂之人可以为禹”。因为每个人都有“可以知之质，可以能之具”。荀子强调弯曲的木必须经过矫正才会变直，未开刃的刀剑必须经过磨锻才会锋利。不经过加工，繁弱、巨黎那样的良弓不会合乎规格；不经过砥厉，干将、莫邪等宝剑不能锋利；没有好驭手的训练，骏马也不能日行千里。“涂之人”只要专心一志，持之以恒，积善而不息，就能达到“通于神明，参于天地”这样的境界。所以从某种意义说，“圣人者，人之所积而致矣”。这种观点肯定了人能通过学习与行动改变自身命运，在当时的等级森严的封建社会，具有相当的积极意义。

不过，荀子的人性论中也有一个明显的缺陷，那就是他无法解答启发、教育人性的礼义道德从何而来？荀子将此归之于圣人的制作，这就牵涉到圣人之性是否与常人相同？若谓圣人“性恶”，那么如何能先天地具备道德之性？若谓圣人非“性恶”，又如何解释人性的普遍性？推论的结果，不能不得出圣人先天地具有道德属性的结论，这样又与孟子“性善说”走到了一起。荀子的这一理论缺陷，源自只强调环境与教育对人性改造的作用，而不能看到在环境、教育背后更为深刻的物质、经济原因。也就是说，荀子已将人性论落实于物质的基础，但在其展开过程中尚未将唯物主义的观点贯彻到底。

孟子讲性善，在当时社会影响尚不算很大，后经荀子评判，引起对立之争，则使此问题得到了凸显。此后，关于人性善恶的讨论，在中国历史上绵延不断，宋明理学家讲“天理人欲”，吸取过荀况“礼起于欲”的思想。明清之际王夫之、清初戴震等唯物主义哲学家都依托荀、孟人性恶善之论，而阐发过自己的相关观点，可见他的思想在促进“人性”思考在我国古代深入方面的贡献。 （李似珍）

有 度 《韩非子》

国无常强，无常弱。奉法者强①，则国强；奉法者弱，则国弱。荆庄王并国二十六，开地三千里；庄王之氓②社稷也，而荆以亡。齐桓公并国三十，启[③]地三千里；桓公之氓社稷也，而齐以亡。燕襄王以河为境，以蓟为国，袭涿、方城，残[④]齐，平中山，有燕者重，无燕者轻；襄王之氓社稷也，而燕以亡。魏安厘王攻燕救赵，取地河东；攻尽陶、魏之地；加兵[⑤]于齐，私[⑥]平陆之都；攻韩拔[⑦]管，胜于淇[⑧]下；睢阳之事[⑨]，荆军老[⑩]而走；蔡、召陵之事，荆军破；兵[⑪]四布[⑫]于天下，威行于冠带[⑬]之国；安厘王死而魏以亡。故有荆庄、齐桓，则荆、齐可以霸；有燕襄、魏安厘，则燕、魏可以强。今皆亡国者，其群臣官吏皆务[⑭]所以乱而不务所以治也。其国乱弱[⑮]矣，又皆释[⑯]国法而私其外[⑰]，则是负薪而救火也，乱弱甚矣！

故当今之时，能去私曲[⑱]就公法者，民安而国治；能去私行行公法[⑲]者，则兵强而敌弱。故审[⑳]得失有法度之制[㉑]者，加以群臣之上，则主不可欺以诈伪[㉒]；审得失有权衡[㉓]之称[㉔]者，以听远事，则主不可欺以天下之轻重。今若以誉进[㉕]能，则臣离上而下比周[㉖]；若以党举官，则民务交[㉗]而不求用于法。故官之失能者其国乱。以誉为赏，以毁[㉘]为罚也，则好赏恶[㉙]罚之人，释公行[㉚]，行私术，比周以相为[㉛]也。忘主外交[㉜]，以进其与[㉝]，则其下所以为上者薄矣。交众、与多，外内朋党，虽有大过，其蔽[㉞]多矣。故忠臣危死于非罪，奸邪之臣安利于无功。忠臣之所以危死而不以其罪，则良臣伏[㉟]矣；奸邪之臣安利不以功，则奸臣进矣：此亡之本也。若是，则群臣废法而行私重，轻公法矣。数[㊱]至能人[㊲]之门，不一至主之廷；百虑私家之便，不一图主之国。属[㊳]数虽多，非所以尊君也；百官虽具，非所以任国[㊴]也。然则主有人主之名，而实托[㊵]于群臣之家也。故臣曰：亡国之廷无人焉。廷无人者，非朝廷之衰也。家务相益，不务厚国；大臣务相尊，而不务尊君；小臣奉禄养交[㊶]，不以官为事。此其所以然者，由主之不上断于法，而信[㊷]下为之也。故明主使法择人，不自举也；使法量功[㊸]，不自度[㊹]

也。能者不可弊[45]，败者不可饰，誉者不能进，非[46]者弗能退，则君臣之间明辩[47]而易治，故主仇法[48]则可也。

贤者之为人臣，北面委质[49]，无有二心。朝廷不敢辞贱，军旅不敢辞难；顺上之为[50]，从主之法，虚心以待令，而无是非也。故有口不以私言，有目不以私视，而上尽制[51]之。为人臣者，譬之若手，上以修头，下以修足；清暖寒热，不得不救；镆铘[52]傅[53]体，不敢弗搏。无[54]私[55]贤哲之臣，无私事能之士。故民不越乡而交，无百里之戚[56]。贵贱不相逾，愚智提衡[57]而立，治之至也。今夫轻爵禄，易去亡，以择其主，臣不谓廉。诈说逆法，倍[58]主强谏，臣不谓忠。行惠施利，收下为名，臣不谓仁。离俗隐居，而以诈非上，臣不谓义。外使诸侯，内耗其国，伺[59]其危崄之陂[60]，以恐其主曰："交非我不亲，怨非我不解"，而主乃信之，以国听之，卑主之名以显其身，毁国之厚[61]以利其家，臣不谓智。此数物者[62]，险世之说也，而先王之法所简也。先王之法曰："臣毋或作威，毋或作利，从王之指[63]；无或作恶，从王之路。"古者世治之民，奉公法，废私术，专意一行，具[64]以待任。

夫为人主而身察百官，则日不足，力不给。且上用目，则下饰观[65]；上用耳，则下饰声；上用虑，则下繁辞[66]。先王以三者为不足，故舍己能而因法数，审赏罚。先王之所守要[67]，故法省而不侵。独制四海之内，聪智不得用其诈，险躁不得关其佞[68]，奸邪无所依。远在千里外，不敢易其辞；势在郎中，不敢蔽善饰非；朝廷群下，直凑单微，不敢相逾越。故治不足而日有余，上之任势使然也。

夫人臣之侵其主也，如地形焉，即渐[69]以往，使人主失端[70]，东西易面而不自知。故先王立司南以端[71]朝夕。故明主使其群臣不游意于法之外，不为惠[72]于法之内，动无非法。峻法，所以禁过外[73]私也；严刑，所以遂令惩下也。威不贰错[74]，制不共门。威、制共，则众邪彰⑮矣；法不信，则君行危⑯矣；刑不断，则邪不胜矣。故曰：巧匠目意⑰中⑱绳，然必先以规矩⑲为度；上智捷举⑳中事，必以先王之法为比㉑。故绳直而枉木斫㉒，准夷而高科削㉓，权衡县而重益轻，斗石设而多益少。故以法治国，举措而已矣。法不阿㉔贵，绳不挠㉕曲。法之所加，智者弗能辞，勇者弗敢争。刑过不避大臣，赏善不遗匹夫。故矫上之失，诘㉖下之邪，治乱决缪㉗，绌羡㉘齐非，一民之轨，莫如法。厉官威民，退淫殆㉙，止诈伪，莫如刑。刑重，则不敢以贵易㉚贱；法审，则上尊而不侵。上尊而不侵，则主强而守要，故先王贵之而传之。人主释法用私，则上下不别矣。

〔注释〕 ① 强：不曲法从私，坚决依法办事。 ② 氓：通“泯”，灭。 ③ 启：开拓。 ④ 残：攻破。 ⑤ 加兵：用兵。 ⑥ 私：以……为私，把……占为己有。 ⑦ 拔：攻取。 ⑧ 淇：淇水，卫河的支流。 ⑨ 事：战事。 ⑩ 老：士兵因长期作战而疲惫不堪。 ⑪ 兵：指魏国兵。 ⑫ 布：遍布。 ⑬ 冠带，本指帽子和腰带，指中原地区文化发达的各国。 ⑭ 务：从事。 ⑮ 乱弱：混乱、衰弱。 ⑯ 释：丢掉。 ⑰ 私其外：指臣子营私舞弊。外，指臣子之事。 ⑱ 私曲：指谋私利的歪门邪道。 ⑲ 公法：国家的法令。 ⑳ 审：考察。 ㉑ 制：规定。 ㉒ 诈伪：狡诈、虚伪。 ㉓ 权衡：称量物体轻重的工具，这里用来比喻法度。 ㉔ 称：衡量。 ㉕ 进：选拔。 ㉖ 比周：结党营私。 ㉗ 务交：从事朋党、勾结拉拢。 ㉘ 毁：诽谤。 ㉙ 恶：厌恶。 ㉚ 公行：为国家谋利的行为。 ㉛ 相为：互相包庇。 ㉜ 外交：结党营私。 ㉝ 与：党羽。 ㉞ 蔽：掩盖。全句指为他掩盖罪行的人多。 ㉟ 伏：隐退。 ㊱ 数(shuò)：屡次。 ㊲ 能人：被君王宠幸的人。 ㊳ 属：徒属，即官员。 ㊴ 任国：为国家办事。 ㊵ 托：依附、寄生。 ㊶ 养交：豢养结交食客。 ㊷ 信：轻信。 ㊸ 量功：衡量功罪。 ㊹ 度(duó)：揣测。 ㊺ 弊：通“蔽”，掩蔽、埋没。 ㊻ 非：通“诽”，诽谤。 ㊼ 辩：通“辨”，辨别。 ㊽ 仇法：用法、行法。 ㊾ 质：即“挚”，古代臣见君时所用的见面礼。 ㊿ 为：行为。 (51) 制：控制。 (52) 镆铘：一作“莫邪”，宝剑名。 (53) 傅：通“附”，近。 (54) 无：通“毋”，不要。 (55) 私：偏爱、偏袒。 (56) 戚：忧虑。 (57) 提衡：持平、摆平。 (58) 倍：通“背”，违背。 (59) 伺：窥伺、窥测。 (60) 陂：山坡。 (61) 厚：财富。 (62) 数物者：几件事，指儒家提倡的廉、忠、仁、义、智五种德行。 (63) 指：通“旨”，旨意。 (64) 具：通“俱”，完全、全部。 (65) 释观：装饰外观、掩盖真相。 (66) 繁辞：言语烦琐、夸夸其谈。 (67) 守要：守指“困法数，审赏罚”二事；要，扼要、要领。 (68) 佞：奸巧谄谀、花言巧语。 (69) 即渐：逐渐。 (70) 失端：失去头绪、迷失方向。 (71) 端：正。 (72) 为惠：施行恩惠。 (73) 外：弃。 (74) 错：通“措”，置，指树立威严。 (75) 彰：显明，这里指明目张胆、肆无忌惮。 (76) 危：危险。 (77) 目意：目测。 (78) 中：适合。 (79) 规矩：规和矩分别是画圆和画方的器具，后引申为准则、礼法。 (80) 举：行动。 (81) 比：例子。 (82) 枉木斫：枉，曲；斫，砍削。 (83) 准夷而高科削：将凸出的部分削去使它平。准，量平的器具；夷，平；高科，凸出部分。 (84) 阿(ē)：迎合、曲从。

⑧⑤ 挠：屈，引申为迁就。 ⑧⑥ 诘：追究。 ⑧⑦ 治乱决缪：治乱，平定纷乱；决，判断；缪，通“谬”，错误。 ⑧⑧ 羡：多余。 ⑧⑨ 殆：通“怠”，怠惰。 ⑨⓪ 易：轻视。 （饶玲一）

〔鉴赏〕 韩非说“今申不害言术，而公孙鞅为法”（《定法》），认为商鞅重“法”，申不害重“术”，慎到重“势”，皆是“徒法而无术”或“徒术而无法”（同上），有其弊偏。韩非标榜“抱法”、“处势”、“用术”，认为帝王应当三者得兼。他首先强调法、势并用，“抱法处势则治，背法去势则乱”（同上），接着又强调用术，说术是“藏之于胸中”“而潜御群臣”（《难三》）的东西。说穿了，术就是帝王如何保护好自己权位的手段，包括阴谋诡计，所以韩非称之为“帝王术”。“法”、“术”、“势”不是韩非的发明，作为法家先行者的商鞅、申不害、慎到分别对三者作过理论论述。韩非正视“争于气力”之“当今”（《五蠹》），认为三者“不可一无”（《定法》），提出了一套“法、术、势”相结合的比较完整的理论。班固《汉书・艺文志》将《韩非子》划入法家，而司马迁则认为韩非“喜刑名法术之学，而其归本于黄老”（《史记・老子韩非列传》）。通览《韩非子》，韩非虽讲了不少“法治”的话，但不难看出他还是更多地探讨了“帝王术”。司马迁的说法也许更为得当。

“有度”，意谓有法度。本篇着重讲治国必须要有法度，较为系统地阐述了韩非“法治”思想。

韩非是一位注重现实的理论家，特别讲究“论世之事，因为之备”（《五蠹》），与当时的社会现实紧密联系在一起。韩非正视“人臣之侵其主也”、“人主失其端”的严酷现实，同时也看到了“楚不用吴起而削乱，秦行商君法而富强”（《问田》）的事实，从而得出“明法者强，慢法者弱”（《饰邪》）的结论，明确提出君主必须走“法治”之路，否则“亡国宜矣”（同上）。故本文一开头韩非便强调“奉法者强则国强，奉法者弱则国弱”。或“强”或“弱”，其关键在于君主是否用法。若“能去私曲就公法者，民安而国治”，除去奸私之行而实施国法，民众安乐而国家安定。如是，君主便可“独制四海之内”。话意豁然，韩非用法的最终目的就一个：维护君主的利益，“上尊而不侵”，使君主的尊贵不受侵害。若君主“释法用私”，放弃国法而容忍臣下私行，就会“上下不别”，君主也就只剩一个空名了。韩非所憧憬的“治之至”是“贵贱不相逾，愚智提衡而立”，尊贵的人和卑贱的人不超越名分界限，愚昧的人和聪明的人各有其量衡而自得其所。这也就是所谓“一民之轨，莫如法”，“法”统一了人们的思想行为。《问田》篇曰“言行不轨于法令者必禁”，正好为此作出了注脚。从这里可以了解韩非所强调的他的“法治”的本质，即他所代表的统治阶级依照自己的是非标准去禁民之非，实际上是以刑禁民，对所谓的“言行不轨”者施之以严刑重罚。所以，他主张的“法治”即“以刑治国”，指帝王凭借自己的权势，运用“术”的手段，以刑罚惩治官吏和人民。后来的专制帝王都迷信韩非的严刑重罚治国之说。秦始皇比较自信，明目张胆地搞严刑重罚，结果秦王朝二世而亡。此后的专制者换了一种手法，搞阳儒阴法。但正如鲁迅先生所说，他们把人民不当作人，而当作癞皮一样来治，人民也就会“见酷而不再觉其酷”，“所以又会踏着残酷前进，这也是虎吏和暴君所不料，而即使料及，也还是毫无办法的”（鲁迅：《南腔北调集·偶成》）。

韩非说“明主使法释人”、“使法量功”，即用“法”来选择人，衡量其功劳。其人其功，不可悖法而“自举”、“自度”。还得以“法”制臣，“使其群臣不游意于法之外”。“群臣”也只能是“无有二心”，“顺上之为，从主之法，虚心以待令而无是非”，纯粹是一种驯服工具，颇似现代之机器人。在韩非看来，君主“威不贷错，制不共门”，必须独操“威”“制”刑罚大权。韩非的这些主张，无一不是为独裁君主设计的，无一不是为了造就君主独裁。韩非“以法治国”思想中也含有非常光芒的颗粒。本篇的“法不阿贵，绳不挠曲”、“刑过不避大臣，赏善不遗匹夫”，《饰邪》篇中的“禁主之道，必明于公私之分，明法制，去私恩”等等，都已成了脍炙人口的治国名言。这里多少透散出一丝半缕在法律面前人人平等的气息，尽管只是臣民在君主之法面前一体受君主之刑之罚的“平等”。

韩非是一个悲剧人物，最后被津津乐道于他的学说的秦王害死于狱中。“寡人得见此人与之游，死不恨矣！”（《史记·老子韩非列传》）秦王的这番渴贤如焚的感叹，给后人留下了沉重的反思。司马迁读《韩非子·说难》，悲从中来：“韩非知说之难，为《说难》书甚具，终死于秦，不能自脱。”（《史记·老子韩非列传》）其实韩非的悲剧倒是应验了自己的话：“是智法之士与当途之人不可两存之仇。”（《孤愤》）尽管如此，韩非作为战国末期最后一位理论家，在中国政治思想史上的地位和贡献是不可低估的。他和他的思想都有着重大的历史影响。

本文“说荆齐燕魏四国之亡”，而“韩非死时，六国都不曾亡”（《中国哲学史大纲》），胡适据此提出质疑。有学者认为此篇似乎是秦汉间法术家的文章，一边窜入《韩非子》，一边又混入《管子·明法篇》。但从内容和语体风格上看，还是与韩非有某种脉承关系的。

（俞荣根　明　森）

二　柄　　《韩非子》

明主之所导制①其臣者，二柄②而已矣。二柄者，刑德也。何谓刑德？曰：杀戮之谓刑，庆赏③之谓德。为人臣者畏④诛罚而利⑤庆赏，故人主自⑥用其刑德，则群臣畏其威⑦而归⑧其利矣。故世之奸臣则不然，所恶⑨，则能得之⑩其主而罪⑪之；所爱，则能得之其主而赏之。今⑫人主非使赏罚之威利出于己也，听⑬其臣而行⑭其赏罚，则一国之人皆畏其臣而易⑮其君，归⑯其臣而去⑰其君矣。此人主失刑德之患⑱也。夫虎之所以能服⑲狗者，爪牙也，使虎释⑳其爪牙而使狗用之，则虎反服于狗㉑矣。人主者，以刑德制臣者也，今君人者释其刑德使臣用之，则君反制于臣矣。故田常㉒上㉓请㉔爵禄而行之群臣，下㉕大斗斛㉖而施㉗于百姓，此简公失德㉘而田常用之也，故简公见弑㉙。子罕㉚谓宋君㉛曰："夫庆赏赐予者，民之所喜也，君自行之；杀戮刑罚者，民之所恶也，臣请当㉜之。"于是宋君失刑而子罕用之。故宋君见劫㉝。田常徒㉞用德而简公弑，子罕徒用刑而宋君劫。故今世为人臣者兼㉟刑德而用之，则是世主㊱之危甚于㊲简公、宋君也。故劫杀拥蔽㊳之主，兼㊴失刑德而使臣用之，而不危亡者，则未尝有也。

人主将欲禁奸㊵，则审合㊶刑名㊷；刑名者，言与事也。为人臣者陈而言㊸，君以㊹其言授之事㊺，专㊻以其事责其功㊼。功当其事，事当其言，则赏；功不当其事，事不当其言，则罚。故群臣其言大而功小者则罚，非罚小功也，罚功不当名也；群臣其言小而功大者亦罚，非不说㊽于大功也，以为不当名也害甚于有大功，故罚。昔者韩昭侯㊾醉而寝㊿，典冠51者见君之寒也，故加衣于君之上，觉寝而说，问左右52曰："谁加衣者？"左右对曰："典冠。"君因兼罪典衣53与典冠。其罪典衣，以为失其事54也；其罪典冠，以为越其职55也。非不恶56寒也，以为侵官[57]之害甚于寒。故明主之畜[58]臣，臣不得越官[59]而有功，不得陈言而不当。越官则死，不当则罪。守业[60]其官，所言者贞[61]也，则群臣不得朋党[62]相为[63]矣。

人主有二患：任贤，则臣将乘[64]于贤以劫[65]其君；妄举[66]，则事沮[67]不胜[68]。故人主好贤，则群臣饰行[69]以要君欲[70]，则是群臣之情[71]不效[72]；群臣之情不效，则人主无以异[73]其臣矣。故越王[74]好勇而民多轻死[75]；楚灵王好细腰而国中多饿人；齐桓公妒[76]而好内[77]，故竖刁[78]自宫[79]以治内；桓公好味，易牙[80]蒸其子首[81]而进之；燕子哙[82]好贤，故子之明不受国[83]。故君见[84]恶，则群臣匿端[85]；君见好，则群臣诬能[86]。人主欲见[87]，则群臣之情态[88]得其资[89]矣。故子之托于贤以夺[90]其君者也，竖刁、易牙因[91]君之欲以侵其君者也。其卒[92]，子哙以乱死，桓公虫流出户[93]而不葬。此其故何也？人君以情借臣之患也。人臣之情非必能爱其君也，为[94]重[95]利之故也。今人主不掩[96]其情，不匿其端，而使人臣有缘[97]以侵其主，则群臣为子之、田常不难矣。故曰："去[98]好去恶，群臣见素[99]。"群臣见素，则大君不蔽矣。

〔注释〕 ① 导制：导，由；制，控制。　② 柄：权柄、机要。　③ 庆赏：庆，奖励、表扬；赏，赏赐、奖赏。　④ 畏：以……为畏。　⑤ 利：以……为利。　⑥ 自：独自、亲自。　⑦ 威：威势。　⑧ 归：向往。　⑨ 所恶：所憎恶的人。　⑩ 得之：得，得到；之，指示代词，指刑罚。　⑪ 罪：处罚。　⑫ 今：含有假如之意，可译为"现在假如"。　⑬ 听：听任。　⑭ 行：行施。　⑮ 易：轻视。　⑯ 归：归附。　⑰ 去：背离。　⑱ 患：祸患、祸害。　⑲ 服：制服。　⑳ 释：丢弃。　㉑ 反服于狗：反而被狗制服。　㉒ 田常：春秋末年齐国大夫田成子，公元前481年杀简公而立平公，自任相国，控制朝政。　㉓ 上：上层，即在朝廷。　㉔ 请：请求，即向齐简公求取。　㉕ 下：下层，即在民间。　㉖ 斛：古量器，一斛为十斗。　㉗ 施：施舍，即给予恩惠。　㉘ 德：指刑赏大权。　㉙ 弑：臣杀君、子杀父为弑。　㉚ 子罕：战国时期的皇喜(皇为氏)，姓戴名喜，宋国司城，废宋桓侯，夺取政权。　㉛ 宋君：宋桓侯。　㉜ 当：担当，即掌管。　㉝ 见劫：被劫杀。　㉞ 徒：只。　㉟ 兼：合并。　㊱ 世主：今世之主。　㊲ 甚于：比……厉害。　㊳ 拥蔽：拥，即壅，隔绝，含有蒙蔽之意；蔽，蒙蔽。　㊴ 兼：同时。　㊵ 奸：奸佞之臣。　㊶ 审合：审，审察；合，考核。　㊷ 刑名：刑通形，情形，指事实；名，指言论。　㊸ 陈而言：陈，陈述；而，他的；言，言论、主张。　㊹ 以：凭、根据。　㊺ 授之事：给予。事，职事。　㊻ 专：专门。　㊼ 责其功：责，责求、追究；功，功效、成绩。　㊽ 说：通"悦"。　㊾ 韩昭侯：战国时韩国之君。 ㊿ 寝：睡觉。 51 典冠：近侍官名。 52 左右：君主身边的侍从。 53 典衣：近侍官名。 54 失其事：失职。 55 越其职：越权。 56 恶：害怕。 57 侵官：侵犯他人的职权，即越职。 58 畜：畜养。 59 越官：超越职权。 60 守业：守，奉守；业，职业，即职务。 61 贞：通正，即与事实吻合。 62 朋党：朋比结党。 63 相为：互相帮助，即狼狈为奸。 64 乘：凭借。 65 劫：劫持、胁迫。 66 妄举：妄，胡乱、随便；举，推举、选拔，即任用。 67 沮：败坏。 68 不胜：不堪、意不可收拾。 69 饰行：饰，粉饰；饰行即伪装自己的行为。 70 要君欲：迎合君主的欲望。 71 情：真情、真诚。 72 效：呈现、表露。 73 异：分辨。 74 越王：指勾践。 75 轻死：轻视死亡，即不怕死。 76 妒：妒忌。 77 好内：喜欢女色。 78 刁竖：齐桓公宠爱的侍臣。 79 宫：阉割睾丸。 80 易牙：桓公宠臣。 81 首：脑袋、头。 82 燕子哙：参见《庄子·秋水》"之、子"条。 83 明不受国：表面上不接受王位。 84 见：同"现"，表现、流露。 85 匿端：隐藏；端：事端，指事情的某一方面。 86 诬能：诬，欺骗；诬能指捏造才能。 87 见：同"现"。 88 情态：情形态度。 89 资：资助、凭借。 90 夺：原义为夺取，此为危害。 91 因：因循、依顺。 92 卒：结果。 93 虫流出户：指易牙、刁竖等人趁机作乱，齐桓公饿死，三月未葬，尸体生蛆，蛆爬出门外。 94 为：因为。 95 重：看重。 96 掩：掩盖、掩饰。 97 缘：机缘，机会。 98 去：指不要表现。 99 见素：见，显露；素，本色。

（汤勤福）

〔鉴赏〕《二柄》论述的是"明主之所道（导）制其臣"的驭下之术。"道制"即诱导、控制之意。韩非作为法家大师，其学集法、术、势之大成，本文所论属于术治。"二柄"指杀戮之刑和庆赏之德。人主掌握了这两项大权，自然也就有了"势"。因此，《二柄》所论虽为术治，实质上是建议为人主者凭此二柄之"术"以营造居高临下、威慑臣民之"势"。韩非《难势篇》引《慎子·威德》说："尧为匹夫，不能治三人；而桀为天子，能乱天下。吾是以知势位之足恃而贤智之不足慕也。"可见，"势"与"位"又是紧紧相连的；以尧之贤，不居其位，亦无其势。但即使居君王之位，如果不能掌握杀戮庆赏之权，也不可能拥有强大的势能。于此又可知，"法"和"术"是酿造"势能"的手段；法、术、势三者是紧密地结合在一起的。本文中有一个极形象的比喻，可以加深我们对这一理念的领会：老虎能够制服狗，是因为它有锋利的爪牙；设若老虎把爪牙给了狗，老虎反而会怕狗。虎的威势来自爪牙，人主的威势则来自他手中的刑、赏大权，这道理是非常明白的。

刑和赏——处罚与奖励，正如虎之爪与牙，相辅而相成，两者建立在共同的心理基础上："为人臣者畏诛罚而利庆赏，故人主自用其刑德，则臣下畏其威而归（向往）其利。"韩非师承荀况"性恶"之说，认为人与人的关系——包括君王与臣下的关系完全建立在一个"利"字上。他在《外储说右下》引田鲔教其子田章之言说："主卖官爵，臣卖智力"，赤裸裸地把君臣关系视为买卖交易。在《二柄》中又说："人臣之情非未必能爱其君也，为重利之故也。"甚至说："安利者就之，危害者去之，此人之情也。”利之所在，趋之若鹜；祸之所存，避之唯恐不及：这就是人情。人君正是利用臣下的这种心态，紧握生杀奖赏的大权，使群臣既惮其刑戮之威又心趋其庆赏之利，这样就能切实制驭臣下，使之俯首帖耳听命于自己。这是《二柄》的中心论点。

正因为刑、赏二柄具有如此强大的力量，既能震慑人心，又能诱导人心，这种权力便只能由君主亲自掌握；绝对不能交给任何人代行。这是《二柄》一文中第二个重要论点。在人主周围不会没有心怀叵测之徒。这种人一旦得到君主的信任，始则狐假虎威，利用君主的权力报其私怨，酬其私德。凡所恶者，则假国君之力以加害；凡所爱者，则假国君之力而加赏。他们一旦窃取了国君的刑、赏大权，就会使一国之人畏其私威而轻慢其国主，“倒戈授柄”，必然导致大权旁落。齐简公把刑赏大权交给田常，最终被田常所篡弑，就是显例。

刑与赏就像系在马笼头上的左右两根缰绳，是君主驾驭群臣缺一不可的手段。子罕劫杀其君宋桓侯的例子，说明二柄失其一即能招致败亡。两根马缰绳，如果分别操纵在两个人手中，一人控制一根，那马车能不翻车吗？

刑赏大权集中在君主一人手中，也并非没有弊端：个人耳目有限，对周围的是非曲直不易作出客观、全面的正确判断；宽严之限，尤其难以执中。对此，韩非借用了申不害“审合刑名”的办法，作为刑、赏的准则。“审合刑名”的“刑”通“形”，指实际的事功；“名”指此人的言论，即他接受任务时作出的承诺。当有事要臣下去办理时，国君先让臣下陈述方略，择其尤善者授以专职，责成他必须完成的事功。事后查验，功当其事、事当其言者则赏；事不当其言者则罚。不仅言大而功小者要罚，言小而功大者也要加以惩罚。为什么言小功大者也要惩罚呢？这种人不是慎言力行，具有谦德而值得赞美吗？不！“谦谦君子，卑以自牧”（《易·谦》）这类话，是理想主义者儒家的道德规范；具有现实主义精神的法家，崇尚的是说一是一、实事求是、不矜不伐的作风。谦虚和夸诞，都有害于绝对忠诚。

在《二柄》篇中，韩非又一次提醒人主，必须“去好去恶”，即不要向臣下表露自己的爱憎；目的是为了防止臣下伪装矫饰，蒙骗取宠。人主要是表露了自己的爱憎，必有人投其所好，匿其所憎，“使人臣有缘以侵其主”——使人臣顺着君王的爱憎以骗取宠信，逐步侵夺君上的权力。再说，群臣人人伪装矫饰，君王也就无法分辨臣下的智愚贤不肖了。只有让臣下都显示他们的本来面目，君主才有可能切实掌握他们，正确使用他们。这就是“去好去恶，群臣见素”的意思。“去好去恶”是韩非论术治的重要思想，他提倡“法莫如显，而术不欲见”（《韩非子·

难三》),藉以形成君主"大不可量,深不可测"的潜在的威势。

有人认为,《二柄》文句多与《主道》、《扬权》诸篇相同,似是后人采辑《韩非子》各篇文纂集凑成的。是否如此,尚无确证。但正因为这篇论文集中了《韩非子》论术治的精义,确是精粹而多胜义的名篇。文中大量引用史事以论证人君必须亲自掌握"二柄",大权旁落必将招致败亡的中心论旨,具有雄辩的说服力。特别是结尾处引齐桓公因其好、恶为佞臣竖刁、易牙所掌握,当桓公病重时这些人趁机作乱,将这位英名赫赫、春秋五霸之首的英主活活饿死;而且闹得死后三个月无法下葬,酿成尸体腐烂生蛆,"虫流出户"的悲惨结局。假使战国末年的诸侯主读了韩非这篇文章,能不掩卷而思,怵然而起吗?

(赖汉屏)

扬 权

《韩非子》

天有大命①,人有大命。夫香美脆味,厚酒肥肉,甘口而病形②;曼理皓齿③,说情而捐精④。故去甚去泰⑤,身乃无害。权不欲见,素无为也⑥。事在四方⑦,要在中央⑧。圣人执要,四方来效⑨。虚而待之,彼自以之。四海既藏⑩,道⑪阴见阳。左右既立,开门而当⑫。勿变勿易,与二⑬俱行。行之不已⑭,是谓履理⑮也。

夫物者有所宜,材者有所施⑯,各处其宜,故上无为。使鸡司夜⑰,令狸执鼠,皆用其能,上乃无事。上有所长,事乃不方⑱。矜⑲而好能,下之所欺;辩惠⑳好生,下因其材。上下易㉑用,国故不治。

用一之道,以名㉒为首,名正物定;名倚㉓物徙。故圣人执一以静㉔,使名自命,令事自定。不见其采㉕,下故素正。因而任之,使自事之;因而予之,彼将自举㉖之;正与㉗处之,使皆自定㉘之。上以名举之,不知其名,复修㉙其形。形名参同㉚,用其所生。二者诚信,下乃贡情㉛。

谨修所事,待命于天。毋失其要㉜,乃为圣人。圣人之道,去智与巧,智巧不去,难以为常。民人用之㉝,其身多殃;主上用之,其国危亡。因天之道,反㉞形之理,督参鞠㉟之,终则有[36]始。虚静以后，未尝用己。凡上之患[37]，必同其端[38]；信[39]而勿同，万民一从[40]。

夫道者，弘大而无形；德者，核理[41]而普至。至于群生[42]，斟酌[43]用之，万物皆盛[44]，而不与其宁[45]。道者，下周[46]于事，因稽而命，与时生死。参名异事，通一[47]同情。故曰：道不同于万物，德不同于阴阳，衡[48]不同于轻重，绳不同于出入[49]，和不同于燥湿，君不同于群臣。——凡此六者，道之出[50]也。道无双，故曰一。是故明君贵独道之容[51]。君臣不同道，下以名祷[52]。君操其名，臣效其形，形名参同，上下和调[53]。

凡听[54]之道，以其所出[55]，反以为之入[56]。故审名以定位，明分[57]以辩类。听言之道，溶[58]若甚醉。唇乎齿乎，吾不为始乎；齿乎唇乎，愈惛惛[59]乎。彼自离[60]之，吾因以知之；是非辐凑[61]，上不与构[62]。虚静无为，道之情也；参伍[63]比物，事之形也。参之以比物，伍之以合虚[64]。根干不革[65]，则动泄不失[66]矣。动之溶[67]之，无为而改之。喜之，则多事；恶之，则生怨。故去喜去恶，虚心以为道舍。上不与共之，民乃宠[68]之；上不与义[69]之，使独为之。上固闭内扃，从室视庭，咫尺已具，皆之其处[70]。以赏者赏，以刑者刑，因其所为，各以自成。善恶必及，孰敢不信[71]？规矩既设，三隅[72]乃列。

主上不神[73]，下将有因；其事[74]不当，下改其常。若天若地，是谓累解[75]；若地若天，孰疏孰亲？能象天地，是谓圣人。欲治其内，置而勿亲；欲治其外，官置一人[76]；不使自恣[77]，安得移并[78]？大臣之门，唯恐多人。凡治之极，下不能得。周合[79]刑名，民乃守职；去此更求[80]，是谓大惑。猾民愈众，奸邪满侧[81]。故曰：毋富[82]人而贷焉，毋贵人而逼焉，毋专信一人而失其都国焉。腓[83]大于股，难以趣[84]走。主失其神，虎[85]随其后。主上不知，虎将为[86]狗。主不蚤[87]止，狗益无已。虎成其群，以弑其母。为主而无臣，奚[88]国之有？主施其法，大虎将怯；主施其刑，大虎自宁[89]。法刑苟信，虎化为人，复反[90]其真。

欲为[91]其国，必伐其聚[92]；不伐其聚，彼将聚众。欲为其地，必适其赐；不适其赐，乱人求益[93]。彼求我予，假[94]仇人斧；假之不可，彼将用之以伐我。黄帝有言曰："上下一日百战。"下匿[95]其私，用试其上；上操度量[96]，以割[97]其下。故度量之立，主之宝也；党与[98]之具，臣之宝也。臣之所不弑其君者，党与不具也。故上失扶寸[99]，下得寻常[100]。有国之君，不大[101]其都；有道之臣，不贵其家。有道之君，不贵其臣；贵之富之，彼将代之。备危恐殆[102]，急置太子，祸乃无从起。内索出圉[103]，必身自执其度量。厚者亏[104]之，薄者靡[105]之。亏靡有量[106]，毋使民比周[107]，同欺其上。亏之若月，靡之若热。简令谨诛[108]，必尽其罚。

毋弛而弓[109]，一栖两雄。一栖两雄，其斗㘖㘖。豺狼在牢，其羊不繁[110]。一家二贵，事乃无功。夫妻持政，子无适从。

为人君者，数披[111]其木，毋使木枝扶疏[112]；木枝扶疏，将塞公闾[113]，私门将实，公庭将虚，主将壅围[114]。数披其木，无使木枝外拒[115]；木枝外拒，将逼主处。数披其木，毋使枝大本[116]小；枝大本小，将不胜春风；不胜春风，枝将害心。公子[117]既众，宗室忧吟。止之之道，数披其木，毋使枝茂。木数披，党与乃离[118]。掘其根，木乃不神[119]。填其渊[120]，毋使水清。探其怀[121]，夺之威。主上用之，若电若雷。

〔注释〕①命：道、法则。 ②病行：对身体有害。行，身体。 ③曼理皓齿：形容女人的美貌。曼理，细美的皮肤纹理；皓齿，洁白的牙齿。 ④捐精：耗费精力。 ⑤泰：过分。 ⑥素无为也：素，本色；无为，老子提出的顺应自然、无所作为的消极思想。 ⑦四方：臣民。 ⑧要在中央：要，关键；中央，君主。 ⑨效：效力。 ⑩藏：潜藏。 ⑪道：由、从。 ⑫当：合适、得当。 ⑬二：指天的大命和人的大命。 ⑭已：停止。 ⑮履理：实践天然和人事的大道。 ⑯施：用。 ⑰司夜：掌管夜里的时间。 ⑱方：相应、相称。 ⑲矜：自夸、自大。 ⑳辩惠：口才和智慧。辩，巧言；惠，通"慧"，智慧。 ㉑易：颠倒。 ㉒名：名称、理论。 ㉓倚：偏。 ㉔静：虚静。 ㉕采：文采。 ㉖自举：自动处理。 ㉗与：以。 ㉘定：完成。 ㉙修：考察。 ㉚参同：验证相合。参，验证；同，合。 ㉛贡情：贡献出真诚。 ㉜要：国家的权柄。 ㉝之：指智巧。 ㉞反：推及。 ㉟鞠：穷究。

㊱ 有：通“又”。 ㊲ 患：毛病、缺点。 ㊳ 端：事物的一个侧面。 ㊴ 信：态度真诚。㊵ 从：信从、信服。 ㊶ 核理：蕴含道理。 ㊷ 群生：泛指万物。 ㊸ 斟酌：吸取。㊹ 盛：通“成”。 ㊺ 宁：停息。 ㊻ 周：普遍存在。 ㊼ 一：万事万物的根本。 ㊽ 衡：称轻重的工具。 ㊾ 出入：不平直之处。 ㊿ 出：衍化。 (51) 独道之容：独一无二的治道的法则。 (52) 下以名祷：臣下拿事理或言论来祈求君王。 (53) 和调：和谐一致。 (54) 听：听政。(55) 出：言论、主张。 (56) 入：形。指实效。 (57) 分：界限。 (58) 溶：通“容”，容貌。 (59) 惛惛：通“昏”，糊涂。 (60) 离：分析、陈述。 (61) 辐凑：车轮上的辐条凑集在车毂上，这里用来比喻集中。 (62) 构：连接。 (63) 参伍：错综比较以便验证。 (64) 合虚：归结起来以合乎虚静之道。 (65) 革：发生变动。 (66) 动泄不失：动静均不失误。 (67) 溶：水安流。 (68) 宠：尊敬。 (69) 义：通“议”，商议。 (70) 皆之其处：都到达理想的境界。 (71) 信：诚实。 (72) 三隅：其他方面。隅，角。 (73) 神：神妙莫测。 (74) 事：处事。 (75) 累解：公平正直。 (76) 官置一人：每个官职只授予一人。 (77) 恣：放肆。 (78) 并：兼并、侵占。 (79) 周合：切合。(80) 更求：另外寻求。 (81) 满侧：遍布在君主的左右。 (82) 富：使……富。 (83) 腓：小腿肚。(84) 趣：通“趋”，急走。 (85) 虎：这里指想要篡位夺权的臣子。 (86) 为：当作“有”。 (87) 蚤：通“早”。 (88) 奚：哪里。 (89) 宁：安宁、服帖。 (90) 反：通“返”，恢复。 (91) 为：治理。(92) 聚：指朋党聚集。 (93) 求益：要求增加。 (94) 假：借。 (95) 匿：隐藏。 (96) 度量：法度。(97) 割：制裁。 (98) 党与：党羽。 (99) 扶寸：古代长度计算单位，四指为一扶，一指为一寸。(100) 寻常：古代长度计算单位，八尺为一寻，两寻为一常。 (101) 大：使……扩大。 (102) 殆：危险。 (103) 圉：通“御”，抵御。 (104) 亏：减少。 (105) 靡：增加。 (106) 有量：有度、有分寸。(107) 比周：紧密勾结。 (108) 诛：诛伐。 (109) 毋弛而弓：不要放松你的君权。弛，放松；而，通“尔”，你。 (110) 繁：增多。 (111) 披：砍、劈。 (112) 扶疏：形容枝叶茂盛的样子。 (113) 公闾：官府。 (114) 壅圉：壅闭包围。 (115) 外拒：向外扩展。 (116) 本：树干，这里比喻君主。 (117) 公子：除太子之外的君主的儿子。 (118) 离：分散。 (119) 神：生气。 (120) 渊：深潭。 (121) 怀：内心。

（饶玲一）

〔鉴赏〕 《扬权》是《韩非子》中比较有特色的篇章。与《五蠹》指出应当抑制某些民众，《显学》批判儒、墨两家，《定法》指出同为法家的商鞅、申不害还不够完善地表现出典型的法家思想的篇章有所不同，它是一篇偏重哲理性，吸取《老子》思想的文章，与《主道》、《人主》、《三守》、《八经》等篇各有相似之处。

《扬权》中提出哲理和政治原则具有深刻的时代背景。当时各国之间不断纷争，国内常有臣下杀死君主自立或拥立新君的事，《韩非子》的主要理论就是认为富国强兵必须解决这些问题。韩非又是先秦时代最后一位思想家，有机会看到儒、道、墨、法、名、兵、阴阳、纵横诸家的学说，加以批判、选择和继承，他不仅是集法家大成，也吸收了其他思想资料，其中，《老子》对他的影响也很大。

《扬权》是他将《老子》的清静无为、以静制动的思想运用到法家理论中的名篇。其核心是坚决主张中央集权、君主至上，打击排斥臣下分享权力的企图，并对这一中心思想进行严密论证。

第一步是从哲理上突出“道”，并将道类比为君主。韩非认为道是从万事万物中抽象出来的普遍规律，人们看不到、听不到，然而道却无所不在并高于万物，因而称之为“夫道者弘大而无形”。这种哲理来自《老子》的“道大”，“天乃道”，“道之为物惟恍惟惚”，但韩非将《老子》的道转化为确立君主地位的政治伦理，从“道不同于万物”引申出“君不同于群臣”。

据此原则，第二步就推论出君主应当而且必须掌握最高权力，而臣下则应为君主效劳。提出“事在四方，要在中央，圣人执要，四方来效”的原则。

要达到“四方来效”的目的，第三步必须有一系列办法。《扬权》中从四个方面着眼。

第一方面，韩非要君主从自身着眼，自己保持“虚”和“静”。虚就是不抱成见，虚心听取臣下们的意见，“明主不怀爱而听，不为说（悦）而计”（《八经》），所谓静就是君主自己保持冷静，观察臣下们的“动”，不流露自己的好恶，以免臣下说假话，迎合自己。所谓“凡治之极，下不能得”，看出臣下有什么错误，抓住了就整他们，即“虚静无事，以闇见疵”（《主道》）。《老子》中也可以看到“虚”和“静”的哲学，如“三十辐共一毂，当其无有车之用”，“无状之状，无物之象，执古之道，以御今之有”就是讲虚；“清静为天下正”、“致虚极、守静笃，万物并作，吾以观复”就是讲静。是指从静中观察万物往复变化。韩非将哲学原理具体化为抓臣下的错处了。

第二方面是将臣下比作报晓的鸡或捉鼠的猫，君主自己不做任何事而用赏罚来管住臣下，而且其结果要达到“臣有其劳，君有其成功”，“有功则君有其贤，有过则臣任其罪”（《主道》）。

第三方面是用原则来检验臣下的行为，即“君操其名（原则），臣效其形（实际）”，做到“形名参（检验）同（一致）君乃无事焉”。也就是要办什么事臣下必须表态，按臣下所表的态责成臣下去做，办成了赏，办不成罚，不仅“言大而功小者则罚”（《二柄》），“言小而功大者亦罚。”（同上）

既然一切好处全归君主，一切责任都要臣下承担，那么谁不想做君主而甘心做臣下呢？于是韩非就从第四方面考虑问题。

第四方面就是极力削弱臣下的权力。韩非指出：“有道之君，不贵其臣，贵之富之，备将代之”的原则。如何实现这一原则呢？就是不能让臣下形成帮派，指出：“党与之具臣之宝也，臣之所以不弑其君者，党与不具也。”如何使臣下们不能形成足以威胁自己的力量，韩非用比喻来说明：“为人君者数披其木，毋使木叶扶疏”,“数披其木,毋使枝大本小”,要“掘其根”、“填其渊”、“探其怀”、“夺之威”。《老子》讲:“图大于其细”、“其未兆易谋”、“其微易散”、“治之于未乱”是一种哲理。经韩非运用就变化为制服臣下的“术”。

与《扬权》相似的《八经》,《主道》等文,虽然有一些独到的见解,但几乎没有看到后人引用。那么是否这些篇章对后人没有影响?用《韩非子》中的话可以回答这个问题。《说难》中提到一个论点,“所说阴为厚利,显为名高者也,而说之以名高,则阳收其身而实疏之,说之以厚利,则阴用其言而显弃其身矣。”韩非的学说是全心全意为独裁君主着想,而且公开主张对内用重刑,对外侵略,是对君的“厚利”,君主当然不愿担残暴之名,因此后世的统治者,特别是一些“英明”之主,如汉武帝、隋炀帝(早期表演得很好)、明太祖的行为以及清代的雍正、乾隆的文字狱大抵如此。雍正还专门出了一本《大义觉迷录》为自己辩护。虽然这些君主暗中采取韩非的办法,杀起人来并不手软,但在公开场合,从不提韩非的学说,也就是“阴用其言而显弃其身”。

总的说来,韩非从《老子》思想中得到不少启发,但《老子》是哲理,而经过韩非改造后成为建立独裁统治的政治伦理了。所以司马迁指出韩非“本于黄老而老子深远矣”!

(施觉怀)

孤　　愤　　《韩非子》

智术之士[①],必远见而明察,不明察,不能烛私[②];能法之士,必强毅而劲直,不劲直,不能矫奸。人臣循令而从事,案[③]法而治官,非谓重人[④]也。重人也者,无令而擅为[⑤],亏法以利私,耗国以便家,力能得其君,此所为[⑥]重人也。智术之士明察,听用[⑦],且烛重人之阴情;能法之士劲直,听用,且矫重人之奸行。故智术能法之士用,则贵重之臣必在绳之外[⑧]矣。是智法之士与当涂[⑨]之人,不可两存之仇也。

当涂之人擅事要[⑩],则外内为之用矣。是以诸侯不因[⑪],则事不应,故敌国为之讼;百官不因,则业[⑫]不进,故群臣为之用;郎中不因,则不得近主,故左右为之匿;学士不因,则养禄薄礼卑,故学士为之谈[⑬]也。此四助者,邪臣之所以自饰[⑭]也。重人不能忠主而进其仇[⑮],人主不能越四助而烛察其臣,故人主愈弊[16]而大臣愈重。

凡当涂者之于人主也,希[17]不信爱也,又且习故[18]。若夫即[19]主心,同乎好恶,固其所自进也。官爵贵重,朋党又众,而一国为之讼。则法术之士欲干[20]上者,非有所信爱之亲、习故之泽也,又将以法术之言矫人主阿辟[21]之心,是与人主相反也。处势卑贱,无党孤特[22]。夫以疏远与信爱争,其数不胜也;以新旅[23]与习故争,其数不胜也;以反主意与同好恶争,其数不胜也;以轻贱与贵重争,其数不胜也;以一口[24]与一国争,其数不胜也。法术之士操五不胜之势,以岁数[25]而又不得见;当涂之人乘五胜之资[26],而旦暮独说于前。故法术之士奚道[27]得进,而人主奚时得悟乎?故资必不胜而势不两存,法术之士焉得不危?其可以罪过诬者,以公法而诛之;其不可被[28]以罪过者,以私剑而穷[29]之。是明法术而逆主上者,不僇[30]于吏诛,必死于私剑矣。朋党比周[31]以弊主,言曲以便私者,必信于重人矣。故其可以功伐借者,以官爵贵之;其可以借美名者,以外权重之。是以弊主上而趋[32]于私门者,不显于官爵,必重于外权矣。今人主不合参验[33]而行诛,不待见[34]功而爵禄,故法术之士安能蒙死亡而进其说?奸邪之臣安肯弃利而退其身?故主上愈卑,私门益尊。

夫越虽国富兵强,中国[35]之主皆知无益于己也,曰:“非吾所得制也。”今有国者虽地广人众,然而人主壅[36]蔽,大臣专权,是国为越也。智[37]不类越,而不智不类其国,不察其类者也。人之所以谓齐亡者,非地与城亡也,吕氏弗制而田氏用[38]之;所以谓晋亡者,亦非地与城亡也,姬氏不制而六卿专之也。今大臣执政独断,而上弗知收,是人主不明也。与死人同病者,不可生也;与亡国同事[39]者,不可存也。今袭迹[40]于齐、晋,欲国安存,不可得也。

凡法术之难行也,不独万乘[41],千乘亦然。人主之左右不必[42]智也，人主于人有所智而听之，因与左右论其言，是与愚人论智也；人主之左右不必贤也，人主于人有所贤而礼之，因与左右论其行，是与不肖论贤也。智者决策于愚人，贤士程行[43]于不肖，则贤智之士羞而人主之论悖[44]矣。人臣之欲得官者，其修士且以精洁固身[45]，其智士且以治辩[46]进业。其修士不能以货赂事[47]人，恃其精洁治辩而更不能以枉法为治，而修智之士不事左右、不听请谒[48]矣。人主之左右，行非伯夷也，求索不得，货赂不至，则精辩之功息，而毁诬之言起矣。治辩之功制于近习[49]，精洁之行决于毁誉，而修智之吏废，则人主之明塞矣。不以功伐决智行，不以参伍[50]审罪过，而听左右近习之言，则无能之士在廷，而愚污之吏处官矣。

万乘之患[51]，大臣太重；千乘之患，左右太信：此人主之公患也。且人臣有大罪，人主有大失，臣主之利相与异[52]者也。何以明之哉？曰：主利在有能而任官，臣利在无能而得事[53]；主利在有劳而爵禄，臣利在无功而富贵；主利在豪杰使能[54]，臣利在朋党用私。是以国地削而私家富，主上卑而大臣重。故主失势而臣得国，主更称蕃臣[55]，而相室剖符[56]。此人臣之所以谲[57]主便私也。故当世之重臣，主变势[58]而得固宠者，十无二三。是其故何也？人臣之罪大也。臣有大罪者，其行欺主也，其罪当死亡也。智士者远见而畏于死亡，必不从重人矣；贤士者修廉[59]而羞与奸臣欺其主，必不从重臣矣。是当涂者之徒属[60]，非愚而不知患者，必污而不避奸者也。大臣挟愚污之人，上与之欺主，下与之收利侵渔[61]，朋党比周，相与一口[62]，惑主败法，以乱士民，使国家危削，主上劳[63]辱，此大罪也。臣有大罪而主弗禁，此大失也。使其主有大失于上，臣有大罪于下，索国之不亡者，不可得也。

〔注释〕 ① 智术之士：智，通“知”，通晓；术，驭臣的策略。 ② 烛私：洞察隐微之私。 ③ 案：通“按”，按照。 ④ 重人：控制大权的人。 ⑤ 擅为：专断独行。 ⑥ 为：通“谓”。 ⑦ 听用：为君王所听信任用。 ⑧ 绳之外：指在法纪允许的范围之外。绳：法制、法度。

⑨ 涂：通"途"，道路。 ⑩ 擅事要：擅，专断；事要，控制国家大权。 ⑪ 因：凭借、依靠。 ⑫ 业：功业、功绩。 ⑬ 谈：吹捧。 ⑭ 饰：粉饰。 ⑮ 仇：指智法之士。 ⑯ 弊：通"蔽"，蒙蔽。 ⑰ 希：通"稀"，少。 ⑱ 习故：亲昵、熟悉。 ⑲ 即：迎合。 ⑳ 干：求。 ㉑ 阿辟：喜欢阿谀邪僻的心态。辟，通"僻"。 ㉒ 孤特：孤独、孤立。 ㉓ 新旅：这里比喻新来的法术之士。 ㉔ 一口：形容法术之士的孤立。 ㉕ 以岁数：用年来计算。 ㉖ 资：条件、优势。 ㉗ 奚道：从何处。奚，什么。 ㉘ 被(pī)：加。 ㉙ 穷：穷尽，指结束生命。 ㉚ 僇：通"戮"，杀戮。 ㉛ 比周：结党营私、相互勾结。 ㉜ 趋：投奔。 ㉝ 参验：根据事实加以验证。 ㉞ 见：同"现"。 ㉟ 中国：指中原地区的各诸侯国。 ㊱ 壅：闭塞。 ㊲ 智：同"知"。 ㊳ 用：占有、控制。 ㊴ 同事：同样的情况。 ㊵ 袭迹：袭，沿着、因袭；迹，行迹、老路。 ㊶ 万乘(shèng)：泛指大国。乘，兵车。 ㊷ 不必：不一定。 ㊸ 程行(xìng)：程，衡量、评价；行，德行。 ㊹ 悖(bèi)：错误、荒谬。 ㊺ 精洁顾身：精洁，精诚廉洁；固，约束。 ㊻ 治辩：辩，通"办"。治辩，办事才干。 ㊼ 事：侍奉。 ㊽ 谒：请托。 ㊾ 近习：亲近宠幸的人。 ㊿ 参伍：指调查研究的审核过程。参，比验；伍，综合。 51 患：祸害。 52 相与异：彼此对立。 53 事：职事。 54 使能：发挥才能。 55 蕃臣：蕃，通"藩"，有领地的臣子。 56 符：古代朝廷用以传达命令、调兵遣将的凭证。在竹木或金玉上刻字，剖而为二，各存其一，用时相合。 57 谲：欺诈。 58 变势：改变政治形势。 59 修廉：修，美好；廉，方正。 60 徒属：门徒、党羽。 61 侵渔：侵害、掠夺。 62 相与一口：相互用一个腔调说话。 63 劳：烦忧。

（饶玲一）

〔鉴赏〕《孤愤》是《韩非子》中独特的三篇文章之一(另两篇是《说难》和《难言》)，其内容与文风与其余五十一篇不同。其余各篇是韩非从各种角度阐述他的政治主张和学术思想，这篇是韩非因自己受到排挤，怀才不遇，感到孤独、苦闷、气愤因而分析法术之士不遇的原因和君主信任掌实权的大臣"重人"的不良后果。言辞激切，令人想到屈原的《离骚》。如果说《扬权》是探讨君臣矛盾，那么，《孤愤》就是探讨大臣之间矛盾。实际上，《孤愤》可以看作是韩非从政的体会，而其余各篇则是施政的政论。

《孤愤》首先指出"智术之士"聪明和"能法之士"鲠直，都不能见容于以权弄法谋私的"重人"。因为聪明人能看穿"重人"不可告人的私心，而鲠直者要处分"重人"违法乱纪的行为，双方是势不两立的。

其次，本文分析慨叹法术之士为何斗不过"重人"。因为"重人"掌握了大权，人们不通过他们就办不成事；各级官吏不投靠他们就升不了官；君主周围的人不迎合他们就谋不到这个职位；有学问的人不经过他们推荐就得不到尊重和待遇。因此所有的人都要说"重人"的好话和替"重人"掩盖错误。法术之士既没有关系网又没有地位，又不是君主的亲信。"重人"能经常与君主见面，谈话，法术之士不但不易见到君主，见了又要规劝君主守法自律，勿听谄谀，违背了君主想享乐的愿望,因此法术之士必然斗不过“重人”。“重人”得势又必然拉帮结派,包围和蒙蔽君主和排挤法术之士。“重人”对付法术之士能找到借口就公开屠杀,找不到借口则派刺客进行暗杀。

韩非又进一步分析指出:在这种形势下,依附“重人”者,“重人”可以赏官给他们或捧他们出名。“重人”和依附他们自然而然地结党营私了。最后警告说“重臣”的权愈来愈大,君主就被架空了,虽然没有亡国却等于亡国。韩非并举出在齐国田氏取代吕氏,在晋国六卿把持朝政为例来说明。

韩非又指出:即使君主有意了解法术之士也有难处。因为君主周围的人不一定聪明,要通过他们来评论法术之士就等于要愚人来评论智者;周围的人不一定正直,要通过他们来评论正直者就是要不正直者评论正直者,其结果可想而知!

韩非在二千多年前对“重臣”问题所作分析在今天看来仍然精彩,试看古往今来,凡是君主腐败,权奸当道的时期几乎都可以从这篇文章中找到所指出的情况,可见此文概括性之强。

再看孔、孟、老、庄、墨甚至《商君书》在这个问题上都没有这样具体、细致、深入的分析,更无论后人假托的尹文子等书了。这里并无意贬低其他各家,只是指出在探讨集权体制问题上韩非确有独到之处。

司马迁在《老·庄·申·韩列传》中称:“非见韩之削弱,数以书谏韩王,韩王不能用……非悲廉直不容于邪枉之臣,观往者得失之变,故作《孤愤》《五蠹》”,就是对韩非写《孤愤》的心情的注解。又称:“人或传其书至秦,秦王见《孤愤》《五蠹》之书曰:嗟乎,寡人得见此人与之游,虽死不恨矣!”二次提到《孤愤》。而且放在第一篇。在《报任少卿书》中又提到“不韦迁蜀,世传《吕览》;韩非囚秦,《说难》《孤愤》”。第三次提到《孤愤》。结合司马迁的身世和历朝权奸当道时的情况,可以看出此篇的价值。

(施觉怀)

显　学　　《韩非子》

世之显学,儒、墨也。儒之所至①,孔丘也。墨之所至,墨翟也。自孔子之死也,有子张②之儒,有子思③之儒,有颜氏④之儒,有孟氏⑤之儒,有漆雕氏⑥之儒,有仲良氏⑦之儒,有孙氏⑧之儒,有乐正氏⑨之儒。自墨子之死也,有相里氏⑩之墨,有相夫氏[11]之墨，有邓陵氏[12]之墨。故孔、墨之后，儒分为八，墨离为三，取舍相反[13]不同，而皆自谓真孔、墨，孔、墨不可复生，将谁使定世之学乎？孔子、墨子俱[14]道尧、舜，而取舍不同，皆自谓真尧、舜，尧、舜不复生，将谁使定儒、墨之诚[15]乎？殷、周七百余岁[16]，虞、夏二千余岁，而不能定儒、墨之真；今乃欲审[17]尧、舜之道于三千岁之前，意者其不可必[18]乎！无参验[19]而必之者，愚也；弗能必而据[20]之者，诬也。故明据先王，必定尧、舜者，非愚则诬也。愚诬之学，杂反[21]之行，明主弗受也。

墨者之葬[22]也，冬日冬服，夏日夏服，桐棺三寸，服丧[23]三月，世主以为俭而礼[24]之。儒者破家[25]而葬，服丧三年，大毁[26]扶杖，世主以为孝而礼之。夫是[27]墨子之俭，将非[28]孔子之侈也；是孔子之孝，将非墨子之戾[29]也。今孝、戾、侈、俭俱在儒、墨，而上兼礼之。漆雕之议[30]，不色挠[31]，不目逃，行曲则违于臧获[32]，行直则怒于诸侯，世主以为廉而礼之。宋荣子之议，设[33]不斗争，取不随仇[34]，不羞囹圄[35]，见侮不辱，世主以为宽[36]而礼之。夫[37]是漆雕之廉，将非宋荣之恕[38]也；是宋荣之宽，将非漆雕之暴也。今宽、廉、恕、暴俱在二子，人主兼而礼之。自愚诬之学、杂反之辞争，而人主俱听之，故海内之士，言无定术[39]，行无常议[40]。夫冰炭不同器而久，寒暑不兼时而至[41]，杂反之学不两立而治。今兼听杂学缪行[42]同异之辞，安得无乱乎？听行如此，其于治人又必然矣。

今世之学士语治[43]者，多曰："与贫穷地以实无资[44]。"今夫与人相若[45]也，无丰年旁入[46]之利而独以完给者，非力则俭也[47]。与人相若也，无饥馑、疾疚[48]、祸罪之殃独以贫穷者，非侈则堕[49]也。侈而堕者贫，而力而俭者富。今上征敛[50]于富人以布施于贫家，是夺力俭而与侈堕也，而欲索民之疾作[51]而节用，不可得也。

今有人于此，义不入危城，不处军旅，不以天下大利易其胫一毛[52]，世主必从而礼之，贵其智而高其行，以为轻物重生[53]之士也。夫上所以陈[54]良田大宅，设爵禄，所以易民死命也。今上尊贵轻物重生之士，而索民之出死而重殉上事[55]，不可得也。藏书策，习谈论，聚徒役，服[56]文学而议说，世主必从而礼之，曰："敬贤士，先王之道也。"夫吏之所税[57]，耕者也；而上之所养，学士也。耕者则重税，学士则多赏，而索民之疾作而少言谈，不可得也。立节参明[58]，执操不侵[59]，怨言过于耳，必随之以剑，世主必从而礼之，以为自好[60]之士。夫斩首之劳不赏，而家斗[61]之勇尊显，而索民之疾战距敌[62]而无私斗，不可得也。国平则养儒侠，难至[63]则用介士。所养者非所用，所用者非所养，此所以乱也。且夫人主于听学[64]也，若是其言，宜布之官而用其身；若非其言，宜去其身而息其端[65]。今以为是也，而弗布于官；以为非也，而不息其端。是而不用，非而不息，乱亡之道也。

澹台子羽，君子之容[66]也，仲尼几[67]而取之，与处久而行不称其貌。宰予之辞，雅而文也，仲尼几而取之，与处久而智不充其辩[68]。故孔子曰："以容取人乎，失之子羽；以言取人乎，失之宰予。"故以仲尼之智而有失实之声[69]。今之新辩滥乎宰予，而世主之听眩[70]乎仲尼，为[71]悦其言，因任其身，则焉得无失乎？是以魏任孟卯之辩，而有华下之患[72]；赵任马服之辩，而有长平之祸。此二者，任辩之失也。夫视锻锡[73]而察青黄[74]，区冶不能以必[75]剑；水击鹄雁，陆断驹马，则臧获不疑钝利。发齿吻形容[76]，伯乐不能以必马；授车就驾，而观其末涂[77]，则臧获不疑驽良[78]。观容服，听辞言，仲尼不能以必士；试之官职，课其功伐[79]，则庸人不疑于愚智。故明主之吏，宰相必起于州部，猛将必发于卒伍。夫有功者必赏，则爵禄厚而愈劝[80]；迁官袭级[81]，则官职大而愈治[82]。夫爵禄大而官职治，王之道也。

磐石千里,不可谓富;象人[83]百万,不可谓强。石非不大,数非不众也,而不可谓富强者,磐不生粟,象人不可使距敌也。今商官[84]技艺之士亦不垦而食,是地不垦,与磐石一贯[85]也。儒侠毋军劳[86],显而荣者,则民不使,与象人同事也。夫知祸[87]磐石象人,而不知祸商官儒侠为不垦之地、不使之民,不知事类[88]者也。

故敌国[89]之君王虽说[90]吾义,吾弗入贡而臣;关内之侯虽非吾行,吾必使执禽[91]而朝。是故力多则人朝,力寡则朝于人,故明君务力。夫严家无悍虏[92],而慈母有败子。吾以此知威势之可以禁暴[93],而德厚之不足以止乱也。

夫圣人之治国,不恃人之为吾善[94]也,而用[95]其不得为非也。恃人之为吾善也,境内不什[96]数;用人不得为非,一国可使齐[97]。为治者用众而舍寡,故不务德而务法。夫必恃自直之箭,百世无矢;恃自圜[98]之木,千世无轮矣。自直之箭,自圜之木,百世无有一,然而世皆乘车射禽者何也?隐栝之道[99]用也。虽有不恃隐栝而有自直之箭、自圜之木,良工弗贵[100]也。何则?乘者非一人,射者非一发也。不恃赏罚而恃自善[101]之民,明主弗贵也。何则?国法不可失,而所治非一人也。故有术之君,不随适然[102]之善,而行必然之道。

今或谓人曰:"使子必智而寿",则世必以为狂[103]。夫智,性也;寿,命也。性命者,非所学于人也,而以人之所不能为说[104]人,此世之所以谓之为狂也。谓之不能然,则是谕[105]也,夫谕性也。以仁义教人,是以智与寿说也,有度[106]之主弗受也。故善毛啬、西施之美,无益吾面;用脂泽粉黛,则倍其初[107]。言先王之仁义,无益于治;明吾法度,必吾赏罚者,亦国之脂泽粉黛也。故明主急其助[108]而缓其颂,故不道仁义。

今巫祝[109]之祝人曰:"使若千秋万岁。"千秋万岁之声括耳[110]，而一日之寿无征[111]于人，此人所以简[112]巫祝也。今世儒者之说人主，不善今之所以为治，而语已治之功；不审官法之事，不察奸邪之情，而皆道上古之传誉[113]、先王之成功。儒者饰辞[114]曰："听吾言，则可以霸王。"此说者之巫祝，有度之主不受也。故明主举实事，去无用，不道仁义者[115]故，不听学者之言。

今不知治者必曰："得民之心。"欲得民之心而可以为治，则是伊尹、管仲无所用也，将听民而已矣。民智之不可用，犹婴儿之心也。夫婴儿不剔首则腹[116]痛，不揊痤[117]则寖益[118]。剔首、揊痤，必一人抱之，慈母治之，然犹啼呼不止，婴儿子不知犯其所小苦致其所大利也。今上急耕田垦草以厚[119]民产也，而以上为酷；修刑重罚以为禁邪也，而以上为严；征赋钱粟以实仓库，且以救饥馑、备军旅也，而以上为贪；境内必知介[120]而无私解[121]，并力疾[122]斗，所以禽虏也。而以上为暴。此四者，所以治安也，而民不知悦也。夫求圣通[123]之士者，为民知[124]之不足师用。昔禹决[125]江浚[126]河，而民聚瓦石；子产开亩树桑，郑人谤訾[127]。禹利天下，子产存郑人，皆以受谤，夫民智之不足用亦明矣。故举士而求贤智，为政而期适民[128]，皆乱之端[129]，未可与为治也。

〔注释〕 ① 所至：至，极，最。所至，造诣最高的人。 ② 子张：姓颛孙，名师，字子张，孔子弟子。 ③ 子思：孔子的孙子，主张"中庸之道"。 ④ 颜氏：指孔子弟子颜回，字子渊。 ⑤ 孟氏：孟轲，继孔子之后儒家的代表人物。 ⑥ 漆雕氏：姓漆雕名启，孔子的弟子。 ⑦ 仲良氏：无从考证，一说为《礼记·檀子》之仲梁子，鲁国人。 ⑧ 孙氏：一说为孙卿，即荀况。 ⑨ 乐正氏：曾参的门徒。 ⑩ 相里氏：相里勤，墨家代表人物。 ⑪ 相夫氏：墨家代表人物。 ⑫ 邓陵氏：邓陵子，后期墨家中南方的一派。 ⑬ 取舍相反：取，采用；舍，舍弃；反，矛盾。这里指当时儒、墨两家内部各学派相互差异。 ⑭ 俱：都。 ⑮ 诚：真实。 ⑯ 岁：年。 ⑰ 审：定。 ⑱ 必：确定。 ⑲ 参验：参考验证。 ⑳ 据：以……为根据。 ㉑ 杂反：杂，杂乱；反，相互矛盾。 ㉒ 葬：丧葬制度。 ㉓ 服丧：守孝。 ㉔ 礼：礼遇。 ㉕ 破家：倾家荡产。 ㉖ 大毁：极度哀伤。 ㉗ 是：肯定、赞成。 ㉘ 非：反对。 ㉙ 戾：乖戾、不近人情。 ㉚ 议：主张。 ㉛ 不色挠：不屈从于别人。 ㉜ 臧获：奴婢。 ㉝ 设：提倡、主张。 ㉞ 随仇：报仇。 ㉟ 囹圄(líng yǔ)：监狱。 ㊱ 宽：宽厚、气量大。 ㊲ 夫：语气词，无义。 ㊳ 恕：宽恕。 ㊴ 术：道。 ㊵ 常议：一定的准则。常，固定的；议，通

"仪",标准。 ㊶ 兼时而至:同时到来。 ㊷ 缪行:缪,通"谬"。荒谬、错误的行为。 ㊸ 语治:谈论治理国家。 ㊹ 无资:贫穷、匮乏。 ㊺ 相若:相似。 ㊻ 旁入:意外收入。 ㊼ 非力则俭也:不是勤劳就是节俭。 ㊽ 疚:久病。 ㊾ 堕:懒惰。 ㊿ 征敛:征收。 51 疾作:努力耕作、工作勤快。 52 易其胫一毛:易,换取;胫一毛,小腿上的一根毫毛。在这里指不愿意牺牲个人的小利。 53 轻物重生:轻视物质利益,看重自己的生命。 54 陈:拿出。 55 重殉上事:勇于为君主牺牲自己。 56 服:钻研。 57 税:征税的对象。 58 参明:高明。 59 执操不侵:坚持操守不受侵犯。执,坚持;操,操守;侵,侵犯。 60 自好:自爱节操,指爱惜自己名声。 61 家斗:私斗。 62 疾战距敌:奋战抗敌。距,通"拒",抵抗。 63 难至:指战争来临的时候。 64 听学:听取学士的话。 65 息其端:将他的主张扼灭于萌芽之中。息,止;端,开头、苗头。 66 容:仪表。 67 几:接近。 68 辩:言论。 69 失实之声:不符合实际的感叹。 70 眩:迷惑。 71 为:由于。 72 华下之患:华下,地名,战国时孟卯率赵魏联军伐韩,秦将白起出兵相救,战于华下,联军打败。 73 锻锡:古人锻炼金属时掺的锡。 74 青黄:冶炼时的火色。 75 必:判断。 76 形容:外形体貌。 77 末涂:终途,涂,通"途"。 78 驽良:指马的好坏。 79 课其功伐:指考察臣子的功绩。课,考核;功伐,功绩。 80 劝:勉励。 81 袭级:升级、逐步提升。 82 治:治绩。 83 象人:俑人,用土、木、草等材料所做成的殉葬假人。 84 官商:用金钱买得爵位的商人。 85 一贯:一样。 86 毋军劳:没有军功。毋,通"无",没有。 87 祸:过、责备。 88 事类:事情的类似性。 89 敌国:指实力相当的国家。 90 说:通"悦",喜爱。 91 执禽:古代朝见君主时持禽类作为礼物的一种制度。 92 悍虏:强悍的奴仆。 93 暴:暴行。 94 为吾善:自我完善。 95 用:使。 96 什:通"十"。 97 齐:一致。 98 圜:通"圆"。 99 隐栝之道:运用矫正工具改造自然物的原则。隐栝,运用矫正竹木弯曲的器具。 100 弗贵:不看重。 101 自善:自动为善。 102 适然:偶然。 103 狂:通"诳",欺骗。 104 说:通"悦",讨好。 105 谕:明示。 106 度:法度。 107 倍其初:比原来加倍。 108 助:有助于治理国家的东西,指法度和赏罚。 109 巫祝:巫,古代以歌舞降神为人祈祷的人;祝,古代为人祝福的人。 110 括耳:括,通"聒",指吵闹、喋喋不休。 111 征:验。 112 简:轻视。 113 传誉:流传的佳话。 114 饰辞:夸大其词。 115 者:通"诸",之。 116 腹:疑作"复",更加。 117 揊痤(pì cuó):揊,剖开;痤,疖子。 118 寖益:逐渐加重。 119 厚:增多。 120 介:铠甲。此指武装。 121 私解:私下相互争斗。 122 疾:奋力。 123 圣通:圣明通达。 124 知:通"智",智慧。 125 决:疏通。 126 浚:挖深。 127 谤訾:恶意诽谤。 128 适民:迎合人民。 129 端:开端、根源。

(饶玲一)

〔鉴赏〕 读《显学》,最好把它与《五蠹》放在一起读,因为同样令人"心骇而神动"(张鼎文《校刻韩非子序》)。韩非把儒家列为"五蠹"之首,主张坚决予以铲除。原由在"儒以文乱法",并用"私学"、"诵先王之书",从而"以疑当世之法,而贰人主之心"。《商君书》有"燔《诗》、《书》而明法令"的过激主张(《和氏》),韩非为确立"法治"和法家的绝对权威,也提出"无书简之文"、"无先王之语",只独留"以法为教"、"以吏为师"。秦始皇后来导演了历史上空前的一幕"焚书坑儒",正是法家提供了这种文化专制的理论。"世之显学,儒、墨也",韩非著专文批判当时已成为时代思潮、声名赫赫的儒、墨两派的政治主张，进一步阐述自己的“法治”思想，是自然而必然的事情。

“孔、墨之后，儒分为八，墨离为三”，文章开头便从儒、墨两派的历史流变说起，接着指出都因为“取舍相反、不同”，已难判定是否“真尧、舜”、“真孔、墨”。韩非说：“无参难验而必之者，愚也；弗能必而据之者，诬也”，不用事实加以验证就作出判断是愚蠢，不能确定事物的真相就把它作为依据是欺骗。在韩非眼里，“显学”不过是“愚诬之学”。韩非这里提出了著名的“参验”论，以之作为检验是非的标准。《奸劫弑臣》篇亦有曰：“循名实以定是非，参验而审言辞”，必须考察名称和实际是否相符才能判断是非，只有通过比较验证才能判断言辞是否正确。儒家等学说祖述“先王”、“必定尧、舜”的言论就是未经“参验”的“妄发之说”（《问辩》）、“杂反之辞”。这种经验主义的“参验”论，是韩非政治思想的哲学基础，也是他在认识论上作出的重要贡献。

韩非进而指出，对“愚诬之学、杂反之辞”而“人主俱听之”，“安得无乱乎”，说儒、墨两家学说是造成国家混乱的根源。韩非认为儒者只是在那里“语已治之功”、“道上古之传”、“誉先王之成功”、“言先王之仁义”，都不过是一些无用之辞，“无益于治”。不仅如此，还使“海内之士，言无定术，行无常议”，言论没有统一的思想，行为没有固定的准则。这样必然造成思想界的混乱，因此必须“宜去其身而息其端”，对荒谬的学说决不能手软，应坚决予以驱除，且刚一冒头就要加以禁止。不然“以为非也而不息其端，是而不用，非而不息，乱亡之道也”，在荒谬的学说露头时如未加以禁止，正确的不加以运用，错误的不去禁止，最终要导致国家的败亡。看来韩非是反对百家争鸣的，他主张用政治手段来干预学术的发展，以使人们的思想归于一尊，本篇的主旨正在这里。一句话归总，韩非是要说服君主，用君主的权势，去禁止儒、墨的学说。这种加强思想文化专制的主张，对思想文化的发展是起了不小的消极作用的。

韩非从“参验”论出发，提出了一套任用选拔官吏的原则。韩非认为必须量功录用，注意严格考核，说“试之官职，课其功伐”，即放在一定的官职上试用，再考查他的功绩。又说“宰相必起于州部，猛将必发于卒伍”，宰相必须从地方低级官吏中提升起来，猛将应当从士兵中选拔出来的。这实际上是对贵族世袭制的一种挑战。《八经》中说得更明白：“官袭节（级）而进，以至大任，智也。”《问田》还说：“不试于毛伯，不关乎州部，故有失政亡国之患。”韩非把注重考查，逐级提升官吏提高到关系“失政亡国”的高度来认识。这对今天的现实来说，还是有借鉴意义的。

韩非讲“法治”，还列数了一大堆主张：“明君务力”，“举实事，去无用”，“不恃人之为吾善也，而用其不得为非也”，“不务德而务法”，不“求贤智”，不“期适民”，“明吾法度，必吾赏罚”，“民智之不足用”等。归总起来说无非是注重实力、强调功利、推行强权政治。就其积极方面而言，是当时“争于气力”的现实在意识领域中的一种反映，但可以看出韩非是轻视民众的智慧和力量的。

本篇不失为韩非政治思想的代表作，不但提出了有一定历史进步意义的“法治”主张，还梳理了儒、墨两大学派的历史发展脉络，保存了极为珍贵的中国学术思想史料。如，“孔、墨之后，儒分为八，墨离为三”之说，为后世学者认同、征引。另，对儒、墨冠之以“显学”，也许最早就出自韩非。但韩非两眼只盯住一个君主，为确立法家思想的绝对权威，不惜走向极端，提出思想文化专制的主张，宣扬愚民政策，反对学术争鸣，搞的是“我花开放百花杀”，对后世有极为消极的影响。韩非强调许多事物“不两立”，“夫冰炭不同器而久，寒暑不兼时而至，杂反之学不两立而治”。他不承认对立的统一，看不到相反相成、兼容互补，走向了片面性、极端化。然而通读《韩非子》者都不能不感佩韩非思想学术内容的丰富而深刻，包括片面的深刻，也正是有如此宏富的思想才加快了先秦思想大交叉、大融合的新时代的来临，才成就了秦汉之际儒法合流及其以后两千年中国古代政治思想上阳儒阴法、德主刑辅的思想体系格局。

（明 森 俞荣根）

本 生 《吕氏春秋》

始生之者，天也；养成之者，人也。能养天之所生而勿撄①之谓天子。天子之动也，以全天为故者也。此官之所自立也。立官者，以全生也。今世之惑主，多官而反以害生，则失所为立之矣。譬之若修兵者，以备寇也。今修兵而反以自攻，则亦失所为修之矣。

夫水之性清，土者扫②之，故不得清。人之性寿，物者扫之，故不得寿。物也者，所以养性也，非所以性养也。今世之人，惑者多以性养物，则不知轻重也。不知轻重，则重者为轻，轻者为重矣。若此，则每动无不败。以此为君，悖；以此为臣，乱；以此为子，狂。三者国有一焉，无幸必亡。

今有声于此，耳听之必慊③已，听之则使人聋，必弗听。有色于此，目视之必慊已，视之则使人盲，必弗视。有味于此，口食之必慊已，食之则使人瘖④，必弗食。是故圣人之于声色滋味也，利于性则取之，害于性则舍之，此全性之道也。世之贵富者，其于声色滋味也，多惑者。日夜求，幸而得之则遁⑤焉。遁焉，性恶⑥得不伤？

万人操弓，共射其一招⑦，招无不中。万物章章⑧，以害一生，生无不伤；以便⑨一生，生无不长。故圣人之制⑩万物也，以全其天也。天全，则神和矣，目明矣，耳聪矣，鼻臭⑪矣，口敏矣，三百六十节皆通利矣。若此人者，不言而信，不谋而当，不虑而得；精通乎天地，神覆乎宇宙；其于物无不受也，无不裹也，若天地然；上为天子而不骄，下为匹夫而不惛⑫。此之谓全德之人。

贵富而不知道，适足以为患，不如贫贱。贫贱之致物也难，虽欲过之，奚由？出则以车，入则以辇⑬，务以自佚⑭，命之曰“招蹷之机”⑮。肥肉厚酒，务以自强⑯，命之曰“烂肠之食”。靡曼皓齿⑰，郑卫之音⑱，务以自乐，命之曰“伐性之斧”。三患者，贵富之所致也。故古之人有不肯贵富者矣，由重生故也；非夸以名也，为其实也。则此论之不可不察也。

〔**注释**〕 ① 撄：触犯。 ② 扣(gǔ)：搅浑。 ③ 慊：同“惬”，惬意。 ④ 瘖：通“喑”，哑。 ⑤ 遁：同“循”，放纵不能自禁。 ⑥ 恶(wū)：何，哪里。 ⑦ 招：箭靶。 ⑧ 章章：繁盛的样子。 ⑨ 便：利。 ⑩ 制：裁断，控制。 ⑪ 臭：同“嗅”，闻。 ⑫ 惛：通“闷”，忧郁。 ⑬ 辇(niǎn)：乘辇。 ⑭ 佚：通“逸”，安乐。 ⑮ 招蹷之机：导致颠覆之端。蹷，急促，紧迫。 ⑯ 强：这里指满足食欲。 ⑰ 靡曼皓齿：指美色。靡曼，皮肤；皓，洁白。 ⑱ 郑卫之音：指乱世之音。

（张　静）

〔**鉴赏**〕 此文是《吕氏春秋·孟春纪》中的一篇。“孟”是每一季度的第一个月。早春时节，万物开始生发萌动，显示其勃勃生机和顽强的生命力。因而此时以“生”为论题。本文是《吕氏春秋》正文的第一篇，它开宗明义，表述此书的基本观念：生。“本生”就是以生命为根本，此文论述保养生命的重要意义及其基本原则。

文章首先提出“全生”是国家政治的最高使命，指出：“立官者所以全生也。”所谓“全生”其意义不仅是指保全、养育生命，纵览全文可见它的更重要的内涵是让生命的意义获得充分、完全的实现。文章规定这应该是治理国家的人的最高职责。在帝制时代，天子的关切决定了整个国家人们社会活动的根本方向，因此文章中“能养天之所生而勿撄之谓天子”一语实际上表达了作者这样一种思想：维护个人生命的生存和发展的权利、使人性得到全面的实现应该被置于高于一切价值的地位，应该成为文化的最高目标，而国家的政治之是非得失应该以这种全生的观念来加以衡量。根据这一观念作者指责当时的统治者“多官而反以害生”，这就揭露了专制主义政治的不人道，否定了压迫人的社会制度的合理性。可见文章第一段文字虽然不多，却具有丰富的含义，表明它不是单纯讲养生之道，实际上内含重要的思想意义，具有政治上的批判性。

本文在提出了全生的思想之后进一步规定了全生的基本原则，这就是全天养性。所谓“天”是指自然，“性”是指生命的本质属性，指人性。全天养性要求保养和全面地实现人的自然本性。此文作者不是只从人体的某些部分的状态、不是只从生理学上来观察、体认生命，他已经把生命视为由躯体各个部分、由人的生理、心理、精神等各种因素构成的一个统一整体，由其内在的自然本性所支配。这反映了古代中国哲人对生命现象的认识所达到的高度。在作者看来，无论是对于生命的生存和健康，还是从生命的价值的实现来说，全天养性都是根本，它保证了人的自然的和精神的生命力。因为天全不仅“神和矣，目明矣，耳听矣，鼻臭矣，口敏矣，三百六十节皆通利矣”，而且会产生这样的结果：“不言而信，不谋而当，不虑而得，精通乎天地，神覆乎宇宙”，以至于成为“全德之人”。作者在这里虽然没有从逻辑上论证“全天”何以必然导致“全德”，但是，人们可以从《庄子》和《吕氏春秋》全书等典籍找到其立论的根据。

从道家哲学可知，全天养性既要求尊重生命生存和发展的规律性和身体健康的客观的法则，保持人与自然的和谐关系，又要致力于维护个人的人身自由和精神自由，摆脱物欲、习见、传统观念和专制主义制度对人的束缚。《本生》对生的观念的论述正是以这一哲学为基础的。

人们都知道生命的可贵，但常常不知爱惜它，自我摧残生理上和精神上的生命力，文章分析了这一现象的原因。作者认为这是由于世人不懂得全天养性的道理，把生命的目的归为物质享受。文章强调过度的物欲是与人的自然本性的倾向相对立的。难能可贵的是，《本生》在论述全天养性的重要性时，不像中世纪的基督教和佛教，没有把它与人的合理的物质需要对立起来。它肯定物是生命的生存和发展所必不可少的，“声色滋味”有利于性。不过，它着重指明过度的物质享受会伤身害性。作者以振聋发聩的语言指出无节制的追求感官之欲造成“三患”：出车入辇是“招蹷之机”，肥肉美酒是“烂肠之食”，“靡曼皓齿”是“伐性之斧”。这些触目惊心的文字可以促使沉溺于声色滋味而不能自拔的人觉醒。三患之说虽然没有科学上的说明，但却是哲学思维、生活的智慧和经验的结晶，即使在现代社会也不失其警世之作用。它表达的富贵反为富贵所害的理念反映了作者辩证的思维方式，永远可以作为人们生活的指南。　（施忠连　卢　敏）

贵　公　　《吕氏春秋》

昔先圣王之治天下也，必先公。公则天下平①矣。平得于公。尝试观于上志②，有得天下者众矣，其得之以③公，其失之必以偏。凡主之立也，生④于公。故《鸿范》⑤曰：“无偏⑥无党⑦，王道荡荡⑧。无偏无颇⑨，遵王之义。无或作好⑩，遵王之道。无或作恶⑪，遵王之路。”

天下，非一人之天下也，天下之天下也。阴阳之和⑫，不长一类；甘露时雨，不私一物；万民之主，不阿一人。

伯禽⑬将行，请⑭所以治鲁。周公曰：“利而勿利⑮也。”

荆人⑯有遗弓者，而不肯索，曰：“荆人遗之，荆人得之，又何索焉？”孔子闻之曰：“去其‘荆’而可矣。”老聃闻之曰：“去其‘人’而可矣。”故老聃则至公⑰矣。

天地大矣，生而弗子，成而弗有，万物皆被⑱其泽，得其利，而莫知其所由始。此三皇五帝之德⑲也。

管仲有病，桓公往问之，曰：“仲父之病矣。渍⑳甚，国人弗讳，寡人将谁属㉑国？”管仲对曰：“昔者臣尽力竭智，犹未足以知之也。今病在于朝夕之中，臣奚能言？”桓公曰：“此大事也，愿仲父之教寡人也。”管仲敬诺，曰：“公谁欲相？”公曰：“鲍叔牙㉒可乎？”管仲对曰：“不可。夷吾善鲍叔牙。鲍叔牙之为人也，清廉洁直；视不己若者，不比㉓于人；一闻人之过，终身不忘。""勿已㉔,则隰朋其可乎?""隰朋㉕之为人也,上志㉖而下求㉗,丑㉘不若黄帝,而哀不己若者。其于国也,有不闻也;其于物也,有不知也;其于人也,有不见也。勿已乎,则隰朋可也。"

夫相,大官也。处大官者,不欲小察㉙,不欲小智,故曰:大匠不斫㉚,大庖不豆㉛,大勇不斗,大兵㉜不寇㉝。

桓公行公去私恶,用管子而为五伯长㉞;行私阿所爱,用竖刀㉟而虫出于户㊱。

人之少也愚,其长也智。故智而用私,不若愚而用公。日醉而饰㊲服,私利而立公,贪戾而求王,舜弗能为。

〔注释〕 ① 平:治。 ② 上志:上古的史籍。 ③ 以:由。 ④ 生:出。 ⑤《鸿范》:一作《洪范》,《尚书·周书》中的一个篇名。 ⑥ 偏:不平。 ⑦ 党:朋党。 ⑧ 荡荡:平易的样子。 ⑨ 颇:倾斜于一边。 ⑩ 作好:偏逞一己之爱好。 ⑪ 作恶:偏逞一己之憎恶。 ⑫ 和:指阴阳二气和谐。 ⑬ 伯禽:周公之子,成王封他于鲁。 ⑭ 请:问。 ⑮ 利而勿利:务在利民,勿自利。 ⑯ 荆人:即楚人。 ⑰ 至公:大公。 ⑱ 被:受。 ⑲ 德:天性。 ⑳ 渍:病。 ㉑ 属:同"嘱",托付。 ㉒ 鲍叔牙:齐国大夫,管仲的好友。 ㉓ 比:齐等。 ㉔ 勿已:不得已。 ㉕ 隰朋:齐大夫,助管仲相桓公,尝平戎于晋。 ㉖ 上志:上慕贤人。志,通"慕"。 ㉗ 下求:不耻下问。求,问。 ㉘ 丑:耻。 ㉙ 不欲小察:指不在小处挑剔的意思。 ㉚ 斫(zhuó):砍削。 ㉛ 豆:古代食器,这里作动词,动手宰割。 ㉜ 大兵:正义之师。 ㉝ 寇:侵害。 ㉞ 五伯长:五霸之首。 ㉟ 竖刀:又作"竖刁",齐桓公近侍。 ㊱ 虫出于户:齐桓公死后五子争立,竖刁参与乱齐,无人主丧,六十日乃殡,致使尸虫爬出门外。 ㊲ 饰:整治。

(张　静)

〔鉴赏〕 公有两义:一是与私相对,指国家、社会的整体及其根本利益;二是与偏相对,意为公正。这两个意义相为表里:为公去私则公正存乎其间,不公正行事则必出于私心偏心,伤及公义和公利。本篇论公兼言此两义。文章以天道论人事,以天地之博大、无私和深厚为准则,将公确立为首要的政治原则和统治者最高贵的政治品质。

针对现实社会中统治者的自私、私心和不公在政治生活中所造成的无数罪恶和灾难,作者在文章的开头就提出公是立国之基石。他把这一条作为一项基本的历史经验:纵观自古以来无数统治者,凡成功者皆治国以公,凡失败者都是以私心对待、处理国家大事。由此作者把公作为统治者必须加以遵循和实行的第一条法则,他以古圣王为榜样强调:凡治天下者,"必先公"。而文章所引用的

《洪范》的语句则使作者的观点变得更加不可动摇。

作者并不只限于历史的眼光,他还从实际生活的角度和哲学理论的高度阐述公的观念的重要性和实行公的法则的必要性。

从实际的政治生活来说,文章提出,只有实行公的法则,才会出现社会的安定和天下政治的清明。"公则天下平矣"是一句具有高度概括性的话,是作者对现实的政治生活状态深入思索的结晶。从其中一个"矣"字我们可以听到作者的感叹声,可以想见作者由自己的学识和阅历所产生的对于古今种种政治和社会现象的无限感慨。此话能够提示人们从自己所见、所闻、所知以及亲身经历的种种实际事例体悟到公对于世界、对于一个国家、对于社会、对于一个群体是多么的重要。作者虽然没有立即对这一句话作进一步的阐述,但是文章后半部详细叙述的齐桓公的故事实际上对它作了极为生动的说明。齐桓公的成功和他的悲惨结局这一反差极大的截然对照,把公与不公在实际政治生活中造成的完全不同的结果揭示得再也明白不过了。生活的逻辑是非常清楚的:对待国家(对于任何一个群体也然)大事出于私心,必然造成人心散乱,助长统治阶级内部尔虞我诈、争权夺利的腐朽风气;待人接物出于偏心,必定诱使小人、恶人投其所好,使他们得到重用,飞黄腾达,趾高气扬,进而把持权柄,玩弄权术,排除君子贤人,造成政治的黑暗以及朝廷、国家和社会的灾难;相反,处理政务出于公心,才能发扬正气,克服种种邪恶现象,造成同心同德、清明祥和的政治局面。

文章还指明公的法则的哲学基础,它根据道家的无为哲学,把公说成是宇宙法则的体现。"阴阳之和,不长一类;甘露时雨,不私一物",万物皆被天地之泽、得其利,然而天地并不把它们据为私有。根据这种思想,公就不只是一种待人处事的准则,无为的哲学也不再只是表达一种自然主义的观念,而表现了一种博爱的思想。文章所讲述的荆人遗弓的故事生动地喻示了这种最广博的人道主义情怀。

就是在这种认识的基础上,公的观念迸发出了最灿烂的思想光芒:文章提出天下乃"天下之天下"的伟大思想。这是先秦时期最具民主精神的命题,是《吕氏春秋》中最值得注意的卓越思想。它与《礼运》篇中"大道之行也,天下为公"的大同思想一起,反映了古代中国人对理想的社会制度和政治原则的向往。文章虽然没有对这一命题作出充分的论述,但是,按照其内在的逻辑,从中必定可以推导出主权在民的结论。由于这个原因,这一命题成为后世黄宗羲为代表的启蒙思想家们批判封建君主专制主义制度的有力的思想武器。

文章最后提出“故智而用私，不若愚而用公”，这是一种愚民哲学，显然，此说不可取。因为，愚昧之人总是会被自己的盲目性和狡猾的恶势力所支配，不可能真正地为公。人们只是在对自己的社会责任有一种自觉的认识之后，才能在社会生活中真正地实行公的准则。 （施忠连　卢　敏）

贵　生　《吕氏春秋》

圣人深虑天下，莫贵于生。夫耳目鼻口，生之役①也。耳虽欲声，目虽欲色，鼻虽欲芬香，口虽欲滋味，害于生则止。在②四官者不欲，利于生者则弗为。由此观之，耳目鼻口不得擅行③，必有所制。譬之若官职，不得擅为，必有所制。此贵生之术也。

尧以天下让于子州支父④，子州支父对曰：“以我为天子犹可也。虽然，我适有幽⑤忧之病，方将治之，未暇在⑥天下也。”天下，重物⑦也，而不以害其生，又况于他物乎？惟不以天下害其生者也，可以托天下。

越人三世杀其君，王子搜⑧患之，逃乎丹穴⑨。越国无君，求王子搜而不得，从之丹穴。王子搜不肯出。越人薰之以艾，乘之以王舆⑩。王子搜援绥⑪登车，仰天而呼曰：“君乎！独不可以舍我乎？”王子搜非恶为君也，恶为君之患也。若王子搜者，可谓不以国伤其生矣。此固越人之所欲得而为君也。

鲁君闻颜阖⑫得道之人也，使人以币先⑬焉。颜阖守闾⑭，鹿布⑮之衣，而自饭⑯牛。鲁君之使者至，颜阖自对之。使者曰：“此颜阖之家耶？”颜阖对曰：“此阖之家也。”使者致币，颜阖对曰：“恐听缪⑰而遗⑱使者罪，不若审⑲之。”使者还反审之，复来求之，则不得已。故若颜阖者，非恶富贵也，由重生恶之也。世之人主多以贵富骄⑳得道之人，其不相知，岂不悲哉？

故曰：道之真㉑，以持身；其绪余㉒，以为国家；其土苴㉓，以治天下。由此观之，帝王之功，圣人之余事㉔也，非所以完身养生之道也。今世俗之君子，危身弃生以徇㉕物，彼且㉖奚以此之㉗也？彼且奚以此为也？

凡圣人之动作也，必察其所以之与其所以为。今有人于此，以随侯之珠㉘弹千仞之雀世必笑之。是何也？所用重，所要轻也。夫生，岂特随侯珠之重也哉！

子华子㉙曰："全生㉚为上，亏生㉛次之，死㉜次之，迫生㉝为下。"故所谓尊生者，全生之谓；所谓全生者，六欲皆得其宜也。所谓亏生者，六欲分㉞得其宜也。亏生则于其尊之者㉟薄矣。其亏弥㊱甚者也，其尊弥薄。所谓死者，无有所以知，复其未生也。所谓迫生者，六欲莫得其宜也，皆获其所甚恶者。服㊲是也，辱㊳是也，辱莫大于不义，故不义，迫生也。而迫生非独不义也，故曰迫生不若死。奚以知其然也？耳闻所恶，不若无闻；目见所恶，不若无见。故雷则掩耳，电则掩目，此其比㊴也。凡六欲者，皆知其所甚恶，而必不得免，不若无有所以知。无有所以知者，死之谓也，故迫生不若死。嗜肉者，非腐鼠之谓也；嗜酒者，非败酒㊵之谓也；尊生者，非迫生之谓也。

〔注释〕 ① 役：仆役。指服侍于人的意思。 ② 在：察。 ③ 擅行：专行。 ④ 子州支父：传说中的古代隐士。 ⑤ 幽：隐。 ⑥ 在：顾及。 ⑦ 重物：大事。 ⑧ 王子搜：越王翳，翳之前有不寿、朱句、无余被杀。 ⑨ 丹穴：山洞。 ⑩ 王舆：王专用的车舆。 ⑪ 绥：车绥，登车时挽手所用的绳索。 ⑫ 颜阖：战国时鲁国隐士，辞官不仕。 ⑬ 币先：以聘物进，送上聘物。币，币帛，财货，这里指聘物。 ⑭ 守闾：管守闾门。闾，里门。周制二十五家为里，里门谓之闾。 ⑮ 鹿布：粗布。 ⑯ 饭：喂。 ⑰ 缪：通"谬"。 ⑱ 遗：给予。 ⑲ 审：审查核实。 ⑳ 骄：骄宠，骄纵。 ㉑ 真：实质。 ㉒ 绪余：丝之端末，指轻微之物。 ㉓ 土苴(zhǎ)：苴，通"渣"。土苴，泥土草芥，指微不足道的事物。 ㉔ 余事：末事，闲事。 ㉕ 徇：通"殉"，随。 ㉖ 且：将。 ㉗ 之：往。 ㉘ 随侯之珠：简称随珠，古代明珠，指重宝。 ㉙ 子华子：古代道家人物。 ㉚ 全生：指生命得到完全自然的发展生长。 ㉛ 亏生：指未能顺生命的生长，于生命自然生长有所亏损，不得其全。 ㉜ 死：指为正义而死。 ㉝ 迫生：迫促求于苟生。 ㉞ 分：半。 ㉟ 尊之者：指生命。 ㊱ 弥：更加。 ㊲ 服：屈服。 ㊳ 辱：屈辱。 ㊴ 比：类似。 ㊵ 败酒：臭坏的酒。

（张 静）

〔鉴赏〕 此文与《吕氏春秋》中的《先己》、《诬徒》、《知度》、《明理》等篇记录了先秦华子学派的思想。《贵生》篇集中论述了个人生命的价值和人生的意义，认为完整意义上的个人生命和个人尊严高于人类所有价值，反映了先秦道家哲学中的个体主义和人本主义的倾向。

文章首先用有趣的古代传说说明个人生命的价值高于一切：子州支父为了自己的身体的健康而拒绝尧让位的建议；王子搜为了避免生命的危险而逃至山洞，不当越国君主；颜阖不羡富贵，为了保持自己喜爱的逍遥自在的生活方式，宁愿过贫困的生活，而避开鲁君使者，不应鲁君之聘。文章一再声明，治理天下或一个国家的权位确实很重要，富贵也值得追求，但是，对于得道之士来说，它们一旦危害个体生命、妨碍生命价值的实现，就算不了什么，因此他们对之都不屑一顾。作者讲这样一些故事是有用意的。他考虑到坐天下、治一国、当大官以获取富贵，这些对于世俗之人来说，是最令人羡慕和向往的事情，而在这些故事中，那些得道之士都是爱生命远远胜过爱江山。这样，作者就非常有力地说明了世界上没有什么比维护个人生命的价值更重要的了。

此文不满足于以生动的故事表达其思想，它还从哲学的高度提出维护和提高个体生命的价值是一切真理的根本目标，强调“持身”为本，治国、治天下为末；“持身”是人生，以至于人的一切活动的根本目的，而人们的其他事业，如帝王之业，都应该服从于它。这种理论是华子学派和整个道家学派否定功利主义以及专制主义政治、倡导人本主义的有力的思想武器。古代的政治总是同统治者血腥的自相残杀以及残忍地杀戮本国和他国人民相联系的。文中“帝王之功，圣人之余事也，非所以完身养身之道也”一语就揭示了现实政治的反人道的性质，《贵生》虽然与儒家的仁爱观念大异其趣，但是它们却是从不同方面开辟了中国古代人本主义的优良传统。

文章的“贵生”和“尊生”，并不是以满足感官欲望为第一。它一开始就将人感官之欲与生命本身区别开来，明确提出耳目鼻口是为生命服务的，感官之欲利于生者加以满足，害于生者则加以制止，绝不能过分地放纵。文章主张“贵生”更不是提倡活命哲学，即舍弃原则与个人尊严的苟活。实际上文章的根本精神是以“全生”的观念反对“迫生”的人生。

作者主张“贵生”和“尊生”，是在“全生”的意义上说的。贯穿全文的旨意是“全生为上，亏生次之，死次之，迫生为下”。文章提出，所谓“全生”，意为“六欲皆得其宜”。六欲是指生、死、耳、目、口、鼻之欲，包括了人的感官之欲和精神追求，只有在这两方面个人都获得适当的满足，都符合自我对于有尊严的生活的要求，即合于华子学派的“义”的准则，这才可以说是“全生”。文章将人的生存状态分成四种，其主要意图是强调“迫生”是最低下、最要不得的一种生活方式，不仅低于“全生”，低于“亏生”，甚至连死都不如。所谓“迫生”，指六欲皆不得其宜，都为自我所深恶痛绝，但又不得不接受，只能屈服于内外的压力，在屈辱中生活，求生不得，求死不能。死亡还能使人们再也看不到、听不到自己最厌恶的东西，“迫生”连这一点都做不到，可见是一种最痛苦的人生。文章对“迫生”的状态的入木三分的刻画，反映了华子学派对于使人性受到严重摧残、扭曲、异化的现实政治生活的极度厌恶，以及他们对有尊严、自由自在的人生的热切期望。

《贵生》一文既不主张享乐主义，也不提倡禁欲主义和苦行僧式的生活方式，而是要求完整地把握人生的意义，全面地提升和实现个人生命的价值，这在古代是个十分难能可贵的思想，即使对于现代人也富有教益。　（施忠连　卢　敏）

尊　师　　《吕氏春秋》

神农①师②悉诸③，黄帝④师大挠⑤，帝颛顼⑥师伯夷父⑦，帝喾⑧师伯招⑨，帝尧师子州支父，帝舜师许由⑩，禹师大成贽⑪，汤师小臣⑫，文王、武王师吕望⑬、周公旦，齐桓公师管夷吾⑭，晋文公师咎犯⑮、随会⑯，秦穆公师百里奚⑰、公孙枝⑱，楚庄王师孙叔敖⑲、沈尹巫⑳，吴王阖闾师伍子胥㉑、文之仪㉒，越王勾践师范蠡㉓、大夫种㉔。此十圣人、六贤者未有不尊师者也。今尊不至于帝，智不至于圣，而欲无尊师，奚由至哉？此五帝之所以绝，三代之所以灭。

且天生人也，而使其耳可以闻，不学，其闻不若聋；使其目可以见，不学，其见不若盲；使其口可以言，不学，其言不若爽㉕；使其心可以知，不学，其知不若狂。故凡学，非能益也，达天性也。能全天之所生而勿败之，是谓善学。

子张㉖，鲁之鄙家也；颜涿聚㉗，梁父㉘之大盗也；学于孔子。段干木㉙，晋国之大驵㉚也，学于子夏㉛。高何、县子石㉜，齐国之暴者也，指㉝于乡曲㉞，学于子墨子。索卢参㉟，东方之巨狡也，学于禽滑黎。此六人者，刑戮死辱之人也。今非徒免于刑戮死辱也，由此为天下名士显人，以终其寿，王公大人从而礼之，此得之于学也。

凡学，必务进业，心则无营㊱。疾㊲讽㊳诵，谨司㊴闻，观驩愉㊵，问书意，顺耳目，不逆志，退思虑，求所谓，时辨说，以论道，不苟辨，必中法，得之无矜㊶，失之无惭，必反其本。

生则谨养，谨养之道，养心为贵；死则敬祭，敬祭之术，时节为务。此所以尊师也。治唐圃㊷，疾灌寖，务种树；织葩屦㊸，结罝㊹网，捆蒲苇；之田野，力耕耘，事五谷；如山林，入川泽，取鱼鳖，求鸟兽。此所以尊师也。视舆马，慎驾御；适衣服，务轻暖；临饮食，必蠲絜㊺；善调和，务甘肥；必恭敬，和颜色，审辞令；疾趋翔㊻，必严肃。此所以尊师也。

君子之学也，说义必称师以论道，听从必尽力以光明。听从不尽力，命之曰背；说义不称师，命之曰叛。背叛之人，贤主弗内㊼之于朝，君子不与交友。

故教也者，义之大者也；学也者，知之盛者也。义之大者，莫大于利人，利人莫大于教；知之盛者，莫大于成身，成身莫大于学。身成则为人子弗使而孝矣，为人臣弗令而忠矣，为人君弗强而平矣，有大势可以为天下正㊽矣。故子贡问孔子曰："后世将何以称夫子？"孔子曰："吾何足以称哉？勿已者，则好学而不厌，好教而不倦，其惟此邪！"天子入太学祭先圣，则齿㊾尝为师者弗臣，所以见敬学与尊师也。

〔注释〕 ① 神农：传说中古帝名，又称炎帝。 ② 师：以……为师。 ③ 悉诸：传说中为神农之师。 ④ 黄帝：即轩辕氏，代神农氏为帝。传说蚕桑、医药、舟车、宫室、文字等皆始于黄帝时。 ⑤ 大挠：传说为黄帝史官，创造了以干支相配纪日的方法。 ⑥ 颛项：传说中古帝名，号高阳氏。 ⑦ 伯夷父：传说为颛项之师。 ⑧ 帝喾：传说中古帝名，号高辛氏。 ⑨ 伯招：传说为帝喾之师。 ⑩ 许由：传说中的古代隐士。 ⑪ 大成贽：传说中禹的老师。 ⑫ 小臣：指伊尹，商王朝的开国功臣。 ⑬ 吕望：西周王朝开国功臣。 ⑭ 管夷吾：即管仲，助齐桓公成霸业，桓公尊为仲父。 ⑮ 咎犯：晋文公之臣。 ⑯ 随会：即士会，晋大夫。 ⑰ 百里奚：秦大夫。 ⑱ 公孙枝：秦大夫。 ⑲ 孙叔敖：楚庄王令尹。 ⑳ 沈尹巫：春秋时楚国大夫。 ㉑ 伍子胥：吴大夫。 ㉒ 文之仪：吴大夫。 ㉓ 范蠡：越大夫。 ㉔ 种：即文种，越大夫。 ㉕ 爽：口伤病不能言。 ㉖ 子张：孔子弟子。 ㉗ 颜涿聚：春秋时齐大夫。

㉘ 梁父：泰山下一座山的山名。 ㉙ 段干木：战国初魏国贤士，隐居不仕。 ㉚ 驵(zǎng)：牙侩，古时贸易中为买卖双方撮合从中取得佣金的人。 ㉛ 子夏：孔子的弟子。 ㉜ 高何、县子石：战国时人，孔子的弟子。 ㉝ 指：受指责。 ㉞ 乡曲：乡里。 ㉟ 索卢参：墨家学派禽滑黎弟子。 ㊱ 营：通"荧"，惑乱。 ㊲ 疾：努力。 ㊳ 讽：背诵。 ㊴ 司：通"伺"，等候。 ㊵ 观驩愉：注意老师的欢悦。驩，通"欢"。 ㊶ 矜：骄傲。 ㊷ 唐圃：菜园。 ㊸ 葩屦：麻鞋。葩，通"葩"。 ㊹ 罝(jū)：捕野兽的网。 ㊺ 蠲絜：清洁。絜，通"洁"。 ㊻ 翔：通"跄"，小步快跑。 ㊼ 内：通"纳"。 ㊽ 正：主。 ㊾ 齿：列。 （张　静）

〔**鉴赏**〕《尊师》是对中国古代教育思想的总结，它高度评价了老师对于人的精神成长和事业成功的重要作用，规定了人们对于老师、学习和知识应取的态度。

作者以其广博的知识，首先一一列举了古代最杰出的历史人物和他们的老师的名字，以大量的历史事实雄辩地证明，这些伟大人物的辉煌业绩是同他们的尊师和这些老师在精神上和事业上的指导分不开的。这样，文章就不仅为人们确立了尊师的榜样，而且揭示了中国源远流长的尊师传统，把这一传统与老师的作用视为历史的进步和人类文明的发展的基本因素。

文章对老师作用的强调是有深刻的历史原因的。早在战国时期，宗教在政治、军事、司法、教育、文化艺术等领域已经不占主导地位。与此同时，先秦哲学又强烈地意识到统治者无止境的权力欲和享乐欲，他们的随心所欲的主观意志和喜怒无常的情感对于社会的巨大危害，这样，哲学家们就期望那些富有深邃的智慧、卓越的思想，具有高洁的人格和某些方面的专门知识的人来指导国家的治理、人的精神的成长、社会文化和个人事业的发展。尊师的观念和传统就是在这样的历史背景下产生的。

这篇文章中特别值得注意的有以下四方面的思想：

第一，文章提出："故凡学，非能益也，达天性也。"作者认为老师的作用主要不在于他们是专门的知识、方法和技术的传授者，而在于他们是人的各种天性的培育者和潜能开拓者。根据文章的逻辑，人虽然生来就有感官和心智器官，具有感知和认识事物的能力，但是，如果不学习，没有老师的引导和培育，这些能力不仅不能得到开发、提高，而且会变成消极的因素，把人引向堕落，危害社会。文章以颜涿聚、高何、县子石等人受老师教育前后迥然不同的表现为例，说明了这个道理。而老师对那些有问题的人的教育，也不是从外面给他们灌输什么，不是强迫他们接受什么，而是启发他们学习的自觉性，引导和培育他们的天性，使之得到充分的发展。文章说："能全天之所生而勿败之，是谓善学"，这是一种很有价值的教育思想。

第二，老师教人，或求学者向老师求学，最重要的是“成身”，即成就自我，养成理想的人格。文章说“知之盛者，莫大于成身”，它认为知识固然重要，但是完美的人格对于一个人来说，最具决定性意义：“身成则为人子弗使而孝矣，为人臣弗令而忠矣，为人君弗强而平矣，有大势可以为天下正矣。”虽然此语流露了一些宗法主义的思想，但是它的旨意是讲理想的人格使人具有不可抑制的精神生命力，这是人们获取成就的不竭的力量源泉。

第三，尊师最重要的是尊重和发扬老师之道。即老师所信奉、教诲及其言行举止中表现出来的信念、理想、志向，他的人生哲学、政治理念和基本的价值取向。所言“顺耳目，不逆志，退思虑，求所谓”，都是要求人们着重把握老师之道。文章把遵循和发扬老师之道视为求学者最重要的责任，甚至把那种遵循而不尽力弘扬老师之道的行为称为背叛。当然，这里的老师多是指大儒，即公认的杰出的权威的知识分子，那些社会上或者朝廷上的卓越的精神指导者。显然，文章是想把他们，而不是把哪一个统治者视为社会的良心，民族的灵魂和文化发展的指路人。此文反映了儒家尊师以尊道的传统思想。

第四，求学者和社会应该尊重老师，在生活上尽心尽力地从各个方面关心老师。尊师不仅要体现于日常言行中对老师的恭敬的态度，还必须表现于虚心、认真、专心致志、刻苦钻研的学习态度，更要变为敬业精神和勤劳的品质，要从事体力劳动，种好庄稼、菜蔬，捕鱼打猎。既为治生业，因此也能以自己亲手劳动所得贡献给老师，向老师表示自己的敬意。这些思想对于中国优良的尊师传统的形成是个重要的贡献，也促进了中国古代教育思想的发展。

这篇文章对于服从老师的权威这方面论述得十分充分，然而，在教师如何加强与求学者的思想沟通、如何与求学者展开自由的、平等的学术讨论、如何做到教学相长这些方面没有涉及，这是此文的一个缺陷。 （施忠连　卢　敏）

用　众　　《吕氏春秋》

善学者，若齐王之食鸡也，必食其跖①数千而后足。虽不足，犹若有跖。物固莫不有长，莫不有短，人亦然。故善学者，假人之长以补短。故假人者，遂有天下。无丑②不能，无恶③不知。丑不能，恶不知，病④矣。不丑不能，不恶不知，尚⑤矣。

虽桀、纣犹有可畏⑥可取者，而况于贤者乎！

故学士⑦曰：辩议[不可为]不可不为⑧。辩议而苟可为，是教[大辩]也，教大⑨议也。辩议而不可为，是被褐⑩而出，衣锦⑪而入。

戎人生乎戎，长乎戎，而戎言不知其所受⑫之。楚人生乎楚，长乎楚，而楚言不知其所受之。今使楚人长乎戎，戎人长乎楚，则楚人戎言，戎人楚言矣。由是观之，吾未知亡国之主不可以为贤主也，其所生长者不可耳。故所生长不可不察也。

天下无粹⑬白之狐，而有粹白之裘，取之众白也。夫取于众，此三皇五帝之所以大立功名也。

凡君之所以立，出乎众也。立已定而舍其众，是得其末而失其本。得其末而失其本，不闻安居⑭。故以⑮众勇无畏乎孟贲⑯矣，以众力无畏乎乌获⑰矣，以众视无畏乎离娄⑱矣，以众知无畏乎尧、舜矣。夫以众者，此君人之大宝⑲也。

田骈⑳谓齐王曰："孟贲庶乎患术㉑，而边境弗患。"楚、魏之王，辞言不说㉒，而境内已修备矣，兵士已修用矣，得之众也。

〔**注释**〕①跖(zhí)：脚掌。②丑：耻。③恶：过。④病：困。⑤尚：上。⑥畏：心服。⑦学士：有学问的人。⑧辩议不可不为：据高诱注，正文当有脱误，陶鸿庆也认为"不可不为"上应有"不可为"三字。议，讲论，谈说。⑨大：多。⑩褐：毛或麻制的短衣，古时贫者所穿服装。⑪锦：美衣，古时贵者所穿服装。⑫受：得。⑬粹：纯粹。⑭安居：指地位巩固的意思。⑮以：用。⑯孟贲：战国时勇士。⑰乌获：战国时秦力士。⑱离娄：离娄即离朱，古之明目者。⑲大宝：指帝位。⑳田骈：战国时齐国人。㉑庶乎患术：庶几乎苦于无术。术，法。㉒辞言不说：不以言辞为说。　（张　静）

〔**鉴赏**〕《用众》，一名《善学》。顾名思义，只有认识并善于利用众人聪明才智、学识和力量的人，才是真正的善学。

《吕氏春秋》是一部融合先秦诸子学说的著作，其理论基础和思维原则是道家的"人法地，地法天，天法道，道法自然"，即《序意》篇所说的"上揆之天，下验之地，中审之人"原则。《用众》篇属《孟夏纪》。道家与阴阳家认为春季万物萌芽滋生，按照因顺自然的原则，当春生之际，人应当小心养护，故孟春、仲春、季春三纪论述养生、养性、养心与为人之道。夏季万物繁茂成长，人应努力学习使自己丰富起来成熟起来。为学之道，在于明确学习之重要，在于尊师敬师，在于兼容用众的学习方法。《孟夏纪》以《劝学》、《尊师》、《诬徒》、《用众》诸篇，构成一个简明的论学体系。

从显层看，《用众》论述了为学的方法。本篇一开头就提出了为学的方法论原则："物固莫不有长，莫不有短。人亦然。故善学者，假人之长以补其短。"天地万物和人，都自然地与生俱生地有其长处和短处。因为人都有短处，所以人必需善于用众人之长以补己短，这是"用众"的必要性。因为人都有长处，所以每个人才有可能用众人之长，这是"用众"的可能性。一个人要想事业成功品德完善，既要善于扬己之长避己之短，更要善于取人之长补己之短。愈是善于采众人之长，自己的才性、学识和能力就愈丰富完善。篇中用一个十分形象的比喻说明这一观点："天下无粹白之狐，而有粹白之裘，取之众白也。"天下没有纯白的狐狸，却有纯白的狐裘，这是取众狐狸之白色毛皮加工而成的结果。"取之众白"并不是简单地将众狐之白色毛皮相叠加，而是加工制作。学习上的用众人之长，也不是七拼八凑，而是对众人之长的认识、消化和吸收，从而形成新的升华或超越。这一比喻形象而贴切，两千年来为人们所习用。

"假人之长以补己之短"，多么简单的语言，多么深刻的道理，具有一种令人难以抗拒的真理力量。但是，并不是每一个人都能真正实践"假人之长以补己之短"的原则。人们在实践这一原则时，也存在深浅乃至真假之别，对于什么是"人之长"以及"人之长"在哪里的认识往往陷入误区。

误区之一："丑不能，恶不知，"许多人因而不愿与"不知""不能"之人交往，更不愿向"不知""不能"者学习。连孔子这样的大教育家也说过"无友不如己者"(《论语·学而》)。《用众》篇则明确告诉人们："丑不能，恶不知，病矣；不丑不能，不恶不知，尚矣。"这是很深刻的见解。所谓知、能，其实都是相对的。"物固莫不有长，莫不有短"，长与短是相比较而存在的，有所长必有所短，有所短亦必有所长。有所知、能，必有所不知不能；有所不知不能，亦必有所能。善于学习的人，一定要善于从看似不知不能的人身上学习哪怕是些微之知之能，天下无绝对不知不能之人，以为别人是不知不能，实际上正是陷入了自以为是的错误。老子说："不自见，故明。"(《老子·二十二章》)不自以为是地表现自己，才能看得明，才能知道别人的长处所在。瞧不起所谓不知不能的人，结果总是使自己处于困境。愿向"不知不能"者学习的人，才是真正的高明。《用众》篇指出，连残暴荒淫的桀纣也有可取之处，何况是其他人。

误区之二：向别人学习缺乏耐心，稍有不同看法，就急于辩驳。《用众》篇认为求学者不可辩议。道家认为人要正确认识事物，必需“虚而待物”，除去一切先入主见。对于求学者来说，就是要十分谦虚，细心体会施教者的话，如此才能尽量吸纳别人的长处。如果稍有不合就急于辩驳，别人就不会倾其所有以教。只有如同海绵吸水一样的吸纳别人之长，才能很快充实自己，使自己成为知识和精神的富人。

从隐层看，《用众》蕴含着人创造环境并改造和丰富人的本质的深刻思想。善于向众人学习，就是善于为自己营造一个良好的社会环境。人创造了环境，环境又改造和丰富了人。《用众》以楚人移居戎地学会戎人语言，戎人移居楚地学会楚人语言这一形象比喻说明人与环境的关系。戎人移居于楚地，楚人移居于戎地，这是人为自己创造环境；楚人在戎地学会戎人语言，戎人在楚地学会了楚人语言，这是环境改变和丰富了人。

由此，可见《用众》所提出的不仅是一种普遍适用的学习原则和学习方法，而且是吕不韦的思想路线。吕不韦一生的行事都贯穿着用众的原则。他主政秦国，礼贤下士，各国来归的门客有三千之众。为了给秦国统一天下奠定理论基础，他依靠众学者的智慧完成了《吕氏春秋》这一巨著。书写成后，他又布于咸阳市门，广泛征求修改意见，哪怕只是增损一字，也赏给千金，这正是“用众”的范例，也是“不丑不能，不恶不知”的范例。

吕不韦的时代，是从诸侯割据走向封建大一统的时代。走向统一发展的趋势，要求一种为统一服务的理论。吕不韦深深理解了历史。他以客观的历史态度总结历史，不党一家，不偏一说，自觉吸收融合诸子，集中诸子百家之众知，以求达到“无畏乎尧舜”的理论高度，亦即创造一种崭新的、足以一统天下平治万代的理论。《吕氏春秋》之所以能成为囊括古今超越诸子的巨著，正是“用众”的结果。

“用众”，也不仅是吕不韦的思想路线，更是他治国的政治路线。他认为天下之本在于民众，响亮地提出“天下非一人之天下也”的论断，主张治天下“必先公”，公则得众。他不赞成君主独断，认为君王应当虚心、不争能、不显智，这样就可以“使众智”、“使众能”、“使众为”，如此，国家才能昌盛。

苍白的理论已经死亡，《用众》的原则历经实践的锤炼，具有常青的生命力。

（孙以楷）

赵策四(触龙说赵太后) 《战国策》

赵太后新用事①,秦急攻之。赵氏求救于齐。齐曰:"必以长安君为质②,兵乃出。"太后不肯,大臣强谏。太后明谓左右:"有复言令长安君为质者,老妇必唾其面。"

左师触龙言③愿见太后。太后盛气而揖之④。入而徐趋,至而自谢,曰:"老臣病足,曾不能疾走,不得见久矣。窃自恕,而恐太后玉体之有所郄⑤也,故愿望见太后。"太后曰:"老妇恃辇而行。"曰:"日食饮得无衰乎?"曰:"恃粥耳。"曰:"老臣今者殊不欲食。乃自强步,日三四里,少益耆食,和于身也⑥。"太后曰:"老妇不能。"太后之色少解。

左师公曰:"老臣贱息⑦舒祺,最少,不肖。而臣衰,窃爱怜之。愿令得补黑衣⑧之数,以卫王宫,没死以闻。"太后曰:"敬诺。年几何矣?"对曰:"十五岁矣。虽少,愿及未填沟壑⑨而托之。"太后曰:"丈夫亦爱怜其少子乎?"对曰:"甚于妇人。"太后笑曰:"妇人异甚。"对曰:"老臣窃以为媪之爱燕后⑩,贤于长安君。"曰:"君过矣,不若长安君之甚。"左师公曰:"父母之爱子,则为之计深远。媪之送燕后也,持其踵,为之泣,念悲其远也,亦哀之矣。已行,非弗思也;祭祀必祝之,祝曰:'必勿使反。'岂非计久长、有子孙相继为王也哉?"太后曰:"然。"左师公曰:"今三世以前,至于赵之为赵⑪,赵主之子孙侯者,其继有在者乎?"曰:"无有。"曰:"微独赵,诸侯有在者乎?"曰:"老妇不闻也。""此其近者祸及身,远者及其子孙。岂人主之子孙则必不善哉?位尊而无功,奉厚而无劳,而挟重器⑫多也。今媪尊长安君之位,而封之以膏腴之地,多予之重器,而不及今令有功于国。一旦山陵崩⑬,长安君何以自托于赵?老臣以媪为长安君计短也,故以为其爱不若燕后。"太后曰:"诺。恣君之所使之。"于是为长安君约车百乘,质于齐,齐兵乃出。

子义⑭闻之,曰:"人主之子也,骨肉之亲也,犹不能恃无功之尊,无劳之奉,而守金玉之重也,而况人臣乎?"

〔注释〕 ① 赵太后:即赵威后。公元前266年,赵惠文王卒,以其子孝成王年幼,故由威后执政。用事:执政。 ② 长安君:威后少子,孝成王弟,长安君为其封号。质:作抵押的人质。按据《史记·赵世家》,此事发生于孝成王元年(前265)。 ③ 左师:官名。触龙:人名。按"触龙言"三字,原本作"触詟"。现据《史记》及马王堆汉墓出土帛书《战国策》改。 ④ 揖:据清人王念孙考证,当为"胥"字传写之误。胥,同"须",等待。 ⑤ 郄:当作"倻(jù剧)",劳累。⑥ 耆:通作"嗜"。少益耆食,谓稍渐增加食欲。和于身:使身体舒适。 ⑦ 贱息:对自己儿子的谦称。 ⑧ 黑衣:指卫士。当时赵宫廷卫士皆着黑衣。 ⑨ 填沟壑:指死亡。 ⑩ 燕后:赵太后之女,嫁燕王为后,故称燕后。 ⑪ 赵之为赵:指赵氏由晋国大夫,与韩、魏分晋后成为赵国国君之时。 ⑫ 重器:宝物。 ⑬ 山陵崩:喻指国君死亡,此指赵太后去世。⑭ 子义:赵国的有识之士。 (施忠连)

〔鉴赏〕 这是《战国策》中曾经产生过广泛影响的精品名篇,它记述了赵国老臣触龙如何用巧妙的办法说服太后同意用其少子长安君为人质,换取齐国援军抵御秦军的故事,着力表现触龙的进谏技巧和政治睿智。

文章首先以精练的语言为触龙的出场做铺垫,突出赵国形势的危急和进谏的困难:老王新死,嗣君年幼,太后执政,秦兵攻赵,齐国愿出兵援赵,但要以长安君作人质为条件,但太后又不同意,并同强谏的大臣产生对立的情绪,发下狠话,扬言:"有复言令长安君为质者,老妇必唾其面!"从而断绝了商量的余地,这样,朝廷政治就形成了僵局,赵国安全危在旦夕。

触龙的智慧首先表现在他认识到要走出朝廷的困境必须要从实际出发,既要尊重太后的权威,又要化解她的对立情绪,以打破僵局,而不可效法那些急躁的大臣,实行强谏。

为了消除太后的戒备心理,也为了避开她在气头上的锋芒,触龙故作老态龙钟之状,"入而徐趋,至而自谢",佯称病足,不能疾走。他为了缓和气氛,故意不言此行目的,而问太后的饮食起居,关心她的身体状况,并且与之交流养生经验,这样果然使她的情绪放松了下来,脸色也不那么难看了,从而为他进一步施展他的计策创造了有利条件。

触龙的第二招是迂回战术,他表现的睿智也令人叫绝。触龙清楚地看到当时赵国朝廷政治僵局的症结所在是太后爱子心切,只有由此入手方能解开死结。与其他朝臣不同的是,他并不无视、更不是粗暴地对待太后这一情感,而是正视、理解、尊重女性统治者这一心理特点,对症下药,巧为应对。他不是用空言说教,因为这很容易引起一个女性统治者的反感,而是以己说事,现身说法,向太后请求为他的小儿子在宫中谋一差事。并且极力渲染自己爱子感情的深切、为之谋职心情的急切,从而使太后感到触龙能够理解她的感情,同她有共同语言,从而完全接受了他,愿意听取他的意见,这就奠定了他进谏成功的坚实基础。

触龙的第三招是因势利导,用太后爱女儿的正确行为启发她,让她明白关爱子女的正确做法是什么。触龙的高明之处在于他相信太后是会为子女的长远利益考虑的,他设法调动太后自己的积极性,来思考如何解决朝廷面临的重大问题。文中"老臣窃以为媪之爱燕后,贤于爱长安君"一句极为精彩,此语使话锋急转,如奇峰突起,把谈话引入正题,却使太后懵然不知。太后听了此语很觉意外,因为她自以为自己爱子甚于爱女,而大臣们大概也怪她过于溺爱幼子,所以她听了这话不仅对触龙更有好感,因为他觉得太后爱长安君还不够,而且更愿意听令她感到奇怪的这种说法的理由,这样触龙就可以用太后远嫁女儿到燕国的事情从容不迫地讲述父母爱子女的最好做法是为他们的长久利益考虑的道理。触龙讲得合情合理,太后自然心悦诚服全部接受。

触龙的政治智慧突出地表现在他进谏的第四招,即用提问题的办法,让太后明白在激烈而残酷的宫廷政治斗争中,诸侯子弟封侯的其后代仍能保住其爵位的很少,并且深刻地揭示了产生这一现象的原因:王室、贵族子弟"位尊而无功,奉厚而无劳,而挟重器多也"。并且由此进一步指出,如若不趁现在这个机会让长安君建立功勋,那么一旦太后去世,长安君如何能够保住其地位?这既说明了他所谓的"媪之爱燕后,贤于长安君"的理由,又使太后充分意识到长安君处境的潜在的危险,从而表示愿意完全接受触龙的主张,触龙的进谏取得了完全的成功。

显然,触龙深谙宫廷政治,熟悉统治者心理,处理政事难题经验老到,才智过人。对于这次进谏,他事前已成竹在胸,但是不动声色,举重若轻,把一场严重的政治危机化解于一次轻松、愉快的闲谈之中。《战国策》绘声绘影地显示了一个富有智慧的谋国老臣的风范,这是它所取得的一个巨大的艺术成就。

值得注意的是,文章通过有识之士子义的口进一步深化了它的主题,这可以说是画龙点睛之笔,表明文章的主旨在于教育社会上那些身居高位而又宠爱自己子女的人士,警告他们,连君主之子都不能"恃无功之尊,无劳之奉",何况人臣之后代?这是合乎逻辑的推论,很有说服力。自古以来认真读过这篇文章、深思其中之义的人都是会有所警觉的。其实,不只是古人,不只是社会地位高的人,就是今人,就是社会地位不太高、但家庭生活条件还不错的人,不是也可以从中明白应当用怎样的方法爱自己的子女吗?无数事实证明了一条真理:娇生惯养,溺爱子女,终将害了子女;爱护子女的最好做法是让他们经受各种形式的锻炼,鼓励他们在艰难的环境中努力奋斗,建功立业。(施忠连)

素问·上古天真论 《黄帝内经》

昔在黄帝①,生而神灵②,弱③而能言,幼而徇齐④,长而敦敏⑤,成而登天⑥。乃问于天师⑦曰:余闻上古⑧之人,春秋⑨皆度⑩百岁,而动作不衰。今时之人,年半百而动作皆衰者,时世异耶?人将失之⑪耶?岐伯⑫对曰:上古之人,其知道⑬者,法⑭于阴阳⑮,和⑯于术数⑰,食饮有节,起居有常,不妄⑱作劳⑲,故能形与神俱⑳,而尽终天年㉑,度百岁乃去。今时之人不然也,以酒为浆,以妄为常,醉以入房㉒,以欲竭其精,以耗散其真㉓,不知持满,不时㉔御㉕神,务快其心,逆于生乐,起居无节,故半百而衰也。

夫上古圣人㉖之教下也,皆谓之虚邪贼风㉗,避之有时,恬惔㉘虚无㉙,真气从之,精神内守,病安从来。是以志闲而少欲,心安而不惧,形劳而不倦,气从以顺,各从其欲,皆得所愿。故美其食,任㉚其服,乐其俗,高下不相慕,其民故曰朴㉛。是以嗜欲不能劳其目,淫邪不能惑其心,愚智贤不肖,不惧于物,故合于道。所以能年皆度百岁,而动作不衰者,以其德㉜全不危也。

帝曰:人年老而无子㉝者,材力㉞尽邪㉟?将天数㊱然也?岐伯曰:女子七岁,肾气盛,齿更㊲发长;二七而天癸㊳至㊴,任脉通,太冲脉㊵盛,月事㊶以时下,故有子;三七,肾气平均㊷,故真牙㊸生而长极;四七,筋骨坚,发长极,身体盛壮;五七,阳明脉衰,面始焦㊹,发始堕;六七,三阳脉㊺衰于上,面皆焦,发始白;七七,任脉虚,太冲脉衰少,天癸竭,地道㊻不通㊼,故形坏而无子也。丈夫㊽八岁，肾气实，发长齿更；二八，肾气盛，天癸至，精气溢写㊾，阴阳和㊿，故能有子；三八，肾气平均，筋骨劲强，故真牙生而长极；四八，筋骨隆盛，肌肉满壮；五八，肾气衰，发堕齿槁；六八，阳气衰竭于上，面焦，发鬓颁白[51]；七八，肝气衰，筋不能动，天癸竭，精少，肾藏衰，形体皆极；八八则齿发去。肾者主水[52]，受五藏六府之精而藏之，故五藏盛，乃能写[53]。今五藏皆衰，筋骨解堕[54]，天癸尽矣，故发鬓白，身体重[55]，行步不正，而无子耳。

帝曰：有其年已老而有子者何也？岐伯曰：此其天寿[56]过度，气脉常通，而肾气有余也。此虽有子，男不过尽八八，女不过尽七七，而天地[57]之精气皆竭矣。帝曰：夫道者，年皆百数，皆有子乎？岐伯曰：夫道者，能却老[58]而全形[59]，身年虽寿，能生子也。

〔注释〕 ① 黄帝：传说中我国古代黄帝族的首领，也是汉族（华夏族）的祖先。《黄帝内经》托名黄帝所作。 ② 神灵：聪明之至。 ③ 弱：幼年时。 ④ 徇(xún)齐：敏慧。 ⑤ 敦敏：敦厚敏达。 ⑥ 登天：登天子之位。 ⑦ 天师：指岐伯。 ⑧ 上古：指远古时代。 ⑨ 春秋：指年龄。 ⑩ 度：超过。 ⑪ 失之：违背养生之道。 ⑫ 岐伯：传说上古时代医家。相传黄帝与岐伯等人讨论医术而创医学。 ⑬ 道：指养生之道。 ⑭ 法：效法。 ⑮ 阴阳：自然界寒暑往来的阴阳变化规律。 ⑯ 和：调和，引申为恰当运用。 ⑰ 术数：指养生的技术和方法。 ⑱ 妄：乱也，此为违背常规之意。 ⑲ 作劳：包括劳作和房劳。 ⑳ 形与神俱：形神健全。 ㉑ 天年：指自然寿命。 ㉒ 入房：行房事，指性生活。 ㉓ 真：真元之气，即肾气。 ㉔ 时：善于。 ㉕ 御：驾驭、控制。 ㉖ 圣人：指对养生之道有高度修养的人。 ㉗ 虚邪贼风：泛指异常气候和外来致病因素。 ㉘ 恬惔：安静淡泊。 ㉙ 虚无：心无杂念和妄想。 ㉚ 任：随便。 ㉛ 朴：敦厚淳朴的品性。 ㉜ 德：道德修养。 ㉝ 无子：没有生殖能力。 ㉞ 材力：精力，即生殖机能。 ㉟ 邪：同“耶”，疑问词。 ㊱ 天数：自然赋予人类的寿命数。 ㊲ 更：更换恒齿。 ㊳ 天癸：跟生殖有关的精微物质。 ㊴ 至：极也，此指成熟的意思。 ㊵ 太冲脉：指奇经八脉之一的冲脉，主血海。 ㊶ 月事：月经。 ㊷ 平均：充满而均衡。 ㊸ 真牙：即智齿。 ㊹ 焦：通“憔”，即憔悴。 ㊺ 三阳脉：指太阳、阳明、少阳脉气。 ㊻ 地道：指月经。 ㊼ 不通：停经。 ㊽ 丈夫：指男子。 ㊾ 写：通“泻”，输泻的意思。 ㊿ 阴阳和：指男女媾合。 [51] 颁白：即斑白。 [52] 主水：指肾藏精的功能。 [53] 写：指泄精。 [54] 解堕：解，通“懈”，松懈无力；堕，下垂。 [55] 重：笨重。 [56] 天寿：与天年、天数同义。 [57] 天地：指男女。 [58] 却老：延缓衰老。 [59] 全形：保全形体。 （王庆其）

〔鉴赏〕 《黄帝内经》（简称《内经》），是我国现存医学文献中最早的一部经典著作。它集中反映了我国古代的医学成就，创立了中医学的理论体系，奠定了中医学的发展基础。

《内经》总结了秦汉以前的医疗经验，汲取和融会了古代哲学和自然科学的成就，从宏观角度论述了天、地、人之间的相互关系，讨论和分析了医学科学最基本的课题——生命规律，并创建了相应的理论体系和防治疾病的原则、技术。两千余年来，历代医家正是在《内经》所提供的理论原理、应用技术及其所采用的方法论的基础上，通过不断探索、实践和创新，使中医学术得到持续的发展，为中华民族的生存、繁衍以及人民的身体健康作出了不可泯灭的贡献。这也是《内经》之所以被历代奉为“医家之宗”的重要缘由，及至今日，《内经》对中医学术的研究发展及临床实践仍然具有重要的指导价值，因此，越来越受到中外学术界的重视。

现存《内经》分为《素问》、《灵枢》两部分，每部各八十一篇，合计一百六十二篇。二书内容各有侧重，又紧密相关，浑然一体。全书是以黄帝问，岐伯、伯高、少俞等医家答的形式展示其医学内容的。本节内容节选自《素问·上古天真论》。

《内经》崇尚养生，本篇置《素问》之首，足见作者的良苦用心。经文以古今之人的不同寿命作对比，从而阐发了养生的重要意义，并提出了五种养生的法则。

远古时代人们寿命之所以超过百岁，是因为他们懂得养生之道，能适应自然界寒暑往来的阴阳变化规律，掌握各种养生方法，保持形神和谐协调；而现在人之所以早衰，是因为不懂得养生之道，醉酒行房，以致精气耗竭，真元匮乏。通过对比，回答了黄帝提出的问题，即人之寿命长短不在时世之异，而在人对养生的认识和态度不同。

文中提出的养生法则有：法于阴阳，和于术数，食欲有节，起居有常，劳作不违背常度等。同时提出对外环境要“虚邪贼风，避之有时”，对人本身要“恬惔虚无”，“精神内守”的养生原则。另外，养生还须养性，即注重道德修养，做到“嗜欲不能劳其目，淫邪不能惑其心”，只有“德全”，才能“不危”，达到“尽终其天年，度百岁乃去”的养生目标。这些养生原则和方法对今天养生保健仍有实践价值。

本篇讨论的第二个问题是男女生长壮老衰的生理规律。女子7—14岁，男子8—16岁，是生长发育期，肾气渐渐盛实；女子21—28岁，男子24—32岁，是壮盛期，肾气充盛已成稳定均衡趋势；女子35—49岁，男子40—64岁，是衰老期，肾气渐衰。《内经》所揭示的男女生长壮老的变化过程，是生命活动的基本规律，是经过长期的生活及医疗实践观察总结的结果。其中凸显了肾气与生长发育和生殖的密切关系，由此可见，人欲维护健康、延缓衰老，必须以保养肾气为首务。现代研究提示，补肾有助于提高机体免疫力，延缓衰老等。 （王庆其）

灵枢·本藏 《黄帝内经》

黄帝问于岐伯曰：人之血气精神者，所以奉①生而周②于性命者也。经脉者，所以行血气而营③阴阳④，濡筋骨，利关节者也。卫气者，所以温⑤分肉⑥，充皮肤，肥⑦腠理⑧，司⑨开合⑩者也。志意⑪者，所以御⑫精神，收魂魄⑬，适寒温，和喜怒者也。是故血和则经脉流行，营⑭复⑮阴阳⑯，筋骨劲强，关节清利矣。卫气和则分肉解利⑰，皮肤调柔，腠理致密矣。志意和则精神专直⑱，魂魄不散，悔怒不起，五藏不受邪矣。寒温和则六府化谷⑲，风痹不作，经脉通利，肢节得安矣。此人之常平⑳也。五藏者，所以藏精神血气魂魄者也。六府者，所以化水谷而行津液者也。

〔注释〕 ① 奉：养也。 ② 周：周全、维护之意。 ③ 营：营运。 ④ 阴阳：指三阴三阳经脉。 ⑤ 温：温养。 ⑥ 分肉：肌肉有分理，故又称分肉。 ⑦ 肥：肥沃，引申为滋润。 ⑧ 腠理：泛指皮肤、肌肉、脏腑的纹理。 ⑨ 司：掌管。 ⑩ 开合：指腠理汗孔的开合功能。 ⑪ 志意：指人体的自控调节功能，属于神气。 ⑫ 御：统管、驾驭。 ⑬ 魂魄：精神意识的一部分，中医认为“肝藏魂”，“肺藏魄”。 ⑭ 营：营运。 ⑮ 复：往复。 ⑯ 阴阳：指内外。 ⑰ 解利：通利。 ⑱ 专直：专心致志。 ⑲ 化谷：消化谷物。 ⑳ 常平：即正常人。

（王庆其）

〔鉴赏〕 本篇节选自《灵枢》。经文阐述了血气精神在生命活动中的重要作用，认为此四者是维持生命的基本物质，它们各有不同的生理功能。

经脉是血气运行之道，通过经脉将血气敷布到全身，从而达到濡润筋骨、滑利关节的作用。卫气行于阳，具有温煦肌肉、充善皮肤、滋润腠理、主司开合的作用，所以卫气可以抵御外邪的侵入。志意在此概括了神气的作用。神气不仅可调节、控制精神魂魄的活动，还能调节机体对外界寒热变化的适应能力。

值得一提的是，本节蕴含了《内经》作者对健康的深刻理解。

原文中“人之常平”，即指健康无病之人。健康的标准是什么？本篇提出了一个“和”字，即“血和”、“卫气和”、“志意和”、“寒温和”。其中“血和”、“卫气和”，可概括为血气运行和畅；“志意和”，可以理解为精神活动正常；“寒温和”，意指人能适应外界寒温环境。从中可以领悟《内经》关于健康的标准有三条：一是人体机能活动正常，以血气运行和畅为标志，具体表现在“经脉流行，营复阴阳，筋骨劲强，关节清利”，“分肉解利，皮肤调柔，腠理致密”；二是人的精神活动正常，即“志意和”，具体表现在“精神专直，魂魄不散，悔怒不起，五藏不受邪”；三是人体能适应外界的环境，即“寒温和”，具体表现在“六府化谷，风痹不作，经脉通利，肢体得安”。此三条内容，联系世界卫生组织（WHO）1946 年提出的关于健康的定义，即躯体无异常；心理活动正常；能适应外界环境。其与《内经》所述有异曲同工之妙。而一个“和”字具有更深刻的含义。《内经》的作者告诉我们：健康的本质是和谐，人与自然的和谐，心与身的和谐，气与血的和谐。和则健，不和则病。养生就是维护它们的和谐。

（王庆其）

禹 曰 《山海经》

禹曰①：天下名山，经②五千三百七十山，六万四千五十六里，居地也。言其五藏③，盖其余小山甚众，不足记云。天地之东西二万八千里，南北二万六千里④；出水之山者八千里，受水者八千里；出铜之山四百六十七，出铁之山三千六百九十。

此天地之所分壤树谷也，戈矛之所发也，刀币⑤之所起也。能者有余，拙者不足。封于太山⑥，禅于梁父⑦，七十二家⑧，得失之数，皆在此内，是谓国用。

地之所载，六合⑨之间，四海之内，照之以日月，经之以星辰，纪之以四时，要之以太岁⑩。神灵⑪所生，其物异形，或夭或寿，唯圣人能通其道⑫。

〔注释〕 ① 禹曰：禹说。禹，先夏时期华夏大地上的国家元首或部落联盟酋长，也可能像夏、商、周一样代表着一个朝代。 ② 经：经过，经历，考察；袁珂在《山海经校注》中指出，《山海经》的“经”字，当初原本是经历的意思，后来才有了经典的内涵。 ③ 五藏：五藏山经，意为东南西北中五个区域的山川里蕴藏的自然资源和人文资源的考察记录。 ④ 东西二万八千里，其数字大体与地球赤道直径相当；南北二万六千里，其数字大体与地球南北两极直径相当。 ⑤ 刀币：刀形货币；或作刀铩（shā）。 ⑥ 封：祭天的礼仪，其仪式特征是象征性地增加天的高度；太山：泰山。 ⑦ 禅：祭地的礼仪，其仪式特征是象征性地增加地的厚度；梁父：又名梁甫，亦即梁父山，属于山东省新泰境内的徂徕山之东的余脉，山势险峻，难以攀登，孔子曾以登梁父山来比喻推行仁道的艰难，东汉学者张衡亦以“梁父艰”来比喻仕途险恶；后世所说梁父山，又名映佛山，系位于徂徕山之南的隋梁父旧城北面的一座小山。 ⑧ 七十二家：相传上古有七十二个帝王在泰山举行过封禅活动。 ⑨ 六合：上下、左右、前后，亦即三维空间。⑩ 太岁：木星；古人认为木星十二年一周的运行，能够影响到地球的气候发生周期变化。⑪ 神灵：这里的神指自然运转的微妙机制，亦即《易·系辞上》“阴阳不测之谓神”；灵指生命运转的微妙机制，可以概括为“生命与非生命的区别之谓灵”。 ⑫ 唯圣人能通其道：只有具备高度智慧的人，才能理解和掌握宇宙万物(包括生命)起源与变化的道理和规律。（王红旗）

〔鉴赏〕《禹曰》第一段文字记述的是帝禹时代的国土资源考察活动，该考察活动的成果被记录下来，它就是极其幸运地流传至今的《五藏山经》。综合中国古籍记载来看，帝禹是先夏时期(公元前2070年之前)华夏大地上的国家元首或部落联盟酋长。关于帝禹的历史功绩，人们比较熟悉的是治理洪水和划定九州。其实，帝禹还有一项重大的历史功绩，就是主持实施人类历史上第一次大规模的国土资源考察活动。与之大约同一时期的古埃及法老，则在热衷于征调大批劳工为自己建造高大坚固的陵墓——金字塔。

如果说治理洪水是为了生存，体现出的是帝禹时代领导者和民众不屈不挠的精神，那么划定九州，体现的则是帝禹的治国方略。对比之下，国土资源考察活动，展现的乃是帝禹的深谋远虑——为了获得持续而长久的发展，有必要对国家和民族赖以生存的自然环境、物产资源、部落分布，以及人文活动，进行全面的考察，而这项史无前例的国土资源考察活动成果的文字记录就是《五藏山经》。

俗话说，一方水土养一方人。有趣的是，根据《禹曰》的记述，帝禹时代人们最关心的生活资源，首先是水资源，其次是铜矿石、铁矿石。水资源对人类的重要性不言而喻，自古至今人类都要伴水而居。众所周知，在先夏时期人们还不会制造铁器，铜器也是刚刚开始出现。那么，帝禹时代的国土资源考察报告《五藏山经》为什么要特别注重铜矿石、铁矿石呢？这是因为，铜矿石、铁矿石在那个时代主要被用于制作颜料，例如铜矿石可制作绿色或蓝色颜料，赤铁矿可制作红色颜料，磁铁矿可制作黑色颜料，这些颜料在人们生活中扮演着极其重要的角色。事实上，对颜料的重视，是中华文明与文化的一大特征，远在一万八千年前的山顶洞人就已经把铁矿石粉末撒在死去的亲人身旁了。进一步说，正是由于古人对颜料的追求和加工，才促成了烧陶技术和冶金技术的发明，以及陶器和金属器具的应用。

《禹曰》第二段文字，包括两个层次的内容，一是讲述天地物产对国家兴衰的重要性，二是讲述历代帝王为了感谢天地提供物产而在泰山、梁父山举行祭天、祭地的封禅礼仪。

值得注意的是，《禹曰》的作者深刻地认识到，由于各地土壤的性质不同，分别适用于种植不同的谷物；又由于各地土壤的肥沃和贫瘠的差异，谷物的产量也高低不同；再加上各地居民存在着“能者有余，拙者不足”的情况，往往会引发战争，同时也产生了彼此相互进行贸易的需要。对于国家的管理者来说，举行封禅礼仪是非常重要的事情；在感天谢地的同时，反思执政举措的利弊得失，这是确保国家兴盛的关键所在。

据司马迁《史记・封禅书》引《管子・封禅篇》记载，古代封泰山、禅梁父的帝王有 72 人，其中可考证认定的有 12 位远古帝王，他们依次是：无怀氏、伏羲氏、神农氏、炎帝、黄帝、颛顼氏、帝喾、尧、舜、禹、汤、周成王。不过，这种古老的封禅礼仪，到了春秋战国、秦汉时期，已经从感天谢地、敬天礼地，异化成了帝王不惜劳民伤财来夸耀、宣告自己统治权力的仪式。

为什么古人要选择在泰山举行祭天仪式？这与泰山的地理位置和山形山势密不可分。如果从高空俯瞰泰山，不难发现泰山处在绝佳的地理位置上：黄山山脉、庐山山脉、大巴山山脉、太行山山脉、燕山山脉等山脉，环绕着华北平原和黄淮平原，泰山恰好位于这个直径三千千米大圆环的中心位置上，难怪有人怀疑泰山是远古巨型陨石坑的中央峰。如果你站在华北平原、黄淮平原上望泰山，泰山就是顶天立地的第一高山。因此它会得到历代帝王的青睐，成为封禅的固定地点。

《禹曰》第三段文字，阐述的是天地万物存在与变化的规律。人类赖以生存的大地，位于宇宙三维空间里，大地四周是浩瀚的海洋，太阳和月亮照耀着大地，北斗星指明着方向，春夏秋冬四季循环往复，木星运行影响着地球旱涝气候的周期变化。万物由神灵所生，它们的形态各异，寿命有长有短，这期间的规律只有那些拥有高度生命智力的人才能够理解和掌握。

这里先以“要之以太岁”为例，太岁即木星，木星是古代中国人（包括古埃及人）最关注的星辰之一，或许是因为那时的木星要比今天更明亮的缘故。木星是太阳系里最大的一颗行星，每十二年（现代测定值为 11.8 年）围绕太阳转一周。木星的存在对地球的生命具有至关重要的意义，因为它的巨大引力能够把太阳系里大多数偏离轨道的彗星、小行星吸引到自己身上，从而大幅度减少这些“不规矩”的彗星、小行星撞击地球的概率。

更有意思的是,《玉函山房辑佚书》收有《计倪子》一书,该书记有:“太阴三岁处金则穰,三岁处水则毁,三岁处木则康,三岁处火则旱。故散有时,积籴有时,领则决万物,不过三岁而发矣。以智论之,以决断之,以道佐之,断长续短。一岁再倍,其次一倍,其次而反。水则资车,旱则资舟,物之理也。天下六岁一穰,六岁一康,凡十二岁一饥,是以民相离也。故圣人早知天地之反,为之预备。”计倪子又名计然,春秋时越国大夫,范蠡曾拜计倪子为师。太阴即太岁、岁星,岁星亦即木星(准确地说是木星的替身)。

《计倪子》的上述观点,从今天的角度来说,属于天文环境经济学,他研究的是天体(主要是太阳系内的星体)位置变化对地球自然环境变化的规律,以及这种变化规律对人类社会经济的作用。计倪子发现:当木星三年位于“金”的方位时,农作物丰收;当木星三年位于“水”的方位时,将发生水涝灾害,农作物减产;当木星三年位于“木”的方位时,农业收成好,人们生活安康;当木星三年位于“火”的方位时,将出现旱灾,农业收成不好(在五行里,金代表西方,水代表北方,木代表东方,火代表南方)。人们只要掌握了天地这种循环变化规律,就可以提前做好准备,并由此而获得丰厚的经济利益。进一步说,我们中国人的十二生肖动物的排序也与此有关。

再以“神灵所生”为例,《禹曰》所说之“神”,不是指超自然的神(例如西方人所说的上帝),而是指自然运转的微妙机制,亦即《易・系辞上》所说的“阴阳不测之谓神”。所谓“阴阳不测”,既可指阴阳对立转化进行得非常神速,难以测度;又可指阴阳的存在具有“无在而无不在”的性质,因此是不可测度的。有趣的是,随着量子力学的出现,1926 年海森堡提出著名的测不准原理(又称不确定性原理),意思是不能够同时准确测定出微观粒子的位置和速度,显然这与“阴阳不测之谓神”有着异曲同工之妙。

《禹曰》所说之“灵”是指生命运转的微妙机制,用现代的话来说可以概括为“生命与非生命的区别之谓灵”。进一步说,“灵”即灵性亦即生命智力,生命与非生命的分水岭就在于生命拥有生命智力。生命智力的起源可以追溯到生命的起源,而生物进化的动力亦在于生命智力。

从这样的哲理高度去认识自然和生命,就能够豁然开朗:正是自然运转的微妙机制,产生出了各种不同形状和性质的物体;正是生命运转的微妙机制,产生出了各种不同性状和性能的生命体。

《禹曰》的写作特点是内容高度概括、层次分明、语言简练生动、文字精准。

关于文字精准，可以举"能者有余，拙者不足"为例，"能"含有勤劳、智慧的意思，"拙"含有笨拙、拙劣的意思，这两个字揭示的是人与人之间存在着生命智力的差异。所谓生命智力，是所有生命都拥有的一种能力，即能够使用某种手段以达成某种期望效应的能力；不同的生命智力，其能够达成的期望效应也有所不同——这就是"能者有余，拙者不足"八个字蕴含的深层次哲理。

综观《禹曰》文字，不难看出这是《山海经》原作者或《山海经》编纂者对《山海经》一书内容的高度概括，相当于为《山海经》全书写的一篇跋或序，以寄托编纂者自己的思想理念和政治诉求。

（王红旗）

举贤良对策一　　董仲舒

陛下发德音，下明诏，求天命与情性，皆非愚臣之所能及也。

臣谨案《春秋》之中，视前世已行之事，以观天人相与之际，甚可畏也。国家将有失道之败，而天迺①先出灾害以谴告之；不知自省，又出怪异以警惧之；尚不知变，而伤败迺至。以此见天心之仁爱人君而欲止其乱也，自非大亡道之世者，天尽欲扶持而全安之。事在强勉②而已矣。强勉学问，则闻见博而知益明，强勉行道，则德日起而大有功，此皆可使还③至而立有效者也。《诗》曰，"夙夜匪解④"，书云，"茂⑤哉茂哉"，皆强勉之谓也。

道者，所繇⑥适于治之路也；仁、义、礼、乐，皆其具也。故圣王已没，而子孙长久，安宁数百岁，此皆礼乐教化之功也。王者未作乐之时，迺用先王之乐宜于世者而以深入教化于民。教化之情不得，雅颂之乐不成。故王者功成作乐，乐其德也。乐者，所以变民风、化民俗也，其变民也易，其化人也著⑦；故声发于和，而本于情，接于肌肤，臧⑧于骨髓，故王道虽微缺而筦⑨弦之声未衰也。夫虞氏之不为政久矣，然而乐颂遗风犹有存者，是以孔子在齐而闻韶也。

夫人君莫不欲安存而恶危亡，然而政乱国危者甚众。所任者非其人而所繇者非其道，是以政日以仆灭[10]也。夫周道衰于幽厉，非道亡也，幽厉不繇也。至于宣王，思昔先王之德，兴滞补弊，明文武之功业，周道粲然复兴。诗人美之而作，上天祐之，为生贤佐。后世称诵，至今不绝，此夙夜不解行善之所致也。孔子曰："人能弘道，非道弘人也。"故治乱废兴在于己，非天降命，不可得反，其所操持悖[11]谬，失其统也。

臣闻天之所大，奉使之王者，必有非人力所能致而自至者，此受命之符也。天下之人，同心归之，若归父母，故天瑞应诚而至。书曰："白鱼入于王舟，有火复于王屋，流为乌。"此盖受命之符也。周公曰："复[12]哉复哉！"孔子曰："德不孤，必有邻。"皆积善累德之效也。及至后世，淫佚衰微，不能统理群生，诸侯背畔[13]，残贼良民以争壤土，废德教而任刑罚。刑罚不中，则生邪气；邪气积于下，怨恶畜于上，上下不和，则阴阳缪戾[14]而妖孽生矣，此灾异所缘而起也。

臣闻命者，天之令也；性者，生之质也；情者，人之欲也。或夭或寿，或仁或鄙，陶冶而成之，不能粹[15]美，有治乱之所生，故不齐也。孔子曰："君子之德，风也；小人之德，草也；草上之风必偃[16]。"故尧舜行德，则民仁寿；桀纣行暴，则民鄙夭。夫上之化下，下之从上，犹泥之在钧，唯甄者[17]之所为；犹金之在熔，唯冶者之所铸。"绥之斯俫[18]，动之斯和"，此之谓也。

臣谨案《春秋》之文，求王道之端，得之于正；正次王，王次春。春者，天之所为也；正者，王之所为也。其意曰，上承天之所为而下以正其所为，正王道之端云尔。然则王者欲有所为，宜求其端于天。天道之大者在阴阳[19]，阳为德，阴为刑，刑主杀而德主生，是故阳常居大夏而以生育养长为事，阴常居大冬而积于空虚不用之处，以此见天之任[20]德不任刑也。天使阳出布施于上而主岁功[21]，使阴入伏于下而时出佐阳，阳不得阴之助，亦不能独成岁，终阳以成岁为名，此天意也。王者承天意以从事，故任德教而不任刑，刑者不可任以治世，犹阴之不可任以成岁也。为政而任刑，不顺于天，故先王莫之肯为也。今废先王德教之官，而独任执法之吏治民，毋迺任刑之意与？孔子曰："不教而诛谓之虐。"虐政用于下，而欲德教之被[22]四海，故难成也。

臣谨案《春秋》谓一元[23]之意。一者，万物之所从始也；元者，辞之所谓本也；谓一为元者，视大始[24]而欲正本也，《春秋》深探其本，而反自贵者始。故为人君者，正心以正朝廷，正朝廷以正百官，正百官以正万民，正万民以正四方，四方正，远近莫敢不壹于正而亡有邪气奸其间者。是以阴阳调而风雨时，群生和而万民殖[25]，五谷孰[26]而草木茂，天地之间，被润泽而大丰美，四海之内，闻圣德而皆徕臣，诸福之物，可致[27]之祥，莫不毕至，而王道终矣。孔子曰："凤鸟不至，河不出图，吾已矣夫！"自悲可致此物而身卑贱不得致也。今陛下贵为天子，富有四海，居得致之位，操可致之势，又有能致之资，行高而恩厚，知明而意美，爱民而好士，可谓谊主[28]矣，然而天地未应而美祥莫至者，何也？凡以教化不立而万民不正也。

夫万民之从利也，如水之走下，不以教化堤防[29]之，不能止也。是故教化立而奸邪皆止者，其堤防完也；教化废而奸邪并出，刑罚不能胜者，其堤防坏也。古之王者明于此，是故南面而治天下，莫不以教化为大务；立太学[30]以教于国，教庠序[31]以化于邑，渐[32]民以仁，摩民以谊，节民以礼。故其刑罚甚轻而禁不犯者，教化行而习俗美也。

圣王之继乱世也，扫除其迹而悉去之，复修教化而崇起之。教化已明，习俗已成，子孙循之，行五六百岁，尚未败也。至周之末世，大为亡道以失天下。秦继其后，独不能改，又益甚之，重禁文学，不得挟书，弃捐礼谊而恶闻之，其心欲尽灭先圣之道，而颛[33]为自恣苟简之治，故立为天子，十四岁而国破亡矣。自古以来，未尝有以乱济乱，大败天下之民如秦者也。其遗毒余烈，至今未灭，使习俗薄恶，人民嚚顽㉞，抵冒殊扞，孰烂如此之甚者也。孔子曰："腐朽之木，不可雕也；粪土之墙，不可圬也。"今汉继秦之后，如朽木粪墙矣，虽欲善治之，亡可奈何，法出而奸生，令下而诈起，如以汤止沸，抱薪救火，愈甚亡益也。

窃譬之琴瑟不调㉟，甚者必解而更㊱张之，乃可鼓也；为政而不行，甚者必变而更化之，乃可理也。当更张而不更张，虽有良工，不能善调也；当更化而不更化，虽有大贤，不能善治也。故汉得天下以来，常欲善治而至今不可善治者，失之于当更化而不更化也。古人有言曰："临渊羡㊲鱼，不如退而结网。"今临政而愿治七十余岁矣，不如退而更化，更化则可善治，善治则灾害日去，福禄日来。诗云："宜民宜人，受禄于天。"为政而宜于民者，固当受禄于天。

夫仁、谊、礼、知、信，五常之道，王者所当修饬㊳也。五者修饬，故受天之祐而享鬼神之灵，德施于方外，延及群生也。

〔注释〕 ① 迺(nǎi)：乃。 ② 强勉：努力、勉励。 ③ 还：迅速。 ④ 解：通"懈"，懈怠。 ⑤ 茂：通"懋"，勉力。 ⑥ 繇：通"由"，从、自。 ⑦ 著：显著。 ⑧ 臧：通"藏"。 ⑨ 筦(guǎn)：乐器名。 ⑩ 仆灭：败亡。 ⑪ 悖：违背。 ⑫ 复：报答。 ⑬ 畔：通"叛"。 ⑭ 缪戾：错乱、违背。 ⑮ 粹：纯粹。 ⑯ 偃：倒下。 ⑰ 甄者：推行教化的人。 ⑱ 徕：归顺。 ⑲ 阴阳：古代哲学概念，《易》"一阴一阳谓之道"。 ⑳ 任：主张。 ㉑ 岁功：一年的收成。 ㉒ 被：遍布。 ㉓ 一元：事物开始泛称一元。 ㉔ 大始：原始。 ㉕ 殖：繁殖。 ㉖ 孰：通"熟"。 ㉗ 致：达到。 ㉘ 谊主：指知礼仪的君主。 ㉙ 堤防：管束。 ㉚ 太学：古学校名，即国学。 ㉛ 庠序：地方学校。 ㉜ 渐：浸染。 ㉝ 颛：通"专"。 ㉞ 嚚顽：轻狂顽固。 ㉟ 调：协调。 ㊱ 更：重新。 ㊲ 羡：贪图、想慕。 ㊳ 修饬：整治。

（饶玲一）

〔鉴赏〕 汉武帝元光元年(前134年)，在崇尚黄老、菲薄《五经》的太皇太后窦氏死后一年，汉武帝着手推行儒术，他所做的第一件大事，是把各地推举出的贤良——深通古今治国之道的儒家学者召集到京师，开展极其隆重的策问。

西汉初年经济凋敝，自高祖至景帝，以黄老清静无为思想治国，扫除烦苛，与民休息，半个世纪后大见成效，府库充盈，国力日强，汉帝国已是今非昔比了。但与此同时，历史积累的问题也突显出来，如礼乐未兴尊卑不显，诸侯王分裂倾向依然存在，和亲退让政策不能阻止匈奴的屡屡入侵，等等。面对这些问题，以武帝为首的中央政权迫切需要重新确立治国理念，以儒术代替黄老，有为取代无为，以便大展宏图，大建功业。

汉武帝需要的当然不是《五经》、《论语》、《孟子》等古老词句的照搬照抄，而是结合汉代实际，经过重新解释，具有时代特点的儒家思想。当时的儒家学说门派繁多，究竟哪家的理论最适合时代的要求？需要考查。因而，策问除了要达到宣传的目的，还要完成比较与甄别的任务。在这场策问中董仲舒脱颖而出。

董仲舒是这次接受策问的贤良之首。他是一位《春秋》公羊学者，将儒家思想与阴阳五行以及当时的崇天神学结合在一起，形成独具特色的董氏理论。在回答武帝提出的三道策问中，精彩扼要地阐述了自己的观点。武帝接受他的建议"罢黜百家，独尊儒术"，在汉代和整个中国政治史学术史上产生深远的影响。

在第一道策问中，天人关系是一个重点问题。董仲舒认为，天关怀人君，时时观察他们的作为，如果积善累德，就会降下祥瑞，加以鼓励；如有失道之处，便以灾害来谴告，以怪异来警惧，以促其改正。只要不是大无道之君，上天总要"扶持而全安之"，只有不知改悔的，才会让他垮台。武帝问，天降下惩罚之后，是否会一直持续下去，无论人主改与不改？董氏认为不是这样，一切都在人的努力，衰败的周朝经宣王的努力得以中兴，这就证明"治乱兴废在于己，非天降命，不可得反"。总之，"强勉学问，则闻见博而知益明，强勉行道，则德日起而大有功"。天虽然有极大权能与威力，但它决不随意祸福人君，人的命运实际上是由自己决定的。

治国之道是另一重点。董仲舒说："道者，所由适于治之路也，仁义礼乐皆其具也。"以仁义礼乐为道，既与道家划清了界限，也与法家显出不同。在道家看来，天下事无可为，无为自然优于仁义礼乐，后者特别是其中的礼乐，乃是危害天下的东西，它在人们中间分出贫富贵贱，必然引发争夺与阴谋、暴力，是天下祸乱的根源。但是董仲舒坚持认为，君臣父子夫妇乃是天定的秩序，礼乐使人遵守这个秩序，如能加强教化使人心安于此，即使王道小有缺失，也可保江山无虞。在法家看来，天下必须用法、术、势加以控制，赏罚则是最有力的工具，要治国决不能依靠儒家的仁爱、教化。董仲舒把与儒法分歧概括为作任德与任刑的对立，以为天是任阳不任阴的，所以人君就应该依照这个法则，在政治活动中任德不任刑。实施德政，重视教化，就可以争取到人心，这是长治久安的关键。

董仲舒说："屈民而伸君，屈君而伸天，《春秋》之大义也。"(《春秋繁露·玉杯》)他极力维护君主专制，但也知道无限的君权是危险的，只好抬出天来对君权加以控制。这是董氏体系的优点，也是它的缺点。神道设教是儒家公开的秘密，皇帝当然知道天是怎么回事。上天的控制仅在他认为有利，或在能够容忍的限度之内才是允许的，否则他就会将它一脚踢开。董仲舒在受到重用之后常谈灾异，没有犯过忌讳。但他有一篇谈灾异的旧稿，一直收藏在家。有一同僚为了害他，将此稿偷出，呈给汉武帝。这次大概是犯了忌讳，汉武帝读罢大怒，召集儒者前来评说，董仲舒的一位弟子不知是本师所写，说是"大愚"。于是把董仲舒下了诏狱，问成死罪。后来，汉武帝念他尊儒有功，饶他不死。但是，从此董仲舒再也不敢谈论灾异了。历代儒者都想用天来限制君权，但效果总是微乎其微。

(阎 韬)

春秋繁露·人副天数 董仲舒

天德施，地德化①，人德义。天气上，地气下，人气在其间。春生夏长，百物以兴；秋杀②冬收③，百物以藏。故莫精于气，莫富于地，莫神于天。天地之精所以生物者，莫贵于人。人受命乎天也，故超然有以倚④。物疢疾⑤莫能为仁义，唯人独能为仁义；物疢疾莫能偶⑥天地，唯人独能偶天地。人有三百六十节，偶天之数也，形体骨肉，偶地之厚也；上有耳目聪明，日月之象也；体有空窍⑦理脉⑧，川谷之象也；心有哀乐喜怒，神气⑨之类也。观人之体，一何高物之甚，而类于天也。物旁折⑩取天之阴阳以生活耳，而人乃烂然⑪有其文理。是故凡物之形，莫不伏从⑫旁折天地而行，人独题⑬直立端向，正正当之。是故所取天地少者，旁折之；所取天地多者，正当之。此见人之绝⑭于物而参⑮天地。是故人之身，首妢⑯而圆，象天容也；发，象星辰也；耳目戾戾⑰，象日月也；鼻口呼吸，象风气也；胸中达知，象神明也；腹胞实虚，象百物也。百物者最近地，故要⑱以下，地也。天地之象，以要为带⑲，颈以上者，精神尊严，明天类之状也；颈而下者，丰厚卑辱，土壤之比也；足布而方，地形之象也。是故礼，带置绅⑳，必直其颈，以别心也。带而上者尽为阳，带而下者尽为阴，各有分。阳，天气也；阴，地气也。故阴阳之动，使人足病，喉痹起，则地气上为云雨，而象亦应之也。天地之符，阴阳之副㉑，常设于身，身犹天也，数与之相参㉒，故命与之相连也。天以终岁之数，成人之身，故小节三百六十六，副日数也；大节十二分，副月数也；内有五藏㉓，副五行数也；外有四肢，副四时数也；乍视乍瞑，副昼夜也；乍刚乍柔，副冬夏也；乍哀乍乐，副阴阳也；心有计虑，副度数也；行有伦理，副天地也。此皆暗肤著身㉔，与人俱生，比而偶之掩合㉕。于其可数也，副㉖数；不可数者，副类㉗，皆当同而副天，一㉘也。是故陈其有形㉙，以著其无形者，拘其可数者，以著其不可数者。此言道之亦宜以类相应，犹其形也，以数相中也。

〔**注释**〕①化：化生。②杀：肃杀。③收：收敛。④倚：立。⑤疢(chèn)疾：疢，热病。疢疾：这里指缺陷。⑥偶：匹配、配合。⑦空窍：孔窍。⑧理脉：指血管和脉络。⑨神气：精神气息。⑩旁折：偏侧，指兽类偏侧行走。⑪烂然：光辉的样子。⑫伏从：俯伏顺从。⑬题：通"头"。⑭绝：超出。⑮参：通"三"，指人与天地鼎足而为三。⑯妢(fén)：通"颁"。⑰戾戾：指眼睛和耳朵都两两相背。⑱要：通"腰"。⑲带：腰带。⑳绅：长衣带。㉑副：副本。㉒相参：相合。㉓五藏：五脏。㉔暗肤著身：暗暗地附着在人身上。㉕掩合：密合、吻合。㉖副：符合。副数意为天的四时、五行、十二月、三百六十日与人的四肢、五脏、大骨节十二、小骨节三百六十的数目相符合。㉗类：同类。指数目不合者可在形状上相似，如头圆类天、足方类地。㉘一：天人一致、天人相类。㉙有形：人的形体，如四肢、五脏等。（**毛慧君**）

〔**鉴赏**〕《春秋繁露》之《人副天数》，是董仲舒论述其自然神论的宇宙观之天人合一思想的重要篇章。他以人与天相比类，"于其可数也，副数；不可数者，副类"，说明"人受命乎天"而与天相副。这可以说是其以"同类相动"为理论依据的"天人感应"论的理论前提。

董仲舒认为，天有"十端"(《春秋繁露·天地阴阳》)，而"天道之大者在阴阳"(《汉书·董仲舒传》)。天地正是通过阴阳四时的运行，化生、养成了万物和人类，且"事功无已，终而复始"(《春秋繁露·王道通三》)。所以在董仲舒看来，天为"万物之祖"(《春秋繁露·顾命》)，"亦人之曾祖父也"(《春秋繁露·为人者天》)。然而,天地之精气造化,“莫贵于人”。这是因为,“人受命乎天”,故能超然于万物之上;物因自身固有之“疢疾”,所以不能为仁义,唯有人独能行仁义;物因自身固有之“疢疾”,不能与天地相匹配,唯有人独能与天地相匹配。例如,骨节、形体、耳目、孔窍,以及人心之喜、怒、哀、乐,皆可与天地之象、数比类、偶合。

观人之形体,也就是万物之一种,为何却能远远高于动物而类天呢?董仲舒认为,一切动物都不是直立而是旁折之,以采天之阴阳二气,谋其生活,而人则与此不同,乃“烂然有其文理”者,即是有文化、讲礼仪者。是故,一切动物之形体,无不都是“伏从旁折天地而行”,只有人独能挺立端向前行,堂堂正正,其中的缘由就是,取天地之精少者“旁折之”,取天地之精多者“正当之”。由此我们即可见人超越于万物而“参天地”的情形了。

正是据此,董仲舒列举了许多人参天地的现象:人身之首颁而呈圆形,像天之容貌;人身之头发,如天上散布之星辰;人之耳目“戾戾”灵光,有似日月辉明;鼻口吸呼,赛似风气出入孔窍之流荡;人心胸通达之知,像天之神明普察;人的腹、胞实虚错代,亦如百物之生生流变;足平布而方者,像地之形。人身以腰为带,分而为上下;腰以上者,乃“精神尊严”之所在,类天之情状;腰以下者,为“丰厚卑辱”之位,即壤土之喻;故带以上者尽为阳,带以下者尽为阴,阳阴各有其分,不得变动;否则,使阳阴错位,人足病而喉痹起,其寿命则危矣,这就如同地气上升,则必有云雨之象应之。

董仲舒认为,天地的符号,阴阳之副本,常设于人身,所以说人之身如天,其数可与天相参,故人的命运亦与之相连。天以一岁之数形成了人身,故人身之小骨节有三百六十六块,副天一年之日数;人身大骨节有十二分,副天一年之月数;人之身内有五脏,副天之五行数;人之身外有四肢,副天一年四季之数;人有醒有眠,副天之有昼有夜;人有刚有柔,副天之有冬有夏;人时常有哀有乐,副天之有阴有阳;人之心有思想计虑,副天之有度数;人际之间,行有伦理,副天地有高低、贵贱与尊卑。所有这些,皆暗自附着于人身,且与人俱生,与天相比而偶合,与其可数者,副其数,不可数之者,则副其类,皆当同诸于天而副天,与天“一也”。这里的天人之副,显然是列其有形,以彰其无形,执其可数者,以显其不可数者。以此来论道,则亦适宜于以类应之,犹似以数与其形体相合也。

董仲舒的《人副天数》所采用的,可以说是一种“以类合”、“以数偶”但是“无类类比”的方法,牵强附会地将人与天予以比附,从而把本来是与天非同类的人,归结为与天同类者,由此得出了人与天相副和天人合一思想,这样便为他以“同类相动”为理论依据,进而论述其著名的“天人感应”论,作了理论上的准备。董仲舒在这里所采用的,实际上是一种也可叫做经验类推的方法,而且是直观经验类推法。对于这种经验类推法,无疑是不应全盘否定的,而应肯定其中所包含的合理成分,因为其中包含的类比方法,至今仍是人们认识事物的重要方法之一。但是,今天研究和运用这种方法,第一不可总是停留在经验范围内,第二要力戒对经验类比或类推的主观应用。董仲舒为了把天神秘化,将天说成是能够赏善罚恶和具有意志之天,先是把天与人归结为同类,然后再引出其天人感应论,这种“无类类比”法无疑就是对经验类推的主观应用。就其“天人合一”思想而论,应该说亦有相当的合理成分在焉,这无论是对人的生存发展,还是对现代化建设,也都有其重要的现实意义;但是他又将其神秘化,以论证人世的封建伦常关系和封建专制的合理性,则无疑是荒谬的。

(王永祥)

史记·太史公自序(论六家要旨)　　司马迁

《易·大传》曰:“天下一致而百虑,同归而殊涂。”夫阴阳、儒、墨、名、法、道德,此务为治者也,直所从言之异路,有省不省耳。

尝窃观阴阳之术,大祥①而众忌讳,使人拘而多所畏。然其序四时之大顺②,不可失也。

儒者博而寡要,劳而少功,是以其事难尽从。然其序君臣父子之礼,列夫妇长幼之别,不可易也。

墨者俭而难遵,是以其事不可遍循。然其彊③本节用,不可废也。

法家严而少恩,然其正君臣上下之分,不可改矣。

名家使人俭而善失真,然其正名实,不可不察也。

道家使人精神专一,动合无形,赡足万物。其为术也,因阴阳之大顺,采儒墨之善,撮④名法之要,与时迁移,应物变化。立俗⑤施事,无所不宜。指约⑥而易操,事少而功多。儒者则不然,以为人主,天下之仪表也,君倡而臣和,主先而臣随。如此则主劳而臣逸。至于大道之要,去健羡⑦,绌⑧聪明,释此而任术。夫神大用则竭,形大劳则敝。形神骚动,欲与天地长久,非所闻也。

夫阴阳、四时、八位⑨、十二度⑩、二十四节⑪,各有教令,曰"顺之者昌,逆之者亡",未必然也。故曰使人拘而多畏。夫春生,夏长,秋收,冬藏,此天道之大经⑫也,弗顺则无以为天下纲纪,故曰四时之大顺不可失也。

夫儒者以六艺为法。六艺经传以千万数,累世不能通其学,当年不能究其礼,故曰博而寡要,劳而少功,若夫列君臣父子之礼,序夫妇长幼之别,虽百家弗能易也。

墨者亦尚尧、舜,言其德行,曰"堂高三尺,土阶三等,茅茨⑬不翦,采椽⑭不斫;饭土簋⑮,歠土刑⑯,粝粱⑰之食,藜藿⑱之羹;夏日葛衣,冬日鹿裘",其送死,桐棺三寸,举音不尽其哀,教丧礼,必以此为万民率。使天下共若此,则尊卑无别也。夫世异时移,事业不必同,故曰俭而难遵。要曰彊本节用,则人给家足之道也。此墨子之所长,虽百家弗能废也。

法家不别亲疏,不殊贵贱,一断于法,则亲亲尊尊之恩绝矣,可以行一时之计,而不可长用也,故曰严而少恩。若尊主卑臣,明分职不得相逾越,虽百家弗能改也。

名家苛察缴绕⑲,使人不得反其意,专决于名,时失人情,故曰使人俭而善失真。若夫控名责实,参伍⑳不失,此不可不察也。

道家无为,又曰无不为。其实易行,其辞难知。其术以虚无为本,以因循为用,无成势,无常形,故能究万物之情;不为物先,不为物后,故能为万物主;有法无法,因时为业;有度无度,因物兴舍。故曰"圣人不朽,时变是守"。虚者,道之常也;因者,君之纲也;群臣并至,使各自明也。其实中其声者谓之端,实不中其声者谓之窾㉑。窾言不听,奸乃不生,贤不肖自分,白黑乃形。在所欲用耳,何事不成!乃合大道,混混㉒冥冥[23],光耀天下,复反无名。凡人所生者神也,所托者形也。神大用则竭,形大劳则敝,形神离则死。死者不可复生,离者不可复合,故圣人重之。由是观之,神者,生之本也,形者,生之具也;不先定其神形,而曰我有以治天下,何由哉!

〔注释〕 ① 大祥:古时父母死去两周年的祭礼。 ② 大顺:根据德、礼、法、信封建礼教的准则而达到的安定境界。 ③ 彊:加强。 ④ 撮:合。 ⑤ 俗:习俗、风气。 ⑥ 约:简约。 ⑦ 健羡:贪欲而不满足。 ⑧ 绌:除去。 ⑨ 八位:八卦位。 ⑩ 十二度:即十二宫。指太阳与月亮沿黄道运行一周,每年会合十二次,每次会合有一定的部位。 ⑪ 二十四节:二十四个节气。 ⑫ 大经:自然规律。 ⑬ 茅茨:茅草屋顶。 ⑭ 采椽:用柞木作为椽。 ⑮ 土簋:盛饭的瓦器。 ⑯ 土刑:盛汤的瓦器。 ⑰ 粝粢:粗米饭。 ⑱ 藜藿:藜和藿分别为穷人所吃的野菜。 ⑲ 缴绕:纠缠、烦琐。 ⑳ 参伍:错综比较、以为验证。 ㉑ 窾:空。 ㉒ 混混:指阴阳二气混沌未分前的蒙昧状态。 ㉓ 冥冥:昏暗。 (饶玲一)

〔鉴赏〕 《论六家要旨》见于《史记·太史公自序》,司马迁对其父司马谈一生的学问总考察后,觉得它是他父亲最重要也最能代表他们父子思想见解的文章。在文章中,司马谈将先秦诸子分为六个主要学派,每派用非常概括的几个字作了介绍,然后又用简短的语言作了精当的评判,因此它反映了他们父子对先秦诸子的看法,又由于他们概括、批评十分扼要得当,一直被认为是研究先秦诸子的入门文章,为治诸子哲学者们所称道不衰。

文章称儒家以"六艺为法",但因经传以千万数,累世不能通其学。当年不能究其礼,因此批评他们"博而寡要,劳而少功",但肯定儒家对君臣父子之礼,夫妇长幼差别仍不可易。说墨家与儒家相同"亦尚尧舜道",但指出墨家主张"节用、短丧,尚同"与儒家有差别,这是因为"世异时移,事业不必同",因而认为其学说"俭而难遵",但他们主张"强本节用",可以使"人给家足",故不可废。文章对法家特点概括为"不别亲疏,不殊贵贱,一断于法",批评他们"严而少恩"、"可以行一时之计,而不可长用",但法家"正上下君臣之分"则不可改。名家在论名物上过分严密检校,反而使人们不能抓住事物的本质,论证的方法也过于"苛察缴绕",使人不能了解它的真正含义,但他们能循名责实,在错综参互比较之后,仍可以了解事实真相,应当分别考察,适当采用。由于司马父子做的是太史的官,曾学天官于唐都,受《易》于杨何,他们掌管的是阴阳、历数,卜筮的事,故叙阴阳家于六家之首,但他并不迷信阴阳,指出阴阳家宣扬"阴阳、四时、八位、十二度、二十四节,各有教令,曰'顺之者昌,逆之者亡'",但司马谈认为"未必然也",批评他们“大祥而众忌讳,使人拘而多所畏”,这是很合科学的,与后来《论衡·讥日》的观点很接近。但他又强调说:“春生,夏长,秋收,冬藏,此天道之大经也,弗顺则无以为天下纲纪,故曰四时之大顺不可失也。”古代农业受到四季气候的制约很厉害,故提出“四时之大顺不可失”的论断,很公正地处理这些问题,这是很令人钦佩的。

司马谈曾学《道论》于黄子,他研究道家是花了工夫的,把道家摆在六家最末,用赞美的语气写了一大段文字:“道家无为,又曰无不为。其实易行,其辞难知。其术以虚无为本,以因循为用,无成势,无常形,故能究万物之情;不为物先,不为物后,故能为万物主;有法无法,因时为业;有度无度,因物兴舍。故曰‘圣人不朽,时变是守’。”至于道家的学术渊源,他指出道家是“因阴阳之大顺,采儒墨之善,撮名法之要,与时迁移,应物变化。立俗施事,无所不宜。指约而易操,事少而功多”。更值得注意的是,对道家的评语,几乎无一贬词。他讲的道家究竟是指哪一类道家,这是《论六家要旨》传世以来争论不息,虽说有过一些论证,但恍惚迷离,并没有搞清楚的。

1973年,长沙马王堆汉墓出土了帛书《经法》,对比《论六家要旨》,可见两者的许多提法相同。在“因阴阳之大顺”上,《经法·称》里便有“凡论必以阴阳[明]大义,天阳地阴,春阳秋阴,夏阳冬阴,昼阳夜阴……诸阳者法天……诸阴者法地,地(之)德安徐正静柔节先定,善予不争,此地[之]度而雌之节也”;在“采儒墨之善”方面,《经法·君正》里便有“兼爱无私,则民亲上”;在“撮名法之要”方面,《经法·道法》开头就说“道生法,法者,引得失以绳,而明曲直者也”,在《君正》里更提出“法度者,正之至也,而以法度治者不可乱也”。《经法》里也有论名理的专章,提出“天下有事,必审其名……循名厩(究)实,理之所之,是必为福,非必为灾”,进一步要“以法为符,审察名理终始”。《论六家要旨》提出道家的三种学术渊源,在《经法》里都可找到它的根据,《经法》经唐兰先生研究,即《汉书·艺文志》的《黄帝四经》,因此我们有充分理由相信《论六家要旨》中的道家是按《黄帝四经》作推演的。更值得注意的是司马谈论道家最后总结了一句:“故曰:‘圣人不朽,时变是守’。”这句话也见于《经法·观》,不过《观》作“圣人不巧,时变是守”,它又见于《国语·越语》下,勾践想伐吴,范蠡认为时机尚未成熟,因此他说:“未可也,蠡闻之,‘上帝不巧,时变是守’。强索者不祥,得时不成,反受其殃,失德灭名,流走死亡,有夺,有予,有不予,王无蚤图。”说明这种道家是主张入世的,它与《老子》的“绝圣弃智,民利百倍”,及《庄子·胠箧》主张的“圣人不死,大盗不止"是何等的不同。反映出黄学主张积极研求时变,如何去因应时变,取得胜利。黄学要求"与时迁移,应物变化,立俗施事,无所不宜",这样才能达到"指约而易操,事少而功多"。西汉初期奉行的政策,是奉黄学为指针的,汉宣帝是一"信赏必罚,综核名实"之主。太子劝他"宜用儒生",他作色曰:"汉家自有制度,本以霸王道杂之,奈何独任德教,用周政乎!且俗儒不达时宜,好是古非今,使人眩于名实,不知所言,何足委任?"乃叹曰:"乱我家者太子也。"一次提到汉家制度,一次提到乱我家者(乱我家即乱我汉家制度),而对汉家制度宣帝的解释是"本以霸王道杂之",这种"霸王道杂之",也就是"因阴阳之大顺,采儒墨之善,撮名法之要",这难道还不足以说明《论六家要旨》中所说的道家就是黄学吗?黄学也同老子一样,主张无为而无不为,主张以因循为用,故有人称之为黄老。汉代文帝、窦太后及景帝均好黄老,两三代的休养生息,造成了强大的经济实力,才有汉武帝的国力强盛,抵御匈奴,将版图扩大到西域。汉初的盖公、曹参、陈平、田叔、汲黯都是著名的汉代学黄老的政治家,黄学在历史中的作用是不可磨灭的。 (龙　晦)

史记·管晏列传　　司马迁

管仲夷吾者,颍上人也①。少时常与鲍叔牙②游,鲍叔知其贤。管仲贫困,常欺鲍叔,鲍叔终善遇之,不以为言。已而鲍叔事齐公子小白,管仲事公子纠③。及小白立为桓公,公子纠死,管仲囚焉④。鲍叔遂进管仲⑤。管仲既用,任政于齐,齐桓公以霸,九合诸侯,一匡天下,管仲之谋也。

管仲曰:"吾始困时,尝与鲍叔贾,分财利多自与,鲍叔不以我为贪,知我贫也。吾尝为鲍叔谋事而更穷困,鲍叔不以我为愚,知时有利不利也。吾尝三仕三见逐于君,鲍叔不以我为不肖⑥,知我不遭时也。吾尝三战三走,鲍叔不以我为怯,知我有老母也。公子纠败,召忽死之,吾幽囚受辱,鲍叔不以我为无耻,知我不羞小节而耻功名不显于天下也。生我者父母,知我者鲍子也。"鲍叔既进管仲,以身下之。子孙世禄于齐,有封邑者十余世,常为名大夫。天下不多⑦管仲之贤而多鲍叔能知人也。

管仲既任政相齐，以区区之齐在海滨，通货积财，富国强兵，与俗同好恶。故其称[8]曰："仓廪实而知礼节，衣食足而知荣辱，上服度[9]则六亲固。""四维[10]不张，国乃灭亡。""下令如流水之原，令顺民心。"故论卑而易行。俗之所欲，因而予之；俗之所否，因而去之。其为政也，善因祸而为福，转败而为功。贵轻重，慎权衡。桓公实怒少姬，南袭蔡[11]，管仲因而伐楚，责包茅不入贡于周室[12]。桓公实北伐山戎，而管仲因而令燕修召公之政[13]。于柯之会，桓公欲背曹沫之约，管仲因而信之，诸侯由是归齐[14]。故曰："知与之为取，政之宝也[15]。"管仲富拟[16]于公室，有三归[17]，反坫[18]，齐人不以为侈。管仲卒，齐国遵其政，常强于诸侯。后百余年而有晏子焉。

晏平仲婴者，莱之夷维人也[19]。事齐灵公、庄公、景公，以节俭力行重于齐。既相齐，食不重[20]肉，妾不衣帛。其在朝，君语及之[21]，即危言[22]；语不及之，即危行[23]。国有道，即顺命[24]；无道，即衡命[25]。以此三世显名于诸侯。

越石父[26]贤，在缧绁[27]中。晏子出，遭之途，解左骖[28]赎之，载归。弗谢[29]，入闺[30]。久之，越石父请绝，晏子戄然[31]，摄[32]衣冠谢曰："婴虽不仁，免子于厄，何子求绝之速也？"石父曰："不然。吾闻君子屈于不知己而伸[33]于知己者。方吾在缧绁中，彼不知我也。夫子既已感寤而赎我，是知己；知己而无礼，固不如在缧绁之中。"晏子于是延入为上客。晏子为齐相，出，其御之妻从门间而窥其夫。其夫为相御，拥大盖，策驷马，意气扬扬，甚自得也。既而归，其妻请去[34]。夫问其故，妻曰："晏子长不满六尺，身相齐国，名显诸侯。今者妾观其出，志念深矣，常有以自下者。今子长八尺，乃为人仆御，然子之意自以为足，妾是以求去也。"其后夫自抑损。晏子怪而问之，御以实对，晏子荐以为大夫。

太史公曰：吾读管氏《牧民》、《山高》、《乘马》、《轻重》、

《九府》㉟,及《晏子春秋》㊱,详哉其言之也。既见其著书,欲观其行事,故次㊲其传。至其书,世多有之,是以不论,论其轶事。管仲世所谓贤臣,然孔子小之㊳。岂以为周道衰微,桓公既贤,而不勉之至王,乃称霸哉?语曰:“将顺其美,匡救其恶,故上下能相亲也㊴。”岂管仲之谓乎?方晏子伏庄公尸哭之,成礼然后去㊵,岂所谓“见义不为无勇㊶”者耶?至其谏说,犯君之颜,此所谓“进思尽忠,退思补过㊷”者哉!假令晏子而在,余虽为之执鞭,所忻慕焉。

〔注释〕①管仲夷吾:管仲(?—前645),字夷吾,春秋齐国颍上(今属安徽)人。初事公子纠,后相齐桓公,辅佐桓公成就霸业。②鲍叔牙:即鲍叔,春秋齐国人。③“已而”两句:公元前686年,齐襄公昏庸无道,齐将乱,管仲、召忽从公子纠奔鲁,鲍叔从公子小白奔莒。纠、小白均为齐襄公弟。④“及小白”两句:公元前686年,齐襄公被杀,纠与小白争先回国即位。鲁国发兵送纠回齐,并使管仲袭击小白归路,射中小白带钩。小白佯死,使鲁国延误纠的归期,得以先回国即位,即齐桓公。桓公大败鲁军,鲁国被迫杀死纠。召忽自杀,管仲被囚禁。⑤鲍叔遂进管仲:桓公即位后,使鲍叔为宰,他力辞不就,推荐管仲执政。桓公借口解射钩之恨,要鲁国押送管仲回齐。管仲返齐后,桓公任为相。⑥三:多次。不肖:不贤。⑦多:赞美。⑧称:称述。指管仲在《管子》一书中的论述。⑨上:在上者,君主。服度:遵礼守法。⑩四维:指礼、义、廉、耻。⑪“桓公实怒”两句:实:实际上,真实动机。少姬,齐桓公夫人,蔡国人。桓公曾与少姬在苑囿乘舟,少姬故意荡舟,桓公惊惧,怒而遣少姬回母家,但未断绝关系,蔡人却让少姬改嫁,桓公发兵袭蔡。蔡国,建都上蔡(今河南上蔡西南),后迁新蔡(今属河南)一带。⑫“管仲”两句:《左传·僖公四年》载,齐桓公伐楚,使管仲责之曰:“尔贡包茅不入,王祭不共,无以缩酒。”包茅,束成捆的菁茅草,古代祭祀时用以滤酒去渣。⑬“桓公”两句:山戎,又称北戎,古代北方民族,居于今河北省东部,春秋时代常威胁齐、郑、燕等邻国安全。山戎攻燕时,齐桓公曾出兵伐山戎救燕。召公,一作邵公、召康公。西周初人,姬姓,名奭。因封地在召,故称召公。武王灭纣,被封于北燕。官为太保,曾与周公分陕而治,陕以西由他治理。⑭“于柯之会”四句:鲁庄公十二年(前682),齐桓公攻鲁,约鲁庄公会于柯(今山东阳谷县东),庄公的侍从曹沫(亦作曹刿)以匕首劫桓公,逼他订立盟约,退还侵占的鲁国土地。桓公后欲背约,因管仲进言,终退还鲁国失地,以示信用。⑮“知与之”两句:见《管子·牧民》。与之为取:给予正是为了取得。⑯拟:类似。⑰三归:台名。汉刘向《说苑·善说》:“管仲故筑三归之台,以自伤于民。”⑱反坫(diàn):反爵之坫。坫为放置酒杯的土台,在两楹之间。互敬酒后,将空杯反置坫上,为周代诸侯宴会之礼。⑲“晏平仲婴”两句:晏婴(?—前500),字平仲,春秋时夷维(今山东高密)人。父死,继任齐卿,历仕灵公、庄公、景公三世。莱,古国名,在今山东黄县东南,公元前567年为齐所灭。⑳重:两种。㉑及之:问到他。㉒危言:不惧危险而直言。㉓危行:正直的行为。㉔顺命:服从君主之命令。㉕衡命:对命令斟酌以后去实行。㉖越石父:春秋时晋国人,有贤名。时因冻饿,为人奴。㉗缧绁(léi xiè):捆绑人的绳索。㉘左骖(cān):拉车的三匹马中左侧之马。㉙谢:这里表示告辞。 ㉚ 闺：内室。 ㉛ 戄(jué)然：震惊的样子。 ㉜ 摄：整理。 ㉝ 伸：伸张(意气)。 ㉞ 去：离婚。 ㉟《牧民》、《山高》、《乘马》、《轻重》、《九府》：皆《管子》篇名。《管子》为战国时齐稷下学者托名管仲所作。其中《牧民》、《乘马》等篇存有管仲遗说。《轻重》等篇对经济问题阐述较多。 ㊱《晏子春秋》：旧题春秋齐晏婴撰，实系后人依托并采缀晏子言行而作。 ㊲ 次：编写。 ㊳ 孔子小之：《论语·八佾》有"管仲之器小哉"语。 ㊴"将顺其美"三句：见《孝经·事君》。 ㊵"方晏子"两句：齐大夫崔杼因齐庄公与其妻私通而杀之，晏婴至崔家伏庄公尸哭之，尽君臣之礼而去。事见《左传·襄公二十五年》。 ㊶"见义"句：《论语·为政》："见义不为，无勇也。" ㊷"进思"两句：见《孝经·事君》。 （施忠连）

〔鉴赏〕 这篇文章把齐国两位杰出的政治家管仲和晏婴放在一起作传，前者生活于春秋的前期，后者则是春秋晚期人，两人相距一百四十年左右，之所以放在一起写，大概是因为司马迁认为他们是春秋时代齐国最杰出的两位政治家，都富有智慧，而且行事方式都显得与众不同，他们两人有相似之处。由于司马迁在《史记》其他部分多次写到这两人的事迹，也考虑到《管子》、《晏子春秋》的广泛流传，为了避免重复，所以这篇传记写得十分简短，并没有展示这两人事迹的细节。由此我们也可以看到司马迁的《史记》各篇体例灵活多变，并不死守一种格式。

这篇传记抓住两人品格的主要特征加以描绘，因此，虽然所用笔墨不多，两人的形象却栩栩如生。

管仲的最大特点是做事从实际出发，重视实际利益和功效。不拘守固定不变的规矩准绳，甚至不遵守某些世俗道德观念。如他出仕之前与鲍叔牙一起经商，赚了钱给自己分得多，看来似乎有些自私，但是他得之无愧，因为他认为自己穷；他曾数次上战场，但每次都临阵退却，这似乎是贪生怕死的胆怯表现，但是他不怕人家这样看他，因为他老母尚在，靠他抚养；他的主人公子纠在与小白争夺君位的斗争中死去，按照当时的道德观念，他应当为之死节，但是他不仅不这样做，反而投奔了公子纠的政敌小白，他也不管别人怎样看他，因为他觉得自己还没有为天下建功立业。

管仲在任相治齐之后仍然遵循其从实际出发、以实利为重的一贯作风，不过这时他关注的是人民、国家和华夏民族的实际利益。他凭借齐国三面环海的有利条件，发展渔业、盐业和农业，促进商业繁荣，大力积聚和流通货物，以达到富国强兵的目的。特别值得注意的是他十分尊重人民的意愿和要求："俗之所欲，因而予之；俗之所否，因而去之。"在齐国同其他诸侯国发生外交、军事冲突的时候，管仲往往根据当时具体的条件，利用齐桓公出于一时之意气而作出的决策，以实行尊王攘夷的国策，从而既抵御了外族的入侵，维护了和平的国家间秩序，又确立了齐国的霸主地位。管仲创造了中国古代政治重实情、实利、实效的优良传统，司马迁对之非常欣赏。

在记述晏婴的轶事时，司马迁比较详细地描绘了晏子的谦虚谨慎的政治品质。文章主要写了两个故事，一是他解救了身为奴隶的越石父，后一时礼貌不够周全遭到越石父的批评，晏子不仅不恼羞成怒，反而接受越石父的意见，把他敬为上宾。另外一个故事是用晏子的车夫趾高气扬的样子来衬托他的谦逊。相府的一个车夫尚且如此志得意满，而身为一个大国之相、名显诸侯的晏子却是处处自谦于人，这是一个鲜明的对照，突出地表现了晏婴品质的高贵难得。这里“志念深矣”四字颇值得细细体味。“志念”有志向、思虑等意，可见，晏子平日的谦虚不是刻意为之的矫揉造作，更不是一种虚伪，而是思想深沉的自然流露：可以理解为他深感自己责任的重大，因而为政兢兢业业，如履薄冰；或是充满忧患意识，时刻为国家和人民的命运担忧，不敢稍有懈怠；或是由于意识到自己地位的重要，出于对他人的敬爱之心，惟恐稍有不慎，自己的什么言行伤害了别人，因此平时待人接物总是谨慎小心。当然，当事关国家的荣誉和自己的人格尊严的时候，婴子是毫不含糊，决不退让的。我们知道在晏子使楚的故事中，晏婴以自己敏捷巧对的智慧给予楚国君臣以有力的回击。晏子个子不高，楚人就在大门旁开了一扇小门，让他出入，晏子拒绝走那扇门，说：“出使狗国的人，才从狗门进入，我出使楚国，不应当从这扇门进去。”言辞极其尖锐有力，表明他的思想和人格中本来就有犀利的锋芒，只是在必要的时候他才露出这种锋芒。在这篇传记中司马迁充分表现了对晏子的由衷钦佩之情，他说：“余虽为之执鞭，所忻慕焉。”

这篇文章从头至尾还贯穿了一个主题，即对知人善任的品质的赞扬。这篇不长的传记是写管仲与晏婴，但是却用了不少笔墨歌颂鲍叔牙对于管仲的理解和推荐。管仲多分财利给自己，他不以为贪；管仲为他谋划事情，不仅不能解决问题，反而让他陷入更困难的境地，他不认为管仲愚蠢，而是知道时机不利；管仲多次被君主免职，他不以为管仲不贤，而是认为这是由于管仲没有遇到好的时代条件；他原谅管仲曾经多次临阵退却；他不认为管仲不为公子纠死节为无耻，深知管仲有宏图大志尚未实现。管仲遇到这么多倒霉的事情，作出这么多让人不齿的行为，但是鲍叔牙不嫌弃他，而是理解他，一再向桓公推荐他，甚至自愿居于管仲地位之下，难怪管仲对他无比感激，吐出他的肺腑之言：“生我者父母，知我者鲍子也。”完全可以说，没有鲍叔牙知人善任，也就没有管仲的伟大事业。从古代到当今社会,像鲍叔牙这样善于发现能人、又能大公无私地让贤,确实是不多的。

晏婴同样知人善任,他赎出奴隶越石父,待为上宾;把知错即改的车夫荐为大夫,这些做法在当时遵循传统观念的统治阶级中是难以想象的。在春秋时代,等级森严,下层人中的贤人、能人很难得到任用,大多老死于贫贱之中,即使到了司马迁时代,情况也基本如此,因此司马迁深感鲍叔牙和晏婴的知人善任的品质特别难能可贵,这就是他在这篇传记中对他们大力赞颂的原因所在。

(施忠连)

史记·廉颇蔺相如列传

司马迁

廉颇者,赵之良将也。赵惠文王十六年①,廉颇为赵将,伐齐,大破之,取阳晋,拜为上卿,以勇气闻于诸侯。蔺相如者,赵人也,为赵宦者令缪贤舍人②。

赵惠文王时,得楚和氏璧。秦昭王闻之,使人遗③赵王书,愿以十五城请易璧。赵王与大将军廉颇、诸大臣谋:欲予秦,秦城恐不可得,徒见欺;欲勿予,即患秦兵之来。计未定,求人可使报秦者,未得。宦者令缪贤曰:"臣舍人蔺相如可使。"王问:"何以知之?"对曰:"臣尝有罪,窃计欲亡走燕。臣舍人相如止臣,曰:'君何以知燕王?'臣语曰:'臣尝从大王与燕王会境上,燕王私握臣手,曰:"愿结友。"以此知之,故欲往。'相如谓臣曰:'夫赵强而燕弱,而君幸④于赵王,故燕王欲结于君。今君乃亡赵走燕,燕畏赵,其势必不敢留君,而束⑤君归赵矣。君不如肉袒伏斧质请罪⑥,则幸得脱矣。'臣从其计,大王亦幸赦臣。臣窃以为其人勇士,有智谋,宜可使。"于是王召见,问蔺相如曰:"秦王以十五城请易寡人之璧,可予不⑦?"相如曰:"秦强而赵弱,不可不许。"王曰:"取吾璧,不予我城,奈何?"相如曰:"秦以城求璧而赵不许,曲在赵;赵予璧而秦不予赵城,曲在秦。均之二策,宁许以负秦曲。"王曰:"谁可使者?"相如曰:"王必无人,臣愿奉璧往使。城入赵而璧留秦;城不入,臣请完璧归赵。”赵王于是遂遣相如奉璧西入秦。

秦王坐章台[8]见相如。相如奉璧奏秦王。秦王大喜。传以示美人[9]及左右,左右皆呼万岁。相如视秦王无意偿赵城,乃前曰:“璧有瑕[10],请指示王。”王授璧,相如因持璧却立[11],倚柱,怒发上冲冠,谓秦王曰:“大王欲得璧,使人发书至赵王,赵王悉召群臣议,皆曰:‘秦贪,负[12]其强,以空言求璧,偿城恐不可得。’议不欲予秦璧。臣以为布衣之交尚不相欺,况大国乎!且以一璧之故逆强秦之驩[13],不可。于是赵王乃斋戒[14]五日,使臣奉璧,拜送书于庭。何者?严大国之威以修敬也。今臣至,大王见臣列观[15],礼节甚倨[16];得璧,传之美人,以戏弄臣。臣观大王无意偿赵王城邑,故臣复取璧。大王必欲急臣,臣头今与璧俱碎于柱矣!”相如持其璧睨[17]柱,欲以击柱。秦王恐其破璧,乃辞谢固请,召有司案图[18],指从此以往十五都予赵。相如度[19]秦王特以诈,佯为予赵城,实不可得,乃谓秦王曰:“和氏璧,天下所共传宝也。赵王恐,不敢不献。赵王送璧时,斋戒五日,今大王亦宜斋戒五日,设九宾于廷,臣乃敢上璧。”秦王度之,终不可强夺,遂许斋五日。舍相如广成传[20]。相如度秦王虽斋,决负约不偿城,乃使其从者衣褐[21],怀其璧,从径道亡[22],归璧于赵。

秦王斋五日后,乃设九宾礼于廷,引赵使者蔺相如。相如至,谓秦王曰:“秦自缪公以来二十余君,未尝有坚明约束[23]者也。臣诚恐见欺于王而负赵,故令人持璧归,间[24]至赵矣。且秦强而赵弱,大王遣一介之使至赵,赵立奉璧来;今以秦之强,而先割十五都予赵,赵岂敢留璧而得罪于大王乎?臣知欺大王之罪当诛,臣请就汤镬[25]。唯大王与群臣孰计议之!”秦王与群臣相视而嘻[26]。左右或欲引相如去,秦王因曰:“今杀相如,终不能得璧也,而绝秦、赵之驩,不如因而厚遇之,使归赵。赵王岂以一璧之故欺秦邪!”卒廷见相如,毕礼而归之。

相如既归，赵王以为贤大夫，使不辱于诸侯，拜相如为上大夫。秦亦不以城予赵，赵亦终不予秦璧。

其后秦伐赵，拔石城。明年，复攻赵，杀二万人。秦王使使者告赵王，欲与王为好，会于西河外渑池㉗。赵王畏秦，欲毋行。廉颇、蔺相如计曰："王不行，示赵弱且怯也。"赵王遂行，相如从。廉颇送至境，与王诀曰："王行，度道里会遇之礼毕，还，不过三十日；三十日不还，则请立太子为王，以绝秦望。"王许之，遂与秦王会渑池。秦王饮酒酣，曰："寡人窃闻赵王好音，请奏瑟！"赵王鼓瑟。秦御史前，书曰："某年月日，秦王与赵王会饮，令赵王鼓瑟。"蔺相如前曰："赵王窃闻秦王善为秦声，请奏盆缻㉘秦王，以相娱乐。"秦王怒，不许。于是相如前进缻，因跪请秦王。秦王不肯击缻。相如曰："五步之内，相如请得以颈血溅大王矣！"左右欲刃相如，相如张目叱之，左右皆靡。于是秦王不怿㉙，为一击缻。相如顾召赵御史书曰："某年月日，秦王为赵王击缻。"秦之群臣曰："请以赵十五城为秦王寿㉚。"蔺相如亦曰："请以秦之咸阳为赵王寿。"秦王竟酒㉛，终不能加胜于赵。赵亦盛设兵以待秦，秦不敢动。

既罢，归国，以相如功大，拜为上卿，位在廉颇之右。廉颇曰："我为赵将，有攻城野战之大功，而蔺相如徒以口舌为劳，而位居我上。且相如素贱人，吾羞，不忍㉜为之下。"宣言㉝曰："我见相如，必辱之！"相如闻，不肯与会。相如每朝时，常称病，不欲与廉颇争列。已而相如出，望见廉颇，相如引车避匿。于是舍人相与谏曰："臣所以去亲戚而事君者，徒慕君之高义也。今君与廉颇同列，廉君宣恶言，而君畏匿之，恐惧殊甚。且庸人尚羞之，况于将相乎！臣等不肖，请辞去。"蔺相如固止之，曰："公之视廉将军孰与秦王？"曰："不若也。"相如曰："夫以秦王之威，而相如廷叱之，辱其群臣；相如虽驽，独畏廉将军哉！顾吾念之，强秦之所以不敢加兵于赵者，徒以吾两人在也。今两虎共斗，其势不俱生。吾所以为此者，以先国家之急，而后私仇也！”廉颇闻之，肉袒负荆，因宾客至蔺相如门谢罪。曰：“鄙贱之人，不知将军宽之至此也。”卒相与欢，以刎颈之交。

〔注释〕 ① 赵惠文王十六年：公元前283年。 ② 宦者令缪贤舍人：宦者令，宦官头目。缪(miào)贤，宦者令的姓名。舍人，没有职事的门客。 ③ 遗(wèi)：送给。 ④ 幸：得宠。 ⑤ 束：捆绑。 ⑥ 肉袒(tǎn)：解衣露膊。质：承接刀刃的铁座或木座。 ⑦ 不：同“否”。 ⑧ 章台：秦离宫中的台观，故址在今陕西长安县西南。 ⑨ 美人：指宫中妃嫔。 ⑩ 瑕(xiá)：赤色小斑点。 ⑪ 却立：退立。 ⑫ 负：依仗。 ⑬ 驩(huān)：欢。 ⑭ 斋戒：古代在祭祀前洁身独处，不吃荤食。 ⑮ 列观(guàn)：普通的台观，指章台。 ⑯ 倨(jù)：傲慢。 ⑰ 睨：斜视。 ⑱ 有司：主管官员；案图：察看地图。 ⑲ 度(duó)：猜测。 ⑳ 广成：邑里名；传(zhuàn)：宾馆。 ㉑ 褐(hè)：粗布。衣褐：穿粗布衣服，打扮成老百姓的样子。 ㉒ 径道：小路。亡：逃走。 ㉓ 坚明：坚守；约束：信约。 ㉔ 间：从小路。 ㉕ 镬(huò)：锅子。 ㉖ 嘻：惊讶、愤怒时发出的声音。 ㉗ 渑(miǎn)池：在今河南省。 ㉘ 盆缻(fǒu)：盛酒浆的瓦器，秦地也用作乐器。 ㉙ 不怿(yì)：不快。 ㉚ 为寿：作为献礼。 ㉛ 竟酒：终席。 ㉜ 不忍：不能容忍，受不了。 ㉝ 宣言：扬言。 （施忠连）

〔鉴赏〕 本文记述了完璧归赵、渑池之会和将相和三件历史事实，歌颂了战国后期赵国杰出的政治家、外交家蔺相如的卓越的品质和才能，为古代社会树立了一个全身心报效祖国的理想形象和精神。

根据司马迁的描述，蔺相如具有如下可贵的品质和才能：

他急国家之难，不顾个人安危，勇于承担重任。秦国派使臣来提出以十五城交换和氏璧，赵国朝廷上下人人都知道秦国包藏祸心，谁也不敢出使去回复秦王，唯恐办不好不是为秦国所害，就是获罪于赵王。但是蔺相如在奉召进殿获悉朝廷的两难处境后，却毫不犹豫地接受了这个相当棘手的使命，并且保证不得城则完璧归赵，大有为公事而勇于赴难、履险如夷的气概。

他富有智慧，见识超群，善于分析形势，抓住问题的关键，作出正确的决断。在赵王初次召见时，他就对事件洞若观火，并且三言二语揭示了事件的要害所在。入秦后，他一再激怒秦王，但终于安然无恙，这同他对当时天下形势的正确判断相关，他知道赵国在实力上虽弱于秦，但战略地位重要，朝廷上下同心同德，因此深信秦不敢轻易犯赵。明朝著名文学家王世贞曾撰《论蔺相如完璧归赵事》一文，指责他不该激怒秦王，说蔺相如“之获全于璧也，天也”。这种非议是没有根据的，完全忽视了他洞察当时列国对峙的形势和秦王心理这一重要因素。当秦王获悉璧已归赵后曾说:“今杀相如,终不能得璧也,而绝秦、赵之驩不如因而厚遇之,使归赵。”我们有理由相信,蔺相如是会估计到秦王有可能采取这种态度。

他遇事沉着冷静,灵活多变。在秦国宫殿中当秦王与群臣和妃嫔传看和氏璧的时候,蔺相如冷眼观察着形势,发现秦王没有以城易璧的诚意,就当机立断,改变原先的打算,先是以巧妙的办法要回玉璧,然后设计拖延时间,同时暗地派人把璧送回国内,最后坦然面对秦王的反应。

他英勇无畏、视死如归,这在文章中表现得最为突出。看来他出使秦国前就作了要牺牲的思想准备,因此后来面临艰难情势,他都能从容应对,毫不惊慌。他在秦宫殿中为了不让秦国卫士夺回和氏璧,手举此璧,正气凛然,表示要与璧同归于尽,迫使秦王答应斋戒五日,设九宾礼于廷。他清楚地知道在秦王接受他提出的交璧条件之后再把璧送回国内,这是戏弄秦君,其罪当诛,但他置生死于度外,坚持这种做法。在秦王殿中,他面对死亡,毫无惧色。在渑池会上,面对秦国如狼似虎的甲兵,他奋不顾身,强迫不可一世的秦王低下高傲的头,为赵王击缻。这种蔑视死亡的惊天地、泣鬼神的精神征服了秦国君臣,赢得了世世代代无数人的敬仰。

他在外交斗争场合非常善于辞令,讲述己方的立场和要求时,理直气壮,义正词严,句句掷地有声,极富雄辩,同时又言辞恳切,合情合理,尊重对方的立场和尊严,为他们留下退却、回旋的余地,以至于对手难以反驳、提出不同的意见。

他心胸宽广,顾全大局,能忍辱负重,团结同僚。后来他因功被拜为上卿,位居老臣廉颇之上,廉颇多次扬言要羞辱他,而他则尽量回避,不与廉颇争胜,以至于他门下的宾客都觉失了脸面,想离他而去。蔺相如在廉颇的挑衅面前一再忍让是极其难能可贵的,因为即使普通人也十分爱护自己的荣誉,经常有人用生命来维护自己的尊严。何况一个身居高位的有功之人,怎能容忍地位比自己低的人对自己的轻视和羞辱?但是蔺相如豁达大度,能忍常人所不能忍,终于以自己的高尚的人格感动了廉颇,两人和好如初。当然蔺相如隐忍也是出于平日对廉颇的敬重和了解,深信他终究会认识到自己的错误,幡然改悔。

司马迁以浓墨重彩描绘蔺相如这些优秀品质,意在突出蔺相如身上一种崇高的精神,即以国家的荣誉和利益为重,为此他殚精竭虑,最大限度地发挥自己的聪明才智,甚至不惜牺牲自己的生命,也不顾及自己的荣誉和尊严。他在秦王殿中和渑池会上的英勇行为所闪耀的正是他的爱国精神的灿烂光辉。他巧妙而周到的应对、精彩的言辞所反映的智慧正是从他对祖国的忠贞之心激发出来的。当然,正是由于考虑到"先国家之急,而后私仇也",他才会一再退让受辱。

宋朝学者杨时曾经提出蔺相如不值得为一块玉璧而冒死犯难,朱熹弟子黄义刚则主张蔺相如"以待廉之术待秦",说蔺相如"以匹夫之勇,恃区区之赵而斗强秦",他是侥幸获得成功。(见《朱子语类》第134卷"历代")清朝中期文学家梅曾亮甚至突发奇想,设想蔺相如应当说服赵王把和氏璧拱手送给秦使者,甚至也不要接受秦国回赠十五城的提议(见《柏枧山房诗文集·论蔺相如返璧事》)。所有这些异议都表明这些人不明白国家的荣誉对于一个国家的重要性,也不明白司马迁所塑造的爱国主义典型的重大意义所在。朱熹曾经说过:"和氏璧也是赵国相传以为宝,若当时骤然被人将去,则国势也不振。"(《朱子语类》第134卷"历代")可见,朱熹的见识远远胜过以上数人。

清初作家李渔特别佩服蔺相如感化廉颇的人格,他评论蔺在廉面前的退让,说"于此而能自屈,可谓屈人之不能者矣",但是他进一步提出,"相如非能自屈,乃深于屈人者矣"(《李渔随笔全集·论蔺相如屈于廉颇》)。这种说法很有见地。蔺相如深通使人屈服之道:对强秦,他靠赵国朝廷的团结和自己的不辞万死的精神征服对手;对廉颇,他深知老将军以国事为重,凭自己对国家的赤诚之心和忍辱负重的做法就能赢得对方的服膺。总之,蔺相如深信爱国主义精神是战无不胜的。

西汉中期司马迁写《史记》的时候,蔺相如的事迹仍然广为人知,受到人们的敬仰,当时著名文学家司马相如就是由于崇敬他而改名。司马迁这篇不朽的传记则更使蔺相如的形象光耀千古,它对于培育中华民族的爱国主义传统发挥了无法估量的作用。

(施忠连)

史记·屈原贾生列传(节选)　　司马迁

屈原者,名平,楚之同姓也。为楚怀王左徒[①]。博闻强志,明于治乱,娴[②]于辞令。入则与王图议国事,以出号令;出则接遇宾客,应对诸侯。王甚任之。

上官大夫与之同列,争宠而心害其能。怀王使屈原造为宪令,屈平属[③]草稿未定,上官大夫见而欲夺之,屈平不与,因谗之曰:"王使屈平为令,众莫不知,每一令出,平伐其功,以为

‘非我莫能为’也。”王怒而疏屈平。

屈平疾王听之不聪也，谗谄之蔽明也，邪曲之害公也，方正之不容也，故忧愁幽思而作《离骚》。离骚者，犹离忧也。夫天者，人之始也；父母者，人之本也。人穷则反本，故劳苦倦极，未尝不呼天也；疾痛惨怛④，未尝不呼父母也。屈平正道直行，竭忠尽智以事其君，谗人间之，可谓穷矣。信而见疑，忠而被谤，能无怨乎？屈平之作《离骚》，盖自怨生也。《国风》好色而不淫，《小雅》怨诽⑤而不乱。若《离骚》者，可谓兼之矣。上称帝喾⑥，下道齐桓，中述汤武，以刺世事。明道德之广崇，治乱之条贯，靡不毕见。其文约，其辞微，其志洁，其行廉，其称文小而其指极大，举类迩而见义远。其志洁，故其称物芳。其行廉，故死而不容。自疏濯淖污泥之中⑦，蝉蜕于浊秽，以浮游尘埃之外，不获世之滋垢，皭然⑧泥而不滓者也。推此志也，虽与日月争光可也。

〔注释〕 ① 左徒：楚官名。在国王左右参与政事，起草诏令。 ② 娴(xián)：熟习。 ③ 属(zhǔ)草稿：起草稿。 ④ 惨怛(dá)：内心伤痛。 ⑤ 诽(fěi)：毁谤。 ⑥ 帝喾(kù)：相传为黄帝曾孙，号高辛氏。 ⑦ 濯(zhuó)淖(nào)污泥之中：濯、淖、泥，三字同义。 ⑧ 皭(jiào)然：洁白的样子。

(施忠连)

〔鉴赏〕 怀才不遇，是任何时代都有的情形。一个人的降生纯系偶然、被动，无法选择。在封建时代，碰到了君主贤明的时代是福；反之，遇当政者昏聩失聪，失于察人，终是晦气。然而，即便你是处在前者，也未必能保证你有遇，只是有遇在概率上大许多，处于后者，有遇的机会则渺茫有加矣！才不见用，情志不展，其落寞、悲哀难于形诸笔墨，难怪陈子昂有感于前无燕昭王那样的贤君，后也看不到这样的来者，所作的《登幽州台歌》感动了多少不得志的人，拨动了他们的心弦。而屈原呢，称得上我国历史上怀才不遇最具代表性，结局最惨烈，让后人最悲怆的一位，他是饱含怨愤和绝望之情，抱石自沉于滔滔的汨罗江。千百年来，人们都在怀念他。

司马迁的这篇列传，记叙屈原生命中跌宕起伏的曲折历程，昭示了他一生最光彩的精神，是迄今最早关于屈原的完整史料，是研究屈原生平的重要依据。全篇文笔简练，沉郁顿挫，在冷静的叙述中，内蕴赞赏、悲愤、惋惜之情，让人唏嘘不已,又为世世代代的人们所诵读、咏叹。

作者赞赏屈原的才识、品格和追求理想的精神。文章一开始,舍其形貌之绘,直接彰显屈原见闻广博,记忆力超强,通晓治国的道理,熟悉外交应对的辞令,材质盛烨。屈原所处年代,秦国尚未有吞噬六国的实力,秦、齐、楚可称三雄。屈原从小读书蓄志,长大英气勃勃,满腹经纶,当过太子即后来的楚怀王的侍读。事实上,屈原先前是被器重的,楚怀王五年,29 岁的他担任了左徒,职位仅次以令尹,相当于副宰相。他目光远大,力主联齐抗秦,心系国家的命运,欲展变法图强之弘志。对内,他与"王图议国事",并起草政令;对外,接待四方宾客,能与各路诸侯应酬自如。他是怀王的近臣,其得力的表现,堪受信任。不料,怀王左右占据高位的阴险小人,如令尹子椒、上官大夫靳尚和怀王宠爱的妃子南后郑袖,或嫉恨于他,或受了秦国使者张仪的贿赂,离间了怀王与屈原的关系。怀王竟不加辨别,听信谗言,对屈原产生怒气,自此将他疏远冷落。接着,秦对楚就有了可乘之机,并有恃无恐,步步进逼。屈原的《离骚》就是在无比痛心和炎炎愤恨相交织的心情下抒写出来,以采掘史书明君治世的光耀事例,来刺讽当世之政事;以香花芳草喻示光明磊落之志士,表达自己赌咒黑暗世道;面对人心险恶,仕途多舛,他唱出了天、地、人、神共叹楚临危机的忧时挽歌。司马迁高度评价它的思想价值和文采,称赞屈原的志趣高洁、行为廉正,尤其是像金蝉脱壳那样摆脱污秽,游离于尘世污浊,清白高洁如莲花出污泥而不染,其志堂皇可昭,与日月争光。

作为史传,作者也记叙了楚怀王罢免屈原之后,楚国面临秦国的强大和软硬兼施,屡屡失错,以贪利之心背弃盟国,反中离间计,遭各国诸侯攻打,怀王自己也客死秦国的衰败之过程。失去贤才,国之衰也。屈原身处逆境,仍然眷念楚国,他对祖国的爱发自心底,上书竭力申表扭转局势、振兴国家之志,然而国君没有醒悟,更加昏庸,楚襄王也被上官大夫、令尹子兰牵着鼻子走,把屈原放逐得更远,屈原返回朝中的梦想彻底破灭。屈原徘徊于洞庭湖边十年之久,呕心作诗,有关国家的噩讯频频传来,62 岁的他报国无门,忧心如焚,终于在愤懑、伤心至极后选择了投江自尽。屈原之后,楚国再也没有效法屈原的直言进谏的正直之士,眼看日益委顿,最后被秦所灭。在这里,司马迁告诉人们的是,哪个国君都想用忠臣贤才,然一到实际,未必都能耳聪目明,而君主忠奸不分,黄钟毁弃,瓦釜雷鸣,对国运将招致难以挽回的影响。其中,也能体会司马迁对屈原的同情,试想,一个人经世致用的大材不被统治者所用,是什么样的心情。曹雪芹在《红楼梦》中引用了"女娲炼石"的神话,传说远古天塌地陷,大火燃烧不灭,洪水泛滥不止,女娲炼五色石修补苍天,而联想到黑暗腐败之社会日暮途穷,阴风四起,自己枉入红尘如许年,无力补天,挽救大厦将倾的颓势,是何等悲哀。这种心境在本质上是一样的。所以,对一个国家,选贤任能,用人当时,人才兴国,有它实实在在的意义和分量。

屈原的一生堪称悲剧,但他的诗篇长留人间,开出了亮丽的精神花朵。没有对祖国和人民挚爱的情愫,就没有他的诗;没有对奸佞小人彻骨的憎恶,就没有他的诗;没有对世俗罗网冲决的激情,就没有他的诗。屈原的诗,其情感的深挚,构思的奇特,气魄的雄浑,辞藻的丰富,韵调的铿锵,形式的舒放,对汉赋、唐诗宋词,乃至对现当代文学,都产生了不可磨灭的影响。其实,他的才华远不限于文学,他本可以对汉民族有更大的贡献。太史公说,他读了《离骚》、《天问》、《招魂》、《哀郢》后,对屈原的心志未酬很是哀怜,意味深长。在他看来,凭着屈原的才能,如果出去游说,哪个国家都会起用他的。或许他的内心未必赞成屈原自走绝路。因为天地间,人的生命毕竟是最宝贵的,是建立功业的基础,"留得青山在,不怕没柴烧"。即便生不逢时,亦不必灰心,可隐即隐,亦可求其次,寻求其他的作为之路。司马迁在他自己遭受身体的奇耻大辱后,仍然隐忍,发愤著书,之所以我们今天能读到他彪炳千古的《史记》,就是说磨难之中也可铸就人生的辉煌。

(王雅军)

史记·货殖列传(节选) 司马迁

老子曰:"至治之极,邻国相望,鸡狗之声相闻,民各甘[①]其食,美其服,安其俗,乐其业,至老死不相往来。"必用此为务,挽近世[②]涂民耳目,则几无行矣。

太史公曰:夫神农以前,吾不知已。至若诗、书所述虞、夏以来,耳目欲极声色[③]之好,口欲穷刍豢[④]之味,身安逸乐,而心夸矜势能之荣。使俗之渐[⑤]民久矣,虽户说以眇论[⑥],终不能化。故善者因之,其次利导之,其次教诲之,其次整齐之,最下者与之争。

夫山西[⑦]饶材、竹、榖[⑧]、𬟁[⑨]、旄[⑩]、玉石,山东多鱼、盐、漆[⑪]、丝、声色,江南出楠、梓、姜[⑫]、桂、金、锡、连[⑬]、丹沙、犀、瑇瑁[⑭]、珠玑、齿革,龙门、碣石北多马、牛、羊、旃裘[⑮]、筋角,铜铁则千里往往山出棊置[16]。此其大较也。皆中国人民所喜好，谣俗[17]被服、饮食，奉生、送死之具也。故待农而食之，虞[18]而出之，工而成之，商而通之。此宁有政教发征期会哉？人各任其能，竭其力以得所欲。故物贱之征[19]贵，贵之征贱，各劝其业，乐其事，若水之趋下，日夜无休时，不召而自来，不求而民出之，岂非道之所符而自然之验邪？周书曰："农不出则乏其食，工不出则乏其事，商不出则三宝绝，虞不出则财匮少，财匮少而山泽不辟[20]矣。"此四者，民所衣食之原也，原大则饶，原小则鲜[21]。上则富国，下则富家。贫富之道，莫之夺予，而巧者有余，拙者不足。

……

故曰："仓廪实而知礼节，衣食足而知荣辱。"礼生于有而废于无。故君子富好行其德，小人富以适其力。渊深而鱼生之，山深而兽往之，人富而仁义附焉。富者得势益彰[22]，失势则客无所之，以而不乐，夷狄益甚。谚曰："千金之子，不死于市。"此非空言也。故曰："天下熙熙[23]，皆为利来；天下攘攘，皆为利往。"夫千乘之王，万家之侯，百室之君，尚犹患贫，而况匹夫编户之民乎！……

是以廉吏久，久更富，廉贾归富。富者，人之情性所不学而俱欲者也。故壮士在军，攻城先登，陷阵却[24]敌，斩将搴旗，前蒙矢石，不避汤火之难者，为重赏使也。其在闾巷[25]少年，攻剽椎埋，劫人作奸，掘冢铸币，任侠并兼，借交报仇，篡逐幽隐，不避法禁，走死地如骛[26]者，其实皆为财用耳。今夫赵女郑姬，设形容[27]，揳鸣琴，揄长袂[28]，蹑利屣，目挑心招，出不远千里，不择老少者，奔富厚也。游闲公子，饰冠剑，连车骑，亦为富贵容也。弋射渔猎，犯晨夜，冒霜雪，驰阬谷，不避猛兽之害，为得味也。博戏驰逐，斗鸡走狗，作色[29]相矜，必争胜者，重失负也。医方诸食技术之人，焦神[30]极能，为重糈[31]也。吏士舞文弄法，刻章伪书，不避刀锯之诛者，没于赂遗[32]也。农工商贾畜长，固求富益货也，此有知尽能索耳，终不余力而让财矣。

谚曰："百里不贩樵，千里不贩籴[33]。居之一岁，种之以谷；十岁，树之以木；百岁，来之以德。"德者，人物之谓也。

今有无秩禄之奉，爵邑之人，而乐与之比者，命曰"素封"[34]。……此其人皆与千户侯等。然是富给之资也，不窥市井，不行异邑，坐而待收，身有处士之义而取给焉。若至家贫亲老，妻子软弱，岁时无以祭祀进醵[35]，饮食被服不足以自通，如此不惭耻[36]，则无所比矣。是以无财作力，少有斗智，既饶争时[37]，此其大经也。今治生不待危身取给，则贤人勉焉。是故本富为上，末富次之，奸富最下。无岩处奇士之行而长贫贱，好语仁义，亦足羞也。

凡编户之民，富相什[38]则卑下之，伯[39]则畏惮之，千则役，万则仆，物之理也。夫用贫求富，农不如工，工不如商，刺绣文不如倚市门。此言末业，贫者之资也。……

夫纤啬[40]筋力，治生之正道也，而富者必用奇胜；田农拙业，而秦阳以盖一州；掘冢奸事也，而田叔以起；博戏恶业也，而桓发用之富；行贾丈夫贱行也，而雍乐成以饶；贩脂辱处[41]也，而雍伯千金；卖浆小业也，而张氏千万；洒削[42]薄技也，而郅氏鼎食；胃脯[43]简微耳，浊氏连骑；马医浅方，张里击钟；此皆诚壹[44]之所致。

由是观之，富无经业[45]，则货无常主，能者辐辏[46]，不肖者瓦解。千金之家比一都之君，巨万者乃与王者同乐，岂所谓"素封"者邪，非也？

〔注释〕 ① 甘：以……为甘。此后，"美其食"、"安其俗"、"乐其业"均为同样结构的句式。② 挽近世：挽，通"晚"。挽近世，即现世。　③ 声色：音乐舞蹈。　④ 刍豢：家畜。　⑤ 渐：感染、影响。　⑥ 眇论：眇，通"妙"，精妙之论。　⑦ 山西：这里指太行山以西。　⑧ 穀(gǔ)：树名，形似楮树，树皮可制纸。　⑨ 纻：苎麻。　⑩ 牦：牦牛，尾巴处有长毛，可供装饰用。 ⑪ 漆：木名，落叶乔木，其汁可作为涂料。 ⑫ 姜(jiāng)：生姜，草本植物，根茎辛辣，用为调味品。 ⑬ 连：铅矿。 ⑭ 瑇瑁：即玳瑁，龟类动物，它的甲是名贵的装饰品。 ⑮ 旃裘：用毡毛制成的衣服。 ⑯ 棊置：棊，同"棋"。棊置，棋布。 ⑰ 谣俗：流行的风俗习惯。 ⑱ 虞：管山林水泽出产的官。 ⑲ 征：象征。 ⑳ 辟：开、通。 ㉑ 鲜：少、贫乏。 ㉒ 彰：显明。 ㉓ 熙熙：热闹的样子。 ㉔ 却：使……退却。 ㉕ 闾巷：里巷，这里泛指民间。 ㉖ 骛：从事、追求。 ㉗ 形容：容貌。 ㉘ 袂(mèi)：袖口。 ㉙ 作色：脸上变色、生气。 ㉚ 焦神：烦躁。 ㉛ 糈(xǔ)：粮食。 ㉜ 赂遗：贿赂的财物。 ㉝ 籴(dí)：谷物。 ㉞ 素封：指没有爵邑俸禄而所得财富相当于封君。 ㉟ 醵(jù)：聚食饮酒。 ㊱ 惭耻：惭愧羞耻。 ㊲ 争时：逐时争利。 ㊳ 什：十倍。 ㊴ 伯：百倍。 ㊵ 纤啬：琐屑。 ㊶ 辱处：下贱的行当。 ㊷ 洒削：磨刀的行当。 ㊸ 胃脯：食物名，将羊肚煮熟，调以味，晒干而成。 ㊹ 诚壹：心志专一。 ㊺ 经业：经常业务。 ㊻ 辐辏：车辐集中于轴心，比喻钱或物聚集在一处。

(饶玲一)

〔**鉴赏**〕 司马迁与其父司马谈都是信仰黄学的人，黄学与老学有许多不同，最主要是黄学注意"时变"，认为要研究时变，才能积极应世。司马迁著《史记》是要"以究天人之际，通古今之变，成一家之言"，"通古今之变"也就是研究时代的变化。所以，他撰《史记》，既注重了天文、地理，撰写了《天官书》、《河渠书》，还特别注意国民生计，写出《平准书》。《平准书》基本上可视为一篇先秦经济史。他还专门撰写了《货殖列传》，叙述了那些具有创业精神的手工业者及杰出的商人的活动，在二千年前这不能不说他独具卓识。

《货殖列传》首先批判了《老子》那种违背时代进化的论点。老子说："至治之极，邻国相望，鸡犬之声相闻，民至老死不相往来"，他把进入封建社会的周代，硬要拉到落后的原始社会，显然与黄学注重时变及标榜要"通古今之变"的司马迁为手工业家、商业家立传的意见不合。无怪司马迁用严厉的口气批评老子"必用此为务，挽近世涂民耳目，则几无行矣"。接着下段又说："至若诗、书所述虞、夏以来，耳目欲极声色之好，口欲穷刍豢之味，身安逸乐而心夸矜势能之荣。使俗之渐民久矣，虽户说以眇论，终不能化，故善者因之，其次利导之，其次教诲之，其次整齐之，最下者与之争。"这段意思说，人们有耳目声色之好，口想吃美味，又要贪图安逸，追求富贵，你以高深的道理去劝他，他不会听的。最好的手段是按照他们各自经营的生业去发展，不要去强制阻遏，其次者加以利导，其次加以教育，再其次用制度加以规范，最下等是与民争利。这种因循之道就是《论六家要旨》论道家"其术以虚无为本，以因循为用"的方法。《管子·心术上》说："无为之道，因也，因也者，无益无损也，以其形因为之名，此因之术也。"下面又说："故道贵因，因其能者，言所用也"，这就解释得更加明确，无怪乎序文二段提到管子，序文末段引用《管子·牧民》“仓廪实而知礼节,衣食足而知荣辱”。可见司马迁作《货殖列传》,管子其人与其书,在他的思想占了何等地位。

除管子外,序文占重要地位的就是太公望,他说:“太公望封于营丘,地潟卤,人民寡,于是太公劝其女工,极技巧,通渔盐,则人物归之,繦至而辐辏,故齐冠带衣履天下,海岱之间敛袂而往朝焉,其后齐中衰,管子修之,设轻重九府,则桓公以霸,九合诸侯,一匡天下,而管氏亦有三归,位在陪臣,富于列国之君,是以齐富强至于威宣也。”太公望治齐政策是“尊贤尚功”,尊重妇女“劝其女功”,与儒家周公治鲁的政策“尊尊亲亲”,歧视妇女有显著的不同。孔子在《论语·八佾》对管仲有三归大加责备,认为管仲“官事不摄,焉得俭”,又说“管仲之器小哉!”“管氏而知礼,孰不知礼”,而《货殖列传》里却赞扬管子,认为管仲虽“亦有三归,位在陪臣,富于列国之君”,但他能继续执行太公望的政策,使齐国富强一直保持到齐威王与宣王,并没有什么不对,它表明了司马迁重视黄学,忽视孔子的态度,无怪班固在《司马迁列传》里要说“又其是非颇缪于圣人,论大道则先黄老而后六经,序游侠则退处士而进奸雄,述货殖则崇势利而羞贫贱,此其所蔽也”,班固他不懂得先黄老与述货殖本是一个思想体系下来的,都是从太公望、管子以来的齐学,也就是后世所称的黄学,或黄老之学。《货殖列传序》较短,不过四五段,除“夫山西饶材、竹、穀、𬙋、旄、玉石……而自然之验邪”一段没有直接涉及黄老思想外,其余各段均以黄学贯穿,这跟他们父子两人的学术思想有关,并非全如姚姬传所说:“子长见其时天子不能以宁静淡薄先海内。”这从序后述的货殖名人内容,也可以得到证明。

《序》后所写的人物中,第一位是范蠡。范蠡与《黄帝四经》很有关系,《国语·越语》下所见范蠡的话,许多见于《黄帝四经》,而最重要且带纲领性的话“圣人不朽,时变是守”既见于《越语》、《黄帝四经》,又见于《论六家要旨》,《论六家要旨》正是以“圣人不朽,时变是守”去总结道家的,因此把范蠡摆在《货殖列传》之首,把孔门弟子子贡列第二,仍是“先黄老而后六经”的精神作指导,第三个是白圭,司马迁叙述白圭“当魏文侯时,李克务尽地力,而白圭乐观时变,故人弃我取,人取我予”。白圭乐观时变,仍是按“时变是守”的原则经商,注意世事和市场的变化,才能知道在什么情况下“人弃我取,人取我予”。

“人弃我取,人取我予”总结了范蠡“乃治产积居,与时逐而不责于人,故善治产者,能择人而任时”,所以白圭“趋时若猛兽鸷鸟之发”,自白圭以下各家多是按这原则经营致富的:如乌氏搞畜牧,到牲畜多了,便“斥卖,求奇缯物,间献戎王”；蜀卓氏是赵国人，秦灭赵，迁徙赵国许多人于巴蜀，很多人想迁近点，而卓氏本“人弃我取”，“乃求远迁，致之临邛”，因此“铁山鼓铸……富至童八百人”；宣曲任氏，当“秦之败也，豪杰争取金玉，任氏独窖仓粟”，楚汉连年战争，“民不得耕种，米石至万，任氏以此致富”，因此《货殖列传》不但提高工商业者的地位，还从道家黄学派去总结了他们致富之道，司马迁在两千年前具有市场意识，有市场经营头脑，这很不简单。

当然他也看到工商业者“大者倾郡，中者倾县，小者倾乡里”的不良现象，他本人受到腐刑，在囚禁中感到“家贫，财赂不足自赎，交游莫救”，对于经济上的困难，深有切肤之痛，著《史记》时不免有些牢骚。但他写作《货殖列传》仍是选择了“贤人所以富者，令后世得以选择”，对于贩脂、卖浆、洒削、胃脯、马医他并不轻视，认为他们“纤啬筋力，治生之正道”，“富者必用奇胜”，因此他们的致富，“皆诚壹之所致”。这比起班固在《汉书·货殖列传》里破口大骂这些人“皆越法矣”，是显然有差别的。

最末他总结了一条经商致富的原则，即“富无经业，则货无常主，能者辐辏，不肖者瓦解”，说明商人要会辩证地看待市场，一出现好的商机，便要立刻抓住，否则便会坐失机会，甚至瓦解。

(龙　晦)

报任安书(节选)　　司马迁

少卿足下：曩者辱赐书①，教以慎于接物，推贤进士为务。意气勤勤恳恳，若望仆不相师用②，而用流俗人之言③。仆非敢如是也！仆虽罢驽④，亦尝侧闻⑤长者遗风矣。顾自以为身残处秽⑥，动而见尤⑦，欲益反损，是以抑郁而谁语。谚曰：“谁为为之⑧？孰令听之？”盖钟子期死，伯牙终身不复鼓琴⑨。何则？士为知己者用，女为说⑩己者容。若仆大质⑪已亏缺，虽材怀随、和⑫，行若由、夷⑬，终不可以为荣，适足以发笑而自点耳⑭。书辞宜答，会东从上来⑮，又迫贱事，相见日浅，卒卒无须臾之间得竭指意⑯。今少卿抱不测之罪⑰，涉旬月⑱，迫季冬⑲，仆又薄从上雍⑳，恐卒然不可讳㉑。是仆终已不得舒愤懑以晓左右，则长逝者㉒魂魄私恨无穷。请略陈固陋。阙然㉓久不报，幸勿过。

……

事未易一二为俗人言也。仆之先人非有剖符丹书之功㉔,文史星历近乎卜祝之间㉕,固主上所戏弄,倡优畜之㉖,流俗之所轻也。假令仆伏法受诛,若九牛亡一毛,与蝼蚁何异㉗?而世又不与能死节者比,特以为智穷罪极,不能自免,卒就死耳。何也?素所自树立使然㉘。人固有一死,死有重于泰山,或轻于鸿毛,用之所趣异也。太上不辱先,其次不辱身,其次不辱理色㉙,其次不辱辞令,其次诎体受辱㉚,其次易服受辱㉛,其次关木索被棰楚受辱㉜,其次剔毛发婴金铁受辱㉝,其次毁肌肤断肢体受辱;最下腐刑㉞极矣。传曰"刑不上大夫",此言士节不可不厉也。

猛虎处深山,百兽震恐,及其在槛阱之中㉟,摇尾而求食,积威约之渐也㊱。故士有画地为牢势不入,削木为吏议不对,定计于鲜也㊲。今交手足,受木索,暴肌肤,受榜棰,幽于圜墙之中。当此之时,见狱吏则头枪地㊳,视徒隶则心惕息㊴。何者?积威约之势也。及已至此,言不辱者,所谓强颜耳,曷足贵乎!且西伯,伯也㊵,拘羑里㊶;李斯㊷,相也,具五刑㊸;淮阴㊹,王也,受械于陈㊺;彭越、张敖㊻,南乡称孤,系狱具罪;绛侯诛诸吕㊼,权倾五伯,囚于请室㊽;魏其㊾,大将也,衣赭衣关三木㊿;季布为朱家钳奴(51);灌夫受辱居室(52)。此人皆身至王侯将相,声闻邻国,及罪至罔加(53),不能引决自裁,在尘埃之中。古今一体,安在其不辱也!由此言之,勇怯,势也;强弱,形也。审矣,何足怪乎!且人不能早自裁绳墨之外(54),以稍陵夷至于鞭棰之间,乃欲引节,斯不亦远乎!古人所以重施刑于大夫者,殆为此也。

夫人情莫不贪生恶死,念亲戚,顾妻子,至激于义理者不然,乃有不得已也。今仆不幸,早失二亲,无兄弟之亲,独身孤立。少卿视仆于妻子何如哉?且勇者不必死节,怯夫慕义,何处不勉焉[55]！仆虽怯懦欲苟活，亦颇识去就之分矣[56]，何至自湛溺累绁之辱哉[57]？且夫臧获[58]婢妾犹能引决，况仆之不得已乎！所以隐忍苟活，函粪土之中而不辞者，恨私心有所不尽，鄙陋没世，而文采不表于后也。

古者富贵而名磨灭，不可胜记，唯倜傥非常之人称焉。盖西伯拘而演《周易》[59]；仲尼厄而作《春秋》[60]；屈原放逐，乃赋《离骚》[61]；左丘失明，厥有《国语》[62]；孙子膑脚，《兵法》修列[63]；不韦迁蜀，世传《吕览》[64]；韩非囚秦，《说难》、《孤愤》[65]。《诗》三百篇[66]，大抵圣贤发愤之所为作也。此人皆意有所郁结，不得通其道，故述往事，思来者。及如左丘无目，孙子断足，终不可用，退而论书策，以舒其愤，思垂空文以自见。仆窃不逊，近自托于无能之辞，网罗天下放失旧闻，略之行事，综其终始，稽其成败兴坏之理，凡百三十篇，亦欲以究天人之际，通古今之变，成一家之言。草创未就，适会此祸，惜其不成，是以就极刑而无愠色[67]。仆诚已著此书，藏之名山，传之其人[68]，通邑大都。则仆偿前辱之责，虽万被戮，岂有悔哉！然此可为智者道，难为俗人言也！

且负下未易居[69]，下流多谤议[70]，仆以口语遇遭此祸，重为乡党戮笑[71]，以污辱先人，亦何面目复上父母之丘墓乎？虽累百世，垢弥甚耳！是以肠一日而九回[72]，居则忽忽若有所亡，出则不知所如往。每念斯耻，汗未尝不发背沾衣也。身直为闺阁之臣[73]，宁得自引深藏于岩穴邪？故且从俗浮湛，与时俯仰，以通其狂惑[74]。今少卿乃教以推贤进士，无乃与仆之私指谬[75]乎。今虽欲自雕瑑[76]，曼辞[77]以自饰，无益于俗不信，只取辱耳。要，死日，然后是非乃定。书不能尽意，故略陈固陋。

〔注释〕 ① 曩：从前。 ② 望：怨。相师用：效法他人意见行事。 ③ 流：顺从、追随之意。 ④ 罢(pí)：同“疲”。驽(nú)：劣马。这里比喻才能庸劣。 ⑤ 侧闻：从旁听说。 ⑥ 身残处秽：指因受官刑而身体残缺，处于受污辱的地步。 ⑦ 尤：罪过。这里是指责的意思。 ⑧ 谁为为之：给谁做事。 ⑨ 钟子期、伯牙：春秋时楚人。伯牙善鼓琴，钟子期知音。钟子期死后，伯牙破琴绝弦,终身不复鼓琴。事见《吕氏春秋·本味篇》。 ⑩ 说:同"悦"。 ⑪ 大质:身体。 ⑫ 随、和:指随侯珠与和氏璧,是战国时的珍贵宝物。 ⑬ 由、夷:指许由和伯夷,两人都是古代高士。 ⑭ 点:玷污。 ⑮ 会东从上来:会,正遇上。东从上,即跟随皇帝从东方回来。 ⑯ 卒卒(cù):同"猝猝",匆忙、仓迫。得竭指意:指同旨,意谓能尽量谈自己的想法。 ⑰ 不测之罪:意想不到的重罪,指被判斩刑。 ⑱ 旬月:旬,满。旬月,满一个月。 ⑲ 季冬:冬季的第三个月,即十二月。汉津,每年十二月处决囚犯。 ⑳ 薄:同"迫"。雍:地名,在今陕西凤翔县南。 ㉑ 不可讳:死的委婉说法。任安下狱后,被汉武帝赦免。两年之后,因戾太子事件被处腰斩。 ㉒ 长逝者:指任安。 ㉓ 阙然久不报:接到任安信后,中间耽搁,久不回报。 ㉔ 剖符:把竹或铜做的契约一剖为二,君臣各执一块,以示信守。丹书:把誓词用丹砂写在契券上。汉分封功臣用此,传之子孙,子孙犯罪可获赦免。 ㉕ 文史星历:史籍和天文历法。都属太史令掌管。 ㉖ 倡优畜之:像优伶一样养育着。 ㉗ 蝼螘:蝼蚁。螘,同蚁。㉘ 素所自树立:说自己没有树立功业。 ㉙ 理色:脸面。 ㉚ 诎:同屈,指身体被缚。㉛ 易服:换上罪犯的服装。古代罪犯穿赭(深红)色的衣服。 ㉜ 关木索:戴上木枷和捆上绳索。被棰楚:棰,杖;楚,荆条。遭受鞭打之刑。 ㉝ 剔:同剃,把头发剃光,即髡(kūn)刑。婴:环绕。颈上带着铁链服苦役,即钳刑。 ㉞ 腐刑:即宫刑。 ㉟ 阱:捕兽的陷坑。槛:关兽的笼子。 ㊱ 积威约之渐:谓被人的威势所制约,逐渐发展到这样的结果。 ㊲ 定计于鲜:古称禽兽新杀为鲜。引申为不以寿终为鲜,此谓未遇刑时先期自杀。 ㊳ 枪地:即抢地,头触地。 ㊴ 惕息:惕,惧怕;息,喘息。 ㊵ 西伯:即周文王,为西方诸侯之长。伯也:伯,通霸。㊶ 羑里:今河南汤阴北。文王曾被殷纣王囚禁于此。 ㊷ 李斯:秦始皇时任为丞相,后因秦二世听信赵高谗言,受五刑,腰斩于咸阳。 ㊸ 五刑:秦汉时五种刑罚,见《汉书·刑法志》:"当三族者,皆先黥劓,斩左右趾,笞杀之,枭其首,菹其骨肉于市。" ㊹ 淮阴:指淮阴侯韩信。㊺ 受械于陈:汉立,淮阴侯韩信被刘邦封为楚王,都下邳(今江苏邳县)。后高祖疑其谋反,用陈平之计,在陈(楚地)逮捕了他。械,拘禁手足的木制刑具。 ㊻ 彭越:汉高祖的功臣,封为梁王。张敖:汉高祖功臣张耳的儿子,袭父爵为赵王。两人都称王,故谓"南面称孤"。两人被告谋反,下狱定罪。 ㊼ 绛侯:汉初功臣周勃,封绛侯。惠帝和吕后死后,吕后家族中吕产、吕禄等人谋夺汉室,周勃和陈平一起定计诛诸吕,迎立刘邦中子刘恒为文帝。 ㊽ 请室:请罪之室。大臣犯罪等待判决的地方。周勃后被人诬告谋反,囚于狱中。 ㊾ 魏其:大将军窦婴,汉景帝时被封为魏其侯。武帝时营救灌夫,被人诬告,下狱判处死罪。 ㊿ 三木:头枷、手铐、脚镣。 51 季布:楚人,楚霸王项羽的大将,曾多次打击刘邦。项羽败死,刘邦出重金缉捕季布。季布改名换姓,受髡刑和钳刑,卖身给鲁之大侠朱家为奴。后遇赦。 52 灌夫:汉景帝时为中郎将,武帝时官太仆。因得罪了丞相田蚡,被囚于居室,后受诛。居室:少府所属的官署,为拘禁犯人的处所。 53 罔加:罔同网,这里指法网。加以罗网。 54 不能早自裁绳墨之外:绳墨指法律。犯罪者不能在执行法律前就自杀。 55 勇者不必死节,怯夫慕义,何处不勉:勇者有时闇于事理,未必能为名节而死。怯懦的人,心知慕义,处处可以勉励。 56 去就之分:去生就义的道理。 57 累绁(xiè):捆绑犯人的绳子,引申为捆绑、牢狱。 58 臧获:奴曰臧,婢曰获。 59 西伯拘而演《周易》:相传周文王被拘于羑里后,写成《周易》。 60 仲尼厄而作春秋:孔丘字仲尼,周游列国宣传儒道,在陈地和蔡地受到围攻和绝粮之苦,返回鲁国作《春秋》一书。 61 屈原:曾两次被楚王放逐,幽愤而作《离骚》。 62 左丘:春秋时鲁国史官左丘明。《国语》:史书,相传为左丘明撰著。 63 孙子:战国时著名军事家孙膑。膑脚:孙膑曾与庞涓一起从鬼谷子习兵法。后庞涓为魏惠王将军,骗膑入魏,割去了他的髌骨(膝盖骨)。孙膑有

《孙膑兵法》传世。 ⑭ 不韦：吕不韦，战国末年大商人，秦初为相国。曾命门客著《吕氏春秋》(一名《吕览》)。始皇十年，令吕不韦举家迁蜀，吕不韦自杀。 ⑮ 韩非：战国后期韩国公子，曾从荀卿学，入秦被李斯所谗，下狱死。著有《韩非子》，《说难》、《孤愤》是其中的两篇。 ⑯《诗》三百篇：今本《诗经》共有三百零五篇，此举其成数。 ⑰ 愠(yùn)：怒。 ⑱ 传之其人："其人"，指与自己志同道合的人。 ⑲ 负下未易居：处于低下的地位，不容易生活。 ⑳ 下流多谤议：社会地位低下的人，常被人诽谤。 ㉑ 戮笑：辱笑。 ㉒ 九回：九转。形容痛苦之极。 ㉓ 直为：直，仅仅。闺阁之臣：闺、阁都是宫中小门，闺阁之臣指宦官一类的官职。 ㉔ 以通其狂惑：用以表达自己的狂惑。 ㉕ 剌(là)谬：剌，戾；谬，错误。 ㉖ 雕瑑(zhuàn)：雕刻成连绵状的花纹。这里指自我妆饰。 ㉗ 曼辞：美好的词句。 (朱义禄)

〔鉴赏〕 这是一篇千古流传、感人肺腑的奇文，是司马迁心声的真实吐露。信由三部分组成：叙述遭李陵之祸的经过和隐忍苟活的原因，表明发愤著书的大抱负。信是写给任安的。任安，字少卿，荥阳人，曾任益州刺史、北军使者护军。先是任安写信给司马迁，要他利用担任中书令的机会，把推举贤人、引进才士当作自己的责任。隔了很长时间，司马迁写了信答复任安，这时任安已因事下狱。

司马迁在信中说，自己受了宫刑，身已残缺。就是身上有随侯珠、和氏璧那样的宝物，行为似同许由、伯夷那样的高洁，"终不可以为荣"。本该及时答复，但恰巧随从皇上东行，又有些琐事等着处理，自由支配的时日不多。如今您遇"不测之罪"，再过一个月，临近冬季行刑之日。我又要随皇上行幸雍地，如果猝然间发生了不可避免的事情，我就永远不能把满腔悲愤向您倾诉，您在天之灵会抱恨无穷的。

司马迁受宫刑，是他为李陵说情，招惹汉武帝大怒的结果。

苏武出使匈奴被扣押后，汉匈关系迅速恶化。公元前 99 年秋，汉武帝派贰师将军李广利率骑兵三万攻击匈奴。同时召见李陵，要他为李广利护送辎重。李陵是名将李广的孙子，他不愿意搞后勤，表示要率领荆楚骑兵五千人，深入匈奴后方，以少击众。汉武帝为这一豪壮却又无知的建议打动，要他带兵从居延(今内蒙古额济纳旗)向漠北的匈奴王庭进发，令驻守居延的强弩都尉路德博配合他。路德博是个军事经验丰富的老将，认为当时秋高马肥，匈奴兵强马壮，不宜深入。便上书汉武帝，建议明年春天，让李陵与他一起出兵。汉武帝看了以后，误以为李陵说了大话后悔了，串通路德博上书推辞。接着他下令，李陵从浚稽山(今蒙古国阿尔泰山中段)方向寻击匈奴单于。李陵率兵在三十天后到达浚稽山，为匈奴三万骑兵包围。十多天战斗，李陵杀伤敌兵超过了自己将士的人数。匈奴单于感到震惊,又调集八万兵力攻打李陵的军队。汉军死伤累累,只剩下几百人。在无法突围的情况下,李陵投降。

孤军深入历来为兵家所忌,且李陵又深入这么远,这是少见的军事冒险主义。冒险与投降是双胞胎,先说大话,等碰了壁,被敌人吓倒,投降变节。作为最高统帅的汉武帝,对李陵的冒险计划加以赞许,对路德博的合理劝阻又置之脑后,应当对战争失败负有领导责任。然而他是天之骄子,一贯正确,怎能引咎自责呢?统统是李陵的罪过,并把他的老母、妻子抓了起来。

先前信使报捷时,公卿王侯都向汉武帝祝贺。后李陵兵败的奏书传来,汉武帝为此“食不甘味”。正好汉武帝向司马迁征询意见,司马迁“见主上惨怆怛悼”,就为李陵作了辩解。说李陵是个能够守住节操的“奇士”,平时“事孝亲,与士信”、“恭俭下人”、“常思奋不顾,以徇国家之急”。对待部下是先人后己的,古代名将也比不上他。他转战千里,箭矢用尽,兵临绝境,而援军迟迟不至。虽身陷匈奴,“观其意,且欲得当而报于汉”。汉武帝的本意,是希望李陵不成功便成仁的。听到司马迁的话,汉武帝觉得是“沮贰师,而为李陵游说”(《报任安书》)。贰师将军李广利的妹妹是汉武帝的宠妃。汉武帝以为,司马迁是存心诋毁李广利,定了“诬上”之罪,施以腐刑。

在司马迁看来,受腐刑是奇耻大辱。受辱是有区别的。最轻的不辱先人,其次是不辱自身,其次是不辱情理颜面,其次是不辱言辞,其次是身体受辱,其次是穿囚服受辱,其次是戴木枷、捆绳索、遭鞭打受辱,其次是毁肌肤、断肢体受辱,最下的是受腐刑。那是受辱到了极点。在身残处秽的状况下,司马迁孤寂而抑郁,“肠一日而九回”,痛苦极了。他甚至想到了自杀,但最后决定“隐忍苟活,函粪土之中而不辞者”,是因为“私心有所不尽”、“文采不表于后世”。这一年司马迁46岁,所撰《史记》业已完成大半。痛惜全书未完的司马迁,感到再受严厉的刑罚也毫无怨色。这是司马迁“怯懦苟活”的原委所在。司马迁设想书成之后,要“藏之名山,传之其人”,并把它推向通都大邑。那样被侮辱的旧债就能补偿了,即使被千刀万剐,也不会后悔。在生死关头时,司马迁提出了“人固有一死,或重于泰山,或轻于鸿毛”的人生观。缘由是“用之所趋异也”,即为什么而死的原因有所不同。这一千古流传的名言,已为炎黄子孙所熟知。

司马迁发愤著书的大抱负,就是“究天人之际,通古今之变,成一家之言”。一要深入推究自然和人事的关系,二要贯通古今的变化,三要成为有独创见解的著作。司马迁是要用自身的哲学观点与历史见识,写成一部有创造性的通史。

这是何等伟大的志向啊！现实又是如何呢？背着污辱之名的人，是不容易安生的；地位卑贱的人，动辄被人诽谤。有什么脸面去给父母亲上坟呢？就是百代之后，垢辱依然洗不清！天天愁肠九转，在家恍恍惚惚若有所失，出门不知要到哪里去。每当想起这个耻辱，未尝不汗流浃背，连衣服都浸湿了。身为闺阁之臣，又怎能引身而退、藏到山林岩穴中去呢？暂且只好随波逐流，与时上下，以宽解内心的愤怒与矛盾。

厄运没有击倒司马迁，反而砥砺了他的精神世界。司马迁想到了历史上处于逆境而自强不息的先辈。周文王被纣王拘囚羑里，推演出《周易》。孔子处困境，写成《春秋》。屈原为楚怀王放逐，创作《离骚》。左丘明失明后，著有《国语》；孙膑膝盖被截，撰修《孙膑兵法》。吕不韦谪迁蜀地，《吕氏春秋》却流传于世。韩非子囚禁在秦国，才有了《说难》、《孤愤》。《诗经》三百篇，皆是圣人贤士为抒发愤懑而写作的。这都是"人皆意有所郁结，不得通其道，故述往事"，退而以著书立说抒发心中的愤懑，想借助留传后世的文章来表现自己。圣贤的事迹，是支撑司马迁"怯懦苟活"的精神支柱。司马迁收集记载了散失于天下的旧说遗闻，考证其中的事件，推究历史上成败、兴衰的道理，完成了真正意义上的中国第一部信史——《史记》。说他为中国史学之父，一点也不过分。　　（朱义禄）

淮南子·原道训(节选)　　刘　安

夫道者，覆天载地，廓①四方，柝②八极，高不可际，深不可测，包裹天地，禀授无形。原③流泉浡④，冲⑤而徐盈，混混滑滑⑥，浊而徐清。故植⑦之而塞于天地，横之而弥于四海，施之无穷而无所朝夕；舒之幎⑧于六合，卷之不盈于一握。约⑨而能张，幽而能明，弱而能强，柔而能刚。横四维⑩而含阴阳，纮⑪宇宙而章三光。甚淖而滒⑫，甚纤而微。山以之高，渊以之深，兽以之走，鸟以之飞，日月以之明，星历以之行，麟以之游，凤以之翔。

泰古⑬二皇⑭，得道之柄⑮，立于中央，神与化游，以抚四方，是故能天运地滞⑯，轮转而无废⑰，水流而不止，与万物终始。风兴云蒸，事无不应，雷声雨降，并应无穷，鬼出电入，龙兴鸾集，钧⑱旋毂⑲转，周而复匝⑳。已雕已琢，还反于朴。无为为之而合于道，无为言之而通乎德。恬愉[21]无矜而得于和，有万不同而便于性。神托于秋毫之末，而大宇宙之总。其德优天地而和阴阳，节四时而调五行。呴谕[22]覆育，万物群生；润于草木，浸于金石；禽兽硕大，毫毛润泽，羽翼奋[23]也，角觡[24]生也；兽胎不䞁[25]，鸟卵不㲉[26]；父无丧子之忧，兄无哭弟之哀；童子不孤，妇人不孀；虹霓不出，贼星[27]不行。含德之所致也。

夫太上[28]之道，生万物而不有，成化而弗宰[29]。跂行[30]喙息[31]，蠉飞[32]蠕动[33]，待而后生，莫之知德；待之后死，莫之能怨。得以利者不能誉，用而败者不能非；收聚蓄积而不加富，布施禀授而不益贫；旋县[34]而不可究，纤微而不可勤。累之而不高，堕之而不下；益之而不众，损之而不寡；斫之而不薄，杀之而不残；凿之而不深，填之而不浅。忽兮怳[35]兮，不可为象兮；怳兮忽兮，用不屈[36]兮；幽兮冥兮，应无形兮；遂[37]兮洞[38]兮，不虚动兮；与刚柔卷舒兮，与阴阳俯仰兮。

昔者冯夷、大丙之御也，乘云车[39]，入云霓，游微雾，骛[40]怳忽，历远弥高以极往；经霜雪而无迹，照日光而无景[41]；扶摇[42]抮抱[43]羊角[44]而上。经纪[45]山川，蹈腾昆仑，排阊阖[46]，沦[47]天门。末世之御，虽有轻车良马，劲策[48]利锻[49]，不能与之争先。是故大丈夫恬然无思，澹然无虑；以天为盖，以地为舆[50]，四时为马，阴阳为御；乘云陵霄，与造化者俱。纵志舒节，以驰大区。可以步而步，可以骤[51]而骤；令雨师[52]洒道，使风伯[53]扫尘；电以为鞭策，雷以为车轮；上游于霄雿[54]之野，下出于无垠之门。刘[55]览偏照，复守以全；经营[56]四隅，还反[57]于枢。故以天为盖则无不覆也；以地为舆则无不载也；四时为马则无不使也，阴阳为御则无不备也。是故疾而不摇，远而不劳，四支不动，聪明不损而知八纮[58]九野[59]之形埒[60]者。何也？执道要之柄而游于无穷之地。

是故天下之事不可为也，因其自然而推之；万物之变不可究也,秉其要归之趣[61]。夫镜水之与形接也,不设智故[62]而方圆曲直弗能逃也。是故响[63]不肆应,而景不一设,叫呼仿佛[64],默然自得。人生而静天之性也。感而后动性之害也。物至神应,知[65]之动也。知与物接而好憎生焉,好憎成形而知诱于外,不能反己而天理灭矣。故达于道者,不以人易天,外与物化而内不失其情。至无[66]而供其求,时骋[67]而要其宿。小大修[68]短,各有其具[69],万物之至,腾踊肴乱而不失其数[70]。是以处上而民弗重,居前而众弗害,天下归之,奸邪畏之。以其无争于万物也,故莫敢与之争。

夫临江而钓,旷日而不能盈罗。虽有钩箴[71]芒距[72],微纶[73]芳饵,加之以詹何、娟嬛[74]之数,犹不能与网罟[75]争得也。射者扞乌号之弓[76],弯棋[77]卫之箭,重之羿、逢蒙[78]子之巧,以要[79]飞鸟,犹不能与罗者竞多,何则?以所持之小也。张天下以为之笼,因江海以为罟,又何亡鱼失鸟之有乎!故矢不若缴[80],缴不若无形之像。夫释大道而任小数,无以异于使蟹捕鼠、蟾蠩[81]捕蚤,不足以禁奸塞邪,乱乃逾滋。昔者夏鲧作三仞[82]之城,诸侯背之,海外有狡心。禹知天下之叛也,乃坏城平池,散财物,焚甲兵,施之以德,海外宾伏[83],四夷纳职[84],合诸侯于涂山,执玉帛者万国。故机械之心藏于胸中则纯白不粹、神德不全;在身者不知,何远之所能怀?是故革坚则兵利,城成则冲[85]生;若以汤沃[86]沸,乱乃逾甚。是故鞭噬[87]狗,策蹄马而欲教之,虽伊尹、造父[88]弗能化。欲寅[89]之心亡于中,则饥虎可尾,何况狗马之类乎!故体道者逸而不穷,任数者劳而无功。夫峭法刻诛者非霸王之业也;垂策繁用者非致远之术也。离朱[90]之明,察箴末于百步之外,不能见渊中之鱼;师旷[91]之聪,合八风之调而不能听十里之外。故任一人之能,不足以治三亩之宅也。

修[92]道理之数,因天地之自然,则六合不足均也。是故禹之决渎[93]也,因水以为师;神农之播谷也,因苗以为教。夫萍树根于水,木树根于土,鸟排虚而飞,兽蹠[94]实而走;蛟龙水居,虎豹山处,天地之性也。两木相摩而然[95],金火相守而流,员[96]者常转,窾[97]者主浮,自然之势也。是故春风至则甘雨降,生育万物,羽者妪伏[98],毛者孕育,草木荣华,鸟兽卵胎:莫见其为者而功既成矣。秋风下霜,倒生[99]挫伤[100],鹰雕搏鸷,昆虫蛰藏,草木注根,鱼鳖凑渊:莫见其为者,灭而无形。木处榛巢[101],水居窟穴,禽兽有艽[102],人民有室;陆处宜牛马,舟行宜多水;匈奴出秽[103]裘,于越生葛𫄨[104]:各生所急以备燥湿,各因所处以御寒暑,并得其宜,物便其所。由此观之,万物固以自然,圣人又何事焉!九疑[105]之南,陆事寡而水事众,于是民人被[106]发文[107]身,以像鳞虫;短绻[108]不绔[109],以便涉游,短袂[110]攘卷,以便刺舟,因之也。雁门之北,狄[111]不谷食,贱长贵壮,俗尚气力,人不弛弓,马不解勒[112],便之也。故禹之裸国,解衣而入,衣带而出,因之也。今夫徙树者,失其阴阳之性则莫不枯槁。故橘树之江北则化而为枳,鸲鹆[113]不过济,貈[114]渡汶则死。形性不可易,势居不可移也。是故达于道者反于清净,穷于物者终于无为。以恬养性,以漠处神,则入于天门。

所谓天者,纯粹朴素,质直皓白,未始有与杂糅者也。所谓人者,偶[115]睋[116]智故,曲巧伪诈,所以俯仰于世人而与俗交者也。故牛歧蹄[117]而戴角,马披髦而全足者,天也;络马之口,穿牛之鼻者,人也。循天者与道游者也;随人者与俗交者也。夫井鱼不可与语大,拘于隘也;夏虫不可与语寒,笃[118]于时也;曲士不可与语至道,拘于俗束于教也。故圣人不以人滑[119]天,不以欲乱情;不谋而当,不言而信,不虑而得,不为而成;精通于灵府[120],与造化者为人[121]。

夫善游者溺,善骑者堕,各以其所好,反自为祸。是故好[122]事者未尝不中[123],争利者未尝不穷也。昔共工之力,触不周之山,使地东南倾。与高辛[124]争为帝,遂潜于渊,宗族残灭,继嗣绝祀[125]。越王翳[126]逃山穴,越人熏而出之,遂不得已。由此观之,得在时,不在争;治在道,不在圣。土处下不争高,故安而不危;水下流不争先,故疾而不迟。昔舜耕于历山,期年而田者争处墝埆[127],以封壤[128]肥饶相让。钓于河滨,期年而渔者争处湍濑[129],以曲隈[130]深潭相予。当此之时,口不设言,手不指麾[131],执玄德于心而化驰若神。使舜无其志,虽口辩而户说之,不能化一人。是故不道之道,莽乎大哉!夫能理三苗[132],朝羽民,徙裸国,纳肃慎[133],未发号施令而移风易俗者,其唯心行者乎!法度刑罚何足以致之也?是故圣人内修其本而不外饰其末,保其精神,偃[134]其智故,漠然无为而无不为也,澹然无治也而无不治也。所谓无为者,不先物为也;所谓无不为者,因物之所为。所谓无治者,不易自然也;所谓无不治者,因物之相然也。万物有所生而独知守其根;百事有所出而独知守其门。故穷无穷,极无极;照物而不眩,响应而不乏。此之谓天解[135]。

故得道者志弱[136]而事强,心虚而应当。所谓志弱而事强者,柔毳[137]安静,藏于不敢,行于不能,恬然无虑,动不失时,与万物回周旋转,不为先唱[138],感而应之。是故贵者必以贱为号,而高者必以下为基。托小以包大,在中以制外;行柔而刚,用弱而强,转化推移,得一之道而以少正多。所谓其事强者,遭变应卒[139],排患扞[140]难,力无不胜,敌无不凌;应化揆[141]时,莫能害之。是故欲刚者必以柔守之,欲强者必以弱保之。积于柔则刚,积于弱则强,观其所积,以知祸福之乡。强胜不若己者,至于若己者而同。柔胜出于己者,其力不可量。故兵强则灭,木强则折,革固则裂,齿坚于舌而先之敝。是故柔弱者生之干[142]也,而坚强者死之徒[143]也。先唱者,穷之路也,后动者,达之原也。何以知其然也?凡人中寿七十岁,然而趋害指凑[144],日以月悔也,以至于死。故蘧伯玉年五十而有四十九年非。何者?先者难为知,而后者易为攻也;先者上高则后者攀之,先者逾下则后者蹷[145]之,先者隤陷则后者以谋,先者败绩则后者违之。由此观之,先者则后者之弓矢质的[146]也,犹錞[147]之与刃,刃犯难而錞无患者,何也?以其托于后位也。此俗世庸民之所公见也,而贤知者弗能避也。所谓后者,非谓其底[148]滞而不发,凝结而不流,贵其周于数而合于时也。夫执道理以耦[149]变,先亦制后,后亦制先。是何则?不失其所以制人,人不能制也。时之反侧[150],间不容息,先之则太过,后之则不逮[151]。夫日回而月周,时不与人游,故圣人不贵尺之璧而重寸之阴,时难得而易失也。禹之趋时也,履遗而弗取,冠挂而弗顾,非争其先也,而争其得时也。是故圣人守清道而抱雌节,因循应变,常后而不先,柔弱以静,舒安以定,攻大磏[152]坚,莫能与之争。

天下之物,莫柔弱于水。然而大不可极,深不可测;修极于无穷,远沦于无涯;息耗减益,通于不訾[153];上天则为雨露,下地则为润泽。万物弗得不生,百事不得不成;大包群生而无好憎,泽及蚑蛲[154]而不求报;富赡天下而不既[155],德施百姓而不费;行而不可得穷极也,微而不可得把握也;击之无创,刺之不伤,斩之不断,焚之不然[156];淖溺[157]流遁,错缪[158]相纷而不可靡散;利贯金石,强济天下;动溶无形之域,而翱翔忽区[159]之上,邅回川谷之间,而滔腾大荒之野;有余不足与天地取与,授万物而无所前后。是故无所私而无所公,靡滥[160]振荡,与天地鸿洞[161];无所左而无所右,蟠委错纱[162],与万物始终。是谓至德。夫水所以能成其至德于天下者,以其淖溺[163]润滑也。故老聃之言曰:“天下至柔,驰骋天下之至坚。出于无有,入于无间。吾是以知无为之有益。”

夫无形者物之大祖也;无音者声之大宗也。其子为光,其孙为水,皆生于无形乎!夫光可见而不可握,水可循⑯④而不可毁。故有像之类莫尊于水。出生入死,自无蹠⑯⑤有,自有蹠无,而以衰贱矣。是故清静者德之至也;而柔弱者道之要也;虚无恬愉者,万物之用也。肃然应感,殷然⑯⑥反本,则沦于无形矣。所谓无形者,一之谓也。所谓一者,无匹合于天下者也。卓然⑯⑦独立,块然⑯⑧独处;上通九天,下贯九野;员⑯⑨不中规,方不中矩;大浑而为一,叶⑰⓪累而无根;怀囊天地,为道关门⑰①;穆忞⑰②隐闵,纯德独存;布施而不既,用之而不勤。是故视之不见其形,听之不闻其声,循之不得其身。无形而有形生焉,无声而五音鸣焉,无味而五味形焉,无色而五色成焉。是故有生于无,实出于虚。天下为之圈,则名实同居。音之数不过五,而五音之变不可胜听也;味之和不过五,而五味之化不可胜尝也;色之数不过五,而五色之变不可胜观也。故音者,宫立而五音形矣;味者,甘立而五味亭矣;色者,白立而五色成矣;道者,一立而万物生矣。是故一之理,施四海;一之解,际天地。其全也,纯兮若朴;其散也,混兮若浊。浊而徐清,冲而徐盈;澹⑰③兮其若深渊,泛兮其若浮云;若无而有,若亡而存。万物之总,皆阅⑰④一孔;百事之根,皆出一门。其动无形,变化若神;其行无迹,常后而先。是故至人之治也,掩其聪明,灭其文章⑰⑤,依道废智,与民同出于公。约其所守,寡其所求,去其诱慕,除其嗜欲,损其思虑。约其所守则察,寡其所求则得。夫任耳目以听视者,劳形而不明;以知虑为治者,苦心而无功。是故圣人一度循轨,不变其宜,不易其常,放⑰⑥准循绳,曲因其当。

〔注释〕①廓:开拓。②柝:拓展。③原:源。④浡:渤涌。⑤冲:通“盅”,意为“虚”。⑥混混滑滑:水流奔流急速的样子。⑦植:通“直”。⑧幎:覆盖。⑨约:收束。⑩四维:指东北、东南、西南、西北天区四角。⑪纮:维系。⑫淖而滒:淖,柔和;滒,黏稠。淖而滒指“道”的柔靡状态。⑬泰古:远古。⑭二皇:伏羲、神农。⑮柄:根本。⑯天运地滞:天体绕地球运转。滞,止、凝。⑰废:停息、休止。⑱钧:陶制的转轮。 ⑲ 毂：车轮中插轴的部件。 ⑳ 匝：周转。 ㉑ 恬愉：安逸。 ㉒ 呴谕：温恤，通"煦妪"，指关怀培育。 ㉓ 奋：振作有力。 ㉔ 角觡：麋鹿骨角。 ㉕ 𩜁：胎不成兽称"𩜁"。 ㉖ 殈：蛋不成鸟称"殈"。 ㉗ 贼星：妖星，指怪异之星，如陨星。 ㉘ 太上：至高无上。 ㉙ 弗宰：不自为主宰。 ㉚ 跂行：用脚行走。 ㉛ 喙息：用嘴呼吸。 ㉜ 蠉飞：虫飞的样子。 ㉝ 蠕动：虫爬的样子。 ㉞ 县：遥远。 ㉟ 恍：似有似无不可捉摸。 ㊱ 屈：竭尽。 ㊲ 遂：深邃。 ㊳ 洞：敞开。 ㊴ 云车：雷车。 ㊵ 骛：驰骋。 ㊶ 景：影。 ㊷ 扶摇：旋风盘旋状态。 ㊸ 抮抱：缠绕转动。 ㊹ 羊角：形容旋风如羊角转曲萦行。 ㊺ 经纪：经过、通过。 ㊻ 阊阖：升天之门。 ㊼ 沦：进入。 ㊽ 策：马鞭。 ㊾ 锻：作缀，马鞭末端的尖刺。 ㊿ 舆：车厢。 51 骤：马疾驰。 52 雨师：雨神。 53 风伯：风神。 54 霄霓：虚无寂寥、虚廓高渺。 55 刘：通"浏"。 56 经营：周游往来。 57 反：同"返"。 58 八纮：古代称大地极远处有八纮。 59 九野：九天。 60 形埒：界域。 61 要归之趣：事物发展之真谛。 62 智故：巧饰。 63 响：回音。 64 仿佛：影子晃动。 65 知：通"智"。 66 至无：虚无至极。 67 时骋：随时变化。 68 修：长。 69 具：备。 70 数：度。 71 箴：同"针"。 72 芒距：钓钩上锋利的倒刺。 73 纶：钓丝。 74 詹何、娟嬛：传说中的术士，善钓。 75 罟：渔网。 76 乌号之弓：用桑柘树木做的弓。 77 棋：地名，善制作好箭。 78 羿、逢蒙：传说中善射的英雄。 79 要：邀、取。 80 缴：带有丝线的箭。 81 蟾蠩：即蟾蜍。 82 仞：古代长度单位。 83 宾伏：臣服。 84 职：贡品。 85 冲：冲撞城墙的战车。 86 沃：浇。 87 噬：咬。 88 伊尹、造父：古代善御者。 89 寅："害"之误。 90 离朱：黄帝时视力特别好的人。 91 师旷：春秋时晋平公的盲乐师，目盲而听力超人。 92 修：遵循。 93 决渎：疏通河道。 94 蹠：践、踏。 95 然：燃。 96 员：圆。 97 窾：空。 98 妪伏：孵卵。 99 倒生：指草木倒生。 100 挫伤：凋零。 101 榛巢：丛木中筑巢。 102 艽：野兽巢穴中的草垫。 103 秽：粗糙。 104 葛絺：细葛布。 105 九疑：山名。 106 被：剪。 107 文：纹。 108 绻：裈，一种有裆的裤子。 109 绔：同"裤"，裤子。 110 袂：袖子。 111 狄：北方少数民族。 112 勒：带嚼子的马笼头。 113 鸲鹆：鸟名，即八哥。 114 貈：即"貉"。 115 偶：角。 116 睦：不正。 117 歧蹄：足分趾。 118 笃：局限。 119 滑：乱。 120 灵府：心。 121 为人：相伴。 122 好：好为情欲之事。 123 中：伤。 124 高辛：黄帝的曾孙。 125 绝祀：祭祀断绝，指宗族灭亡。 126 越王翳：战国时越国君。 127 墝埆：土地贫瘠。 128 封壤：界域。 129 湍濑：水流浅急处。 130 曲隈：水湾。 131 麾：指挥。 132 三苗：古代部落名，在江淮、荆州一带。 133 肃慎：古代民族名。 134 偃：停息。 135 解：知晓。 136 志弱：心志柔顺。 137 毳：鸟兽的细毛，形容柔软。 138 唱：倡导。 139 卒：通"猝"，突变。 140 扞：抵御。 141 揆：测度。 142 干：主干、本质。 143 徒：同、类。 144 指凑：行止。 145 躐：蹍，踩踏。 146 质的：箭靶。 147 錞：古代矛戟等武器末端加的金属套。 148 底：止。 149 耦：合。 150 反侧：翻身，引申为瞬间变化。 151 逮：及。 152 礳：同"磨"，攻破、碾碎。 153 訾：计量。 154 跂蛲：小虫。 155 既：尽、竭。 156 然：燃。 157 淖溺：消融。 158 错缪：错杂、交错。 159 忽区：恍惚之区，即迷茫之境界。 160 靡滥：泛滥。 161 鸿洞：相通、贯通。 162 蟠委错紾：纷扰错杂。 163 淖溺：柔软。 164 循：通"揗"，触摸。 165 蹠：到。 166 殷然：毅然。 167 卓然：突出。 168 块然：孤独。 169 员：通"圆"。 170 叶：聚。 171 关门：关键。 172 忞(mín)：不明。 173 澹：平静。 174 阅：经历。 175 文章：色彩、花纹。 176 放：通"仿"，仿效。

（毛慧君）

〔**鉴赏**〕《淮南子》原名《淮南内书》、《淮南鸿烈》,是由淮南王刘安为首的一批学者集体编写的学术著作。其成书时代,约在西汉武帝初年。其思想宗旨及学派属性,旧时皆依《汉书·艺文志》归入“杂家”类,但近二十多年来,多数学者持守新说,视之为汉初道家黄老学派代表作。如熊铁基《秦汉新道家略论稿》即以《淮南子》为“秦汉新道家”:吴光《黄老之学通论》认定“《淮南子》是一部集道家黄老学之大成的理论著作”;丁原明《黄老学论纲》则称之为“是对黄老学的理论总结”。

《淮南子》全书二十一篇,除末篇名为《要略》(犹今之“序论”)外,其正文二十篇篇名后皆添一“训”字,意即对本篇的“训解”、“解说”。其首篇《原道训》,即对本原之道的解说,是全书的纲领。

秦汉之际的道家黄老学著作,多有论“道”专篇,如稍早于《淮南子》的传世古籍《文子》以及马王堆汉墓出土的《黄老帛书》等都有《道原》篇,探讨“道”之本原或本原之“道”,甚至名为“儒生”实属黄老道家的陆贾《新语》也有《道基》篇,论“道”之根基或本根之“道”。《淮南子·原道训》的基本思想,就是承接着秦汉之际的新道家思潮——黄老学思潮而阐发由老子奠基的道家之“道”的本真、性质与功用的。

《淮南子·要略》篇曾阐明刘氏著书宗旨是“纪纲道德,经纬人事,上考之天,下揆之地,中通诸理”,既“言道”又“言事”,以“观天地之象,通古今之事,权事而立制,度形而施宜”,以“统天下,理万物,应变化,通殊类”,从而“与世推移”。《原道训》就是遵循这一宗旨展开其理论建构的,全篇的重心在于论“道”,而论“道”的目的则在论“治”。其基本内容可分三部分:一论本真之“道”——“原道”论;二论“体道”之“治”——“无为无不为”论;三论施治之“方”——“因势待时”论。

本篇开宗明义第一句即说:“夫道者,覆天载地,廓四方,柝八极,高不可际,深不可测,包裹天地,禀授无形”,接着用种种自然现象的变化规律来描述、概括那个“太上之道”的绝对性与万能性,认为“太上之道”是“生万物而不有,成化而弗宰”的。所以,本真之“道”是无形、无为、难以捉摸而又无处不在,无所不能的,宇宙、天地、人类、万物都由“道”化生而来,按“道”的法则运动变化,人事之理亦然。

既然“太上之道”如此神妙万能,那么作为人间统治者的“圣人”又该如何去体察和掌握“大道”以“禁奸塞邪”、“安定天下”呢?本篇作者提出了“清净、自然,无为而无不为”的政治理论,认为“体道者逸而不穷”、“修道理之数,因天地之自然，则六合不足均也”、“达于道者反于清净，究于物者终于无为”，“是故圣人……漠然无为而无不为也，澹然无治也而无不治也。所谓无为者，不先物为也；所谓无不为者，因物之所为。所谓无治者，不易自然也；所谓无不治者，因物之相然也”。这是对黄老道家政治理论的典型概括，其理论源于老、庄的“自然无为”论而又有所超越，加入了“因物之所为”、“因物之相然”的“贵因”思想。其所谓“无为无不为”、“无治无不治”，就是要求为政者遵循客观规律，因时制宜，待时而动。

“因势待时”的思想，正是《原道训》“无为无不为”政治理论的施治之“方”。“因势”即因自然之势，循自然之理，“待时”即待时而动、适时兴作。它说“是故天下之事不可为也，因其自然而推之”，主张“因循应变”、“因天下而为天下”，并强调“得在时，不在争；治在道，不在圣”，主张“动不失时”、“应化合于时”等等，这样的思想主张，大大发展了早期道家的“自然无为”理论，而符合司马谈《论六家要旨》所说的“无为无不为”的道家——秦汉之际黄老道家的宗旨与特征。

此外，《原道训》还讨论了道、德与政治、人事的关系，一与万的关系，修道、养生、性命、情性的问题和形、神、气、志的关系等本体论、人性论、政治论方面的广泛问题。我们鉴赏与研究这一名篇最重要的一点是，要将它放在从先秦原始道家到汉初黄老道家的发展脉络及其转型过程中去考察分析。 （吴 光）

淮南子·要略 刘 安

夫作为书论①者，所以纪纲②道德，经纬③人事，上考④之天，下揆⑤之地，中通诸理。虽未能抽引⑥玄妙之中才⑦，繁⑧然足以观终始矣。总要举凡⑨，而语不剖判⑩纯朴，靡散⑪大宗⑫，惧⑬为人之惽惽⑭然弗能知也；知多为之辞，博为之说，又恐人之离本就末也。故言道而不言事，则无以与世浮沉⑮；言事而不言道，则无以与化⑯游息⑰。故著二十篇，有《原道》，有《俶真》，有《天文》，有《地形》，有《时则》，有《览冥》，有《精神》，有《本经》，有《主术》，有《缪称》，有《齐俗》，有《道应》，有《氾论》，有《诠言》，有《兵略》，有《说山》，有《说林》，有《人间》，有《修务》，有《泰族》也。

《原道》者，卢牟⑱六合，混沌万物，象⑲太一之容，测窈冥之深，以翔虚无之轸⑳。托小以苞㉑大，守约以治广，使人知先后之祸福，动静之利害。诚通其志，浩然可以大观矣。欲一言而寤[22]，则尊天而保真；欲再言而通，则贱物而贵身；欲参[23]言而究，则外物而反情。执其大指[24]，以内洽[25]五藏，瀸濇[26]肌肤，被服[27]法则，而与之终身，所以应待万方，览耦[28]百变也，若转丸掌中，足以自乐也。

《俶真》者，穷逐终始之化，嬴埒[29]有无之精，离别万物之变；合同死生之形，使人遗物反己，审仁义之间，通同异之理，观至德之统，知变化之纪，说符玄妙之中，通回[30]造化之母[31]也。

《天文》者，所以和阴阳之气，理日月之光，节[32]开塞之时[33]，列星辰之行，知逆顺之变，避忌讳之殃，顺时运之应，法五神[34]之常，使人有以仰天承顺，而不乱其常者也。

《地形》者，所以穷南北之修，极东西之广，经[35]山陵之形，区[36]川谷之居，明万物之主，知生类之众，列山渊之数，规远近之路，使人通回周备，不可动以物，不可惊以怪者也。

《时则》者，所以上因天时，下尽地力，据度[37]行当[38]，合诸人则[39]，形十二节，以为法式，终而复始，转于无极；因循仿依，以知祸福，操舍开塞，各有龙忌[40]，发号施令，以时教期[41]，使君人者知所以从事。

《览冥》者，所以言至精之通九天也，至微之沦无形也；纯粹之入至清也，昭昭之通冥冥也；乃始揽物引类，览取挢掇[42]，浸想[43]宵[44]类。物之可以喻意象形者，乃以穿通窘滞[45]，决渎[46]壅塞，引入之意，系之无极，乃以明物类之感，同气之应，阴阳之合，形埒[47]之朕[48]，所以令人远观博见者也。

《精神》者，所以原本[49]人之所由生，而晓寤其形骸九窍取象[50]与天，合同其血气，与[51]雷霆风雨，比类其喜怒，与昼宵[52]寒暑并明[53]；审死生之分，别同异之迹，节动静之机，以反其性命之宗，所以使人爱养其精神，抚静其魂魄，不以物易己，而坚守虚无之宅者也。

《本经》者，所以明大圣之德，通维初之道，埒略[54]衰世古今之变，以褒先世之隆盛，而贬末世之曲政也，所以使人黜[55]耳目之聪明，精神之感动[56]，樽[57]流遁[58]之观，节养性之和，分帝王之操，列小大之差者也。

《主术》者，君人之事也，所以因作任督责，使群臣各尽其能也。明摄权操柄，以制群下，提[59]名责[60]实，考之参伍，所以使人主秉数持要，不妄喜怒也。其数直施[61]而正邪，外[62]私而立公，使百官条通而辐辏[63]，各务其业，人致其功，此主术之明也。

《缪称》者，破碎[64]道德之论，差次[65]仁义之分，略杂人间之事，总同[66]乎神明之德。假[67]象取耦[68]，以相譬喻；断短为节，以应小具，所以曲说攻[69]论，应感而不匮者也。

《齐俗》者，所以一群生之短修，同九夷之风气；通古今之论，贯万物之理，财[70]制礼义之宜，擘画[71]人事之终始者也。

《道应》者，揽掇[72]遂事[73]之踪，追观往古之迹，察祸福利害之反，考验乎老、庄之术而以合得失之势者也。

《氾论》者，所以箴缕[74]縩繺[75]之间，攕[76]揳[77]唲齵[78]之郄也，接径直施，以推本朴，而兆见[79]是失之变，利病之反；所以使人不妄没于势利，不诱惑于事态，有符[80]曮晲[81]，兼稽时势之变，而与化推移者也。

《诠言》者，所以譬类人事之指，解喻治乱之体也，差择[82]微言之眇[83]，诠以至理之文，而补缝过失之阙者也。

《兵略》者，所以明战胜攻取之数，形机[84]之势，诈谲之变，体因循之道，操持后[85]之论也，所以知战阵分争之非道不行也，知攻取坚守之非德不强也。诚明其意，进退左右无所失[86]击危[87]，乘势以为资，清静以为常，避实就虚，若驱群羊。此所以言兵者也。

《说山》、《说林》者，所以窍窕[88]穿凿[89]百事之壅遏[90]，而通行贯扃[91]万物之窒塞者也。假譬取象，异类殊形，以领理人之意，解堕[92]结细，说捍抟囷[93]，而以明事埒[94]事[95]者也。

《人间》者，所以观祸福之变，察利害之反，钻脉[96]得失之迹，标举[97]终始之坛[98]也，分别百事之微，敷陈存亡之机，使人知祸之为福，亡之为得，成之为败，利之为害也。诚喻至意，则有以倾侧偃仰[99]世俗之间，而无伤乎谗贼螫毒者也。

《修务》者，所以为人之于道未淹[100]，味[101]论未深，见其文辞，反之以清静为常，恬淡为本，则懈堕分学[102]，纵欲适情，欲以偷[103]自佚[104]，而塞于大道也。今夫狂者无忧，圣人亦无忧。圣人无忧，和以德也；狂者无忧，不知祸福也。故通而无为也，与塞而无为也同，其无为则同，其所以无为则异。故为之浮称流说[105]其所以能听，所以使学者孳孳[106]以自几[107]也。

《泰族》者，横八极，致高崇，上明三光，下和水土；经古今之道，治伦理之序，总万方之指，而归之一本，以经纬治道，纪纲王事。乃原心术，理性情，以馆[108]清平之灵，澄彻[109]神明之精，以与天和相婴[110]薄[111]。所以览五帝三王，怀天气，抱天心，执中含和，德形于内，以莙凝[112]天地，发起阴阳，序四时，正流方；绥[113]之斯[114]宁，推之斯行，乃以陶冶[115]万物，游化群生。唱而和，动而随，四海之内，一心同归。故景星[116]见，祥风[117]至，黄龙[118]下，凤巢列树，麟止郊野。德不内形，而行其法籍，专用制度，神祇弗应，福祥不归，四海不宾，兆民弗化。故德形于内，治之大本。此《鸿烈》之《泰族》也。

凡属书者，所以窥[119]道开塞，庶[120]后世使知举错[121]取舍之宜适，外与物接而不眩，内有以处神养气，宴炀[122]至和，而已自乐所受乎天地者也。故言道而不明终始，则不知所仿依；言终始而不明天地四时，则不知所避讳；言天地四时而不引譬援类，则不知精微；言至精而不原人之神气，则不知养生之机；原人情而不言大圣之德，则不知五行之差；言帝道而不言君事，则不知小大之衰[123]；言君事而不为称喻，则不知动静之宜；言称喻而不言俗变，则不知合同大指；已言俗变而不言往事，则不知道德之应；知道德而不知世曲，则无以耦[124]万方；知氾论而不知诠言[125]，则无以从容；通书文而不知兵指[126]，则无以应卒[127]；已知大略而不知譬喻，则无以推明事；知公道而不知人间[128]，则无以应祸福；知人间而不知修务[129]，则无以使学者劝力；欲强省其辞，览总其要，弗曲行区入[130]，则不足以穷道德之意。故著书二十篇，则天地之理究矣，人间之事接矣，帝王之道备矣。

其言有小有巨，有微有粗；指奏[131]卷异，各有为语。今专言道，则无不在焉，然而能得本知末者，其唯圣人也。今学者无圣人之才，而不为详说，则终身颠顿[132]乎混溟之中，而不知觉寤乎昭明之术矣。今《易》之《乾》、《坤》，足以穷道通意也，八卦可以识吉凶、知祸福矣，然而伏羲为之六十四变[133]，周室[134]增以六爻，所以原测[135]淑清[136]之道，而[137]捃逐万物之祖也。夫五音之数，不过宫、商、角、徵、羽，然而五弦之琴不可鼓[138]也，必有细大[139]驾和[140]，而后可以成曲。今画龙首，观者不知其何兽也，具其形，则不疑矣。今谓之道则多，谓之物则少，谓之术则博，谓之事则浅，推之以论，则无可言者。所以为学者，固欲致之不言而已也；夫道论至深，故多为之辞以抒其情，万物至众，故博为之说以通其意。辞虽坛卷连漫，绞纷远缓[141]，所以洮汰[142]涤荡至意，使之无凝竭底[143]滞，卷握[144]而不散也。夫江河之腐胔不可胜数，然祭者汲焉，大也；一杯酒白[145]，蝇渍[146]其中，匹夫弗尝者，小也。诚通乎二十篇之论，睹凡得要，以通九野[147]，径[148]十门[149]，外[150]天地，捭[151]山川，其于逍遥一世之间，宰匠[152]万物之形，亦优游矣。若然者，挟[153]日月而不烑[154]，润万物而不秏[155]。曼兮洮兮[156]，足以览矣；藐[157]兮浩兮，旷旷兮，可以游矣！

文王之时，纣为天子，赋敛无度，杀戮无止，康梁[158]沉湎，宫中成市，作为炮烙[159]之刑，刳[160]谏者，剔孕妇，天下同心而苦之，文王四世[161]累善，修德行义，处岐周之间，地方不过百里，天下二垂[162]归之。文王欲以卑弱制强暴，以为天下去残除贼而成王道，故太公之谋生焉。文王业[163]之而不卒[164]，武王继文王之业，用太公之谋，悉索薄[165]赋[166]，躬擐甲胄，以伐无道而讨不义，誓师牧野[167]，以践天子之位。天下未定，海内未辑[168]，武王欲昭文王之令德[169]，使夷狄各以其贿来贡，辽远未能至，故治三年之丧，殡文王于两楹[170]之间，以俟远方。武王立三年而崩，成王在褓襁之中，未能用事，蔡叔、管叔辅公子禄父而欲为乱。周公继文王之业，持天子之政，以股肱周室，辅翼成王，惧争道之不塞，臣下之危上也，故纵马华山，放牛桃林[171]，败鼓折枹[172]，搢[173]笏[174]而朝，以宁静王室，镇抚诸侯。成王既壮，能从政事，周公受封于鲁，以此移风易俗。孔子修成、康[175]之道，述周公之训，以教七十子，使服其衣冠，修其篇籍，故儒者之学生焉。墨子学儒者之业，受孔子之术，以为其礼烦扰而不说[176]，厚葬靡财而贫民，服伤生[177]而害事，故背周道而用夏政。禹之时，天下大水，禹身执虆[178]垂[179]，以为民先，剔[180]河而道九岐[181]，凿江而通九路[182]，辟[183]五湖而定东海。当此之时，烧不暇撌[184]，濡不给扢[185]，死陵者葬陵，死泽者葬泽，故节财、薄葬、闲[186]服生焉。齐桓公之时，天子卑弱，诸侯力征，南夷北狄，交伐中国，中国之不绝如线[187]。齐国之地，东负海而北障河，地狭田少而民多智巧。桓公忧中国之患，苦夷狄之乱，欲以存亡断绝，崇天子之位，广文、武之业，故《管子》之书生焉。齐景公内好声色，外好狗马，猎射亡[188]归，好色无辩[189]，作为路寝[190]之台，族[191]铸大钟，撞之庭下，郊雉[192]皆呴[193]，一朝用三千钟赣[194]，梁丘据、子家哙[195]导[196]于左右，故晏子之谏生焉。晚世之时，六国诸侯，溪异谷别，水绝山隔，各自治其境内，守其分地，握其权柄，擅其政令，下无方伯[197]，上无天子，力征争权，胜者为右[198]，恃连与[199]国，约重致[200]，剖信符，结远援，以守其国家，持其社稷，故纵横修短[201]生焉。申子[202]者，韩昭釐[203]之佐；韩，晋别国[204]也。地墽[205]民险[206]，而介于大国之间，晋国之故礼未灭，韩国之新法重出，先君之令未收，后君之令又下，新故相反，前后相缪，百官背乱，不知所用，故刑名[207]之书生焉。秦国之俗，贪狼[208]强力，寡义而趋利，可威以刑，而不可化以善，可劝以赏，而不可厉[209]以名；被险而带[210]河，四塞以为固，地利形便，畜积殷富；孝公欲以虎狼之势而吞诸侯，故商鞅之法生焉。

若刘氏之书，观天地之象，通古今之事，权事而立制，度形而施宜；原道之心，合三王之风，以储与扈治[211]；玄妙之中，精摇[212]靡览[213]，弃其畛挈[214]，斟其淑静，以统天下，理万物，应变化，通殊类，非循一迹之路，守一隅之指，拘系牵连之物而不与世推移也，故置之寻常而不塞，布之天下而不窕。

〔**注释**〕 ① 书论：著述。 ② 纪纲：整理、整治。这里指“阐发”。 ③ 经纬：规划治理。 ④ 考：考察。 ⑤ 揆(kuí)：测度、揆度。 ⑥ 抽引：抽取、提取、提炼。 ⑦ 才：通“哉”。 ⑧ 繁：通“樊”，指繁多、繁复、详尽的文字叙述。 ⑨ 总要举凡：提纲挈领。 ⑩ 剖判：详细分析。 ⑪ 靡散：分解剖析。 ⑫ 大宗：指事物的初始状态和原始本质。 ⑬ 惧：则。 ⑭ 惛惛：迷糊不清、糊里糊涂。 ⑮ 浮沉：随波逐流，指与人间世事融合融通。 ⑯ 化：造化。 ⑰ 游息：与造化相伴融通。 ⑱ 卢牟：“卢眸”的借字。意为明察。 ⑲ 象：描摹。 ⑳ 轸：通“畛”，界限、境界。 ㉑ 苞：包容。 ㉒ 寤：悟。 ㉓ 参：同“叁”。 ㉔ 大指：要旨、关键。 ㉕ 洽：沾润。 ㉖ 瀸濇：瀸渍、渐渍。 ㉗ 被服：接受、感受。 ㉘ 览耦：观览迎合。 ㉙ 羸埒：周密细致。 ㉚ 回：通“迴”，与“通”同义。 ㉛ 母：本原。 ㉜ 节：节制、掌握。 ㉝ 开塞之时：开启和闭塞的季节。 ㉞ 五神：指东南西北中五方之神。 ㉟ 经：量度。 ㊱ 区：划分。 ㊲ 度：法则、准则。 ㊳ 行当：行为恰当。 ㊴ 合诸人则：与人体结构相合。 ㊵ 龙忌：鬼神的忌日。 ㊶ 期：教。 ㊷ 挢(jiǎo)掇：挢，拾取、搜集。 ㊸ 浸想：仔细思考。 ㊹ 宵：通“肖”，相似。 ㊺ 窘滞：阻塞不通。 ㊻ 决渎：疏通。 ㊼ 行埒(liè)：界限、界域。 ㊽ 朕：征兆形迹。 ㊾ 原本：推究本原、本质。 ㊿ 取象：仿效。 ⑸ 与：如同。 ⑹ 宵：夜。 ⑺ 并明：一样明晰。一说可能是后人误加。 ⑻ 埒略：等差类别之意。 ⑼ 黜：废除、废弃。 ⑽ 感动：精神受外界刺激而动荡。 ⑾ 樽：通“撙”，节制、抑止。 ⑿ 流遁：逸散。 ⒀ 提：抓、挈。 ⒁ 责：求。 ⒂ 直施：使邪曲变正直。 ⒃ 外：扔弃。 ⒄ 辐辏：车辐聚集于车轴。 ⒅ 破碎：解析、剖析。 ⒆ 差次：区分。

⑥⑥ 总同：归结、归总。 ⑥⑦ 假：借。 ⑥⑧ 耦：通“隅”，角落，这里指个别例子。 ⑥⑨ 攻：疑为“巧”字。 ⑦⑩ 财：通“裁”。 ⑦① 擘画：描画。 ⑦② 揽掇：拾取。 ⑦③ 遂事：往事。 ⑦④ 箴缕：针线。箴，同“针”。 ⑦⑤ 縩綝：缝隙。 ⑦⑥ 攕：通“櫼”，楔子。 ⑦⑦ 揳：塞。 ⑦⑧ 唲齵：牙齿参差不齐、多缝隙。 ⑦⑨ 兆见：预见。 ⑧⑩ 符：符合、应验。 ⑧① 眇睨：天道。 ⑧② 差择：选择。 ⑧③ 眇：通“妙”，微妙、精妙。 ⑧④ 形机：形成战机的势态。 ⑧⑤ 持后：即道家的不敢为天下先、后发制人的观点。 ⑧⑥ 失：衍文。 ⑧⑦ 击危：击，应为“系”。系危，违碍。 ⑧⑧ 窍窕：贯通。 ⑧⑨ 穿凿：贯通。 ⑨⑩ 壅遏：阻塞。 ⑨① 贯扃(jiōng)：贯穿、打通。 ⑨② 堕：脱落。 ⑨③ 说捍抟囷：解脱疑团。 ⑨④ 事埒：事物的征兆。 ⑨⑤ 事：衍文。 ⑨⑥ 钻脉：钻研、探索。 ⑨⑦ 标举：揭示。 ⑨⑧ 坛：通“嬗”。演变、变迁。 ⑨⑨ 倾侧偃仰：俯仰周旋。 ⑩⑩ 淹：深入理解、精通。 ⑩① 味：体会理解。 ⑩② 分学：脱离学习。分，离、脱离。 ⑩③ 偷：苟且。 ⑩④ 佚：通“逸”。 ⑩⑤ 浮称流说：深入浅出的解说。 ⑩⑥ 孳孳：同“孜孜”。 ⑩⑦ 几：接受。 ⑩⑧ 馆：舍，用作动词，使住宿。 ⑩⑨ 澄彻：清澄透彻。 ⑪⑩ 婴：绕抱。 ⑪① 薄：迫近、靠近。 ⑪② 著凝：凝结。 ⑪③ 绥：安抚。 ⑪④ 斯：则。 ⑪⑤ 陶冶：创造化育。 ⑪⑥ 景星：一种预兆祥瑞的星。 ⑪⑦ 祥风：和顺之风。 ⑪⑧ 黄龙：传说中预示太平盛世出现的龙。 ⑪⑨ 窥：探究。 ⑫⑩ 庶：希望。 ⑫① 错：通“措”。 ⑫② 宴炀：安详平易。 ⑫③ 衰：等级。 ⑫④ 耦：对、合。 ⑫⑤ 诠言：指《诠言》。 ⑫⑥ 兵指：指《兵略》。 ⑫⑦ 卒：突发事件。 ⑫⑧ 人间：指《人间》。 ⑫⑨ 修务：指《修务》。 ⑬⑩ 曲行区入：婉转曲折的叙述方法。 ⑬① 指奏：旨趣。 ⑬② 颠顿：跌撞。 ⑬③ 六十四变：在八卦基础上，通过自迭、互迭而演变成的六十四卦。 ⑬④ 周室：指周文王。 ⑬⑤ 原测：探究。 ⑬⑥ 淑清：清明纯净。 ⑬⑦ 据：原意是拾取，此作追溯。 ⑬⑧ 鼓：弹奏、演奏。 ⑬⑨ 细大：粗细大小。 ⑭⑩ 驾和：相和。 ⑭① 坛卷连漫，绞纷远缓：描写其词之曲折广博的状态。 ⑭② 洮汰：淘汰。 ⑭③ 底：通“抵”，阻塞。 ⑭④ 卷握：把握、掌握。 ⑭⑤ 酒白：可能是“白酒”或“酒甘”。 ⑭⑥ 渍：浸泡。 ⑭⑦ 九野：八方及中央。 ⑭⑧ 径：经。 ⑭⑨ 十门：八方及上下。 ⑮⑩ 外：离开。 ⑮① 捭：摒弃。 ⑮② 宰匠：主宰。 ⑮③ 挟：容纳、充盈。 ⑮④ 姚：通“窕”，空隙。 ⑮⑤ 秏：通“耗”。 ⑮⑥ 曼、洮：漫茫宽广。 ⑮⑦ 藐：通“邈”，空旷广远的样子。 ⑮⑧ 康梁：沉溺于淫乐之中。 ⑮⑨ 炮烙：纣王使用的一种酷刑。 ⑯⑩ 刳：剖开。 ⑯① 四世：指太王、王季、文王、武王。 ⑯② 二垂：指三分之二。 ⑯③ 业：创始。 ⑯④ 卒：终。 ⑯⑤ 薄：少。 ⑯⑥ 赋：这里指“兵”。 ⑯⑦ 牧野：地名，今河南淇县。 ⑯⑧ 辑：安定、和平。 ⑯⑨ 令德：美德。 ⑰⑩ 两楹：厅堂的东西两柱。 ⑰① 桃林：地名。 ⑰② 枹(fú)：同“桴”，鼓槌。 ⑰③ 搢(jìn)：插。 ⑰④ 笏：古代上朝时所执手板，用以记事。 ⑰⑤ 成、康：周成王和他的儿子康王。 ⑰⑥ 说：通“悦”，简易。 ⑰⑦ 服伤生：前应加“久”。 ⑰⑧ 蘽：盛土的笼子。 ⑰⑨ 垂：铁锹。 ⑱⑩ 剔：疏通。 ⑱① 岐：通“歧”，岔道。 ⑱② 九路：江水分为九。 ⑱③ 辟：开辟。 ⑱④ 掼：排除、清除。 ⑱⑤ 扢：擦拭。 ⑱⑥ 闲：通“简”。 ⑱⑦ 线：细丝。 ⑱⑧ 亡：通“忘”。 ⑱⑨ 辩：别。 ⑲⑩ 路寝：天子诸侯的正室。 ⑲① 族：通“簇”，聚集。 ⑲② 雉：野鸡。 ⑲③ 呴：雄雉鸣。 ⑲④ 赣：赐。 ⑲⑤ 梁丘据、子家哙：皆为齐景公佞臣。 ⑲⑥ 导：诱。 ⑲⑦ 方伯：一方诸侯之长。 ⑲⑧ 右：古代以右为尊。 ⑲⑨ 连与：诸侯国结成联盟。 ⑳⑩ 致：通“质”，一种买卖券契。 ⑳① 修短：长短，指战国纵横家的学说。 ⑳② 申子：即申不害，战国时法家。 ⑳③ 韩昭釐：韩国君。 ⑳④ 晋别国：指韩国从晋国分离出来。 ⑳⑤ 墽(qiāo)：贫瘠。 ⑳⑥ 险：邪恶。 ⑳⑦ 刑名：形名，战国法家中的一派。 ⑳⑧ 贪狼：贪婪凶狠。 ⑳⑨ 厉：通“励”。 ㉑⑩ 带：环绕。 ㉑① 扈治：广大。 ㉑② 精摇：精进。 ㉑③ 靡览：靡小皆览之。 ㉑④ 畛挈：界限、境界。挈，界。

（毛慧君）

〔鉴赏〕《要略》为《淮南子》最末一篇。高诱注云:"作《鸿烈》之书二十篇,略数其要,明其所指,序其微妙,论其大体,故曰《要略》。"《鸿烈》即指《淮南子》,细审本篇结构,前半部分将本书从《原道》……直到《泰族》凡二十篇,每篇在《要略》里均加以简介,在简介之后,中间插入一大段文字,议论各篇为什么要选入,它们内部之间有些什么联系。最后半部分则评论先秦诸子,涉及人物有太公、周公、孔子、墨子、管仲、晏婴、纵横修短(当指苏秦、张仪等)、申子、商鞅,最后几行再提到自己所著的《淮南子》,因此本篇前半部分可视为《淮南子》一书之简介,后半部分则可作为刘安对先秦诸子的评论,与《论六家要旨》近似。

《淮南子》一书,不但思想复杂,而且文字裔皇,号称典雅难读,因此由作者自行作个简介是必要的,由作者自作,更能显露作者真意,比起他人代作,多少有点悬拟,但由作者自作也有强以为是的地方,所以还是应当分别对待。比如他于《天文训》介绍说"《天文》者,所以和阴阳之气理日月之光,节开塞之时,列星辰之行",这倒没有什么不对,但紧接下去说:"知逆顺之变,避忌讳之殃。"《天文训》里充斥着汉代封建迷信的"建除学说",如"寅为建,卯为除,辰为满,巳为平主生;午为定,未为执,主陷;申为破,主衡;酉为危,主杓;戌为成,主少德;亥为收,主大德;子为开,主太岁;丑为闭,主太阴",这种学说显然没有什么价值。

我们限于篇幅,二十《训》不能一一介绍。《淮南子》与老庄思想关系密切,《原道》及《要略》说:"欲一言而寤,则尊天而保真,欲再言而通,则贱物而贵身,欲参(三)言而究,则外物而反情。"保真、贵身、外物都是老庄道家的基本概念,放在《淮南子》之首,我们再把这几句话与《要略》在介绍《道应训》时所说的"察祸福利害之反,考验乎老庄之术"相对照,这就更加说明了《淮南子》与老庄的关系。

但《淮南子》并不全部接受老庄之道,对《氾论训》,《要略》说:"(《氾论》)……兼稽时势之变,而与化推移者也。""时势之变"简括为"时变"不正是《经法》里的"圣人不朽,时变是守"么?《氾论训》云:"先王之制不宜则废之,末世之事,善则著之,是故礼乐未始有常也",又说:"苟利于民,不必法古,苟周于事,不必循旧,夫夏商之衰也,不变法而亡,三代之起也,不相袭而王,故圣人法与时变,礼与俗化",多么明确的改革态度,这与老庄"剖斗折衡而民不争"的态度完全不同,这是值得肯定的。

《兵略》也很值得注意,《论语·卫灵公》记载灵公问战阵之法于孔子,孔子答以"军旅之事,未之学也"。孟子主张"善战者服上刑",可见孔孟对于军事兴趣是不浓厚的,到了荀子,才有《议兵篇》。《要略》对《兵略》作简介云:"《兵略》者,所以明战胜攻取之数，形机之势，诈谲之变，体因循之道，操持后之论也。”“因循之道”，即《论六家要旨》中之“以虚无为本，以因循为用”，也合于《经法·兵容》的“天地刑(形)之，圣人因而成之”(又见《国语·越语》下)，《兵容》里提出“三遂”说，“三遂绝从，兵无成功”，而《淮南子·兵略训》里也说：“将者必有三隧(遂)……所谓三隧者：上知天道，下习地形，中察人情。”这证明《淮南子·兵略训》可能参考了《经法·兵容》，至于“操持后之论”，显然是“后发制人”的思想，也合于《老子》六十九章的“吾不敢为主而为客，不敢进寸而退尺”，在军事相持之际，必须审时度势，因为“祸莫大于轻敌，轻敌几丧吾宝，故抗兵相加，哀者胜矣”。所以《兵略》主张“击危乘势以为资，清静以为常，避实就虚，若驱群羊”，“乘势以为资”也就是因循之道，这说明《淮南子·兵略训》也继承了《老子》的军事思想。

在简介了二十篇《训》之后，附了一段说明《淮南子》各训之间的联系，最值得注意的是其中：“言俗变而不言往事，则不知道德之应；知道德而不知世曲，则无以耦万方；知氾论而不知诠言，则无以从容。”“言俗变而不言往事”指的是《齐俗训》，“则不知道德之应”指的是紧接《齐俗训》之后的《道应训》。“知道德而不知世曲”指的是《氾论训》，因为紧接《道应训》之后的是《氾论训》，而在“则无以耦万方”句后紧接着的是“知氾论而不知诠言”，因此从《诠言训》之前与《道应训》之后的上下文关系判断，“知道德而不知世曲”非指《氾论训》不可。原来《氾论训》就是要研究“世曲”，研究世界事情的曲曲折折变化，也就是研究“时变”。

最末一段介绍了一些周秦人物，第一个是太公，说：“文王欲以卑弱制强暴，以为天下去残除贼而成王道，故太公之谋生焉。”东汉高诱注：“太公为周陈《阴符》兵谋也。”太公治齐执行的是“举贤尚功”，周公治鲁执行的是“尊尊亲亲”，太公用的是道家，代表齐学；周公用的是儒家，代表的是鲁学，孔子曾经对齐鲁之学的差别深致慨叹：“齐一变，至于鲁，鲁一变，至于道。”《要略》把太公放在周公之前来叙述，显然有他的学术上的偏爱，即看重“举贤尚功”。

另外值得一提的是纵横长短。《论六家要旨》没有收纵横家，淮南王看到“下无方伯，上无天子”的六国纷争场面，苏秦、张仪之流能以口说持其社稷，那种纵横捭阖的手段与言词技巧，也确有可以观览的价值，因而列上了纵横长短这个项目，这种诸子分类法已与《汉书·艺文志》的分类法十分接近了。

《要略》分析诸子的产生，追溯他们的时代背景，找出他们学说上的原因，是很有价值的。如墨子“背周道而用夏政”推崇夏禹，《庄子·天下》里已谈到了，但《天下》没有分析，《要略》从夏禹治水十分辛苦，救死不暇，故“死陵者葬陵，死泽者葬泽，故节财、薄葬、闲服生焉”，这样就把墨子的学说跟夏禹的关系交代得很清楚，还影响了清代孙星衍、毕沅，他们和俞正燮诸人都主张墨学出于禹，显然是根据《淮南子·要略》的观点，《要略》最后几行叙述刘安召集许多人集体来著书的目的是“统天下，理万物，应变化，通殊类，非循一迹之路，守一隅之指，拘系牵连之物而不与世推移也”。再一次提出了“应变化”、“与世推移”，“非循一迹之路，守一隅之指”，仍显示了《淮南子》注意“时变是守”的特色。　　（龙　晦）

汉书·苏武传　　班　固

武字子卿，少以父任，兄弟并为郎，稍迁至栘中厩监①。时汉连伐胡，数通使相窥观。匈奴留汉使郭吉、路充国等前后十馀辈。匈奴使来，汉亦留之以相当。

天汉元年②，且鞮侯单于③初立，恐汉袭之，乃曰：“汉天子，我丈人行④也。”尽归汉使路充国等。武帝嘉其义，乃遣武以中郎将使持节送匈奴使留在汉者；因厚赂⑤单于，答其善意。武与副中郎将张胜及假吏⑥常惠等，募士、斥候⑦百馀人俱。既至匈奴，置币遗⑧单于。单于益骄，非汉所望也。

方欲发使送武等，会缑王与长水虞常等谋反匈奴⑨中——缑王者，昆邪王⑩姊子也，与昆邪王俱降汉，后随浞野侯没胡中⑪——及卫律所将降者，阴相与谋劫单于母阏氏⑫归汉。会武等至匈奴，虞常在汉时，素与副张胜相知，私候胜曰：“闻汉天子甚怨卫律，常能为汉伏弩射杀之。吾母与弟在汉，幸蒙其赏赐。”张胜许之，以货物与常。

后月馀，单于出猎，独阏氏、子弟在。虞常等七十馀人欲发，其一人夜亡，告之。单于子弟发兵与战，缑王等皆死，虞常生得。单于使卫律治其事。张胜闻之，恐前语发，以状语武。武曰：“事如此，此必及我。见犯⑬乃死，重负国！”欲自杀，胜、惠共止之。虞常果引张胜。单于怒，召诸贵人议，欲杀汉使者。左伊秩訾⑭曰：“即谋单于，何以复加？宜皆降之。”单于使卫律召武受辞，武谓惠等：“屈节辱命，虽生，何面目以归汉!”引佩刀自刺。卫律惊,自抱持武,驰召毉[15]。凿地为坎[16],置煴火[17],覆武其上,蹈其背以出血。武气绝,半日复息。惠等哭,舆归营。单于壮其节,朝夕遣人候问武,而收系张胜。

武益愈,单于使使晓武,会论[18]虞常,欲因此时降武。剑斩虞常已,律曰:“汉使张胜谋杀单于近臣,当死。单于募降者赦罪。”举剑欲击之,胜请降。律谓武曰:“副有罪,当相坐。”武曰:“本无谋,又非亲属,何谓相坐?”复举剑拟之,武不动。律曰:“苏君!律前负汉归匈奴,幸蒙大恩,赐号称王,拥众数万,马畜弥山,富贵如此。苏君今日降,明日复然[19]。空以身膏草野,谁复知之!”武不应。律曰:“君因我降,与君为兄弟,今不听吾计,后虽欲复见我,尚可得乎!”

武骂律曰:“女[20]为人臣子,不顾恩义,畔主背亲,为降虏于蛮夷,何以女为见!且单于信女,使决人死生,不平心持正,反欲斗两主,观祸败!南越[21]杀汉使者,屠为九郡;宛王[22]杀汉使者,头县北阙[23]……独匈奴未耳!若知我不降明,欲令两国相攻。匈奴之祸,从我始矣!”律知武终不可胁,白单于。单于愈益欲降之,乃幽武,置大窖中,绝不饮食。天雨雪,武卧啮雪,与旃[24]毛并咽之,数日不死。匈奴以为神,乃徙武北海[25]上无人处,使牧羝[26],羝乳乃得归。别其官属常惠等,各置他所。

武既至海上,廪食[27]不至,掘野鼠、去草实而食之。仗汉节牧羊,卧起操持,节旄[28]尽落。积五六年,单于弟於靬王[29]弋射海上。武能网纺缴[30],檠[31]弓弩,於靬王爱之,给其衣食。三岁馀,王病,赐武马畜、服匿[32]、穹庐[33]。王死,后人众徙去。其冬,丁令[34]盗武牛羊,武复穷厄。

初,武与李陵俱为侍中。武使匈奴明年,陵降,不敢求武。久之,单于使陵至海上,为武置酒设乐。因谓武曰:“单于闻陵与子卿素厚,故使陵来说。足下虚心欲相待,终不得归汉,空自苦亡人之地,信义安所见乎?前长君为奉车[35],从至雍棫阳宫[36]，扶辇下除[37]，触柱折辕，劾大不敬，伏剑自刎，赐钱二百万以葬。孺卿[38]从祠河东后土[39]，宦骑与黄门驸马争船[40]，推堕驸马河中，溺死，宦骑亡；诏使孺卿逐捕，不得，惶恐饮药而死。来时，太夫人已不幸，陵送葬至阳陵。子卿妇年少，闻已更嫁矣。独有女弟[41]二人，两女一男，今复十馀年，存亡不可知。人生如朝露，何久自苦如此！陵始降时，忽忽如狂，自痛负汉，加以老母系保宫[42]，子卿不欲降，何以过陵！且陛下春秋高[43]，法令亡常，大臣亡罪夷灭者数十家，安危不可知，子卿尚复谁为乎？愿听陵计，勿复有云！"

武曰："武父子亡功德，皆为陛下所成就，位列将，爵通侯，兄弟亲近，常愿肝脑涂地。今得杀身自效，虽蒙斧钺汤镬，诚甘乐之。臣事君，犹子事父也；子为父死，亡所恨。愿勿复再言！"

陵与武饮数日，复曰："子卿壹听陵言。"武曰："自分已死久矣！王必欲降武，请毕今日之驩，效死于前！"陵见其至诚，喟然叹曰："嗟乎，义士！陵与卫律之罪，上通于天！"因泣下沾衿，与武决去。陵恶自赐武，使其妻赐武牛羊数十头。

后陵复至北海上，语武："区脱捕得云中生口[44]，言太守以下吏民皆白服，曰上崩。"武闻之，南乡[45]号哭，欧[46]血，旦夕临数月。

昭帝即位数年，匈奴与汉和亲。汉求武等，匈奴诡言武死。后汉使复至匈奴，常惠请其守者与俱，得夜见汉使，具自陈道。教使者谓单于，言天子射上林[47]中，得雁，足有系帛书，言武等在某泽中。使者大喜，如惠语以让单于。单于视左右而惊，谢汉使曰："武等实在。"于是李陵置酒贺武曰："今足下还归，扬名于匈奴，功显于汉室。虽古竹帛所载，丹青所画，何以过子卿！陵虽驽怯，令汉且贳[48]陵罪，全其老母，使得奋大辱之积志，庶几乎曹柯之盟[49]，此陵宿昔之所不忘也！收族陵家,为世大戮,陵尚复何顾乎? 已矣,令子卿知吾心耳! 异域之人,壹别长绝!"陵起舞,歌曰:"径万里兮度沙幕,为君将兮奋匈奴。路穷绝兮矢刃摧,士众灭兮名已陨㊿。老母已死,虽欲报恩将安归!"陵泣下数行,因与武决。单于召会武官属,前已降及物故,凡随武还者九人。

武以始元六年[51]春至京师。诏武奉一太牢[52]谒武帝园庙。拜为典属国,秩中二千石;赐钱二百万,公田二顷,宅一区。常惠、徐圣、赵终根皆拜为中郎,赐帛各二百匹。其馀六人老,归家,赐钱人十万,复终身。常惠后至右将军,封列侯,自有传。武留匈奴凡十九岁,始以强壮出,及还,须发尽白。……武年八十馀,神爵二年[53]病卒。

〔**注释**〕 ① 稍迁:逐渐提升。移(yí)中厩监:移中厩,汉代马房名。监,负责移中厩的官员。② 天汉元年:公元前100年。 ③ 且鞮(jū dī)侯单(chán)于:汉代匈奴的君主。 ④ 丈人行:对长辈的尊称。 ⑤ 赂:赠送礼物。 ⑥ 假吏:临时差遣的官吏。 ⑦ 斥候:负责侦察的骑士。 ⑧ 遗(wèi):赠送。 ⑨ 会:刚好,正当。 ⑩ 昆邪(hún yé)王:匈奴一部落首领,他于元狩三年(公元前120年)率部四万人降汉,封为漯阴侯。 ⑪ 浞(zhuó)野侯:名赵破奴,太初二年(公元前103年)进攻匈奴失败,降敌。 ⑫ 阴:暗中。阏氏(yān zhī):亦作"焉逢",汉时匈奴单于之妻的称号。 ⑬ 见犯:受侵犯、受凌辱。 ⑭ 左伊秩訾(zī):匈奴的王号。 ⑮ 毉(yī):同"医"。 ⑯ 坎:坑。 ⑰ 煴(yūn)火:没有火苗的一堆火。 ⑱ 论:审判。 ⑲ 复然:又会像(我)这样。 ⑳ 女(rǔ):通"汝",你。 ㉑ 南越:西汉诸侯国,属地在今广东、广西一带。 ㉒ 宛:大宛,西汉西域三十六城国之一。 ㉓ 县:同"悬",悬挂。阙:城楼。 ㉔ 旃:同"毡",毛织物。 ㉕ 北海:贝加尔湖。 ㉖ 羝(dī):公羊。 ㉗ 廪(lǐn)食:官府供给的粮食。 ㉘ 旄(máo):节顶上的牦牛尾。 ㉙ 於靬(wū jiān)王:且鞮侯单于之弟。 ㉚ 缴(zhuó):系在箭上的生丝绳,射鸟用。 ㉛ 檠(qíng,又读jìng):辅正弓弩的器具。此处作动词用,即校正弓弩。 ㉜ 服匿:古代盛酒酪的器具,像坛子。 ㉝ 穹庐:圆顶大帐篷。 ㉞ 丁令:即丁零,匈奴北部一个部族。 ㉟ 长君:苏武兄苏嘉。奉车:官职名称。㊱ 雍:县名,在今陕西凤翔县南。棫(yù)阳宫:秦昭王时建,在雍的东北。 ㊲ 辇(niǎn):皇帝的坐车。除:宫殿的台阶。 ㊳ 孺卿:苏武弟苏贤。 ㊴ 祠:祭祀。后土:地神或土神。㊵ 宦骑:骑马的宦官。黄门驸马:宫中掌管车马之官。 ㊶ 女弟:妹妹。 ㊷ 保宫:监狱名。 ㊸ 春秋高:年迈。 ㊹ 区(ōu)脱:匈奴语称边境屯戍或守望之处为"区脱"。云中:西汉县名,在今内蒙古托古托县。生口:指俘虏、奴隶或被贩卖的人。 ㊺ 乡:同"向"。㊻ 欧:同"呕"。 ㊼ 上林:苑名,故址在今陕西长安西及周至、户县界。 ㊽ 贳(shì):赦免。㊾ 曹柯之盟:意思是像春秋时鲁国曹刿在柯盟会上挟持齐君的行为。 ㊿ 陨(tuí):坠落。[51] 始元六年:公元前81年。 [52] 太牢:放着牛、羊、猪三牲的食器,用于宴会或祭祀。[53] 神爵二年:公元前60年。

(施忠连)

〔鉴赏〕 二千年来,这篇文章在中国浩如烟海的古代文献中一直熠熠生辉,放射出奇异的光彩。它是皇皇巨著《汉书》中最动人心魄、最精彩的篇章之一。它记述西汉中期外交家苏武身陷敌营十九年,经历了人间的各种艰难困苦,最后光荣返回祖国的故事。作者以崇敬的心情、写实的手法、感人的笔触,突出地表现了苏武维护祖国的荣誉和自己作为使者的尊严而勇于牺牲的无畏精神,他克服人间罕见艰难的顽强意志,他在旧友竭诚劝降面前的坚定信念。他的人格之伟大崇高,令人敬仰,令人感佩,令人赞叹! 此文在中国历史的原野之上树立起了一座歌颂中华民族杰出子孙对祖国忠贞不渝之心的宏伟的不朽丰碑。

苏武一生的事迹中最感人肺腑的是他的气节,即民族气节。他是我国古代保持民族气节的一个光辉的典范,他在敌国的一切言行诠释了民族气节的应有之义,显示了气节所达到的崇高的思想境界,充分地表现了民族气节所具有的无比强大的精神力量。

民族气节就是在外族强敌面前忠诚于祖国,决不投降。面对匈奴的威逼,苏武宁死不屈,不论敌人怎样利诱他也决不变节,这并非只是盲目地信守气节的观念,而是出于对祖国的深厚感情。他作为使节出使匈奴,对两国的文化发展水平和生活方式上的差别是有亲身体验的,因此他为自己的祖国而感到无比骄傲,有一种藐视敌人、在精神上压倒敌人的豪迈与气势,而决不会自甘堕落,自毁名节,向敌人俯首称臣。正因为如此,降于匈奴的卫律在苏武面前恬不知耻地炫耀自己如何受到匈奴的重视,甚至得意忘形地威胁苏武,如不听他的话,以后要见他一面也不可能的时候,苏武以极其鄙视的态度,义正词严地斥责他叛国求荣的无耻行径,并且以自豪的语气警告他:“南越杀汉使者,屠为九郡;宛王杀汉使者,头县北阙;……独匈奴未耳!”作为伟大民族的使者,他无比自豪;有强大的祖国作为后盾,他不感到有任何恐惧。由此我们可以看到他身上显示出来的神奇的精神力量的深刻思想根源。

有一些现代学者对苏武求全责备,说他的气节是出于忠君观念和对汉武帝的报恩思想。这是对苏武行为的误解。他确实对李陵说过他父子兄弟世受皇恩,“常愿肝脑涂地”,报效皇上。但是如果我们仔细读上下文,就会发现,他这番话是在李陵提到汉武帝时讲的,是对李陵攻击汉武帝的严正反驳和回击,使李陵挑拨苏武与朝廷的关系的企图完全落空。因此不能完全据此来判断他坚守气节的思想动机。此外,在封建时代,对于士大夫来说,君主是国家的象征和代表,皇帝即国家,效忠皇上就是报效国家。显然,苏武的气节是出于气贯长虹的民族精神和对于祖国的忠诚之心。

民族气节并非是一种普通的对于祖国的忠诚之心，而是在特别严酷的环境中表现出来的对于祖国特别忠贞的立场和感情。匈奴单于逼迫苏武投降，可以说是无所不用其极。他先是以死刑威胁苏武，用剑斩汉使团官员虞常的血腥场面恐吓苏武，但苏武毫无惧色，不为所动。接着他又把苏武囚禁于一个大地窖中，不给水喝，不给饭吃，企图用饥饿来迫使苏武就范，但是苏武坚韧不屈，用吞食雪块和毡毛的办法顽强地生存下来。

匈奴单于在肉体上折磨苏武的伎俩失败之后，又企图从精神上摧残、击垮苏武。单于先是把苏武发配到贝加尔湖杳无人烟的地方放牧公羊，宣布公羊产奶了才让他回去，就是说，要永远、彻底地断绝他归国的念头。苏武在那里没有粮食供应，更可怕的是没有一个人相伴，找不到任何人与之交谈，外界也难以了解他的情况。他与世隔绝了，这是一个令人绝望、令人疯狂的境遇，是阴险残暴的统治者想出的折磨人的最歹毒方法，但是仍然没有能够奏效。苏武在千里无人烟之处，与羊为伴，手持掉光了旄的节杖，迎着寒风伫立，日复一日，年年月月，对祖国的忠诚、对民族和家人的思念一刻也没有减弱。

单于从精神上制伏苏武的又一狡计毒招是派李陵劝降。李陵曾是苏武的同僚故交，两人以前交情深厚，尤其是李陵为汉将时作战极其英勇，曾经重创匈奴军队。在单于看来，让这样的人去劝说，最能打动苏武的心。而李陵的说辞也是经过精心考虑，力图以个人感情来转移苏武的心志。他首先用叙旧的办法渲染他们之间的旧情，多次设宴款待以制造松弛、友好的气氛；接着他强调单于真心实意地等待他回心转意；然后详细地讲述苏武出使匈奴后家中的变故：母亲去世，妻子改嫁，兄弟自杀，妹妹出嫁不知下落，意在彻底打消他归国的念头；还现身说法，回忆自己初陷匈奴时甚至比苏武更不想投降的心情；最后指出汉武帝年事已高，反复无常，滥杀大臣，不值得为之效忠。总之，在李陵看来这样就扫除了阻止苏武投降的一切动机和思想，如果是一个意志不坚定的人，在这样的劝说下，其精神防线是会崩溃的，但是苏武忠于国家的信念是没有任何力量能够动摇的，他早已把个人的一切置之度外，李陵以为能触动人心灵的事情对于他不起任何作用。

孔子说："三军可夺帅也，匹夫不可夺志也。"（《论语·子罕》）苏武就是这样一个世间任何力量都压不服的顶天立地的英雄豪杰。苏武感天动地的民族气节显示了至大至刚的浩然正气，是中华民族精神的集中表现。他的崇高思想和英

勇行为鼓舞了后世无数志士仁人、民族英雄为了国家和民族的利益而艰苦卓绝地奋斗，甚至不惜牺牲自己的宝贵生命。 （施忠连）

汉书·儒林传(节选) 班 固

古之儒者，博学虖六艺①之文。六艺者，王教之典籍，先圣所以明天道，正人伦，致②至治之成法也。周道既衰，坏于幽厉，礼乐征伐自诸侯出，陵夷③二百余年而孔子兴，以圣德遭季世④，知言之不用而道不行，乃叹曰："凤鸟不至，河不出图⑤，吾已矣夫！""文王既没⑥，文不在兹乎？"于是应聘诸侯，以答礼行谊⑦。西入周，南至楚，畏⑧匡戹⑨陈，奸⑩七十余君。适⑪齐闻韶，三月不知肉味；自卫反鲁，然后乐正，雅颂各得其所。究观古今之篇籍，乃称曰："大哉，尧之为君也！唯天为大，唯尧则⑫之。巍巍⑬乎其有成功也，焕⑭焕乎其有文章(也)！"又曰："周监⑮于二代，郁郁⑯乎文哉！吾从周。"于是叙书则断尧典，称乐则法韶舞，论诗则首周南。缀⑰周之礼，因⑱鲁春秋，举⑲十二公行事，绳⑳之以文武之道，成一王法，至获麟而止㉑。盖晚而好易，读之韦编三绝，而为之传。皆因近圣之事，㠯㉒立先王之教，故曰："述而不作，信而好古；""下学而上达，知我者其天乎！"

仲尼既没，七十子之徒散游诸侯，大者为卿相师傅，小者友教士大夫，或隐而不见。故子张居陈，澹臺子羽居楚，子夏居西河，子贡终于齐。如田子方、段干木、吴起、禽滑氂之属，皆受业于子夏之伦，为王者师。是时，独魏文侯好学。天下并争于战国，儒术既黜㉓焉，然齐鲁之间学者犹弗废，至于威、宣之际，孟子、孙卿之列咸遵夫子之业而润色之，以学显于当世。

及至秦始皇兼天下，燔㉔诗书，杀术士㉕，六学从此缺矣。陈涉之王也，鲁诸儒持孔氏礼器往归之，于是孔甲㉖为涉博士，卒与俱死。陈涉起匹夫，敺㉗适戍㉘以立号，不满岁而灭亡,其事至微浅,然而搢绅[29]先生负礼器往委质[30]为臣者何也?以秦禁其业,积怨而发愤于陈王也。

及高皇帝[31]诛项籍[32],引兵围鲁,鲁中诸儒尚讲诵习礼,弦歌之音不绝,岂非圣人遗化好学之国哉?于是诸儒始得修其经学,讲习大射[33]乡饮之礼。叔孙通[34]作汉礼仪,因为奉常[35],诸弟子共定者,咸为选首,然后喟然[36]兴于学。然尚有干戈,平定四海,亦未皇[37]庠序[38]之事也。孝惠、高后时,公卿皆武力功臣。孝文时颇登用[39],然孝文本好刑名之言。及至孝景,不任儒,窦太后又好黄老术,故诸博士具官[40]待问,未有进者。

汉兴,言易自淄川田生;言书自济南伏生;言诗,于鲁则申培公,于齐则辕固生,燕则韩太傅[41];言礼,则鲁高堂生[42],言春秋,于齐则胡毋生,于赵则董仲舒。及窦太后崩,武安君田蚡为丞相,黜黄老、刑名百家之言,延文学儒者以百数,而公孙弘[43]以治春秋为丞相封侯,天下学士靡然乡风[44]矣。

弘为学官,悼道之郁滞[45],乃请曰:"丞相、御史言:制曰'盖闻导民以礼,风[46]之以乐。婚姻[47]者,居室[48]之大伦[49]也。今礼废乐崩,朕甚愍[50]焉,故详[51]延[52]天下方闻之士[53],咸登诸朝。其令礼官劝学,讲议洽[54]闻,举遗兴礼,以为天下先。太常议,予博士弟子,崇乡里之化,以厉[55]贤材焉。'谨与太常臧、博士平等议,曰:闻三代[56]之道,乡里有教,夏曰校,殷曰庠,周曰序。其劝善也,显之朝廷;其惩恶也,加之刑罚。故教化之行也,建首善[57]自京师始,繇[58]内及外。今陛下昭至德,开大明[59],配天地,本人伦,劝学兴礼,崇化厉贤,以风四方,太平之原[60]也。古者政教未洽,不备其礼,请因旧官而兴焉。为博士官置弟子五十人,复[61]其身。太常择民年十八以上仪状[62]端正者,补博士弟子。郡国县官有好文学,敬长上,肃政教,顺乡里,出入不悖[63],所闻,令相长丞[64]上属所二千石[65]。二千石谨察可者,常与计[66]偕[67],诣太常,得受业如弟子。一岁皆辄课,能通一艺以上,补文学掌故缺;其高第[68]可以为郎中,太常籍[69]奏。即有秀才异等,辄以名闻。其不事学若下材,及不能通一艺,辄罢之,而请诸能称[70]者。臣谨案诏书律令下[71]者,明天人分际,通古今之谊,文章尔雅[72],训辞[73]深厚,恩施甚美。小吏浅闻,弗能究宣,亡以明布谕下。以治礼掌故以文学礼义为官,迁[74]留滞[75]。请选择其秩[76]比二百石以上及吏百石通一艺以上补左右内史、大行卒史,比百石以下补郡太守卒史,皆各二人,边郡一人。先用诵多者,不足,择掌故以补中二千石属,文学掌故补郡属,备员[77]。请著功令。它[78]如律令。”

制曰:“可。”自此以来,公卿大夫士吏彬彬[79]多文学之士矣。

昭帝时举贤良文学,增博士弟子员满百人,宣帝末增倍之。元帝好儒,能通一经者皆复。数年,以用度不足,更为设员千人,郡国置五经百石卒史。成帝末,或言孔子布衣养徒三千人,今天子太学弟子少,于是增弟子员三千人。岁余,复如故。平帝时王莽秉[80]政,增元士之子得受业如弟子,勿以为员,岁课[81]甲科四十人为郎中,乙科二十人为太子舍人,丙科四十人补文学掌故云。

〔**注释**〕 ① 六艺:儒家的《诗》、《书》、《礼》、《乐》、《易》、《春秋》。 ② 致:达到。 ③ 陵夷:衰落。 ④ 季世:末世、衰世。 ⑤ 凤鸟不至,河不出图:凤鸟、河图皆为古时吉瑞的象征。凤鸟不至,河不出图指世道的衰落。 ⑥ 没:通“殁”,死亡。 ⑦ 行谊:同“行义”,品行、道义。 ⑧ 畏:有戒心。 ⑨ 戹(è):受困。 ⑩ 奸(gān):请求。 ⑪ 适:到。 ⑫ 则:效法。 ⑬ 巍巍:高大的样子。 ⑭ 焕:光亮、鲜明。 ⑮ 监:通“鉴”,鉴戒。 ⑯ 郁郁:文采丰盛的样子。 ⑰ 缀:联结。 ⑱ 因:沿袭。 ⑲ 举:选用。 ⑳ 绳:纠正。 ㉑ 至获麟而止:《春秋》哀公十四年:“西狩获麟。孔子曰:‘吾道穷已。’”传说孔子作《春秋》至此而止。 ㉒ 目(yǐ):古“以”字。 ㉓ 黜:废黜、摈弃。 ㉔ 燔(fán):烧。 ㉕ 术士:方术之士。秦坑杀者主要是儒生。 ㉖ 孔甲:孔鲋,孔子八世孙。 ㉗ 敺:通“驱”,驱赶。 ㉘ 适戍:以罪被罚守边。 ㉙ 搢绅:插笏于带间,古时仕宦者垂绅搢笏,因而称士大夫为搢绅。绅,大带。 ㉚ 委质:人臣拜见人君时屈膝而委体于地。 ㉛ 高皇帝:汉高祖刘邦。 ㉜ 项籍:字羽,秦末起兵,后自立为西楚霸王,与刘邦争天下。 ㉝ 大射:射礼。 ㉞ 叔孙通:原为秦博士。秦亡,为刘邦采择古礼,定立朝仪。 ㉟ 奉常:官名,秦时所置,为九卿之一,掌宗庙礼仪。 ㊱ 喟(kuì)然:叹息的样子。 ㊲ 皇(kuāng):暇、闲暇。 ㊳ 庠序:古代地方所设的学校,后泛指学校。 ㊴ 登用：进用。 ㊵ 具官：配备官员。 ㊶ 韩太傅：韩婴，景帝时为常山王刘舜太傅，著有《韩诗内传》、《韩诗外传》。 ㊷ 高堂生：以《礼》十七篇授瑕丘、萧奋。 ㊸ 公孙弘：字季，熟习文法吏事，用儒家的学说来解释法令。 ㊹ 乡风：归化。乡，通"向"。 ㊺ 郁滞：阻滞。 ㊻ 风：通"讽"，微言劝告。 ㊼ 婚姻：嫁娶。 ㊽ 居室：夫妻关系。 ㊾ 伦：理。 ㊿ 愍(mǐn)：忧伤、怜悯。 (51) 详：广泛。 (52) 延：延请、引进。 (53) 方闻之士：有道及博闻之士。 (54) 洽：周遍、广博。 (55) 厉：通"砺"，磨砺。 (56) 三代：指夏、商、周。 (57) 首善：模范、最好的。 (58) 繇(yóu)：通"由"，从、自。 (59) 大明：日月。 (60) 原：根本、基础。 (61) 复：免除赋税或劳役。 (62) 仪状：容貌形状。 (63) 悖：违反、逆乱。 (64) 令相长臣：令，县令；相，侯相；长，县长；臣，县臣。 (65) 二千石：郡守一级长官。 (66) 计：计吏，掌计簿的官吏。 (67) 偕：共同、一起。 (68) 高第：选士、考试时成绩优者。 (69) 籍：登记名册。 (70) 称(chèn)：相当、符合。 (71) 下：发布、下达。 (72) 尔雅：近于雅正。尔，近；雅，正。 (73) 训辞：教导之言。 (74) 迁：贬官。 (75) 留滞：停留。 (76) 秩：俸禄。 (77) 备员：无实职的凑数职位。 (78) 它：此外。 (79) 彬彬：文质兼备的样子。 (80) 秉：执持。 (81) 课：纳。

（张　静）

〔鉴赏〕《汉书·儒林传序》是《汉书·儒林传》的总纲。班固在撰《汉书》时，将西汉一代的经学大师汇聚在一起，按古文学的序次：《易》、《书》、《诗》、《礼》、《春秋》分类，写了一卷类传，名为《儒林传》。《儒林传》的结构与其他类传相比，所同者均由序、一群人物传记和赞构成，不同处为按《五经》序次分小类。

《儒林传序》论述儒家学派的发展历史及其与政治的关系。它是《史记·仲尼弟子》的继承与发展。班固将儒学在历史上的发展分为下列六个时期：孔子时、战国、秦、汉初、汉武帝时、汉昭帝至平帝时。

儒学源于何时，班固没有明言，他只泛言古代。这个古代，古到什么时候，他认为似乎包括整个二帝三王时期，即自尧舜经夏商而至周初。用汉世儒生之语说，是"祖述尧舜，宪章文武，宗师仲尼"。颜师古注曰："祖，始也。述，修也。宪，法也。章，明也。宗，尊也。言以尧舜为本始而尊修之，以文王、武王为明法，又师遵仲尼之道也。师古以明法释宪章实误。章，法。法者，法则、表率。明，显明。宪章之意，是以文武二王为表率而显明之。"

班固说儒者学六艺之文。儒者所学之六艺，在中国古代有两种含义。其一，指六种技艺：书、数、礼、乐、射、御；其二，指六种典籍：《易》、《书》、《诗》、《礼》、《乐》、《春秋》。儒者所学之六艺既为文，自然指后者，而非前者。他又说六艺之文的性质为"王教之典籍"，内容为"明王道，正人伦"，具有"致至治"的功能。在他看来，古之儒者是根据先圣所定的王教——六艺，从事"明天道，正人伦"的活动，而实现"致至治"理想。在这里，班固通过对古儒的论述，阐明了儒家的基本特征。这里需要指出的是，在孔子之前，虽有典籍，甚至有名为《易》、《书》、《诗》、《礼》、《乐》、《春秋》的著述，但并未有作为六种经典合称的六艺。当时的六艺，只是书、数、礼、乐、射、御六种技艺。还需指出，在孔子之前，虽有称为儒的社会阶层，对其在社会中所起的角色作用，章太炎、胡適、冯友兰、郭沫若等所说各异，但都认为不同于儒家之儒。

作为儒学创立的春秋后期。班固强调孔子继承传统，编定《六艺》。他说孔子陶醉于《韶》的成就，修正乐与诗之失常，形成以尧为君王典范和“从周”的历史观、政治观。尽管孔子在政治上处处碰壁，难于作为。但是，他四出游说，“因近圣之事，以立先王之教”，无疑在创立儒家中光大了传统之学。

第二时期，战国。孔门弟子在幅员广大的七国疆域内，发扬师说，深化完善了儒学，使儒学进一步成为显学。

第三时期，秦代。儒学被禁，焚书坑儒使它受到毁灭性打击，即使在不久之后得到复兴，仍具有不可弥补性。

第四时期，汉初至武帝建元年间。儒学开始复兴。

第五时期，武帝之世。此为儒学的中兴时期。当时汉廷设置太学，建立博士弟子制度，使儒学官学化，儒生也由此成为国家官员的后备队。

第六时期，为昭、宣、元、成、哀、平及其后。儒家学派不断壮大。

班固在叙述儒学的兴兴衰衰中，重在描述它与政治的关系。他认为，儒学的盛衰与他为统治者的用舍相一致。用之则行而兴，舍之则藏乃衰。然而，也有例外。当春秋战国，统治者虽贱儒而勿用，然孔子及其后学，如孟子、荀子之类，不甘心于隐没，讲学不辍，四出游说，希冀得用而入世。结果，儒学不仅未曾衰微，而且有所发展。

班固说儒学大师志在“为王者师”，一般儒生也追求公卿大夫士吏之职。他认为这使儒者依赖于帝王家，把理想实现、仕途得意，寄托在统治者身上。然而，他又认为也有个别、特殊之世。如秦末，儒者舍帝王而归匹夫，乃因为“秦禁其业”，是统治者把他们逼得无路可走的结果。

班固还认为儒门之兴衰，与时势特征、学派斗争相关。当权力集中、国家统一之世，统治者需要儒生；当权力下移、天下分裂之际，又罢黜儒术。统治者的这一态度，还与学派斗争相关。秦之屠灭儒生，起于法家之议；汉初不任儒，与黄老刑名之学相关。

阅读《汉书·儒林传序》，宜与《史记·孔子世家》、《史记·仲尼弟子列传》、

《史记·始皇本纪》、《汉书·艺文志》、《汉书·武帝本纪》、《汉书·董仲舒传》等文相配合。

（贺圣迪）

毛　诗　序　　　　毛　亨

《关雎》①，后妃之德也，风之始也，所以风②天下而正夫妇也。故用之乡人焉，用之邦国焉。风，风也，教也；风以动之，教以化之。

诗者，志之所之③也。在心为志，发言为诗。情动于中而形于言，言之不足，故嗟叹之；嗟叹之不足，故永歌之；永歌之不足，不知手之舞之，足之蹈之也。

情发于声，声成文谓之音④。治世之音安以乐，其政和；乱世之音怨以怒，其政乖；亡国之音哀以思，其民困。故正得失，动天地，感鬼神，莫近于诗。先王以是经⑤夫妇，成孝敬，厚人伦，美教化，移风俗。

故诗有六义焉，一曰风，二曰赋，三曰比，四曰兴，五曰雅，六曰颂。上以风化下，下以风刺上，主文而谲谏⑥，言之者无罪，闻之者足以戒，故曰风。至于王道衰，礼义废，政教失，国异政，家殊俗，而变风变雅⑦作矣。国史明乎得失之迹，伤人伦之废，哀刑政之苛，吟咏情性，以风其上，达于事变而怀其旧俗者也。故变风发乎情，止乎礼义。发乎情，民之性也；止乎礼义，先王之泽也。是以一国之事，系一人之本，谓之风；言天下之事，形四方之风，谓之雅。雅者，正也，言王政之所由废兴也。政有小大，故有小雅焉，有大雅焉。颂者，美盛德之形容，以其成功告于神明者也。是谓四始⑧，诗之至也。

然则《关雎》、《麟趾》之化，王者之风，故系之周公。南，言化自北而南也。《鹊巢》、《驺虞》之德，诸侯之风也，先王之所以教，故系之召公⑨。《周南》、《召南》，正始之道，王化之基。是以《关雎》乐得淑女以配君子，忧在进贤，不淫其色；哀窈窕，思贤才，而无伤善之心焉。是关雎之义也。

〔注释〕 ①《关雎》：《诗经·国风·周南》第一首诗的篇名。 ② 风：去声，作动词，教化。 ③ 之：《说文》"出也"。 ④ 声：宫、商、角、徵、羽；文：由五声和合而成的曲调；音：将五声合成为调。 ⑤ 经：常道，作动词，使归于正道。 ⑥ 主文而谲谏：郑玄注："主文，主与乐之宫商相应也。谲谏，咏歌依违，不直谏也。"当其以民间歌谣"讽"、"刺"时，能合于宫商相应之文，以婉约的言辞谏劝，而不直言君王过失。 ⑦ 变风变雅：变，指时世由盛变衰；变风，指邶风以下十三国风；变雅，大雅中《中劳》篇以后的诗，小雅中《六月》以后的诗。虽有个别例外，但变风变雅多为西周中衰以后的作品，相当于"乱世之音"、"亡国之音"。 ⑧ 四始：郑玄认为指风、小雅、大雅、颂，"此四者，人君行之则为兴，废之则为衰。"《史记·孔子世家》认为："《关雎》之乱，以为风始；《鹿鸣》为小雅始；《文王》为大雅始；《清庙》为颂始。" ⑨《鹊巢》《驺虞》句：《鹊巢》，《国风·召南》首篇，《驺虞》为末篇。《正义》："《鹊巢》《驺虞》之德，是诸侯之风，先王、大王、王季所以教化民也。诸侯必贤召公，贤人故系之召公。" （张传友）

〔鉴赏〕 中国诗歌的源头一在《诗经》，一在楚辞。后者穿透雾气弥漫的生活乱象，直接叩问生命的本然与真谛，从生命个体性灵的角度表达一种痛心彻骨的人类关怀，这种关怀与老庄那种超越肉体的滞累，高蹈苍穹的空灵精神、虚静率性的生命情怀内在相通，带有强烈的浪漫色彩。而前者经过孔子删定而体现出鲜明的儒家伦理色彩，处处透露出强烈的忧患意识与普世关怀。

时至西汉，在《诗经》本文的传授、微言大义的阐发方面卓然大家有：齐人辕固、鲁人申培、燕国韩婴和赵人毛苌。前三家属于"今文经学"，被立为官学，可惜均已失传；毛苌所传的"毛诗"属于"古文经学"，虽未立为官学，却在汉末兴盛并流传后世。不过，对毛诗作箴注的郑玄认为，《毛诗序》中的"毛"应该是鲁国人毛亨，也就是后人尊称的"大毛公"。毛亨作《诗经》训诂传，并在自己家族内部传授。河间献王刘安得到后献给朝廷，天子非常欣赏，于是封毛苌——即"小毛公"为博士，专门研究、传授毛亨的"毛诗"。

《诗经》三百篇，毛亨均有小序，特别是首篇《关雎》小序后，还有一段较长的文字，世称《诗大序》、《毛诗序》、《毛诗大序》。与《诗经》每篇小序比较对照，这篇长序应该是全书的总序。它在中国文化史、文学史、艺术史、儒学史与中国思想史等方面，具有突出的地位和深远的影响。

《关雎》是《诗经》第一部分——《国风》中的周王统治区域"周南"之地的第一首诗歌。《毛诗序》旗帜鲜明地道出了以毛亨等文化精英为代表的汉代儒生们的政治主张、文艺创作观念与社会理想、审美观念。具体而言：

首先，是鼓吹从三代巫文化嬗变而来的儒家强烈的正统观念。周虽旧邦，其命维新，周虽衰败，仍尊为王。周地王化之基为邦国所望，“周风”风行天下为诸邦所美。在《毛诗序》中，尊周颂王的语汇随处可见，如王（后妃）、先王、上，与之相对的是诸侯、邦国、乡人、下；前者光被天下，后者散在四方；周王行的是王道，推行的是王政；周地的史实记载是国史，周地民歌属于“大雅”，而诸侯邦国之地的民歌只能称为“小雅”。这种正统观念与董仲舒的“大一统”主张相呼应。如果说董的独尊一统从政治、伦理的观念上，从正面锻铸了中华民族根深蒂固的统绪意识，那么，以《毛诗传》为代表的文论、诗学中的尊王卑霸理念则从灵性生命和人文精神根底的进路对这种统绪意识作了肯定和深化。从根本上说，这种正统观念，直承中国上古居主流地位的“巫文化”。巫师、祭师（祭司）、巫祝作为原始部族的神秘力量、权力、知识和文化的代言人，具有至高无上的权威，而他们所在的宗族、家族往往也是国家出现之后的王室贵族。周王作为政治权力、文化话语的核心，同时也是沟通天人关系的大祭司、大巫师，所谓尊王，实即崇巫。

关于“风”，自然之风触物而鸣，形成自然天籁的交响，人间之风是人感于物、遇于事、触于情而发的带有地域色彩的民歌俗谣。共有十五国风，这些民间歌谣多为男女情感自由奔放的吐露。其内容正如孔子所说，两情相悦而不“淫”邪，悲哀激愤而不“伤”痛。至于民间歌谣作为“风”所反映民情民意以及其中所带有的讽谏意义，是自上而下（如朱熹）还是自下而上（孔颖达），学界数千年来争讼不已。我们认为两者兼而有之，有一点必须肯定，民间歌谣离开了草根阶层的原生土壤，是不可能带有鲜活的生活气息的。即国风首先产生于民间，然后由采风的官吏把歌谣、作者甚至演唱者献给朝廷，朝廷经过一番取舍，从音乐上对这些原始材料进行韵律化、节奏化的加工，从文辞上对这些初级作品进行精雕细刻。我们相信，孔子删定《诗经》，其中相当一部分工作就是继续完成这种音乐化和文人化。没有自下而上，原始歌谣不可能大规模汇入宫廷，让久在深宫的王侯了解民间疾苦与民生艰难；没有自上而下，删定后的歌谣不可能在深度与广度上发挥它应有的教化作用。《诗经》关乎天下的道德风化，系乎国家的治乱兴衰，因此成为春秋战国以来贵胄子弟的启蒙读本、儒学经典，列为士人学子的必读书目。作为《诗经》概要的《毛诗序》，从文化史、文学史、思想史的角度看，起到了讽谏后世、垂戒后人的作用。

对于诗歌、音乐的起源，毛亨从心理学、人类学的角度明确提出了自己的看法：“诗者，志之所之也。在心为志，发言为诗”，“情发于声，声成文谓之音”。较之孔子乃至三代的看法，毛亨既有继承，又有发展，提法更为显豁、明确，从而确立了中国诗言志、诗言情、乐达情的特征。孔子的时代以前，诗歌、音乐还未遭受过度阐释的割裂戕害，其所具有的道德教化功能尚未被扭曲、夸大和曲解。毛亨在诗歌的起源问题上基本上继承了孔子等人的观念，肯定了巫术礼仪、原始歌舞在诗歌产生问题上的重要意义。他不否认歌者、作者所谓志、情、声主要是个人的真性情、真感情。不过也要看到，毛亨对于诗所言的“志”所具有的寄托作用，是情有独钟的。

这儿，毛亨还初步揭示了诗、乐、舞之间的同生共源关系：“情动于中而形于言，言之不足，故嗟叹之；嗟叹之不足，故永歌之；永歌之不足，不知手之舞之，足之蹈之也。”

《毛诗序》对后世影响最为深远之处在于，毛亨通过对《诗经》内在意蕴的阐释和发挥，从中揭橥的无处不在的政治教化功能和伦理道德意义，从而确立了中国文学、艺术“文以载道”的伦理品格与重实用的审美尺度。

首先，从政治、教化、伦理的角度，赋予六义，主要是风、雅、颂以全新的意义。风通讽，作为民间歌谣，既可以自下而上讽谏宫廷朝政，也可以从上至下风(教)化四方，淳化民风乡俗。不论其内容如何触目惊心，形式如何辛辣嘲讽，主政者大可不必与歌者较真。而当王政倾颓，王道中落，社会动荡，民不聊生，这些也会在民间歌谣中有所表现，这种“变风”、“变雅”透露出对以往国政得失的总结，更多的是一种对往昔美好岁月的回忆、盛世光景的留恋、谐和社会伦理的向往；所谓雅，是与风相对而言，吐露一国一人的情感意绪的歌谣属于风，而以周王的视角、胸怀天下的视野为出发点的歌谣属于雅。这样，歌谣作者因为地域、地位的关系，而具有不同的等级；所谓颂，是颂扬帝王的丰功伟绩和不朽功勋，向列祖列宗炫耀自己的文治武功，这对百姓是一种无形的威服。

其次，民间歌谣虽然“发乎情”，但并非恣情任性，宣泄无余，而是经历过先王的教化，能够“止乎礼义”。这一提法，在孔子“兴、观、群、怨”的基础上，进一步给“怨”划了一条不可逾越的高压线。纵观中华文化史、文学史，不能“止乎礼义”的作品，无不命运乖蹇，不能“止乎礼义”的作者，无不身陷囹圄，甚至掉了脑袋。这儿，毛亨为历代当政者推行文字狱，摧残艺术创作，提供了一个光明正大的借口。不过，毛亨也清醒地看到，国家治乱、民生疾苦，反映在《诗经》中，不能总是“合乎礼义”，有时也难免因乐而淫，因怨而怒，因哀而涕。

再次，毛亨看到了民间歌谣流传地域广、社会影响大的特点，在阐发《诗经》的微言大义时，往往有意无意地从儒家的家庭伦理出发，从个体的长幼尊卑、男尊女卑家庭伦理往外推至天下的教化伦理，视四海为放大的家，视家庭为天下的缩影。就《关雎》篇来说，诗中本来表达的是一位青年士子对心仪的女子强烈的爱情追求。从情诗的角度品味孔子“乐而不淫，哀而不伤”的八字评语，是很有道理的。包括毛亨在内的很多学者把它与文王与王妃附会在一起，文王夫妇和谐融洽的家庭关系，代表文王以“风”教化妻子，通过民间的传唱，可以教化天下所有的家庭，所有的夫妇关系、家庭关系，进而家庭与家庭之间，诸侯与周王之间，个人与国家之间，无不可以从中得到启发和教育。另外，在毛亨等人心里，只要可能，对经典的过度阐释亦无不可。《关雎》吟唱的这种以淑女陪君子的夫妇关系，怎么不可以表达一种帝王将相对栋梁之才的渴盼呢？

可以说，《毛诗序》表达的是汉末的《诗经》传授、解释者们，自觉地以儒家的立场、以宫廷的心态说诗，对于大一统中华政治、社会、文化观念的深化、国家民族的长治久安、家庭伦理和宗法制社会组织结构的缔造、文人艺术家社会使命感的养成等方面，影响不可谓不大。但负面的影响在于，毛亨通过经典话语的重新阐释，不但迎合了宫廷的文化口味，而且对包括我们在内的炎黄后人从文化心理和审美品格上、从真感情的吐露、真性灵的迸发、大我意象的塑造、民族心态的雄伟豪迈等方面，从春秋战国纵横恣肆的坦途上引领到了“文以载道”、诗以言志(主要是一种政治寄托，甚而一种个人狭隘天地内的牢骚。)的泥泞之路。

(张传友)

说文解字·叙　　许　慎

古者庖羲氏①之王天下②也，仰则观象③于天，俯则观法④于地。视鸟兽之文⑤与地之宜⑥，近取诸身⑦，远取诸物⑧。于是始作《易》⑨八卦⑩，以垂宪象⑪。及神农氏⑫结绳为治⑬而统其事⑭，庶业其繁⑮，饰伪萌生⑯。黄帝之史仓颉⑰，见鸟兽蹏迒之迹⑱，知分理⑲可相别异也，初造书契⑳，百工以乂㉑，万品以察㉒。盖取诸《夬》㉓，“夬，扬于王庭”㉔，言文者宣教明化㉕于王者朝廷，君子所以施禄㉖及下，居德则忌也㉗。

仓颉之初作书也，盖依类象形㉘，故谓之文㉙；其后形声相益㉚，即谓之字㉛。字者㉜，言孳乳而浸多㉝也。著㉞于竹帛谓之书㉟，书者如也。以迄五帝三王之世㊱，改易殊体㊲，封于泰山者七十有二代[38]，靡[39]有同焉。

周礼[40]：八岁入小学，保氏[41]教国子，先以六书[42]：一曰指事[43]。指事者，视而可识，察而可见[44]，上下[45]是也。二曰象形。象形者，画成其物，随体诘诎[46]，日月是也。三曰形声[47]。形声者，以事为名[48]，取譬[49]相成，江河是也。四曰会意[50]。会意者，比类合谊[51]，以见指㧑[52]，武信[53]是也。五曰转注[54]。转注者，建类一首，同意相受[55]，考老[56]是也。六曰假借[57]。假借者，本无其字，依声托事[58]，令长[59]是也。

及宣王[60]太史籀[61]着大篆[62]十五篇，与古文[63]或异。至孔子书六经[64]，左丘明述《春秋传》[65]，皆以[66]古文，厥[67]意可得而说。其后诸侯力政[68]，不统于王[69]。恶礼乐之害己，而皆去其典籍，分为七国[70]，田畴异畮[71]，车涂异轨[72]，律令异法，衣冠异制，言语异声，文字异形。

秦始皇帝初兼[73]天下，丞相李斯乃奏同之[74]，罢其不与秦文合者。斯作《仓颉篇》，中车府令[75]赵高作《爰历篇》，太史令胡毋敬[76]作《博学篇》，皆取史籀大篆，或颇省改[77]，所谓小篆者也。是时秦烧灭经书，涤除旧典，大发隶卒，兴戍役，官狱职务繁，初有隶书[78]，以趣约易[79]。而古文由此绝矣[80]。

自尔[81]秦书有八体：一曰大篆[82]，二曰小篆，三曰刻符[83]，四曰虫书[84]，五曰摹印[85]，六曰署书[86]，七曰殳书[87]，八曰隶书。

汉兴，有草书[88]。尉律[89]：学僮[90]十七以上始试，讽籀书[91]九千字乃得为吏。又以八体试之，郡移太史并课，最者为尚书史[92]，字或不正，辄举劾[93]之。今虽有尉律，不课；小学[94]，不修。莫达其说久矣。

孝宣[95]时，召通《仓颉》读[96]者，张敞[97]从受之。凉州刺使杜业[98]，沛人爰礼，讲学大夫秦近[99]，亦能言之。孝平皇帝[100]时，征[101]礼等百余人，令说文字于未央廷中，以礼为小学元士。黄门侍郎杨雄[102]采以作《训纂篇》[103]。凡《仓颉》以下十四篇，凡五千三百四十字[104]，群书所载，略[105]存之矣。

及亡新居摄[106]，使大司空甄丰[107]等校文书之部，自以为应制作[108]，颇[109]改定古文。时有六书[110]：一曰古文，孔子壁中书[111]也；二曰奇字[112]，即古文而异者也；三曰篆书，即小篆，秦始皇帝使下杜人程邈所作也[113]；四曰佐书，即秦隶书；五曰缪篆[114]，所以摹印也[115]；六曰鸟虫书[116]，所以书幡信也。

壁中书者，鲁恭王[117]坏孔子宅而得《礼记》、《尚书》、《春秋》、《论语》、《孝经》。又北平侯张仓[118]献《春秋左氏传》。郡国[119]亦往往与山川得鼎彝[120]，其铭即前代之古文，皆自相似[121]。虽叵[122]复见远流，其详可略得说也。而世人大共非訾[123]，以为好奇者也，故诡[124]更正文[125]，乡壁[126]虚造不可知之书[127]，变乱常行，以耀于世。[128]诸生竞说字解经谊[129]，称秦之隶书为仓颉时书，云"父子相传，何得改易"！乃猥[130]曰"马头人为长[131]"，"人持十为斗[132]"，"虫者屈中也[133]"。廷尉说律，至以字断法，"苛人受钱，苛之字，止句也。"[134]若此者甚众，皆不合孔氏古文，谬于史籀。俗儒啚夫翫其所习[135]，蔽所希闻[136]，不见通学，未尝覩字例之条[137]，怪旧埶而善野言[138]，以其所知为秘妙，究洞圣人之微恉[139]。又见《仓颉篇》中"幼子承诏[140]"，因号"古帝之所作也，其辞有神仙之术焉。"[141]其迷误不谕[142]，岂不悖[143]哉！

《书》[144]曰："予欲观古人之象[145]。"言必遵修古文而不穿凿。[146]孔子曰："吾犹及史之阙文，今亡也夫！"[147]盖非其[148]不知而不问人，人用其私，是非无正，巧说邪辞，使天下学者疑。盖非其不知而不问，人用己私，是非无正，巧说衺辞，使天下学者疑。盖[149]文字者，经艺[150]之本，王政之始，前人所以垂后，后人所以识古。[151]故曰"本立而道生[152]"，"知天下之至啧而不可乱也。[153]"

今叙[154]篆文，合以古籀，博采通人[155]，至于小大，信而有证，稽撰[156]其说，将以理群类[157]，解谬误，晓[158]学者，达神恉。分别部居[159],不相杂厕[160]。万物咸覩[161],靡不兼载。厥谊不昭[162],爰明以谕[163]。其偁[164]《易》,孟氏[165];《书》孔氏[166];《诗》,毛氏[167];《礼》[168],《周官》[169];《春秋》,左氏[170];《论语》,《孝经》[171],皆古文[172]也。其于所不知,盖阙如[173]也。

叙曰[174]:此十四篇[175],五百四十部,九千三百五十三文,重一千一百六十三,解说凡十三万三千四百四十一字。[176]其建首[177]也,立一为端[178]。方以类聚,物以群分[179]。同牵条属[180],共理相贯。杂而不越[181],据形系联。引而申之,[182]以究万原[183]。毕终于亥[184],知化穷冥[185]。于[186]时大汉,圣德熙明[187],承天稽唐[188],敷崇殷中[189]。遐迩被泽,渥衍沛滂[190]。广业甄微[191],学士知方。探啧索隐,厥谊可传[192]。

粤在永元,困顿之年[193],孟陬[194]之月,朔日甲申。

曾曾小子[195],祖自炎神[196]。缙云相黄[197],共承高辛[198]。太岳佐夏[199],吕叔作藩[200]。俾矦于许[201],世祚遗灵[202]。自彼徂召[203],宅此汝濒[204]。窃卬景行[205],取涉圣门[206]。其弘如何?节彼南山[207]。欲罢不能,既竭愚才[208]。惜道之昧,闻疑载疑[209]。演赞其志[210],次列微辞[211]。知此者稀,傥昭所尤[212]。庶有达者[213],理而董之[214]。

〔注释〕 ① 庖羲氏:亦作伏羲氏、包牺氏。传说中上古氏族首领。与女娲一起“再创人类”,为人类“别婚姻”制礼法之祖。 ② 王(wàng):动词。以王道治天下。 ③ 象:征兆,迹象。④ 法:标准;模式。 ⑤ 文:同“纹”,纹路,纹理。 ⑥ 宜:适宜,合宜。指适合的条件。⑦ 诸:“之于”的合音;身:自己。 ⑧ 物:与“身”相对,指自己以外的客体。 ⑨ 易:古代指阴阳变化消长的现象。又《易》,古书名。为卜筮之书。相传有《连山》、《归藏》、《周易》三种,合称三《易》,今仅存《周易》,简称《易》。 ⑩ 八卦:《周易》中的八种具有象征意义的基本图形,每个图形用三个分别代表阳的“—”(阳爻)和代表阴的“——”(阴爻)组成。 ⑪ 垂:垂示。宪象:观测推算天象。以上这一段话出于《周易·系辞下》。 ⑫ 神农氏:古帝王名。始教民为耒耜,务农业,故称神农氏。传说他曾尝百草,发现药材,教人治病。也称炎帝。 ⑬ 结绳为治:用结绳的方式记事和治理。 ⑭ 统:治理,管理。 ⑮ 庶业:众业。其繁:繁盛。⑯ 饰伪:饰,装饰。伪,人为。萌生:初生;发生。 ⑰ 黄帝之史:黄帝,古帝名。传说是中原各族的共同祖先。为少典之子,姓公孙,居轩辕之丘,号“轩辕氏”。又居姬水,因改姓姬。亦称“有熊氏”。史:史官。仓颉:相传是黄帝时的史官,传说是他创造了汉字。 ⑱ 蹏迒(tháng):蹏即蹄,兽蹄。迒,兽迹。 ⑲ 分理:纹理、脉络之间的联系。 ⑳ 书契:指文字。契本指契刻，一种用简单刻画以帮助记事的符号和工具。 ㉑ 百工：百官。指政府各部门。乂(yì)：治。 ㉒ 万品：犹万物，万类。察：明辨。 ㉓ 夬(guài)：《夬》卦，《周易》卦名。卦形为䷪。以上用《周易·系辞》语。 ㉔ 扬：显扬，传播。王庭：朝廷。此句是《周易·夬卦》卦辞。 ㉕ 宣教明化：宣扬政教。 ㉖ 施禄：施，给予。禄：俸禄。 ㉗ 居德则忌：身居其德，而明忌讳。此语为《周易·夬卦》象辞。 ㉘ 依类象形：依类，按类；象形，以象其形。 ㉙ 文：本义为错画。这里说“文”的名称的由来。 ㉚ 形声相益：形符和声符相互组合以增益。 ㉛ 字：本义为生子。这里说“字”的名称的由来。 ㉜ 此句前依《左传·宣公十五年》正义当有“文者，物象之本”一句。 ㉝ 孳乳：孳生。浸：渐。 ㉞ 著：附著。 ㉟ 竹帛：竹简缣帛，在纸发明之前的书写材料。 ㊱ 迄：止。五帝：一般指黄帝、帝颛顼(zhuān xū)、帝喾(kù)、帝尧、帝舜。三王：夏禹、商汤、周文王。此句是说，到五帝三王时代为止。 ㊲ 改易：变化。殊体：不同的字体。 ㊳ 封：古代帝王设坛祭天。封于泰山者：到泰山祭天的。七十有二代：虚数，言其多。有(yòu)：又。 ㊴ 靡：无。 ㊵ 周礼：周朝的制度。 ㊶ 保氏：负责批评王的过失和教养公卿大夫子弟的官员。 ㊷ 六书：一般指六种分析文字的方法，即下文的指事、象形、形声、会意、转注、假借。汉代另有两家说法，班固《汉书·艺文志》叫做象形、象事、象意、象声、转注、假借。郑从《周礼·保氏》注叫做象形、会意、转注、外事、假借、谐声。现在一般取许慎定的名称和班固说的次第。 ㊸ 指事：一般认为是一些简单的抽象符号，用来记事记数或区别意义。 ㊹ “可见”二字，依唐颜师古《汉书·艺文志》注所引当作“见意”。识、意二字押韵。视而可识：看了就可以区别和记住。察而见意：仔细看可以知道其意义。 ㊺ 上下：《段注》作二二。为古文。许慎于六书的定义下均各举二字为例。 ㊻ 诘诎：诎同屈。诘诎犹屈曲。 ㊼ 形声：一般认为是由形符和声符两个部分合成的造字方法。 ㊽ 以事为名：事指事物，名指文字。古曰名，今曰字。 ㊾ 譬：譬近，譬喻，比方。以事为名，取譬相成，是说以事物的类为形符，取相近的音为声符，合成一个新的字。 ㊿ 会意：会，合。合其意。 (51) 比类合谊：比，并列。类，字类。合，会合。谊，今用“义”，字义。 (52) 指㧑(huī)：指挥。意义指向的地方。 (53) 武信：“武”字由“止戈”二文合成，会“制止战争”为武之意。“信”字由“人言”二字合成，会“人以实践诺言为信”之意。 (54) 转注：辗转灌注。 (55) 建类一首，同意相受：大意是说，按类别建立统一部首，把相同的意思灌注给新的字。 (56) 考老：考和老是不同地区对老人的称呼，在汉字中，二字同部首，又声音相近，构成转注字。 (57) 假借：二字同义复合。 (58) 依声托事：托，寄；寄寓。依据声音而寄寓意义。 (59) 令长：汉代万户以上县的长官叫做令，万户以下县的长官叫做长。这两个名称没有专门造字记写，书写时借用本义为发号令的“令”字和本义为久远的“长”字。 (60) 宣王：东周自共和行政后第一个王，姓姬，名靖。 (61) 太史：官名。籀(zhòu)，人名。 (62) 大篆：一般泛指秦小篆之前的古文字。字形比较繁复。春秋战国时期，通行于秦国。 (63) 古文：含义有二，广义的指所有古文字，包括甲骨文、金文、籀文和战国古文字。狭义专指战国时通行于秦以外六国的文字。 (64) 六经：《易》、《书》、《诗》、《礼》、《乐》、《春秋》。 (65) 左丘明：春秋时史学家。鲁国人。失明，曾任鲁国太史。相传曾为《春秋》经作传，后世称《春秋左氏传》。 (66) 以：用。 (67) 厥(jué)：其，它的。 (68) 其后：指孔子、左丘明之后，即战国时代。政：征的假借字，征伐。 (69) 王：指周天子。 (70) 七国：秦、燕、赵、魏、韩、楚、齐。 (71) 田畴：泛指田地。畴：田中的沟。晦：同“亩”。 (72) 涂：同“途”。轨：车两轮间的距离。 (73) 兼：兼并，统一。 (74) 同之：统一文字。 (75) 中车府令：掌管帝王用车乘的官。 (76) 太史令：掌管天时星历的官。胡毋：姓；敬：名。案《仓颉》、《爰历》、《博学》三篇，均以开始二字作篇名。以四字为句。汉代合三篇为一篇，总称《仓颉篇》，以六十字为一章，共五十五章。

共三千三百字。 ⑦ 或：代词，有的。颇：副词，稍微，略微。省改：省略繁重，改变怪奇。指在字形构造上作了一定的统一规范。 ⑱ 隶书：也叫隶字、左书(佐书)。 ⑲ 趣：趋向。约：简约。易：便易。 ⑳ 这句是说，古文、大篆自此而不通行了。 ⑧ 自尔：从此。 ⑫ 大篆：指秦朝统一小篆之前所通行的字体。 ⑬ 刻符：刻在符节上的字体。 ⑭ 虫书：也叫鸟上书，是篆书的变体，多用于书幡信(旗帜之类)。 ⑮ 摹印：用于玺印的文字。字体在小篆的基础上加以变化。 ⑯ 署书：用于题署的文字。 ⑰ 殳书：指在兵器上题识的文字。殳，一种兵器。 ⑱ 草书：因书写便捷而产生的一种字体，起于秦汉之间。当时通行的是草隶，即草率的隶书。 ⑲ 尉律：汉代律书篇名，为廷尉治狱之律。 ⑳ 僮：今"童"字。 ⑪ 讽籀书：讽：背诵。籀：读书。书：书写。 ⑫ 尚书史：官名。汉代尚书令史有十八人，主书。 ⑬ 辄举劾(hé)：辄：就。举：检举。劾：审理，判决。 ⑭ 指文字学，按《周礼》，文字是"八岁入小学"所教，所以把文字学叫做小学。 ⑮ 孝宣：汉宣帝刘询。公元前73年至前49年在位。⑯《仓颉》读：对《仓颉篇》中文字的音读。《汉书·艺文志》："仓颉多古字，俗师失其读。"⑰ 张敞：字子高，汉河东郡平阳县人。 ⑱ 杜业：字子夏，汉魏郡繁阳县人。 ⑲ 讲学大夫：王莽所设官名。爰礼、秦近都是汉平帝及王莽篡位时的学者。 ⑩ 孝平皇帝：汉平帝刘衎(kān)。公元元年至5年在位，被王莽杀害。 ⑩ 征：征辟，征招。 ⑩ 黄门侍郎：汉代官名。为皇帝近臣。杨雄：又作扬雄。字子云，汉蜀郡成都人。 ⑩《训纂篇》：扬雄作小学书，顺续《仓颉》，又易《仓颉》中重复之字。 ⑩ 此处说从《仓颉篇》到《训纂篇》共有十四篇，据《汉书·艺文志》记载，当指《苍(仓)颉》、《凡将》、《急就》、《元尚》、《训纂》等小学书。共五千三百五十四字。 ⑩ 略：大略，基本上。 ⑩ 亡新居摄：摄为摄政，代理执政。汉哀帝死后，汉平帝继位，因年幼，不能执政，而由王莽摄政。公元8年，王莽废汉改元，改国号为"新"。后被推翻。故称"亡新居摄"。 ⑩ 大司空：汉代官名。甄丰：人名。 ⑩ 应制作：制，皇帝的命令。应皇帝命令而作。 ⑩ 颇：稍微，间或。 ⑩ 六书：此处是指六种书体，后世称"新莽六书"。⑪ 壁中书：汉景帝时，鲁恭王为扩大其宫室而拆孔子宅，得古文经籍于拆毁的壁中。遂止。故称这些古文经籍为"壁中书"。 ⑫ 奇字：古文的异体字。如《说文》卷八下"儿(rén)"字："古文奇字人也。象形。"又卷十二"无"字下"无，奇字无，通于元首"。 ⑬ 程邈：秦御史大夫，本为衙狱吏，得罪下狱，因创隶书而得秦始皇帝赏识，出为御史大夫。段玉裁认为，此句十三字为错简，当在下文"左书即秦隶书"下。 ⑭ 缪(móu)篆：缪，绸缪，缠绕。因缪篆形体屈曲缠绕，故名。 ⑮ 摹印：秦书八体之一，用于玺印的文字。 ⑯ 鸟虫书：即虫书。字体多以鸟虫之形装饰。 ⑰ 鲁恭王：又作共王。汉景帝刘启第五子刘余。 ⑱ 张仓：《汉书》作张苍。秦朝柱下御史。秦禁挟书，张苍藏《春秋左氏传》。汉惠帝三年，除挟书令，张苍遂献书。 ⑲ 汉代承秦代的制度，分天下为郡县，同时又封诸侯为国。郡国泛指各地。 ⑳ 鼎彝：指东汉时发现的西周和秦代的盂鼎彝器等古铜器。 ㉑ 古文：指周秦两代钟鼎上的铭文。 ㉒ 叵：兼词，不可。 ㉓ 訾：说坏话。 ㉔ 诡：当作"恑"，变动。 ㉕ 正文：指隶书。 ㉖ 乡壁：向壁。 ㉗ 乡壁虚造不可知之书：凭空创造了这种不认识的文字。 ㉘ 常行：指已通行的隶书。耀：炫耀。 ㉙ 经谊：经义。 ㉚ 猥(wěi)：随便，随意。 ㉛ 马头人：指把"长"字分解为"马头"和"人"两部分，以为"长短"的"长"字。这是根据隶书"长"字的臆说。 ㉜ 人持十为斗："斗"字甲金文都为象斗之形，故闾里俗师分析为"人持十"。 ㉝ 这句是说，"虫"字是将"中"字的竖画弯曲一下。案上引三句解释"长"、"斗"、"虫"三字的结构，完全是随意的臆说，并无造字规律的依据。 ㉞ 苛人受钱：是汉代律令中的句子，苛之字，止句也；苛字，汉代隶书有作"岢"，近于"止"下"句"者。这是掌刑狱的官员，根据隶书的讹体、俗体，曲解律法而掠夺民财。 ⑬⑤ 啚(bǐ)：今作“鄙”。翫(wán)，习惯，满足。习：熟悉。 ⑬⑥ 希闻：很少听到的。⑬⑦ 字例之条：造字的条例，即造字的原则、方法。 ⑬⑧ 埶(yì)：“艺”的古字。旧埶：指典籍。野言：指鄙俗的说法。善：以为善，认为好。 ⑬⑨ 秘妙：神秘奥妙。究：穷尽。洞：通达。微：深刻，精妙。恉：旨意。 ⑭⓪ 幼子承诏：这是《仓颉篇》中的一句。幼子指学童。承：受。诏：告。教育。 ⑭① 因号：徐锴《说文解字系传》作“因曰”。号：称。此处指俗儒鄙夫以隶书即仓颉所造的文字，又因为黄帝仓颉同时，遂以为是黄帝所撰《仓颉篇》。 ⑭② 迷：迷惑。误：荒谬。谕：通晓，明白。 ⑭③ 悖(bèi)：惑乱，糊涂。 ⑭④《书》：《尚书》，指《皋陶谟》。 ⑭⑤ 象：字象。此句说，我想看看古人的字象。文字中“四象”指象形象事象意象声，皆为字象。 ⑭⑥ 遵修：遵循、研究。穿凿：指没有凭据的说法。 ⑭⑦ 此句引自《论语·卫灵公》。及：到，接触到。阙文：空缺之文。即缺而不书或脱漏的文字。亡(wú)：通“无”。 ⑭⑧ 非：非议，批评。此“非其”二字一直管到“使天下学者疑”，都是孔子所批评的。衺：同“邪”。邪辞，不正确的言论。⑭⑨ 盖：句首发语词，有承上启下作用。其下为推断性的议论。 ⑮⓪ 经艺：指儒家习称的“六艺”。 ⑮① 垂：垂示。识：认识。 ⑮② 这句引自《论语·学而》。 ⑮③ 这两句概括了《易·系辞》的两句话：“言天下至啧而不可恶也，言天下至动而不可乱也。”啧(zé)，深远。至啧：最深奥的道理。 ⑮④ 叙：列举。 ⑮⑤ 通人：学识渊博通达的人。据清代学者研究，《说文》所引“通人”之说除孔子之外，尚有楚庄王、韩非、司马相如、淮南王、董仲舒、京房、刘歆、扬雄、爰礼、尹彤、逯安、王育、张林、庄都、欧阳乔、黄颢、谭长、周成、官溥、张彻、宁严、杜林、卫宏、徐巡、班固、傅毅、贾逵等二十八人。 ⑮⑥ 稽：考查。撰(zhuàn)：撰录。 ⑮⑦ 类：字类。 ⑮⑧ 晓：谕。使明白。 ⑮⑨ 部居：部类。 ⑯⓪ 厕：置。杂厕：混杂安排。此语出自史游《急就篇》：“分别部居不杂厕。”但《急就篇》是类书性质的字书，以意义分类，系联语词。《说文》是以字形归类。⑯① 咸：副词，皆。覩：今作睹，看见。 ⑯② 厥谊：其义。昭：明白，清楚。 ⑯③ 爰：于是。谕：告晓，告知。这句是说，如果其义不明白，就清楚地告诉他。 ⑯④ 偁(chēng)：“称”的古字。举，等于说“征引”。 ⑯⑤ 孟氏：即孟喜，汉东海郡兰陵县人，作《易章句》。 ⑯⑥ 孔氏：指孔安国，孔子后裔。作《古文尚书传》。 ⑯⑦ 毛氏：即毛亨，作《诗故训传》。 ⑯⑧《礼》：指《仪礼》，包括《礼记》。唐代以前只称《礼》，唐代开始称《仪礼》，并将《礼记》另作一书。 ⑯⑨《周官》：《周官经》，即今《周礼》。 ⑰⓪《春秋》左氏：《春秋》除《左传》外，另有《公羊传》、《穀梁传》等。此处只提左传。不用《公羊》《穀梁》。 ⑰①《孝经》：相传是孔子弟子曾参所作。汉昭帝时，鲁国三老所献，东汉初年，又由卫宏校勘过。以上所引各种典籍，大多为汉代的古文经。 ⑰② 古文：此处“古文”包括大篆和战国时期的六国古文。即非隶书书写的经典。 ⑰③ 阙如：空缺不书。此句引《论语·子路》：“君子于其所不知，盖阙如也。” ⑰④ 叙曰：有人认为这二字应当放到全文的开头部分。 ⑰⑤ 此十四篇：许慎的《叙》本来包括《说文解字》十四篇的全部篇目和五百四十部部首。这些内容在“叙曰”二字前面。但因其为表格形式，五代末和宋初的学者徐锴徐铉在整理《说文》时，都把原书各卷各分为上下两卷，共三十卷。从而把叙文从五百四十部表格后截成两段。因而习惯上把“叙曰”以后称为“后叙”。今连成一体，省略篇目和部首。⑰⑥ 许慎原书把说解字数也作了统计，今本《说文》字数与此不符。为后人整理而成。 ⑰⑦ 建首：建立部首。 ⑰⑧ 立一为耑(duān)：耑，即“端”，开端。 ⑰⑨ 方以类聚，物以群分：引自《周易·系辞》。这里用作将文字归类的方法。方：事情。类聚：指同部。群分：指异部。 ⑱⓪ 同牵条属：徐锴《系传》作“同条牵属”。与下句“共理相贯”对称，当从之。 ⑱① 杂：繁杂，本指各种颜色之间的交错配合，这里指部次、字次的安排。越：超越。指越过各类的界限。 ⑱② 引而申之：指《说文》全部文字以“一”开头，通过字形和意义的联系，把五百四十部和九千多字串联起来。 ⑱③ 究：探究。万原：所有文字的意义由来。 ⑱④ 毕终：二字同义。亥：指五百四十部首的最后一部，也是九千多字的最后一字。 ⑱⑤ 知化穷冥：引自《周易·系辞》，原作"穷神知化"，因《叙》的这一段是韵文，而有所改变词序，以合韵律。以上说的是《说文》体例。 ⑱⑥ 于：句首语气词。 ⑱⑦ 熙明：光明。 ⑱⑧ 承天稽唐：稽：稽古。唐：唐尧时代。此句说：承奉着上天赐予的命运，继承唐尧的天下。 ⑱⑨ 敷崇殷中：敷：布。崇：高。殷：正。中：仲，每季的当中。这句是说，汉代皇帝跟唐尧一样，敬顺上天，正定四时。 ⑲⓪ 渥衍：浩大的水势。渥：厚。衍：水盛而溢。沛：水势大而充沛。滂：大水涌流。两句说，无论远近，都承受着恩泽；就像大水一样地浩大和充沛。 ⑲① 广业：扩大经学事业；甄微：培养造就隐微之士。 ⑲② 探啧(zé)索隐：啧：同赜，深奥玄妙。隐：精微。厥：其。 ⑲③ 粤：句首语气词。永元：汉和帝刘肇的年号。困顿之年：困顿，亦作困敦。是太岁纪年法的名称，相当于十二辰的"子"。永元困顿之年，是庚子，永元十二年(公元100年)。 ⑲④ 孟陬：夏历正月。 ⑲⑤ 曾曾：曾孙的曾孙。最小的后辈。 ⑲⑥ 炎神：炎帝神农氏。 ⑲⑦ 缙云相黄：缙云氏为炎帝的苗裔，在黄帝时担任缙云之官。 ⑲⑧ 共：指共工氏。炎帝之后，姜姓。颛顼氏衰，曾与高辛氏(帝喾)争位。承：受。 ⑲⑨ 太岳：指大禹时的四岳，炎帝之后裔。 ⑳⓪ 吕叔：大岳封吕侯，周文王时，封吕文叔于许，而成为周的藩臣。 ⑳① 俾：使。许：国名。今河南许昌。 ⑳② 世祚：世禄。灵：通"令"，善。 ⑳③ 自彼徂召：从那里(许)迁往召陵。许慎家在召陵万岁里。 ⑳④ 宅：居。颍：颍水。濒：滨。水边。家住在颍水边上。此节是说明许慎的家世。 ⑳⑤ 窃：谦敬副词。用于自称。卬：即"仰"。景行：大道。卬景行，是缩用《诗·小雅·辇》"高山仰止，景行行止"。 ⑳⑥ 圣门：指创造文字和使用文字的先代帝王圣人(如五帝、三王、周公、孔子、左氏、仓颉、史籀等)之门庭。 ⑳⑦ 弘：大。 ⑳⑧ 既竭：二字同义。既：完；竭：尽。此二句化用颜回称赞孔子的话，见《论语·子罕》："夫子循循然善诱人。博我以文，约我以礼。欲罢不能，既竭吾才。" ⑳⑨ 昧：暗，不明。闻疑载疑：闻疑并载之于书，等待后来的贤人君子。 ㉑⓪ 演：推演，推广。赞：告，说明。志：识，古时"志""识"二字同义。 ㉑① 次列微辞：是说然后加上自己的说法。 ㉑② 傥(tǎng)：傥若，如果。尤：过错。 ㉑③ 庶：庶几，希望。达者：即通人，精通文字学的专家。 ㉑④ 理：治。董：正。最后四句说，知道这些的人很少了。如果能够明白有过错的地方，希望有通人能够治理并改正它。

(陈五云)

〔**鉴赏**〕《说文解字·叙》是一篇重要的学术论文。作者许慎，字叔重。为东汉文字学家。当时有"五经无双许叔重"的口号。曾任太尉府南阁祭酒、洨长等职。许慎一生著书颇丰，有《淮南子注》、《五经异义》、《说文解字》等。其中《说文解字》是他倾平生心血完成的伟大著作，是我国历史上第一部具有完整体例的字典，也是中国文字学的奠基之作。

《说文解字》共十五卷，其中正文十四卷，最后一卷是《说文解字叙》，并附有许慎的儿子许冲的《上〈说文解字〉表》。今天我们看见的《说文解字》是由北宋初年徐铉等人整理的本子。出于某种原因，徐铉等人把全书每卷各分上下，成为三十卷。这一改动，不仅使《说文解字》的正文得到了细分，或许这样便于读者检索。但同时也将原先第十五卷中《说文解字叙》生硬地割裂成两段。以至于人们不得不把后边的部分称为《后叙》,以求得称说的方便。但也留下了一个疑问:许慎为什么要写两篇《叙》来说明自己的著作意图?于此可见,宋代学者并没有读懂《叙》文,他们误以为《叙》文中的《说文部首表》是个独立的部分,从而割裂了《叙》文,也误导了读者。

其实,《说文部首表》是《叙》文的组成部分,这是汉代学者著书的通例。《淮南子·要略》述二十篇篇名及主要内容,而《要略》自成一篇,为第二十一篇。司马迁《太史公自序》中历述一百三十篇的篇名及写作意图,《自序》亦单独成篇。皆置于全书之末。许《叙》也是同样。但因《说文部首表》以表格形式出现而显突兀。为方便阅读,这里,我们省去了部首表。但将"后叙"直接与前半部分相连。

《叙》文开始,讲述了文字的起源和文明发展的关系。说明了在文字产生之前,人们用八卦、结绳、契刻等方法记事记数,文字和八卦、结绳、契刻等一样,都是约定的符号系统,对文明的发展有着重要的作用。其中"仓颉造字说"为文字的构造由来,做了很好的诠释。

继而,许慎阐明了分析汉字结构的"六书",这就是著名的"六书说"。这里,许慎"六书说"有四个可以注意的地方:一是各书的名称,二是六书的顺序,许慎与同时代的班固、郑众都有不同,但又相近。说明了他们的学说有一个共同的源头。一般认为,班、郑、许三家都同出于西汉末年的刘歆之学。只是由于三人各自着眼的角度不同,而提出了不同的称名和顺序。三是许慎为六书都作了八个字的定义,这定义是四字两句的韵语。由于流传的关系,定义出现异文,但也是因为韵语这一特点,我们得以用唐代颜师古《汉书注》所引加以纠正。四是许慎为六书各举了两个字为例,举例的做法,为我们正确理解许慎"六书说"提供了相对明确的材料。班固《汉书·艺文志》中说"六书"是"造字之本也"。因而后世往往认为"六书"是六种"造字方法"或"造字原则"。我们细读《说文叙》,可以知道,许慎对"六书"的诠释其实是分析文字形音义关系的方法。相比之下,许慎的说法显得客观一些,更近于事实。

接着,《叙》文叙述了文字和典籍的历史,并着重介绍了字体演变的历史和文字体式。这一部分较长,由先秦一直说到了西汉末年及王莽时代。目的是为了强调"小学"的重要。由于许慎"五经无双",兼通当时经学两派的学术,从解读经典的立场上,许慎更重视"古文"经典的真实与否。为此,许慎表现出了历史发展的观念,并以此指导他的文字学的研究实践。许慎批评了当时"俗儒啚夫翫其所习,蔽所希闻,不见通学,未尝覩字例之条,怪旧埶而善野言"的"迷误不谕"。强调文字有“经艺之本,王政之始。前人所以垂后,后人所以识古”的作用。

然后许慎阐述了自己写作《说文解字》的目的——“将以理群类,解谬误,晓学者,达神恉。”并说明他采用的方法是“叙篆文,合以古籀。博采通人,至于小大,信而有证”。而且“分别部居,不相杂厕。万物咸睹,靡不兼载。厥谊不昭,爰明以谕”。所引书证,多取自古文经,“其于所不知,盖阙如也。”充分体现了许慎严谨的治学态度和治学作风。

在通列《说文解字》十四篇篇目和五百四十部首之后,许慎说明了他建立部首次序的原则是“立一为耑”,“据形系联”,“毕终于亥”。另一原则是“方以类聚,物以群分。同条牵属,共理相贯”。前者是以形为线索,后者是以意义为依据。这种形义两兼的做法,使得许慎创造的部首并不能随意地检索每个汉字的位置。但它毕竟使汉字第一次得以按字形进行有序的排列,因而具有重要的学术和实用价值。

《叙》文的最后部分,讲了四个内容:一、歌颂汉代的“皇恩浩荡”;二、记载了写作的时间为汉和帝永元十二年正月初一;三、记述了许氏族姓的由来;四、对写作《说文解字》表达了自己的谦虚态度。这里面虽然有些世俗的套话,但对处于那个时代的许慎来说,态度是真诚恳切的。这也是古代学者精神面貌的一个重要部分。许慎在公元100年就完成了《说文解字》的写作,但一直到公元121年临终,才由其子许冲撰表,上呈给朝廷。也可以见得许慎对所著的严谨和重视。可以想见,在此二十年间,许慎是花了极大的工夫反复修订的。

最后,我们还得辨一下,在通行本《说文解字》的“后叙”部分,开头有“叙曰”二字,清代学者段玉裁认为此“叙曰”应置于叙文的开头,即“古者包羲氏之王天下也”之前。我们认为,这个看法是值得商榷的。因为第一,“叙曰”二字是承接前文的十四篇目和五百四十部首而来。在文中有承上启下的作用。第二,此下的《叙》文,除叙篇目部首字数之外,余下部分是四字韵文,在文体上与上段《叙》文不同。“叙曰”云云,正是两种不同文体的过渡。因而,不能武断地认为此处是由错简造成的。《说文解字叙》全文结构严谨,内容丰富,层次清晰,形式多样。这对于今天的我们,都是有借鉴意义的。（陈五云）

论衡·论死

王 充

世谓人死为鬼,有知①,能害人。试以物类验之,人死不为鬼,无知,不能害人。何以验之?验之以物。人,物也;物,亦物也。物死不为鬼,人死何故独能为鬼?世能别人物不能为鬼,则为鬼不为鬼尚难分明;如不能别[2],则亦无以知其能为鬼也。人之所以生者,精气[3]也,死而精气灭。能为精气者,血脉也,人死血脉竭;竭而精气灭;灭而形体朽;朽而成灰土,何用为鬼?人无耳目则无所知,故聋盲之人比于草木。夫精气去人,岂徒与无耳目同哉!朽则消亡,荒忽[4]不见,故谓之鬼神。人见鬼神之形,故非死人之精也,何则?鬼神,荒忽不见之名也。人死精神升天,骸骨归土,故谓之鬼。鬼者,归也;神者,荒忽无形者也。或说:鬼神,阴阳之名也,阴气逆[5]物而归,故谓之鬼;阳气导[6]物而生,故谓之神。神者,申也。申复无已,终而复始。人用神气生,其死复归神气。阴阳称鬼神,人死亦称鬼神。气之生人,犹水之为冰也,水凝为冰,气凝为人。冰释为水,人死复神。其名为神也,犹冰释更名水也。人见名异,则谓有知,能为形而害人,无据以论之也。

人见鬼若生人之形,以其见若生人之形,故知非死人之精也。何以效之?以囊橐[7]盈粟米,米在囊中若粟在橐中,满盈坚强,立树可见。人瞻望[8]之,则知其为粟米囊橐。何则?囊橐之形,其容[9]可察也。如囊穿米出,橐败粟弃,则囊橐委辟[10],人瞻望之,弗复见矣。人之精神藏于形体之内,犹粟米在囊橐之中也。死而形体朽,精气散,犹囊橐穿败,粟米弃出也。粟米弃出,囊橐无复有形,精气散亡,何能复有体而人得见之乎?禽兽之死也,其肉尽索[11],皮毛尚在,制以为裘,人望见之,似禽兽之形。故世有衣狗裘为狗盗者,人不觉知,假狗之皮毛,故人不意疑也。今人死,皮毛朽败,虽精气尚在,神安能复假此形而以行见乎?夫死人不能假生人之形以见,犹生人不能假死人之魂以亡[12]矣。六畜能变化象人之形者,其形尚生,精气尚在也。如死,其形腐朽,虽虎兕[13]勇悍,不能复化。鲁公牛哀[14]病化为虎,亦以未死也。世有以生形转为生类者矣,未有以死身化为生象[15]者也。

天地开辟,人皇[16]以来,随[17]寿而死,若中年夭亡,以亿万数,计今人之数不若死者多,如人死辄[18]为鬼,则道路之上一步一鬼也。人且死见鬼,宜见数百千万,满堂盈庭,填塞巷路,不宜徒见一两人也。人之兵死[19]也,世言其血为磷[20]。血者,生时之精气也。人夜行见磷,不象人形,浑沌积聚,若火光之状。磷,死人之血也,其形不类生人之血;鬼,死人之形也,其形不类生人之形。精气去[21]人,何故象人之体?人见鬼也皆象死人之形,则可疑死人为鬼;或反象生人之形,病者见鬼,云甲来,甲时不死 ,气象甲形,如死人为鬼,病者何故见生人之体乎?

天地之性,能更生火,不能使灭火复燃;能更生人,不能令死人复见。能使灭灰更为燃火,吾乃颇疑死人能复为形,案[22]火灭不能复燃以况[23]之,死人不能复为鬼明矣。夫为鬼者,人谓死人之精神,如审鬼者死人之精神,则人见之宜徒见裸袒之形,无为见衣带被服也。何则?衣服无精神,人死与形体俱朽,何以得贯穿之乎?精神本以血气为主,血气常附形体,形体虽朽,精神尚在,能为鬼可也;今衣服,丝絮布帛也,生时血气不附着,而亦自无血气,败朽遂已,与形体等,安能自若[24]为衣服之形?由此言之,见鬼衣服象人,则形体亦象人矣,象人,则知非死人之精神也。

夫死人不能为鬼,则亦无所知矣。何以验之?以未生之时无所知也。人未生在元气之中,既死复归元气。元气荒忽,人气在其中。人未生,无所知,其死,归无知之本[25],何能有知乎?人之所以聪明智惠者,以含五常之气[26]也;五常之气所以在人者,以五藏[27]在形中也。五藏不伤则人智惠;五藏有病则人荒忽[28],荒忽则愚痴矣。人死,五藏腐朽,腐朽 ,则五常无所托[29]矣。所用藏智者已败矣,所用为智者已去矣。形须[30]气而成，气须形而知。天下无独燃之火，世间安得有无体独知之精？

人之死也，其犹梦[31]也；梦者，殄[32]之次[33]也；殄者，死之比[34]也；人殄不悟则死矣。案人殄复悟，死复来者，与梦相似，然则梦、殄、死，一实[35]也。人梦不能知觉时所作，犹死不能识生时所为矣。人言谈有所作于卧人[36]之旁，卧人不能知，犹对死人之棺为善恶之事，死人不能复知也。夫卧，精气尚在，形体尚全，犹无所知，况死人精神消亡，形体朽败乎！

人为人所殴伤，诣[37]吏告苦以语[38]人，有知之故也。或为人所杀，则不知何人杀也，或家不知其尸所在，使死人有知，必恚[39]人之杀己也，当能言于吏旁，告以贼主名；若能归语其家，告以尸之所在。今则不能，无知之效也。世间死者，令生人殄而用其言，及巫叩元弦[40]下死人魂，因[41]巫口谈，皆夸诞之言也。如不夸诞，物之精神为之象也。或曰："不能言也。"夫曰不能言，则亦不能知矣。知用气，言亦用气焉。人之未病也，智惠精神定矣，病则惽乱[42]，精神扰也。夫死，病之甚者也，病，死之微[43]，犹惽乱，况其甚乎！精神扰，自无所知，况其散也！

人之死，犹火之灭也，火灭而耀不照，人死而知不惠，二者宜同一实。论者犹谓死有知，惑也。人病且死，与火之且灭何以异？火灭光消而烛在，人死精亡而形存，谓人死有知，是谓火灭复有光也。隆冬之月，寒气用事[44]，水凝为冰，逾[45]春气温，冰释为水。人生于天地之间，其犹冰也。阴阳之气，凝而为人，年终寿尽，死还为气。夫春水不能复为冰，死魂安能复为形？

妒夫娼[46]妻，同室而处，淫乱失行[47]，忿怒斗讼，夫死妻更嫁，妻死夫更娶，以有知验之，宜大忿怒。今夫妻死者寂寞无声，更嫁娶者平忽[48]无祸，无知之验也。

孔子葬母于防[49]，既而雨甚[50]至，防墓崩。孔子闻之，泫然[51]流涕曰："古者不修墓"，遂不复修。使死有知，必恚人不修也，孔子知之，宜辄修墓，以喜[52]魂神。然而不修，圣人明审[53]，晓其无知也。

枯骨在野，时呜呼有声，若夜闻哭声，谓之死人之音，非也。何以验之？生人所以言语吁呼[54]者，气括[55]口喉之中，动摇其舌，张歙[56]其口，故能成言。譬犹吹箫笙，箫笙折破，气越[57]不括，手无所弄，则不成音。夫箫笙之管，犹人之口喉也；手弄其孔，犹人之动舌也。人死口喉腐败，舌不复动，何能成言！然而枯骨时呻鸣者，人骨自有能呻鸣者焉。或以为妖也，是与夜鬼哭无以异也。妖气为呻鸣之变，自有所为，依倚死骨之侧，人则谓之骨尚有知，呻鸣于野。草泽暴体[58]以千万数，呻鸣之声，宜步属[59]焉。

夫有能使不言者言，未有言者死能复使之言。言者死，不能复使之言，犹物生以青为色，或予之[60]也；物死青者去，或夺之也。予之物青，夺之青去，去后不能复予之青，物亦不能复自青。声色俱通，并禀[61]于天。青青之色犹枭枭[62]之声也，死物之色不能复青，独为死人之声能复自言，惑也。

人之所以能言语者，以有气力也，气力之盛，以能饮食也。饮食损减则气力衰，衰则声音嘶[63]，困[64]不能食，则口不能复言。夫死，困之甚，何能复言？或曰："死人歆肴食之气[65]，故能言。"夫死人之精，生人之精也，使生人不饮食，而徒以口歆肴食之气，不过三日则饿死矣。或曰："死人之精，神于生人之精，故能歆气为音。"夫生人之精在于身中，死则在于身外，死之与生何以殊？身中身外何以异？取水实[66]于大盎[67]中，盎破水流地，地水能异于盎中之水乎？地水不异于盎中之水，身外之精何故殊于身中之精？

人死不为鬼，无知，不能语言，则不能害人矣。何以验之？

夫人之怒也用气，其害人用力，用力须筋骨而[68]强，强则能害人。忿怒之人，呴呼[69]于人之旁，口气喘射人之面，虽勇如贲、育[70]，气不害人。使舒手而击，举足而蹶[71]，则所击蹶无不破折。夫死，骨朽筋力绝，手足不举，虽精气尚在，犹呴吁之时无嗣助[72]也，何以能害人也？凡人与物所以能害人者，手臂把[73]刃，爪牙坚利之故也。今人死，手臂朽败，不能复持刃，爪牙隳[74]落，不能复啮噬[75]，安能害人？儿之始生也，手足具成，手不能搏，足不能蹶者，气适[76]凝成，未能坚强也。由此言之，精气不能坚强，审[77]矣。气为形体，形体微弱，犹未能害人，况死，气去精神绝？微弱犹未能害人，寒骨谓能害人者邪？死人之气不去邪？何能害人？

鸡卵之未孚[78]也，澒溶[79]于彀[80]中，溃[81]而视之，若水之形。良雌伛伏[82]，体方就成。就成之后，能啄蹶之。夫人之死，犹澒溶之时，澒溶之气，安能害人？人之所以勇猛能害人者，以饮食也，饮食饱足，则强壮勇猛，强壮勇猛，则能害人矣。人病不能饮食，则身羸弱[83]，羸弱困甚，故至于死。病困之时，仇在其旁，不能咄叱[84]；人盗其物，不能禁夺，羸弱困劣之故也。夫死，羸弱困劣之甚者也，何能害人？有鸡犬之畜，为人所盗窃，虽怯无势之人，莫不忿怒，忿怒之极，至相贼[85]灭。败乱之时，人相啖[86]食者，使其神有知，宜能害人。身贵于鸡犬，己死重于见[87]盗，忿怒于鸡犬，无怨于食己，不能害人之验也。蝉之未蜕也为复育[88]，已蜕也去复育之体，更为蝉之形。使死人精神去形体，若蝉之去复育乎？则夫为蝉者不能害为复育者。夫蝉不能害复育，死人之精神，何能害生？

梦者之义疑。或言梦者精神自止身中，为吉凶之象；或言精神行[89]，与人物相更[90]。今其审止身中，死之精神，亦将复然。今其审行，人梦杀伤人，若为人所复杀，明日视彼之身，察己之体，无兵刃创伤之验。夫梦之精神，犹死之精神也，梦之精神，不能害人，死之精神，安能为害？火炽[91]而釜[92]沸，沸止而气歇，以火为主也。精神之怒也，乃能害人，不怒不能害人。火猛灶中，釜涌气蒸；精怒胸中，力盛身热。今人之将死，身体清凉，凉益清甚[93]，遂以死亡。当死之时，精神不怒。身亡之后，犹汤之离釜也，安能害人？

物与人通[94]，人有痴狂之病，如知其物然而理之，病则愈矣。夫物未死，精神依倚形体，故能变化，与人交通；已死，形体坏烂，精神散亡，无所复依，不能变化。夫人之精神，犹物之精神也。物生，精神为病；其死精神消亡。人与物同，死而精神亦灭，安能为害祸？设谓人贵，精神有异，成事[95]，物能变化，人则不能。是反人精神不若物，物精奇于人也。

水火烧溺，凡能害人者，皆五行[96]之物。金伤人，木殴人，土压人，水溺人，火烧人。使人死，精神为五行之物乎？害人；不为乎？不能害人。不为物，则为气矣。气之害人者，太阳之气为毒者也。使人死，其气为毒乎？害人；不为乎？不能害人。

夫论死不为鬼，无知，不能害人。则夫所见鬼者，非死人之精，其害人者，非其精所为，明矣。

〔注释〕 ① 知：泛指人的感觉、知觉和思维活动。 ② 别：辨别。 ③ 精气：元气中的精细部分，王充认为人是禀受精气而形成的。 ④ 荒忽：同“恍惚”，隐约不清，难以捉摸和辨认。 ⑤ 逆：不顺，压抑。 ⑥ 导：引导。 ⑦ 橐(tuó)：口袋。 ⑧ 瞻望：远望。 ⑨ 容：外表，仪容。 ⑩ 委辟：空瘪。 ⑪ 索：尽，完。 ⑫ 亡：消失，隐身。 ⑬ 兕(sì)：古代犀牛一类的猛兽。 ⑭ 公牛哀：古代迷信传说中的人物，据《淮南子》记载为鲁国人，得病七日后变成老虎。 ⑮ 生象：活着的形体。 ⑯ 人皇：传说中的远古部落酋长名。此指人类始祖。 ⑰ 随：顺。 ⑱ 辄：就。 ⑲ 兵死：被兵器所杀死。 ⑳ 磷：磷火。 ㉑ 去：离开。 ㉒ 案：根据。 ㉓ 况：类比，比况。 ㉔ 自若：保持原样。 ㉕ 无知之本：指无知的元气状态。 ㉖ 五常之气：指金、木、水、火、土五气。 ㉗ 五藏：指心、肝、脾、肺、肾。 ㉘ 荒忽：同“恍惚”，神志不清。 ㉙ 托：寄托，依附。 ㉚ 须：通“需”，需要。 ㉛ 梦：指睡眠。 ㉜ 殄(tiǎn)：昏迷。 ㉝ 次：差一等。 ㉞ 比：类似。 ㉟ 实：事实。 ㊱ 卧人：睡着的人。 ㊲ 诣：到。 ㊳ 语：告诉。 ㊴ 恚(huì)：发怒，怨恨。 ㊵ 叩元弦：巫人奏乐招魂的迷信活动。 ㊶ 因：凭借。 ㊷ 惛乱：昏乱。惛，神志不清。 ㊸ 微：小，引申为开端，苗头。 ㊹ 用事：主事。 ㊺ 逾：至，到。 ㊻ 媢(mào)：嫉妒。 ㊼ 失行：行为不正。 ㊽ 平忽：

平静。 ㊾ 防：春秋时鲁国地名。 ㊿ 甚：大。 ⑤① 泫(xuàn)然：流泪的样子。 ⑤② 喜：使……高兴。 ⑤③ 明审：明白事理。 ⑤④ 吁呼：大声呼喊。 ⑤⑤ 括：包含。 ⑤⑥ 歙(xī)：闭合。 ⑤⑦ 越：消散。 ⑤⑧ 暴体：暴露在外面的尸体。 ⑤⑨ 属：接连。 ⑥⓪ 或予之：意为有人给予它。 ⑥① 禀：承受。 ⑥② 枭枭：即嚣嚣，喧哗声。 ⑥③ 嘶：沙哑。 ⑥④ 困：精力不济，疲惫。 ⑥⑤ 歆(xīn)肴食之气：歆，鼻嗅，口吸；肴食，供品。 ⑥⑥ 实：装满。 ⑥⑦ 盎(àng)：盆，瓦罐。 ⑥⑧ 而：之。 ⑥⑨ 响(hǒu)呼：大声吼叫。响，同"吼"。 ⑦⓪ 贲、育：即孟贲、夏育，皆为我国古代著名勇士。 ⑦① 蹶：踏，用脚推。 ⑦② 嗣助：接续的辅助动作。嗣，继承，接续。 ⑦③ 把：持。 ⑦④ 隳(huī)：毁坏。 ⑦⑤ 啮噬(niè shì)：咬。 ⑦⑥ 适：才。 ⑦⑦ 审：确实。 ⑦⑧ 孚：孵化。 ⑦⑨ 澒(hòng)溶：浑然一片。 ⑧⓪ 觳(kòu)：蛋壳。 ⑧① 溃：打破。 ⑧② 良雌伛(yǔ)伏：良雌，指孵小鸡的母鸡；伛，曲背。 ⑧③ 羸(léi)弱：瘦弱。羸，瘦弱，疲病。 ⑧④ 咄叱(duō chì)：大声呵斥。 ⑧⑤ 贼：杀害。 ⑧⑥ 啖(dàn)：吃。 ⑧⑦ 见：被。 ⑧⑧ 复育：蝉的幼虫。 ⑧⑨ 行：去，离开。 ⑨⓪ 相更：相互发生关系。 ⑨① 炽(chì)：燃烧。 ⑨② 釜(fǔ)：古代一种无脚的锅。 ⑨③ 凉益清甚：更清更凉。 ⑨④ 通：往来，交接。 ⑨⑤ 成事：已有的事例。 ⑨⑥ 五行：金、木、水、火、土，古代不少学者认为五行是构成各种事物的五种基本元素。

（张　静）

〔鉴赏〕 孔子说："未知生，焉知死。"有的学者就认为中国传统不重视死，没有对死进行深入研究。后来有人认为中国人重视死，表现在重视礼上。中国人重视礼，特别重视葬礼，实际上就是重视死。这个死，并非生理上的所谓死，而是人死之后的鬼。王充研究死，也是从此入手的。他撰写的《论死》开头就说："世谓人死为鬼，有知，能害人。"这是对当时人关于鬼的看法的概括。他对此提出各种疑问，目的就在于证明死人不为鬼，无知不能害人。很显然，王充论死，实际上就是论鬼。

他首先提出，人与动物一样都有生命，为什么动物死了不为鬼，人死了会为鬼？

这也是当时人的看法。后来，佛教传入以后，人与动物的灵魂都能互相转世，什么动物都有鬼，因此有牛头马面。

其次，他认为，人之所以有力量，能害人，是因为人有形体，有精气，有五脏、五官、四肢，能吃饭，能思想。人死以后，形体腐朽，不能吃饭，也就没有力量，怎么会害人呢？

王充在这里提出人的精神需要依倚形体的唯物论观点。

第三，有人类以来，死去的人，比现在活着的人要多得多。如果人死都变成鬼，那么，世界上的鬼就应该非常多，应该满街都是鬼，一步一鬼，但是，说看见鬼的人都只说看见一两个，为什么这么少呢？

当时人们都解释不了这种疑问。后来从印度传来佛教，用轮回来解释，说死去的鬼都转世变成其他动物了，只有新死的冤鬼没转世，因此鬼就很少了。佛教的说法能自圆其说，却无法验证。

第四，论者认为，人死了，精神变成鬼。王充问：布帛做的衣服，没有精神，不会变成鬼。那么，人们看到的鬼，应该都是裸体的，怎么能看到衣服呢？鬼为什么穿着衣服？衣服是从哪儿来的？王充提出这个问题已经近两千年了，我还没有看见谁对此作出合理的解释。

第五，人的睡觉、休克、死亡，是从轻到重的现象。人睡觉的时候，放在枕头边的钱包被别人拿走，都不知道起来抓小偷。人如果休克了，更不知道抓小偷。睡觉与休克，人的身体还是完整的，还可以再醒过来，死亡比睡觉与休克都严重，形体腐烂，精神消亡，不能再生，还怎么能有知，害人呢？

第六，人被殴打，会到官府告状。人被谋财害命，含冤比被殴打深重，如果有鬼的话，那么，这个鬼为什么不到官府告状，告诉官府自己的尸体在哪儿，罪犯躲藏何处，赃物藏在哪里，这样判案就容易多了。官府判命案很费周折，就是因为没有鬼。

第七，夫妻相处，如有第三者插足，会激烈争斗。但是，夫死妻更嫁，妻死夫更娶，却可以相安无事，没有发生激烈争斗。这也说明人死不为鬼。

……

此外，王充还写了《死伪》、《纪妖》、《订鬼》、《薄葬》、《祀义》、《祭意》等主要讨论鬼神问题的文章。王充是中国历史上讨论鬼神问题最充分的人，也是反对鬼神迷信最有力的无神论者。他的说法曾使许多有鬼神论者气急败坏，也使一些现代的无鬼神论者拍案叫绝。王充《论衡》成为历代“攻之者众，好之者终不绝”（《四库全书总目提要》）的奇书，他的论鬼是一重要原因。

王充论鬼非常深刻，对有鬼论的反驳也很彻底，至今仍有较大的参考价值。

（周桂钿）

论衡·自纪　　王 充

王充者，会稽①上虞②人也，字仲任。其先本魏郡元城③，一姓孙。几世尝从军有功，封会稽阳亭。一岁仓卒④国绝⑤，因家⑥焉，以农桑为业。世祖⑦勇任气⑧，卒咸不揆⑨于人。岁凶⑩，横道伤杀，怨仇众多。会⑪世扰乱，恐为怨仇所擒，祖父汛举家担载[12]，就安会稽，留钱唐县，以贾贩[13]为事。生子二人，长曰蒙，少曰诵。诵即充父。祖世[14]任气，至蒙、诵滋甚[15]。故蒙、诵在钱唐，勇势凌人，末复[16]与豪家丁伯等结怨，举家徙处上虞。

建武[17]三年，充生。为小儿，与侪伦[18]遨戏，不好狎侮[19]。侪伦好掩[20]雀、捕蝉、戏钱、林熙[21]，充独不肯，诵奇之。六岁教书，恭愿仁顺[22]，礼敬具备，矜庄寂寥[23]，有臣人[24]之志。父未尝笞[25]，母未尝非[26]，闾里[27]未尝让[28]。八岁出于书馆[29]，书馆小僮百人以上，皆以过失袒谪[30]，或以书丑得鞭，充书日进，又无过失。手书既成，辞师受《论语》、《尚书》，日讽[31]千字。经明德就，谢师而专门[32]，援笔[33]而众奇，所读文书，亦日博多。才高而不尚苟[34]作，口辩[35]而不好谈对，非其人[36]，终日不言。其论说始若诡[37]于众，极听其终，众乃是之。以笔著[38]文，亦如此焉；操行事上[39]，亦如此焉。

在县位至掾功曹[40]，在都尉[41]府位亦掾功曹，在太守[42]为列掾五官功曹行事[43]，入州为从事[44]。不好徼[45]名于世，不为利害见将[46]。常言人长，希言人短。专荐未达[47]，解[48]已进者过；及所不善[49]，亦弗誉；有过不解，亦弗复陷。能释人之大过，亦悲夫人之细非。好自周[50]，不肯自彰；勉以行操为基，耻以材能为名。众会乎坐，不问不言；赐见君将，不及不对。在乡里慕蘧伯玉[51]之节，在朝廷贪[52]史子鱼[53]之行。见[54]污伤不肯自明，位不进亦不怀恨。贫无一亩庇身[55]，志佚[56]于王公；贱无斗石之秩[57]，意若食万钟[58]。得官不欣，失位不恨。处逸乐而欲不放[59]，居贫苦而志不倦。淫[60]读古文，甘闻异言。世书俗说，多所不安[61]，幽处独居，考论实虚。

充为人清重[62]，游必择友[63]，不好苟交。所友位虽微卑，年虽幼稚，行苟离俗，必与之友。好杰友雅徒，不泛结俗材。俗材因其微过，蜚条[64]陷之，然终不自明，亦不非怨其人。

或曰：有良材奇文，无罪见陷，胡不自陈[65]？羊胜[66]之徒，摩口膏舌[67]；邹阳[68]自明，入狱复出。苟有全完之行，不宜为人所缺[69]；既耐勉[70]自伸，不宜为人所屈。

答曰：不清不见尘，不高不见危，不广不见削，不盈不见亏。士兹多口，为人所陷，盖亦其宜。好进[71]故自明，憎退故自陈，吾无好憎，故默无言。羊胜为[72]谗，或[73]使之也；邹阳得免，或拔[74]之也。孔子称命[75]，孟子言天，吉凶安危，不在于人。昔人见之，故归之于命，委[76]之于时，浩然恬忽[77]，无所怨尤。福至不谓己所得，祸到不谓己所为。故时进意不为丰[78]，时退志不为亏。不嫌亏以求盈，不违险以趋平，不鬻[79]智以干禄[80]，不辞爵以吊名[81]，不贪进以自明，不恶退以怨人。同安危而齐死生，钧[82]吉凶而一败成，遭十羊胜，谓之无伤，动[83]归于天，故不自明。

充性恬淡[84]，不贪富贵。为上所知，拔擢越次[85]，不慕高官；不为上所知，贬黜[86]抑屈[87]，不恚[88]下位。比为县吏，无所择避。

或曰：心难[89]而行易[90]，好友同志，仕不择地，浊操伤行，世何效放[91]？

答曰：可效放者，莫过孔子。孔子之仕，无所避矣。为乘田委吏[92]，无於邑[93]之心；为司空相国[94]，无说豫[95]之色。舜耕历山，若终不免；及受尧禅[96]，若卒自得。忧德之不丰，不患爵之不尊；耻名之不白，不恶位之不迁[97]。垂棘[98]与瓦同椟[99]，明月与砾[100]同囊，苟有二宝之质，不害为世所同。世能知善，虽贱犹显；不能别白[101]，虽尊犹辱。处卑与尊齐操，位贱与贵比[102]德，斯可矣。

俗性贪进忽退，收成弃败。充升擢[103]在位之时，众人蚁附[104]；废退穷居，旧故叛去。志[105]俗人之寡恩，故闲居作《讥俗节义》十二篇。冀[106]俗人观书而自觉，故直露其文，集以俗言。

或谴[107]谓之浅。答曰：以圣典而示小雅[108]，以雅言而说丘野[109],不得所晓,无不逆[110]者。故苏秦[111]精说于赵而李兑[112]不说,商鞅[113]以王说秦而孝公不用。夫不得心意所欲,虽尽尧舜之言,犹饮牛以酒,啖马以脯[114]也。故鸿丽深懿[115]之言,关[116]于大而不通于小。不得已而强听,入胸者少。孔子失马于野,野人闭不与,子贡妙称而怒,马圉[117]谐说而熹[118]。俗晓形露[119]之言,勉以深鸿之文,犹和神仙之药以治鼽[120]咳,制貂狐之裘以取薪菜也。且礼有所不俟[121],事有所不须。断决知辜[122],不必臯陶[123];调和葵韭,不俟[124]狄牙[125];闾巷之乐,不用韶武[126];里母之祀,不待太牢[127]。既有不须,而又不宜。牛刀割鸡,舒戟[128]采葵,铁钺[129]裁箸[130],盆盎[131]酌卮[132],大小失宜,善之者希。何以为辩?喻深以浅。何以为智?喻难以易。贤圣铨[133]材之所宜,故文能为深浅之差。

充既疾俗情,作《讥俗》之书,又闵[134]人君之政,徒欲治人,不得其宜,不晓其务,愁精苦思,不睹所趋,故作《政务》之书。又伤[135]伪书俗文,多不实诚,故为《论衡》之书。

夫贤圣殁[136]而大义分,蹉跎殊趋[137],各自开门[138],通人[139]观览,不能订诠[140]。遥闻传授,笔写耳取,在百岁之前,历日弥久。以为昔古之事,所言近是,信之入骨,不可自解,故作实论[141]。其文盛,其辩争[142],浮华虚伪之语,莫不澄定[143]。没华虚之文,存敦庞[144]之朴[145],拨[146]流失之风[147],反[148]宓戏[149]之俗。

充书形露易观。或曰:口辩者其言深,笔敏者其文沉。案经艺[150]之文,贤圣之言,鸿重优雅,难卒晓睹。世读之者,训古[151]乃下。盖贤圣之材鸿,故其文语与俗不通。玉隐石间,珠匿鱼腹,非玉工珠师,莫能采得。宝物以隐闭不见,实语亦宜深沉难测。《讥俗》之书,欲悟俗人,故形露其指,为分别[152]之文;《论衡》之书,何为复然?岂材有浅极[153],不能为深覆[154],何文之察与彼经艺殊轨辙也?

答曰:玉隐石间,珠匿鱼腹,故为深覆。及玉色剖于石心,珠光出于鱼腹,其犹隐乎?吾文未集于简札[155]之上,藏于胸臆之中,犹玉隐珠匿也;及出荴露[156],犹玉剖珠出乎!烂若天文[157]之照,顺若地理[158]之晓,嫌疑隐微[159],尽可名处[160]。且名白[161],事自定也。《论衡》者,论之平[162]也。口则务在明言,笔则务在露文。高士之文雅,言无不可晓,指无不可睹。观读之者,晓然若盲之开目,聆然[163]若聋之通耳。三年盲子卒见父母,不察察[164]相识,安肯说喜?道畔巨树,堑边长沟,所居昭察[165],人莫不知;使树不巨而隐,沟不长而匿,以斯[166]示人,尧舜犹惑。人面色部[167]七十有余,颊肌明洁,五色分别,隐微忧喜,皆可得察,占射[168]之者,十不失一;使面黝[169]而黑丑,垢重袭[170]而覆部,占射之者,十而失九。夫文由语也,或浅露分别,或深迂优雅[171],孰为辩者?故口言以明志,言恐灭遗,故著之文字。文字与言同趋,何为犹当隐闭指意[172]?狱当嫌辜[173],卿[174]决疑事,浑沌[175]难晓,与彼分明可知,孰为良吏?夫口论以分明为公,笔辩以荴露为通,吏文以昭察为良。深覆典雅[176],指意难睹,唯赋颂[177]耳!经传之文,贤圣之语,古今言殊,四方谈异[178]也。当言事时,非务难知,使指闭隐也。后人不晓,世相离远,此名曰语异,不名曰材鸿。浅文读之难晓,名曰不巧,不名曰知明。秦始皇读韩非之书,叹曰:"(犹)[朕]独不得此人同时!"其文可晓,故其事可思。如深鸿优雅,须师乃学,投之于地,何叹之有?夫笔著者,欲其易晓而难为,不贵难知而易造;口论务解分而可听,不务深迂而难睹。孟子相贤以眸子明了者,察文以义可晓。

充书违诡于俗。或难曰:文贵夫顺合众心,不违人意,百人读之莫谴,千人闻之莫怪。故《管子》曰:"言室满室,言堂满堂[179]。"今殆说不与世同,故文刺[180]于俗,不合于众。

答曰:论贵是而不务华,事尚然而不高合[181]。论说辩然否,安得不谲[182]常心、逆俗耳?众心非而不从,故丧黜[183]其伪而存定其真。如当从众顺人心者，循旧守雅[184]，讽习而已，何辩之有？孔子侍坐于鲁哀公，公赐桃与黍，孔子先食黍而后啖桃，可谓得食序矣。然左右皆掩口而笑，贯[185]俗之日久也。今吾实犹孔子之序食也；俗人违之，犹左右之掩口也。善雅歌[186]，于郑[187]为不悲；礼舞，于赵[188]为不好。尧舜之典[189]，伍伯[190]不肯观；孔墨之籍，季孟[191]不肯读。宁危之计，黜于闾巷；拨[192]世之言，訾[193]于品俗。有美味于斯，俗人不嗜，狄牙甘食；有宝玉于是，俗人投之，卞和[194]佩服。孰是孰非？可信者谁？礼俗相背，何世不然？鲁文逆祀，去者三人，定公顺祀，畔[195]者五人。盖独是之语[196]，高士不舍，俗夫不好；惑众之书，愚者欣颂，贤者逃顿[197]。

充书不能纯美。或曰：口无择[198]言，笔无择文。文必丽以好，言必辩以巧。言了于耳，则事味[199]于心；文察于目，则篇留于手。故辩言无不听，丽文无不写[200]。今新书既在论譬[201]，说俗为戾[202]，又不美好，于观不快。盖师旷[203]调音，曲无不悲；狄牙和膳[204]，肴无淡味。然则通人造书，文无瑕秽[205]。《吕氏》[206]、《淮南》[207]悬于市门，观读之者无訾一言。今无二书之美，文虽众盛，犹多谴毁。

答曰：夫养实者不育华，调行者不饰辞。丰草多落英[208]，茂林多枯枝。为文欲显白其为，安能令文而无谴毁？救火拯溺，义[209]不得好；辩论是非，言不得巧。入泽随[210]龟，不暇[211]调足；深渊捕蛟，不暇定手。言奸辞简，指趋妙远[212]；语甘文峭[213]，务意浅小。稻谷千钟，糠皮太半；阅钱满亿，穿决出万。大羹[214]必有淡味，至宝必有瑕秽，大简[215]必有不好，良工必有不巧。然则辩言必有所屈[216]，通文犹有所黜[217]。言金由贵家起，文粪自贱室出，《淮南》《吕氏》之无累害，所由出者，家富官贵也。夫贵故得悬于市，富故有千金副[218]。观读之者惶恐畏忌，虽见乖[219]不合，焉敢谴一字？

充书既成，或稽合[220]于古，不类前人。或曰：谓之饰文偶辞[221]，或径或迂，或屈或舒；谓之论道，实事委琐[222]，文给甘酸[223]。谐[224]于经不验，集[225]于传不合，稽之子长[226]不当，内[227]之子云[228]不入。文不与前相似，安得名佳好，称工巧？

答曰：饰貌以强类者失形，调辞以务似者失情。百夫之子，不同父母，殊类而生，不必相似；各以所禀[229]，自为佳好。文必有与合然后称善，是则代匠斫不伤手然后称工巧也。文士之务，各有所从，或调辞以巧文，或辩伪以实事。必谋虑有合，文辞相袭，是则五帝不异事，三王不殊业也。美色不同面，皆佳于目；悲音不共声，皆快于耳。酒醴[230]异气，饮之皆醉；百谷殊味，食之皆饱。谓文当与前合，是谓舜眉当复八采[231]，禹目当复重瞳[232]。

充书文重[233]。或曰：文贵约[234]而指通，言尚省而趋明。辩士之言要而达，文人之辞寡而章[235]。今所作新书，出万言，繁不省，则读者不能尽；篇非一，则传者不能领。被[236]躁人[237]之名，以多为不善。语约易言，文重难得[238]。玉少石多，多者不为珍；龙少鱼众，少者固为神。

答曰：有是言也，盖寡言[239]无多，而华文[240]无寡。为世用者，百篇无害；不为用者，一章无补。如皆为用，则多者为上，少者为下。累积千金，比于一百，孰为富者？盖文多胜寡，财富愈贫。世无一卷，吾有百篇；人无一字，吾有万言，孰者为贤？今不曰所言非而云泰[241]多，不曰世不好善而云不能领，斯盖吾书所以不得省也。夫宅舍多，土地不得小；户口众，簿籍不得少。今失实之事多，华虚之语众，指实定宜[242]，辩争之言，安得约径[243]？韩非之书，一条无异，篇以十第[244]，文以万数。夫形大，衣不得褊[245]；事众，文不得褊。事众文饶，水大鱼多，帝都谷多，王市肩磨[246]。书虽文重，所论百种。按古太公望[247]，近董仲舒[248]，传作书篇百有余，吾书亦才出百，而云泰多，盖谓所以出者微，观读之者不能不谴呵也。河水沛沛[249]，比夫众川，孰者为大？虫茧重厚，称其出丝，孰为多者？

充仕数不耦[250]，而徒著书自纪。或戏曰：所贵鸿材者，仕宦耦合，身容说纳，事得功立，故为高也。今吾子涉世落魄[251]，仕数黜斥，材未练于事，力未尽于职，故徒幽思属文[252]，著记美言，何补于身？众多欲以何趋乎？

答曰：材鸿莫过孔子，孔子才不容，斥逐，伐树接淅[253]，见[254]围削迹[255]，困饿陈蔡[256]，门徒菜色。今吾材不逮[257]孔子，不偶之厄[258]，未与之等，偏可轻乎？且达者未必知，穷者未必愚，遇者则得，不遇失之。故夫命厚禄善，庸人尊显；命薄禄恶，奇俊落魄。必以偶合称材量德，则夫专城食土[259]者，材贤孔墨。身贵而名贱，则居洁而行墨[260]，食千钟之禄，无一长之德，乃可戏也。若夫德高而名白，官卑而禄泊[261]，非才能之过，未足以为累也。士愿与宪[262]共庐，不慕与赐[263]同衡[264]；乐与夷[265]俱旅，不贪与跖[266]比迹[267]。高士所贵，不与俗均，故其名称，不与世同。身与草木俱朽，声与日月并彰；行与孔子比穷，文与扬雄为双，吾荣之。身通而知困，官大而德细，于彼为荣，于我为累。偶合容说[268]，身尊体佚，百载之后，与物俱殁，名不流于一嗣[269]，文不遗于一札，官虽倾仓，文德不丰，非吾所臧[270]。德汪涉[271]而渊懿[272]，知滂沛[273]而盈溢，笔泷漉[274]而雨集，言溶潏[275]而泉出，富材羡[276]知，贵行尊志，体列于一世，名传于千载，乃吾所谓异也。

充细族孤门[277]。或啁[278]之曰：宗祖无淑懿[279]之基，文墨无篇籍之遗，虽著鸿丽之论，无所禀阶[280]，终不为高。夫气无渐而卒至曰变，物无类而妄生曰异，不常有而忽见曰妖，诡于众而突出曰怪。吾子何祖，其先不载。况未尝履墨涂[281]，出儒门，吐论数千万言，宜为妖变，安得宝斯文而多贤？

答曰：鸟无世凤凰，兽无种麒麟，人无祖圣贤，物无常嘉珍。才高见屈，遭时而然。士贵故孤兴，物贵故独产。文族常在，有以放[282]贤，是则澧泉[283]有故源，而嘉禾[284]有旧根也。屈奇[285]之士见，倜傥[286]之辞生，度[287]不与俗协，庸角不能程[288]。是故罕发之迹，记于牒籍[289]；希出之物，勒[290]于鼎铭。五帝不一世而起，伊望[291]不同家而出，千里殊迹，百载异发。士贵雅材而慎兴[292]，不因高据以显达。母骊[293]犊骍[294]，无害牺牲；祖浊裔清，不牓[295]奇人。鲧恶禹圣，叟[296]顽舜神，伯牛[297]寝疾，仲弓[298]洁全[299]；颜路[300]庸固，回杰超伦；孔墨祖愚，丘翟圣贤；扬家不通，卓有子云；桓氏稽可，遹[301]出君山[302]。更禀于元，故能著文。

充以元和[303]三年徙家，辟[304]诣扬州部[305]丹阳、九江、庐江，后入为治中[306]。材小任大，职在刺割[307]，笔札之思，历年寝[308]废。章和[309]二年，罢州[310]家居。年渐七十，时可悬舆[311]。仕路隔绝，志穷无如。事有否然[312]，身有利害。发白齿落，日月逾迈[313]。俦伦[314]弥索[315]，鲜所恃赖。贫无供养，志不娱快。历数冉冉，庚辛域际[316]。虽惧终徂[317]，愚犹沛沛[318]。乃作《养性》之书，凡十六篇。养气自守，适食节酒。闭明塞聪，爱精自保。适辅服药引导[319]，庶冀性命可延，斯须[320]不老。既晚无还，垂书示后。惟人性命，长短有期。人亦虫物，生死一时。年历但讫[321]，孰使留之？犹入黄泉，消为土灰。上自黄唐，下臻[322]秦汉而来，折衷以圣道，析理于通材，如衡[323]之平，如鉴之开[324]，幼老生死古今，罔不详该[325]。命以不延，吁叹悲哉！

〔注释〕 ① 会稽：古郡名，西汉时郡城在今江苏省苏州市。 ② 上虞：今浙江省上虞县。 ③ 魏郡元城：在今河北省大名县。 ④ 仓卒：时间不长。 ⑤ 国绝：国，封地，食邑；绝，废除。国绝，指封爵被废除。 ⑥ 家：安家。 ⑦ 世祖：曾祖父。 ⑧ 任气：讲义气。 ⑨ 揆(kuí)：合于。 ⑩ 岁凶：年成不好，凶年。 ⑪ 会：恰巧，适逢。 ⑫ 担载：肩担车载。 ⑬ 贾贩：经商。 ⑭ 世：世代。 ⑮ 滋甚：更加厉害。 ⑯ 复：再。 ⑰ 建武：东汉光武帝刘秀的年号。 ⑱ 侪(chái)伦：同辈的伙伴。侪，辈，类。 ⑲ 狎侮：轻浮地玩闹。 ⑳ 掩：乘其不备而袭取。此可作捕。 ㉑ 林熙：爬树。熙，通“嬉”，嬉戏。 ㉒ 恭愿仁顺：指为人厚道。愿，行为谨慎。 ㉓ 矜庄寂寥：矜庄，严肃庄重；寂寥，意为和别人来往少。 ㉔ 巨人：成年人。 ㉕ 笞(chī)：捶打。 ㉖ 非：责难。 ㉗ 闾(lǚ)里：乡里。 ㉘ 让：以辞相责。 ㉙ 出于书馆：来到书馆学习。 ㉚ 袒谪：脱去上衣受责打。 谪，谴责。 ㉛ 讽：背诵。 ㉜ 专门：精通学术。 ㉝ 援笔：执笔，指写文章。 ㉞ 苟：随便。 ㉟ 口辩：善于辩论，口才好。 ㊱ 其人：指与自己志同道合的人。 ㊲ 诡：通“违”，违反。 ㊳ 著：撰述，写作。 ㊴ 操行事上：操行，修身；事上，侍奉尊长。 ㊵ 掾(yuàn)功曹：掾，也称掾史，是郡太守、都尉和县令手下分别主管各科事务的佐吏；功曹，掾的一种，主管选举、赏罚等事。 ㊶ 都尉：郡里最高的武官。 ㊷ 太守：郡里最高的行政长官。 ㊸ 列掾五官功曹行事：列掾五官，即为五官掾，五官掾是郡官的主要佐吏，兼理各曹事务；行事，兼理……事务。 ㊹ 从事：官名，即从事史，辅助州官办事的文吏。 ㊺ 徼(yāo)：通“邀”，求。 ㊻ 将：指都尉或太守。 ㊼ 未达：没有担任官职的人。 ㊽ 解：排解。 ㊾ 善：喜欢。 ㊿ 自周：不显露自己。 51 蘧伯玉：名瑗，春秋时卫国大夫。 52 贪：欲，求。 53 史子鱼：名遒，字子鱼，春秋时卫国大夫。 54 见：被。 55 庇身：护身，即养身。 56 佚：超过。 57 秩：俸禄。 58 万钟：丰富的粮食。意为丰厚的俸禄。钟，古代量器名。 59 放：恣纵，放任。 60 淫：过度，过甚，指多的意思。 61 安：满足。 62 清重：清高稳重。 63 友：友朋。 64 蜚条：蜚通“飞”；飞条即匿名信。 65 陈：述说。 66 羊胜：汉齐地人。 67 口青舌：指鼓动唇舌来诽谤或诋毁。 68 邹阳：汉临淄人，以文辩知名。 69 缺：指责。 70 耐勉：耐，通“能”；勉，努力，尽力。 71 进：引荐。 72 为：被。 73 或：有人。 74 拔：移动，改变。 75 称命：颂扬天命。 76 委：归结。 77 恬忽：指内心平静，对外界干扰毫不在意。 78 丰：满意，满足。 79 鬻(yù)：出卖。 80 干禄：求官。 81 吊名：吊，通“弔”。吊名，求取声名。 82 钧：通“均”，平均，平等。 83 动：常常。 84 恬淡：安静闲适，没有欲望，不贪求。 85 拔擢(zhuó)越次：破格提拔。擢，选拔。 86 贬黜：降职罢官。 87 抑屈：受压抑，受委屈。 88 恚(huì)：发怒，怨恨。 89 难：繁盛的样子，引申为高。 90 易：随便。 91 效放：仿效，效法。 92 乘田委吏：乘田，古代管理牛羊的官吏；委吏，古代管理仓库的官吏。 93 於邑：忧悒郁结，愁闷不乐。 94 司空相国：司空，古代官名，掌管建筑的最高官吏；相国，相当于后来的宰相。 95 说豫：同“悦豫”，快乐。 96 禅(shàn)：让位。 97 迁：升官。 98 垂棘：本来是晋国地名，因出产美玉而闻名，所以“垂棘”后来借指美玉。 99 椟：匣子。 100 砾：碎石。 101 别白：区别明白。 102 比：并列。 103 升擢：升进，被提拔。 104 蚁附：如蚁之群集趋附。 105 志：记。 106 冀：希望。 107 谴：责备，责问。 108 小雅：小牙，指小孩子。 109 丘野：山野，指劳动人民。 110 逆：不顺，格格不入。 111 苏秦：战国时期的纵横家，曾经联合齐、楚、燕、赵、韩、魏六国抵抗秦国。 112 李兑：战国时期赵国大臣。 113 商鞅：战国时期魏国人，入秦辅助孝公变法。 114 脯(fǔ)：干肉。 115 鸿丽深懿：鸿丽，巨大而华丽；深懿，深奥美好。 116 关：通。 117 马圉(yǔ)：即马圉，养马的地方，这里指马夫。圉，囚禁。 118 熹：喜欢。 119 形露：显露。 120 鼽(qiú)：鼻塞不通，指伤风感冒之类的小毛病。 121 偫(zhì)：等待。 122 知辜：已经掌握了罪行的犯人。辜，罪。 123 皋陶：禹舜时代掌管刑法的大臣。 124 俟：等待。 125 狄牙：也称易牙，春秋时期齐桓公的有名厨师。 126 韶武：《韶》是舜时的乐章，《武》是周武王时的乐章。 127 太牢：古代祭祀使用的最高级供品。 128 舒戟：长戟，古代兵器。 129 铁钺：古代斧形兵器。 130 箸：筷子。 131 盎(àng)：盆，瓦罐。 132 酌卮(zhī)：斟酒。卮：酒杯，这里指酒。 133 铨(quán)：衡量。 134 闵：忧患。 135 伤：忧思，悲伤。 136 殁(mò)：死亡。 137 蹉跎(cuō tuó)趋殊：蹉跎，失足；趋，向，归附；殊，异，不同。 138 开门：自立门户，自成一派。 139 通人：学识渊博的人。 140 订诠：判断，断定。 141 实论：论证虚实的著作，即指《论衡》。 142 争：有说服力。 143 澄定：证定，断定。 144 敦庞：敦厚笃实。 145 朴：本质。 146 拨：纠正。 147 流失之风：指当时流行的不正之风。 148 反：通

"返"。 ⑭⑨ 宓戏：宓，通"密"，安宁；戏，游戏，逸乐。 ⑮⓪ 经艺：指《诗》、《书》、《易》、《礼》、《乐》、《春秋》，这六种书儒家称为"六经"，也称为"六艺"。 ⑮① 训古：即"训诂"。 ⑮② 分别：分析，辨别。 ⑮③ 浅极：浅薄有限。 ⑮④ 深覆：深奥。 ⑮⑤ 简札：古代写字用的竹简、木札，指书牍。 ⑮⑥ 荴(fū)露：铺陈表露。荴，散发，舒布。 ⑮⑦ 天文：指日月星辰。 ⑮⑧ 地理：山川土地的环境形势。 ⑮⑨ 嫌疑隐微：嫌疑，疑惑难明的事理；隐微，隐晦不明的东西。 ⑯⓪ 名处：叫得出名字，指得出位置。名，称说。 ⑯① 名白：名目清楚。 ⑯② 平：即"秤"，标准。 ⑯③ 聆然：听得清楚的样子。 ⑯④ 察察：分别辨析。 ⑯⑤ 昭察：明白，显著。 ⑯⑥ 斯：这。 ⑯⑦ 色部：不同颜色的部位。 ⑯⑧ 占射：卜算，推测。 ⑯⑨ 黝(yǒu)：黑色。 ⑰⓪ 重袭：一层盖一层。 ⑰① 优雅：隐晦难懂。 ⑰② 指意：意旨，意向。 ⑰③ 狱当嫌辜：狱，狱吏，法官；当，处理判断；嫌辜，有疑问的犯罪事件。 ⑰④ 卿：官吏。 ⑰⑤ 混沌：模糊不清。 ⑰⑥ 典雅：指装腔作势，故作高深。 ⑰⑦ 赋、颂：汉代文学中的两种体裁，辞藻华丽是其特征。 ⑰⑧ 谈异：语言不同。 ⑰⑨ 言室满室，言堂满堂：意为在室里或堂里说话，能使在座的每个人都满意。 ⑱⓪ 剌(là)：违背。 ⑱① 高合：追求和别人一致。 ⑱② 谲：欺诈。 ⑱③ 丧黜：抛弃、丢掉。 ⑱④ 雅：规范。 ⑱⑤ 贯：通"惯"。 ⑱⑥ 雅歌：指《诗经》中的"大雅"、"小雅"之类的歌曲。 ⑱⑦ 郑：指春秋时期的郑国，当地民间歌曲兴盛。 ⑱⑧ 赵：指春秋时期的赵国，以地方舞蹈闻名。 ⑱⑨ 尧舜之典：指《尚书》中的《尧典》、《舜典》。 ⑲⓪ 伍伯：地方官府的兵卒差役。 ⑲① 季孟：指普通百姓。 ⑲② 拨：治，治理。 ⑲③ 訾(zǐ)：诋毁，诽谤。 ⑲④ 卞和：春秋时楚国人，善于鉴识玉器。 ⑲⑤ 畔：通"叛"，违背，背叛。 ⑲⑥ 独是之语：有独到见解的话。 ⑲⑦ 逃顿：逃遁。 ⑲⑧ 择(dù)：通"斁"，错误的。 ⑲⑨ 味：领会。 ⑳⓪ 写：传抄。 ⑳① 论譬：以打比喻的方式说理。 ⑳② 为戾(lì)：为，通"伪"；戾，荒谬，不合理。 ⑳③ 师旷：春秋时期晋国著名的乐师。 ⑳④ 和膳：烹饪。 ⑳⑤ 瑕秽：缺陷。瑕，玉里的杂质；秽，田里的杂草。 ⑳⑥《吕氏》：即《吕氏春秋》，战国末期秦国的吕不韦召集门客所编。 ⑳⑦《淮南》：即《淮南子》，汉代淮南王刘安的门客所编。 ⑳⑧ 落英：落花。 ⑳⑨ 义：仪表，风度。 ㉑⓪ 随：捕捉。 ㉑① 不暇：来不及。 ㉑② 妙远：深远。 ㉑③ 峭：尖刻。 ㉑④ 大羹：即太羹，古时祭祀用的不加五味的肉汤。 ㉑⑤ 简：书牍。 ㉑⑥ 屈：指文章不通之处。 ㉑⑦ 黜：废除，指文章不足之处。 ㉑⑧ 副：相称，符合。 ㉑⑨ 乖：违背。 ㉒⓪ 稽合：对照。 ㉒① 饰文偶辞：饰文，修饰文采；偶辞，排列词句。 ㉒② 实事委琐：实事，论述事实；委琐，细碎。 ㉒③ 文给甘酸：文给，文章的表达；甘酸，不协调，不统一。 ㉒④ 谐：对照。 ㉒⑤ 集：比较。 ㉒⑥ 子长：即司马迁。 ㉒⑦ 内：通"纳"。 ㉒⑧ 子云：即扬雄。 ㉒⑨ 禀：承受。 ㉓⓪ 醴(lǐ)：甜酒。 ㉓① 采：同"彩"，颜色。 ㉓② 重瞳：两个瞳孔。 ㉓③ 重：多。 ㉓④ 约：简要。 ㉓⑤ 章：显著。 ㉓⑥ 被：蒙受。 ㉓⑦ 躁人：轻浮之人。 ㉓⑧ 得：得当，合适。 ㉓⑨ 寡言：指缺乏内容没有意义的文章。 ㉔⓪ 华文：指内容充实、辞彩华美的好文章。 ㉔① 泰：过甚。 ㉔② 定宜：判定是否适宜。 ㉔③ 约径：简捷。 ㉔④ 第：次序，指计算。 ㉔⑤ 褊(biǎn)：指衣服狭小。 ㉔⑥ 肩磨：肩与肩相磨，形容人多。 ㉔⑦ 太公望：即姜太公。 ㉔⑧ 董仲舒：汉代人，推崇儒术，抑黜百家，著有《春秋繁露》等书。 ㉔⑨ 河水沛沛：河水，指黄河；沛沛，水势浩大的样子。 ㉕⓪ 不耦(ǒu)：不逢时。耦，通"偶"，合，和谐。 ㉕① 落魄：穷困潦倒。 ㉕② 属文：写文章。 ㉕③ 淅：淘米煮饭。 ㉕④ 见：被。 ㉕⑤ 削迹：匿迹。 ㉕⑥ 陈蔡：指陈国和蔡国。 ㉕⑦ 不逮：不及，比不上。 ㉕⑧ 厄：灾难。 ㉕⑨ 专城食土：泛指做官的人。 ㉖⓪ 墨：贪污，不廉洁。 ㉖① 泊：通"薄"。 ㉖② 宪：子思，孔子的弟子，守节安贫的典型。 ㉖③ 赐：子贡，孔子弟子。 ㉖④ 同衡：同坐一辆车。衡，车辕前端的横木。 ㉖⑤ 夷：伯夷。 ㉖⑥ 跖：柳下跖。 ㉖⑦ 比迹：并列站在一起。 ㉖⑧ 偶合容说：偶合，指做官；容，容纳；

说,通“悦”,取悦于人。 ㉖⑨ 一嗣:一代。 ㉗⓪ 臧:善。 ㉗① 汪涉(huò):形容德行深广的样子。 ㉗② 渊懿:深美。 ㉗③ 滂沛:宏富壮盛的样子,形容智慧的深广。 ㉗④ 泷漉(lóng lù):形容雨大的样子。 ㉗⑤ 溶滬(kū):水流出的样子。 ㉗⑥ 羡:富余。 ㉗⑦ 细族孤门:细族,低微的家族;孤门,小户。 ㉗⑧ 啁:通“嘲”,嘲笑。 ㉗⑨ 淑懿:善美。 ㉘⓪ 禀阶:承受,凭借,指继承。 ㉘① 履墨涂:涂,同“途”。履墨涂,意为学过墨家的理论。 ㉘② 放:通“仿”,模仿。 ㉘③ 澧泉:甜美的泉水。 ㉘④ 嘉禾:异样丰实稻穗,古代认为这是祥瑞。 ㉘⑤ 屈奇:通“崛奇”,杰出。 ㉘⑥ 倜傥(tì tǎng):卓越豪迈。 ㉘⑦ 度:气派。 ㉘⑧ 庸角不能程:庸,通“甬”,与角都是古代量具名;程,计算,衡量。 ㉘⑨ 牒籍:文书。 ㉙⓪ 勒:刻。 ㉙① 伊望:即伊尹和吕望。 ㉙② 慎兴:出现得少。慎,少。 ㉙③ 骊:黑色。 ㉙④ 骍(xīng):红色。 ㉙⑤ 膀(bǎng):通“妨”,妨碍。 ㉙⑥ 叟:瞽叟,舜的父亲,欲与其小儿子象勾结起来杀害舜。 ㉙⑦ 伯牛:冉耕,孔子弟子。 ㉙⑧ 仲弓:冉雍,伯牛的儿子。 ㉙⑨ 洁全:干净健全。 ㉚⓪ 颜路:颜回的父亲。 ㉚① 遹(yù):卓绝。 ㉚② 君山:即桓谭。 ㉚③ 元和:汉章帝年号。 ㉚④ 辟:通“避”,避难。 ㉚⑤ 部:汉代行政区域单位,全国分为十三部。 ㉚⑥ 治中:即“治中从事史”,刺史手下的文职官吏。 ㉚⑦ 刺劄:纠察,弹劾。 ㉚⑧ 寖:逐渐。 ㉚⑨ 章和:汉章帝年号。 ㉛⓪ 罢州:罢免扬州治中的官职。 ㉛① 悬舆:指年老退休。 ㉛② 否然:事情的行得通与行不通。 ㉛③ 逾迈:越过。 ㉛④ 俦伦:同辈的朋友。 ㉛⑤ 索:少。 ㉛⑥ 庚辛域际:庚年与辛年的交界。 ㉛⑦ 终徂(cú):死亡。徂,通“殂”,死亡。 ㉛⑧ 沛沛:心潮翻滚的样子。 ㉛⑨ 引导:即“导引”,古代的一种健身操。 ㉜⓪ 斯须:片刻。 ㉜① 讫(qì):完毕,终结。 ㉜② 臻:至,到达。 ㉜③ 衡:秤。 ㉜④ 开:明亮,透彻。 ㉜⑤ 详该:周备。

（张　静）

〔**鉴赏**〕《自纪》是《论衡》一书的最后一篇。汉代有一种习惯:作者写成一本书,就要把作者自己的身世以及需要说明的问题写成一篇文章,放在全书的最后。司马迁在《史记》一书的最后有《太史公自序》,班固的《汉书》的最后有《叙传》,都是这种体例。

王充《自纪》第一段写自传,建武三年生,会稽人,都是在这里得到最确切的证据,学术界没有疑义。接着讲他的为人,经历,事业,主要讲他为什么写《论衡》,回答别人对《论衡》的责难,内容相当丰富。他少年时读书多,记忆力强,“才高而不尚苟作,口辩而不好谈对”。官场上并不顺利,当的都只是属官,后来因与长官意见不合,就辞职回家著述。对于著述,他说:“充既疾俗情,作《讥俗》之书,又闵人君之政,徒欲治人,不得其宜,不晓其务,愁精苦思,不睹所趋,故作《政务》之书。又伤伪书俗文,多不实诚,故为《论衡》之书。”这里提到三本书,都是王充的著作,《讥俗》与《政务》都已经失传,只有《论衡》传了下来。“论衡者,论之平也。”这是王充对《论衡》书名的解释。《论衡》的内容比较通俗,容易看懂,有人认为太肤浅。他认为,著作“欲其易晓而难为,不贵难知而易造”。通俗易懂,深入浅出的书不容易写。关于王充著作与世俗说法不同,有的人认为“文贵夫顺合众心,不违人意”。王充认为这是守旧的说法,要探索真理,就要跟世俗之见辩论。

真理的标准不是多数人的意见,“论贵是而不务华,事尚然而不高合”。理论要正确不需要华丽,做事要合理不提倡随俗。如果写的书都是符合大家的想法,那么,这种书就没有创造性,也不会推动学术发展、文化繁荣,也就没有百家争鸣。有的人说王充的书还有缺点,不是纯美的。以前虽然有些书像是纯美的,如《吕氏春秋》与《淮南子》,都挂在城墙上,谁能改一字,赏千金。结果没有人得到千金。世俗认为这就是纯美的书,一个字都改不了。王充看法与众不同,认为这不是书纯美,而是书出于富贵之家,没有人敢提修改意见。王充在《论衡》中批评的书也有这两本。特别是辩论的书,为了探索真理,注意力都集中在辩论是非上,对于语言方面并没有精雕细刻,所谓“至宝必有瑕秽”,“良工必有不巧”。有人说《论衡》与前人所著的古书不一样,特别与经传不合。王充认为,勉强与别人相似,就会失去自己的真实,各人的文章“自为佳好”,“美色不同面,皆佳于目;悲音不共声,皆快于耳”。有的人说王充书太长,物以稀为贵,多了就不值钱。王充解释说:“今失实之事多,华虚之语众”,批判的文章就不能少了。另外,好的东西多了也还是好的,钱多了就是百万富翁,比钱少好。有的说他当官没做好,落魄后,只好回家写书,对自己有什么好处。他说:“身与草木俱朽,声与日月并彰;行与孔子比穷,文与扬雄为双,吾荣之。”名声高而知识少,官大而道德差,这有什么好呢?而且孔子也是做上官,才回家教学著书的,有什么不好呢?王充出身低贱,有人说出身低贱的人会写出这么大部头的著作,一定是妖怪。王充列举一大批前人,父祖没有名望,自己成了大名人,批驳了血统论。如他说:“鲧恶禹圣,叟顽舜神;伯牛寝疾,仲弓洁全;颜路庸固,回杰超伦;孔墨祖愚,丘翟圣贤;扬家不通,卓有子云;桓氏稽可,遹出君山。”禹、舜、仲弓、颜回、孔子、墨子、扬雄、桓谭都是历史上的杰出人物,他们的父祖都不是杰出人物。言外之意,王充的父祖虽然也不是杰出人物,王充自己为什么就不能写好书呢?

最后一节讲他的晚年生活与心情,以及著作情况。这一篇是东汉最伟大的哲学家的自白,弥足珍贵。

（周桂钿）

灵宪·序 张 衡

昔在先王,将步天路①;用定灵轨②,寻绪本元③。先准④之于浑体⑤,是谓正仪⑥立度⑦,而皇极⑧有逌⑨建也,枢运⑩有逌稽也。乃建乃稽,斯经⑪天常⑫。圣人无心⑬,因兹以为心;故《灵宪》作兴。

〔注释〕 ① 天路:天道。 ② 灵轨:日月星辰运行的轨迹。 ③ 本元:天地万物的根源。 ④ 准:仿照、效法。 ⑤ 浑体:天体。 ⑥ 正仪:治理仪器。 ⑦ 立度:制定度量。 ⑧ 皇极:天极。即北极星所在之处。 ⑨ 逌(yóu):所。 ⑩ 枢运:枢星运旋。枢星有二:其一指北斗第一星,又称天枢、枢斗。另一指北极之枢星。在人视觉中,天枢绕极而行。 ⑪ 经:经常、从事。 ⑫ 天常:天的常道。 ⑬ 无心:没有成见。 (贺圣迪)

〔鉴赏〕 《灵宪·序》是为《灵宪》一书所写的自序,作者张衡(78—139),是中国古代卓有成就的文学家、思想家和科学家。他自幼好学深思,年十七外出游学。曾观太学,与崔瑗等相交。应南阳太守鲍德聘,出任主簿,德升迁,衡辞归治学。由文学创作转向天数哲理。后两度官太史令,迁侍中,出为河间相。文学作品以《两京赋》、《四愁诗》、《同声歌》等著称于世。科学著作有《灵宪》、《浑天仪》等。

《灵宪》一书,写于太史令任上。东汉时,太史署掌管天时星历,其长官太史令相当于今国家天文台台长。安帝元初二年(115年)衡官太史令。稍后,创制浑天仪,并作《灵宪》。

《灵宪》先论宇宙演化,次说天象地形,再说日月星辰运行。它明确提出宇宙以气为本源,具有无限时空;记录洛阳地区的可见恒星数;精确测算日月的角直径;阐明月球不发光,月光是其对日光的反射,以此说明月相变化;又以地蔽日光说明月食成形;认为行星运动快慢与距地远近相关。

此书在南宋亡佚。今传诸本,分别为明张溥,清马国翰、严可均、洪颐煊、顾櫰三所辑。本文文首所录者,据严可均《全后汉文》。

《灵宪·序》论述了天文研究的对象、如何研究及其与认识论的关系。

序言先谈天道是什么?张衡生活的时代,对天有三种认识:自然之天、神灵之天和道德之天。因所认识之天有不同,天道也就相异,有天体自然规律、至上神意志和绝对道德规律之别。尽管张衡有天人感应思想,但他坚定认为天是自然物,天道是自然规律。在序言中,张衡以"天路"、"天常"指代天道。在他看来,天道有两个方面:其一"灵轨";其二"本元"。本元即元气。张衡接纳前人之说,认为宇宙原本只是气,无始无终无际涯,在其运行中演化为天地万物。并认为在天地演化过程中,日月星辰由天宇中部分之气凝聚而成。因气又称为灵,故也可以灵指称星体。灵轨是指日月五星等运行的轨迹。这一以宇宙演化和星体运行来说天道,是科学的,理当肯定。

既明天道，接着说如何研究。张衡先是说准体正仪。准体是仿效浑天，创制仪器，模拟它的运行。为此，他已在此前发明用以演示天体运行的仪器浑天仪。立度是设立坐标体系，以量度星体及其他天体的位置所在及其运动。天宇原本没有用作量度位置，速度和距离的尺度坐标，是人出于自己定位和计算需要，而加以设置的。张衡继承前人成就，以北极星为天极所在，以二十八宿为坐标，分周天为三百六十五又四分之一度；以赤道横分天球，去南北两极各九十一度十六分之五。从而确定天体位置，计量其运动。

浑天仪作为天体模型，是张衡浑天理论和实测数据在仪器上的显示。它是否正确，张衡认为有赖于检验，要根据稽考的结果，得出结论。建立模型，加以稽考的同时，还需"寻绪"研究天地宇宙的本元。寻绪之法是运用思维的抽象活动。在对已有天象知识的分析、综合、比较中，由判断而推理，求索作为宇宙本体的元气。

认识天道，在张衡看来，是从无知到有见的过程。它符合下述原理："圣人无心，因兹以生心。"人意识中的天道，是这一普遍真理，在天文学领域的体现。张衡的天文宇宙研究，在正确认识论的指导下，取得了知识和理论上的成果，又以成果充实了科学认识论。

《灵宪》传播后世，至明清间，经传教士介绍而至欧洲，被吸收，融入欧洲天文学，对现代天文学理论的形成起过积极作用。　　（贺圣迪）

非草书　　赵壹

余郡士有梁孔达、姜孟颖者，① 皆当世之彦哲也，然慕张生②之草书过于希孔、颜③焉。孔达写书以示孟颖，皆口诵其文，手楷其篇，无怠倦焉。于是后学之徒竞慕二贤，守令作篇，人撰一卷，以为秘玩。余惧其背经而趋俗，此非所以弘道兴世也；又想罗、赵④之所见嗤沮，故为说草书本末，以慰罗、赵、息梁、姜焉。

窃览有道张君所与朱使君⑤书，称正气可以消邪，人无其衅⑥，妖不自作，诚可谓信道抱真，知命乐天者也。若夫褒杜、崔⑦，沮罗、赵，欣欣有自臧⑧之意者，无乃近于矜伎，⑨ 贱彼贵我哉！夫草书之兴也，其于近古⑩乎？上非天象所垂，下非河洛所吐，中非圣人所造。盖秦之末，刑峻网密，官书烦冗，战攻并作，军书交驰，羽檄纷飞，故为隶草⑪，趋急速耳，示简易之指，非圣人之业也。但贵删难省烦，损复为单，务取易为易知，非常仪也。故其赞曰："临事从宜。"而今之学草书者，不思其简易之旨，直以为杜、崔之法，龟龙所见也。其擸扶拄挃，诘屈叐乙，⑫不可失也。龀齿以上，苟任涉学，皆废仓颉、史籀，竟以杜、崔为楷；私书相与，庶独就书，云适迫遽，故不及草。草本易而速，今反难而迟，失指多矣。凡人各殊气血，异筋骨。心有疏密，手有巧拙。书之好丑，在心与手，可强为哉？若人颜有美恶，岂可学以相若耶？昔西施心疹⑬，捧胸而颦，众愚效之，只增其丑；赵女善舞，行步媚蛊，学者弗获，失节⑭匍匐。夫杜、崔、张子，皆有超俗绝世之才，博学余暇，游手于斯，后世慕焉。专用为务，钻坚仰高，忘其疲劳，夕惕不息，仄不暇食。十日一笔，月数丸墨。领袖如皂，⑮唇齿常黑。虽处众座，不遑谈戏，展指画地，以草刿壁，臂穿皮刮，指爪摧折，见鳃⑯出血，犹不休辍。然其为字，无益于工拙，亦如效颦者之增丑，学步者之失节也。且草书之人，盖伎艺之细者耳。乡邑不以此较能，朝廷不以此科吏，博士⑰不以此讲试，四科⑱不以此求备，征聘⑲不问此意，考绩不课此字。善既不达于政，而拙无损于治，推斯言之，岂不细哉？夫务内者必阙外⑳，志小者必忽大。俯而扪虱，不暇见天。天地至大而不见者，方锐精于虮虱，乃不暇焉。

第以此篇研思锐精，岂若用之于彼圣经㉑，稽历协律，㉒推步期程，探赜钩深，幽赞神明。览天地之心，㉓推圣人之情。析疑论之中，理俗儒之诤。依正道于邪说，侪㉔《雅》乐于郑声，兴至德之和睦，宏大伦之玄清。穷可以守身遗名，达可以尊主致平，以兹命世㉕，永鉴后生，不亦渊㉖乎？

〔注释〕①梁孔达、姜孟颖：赵壹言与二人同郡（汉阳郡，今属甘肃），二人乃张芝后学。

② 张生：张芝(？—约192)，东汉书法家，字伯英，敦煌渊泉(今甘肃安西)人。芝弟昶，汉黄门侍郎，亦能草书，今世云芝草者，多是昶作。 ③ 孔、颜：孔子、颜回。 ④ 罗、赵：罗晖、赵袭。羊欣《采古来能书人名》载："罗晖、赵袭，不详何许人，与伯英同时，见称西州，而矜许自与，众颇惑之。"张芝《与太仆朱宽书》有"上比崔，壮不足，下方罗，赵有余"语。 ⑤ 朱使君：朱宽。⑥ 衅(xìn)：间隙；瑕隙；破绽。 ⑦ 杜、崔：杜度、崔瑗。羊欣《采古来能书人名》载：京兆杜度为魏齐相，始有草名。安平崔瑗，后汉济北相，亦善草书。平苻坚，得摹崔瑗书，王子敬云："极似张伯英"。 ⑧ 臧(zāng)：善。 ⑨ 矜伎：过于自负。 ⑩ 近古：秦末之时。 ⑪ 隶草：章草。唐张怀瓘《书断》中言：章草即隶书之捷，草亦章草之捷也。 ⑫ 㩧扶拄挃：形容隶草停顿波挑，曲折委婉的用笔。㩧，音义未详；拄：通黑主，犹黑主点，指笔势向下按的蹲点；挃：摘，如钩。诘屈叐乙：指草书屈曲多变的笔画，笔势忽起忽落笔画必屈曲多变。诘屈，即屈曲，曲折；叐：据《康熙字典》应作"龙"，与"拔"通，猝然突起意；乙，犹乙脚，曲折；叐乙，亦指草书笔画的曲折多变，与诘屈意同。 ⑬ 心疹：心痛。疹：疢，疾病。 ⑭ 失节：失于调节、控制。⑮ 丸墨：古代墨以丸计；领袖：衣领和衣袖。 ⑯ 见鳃：现出骨来。鳃：肉中骨。 ⑰ 博士：古代学官名。六国时有博士，秦因之诸子、诗赋、术数、方伎皆立博士；讲试：讲究考核。⑱ 四科：孔门四门科目。指德行：言语、政事、文字。《论语·先进》："德行：颜渊，闵子骞，冉伯牛，仲弓。言语：宰我，子贡。政事：冉有，季路。文学：子夏。" ⑲ 征聘：征召诸侯聘问。《左传·宣公九年》："春，王使来征聘。" ⑳ 阙外：失之于外。阙即缺也，引申为失掉。 ㉑ 圣经：指儒家经典。 ㉒ 稽历协律：即稽协力律。谓考察调整历法。历律，历法。 ㉓ 天地之心：指人。《礼记·礼运》："人者，天地之心也。" ㉔ 侪：通齐，正意。《小雅·小宛》传曰："齐，正也。……齐，正字也；侪，借字也。"《论语·卫灵公》：颜渊问为邦。子曰："行夏之时，乘殷之辂，服周之冕，乐则韶舞。放郑声，远佞人。郑声淫，佞人殆。" ㉕ 命世：著名于当世。《汉书·楚元王传赞》："圣人不出，其中必有命世者焉。" ㉖ 渊：深邃、沉沉。 (张传友)

〔鉴赏〕 最具中国特色艺术的书法，因其本源于"观物取象"，具有与被人们赋予美妙的遐想、丰富的意蕴，甚至寄托书家的生命情怀。书法常常被称为艺术之母、艺术之根，诸如绘画、雕刻、音乐、舞蹈等东方艺术无不从书法技法、气势、神韵、节奏、风骨、意境、陶养等方面获得滋养、启发和动力。在东方思维习惯里，抽象的书法线条与人们对天地宇宙、自然人生的体悟和探寻具有某种相互贯通的对应关系。对比日本之书道、韩国之书艺，一个"道"字最符合书法艺术在文化、思想、思维领域所在境界。然而时至今日，仍有数量庞大的群体对书法和书写、艺术和实用、审美与功利之间的关系有着极大的认识误区，对书法艺术的审美价值存在着严重的误解。其实，这种批评自书法从实用向审美的转化之初就存在着，中国书法史上现存最早的书论即是如此。

这篇书论即《非草书》，作者赵壹，字元叔，东汉汉阳郡西县人(今甘肃天水南)，大约活动于桓、灵年间(公元147—188年)，与草圣张芝大体同时。据《后汉书·文苑列传》记载，赵壹"体貌魁梧，身长九尺，美须豪眉，望之甚伟"。但他"恃才倨傲”，爱憎分明，不随时俗，被乡党陷害几乎丧命。后任汉阳郡上计吏。公元178年，朝廷召集各郡上计吏，当官员们参见司徒袁逢时无不拜伏于地，只有赵壹长揖不拜，袁逢对他的不凡才识很是欣赏。后来他去拜见河南尹羊陟，羊陟对他也非常看重。由此得到羊陟和袁逢的举荐而声名大振。各州郡争相礼聘他，可赵壹感慨自己生不逢时，坚辞不就。

当时已为东汉末年，这是一个权臣结党谋私、显贵相互倾轧的窳败、糟烂社会，是一个英雄无所用其武、栋梁无所展其才的混乱、衰败之世，是一个大帝国正一步步走向崩溃、分裂的时代。有抱负的士子才俊“思飞不得，欲鸣不可，举头畏触，摇足恐堕”（《穷鸟赋》）。

《非草书》的写作，正是针砭当时社会的病痾。在去洛阳述职前（178年），年轻气盛的赵壹大声疾呼割除弊政、任用贤才、奋发图强。当时之世，宦官、外戚与清流名士形成三派势力，他们之间相互争斗，极大地削弱了国家实力。有人认为，东汉末年的“鸿都门学”事件，是导致赵壹抨击书法的“直接原因”。汉灵帝时设置“鸿都门学”以延揽文艺人才，由于宦官的操纵，该部门逐渐演变为与太学、清流对立的势力。这些鸿都门生与正常的人才选拔、擢升产生矛盾。他们多出身寒门庶族而非豪门士族，自然受到门阀士大夫的鄙视和讥讽，只能依赖灵帝甚至与宦官同流合污，陷害、杀戮名士诤臣，导致党锢之祸。其中种种弊端，遭到正义之士的痛切指责。而这些鸿门学士的晋身之阶，恰恰是辞赋书画等一技之长，因此，名士清流把这作为攻击的目标，当时的大书法家蔡邕也指出“书画辞赋，才之小者”，于治国理政毫无用处，只有“通经释义”的儒家经世之学才是大道。赵壹《非草书》的出现也是针对这一人才选拔方式所造成的因“书（草）”废政之弊而发。

其实自文字创制以来，无论是龟甲兽骨、钟鼎金石，人为的“形象”刻画熔铸所形成的线条极易引起人们的遐想，具有西方拼音文字所没有的独特审美趣味。当然，在人尚未觉醒的蒙昧时期，作为一种符号的汉字，其实用功能一直居于主导地位。后人所体味到的审美情趣，在时人那里未必有此闲情逸致。孔子开展私人教学中所重视的“六艺”中的“书”，关涉六书，即象形、形声、指事、会意、假借、转注六种形体构造方法，对汉字形体的审美认识不无助益。特别是秦代“书同文”的强制推行对文字的传播和书体的演化产生了深远的影响。到汉代出现了朦胧的汉字书写的审美认识，《汉书·艺文志》记载萧何立法把文学修养与书写水平作为选拔人才、考评官吏的准则：

太史试学童,能讽书九千字以上乃得为史。文以六体试之,课最者以为尚书、御史史书令史。吏民上书,字或不正辄举。

除汉字构造方面的原因外,书写材料、书写工具的改变对书写由实用向审美方面的转化也起了重要作用。从龟甲兽骨、青铜、石器到竹木简牍、缣帛丝绢,乃至纸的出现,对书者是一种技术和技巧上的解放,而毛笔的出现使这种解放逐渐从物理、生理方面的解放转化到精神、心灵的方面。赵壹所处的时代正是万事俱备、东风徐至的书法觉醒时期。更为直接的是,汉代出现的人物品藻发展起来的审美趣味、审美观念随着书体的演变、毛笔的普及,大大加强了汉字由实用向审美过渡的速度和力度。可以说,隶书、章草的出现,除了书写便捷的使用考量之外,同时带有自觉不自觉的书法审美化趋向。汉字书写本身发生的这一新审美情趣现象,加上灵帝通过"鸿都门学"选拔人才的推波助澜,使得汉字由实用向审美转变的审美自觉在东汉末年进入了加速期。两汉至魏晋时期,帝王士大夫多以善书为荣,如杜度、崔瑗、张芝等"有超俗绝世之才"者于博学之暇游艺于此,他们酣畅淋漓的点画节奏、狂放恣肆的书风令观者如痴如醉。人们习练草书的目的,已非原初"趋急速,示简易"的实用性考量,更多的是追求一种外在的点画运行节奏与内在生命节奏的共鸣、共振。其中过程常常"难而迟",一大批草书爱好者以及以此为晋身之阶者,练习草书到了废寝忘食、黑白颠倒、痴迷癫狂的程度。一旦稍有所得辄欣然自得、忘乎所以、四处显摆。这种痴迷、这份虔诚显然不仅仅是单纯的实用、功利方面的考量,而是一种自觉的审美追求。

赵壹对这种学习草书的过热行为是深恶痛绝的。他认为人们创制草书本意是为了简化字形、书写便捷,但草书本身"上非天象所垂,下非河洛所吐,中非圣人所造",并不像籀、篆等字体具有公认的先天性、合法性和神圣性,它只是某一历史阶段出于实用的目的而出现的偶然现象。与修齐治平的正道相比,时人崇尚的书法实属小道,与篆籀等汉字正体相比,草书更是书法末技。就作为社会政治精英的士人而言,汉字写得好无益于政治清明,写得孬无损于民富国强。历来有名书家,无不把书法作为闲暇余事,稍寄其闲情雅趣。时人因书废事、因书废道的做法是舍本而逐末,"背经而趋俗"。"经"乃四书五经之经,乃儒家经世致用的大道、正道,士人痴迷草书无论是出于爱好,还是出于顺遂灵帝"鸿都门学"选拔人才,都是背离了士人所应承担的社会责任和人格操守。何况,草书的卓异无关于个人品行能力、为官的政绩功德和治学的学术造诣,"背经"实即"背道",是应该予以大张挞伐的。

不过，赵壹对草书的批评、对习草书者的指责，是出于这些士人因书废政，背离了安邦治国的正道而言，是出于“弘道”而言，并非全然否定书法。杜度、崔瑗、张芝等人虽然酷嗜草书，但能够恰当处理本与末、道与技的关系，赵壹对他们还是持肯定态度的。而普通士人之所以不能取得杜、崔、张的草书成就，关键在于资质禀赋的因素。赵壹提出“书之好丑，在心与手”，在书法美学史上第一次揭示了天然资质与书法的关系，每个人“各殊气血，异筋骨。心有疏密，手有巧拙”，先天的差异是决定一个人艺术成就高低的决定性因素。虽然手之巧拙与后天的训练不无关系，但根本上还是取决于个人心性、天赋。这种提法与当时盛行的从气质禀赋方面的人物品藻是一致的。从心理、生理方面去解释人与人之间的差异，尤其是精神、心灵方面的不同，显示了汉末至魏晋时期人的觉醒、文学的自觉。这种先天的差异，非后天人力的“强为”所能改变。否则，违背人的气质性格、不顾自己的才智禀赋，正如缺乏悟性者痴迷草书一样，无论怎样下功夫、卖力气，其结果都会如同东施效颦、邯郸学步，不但不能有所成就，还会给世人留下笑柄，给自己带来苦恼和悔恨。

强调人先天的气血禀赋、心性才智在书法中的关键作用，对于魏晋时期以王羲之为代表的中国书法的第一次高峰的到来，对于书法美学方面的探索和突破，都具有重要的意义。因此，赵壹的《非草书》所要非议、批判的是那种以草书为生活、人生的全部，而把自己应当承担的社会使命、人生使命抛诸云外之举，草书、书法中的笔情墨韵、流动之美，他应该是心向往之的。只要如杜度、崔瑗、张芝等人那样，找准人生的大方向，看清天地间的光明大道，闲暇之余，舞文弄墨又何尝不可呢？

（张传友）

伤寒论·自序　　张仲景

余每览越人[①]入虢[②]之诊，望齐侯之色，未尝不慨然叹其才秀[③]也。怪当今居世之士，曾不留神医药，精究方术[④]，上以疗君亲之疾，下以救贫贱之厄[⑤]，中以保身长全，以养其生。但竞逐荣势，企踵[⑥]权豪，孜孜汲汲[⑦]，惟名利是务，崇饰其末[⑧]，忽弃其本[⑨]，华其外而悴其内。皮之不存，毛将安附焉[⑩]？卒然遭邪风之气，婴非常之疾，患及祸至，而方震栗。降志屈节，钦望巫祝[⑪]，告穷归天，束手受败。赍[⑫]百年之寿命，持至贵之重器⑬，委付凡医，恣其所措。咄嗟呜呼！厥身已毙，神明消灭，变为异物⑭，幽潜重泉，徒为啼泣。痛夫！举世昏迷，莫能觉悟，不惜其命，若是轻生，彼何荣势之云哉？而进⑮不能爱人知人，退⑯不能爱身知己，遇灾值祸，身居厄地，蒙蒙昧昧，蠢若游魂⑰。哀乎！趋世之士，驰竞浮华，不固根本，忘躯徇物⑱，危若冰谷，至于是也！

余宗族素多，向余二百。建安⑲纪年⑳以来，犹未十稔㉑，其死亡者，三分有二，伤寒十居其七。感往昔之沦丧，伤横夭㉒之莫救，乃勤求古训，博采众方，撰㉓用素问九卷㉔、八十一难㉕、阴阳大论、胎胪药录，并平脉辨证，为伤寒杂病论，合十六卷。虽未能尽愈诸病，庶可以见病知源。若能寻余所集，思过半㉖矣。

夫天布五行，以运万类，人禀五常㉗，以有五藏，经络府俞㉘，阴阳会通，玄冥幽微，变化难极。自非才高识妙，岂能探其理致哉！上古有神农、黄帝、岐伯、伯高、雷公、少俞、少师、仲文，中世有长桑、扁鹊，汉有公乘阳庆及仓公，下此以往，未之闻也。观今之医，不念思求经旨，以演㉙其所知，各承家技，始终顺旧。省病问疾，务在口给㉚，相对斯须㉛，便处汤药。按寸㉜不及尺㉝，握手不及足；人迎㉞、趺阳㉟，三部㊱不参；动数发息，不满五十。短期㊲未知决诊，九候㊳曾无仿佛㊴；明堂㊵阙庭㊶，尽不见察，所谓窥管而已。夫欲视死别生，实为难矣。孔子云：生而知之者上，学则亚之。多闻博识㊷，知之次也。余宿尚方术，请事斯语。

〔注释〕 ① 越人：扁鹊。 ② 虢(guó)：古国名。有东虢、西虢、北虢之分。 ③ 秀：出众。 ④ 方术：指治疗技术。 ⑤ 厄：病困。 ⑥ 企踵：踮起脚跟。此谓仰慕。 ⑦ 孜孜汲汲：急急忙忙迫不及待貌。 ⑧ 末：此指名利荣势。 ⑨ 本：指身体。 ⑩“皮之不存”二句：语见《左传·僖公十四年》。 ⑪ 巫祝：古代迷信鬼神的活动。 ⑫ 赍(jī)：持。 ⑬ 重器：此喻身体。 ⑭ 异物：指死亡的人。 ⑮ 进：晋身为官。 ⑯ 退：隐居为民。 ⑰ 游魂：喻苟延残喘的无用之人。 ⑱ 徇：营求。 ⑲ 建安：汉献帝刘协的年号(公元 196—219 年)。 ⑳ 纪年：即纪元。我国从汉武帝开始以帝王的年号标记年代。 ㉑ 稔(rěn)：年。 ㉒ 横夭：

早死。㉓撰：通选。㉔九卷：指《灵枢》，又称《针经》。㉕八十一难：指《难经》。㉖思过半：谓收益多。㉗五常：五行。㉘府俞：针灸中的气府腧穴。㉙演：推演，扩大。㉚口给(jǐ)：能言善辩。㉛斯须：一会儿。㉜寸：寸口脉。㉝尺：尺肤。古代诊察部位。㉞人迎：位于结喉两侧，指颈动脉。㉟趺阳：指足背前胫动脉。㊱三部：指寸口、人迎、趺阳三部脉象。㊲短期：病危将死之期。㊳九候：古代诊脉的九个部位。头部两额、两颊及耳前；中部寸口、合谷及神门；下部内踝后、大趾内侧和大趾与次趾之间等九处的动脉。㊴仿佛：指模糊印象。㊵明堂：指鼻子。㊶阙庭：指两眉间和前额。㊷识(zhì)：记、知。

（王庆其）

〔鉴赏〕《伤寒杂病论》系东汉末著名医学家张机(字仲景)所著。相传他曾任长沙太守，世称"张长沙"。东汉末年战乱频仍，疫病横行，民不聊生。曹植在《说疫气》中形容当时的惨状为"家家有僵尸之痛，室室有号泣之哀，或阖门而殪，或复族而丧"。在大疫流行之际，张仲景家族亦未能幸免，正如是文所说："余宗族素多，向余二百。建安纪年以来，犹未十稔，其死亡者，三分有二，伤寒十居其七。"民众的苦难，亲人的伤痛，激发了张仲景精研医术及著书救世的责任感，于是他"勤求古训，博采众方，撰用《素问》、《九卷》、《八十一难》、《阴阳大论》、《胎胪药录》，并《平脉辨证》，为《伤寒杂病论》，合十六卷"。

《伤寒杂病论》成书之后，由于兵火战乱的洗劫，原书散佚不全，后经西晋太医令王叔和将原书的伤寒部分整理成册，名为《伤寒论》，遂使此书得以幸存。

《伤寒论》的学术成就可以概括为五个方面：第一，系统总结了东汉以前的医学成就，将医学理论与临床实践经验有机地结合起来，形成了我国第一部理论方药具备的医学经典。第二，在《素问·热论》的基础上，创造性地对外感疾病错综复杂的证候表现及演变规律进行了分析归纳，创立了六经辨证论治体系，为后世临床医学的发展奠定了坚实的基础。第三，创制与保存了许多功效卓著的方剂(113方)。用药精当，配伍严谨，加减灵活，功效显著，被后世誉为"方书之祖"。第四，制定了诸如治病求本、扶正祛邪、调理阴阳等基本治则，并首次全面系统地运用了汗、吐、下、和、温、清、消、补八法，为后世医家提供了范例。第五，记载了汤剂、丸剂、散剂、含咽剂、灌肠剂、肛门栓剂等不同的剂型，为中医药制剂技术的发展奠定了基础。

张仲景在自序中，字里行间表现了他"仁爱济世"的医学伦理思想。身处疫病流行的年代，目睹当时"居世之士"竟然"不留神医药，精究方术"，而"竞逐荣势，企踵权豪，孜孜汲汲，唯名利是务"的恶劣作风，深表痛切，对那些"崇饰其末，忽弃其本，华其外而悴其内"，"蒙蒙昧昧，蠢若游魂"的不良倾向进行了抨击。他指出缺德不仁的庸医非但不能造福于人类，而且将误人害己，“患及祸至，而方震慄”，“幽潜重泉，徒为啼泣”，“而进不能爱人知人，退不能爱身知己”，对此他感到十分痛心。

仲景对当时墨守成规、草率从事的医疗作风也作了严厉的批评：“观今之医，不念思求经旨，以演其所知，各承家技，始终顺旧。省病问疾，务在口给，相对斯须，便处汤药”，在诊治过程中，“按寸不及尺，握手不及足，人迎、趺阳，三部不参，动数发息，不满五十，短期未知决诊，九候曾无仿佛；明堂阙庭，尽不见察，所谓窥管而已。”这样的医疗态度，“欲视死别生，实为难矣”。

仲景认为中医学是一门极为深奥广博的学问，他指出：“天布五行，以运万类，人禀五常，以有五脏，经络府俞，阴阳会通，玄冥幽微，变化难极。自非才高识妙，岂能探其理致哉！”可见只有博学多才，识多见广，才能成为救人济世的医生。并结合自身治学，主张“勤求古训，博采众方”，反对“各承家技，始终顺旧”的门户之见，从而不断结合临床实践，大胆创新。

仲景的为医之道、治学风格及其学术创新，足可为今世医家楷模。

（王庆其）

金匮要略·脏腑经络先后病脉证　　张仲景

问曰：上工① 治未病，何也？师曰：夫治未病者，见肝之病，知肝传脾，当先实脾，四季脾王② 不受邪，即勿补之。中工③ 不晓相传，见肝之病，不解实脾，惟治肝也。

夫肝之病，补用酸，助用焦苦，益用甘味之药调之。酸入肝，焦苦入心，甘入脾。脾能伤肾，肾气微弱则水④ 不行，水不行则心火⑤ 气盛，则伤肺，肺被伤则金气⑥ 不行，金气不行，则肝气盛，则肝自愈。此治肝补脾之要妙也。肝虚则用此法，实则不在用之。经曰：“虚虚⑦ 实实⑧，补不足，损有余”，是其义也。余脏准此。

夫人禀五常⑨，因风气而生长，风气虽能生万物，亦能害万物，如水能浮舟，亦能覆舟。若脏元真⑩ 通畅，人即安和。客气⑪ 邪风，中⑫ 人多死，千般疢难⑬，不越三条：一者，经络受邪入脏腑，为内所因也；二者，四肢九窍，血脉相传，壅塞不通，为外皮肤所中也；三者，房室⑭金刃虫兽所伤。以此详之，病由都尽。

若人能养慎，不令邪风干忤⑮经络，适中经络，未流传脏腑，即医治之，四肢才觉重滞，即导引⑯吐纳⑰，针灸膏摩⑱，勿令九窍闭塞，更能无犯王法⑲，禽兽灾伤，房室勿令竭乏，服食节其冷热苦酸辛甘。不遗形体有衰，病则无由入其腠理。腠者三焦⑳通会元真之处，为血气所注；理者，是皮肤脏腑之文理也。

问曰：有未至㉑而至㉒，有至而不至，有至而不去，有至而太过，何谓也？师曰：冬至之后甲子㉓夜半，少阳起㉔，少阳之时，阳始生，天得温和。以未得甲子，天因温和，此为未至而至也。以得甲子，而天未温和，为至而不至也。以得甲子，而天大寒不解，此为至而不去也。以得甲子，而天温如盛夏五六月时，此为至而太过也。

〔**注释**〕 ① 上工：指医术高明，十治九愈的医生。 ② 王：通旺。 ③ 中工：指医疗技术中等，十治七愈的医生。 ④ 水：肾主水，水气运行赖肾之气化功能。 ⑤ 心火：心属火。 ⑥ 金气：肺属金，主气。 ⑦ 虚虚：虚证用泻法，使虚者更虚。 ⑧ 实实：实证用补法，使实者更实。 ⑨ 五常：五行运化的常道。 ⑩ 元真：即真气、元气。 ⑪ 客气：指外感邪气。 ⑫ 中：中伤。 ⑬ 疢(chèn)难：指疾病。 ⑭ 房室：指性事过度。 ⑮ 干忤：侵犯。 ⑯ 导引：指自我按摩。 ⑰ 吐纳：一种调整呼吸的方法。 ⑱ 膏摩：用药膏熨摩体表的外治法。 ⑲ 王法：国家的法令。 ⑳ 三焦：为六腑之一，是脏腑外围最大的腑，有主持诸气、疏通水道的作用。 ㉑ 未至：未到时令。 ㉒ 至：指气候。 ㉓ 甲子：古代用天干、地支相配计算年月日。此指冬至之后六十日。 ㉔ 少阳起：古人将一年分为三阴三阳六个阶段，各六十天，自少阳始，至厥阴止。少阳起，指冬至后六十日开始为少阳当令之时。 (王庆其)

〔**鉴赏**〕 《金匮要略》是我国东汉著名医学家张仲景所著《伤寒杂病论》的杂病部分，也是我国现存最早的一部论述诊治杂病的专书。该书原名《金匮要略方论》，简称《金匮》。经西晋王叔和、北宋王洙、南宋林亿等从《伤寒杂病论》中分编整理而成。

《金匮》建立了以病为纲、病证结合、辨证论治的杂病诊疗体系，使中医基础理论、方药学、临床医学三位一体，奠定了中医临床医学的诊治体系，成为中医“四大经典”之一。

本篇节选自《金匮》的首篇"脏腑经络先后病脉证第一"，着重讨论了四个问题。

（一）张仲景在《素问·四气调神大论》"不治已病治未病"的学术思想基础上，对"治未病"作了进一步的发挥，提出了著名的"见肝之病，知肝传脾，当先实脾"的学术观点，这是"上工"治病的策略。从中可以领悟到，人体的脏腑之间是一个统一的整体，在生理情况脏腑之间相互联系，在病理情况下则一脏有病可以影响他脏，这种传变是有一定规律的。医生掌握了这种传变规律，可以采取一定的治疗措施阻止其传变，即后世所谓"先安未受邪之地"，这是《内经》"治未病"思想的深化和发展，对现代临床具有指导意义。

（二）人赖自然而生存，但自然界亦存在致病因素可使人发病。仲景以"水能浮舟，亦能覆舟"生动地说明了人与自然的这种关系。人体正气具有抗病能力，若五脏元真通畅，则邪不易侵犯；若元气不足，则客气邪风等致病因素易犯人体。据此告示人们内养正气，外避邪气，可防止发生疾病。

（三）临床疾病虽然多种多样，但其病因及传变不外三端：一是经络受邪，传入脏腑；二是病在四肢、九窍，血脉壅塞不通，这是由外部体表受邪所致；三是房室、金刃、虫兽等致病因素损伤人体。这是继《灵枢·百病始生》关于病因分类之后的补充和发展，其对宋代陈无择"三因说"的形成，具有深远影响。

（四）提出季节与气候不相应出现的四种类型：如冬至之后的六十天，雨水节当令，阳气始生，气候转暖，此为正常气候；若雨水节未到，而气候已暖，此为"未至而至"；若已到雨水节，气候尚未温暖，此为"至而不至"；如已到雨水节，气候仍然很冷，时令已到，严寒当去不去，此为"至而不去"；若已到雨水节，气候热如盛夏，此为"至而太过"。中医认为，季节与气候不相应则为反常气候，可以成为致病因素。《内经》有"气相得则和，不相得则病"的著名论点。这是"人与天地相应"理论在临床医学中的生动体现。

（王庆其）

神农本草经·序录

《神农本草经》

上① 药一百二十种为君，主养命以应天，无毒，多服、久服不伤人，欲轻身② 益气，不老延年者，本③ 上经。中④ 药一百二十种为臣，主养性以应人，无毒有毒⑤，斟酌其宜，欲遏病补虚羸者，本中经。下⑥ 药一百二十种为佐使，主治病以应地，多毒⑦,不可久服,欲除寒热邪气,破积聚,愈疾者,本下经。三品⑧合三百六十五种,法三百六十五度⑨。一度应一日,以成一岁,倍其数合七百三十名也。

药有一百二十种为君,主养命以应天,无毒,有君臣佐使,以相宣摄合和⑩,宜一君、二臣、三佐、五使,又可一君三臣丸佐使也。

药有阴阳配合,子母兄弟,根茎花实,草石骨肉。有单行⑪者,有相须⑫者,有相使⑬者,有相畏⑭者,有相恶⑮者,有相反⑯者,有相杀⑰者。凡此七情,合和视之,当用相须、相使者良,勿用相恶、相反者。若有毒宜制,可用相畏、相杀者,不尔勿合用也。

药有酸、咸、甘、苦、辛五味,又有寒、热、温、凉四气及有毒、无毒,阴干、暴干,采造时月生熟,土地所出,真伪陈新,并各有法。

药性有宜丸者,宜散者,宜水煮者,宜酒渍者,宜膏煎者,亦有一物兼宜者,亦有不可入汤酒者,并随药性不得违越。

欲疗病,先察其源,先候病机,五脏未虚,六腑未竭,血脉未乱,精神未散,服药必活,若病已成,可得半愈,病势已过,命将难全。

若用毒药疗病,先起如黍粟,病去即止,若不去倍之,不去十之,取去为度。

疗寒以热药,疗热以寒药;饮食不消以吐下药;鬼疰⑱、蛊毒⑲以毒药;痈肿疮瘤以疮药;风湿以风湿药。各随其所宜。

病在胸膈以上者,先食后服药;病在心⑳腹以下者,先服药而后食;病在四肢、血脉者,宜空腹而在旦㉑;病在骨髓者,宜饱满而在夜。

〔**注释**〕 ① 上:上品药。指无毒性,可以久服、多服,对人无损害的药物。 ② 轻身:身体轻便灵巧。 ③ 本:依据。 ④ 中:中品药。指没有毒性或毒性不大,可治病补虚的药物。 ⑤ 毒:古代将凡能治病的药物皆称为毒药。 ⑥ 下:下品药。指有毒或性峻烈而不能长期服用,可以祛寒热、破积聚的药物。 ⑦ 多毒:指药性峻烈的药物。 ⑧ 三品:即上、中、下三种药物分类。 ⑨ 度:日月星辰之行度。 ⑩ 相宜摄合和:相,选择;宜,皇帝的命令文告;摄,辅佐;合,配伍;和,协调。 ⑪ 单行:单用一味药物。 ⑫ 相须:相互为用。 ⑬ 相使:相互支使。 ⑭ 相畏:相互消除其毒性。 ⑮ 相恶:相互厌恶,或相互加害。 ⑯ 相反:相互反对。 ⑰ 相杀:相互消除毒性,或消除单一毒性。 ⑱ 鬼疰:古病名。指突发性心腹刺痛,闷绝倒地一类的急症。 ⑲ 蛊毒:病证名。指恙虫病、急慢性血吸虫病、阿米巴痢疾等。 ⑳ 心:胸。 ㉑ 旦:早晨。 (王庆其)

〔鉴赏〕《神农本草经》,亦称《本经》,共3卷,是中医四大经典著作之一,是我国最早的药物学专著。该书大约成书于东汉,为东汉以前许多医药学家经验的总结。原书早已亡佚,但被《本草经集注》以红字为标志,《证类》以白字为标志而保存下来。该书反映了我国东汉以前药物学的经验和成就。

第一,创药物三品分类法。《本经》收载药物365种,其中植物药252种,动物药67种,矿物药46种。其之所以收药365种,是为了"法三百六十五度,一度应一日,以成一岁"。它将药物按性能、功效的不同,分为上、中、下三品。指出上品:无毒性,可以多服、久服,对人体无损害,上以应天。中品:没有毒性,或毒性不大,可治病补虚,中以应人。下品:有毒或性峻烈,可以祛寒热,破积聚,下以应地。体现了天人相应的思想。这种药物分类法是我国药物学最早、最原始的分类法,对指导临床运用有一定意义,但分类过于笼统、界限不清,存有一定缺陷。

第二,概括地记述了中药学的基本理论。论述了方剂君臣佐使的组方原则,《序录》中提出药"有君臣佐使,以相宜摄合和"。这就告诉我们,任何一个方剂,并非药物随意堆砌,而有一定的组方规律。

《序录》还提出了药物七情和合的理论,指出药有阴阳配合,有单行、相须、相使、相畏、相恶、相反、相杀等七情和合,临床根据需要配制使用,书中对近200种药物的配伍宜忌作了说明。

《序录》还阐述了药物的性味及采集加工炮制的方法。作为医生既要了解药物四气五味及有毒无毒等情况,选择适宜的采集时间,掌握药物生熟程度,还要了解地理环境对药物的影响。另外,关于药物的制剂,指出"药性有宜丸者,宜散者,宜水煮者,宜酒渍者,宜膏煎者,亦有一物兼宜者,亦有不可入汤酒者,并随药性不得违越"。

第三,记载了临床用药原则和服药方法。《序录》指出,"欲疗病,先察其源,先候病机",药物并非万能,贵在可治之时尽早防治。临床用药原则是"疗寒以热药，疗热以寒药；饮食不消以吐下药；鬼疰、蛊毒以毒药；痈肿疮瘤以疮药；风湿以风湿药。各随其所宜”。文中提出的服药时间，可为后世医家所借鉴。

第四，论述了药物的功效和主治。《本经》所载主治病证约170多种，述及内、外、妇、五官等各科的疾病，皆为后世用药之准绳。（王庆其）

释名·序　　刘　熙

熙以为，自古造化制器立象①，有物以来，迄于近代，或典礼所制②，或出自民庶③，名号雅俗，各方名殊④。圣人于时，就而弗改⑤，以成其器，著于既往⑥。哲夫巧士，以为之名，故兴于其用，而不易其旧⑦，所以崇易简、省事功也⑧。夫名之于实，各有义类⑨，百姓日称而不知其所以之意⑩，故撰天地、阴阳、四时、邦国、都鄙⑪、车服、丧纪，下及民庶应用之器，论叙指归⑫，谓之《释名》，凡二十七篇。至于事类，未能究备⑬。凡所不载，亦欲智者以类求之⑭。博物君子⑮，其于答难解惑，王父幼孙⑯，朝夕侍问以塞⑰；可谓之士⑱，聊可省诸。

〔注释〕 ① 造化制器立象：创造化育、制造器物、建立法度，意思指各种各样名物的创造。② 典礼：古代掌管礼仪制度的官。③ 民庶：民众，百姓。④ 名号雅俗，各方名殊：事物的名号有的雅致，有的通俗，各地多不一样。⑤ 就：从，跟从。⑥ 著：定。⑦ 兴：流行。易：改变。旧：原来的名称。⑧ 崇易简、省事功：崇尚简便、节省工夫。⑨ 名之于实，各有义类：表示事物的名称，各自有一定的意义类别。⑩ 日称：每天都在称呼使用。⑪ 都鄙：都城和边邑。⑫ 指归：意义所在。指同“旨”。⑬ 究备：完全齐备。⑭ 欲：希望。以类求之：根据意义的类别来探索它们得名的来历。⑮ 博物君子：广见博闻的人士。⑯ 王父幼孙：这里泛指年长和年幼的人。⑰ ⑱ 根据王先谦《释名疏证补》注释，这两处都有脱文。（史佩信）

〔鉴赏〕 据文献记载，东汉末年，出了两本《释名》，一本作者是刘珍（见《后汉书·文苑列传》），另一本是刘熙所写（见《三国志·吴书·韦曜传》）。前一本并未流传下来，而刘熙所写的《释名》则成为我国训诂学史上的一本名著。

刘熙（一作熹），字成国，东汉末年青州北海（今山东潍坊西南）人，曾师从著名经学大师郑玄，献帝建安中避乱至交州，《后汉书》无传，一生事迹不详。

《释名》共八卷。卷首有序，署名“汉北海刘熙成国撰”。序云：自古以来器物事类“名号雅俗，各方名殊……夫名之于实各有义类，百姓日称而不知所以之意，姑撰天地、阴阳、四时、邦国、都鄙、车服、丧纪，下及民庶应用之器，论叙指归，谓之《释名》，凡二十七篇”。说明刘熙撰写此书的目的是让大家知晓日常事物得名的原因或含义，其二十七篇依次是：释天，释地，释山，释水，释丘，释道，释州国，释形体，释姿容，释长幼，释亲属，释言语，释饮食，释采帛，释首饰，释衣服，释宫室，释床帐，释书契，释典艺，释用器，释乐器，释兵，释车，释船，释疾病，释丧制。所释名物典礼共计 1 500 多条，虽未能究备，但已可窥见当时名物典礼之大概。

到了明代，郎奎金把《释名》与《尔雅》、《小尔雅》、《广雅》《埤雅》合刻，称《五雅全书》，因其他四书都以“雅”为名，故改《释名》为《逸雅》。所以《释名》又别称《逸雅》。

《释名》一书主要采用声训的方法解释命名之由。声训，就是用声音相同或相近的词语来解释词语的意义。如《释名·释姿容》：“戴，载也，载之于头也。”这就从音义的结合上说明了一个名称的来由。

对《释名》一书的价值，学术界历来有两种截然不同的评价。一种是基本否定，一种则基本肯定，赞赏它是我国第一部探索词的理据的鸿篇巨制。随着《释名》研究的不断深入，对它持基本肯定态度的学者现在越来越多了。

《释名》一书，涉及语言学上一个基本问题，即名与实的关系问题。对这一问题探讨的历史十分悠久。很早以前，中外一些著名思想家就在这个问题上分成两派：一派认为名称与事物之间有必然的本质的联系，这一派被称作本质论者；另一派则认为名称与事物的关系的约定，没有必然的本质的联系，这一派被称作约定论者。我国战国时期的思想家荀子就是一位著名的约定论者，他在《荀子·正名》中说的一段话一直被后人称引：“名无固宜，约之以命，约定俗成谓之宜。”而汉代大儒董仲舒则是本质论者，他在《春秋繁露·深察名号》中认为：“名生于真，非其真弗以为名。”“名则圣人所发天意，不可不深观也。”应该指出，约定论的说法比本质论更符合事实，至少在现代学术界中，是约定论占据上风。不过在约定论者中间，也有一些学者走得太远了，他们不仅认为名称和事物之间没有必然的本质的联系，而且根本否认两者有任何自然的联系，认为两者的关系是不可论证的。这样的话，探讨事物命名的理据性就完全没有必要和可能了。如果这个观点成立，那么这本旨在揭示“日常事物得名的原因或含义”的《释名》就应该被抛弃在一边了。但是这种认为名称和事物之间的关系不可论证的观点实在不经一驳。举一个简单的例子，乌云的“乌”表示“黑”的意思，是得名于乌鸦，因为乌鸦是黑的;而为什么称乌鸦为“乌”呢?那是因为“乌”是乌鸦的叫声。(注意:“乌”的读音古今有别。)《说文·乌部》:“孔子曰:‘乌,亏呼也。’”段注:“亏呼者,谓此乌善舒气自叫,故谓之乌。”这样,事物的名称和该事物之间的自然联系,不是论证出来了吗?《释名》中也有很多这样的例子,比如《释首饰》指出,日常梳头用的工具有两种:齿密的一种叫“篦”,齿疏的一种叫“梳”。很显然,这些事物的名称来自事物的性质特征(即齿的排列疏密度)。

《释名·序》认为事物的名称,“或典礼所制,或出自民庶。名号雅俗,各方名殊”,“圣人”或“哲夫巧士”采用这些名称,并非因为它们与事物有必然的本质的联系,而是仅仅出于“崇易简,省事功”的考虑,所以“就而弗改”,“不易其旧”。也就是说,刘熙并不认为名称是所谓“圣人所发天意”,相反,他认为名称对事物来说,只是一个外在的符号,所以即使“出自民庶”的并不怎么雅的名称,也是可以接受的。从这些论述来看,在名实关系问题上,刘熙是属于约定论者的。在《释名》一书中,刘熙还多次谈到同物异名的问题,比如《释兵》中解释“矢(箭)”:“矢,指也,言其有所指向迅疾也。又谓之箭,箭,进也。……又谓之镝,镝,敌也,言可以御敌也。齐人谓之镞,镞,族也,言其所中皆族灭也。关西曰钉,钉,铰也,言有交刀也。”就是说,刘熙认为完全可以从不同的角度给同一个事物取上不同的名称,这一观点也有别于那种认为名称和事物之间有着必然的本质的联系的本质论。

刘熙不承认名称和事物之间有什么必然的本质的联系,但是他认为名称和事物之间的自然的联系还是存在的:“夫名之于实,各有义类。”不过在日常使用中,这些名称只是起到一个符号的作用,使用者是不用去考虑名称和事物之间的自然联系的。这样,久而久之,这种联系也就日益淡漠了,以至于“百姓日称而不知其所以之意”了。有鉴于此,刘熙撰写了这部《释名》,揭示这些日常事物的得名之由。从这一点来看,在约定论者中,刘熙又是属于认为名称和事物之间的关系是可以论证的那一派的。

现在否定《释名》的学者,主要是集中在攻击《释名》的解释大多数属于附会穿凿,“随心所欲地随便抓一个同音字(或音近字)来解释”,因此对《释名》基本予以否定。我们不同意这种说法。

刘熙撰写《释名》,是做了比较充分的准备,参考了不少材料。他对词语的解释,并不全都出自一己之见,而是多有所本,有的本自古籍(如《易经》等),有的本自前人的注解(如毛亨、郑玄等),有的直接本自《尔雅》、《说文》。当然,这些出自前贤的解释是否科学也可以讨论,但是就此一点,我们就能够看出刘熙的写作态度是严肃的,审慎的。

《释名》对某一词语的解释是否穿凿附会,我们最好不要轻易下结论,需要经过认真细致的考察再作判断。我们知道,在事物命名之初,名称和事物之间的自然联系是比较明朗的,容易为人们所领会。然而,随着岁月的流逝,这种联系有的可能已经很微弱了,有的甚至已经湮灭了(正是因为如此,我们可以同意在一定的范围内名称和事物的关系是不可论证的观点)。这样,就需要语言学家去发掘、梳理和总结这种联系,建立和开创汉语语源学,把这种在一般人头脑中已经很淡漠的名称和事物之间的联系揭示和展现出来。由于这种联系有的可能实在太微弱了,或者需要拐几个弯,就很可能有人以为是穿凿附会。举个例子,如果现在有人说,大炮的"炮"得名是源自抛掷物体的"抛",恐怕不少人不会相信,认为这是"随心所欲随便抓一个同音字(或音近字)来解释"。然而经过考察,我们发现,火字旁的"炮"原先写作石字旁的"砲",而石字旁的"砲"以前可以指称攻城用的抛石机,"砲""抛"同源。这样,经过石字旁的"砲","炮"与"抛"就建立了自然的联系,而这种联系不经过仔细的考察,是很难发觉的。再比如,《释名·释宫室》说:"棳儒,梁上短柱也。棳儒犹侏儒短,故以名之也。"这一看似穿凿附会的解释,清人王念孙却对之十分赞赏,并进一步概括说:"盖凡形之短者,其命名即相似,故屡变其物而不易其名也。"自然,刘熙《释名》中有1 500多条词语,涉及"天地、阴阳、四时、邦国、都鄙、车服、丧纪,下及民庶应用之器",几乎涵盖了自然和社会生活的各个方面,穿凿附会自然在所难免。不过具体到某一条词语,除非我们经过细致认真的考察有了新的结论,有把握去推翻刘熙的解释,否则最好不要轻言穿凿附会。

刘熙在《释名》中对各种名物得名之由的解释究竟有多少是属于穿凿附会的?这需要我们经过认真细致的考察之后才能给出明确的答案。不过,这一点并不影响我们现在就对《释名》一书的价值作出基本肯定的结论。对《释名》的评价,不应只看它说对了多少,更为重要的是看它在语言学史上的总结性和开创性的作用。《释名》是我国第一部系统使用声训方法来探求事物得名之由的著作,它不仅冲破了以前只是零星使用声训方法的局限,而且把这一方法扩展到日常名物事类上,使得这一方法成为探求语源的工具,从而将其真正纳入语言学的范畴,开创和建立了汉语语源学,为现代语源学的理论和方法奠定了良好的基础。当然,《释名》一书的贡献还远不止这一点。清人毕沅说:"其书参校方俗,考合古今，晰名物之殊，辨典礼之异，洵为《尔雅》、《说文》以后不可少之书。”这一评价是很中肯的。

（史佩信）

前出师表 诸葛亮

先帝创业未半而中道崩殂①，今天下三分，益州疲弊，此诚危急存亡之秋也。然侍卫之臣不懈于内，忠志之士忘身于外者，盖追先帝之殊遇，欲报之于陛下也。诚宜开张圣听，以光先帝遗德，恢弘志士之气；不宜妄自菲薄，引喻失义②，以塞忠谏之路也。

宫中府中，俱为一体，陟罚臧否③，不宜异同。若有作奸犯科及为忠善者，宜付有司论其刑赏，以昭陛下平明之理；不宜偏私，使内外异法也。侍中、侍郎郭攸之、费祎、董允等，此皆良实，志虑忠纯，是以先帝简拔以遗陛下。愚以为宫中之事，事无大小，悉以咨之，然后施行，必能裨补④阙漏，有所广益。将军向宠，性行淑均，晓畅军事，试用于昔日，先帝称之曰能，是以众议举宠为督。愚以为营中之事，悉以咨之，必能使行阵和睦，优劣得所。亲贤臣，远小人，此先汉所以兴隆也；亲小人，远贤臣，此后汉所以倾颓也。先帝在时，每与臣论此事，未尝不叹息痛恨于桓、灵也。侍中、尚书、长史、参军，此悉贞良死节之臣，愿陛下亲之信之，则汉室之隆，可计日而待也。

臣本布衣，躬耕于南阳，苟全性命于乱世，不求闻达于诸侯。先帝不以臣卑鄙，猥自枉屈，三顾臣于草庐之中，咨臣以当世之事，由是感激，遂许先帝以驱驰。后值倾覆，受任于败军之际，奉命于危难之间，尔来二十有一年矣！先帝知臣谨慎，故临崩寄臣以大事也。受命以来，夙夜忧叹，恐托付不效，以伤先帝之明。故五月渡泸，深入不毛。今南方已定，兵甲已足，当奖率三军，北定中原，庶竭驽钝⑤，攘除奸凶，兴复汉室，还于旧都。此臣之所以报先帝而忠陛下之职分也。至于斟酌损益，进尽忠言，则攸之、祎、允之任也。愿陛下托臣以讨贼兴复之效，不效则治臣之罪，以告先帝之灵。若无兴德之言，则责攸之、祎、允等之慢，以彰其咎。陛下亦宜自谋，以咨诹⑥善道，察纳雅言，深追先帝遗诏，臣不胜受恩感激。

今当远离，临表涕零，不知所言。

〔注释〕 ① 崩殂(cú)：古代指皇帝死去。 ② 引喻失义：指言谈晓谕臣下不合大义。 ③ 陟(zhì)罚臧否(pǐ)：升迁、处罚、褒扬、贬斥。 ④ 裨(bì)补：增益弥补。 ⑤ 庶竭驽钝：庶，庶几，如此才能够；竭，竭尽；驽钝，自谦才能平庸像劣马和不锋利的刀刃。 ⑥ 咨诹(zōu)：咨询。

（施忠连）

〔鉴赏〕 我国的儒家信奉“穷则独善其身，达则兼济天下”，三国时的诸葛亮可谓实践这个理念的近乎完美的化身。一个人的成功，光有学识、才干是不够的，天时、地利、人和的外部条件也很重要。该隐匿时，就要学会隐身，将翅膀收敛，静观局势之变化，所以有“待时守分”、“待时而动”、“待势乘时”之说。即是说，平时未必有特殊表现，而一旦时机成熟，就要充分施展自己，发挥自己最大的能量，像《韩非子》里所说的鸟，“虽无飞，飞必冲天；虽无鸣，鸣必惊人”，或让人感觉像“蛟龙得云雨，终非池中之物”。

诸葛亮就是这样一位贤者。东汉末年时局混乱，诸侯并起，天下纷争，他独自隐居在南阳隆中，身在茅舍，眼观八方，钻研兴亡成败的大势，不躁不迫，虽自比管仲、乐毅，却像个农人“躬耕陇亩”，日出而作，日落而息。直到刘备慕名而“三顾茅庐”，向他请教治世方略，有了作为的条件，他才出山，辅助刘备，从事光复汉室大业。至公元223年，刘备不幸病故，到三国蜀建兴五年，蜀汉从刘备殂亡的震荡中恢复过来，外联孙吴，内据南中，吏政涤清，兵强粮丰，他认为新的时机来到，决意率领部队北进，向曹魏开战。

“表”是古代一种特殊的文体，是臣下写给皇帝的奏章，对君主有所陈述求请。悠悠千载，多少臣子给君主的奏章，湮没于漫漫时间的烟海，但《前出师表》居然穿越漫漫时空，赫然彪炳于文苑典册，流传到今天，就因为它有着不同寻常的意义和感染力。《前出师表》，是他对后主刘禅的上书，全篇指陈重整旗鼓、功业再起的要义，文笔酣畅，其理昭昭，其辞委婉，其情真挚，让人读了不禁为之愀然动容，陷入深思，继而胸中情志感奋、激越，久久回荡，为古代散文中不可多得的杰作。

有人认为诸葛亮在《前出师表》中，对后主未免有颐指气使，要其如何如何之嫌，然而，须知，他面对的是庸主刘禅，实际上他又年长于刘禅，亲历乱世风云，对时势的判断了然于胸，凡重大动措必须敢于谏言，感动于帝。在诸葛亮身上突出表现出来的精神境界是勤于国事，鞠躬尽瘁；是理想和人格、情操的统一。先帝虽逝，但我们从文中看到，诸葛亮作为丞相对先帝依然情深，感念他的知遇之恩；同时，深感先帝临终托孤，分量之重。读一读《三国志》的相关记载，就能深切理解了。刘备病笃时，“属以后事，谓亮曰：‘君才十倍曹丕，必能安国，终定大事。若嗣子可辅，辅之；如其不才，君可自取。’亮涕泣曰：‘臣敢竭股肱之力，效忠贞之节，继之以死！’先主又为诏敕后主曰：‘汝与丞相从事，事之如父。’”刘备要求儿子与诸葛亮相处，像对待父亲一样，可见诸葛亮在刘备的眼里，地位是何等重要。而诸葛亮对刘禅毫无取而代之的野心，就见其厚德，念念不忘的是光复汉室的目标，先帝之业未竟，自己责任的重大，怎样不负先帝的托付，竭尽全力，奋斗不息，这就是他对先帝及事业的耿耿忠心和勤勉之心所在。纵览《前出师表》的陈述之辞，实在是恭敬而又恳切的。

诸葛亮的可贵之处，不但表现在他对事业的拓展之志，还在于他绝非心血来潮、鲁莽行事。在文章里，我们亦可见他一如既往的沉着、冷静和审慎的性格，善于审时度势，周密思考，对实现目标既有战略又有策略的把握。刘后主性情柔弱，果断不足，他据理分析，头头是道，以刚强的斗志勉励之、激发之，求共识与决策之一致。他的忧思在于，天下三分鼎立，蜀汉仍未站住脚跟，乃处“危急存亡之秋”，但他也分明看到了有利的一面，外可结盟，并有根据地，有可以北进克复中原的种种外部条件，而内见将士振奋，不肯懈怠，是他们缅怀先帝，并要报答陛下的士气所在。为此，位居最高应看重这个有利机会，在这关键时刻，振作精神，对属下广开言路，听尽忠规劝之意见，集思广益，做出决断，以光大先帝留下的德行，实现弘广的抱负。

而他则勇于当先，带头向刘后主进言，表与敌争竞之计。除了激扬意气，诸葛亮看重的几个方面，其一奖惩分明，对效力有功的将士该奖就奖，对做坏事触犯法令的该罚就罚，没有偏袒，体现领导的公正贤明，调动大家的积极性；其二用人不疑，对先帝选拔出来，留给陛下的几位侍卫之臣，认为都是善良诚实、忠贞可靠的，宫廷诸事不分大小，应不耻下问，征询他们的意见，以补救疏漏，妥善实行。对曾被先帝首肯，通晓军事，力堪大任的将军，该提拔的就要提拔，放手让他协调军心，处置事宜；三是亲贤远奸，这是历史的经验，前汉之所强，盖因贤良得以亲近,后汉之所败,盖因小人得势,如果吸取过去的教训,任用之士都是坚贞坦诚,以死报国的,那么汉家天下的兴旺,便指日可待了。另外,他希望陛下早作行令,把讨伐曹魏、兴复汉家天下的大事部署于臣下,让属下各司其职,共同担当;陛下自己也应深思熟虑,探求高策,自己有谋划,并察纳中正善道之言论,追先帝之遗愿,这样他也于心感激了。

综上所述,《前出师表》蕴涵着诸葛亮赤忱报国之心和雄图大略,条理清晰,言辞恭谨恳挚,有智,有情,有义,感人之至。诸葛亮是三国时杰出的政治家、军事家、战略家、外交家、散文家,他的一生也给后人留下了不少流传千古的故事和脍炙人口的名言。从《前出师表》内容看,人们把他作为贤相的典范、忠臣的楷模、修身立志和进取有为的榜样,不是偶然的。

(王雅军)

物　理　论(节选)

杨　泉

元气皓大,则称皓天①。皓天,元气也。皓然而已,无他物也。

儒家立浑天以追天形,从②车轮焉。周髀立盖天,言天气循边而行,从磨石焉。斗极③,天之中也。言天者必拟之人。故自脐④以下,人之阴也;自极以北,天之阴也。所以立天地者,水也;成天地者,气也。水土之气,升而为天;天者,君也。夫地有形而天无体,譬如灰焉,烟在上,灰在下也。浑天说天,言天如车轮,而日月旦从上过,夜从下过,故得出卯入酉;或以斗极难之,故作盖天,言天左转,日月不行,皆缘边为道。就浑天之说,则斗极不正;若用盖天,则日月出入不定。夫天,元气也,皓然而已,无他物焉。

所以立天地者,水也。夫水,地之本也,吐元气,发日月,经⑤星辰,皆由水而兴。

天者,旋也,均也。积阳为刚,其体回旋,群生之所大仰⑥。

日者,太阳之精也。夏则阳盛阴衰,故昼长夜短;冬则阴盛阳衰,故昼短夜长;气之引也。行阴阳之道长,故出入卯酉之北;行阴阳之道短,故出入卯酉之南;春秋阴阳等,故日行中平,昼夜等也。

月,水之精。潮有大小,月有盈亏。

星者,元气之英也;汉,水之精也。气发而升,精华上浮,宛转随流,名之曰天河,一曰云汉,众星出焉。

北极,天之中,阳气之北极也。极南为太阳,极北为太阴;太阴则无光,太阳则能照,故为昏明寒暑之极也。

风者,阴阳乱气激发而起者也,犹人之内气,因喜怒哀乐激越而发也。故春气温,其风温以和,喜风也;夏气盛,其风熛⑦以怒,怒风也;秋风劲,其风清以直,清风也;冬气□,其风惨以烈,固风也;此四正之风也。又有四维之风东北明庶,庶物出幽入明也;东南融风,以道以长也,西南清和,万物备成也;西北不周,方潜藏也。此八风者,方土异气,疾徐不同,和平则顺,违逆则凶,非有使之者也。气积自然,怒则飞沙扬砾,发屋拔树;喜则不摇枝动草,顺物布气;天下之性,自然之理也。

地者,其神曰祇,祇,成也,百生万物备成也。其卦为坤,其德曰母。地形有高下,气有刚柔,物有巨细⑧,味有甘苦。镇之以五岳,积之以丘陵,播之以四渎⑨,流之以四川,盖气自然之体也。地发黄泉,周伏回转,以生万物。地者,天之根本也,形西北高而东南下,东西长,南北短,其尽四海者也。

夫土地皆有形名,而人莫察焉。有龟龙体,有麟凤儿,有弓弩势,有斗石象,有张舒形,有塞闭容。有隐真⑩之安,有累卵之危,有膏英⑪之利,有堉埆⑫之害,此四形者,气势之始终,阴阳之所极也。

石,气之核也。气之生石,犹人筋络之生爪牙也。

游浊⑬为土,土气合和,而庶物自生。

人含气而生,精尽而死。死,犹澌⑭也,灭也。譬如火焉,薪尽而火灭,则无光矣。故灭火之余,无遗炎矣;人死之后,无遗魂矣。

智慧多则引血气,如灯火之于脂膏。炷大而明,明则膏消;炷小而暗,暗则膏息,息则能长久也。

谷气⑮胜元气,其人肥而不寿;元气胜谷气,其人瘦而寿。养生之术,常使谷气少,则病不生矣。

稼,借耕也;穑,犹收也;古今之言云尔。稼,农之本;穑,农之末;农本轻而末重,前缓而后急。稼欲少,穑欲多;耨⑯欲缓,收欲速:此良农之务。

夫工匠经涉河海,为舟句舟鹿⑰以浮大渊,皆成乎手,出乎圣意。

夫蜘蛛之罗网,蜂之作巢,其巧妙矣,而况于人乎!故工匠之方圆规矩出乎心,巧成于手。非睿敏精密,孰能著勋形⑱、成器用哉?

夫五经则四海也,传记则四渎也,诸子则泾渭也。至于百川沟洫⑲畎浍⑳,苟能通阴阳之气,达水泉之流,以四海为归者,皆溢也。

夫虚无之谈,尚其华藻,无异春蛙秋蝉,聒耳㉑而已。

〔注释〕 ① 皓天:皓通"昊",皓天即昊天。 ② 从:依照。 ③ 斗极:北斗星。 ④ 脐:肚脐。 ⑤ 经:分布。 ⑥ 大仰:崇仰。 ⑦ 熛:火花纷飞状。 ⑧ 巨细:大小。 ⑨ 渎:河流。 ⑩ 隐真:隐通"稳",隐真即稳定镇静。 ⑪ 膏英:土地肥沃。 ⑫ 墧埆(jī què):土地贫瘠。 ⑬ 游浊:指混浊之气。 ⑭ 澌:灭尽。 ⑮ 谷气:食物之气。 ⑯ 耨:除草。 ⑰ 舟句舟鹿(gōu lù):巨船。 ⑱ 勋形:事物具体形态。 ⑲ 沟洫:水渠。 ⑳ 畎浍:水田间的小沟。 ㉑ 聒耳:声音嘈杂。

(夏广兴)

〔**鉴赏**〕 三国时吴国"处士"杨泉所撰写的《物理论》,研究并总结了当时的自然科学知识和生产实践经验,探讨并阐发了"自然之体"和"自然之理",同时还论证了人利用和改造自然的主观能动性,其间蕴含了朴素的唯物主义自然观和无神论思想,《物理论》在南宋时已散佚,清人有辑本。

杨泉的哲学思想最重要的是在于坚持了关于世界本原的"元气"自然本体论。这是他在继承我国先秦至汉代关于"气"是天地万物本原的思想基础上,又比较研究了已有的各种宇宙天体结构学说，通过理论总结提出的。据《晋书·天文志》载，当时的天文学，主要分为盖天、浑天、宣夜三家之说，其中以宣夜说较为科学，杨泉就是此派学者。宣夜说的基础是元气无限论，它论证了无限的宇宙空间中，充满了气体，从而构成各种星球乃至无限的宇宙。杨泉认为，浑天说与盖天说都解释不清日月列星的运动问题，他指出："夫天，元气也。皓然而已，无他物焉。"这里的"元气"，主要是物理学意义上的物质概念。这是很有见地的结论，现代宇宙科学，也证明星际空间充满着尘埃云。可见，杨泉等宣夜说学者对于气的物质性是有其初步的感性认识的。

在天体结构问题上，杨泉否定了自古以来坚硬的固体天穹的假设，以宣夜说论证浩然无边的太虚只是唯气而已，从而打破了盖天说与浑天说以为宇宙是一个有形的物体的局限，进而依据宣夜说的理论论证了自然观上的宇宙物质性和无限性。仅就此观之，似乎杨泉讲的是气一元论，实际上并非如此。他说，"所以立天地者，水也"。这句话，可以解释为天地立在水中，好像张衡在《浑天仪》中所说的，"天地各乘气而立，载水而浮"。杨泉又说："夫水，地之本也，吐元气，发日月，经星辰，皆由水而兴。"照这个说法，水是地之根本，天地元气、日月星辰，都是从水产生出来的。由此可知，杨泉的宇宙发生论，不是气一元论，而是水一元论，即认为自然界的本原是水。水里的混浊部分，下沉为土；水变为蒸汽，上升为天。"土气合和而庶类自生"。这个气就是天，土就是地，在天地和合的情况下，万物皆自然发生。就是说这里用不着上帝，用不着造物者，无须外物的推动，事物本身阴阳两气的相互作用便是天地万物运动变化的原因。

关于形、神问题，杨泉也从其唯物自然观出发加以说明，指出人也是物质性的水之气的产物："人含气而生，精尽而死。"他继承桓谭、王充的神灭论思想，以薪火来比喻形神关系，人死如火灭，而火灭无光炎，故人死也无灵魂存在。关于人和自然的关系，杨泉强调人力可以胜天的理论。既然自然界一切事物和现象的运动变化是"气积自然"、"阴阳激发"的"自然之理"，"非有使之者也"，人便完全可以掌握万物变化规律的客观性，利用和改造自然，在自己的活动中做到"事物之宜，法天之常，既合利用，得到之方"(《织机赋》)。在发挥人力方面，杨泉极力称赞机械的作用，用热情的语言赞美和歌颂了手工工艺的巧手慧心，特别是他把工匠们的智慧誉为"圣意"，这在历史上的确是很不寻常的。

杨泉是一位以研究自然科学为基础而阐发唯物论的思想家，在魏晋时代，其

《物理论》能够傲然自持，未受到当时清谈浮华的玄学之风及正与玄学合流的佛家学说的影响，颇值得我们认真研究。

（张 琳）

九章算术注·序 刘 徽

昔在庖牺[1]氏始画八卦[2]，以通神明之德[3]，以类万物之情[4]，作九九[5]之(数)〔术〕，以合六爻[6]之变。暨于黄帝[7]神而化之，引而伸之，于是建历纪[8]，协律吕[9]，用稽道原，然后两仪四象[10]、精微之气可得而效焉。记称隶首[11]作数，其详未之闻也。按周公[12]制礼而有九数，九数之流，则《九章》是矣。

往者暴秦焚书，经术散坏。自时厥后，汉北平侯张苍[13]、大司农中丞耿寿昌[14]皆以善算命世。苍等因旧文之遗残，各称删补。故校其目则与古或异，而所论者多近语也。

徽幼习《九章》，长再详览。观阴阳之割裂[15]，总[16]算术之根源，探赜[17]之暇，遂悟其意。是以敢竭顽鲁，采其所见，为之作注。事类相推[18]，各有攸[19]归，故枝条虽分而同本干者知[20]，发其一端而已。又所析理以辞[21]，解体用图[22]，庶[23]亦约而能周[24]，通而不黩[25]，览之者思过半矣。且算在六艺[26]，古者以宾兴[27]贤能，教习国子[28]。虽曰九数，其能穷纤入微，探测无方。至于以法[29]相传，亦犹规矩度量可得而共[30]，非特难为也。当今好之者寡，故世虽多通才达学，而未必能综于此耳。

《周官·大司徒》[31]职，夏至日中立八尺之表[32]。其景[33]尺有五寸，谓之地中[34]。说云，南戴[35]日下万五千里。夫云尔[36]者，以术推之。按《九章》立四表望远及因木望山之术，皆端旁[37]互见，无有超邈[38]若斯之类。然则苍等为术犹未足以博尽群数也。徽寻九数有重差[39]之名，原其指趣乃所以施于此也。凡望极高、测绝深而兼知其远者必用重差、句股，则必以重差为率[40]，故曰重差也。立两表于洛阳之城，令高八尺。南北各尽平地，同日度其正中之时，以景差为法[41]，表高乘表间为实㊷，实如法而一㊸。所得加表高，即日去地也。以南表之景乘表间为实，实如法而一，即为从南表至南戴日下也。以南戴日下及日去地为句、股，为之求弦，即日去人也。以径寸之筩㊹南望日，日满筩空，则定筩之长短以为股率，以筩径为句率，日去人之数为大股，大股之句即日径也。虽夫圆穹之象㊺犹曰可度，又况泰山之高与江海之广哉。徽以为今之史籍且略举天地之物，考论厥㊻数，载之于志，以阐世术之美，辄造《重差》，并为注解，以究古人之意，缀于《句股》之下。度高者重表㊼，测深者累矩㊽，孤离㊾者三望㊿，离而又旁求51者四望。触类而长之52，则虽幽遐诡伏53，靡所不入，博物君子，详而览焉。

〔注释〕 ① 庖牺：又作包牺、伏牺等，中国古代的传说人物。 ② 八卦：周易的八种图形。卦由称为爻的"—"和"--"两种符号，三个一组而成。分别名为乾、坤、震、巽、坎、离、艮、兑，象征天、地、雷、风、水、火、山、泽。每卦又可象征其他事物。 ③ 通神明之德：通晓变化的性质。 ④ 类万物之情：类分万物之情状。 ⑤ 九九：即乘法口诀，至迟在战国时已有。 ⑥ 六爻：六个爻组成一个卦，称为重卦，有六十四个，代表天地万物，如乾卦为䷀。演卦时，组成卦的每个爻，阳爻(—)可变阴爻(--)，阴爻(--)也可变阳爻(—)。 ⑦ 黄帝：距今四千多年前的部落联盟领袖。后以其为"人文始祖"，加以祭祀。后世曾将许多发明创造附会于他，数学是其中之一。 ⑧ 历纪：日月运行轨道的分纪。 ⑨ 律吕：六律六吕的合称，即十二律。其中，单数为律、偶数为吕。律是与尺度相关的音高标准。 ⑩ 两仪四象：《易·系辞上》："易有太极，是生两仪，两仪生四象，四象生八卦。"两仪，指天地，有时也指阴阳。四象之说历来不一，有四时，有阴阳刚柔，有吉凶、变化、悔吝、刚柔，有太阴、少阳、少阴、太阳等。 ⑪ 隶首：传为黄帝之臣，创作算数。 ⑫ 周公：即姬旦，辅助兄姬发伐纣灭商。武王死后，成王年幼，摄政。传说他以方田、粟米、差分、少广、商功、均输、方程、赢不足、旁要为九数。 ⑬ 张苍(约前260—前152)：秦汉际阳武(治今河南原阳东南)人。秦时为御史，参加农民起义。汉初，累官至丞相，通天文、数学，编有《九章算术》。 ⑭ 耿寿昌：西汉人。宣帝时，任大司农中丞，改进漕运，置常平仓。精于天文、数学，制作浑象，提出用黄道度量日月运行和方位，著有《月行图》、《月行帛图》，删补《九章算术》。 ⑮ 割裂：从总体中分割出若干部分。 ⑯ 总：持。 ⑰ 探赜：探索奥秘。 ⑱ 事类相推：根据定义、定理、公式、解法作演绎。 ⑲ 攸：所。 ⑳ 枝条虽分而同本干知：知，者也。全句以树木的枝条与本干的关系，比喻各种算法都是源于空间形式和数量关系的统一性。 ㉑ 析理以辞：用语辞解说数学术语、概念、理论。 ㉒ 解体用图：用平面图形或立体模型解析问题。 ㉓ 庶：差不多。 ㉔ 约而能周：简要又能完备。 ㉕ 通而不黩：贯通又不繁杂。 ㉖ 六艺：礼、乐、射、御、书、数六种技艺。 ㉗ 宾兴：周代举贤之法。乡大夫向天子荐举贤能者，先以其人为宾客，用饮酒礼接待。 ㉘ 国子：周代卿大夫子弟的称呼。 ㉙ 法：计算方法。 ㉚ 规矩度量可得而共：规和矩分别是画圆方的仪器，在此指代空间。度量，分别是长度和重量,在此指代数量关系。共,统一。此说数学来自空间形式和数量关系的统一。㉛《周官·大司徒》:《周官》即《周礼》,《大司徒》在《周礼》第二篇《地官司徒》。大司徒的职务繁多,总纲是“掌建邦之土地之图与人民之数,以佐王安扰邦国。” ㉜ 表:测量用的标杆。㉝ 景:影。 ㉞ 地中:大地之中。 ㉟ 戴:当、值。 ㊱ 尔:如此。 ㊲ 端旁:顶端界畔。㊳ 超邈:高远。 ㊴ 重差:通过两次差解决复杂测量的方法。差,表示减法运算的结果,包括两数相减或两图形之差。 ㊵ 率:事物数量上的相关性。 ㊶ 法:除法运算中的除数。㊷ 实:除法运算中的被除数。 ㊸ 实如法而一:如,等于。被除数中有与除数相等者,便得商数一。 ㊹ 筩:两头无节中空的竹管。 ㊺ 圆穹之象:日、太阳。 ㊻ 厥:其。 ㊼ 重表:重差术的三个基本方法之一,使用两个表。 ㊽ 累矩:重差术的三个基本方法之一,使用两个矩。 ㊾ 孤离:孤立分离。 ㊿ 三望:三次观察。 (51) 旁求:用以三望之矩外另用一矩。(52) 触类而长之:语见《易·系辞上》。意谓掌握一类事物知识或规律后,就能据此增长同类事物的知识。 (53) 幽遐诡伏:比喻深奥。

（贺圣迪）

〔鉴赏〕 《九章算术注序》的作者刘徽,淄乡(今山东邹平)人。生于汉末,历魏入晋。自幼好学,博览经史诸子算术之书,于《周易》、《周礼》、《左传》、《论语》、《老子》、《庄子》、《管子》、《墨子》、《论衡》、张衡之作,均加潜研,尤耽《九章算术》。曾至洛阳,从事天文观测。或云仕魏,官为仪同,陈留王景元四年(263年),著成《九章算术注》十卷。

《九章算术注》前九卷,分别注释《九章算术》之方田、粟米、衰分、少广、商功、均输、盈不足、方程、勾股,对其作了全面研究,拓展诸术,正其错误,提出新法;且界定概念,为作论证,奠定中国古代数学的理论基础。卷十重差,后以单本行世,名为《海岛算经》。徽注发展了出入相补原理,表述无穷小和极限思想;证明圆面积、阳马、鳖臑体积公式;首创求圆周率精确值的方法;提出求弧田密率、开方不尽求微数法,为彻底解决球体体积指出正确途径等。

书前自序,所语有两方面:其一,论述了《九章》历史;其二,论述了自己对《九章》的研究、扩展。

刘徽论说数学源流、发展,又认为张苍等所定的《九章算术》“未足以博尽群数”。回顾数学史,在刘徽之前,《世本》、《尸子》、《吕氏春秋》、《周髀算经》等书,都曾谈到数学,但只是记载零星。对此前的数学发展历程,作较为系统的论说,刘徽是第一人,虽然所说只是《九章》部分。是为学论史,以史证明数学在发展,处于变化之中。

刘徽认为之前的数学可分为五个阶段。一、创始。伏牺“作九九之术”。二、发展。黄帝引申,用于天历、音律等领域。三、九数。周公确定九数,将其纳入礼中,并以数学为学校教育内容之一。四、散坏。秦代焚书,祸及九数。

五、成书。张苍、耿寿昌先后删补残本,成传世之《九章算术》。

上述见解,正误相杂。他认为中国古代数学发展历程是从无到有,由九数到《九章》大体符合实际。但说由伏牺作数术,又以八卦为伏牺氏数学的另一成就等,则显然不符实际。

刘徽在概述数学史时,兼谈何谓数学。他认为数与形及其变化,为客观事物所本有。在"通神明之德"、"类万物之情"中,为人所认识,形成了数学。数学是"规矩度量可得而共",是空间形式和数量关系的统一体。数学术法,可分为不同门类,虽有不同,却属一个体系,好似一棵树"枝条虽分而同本干"。数学形成后,"以法相传"、"触类而长",有其相对独立性。

研究数学,要"观阴阳之割裂,总算术之根源,探赜之暇,遂悟其意。"这是说,要把持住数学形成的根源,像气分阴阳那样将其分为各个方面,在探索奥秘中,领悟其理。所采用的一般方法,有"事类相推"、"析理以辞"、"解体以图"等。事类相推是将相同的归为一类,概括成一般的定义、定理、公式、法则,而后或推理得出新的认识,或演绎解决具体题目。"析理以辞",用语辞解说数学术语、概念、理论,解析用图,用平面图形或立体模型解决问题。在他看来,这样可达到"纤而能周"、"通而不黩"。简要又能完备,贯通而不繁杂。

《九章算术》成书后,广为流传。许商、杜忠、马续、郑玄、刘洪、阚泽等人都曾加以研究。由于书中没有留下任何推导和证明,没有给出术语的定义,许多学者在探讨解法、论证、推导和定义等方面,作出种种努力,对刘徽予以启示。刘徽注《九章》。其后,注文与正文合为一书。刘徽注在吸取前人成果基础上,自己又作出多方面的贡献。后人藉刘注,得以阅读、研究《九章》,并探究刘注在数学上的新成就。自南北朝起一直到唐代,许多数学家、科学家都研究过刘徽的注,受过他的影响。在唐宋时代,它还是国家数学专科学校学生,必须学习的教材。总之,《九章算术注》,在中国封建时代,无论就数学的发展还是普及,都起过重大作用。

在当代,《九章算术注》仍有其现实价值。首先,它的内容可融入中小学数学教材及辅助读物。其次,其思想和方法,对当代数学研究有启示作用。现代计算机数学,其方式方法需要机械化、程序化和构造性,《九章算术》及刘徽注正具有这一特点。其三,启示当代学者提出新课题,以推进学术发展。最后,能增强民族自豪感,激励国人为中国复兴而努力。

(贺圣迪)

典论·论文

曹　丕

文人相轻，自古而然。傅毅[①]之于班固，伯仲之间耳；而固小之，与弟超书曰："武仲以能属文[②]为兰台令史[③]，下笔不能自休。"夫人善于自见，而文非一体，鲜能备善，是以各以所长，相轻所短。里语曰："家有敝帚，享之千金。"斯不自见之患也。

今之文人：鲁国孔文举、广陵陈琳孔璋、山阳王粲仲宣、北海徐幹伟长、陈留阮瑀元瑜、汝南应玚德琏、东平刘桢公幹：斯七子[④]者，于学无所遗，于辞无所假，咸自以骋骥騄[⑤]于千里，仰[⑥]齐足而并驰。以此相服，亦良难矣。盖君子审己以度人，故能免于斯累，而作论文。

王粲长于辞赋，徐幹时有齐气[⑦]，然粲之匹也。如粲之初征、登楼、槐赋、征思，幹之玄猿、漏卮、圆扇、橘赋，虽张、蔡[⑧]不过也。然于他文，未能称是。琳、瑀之章表书记，今之隽也。应玚和而不壮；刘桢壮而不密。孔融体气高妙，有过人者；然不能持论，理不胜辞；以至乎杂以嘲戏；及其所善，扬、班俦[⑨]也。常人贵远贱近，向声背实，又患暗于自见，谓己为贤。

夫文本同而末异，盖奏议宜雅，书论宜理，铭诔尚实，诗赋欲丽。此四科不同，故能之者偏也；唯通才能备其体。

文以气为主，气之清浊有体，不可力强而致。譬诸音乐，曲度虽均，节奏同检[⑩]，至于引气不齐，巧拙有素，虽在父兄，不能以移子弟。

盖文章，经国之大业，不朽之盛事[⑪]。年寿有时而尽，荣乐止乎其身，二者必至之常期，未若文章之无穷。是以古之作者，寄身于翰墨，见意于篇籍，不假良史之辞，不托飞驰之势，而声名自传于后。故西伯幽而演易，周旦显而制礼，不以隐约[⑫]而弗务，不以康乐而加思[⑬]。

夫然，则古人贱尺璧而重寸阴，惧乎时之过已。而人多不强力；贫贱则慑于饥寒，富贵则流于逸乐，遂营目前之务，而遗千载之功。日月逝于上，体貌衰于下，忽然与万物迁化⑭，斯志士之大痛也！

融等已逝，唯幹著《论》⑮，成一家言。

〔注释〕 ① 傅毅(？—89)：字武仲，扶风茂陵人，东汉文学家。 ② 属：缀辑。能属文，善于写文章。 ③ 兰台令史：汉代掌管典校图籍，管理文书档案的官员。兰台，汉代宫中藏书处。 ④ 七子：即建安七子、邺下七子。 ⑤ 骥騄：千里马。騄，音 lù。 ⑥ 仰：凭恃。 ⑦ 齐气：气有所不足。齐地风俗舒缓，故齐地文人个性品质受其影响，为文较为散漫。 ⑧ 张、蔡：指张衡、蔡邕。 ⑨ 扬、班：扬雄、班固。俦(chóu)：同伴，作动词，相媲美。 ⑩ 检：法度。 ⑪ 不朽之盛事：《左传》有"太上有立德，其次有立功，其次有立言，虽久不废，此之谓不朽。"文章属于"立言"，故不朽。 ⑫ 隐约：穷困。 ⑬ 加思：加，转移。加思，转移著书立说的念头。 ⑭ 迁化：犹言死去。 ⑮《论》：徐幹的《中论》。

（张传友）

〔鉴赏〕 汉代盛行谶纬之学是上古崇巫文化的余绪。无论孔孟、老庄的吉光片羽，还是《毛诗序》的"诗言志"说，其实都在骨子里把文学、艺术视为巫术礼仪的道具，祖宗崇拜的祭品，即使屈原、老庄等人畅饮诗歌、文学的美酒时，也从未把自己由庙堂的代言人降低到纯粹诗人、歌者的层次。当西方的荷马赢得普遍尊敬的时候，东方的盲瞽艺人却要时时忍受饥饿的煎熬、权贵甚至童稚的白眼。

时至东汉乱世，饱读诗书的儒生、士人在继承诸子时代的学术自由精神的同时，有的看到自己难能与当政的权贵世族平等合作，转而选择独善其身，狂歌傲世；有的本身作为富家豪强，他们在以实力打拼生存空间的同时，也对人生的厚重与悲壮、苍凉与艰难有着深沉的体悟，不禁发言浩歌，气贯长虹。文学艺术此时方进入一个"为艺术而艺术"的"自觉时代"。公元 2 世纪初叶出现的《典论·论文》正是这种文学的"自觉"、文人的"自觉"在理论上的表现。

《典论·论文》是我国第一篇关于文学批评的专论。其作者——三国时魏国第一位皇帝魏文帝曹丕的身份地位，并不影响该文在文学史、文化史上所代表的那个时代文学与文人所表现出来的"自觉"色彩。《典论》共 5 卷 20 篇。典者，常、法，主要是对文人言行约束性的规范，当时曾刊刻于太学。到了宋代，几尽散失殆尽，只有《自序》、《论文》两篇因其他文献的辑录才保存至今。

从《自序》我们知道，曹丕务实的态度与文武兼备的素质不在大名鼎鼎的曹植之下。他自言“生于中平之季，长于戎旅之间”，“六岁而知射”，“八岁而知骑射”，幼年便随曹操四处征讨。又“少诵诗论”，五经四部、史汉、诸子百家“靡不毕览”。丰富的阅历、广博的学识使他体悟到“事不可自谓己长”的道理。其实何止习射、学剑、治学“不可自谓己长”，文学艺术领域何尝不是如此？

自古以来的文人骚客，多“自谓己长”而轻忽他人。其实天外有天、人外有人，何必拘于一孔之见而贻笑大方。当班固嘲讽傅毅喋喋不休的时候，可曾想过自己在他人眼里难道不是另一个傅毅吗？天下文人之所以“相轻”，曹丕认为原因主要在于文人大多能够“自见”我之长，而不能“自见”我之短，即缺乏清醒的自知之明，常常以自己之长较他人之短。一个人如果沉浸于这种自我编织的话语光环之中，难免自我感觉良好，犯夜郎自大的毛病；其次，文体发展到东汉已呈多样化的趋势，奏议、书论、诗赋、铭诔等不同文体各有自己的特色与内在的要求，因为文人兴趣偏好与性格气质的差异，即使文坛大师也只能是在某些文体上游刃有余。比如与曹丕同时娴于辞赋的王粲、徐幹，在奏议等实用文体上未必称雄，长于章表书记的陈琳、阮瑀，在书论作赋方面未必见长。如果王粲与陈琳在辞赋上较短长，则王粲必然稳操胜券，如果阮瑀与徐幹在表章上争雌雄，则徐幹定会甘拜下风。具有不同特长、偏好的文人斤斤于名头高低，实在是毫无意义的妄举，舆论中对群峰并峙的文人排名次、争座位的做法，实在是无知妄行。

为什么不同文人的性格与创作呈现出这么显著的个别差异呢？

曹丕认为，主要是文人自身才性气质的不同，决定了他们各自在创作上的不同偏好和表达方式。关于士人的才性品藻问题，曹丕之前刘劭的《人物志》中就有记录，曹丕后的《世说新语》中也对汉末、魏晋的人物品鉴逸闻多所发现。曹丕的贡献在于把这种人物品藻中的才性部分，结合儒、道两家的生命之气、真元之气，进一步贯通到文学艺术，特别是文人个人修养和创作才能的领域。东汉清议看重人物品行的清浊，在曹丕是把文气与人气混同言之，他一面讲“（文）气之清浊有体，不可力强而致”，又说“虽在父兄，不能以移子弟”。他所谓的“文以气为主”，实即“人以气为主”、人之气主其文。他朦胧地意识到文气体现出的清浊，主要还是人的品性气质的清浊问题。所以他看到了孔融“体气高妙”，徐幹“时有奇气”，应玚之气“和”，刘桢之气“壮”，每人之气虽然存在差异，但都具有那个时代的悲慨、俊逸、骨鲠的色彩。曹丕论文独标“文气”，正反映了建安时期文学个性独尊、张大自我的创作主题。当然，在人与自然混沌不分的传统文化氛围中，“气”问题的彻底解决是不可能的。

除了个体之气的清浊差异外，不同文体自身的特殊要求与规范，也是导致文学艺术创作百花竞放的原因。在文体初分的时代，人们因不同场合、不同实用功能的需要而形成了不同文体的雏形，曹丕对此作了归纳，总结出“四科八体”，即奏议、书论、铭诔与诗赋。文体的划分大致确定了不同文体在创作与鉴赏上的客观标准，这正是当时社会与文人群体文学的“自觉”的表现。曹丕对不同文体的标准与特征作了简练的概括，即“奏议宜雅，书论宜理，铭诔尚实，诗赋欲丽”。曹丕同时又指出“文本同而末异”，文之本，有人说是儒家的伦理教化，有人说是文学艺术创作的基本规范，文之末，有人认为指的是文学体裁。我们认为，在曹丕的时代，还未达到后来刘勰的高度。他所谓“本”，一方面作为语言表达的艺术，不同文体所共有的基本特征，一方面是文之气、人之气中的气之本，文人的气质之性的本原是共同的；所谓“末”，既包含不同文体所具有的不同表达规范和内在要求，如不同文体的雅、理、实、丽等不同要求，也指涉先天共同的气质之性因后天条件的不同所形成的性格、性情差异所导致的言语、作文上的不同的色彩。要把握不同文体的内在要求和创作规律，克服自己气质、性情的后天不足，曹丕认为，一般文人作者因为自己的个性气质特点，只能在某些文体上超拔于众人，而只有通才、全才才有可能诸体皆能。

作为一位公正、客观的批评者，除了要认识到每个作者气质性情方面的独特个性，洞见每种文体的相应特征，更重要的是能够“审己以度人”，避免常见的“贵远贱近”恶习，改掉“向声背实”的弊病，排除“暗于自见”的狭隘襟怀。换句话说，一位合格的批评者，他既能够深得文学艺术三昧，又能够超越文学艺术的樊篱。他既要能够洞悉文学自身的创作规律和创作要求，同时又是一位深谙人生悲欢和社会沉浮，具有悲天悯人的情怀的大德君子。曹丕是颇以这样一位批评者自诩的。他少时飞马骑射，枕戈待旦，余暇吟诗作赋，嘲花弄月，习惯了疆场拼杀，经历了宫闱争斗，生死已不能萦怀，贵贱已难能动心。曹丕所言甚是。其实，批评最难得的就是客观与公正，只有是其所是，非其所非，才能真正推动文学艺术的健康发展。

不过，曹丕在文学史上的突出地位，最主要的是他重建一个民族的文学价值观，把文学提高到“经国之大业，不朽之盛事”的高度，而非仅仅特标自己在文学创作、批评上的切身体会。在经历血雨腥风的冲杀，亲见白骨露于野，千里无鸡鸣的乱象，亲历手足相残的剧痛之后，他深刻地体会到“年寿有时而尽，荣乐止乎其身”，人生悲喜荣华，祸福寿命短长，都是过眼烟云，不知何处的一阵风，一切都会烟消云散。人生一世，草木一秋，留给后人的更多的是生命的心路历程，精神结晶的凝聚，而文学艺术，正可以凭借其不朽的生命力和影响力，穿越时空的阻隔，把你的音容笑貌、情仇意绪、浩歌深思传达给后人。作为文人，大可不必以扬雄、班固的嘲弄之语挂怀，文学艺术自有其价值和生命，值得你付出毕生的心血去营构、去创造。有人提出曹丕的《论文》是“用自己政治的权威为文学的存在立法”，当然有其合理性，设若作者不是作为魏文帝的曹丕，《论文》可能不会有这么深远的影响力。不过，如果生活在一个轻生死、重然诺的时代，怎能不体味到生命之轻，怎能不意识到精神生命追求的高贵与价值。曹丕说到了，也做到了。他的《论文》也让他不朽。

可以与《典论·论文》相媲美的，还有他的《与吴质书》。虽然其所谓“文”是各种语言艺术的泛称，并非专指诗赋，但曹丕所揭示的文学艺术的文气、文体、文学价值观等方面的诸多真知灼见，启发了陆机、刘勰、钟嵘，流风所及，一直到王夫之、姚鼐、王国维等人。对于《论文》在当时的文学影响，鲁迅曾经有一段精彩的评论：“孝文帝曹丕，他也是喜欢文章的。不过到那时候，于通脱之外，更加上华丽。曹丕著有《典论》，那里面说：‘诗赋欲丽’、‘文以气为主’。后来有一般人很不以它的见解为然。他说诗赋不必寓于教训，反对当时那些寓训勉于诗赋的见解，用近代的文学眼光看来，曹丕的时代可说是‘文学的自觉时代’，归纳起来，汉末、魏初的文章，可说‘清峻、通脱、华丽、壮大’。……曹操、曹丕以外，还有前面提到的七个人，他们的文章分别从各自的维度拓展了文学的性灵之质；但华丽好看，却是曹丕的功劳。”我们要说，曹丕摆脱汉儒随意以伦理教化附会文学创作的恶俗，而对这一时代“文学的自觉”、“文学的解放”大潮的推动，较之鲁迅所看到的曹丕对一时代文风“华丽好看”的影响，更加值得我们肯定与推许，他的勇气和魄力所产生的文学影响，仍然在惠及后人。

（张传友）

书　论

王羲之

夫书者，玄妙之伎[①]也，若非通人[②]志士，学无及之。大抵书须存思，余览李斯等论笔势，及钟繇书，骨甚是不轻，恐子孙不记，故叙而论之。

夫书字贵平正安稳。先须用笔，有偃有仰，有攲有侧有斜，或小或大，或长或短。凡作一字，或类篆籀，或似鹄头；[③]

或如散隶[4]，或近八分[5]；或如虫食木叶，或如水中科斗；或如壮士佩剑，或似妇女纤丽。欲书先构筋力，然后装束，必注意详雅起发，绵密疏阔相间。每作一点，必须悬手作之，或作一波，抑而后曳。每作一字，须用数种意，或横画似八分，而发如篆籀；或竖牵如深林之乔木，而屈折如钢钩；或上尖如枯秆，或下细若针芒；或转侧之势似飞鸟空坠，或棱侧之形如流水激来。作一字，横竖相向；作一行，明媚相成。第一须存筋藏锋，灭迹隐端。用尖笔须落锋混成，无使毫露浮怯；举新笔爽爽若神，[6]即不求于点画瑕玷也。为一字，数体俱入。若作一纸之书，须字字意别，勿使相同。若书虚纸，用强笔；[7]若书强纸，用弱笔。强弱不等，则蹉跌[8]不入。凡书贵乎沉静，令意在笔前，字居心后，未作之始，结思成矣。仍下笔不用急，故须迟，何也？笔是将军，故须迟重。心欲急不宜迟，何也？心是箭锋，箭不欲迟，迟则中物不入。夫字有缓急，一字之中，何者有缓急？至如“乌”字，下手一点，点须急，横直即须迟，欲“乌”之脚急，斯乃取形势也。每书欲十迟五急，十曲五直，十藏五出，十起五伏，方可谓书。若直笔急牵裹，此暂视似书，久味无力。仍须用笔著墨，下过三分[9]，不得深浸，毛弱无力。墨用松节[10]同研，久久不动弥佳矣。

〔**注释**〕 ① 伎：通“技”。 ② 通人：学识渊博贯通古今的人。 ③ 篆籀：篆书及籀文。籀文，周代文字，即大篆。鹄头：古代的一种书体。 ④ 散隶：以散笔作的隶书。 ⑤ 八分：东汉王次仲创“八分书”，据载割程邈隶字的八分取二分，割李斯小篆二分取八分，故名八分。后又演变成为今日楷书，也称为真书。 ⑥ 爽爽若神：爽爽，俊朗出众貌。意为俊朗清新，神明气爽。 ⑦ 虚纸：质地柔弱的纸；强笔：毫毛挺硬的笔。 ⑧ 蹉跌：失势，相差。 ⑨ 三分：着墨处不超过笔十分之三，以保持笔毫的弹力。 ⑩ 松节：松树结疤。因其中富含油脂可使墨色更有光泽。

（张传友）

〔**鉴赏**〕 在中国汉字由记事、表意符号走向抽象化、艺术化，由实用走向审美的嬗变中起了最为关键作用的当属王羲之。虽然仓颉造字居功厥伟，但他只是汉字产生过程中众多参与者的代名；虽然秦始皇的“书同文”政策对汉字的传播和书体的演变产生了深远的影响，但这种影响主要指向于实用与功利。王羲之则不然，他的行书独步天下，为书法从实用步入审美的艺术殿堂翻开了光辉灿烂的一页。他在书体结构、笔画方面的创造性改进和尝试，较之"书同文"对大众文化和审美所产生的影响更为深远和持久。在中国书法史上还没有一位书家能像王羲之那样，千余年来一直得到大家的顶礼膜拜，被誉为无法超越的"书圣"。

王羲之，字逸少，原籍琅玡临沂人（今山东临沂），后居会稽山阴（今浙江绍兴），幼年木讷少言，成年后以骨鲠直言而出名，历任东晋淮南丹阳太守、右军将军、会稽内史，世称王右军、王会稽。在担任会稽内史时因与王述不睦而称病去职，归隐会稽。

家学渊源，羲之七岁时便因书法小有名气了。十二岁那年偷窥父亲枕中的书学秘籍，父亲担心他年龄太小，不能领会书法精奥。王羲之就恳请父亲，如果少年时有机会却放弃入得书学堂奥，等到成年时岂不要悔恨幼时的光阴虚度。他父亲只好"语以大纲"，把笔法论传授给他。他曾拜当时著名的书法家卫夫人为师，后者看到他的书法少年老成，慨叹将来这孩子一定会超越自己。以后他渡江北游名山，得以"兼撮众法，备成一家"，达到了"贵越群品，古今莫二"的境界。三十三岁时书《兰亭序》，三十七岁书《黄庭经》，都是当时后世载入书史的事件，在书法变革上具有重要意义。当时流行书体主要有隶书和章草，王羲之"增损古法"，减少了"转笔"笔法，增加了"提按"用笔，变"旧体"为"新体"。具体而言，他在楷书、行书中大量使用提按用笔，着意笔画线条端部的造型，使这两种书体走向成熟。同时他将楷书的提按用笔渗融到章草中，使提按、使转两种用笔方法结合起来，完成了中国书法史上以张芝为代表的章草向今草的转变。

《晋书·列传五十》中评价他："飘若浮云，矫若惊龙。"确实他的书法如"浮云"般有一种流动顾盼的清柔之美，如"惊龙"般有一种生机勃勃的跃动之势。但作为华夏民族图腾的"龙"所应具有的那种强悍的个性、率意的恣肆是他的书法和情性中所没有的。难怪唐人《书议》批评他"有女郎才，无丈夫气"。而努力变二王法的宋人米芾对他的"媚妍之态"也多有指责。书如其人，所谓"飘若浮云，矫若惊龙"所展现的不单是后人所体认的其行书神韵，也是他本人外在体态、内在精神的真实写照。洒脱俊逸的体态，高贵的世家门第，良好的家学渊源，加上澹远的玄学修养，使他能够优游不迫地看待人生和社会。无疑，他的这种审美取向更多的带有道家出世色彩。据记载，王氏世事五斗米道，道家崇尚自然、追求超脱的思想倾向一定影响他终生。晋室南渡之初，他看到会稽秀丽的山水，油然而生终老之志。归隐后常与好友遍游名山、泛沧海，随道士采药石而不辞千里，曾慨叹:“我卒当以乐死。”然而对北方故土的眷恋,对不能返乡扫墓的愧疚,是他以及南渡诸人难以忘怀的伤痛。而东晋偏安一隅,荼毒士林的恐怖政治环境,使他们只能谈玄说道、寄情山水,以掩饰内心的痛苦。这种心境,使得他们的心灵敏感而脆弱,服石用药,常常又加剧了他们的冲动与不适。我们欣赏他的《兰亭序》,其中所描述的知己好友饮酒赋诗,畅叙幽情,本是人生乐事,可他们的欢宴中所弥漫的,是一种无法排遣的“幽闭”情感,人生祸福无常的感伤。

这种苍凉人生的体验和超脱生死的态度,反能让他们沉潜下来,涤除胸中的尘虑,以自由自在、新鲜活泼的心灵去接纳自然造化之美。其《兰亭》诗写道:“仰视碧天际,俯瞰禄水滨。寥阒无厓观,寓目理自陈。大矣造化工,万殊莫不均。群籁虽参差,适我无非新。”这份潇洒纯真、这种旷达洒脱,非晋人不能道出。他们观照天地宇宙、看待人生的天真自然和审美心境的澄明朗静,感受两间万象之美的细腻灵动,确为后世诗家所难能比拟。魏晋时期作为中国文学艺术的“自觉时代”,与这时代对人心志的大摧折,人的心灵与自然的“同化”是有直接关系的。万象之本真,似乎一经“寓目”,其本然之“理”便自我呈现,造化之神奇,在我俯仰之间,都会为我的心灵月印万川般感受到,大千世界的种种情态,无不能在我性灵的镜子里明晰透彻地映照出来。诗中又说“静照在忘求”,这种感受和领悟,似乎是不经意间,自然而然地进入我的审美视野。一个“忘”字,不但使我暂时忘却了眼前身后的烦忧,忘记了生存环境的风谲云诡,忘记了自然与人的界限,以致忘记了“静照”、审美本身。这不就是十五个世纪之后德人康德所讲的纯粹审美所具有的“无目的的合目的性”吗!

王羲之自幼在父亲王旷、叔父王廙启蒙下习书,旷擅行、隶。稍长拜卫烁卫夫人为师,卫师承钟繇,妙传其法。后来他“渡江北游名山,比见李斯、曹喜等书;又之许下,见钟爵、梁鹄书;又之洛下,见蔡邕《石经》三体书;又于从兄洽处,见张昶《华岳碑》”(《题笔阵图后》)。这段北游经历,使他眼界大开,得以观摩书法碑派正宗,认识到“顷寻诸名家,钟张信为绝伦,其余不足观”。由此,决心一洗卫夫人的柔弱之弊,直追钟繇、张芝的行草精神。他把平生从博览所得秦汉篆隶的各种不同笔法妙用,悉数融入于真行草体中去,遂形成了他那个时代最佳体势,推陈出新,更为后代开辟了新的天地。可以说,王羲之在行草方面变更古法,奠定了此后中国书法发展的大方向,这种影响直到清末碑学复兴起才得以改变。

随着人生阅历的丰富和对书道体悟的逐渐深沉,王羲之的书法境界也达到了个人和时代的顶峰。目前比较可靠的著名书迹有:真书《黄庭经》、《乐毅论》、

《东方朔画赞》,行书《快雪时晴帖》、《奉橘帖》、《丧乱帖》、《姨母帖》、《孔中侍帖》、《得示帖》和八柱本《兰亭序》,草书《十七帖》等。然而我们也应注意到,张怀瓘所批评的右军行书虽参以篆隶而"古雅"不足,草书虽变以秀逸而"精熟"不够,确实也是右军书法的不足之处。正如今人沈尹默所言,"羲之从卫夫人学书,自然受到她的熏染,一遵钟法,姿媚之习尚,亦由之而成。……羲之的姿媚风格和变古不尽的地方,是有深厚根源的"(《二王法书管窥》)。

另外,传为王羲之所作的书论,如《题卫夫人〈笔阵图〉后》、《书论》、《笔势论》、《用笔赋》、《记白云先生书诀》等,经证实全系伪托,但其中所论及的书法问题以及流露出来的书法审美倾向,不仅大体符合魏晋六朝人论书主旨,而且多与王羲之书法相互印证。

书法用笔是《书论》全篇关注的中心问题。虽然王羲之所在的时代玄学正炽,在书法上的审美自觉却正经历着从笔墨挥洒向理性思域转进的初始阶段。书法尚为"媚道"的点缀,它本身正处于升华为"道"的一种独特表现方式的酝酿过程之中。对比东汉蔡邕《九势》所讲的"书肇于自然",这种"自然"与仓颉造字"观物取象"中字形与自然万象的对应比附实无二致,人们对于字形的舒展、点画的排列尚处于一种蒙昧、素朴状态。秦汉时毛笔、纸张的出现,赋予了书写本身真正自由到可以与精神层面的审美意蕴、审美境界贯通的可能。人们开始由对书写所关涉的对象的关注转到对书写本身,尤其是笔法、笔势、线条的形式美的探讨。书写艺术之所以在中国被称为书法,晋唐之际对"法"(笔法、技法、法度)的推重,不能不说是一大因缘。

用笔首要变化。与刻刀、铸模不同,毛笔圆转流便,执笔方式的不同、用力方向的差异、书写速度的快慢、笔墨在纸面上划过留下的浓淡枯润的痕迹,都会产生多样的审美效果,给观者丰富的想象空间。王羲之对笔法的论述涉及点画的起笔、收束,字形的安排、布局,笔、墨、纸与书家在创作过程中的互动,整篇的立意、章法,同时对点画之间、字与字之间、行与行之间的连贯、呼应也有自己独到的见解。具体而言:一、书法审美与实用并非不可调和,尤其行书。汉字"平正安稳"既便于人们"按图索骥",由"象"知"意",提高认知的速度和成功率,同时也符合一般的阅读、欣赏心理。其中所包含的读解图像符号的能力和认知习惯的养成都是一个逐渐积累的历史过程。所以运笔方向的偃仰、转动的欹侧、用力的大小、行笔的长短,都要细心揣摩,用心体会;二、书法当然与写字不同,写字只要把文字所指涉的意象、符号的样式准确地传达出来就可以了,而中国书法不但求“真”,更要求“美”。人们常说书画同源,每一个汉字作为符号,大多立“象”以尽“意”,这“象”带有着自然中的物象、人头脑中的意象、意识中的形象的多重含义。成功的书家无不通过抽象的点画经营某种形象,暗示某种意象,传达某种意绪。所谓书为心声、字如其人,王羲之对单个汉字字形的形象描述,在回顾汉字起源的基础上,准确地揭示了汉字的形态美、形式美的特征。比如他说,“若作一纸之字,须字字意别,勿使相同”,在结体上追求变化。对照他的行书,同一笔画曲直多样,同一偏旁宽窄不同,同字结体密疏有别,就像孙过庭所说的“数画并施,其形各异;众星齐列,为体互乖”。《兰亭》中有七个“不”字,二十个“之”字,八个“以”字,五个“怀”字,五个“其”字,五个“于”字,结体无一雷同;三、书论最精彩之处是他的笔锋论。起笔、行笔要“存筋藏锋”,收笔要“灭迹隐端”。这恰是不同于以前的凿具刻刀、龟甲兽骨、金属玉石而专门针对毛笔、纸绢提出的特殊要求。相较以前,由于毛笔可以提按顿挫、回转拖带,突破了在质地坚硬难以入刀、难能圆润的材料上书写的局限;纸绢具有良好的吸水滞墨性能,避免了由于使用骨石、刻刀等尖利书写工具难以控制行笔方向的弊端,可以丰富地表现出刹那间笔墨运动的轨迹、书者刹那间的情绪变化甚至生命气息。所以,恰当地运用笔墨技巧,熟悉纸绢的品质性能,可以在很大程度上给书家提供创作的自由,给观者带来更多的审美享受。王羲之总结的“十迟五急,十曲五直,十藏五出,十起五伏”,虽然语焉不详,但中国书法用笔偏爱迟、曲、藏、起的特点奠定了中国书法的审美情趣和创作特质,这也是与中国人的性格特点和人生哲学态度相符的。与之相对的急、直、出、伏容易给人刚猛、粗鄙、恣肆、草率之感,显然与中国传统文化所推崇的含蓄、内敛、深沉、稳健、飘逸之美是不大合拍的。世人津津乐道的书法用笔的锥画沙、印印泥,就是指《兰亭序》的锋藏笔中、意在笔前而言。黄山谷推崇《兰亭》“无一字一笔不可人意”,原因即在于书法这一点画艺术从精神上与中国哲学、中国文化达到了内在的交通。

值得强调的是,王书的秀媚并非一味的女性化,他重视每个字点画之间、字与字之间、行与行之间的气脉关联,强调笔画的筋骨、笔锋的弹性与力度,使得中国书法审美的情韵具有明显的柔中寓刚、刚柔并济的中和特征;对于章法布局、立意取势,因纸选笔、浸笔择墨等问题,《书论》也有一定的分疏。由此,结体、行笔务求“简易”构成了王体行书的一大特色。为了行笔气脉的畅达,笔势的连贯,形体的美观,王书在尽量保证字形可识的基础上大胆省减笔画,或以简代繁,或一笔数画,或两笔合一。这一变化,推动了汉字字体朝着简便、美观的方向演进的进程。可以说，他以笔法论为核心，形成一个比较全面的书法创作、书法审美的理论系统。

由此可见，以王羲之为代表的两晋书家是笔法、笔势、笔墨、笔体以及书法审美时代新风的塑造者和推动者。王羲之的后代以书知名的如其子王献之、同族王僧虔、七世孙释智永等，人才济济，家法相传，绵延至今。而其书圣地位的确立主要原因在于两次大的学王运动。据南朝宋虞和《论书表》中记载："洎乎汉、魏，钟、张擅美，晋末二王称英"，王献之时代其声名曾经超过了其父。南朝梁陶弘景的《与梁武帝论书启》也说，"比世皆尚子敬书"，"海内非惟不复知有元常，于逸少亦然"。第一次学王运动开始于梁武帝，他在《观钟繇书法十二意》中评定说："子敬之不迨逸少，犹逸少之不迨元常"，他首次从官方确定了羲献的位次；第二次发生于唐代。太宗亲自为《晋书·王羲之传》撰赞辞，其中提到钟繇"论其尽善，或有所疑"，献之则有"翰墨之病"，当时著名书家子云、王濛、徐偃辈皆谓"誉过其实"，唯有右军"尽善尽美"，自己"心慕手追，此人而已"。从此王羲之在书学史上至高无上的地位被确立并巩固下来。此后宋、元、明、清诸朝无不尊晋宗"二王"。唐代欧阳询、虞世南、褚遂良、薛稷、颜真卿、柳公权，五代杨凝式，宋代苏轼、黄庭坚、米芾、蔡襄，元代赵孟頫，明代董其昌，无不出入二王。清代后期，碑学虽暂时压倒了帖学，但王羲之的书圣地位，他的"尽善尽美"的书帖，仍旧是一个不能打破的艺术神话。今日人们学书、论书，王羲之仍然是摹习的典范、难以超越的巅峰。

（张传友）

文选·序　　萧 统

式观元始，眇觌玄风①。冬穴夏巢之时，茹毛饮血之世，世质民淳，斯文未作。逮乎伏羲氏之王天下也，始画八卦，造书契，以代结绳之政，由是文籍生焉。《易》曰："观乎天文，以察时变；观乎人文②，以化成天下。"文之时义远矣哉！若夫椎轮为大辂之始，大辂宁有椎轮之质；增③冰为积水所成，积水曾微④增冰之凛。何哉？盖踵其事而增华，变其本而加厉⑤。物既有之，文亦宜然。随时变改，难可详悉。

尝试论之曰：《诗序》云，《诗》有六义焉：一曰风，二曰赋，三曰比，四曰兴，五曰雅，六曰颂。至于今之作者，异乎古昔。

古诗之体，今则全取赋名。荀、宋表之于前，贾、马继之于末。自兹以降，源流实繁。述邑居，则有“凭虚”、“亡是”⑥之作；戒畋游，则有《长杨》、《羽猎》之制。若其纪一事，咏一物，风云草木之兴，鱼虫禽兽之流，推而广之，不可胜载矣。又楚人屈原，含忠履洁，君匪从流，臣进逆耳，深思远虑，遂放湘南。耿介之意既伤，壹郁之怀靡诉。临渊有怀沙⑦之志，吟泽有憔悴之容。骚人之文，自兹而作。诗者，盖志之所之也。情动于中而形于言。《关雎》、《麟趾》，正始之道著；《桑间》、《濮上》⑧，亡国之音表。故风雅之道，粲然可观。自炎汉中叶，厥途渐异：退傅有“在邹”之作，降将著“河梁”之篇⑨。四言五言，区以别矣。又少则三字，多则九言，各体互兴，分镳并驱。颂者，所以游扬德业，褒赞成功。吉甫有“穆若”之谈，季子有“至矣”之叹⑩。舒布为诗，既言如彼，总成为颂，又亦若此。次则箴兴于补阙，戒出于弼匡，论则析理精微，铭则序事清润，美终则诔发，图像则赞兴。又诏诰教令之流，表奏笺记之列，书誓符檄之品，吊祭悲哀之作，答客指事之制⑪，三言八字之文，篇辞引序，碑碣志状，众制锋起，源流间出。譬陶匏⑫异器，并为入耳之娱；黼黻不同，俱为悦目之玩。作者之致，盖云备矣。

余监抚⑬馀闲，居多暇日，历观文囿，泛览辞林，未尝不心游目想，移晷忘倦。自姬、汉以来，眇焉悠邈，时更七代⑭，数逾千祀。词人才子，则名溢于缥囊；飞文染翰，则卷盈乎缃帙⑮。自非略其芜秽，集其清英，盖欲兼功，太半难矣！若夫姬公之籍，孔父⑯之书，与日月俱悬，鬼神争奥，孝敬之准式，人伦之师友；岂可重以芟夷，加之剪截。老、庄之作，管、孟之流，盖以立意为宗，不以能文为本；今之所撰，又以略诸。若贤人之美辞，忠臣之抗直，谋夫之话，辨士之端，冰释泉涌，金相玉振。所谓坐狙丘，议稷下⑰，仲连之却秦军，食其之下齐国，留侯之发八难，曲逆之吐六奇⑱，盖乃事美一时，语流千载，概见坟籍，旁出子史，若斯之流，又亦繁博。虽传之简牍，而事异篇章。今之所集，亦所不取。至于记事之史，系年之书，所以褒贬是非，纪别同异；方之篇翰，亦已不同。若其赞论之综缉辞采，序述之错比文华，事出于沈思，义归乎翰藻⑲，故与夫篇什，杂而集之。远自周室，迄于圣代，都为三十卷，名曰《文选》云耳。

凡次文之体，各以汇聚。诗、赋体既不一，又以类分；类分之中，各以时代相次。

〔注释〕 ① 眇觌玄风：眇，通渺，远。觌，看。玄风：古风。风，风俗、风气。 ② 天文：自然现象；人文：见于文字记录的古代典籍。 ③ 增：通层。增冰，即层冰。 ④ 微：无，没有。 ⑤ 踵其事而增华，变其本而加厉：前句说所乘之车的发展演化，后句说水结冰。 ⑥ 凭虚：张衡《西京赋》第一句为"有凭虚公子者"，凭虚代指《西京赋》。亡是：司马相如《上林赋》第一句为"亡是公听然而笑曰"，亡是代指《上林赋》。 ⑦ 怀沙：屈原所作《九章》之一，据说是他自沉汨罗江前的绝命词。后句"吟泽"语出《楚辞·渔父》。 ⑧《桑间》、《濮上》：语本《礼记·乐记》："桑间濮上之音，亡国之音也。"后成为乐调上靡靡之音的代称。 ⑨ 退傅：指韦孟，先为楚元王傅，历元王子夷王、孙王戊，韦孟因王戊荒淫无道，退位居邹，作《在邹》等讽谏诗，均为四言体。《文心雕龙·明诗》："汉初四言，韦孟首唱。"降将：指汉将李陵，河梁之篇，指李陵与苏武诗，第三首有"携手上河梁"句，为五言体。萧统认为这是文人创作最早的五言诗，实为伪托。 ⑩ 吉甫有"穆若"之谈：《诗经·大雅·烝民》为尹吉甫所作，其中有"吉甫作颂，穆如清风"句。季子有"至矣"之叹：季子，即季札，春秋时吴国公子，聘于鲁时观乐作颂，赞叹说："至矣哉！" ⑪ 答客：假借答复别人问难，抒写情怀的一种文体，如东方朔《答客难》。指事：即《文选》中的"七"体，如枚乘《七发》，说七件事以启发楚太子，故说指事。 ⑫ 陶匏：均为乐器名。陶即埙，土制的乐器。匏(páo)：即笙。 ⑬ 监抚：古称皇太子为储君，有帮助国君监国抚民的责任。 ⑭ 七代：周、秦、汉、魏、晋、宋、齐。 ⑮ 缥囊、缃帙：书卷的代称。帛青白色称缥，浅黄色称缃，用缥制成装书的袋，称缥囊；用缃作书衣，称缃帙。 ⑯ 姬公：周公姬旦；孔父：孔子，鲁哀公诔孔子作诔，称孔子为尼父。此处泛指儒家经典。 ⑰ 坐狙丘，议稷下：李善注曹植《与杨德祖书》："《鲁连子》曰：齐之辩者曰田巴，辩于狙丘而议于稷下，毁五帝，罪三王，一旦而服千人。" ⑱ 仲连：赵孝成王时，秦兵围赵邯郸，魏安釐王使辛垣衍劝赵尊秦为帝，鲁仲连驳斥了他，打消了赵国投降的主张，秦兵知道后，后退五十里。食其：楚汉相争时，刘邦派郦食其往说齐王田广，下齐七十余城。留侯：张良封留侯，他曾发八难，劝高祖无立六国后。曲逆：陈平封曲逆侯，辅佐高祖，曾六出奇计。 ⑲ 事出于沈思，义归乎翰藻：两句互文见义，"事"承上句"序述"而言，"义"承上句"赞论"而言，史传中的赞论、序述部分，也有"沈思"、"翰藻"，可以作为文学作品选录。沈思，作者深刻的艺术构思，翰藻，表现于作品中的辞采之美。 **（张传友）**

〔鉴赏〕 曹丕的《论文》与建安七子的诗文相和，奏响了中国文学史上第一个"文学自觉"时代的最强音。而这一组曲在中国文学时空划过的痕迹，应该有人把它与以往和此后诸多美妙的乐章记录下来，让后人去琢磨、沉潜、赞叹和敬仰。我们现在可以查到的有杜预的《善文》、李充的《翰林》、挚虞的《文章流别集》、刘义庆的《集林》，可惜都已亡佚。三百年后，一位也曾做过太子的人物，他发宏愿"历观文囿，泛览辞林"，终于完成了这部保存至今最早的也是影响最大的诗文总集——《文选》。这个人就是南朝梁武帝长子萧统。

萧统，字德施，受其父梁武帝萧衍佞佛的影响，小字维摩。他不好女色，不蓄声乐。除了以皇太子的身份"省万机"外，他的时间大都花在研读诗文上。当时他所在的东宫太子府号称"文学之盛，晋、宋以来未之有也"。他弟弟即后来的简文帝萧纲也颂扬他："研经博学，手不释卷，含芳腴于襟抱，扬华绮于心极……欹案无休，书幌密倦。"劳心渎神的体力透支加上恬淡寡欲的生活习惯，他编选工作完成后不久便双目失明，年仅三十一岁未及即位便早早夭逝了，谥曰"昭明"。因此《文选》又称《昭明文选》，以纪念他以双目和生命的代价实现《文选》宏愿。

《文选》收录了从先秦至梁间八百余年的 130 位名家（有一位无名氏）的诗文辞赋，这 38 类 752 篇经典文本，有诗歌 434 首，辞赋 99 篇，杂文 219 篇，所收文本语言优美，辞藻华丽，对仗工整，韵律谐和，基本上代表了这一时期文学创作的精华。这方面，他是对曹丕、陆机文学批评标准的继承、发展，更是落实和深化。

作为诗文选集的《文选》，首先要解决的是"文"的标准问题。汉代所谓的"文学"、"文"，主要指以哲学思辨为内容的学术文章，《史记·儒林列传》中记载汉武帝"招方正贤良文学之士"，"文学之士"指的是儒门弟子。魏晋时期，文学或文的范畴延伸到诗文领域。在曹丕的《典论·论文》中，已经有相当部分的诗赋进入他评訾的范围。至南北朝时，文学的进一步独立分化趋势愈来愈明朗，不同文体的发展已经定型，当时已存在着相当数量纯"文学"意义上的优秀作品。在萧统以前，宋文帝立四学，以诗赋为代表的文学取得了与儒学、玄学、史学并立的地位，标志着文学成为一门独立的学科。吟诗作赋等文学活动成为豪门权贵以及士大夫阶层炫耀学问门第的雅事。萧统接受了当时的文学观念，把子书排斥在文学之外，因为诸子之作主要是"以立意为宗，不以能文为本"，那种带有哲学、思辨、抽象、玄虚意味的作品，如老子、庄子的作品，或者汉儒赋予过多教化伦理意义的《诗经》，都先预设了一个实用性、功利性目的，或者教化的功能性在那里，遮蔽了其本来的文学价值，是不能入《文选》的。而史传中的赞论序述部分，有的"综辑辞采"，有的"错比文华"，它们不是对历史事实干巴巴的描述，而且用生动活泼的语言表达对历史事件、历史人物的切身感受，是完全符合"文"的标准的。

所谓“以能文为本”，即以文学活动自身的内在要求和创作规范为宗旨，就是从文学自身出发，以文学本身为落脚点，而不是以道德伦理、政治教化为超越于文学之上的终极目标。这种纯“文”的标准，并不限于孔子所讲的“思无邪”，也非“诗言志”所能笼括。而是按萧统所说的，“事出于沈思，义归乎翰藻”。这“事”既包括作者所铺叙的事件、事物、实事，也包括他自己经历、体会到的情志、情感、感触，这些作为创作的原始素材，必须经过作者的“沈思”，即经过一番去粗存真、提精化醇的提炼、升华过程。这种饱含感性和理性、情感与理智的事实之真与艺术之真，构成创作的兴象、物象和意象，其“义”应该与华丽典雅的辞藻、和谐悦耳的声律、变化多样的手法、允当合意的文体融合为一，才符合纯粹的“文学”标准。这就给文学与非文学划了一条界线。

其次，从文学发展的历史进程看，萧统坚持一种朴素的文学进化观。他认为，就像华丽舒适的辇车本由简陋的圆木椎车发展而来，坚冰本由流水冷冻而来，文学由幼稚、简单、质朴走向成熟、繁复、华丽的演进，文体由简短、单一到铺排、多样，以致“踵其事而增华，变其本而加厉”，这种文辞愈来愈铺排华丽、文体愈来愈细密分化的现象，都是文学自身发展的内在规律使然。萧统这种文学进化观，只是对魏晋以至他的时代文学发展趋势的认同和总结，并不包含评訾古今孰优孰劣的意图，他要做的，是把文学演进的这一轨迹通过大量文学作品的取舍、摘选，描述得更集中、更清晰、更直观，即“略其芜秽，集其清英”。

如果说“以能文为本”是一种外部研究的话，萧统对文体分类的思考和分辨则是一种内部研究。曹丕已经看到“文本同而末异”，他把文体细分为四类八体，论文章体制“重在末而求其异”。陆机的《文赋》就文学实际把文体进一步分化、细化。萧统在他们的基础上，一方面溯源以明其“本”，同时又沿流以表其“末”。根据不同文体风格与适用范围，把文学作品大体上分为赋、诗、骚、七、诏、册、令、教、文、表、上书、启、弹事、笺、奏记、书、檄、对问、设论、辞、序、颂、赞、符命、史论、史述赞、论、连珠、箴、铭、诔、哀、碑、墓志、行状、吊文、祭文等37种文体(一说38种)。具体到各篇文学作品的选排，按照“次文之体，各以汇聚。诗赋体既不一，又以类分。类分之中，各以时代相次”，比如赋可细分为京都、郊祀、耕籍等15门，诗歌细分为补亡、述德、劝励等23门。他在文体划分上的过于细密、琐碎，正反映了当时文学自觉时代的文学创作活动的兴盛，表明了人们日常生活日渐“文学”味的事实。当然，萧统的文体划分标准有些偏重于文体风格，有些偏重于实用功能，有些偏重于应用场合，这种不统一所导致的琐碎、杂乱状况，不断遭到后人文体标准“淆乱”的批评，选文内容“芜秽”的讥评也是情之难免。

萧统所在的时代，玄风正炽，清谈盛行。不能说玄学的兴起与文学“自觉”时代到来不无关系，玄学对政治的消解，从士人的精神玄溟之域为“以能文为本”疏通了最为关键的一道障碍。但这种人为地以玄学对政治的消解，以文学对政治的疏离，或可揭示士大夫阶层在那个人生易逝、荣华短暂的时代对政治和权力的一种隐讳曲折诉求。但贵为太子的萧统，对玄言清谈本无甚好感。《文选》中玄言诗的落选与山水诗的大量出现，代表了他虽品悦自然而并未一超直入“道”的境界。《梁书》记载他“三岁受《孝经》、《论语》，五岁遍读五经，悉能讽诵”，使他对于孔孟之道有着一种骨子里的亲近感，认同感。但汉儒以文学附庸于教化的俗劣做法已败坏了诗书之道的尊严与神圣。而儒家所讲究的修齐治平又是帝王必备的政治与人生素养，在他心目中，《文选》“以能文为本”，必然有所取舍，而周孔之书“与日月俱悬，鬼神争奥”，“岂可重以芟荑，加之剪裁”，可以说是一种不选之选。所以他能“以能文为本”的同时，又超越汉儒而上承先秦原始儒家素朴的文学观，近承曹丕、陆机等人的文本观，改造继承毛亨的“诗者，志之所之也，在心为志，发言为诗，情动于中而形于言”的言志观，提出“诗者，盖志之所之也，情动于中而形于言”。这“志”虽未斩断汉儒喋喋不休的教化伦理之道的关联，其精神的落脚点已转移到情感、情怀、情绪的性灵一边。他选引屈原的大量诗歌，标举他“含忠履洁”的高尚情操和政治品格，不过其中缘由也非一端，屈诗奇绝瑰玮的意象与鼓荡澎湃的情感在他权衡的秤准上应该也占有相当的分量。同时他在武帝佞佛的影响下，对佛教、僧人也颇为崇信，但佛教典籍沾染佛光宝慧，与儒家经典的神圣同样是不可以平常人的眼光加以评判的。何况佛家本自西方，已抑儒合道而近玄，玄学对正统儒家思想的消解所导致的山水诗大量入选，或可代表他对佛学中国化、佛慧诗性化的另类认同。

我们也看到，萧统这一“以能文为本”的文学观，在选录作品时，存在着与曹丕、陆机等人相同的偏爱文句典雅、辞藻华丽的倾向。虽然他在《答湘东王求文集及诗苑英华书》中吐露自己对“丽而不浮，典而不野，文质彬彬”文风的向往，但这种偏爱辞藻华丽的审美标准，对于六朝绮靡的文风的泛滥起了推波助澜的作用。虽然他不能独承此咎，之前的曹丕、沈约、刘勰、钟嵘也有相当的责任，但他的《文选》后来成为后人仿作的范本，不由自主地文学史发展浪潮把他推到了既备受瞩目、也备受诟责的境地。

萧统“以能文为本”所选编的《文选》，作为中国保存至今最早的诗文总集，很多先秦至南北朝时期文学作品才幸运地流传至今。它在中国历史上也发挥了重要作用。唐代开始的以诗赋取士,《文选》成为士人登科及第的敲门砖。大诗人李白早年多次拟作《文选》中的诗文,杜甫也要求儿子"熟精《文选》理",宋代更有"《文选》烂,秀才半"的谚语。直至王安石当政时才改以新经学取士,《文选》才从求仕的必选书单上撤下。不过,至唐代出现的"文选学"由此逐渐受到学子们的重视。而萧统取舍作品的"事出于沈思,义归乎翰藻"标准,"以能文为本"的开明文学观,较之他之前的刘勰卑今好古,文章"从质及讹,弥近弥澹"的文学史观,主张"矫讹翻浅,还宗经诰"的文学主张,也更显得卓略与可贵。抛开他的琐碎分类与文学进化观,但就这一标准,这种胆识,萧统在中国文学史上完全可以确立自己无可替代的地位。

昭明的谥号,冥冥之中或可告慰这位早夭的梁国太子,他的"以能文为本"的文学解放精神,通过《文选》这一经典文本,光耀千古,并将继续给后来的文人学士带来光明。

(张传友)

文心雕龙·序志 刘 勰

夫"文心"者,言为文之用心也。昔涓子《琴心》,王孙《巧心》,心哉美矣,故用之焉。古来文章,以雕缛[①]成体,岂取驺奭之群言"雕龙"也?夫宇宙绵邈[②],黎献[③]纷杂,拔萃出类,智术而已。岁月飘忽,性灵不居,腾声飞实,制作而已。夫肖貌[④]天地,禀性五才[⑤],拟[⑥]耳目于日月,方[⑦]声气乎风雷,其超出万物,亦已灵矣。形同草木之脆,名逾金石之坚,是以君子处世,树德建言。岂好辩哉?不得已也!

予生七龄[⑧],乃梦彩云若锦,则攀而采之。齿在逾立[⑨],则尝夜梦执丹漆之礼器,随仲尼而南行;旦而寤,乃怡然[⑩]而喜。大哉圣人之难见也,乃小子之垂梦欤。自生人以来,未有如夫子者也。敷赞[⑪]圣旨,莫若注经,而马、郑诸儒,弘之已精,就[⑫]有深解,未足立家。唯文章之用,实经典枝条,五礼资之以成,六典因之致用,君臣所以炳焕[⑬],军国所以昭明。详[⑭]其本源,莫非经典。而去圣久远,文体解散,辞人爱奇,言贵浮诡[⑮],饰羽尚画，文绣鞶帨[16]，离本弥甚，将遂讹滥。盖《周书》论辞，贵乎体要；尼父陈训，恶乎异端。辞训之异，宜体于要。于是搦[17]笔和墨，乃始论文。

详观近代之论文者多矣：至于魏文述典，陈思序书，应玚《文论》，陆机《文赋》，仲治《流别》，弘范《翰林》，各照隅隙[18]，鲜观衢路[19]；或臧否[20]当时之才，或铨品[21]前修之文，或泛举雅俗之旨，或撮题[22]篇章之意。魏典密而不周，陈书辩而无当，应论华而疏略，陆赋巧而碎乱，《流别》精而少功，《翰林》浅而寡要。又君山、公幹之徒，吉甫、士龙之辈，泛议文意，往往间出，并未能振叶以寻根，观澜[23]而索源。不述先哲之诰[24]，无益后生之虑。

盖《文心》之作也，本乎道，师乎圣，体乎经，酌乎纬，变乎骚，文之枢纽[25]，亦云极矣。若乃论文叙笔，则囿别区分，原始以表末，释名以章义[26]，选文以定篇，敷[27]理以举统，上篇以上，纲领明矣。至于剖情析采，笼圈[28]条贯，摛[29]神性[30]，图[31]风势[32]，苞[33]会通[34]，阅[35]声字[36]，崇替[37]于《时序》，褒贬于《才略》，怊怅[38]于《知音》，耿介[39]于《程器》，长怀《序志》，以驭群篇，下篇以下，毛目[40]显矣。位理定名，彰乎《大易》之数，其为文用，四十九篇而已。

夫铨序[41]一文为易，弥纶[42]群言为难。虽复轻采毛发[43]，深极骨髓[44]，或有曲意密源[45]，似近而远，辞所不载，亦不可胜数矣。及其品列成文，有同乎旧谈者，非雷同也，势自不可异也。有异乎前论者，非苟异也，理自不可同也。同之与异，不屑古今，擘肌分理[46]，唯务折衷[47]。按辔[48]文雅之场，环络[49]藻绘之府，亦几乎备矣。但言不尽意，圣人所难；识在瓶管[50]，何能矩矱[51]？茫茫往代，既沈予闻[52]；眇眇[53]来世，倘尘[54]彼观也。

赞曰：生也有涯，无涯惟智。逐物[55]实难，凭性良易[56]。傲岸[57]泉石，咀嚼文义。文果载心，余心有寄。

〔注释〕 ① 雕：雕饰；缛：文采丰富。雕缛：精雕细刻和文采丰富。 ② 绵邈：无穷无尽。 ③ 黎献：贤者。 ④ 肖：类似。肖貌：形貌类似。 ⑤ 五才：五行，此指仁义礼智信五常。 ⑥ 拟：此作好像。 ⑦ 方：此作好像。 ⑧ 七龄：七岁。予生七龄：我七岁时。 ⑨ 齿：年龄；立：三十岁。齿在逾立：年龄到了而立之年。 ⑩ 怡然：愉快的样子。 ⑪ 敷赞：阐明。 ⑫ 就：即使。 ⑬ 炳焕：光明显耀。 ⑭ 详：审察。 ⑮ 浮诡：浮靡诡异。 ⑯ 文：通"纹"；鞶帨(pán shuì)：大带与佩巾。文绣鞶帨：不必要文饰太多。 ⑰ 搦(nuò)：握、持。 ⑱ 隅隙：隅，角落；隙，缝隙。意指文章的某些特点。 ⑲ 衢路：大路。此比作写文章从大处着手。 ⑳ 臧否：赞扬或批判。 ㉑ 铨品：评论。 ㉒ 撮题：摘举。 ㉓ 观澜：观察波澜。 ㉔ 诰：遗训、教训。 ㉕ 枢纽：关键。 ㉖ 章：同"彰"，显示、显现。章义：显示含义。 ㉗ 敷：铺陈、陈说。 ㉘ 笼圈：归纳。 ㉙ 摛(chī)：说明。 ㉚ 神性：指《文心雕龙》中的《神思》、《体性》。 ㉛ 图：描述。 ㉜ 风势：指《文心雕龙》中的《风骨》、《定势》。 ㉝ 苞：通"包"，包举。 ㉞ 会通：指《文心雕龙》中的《附会》、《通变》。 ㉟ 阅：观察。 ㊱ 声字：指《文心雕龙》中的《声律》、《练字》。 ㊲ 崇替：泛滥。 ㊳ 怊怅(chāo chàng)：感叹。 ㊴ 耿介：感慨。 ㊵ 毛目：细目。 ㊶ 铨序：评定。铨，衡量；序，排次序。 ㊷ 弥纶：包括，统摄。 ㊸ 毛发：此处喻枝节。 ㊹ 骨髓：此处喻根本。 ㊺ 曲意：曲折的意旨；密源：隐密的根源。 ㊻ 擘(bò)肌分理：深入细致分析。擘：剖。理：纹理。 ㊼ 折衷：无所偏颇。 ㊽ 按辔(pèi)：扣紧马缰使马缓行。辔：马缰。 ㊾ 环络：拉着马笼头环行。络：马笼头。 ㊿ 识在瓶管：喻识见狭小。 51 矩矱(huò)：规矩，法度。 52 既沈予闻：沉浸在前人著述中。沈：同"沉"。闻：指所闻见前人的观点。 53 眇(miǎo)眇：遥远。 54 傥：或许；尘：污。 55 逐物：追逐外物。 56 凭性：凭任天性。良：确实。 57 傲岸：高傲，不附俗。

（夏广兴）

〔鉴赏〕 南朝刘勰著的《文心雕龙》，是我国第一部"体大虑周，笼罩群言"、"标心万古，送怀千载"、有着完整体系的古代文艺理论巨著，迄今已有一千五百多年的历史了。

《序志》是全书的总序。古人著书，序皆置于书后，因而《序志》列于《文心雕龙》的末篇。陈懋仁《文章缘起注》云："序者，所以序作者之意，谓其言次第有序，故曰序也。"刘勰以"序志"名篇，是把为书作"序"和叙述自己的"志向"联系在一起，是作者通过它来表达自己的意愿的。本篇主要说明撰著《文心雕龙》的意义、动机、目的；介绍全书的主要内容、框架结构；阐述作者评论作家作品和对待文学理论的态度和方法。

按照《梁书》本传记载："勰早孤，笃志好学，家贫不婚娶，依沙门僧佑，与之居处十余年。"但刘勰人穷而志不穷，"笃志好学"，并有远大的人生理想。《序志》一开头在解释了《文心雕龙》书名之由来之后，便马上表明了自己对人生的看法和自己著书立说的志向："夫宇宙绵邈，黎献纷杂，拔萃出类，智术而已。岁月飘忽，性灵不居，腾声飞实，制作而已。"宇宙是无穷的，人生是有限的，要使声名传播、业绩留传，只有靠创作著述。“形同草木之脆，名逾金石之坚，是以君子处世，树德建言。”人的形体比草木还脆弱，可是人的名声比金石还坚固，要留名后世，就一定要立德立言。这就是作者的人生观，就是他的志向。

怎样立德立言流芳百世呢？作者通过自己两个梦的叙述，说明了他对儒家创始人孔子的敬仰与崇拜，并且认定：“自生人以来，未有如夫子者也。”在他心目中，孔子是最伟大的，因此最有价值的莫过于弘扬孔圣人的思想了。“敷赞圣旨，莫若注经”，可是马融、郑玄许多大儒都已有精辟的发挥，因此再也够不上自成一家。“唯文章之用，实经典枝条”，许多国家大事都离不了文章，而各种文章又都源于圣贤的经典；加之现实的情况是：“去圣久远，文体解散，辞人爱奇，言贵浮诡，饰羽尚画，文绣鞶帨，离本弥甚，将遂讹滥。”实在是离孔子的教训太远了。因此阐述前贤的教训，体察作文的要义，用经典的思想来纠正“讹滥”的不良文风，是有意义的，所以决定由此切入，撰写此书。

《文心雕龙》应该怎么写？刘勰考察了曹丕《典论·论文》、曹植《与杨德祖书》、应玚《文质论》、陆机《文赋》、挚虞《文章流别》、李充《翰林》等前贤的文论著作，总结他们的经验，发现他们共同的缺点是“未能振叶以寻根，观澜而索源”，因而都只能各自看到某些局部，很少从大处着眼系统而全面地加以论述。克服前人的缺点，弥补前人的不足，才使《文心雕龙》形成一部前无古人的“体大虑周，笼罩群言”、具有完整体系的伟大著作。

《序志》是这样介绍《文心雕龙》全书的内容与结构的：“盖《文心》之作也，本乎道，师乎圣，体乎经，酌乎纬，变乎骚，文之枢纽，亦云极矣。若乃论文叙笔，则囿别区分，原始以表末，释名以章义，选文以定篇，敷理以举统，上篇以上，纲领明矣。至于剖情析采，笼圈条贯，摛神性，图风势，苞会通，阅声字，崇替于《时序》，褒贬于《才略》，怊怅于《知音》，耿介于《程器》，长怀《序志》，以驭群篇，下篇以下，毛目显矣。位理定名，彰乎《大易》之数，其为文用，四十九篇而已。”根据这段文字，我们可以看出《文心雕龙》全书体系的架构：“文之枢纽”总论了全书的基本观点；“论文叙笔”运用基本观点总结前人创作经验；“剖情析采”在前人经验基础上提炼出文学创作和批评的一些理论问题；最后的序志说明了著者的意图、目的和全书的安排。这样严密的结构实属前所未有，难怪清代著名学者章学诚将其“勒为成书之初祖”了。

《序志》最后一段还特别阐明了自己对前人作品和理论的态度：“及其品列成文，有同乎旧读者，非雷同也，势自不可异也；有异乎前论者，非苟异也，理自不可同也。同之与异,不屑古今,擘肌分理,唯务析中。”即不论品评今人古人,一切都实事求是,既不人云亦云,也不故意标新立异,分析文章力求恰当。一千五百多年前的刘勰,能有这样的态度是难能可贵的。

末了还应该提及的是这篇的“赞”。《文心雕龙》在每一篇末都加“赞”。“赞”有两种情形:一是总结上文;二是别出新意。本篇的“赞”属别出新意,短短32个字,写出了人生有限,知识无穷,只有顺应自然,才能比较容易达到目标,而《文心雕龙》正是作者心意的真实表露,也是作者生命的寄托。正如本书首篇《原道》所云:“心生而言立,言立而文明,自然之道也。”刘勰也就是遵循这样的创作规律写作的,我们通过《序志》也可闻见刘勰之心声,之为人。(林其锬)

文心雕龙·体性　　刘 勰

夫情动而言形,理发而文见,盖沿隐以至显,因内而符①外者也。然才有庸俊,气有刚柔,学有浅深,习有雅郑②,并情性所铄③,陶染所凝④,是以笔区⑤云谲⑥,文苑波诡⑦者矣。故辞理庸俊,莫能翻其才;风趣刚柔,宁或改其气;事义浅深,未闻乖其学;体式雅郑,鲜⑧有反其习。各师成心,其异如面。若总其归涂⑨,则数穷八体:一曰典雅,二曰远奥,三曰精约,四曰显附,五曰繁缛,六曰壮丽,七曰新奇,八曰轻靡。典雅者,熔式经诰⑩,方轨⑪儒门者也;远奥者,复⑫采曲文,经理玄宗者也;精约者,核字省句,剖析毫厘者也;显附者,辞直义畅,切理厌心者也;繁缛者,博喻酿⑬采,炜烨⑭枝派⑮者也;壮丽者,高论宏裁,卓烁异采者也;新奇者,摈古竞今⑯,危侧趣诡者也;轻靡者,浮文弱植,缥缈附俗者也。故雅与奇反,奥与显殊,繁与约舛⑰,壮与轻乖⑱,文辞根叶,苑囿⑲其中矣。

若夫八体屡迁,功以学成。才力居中,肇⑳自血气。气以实志,志以定言,吐纳英华,莫非情性。是以贾生㉑俊发,故文洁而体清;长卿傲诞㉒,故理侈而辞溢;子云沈寂,故志隐而味深;子政㉓简易,故趣昭㉔而事博;孟坚㉕雅懿㉖,故裁密而思靡;平子㉗淹通㉘,故虑周而藻密;仲宣㉙躁竞㉚,故颖出而才果；公幹[31]气褊[32]，故言壮而情骇[33]；嗣宗[34]俶傥，故响逸而调远；叔夜[35]俊侠，故兴高而采烈；安仁[36]轻敏，故锋发而韵流；士衡[37]矜重，故情繁而辞隐。触类以推，表里必符，岂非自然之恒资[38]，才气之大略哉！

夫才有天资，学慎始习。斫梓染丝，功在初化[39]；器成彩定，难可翻移[40]。故童子雕琢[41]，必先雅制[42]。沿根讨叶，思转自圆。八体虽殊，会通合数[43]，得其环中[44]，则辐辏相成。故宜摹体以定习，因性以练才。文之司南，用此道也。

赞曰：才性异区，文体繁诡。辞为肌肤，志实骨髓。雅丽黼黻，淫巧朱紫。习亦凝真[45]，功沿渐靡[46]。

〔注释〕①符：表现。②雅郑：此处指雅乐及淫靡之音。③铄(shuò)：熔铸。④凝：感染。⑤笔区：指文苑。⑥谲：变化。⑦诡：诡异。⑧鲜：少。⑨归涂：归途。⑩熔式：效法；经诰：经典。熔式经诰：效法经典。⑪方轨：并行。⑫复：深隐不现。⑬酞(nóng)：浓厚，此处喻丰富。⑭炜烨：光彩鲜艳。⑮枝派：头绪绵密。⑯摈：摒弃。摈古竞今：摒弃陈旧，追求新颖。⑰舛：不合。⑱乖：背离。⑲苑囿：范围。⑳肇：开始。㉑贾生：贾谊。㉒长卿：司马相如的字。诞：狂放。㉓子政：刘向。㉔昭：明白。㉕孟坚：班固。㉖懿：美好。㉗平子：张衡。㉘淹通：广博通达。㉙仲宣：王粲。㉚躁竞：急躁通锐。㉛公幹：刘桢。㉜气褊：性情偏激。㉝情骇：情思惊人。㉞嗣宗：阮籍。㉟叔夜：嵇康。㊱安仁：潘岳。㊲士衡：陆机。㊳恒资：恒久不变的气质。㊴初化：初，开头；化，显现。㊵翻移：改变。㊶雕琢：指学习修辞。㊷雅制：端正体裁。㊸合数：符合原则。㊹环中：轴心。㊺凝真：正确的才气。㊻靡：倒。指倒向正确的一面。

（夏广兴）

〔鉴赏〕本篇中心是讲文学风格的形成和文学风格的基本类型，中心思想则是“因内符外”，意思是说，文学创作活动是人的“情性”外化为文的“体式”过程，即内在的隐秘的独特的思想感情外显为语言文字的风格，这内与外是相符的，个性与其风格是对应的，各人的文章的体式不同是其“本心”和“情性”不同。刘勰为了论证他的这一观点，对“体”与“性”都作了分析，特别是把“性”分为“才”、“气”、“学”、“习”四项，并着重说明这四项如何与“八体”相对应。为了阐释刘勰的“因内符外”说，我们先从他的“体”的概念谈起，次谈他的“性”的概念，最后谈“体”与“性”两者的关系。

（一）“体”的概念。《文心雕龙》一书中“体”字大概出现了80余次。在不同的语境中的意义是不同的。这里考察的是“体性”之“体”及其相关的意义。在

《文心雕龙》的研究中,一般把"体"理解为"体裁"和"风格",这种理解大体上是不错的,但不是一种很完善的理解。《文心雕龙》中的"体"字,有的地方明确是指"体裁",如:"原夫论之为体,所以辩正然否"(《论说》),"夫才量学文,宜正体制"(《附会》)等。这些地方所说的"体"明显是指文章体裁。有的地方,明显是指风格而言的,如:"体式雅郑,鲜有反其习"(《体性》),"若总其归涂,则数穷八体"(《体性》)等,这都是直接谈风格的。可见刘勰笔下的"体"确有体裁和风格这两种含义。但"体性"的"体"是什么概念,其范围是不是就囿于"体裁"和"风格"这两个意义上,就还需要讨论。如果把"体性"的"体"仅仅理解为体裁和风格,那么这种理解就存在一个困难,就是从体裁到风格之间跨度太大,似乎一下子就从体裁跳到风格,两者之间没有中介环节,而缺少中介环节二者就难以建立起联系。这一点在一些研究者那里也感觉到了,如王运熙教授等提出了一个"文体风格"的概念置于"体裁"与"风格"之间,这个思路无疑是好的,但"文体风格"的概念能不能成立,就可以质疑。他们所说的"文体风格",是从曹丕、陆机、刘勰等人的相似的说法中引申出来的。如"夫本同而末异,盖奏议宜雅,书论宜理,铭诔尚实,诗赋欲丽,此四科不同,故能之者偏也。唯通才能备其体"(曹丕《典论·论文》)。有的学者认为这是风格的客观因素,所以叫做"文体风格"。

(二)"性"的概念。刘勰在《体性》篇谈到风格形成的原因时指出:"然才有庸俊,气有刚柔,学有浅深,习有雅郑……故辞理庸俊,莫能翻其才;风趣刚柔,宁或改其气;事义浅深,未闻乖其学;体式雅郑,鲜有反其习。各师成心,其异如面。"刘勰认为"性"或者说"情性"可以分为四项:才、气、学、习。才、气是先天的"情性",学、习是后天的"陶染"。就风格的形成而言,先天的才、气是潜能,后天的学、习是释放潜能的条件。这比曹丕《典论·论文》中的"文以气为主"的著名的说法进了一大步。值得注意的是,刘勰认为,先天与后天的四个要素与后面所讲的"八体"有关。郭绍虞在《中国文学批评史》第二版注意到这一点,他说:"刘氏所说的八体可以归纳为四类:雅与奇为一组,奥与显为一组,繁与约为一组,壮与轻为一组。这四组就是所由构成风格原因的四类。雅与奇只体式言,体式所以会形成这两种不同的风格,就视其所习,所以说'体式雅郑,鲜有反其习'。奥与显指事义言,事义所以会形成两种不同的风格,有待其学,所以说'事义浅深,未闻乖其学'。繁与约指辞理言,形成之因视其才,所以说'辞理庸俊,莫能翻其才'。壮与轻指风趣言,形成之因视其气,所以说'风趣刚柔,宁或改其气'。在这里,雅奇、奥显、繁约、壮轻是两种相等的不同的风格,雅郑、浅深、庸俊、刚柔又是两种相对的表示优劣的评语，两相配合，固然不能尽当，但是雅奇与习，奥显与学，繁约与才，壮轻和气，却是很有关系的，所以我们还可以这样比附。在此四类之中再可以综合为二纲，这即是他所说的'情性所铄，陶染所凝'，情性出于先天，所以才与气可以合为一组，所谓'才由天资'。陶染出于后天，所以学与习又可合为一组，所谓'学慎始习'。"这是把"因内符外"和"表里必符"的思想，作了细致的对应描述。当然这样机械的整齐对应可能把复杂的问题简单化了，但其中似乎也有可以参考的地方。

（三）"体"与"性"对应关系及其二重性。在风格与人格的对应问题上，刘勰提出了"因内符外"、"各师成心，其异如面"、"吐纳英华，莫非情性"和"表里必符"的观点。这种思想是中国的传统思想。《易》："将叛者其辞惭，中心疑者其辞枝，吉人之辞寡，躁人之辞多，诬善之人其辞游，失守者其辞屈。"这是把人的行为与人的言语风格联系起来考察的意思。其后有扬雄的"心画心声"："言，心声也；书，心画也，声画形，君子小人见也。"扬雄的"心画心声"说，可以说是最早把人的语言、书辞与其作者的人品联系对应起来，对后代影响很大。陆机《文赋》："夸目者尚奢，惬意者富贵，言穷者无隘，论达者唯旷。"刘勰的"因内符外"说或"表里必符"说，是对上述观点的发挥与完善。应该说这种观点反映了一般情况，也是真正的作家力求达到的境界。但在实际中人格与风格的关系是相当复杂的精神现象，人格与风格之间存在着千变万化的关系，难于一概而论。只看它们之间的一致性，简单地因人格而论作品，和简单地以风格推论人格，不考虑各种变动不居的情况，是知其然，不是其所以然。人格与风格不一致的情况是存在的。在这个问题上，黄侃的意见值得参考，他在《文心雕龙·札记》中说："因文见人，非必视其义理之当否，须综其意言气韵而察之也。"我的基本看法是，刘勰的"因内符外"说或"表里必符"说大体上是不错的。在一般的情况下，人格总要这样或那样地在作品中表现出来，不表现是不可能的，特别是人的语调和韵调，是在长期的生活和艺术实践中形成的，深入到人的无意识层面，成为人的不可改变和不可剥离的内心生活，往往在不经意间就会流露出来。那么为什么又说人格与文格有时不相类呢？主要是因为文学作为一种"依存美"，不能不延伸到意识的层面，延伸到理性的层面，在意识和理性的层面，作者是完全可以进行自我调控的，这样作者就有故意夸张、作伪的可能。所谓"巨奸为忧国语，热衷人作冰雪文"（钱钟书语）的情况也就这样发生了。

（童庆炳）

文心雕龙·神思

刘 勰

古人云:“形在江海之上,心存魏阙①之下。”神思之谓也。文之思也,其神远矣。故寂然凝虑②,思接千载;悄焉动容③,视通万里。吟咏之间,吐纳珠玉之声;眉睫之前,卷舒风云之色:其思理之致乎!故思理为妙,神与物游。神居胸臆,而志气统其关键;物沿④耳目,而辞令管其枢机⑤。枢机方通,则物无隐貌;关键将塞,则神有遁⑥心。是以陶钧⑦文思,贵在虚静。疏瀹五藏⑧,澡雪⑨精神。积学以储宝,酌理⑩以富才,研阅以穷照⑪,驯致以绎辞⑫。然后使玄解之宰⑬,寻声律而定墨;独照之匠,窥意象而运斤⑭。此盖驭文之首术,谋篇之大端。夫神思方运,万涂⑮竞萌。规矩虚位⑯,刻镂⑰无形。登山则情满于山,观海则意溢于海,我才之多少,将与风云而并驱矣。方其搦翰⑱,气倍辞前,暨⑲乎篇成,半折心始⑳,何则?意翻空而易奇,言征实而难巧也。是以意授于思,言授于意。密则无际,疏则千里。或理在方寸㉑,而求之域表㉒;或义在咫尺,而思隔山河。是以秉心㉓养术,无务苦虑;含章㉔司契㉕,不必劳情也。

人之禀才,迟速异分㉖;文之制体,大小殊功。相如含笔而腐毫㉗,扬雄辍翰㉘而惊梦,桓谭疾感㉙于苦思,王充气竭于沉虑㉚,张衡研《京》以十年,左思练《都》以一纪㉛:虽有巨文,亦思之缓也。淮南崇㉜朝而赋《骚》,枚皋应诏而成赋,子建援牍如口诵,仲宣举笔似宿构㉝,阮瑀据鞍而制书,祢衡当食而草奏,虽有短篇,亦思之速也。若夫骏发㉞之士,心总要术㉟,敏在虑前,应机立断;覃思㊱之人,情饶歧路㊲,鉴在疑后,研虑方定。机敏故造次㊳而成功,虑疑故愈久而致绩㊴。难易虽殊,并资博练㊵。若学浅而空迟㊶,才疏而徒速,以斯㊷成器,未之前闻。是以临篇缀虑㊸,必有二患:理郁㊹者苦贫㊺,辞溺㊻者伤乱㊼，然则博见为馈㊽贫之粮，贯一㊾为拯乱之药，博而能一，亦有助乎心力矣。

若情数㊿诡杂51，体52变迁贸53，拙辞54或孕于巧义，庸事或萌于新意。视布于麻55，虽云未费56，杼轴57献功，焕然58乃珍。至于思表纤旨59，文外曲致60，言所不追61，笔固知止62。至精而后阐其妙，至变而后通其数63。伊挚不能言鼎64，轮扁65不能语斤66，其微67矣乎！

赞曰：神用象通68，情变69所孕。物以貌求70，心以理应。刻镂声律，萌芽比兴。结虑71司契，垂帷72制胜。

〔注释〕 ① 魏阙：此指京师。 ② 凝虑：思索。寂然凝虑：静静地思索。 ③ 悄焉动容：悄，静；容，表情。 ④ 沿：依靠、依据。 ⑤ 枢机：关键。 ⑥ 遁：隐、涣散。 ⑦ 陶钧：原为制陶的转轮，此作对文章的酝酿与构思。 ⑧ 疏瀹五藏：疏通五脏。疏瀹(yuè)：疏通。 ⑨ 澡雪：涤净、洗净。 ⑩ 酌理：斟酌事理。 ⑪ 穷照：透彻地理解、洞察事理。 ⑫ 驯致以绎辞：从容品味他人作品以寻究文辞。驯：渐渐；绎：寻究。 ⑬ 玄解之宰：深得妙理的主宰。 ⑭ 运斤：使用斧头。此处喻熟练地剪裁修饰。 ⑮ 涂：通“途”，思路。 ⑯ 规矩虚位：规矩，写作的准则及具体技法；虚位，未确定具体运用处。 ⑰ 刻镂：刻画。 ⑱ 搦(nuò)翰：执笔。 ⑲ 暨(jì)：及。 ⑳ 半折心始：结果只有设想的一半。半折：对折；心始：开始设想的内容。 ㉑ 方寸：心。 ㉒ 域表：极远处。 ㉓ 秉心：训练思维。秉：持。 ㉔ 含章：含有文采。 ㉕ 司契：执掌规则。司：执掌；契，规则。 ㉖ 分：天分。 ㉗ 腐毫：笔毛朽烂。据称司马相如构思文章时嘴含毛笔，以致笔毛朽烂。 ㉘ 辍翰：放下笔，即写完文章。据称扬雄写完作品后曾做噩梦。 ㉙ 疾感：过于思虑而生病。 ㉚ 沉虑：潜心熟虑、反复思虑。王充著完《论衡》年近七十。 ㉛ 一纪：12年为一纪。 ㉜ 崇：终。 ㉝ 宿构：事先构思好。 ㉞ 骏发：文思敏捷。 ㉟ 心总要术：心里掌握着要领。总：掌握、统领；要术：指写作要领。 ㊱ 覃思：深思。指构思时间长。 ㊲ 情饶歧路：情思纷繁，徘徊歧途。意指构思曲折而花费时间长。 ㊳ 造次：仓促。 ㊴ 致绩：取得成绩、获得成功。 ㊵ 博练：博学勤练。 ㊶ 空迟：贫乏迟缓。空：指所写文章贫乏而无内容。 ㊷ 斯：此。 ㊸ 缀虑：构思。 ㊹ 理郁：思路不畅通。郁：郁积。 ㊺ 贫：情思贫乏。 ㊻ 溺：过分、过度。 ㊼ 乱：杂乱。 ㊽ 馈：赠送。此指补充。 ㊾ 贯一：主旨一贯。 ㊿ 情数：情思。 51 诡杂：诡异杂乱。 52 体：文体。 53 迁贸：变化不定。 54 拙辞：拙劣的文辞。 55 视布于麻：就如麻布与麻的关系。古代无棉布，布均为麻布。此喻文章与材料之间的关系。 56 未费：没有改变。 57 杼轴：机杼。 58 焕然：光亮、光彩。指麻经过加工，鲜亮光彩才可珍贵。 59 思表纤旨：表，外；纤，细、微；旨，旨意。 60 曲致：曲折而有情致。 61 不追：不能完全表述。 62 知止：至此为止。 63 数：规律与技巧。 64 言鼎：指烹饪的道理。 65 轮扁：著名的制作车轮的工匠。 66 斤：斧。 67 微：微妙。 68 神用象通：精神因与物象接触。用：因。象：物象。通：沟通、接触。 69 情变：情思变化。 70 物以貌求：物象以形貌来求得表现。 71 结虑：用心构思。 72 垂帷：指积学与博见。

（夏广兴）

〔鉴赏〕 《神思》篇在《文心雕龙》里列第廿六,是刘勰论创作的第一篇,是关于创作问题的总论。本篇从创作构思前的准备谈到构思中的想象,由想象谈到构成意象,由意象再谈到作品的语言、声律,最后谈作家“博练”的重要性等,这是一篇从理论高度阐述创作问题的名篇。

创作问题千头万绪,令人有“一部十七史不知从何说起”之慨。那么什么是关键?刘勰认为是“神思”,它是“驭文之首术,谋篇之大端”。何为“神思”?用今天的话来说是“艺术想象”,用刘勰的话来说:“形在江海,心存魏阙。”即是神思体现在创作中即能“思接千载”、“视通万里”。这一点也正同陆机《文赋》中所言:“精骛八极,心游万仞”,“观古今于须臾,抚四海于一瞬”。“神思”是艺术创作的关键,缺少它,一切无从谈起。但是“神思”靠什么来统辖,刘勰认为:“吐纳珠玉之声”,“卷舒风云之色”,必须靠“思理”,思理之妙,则神与物游,也即精神与外物交接;思理不妙,则“关键将塞”,精神涣散。因此神思并不是胡思,它要受作者的“志气”所统帅。“志”是心志,“气”是体气,包括作者的个性。这是本文的第一层意思。

既然想象要由心志所统帅,那么如何来把握自己的心志呢?刘勰提出:“陶钧文思、贵在虚静。”虚静的功夫很重要,唯虚,才能不主观,可以采纳万物;唯静,才能不躁动,可以评定是非。有了虚静功夫,才能对外界作虚心的观察,才能做到“神与物游”。但是,仅此还不够,还须积累自己的知识和学养,还须明辨事理丰富才学,从书本中学习知识(积学以储宝),从生活中撷取素材(研阅以穷照)。只有在主观上达到虚静的境界,然后才能将观察、学习所得的一切结合起来,心灵与万物沟通,最终寻到巧妙的文辞来完成艺术形象的塑造。这是本文的第二层意思。

有了想象,也便有了创作的冲动与基础,但从想象到构成具体的意象需要加工,因为从构思谋篇到写成作品还会出现种种问题。怎么办?刘勰说:“规矩虚位,刻镂无形。”想象的时候,各种念头纷至沓来,作品的中心内容尚未形成,这叫“虚位”、“无形”,虚要使之实,无要变为有,这就需要“规矩”、要“刻镂”。“规矩”的作用是使想象的内容符合创作主题的需要,这样想象才能构成文思,“刻镂”的作用是要在想象中找到恰当的表现形式、恰当的文辞。但是要真正达到这一点谈何容易!“登山则情满于山,观海则意溢于海”,作者的才思似与风云并驱,兴酣落笔时胸有成竹,然而“暨乎篇成,半折心始”。仍如陆机所谓:“意不称物,文不逮意。”什么原因?文思凭空想象,自然可以纵横驰骋奇妙无比,语言比较实在,难于运用得巧妙。从想象化为文思,又从文思化为语言,每一次转换总要“打一个折扣”。假如想象、文思、语言三者合一,那么想象与文辞就会产生飞跃,否则即使冥思苦索也无济于事。造成这三者不一致的原因是各人的天分不同，下笔有迟速，就作品的规模体制而言，规模有大小、功力有深浅，司马相如、扬雄等人往往需要殚精竭虑始克写成作品，而刘安、枚皋、曹植则往往文思如潮倚马可待；张衡《两京赋》、左思的《三都赋》需要搜集材料，自然花的时间较长，而写短篇小赋当然时间可以短一些。有了想象与文思待到下笔为文时还会遇到困难。这是本文第三层意思。

怎样通过"神思"达到顺利创作出作品？刘勰提出了"博练"这个概念，无论是"骏发之士"还是"覃思之人"，写作时"难易虽殊"，准备时"并资博练"。学浅才疏的人，无论构思迟速、写得认真与否，总是不可能成功。对每一个不同的人而言，写作时常有两种困难：或思路阻碍，或文辞杂乱，对付的办法也有两种：一为"博见"；二是"贯一"，博见可以"馈贫"，免除孤陋寡闻文思阻碍之病；"贯一"可以"拯乱"，避免目迷心移文辞杂乱之苦，二者合起来便是"博而能一"。有了这样的功夫，即使面对写作中的"庸事"、"拙辞"，也能从中发现有用的素材，通过加工修改，化腐朽为神奇，而"焕然乃珍"。这是该文的第四层意思。

《神思》篇在《文心雕龙》中占很重要的地位，从陆机《文赋》第一次谈到艺术作品创作中的想象问题到《神思》篇，这是一个飞跃。在本文中，"志气"与"辞令"是否通塞，取决于五个要素：虚静、积学、酌理、研阅、驯致。这里既谈了主观的心理状态之作用，又谈了客观观察研究的重要性，当然更强调了"积学"的重要性。后世严羽对读书、明理与艺术之"妙悟"的关系的论述很可能受了刘勰的影响。钱钟书所谓："今日之性灵，适昔日学问之化而相忘，习惯以成自然者也。神来兴发，意得手随，洋洋只知写吾胸中之所有，沛然觉肺肝所流出，人己古新之界，盖超越而两忘之。"（《谈艺录》六十一）正是对《神思》篇最好的注脚。

文字雅驯，骈体为主，名言迥句叠见，令人生"山阴道上目不暇给"之感，读起来又是朗朗上口，而且这些语句在今天仍有巨大的生命力，例如"陶钧文思"、"澡雪精神"、"积学以储宝"、"酌理以富才"如今早已成为读书人的座右铭。这是本文的另一个好处。

（赵志伟）

文心雕龙·风骨　　刘　勰

《诗》总六义，风冠其首，斯乃化感之本源，志气①之符契②也。是以怊怅③述情，必始乎风；沈吟铺辞，莫先于骨④。故辞之待骨，如体之树骸[5]；情之含风，犹形之包气。结言[6]端直，则文骨成焉；意气骏爽[7]，则文风清焉。若丰藻克赡[8]，风骨不飞，则振采失鲜，负声无力。是以缀虑[9]裁篇，务盈[10]守气[11]，刚健既实，辉光乃新。其为文用，譬征鸟之使翼也。故练于骨者，析辞必精；深乎风者，述情必显。捶字[12]坚而难移，结响[13]凝而不滞[14]，此风骨之力也。若瘠义肥辞，繁杂失统，则无骨之征[15]也；思不环周[16]，索莫[17]乏气，则无风之验也。昔潘勖锡魏[18]，思摹经典，群才韬笔[19]，乃其骨髓峻也；相如赋仙，气号凌云，蔚为辞宗，乃其风力遒也。能鉴[20]斯要，可以定文[21]，兹术或违，无务繁采。

故魏文称："文以气为主，气之清浊有体，不可力强[22]而致。"故其论孔融，则云"体气高妙"；论徐幹，则云"时有齐气"；论刘桢，则云"有逸气"。公幹亦云："孔氏卓卓[23]，信含异气[24]，笔墨之性，殆[25]不可胜。"并重气之旨也。夫翚翟[26]备色[27]，而翾翥[28]百步，肌丰而力沉也；鹰隼乏采，而翰飞戾天[29]，骨劲而气猛也。文章才力，有似于此。若风骨乏采，则鸷集翰林[30]；采乏风骨，则雉窜文囿[31]。唯藻耀而高翔，固文笔[32]之鸣凤[33]也。

若夫熔铸[34]经典之范，翔集[35]子史之术，洞晓情变，曲昭文体，然后能孚甲新意[36]，雕画奇辞。昭体[37]故意新[38]而不乱，晓变故辞奇而不黩[39]。若骨采未圆，风辞未练，而跨略旧规，驰骛[40]新作，虽获巧意，危败亦多。岂空结奇字，纰缪而成经矣！《周书》云："辞尚体要，弗惟好异。"盖防文滥也。然文术多门[41]，各适所好，明者[42]弗授，学者弗师，于是习华随侈[43]，流遁[44]忘反。若能确乎正式，使文明以健，则风清骨峻，篇体[45]光华。能研诸虑[46]，何远之有哉！

赞曰：情与气偕[47]，辞共体并。文明[48]以健，珪璋[49]乃聘。蔚[50]彼风力，严此骨鲠[51]。才锋[52]峻立[53]，符采[54]克炳[55]。

〔**注释**〕①志气：情志与气势。②符契：依据、凭证。③怊怅(chāo chàng)：忧愁。④骨：骨架。⑤体之树骸：体，身体、躯体；树，树起；骸，骨架。⑥结言：语言运用。⑦骏爽：骏发爽朗。⑧丰藻克赡：丰藻，丰富的辞藻；克，能；赡，丰富。⑨缀虑：构思。⑩盈：满。⑪气：生气。⑫捶字：练字。⑬结响：指文章声律。⑭凝而不滞：凝重而不板滞。指文章字词声律抑扬顿挫。⑮征：征象。⑯环周：通畅。⑰索莫：枯竭不振的样子。⑱潘勖锡魏：潘勖为魏公曹操写的九锡之文。九锡，即九赐，古代帝王赐给有特殊功勋的大臣的九种东西。⑲韬笔：搁笔。韬，原义为隐、藏，此为搁。⑳鉴：明察、洞晓。㉑定文：写得完善的文章。㉒强(qiǎng)：勉强。㉓卓卓：卓越、高超。㉔异气：特殊的风格。㉕殆：几乎。㉖翚(huī)翟：都指山鸡。㉗备色：色彩丰富。㉘翾翥(xuān zhù)：低飞。㉙翰飞戾天：高飞摩天。戾：到。㉚翰林：指文坛。㉛文囿：文苑，也指文坛。㉜文笔：文章。㉝凤：凤凰。㉞熔铸：取法、效法。㉟翔集：此指学习参考。㊱孚甲新意：孕育新意。孚甲：孕育。㊲昭体：昭，明了；体，文体，此指各种文体的具体要求。㊳意新：构思新颖。㊴辞奇而不黩：遣词独特而不含混。奇：奇特；黩：滥。㊵驰骛：追逐。㊶多门：多种途径。㊷明者：深明写作之道者。㊸习华随侈：习尚浮华、追随侈靡。㊹流遁：陷入歧途。㊺篇体：文章体制风格。㊻虑：此指道理。㊼偕：偕同。㊽文明：文章鲜明。㊾珪璋：宝玉。㊿蔚：文采丰富而有骨力。51 骨鲠：骨力。52 才锋：才华。53 峻立：峻拔刚健。54 符采：原指玉的纹理，此指文采。55 克炳：克，能够；炳，光明。

（夏广兴）

〔**鉴赏**〕“风骨”，原是用来品评人的术语。刘孝标《世说新语·赏誉》注：“(王)羲之风骨清举也。”即用风骨来评人。“清举”即风清骨秀。风指精神，骨指形貌。从对人的品评，转到对绘画文章的品评。南齐谢赫评孙吴曹不兴画龙：“观其风骨，名岂虚成！”这里的风指神气，骨指形貌。谢赫用风骨来评画，就是主张画要神形具备。不但要形似，即有骨，还要神似，即有风。风骨是画的美学要求。

刘勰用“风骨”来评文，也是对写作的美学要求。

在《风骨》篇中，刘勰说：“《诗》总六义，风冠其首，斯乃化感之本源，志气之符契也。”风具有教化人、感动人的作用，具有表达情意和志气的作用。“是以怊怅述情，必始乎风；沉吟铺辞，莫先于骨。”在表达思想感情上，考虑有没有感化人的力量，这就是风。在运用文辞上，考虑要恰好地把内容表达出来，那才是骨。因此，风不等于情，骨不等于辞，要符合“怊怅述情”的美学要求，才有风；符合“沉吟铺辞”的美学要求，才有骨。

“故练于骨者，析辞必精；深乎风者，述情必显。捶字坚而难移，结响凝而不滞，此风骨之力也。”这里，他对风骨提出新的要求。他提出“响”来，要响，要凝而不滞，要讲声调，要凝聚在所要表达的感情上，不沾滞在某一点上，则就是述情必显、文章是响的。声调的响在所表达的感情上,自然表达的感情鲜明,所以述情显了。要是在所要表达的感情以外作出表达,就是沾滞于外,不是述情显了,用字来表达感情,用的字坚而难移,坚定而难以移动,所用的字,是很好表达感情的字,一个字都不能改变。

他又讲风骨道:"若瘠义肥辞,繁杂失统,则无骨之征也;思不环周,索莫乏气,则无风之验也。"骨是指辞的,但跟义有关,倘"瘠义肥辞",义少了,也不行,是骨同义有关。风是指情的,但跟气有关,倘若缺乏生气,是无风。讲骨就要讲意义,讲风就要讲生气。主张辞要鲜明,要是辞藻用得丰富,但作品的意义平常,那辞采就不鲜明。他主张声响,讲究声律。作品没有生气,就没有声响,也就谈不上风骨了。好比野鸡,光有美的羽毛,却飞不高,那也不行。

刘勰讲风骨,他举的例子,同他所讲的风骨,有矛盾。他讲风,要教化人、感动人,可是他举的例子却不教化人、感动人。他讲骨,主要讲作品要有意义,可是他举的例子,没有什么意义。他举两个例子,一个是司马相如,对汉武帝写《大人赋》。汉武帝喜欢神仙,《大人赋》写大人物做了神仙,汉武帝读了,飘飘有凌云之气,似游天地之间。汉武帝是大人物,看了《大人赋》,自然很高兴。《大人赋》是迎合汉武帝的用意写的,根本没有教化人、感动人的力量,他却用它作风的例。另一个例子是潘勖迎合曹操的用意,写了《册魏公九锡文》。国君赐给权臣九锡,大概政权已经落入权臣手里,国君没有权,只好用九锡来赐给权臣,九锡以后,权臣可以代替国君。曹操不想做国君,所以九锡以后,让曹丕代汉做国君。因此九锡不是好事。刘勰讲骨,主张写作品有意义的才有骨。《册魏公九锡文》没有什么好的意义,刘勰却用它为骨的例子,违反了他对于骨的要求。

从刘勰举的两个例子看,作品只要动人,就有风;作品只要用词精练,就有骨,作品的思想性根本不考虑的。

刘勰把《风骨》篇写在《体性》篇后,他的《体性》篇是讲风格的。他讲了八种风格,八种中认为"新奇"格是"危侧趋诡","轻靡"格是"浮文弱植",都不好。其他六种风格都是好的,但这六种风格,又有别的不好的作风鱼目混珠的缺点。因此,他提出风骨来要求建立一种刚健清新的风格,来代替新奇、轻靡的风格,可以防止鱼目混珠的毛病。

刘勰提倡风骨,虽说他举的例子不好,但他写文学史还是好的。比方他写魏代的文学,在《明诗》中称建安文学:"慷慨以任气,磊落以使才",称"建安风骨"。在《祝盟》称"臧洪歃辞,气截云蜺"。这个"气"字正是指风说的。

刘勰提倡风骨，对后代也有影响，有纠正南朝萎靡不振的文风、开启唐代文风的作用。

到陈子昂《与东方左史虬修竹篇序》，称："文章道弊五百年矣，汉魏风骨，晋宋莫传，然而文献有可征者，仆尝暇时观齐梁间诗，彩丽竞繁，而兴寄都绝，每以咏叹。……昨于解三处，见明公咏《孤桐篇》，骨端气翔，音情顿挫，光英朗练，有金石声。"这里提出"汉魏风骨"，就包括刘勰提的"建安风骨"在内。这里讲的"骨端气翔"，就是刘勰讲的骨的"语言端直"，风的有生气，讲有风骨的能飞翔。这里讲的"光英朗练，有金石声"，就是刘勰讲的"辉光乃新"，与"结响凝而不滞"。陈子昂在这里讲的，就是刘勰的风骨说。不过，陈子昂还提出"兴寄"说，注意作品的思想性，可以补刘勰举例的不足。在风骨中讲"兴寄"，才能做到"化感之本源，志气之待契"了。

（周振甫）

古画品录·序　　谢　赫

夫画品者，盖众画之优劣也。图绘者，莫不明劝戒，着升沉，千载寂寥①，披图可鉴。虽画有六法，罕能尽该②，而自古及今，各善一节。六法者何？一气韵生动是也，二骨法用笔是也，三应物象形是也，四随类赋彩是也，五经营位置是也，六传移模写是也③。惟陆探微、卫协备该之矣。然迹有巧拙，艺无古今，谨依远近，随其品第，裁成序引。故此所述，不广其源，但传出自神仙，莫之闻见也。南齐谢赫撰。

〔注释〕 ① 寂寥：《老子》：寂兮寥兮。魏廉注：寂兮，无声；寥兮，无形。　② 该，通赅，包涵一切。　③ 六法者何？一气韵生动是也：又断句为：气韵，生动是也。其他亦同。

（张传友）

〔鉴赏〕 正如当代西方学者卡尔·雅斯贝尔斯提出的东西方文化与哲学发展所经历的"轴心时代"——即从公元前800年到公元前200年，人类的精神基础同时或独立地得到奠定。东方以老子、孔子为首的诸子百家，不但拉开了中国文化与哲学从蒙昧的崇"巫"时代向理性的崇"史"时代转变的大幕，同时也是中国音乐、绘画、雕刻等艺术创造与探索大爆发的时期。（比如：近来考古发现的大批岩画、地画、壁画、漆画、帛画，其灵动多变的线条，成熟多样的技法，写实与抽象的多元探索，生动地显示了当时艺术创作的活跃状况。）中国绘画在附庸的位置上已蔚为大观。这一激情与冲动过后，是将近五百年沉潜期间创作理念由混沌到明晰、绘画原料由杂乱到集中、表现对象由神秘幻象到现实具象。到魏晋文学“自觉”的时候，绘画领域也出现了初步的“自觉”，独领风骚的人物画领域出现了一大批灿若群星的画家。南齐谢赫的《古画品录》(又称《古今画品》，简称《画品》)作为保存至今最早的一部品评著述，给我们描绘了浩渺天宇中的群星形象。虽然今天已难觅中国绘画艺术中的第一批群星划过天际留下的芳踪，我们仍可从他的记述中想见各位大师的风采。

魏晋时期的人物品鉴所形成的普遍的审美观念和审美趣味，到南北朝时已渐次影响到书法、绘画、雕塑等领域。人物品鉴是判定人品、性格、节操的高低优劣，“画品”作为人品的自然延伸，即谢赫所说的评訾“众画之优劣”是其主要任务。如果说人物品鉴主要是针对所评判的人物具有的儒家道德精神之气所涵孕的充实、刚健、顶天立地的“士”的品格，道家宇宙真元之气所沾溉的空灵、虚静、飘逸的“仙”的风度，画品所做的，主要是评判画作中的人物而非画家本人。不过在人物品鉴已经从以儒家为主偏重道德伦理的方向转向内在的精神超脱与外在的生活情态解放，画品的优劣判定尚停留在“明劝戒，着升沉”的层次。不过，常常为大家所忽略的是，他并不仅仅把人物画的优劣评判视为画品的唯一目的，在画作难以保存久远的情况下，在大众审美口味有所偏颇的状态下，画品对画家及作品的记录，可以为时光尘封、岁月湮埋的优秀作品，为个性独特而不为世人所赏的画家，提供跨迈流俗而与后人遭遇的机会，从而实现古今对话。

谢赫在绘画史上最大的贡献在于他提出的“六法”论。六法即：气韵生动、骨法用笔、应物象形、随类赋彩、经营位置、传移模写。有论者认为“六法”即“六品”，但我们以为“六法”是判定画之优劣的六个方面。谢赫自己在文中也明确指出：“画有六法，罕能尽该。”“尽该”是说在六个方面均能兼擅众美，力臻诸妙，一个画家的作品不可能同时划归六种不同的品级，这是很浅显的道理。否则，下文“惟陆探微、卫协备该之矣”就很难理解了；其次，就六法本身而言，“自古及今，各善一节”，并非一位杰出的画家只是在某一“品”上特出独标，而是就他个人的绘画功力、技巧和个人对绘画语言的掌握、对客观物象的体悟等诸方面，会因个体生活环境、生活阅历、个人修养、知识储备等方面的差异，导致他在“六法”造诣上出现参差不齐的现象。他在某一法上的心领神会，并不排除他在其他各法上可能具有的深厚功力。

如果说在谢赫之前，中国人物画的创作和品鉴，主要是一种朦胧的自觉性的行为，自谢赫的“六法”提出以后，中国人物画，当然也包括后来蔚为大观的花鸟画和山水画，进入了在学习方法、创作探索、品鉴准则等方面的有章可循的自觉期。谢赫的六法论所观照的从与画者精神相往来的表现对象的生命律动和外在的体态造型，从充实的生命之气的汩汩涌动所蕴含的笔中风骨到具体的用笔设色、章法布局，以至临写描摹，为中国画论确立了一套完整的理论。这套理论，大致确定了中国画以后两千余年的审美理念、审美标准和发展路向。无怪宋代的郭若虚高度评价说“六法精论，万古不移”。六法论不但开创了绘画领域以优劣论列画家品第的先例，而且提出了一套行之有效的品评标准。

虽然谢赫把六法并列提出，不过从实际情形来看，“气韵生动”实为六法的总纲和最高标准。“气韵生动”的提出，一方面是对顾恺之“传神”论的继承和拓展，把传达人物的内在精神气质与外显的生命情态结合起来，从而更符合绘画本身的艺术特点和内在规律；另一方面是魏晋流行的人物品藻之风向绘画领域的延伸，品鉴画作与品评人物都力图就对象内在的精神气质层次的高低作出品评。这一现象与魏晋书法审美中那富有生命感的点画线条所展现的书家精神气质，具有异曲同工之妙。气韵生动，所展现给观者的，不仅仅是栩栩如生的客观物象，而且是包含了画者“以神遇而不以目视”所感悟到的主观意绪、审美情趣、精神寄托等在内的丰富意蕴，一旦观者体悟到作品表象背后的深刻内涵，就可实现与画者超越时空的情感共鸣。这“气”主要是一种生命得以充实的“精气”，这种生命之气体现在画作中，不但指人物画中表现对象的鲜活的生命之气，同时也包含着与这生命之气似乎氤氲不分的天地之气。这“韵”主要是一种笔墨情韵，即通过运笔的不同节奏和快慢顿挫导致成墨色的变化所形成的不同意象、不同情景之间在观者、画者思维中形成的种种富有生气、富有意味的联想。气韵生动所要求的中国画超越“形似”的“神似”，是建立在以“形似”为目的的大量临写、描摹基础上的，千百年来被视为中国艺术和审美追求的理想。这种品评主要是对当时占主导地位的人物肖像画而言，后来渐渐扩展到山水、花鸟画领域，其内涵也由对画幅表现的人物形象的气韵扩展到画者本人的内在气韵，并成为中国美学的重要审美范畴。

“骨法用笔”指的是通过绘画的笔墨语言所展现的人物生命感，以及这种生命的节奏和律动中展现出的魏晋时期悲慨骨鲠、清新秀逸的时代风尚。气韵生动是从精神、超越的层面言，骨法用笔是从工具、技法的层面言；“应物象形”是就描摹对象的外在特征言。气韵生动和准确、谨严的捕捉对象的外部特征并不冲突,"神似"必须建立在"形似"的基础上。"随类赋彩"是根据不同对象的色泽、同一对象在不同光影、不同状态的色彩变化,予以准确的设色;"经营位置"是指整幅画作的章法布局,以及画中不同对象间的比例、照应关系;"传移模写"是就学习、提高言,临写默记是学习和提高中国画绘写水平和表现技巧,提升画者的审美能力和精神境界行之有效的方法。

六法之中,"气韵生动"是中心,其他"五法"只有充分涵咏在"气韵生动"之中,才能实现自身,获得意义,而气韵生动的实现,只有当"五法"都已完美地达到才有可能。唐代张彦远《历代名画记》中讲,"以气韵求其画,则形似在其间矣"。明代汪珂玉也表达了这一观点,他说:"谢赫论画有六法,而首贵气韵生动;盖骨法用笔,非气韵不灵;应物象形,非气韵不宣;随类赋彩,非气韵不妙;经营位置,非气韵不真;传移摹写,非气韵不化。"可见,气韵生动的艺术效果同时也是其他五法实现自身的最好的检验尺度。

谢赫对已知著名画家的作品,运用"六法"的评判准则,把古今二十七位画家分为六品。不过他品评的六等级划分方式,不如书法中的三品、四品的分法来得简单、流行,到了刘道醇,他的《宋朝名画评》直接把书品的神、妙、能三品的划分方式借用到了绘画领域,唐人朱景玄又在三品之上加一"逸"品,渐为众人所接受,成为品评中国画等级的基本准则。

同时,谢赫还是齐梁时代最有才能、最有影响的宫廷画家。姚最虽然不完全认同他的画品标准,但对谢赫个人的绘画水平还是颇为赞赏的。他在《续画品录》中称赞谢赫是"中兴以来"人物画领域的第一人。他"写貌人物,不需对看,所须一览,便归操笔"。在把握人物形象的性格气质等本质特征上,谢赫有着敏锐、准确的判断力;在表现人物内在的气质风度、外在的形体特点甚至生理细节方面,谢赫有着高超、娴熟的绘画技巧,他"点刷精研,意存形似,目想毫发,皆无遗失"。同时,谢赫还是中国绘画史上最早出现的画院的首席画师。他与以"性尚铅华"的沈标、"见赏春坊"的焦宝愿为首的一批弟子们形成围绕宫廷的专职画家。当然,他们的画风与当时的文坛一样,充满了浮艳、娇媚、华丽色彩。在迎合宫廷品味,赶时髦、追新潮上,谢赫也是个中好手。"神女"、"佳人"甚至娇美的"娈童"是他们画中的主要人物,表现他们的肉体、衣饰、舞姿、睡态,以及酒后春色情迷的种种神态。画中人不但和宫中女子一样"丽服靓妆"、"直眉曲鬓",而且服饰"随时变改"、美容"与世竞新"。更以"点黛施朱",通过皮肤、衣饰的肌理变化和颜色对比,烘染女子的娇媚。

尽管如此，在姚最看来，谢赫自己虽标榜绘事六法，但以他为中心的宫廷画师们距六法的要求还有比较大的落差。他推重“气韵生动”，而自己的创作“未穷生动之致”，他讲究“骨法用笔”，而自己的“笔法纤弱，不副雅壮之怀”，在表现人物“活泼泼的”内在生命的律动方面不够充足和灵动，展现人物“骨鲠悲慨”的气质所用的笔墨技法方面柔性有余而刚性不足。另外，因时代所限，谢赫在评定画作优劣的时候，往往以人物肖像画为中心，而对山水、花鸟画重视不多。这一点使他的品评带有了很多局限，遭到姚最、李嗣真等人的批评。

不过，谢赫在评定画家优劣时，只看画迹之“巧拙”，不论画家之“古今”，这种以绘画本身为中心的艺术“自觉”，使他能够超越时人的庸劣眼光，不为权势、政治和地位等因素所困扰，合着“华丽”的审美节奏，提出为画家所宗，“至今千载不易”的“六法”，从而确立了自己在绘画史、美学史上的审美标准的首创者地位。谢赫与萧统作为晋唐之间绘画、文学的“自觉”记录者，在艺术史上具有同等崇高的地位。

谢赫的《古画品录》对后世画论影响甚大。之后的陈朝姚最有《续画品》，唐朝李嗣真有《后画品》，僧彦悰有《后画录》，唐代出现了张彦远的《历代名画记》，无不是借鉴了《古画品录》“六法”的品评标准。尽管到谢赫所处的时代为止的所有画迹均已灰飞烟灭，而他的《古画品录》作为保存最早的绘画品评著作，仍发挥着不可估量的影响。

（张传友）

诗品·序　　钟　嵘

气①之动物，物之感人，故摇荡②性情，形诸舞咏③。照烛三才④，辉丽⑤万有⑥；灵祇⑦待之以致飨⑧，幽微藉⑨之以昭告；动天地，感鬼神，莫近于诗。

昔南风之词⑩，卿云之颂⑪，厥⑫义敻⑬矣。夏歌⑭曰：“郁陶⑮乎予心！”楚谣⑯曰：“名余曰正则。”虽诗体未全，然是五言之滥觞⑰也。逮⑱汉李陵⑲，始著五言之目⑳矣。古诗眇邈，人世难详。推其文体，固是炎汉㉑之制，非衰周之倡㉒也。

自王、扬、枚、马㉓之徒，词赋竞爽㉔，而吟咏靡闻㉕。从李都尉㉖迄班婕妤㉗，将百年间，有妇人焉，一人而已。诗人之风，顿㉘已缺丧。东京㉙二百载中，惟有班固㉚《咏史》，质木无文[31]。降及建安[32]，曹公父子[33]，笃好[34]斯文；平原兄弟[35]，郁为文栋[36]；刘桢、王粲[37]，为其羽翼。次有攀龙托凤，自致于属车[38]者，盖将百计。彬彬[39]之盛，大备于时矣。

尔后陵迟衰微[40]，迄于有晋。太康[41]中，三张二陆[42]，两潘一左[43]，勃尔复兴，踵武前王[44]，风流未沫[45]，亦文章之中兴也。永嘉[46]时，贵黄老，稍[47]尚虚谈[48]。于时篇什[49]，理过其辞，淡乎寡味。爰[50]及江表[51]，微波尚传。孙绰、许询、桓庾[52]诸公，诗皆平典[53]似《道德》论：建安风力尽矣。

先是郭景纯[54]用隽上[55]之才，变创其体；刘越石[56]仗[57]清刚之气，赞成厥美；然彼众我寡，未能动俗。逮义熙[58]中，谢益寿[59]斐然[60]继作。元嘉[61]中，有谢灵运[62]，才高词盛，富艳难踪，固已含跨[63]刘、郭[64]，凌轹[65]潘、左[66]。故知陈思[67]为建安之杰，公幹、仲宣[68]为辅；陆机为太康之英，安仁、景阳[69]为辅；谢客[70]为元嘉之雄，颜延年[71]为辅：斯皆五言之冠冕，文词之命世[72]也。

夫四言，文约意广，取效《风》[73]《骚》[74]，便可多得，每[75]苦文繁而意少，故世罕习焉。五言居文词之要，是众作之有滋味者也，故云会[76]于流俗。岂不以指事[77]造形[78]，穷情[79]写物[80]，最为详切者耶？故《诗》有三义焉：一曰兴，二曰比，三曰赋。文已尽，而意有余，兴也；因物喻志，比也；直书其事，寓言写物，赋也。宏[81]斯三义，酌而用之，干[82]之以风力，润[83]之以丹采[84]，使味之者无极，闻之者动心，是诗之至也。若专用比兴，患在意深，意深则词踬[85]。若但[86]用赋体，患在意浮[87]，意浮则文散，嬉成流移[88]，文无止泊[89]，有芜漫[90]之累矣。

若乃[91]春风春鸟，秋月秋蝉，夏云暑雨，冬月祁[92]寒：斯四候[93]之感诸诗者也。嘉会[94]寄诗以亲，离群托诗以怨。至于楚臣去境[95]，汉妾辞宫[96]；或骨横朔野[97]，或魂逐飞蓬[98]；或负戈外戍，杀气雄边[99]；塞客[100]衣单，孀闺[101]泪尽；或士有解佩[102]出朝，一去忘返；女有扬蛾入宠[103]，再盼倾国：凡斯种种，感荡心灵，非陈诗何以展其义，非长歌[104]何以骋[105]其情？故曰："诗可以群，可以怨。"使穷贱易安，幽居[106]靡闷，莫尚于诗矣。故词人作者，罔不爱好。

今之士俗，斯风炽[107]矣。才能胜衣[108]，甫就小学，必甘心而驰骛[109]焉。于是庸音杂体[110]，人各为容[111]。至于膏腴子弟[112]，耻文不逮[113]，终朝点缀[114]，分夜呻吟[115]。独观[116]谓为警策[117]，众睹终沦平钝。次有轻薄之徒，笑曹、刘[118]为古拙，谓鲍照[119]羲皇上人[120]，谢朓[121]今古独步[122]。而师[123]鲍照，终不及"日中市朝满"；学谢朓，劣得"黄鸟度青枝"：徒自弃于高明，无涉于文流[124]矣。观王公搢绅之士[125]，每博论[126]之余，何尝不以诗为口实[127]？随其嗜欲，商榷[128]不同。淄渑并泛[129]，朱紫相夺[130]；喧议[131]竞起，准的[132]无依。近彭城刘士章[133]，俊赏之士[134]，疾其淆乱，欲为当世《诗品》，口陈标榜[135]，其文未遂[136]，感而作焉。昔九品论人[137]，《七略》[138]裁[139]士，校[140]以宾实[141]，诚多未值[142]。至若诗之为技，较尔[143]可知，以类推之，殆均[144]博弈[145]。方今皇帝[146]，资[147]生知[148]之上才，体[149]沉郁之幽思；文丽[150]日月，赏究天人[151]；昔在贵游[152]，已为称首，况八纮[153]既奄[154]，风靡云蒸[155]。抱玉[156]者联肩[157]，握珠[158]者踵武[159]。固以瞰[160]汉魏而不顾，吞[161]晋宋于胸中。谅[162]非农歌辕议，敢致流别[163]。嵘之今录，庶[164]周旋于闾里[165]，均之于谈笑耳。

一品之中，略以世代为先后，不以优劣为诠次[166]。又其人既往[167]，其文克[168]定，今所寓言[169]，不录存者。

夫属词比事[170]，乃为通谈[171]。若乃经国文符[172]，应资[173]博古[174]；撰德[175]驳[176]奏，宜穷往烈[177]。至乎吟咏情性，亦何贵于用事？"思君如流水"，既是即目[178]；"高台多悲风"，亦惟所见；"清晨登陇首"，羌[179]无故实[180]；"明月照积雪"，讵[181]出经史。观古今胜语[182]，多非补假[183]，皆由直寻[184]。颜延、谢庄，尤为繁密，于时化之。故大明[185]、泰始[186]中，文章殆同书抄。近任昉[187]、王元长[188]等，词不贵奇，竞须[189]新事[190]，尔来[191]作者，寖[192]以成俗。遂乃句无虚语，语无虚字，拘挛[193]补衲[194]，蠹[195]文已甚。但自然英旨[196]，罕值[197]其人。词既失高[198]，则宜加事义[199]。虽谢[200]天才，且[201]表学问，亦一理乎！陆机《文赋》，通而无贬；李充《翰林》，疏[202]而不切；王微《鸿宝》，密[203]而无裁[204]；颜延论文[205]，精而难晓；挚虞文志[206]，详而博赡，颇曰知言[207]。观斯数家，皆就谈文体，而不显优劣。至于谢客集诗，逢诗辄取；张骘《文士》，逢文即书。诸英志录[208]，并义在文，曾无品第[209]。

嵘今所录，止乎五言。虽然，网罗今古，词文殆[210]集。轻欲辨彰清浊，掎摭[211]利病，凡百二十人。预[212]此宗流[213]者，便称才子。至斯三品升降，差[214]非定制。方申变裁，请寄知者耳。

昔曹、刘殆文章之圣，陆、谢为体贰之才[215]，锐精研思，千百年中，而不闻宫商[216]之辨，四声[217]之论。或谓前达偶然不见，岂其然乎？尝试言之：古曰诗颂，皆被之金竹[218]，故非调五音，无以谐会[219]。若"置酒高堂上"，"明月照高楼"为韵之首。故三祖[220]之词，文或不工，而韵入歌唱，此重音韵之义也，与世之言宫商异矣。今既不被管弦，亦何取于声律耶？齐有王元长[221]者，尝谓余云："宫商与二仪[222]俱生，自古词人不知之；惟颜宪子[223]乃云律吕音调[224]，而其实大谬；唯见范晔、谢庄颇识之耳。尝欲进《知音论》，未就。"王元长创其首，谢朓、沈约扬其波。三贤[225]或贵公子孙，幼有文辩；于是士流景慕[226]，务为精密[227]，襞积细微[228]，专相陵架[229]。故使文多拘忌，伤其真美。余谓文制，本须讽读，不可蹇碍[230]，但令清浊通流，口吻调利，斯为足矣。至平上去入，则余病未能；蜂腰鹤膝[231]，闾里已具。陈思赠弟[232]，仲宣[233]《七哀》，公幹思友[234]，阮籍《咏怀》，子卿双凫[235]，叔夜双鸾[236]，茂先寒夕[237]，平叔衣单[238]，安仁倦暑[239]，景阳苦雨[240]，灵运《邺中》，士衡[241]《拟古》，越石感乱[242]，景纯咏仙[243]，王微风月[244]，谢客山泉[245]，叔源离宴[246]，鲍照戍边[247]，太冲《咏史》[248]，颜延入洛[249]，陶公《咏贫》[250]之制，惠连《捣衣》[251]之作：斯皆五言之警策者也。所以谓篇章之珠泽[252]，文采之邓林[253]。

〔**注释**〕 ① 气：气候、节气。 ② 摇荡：激动、触动。 ③ 形诸舞咏：以舞蹈歌唱来表现。形，以……表现。 ④ 三才：天、地、人。 ⑤ 辉：光；丽：动词，照耀。辉丽：光照耀。⑥ 万有：宇宙万物。 ⑦ 祇(qí)：地神。灵祇：天地神灵。 ⑧ 致飨：供品。 ⑨ 藉：靠。⑩ 南风之词：据《礼记·乐记》记载，舜作五弦之琴，以歌南风。 ⑪ 卿云：即庆云，古人以为祥瑞之气。卿云之颂：据《尚书·大传》，舜将让禹，俊杰百工相和而歌。 ⑫ 厥：其。 ⑬ 夐(xiòng)：远、深远。 ⑭ 夏歌：指《尚书》中的《五子之歌》。 ⑮ 郁陶：忧思积聚的样子。⑯ 楚谣：指《离骚》。 ⑰ 滥觞(làn shāng)：原意指江河源头水极浅处，仅能浮起酒杯，后引申为开端。 ⑱ 逮：及、到。 ⑲ 李陵：汉武帝时拜骑都尉，有《与苏武诗》，被称为五言诗之始。⑳ 目：名目。 ㉑ 炎汉：古代阴阳五行之说认为，汉以火德王，故称炎汉。 ㉒ 衰周：指王室衰微时期的周王朝。衰周之倡：没落的周王朝创制的作品。 ㉓ 王、扬、枚、马：分别指王褒、扬雄、枚皋、枚乘、司马相如，均为西汉著名辞赋家。 ㉔ 竞爽：争胜。爽，原意为明朗、清亮。㉕ 靡闻：未闻。 ㉖ 李都尉：即李陵。 ㉗ 班婕妤(jié yú)：汉成帝宫人，擅长作诗。婕妤：宫中女官名。 ㉘ 顿：顷刻。 ㉙ 东京：指代东汉。 ㉚ 班固：著名史学家、作家，著有《咏史诗》。 ㉛ 质木无文：质朴、木讷而无文采。 ㉜ 建安：汉献帝年号。 ㉝ 曹公父子：指曹操、曹丕、曹植。 ㉞ 笃好：深爱。 ㉟ 平原兄弟：陆机、陆云。 ㊱ 郁：原为茂盛貌；文栋：文坛栋梁。郁为文栋：蔚为文坛栋梁。 ㊲ 刘桢、王粲：建安时著名诗人，均为“建安七子”中人物。 ㊳ 属车：副车，侍从之车。此指代为追随刘、王后面。 ㊴ 彬彬：文质兼备，这里指作家和作品的优秀和众多。 ㊵ 陵迟衰微：逐渐衰落。陵迟，即凌迟，逐渐衰颓。陵迟与衰微意义相同。 ㊶ 太康：晋武帝年号。 ㊷ 三张二陆：分别指张载、张协、张华、陆机、陆云。㊸ 两潘一左：分别指潘岳、潘尼、左思。 ㊹ 踵武前王：踵武，接着前人的脚步，可译为继承；前王，指魏王曹操、魏文帝曹丕、陈思王曹植等杰出诗人。 ㊺ 沬：竭、终止。 ㊻ 永嘉：晋怀帝年号。 ㊼ 稍：略微。 ㊽ 虚谈：清谈、谈理说玄。 ㊾ 篇什：诗篇。 ㊿ 爰：语首助词。[51] 江表：长江以南地区，指代东晋。 [52] 孙绰、许询、桓庾：均为东晋时作家。 [53] 平典：平凡典实，指没有文采。 [54] 郭景纯：指郭璞，晋代诗人。 [55] 隽上：卓特出众的才能。[56] 刘越石：指刘琨，晋代诗人。 [57] 仗：依仗、靠。 [58] 义熙：晋安帝年号。 [59] 谢益寿：指谢混，晋代诗人。 [60] 斐然：有文采的样子。斐，五色相错之貌，此指文采飞扬。 [61] 元嘉：宋元帝年号。 [62] 谢灵运：南朝宋著名山水诗人。 [63] 含跨：超越。 [64] 刘、郭：刘桢、郭璞。 [65] 凌轹：原意为凌辱，此指压倒、超越。 [66] 潘、左：潘岳、左思。 [67] 陈思：即曹植。[68] 公幹、仲宣：刘桢，字公幹；王粲，字仲宣。 [69] 安仁、景阳：潘岳，字安仁；张协，字景阳。[70] 谢客：指谢灵运，字康乐，又叫谢客。 [71] 颜延年：颜延之，字延年，南朝宋著名诗人，与谢灵运齐名，世称“颜谢”。 [72] 命世：闻名于世、名擅一世。 [73]《风》：国风，指代《诗经》。[74]《骚》：《离骚》，指代《楚辞》。 [75] 每：常常。 [76] 会：合。 [77] 指事：叙述事件。 [78] 造形：塑造形象。 [79] 穷情：表达感情。穷，此作表达。 [80] 写物：描摹事物。 [81] 宏：发扬。[82] 干：以……为骨干。 [83] 润：以……润饰。 [84] 丹采：文采。 [85] 踬(qiǎn)：原为被某物绊倒，此作文字蹇碍、不顺畅。 [86] 但：只、唯。 [87] 浮：肤浅、浮华。意浮：意境浮侈。

⑱流移：流动迁移，指文章松散，文意散乱。 ⑲止泊：归宿。 ⑳芜漫：芜杂散漫。 ㉑若乃：至于。 ㉒祁：大。 ㉓四候：四季。 ㉔嘉会：盛会。 ㉕楚臣去境：指屈原被贬放逐一事。 ㉖汉妾辞宫：指王昭君出塞一事。 ㉗朔野：北方之原野。 ㉘飞蓬：飘荡无定的蓬草。 ㉙边：边塞、边关。 ⑩塞客：赴边塞的游子。 ⑩孀闺：闺中寡妇。 ⑩解：除；佩：表明官阶的饰物。解佩：抛弃官职。 ⑩扬蛾入宠：蛾，眉；入宠，入宫受宠。 ⑩长歌：放声高歌。 ⑩骋：驰骋，此作抒发。 ⑩幽居：隐居，这里指隐居者。 ⑩炽(chì)：盛行。 ⑩胜衣：指小孩刚能承受衣服的重量。 ⑩驰骛：追逐、向往。 ⑩庸音杂体：平庸拙劣的诗歌，杂乱的诗体。 ⑪人各为容：各人写诗随心所欲，自成一套。 ⑫膏腴子弟：富家子弟。 ⑬耻文不逮：以所作诗不如人为耻。耻，以……为耻。 ⑭终朝点缀：终朝，整日；点缀，修改、润色。 ⑮分夜呻吟：分夜，半夜；呻吟，吟咏。 ⑯观：观看、观赏。独观：自我赏识。 ⑰警策：动人词句。即自谓文句精练切要、词义深妙而动人。 ⑱曹、刘：曹操、刘桢。 ⑲鲍照：南朝宋著名诗人。 ⑳羲皇上人：伏羲氏以前的太古之人。即过时之人。 ㉑谢朓：南朝齐著名诗人。 ㉒今古独步：自古至今独步诗坛。 ㉓师：师法、向……学。 ㉔文流：文学家的行列。 ㉕搢绅之士：官宦之人。 ㉖博论：高谈阔论。 ㉗口实：谈资、话题。 ㉘商榷：商量、讨论。 ㉙淄渑并泛：淄、渑，山东二水名，旧说二水味异，合流则难辨；并泛，合流。 ㉚朱紫相夺：朱，大红，正色；紫，红蓝相混，间色；夺，侵夺。 ㉛喧议：杂乱无章的议论、吵闹之声。 ㉜准的：标准。 ㉝刘士章：刘绘，南朝齐著作郎。 ㉞俊赏之士：杰出的诗歌鉴赏家。 ㉟标榜：品评。 ㊱遂：写成。 ㊲九品论人：指班固《汉书·古今人表》把人物分为九等。 ㊳《七略》：汉代刘歆所作，分为辑、六艺、诸子、诗赋、兵书、术数、方技七部分。 ㊴裁：评论、裁断。 ㊵校：核对、校核。 ㊶宾实：名实。 ㊷值：名实相副。未值：不相当、名不副实。 ㊸较尔：校核。尔，无意义。 ㊹均：等同、类似。 ㊺博弈：六博与围棋。均博弈意为类似赌棋。 ㊻皇帝：指梁武帝萧衍。 ㊼资：凭借。 ㊽生知：生而知之的资质。 ㊾体：体察、体会。 ㊿丽：附丽、依附。 ⑮天人：天，自然；人，人事。 ⑮贵游：与贵族交游，指在竟陵的贵族王家，与沈约等人交游。 ⑮八纮：天地之间用以维系的八根绳子，借指八方荒远之地，整个天下。 ⑮奄(yǎn)：包括，此作统一。 ⑮风靡云蒸：即风云际会，人才聚集在一起。 ⑮抱玉：怀抱美玉者，指人才资质优美。 ⑮联肩：肩膀挨着肩膀，比喻人才之多。 ⑮握珠：手握珍珠者，指人才资质优美。 ⑮踵武：脚跟并着脚跟，比喻人才之多。 ⑯瞰：俯视。 ⑯吞：并吞。 ⑯谅：推想。 ⑯流别：指诗人的高下。 ⑯庶：庶几。 ⑯闾里：乡里。 ⑯诠次：评论次第高下。 ⑯既往：已去世。 ⑯克：能。 ⑯寓言：寄寓言论(于《诗品》中)。 ⑰属词比事：属辞，组织词句；比事，叙述事类。 ⑰通谈：常谈。 ⑰经国文符：指古代章、表、奏议之类有关国家大事的文章。 ⑰资：用。 ⑰博古：鸿博古雅，指征引典故。 ⑰撰德：陈叙德行。 ⑰驳：驳议。 ⑰往烈：过去的功绩。 ⑰即目：眼中所见。 ⑰羌：发语词。 ⑱故实：典故。 ⑱讵：岂、难道。 ⑱胜语：名句、佳句。 ⑱补假：补缀假借，指拼凑前人语句和典故。 ⑱直寻：直接撰写纵目所见之物。 ⑱大明：宋孝武帝刘骏年号。 ⑱泰始：宋明帝刘彧年号。 ⑱任昉：南朝梁文学家。 ⑱王元长：王融，南朝齐文学家。 ⑱竞：纷杂貌；须：用。竞须：纷纷采用。 ⑲新事：指未用过的典故。 ⑲尔来：自此以来。 ⑲寖：逐渐。 ⑲拘挛：拘束。此作勉强。 ⑲补衲：补缀典故。 ⑲蠹：害。 ⑲自然英旨：自然清新的精美诗作。 ⑲罕值：很少遇到。 ⑲高：高明。 ⑲事义：典故与义理。 ⑳谢：不如。 ⑳且：姑且。 ⑳疏：疏阔。 ⑳密：指文章语言周密。 ⑳无裁：没有裁

剪，指文章无章法。　205 论文：指颜延之评论文章的著述《庭诰》。　206 文志：指挚虞评述文章的著述《文章志》，共四卷。　207 知言：懂得文章好坏，即善于分析言辞、文章。　208 志录：记录。　209 曾无品第：未曾给它们品评等级。　210 殆：推测之词，大概、大致。　211 掎摭(jǐ zhí)：摘取。　212 预：参与、进入。　213 宗流：流派。　214 差：差异。　215 体：四体，手足。贰：辅助。体贰之才：意为总体旁出的相辅之才。　216 宫商：五音。　217 四声：古代汉语的平、上、去、入。　218 金竹：指代器乐。　219 谐会：和谐。　220 三祖：指曹操、曹丕、曹睿。　221 王元长：王融。　222 二仪：天地。　223 宪子：颜延之的谥号。　224 律吕音调：古代正乐律之器。　225 三贤：指王融、谢朓、沈约。　226 景慕：景仰羡慕。　227 精密：作诗严于声律。　228 襞(bì)积细微：比喻声律刻意烦琐。　229 陵架：超越。　230 蹇(jiǎn)：行走困难。蹇碍：滞顿、阻塞。　231 蜂腰鹤膝：沈约提出诗歌八病中的二病。八病为平头、上尾、蜂腰、鹤膝、大韵、小韵、旁纽、正纽。　232 赠弟：指曹植《赠白马王彪》。　233 仲宣：王粲。　234 公幹思友：指刘桢《赠徐幹诗》。　235 子卿双凫：指苏武《别李陵诗》"双凫俱北飞，一凫独南翔"。　236 叔夜双鸾：指嵇康《赠秀才入军诗》"双鸾匿景曜"。　237 茂先寒夕：指张华《杂诗》"繁霜降当夕"。　238 平叔衣单：指何晏《拟古》、《失题》两诗中有"衣单"句，今佚。　239 安仁倦暑：潘岳《在怀县作》有"隆暑方赫曦"。　240 景阳苦雨：景阳指张协，今未见其苦雨诗句。　241 士衡：陆机。　242 越石感乱：刘琨感乱世而作《扶风歌》。　243 景纯咏仙：郭璞有《游仙诗》。　244 王微风月：今未见王微咏风月之诗。　245 谢客山泉：指谢灵运山水诗。　246 叔源离宴：今未见谢琨离宴诗。　247 鲍照戍边：指鲍照《代出蓟门北行》。　248 太冲《咏史》：左思有《咏史诗》八首。　249 颜延入洛：颜延之有《北使洛诗》。　250 陶公《咏贫》：指陶潜《咏贫士诗》七首。　251 惠连《捣衣》：刘宋谢惠连有《捣衣诗》。　252 珠泽：出宝珠之泽。典出《穆天子传》。　253 邓林：桃林。《淮南子·地形》载夸父追日，弃杖化为邓林。

（张　静）

〔鉴赏〕　我国是诗的国度。五言诗产生于西汉，到了南北朝时期，早已蔚为大国。梁朝初期，钟嵘从西汉至梁的众多五言诗人中选出120多位加以品评，撰成《诗品》(一名《诗评》)一书。这是我国历史上第一部诗歌评论专著。

钟嵘的品评方法，是将这120多位诗人分成上中下三品，以显示其成就之高下；又将比较重要的诗人分成出于《国风》、出于《小雅》和出于《楚辞》三个系统，以显示其风格的异同；还在每位或若干位诗人名下各缀以简短的评语，指出其创作特色。书中还有三段议论文字，后世有人将它们总称为《诗品序》。《诗品序》除了说明本书的编撰动机、体例和叙述五言诗的发展历史之外，还就诗歌的产生和作用、诗歌的审美标准等问题加以论述，鲜明地体现了钟嵘的诗歌美学思想。

《诗品序》认为诗歌是诗人情感激动的产物。至于引起情感激动的因素，钟嵘说到两点：一是自然景物，二是社会生活。在社会生活之中，又特别强调悲剧性的因素，强调那些使人哀伤、怨愤的遭遇。钟嵘说，这些自然和社会方面的因素，感荡着诗人的心灵，"非陈诗何以展其义，非长歌何以骋其情?"这也就说到了诗歌的作用，那就是诗能让作者激动的情感得以宣泄，"使穷贱易安，幽居靡闷"，让诗人的情感复归于平静，获得一种审美的愉悦，从而达到自我安慰的目的。

把诗歌看作诗人内心世界的抒发，所谓“诗言志”、“情动于中而形于言”，本是我国文学理论的传统观点。但是传统的儒家诗论强调诗歌抒发情志是为了美刺讽喻，作诗应该有益于政教；抒情只是一种手段罢了，有益于封建政治才是最终、最高的目的。钟嵘却着眼于诗歌对于个人的审美愉悦作用，这便是魏晋以来文学进入自觉时代、文学独立性加强的一种反映。另外，钟嵘很重视自然景物激发情感的作用，这也是有别于儒家诗论而与魏晋以来的创作与理论相一致的。

《诗品序》强调诗歌是悲剧性情感的产物，这一点很值得注意。《诗品》在具体评论诗人时也常常称说其作品“多凄怆”、“多感恨”，是“怨者之流”等。这与后人常说的诗歌“恒发于羁旅草野”、“诗穷而后工”等等是一致的，都反映了一种以悲为美的普遍心理。悲剧性的情感富于力度，容易打动人。钟嵘认为强烈动人的情感表现本身就是一种美。汉代的儒家诗论虽也说诗是情感的产物，但要求情感表现得比较平正中和、温柔敦厚。钟嵘的观点，在这方面也与旧说有所不同而体现了魏晋以来新的风气。

关于诗歌的审美标准，钟嵘还提出了“干之以风力，润之以丹彩”。“风力”是指表现得明朗、生动，富于感染力，丹彩是指诗歌语言的美丽。钟嵘认为好诗必须以风力为基础，再加以文辞润饰，那样的诗最合乎理想。重视藻采，也是南朝人的比较普遍的审美观点，而与后世不同。比如曹操、陶渊明的诗，后世评价很高，但钟嵘只把他们分别列于下品和中品。这与他们诗歌语言之质朴很有关系。在钟嵘那个时代，人们一般都还没有认识到朴素的诗美。

《诗品序》中最值得注意的，是提出了“直寻”、“自然英旨”的审美标准。这就是要求诗人能直接地、敏锐地感受外物之美，并且直接地、自然而然地表现出来。南朝时有些诗人在诗中堆砌典故，争相使用别人未曾用过的典故。钟嵘批评他们缺乏“天才”。他说写一些政治方面的实用性的文章，是应该多征引历史上的事例的；至于作诗，根本就不该以用典为贵，不该卖弄学问，而应该自然地表现诗人所感受到的外物之美。这种观点，与刘宋以来清新明丽的山水诗、描写自然风物的诗大量出现并且受到热烈欢迎很有关系，对于后世颇有影响。它就诗歌的本质立论，表明当时人的诗歌审美观念达到了较高的水平。

以情感动人为美，主张风力与丹彩相结合，要求做到“直寻”、“自然”而反对堆砌典故，《诗品序》的这些观点大致与当时的风气一致。而对于当时由文坛巨子沈约等人所倡导的、风靡朝野的讲究声律的做法，《诗品序》则表示反对。钟嵘认为诗歌应该读起来流畅上口，但不该人工制定许多规则，使诗人多所拘忌。这种看法有合理的一面，当时的声律规则确实太烦琐了。但是经过二百来年的演变，到了唐代，齐梁的声律规则变成了所谓近体诗的平仄格律，从此被沿用千余年之久，这当然是钟嵘不可能预见到的。不过钟嵘的这种立场，倒也显示了他独立思考、不随波逐流的倔强性格。

（杨 明）

齐民要术·序 贾思勰

盖神农为耒耜[①]，以利[②]天下。尧命四子："敬授民时。"舜命后稷："食为政首。"禹制土田，万国作乂[③]。殷周之盛，诗书所述，要在安民，富而教之。

《管子》曰："一农不耕，民有饥者；一女不织，民有寒者。""仓廪[④]实，知礼节；衣食足，知荣辱。"丈人[⑤]曰："四体不勤，五谷不分，孰为夫子?"《传》曰："人生在勤，勤则不匮。"语曰："力能胜贫，谨能胜祸。"盖言勤力可以不贫，谨身可以避祸。故李悝为魏文侯作尽地力之教，国以富强；秦孝公用商君急耕战之赏，倾夺邻国而雄[⑥]诸侯。

《淮南子》曰："圣人不耻身之贱也，愧道之不行也；不忧命之长短，而忧百姓之穷。是故禹为治水，以身解[⑦]于阳盱之河；汤由苦旱[⑧]，以身祷[⑨]于桑林之祭[⑩]。""神农憔悴，尧瘦癯，舜黎黑，禹胼胝[⑪]。由此观之，则圣人之忧劳[⑫]百姓，亦甚矣。故自天子以下至于庶人，四肢不勤，思虑不用，而事治求赡[⑬]者，未之闻也。""故田者不强，囷仓[⑭]不盈；将相不强，功烈[⑮]不成。"仲长子[⑯]曰："天为之时，而我不农，谷亦不可得而取之。青春至焉，时雨降焉，始之耕田，终之簠簋[⑰]。惰者釜之，勤者钟之；矧[⑱]夫不为，而尚乎食也哉?"谯子[⑲]曰："朝发而夕异宿，勤则菜盈倾筐。且苟有羽毛，不织不衣；不能茹[⑳]草饮水，不耕不食。安可以不自力哉?"

晁错曰："圣王在上，而民不冻不饥者，非能耕而食之，织而衣之；为开其资财之道也。""夫寒之于衣，不待轻煖；饥之于食，不待甘旨。饥寒至身，不顾廉耻！”“一日不再食则饥；终岁不制衣则寒。夫腹饥不得食，体寒不得衣，慈母不能保其子，君亦安能以有民？”“夫珠玉金银，饥不可食，寒不可衣；粟米布帛，一日不得而饥寒至。是故明君贵五谷而贱金玉。”刘陶㉑曰：“民可百年无货㉒，不可一朝有饥，故食为至急。”陈思王㉓曰：“寒者不贪尺玉，而思短褐；饥者不愿千金，而美一食。千金尺玉至贵，而不若一食短褐㉔之恶者㉕，物时有所急也。”诚哉言乎！

神农、仓颉，圣人者也；其于事也，有所不能矣！故赵过始为牛耕，实胜耒耜之利；蔡伦立意造纸，岂方㉖缣牍之烦？且耿寿昌之常平仓，桑弘羊之均输法，益国利民，不朽之术也。谚曰：“智如禹汤，不如尝更㉗。”是以樊迟请学稼，孔子答曰：“吾不如老农。”然则圣贤之智，犹有所未达，而况于凡庸者乎？

猗顿，鲁穷士，闻陶朱公富，问术焉。告之曰：“欲速富，畜五牸㉘。”乃畜牛羊，子息万计㉙。九真、庐江，不知牛耕，每致困乏；任延、王景，乃令铸作田器，教之垦辟，岁岁开广㉚，百姓充给㉛。燉煌不晓作耧犁，及种，人牛功力既费，而收谷更少。皇甫隆乃教作耧犁，所省庸力过半，得谷加五。又燉煌俗，妇女作裙，挛缩㉜如羊肠，用布一匹。隆又禁改之，所省复不赀㉝。茨充为桂阳令，俗不种桑，无蚕织丝麻之利，类皆以麻枲头贮衣。民惰窳㉞，少麤㉟履，足多剖裂血出，盛冬，皆然火燎炙㊱。充教民益种桑、柘，养蚕，织履，复令种纻麻。数年之间，大赖其利，衣履温暖。今江南知桑蚕织履，皆充之教也。五原土宜麻枲，而俗不知织绩，民冬月无衣，积细草卧其中，见吏则衣草而出。崔寔为作纺绩织纴之具以教，民得以免寒苦。安在不教乎？黄霸为颍川，使邮亭乡官，皆畜鸡豚，以赡㊲鳏寡贫穷者，及务耕桑，节用，殖财，种树。鳏寡孤独，有死无以葬者，乡部㊳书言㊴，霸具为区处：某所大木可以为棺，某亭豚子可以祭。吏往，皆如言。龚遂为渤海，劝民务农桑。令口种一树榆，百本䪥，五十本葱，一畦韭，家二母彘[40]，五母鸡。民有带持刀剑者，使卖剑买牛，卖刀买犊。曰："何为带牛佩犊？"春夏不得不趣田亩，秋冬课收敛，益蓄果实、菱、芡，吏民皆富实。召信臣为南阳，好为民兴利，务在富之。躬[41]劝耕农，出入阡陌，止舍离乡亭，稀有安居。时行视郡中水泉，开通沟渎，起水门提阏[42]凡数十处，以广溉灌，民得其利，蓄积有余。禁止嫁娶送终奢靡，务出于俭约，郡中莫不耕稼力田。吏民亲爱信臣，号曰"召父"。僮种为不其令，率民养一猪，雌鸡四头，以供祭祀，死买棺木。颜裴为京兆，乃令整阡陌，树桑果，又课以闲月取材，使得转相教匠作车，又课民无牛者，令畜猪，投贵时卖，以买牛。始者，民以为烦，一二年间，家有丁车大牛，整顿丰足。王丹家累千金，好施与，周人之急。每岁时农收后，察其强力收多者，辄历载酒肴，从而劳之，便于田头树下，饮食劝勉之，因留其余肴而去。其惰嬾[43]者，独不见劳，各自耻不能致丹；其后无不力田者，聚落[44]以至殷富。杜畿为河东，课民畜牸牛草马[45]，下逮鸡豚，皆有章程，家家丰实。此等，岂好为烦扰而轻费损哉？

盖以庸人[46]之性，率之则自力，纵之则惰窳耳。故仲长子曰："丛林之下，为仓庾之坻[47]；鱼鳖之堀[48]，为耕稼之场者，此君长所用心也。是以太公封，而斥卤[49]播嘉谷；郑白[50]成，而关中无饥年。盖食鱼鳖，而薮泽之形可见；观草木，而肥硗[51]之势可知。"又曰："稼穑不修，桑果不茂，畜产不肥，鞭之可也。杝落[52]不完，垣墙不牢，扫除不净，笞之可也。此督课[53]之方也。且天子亲耕，皇后亲蚕，况夫田父，而怀窳惰乎？"

李衡于武陵龙阳汎洲上作宅，种甘橘千树。临死，敕儿曰："吾州里有千头木奴，不责汝衣食，岁上一匹绢，亦可足用矣。"吴末，甘橘成，岁得绢数千匹。恒称太史公所谓"江陵千树橘，与千户侯等”者也。樊重欲作器物，先种梓漆，时人嗤[54]之，然积以岁月，皆得其用，向之笑者，咸求假[55]焉。此种植之不可已已也。谚曰：“一年之计，莫如树谷；十年之计，莫如树木。”此之谓也。

《书》曰：“稼穑之艰难。”《孝经》曰：“用天之道，因地之利，谨身节用，以养父母。”《论语》曰：“百姓不足，君孰与足？”汉文帝曰：“朕为天下守财矣，安敢妄用哉？”孔子曰：“居家理，治可移于官。”然则家犹国，国犹家。是以家贫则思良妻，国乱则思良相，其义一也。夫财货之生，既艰难矣，用之又无节；凡人之性，好懒惰矣，率之又不笃[56]。加以政令失所，水旱为灾，一谷不登，胔腐[57]相继。古今同患，所不能止也，嗟乎！且饥者有过甚之愿，渴者有兼量之情。既饱而后轻食，既暖而后轻衣。或由年谷丰穰，而忽于蓄积；或由布帛优赡，而轻于施与。穷窘[58]之来，所由有渐。故《管之》曰：“桀有天下而用不足，汤有七十二里而用有余。天非独为汤雨菽粟也。”盖言用之以节。仲长子曰：“鲍鱼之肆，不自以气为臭；四夷之人，不自以食为异；生习使之然也。居积习之中，见生然之事，夫孰自知非者也？”斯何异蓼[59]中之虫，而不知蓝[60]之甘乎？

今采捃[61]经传，爰[62]及歌谣，询之老成，验之行事[63]。起自耕农，终于醯醢[64]，资生[65]之业，靡不毕书。号曰：《齐民要术》。凡九十二篇，分为十卷，卷首皆有目录，于文虽烦，寻览差易[66]。其有五谷果蓏，非中国所殖者，存其名目而已，种莳之法，盖无闻焉。舍本逐末，贤哲所非；日富岁贫，饥寒之渐。故商贾之事，阙而不录。花草之流，可以悦目，徒有春花，而无秋实，匹诸[67]浮伪，盖不足存。鄙意晓示家童，未敢闻之有识，故丁宁[68]周至，言提其耳，每事指斥，不尚浮辞。览者无或嗤焉。

〔注释〕 ① 耒耜：古代翻土用的农具。 ② 利：让……利用。 ③ 乂：治理。 ④ 仓廪：粮仓。 ⑤ 丈人：老人。《论语·微子》载荷蓧老人批评孔子的话。 ⑥ 雄：称雄于。 ⑦ 解：作人质。 ⑧ 苦旱：大旱。 ⑨ 祷：祷告。 ⑩ 祭：通“际”。 ⑪ 胼胝：手脚上的老茧。 ⑫ 忧劳：担忧操劳。 ⑬ 求赡：需求得到满足。 ⑭ 囷(qūn)仓：粮仓。 ⑮ 功烈：功业。 ⑯ 仲长子：东汉时期的仲长统。 ⑰ 簠簋(fǔ guǐ)：古代盛粮的器具，此引申为收获。 ⑱ 矧(shěn)：何况。 ⑲ 谯子：三国时期的谯周。 ⑳ 茹：吃。 ㉑ 刘陶：东汉末年人。 ㉒ 货：钱。 ㉓ 陈思王：三国时期的曹植。 ㉔ 短褐：粗麻短衣。 ㉕ 恶者：不值钱的东西。 ㉖ 方：比。 ㉗ 尝更：亲自经历。 ㉘ 牸：指母畜。 ㉙ 子息万计：繁殖的牛羊数以万计。 ㉚ 开广：开垦扩大耕田面积。 ㉛ 充给：富裕。 ㉜ 挛缩：皱褶相连的样子。 ㉝ 不赀：无法计算。 ㉞ 惰窳(yǔ)：懒惰。 ㉟ 麤(cū)：即“粗”。 ㊱ 燎炙：烘烤。 ㊲ 赡：赡养。 ㊳ 乡部：乡村的行政机构。 ㊴ 书言：书面报告。 ㊵ 彘：猪。 ㊶ 躬：亲自。 ㊷ 水门提阏(è)：水闸。 ㊸ 惰嬾(lǎn)：懒惰。 ㊹ 聚落：村落。 ㊺ 草马：母马。 ㊻ 庸人：平常人。 ㊼ 坻：高丘。 ㊽ 堀：通“窟”，洞穴。 ㊾ 斥卤：盐碱地。 ㊿ 郑白：指战国末年秦国开凿的郑国渠与汉代武帝时开凿的白渠。 (51) 肥硗：土地肥沃或贫瘠。 (52) 杝(yí)落：篱笆。 (53) 督课：监督检查。 (54) 嗤：讥笑。 (55) 假：借。 (56) 不笃：不得力。 (57) 胔(cī)腐：腐烂的尸体。 (58) 穷窘：穷困窘迫。 (59) 蓼：辣蓼，带有辛味。 (60) 蓝：蓼蓝，带有甜味。 (61) 采捃：收集。 (62) 爰：又。 (63) 行事：实践。 (64) 醯醢：指酿造、腌制各法。 (65) 资生：谋生。 (66) 差易：比较容易。 (67) 匹诸：诸如此类。 (68) 丁宁：嘱咐。

（夏广兴）

〔鉴赏〕《齐民要术》是北魏贾思勰所著农书，主要研讨民众谋生的技术。在序言中，贾思勰对自己所论述的民众谋生技术，有如下说明：“起自耕农，终于醯醢，资生之业，靡不毕书。……故商贾之事，阙而不录。花木之流，可以悦目，徒有春花，而无秋实，匹诸浮伪，盖不足存。”结合全书论说，我们可以得知，其论述之术内容繁复杂多，囊括当时农村经济之农、林、牧、副、渔及烹调技术。其所介绍者，极大部分为物质生活资料，但也涉及精神生产资料，谈到笔、墨的制作方法。由此而言，贾思勰所言之要术，乃为生产衣食所资物品的农业生产。他的农业观是一种广义的大农业。

在种种需求中，贾思勰所强调的是食，连带而及于衣。他不厌其烦地引述舜、管子、荷篆丈人、刘安、仲长统、谯子、晁错、刘陶、陈思王等人之说，认为衣食是人类据以生存的根本，社会赖以安定的基础，文明藉以保持的条件，统治得以实现的前提。为此，他赞扬历代在资生之业上作出贡献的人物，他们或发明其术，或传播于他方。前者如神农、大禹、赵过，后者如任延、王景、皇甫隆、茨充、崔寔、召信臣、颜裴。

上述见解，表明他重视帝王官员在农业发展中的地位与作用，突出农业在人类生存、社会安定、文明维持、实施统治中的作用，以及强调科技创新及其推广传播。在他看来，居于上层的人物，还起着下列作用：（一）“敬授民时”，将所制定的历法传授于农村,使农作活动不失其时。(二)"制土田",确定土地制度,使务农者在一定的生产关系、经济制度中从事生产活动。(三)"安民",给农民以相对安定的社会环境,使之得以从事生产活动。(四)"尽地力之教",授以知识,使农民得以充分利用土地的生产能力,从自然界取得最高的收成。(五)"急耕战之赏",实行奖励政策,以鼓励农业生产者中的"强力多收者"。(六)"治水"。解除水旱灾害,减轻因灾害带来的损害。(七)制定相关政策。如"耿寿昌之常平仓、桑弘羊之均输法,益国利民,不朽之术也",以此来稳定农业,使民系于土地。(八)组织生产。地方官员对农民的生产活动作出各项具体规定,并加以督促、检查,以明确的奖惩规定来保障其实现。龚遂为渤海太守,劝民务农桑;杜畿为河东太守,定有章程。官员所定的"督课之务"中,有的以鞭笞等刑罚来处分农民中的窳惰者。对此,他借用晁错的话说:"圣王在上,而民不冻不饥者,非能耕而食之,织而衣之;为其开资财之道也。"他进而认为,在统治者中能开资财之道的,不一定是圣贤。因为"圣贤之智,犹有所未达";圣人"于事也有所不能矣"。即在农业发展中,统治阶级中的某些一般人员的贡献,完全有可能超越圣贤。

贾思勰认为农民在生产中的地位和作用,是"耕而食之,织而衣之"。在官员的组织安排、奖励惩罚、教育推广下,他们利用在上者的创造发明,"用天之道,因地之利",勤勉地从事生产劳动。对于农民的生产劳动,于农、林、牧、副、渔及农产品加工生产的技术发展有无推进作用?贾思勰加以肯定。他写《齐民要术》时,"爰及歌谣,询之老成,验之行事"。然而,这三方面被置于"采捃经传"之下。这说明,他认为在农业生产及其技术发展中,农民虽有贡献,但不如统治阶级重要。

贾思勰还表达了他"用之以节"的经济思想。这种"用之以节"的经济思想,较之"量入为出"原则,更不主张以消费促进生产。之所以产生这一思想,其根本原因是生产力低下,不能从自然界取得更多的财富。来之不易的极其有限的财富,经不起无节制的挥霍。

贾思勰在《齐民要术·序》中所表达的农业思想和经济观点,在中国古代经济、科技与思想发展中有一定的地位,值得我们注意。 (贺圣迪)

水经注·序 郦道元

《序》曰:《易》称天以一生水①,故气微于北方而为物之先也。《玄中记》曰:天下之多者水也,浮天载地,高下无所不至,万物无所不润。及其气流届②石,精薄肤寸③,不崇朝而泽合灵宇者④,神莫与并矣。是以达者不能测其渊冲而尽其鸿深⑤也。昔《大禹记》著山海,周而不备⑥;《地理志》其所录,简而不周;《尚书》、《本纪》与《职方》俱略,都赋⑦所述,裁⑧不宣意;《水经》虽粗缀津绪⑨,又阙旁通⑩。所谓各言其志,而罕能备其宣导⑪者矣。今寻图访赜⑫者,极聆州域之说,而涉土游方者,寡能达其津照⑬,纵仿佛前闻,不能不犹深屏营⑭也。余少无寻山之趣,长违问津之性,识绝深经⑮,道沦要博⑯,进无访一知二之机⑰,退无观隅三反⑱之慧。独学无闻,古人伤其孤陋;捐丧⑲辞书,达士嗟其面墙。默室求深,闭舟问远,故亦难矣。然毫管窥天,历筩时昭⑳,饮河酌海,从性斯毕。窃以多暇,空倾岁月,辄述《水经》,布广前文。《大传》曰:大川相间,小川相属,东归于海。脉其枝流之吐纳,诊其沿路之所躔㉑,访渎搜渠,缉而缀之。《经》有谬误者,考以附正;文所不载,非《经》水常源者,不在记注之限。但绵古芒昧㉒,华戎代袭㉓,郭邑空倾㉔,川流戕改㉕,殊名异目,世乃不同,川渠隐显,书图自负㉖,或乱流而摄诡号㉗,或直绝而生通称㉘,枉渚交奇㉙,洄湍决澓㉚,躔络枝烦㉛,条贯系夥㉜。十二经通㉝,尚或难言,轻流细漾㉞,固难辨究,正可自献径见之心㉟,备陈舆徒㊱之说,其所不知,盖阙如㊲也。所以撰证㊳本《经》,附其枝要者,庶备忘误之私,求其寻省㊴之易。

〔**注释**〕 ① 天以一生水:"一"可理解为道也可解释为一元,指天在形成之时的状态。 ② 届:至,到。 ③ 精薄肤寸:意为浑然无间地融为一体。 ④ 崇:通"终",崇朝:一个早晨,形容时间短暂。泽:雨露。合:全,满。灵宇:宇宙,天下。 ⑤ 冲:深。渊冲:深厚。鸿:浩大,洪大。 ⑥ 周:包罗广泛。备:详尽。 ⑦ 都:优美的。赋:一种韵文。 ⑧ 裁:体裁,这里意为由于赋的体裁的限制。 ⑨ 粗缀津绪:大体上理出了河流的源流。 ⑩ 阙:通"缺"。旁通:(材料的)融会贯通。 ⑪ 宣导:疏导。 ⑫ 赜(zé):这里指旧迹。 ⑬ 达其津照:对照有关材料踏勘河流。 ⑭ 屏(bīng)营:惶恐的样子,这里表示无所适从。 ⑮ 深经:深奥的经典。 ⑯ 道:这里指个人的思想文化修养。沦:没落,这里表示缺乏。要博:指专精渊博的学问。 ⑰ 机:机敏。 ⑱ 观隅三反:《论语·述而》:"举一隅不以三隅反,则不复也。"表示类推。 ⑲ 捐丧:散失。 ⑳ 历:通过。筩(tǒng):"筒"的异体字。时昭:意为有时看得清楚。 ㉑ 躔(chán)：野兽的足迹，这里指经历过的地方。 ㉒ 绵古：远古。芒：通“茫”。芒昧：模糊不清。 ㉓ 华：华夏民族。戎：少数民族。华戎代袭：指华戎各族王朝的相互更替。 ㉔ 郭邑：城邑。空倾：荒废。 ㉕ 戕(qiāng)改：改道。 ㉖ 书图自负：地理书籍中的舆图标示很不一致。 ㉗ 乱流而摄诡号：河流交错，名称也发生变乱。 ㉘ 直绝而生通称：河流直穿而过而产生通称。 ㉙ 渚(zhǔ)：水中沙洲。枉渚：指水湾。交奇：曲折交错。 ㉚ 决澓(fù)：奔泻回转。 ㉛ 躔络枝烦：形容河网错综复杂。 ㉜ 系夥(huǒ)：形容源流纷繁如麻。 ㉝ 十二经：指儒家经典。通：通晓。 ㉞ 轻流细漾(yàng)：小溪细流。 ㉟ 径见之心：谦语，犹言肤浅之见，一得之见。 ㊱ 舆徒：地理学家。 ㊲ 阙如：略而不论。 ㊳ 撰证：撰文验证。 ㊴ 寻省：查阅。

(施忠连)

〔鉴赏〕 河流与百姓的日常生活、农业灌溉、水灾的预防与治理、交通运输、地方的旅游业关系极大，许多河流又同历史上的重大事件相联系，因此研究河流的地理学和历史地理学对于国计民生，以及在学术研究上都具有非常重大的意义。我国具有重视研究河流水系的悠久传统，留下了许多宝贵的学术著作，郦道元的《水经注》就是其中享誉极高的一部。

《水经》据清朝全祖望的研究，产生于东汉初年，但戴震认为它是三国时的著作，作者不明。此书记述了我国河流水道137条，但文字十分简约。《水经注》就是为之作注的。它补充记述的河流水道达1 252条，注文多于《水经》12倍，共四十卷。《水经注》以水道为纲，进而描述与之相关的、不断变化的地理情况，并且记录了河流两岸和流域的自然环境及其演变。此书引用的书籍多达437种，而且辑录汉、魏碑刻350种，对北魏以前的水道、水利设施、土地物产、建置沿革、聚落兴衰、人物掌故、灾害以及种种相关自然现象，无不详细记载。北魏以前的故事传记，也因注文而保存了梗概。注文还涉及印度、中南半岛、朝鲜半岛的若干地区。值得一提的是，此书语言绚丽生动，行文跌宕多姿，这部著作可以说是古代山水散文的集锦，它在中国文学史上也占有重要地位。

作者郦道元(? —527)字善长，北魏范阳涿鹿(今河北涿县)人，曾任颍川太守、鲁阳太守、东荆州刺史、河南尹、刺史中尉等，北魏末为奸人设计害死于奉使关中的路途中。

作者在这篇自序中首先盛赞水的功用和力量的伟大，说明博学多闻的人也不能探测它的深浅，洞察它的浩大、奥秘，旨在强调难以穷究它的流径走向。然后文章概述前人的地理著作的优缺点，主要是指出它们的不足之处。作者从主客观两方面指出了河流地理学研究中的问题或困难。从主观方面看，有的地理学家不愿对有关材料加以对比研究，不能做到融会贯通，各自按照自己的看法著述；也有一些学者重视材料，他们按图索骥，寻访旧迹，听到了许多关于州郡疆域的谈论，却不能实地察看，去伪存真；而另外一些人喜欢游历九州四海，但很少比照相关材料踏勘河流。这样，他们自然不能提供准确、完备的地理知识。而从客观上说，河流地理的历史与现实的状况十分复杂，考察起来相当艰难。作者指出，远古留下来的材料很少，那时情况不易弄清；各个民族的政权相互更替，其间城邑有不少荒废了，河流改道的事经常发生；各个时代又常常改换地名水名；河渠有显有隐，这使地理书籍的记载不一致；有的河流交错而多有变名，有的直穿而过产生通称；加之水湾萦纡交错，流水急湍回溯，河网错综复杂，源流纷繁如麻，即使精通了经典文献，也是很难弄明白这些情况的。

显然，这些就是郦道元在从事他的伟大工程时清楚地看到的问题和困难，从中我们能够体会到郦道元所承担的事业是多么的艰难和繁重。然而，他以无畏的理论勇气、坚忍不拔的意志、一丝不苟的严谨学风，克服了这些问题和困难。他不仅深入研究、广泛查阅各个领域的书籍和材料，而且不辞劳苦，亲自跋涉于荒郊野外。他利用任职和其他各种机会，周游了我国北方黄淮流域广大区域，足迹遍布今河北、河南、山西、陕西、内蒙古、山东、江苏和安徽。所到之处，他寻访古迹，考察河道，追溯源流，了解当地的风土人情。非常有趣的是，他还注意搜集民间歌谣、谚语、方言和传说。可以说《水经注》是他读万卷书、行万里路的结果。

历经艰辛的科学研究和细致的社会调查，郦道元掌握了极其丰富的第一手材料，他增补以往著述之未备，订正前人记录之讹误，从而使《水经注》具有很高的科学价值。即以《水经注》对河流的调查研究为例，它详细记录了干流、支流、发源处、合流处、某段河谷宽度、河床深度、水量和水位的季节变化、含沙量，以及沿河所经伏流、瀑布、湖泊。他考察的湖泊、沼泽有五百多处，泉水和井等地下水近三百处。郦道元还描述了各地的地貌，如喀斯特地貌，所记洞穴多达七十余处。

由上可见，郦道元不仅是一个正直的政治家，而且是一个杰出的学者，兼具科学精神和艺术气质，并把这两方面完美地结合于一身。　（施忠连）

切韵·序　　陆法言

昔开皇初①，有仪同刘臻等八人②，同诣法言门宿。夜永酒阑，论及音韵，以今声调既自有别③，诸家取舍，亦复不同。

吴楚则时伤轻浅，燕赵则多伤重浊，秦陇则去声为入，梁益则平声似去④。又支(章移切)脂(旨夷切)鱼(语居切)虞(遇俱切)，共为一韵⑤。先(苏前切)仙(相然切)尤(于求切)侯(胡沟切)，俱论是切⑥。欲广文路，自可清浊皆通；若赏知音，即须轻重有异⑦。吕静韵集，夏侯该韵略，阳休之韵略，周思言音韵，李季节音谱，杜台卿韵略⑧等，各有乖互。江东取韵，与河北复殊。因论南北是非，古今通塞。欲更捃选精切，除削疏缓⑨。萧颜多所决定⑩。魏著作谓法言曰：向来论难，疑处悉尽，何不随口记之。我辈数人，定则定矣。法言即烛下握笔，略记纲纪。博问英辩，殆得精华。于是更涉余学，兼从薄宦⑪。十数年间，不遑修集⑫。今返初服⑬，私训诸弟子，凡有文藻，即须明声韵。屏居山野，交游阻绝，疑惑之所，质问无从。亡者则生死路殊，空怀可作之叹；存者则贵贱礼隔，以报绝交之旨⑭。遂取诸家音韵，古今字书，以前所记者，定之为切韵五卷。剖析豪氂，分别黍累⑮。何烦泣玉，未得县金⑯。藏之名山，昔怪马迁之言大⑰，持以盖酱⑱，今叹扬雄之口吃。非是小子专辄⑲，乃述群贤遗意，宁敢施行人世，直欲不出户庭⑳。于时岁次辛酉大隋仁寿元年㉑。

〔**注释**〕 ① 开皇：隋文帝杨坚的年号(公元581—600年)。 ② 仪同刘臻等八人：此八人为仪同三司刘臻、外史颜之推、著作郎魏渊、武阳太守卢思道、散骑常侍李若、国子博士萧该、蜀王谘议参军辛德源、吏部侍郎薛道衡。俱为当时知名的学者文人。 ③ 声调：声，声韵；调，音调。 ④ 吴楚、燕赵、秦陇、梁益：沿用汉代州名，隋代州郡名改易与先代不完全相同，此处为略举，与汉代扬雄《方言》所用的州名有接近处。轻浅、重浊：确切意思尚无确论。当时一切论及音韵的重要文献中都有相似的描述。如《颜氏家训·音辞篇》："南方水土柔和，其音清举而切诣，失在浮浅，其辞多鄙俗；北方山川深厚，其音沉浊而鈋钝，得其质实，其辞为古语。"去声为入，平声似去：这是说明各地方言的声调差别，《切韵》编辑者对于声调有标准音的概念。⑤ 支脂鱼虞：这四个韵分别是《切韵》中不同韵目的名称，两两一组。 ⑥ 先仙尤侯，俱论是切：论，集，与《论语》之"论"同义。切，韵的另一种名称。在唐宋之后的等韵学中，先韵属于四等韵，侯韵是一等韵，仙韵尤韵是三等韵。都有比较明显的区别。在南北朝的一些方言当中，两韵彼此互有相混，这在当时的韵文作品中多有反映。 ⑦ 欲广文路：这句是说诗文押韵的标准与分析语音的标准可以有松紧不同。诗文押韵可以使用较宽泛的原则。 ⑧ 吕静、夏侯该、阳休之、周思言、李季节、杜台卿：吕静是三国时魏人，他的《韵集》和同时代李登的《声类》相传是中国最早的两部韵书；夏侯该，据后人考证，应为夏侯咏，与阳休之、周思言、李季节、杜台卿俱为南北朝晚期至隋代的著名文人。 ⑨ 捃选精切，除削疏缓：捃(jùn)，摘取，拾取。《切韵》的分韵标准是从分不从合，凡是当时与会八人认为可分的韵，一律分列。因此造成后来认为《切韵》分韵过于苛细。到唐贞观年间，科举诗文用韵已经可以通融合韵。 ⑩ 萧颜：萧，萧该原，为南朝梁宗室，开皇初拜国子博士，著有《汉书音义》、《文选音义》。颜，颜之推，梁元帝萧绎在江陵幕府时的文学佐属，西魏覆灭江陵后投奔北齐，官至黄门侍郎，是当时名满大江南北的著名学者。 ⑪ 薄宦：宦，宦游，指做官的生涯。薄宦是自谦的说法。 ⑫ 遑：闲暇。⑬ 初服：古代服色有等级差别，初服指进入官场之前的平民服色。陆法言的父亲陆爽是隋文帝废太子杨勇的老师，曾经向隋文帝上书谏议太子诸子名字不正，乞为改之。后来杨勇被废，隋文帝以此迁怒陆爽，将其革职，并禁锢子弟不得仕宦，陆法言因此受牵连。 ⑭ 可作之叹：用《礼记·檀弓》中的典故"赵文子与叔誉观乎九原。赵文子曰：'死者如可作也，吾谁与归?'郑玄注：'作，起也。'"绝交之旨：用嵇康《与山巨源绝交书》中的典故。开皇宴集的八人，此时大多谢世，而薛道衡此时最得隋炀帝的嬖幸。 ⑮ 毫氂，指微小；黍累，指轻微。古代以十黍为累，十累为铢。此句谓分别细小，巨细靡遗。 ⑯ 泣玉：指《韩非子·和氏》中典故：楚人卞和得玉璞献之楚厉王，玉人以为石，厉王刖其左足；厉王殁后，献之武王，玉人又曰石，武王刖其右足。文王继位，卞和抱玉哭于楚山之下，泪尽继之以血。悬金：指《史记·吕不韦列传》中的典故：《吕氏春秋》书成，吕不韦布其书于咸阳市门，悬千金其上，谓能改其一字者赏以千金。⑰ 马迁：即司马迁。《史记·太史公自序》"藏之名山，副在京师。" ⑱ 持以盖酱：《汉书·扬雄传》中说扬雄著《太玄》、《法言》，刘歆观之，"谓雄曰：'空自苦！今学者有禄利，尚不能明《易》，又如《玄》何？吾恐后人用覆酱瓿也。'雄笑而不应。"后世遂用"盖酱瓿"谓作无用之言。⑲ 专辄：专擅。 ⑳ 不出户庭：不出自家的门户，语出《易·节卦》。 ㉑ 仁寿元年，隋文帝杨坚的年号，公元601年。

(王弘治)

〔鉴赏〕 陆法言，名词，或名慈。先祖是鲜卑人，姓步陆孤氏，在北魏孝文帝改革以后，改为汉姓陆氏。南北朝是中国民族大融合的动荡时代，从五胡乱华东晋南渡之后，南北政权对峙长达将近三百年。在当时中国的北方地区，草原民族的文化对中原地区发生了很大的影响，同时中原汉族的衣冠文化也深刻地影响和改变了原来马背民族的生活。陆法言的家族即是在这样的背景下成为与汉族士族无异的学问世家，他的父亲陆爽，曾任隋文帝杨坚废太子杨勇的师傅，是当时著名的文化名流。因此，才会有《切韵·序》当中提到的那一场风流雅集，颜之推、刘臻等八人均是名冠一时的文人学者，夜永酒阑，论及音韵，魏渊说"我辈数人，定则定矣"，如此的气概，对这"数人"而言，也着实当得。

《切韵·序》当中提到的南北语音的差别，是当时许多文人学者都已经注意到的问题。语音的差异，源自人群的分合流离，源自地域的分殊悬隔，从现代语言学的角度来看，语音的差别并非是一桩新鲜事儿。但对于古人而言，语言却不仅仅是日常交际的工具，更为重要的是，口头的语言与书籍经典的语言有着千丝万缕的关系，是一种文化身份的象征。颜之推在《颜氏家训·音辞篇》中说："吾家儿女，虽在童稚，便渐督正之；一言讹替，以为己罪矣。"而当时语音的正宗，乃是相传从东汉太学当中形成的"洛生咏"。《世说新语》中曾提到谢安有鼻疾，因而善作洛生之咏，时人纷纷掩鼻效仿。可见语音之正，是士大夫社会交往当中的一项重要内容。

除此以外，在诵读古代经典时，一些字词的具体读音的差异，往往决定了对文意的理解的不同。比如《论语》中说"假我数年，五十以学易，可以无大过矣"，其中的"易"字流传到现在的通行读法是读为支韵去声，而汉代"鲁论"读为昔韵入声。读音不同，意义也不一样，如按去声的读法，这句话就认为讲的是孔子学习《周易》的心得，而入声的读法认为"易"字很可能是"亦"的通假，断句都跟前者不同，应该变成"五十以学，亦可以无大过矣"。两者相差十万八千里。因此南朝学者陆德明在《经典释文·序论》里说"夫筌蹄所寄，唯在文言，差若毫釐，谬以千里"。《切韵·序》中所说的"南北是非，古今通塞"，指的就是文人士大夫书音的彼此差异。

东晋南渡，北方的士家大族和洛阳的权臣豪贵群集于金陵；而洛阳遗民仍有留驻原籍者，后来北魏经过尔朱荣之乱，权臣高欢尽迁洛阳之民于河北邺城。颜之推说四方"各有土风，递相笑非，指马之谕，未知孰是。……搉而量之，独金陵与洛下耳"。金陵、洛下本为一源，只是由于南北隔绝，并且受到当地土著语音的一些感染，因此产生了种种不同的差异。南北朝间音韵之学大兴，《隋书·经籍志》中收录当时的韵书和古今字书有一百零八种之多。然而《切韵》一出，"时俗共重，以为典规"，其余各家渐次湮没，《切韵》遂成为唐宋韵书之祖。有唐一世，对《切韵》作增修补刊为今所知的即有数家，今天流传下来的宋代《广韵》、《集韵》也是在《切韵》的基础上修订而成的。唐宋科举诗赋所用的押韵标准，即为《切韵》，后来成为近体诗标准的"平水韵"则是由《切韵》韵目的合用省略而来的。

除了上述的重要之处以外，《切韵》对于中国古代文化最为重大的功用之一体现在汉语语音史的研究上。中国的语言受到汉字巨大的影响，与世界其他民族使用的拼音文字不同，汉字的表音性质并不十分直观，因此研究古代汉语的读音对古代学者而言是一件非常困难的工作。清代学者段玉裁在与江有诰论述古音的信件往来中慨叹，如能知道古代支脂之何以三分的音理，则死而无憾。我们虽然可以通过诗歌的押韵、文字的谐声一窥古代语音的奥境，但这些材料毕竟缺乏条理，也无一定可靠的标准可以限定，因此往往会产生各自不同的结论。而

《切韵》是一部以语音系统为纲目编纂的韵书，其中以声调分卷，每一卷中依据韵目不同再分，每一韵中又依声母不同分别小韵，条分缕析，纲举目张。在一千多年以前，可谓是用现代科学分类的眼光对汉语语音系统作了一次彻底的整理。所以，从明代陈第、顾炎武开始，乾嘉之学研究上古语音，莫不先从《切韵》为基石，逐次上推。即便是当代的新兴语言学流派提出对于中国古代语音的构拟要抛开《切韵》直接从汉语方言入手构拟研究，但也不得不承认，对于汉魏以上中国语音的研究，《切韵》仍是最重要的参考文献之一。

这部韵书，由于历代文人爱之太殷，添枝加叶，反而使《切韵》的唐代原本湮没无存，长期以来人们都是通过北宋编修的《广韵》来认识《切韵》，不过两书除一些基本可以相通的原则改变和字数增减外，没有系统性的差异。到了近代，在敦煌出土了一种《王仁昫刊谬补缺切韵》残本，又称“王一”本，被伯希和带往法国，现藏巴黎。此外故宫内府又散出两种《王仁昫刊谬补缺切韵》，其中裴务齐增补的被称为“王二本”，明宋濂跋的被称为“王三本”。王三本最全，最为接近唐代的原貌。传说此本曾流散出宫，古董商觅得此物，因为希见，不明价值，请来当时著名的金石文物大家唐兰先生鉴定。唐先生验过，知为罕见的国宝，但怕当场说破古董商坐地起价以致国宝流失，便故意隐瞒此本的真实价值，终使此本得以保存国内，千年国宝又重归人间。

（王弘治）

颜氏家训·勉学(节选)　　颜之推

自古明王圣帝，犹须勤学，况凡庶①乎！此事遍于经史，吾亦不能郑重②，聊举近世切要，以启寤③汝耳。士大夫子弟，数岁已上，莫不被④教，多者或至礼、传，少者不失诗、论。及至冠婚，体性⑤稍定；因⑥此天机⑦，倍须训诱。有志尚⑧者，遂能磨砺，以就素业⑨；无履立者，自兹⑩堕慢⑪，便为凡人。人生在世，会当⑫有业：农民则计量耕稼，商贾则讨论货贿⑬，工巧⑭则致精器用，伎艺⑮则沈思法术⑯，武夫则惯习弓马，文士则讲议经书。多见士大夫耻涉农商，差务⑰工伎，射则不能穿札⑱，笔则才记姓名，饱食醉酒，忽忽无事⑲，以此销日⑳，以此终年。或因家世余绪㉑，得一阶半级㉒，便自为足，全忘修学；及有吉凶大事，议论得失，蒙然㉓张口，如坐云雾；公私宴集，谈古赋诗，塞默低头，欠伸[24]而已。有识旁观，代其入地。何惜数年勤学，长受一生愧辱哉！

梁朝全盛之时，贵游子弟[25]，多无学术，至于谚云："上车不落[26]则著作[27]，体中何如[28]则秘书[29]。"无不熏衣剃面，傅粉施朱，驾长檐车，跟[30]高齿屐[31]，坐棋子方褥[32]，凭[33]斑丝[34]隐囊[35]，列器玩于左右，从容出入，望若神仙。明经[36]求第[37]，则顾[38]人答策；三九[39]公宴，则假手[40]赋诗。当尔[41]之时，亦快士[42]也。及离乱之后，朝市[43]迁革，铨衡选举，非复曩者[44]之亲；当路[45]秉[46]权，不见昔时之党[47]。求诸[48]身[49]而无所得，施之世而无所用。被褐[50]而丧珠，失皮而露质[51]，兀[52]若枯木，泊[53]若穷流[54]，鹿独[55]戎马之间，转死[56]沟壑之际。当尔之时，诚驽材[57]也。有学艺者，触地[58]而安。自荒乱已来，诸见俘虏。虽百世小人[59]，知读论语、孝经者，尚为人师；虽千载冠冕[60]，不晓书记者，莫不耕田养马。以此观之，安可不自勉耶？若能常保数百卷书，千载终不为小人也。

夫明六经之指[61]，涉百家之书，纵不能增益德行，敦厉[62]风俗，犹为一艺，得以自资[63]。父兄不可常依，乡国不可常保，一旦流离，无人庇荫[64]，当自求诸身耳。谚曰："积财千万，不如薄伎[65]在身。"伎之易习而可贵者，无过读书也。世人不问愚智，皆欲识人之多，见事之广，而不肯读书，是犹求饱而懒营馔[66]，欲暖而惰裁衣也。夫读书之人，自羲、农已来，宇宙之下，凡识几人，凡见几事，生民[67]之成败好恶，固不足论，天地所不能藏，鬼神所不能隐也。……

夫所以读书学问，本欲开心明目，利于行耳。未知养亲者，欲其观古人之先意承颜[68]，怡声下气[69]，不惮[70]劬劳[71]，以致甘腝[72]，惕然[73]惭惧，起而行之也；未知事君者，欲其观古人之守职无侵[74]，见危授命[75]，不忘诚谏[76]，以利社稷，恻然[77]自念，思欲效[78]之也；素[79]骄奢者，欲其观古人之恭俭节用，卑以自牧[80]，礼为教本[81]，敬者身基[82]，瞿然[83]自失[84]，敛容[85]抑志[86]也；素鄙吝[87]者，欲其观古人之贵义轻财，少私寡欲，忌盈[88]恶满，赒穷[89]恤匮[90]，赧然[91]悔耻，积而能散也；素暴悍者，欲其观古人之小心黜己[92]，齿弊舌存，含垢藏疾，尊贤容众，苶[93]然沮丧，若不胜衣[94]也；素怯懦者，欲其观古人之达生委命[95]，强毅正直，立言必信，求福不回[96]，勃然奋厉，不可恐慑[97]也：历兹以往，百行[98]皆然。纵不能淳，去泰[99]去甚。学之所知，施无不达。世人读书者，但能言之，不能行之，忠孝无闻，仁义不足；加以断一条讼[100]，不必得其理；宰[101]千户县，不必理[102]其民；问其造屋，不必知楣[103]横而棁[104]竖也；问其为田，不必知稷[105]早而黍[106]迟也；吟啸[107]谈谑[108]，讽咏辞赋，事既优闲，材增迂诞[109]，军国经纶[110]，略[111]无施用[112]：故为武人俗吏所共嗤诋[113]，良由是[114]乎！

夫学者所以求益耳。见人读数十卷书，便自高大，凌忽[115]长者，轻慢同列；人疾之如雠敌，恶之如鸱[116]枭[117]。如此以学自损，不如无学也。

古之学者为己，以补不足也；今之学者为人，但能说[118]之也。古之学者为人，行道以利世也；今之学者为己，修身以求进也。夫学者犹种树也，春玩其华[119]，秋登[120]其实；讲论文章，春华也，修身利行，秋实也。

人生小幼，精神专利[121]，长成已后，思虑散逸，固须早教，勿失机也。吾七岁时，诵《灵光殿赋》，至于今日，十年一理[122]，犹不遗忘；二十之外，所诵经书，一月废置，便至荒芜矣。然人有坎壈[123]，失于盛年，犹当晚学，不可自弃。孔子云：“五十以学《易》，可以无大过矣。”魏武、袁遗，老而弥[124]笃[125]，此皆少学而至老不倦也。曾子七十乃学，名闻天下；荀卿五十，始来游学，犹为硕儒[126]；公孙弘四十余，方读春秋，以此遂登丞相；朱云亦四十，始学《易》、《论语》；皇甫谧二十，始受《孝经》、《论语》：皆终成大儒，此并早迷而晚寤[127]也。世人婚冠未学，便称迟暮，因循[128]面墙[129]，亦为愚耳。幼而学者，如日出之光，老而学者，如秉烛夜行，犹贤乎[130]瞑[131]目而无见者也。

学之兴废，随世轻重。汉时贤俊，皆以一经弘[132]圣人之道，上明天时，下该[133]人事，用此致卿相者多矣。末俗[134]已来不复尔[135]，空守章句[136]，但诵师言，施之[137]世务，殆[138]无一可。故士大夫子弟，皆以博涉为贵，不肯专儒。梁朝皇孙以下，总丱[139]之年，必先入学，观其志尚，出身[140]已后，便从文史，略无卒业[141]者。冠冕为此者，则有何胤、刘瓛、明山宾、周舍、朱异、周弘正、贺琛、贺革、萧子政、刘绦等，兼通文史，不徒[142]讲说也。洛阳亦闻崔浩、张伟、刘芳，邺下又见邢子才：此四儒者，虽好经术，亦以才博擅名[143]。如此诸贤，故为上品，以外率[144]多田野闲人，音辞鄙陋，风操蚩拙[145]，相与专固[146]，无所堪能，问一言辄酬[147]数百，责[148]其指归[149]，或无要会[150]。邺下谚云："博士买驴，书券三纸，未有驴字。"使汝以此为师，令人气塞。孔子曰："学也禄在其中矣。"今勤[151]无益之事，恐非业[152]也。夫圣人之书，所以设教，但明练经文，粗通注义[153]，常使言行有得，亦足为人；何必"仲尼居"即须两纸疏[154]义，燕寝讲堂[155]，亦复何在？以此得胜，宁有益乎？光阴可惜，譬诸逝水。当博览机要，以济[156]功业；必[157]能兼美，吾无闲[158]焉。……

夫老、庄之书，盖全真[159]养性，不肯以物累己也。故藏名柱史[160]，终蹈[161]流沙[162]；匿迹漆园，卒辞楚相，此任纵[163]之徒耳。何晏、王弼，祖述玄宗[164]，递相[165]夸尚，景附草靡[166]，皆以农、黄之化，在乎己身，周、孔之业，弃之度外。而平叔以党曹爽见[167]诛，触死权[168]之网也；辅嗣以多笑人被疾，陷好胜之阱也；山巨源以蓄积取讥，背多藏厚亡[169]之文也；夏侯玄以才望被戮，无支离拥肿之鉴也；荀奉倩丧妻，神伤而卒，非鼓缶[170]之情也；王夷甫悼子，悲不自胜，异东门之达也；嵇叔夜排俗[171]取祸，岂和光同尘[172]之流也；郭子玄以倾动专势，宁后身外己[173]之风也；阮嗣宗沈酒荒迷，乖[174]畏途相诫[175]之譬也；谢幼舆赃贿黜削[176]，违弃其余鱼[177]之旨也：彼诸人者，并其领袖，玄宗所归。其余桎梏尘滓[178]之中，颠仆[179]名利之下者，岂可备言乎！直[180]取其清谈雅论，剖玄析微，宾主往复，娱心悦耳，非济世成俗之要[181]也。洎[182]于梁世，兹风复阐[183]，《庄》、《老》、《周易》，总谓三玄。武皇、简文，躬自[184]讲论。周弘正奉赞[185]大猷[186]，化行都邑，学徒千余，实为盛美。元帝在江、荆间，复所爱习，召置学生，亲为教授，废寝忘食，以夜继朝，至乃倦剧[187]愁愤，辄以讲自释。吾时颇预[188]末筵[189]，亲承音旨[190]，性既顽鲁，亦所不好云。……

古人勤学，有握锥[191]投斧[192]，照雪[193]聚萤[194]，锄则带经[195]，牧则编简[196]，亦为勤笃。梁世彭城刘绮，交州刺史勃之孙，早孤[197]家贫，灯烛难办，常买荻尺寸折之，然明夜读。孝元初出会稽，精选寮寀[198]，绮以才华，为国常侍兼记室，殊[199]蒙礼遇，终于金紫光禄。义阳朱詹，世居江陵，后出扬都，好学，家贫无资，累日不爨[200]，乃时吞纸以实腹。寒无毡被，抱犬而卧。犬亦饥虚，起行盗食，呼之不至，哀声动邻，犹不废业，卒成学士，官至镇南录事参军，为孝元所礼[201]。此乃不可为之事[202]，亦是勤学之一人。东莞臧逢世，年二十余，欲读班固汉书，苦假借不久，乃就姊夫刘缓乞丐[203]客刺[204]书翰[205]纸末，手写一本，军府服其志尚，卒[206]以汉书闻[207]。……

谈说制文[208]，援引古昔，必须眼学[209]，勿信耳受[210]。江南闾里[211]闲，士大夫或不学问，羞为鄙朴，道听涂说，强事饰辞[212]：呼[213]征质[214]为周、郑，谓霍乱[215]为博陆[216]，上荆州必称陕西，下扬都言去海郡，言食则餬口，道[217]钱则孔方，问移[218]则楚丘，论婚则宴尔[219]，及王则无不仲宣，语刘则无不公干。凡有一二百件，传相祖述[220]，寻问莫知原由，施安[221]时复失所[222]。庄生有乘时鹊起[223]之说，故谢朓诗曰："鹊起登吴台。"吾有一亲表，作

《七夕》诗云:“今夜吴台鹊,亦共往填河。”《罗浮山记》云:“望平地树如荠[224]。”故戴暠诗云:“长安树如荠。”又邺下有一人咏树诗云:“遥望长安荠。”又尝见谓矜诞[225]为夸毗[226],呼高年为富有春秋[227],皆耳学之过也。

夫文字者,坟籍[228]根本。世之学徒,多不晓字:读五经者,是[229]徐邈而非[230]许慎;习赋诵者,信褚诠而忽吕忱;明史记者,专徐、邹而废篆籀[231];学汉书者,悦应、苏而略苍、雅。不知书音[232]是其枝叶,小学[233]乃其宗系[234]。至见服虔、张揖音义则贵之,得通俗、广雅而不屑。一手之中,向背[235]如此,况异代各人乎?

夫学者贵能博闻也。郡国山川,官位姓族,衣服饮食,器皿制度,皆欲根寻,得其原本;至于文字,忽不经怀[236],己身姓名,或多乖舛[237],纵得不误,亦未知所由[238]。近世有人为子制名:兄弟皆山傍立字,而有名峙者;兄弟皆手傍立字,而有名机者;兄弟皆水傍立字,而有名凝者。名儒硕学,此例甚多。若有知吾钟之不调,一何[239]可笑。……

校定书籍,亦何容易,自扬雄、刘向,方称[240]此职耳。观天下书未遍,不得妄下雌黄[241]。或彼以为非,此以为是;或本同末异;或两文皆欠,不可偏信一隅[242]也。

〔**注释**〕 ①凡庶:普通百姓。 ②郑重:频繁、反复。 ③启:开;寤:通“悟”,觉。启寤:启发使之觉悟。 ④被:受。 ⑤体性:禀性。体,指本质。 ⑥因:凭借。 ⑦天机:犹灵性,谓人的天赋灵机。 ⑧志尚:志向。 ⑨素业:清高的事业,旧指儒业。 ⑩自兹:从此。 ⑪堕慢:堕通“惰”,懒散;慢,懈怠。 ⑫会当:应当。 ⑬货贿:财物。 ⑭工巧:能工巧匠。 ⑮伎艺:有技术和才艺的人。 ⑯法术:方法、技术。 ⑰差务:不屑。 ⑱札:通“甲”,铠甲。 ⑲忽忽无事:无所事事。忽忽,形容心中空虚恍惚。 ⑳销日:消磨时光。 ㉑余绪:即余荫,指前人留传的功业而后代得到一官半职。 ㉒一阶半级:即一官半职。 ㉓蒙然:茫然无知的样子。 ㉔欠伸:打哈欠、伸懒腰。 ㉕贵游子弟:王公贵族的子弟。 ㉖上车不落:形容年纪小,仅是不从车上掉下来而已。 ㉗著作:官名,即著作郎,负责编纂国史。 ㉘体中何如:即“身体怎样”,魏晋时候人们通信时常用的问候语。 ㉙秘书:官名,负责掌管典籍或起草文书。 ㉚跟:意为穿。此字或为“跟”。一说为脚跟,意难通。 ㉛高齿屐:当时人喜欢穿的一种木底有齿的鞋。 ㉜棋子方褥:花纹是棋形方格的方形坐褥。 ㉝凭:靠、倚。 ㉞斑丝:杂色丝。 ㉟隐囊:当时贵族用的靠垫一类的东西。

㊱ 明经：古代科举考试的一种以儒家经义取士的形式。 ㊲ 求第：求，求取；第，科举考试及格的等次。 ㊳ 顾：通“雇”。 ㊴ 三九：指三公九卿。 ㊵ 假手：假借别人之手。 ㊶ 尔：指示代词，那。 ㊷ 快士：佳士。 ㊸ 朝市：此作朝廷。 ㊹ 曩(nǎng)：往昔、从前。曩者：以前的人。 ㊺ 当路：当权的人。 ㊻ 秉：把持。 ㊼ 党：亲信。 ㊽ 诸：之于。 ㊾ 身：指自己。 ㊿ 被：身穿粗布衣服。褐，古代穷人穿的粗布短衣。 51 失皮而露质：失去吓人的外衣而露出本来面貌。质，本质，此作本来面貌。 52 兀：茫然不知的样子、呆头呆脑。53 泊：寂泊。形容人有气无力的样子。 54 穷流：干涸的河流。 55 鹿独：流离颠沛。56 转死：即抛尸。 57 驽材：才能低劣的人、蠢材。 58 触地：到处、无论何地。 59 百世小人：世代都是平民。小人，指平民。 60 千载冠冕：世代为官的人。 61 指：同“旨”，宗旨、主旨。 62 敦厉：督促勉励。厉，通“励”，劝勉。 63 资：供给。自资：自用。 64 庇荫：保护。 65 薄：微小；伎：同“技”。薄伎：小技术。 66 馔(zhuàn)：食物。营馔：谋求食物。67 生民：人民、老百姓。此可译为一般的人。 68 先意承颜：意谓善于体会父母的心意，即父母没有想到的而孝子先想到，并且对父母恭顺。 69 怡声下气：语气和悦态度柔顺。怡，和悦。 70 惮：怕、畏惧。 71 劬(qú)：劳。劬劳：劳苦、劳累。 72 腝(ér)：同“胹”，煮熟。甘腝：甜美和烂熟的食物。 73 惕然：警觉的样子。 74 侵：侵犯，这里指越级侵权。 75 授命：献出生命。 76 诚谏：诚原为“忠”，避隋文帝之父改。 77 恻然：诚恳的样子。 78 效：模仿、效法。 79 素：平素、向来、一向。 80 卑：谦卑；牧：约束、治理。卑以自牧：谦卑自守。 81 礼为教本：礼是教化的根本。 82 敬者身基：恭敬是立身的基础。 83 瞿(jù)：惊惧。瞿然：惊动的样子。 84 自失：若有所失。 85 敛容：严肃的样子。 86 抑志：压抑自己的雄心，这里指谦虚。 87 鄙吝：浅薄俗气而吝啬的人。 88 盈：满。 89 赒(zhōu)：周济、救济；穷：穷苦、穷困。赒穷：救济穷苦者。 90 匮：缺乏、不足、贫匮。恤匮：体恤贫匮者。91 赧(nǎn)然：惭愧脸红的样子。 92 黜己：贬损自己。 93 苶(nié)：疲倦的样子。 94 不胜衣：谦退的样子。 95 达生委命：通达人生的真谛并且听任命运的安排。 96 回：同“违”，指违背祖宗之道。 97 慑：害怕、恐惧。 98 百行(xìng)：各种品行。 99 泰：过甚。100 一条讼：一件案件。 101 宰：主宰、统治。 102 理：治理。 103 楣：房屋的横梁。 104 棁(zhuó)：梁上短柱。 105 稷：谷子。 106 黍(shǔ)：黏黄米。 107 吟啸：吟咏。 108 谑：戏谑、开玩笑。 109 迂诞：荒唐、不合事理。 110 经纶：整理丝缕，引申筹划国家大事。111 略：大致。 112 施用：有用。 113 嗤诋：嗤笑诋毁。 114 良：的确。良由是：的确事出有因。 115 凌忽：欺凌忽视。 116 鸱(chī)：一种凶猛的鸟，也叫鹞鹰。 117 枭(xiāo)：一种凶猛的鸟。 118 说：通“悦”。 119 华：通“花”。 120 登：收获。 121 专利：专一而敏锐。122 理：温习。 123 坎壈：困顿、坎坷。 124 弥：更加。 125 笃：诚笃、专一。 126 硕儒：大儒。 127 寤：醒悟。 128 因循：守旧不变。 129 面墙：比喻一无所见。 130 贤乎：胜于。131 瞑：闭。 132 弘：弘扬、发扬光大。 133 该：总括、尽备。 134 末俗：末世的风俗。135 尔：这样。 136 章句：汉代以来以剖章析句来解说古代经书意义的一种著作体。 137 施之：用之于。 138 殆：大概。 139 总丱(guàn)：犹总角，儿童束发为两角形，引申为童年。140 出身：出仕，指做官。 141 卒业：完成学业。 142 徒：仅。 143 擅名：闻名。 144 率：大致、一般。 145 蚩拙：无知、愚蠢。 146 专固：专断顽固。 147 酬：应答。 148 责：质询。149 指归：即旨归，旨意归向。 150 要会：要旨、要领。 151 勤：致力于。 152 业：事业、本业。153 注义：注，注释经文；义，含义。 154 疏：疏释注文文字。 155 燕寝讲堂：燕寝，闲居之处；讲堂，讲习之处。这里指解释经文的人对“居”字的不同理解。 156 济：成就。 157 必：果真、

假使。 ⑱ 无闲：没有异议。 ⑲ 全真：保全自然之本性、保全天性。 ⑳ 柱史：官名，即"柱下史"，老子曾任此官。 ⑯ 蹈：踩，这里引申为到。 ⑯ 流沙：即沙漠。 ⑯ 任纵：任性放纵。 ⑯ 玄宗：道家深玄的旨意。 ⑯ 递相：一个接一个。 ⑯ 景：通"影"。靡：倒。景附草靡：像影子随形体而走，草随风而倒，比喻盲从，没有主见。 ⑯ 见：被。 ⑯ 死权：因追逐权力而死。 ⑯ 多藏厚亡：聚藏越多，丧失的越多。 ⑰ 鼓缶：敲瓦盆。 ⑰ 排俗：排斥世俗。 ⑰ 和光同尘：语出《老子》："和其光，同其尘。"意谓与俗浮沉、随波逐流。 ⑰ 后身外己：语出《老子》："后其身而身先，外其身而身存。"意谓表面克制自己，而自己反得其益。 ⑰ 乖：违背。 ⑰ 畏途相诫：语出《庄子·达生》："夫畏途者十杀一人，则父子兄弟相戒也。"意谓可怕的道路上十人中有一人被劫贼所杀，父子兄弟就会相互劝诫。 ⑰ 黜削：罢免官职。 ⑰ 弃其余鱼：《淮南子·齐俗》载惠子带一百辆车队经过，庄子看到他那么奢侈，就把自己所吃多余的鱼扔掉，以此警戒惠子。 ⑰ 桎梏(zhì gù)：脚镣手铐等刑具，这里引申为束缚。滓(zǐ)：液体中沉淀的杂质，这里引申为繁琐的事务。桎梏尘滓：为世界上烦琐的事务所束缚。 ⑰ 颠仆：跌倒。 ⑱ 直：只。 ⑱ 要：关键。 ⑱ 洎(jì)：到、至。 ⑱ 阐：开、广。 ⑱ 躬自：亲自。 ⑱ 奉：帮助。赞：佐助。奉赞：辅佐、帮助。 ⑱ 大猷(yǒu)：大道、重要方法。指治国大道。 ⑱ 剧：厉害。 ⑱ 预：参与。 ⑱ 末筵：末席、末座。此为谦虚说法。 ⑲ 音旨：言谈要旨。 ⑲ 握锥：《战国策》载苏秦读书欲睡，引锥刺股。 ⑲ 投斧：《庐江七贤传》载文党投斧求学。 ⑲ 照雪：《初学记》引《宋齐语》载孙康家贫，映雪夜读。 ⑲ 聚萤：《晋书》载车胤家贫，夏月捉萤火虫照明读书。 ⑲ 锄则带经：《汉书》载儿宽带经而锄，休息时辄读之。 ⑲ 牧则编简：《汉书》载路温舒牧羊时取大泽中蒲叶编写书。 ⑲ 孤：幼年死去父亲。 ⑲ 寮寀(liáo cǎi)：官舍，此处作为官的代称。 ⑲ 殊：特别。 ⑳ 爨(cuàn)：炊、烧。此作烧饭、做饭。 ⑳ 礼：礼遇。 ⑳ 不可为之事：意谓难以做到之事。 ⑳ 乞丐：乞讨、讨取。 ⑳ 客刺：名片。 ⑳ 书翰：书札。 ⑳ 卒：最终。 ⑳ 闻：闻名于世。 ⑳ 制文：做文章。 ⑳ 眼学：指亲眼所见。 ⑳ 耳受：指道听途说得来。 ⑳ 闾里：乡里、民间。 ⑳ 饰辞：修饰言辞。 ⑳ 呼：称。 ⑳ 征质：征，索取、征求；质，抵押、担保之物，此指人质。 ⑳ 霍乱：即霍乱病。 ⑳ 博陆：汉霍光为大将军，封博陆侯。"谓霍乱为博陆"意义不详。 ⑳ 道：称呼。 ⑳ 移：迁移。 ⑳ 宴尔：即燕尔。故现在有新婚燕尔之说。 ⑳ 祖述：原意指效法、遵循前贤的学说。此带贬义，指不学无术者沿袭前人说法。 ㉑ 施安：施行。 ㉑ 失所：失其所在、不得当。 ㉑ 乘时鹊起：见机而起。 ㉑ 荠：荠菜。 ㉑ 矜：自以为贤能。诞：放荡。矜诞：骄傲放荡。 ㉑ 夸毗(pí)：过分柔顺以取媚于人。 ㉑ 富有春秋：富有春秋指少年，而呼高年为富有春秋，则大误。 ㉑ 坟籍：书籍。 ㉑ 是：以……为是(正确)。 ㉑ 非：以……为非(不正确)。 ㉑ 籀(zhòu)：古代汉字的一种字体，又称大篆。 ㉑ 书音：语音、音韵。 ㉑ 小学：古称文字学、训诂学、音韵学的总称。 ㉑ 宗系：根本。 ㉑ 向背：拥护和反对。 ㉑ 忽：忽视。忽不经怀：指漫不经心、不放在心上。 ㉑ 乖舛(chuǎn)：错误。乖，背戾；舛，错乱、错谬。 ㉑ 所由：原因。 ㉑ 一何：多么。 ㉑ 称：胜任。 ㉑ 雌黄：一种矿物名，古人用黄纸写字，而用雌黄来改正错误之处，因此修改文字又称雌黄。 ㉑ 一隅：一个角落，此作一个方面。

(杨英姿)

〔鉴赏〕 《颜氏家训》是北齐颜之推为阐述教子治家、立身扬名而作。全书共七卷二十篇。《勉学》在《颜氏家训》中列卷四第八篇。代表了颜之推的教育思想，影响后世至巨。之推思想由《家训》一书看，杂玄、释而本儒家。所以本篇所论勉学，其实乃在鼓励读书，读儒家经典。大要为一“破”一“立”。“破”在批判魏晋六朝以来盛行于士族上层的清谈玄学不肯实学之风；“立”在倡导一种以读六经为主，勤勉踏实的学风。

先说说他“破”一些什么。人为何需勤学？颜之推指出：“人生在世，会当有业”，士农工商四民应当各习其业，自古以来圣明的帝王尚且勤学，何况庸常之人。然而，魏晋，尤其齐梁以来，有两种风气影响了世风、学风。一种是不学无术；另一种是崇尚清谈玄学或浅学。由于士大夫“耻涉农商，差务工伎，射则不能穿札，笔则才记姓名”，所以文武事业两皆不能，更有一些士族子弟饱食终日无所用心，平时只会熏衣剃面、傅粉施朱。这种人仰仗家世余绪，在社会上混个一官半职，出入各种社交场合，“望若神仙”洋洋自得，逢到考试可以请人捉刀。然而一旦遇到国家丧乱，只能“鹿独戎马之间，转死沟壑之际”，因为不肯花数年工夫，所以“长受一生愧辱”。相反，有些寒族子弟，因熟读《论语》、《孝经》，尚可为人师。另外一种士人，读书不求甚解，“不涉群书，经纬之外，义疏而已”，结果成为浅学之徒而遭人耻笑。至于一批崇尚老庄的“任纵之徒”也往往“桎梏尘滓之中，颠仆名利之下”，没有什么好结果。对此种种风气，颜之推认为不可效法，他的结论是：“父兄不可常依，乡国不可常保”，“积财万千，不如薄技在身。”而对士人来说，“技”之易习而可贵的，莫过于读书；读什么书？“明六经之指，涉百家之书”。这是本篇所议论的第一个问题。

再说说他的“立”。既要读书勉学，首应明白读书目的为什么，明白读书应取一个什么态度。针对世人急功近利的庸常短见，颜之推反复申述了勉力读书的重要性。他认为读书的最终目的是为“多智而明达”，但假如能够坚持读书，则必有天才拔萃出类者成为人才，那么禄也就在其中了。所谓“开心明目，利于行”，实际上不仅仅是修养，其实也包含了将来在社会上谋生。此外，颜之推认为士人读书养性一定要效法古圣贤，因此他批评齐梁以来社会上常见的两类读书人，一类是“但能言之，不能行之，忠孝无闻，仁义不足”的空头读书人；另一种则是“浅尝辄止”之辈，这类人稍读几卷书便“凌忽长者，轻慢同列”，结果“人疾之如仇敌，恶之如鸱枭”，所谓“以学自损，不如无学”。所以对读书人而言应当明白“春华秋实”之理，读书勉学犹如种树，“春玩其华，秋登其实”，这才是读书人应取的态度。这是本篇论述的另一个问题。

第三，什么时候为读书最佳时期？颜之推认为：“人生小幼，精神专利；长成以后，思虑散逸，固须早教，勿失机也。”这是贯穿于整部“家训”里的思想，更是本篇主要论点之一。由于各人遭遇不一，即使盛年先学了，晚学也是不可缺少的。他以孔子、曾子、荀子、曹操等硕儒前贤等事迹，说明这样一个道理："幼而学者，如日出之光，老而学者，如秉烛夜行，犹贤乎瞑目而无见者也。"同时颜之推还针对社会上种种不良士习和学风一一加以剖析批评。总之，他要自己的子弟向古贤学习，"行道以利世"。

颜之推生当乱世，身历数朝，有家学渊源，当时即称淹博，他深知南北政治俗尚之得失，学术之短长。《家训》一书记录他生平的学问与见解，为历代"家训"之典范。《勉学》中有许多见解暗合现代教育心理理论，此外文章本身也多有可取处：描绘士大夫丑态惟妙惟肖，典型的事例俯拾皆是，令人忍俊不禁；教训子弟则循循善诱；因是写给子弟看的也不拘章法，犹如与人谈话，娓娓道来，推心置腹，不惮烦不训人，令人有坐春风、沐时雨之感，实为家教、风教之典范。

（赵志伟）

颜氏家训·教子(节选)　颜之推

上智不教而成，下愚虽教无益，中庸之人，不教不知也。古者，圣王有胎教之法：怀子三月，出居别宫，目不邪视，耳不妄听，音声滋味，以礼节之。书之玉版[①]，藏诸金匮[②]。生子咳𡰥[③]，师保[④]固明，孝仁礼义，导习之矣。凡庶纵不能尔[⑤]，当及婴稚识人颜色，知人喜怒，便加教诲，使为则为，使止则止。比及数岁，可省笞罚。父母威严而有慈，则子女畏慎而生孝矣。吾见世间，无教而有爱，每不能然；饮食运为，恣其所欲，宜诫翻[⑥]奖，应呵反笑，至有识知[⑦]，谓法当尔。骄慢已习，方复制之，捶挞[⑧]至死而无威，忿怒日隆而增怨，逮于成长，终为败德。孔子云"少成若天性，习惯如自然"是也。俗谚曰："教妇初来，教儿婴孩。"诚哉斯语！

凡人不能教子女者，亦非欲陷其罪恶；但重[⑨]于呵怒，伤其颜色，不忍楚挞[⑩]惨其肌肤耳。当以疾病为谕，安得不用汤药针艾救之哉？又宜思勤督训者，可愿苛虐于骨肉乎？诚不得已也。

王大司马⑪母魏夫人，性甚严正；王在湓城⑫时，为三千人将，年逾四十，少不如意，犹捶挞之，故能成其勋业。梁元帝时，有一学士，聪敏有才，为父所宠，失于教义：一言之是，遍于行路⑬，终年誉之；一行之非，揜⑭藏文饰，冀其自改。年登婚宦⑮，暴慢日滋，竟以言语不择⑯，为周逖抽肠衅鼓⑰云。

父子之严，不可以狎⑱；骨肉之爱，不可以简。简则慈孝不接，狎则怠慢生焉。由命士⑲以上，父子异宫⑳，此不狎之道也；抑搔痒痛㉑，悬衾箧枕㉒，此不简之教也。或问曰："陈亢喜闻君子之远其子㉓，何谓也？"对曰："有是也。盖君子之不亲教其子也。《诗》有讽刺之辞㉔，《礼》有嫌疑之诫㉕，《书》有悖乱之事，《春秋》有邪僻之讥，《易》有备物之象：皆非父子之可通言，故不亲授耳。"

齐武成帝子琅邪王，太子母弟㉖也。生而聪慧，帝及后并笃爱之，衣服饮食，与东宫相准。帝每面称之曰："此黠㉗儿也，当有所成。"及太子即位，王居别宫，礼数优僭㉘，不与诸王等；太后犹谓不足，常以为言。年十许岁，骄恣无节，器服玩好，必拟乘舆㉙；常朝南殿，见典御㉚进新冰，钩盾㉛献早李，还㉜索不得，遂大怒，询㉝曰："至尊已有，我何意无？"不知分齐㉞，率皆如此。识者多有叔段、州吁之讥㉟。后嫌宰相，遂矫诏㊱斩之，又惧有救，乃勒麾下军士，防守殿门；既无反心，受劳㊲而罢，后竟坐此幽薨㊳。

人之爱子，罕亦能均；自古及今，此弊多矣。贤俊者自可赏爱，顽鲁者亦当矜怜；有偏宠者，虽欲以厚之，更所以祸之。共叔之死，母实为之。赵王之戮，父实使之㊴。刘表之倾宗覆族，袁绍之地裂兵亡，可为灵龟明鉴㊵也。

齐朝有一士大夫，尝谓吾曰："我有一儿，年已十七，颇晓书疏，教其鲜卑语及弹琵琶，稍欲通解，以此伏事公卿，无不宠爱，亦要事也。"吾时俛㊶而不答。异哉，此人之教子也！若由此业,自致卿相,亦不愿汝曹为之。

〔注释〕 ① 书:书写。玉版:刊刻文字的白石板。 ② 金匮(kuì):以金属制成的藏书柜。 ③ 咳嘿(hái tí):即孩提,小儿哭笑,后转意表示幼儿时期。 ④ 师保:太师,太保,王室子弟的老师。 ⑤ 凡庶:普通人家,老百姓。尔:如此。 ⑥ 翻:同“反”。 ⑦ 识知:指孩子懂事以后。 ⑧ 捶挞(chuí tà):用棍子、鞭子痛打。 ⑨ 重(zhòng):难,意思是舍不得。 ⑩ 楚:荆,可以作杖。楚挞:拷打。 ⑪ 王大司马:王僧辩,南朝梁大臣。 ⑫ 湓(pén)城:也称湓口,为湓水入长江之处,故址在今江西九江市西。 ⑬ 行路:路上的行人。 ⑭ 揜(yǎn):通“掩”,遮盖,掩盖。 ⑮ 婚:结婚;宦:为官。婚宦:这里指长大成人。 ⑯ 不择:不当心,不注意,指言语冒犯人。 ⑰ 周逖(tì):其人事迹不详,可能即梁高州刺史周迪(见《陈书》)。衅(xìn)鼓:原是古人制成鼓后杀牲祭祀之礼,此处指用学士血以涂新鼓。 ⑱ 狎(xiá):亲切而态度不庄重。 ⑲ 命士:受朝廷爵命之士。 ⑳ 宫:居室。 ㉑ 抑搔(sāo)痒痛:为长辈抓痒按摩。 ㉒ 衾(qīn):大被。箧(qiè):小箱子。悬衾箧枕:意思是帮长辈铺床、叠被、收拾卧具。 ㉓ 陈亢:孔子弟子。君子:这里指孔子。远:不亲近,实际表示不偏向。语见《论语·季氏》第十三章。 ㉔ 讽刺:指以男女之情讽刺政事。 ㉕ 嫌疑之诫:避嫌的告诫。 ㉖ 太子母弟:太子的同母弟。 ㉗ 黠(xiá):聪慧,机敏。 ㉘ 优僭(jiàn):过分优厚。 ㉙ 拟:相等。乘舆:皇帝出行的车驾。 ㉚ 典御:负责皇帝饮食的官员。 ㉛ 钩盾:主管皇家园林的官员。 ㉜ 还:回去以后。 ㉝ 诟(gòu):骂。 ㉞ 分齐(jì):分寸。 ㉟ 叔段:指春秋时代郑庄公同母弟共叔段,他在母后娇纵下起兵反叛,被灭。州吁:春秋卫庄公爱妾所生之子,受宠爱,后杀死其兄桓公,自立为君,最终被谋国老臣设计诛杀。 ㊱ 矫诏:假托皇帝诏书。 ㊲ 劳(lào):劝慰。 ㊳ 坐:因。幽薨(hōng):秘密处死。 ㊴ 赵王:汉刘邦爱妃戚姬所生,名如意,其母日夜啼哭,求刘邦让他代太子,刘邦死后如意被吕后毒死。 ㊵ 灵龟明鉴:灵验的龟卜,明了的镜鉴。古人以龟壳占卜决疑,以铜镜自照。故龟鉴有借鉴之喻。 ㊶ 俛:同“俯”,低头。

(施忠连)

〔鉴赏〕 这篇文章是作者给家人谈重视教育后代的问题,作者没有以道德家的口吻,空谈圣人教人的道理,而是针对社会上普遍存在的不良倾向,用古代和当时许多发人深省的事例和惨痛教训说明以正确的方法教育子女的重要性。文章出于对历史和现实的深刻观察,出于对人性弱点的痛切了解,因此虽然语言朴实无华,但讲述的道理很有说服力,富有启发性,即使在当今社会也具有现实意义。

当代的父母也极其关心子女的教育,但大多是注重孩子的文化知识和技能的学习,如学外语、练钢琴之类。这种现象在南北朝时期也有。颜之推讲到齐朝有一个士大夫曾经十分得意地告诉他,他有一个儿子,当时已有十七岁了,通晓文书,学会了鲜卑语(笔者按:这是南北朝时期一些朝代或国家统治阶段使用的语言。)和弹琵琶,用这些本领去侍奉公卿大夫,没有人会不喜欢他的。此人强调:“这种教育是一种紧要的事情啊!”然而颜之推对于这种教育理念感到十分吃惊！他对此态度极为鲜明，表示坚决反对。他对他的孩子说，如果以这样的方式可以官至宰相，我也不愿你们去做！

显然，作者希望孩子有独立的人格，不要去做有权势者的附庸，我们当今做父母的，也可从中吸取教益。通读全篇，我们可以看到颜之推并没有要求自己的子女成为道德家、圣人，他始终关注的是培养孩子的健全的人格，健康的心理状态。这是教育儿童的最基本、最起码，也是最重要的要求。就是说要努力让孩子成为一个善良的人，正直的人，学会尊重他人，热爱他人，能妥善地处理外部事务。他发现许多家长往往忽略这一点，其结果是害了孩子本人，也为自己的家庭、社会和国家造成严重的灾难。作者举例说，梁元帝时一个学士小时候很聪明，有才气，他的父亲十分宠爱他而疏于教育，只要他讲对一句话，就到处为之宣扬，恨不得让路上所有的行人都知道；当他做错了一件事，就替他遮掩粉饰，这样此人成年后自以为是、骄横傲慢的习气越来越严重，以至于当官以后因为说话不注意被周逖杀死，肚肠被抽出来，以其血涂于战鼓之上。颜之推还以众所周知的刘表两个儿子、袁绍三个儿子相互争权夺利，最终导致灭亡的家族惨剧，说明忽视教育儿童的巨大危害。

在教育儿童方面，这篇文章特别强调了两个思想。它们都值得今人注意。第一是对儿童的教育要趁早开始。文章在开头甚至提到古代宫廷中实行胎教的做法，当然，作者从普通人家的实际情况出发，对此并没有多加提倡，只是用以说明对儿童的教育应当尽早起步，即从婴儿开始。颜之推虽然不能根据儿童心理学的知识，科学地确定婴儿教育从何时开始，采取什么样的步骤和方法，但是他提出在婴儿初识人的脸色、辨别人的喜怒之际就应当加以教诲，这的确是真知灼见。从这个时候起就应当逐步让婴儿知道哪些是可以做，哪些是不可以做的。不然，如果对子女的言行任其妄为，在他们懂事以后就会养成坏习惯，到这时才想到要去管教、制止，就非常困难了，作者说就是用棍棒把他打死，也难以确立父母的威严。作者引用孔子的话语“少成若天性，习惯如自然”以及俗谚“教妇初来，教儿婴孩”，以更证明其儿童教育自婴儿始的论点的必要性。

第二，颜之推力主家长对子女不能溺爱、娇纵。他看到，造成人们忽视教育子女的主要原因是出于人的本性，即父母对子女的爱。他说不善于教育子女的人，并不是想让子女去犯罪为恶，只是难以严厉地呵责怒骂子女，怕伤了子女的脸面；不忍心用荆条去打子女，怕子女皮肉受苦。但是颜之推提出，难道父母会忍心不用汤药针灸去救治他们吗？那些勤于督促训导子女的父母，难道他们愿意苛责虐待自己的骨肉吗？这实在是不得已的。因此他提出做父母的应当既慈爱又威严，这样子女才会敬畏、谨慎，而不会养成骄横轻慢的坏性格。他指出齐武成帝的儿子琅邪王就是因为父母娇纵，像春秋时代郑国的共叔段、卫国的州吁，骄纵蛮横，毫无节制，最后落得个被杀的可悲下场。

为了保持父母的威严，颜之推提出，父母对子女不能过分亲昵，骨肉之间要相亲相爱，但不能简慢，不然子女就会滋生放肆不敬之心。这种看法，似乎和提倡与孩子打成一片，做孩子的知心朋友的现代教育理念相对立。其实颜之推这一主张也适用于当今，现代家长在设法与孩子打成一片的同时仍然要保持家长的威严，对于孩子的错误言行在必要时应当加以严厉的批评，甚至是适当的责罚，如若孩子在父母面前没有一点畏惧心理，对于家长的意见完全不当一回事，不愿倾听和接受，这样的孩子能够健康成长吗？

此外，文章还提出了另外一些有价值的教育思想，如他谆谆告诫家人，对待几个子女，要尽可能做到同样关爱，不能厚此薄彼。他要求，聪明俊秀的孩子固然应该赏识、喜爱，但顽劣愚笨的孩子也应当加以同情和怜惜。当然，这篇文章中也有一些过时、落后的教育理念，如它不排斥体罚，但是，作者劝勉世人用心教育子女的殷殷之意、拳拳之心充分显露于字里行间，自古以来影响了无数人，对我国古代重视儿童教育的优良传统的形成产生了十分积极的作用。（施忠连）

中说·王道　　　　王　通

文中子曰：甚矣，王道①难行也。吾家顷铜川六世矣，未尝不笃②于斯，然亦未尝得宣其用。退而咸有述焉，则以志③其道也。盖先生之述，曰《时变论》六篇，其言化俗推移之理竭矣。江州府君之述，曰《五经决录》五篇，其言圣贤制述之意备矣。晋阳穆公之述，曰《政大论》八篇，其言帝王之道著矣。同州府君之述，曰《政小论》八篇，其言王霸之业尽矣。安康献公之述，曰《皇极谠义》九篇，其言三才之去就深矣。铜川府君之述，曰《兴衰要论》七篇，其言六代之得失明矣。余小子获睹成训勤九载矣，服先人之义，稽④仲尼之心，天人之事，帝王之道，昭昭⑤乎！

子谓董常曰："吾欲修《元经》，稽诸史论，不足征⑥也，吾得《皇极谠义》焉。吾欲续《诗》，考诸集记，不足征也，吾得《时变论》焉。吾欲续《书》，按诸载录，不足征也，吾得《政大论》焉。董常曰："夫子之得，盖其志焉。"子曰："然。"

子谓薛收曰："昔圣人述史三焉，其述《书》也，帝王之制备矣，故索焉而皆获。其述《诗》也，兴衰之由显，故究焉而皆得。其述《春秋》也，邪正之迹明，故考焉而皆当。此三者同出于史，而不可杂也，故圣人分焉。"

文中子曰："吾视迁、固而下，述作何其纷纷乎？帝王之道，其暗而不明乎？天人之意，其否⑦而不交乎？制理者参⑧而不一乎？陈事者乱而无绪乎？"

子不豫，闻江都有变，泫然⑨而兴⑩曰："生民厌乱，久矣。天其或者将启尧、舜之运，吾不与焉，命也。"

文中子曰："道之不胜时，久矣。吾将若之何？"董常曰："夫子自秦归晋，宅居汾阳，然后三才⑪、五常⑫各得其所。"薛收曰："敢问续《书》之始于汉，何也？"子曰："六国之弊，亡秦之酷，吾不忍闻也，又焉取皇纲乎！汉之统天下也，其除残秽，与民更始⑬，而兴其视听乎！"

薛收曰："敢问续《诗》之备六代，何也？"子曰："其以仲尼三百，始终于周乎！"收曰："然。"子曰："余安敢望仲尼？然至兴衰之际，未尝不再三焉，故具六代始终，所以告也。"

文中子曰："天下无赏罚三百载矣，《元经》可得不兴乎？"薛收曰："始于晋惠，何也？"子曰："昔者明王在上，赏罚其有差乎？《元经》褒贬，所以代赏罚者也，其以天下无主而赏罚不明乎！"薛收曰："然则《春秋》之始周平、鲁隐，其志亦若斯乎？"子曰："其然乎。而人莫之知也。"薛收曰："今乃知天下之治，圣人斯在上矣；天下之乱，圣人斯在下矣。圣人达⑭而赏罚行，圣人穷⑮而褒贬作，皇极⑯所以复建，而斯文⑰不丧也。不其深乎！"再拜而出，以告董生。董生曰："仲尼没而文在兹⑱

乎！”文中子曰：“卓[19]哉！周、孔之道，其神之所为乎！顺之则吉，逆之则凶。”

子述《元经》皇始之事，叹焉，门人未达。叔恬曰：“夫子之叹，盖叹命矣。《书》云，天命不于常，帷归乃有德，戎狄之德，黎民怀之。三才其舍诸！”子闻之曰：“疑，尔知命哉。”

子在长安，杨素、苏夔、李德林皆请见。子与之言，归而有忧色。门人问子，子曰：“素与吾言终日，言政而不及化[20]。夔与吾言终日，言声而不及雅[21]。德林与吾言终日，言文而不及理[22]。”门人曰：“然则何忧？”子曰：“非尔所知也。二三子皆朝之预议者也。今言政而不及化，是天下无礼也。言声而不及雅，是天下无乐也。言文而不及理，是天下无文也。王道从何而兴乎！吾所以忧也。”门人退，子援[23]琴鼓《荡之什》，门人皆霑襟[24]焉。

子曰：“或安而行之，或利而行之，或畏而行之，及其成功，一也，稽[25]德则远。”

贾琼习书至柏荣之命，曰：“洋洋[26]乎光、明之业，天实监尔，能不以揖让[27]终乎！”

繁师玄将著《北齐录》，以告子。子曰：“无苟作也。”越公以《食经》遗子。子不受，曰：“羹藜[28]含糗[29]，无所用也。”答之以《酒诰》及《洪范》三德。

子曰：“小人不激[30]不励[31]，不见利不劝[32]。”

靖君亮问辱。子曰：“言不中[33]，行不谨，辱也。”子曰：“化至九变，王道其明乎？故乐至九变而淳气治[34]矣。”裴晞曰：“何谓也？”子曰：“夫乐，象成者也。象成，莫大于形而流[35]于声，王化始终所可见也。”故韶[36]之成也，虞氏之恩被[37]动植矣。乌鹊之巢，可俯而窥也，凤皇何为而藏乎？

子曰：“封禅[38]之费[39]，非古也。徒以夸天下，其秦汉之侈心[40]乎！”

子曰:“易乐者必多哀,轻施者必好夺。”

子曰:“无赦[41]之国,其刑必平。多敛[42]之国,其财必削[43]。”

子曰:“廉者,常乐无求。贪者,常忧不足。”

子曰:“杜如晦若逢其明王于万民,其犹天乎。”董常、房玄龄、贾琼问曰:“何谓也?”子曰:春生之,夏长之,秋成之,冬敛之。父得其为父,子得其为子,君得其为君,臣得其为臣。万类咸宜,百姓日用而不知者,杜氏之任,不谓其犹天乎!吾察之久矣,目光惚然,心神忽然,此其识时运者,忧不逢真主以然哉!”叔恬曰:“舜一岁而巡五岳,国不费而民不劳,何也?”子曰:“无他道也,兵卫少而征求寡也。”

子曰:“王国之有《风》,天子与诸侯夷[44]乎!谁居[45]乎,幽王之罪也。故始之以《黍离》,于是《雅》道息[46]矣。”

子曰:“五行不相沴[47],则王者可以制礼矣。四灵为畜,则王者可以作乐矣。”

子游孔子之庙,出而歌曰:“大哉乎!君君臣臣,父父子子,兄兄弟弟,夫夫妇妇,夫子之力也。其与太极合德,神道并行乎!”王孝逸曰:“夫子之道,岂少是乎?”子曰:“子未三复白圭[48]乎?天地生我而不能鞠[49]我,父母鞠我而不能成我。成我者,夫子也。道不啻[50]天地父母,通于夫子受罔极[51]之恩。吾子汩[52]彝伦[53]乎!”孝逸再拜谢之,终身不敢臧否[54]。

韦鼎请见,子三见而三不语,恭恭若不足。鼎出,谓门人曰:“夫子得志于朝廷,有不言之化,不杀之严矣!”杨素谓子曰:“天子求善御边者,素闻惟贤知贤,敢问夫子?”子曰:“羊祜、陆逊,仁人也,可使。”素曰:“已死矣,何可复使?”子曰:“今公能为羊、陆之事,则可。如不能,广求何益?通闻迩[55]者悦,远者来。折冲[56]樽俎[57]可矣,何必临边也?子之家,六经毕备,朝服祭器不假,曰三纲五常自可出也。”子曰:“悠悠素餐[58]者,天下皆是，王道从何而兴乎！”子曰：“七制之主，其人可以即戎矣！”

董常死，子哭于寝门之外，拜而受吊。裴晞问曰：“卫玠称人有不及，可以情恕[59]，非意相干，可以理遣，何如？”子曰：“宽矣！”曰：“仁乎？”子曰：“不知也。阮嗣宗与人谈则及玄远，未尝臧否人物。何如？”子曰：“慎矣！”曰：“仁乎？”子曰：“不知也。”

子曰：“恕哉，凌敬。视人之孤犹己也。”

子曰：“仁者，吾不得而见也，得见智者斯可矣。智者，吾不得而见也，得见义者斯可矣。如不得见，必也刚介[60]乎！刚者好断，介者殊俗。”

薛收问至德要道。子曰：“至德，其道之本乎！要道，其德之行乎！《礼》不云乎，至德为道本。《易》不云乎，显道神德行。”

子曰：“大哉，神乎所自出也。至[61]哉，《易》也，其知神之所为乎。”子曰：“我未见嗜[62]义如嗜利者也。”

子登云中之城，望龙门之关，曰：“壮哉！山河之固。”贾琼曰：“既壮矣，又何加焉？”子曰：“守之以道。”降而宿于禹庙，观其碑首曰：“先君献公之所作也，其文典以达。”子见刘孝标《绝交论》曰：“惜乎！举任公而毁也。任公于是乎不可谓知人矣。”

见《辩命论》曰：“人道废矣。”

子曰：“使诸葛亮而无死，礼乐其有兴乎！”子读《乐毅论》曰：“仁哉，乐毅，善藏其用。智哉，太初，善发[63]其蕴[64]。”

子读《无鬼论》曰：“未知人，焉知鬼。”

〔注释〕 ① 王道：“霸道”的对称。国君以仁义治天下，以德服人的统治方法。 ② 笃：忠实。 ③ 志：记。 ④ 稽：稽考。 ⑤ 昭昭：明亮。 ⑥ 征：征验。 ⑦ 否：不通。 ⑧ 参(cēn)：长短、高低不齐、不一致。 ⑨ 泫然：伤心流泪貌。 ⑩ 兴：作。 ⑪ 三才：天、地、人。 ⑫ 五常：指君臣、父子、夫妇、兄弟、朋友之间的伦理关系。 ⑬ 更始：除旧布新，重新开始。 ⑭ 达：显贵。 ⑮ 穷：不得志。 ⑯ 皇极：帝王统治的准则。 ⑰ 斯文：斯，此；文，指礼乐制度。 ⑱ 兹：这里、我这里。 ⑲ 卓：高超、高远。 ⑳ 化：风俗、风气。 ㉑ 雅：乐器名，此指乐。 ㉒ 理：条理、准则或规律。 ㉓ 援：持、执。 ㉔ 霑襟：意谓哭泣。霑，"沾"的异体字，浸湿；襟，古代指衣服的交领。 ㉕ 稽：计量。 ㉖ 洋洋：形容盛大、众多。 ㉗ 揖(yī)让：谦让。 ㉘ 藜(lí)：植物名。 ㉙ 糗(qiǔ)：炒熟的米、麦等谷物。有捣成粉的，有不捣成粉的。 ㉚ 激：奋发。 ㉛ 励：通"砺"，磨炼、磨砺。 ㉜ 劝：勉励。 ㉝ 中：中肯。 ㉞ 治："洽"字之误。洽，和洽、融洽。 ㉟ 流：传布。 ㊱ 韶：虞舜乐名。 ㊲ 被：施及、加于……之上。 ㊳ 封禅：古代登泰山筑坛祭天曰"封"，在山南梁父山上辟基祭地曰"禅"。 ㊴ 费：花费、耗损。 ㊵ 侈心：奢侈张大之心。 ㊶ 赦：免除或减轻犯人的罪责或刑罚。 ㊷ 敛：征收。 ㊸ 削：削减。 ㊹ 夷：等辈。 ㊺ 居：承当。 ㊻ 息：通"熄"，灭。 ㊼ 沴(lì)：谓气不和而生的灾害。引申为相害。 ㊽ 白圭：战国时人。 ㊾ 鞠：养育、抚养。 ㊿ 啻(chì)：仅、止。 51 罔极：无穷、久远。 52 汩：扰乱。 53 彝伦：伦常。 54 臧否：评论好坏。 55 迩：近。 56 折冲：使敌方的战车折还，意谓抵御、击退敌人。 57 樽俎(zǔ)：同"尊俎"。古代盛酒和盛肉的器皿。常用为宴席的代称。 58 素餐：不劳而坐食。 59 恕：儒家的一种伦理范畴。 60 刚介：刚毅独特。 61 至：极、最。 62 嗜：喜欢、爱好。 63 发：阐发、发挥。 64 蕴：事理。

（杨英姿）

〔鉴赏〕 王通，字仲淹，隋文帝时，曾任蜀郡司户书佐，为朝臣所疑忌。隋炀帝时，乃退居河、汾之间，以讲学著书为业。他处处模拟孔子，拳拳于六经之学，受业弟子达千余人，时称"河汾门下"。

《中说》十卷，仿《论语》而作，乃王通与其门人相互问答之书，由其门人整理而成。王通与隋王朝相始终。他目睹隋炀帝杨广篡位，天下动荡，安危不定，因而提出"千变万化，吾常守中焉"的人生哲学。门人因名其书曰《中说》，亦谓之《文中子》。

王通在《王道篇》中，叙说自己家族几代人都为推行"帝王之道"、"王霸之业"而奋斗。他继承祖辈遗志，"服先人之义，稽仲尼之心，天人之事，帝王之道，昭昭乎"，决心致力于王道政治的复兴。兴王道，就是兴周公、孔子之道。他说："卓哉！周、孔之道，其神之所为乎！顺之则吉，逆之则凶。"其具体内容就是复礼兴乐，清刑减役"兵已少而征求寡也"，以达到"国不费而民不劳"，休养生息的社会安定。他认为尧、舜的政治是最理想的，但毕竟遥远，因此应该效法两汉"其除残秽，与民更始"，实即杂霸王道而用之。李密问王霸之略，王通答曰："不以天下易一民之命。"（《天地》）其仁政思想同孟子说的"民为贵，社稷次之，君为轻"（《尽心》下）一脉相承。王通主张"正主庇民，以天下为心"（《魏相》），从而维护"君君臣臣父父子子兄兄弟弟夫夫妇妇"的封建伦理道德。

慧远讲《般若经》时，常援引《周易》、《庄子》来比附论证，宣扬"百家同致"

(《答刘遗民书》),从而开创了儒、道、佛融合的先声。王通亦试图折中儒、道、佛三教,认为“三教于是乎可一矣”(《问易》),但三教合一,必须“惟周、孔之道是从”(《天地》),也就是说,必须以儒学为宗。

王通讲的周、孔之道,也即中庸之道,简称之谓“中道”。“中之为义,在《易》为二五,在《春秋》为权衡,在《书》为皇极,在《礼》为中庸”(阮逸《中说序》)。推行王道政治,就得究“天人之事”。立天之道曰阴与阳,立人之道曰仁与义,阴阳是自然之道,仁义是社会之道。天人相与,顺阴阳仁义,就是顺应自然之道。天地人三才,人居其中,吉凶祸福,唯人自取。强调要修人事,以避祸趋福。天人之事,无形非中,无象非中,“中”是天地人三才的统一,“中”是仁、义、礼、智、信五常的统一。王通认为抓住“中道”这个根本,就能“卓然不可动”、“成然无不通”(《周公》),就能安天下之危,正天下之失,从而实现王道政治。这个“中道”不是折中主义形而上学,而是“上不荡于虚无,下不局于器用,惟变所适,惟义所在”(阮逸《中说序》),指导人们思想行为的哲理问题。“执其中者,惟圣人乎!”(《关朗》)任凭天下风云变幻,时异事迁,圣人“执中”,故能恪守通变的正义之道。王通主张对当时社会的众多弊端进行改革,“通其变,天下无弊法”(《周公》)。并说:“易乐者必多哀,轻施者必好夺”、“无赦之国,其刑必平”、“多敛之国,其财必削”、“廉者常乐无求,贪者常忧不足”,说明事物是可以相互转化的,具有朴素的辩证法思想。他虽然打着复周公、孔子之古的旗号,实际上还是为了革新。他认为人能弘道,来者胜昔,天下未有不劳而成者。并认为:《诗》、《书》、《春秋》都是史,开后世“六经皆史”的先声。

西魏苏绰曾提出王道仁政学说,在道德修养上主张“洗心革意”(《北史·苏绰传》)。可说已具宋明理学“正心诚意”的雏形。王通继承苏绰学说,首先倡明《虞书·大禹谟》中“人心惟危,道心惟微,惟精惟一,允执厥中”十六字真义(《问易》)。认为要防止人心泛滥,才能发挥道心的作用。即所谓“存道心,防人心”,“存道义,去利欲”。王通主张:精于道并一于道。这个道,就是中庸之道,作为道德修养的最高目标。并把出自《说卦》的“穷理尽性以至于命”,作为道德修养的方法。认为只要敬慎诚惧,“推之以诚”、“镇之以静”(《周公》),“见利争让,闻义争为”(《魏相》),就能真诚地掌握中庸之道,推行王道政治。南宋朱熹极力推崇十六字真传,而著《中庸章句序》,并赞赏王通说的“穷理尽性”、“乐天知命”(《朱子语类》卷一三七)。王通上承孔孟之道,下启宋明理学,在中国哲学史上的理论创见和历史地位是应该值得人们重视的。

(洪　波)

渐不克终疏 魏 徵

臣观自古帝王受图定鼎①,皆欲传之万代,贻②厥③孙谋。故其垂拱岩廊④,布政天下。其语道也,必先淳朴而抑浮华;其论人也,必贵忠良而鄙邪佞⑤;言制度也,则绝奢靡而崇简约;谈物产也,则重谷帛而贱珍奇。然受命之初,皆遵之以成治;稍安之后,多反之而败俗。其故何哉?岂不以居万乘之尊,有四海之富,出言而莫已逆⑥,所为而人必从,公道溺⑦于私情,礼节亏⑧于嗜⑨欲故也?语曰:"非知之难,行之惟难;非行之难,终之斯难。"所言信矣!

伏惟陛下,年甫⑩弱冠⑪,大拯横流⑫,削平区宇,肇开⑬帝业。贞观之初,时方克壮,抑损嗜欲,躬⑭行节俭,内外康宁,遂臻⑮至治。论功,则汤、武不足方⑯;语德,则尧、舜未为远。臣自擢⑰居左右,十有余年,每侍帷幄⑱,屡奉明旨。常许仁义之道,守之而不失;俭约之志,终始而不渝⑲。一言兴邦,斯之谓也。德音在耳,敢忘之乎?而顷年已来,稍乖⑳曩志㉑,敦朴之理,渐不克终㉒。谨以所闻,列之如左:

陛下贞观之初,无为无欲,清静之化㉓,远被㉔遐荒㉕。考之于今,其风渐坠。听言则远超于上圣,论事则未逾㉖于中主㉗。何以言之?汉文、晋武俱非上哲,汉文辞千里之马,晋武焚雉头之裘㉘。今则求骏马于万里,市㉙珍奇于域外㉚,取怪于道路㉛,见轻于戎狄,此其渐不克终一也。

昔子贡问理人㉜于孔子。孔子曰:"懔㉝乎若朽索之驭六马。"子贡曰:"何其畏哉?"子曰:"不以道导之,则吾雠㉞也,若何㉟其㊱无畏?"故《书》曰:"人惟邦本,本固邦宁。"为人上者奈何不敬㊲?陛下贞观之始,视人如伤㊳,恤其勤劳,爱之如子。每存简约㊴,无所营为㊵。顷年以来,意在奢纵,忽㊶忘卑俭。轻用人力,乃云:"百姓无事则骄逸,劳役则易使。"自古以来,未有由百姓逸乐而致倾败者也，何有逆畏其骄逸而故欲劳役之哉？恐非兴邦之至言，岂安人之长算[42]？此其渐不克终二也。

陛下贞观之初，损己以利物。至于今者，纵欲[43]以劳人[44]。卑俭之迹岁改[45]，骄侈之情日异。虽忧人之言不绝于口，而乐身[46]之事实切于心。或时欲有所营，虑人致谏，乃云："若不为此，不便我身。"人臣之情，何可复争？此直意在杜[47]谏者之口，岂曰择善而行者乎？此其渐不克终三也。

立身成败，在于所染[48]。兰芷鲍鱼，与之俱化[49]。慎乎所习，不可不思。陛下贞观之初，砥砺名节，不私于物，唯善是与[50]，亲爱君子，疏斥小人。今则不然，轻亵[51]小人，礼重君子。重君子也，敬而远之；轻小人也，狎[52]而近之。近之则不见其非，远之则莫知其是。莫知其是，则不间而自疏；不见其非，则有时而自昵。昵近小人，非致理之道；疏远君子，岂兴邦之义？此其渐不克终四也。

《书》曰："不作无益害有益，功乃成；不贵[53]异物贱[54]用物[55]，人乃足。犬马非其土性不畜，珍禽奇兽弗育于国。"陛下贞观之初，动遵尧、舜，捐金抵璧[56]，反朴还淳。顷年以来，好尚奇异，难得之货，无远不臻[57]；珍玩之作，无时能止。上好奢靡而望下敦朴，末作滋兴[58]而求农人丰实，其不可得亦已明矣。此其渐不克终五也。

贞观之初，求贤如渴，善人所举，信而任之，取其所长，恐其不及。近岁以来，由心好恶，或众善举而用之，或一人毁[59]而弃之，或积年信而任之，或一朝疑而远之。夫行有素履[60]，事有成迹。所毁之人，未必可信于所举；积年之行，不应顿失于一朝。君子之怀，蹈[61]仁义而弘大德；小人之性，好谗佞以为身谋。陛下不审察其根源，而轻为之臧否，是使守道者日疏，干求者[62]日进，所以人思苟免，莫能尽力。此其渐不克终六也。

陛下初登大位，高居深视，事惟清静，心无嗜欲。内除毕弋[63]之物，外绝畋猎之源。数载之后，不能固志。虽无十旬之逸[64]，或[65]过三驱之礼[66]。遂使盘游之娱见讥于百姓，鹰犬之贡远及于四夷。或时教习之处，道路遥远，侵晨[67]而出，入夜方还。以驰骋为欢，莫虑不虞之变[68]，事之不测，其可救乎？此其渐不克终七也。

孔子曰："君使臣以礼，臣事君以忠。"然则君之待臣，义不可薄。陛下初践[69]大位，敬以接下，君恩下流，臣情上达，咸思竭力，心无所隐。顷年以来，多所忽略，或外官[70]充使，奏事入朝，思睹阙庭，将陈所见，欲言则颜色不接，欲请又恩礼不加。间因所短，诘其细过，虽有聪辩之略，莫能申其忠款[71]，而望上下同心，君臣交泰[72]，不亦难乎？此其渐不克终八也。

傲不可长，欲不可纵，乐不可极，志不可满。四者，前王所以致福，通贤[73]以为深诫。陛下贞观之初，孜孜不怠，屈己从人，恒[74]若不足。顷年已来，微有矜放[75]，恃功业之大，意蔑[76]前王；负圣智之明，心轻当代，此傲之长也。欲有所为，皆取遂意[77]，纵或抑情从谏，终是不能忘怀，此欲之纵也。志在嬉游，情无厌倦，虽未全妨政事，不复专心治道，此乐之极也。率土乂安[78]，四夷款服，仍远劳士马，问罪遐裔[79]，此志之满也。亲狎者阿旨而不肯言，疏远者畏威而莫敢谏，积而不已，将亏圣德。此其渐不克终九也。

昔陶唐、成汤之时，非无灾患，而称其圣德者，以其有始有终，无为无欲，遇灾则极其忧勤，时安则不骄不淫故也。贞观之初，频年霜旱，畿内[80]户口并就关外，携负老幼，来往数年，曾无一户逃亡，一人怨苦，此诚由识陛下矜育[81]之怀，所以至死无携贰[82]。顷年已来，疲于徭役，关中之人，劳弊尤甚。杂匠之徒，下日[83]悉留和雇[84]；正兵之辈，上番[85]多别驱使。和市[86]之物不绝于乡间，递送之夫[87]相继于道路。既有所弊，易为惊扰，脱因[88]水旱，谷麦不收，恐百姓之心，不能如前日之宁帖[89]。此其渐不克终十也。

臣闻"福祸无门，惟人所召。"人无衅[90]焉，妖不妄作[91]。伏惟陛下统天御宇[92]十有三年，道洽[93]寰中[94]，威加海外，年谷丰稔[95]，礼教聿[96]兴，比屋[97]喻[98]于可封[99]，菽粟同于水火[100]。暨[101]乎今岁，天灾流行，炎气致旱，乃远被于郡国；凶丑作孽，忽近起于毂下[102]。夫天何言哉？垂象示戒，斯诚陛下惊惧之辰、忧勤之日也。若见诫而惧，择善而从，同周文之小心，追殷汤之罪己。前王所以致理[103]者，勤而行之；今时所以败德者，思而改之，与物更新，易人视听[104]，则宝祚[105]无疆[106]，普天幸甚，何祸败之有乎？然则社稷安危，国家理乱，在于一人而已。当今太平之基，既崇极天之峻[107]，九仞[108]之积，犹亏[109]一篑[110]之功。千载休期[111]，时难再得，明王可为而不为，微臣所以郁结而长叹者也。

臣诚愚鄙，不达[112]事机[113]，略举所见十条，辄[114]以上闻圣听。伏惟陛下采臣狂瞽[115]之言，参以刍荛[116]之议，冀千虑一得，衮职[117]有补，则死日生年[118]，甘从斧钺[119]。

〔注释〕 ① 受图定鼎：指取得天下、建立王朝。 ② 贻：遗留、留下。 ③ 厥：其。 ④ 岩廊：指朝廷。 ⑤ 邪佞：奸邪谄媚之人。 ⑥ 莫己逆：即莫逆己，没有谁敢违背自己。 ⑦ 溺：淹没。 ⑧ 亏：欠缺。 ⑨ 嗜：贪。 ⑩ 甫：才、方。 ⑪ 弱冠：男子年满二十称"弱冠"。 ⑫ 横流：洪水不顺河道而四溢，这里指混乱的世道。 ⑬ 肇开：创建。 ⑭ 躬：亲自。 ⑮ 臻：至、达到。 ⑯ 方：比拟。 ⑰ 擢(zhuó)：选拔、提升。 ⑱ 帷幄：原多指军帐或宫廷内帐幕，后指朝廷。 ⑲ 渝：改变、违背。 ⑳ 乖：违背。 ㉑ 曩(nǎng)志：从前的志向。 ㉒ 克终：坚持到底。 ㉓ 化：教化。 ㉔ 被：覆盖、遍及。这里意为到达。 ㉕ 遐荒：指边远荒僻地区。遐：远。 ㉖ 逾：超过。 ㉗ 中主：才能一般的君主。 ㉘ 雉头之裘：用雉头之毛制成的衣服。 ㉙ 市：购买。 ㉚ 域外：国外。 ㉛ 取怪于道路：被沿途百姓责怪。 ㉜ 理人：管理人民的方法。 ㉝ 懔(lǐn)：惧怕。 ㉞ 吾仇："仇吾"的倒装，即仇恨我。 ㉟ 若何：如何、怎么。 ㊱ 其：语气助词。 ㊲ 敬：同"儆"，警戒、不懈怠。 ㊳ 视人如伤：对待百姓如同他们得了伤病一样。意谓体恤百姓。 ㊴ 简约：简朴节俭。 ㊵ 营为：大兴土木、修建宫室。 ㊶ 忽：迅速、一下子。 ㊷ 长算：长远办法。算，打算、办法。 ㊸ 纵欲：放纵个人欲望。 ㊹ 劳人：使人(百姓)劳累。 ㊺ 岁改：一年年地改变。岁，年。

㊻ 乐身：关切自身。乐，关切。 ㊼ 杜：阻止、堵住。 ㊽ 所染：所接触的东西。 ㊾ 化：俱化。即受到影响。 ㊿ 唯善是与：只要是好人就接近。 51 亵：亲近。 52 狎：亲狎、亲昵。 53 贵：重视。 54 贱：轻视。 55 用物：日常用品。 56 捐金抵璧：抛弃金银美玉。抵，丢弃。 57 臻：到手。 58 末作滋兴：工商业不断兴办。末作，即末业，古代以工商业为末业。 59 毁：诽谤。 60 素履：一贯的言行事迹。 61 蹈：实行、履行。 62 干求者：钻营谋求官职的人。干，求取。 63 毕弋：泛指打猎工具。 64 十旬之逸：指长时间的逸乐。 65 或：有时。 66 三驱之礼：意为打猎有节制。三驱，古代打猎时，先围住猎场，然后用人或狗进行驱兽，以三驱为度。 67 侵晨：凌晨。侵，渐近。 68 不虞之变：意料之外的变化。虞，料想。 69 践：登、即位。 70 外官：相对于京官而言，指地方官。 71 忠款：忠诚。款，恳切。 72 交泰：融洽、协调。 73 通贤：通晓古今的贤人。 74 恒：经常。 75 矜放：矜持放纵。 76 意蔑：心里蔑视。 77 遂意：称心如意。 78 乂(yì)安：太平无事。 79 遐裔：边远外族。 80 畿内：京城所管辖的地区。 81 矜育：矜，同情、怜悯；育，养育、抚育。 82 携贰：携带二心。意为叛离、背叛。 83 下日：结束服役以后的日子。 84 和雇：古代的官府雇佣劳动。 85 上番：唐初实行府兵制度，规定府兵每年服役时间。府兵服役时称为上番。 86 和市：又称“和买”，唐朝以购买为名的一种变相赋税。 87 递送之夫：古代押送物资的差夫。 88 脱因：倘或、或许。 89 宁帖：亦作“宁贴”，平安稳定。 90 衅：间隙、破绽。此为过失。 91 妄作：轻易出现。作，出现、兴起。 92 统天御宇：统治天下。 93 洽：广博、周遍。 94 寰中：寰宇之中，即国内。 95 丰稔：庄稼丰收。 96 聿：语助词，无义。 97 比屋：一家接一家，即家家户户。 98 喻：通“愉”，愉快。 99 可封：可以旌表。 100 菽粟同于水火：意为天下太平，百姓富足。菽，豆类植物；粟，谷类植物。 101 暨：及、到。 102 毂下：辇毂之下，旧指京城。 103 致理：实现大治。 104 易人视听：改变别人的看法和说法。 105 宝祚：帝位。 106 无疆：无边无际。即传承万世。 107 极天之峻：意谓达到最高限度。 108 九仞：意谓极高。古代一仞等于八尺。 109 亏：缺。 110 篑：土筐。 111 休期：大好时期。意指难逢时机。休：吉庆、美善。 112 达：通晓、通达。 113 事机：事情的关键。 114 辄：即。 115 狂瞽：狂妄无知。瞽，瞎眼，比喻一个人没有观察能力。 116 刍荛(chú ráo)：刍荛之议指卑陋的言论。 117 衮职：天子之职。 118 死日生年：死去如同活着。 119 斧钺：指代处死的刑罚。

（杨英姿）

〔鉴赏〕 魏徵《渐不克终疏》写于唐太宗贞观十三年(639年)，吴兢《贞观政要》收入了这篇重要疏文。《贞观政要》记载了唐太宗李世民与其臣下讨论治国的言论，总结了经验教训，为唐王朝长治久安提供了借鉴。《渐不克终疏》则是该书中一篇极有特色的谏疏。

《渐不克终疏》共十四段，起首两段是全文总纲，最后两段是总结，中间十段各说一个方面，以历史的经验教训为例，对比太宗贞观初年与近来的所作所为，明确指出他善始不能克终的种种具体表现，提醒他注意居安思危，善始慎终。

在总纲中，魏徵指出“自古帝王受图定鼎，皆欲传之万代”，因此开国之初，帝王绝奢靡、崇简约，较为克制。但是，“稍安之后，多反之而败俗”。魏徵认为帝王“公道溺于私情，礼节亏于嗜欲”，善始不能克终，是因为他们居万乘之尊，富有四海,不愿听取逆耳意见导致的。显然,对善始克终,“非知之难,行之为难;非行之难,终之斯难”。接着,魏徵指出太宗贞观之初能兴仁义之道、守俭约之志,但“顷年以来,稍乖曩志,淳朴之理,渐不克终”,显然走上了与其他帝王相同的道路。鉴于此,魏徵写作了这篇著名的《渐不克终疏》。

疏文的第三段讨论了不克终之一。魏徵指出:太宗在贞观之初,能保持清静无为之心,不贪图享受,因此“清静之化,远被遐荒”,而现在则是“其风渐坠”,“求骏马于万里,市珍奇于域外”了。如此不能克终,必然“取怪于道路,见轻于戎狄”。

太宗不克终之二是滥用民力。魏徵指出:贞观初太宗能体谅百姓艰辛,不大兴土木来营造宫室,因此百姓安逸,致力于生产;而现在则是“意在奢纵,忽忘卑俭”,“轻用人力”,这并非兴邦安人之长策。

拒谏是太宗不克终的第三方面。善于纳谏、择善而从是贞观之治形成的重要原因之一。而到贞观中期,太宗已逐渐失去虚心纳谏的优良品质,所言所行“意在杜谏者之口”,不再择善而从了。

从亲近君子、疏斥小人转而亲近小人、疏远君子,是太宗不能克终的第四个方面。魏徵指出,贞观之初,太宗“砥砺名节”,“唯善是与,亲爱君子,疏斥小人”。但太宗并未坚持下去,贞观中期便“轻亵小人”,远离君子,实是太宗政治道德上的一大逆转。

对待工商伎巧的态度,显示出太宗不能克终的第五个方面。魏徵承认贞观之初太宗能够“捐金抵璧,反朴还淳”。但近年以来,太宗却“好尚奇异”,千方百计地获取“难得之货”,甚至“珍玩之作,无时能止”。魏徵认为太宗“好奢靡而望下敦朴,末作滋兴而求农人丰实”,是一种缘木求鱼的空想。

魏徵指出太宗不克终的第六方面是不能举贤授能。贞观之初,太宗“求贤如渴,善人所举,信而任之,取其所长,恐其不及”。而近年以来,太宗“由心好恶”,退君子而近奸佞小人,如此已经造成了“守道者日疏,干求者日进”的不良现象,导致“人思苟免,莫能尽力”的恶劣政治局面。

贞观初年,太宗“高居深视,事惟清静,心无嗜欲”,因此“内除毕弋之物,外绝畋猎之源”。但数载之后,太宗“不能固志”,纵情游猎,驰骋为欢,如此必将导致“不虞之变”。这是魏徵批评太宗不能克终的第七个方面。

君臣关系的逆转是太宗不能克终的第八个方面。魏徵说贞观之初君臣相洽,因此“君恩下流,臣情上达”,国治民安。而近年以来,太宗不信任大臣,“间因所短，言其细过”，使大臣难以表达自己的忠诚。如此，要做到“君臣交泰”是极其困难之事。

从谦虚谨慎转变为骄傲自大是太宗不能克终的第九个方面。魏徵指出太宗在贞观初年“孜孜不怠，屈己从人，恒若不足”。但现在则是骄矜放纵，恃功业之大，“意蔑前王”、“心轻当代”。甚至志在嬉游，情无厌倦，“不复专心治道”。

太宗不能克终的第十个方面是对待民众的态度。贞观之初，太宗能够关心民众疾苦，实行与民休息的政策，因此百姓虽遭遇灾祸，“至死无携贰”。但近年以来百姓“疲于徭役”，若遇水旱，谷麦不收，民心不稳。魏徵认为如此下去，难保百姓不起来反抗。

最后两段是总结之语。魏徵认为“人无衅焉，妖不妄作”，强调太宗必须改道易辙，“择善而从”，“思而改之，与物更新”，那么便会“宝祚无疆，普天幸甚”。魏徵反复强调社稷安危与太宗个人品行有着极为密切的关系，因而要求太宗善始而克终。

《渐不克终疏》确实是一篇坦诚而又直切时弊的佳作。全文层次分明，语言精到，分析深刻，逻辑严密，读之如夏日之冰、冬日之火，无比痛快淋漓。

（施觉怀）

贞观政要·任贤　　吴　兢

房玄龄，齐州临淄①人也。初仕隋，为隰城尉②。坐事，除名徙上郡③。太宗徇地渭北④，玄龄杖策谒于军门，太宗一见，便如旧识，署渭北道行军记室参军⑤。玄龄既遇知己，遂罄竭心力。是时，贼寇每平，众人竞求金宝，玄龄独先收人物，致之幕府⑥，及有谋臣猛将，与之潜相申结，各致死力。累授秦王府记室，兼陕东道大行台考功郎中⑦。玄龄在秦府十余年，恒典管记。隐太子、巢刺王⑧以玄龄及杜如晦⑨为太宗所亲礼，甚恶之，谮之高祖⑩，由是与如晦并遭驱斥。及隐太子将有变也，太宗召玄龄、如晦，令衣道士服，潜引入阁谋议。及事平，太宗入春宫⑪，擢拜太子左庶子⑫。贞观元年，迁中书令⑬。三年，拜尚书左仆射，监修国史，封梁国公，实封一千三百户⑭。既总任百司，虔恭夙夜，尽心竭节，不欲一物失所。闻人有善,若己有之。明达吏事,饰以文学,审定法令,意在宽平。不以求备取人,不以己长格物,随能收叙,无隔疏贱。论者称为良相焉。十三年,加太子少师⑮,玄龄自以一居端揆⑯十有五年,频抗表辞位,优诏不许。十六年,进拜司空⑰,仍总朝政,依旧监修国史。玄龄复以年老请致仕⑱,太宗遣使谓曰:"国家久相任使,一朝忽无良相,如失两手。公若筋力不衰,无烦此让。自知衰谢,当更奏闻。"玄龄遂止。太宗又尝追思王业之艰难,佐命之匡弼,乃作《威凤赋》以自喻,因赐玄龄,其见称类如此。

杜如晦,京兆万年人⑲也。武德初,为秦王府兵曹参军⑳,俄迁陕州总管府长史㉑。时府中多英俊,被外迁者众,太宗患之。记室房玄龄曰:"府僚去者虽多,盖不足惜。杜如晦聪明识达,王佐才也。若大王守藩端拱㉒,无所用之;必欲经营四方,非此人莫可。"太宗自此弥加礼重,寄以心腹,遂奏为府属,常参谋帷幄。时军国多事,剖断如流,深为时辈所服。累除天策府从事中郎㉓,兼文学馆学士㉔。隐太子之败,如晦与玄龄功第一,迁拜太子右庶子㉕。俄迁兵部尚书㉖,进封蔡国公,实封一千三百户。贞观二年,以本官检校侍中㉗。三年,拜尚书右仆射,兼知吏部选事㉘。仍与房玄龄共掌朝政。至于台阁规模,典章文物,皆二人所定,甚获当时之誉,时称房、杜焉。

魏徵,巨鹿人也㉙,近徙家相州之内黄㉚。武德末,为太子洗马㉛。见太宗与隐太子阴相倾夺,每劝建成早为之谋。太宗既诛隐太子,召徵责之曰:"汝离间我兄弟,何也?"众皆为之危惧。徵慷慨自若,从容对曰:"皇太子若从臣言,必无今日之祸。"太宗为之敛容,厚加礼异,擢拜谏议大夫。数引之卧内,访以政术。徵雅有经国之才,性又抗直,无所屈挠。太宗每与之言,未尝不悦。徵亦喜逢知己之主,竭其力用。又劳之曰:"卿所谏前后二百余事,皆称朕意。非卿忠诚奉国,何能若是?"三年,累迁秘书监,参预朝政㉜,深谋远算,多所弘益。太宗尝谓曰:"卿罪重于中钩,我任卿逾于管仲㉝,近代君臣相得,宁有似我于卿者乎?"六年,太宗幸九成宫㉞,宴近臣,长孙无忌曰㉟:"王珪㊱、魏徵,往事息隐,臣见之若仇,不谓今者又同此宴。"太宗曰:"魏徵往者实我所仇,但其尽心所事,有足嘉者。朕能擢而用之,何惭古烈?徵每犯颜切谏,不许我为非,我所以重之也。"徵再拜曰:"陛下导臣使言,臣所以敢言。若陛下不受臣言,臣亦何敢犯龙鳞,触忌讳也㊲。"太宗大悦,各赐钱十五万。七年,代王珪为侍中,累封郑国公。寻以疾乞辞所职,请为散官㊳。太宗曰:"朕拔卿于仇虏之中,任卿以枢要之职㊴,见朕之非,未尝不谏。公独不见金之在矿,何足贵哉?良冶锻而为器,便为人所宝。朕方自比于金,以卿为良工。虽有疾,未为衰老,岂得便尔耶?"徵乃止。后复固辞,听解侍中,授以特进,仍知门下省事。十二年,太宗以诞皇孙,诏宴公卿,帝极欢,谓侍臣曰:"贞观以前,从我平定天下,周旋艰险,玄龄之功无所与让。贞观之后,尽心于我,献纳忠谠,安国利人,成我今日功业,为天下所称者,惟魏徵而已。古之名臣,何以加也。"于是亲解佩刀以赐二人。庶人承乾在春宫㊵,不修德业。魏王泰宠爱日隆㊶,内外庶寮㊷,咸有疑议。太宗闻而恶之,谓侍臣曰:"当今朝臣,忠謇无如魏徵㊸,我遣傅皇太子,用绝天下之望。"十七年,遂授太子太师㊹,知门下事如故。徵自陈有疾,太宗谓曰:"太子宗社之本,须有师傅,故选中正,以为辅弼。知公疹病,可卧护之。"徵乃就职。寻遇疾。徵宅内先无正堂,太宗时欲营小殿,乃辍其材为造,五日而就。遣中使赐以布被素褥,遂其所尚。后数日,薨。太宗亲临恸哭,赠司空,谥曰文贞。太宗亲为制碑文,复自书于石。特赐其家食实封九百户㊺。太宗后尝谓侍臣曰:"夫以铜为镜,可以正衣冠;以古为镜,可以知兴替;以人为镜,可以明得失。朕常保此三镜,以防己过。今魏徵殂逝，遂亡一镜矣！”因泣下久之。乃诏曰：“昔惟魏徵，每显予过。自其逝也，虽过莫彰。朕岂独有非于往时，而皆是于兹日？故亦庶僚苟顺，难触龙鳞者欤！所以虚己外求，披迷内省。言而不用，朕所甘心。用而不言，谁之责也？自斯已后，各悉乃诚。若有是非，直言无隐。”

王珪，太原祁县㊻人也。武德中，为隐太子中允㊼，甚为建成所礼。后以连其阴谋事，流于嶲州㊽。建成诛后，太宗即位，召拜谏议大夫。每推诚尽节，多所献纳。珪尝上封事㊾切谏，太宗谓曰：“卿所论皆中朕之失，自古人君莫不欲社稷永安，然而不得者，只为不闻己过，或闻而不能改故也。今朕有所失，卿能直言，朕复闻过能改，何虑社稷之不安乎？”太宗又尝谓珪曰：“卿若常居谏官，朕必永无过失。”顾待益厚。贞观元年，迁黄门侍郎，参预政事，兼太子右庶子。二年，进拜侍中。时房玄龄、魏徵、李靖㊿、温彦博[51]、戴胄[52]与珪同知国政，尝因侍宴，太宗谓珪曰：“卿识鉴精通，尤善谈论，自玄龄等，咸宜品藻。又可自量孰与诸子贤？”对曰：“孜孜奉国，知无不为，臣不如玄龄。每以谏诤为心，耻君不及尧、舜，臣不如魏徵。才兼文武，出将入相，臣不如李靖。敷奏详明，出纳惟允，臣不如温彦博。处繁理剧，众务必举，臣不如戴胄。至于激浊扬清，嫉恶好善，臣于数子，亦有一日之长。”太宗深然其言，群公亦各以为尽己所怀，谓之确论。

李靖，京兆三原[53]人也。大业[54]末，为马邑郡丞[55]。会高祖为太原留守，靖观察高祖，知有四方之志，因自锁上变，诣江都[56]。至长安，道塞不通而止。高祖克京城，执靖，将斩之，靖大呼曰：“公起义兵除暴乱，不欲就大事，而以私怨斩壮士乎？”太宗亦加救靖，高祖遂舍之。武德中，以平萧铣[57]、辅公祏[58]功，历迁扬州大都督府长史[59]。太宗嗣位，召拜刑部尚书[60]。贞观二年，以本官检校中书令[61]。三年，转兵部尚书，为代州行军总管[62]，进击突厥定襄城[63]，破之。突厥诸部落俱走碛北[64]，北擒隋齐王暕之子杨道政[65]，及炀帝萧后，送于长安。突利可汗[66]来降，颉利可汗[67]仅以身遁。太宗谓曰："昔李陵[68]提步卒五千，不免身降匈奴，尚得名书竹帛。卿以三千轻骑，深入虏庭，克复定襄，威振北狄[69]，实古今未有，足报往年渭水之役[70]矣。"以功进封代国公。此后，颉利可汗大惧，四年，退保铁山[71]，遣使入朝谢罪，请举国内附。又以靖为定襄道行军总管，往迎颉利。颉利虽外请降，而心怀疑贰。诏遣鸿胪卿唐俭[72]、摄户部尚书[73]将军安修仁慰谕之，靖谓副将张公谨[74]曰："诏使到彼，虏必自宽，乃选精骑赍二十日粮，引兵自白道[75]袭之。"公谨曰："既许其降，诏使在彼，未宜讨击。"靖曰："此兵机也，时不可失。"遂督军疾进。行至阴山[76]，遇其斥候[77]千余帐，皆俘以随军。颉利见使者甚悦，不虞官兵至也。靖前锋乘雾而行，去其牙帐[78]七里，颉利始觉，列兵未及成阵，单马轻走，虏众因而溃散。斩万余级，杀其妻隋义成公主，俘男女十余万，斥土界[79]自阴山至于大漠[80]，遂灭其国。寻获颉利可汗于别部落，余众悉降。太宗大悦，顾谓侍臣曰："朕闻主忧臣辱，主辱臣死。往者国家草创，突厥强梁，太上皇以百姓之故，称臣于颉利，朕未尝不痛心疾首，志灭匈奴，坐不安席，食不甘味。今者暂动偏师[81]，无往不捷，单于稽颡[82]，耻其雪乎！"群臣皆称万岁。寻拜靖光禄大夫[83]、尚书右仆射，赐实封五百户。又为西海道行军大总管，征吐谷浑[84]，大破其国。改封卫国公。及靖身亡，有诏许坟茔制度依汉卫、霍[85]故事，筑阙象突厥内燕然山、吐谷浑内碛石二山[86]，以旌殊绩。

虞世南，会稽余姚人[87]也。贞观初，太宗引为上客，因开文馆，馆中号为多士，咸推世南为文学之宗。授以记室[88]，与房玄龄对掌文翰[89]。尝命写《列女传》[90]以装屏风，于时无本，世南暗书之，一无遗失。贞观七年，累迁秘书监[91]，太宗每机务之隙，引之谈论，共观经史。世南虽容貌懦弱，如不胜衣，而志性抗烈，每论及古先帝王为政得失，必存规讽，多所补益。及高祖晏驾[92]，太宗执丧过礼，哀容毁悴，久替万机[93]，文武百寮，计无所出，世南每入进谏，太宗甚嘉纳之，益所亲礼。尝谓侍臣曰："朕因暇日，每与虞世南商榷古今，朕有一言之善，世南未尝不悦，有一言之失，未尝不怅恨。其恳诚若此，朕用嘉焉。群臣皆若世南，天下何忧不治？"太宗尝称世南有五绝：一曰德行，二曰忠直，三曰博学，四曰词藻[94]，五曰书翰[95]。及卒，太宗举哀于别次[96]，哭之甚恸。丧事官给，仍赐以东园秘器[97]，赠礼部尚书[98]，谥曰文懿。太宗手敕[99]魏王泰[100]曰："虞世南于我，犹一体也。拾遗补阙，无日暂忘，实当代名臣，人伦准的。吾有小善，必将顺而成之；吾有小失，必犯颜而谏之。今其云亡，石渠、东观[101]之中，无复人矣，痛惜岂可言耶！"未几，太宗为诗一篇，追思往古理乱之道，既而叹曰："钟子期死，伯牙不复鼓琴[102]。朕之此篇，将何所示？"因令起居褚遂良[103]诣其灵帐读讫焚之，其悲悼也若此。又令与房玄龄、长孙无忌、杜如晦、李靖等二十四人，图形于凌烟阁[104]。

李勣[105]，曹州离狐人也[106]。本姓徐，初仕李密[107]，为左武侯大将军。密后为王世充所破[108]，拥众归国，勣犹据密旧境十郡之地[109]。武德二年，谓长史郭孝恪曰[110]："魏公既归大唐，今此人众土地，魏公所有也。吾若上表献之，则是利主之败，自为己功，以邀富贵，是吾所耻。今宜具录州县及军人户口，总启魏公，听公自献，此则魏公之功也，不亦可乎？"乃遣使启密。使人初至，高祖闻无表，惟有启与密，甚怪之。使者以勣意闻奏，高祖方大喜曰："徐勣感德推功，实纯臣也[111]。"拜黎州总管[112]，赐姓李氏，附属籍于宗正[113]。封其父盖为济阴王，固辞王爵，乃封舒国公，授散骑常侍[114]。寻加勣右武侯大将军[115]。及李密反叛伏诛，勣发丧行服，备君臣之礼，表请收葬。高祖遂归其尸。于是大具威仪[116]，三军缟素，葬于黎阳山。礼成，释服而散，朝野义之。寻为窦建德所攻[117]，陷于建德，又自拔归京师。从太宗征王世充、窦建德，平之。贞观元年，拜并州都督[118]，令行禁止，号为称职，突厥甚加畏惮。太宗谓侍臣曰："隋炀帝不解精选贤良，镇抚边境，惟远筑长城，广屯将士，以备突厥，而情识之惑，一至于此。朕今委任李勣于并州，遂得突厥畏威远遁，塞垣安静，岂不胜数千里长城耶？"其后并州改置大都督府，又以勣为长史，累封英国公。在并州凡十六年。召拜兵部尚书，兼知政事。勣时遇暴疾，验方云须灰可以疗之，太宗自剪须为其和药。勣顿首见血，泣以陈谢。太宗曰："吾为社稷计耳，不烦深谢。"十七年，高宗居春宫，转太子詹事[119]，加特进，仍知政事。太宗又尝宴，顾勣曰："朕将属以孤幼，思之无越卿者。公往不遗于李密，今岂负于朕哉！"勣雪涕致辞，因噬指流血。俄沉醉，御服覆之，其见委信如此。勣每行军，用师筹算，临敌应变，动合事机。自贞观以来，讨击突厥、颉利及薛延陀、高丽[120]等，并大破之。太宗尝曰："李靖、李勣二人，古之韩、白、卫、霍岂能及也。"

马周[121]，博州茌平人也[122]，贞观五年，至京师，舍于中郎将常何之家[123]，时太宗令百官上书言得失，周为何陈便宜二十余事[124]，令奏之，事皆合旨。太宗怪其能，问何，何对曰："此非臣所发意，乃臣家客马周也。"太宗即日召之，未至间，凡四度遣使催促。及谒见，与语甚悦。令直门下省，授监察御史[125]，累除中书舍人[126]。周有机辩，能敷奏，深识事端，故动无不中。太宗尝曰："我于马周，暂时不见，则便思之。"十八年，历迁中书令，兼太子左庶子[127]。周既职兼两宫，处事平允，甚获当时之誉。又以本官摄吏部尚书[128]。太宗尝谓侍臣曰："周见事敏速，性甚慎至。至于论量人物，直道而言，朕比任使之，多称朕意。既写忠诚，亲附于朕，实藉此人，共康时政也。"

〔注释〕 ① 齐州：州名。南朝宋于其地侨置冀州，北魏改为齐州，治所在历城，唐代沿袭。临淄：县名。春秋、战国时为齐国国都。汉朝置县，属齐国。历代沿袭。今并入山东淄博。② 隰城尉：即隰城县尉。隰城：地名。汉朝置县，属西河郡，地在今山西汾阳西。尉：官名，掌管地方治安。 ③ 坐事：因事犯罪。除名：取消原有身份。上郡：郡名。秦昭王时置，地在今陕西延安、榆林一带。 ④ 徇地：攻占土地。渭北：渭河之北。渭河，水名。黄河主要支流之一，源出甘肃渭源西北，东流至潼关入黄河。自汉至唐，都是关中漕运要道。 ⑤ 署：代理、暂任或试充官职。渭北道：行政区划名。记室参军：官名。为王公府、军府掌管文书。 ⑥ 幕府：将帅的府署。 ⑦ 陕东道：行政区划名。大行台：晋朝以后，在地方代表朝廷管理政务的机构称行台，其权重者称大行台。考功郎中：官名。掌考察百官功过、善恶之职。 ⑧ 隐太子：即唐太宗李世民之兄李建成。巢剌王：即太宗之弟李元吉。唐武德九年(626年)，李世民发动“玄武门之变”，杀了建成、元吉。 ⑨ 杜如晦：字克明，京兆杜陵(今陕西西安东南)人。隋末任滏阳尉。临机善断，参与“玄武门之变”，助唐太宗夺权。后累官至尚书右仆射，与房玄龄共掌朝政，时人誉为“房杜”。 ⑩ 高祖：即李渊，陇西成纪(今甘肃秦安)人。隋朝末年任太原留守，乘农民大起义之机起兵攻取长安，建立唐朝。在位九年，于公元626年传位给次子世民，自称太上皇。 ⑪ 春宫：太子所居之宫。亦称东宫。 ⑫ 太子左庶子：太子属官。掌侍从、赞相礼仪、驳正启奏之职。 ⑬ 中书令：官名。中书省长官，即宰相。 ⑭ 实封一千三百户：汉制，诸侯王有封地者可得其租税收入。魏晋以后，渐成虚名。只有实封者，才能实得其租税收入。 ⑮ 太子少师：官名。掌辅导太子之职。 ⑯ 端揆：宰相的别称。 ⑰ 司空：官名。与司徒、太尉合称三公。隋唐时为大官的加衔。 ⑱ 致仕：辞官。 ⑲ 京兆：汉代京畿的行政区划名。在今陕西西安东。后代因此沿称京都为京兆。万年：县名。在今陕西临潼一带。 ⑳ 兵曹参军：官名。唐时掌王府武官簿书、考课、仪卫等事。 ㉑ 陕州：地名。在今河南。1913年废州改县。总管府：唐时，边塞重要之地设置总管府统率军队。长史：总管府次官。 ㉒ 守藩端拱：守藩，保持藩王地位。端拱，端坐拱手，意为无所事事，无所作为。 ㉓ 天策府：武德四年(621年)，唐高祖因秦王李世民功高，旧官号不足以相称，故加其号为天策上将，位在王公上，开府置官属，其府称为天策府。从事中郎：天策府属官。 ㉔ 文学馆：唐初，太宗在宫城西设置文学馆，收聘贤才。学士：在文学馆中任职者称为学士。 ㉕ 太子右庶子：太子属官。掌侍从、献纳、启奏之职。 ㉖ 兵部尚书：兵部长官。兵部，六部之一，掌武官选用及地图、军械之政令。 ㉗ 检校侍中：检校，唐初，代理而未正授之官。侍中，门下省长官。㉘ 知吏部选事：知，主持、执掌。吏部，官署名。掌管全国官吏的任免、考课、升降、调动等。选事，铨选职官之事。 ㉙ 巨鹿：唐属河北道，在今河北平乡。 ㉚ 相州：北魏时始置，唐属河北道，在今河南临漳西。内黄：县名，在今河南内黄西北。 ㉛ 太子洗马：官名，为东宫属官，汉初置，太子出宫，洗马在前面清道。唐制，东宫左春坊司经局置洗马，掌管东宫图书，负责接收、整理天下进奉给东宫的图籍。 ㉜ 参预朝政：指魏徵以秘书监长官的身份行使宰相职权。唐初尚书、中书、门下三省长官是为宰相，凡是以较低职务行使宰相职权的，都要加上“参预朝政”、“参知机务”等名义。 ㉝ 管仲：名夷吾，字仲，颍上(今属安徽)人，早先辅佐公子夷吾，后得齐桓公重用，以“尊王攘夷”相号召，从而使齐桓公成为春秋时期第一个霸主。 ㉞ 九成宫：即隋之仁寿宫。 ㉟ 长孙无忌：姓长孙，名无忌，字辅机。洛阳人。太宗长孙后之兄。曾决策发动“玄武门之变”，助太宗夺取帝位，以皇亲元勋而历任尚书右仆射、司空、司徒等职，封赵国公。后因反对高宗立武则天为后，放逐黔州，被责令自缢而死。 ㊱ 王珪：字叔玠，太原祁县(今属山西)人。隋开皇末，为奉礼部郎。唐高祖入关，引为世子府咨议参军，随即转任太子中允。太宗即位，召拜谏议大夫，升侍中，与魏徵、李靖、房玄龄同为当时名臣。　㊲ 犯龙鳞，触忌讳：谓诤臣敢于直谏。语出《史记·老子韩非列传》。　㊳ 散官：指仅有官阶而无具体职务的文武官员，也称阶官，作为表示官员的品级。　㊴ 枢要：犹言枢纽，指行政中心机关。　㊵ 承乾：太宗长子，太宗即位，立为太子，后因罪废为庶人。春宫：太子所居之官。　㊶ 魏王泰：字惠褒，太宗第四子，封魏王，礼贤下士，文思敏捷，后贬为濮王，谥日恭。　㊷ 庶寮：即为百官。庶为众多，寮即僚。　㊸ 忠謇(qiān)：忠诚正直。　㊹ 太子太师：官名，唐制以太子太师、太傅、太保为三师，从一品，负责以道德辅导皇太子。　㊺ 食实封：唐制，凡有功之臣赐实封者，按功之大小，定食实封数之多寡，享所封户的租调。　㊻ 太原：地名。今山西太原一带。祁县：县名。　㊼ 中允：官名。太子东官属官，掌侍从礼仪，驳正启奏，总管经典、膳药等。㊽ 嶲(xī)州：州名。在今四川西昌地区。　㊾ 封事：密封的奏章。　㊿ 李靖：隋末任马邑郡丞。后降唐。贞观四年(630年)，统兵灭东突厥。之后又率兵灭吐谷浑。历任兵部尚书、尚书右仆射等职，封卫国公。　51 温彦博：字大临，祁(今山西祁县)人。隋朝末年在幽州总管罗艺部下任司马，后归唐。武德八年(625年)以并州道行军长史与突厥战于太谷，兵败被俘，坚持不降，被囚于阴山。太宗即位后才得还朝。贞观四年(630年)任中书令。他性格缜密，自从参预国家机密就不与人私下交往；每见太宗，必定陈说政事利害。曾多次得到太宗褒奖。　52 戴胄：字玄胤，安阳(今属河南)人。唐初为秦王府士曹参军。贞观初年，升任大理少卿，后又任尚书左丞、谏议大夫。因杜如晦临终遗言推荐，任检校吏部尚书。为人刚正不阿。　53 三原：县名。在今陕西省。　54 大业：隋炀帝年号。共14年。相当于公元605年至618年。　55 马邑：郡名。故地在今山西朔县一带。丞：地方行政佐官。　56 江都：郡名。在今江苏扬州一带。　57 萧铣：隋末任罗川令。大业末起兵，先称梁公，再称皇帝，建元凤鸣，迁都江陵。后兵败降唐，被斩于长安。　58 辅公祏：隋末与同乡杜伏威起兵反隋。后归唐，任淮南行台。武德中，举兵造反，国号宋，年号天明，后兵败被擒斩。　59 大都督府：唐军政区划。掌所管诸州兵马、甲仗、食粮、镇戍等事务，常以亲王遥领，而以都督府长史总领其事。　60 刑部尚书：刑部，六部之一，属尚书省，掌管法律、刑狱事务；刑部尚书，刑部长官。　61 中书令：中书省长官。掌军国政令，为宰相之任。　62 代州：地名。辖境相当于今山西代县一带。行军总管：官名，唐高祖武德初年置，用以统军。　63 定襄城：地名。即今山西定襄。　64 碛北：漠北，古代泛称蒙古高原大沙漠以北地区。碛，沙漠。　65 杨道政：隋炀帝之孙。　66 突利可汗：突厥酋长。名什钵苾。贞观二年(628年)，因受颉利可汗攻击，归附唐朝，被太宗任为右卫大将军。67 颉利可汗：突厥可汗。姓阿史那氏，名咄瑟。贞观四年(630年)，李靖将其击败，后擒送京师。　68 李陵：西汉陇西成纪(今甘肃宁静西南)人，字少卿，名将李广之孙。武帝时为骑都尉，率五千人击匈奴，毙伤万人，但后以箭尽无援而降。　69 北狄：古代北方少数民族的总称。70 渭水之役：唐初，突厥强盛，侵扰中原。唐因天下初定，只得以财物与其结好。武德九年(626年)，颉利可汗率军逼近长安附近的渭水便桥之北。唐太宗亲自出城与颉利订立盟约，突厥才退兵。　71 铁山：山名。在今内蒙古阴山北。　72 鸿胪卿：官名。掌朝贺庆吊。唐俭：字茂约，并州人。隋末见政局混乱，劝说唐太宗定计取天下。后历任天策府长史、民部尚书，封莒国公。　73 摄户部尚书：摄，代理；户部，六部之一，属尚书省，掌土地、户籍、赋税等事务；户部尚书，户部长官。　74 张公谨：字弘慎，唐魏州繁水(今河南南乐西南)人。贞观初为代州都督，因佐李靖破突厥颉利可汗，进封邹国公。　75 白道：古道路名。在今内蒙古呼和浩特西北，是河套东北地区通往阴山以北的交通要道。　76 阴山：即今内蒙古阴山山脉。　77 斥候：侦察人员。　78 牙帐：主帅所住营帐。主帅树牙旗于营帐之前，故名。　79 斥土界：开拓疆界。斥,开拓、扩张。 ⑧⓪大漠:指蒙古高原的大沙漠。 ⑧①偏师:非主力部队。 ⑧②单于稽颡:单于,汉朝时匈奴君长的称呼。此处借指突厥首领。稽颡,屈膝下拜,以头触地,是古代的一种礼节。 ⑧③光禄大夫:文散官名称,从二品。 ⑧④吐谷(yù)浑:我国古代鲜卑族所建立的王朝名。其族原居辽东,魏晋时西迁,晋末活动于今青海北部和新疆东南部。唐太宗贞观年间,被李靖等攻破,国势渐衰。 ⑧⑤卫、霍:指西汉名将卫青与霍去病。卫青,字仲卿,河东平阳(今山西临汾)人,汉武帝卫皇后同母异父弟,曾为平阳公主家奴,后得武帝重用。自元朔二年(前127年)至元狩四年(前119年),前后七次出击匈奴,屡立大功,官至大将军,封长平侯。霍去病,河东平阳人。卫青外甥,曾六次出击匈奴,累官至骠骑将军,封冠军侯。 ⑧⑥燕然、碛石:古山名。燕然山,即今蒙古国境内的杭爱山。东汉时车骑将军窦宪追击北匈奴,曾登此山刻石纪功。碛石山,《旧唐书·李靖传》作积石山,即今大雪山,在青海南部。 ⑧⑦会(kuài)稽:郡名。相当于今江苏东南部及浙江北部。余姚:县名,今浙江余姚。 ⑧⑧记室:官名。掌书记章表文檄。 ⑧⑨文翰:信札、公文。 ⑨⓪《列女传》:书名。一名《古列女传》。西汉刘向撰,七卷。分母仪、贤明、仁智、贞顺、节义、辩通、孽嬖七类,列记古代妇女事迹104则。 ⑨①秘书监:官名。掌图籍。 ⑨②晏驾:古代称帝王死亡的委婉语。 ⑨③久替万机:长久不理朝政。替,废弃;万机,纷繁的政务。 ⑨④词藻:本指诗文中工巧有文采的词语。文中指善于写文章。⑨⑤书翰:本指书札等。文中主要指书法。 ⑨⑥别次:别处。 ⑨⑦东园秘器:汉有官署名东园,掌管王公贵族墓内器物的制作,故称棺木为东园秘器。 ⑨⑧礼部尚书:礼部长官。礼部为六部之一,掌礼乐、祭祀、贡举等职。 ⑨⑨手敕:亲手书写诏命。敕,诏命。 ⑩⓪魏王泰:唐太宗第四子,字惠褒。好结交文士,曾召集文士撰成《括地志》。高宗即位后,进封濮王。 ⑩①石渠、东观:分别为两汉皇家收藏秘籍图书与著述之所。文中借指唐代有关部门。 ⑩②钟子期死,伯牙不复鼓琴:传说钟子期、俞伯牙二人是春秋时人,俞伯牙善奏琴,只有钟子期能理解欣赏。钟子期一死,俞伯牙便不再演奏,因为没有知音了。事见《列子》、《吕氏春秋》。 ⑩③起居:官名。唐制,于门下省置起居郎,于中书省置起居舍人,负责记录天子日常起居。褚遂良:字登善,河南阳翟(今河南禹县)人,博通文史,善书法。曾任起居郎、中书令。直言敢谏,受太宗遗诏辅政。高宗时因反对废王皇后、立武则天为后,被贬职,忧愤而死。 ⑩④凌烟阁:唐代为表彰功臣而建筑的高阁,绘有功臣画像。唐贞观十七年(643年)在长安建凌烟阁,太宗作赞,褚遂良题阁,阎立本画像。 ⑩⑤李勣(jī):本名世勣,字茂功。永徽中,以犯太宗讳,单名勣。高宗时官至司空。 ⑩⑥曹州:州名,唐属河南道,州治在今山东曹县西北。离狐:曹州属县,在今山东。 ⑩⑦李密:字玄邃,一字法主,京兆长安(今属陕西)人,北周蒲山公李宽之子。隋大业九年(613年),参与杨玄感起兵反隋;十二年(616年),投奔瓦岗翟让义军,击杀隋将张须陀,后杀害翟让,称魏公,年号永平。被王世充击败后降唐,不久以反叛罪被杀。 ⑩⑧王世充:本姓支,字行满,祖籍西域,幼从母嫁王氏,因冒其姓。隋炀帝时任江都郡丞,因镇压朱燮、管崇、孟让等起义军,升江都通守。隋大业十四年(618年),炀帝死,他在东都拥立杨侗为帝,又击败瓦岗军。次年,废杨侗,自称皇帝,国号郑。唐武德四年(621年),兵败降唐,在长安为仇人所杀。⑩⑨密旧境十郡之地:李密归唐时,旧部尚控有十郡之地,范围为:东至于海,南至长江,西至河南汝州,北至河北魏郡。 ⑪⓪郭孝恪:河南许州阳翟(今禹州)人,隋末率众归附李密,李密失败时,由他去长安洽降,被封为阳翟郡公,宋州刺史,与李勣一起经略武牢以东地区。秦王世民用他的计谋,擒窦建德,拜上柱国。后任昆丘道副大总管,在进讨龟兹时,中流矢而死。 ⑪①纯臣:一心为君主服务的臣子。 ⑪②黎州:武德时,置黎州总管府,贞观元年(627年),领黎阳、临河、内黄、澶水等县,十七年(643年)废并。 ⑪③宗正:秦汉所置九卿之一,多由皇族中人充任,为皇族事务机关之长官。所掌为序录王国嫡庶之次及诸宗室亲属远近,郡国岁因计上宗室名籍。历代职掌略同,唐时又称宗正寺卿。 ⑭ 散骑常侍:官名。三国魏始置,在皇帝左右规谏过失,以备顾问,隋唐相沿,唐代分隶门下省与中书省,并分称左、右,无实际职权,属清望之官,多用为将相大臣的兼职。 ⑮ 右武侯大将军:唐设武卫之职。各有大将军、将军,以统率禁卫部队。 ⑯ 威仪:指古时典礼中的动作仪文及待人接物的礼节。 ⑰ 窦建德:清河漳南(今山东武城东北)人。农民出身,曾为里长。隋大业七年(611年),任二百人长。因助孙安祖起义,家属被杀,遂率部起义,投高鸡泊义军高士达,高士达战死后,继为领袖,称将军,拥众十余万。十三年(617年)称长乐王,后又称夏王,建都乐寿,国号夏。后因率军驰援被李世民围攻的王世充,轻敌兵败,被杀于长安。 ⑱ 并州都督:唐代并州相当于今山西阳曲以南、文水以北汾水中游地区,由总管统辖,武德七年(624年)改总管为都督,立府置佐吏。 ⑲ 太子詹事:官名。秦始置。职掌皇后、太子家事,历代相沿,为太子官属之长。 ⑳ 突厥、颉利及薛延陀、高丽:隋开皇二年(582年),突厥分裂为东西二部,这里突厥指西突厥,颉利指东突厥颉利可汗;薛延陀本延陀部,与薛种杂居,号薛延陀,贞观中,为唐灭,置为州县;高丽即高句丽。 ㉑ 马周:字宾王。幼时家贫,孜孜好学,精通《诗》、《春秋》,少有大志。武德初年,被任命为州助教,不赴任而去密州,赵仁本欣赏他的才学,赠给他丰厚的钱财让他入关。他逗留在汴州,被浚仪令崔贤欺辱,于是发愤西行,入长安求官。 ㉒ 茌平:时属河北清河郡,汉时始置县,今属山东。 ㉓ 中郎将:原为秦时所置官名,汉后仍之。唐制为太子府属,是禁卫军中的低职军官。常何:贞观年间武将,因荐马周而著名,太宗以常何为知人,赐帛300匹。史无传。 ㉔ 便宜:便于公利于民的事,特指对国家有利的事。 ㉕ 监察御史:唐御史台分为三院,其中监察御史属察院,品秩低而权限广。据《唐六典》称其权限为:分察百僚,巡按郡县,纠视刑狱,肃整朝仪。下隶营作,太府出纳。 ㉖ 中书舍人:中书省的属官,掌管诏令、侍从、宣旨、接纳上奏文表等事。 ㉗ 太子左庶子:为太子官属,唐时以左右庶子分掌左右春坊事。 ㉘ 摄吏部尚书:代理吏部尚书。吏部为六部之一,职掌京外文职铨叙勋阶黜陟之政。　（尚　娅）

〔鉴赏〕 “任贤”即“任人唯贤”,唐太宗一再强调“为政之要,惟在得人”,因此非常重视举贤任能,广罗人才。本篇列举了房玄龄、杜如晦、魏徵、王珪、李靖、虞世南、李勣、马周等人的事迹,一方面是赞扬唐太宗的知人善任、爱才重贤,另一方面也高度评价了这些人在创立和巩固唐王朝过程中的重大作用。

创业难,守业更难。唐太宗继位之初,百废待举,为了克服政治上、经济上的种种困难,一个突出的任务就是要延揽大批人才,以适应大治天下的需要。全国统一,疆域扩大,选拔人才的范围也比较广泛,为唐太宗不拘一格的用人政策提供了现实的可能性。

荀子曾说过:“兼并易能也,唯坚凝之难焉。”(《荀子·议兵》)唐太宗继位后,面临的第一个棘手的问题,是如何把这些贤人凝聚到一起,共同为国家社稷出力。本篇对八位贤臣的介绍,给我们揭开了谜底。

房玄龄与杜如晦都是秦王府的心腹。房玄龄“不以求备取人,不以己长格物,随能受叙,无隔疏贱”,善于谋略,统管朝廷各部后,日日夜夜恭敬诚心,尽心竭力，坚持操守，不愿让一事处理不当；听到别人有好的品行，就像是自己得到赞誉一样高兴。且通晓政务事务，文笔流利晓畅，审定法令，力求宽平。用人也不要求十全十美，不以自己的长处去衡量他人，根据才能而纳用，不排斥疏贱。人们都称他为良相。文中举了两个例子说明房玄龄善于谋略的关键在于收罗人才：一是在跟随太宗之初，每次平定一个地方，别人竞相搜罗珍宝，“玄龄独先收人物”送到幕府；二是向唐太宗力举杜如晦不应调外任用，乃“聪明达识，王佐才也”。

杜如晦“剖断如流”，聪明而有见识，是辅佐帝王的建国创业之才。在挫败李建成的阴谋活动中，杜如晦、房玄龄功劳第一，杜如晦被升任为太子右庶子，不久又升为兵部尚书，并进封蔡国公，实封供收租税的农户一千三百户。贞观二年(628年)，以兵部尚书检校侍中。贞观三年(629年)，任尚书右仆射，并主持吏部铨选官员的事务，仍然与房玄龄共同掌握朝廷政务。国家的各项政令法规和礼乐典章制度，都由他们二人确定，受到了当时人们的赞誉，被并称为“房杜”。

魏徵、王珪本为隐太子李建成手下的有识之士。魏徵耿直敢谏，“性又抗直”，乃“经国之才”。魏徵原为太子李建成的太子洗马(东宫属官)，他发觉李世民与李建成“阴相倾夺”后，便劝太子有所谋划。玄武门事件后，李世民召而责之，大家都为他捏一把汗，而他却慷慨自若，说：“皇太子若从臣言，必无今日之祸。”其深谋远虑的经国之才和无所屈挠的抗直性格，令李世民叹服。李世民嘉其忠，说：“卿所谏前后二百余事，皆称朕意，非卿忠诚奉国，何能若是？”又嘉其贡献，对他的任用超过了齐桓公对于管仲，“近代君臣相得，宁有似我于卿者乎？”魏徵死后，太宗又亲临致祭，并命令朝廷内外的官吏都前去送葬，而且还亲自为魏徵撰写了碑文，并书写在石碑上。把魏徵的坟墓安置在自己陵寝的近前，规格超过了许多嫡亲王公。所以魏徵死后，李世民说出著名的三镜箴言：“夫以铜为镜，可以正衣冠；以古为镜，可以知兴替；以人为镜，可以明得失。朕常保此三镜，以防己过。今魏徵殂逝，遂亡一镜矣！”

王珪在武德年间，为李建成的中允，深受李建成礼敬。后因未能谏阻李建成进行阴谋活动，被李渊流放到巂州(今四川西昌地区)。李建成被杀后，李世民即位，召王珪为谏议大夫。王珪常常以至诚之心尽力做事，提出了许多建议。他曾多次上书劝谏，李世民对他说：“你所指出的问题都切中我的过失，自古以来的君主没有不希望国家永远安定的，然而总是不能如愿，这都是由于听不到自己的过失，或者是听到了却不能改正的缘故。如今我有失误之处，你能直言劝谏，我能闻过即改，还愁国家不会安定吗？”王珪善于“人物品藻”，尤善识别人才，能够清楚点明他人的长处。太宗在一次宴会上要王珪对房玄龄等人品评一下。王珪娓娓道来：“孜孜不倦地处理国事，知道了没有不去办的，我不如房玄龄。总记着谏诤国君，以国君不及尧、舜为耻，我不如魏徵。文武双全，出能带兵，入能为相，我不如李靖。奏事详细明白，上传下达恰当，我不如温彦博。处理繁杂事务，使各项事务井井有条，我不如戴胄。至于荡涤污浊，表扬清廉，痛恨邪恶，喜好善良，我比他们几人稍稍强点。”对于贞观重臣的点评，中肯贴切，也解释了唐太宗赏识他的原因。

李靖、李勣是高祖时期留下的股肱重臣，他们为唐王朝镇防边陲，屡建奇功。李靖，武功显赫，贞观三年(629 年)，太宗决定大举反击突厥，命李靖为定襄道行军总管，统兵十万，分六道出击突厥。贞观四年(630 年)正月，李靖亲率三千精骑趁黑夜攻下颉利可汗的牙帐所在地定襄。太宗称赞说：“昔李陵提步卒五千，不免身降匈奴，尚得名书竹帛。卿以三千轻骑，深入虏庭，克复定襄，威振北狄，实古今未有。”于是进封李靖为代国公。二月，李靖又率一万精骑突袭阴山，俘虏突厥兵一千余帐。接着趁大雾向铁山急进，一举攻破颉利可汗的牙帐，生擒颉利可汗，为患中原多年的东突厥从此灭亡。李靖因灭东突厥之功，获加光禄大夫，拜尚书右仆射。正如王珪评价的那样，李靖“才兼文武”，他从水里打到陆上，从内乱打到外患，从突厥打到吐谷浑，一直打到 65 岁，让四夷八方那些大大小小的政权，都心甘情愿地臣服在李世民的脚下，他才脱了战袍，进了朝堂，成为李世民的宰相。李勣则治军有方，令行禁止。早在瓦岗寨时，他从李密征战，就为瓦岗军立下了汗马功劳。归唐后，又屡从唐太宗征讨，平王世充，灭窦建德，伐刘黑闼，为大唐王朝的建立，立下了不朽功勋。后来在攻灭东突厥、平定薛延陀等重大军事战役中，都作出了重大贡献，为大唐王朝的稳定、强大，立下了汗马功劳。为此，唐太宗曾多次称赞他，认为他“用师筹算，临敌应变，动合事机”。一次，李勣生了急病，有一个验方，说用胡须烧灰可以治疗，李世民把自己的胡须剪下来烧灰为其配药。李勣叩头出血，哭拜谢恩。李世民说：“我这是为国家社稷考虑而已，不必这样感谢。”贞观十七年(643 年)，李治为太子，李勣转任太子詹事，加封特进，仍然主持政务。李世民曾举行宴会，望着李勣说：“我将以孤幼托人，想来想去没有比你更合适的。你过去不抛弃李密，如今岂能辜负于我呢？”李勣感动得泪流满面，并咬破手指，以表忠心。一会儿李勣醉了，李世民把自己的衣服给他盖上，体现了对李勣的巨大关怀。李世民曾说李靖、李勣两人：“古之韩(信)

白(起)、卫(青)霍(去病)岂能及也!”

在中国古代社会的人际关系中,君臣关系是最微妙的,臣子与帝王之间有着一段不可逾越的天然距离。臣子在堂下,帝王高高在上,两千多年的封建社会发展史上,鲜有堪称佳话的君臣关系。而唐太宗和虞世南之间却有着超越常规的君臣关系,“虞世南于我,犹一体也”。贞观初,为弘扬文教,唐太宗设置弘文馆,虞世南作为弘文馆学士常常宿值,听朝之隙,与唐太宗讲论文义,商量政事,“或至夜分方罢”,君臣关系因此而亲近。虞世南为人坦诚、直言敢谏,是深受唐太宗器重的重要原因,亦即“五绝”中之“德行”、“忠直”。贞观九年(635年),太上皇李渊驾崩,太宗服丧超过了当时礼节的规定,容貌悲哀憔悴,长久废弃朝政,文武百官都不知如何是好,虞世南就常常入宫劝谏,太宗很赞赏并接受了他的规劝,因而对他更加亲近和礼敬。虞世南既是唐太宗的臣子,也是文友和艺友。一次,李世民命他把《列女传》书写在屏风上。当时没有底本,虞世南就默写出来,竟然一字不差。贞观十二年(638年),虞世南逝世,唐太宗十分悲痛,“哭之甚恸”,下旨赐东园秘器,赠礼部尚书,谥“文懿”。虞世南去世不久,唐太宗写了一首诗,追想古代治乱的道理,然后感叹道:“钟子期死后,伯牙不再奏琴。我这篇诗,拿给谁看呢?”显然,唐太宗把虞世南视为自己在政治和文学上的唯一知己了。

马周是没有深厚根基的寒门吏士。贞观五年(631年),太宗命百官上书议论朝政的得失,中郎将常何所陈二十多件事,件件合旨,太宗见了十分奇怪。常何是武将出生,在玄武门之变时适值宿卫北门,支持太宗夺取玄武门有功,得以升任中郎将要职。他“不涉经文”,按理是不可能有如此高明的见解的。太宗问后才知是住在常何家里的食客马周代写的。太宗听了非常高兴,当日即召马周进宫,他急着要见马周,一连四次遣使催促。及见面交谈,太宗感到马周确实是个人才,即令入直门下省,旋任为监察御史,除中书舍人,一直做到中书侍郎、中书令的要职。马周见事敏速,有机辩,深识事端,处事平允,敢于直道而言,深受太宗重用,太宗甚至说:“我于马周,暂时不见,则便思之。”可见他们之间感情之深厚。

任贤,是唐太宗之能事。他对房玄龄、杜如晦、魏徵、王珪、李靖、虞世南、李勣、马周八位在政治上各有建树和特点的文武大臣,了解其为人为政,加以信任和重用,可谓知人善任,正如范文澜所言:“这个效果的取得,是和他的具体措施分不开的。这些具体措施有两个,一个是纳谏,一个是用人。”(《中国通史》第三册第119页)以重用贤才保证和促进了谏言,以纳谏治国实现了贤才们对社会的贡献。

(尚 娅)

贞观政要·求谏　　吴　兢

太宗威容俨肃，百僚进见者，皆失其举措。太宗知其若此，每见人奏事，必假颜色，冀闻谏诤，知政教得失。贞观初，尝谓公卿曰："人欲自照，必须明镜；主欲知过，必藉忠臣。主若自贤，臣不匡正，欲不危败，岂可得乎？故君失其国，臣亦不能独全其家。至于隋炀帝暴虐，臣下钳口，卒令不闻其过，遂至灭亡，虞世基等，寻亦诛死。前事不远，公等每看事有不利于人，必须极言规谏。"

贞观元年，太宗谓侍臣曰："正主任邪臣，不能致理；正臣事邪主，亦不能致理。惟君臣相遇，有同鱼水，则海内可安。朕虽不明，幸诸公数相匡救，冀凭直言鲠议，致天下太平。"谏议大夫王珪对曰："臣闻木从绳则正，后从谏则圣①。是故古者圣主必有争臣七人②，言而不用，则相继以死。陛下开圣虑，纳刍荛③，愚臣处不讳之朝，实愿罄其狂瞽。"太宗称善，诏令自是宰相入内平章国计，必使谏官随入，预闻政事。有所开说，必虚己纳之。

贞观二年，太宗谓侍臣曰："明主思短而益善，暗主护短而永愚。隋炀帝好自矜夸，护短拒谏，诚亦实难犯忤。虞世基不敢直言，或恐未为深罪。昔箕子佯狂自全④，孔子亦称其仁。及炀帝被杀，世基合同死否？"杜如晦对曰："天子有诤臣，虽无道不失其天下。仲尼称：'直哉史鱼⑤，邦有道如矢，邦无道如矢。'世基岂得以炀帝无道，不纳谏诤，遂杜口无言？偷安重位，又不能辞职请退，则与箕子佯狂而去，事理不同。昔晋惠帝贾后将废愍怀太子⑥，司空张华竟不能苦争⑦，阿意苟免。及赵王伦举兵废后⑧，遣使收华，华曰：'将废太子日，非是无言，当时不被纳用。'其使曰：'公为三公，太子无罪被废，言既不从，何不引身而退？'华无辞以答，遂斩之，夷其三族⑨。古人有云:'危而不持,颠而不扶,则将焉用彼相?'故'君子临大节而不可夺也。'张华既抗直不能成节,逊言不足全身,王臣之节固已坠矣。虞世基位居宰辅,在得言之地,竟无一言谏诤,诚亦合死。"太宗曰:"公言是也。人君必须忠良辅弼,乃得身安国宁。炀帝岂不以下无忠臣,身不闻过,恶积祸盈,灭亡斯及。若人主所行不当,臣下又无匡谏,苟在阿顺,事皆称美,则君为暗主,臣为谀臣,君暗臣谀,危亡不远。朕今志在君臣上下,各尽至公,共相切磋,以成治道。公等各宜务尽忠谠,匡救朕恶,终不以直言忤意,辄相责怒。"

贞观三年,太宗谓司空裴寂曰[10]:"比有上书奏事,条数甚多,朕总黏之屋壁,出入观省。所以孜孜不倦者,欲尽臣下之情。每一思政理,或三更方寝。亦望公辈用心不倦,以副朕怀也。"

贞观五年,太宗谓房玄龄等曰:"自古帝王多任情喜怒,喜则滥赏无功,怒则滥杀无罪。是以天下丧乱,莫不由此。朕今夙夜未尝不以此为心,恒欲公等尽情极谏。公等亦须受人谏语,岂得以人言不同己意,便即护短不纳?若不能受谏,安能谏人?"

贞观六年,太宗以御史大夫韦挺[11]、中书侍郎杜正伦[12]、秘书少监虞世南[13]、著作郎姚思廉等上封事称旨[14],召而谓曰:"朕历观自古人臣立忠之事,若值明主,便宜尽诚规谏,至如龙逄、比干[15],不免孥戮[16]。为君不易,为臣极难。朕又闻龙可扰而驯,然喉下有逆鳞[17]。卿等遂不避犯触,各进封事。常能如此,朕岂虑宗社之倾败!每思卿等此意,不能暂忘,故设宴为乐。"仍赐绢有差。

太常卿韦挺尝上疏陈得失[18],太宗赐书曰:"所上意见,极是谠言,辞理可观,甚以为慰。昔齐境之难,夷吾有射钩之罪[19];蒲城之役,勃鞮为斩袂之仇[20]。而小白不以为疑,重耳待之若旧。岂非各吠非主[21]，志在无二。卿之深诚，见于斯矣。若能克全此节，则永保令名。如其怠之，可不惜也。勉励终始，垂范将来，当使后之视今，亦犹今之视古，不亦美乎？朕比不闻其过，未睹其阙，赖竭忠恳，数进嘉言，用沃朕怀，一何可道！”

贞观八年，太宗谓侍臣曰：“朕每闲居静坐，则自内省。恒恐上不称天心，下为百姓所怨。但思正人匡谏，欲令耳目外通，下无怨滞。又比见人来奏事者，多有怖慑[22]，言语致失次第。寻常奏事，情犹如此，况欲谏诤，必当畏犯逆鳞。所以每有谏者，纵不合朕心，朕亦不以为忤。若即嗔责，深恐人怀战惧，岂肯更言！”

贞观十五年，太宗问魏徵曰：“比来朝臣都不论事，何也？”徵对曰：“陛下虚心采纳，诚宜有言者。然古人云：‘未信而谏，则以为谤己；信而不谏，则谓之尸禄[23]。’但人之才器各有不同。懦弱之人，怀忠直而不能言；疏远之人，恐不信而不得言；怀禄之人[24]，虑不便身而不敢言。所以相与缄默，俛仰过日[25]。”太宗曰：“诚如卿言。朕每思之，人臣欲谏，辄惧死亡之祸，与夫赴鼎镬[26]、冒白刃，亦何异哉？故忠贞之臣，非不欲竭诚。竭诚者，乃是极难。所以禹拜昌言[27]，岂不为此也！朕今开怀抱，纳谏诤。卿等无劳怖惧，遂不极言。”

贞观十六年，太宗谓房玄龄等曰：“自知者明，信为难矣。如属文之士，伎巧之徒，皆自谓己长，他人不及。若名工文匠，商略诋诃，芜词拙迹，于是乃见。由是言之，人君须得匡谏之臣，举其愆过。一日万机，一人听断，虽复忧劳，安能尽善？常念魏徵随事谏正，多中朕失，如明镜鉴形，美恶必见。”因举觞赐玄龄等数人勖之。

贞观十七年，太宗问谏议大夫褚遂良曰[28]：“昔舜造漆器[29]，禹雕其俎[30]，当时谏者十有余人。食器之间，何须苦谏？”

遂良对曰："雕琢害农事，纂组伤女工。首创奢淫，危亡之渐。漆器不已，必金为之。金器不已，必玉为之。所以诤臣必谏其渐，及其满盈，无所复谏。"太宗曰："卿言是矣，朕所为事，若有不当，或在其渐，或已将终，皆宜进谏。比见前史，或有人臣谏事，遂答云'业已为之'，或道'业已许之'，竟不为停改。此则危亡之祸，可反手而待也。"

〔注释〕 ① 木从绳则正，后从谏则圣：这是贤臣傅说告殷商高宗之辞，以木工需从绳而正的道理，说明帝王对于谏诤不可不受。语见《伪古文尚书·说命》。 ② 是故古者圣主必有争(zhēng)臣七人：语出《孝经·谏诤》。争臣，即诤臣，直言谏诤之臣。 ③ 刍荛：指割草打柴的人。 ④ 箕子：商纣王的叔父，因纣王无道，劝谏不听，便佯装发狂来避免灾祸。孔子曾把箕子、微子、比干称为殷之"三仁"。 ⑤ 史鱼：名鳝，字子鱼，春秋末卫国史官，以正直著称。文中所引孔子的话见《论语·卫灵公》。 ⑥ 晋惠帝：西晋皇帝，在位期间放任贾后专政，引起皇族争相残杀的"八王之乱"。贾后：名南风，晋惠帝皇后，扰乱朝政，在"八王之乱"中被杀。愍怀太子：名通，晋惠帝太子，为贾后所杀，赵王伦执政后谥为愍怀。 ⑦ 张华：字茂先，晋惠帝时为丞相。 ⑧ 赵王伦：字子彝，司马懿第九子。他在晋永康元年(300年)起兵杀贾后、废惠帝，后以篡逆之罪诛死。 ⑨ 夷其三族：古代株连犯罪者亲属的一种酷刑。三族，指父族、母族、妻族。 ⑩ 裴寂：字玄真，唐初桑泉(今山西临晋东北)人。隋末任晋阳宫副监，曾助李渊起兵，攻克长安后，又劝李渊称帝。武德年间任尚书左仆射，掌握大权，奉命制定唐律五百条。贞观初任司空，后被唐太宗免官归故乡。不久流放静州而死。 ⑪ 御史大夫：御史台长官，掌刑法典章，纠查百官罪恶。韦挺：雍州万年(今陕西西安)人，少与隐太子相友善，后为东宫臣。武德七年(624年)，流放到嶲州。贞观初，经王珪多次推荐，拜为御史大夫，后兼魏王府事，又改为太常卿，后因罪而被废为民。 ⑫ 杜正伦：相州人，隋代秀才。唐贞观初，经魏徵推荐，升任兵部员外郎，逐渐升到中书侍郎。承乾太子被废，受牵连流放到驩州，显庆初，起用为中书令，不久被贬为横州刺史。 ⑬ 秘书少监：唐时为秘书省副长官，掌典图书古今文字，考古异同。⑭ 著作郎：秘书省属官，掌修撰碑志、祝文、祭文，与佐郎分判局事。姚思廉：名简，以字行。吴兴武康(今浙江德清)人，仕隋为河间郡司法、代王侍郎。唐军入长安，受任秦王府文学。李世民即位，改弘文馆学士，又为著作郎。曾与魏徵同撰《梁书》、《陈书》。 ⑮ 龙逢：即关龙逢。传说为夏代贤臣，桀作酒池糟丘，为长夜饮，龙逢常苦谏被杀。比干：殷末纣王叔伯父(一说纣庶兄)，因为犯颜强谏，被纣王剖心而死。两人都是古代有名的诤臣。 ⑯ 孥戮：孥为子，戮为杀。指连儿子一起杀死。 ⑰ 龙可扰而驯，然喉下有逆鳞：龙性柔顺，可以与之狎戏，骑在它的背上。但是它的喉下有逆鳞，如果触及逆鳞，龙一定会杀人。此以龙之逆鳞比喻皇帝的威严。见《韩非子·说难》。 ⑱ 太常卿：九卿之一，专掌祭祀礼乐。 ⑲ 齐境之难：公元前685年，齐襄公被杀，国中大乱。当时公子小白在莒，公子纠在鲁，两人闻讯，起兵回国争夺王位。管仲助公子纠拦截小白，弯弓射中小白带钩。后来小白继位，是为齐桓公。管仲因公子纠党而被囚，他的好友鲍叔牙在桓公面前竭力保荐他，桓公也不因射钩之罪而忌恨他，任命他为大夫，大加信用。管仲相齐，遂成霸业。 ⑳ 蒲城之役：晋献公宠信骊姬，欲立其子奚齐。骊姬设计陷害太子申生，逼其自杀，又在献公面前进谗言，欲置公子夷吾与重耳于死地。夷吾奔屈，重耳奔蒲城。献公又派贾华伐屈，使勃鞮刺杀公子重耳。重耳越墙而逃，勃鞮追杀不及仅斩去他的衣袂。重耳奔狄，过了很长一段流亡生活后，重新回到晋国即位，是为晋文公。文公不以勃鞮当年刺杀他未遂一事为意，待之如故旧。　㉑ 各吠非主：即各为其主的意思。语出《战国策·齐策》："跖之狗吠尧，非贵跖而贱尧也，狗固吠非其主也。"　㉒ 怖慑：害怕的样子。　㉓ 尸禄：做官吃俸禄而不干事。语出《说苑》。　㉔ 怀禄：贪恋爵位俸禄。《汉书·公孙刘田王杨蔡陈郑传》曰："怀禄贪势，不能自退。"　㉕ 俛仰：同俯仰，应付、周旋之意。语出《汉书·司马迁传》。　㉖ 鼎镬：鼎为古代青铜炊器，有足曰鼎，无足曰镬。鼎镬原指烹饪器，此指用鼎镬来烹人的酷刑刑具。　㉗ 禹拜昌言：意指禹推辞舜要他直言进谏的要求。昌言，尽情进言。语见《尚书·皋陶谟》。　㉘ 褚遂良：字登善，河南阳翟(今河南禹县)人。博涉文史，尤工书法。唐太宗时历任起居郎、谏议大夫，累官中书令。贞观二十三年(649 年)，受太宗遗诏辅政。后因反对高宗立武则天为后，屡被贬职而死。　㉙ 舜造漆器：世传造漆器自舜始。　㉚ 禹雕其俎(zǔ)：雕为镂饰，俎为古代用来盛牲的器皿，又谓割肉所用的砧板，长方形，两端有足。相传禹初为雕俎。

（尚　娅）

〔鉴赏〕 求谏，简而言之就是鼓励臣下提意见，是唐太宗用人思想的精华。中国古代，"谏"是一种公认的政治美德和司空见惯的政治行为，但除非"主明臣直"，在人身安全没有保证的前提下，是绝对无人敢冒这个风险的。如何鼓励群臣大胆进言，是为君的一种政治艺术。这就是导谏、求谏的政治前提和依据。本篇讲的就是唐太宗自觉发挥君王的政治主导作用，以各种方式倡导、引导、诱导群臣献策进言，竭忠尽智。

唐太宗认为，求谏不仅仅是为了听取批评，下情上达，它具有综合性的政治功能，是君主集广谋略、调整政治、支配臣属、掌握政治枢机的重要手段。

唐太宗深明"主欲知过，必藉忠臣"之理，甚至认为作为人君，即使德行不高，只要多接纳规谏也能变为圣君。谏议大夫王珪也向唐太宗论述了上述道理"木工有了准绳，干的活就不会歪；帝王能够听从谏诤，才能成为圣明"。太宗还对房玄龄说："有些写文章的人和技术工匠，喜欢吹嘘自己比他人高明。然而，一旦有机会与高手相比较，就一下子分出高低来了。"由此，太宗得出"自知者明，信为难矣"的言论，进而认识到帝王"一日万机，一人听断，虽复忧劳，安能尽善"的道理。

唐太宗把君主能否吸取下属的正确意见，看作是事关社稷存亡的大事，在唐太宗看来，是否能够求谏是区分"明主"和"暗主"的分水岭。贞观二年(628 年)，唐太宗在和满朝文武讨论如何处理隋朝旧臣时，曾围绕"隋朝为何在短短十多年的时间内就由社会发展的最高峰迅速走向灭亡，以及隋末遗臣该为此承担何等责任"这个话题进行了一番探讨。太宗认为"隋炀帝好自矜夸，护短拒谏"的个性导致了众臣惧于上谏，使得他的臣子虞世基不敢对炀帝说真话，所以以虞世基为代表的隋臣对隋末这个乱世所负的责任也不应太大。“昔箕子佯狂自全,孔子亦称其仁”。古时候箕子也曾经为了在昏君面前保全自己而装疯卖傻,连孔子都说他做得对。现在隋炀帝死了,虞世基似乎并不该同他一道死。杜如晦提出反对意见:“不,虞世基这个人怎么能因为隋炀帝昏庸无道,不听上谏就装聋作哑?就算为了保全自己,也可以辞职回家。他却还是贪图自己的荣华富贵而苟居高位,这和箕子装疯避祸是完全不同的。在国家危亡、天下大乱的时候,不能顶住压力站出来为国出力,那还当什么臣子?古人说:‘君子临大节而不可夺志也。’虞世基既然身处高位,负责进谏是他责无旁贷的重任,可是他居然长时间不发一言,属于严重失职,所以隋末民不聊生、生灵涂炭的责任也有他一份,自然是罪该万死。”

太宗听了杜如晦的话,感叹道:“你说得对啊,‘人君必须忠良辅弼,乃得身安国宁’。做皇帝的,必须有忠良之臣的辅佐,才可国泰民安。隋炀帝不就是因为身边没有忠臣,所以做了错事也不知道有什么地方不对,天长日久,做的坏事多了,终于天怒人怨,导致灭亡吗?如果说一个君主像隋炀帝那样行为不当,做臣子的又不匡扶帝胄、直言上谏,什么事都顺从那个君主,称他做得对,那么我们可以称这样的君主为昏君,这样的臣子为谀臣。昏君和谀臣加在一起,他们的末日也就不远了。所以我希望我们君臣之间团结协作。事事以公字当先,什么事都可以拿来商量。你们啊,一定要有什么就说什么,补救我的错误,我绝不会因你们的直言进谏会令我难堪就来责骂你们。”

在上面的事例中,唐太宗利用隋朝大臣虞世基的悲剧,和杜如晦完成了一次精彩的对话。太宗先前的话把隋朝灭亡、民不聊生的责任算在了君主的头上,这样既表现出了他身为一个皇帝过人的胸襟气量,又引出了杜如晦的表态。杜如晦则把隋朝灭亡的责任归咎于做臣子的,因为做臣子的没有履行上谏的责任,令皇帝不知道什么是对的,什么是错的。在一问一答之间,让满朝文武了解到这样一个道理:天下兴亡,匹夫有责。既然在朝为官,就该事事以公字当先,直言进谏以纠正统治者的不当行为。在唐太宗后面那段话中提到:“昏君和谀臣加在一起,他们的末日也就不远了。”暗示了皇帝和手下臣子的命运是联系在一起的,一朝天子一朝臣,一旦改朝换代,做臣子的势必和皇帝一起灭亡,并用虞世基的活例子为在场的大臣们强化了这个道理。最后又诚恳地表示,希望大臣们有什么说什么,自己不会因为大臣们在上谏的时候言辞中得罪了他而加以责罚,表明了自己对大臣们的倚重。贞观年间的官员无不为了天下兴亡、王朝兴衰以及自己的前途而屡屡上谏,其中因此而名留史册的大臣就多达36名之多,实属罕见。

李世民能够诚恳地要求臣下直言规谏,同时也能够认真地对待臣下提出的意见。贞观三年(629年),太宗对司空裴寂说:"近来百官上书奏事,条数很多,我都把它贴在卧室的墙壁上面,以便出入都能观看。我之所以这样孜孜不倦,是想尽可能把臣下百官反映的情况都了解清楚。每当我考虑治国方略时,往往三更后才能安睡。"

他不但自己能够虚心地听取臣下的意见,还要求臣下也要虚心听取他人的意见。贞观五年,他曾对房玄龄等人说,我常常希望你们能够直言规谏,而你们也需要接受别人的规谏,如果你们自己不能接受规谏,怎么能够规谏他人呢?

在封建时代,皇帝拥有至高无上的权力,批评皇帝叫作"犯龙鳞"。传说,龙喉下"有逆鳞径尺,人有撄之,则必杀人"。所以,历代尽管设有谏官,但殿廷上往往是鸦雀无声。为什么唐初竟有那么多人"敢犯龙鳞"呢?关键就在于唐太宗虚心求谏。李世民身材魁伟,仪态威严,众官见到他都感到有些拘束害怕。他了解到这一情况后,总是和颜悦色地接见他们,以消除他们的紧张情绪,使他们能够畅所欲言,大胆地提出自己的意见。贞观八年,唐太宗又看到一些官员奏事时,呈现一副恐惧不安的样子,连言语都颠三倒四,于是再次强调:"寻常奏事,情犹如此,况欲谏诤,必当畏犯逆鳞。所以每有谏者,纵不合朕心,朕亦不以为忤。若即嗔责,深恐人怀战惧,岂肯更言!"这番话表明,唐太宗胸怀宽广,乐于听取不同的意见。

若论君臣上下关系,君处于矛盾的主要方面。君明,臣易直,敢于提意见,不怕犯逆鳞;君昏,臣难直,稍谏即怒或杀,何人更敢直言?只有"导之使谏",才能广开言路,收"天下大治"之成效。这是要有虚怀若谷的度量的。贞观六年,韦挺等上封事,唐太宗极力称赞,并"设宴为乐"。畅饮之际,唐太宗说:"朕又闻龙可扰而驯,然喉下有逆鳞。卿等遂不避犯触,各进封事。常能如此,朕岂虑宗社之倾败!"唐太宗的可贵之处在于他懂得"为君不易,为臣极难"的道理。贞观六年,他对众臣说:"历观自古以来臣子立忠之事,如果遇上明主,便容易向主上赤诚规谏。至于像关龙逄、比干二人则不免身被刑戮,祸及妻子。可见,做贤君不易,当忠臣也极难。我听说龙是可以与它嬉戏的,并且也很驯服,但它的喉咙下长有逆鳞,触动逆鳞就会杀人。诸位爱卿却不避忌讳,不怕触犯逆鳞,都各上密封奏章,进献谏言。如果经常都能这样的话,我还会再为宗室社稷倾覆而担心吗?"贞观十五年(641年),太宗还曾对魏徵说:"我常想,臣子想进谏,则害怕有杀身之祸,这与赴汤锅、冒利刃、上刑场，又有什么区别呢？所以忠贞之臣，不是不想为国君竭尽忠诚，而是因为竭尽忠诚乃是极难之事啊。所以，大禹听到善言就拜谢，不正是为这个原因吗？我现在敞开胸怀，以接纳谏言，卿等不要担心害怕而不敢尽情讲话。”

“贞观之初，恐人不言，导之使谏”，唐太宗亲力亲为的大力倡导，使谏诤风行一时，当时犯颜直谏、面折廷争的事例因而屡见不鲜。（尚　娅）

书　谱　孙过庭

夫自古之善书者，汉、魏有钟、张[①]之绝，晋末称二王之妙。王羲之云：“顷寻诸名书，钟、张信为绝伦，其余不足观。”可谓钟、张云没，而羲、献继之。又云：“吾书比之钟、张，钟当抗行，[②]或谓过之。张草犹当雁行。[③]然张精熟，池水尽墨，[④]假令寡人[⑤]耽之若此，未必谢之。”此乃推张迈钟之意也。考其专擅，虽未果于前规[⑥]；摭[⑦]以兼通，故无惭于即事。[⑧]

评者云：“彼之四贤[⑨]，古今特绝；而今不逮古，古质而今妍[⑩]。”夫质以代兴，妍因俗易。虽书契之作，[⑪]适以记言；而淳醨[⑫]一迁，质文三遍，驰骛[⑬]沿革，物理常然。贵能古不乖[⑭]时，今不同弊，所谓“文质彬彬。然后君子。”[⑮]何必易雕宫于穴处，反玉辂于椎轮者乎！[⑯]又云：“子敬之不及逸少，犹逸少之不及钟、张。”意者以为评得其纲纪，而未详其始卒也。且元常专工于隶书，伯英尤精于草体；彼之二美，而逸少兼之。拟草则馀真，比真则长草，虽专工小劣，而博涉多优。总其终始，匪无乖互。

谢安素善尺牍，而轻子敬之书。子敬尝作佳书与之，谓必存录，安辄题后答之，甚以为恨。安尝问敬：“卿书何如右军？”答云：“故当胜。”安云：“物论[⑰]殊不尔。”子敬又答：“时人那得知！”敬虽权以此辞，折安所鉴，自称胜父，不亦过乎！且立身扬名，事资尊显；胜母之里，曾参不入。[⑱]以子敬之豪翰[⑲]，绍右军之笔札，虽复粗传楷则，实恐未克箕裘[⑳]。况乃假托神仙，[㉑]

耻崇家范，以斯成学，孰愈面墙！[22]后羲之往都，临行题壁。子敬密拭除之，辄书易其处，私为不恶。羲之还见，乃叹曰："吾去时真大醉也。"敬乃内惭。是知逸少之比钟、张，则专博斯别；子敬之不及逸少，无或疑焉。

余志学之年[23]，留心翰墨，味钟、张之馀烈，挹羲、献之前规。极虑专精，时逾二纪[24]，有乖入木之术，[25]无间临池之志。观夫悬针垂露之异，奔雷坠石之奇，鸿飞兽骇之资，鸾舞蛇惊之态，绝岸颓峰之势，临危据槁之形。或重若崩云，或轻如蝉翼；导[26]之则泉注，顿之则山安；纤纤乎似初月之出天崖，落落乎犹众星之列河汉；同自然之妙有，非力运之能成。信可谓智巧兼优，心手双畅，翰不虚动，下必有由。一画之间，变起伏于锋杪[27]；一点之内，殊衄[28]挫于毫芒。况云积其点画，乃成其字；曾不傍窥尺牍，俯习寸阴；引班超以为辞，援项籍而自满。[29]任笔为体，聚墨成形；心昏拟效之方，手迷挥运之理；求其妍妙，不亦谬哉！

然君子立身，务修其本。扬雄谓诗赋小道，壮夫不为，况复溺思毫厘，沦精翰墨者也。夫潜神对弈，犹标坐隐[30]之名；乐志垂纶，尚体行藏之趣。[31]讵若功宣礼乐，妙拟神仙，犹埏埴之罔穷，[32]与工炉而并运。好异尚奇之士，玩体势之多方；穷微测妙之夫，得推移之奥赜。著述者假其糟粕，藻鉴者挹其菁华，固义理之会归，信贤达之兼善者矣。存精寓赏，岂徒然与！

而东晋士人，互相陶染。至于王、谢之族，郗、庾之伦，纵不尽其神奇，咸亦挹其风味。去之滋永，斯道愈微。方复闻疑称疑，得末行末；古今阻绝，无所质问；设有所会，缄秘已深。遂令学者茫然，莫知领要[33]，徒见成功之美，不悟所致之由。或乃就分布于累年，向规矩而犹远，图真不悟，习草将迷。假令薄解草书，粗传隶法，则好溺偏固，自阂通规。讵知心手会归，若同源而异派；转用之术，犹共树而分条者乎！加以趋变适时，行书为要；题勒方畐[34]，真乃居先。草不兼真，殆于专谨；真不通草，殊非翰札，真以点画为形质，使转为情性；草以点画为情性，使转为形质。草乖使转，不能成字；真亏点画，犹可记文。回互虽殊，大体相涉。故亦旁通二篆，俯贯八分，包括篇章，涵泳飞白。若毫厘不察，则胡、越殊风者焉。至如钟繇隶奇，张芝草圣，此乃专精一体，以致绝伦。伯英不真，而点画狼藉；元常不草，而使转纵横。自兹以降，不能兼善者，有所不逮，非专精也。虽篆、隶、草、章，工用多变；济成厥美，各有攸宜。[35]篆尚婉而通，隶欲精而密，草贵流而畅，章务检[36]而便。然后凛之以风神，温之以妍润，鼓之以枯劲，和之以闲雅。故可达其情性，形其哀乐，验燥湿之殊节，千古依然。体老壮之异时，百龄俄顷。嗟乎！不入其门，讵窥其奥者也。

又一时而书，有乖有合，合则流媚[37]，乖则凋疏，略言其由，各有其五：神怡务闲，一合也；感惠徇知[38]，二合也；时和气润，三合也；纸墨相发，四合也；偶然欲书，五合也。心遽体留，一乖也；意违势屈，二乖也；风燥日炎，三乖也；纸墨不称，四乖也；情怠手阑，[39]五乖也。乖合之际，优劣互差。得时不如得器，得器不如得志，若五乖同萃，思遏手蒙；五合交臻，神融笔畅。畅无不适，蒙无所从。当仁者得意忘言，罕陈其要；企学者希风叙妙，虽述犹疏。徒立其工，未敷厥旨。不揆庸昧，[40]辄效所明；庶欲弘既往之风规，导将来之器识，除繁去滥，睹迹明心者焉。

代[41]有《笔阵图》七行，中画执笔三手，图貌乖舛，点画湮讹。顷见南北流传，疑是右军所制。虽则未详真伪，尚可发启童蒙。既常俗所存，不藉编录。至于诸家势评，多涉浮华，莫不外状其形，内迷其理。今之所撰，亦无取焉。若乃师宜官[42]之高名，徒彰史牒；邯郸淳[43]之令范，空著缣缃[44]。暨乎崔、杜以来，萧、羊已往，[45]代祀绵远，名氏滋繁。或藉甚[46]不渝，人亡业显;或凭附增价,身谢道衰。加以糜蠹不传,[47]搜秘将尽。偶逢缄赏,时亦罕窥,优劣纷纭,殆难觏缕[48]。其有显闻当代,遗迹见存,无俟抑扬,自标先后。

且六文[49]之作,肇自轩辕;八体[50]之兴,始于嬴政。其来尚矣,厥用斯弘。但今古不同,妍质悬隔,既非所习,又亦略诸。复有龙蛇云露之流,[51]龟鹤花英之类,[52]乍图真于率尔,或写瑞于当年,巧涉丹青,工亏翰墨,异夫楷式,非所详焉。

代传羲之《与子敬笔势论》十章,文鄙理疏,意乖言拙,详其旨趣,殊非右军。且右军位重才高,调清词雅,声尘未泯,翰牍仍存。观夫致一书、陈一事,造次之际,稽古斯在。岂有贻谋令嗣,道叶义方,章则顿亏,一至于此!又云与张伯英同学,斯乃更彰虚诞。若指汉末伯英,时代全不相接;必有晋人同号,史传何其寂寥!非训非经,宜从弃择。夫心之所达,不易尽于名言;言之所通,尚难形于纸墨[53]。粗可仿佛其状,纲纪其辞。冀酌希夷[54],取会佳境。阙而未逮,请俟将来。今撰执、使、转、用[55]之由,以祛未悟。执,谓深浅长短之类是也;使,谓纵横牵掣之类是也;转,谓钩环盘纡之类是也;用,谓点画向背之类是也。方复会其数法,归于一途;编列众工,错综群妙,举前贤之未及,启后学于成规;穷其根源,析其枝派。贵使文约理赡,迹显心通,披卷可明,下笔无滞。诡辞异说,非所详焉。然今之所陈,务裨学者。

但右军之书,代多称习,良可据为宗匠,取立指归。岂惟会古通今,亦乃情深调合。致使摹拓日广,研习岁滋;先后著名,多从散落;历代孤绍,非其效欤?试言其由,略陈数意。止如《乐毅论》、《黄庭经》、《东方朔画赞》、《太史箴》、《兰亭序》、《告誓文》,[56]斯并代俗所传,真行[57]绝致者也。写《乐毅》则情多怫郁[58],书《画赞》则意涉瑰奇;《黄庭经》则怡怿虚无,《太史箴》又纵横争折。暨乎兰亭兴集,思逸神超;私门诫誓,情拘志惨。所谓涉乐方笑，言哀已叹。岂惟驻想流波，将贻啴嗳[59]之奏；驰神睢涣[60]，方思藻绘之文。虽其目击道存，尚或心迷议舛。莫不强名为体，共习分区。岂知情动形言，取会风骚之意；阳舒阴惨，本乎天地之心。既失其情，理乖其实，原夫所致，安有体哉！

夫运用之方，虽由己出，规模所设，信属目前，差之一毫，失之千里。苟知其术，适可兼通。心不厌精，手不忘熟。若运用尽于精熟，规矩谙[61]于胸襟，自然容与徘徊，意先笔后，潇洒流落，翰逸神飞，亦犹弘羊[62]之心，豫乎无际；庖丁之目，不见全牛。尝有好事，就吾求习。吾乃粗举纲要，随而授之，无不心悟手从，言忘意得；纵未窥于众术，断可极于所诣矣。

若思通楷则，少不如老；学成规矩，老不如少。思则老而愈妙，学乃少而可勉。勉之不已，抑有三时；时然一变，极其分矣。至如初学分布，但求平正；既知平正，务追险绝；既能险绝，复归平正。初谓未及，中则过之，后乃通会。通会之际，人书俱老。仲尼[63]云：五十知命，七十从心。故以达夷险之情，体权变之道；亦犹谋而后动，动不失宜；时然后言，[64]言必中理矣。

是以右军之书，末年多妙，当缘思虑通审，志气和平，不激不厉，而风规自远。子敬已下，莫不鼓努为力，标置成体，岂独工用不侔，亦乃神情悬隔者也。或有鄙其所作，或乃矜其所运。自矜者将穷性域，绝于诱进之途；自鄙者尚屈情涯，必有可通之理。嗟乎！盖有学而不能，未有不学而能者也。考之即事，断可明焉。

然消息多方，性情不一，乍刚柔以合体，忽劳逸而分驱。或恬澹雍容，内涵筋骨；或折挫槎枿[65]，外曜锋芒。察之者尚精，拟之者贵似。况拟不能似，察不能精，分布犹疏，形骸未检。跃[66]泉之态，未睹其妍；窥井之谈，已闻其丑。纵欲唐突羲、献，诬罔钟、张，安能掩当年之目，杜将来之口！慕习之辈，尤宜慎诸。至有未悟淹留[67]，偏追劲疾，不能迅速，翻效迟重。夫劲速者，超逸之机，迟留者，赏会之致。将反其速，行臻会美之方；专溺于迟，终爽绝伦之妙。能速不速，所谓淹留；因迟就迟，讵名赏会！非其心闲手敏，难以兼通者焉。

假令众妙攸归，务存骨气；骨既存矣，而遒润加之。亦犹枝干扶疏，凌霜雪而弥劲；花叶鲜茂，与云日而相晖。如其骨力偏多，遒丽盖少，则若枯槎架险，巨石当路，虽妍媚云阙，而体质存焉。若遒丽居优，骨气将劣，譬夫芳林落蕊，空照灼而无依；兰沼漂萍，徒青翠而奚托。是知偏工易就，尽善难求。虽学宗一家，而变成多体，莫不随其性欲，便以为姿。质直者则径侹不遒，刚佷者又倔强无润，矜敛者弊于拘束，脱易者失于规矩，温柔者伤于软缓，躁勇者过于剽迫，狐疑者溺于滞涩，迟重者终于蹇钝，轻琐者染于俗吏。斯皆独行之士，偏玩所乖。

《易》曰："观乎天文，以察时变；观乎人文，以化成天下。"况书之为妙，近取诸身。假令运用未周，尚亏工于秘奥；而波澜之际，已浚发于灵台。必能旁通点画之情，博究始终之理，镕铸虫、篆，陶钧草、隶。体五材[68]之并用，仪形不极；象八音[69]之迭起，感会无方。至若数画并施，其形各异；众点齐列，为体互乖。一点成一字之规，一字乃终篇之准。违而不犯，和而不同；留不常迟，遣不恒疾；带燥方润，将浓遂枯。泯规矩于方圆，遁钩绳之曲直。乍显乍晦，若行若藏，穷变态于毫端，合情调于纸上。无间心手，忘怀楷则；自可背羲、献而无失，违钟、张而尚工。譬夫绛树、青琴[70]，殊姿共艳；隋珠和璧，[71]异质同妍。何必刻鹤图龙，竟惭真体；得鱼获兔，犹吝筌蹄。

闻夫家有南威之容，乃可论于淑媛；有龙泉之利，然后议于断割。[72]语过其分，实累枢机。吾尝尽思作书，谓为甚合，时称识者，辄以引示。其中巧丽，曾不留目；或有误失，翻被嗟赏。既昧所见，尤喻所闻。或以年职自高，轻致陵诮。余乃假之以湘缥，题之以古目；则贤者改观，愚夫继声，竞赏毫末之奇，罕议锋端之失。犹惠侯之好伪，[73]似叶公之惧真。是知伯子之息流波，[74]盖有由矣。夫蔡邕不谬赏，[75]孙阳[76]不妄顾者，以其玄鉴精通，故不滞于耳目也。向使奇音在爨[77]，庸听惊其妙响；逸足伏枥，凡识知其绝群，则伯喈[78]不足称，良乐未可尚也。至若老姥遇题扇，初怨而后请；[79]门生获书机，父削而子懊，[80]知与不知之。夫士屈于不知己，而申于知己，彼不知也，曷足怪乎！故庄子曰："朝菌不知晦朔，[81]蟪蛄不知春秋。"老子云："下士闻道，大笑之；不笑之，则不足以为道也。"岂可执冰而咎夏虫哉！[82]

自汉、魏已来，论书者多矣，妍蚩杂糅，条目纠纷。或重述旧章，了不殊于既往；或苟兴新说，竟无益于将来；徒使繁者弥繁，阙者仍阙。今撰为六篇，分成两卷，第其工用，名曰《书谱》，庶使一家后进，奉以规模；四海知音，或存观省；缄秘之旨，余无取焉。垂拱三年写记。[83]

〔注释〕 ① 钟、张：钟繇和张芝。 ② 抗行：抗衡、并行，犹言不相上下。汉荀悦《汉纪·高祖纪四》："欲以区区之越，与天子抗行，为敌国，祸且及身矣"。 ③ 雁行：相排而行。语云"伯仲之间"，不相上下。《通雅·释诂》："雁行，犹颜行……前行曰颜，通作雁。" ④ 池水尽墨：晋卫恒《四体书势》"弘农张伯英（张芝）者，因而转精其巧，凡家之衣帛，必先书然后练之；临池学书，池水尽墨。" ⑤ 寡人：原为古代君主的谦称及诸侯夫人的自称。晋人习惯自称寡人，并上下通称，不以为僭。 ⑥ 前规：此处指钟繇开创楷书，张芝开创今草。 ⑦ 摭（zhí）：拾取，摘取。王充《论衡·逢遇》："犹拾遗于涂（通"途"），摭弃于野。" ⑧ 即：接近、靠近。《尔雅·释诂下》："即，尼也。"郭璞注："尼者，近也。"事：指书法。 ⑨ 四贤：指钟繇、张芝、王羲之、王献之。⑩ 质：本意、本质、实体。《荀子·劝学》："其质非不美也。"此作朴实讲，谓缺乏文采。与"文"相对。妍：文也，华美，有文采。刘勰《文心雕龙·情采》："夫水性虚而沦漪结，木体实而花萼振，文附质也。" ⑪ 此句《佩文斋书画谱》作"虽书契作之。"书契，犹言文字。 ⑫ 淳醨（chún lí）：亦作淳漓，味厚者为淳，味薄者为醨。《旧唐书·文苑传序》："世代有文质，风俗有淳醨，学识有浅深，才性有工拙。" ⑬ 驰骛：往来奔走。《楚辞·东方朔〈七谏·自悲〉》："驾青龙以驰骛兮，班衍衍之冥冥。" ⑭ 乖：违背，不协调。《韩非子·亡征》："内外乖者，可亡也。" ⑮ 文质彬彬，然后君子：出自《论语》："子曰：质胜文则野，文胜质则史，文质彬彬，然后君子。"指内在的本质与外在的文采相称，才能成为君子。　⑯ 玉辂(lù)：古代帝王所乘之车，以玉为饰。辂，指绑在车辕上用来牵引车子的横木。高诱注："玉辂，王者所乘，有琬琰象牙之饰。"椎轮：原始的无辐车轮，用整块圆木做车轮的简陋车子。后来椎轮引申为事物的草创阶段。　⑰ 物：人。唐柳宗元《衡阳与梦得分路赠别》："直以慵疏招物议，休将文字占时名。""物论"当指时人的议论、众人的舆论。　⑱ 胜母之里，曾参不入：语出《史记・邹阳传》。曾子为孔子弟子，以孝称，因里巷名为"胜母"，曾子便不入内，名不顺也。　⑲ 豪翰：指毛笔，豪通"毫"。　⑳ 箕(jī)裘：语出《礼记》："良工之子，必学为箕，良冶之子，必学为裘。"意谓子弟由于耳濡目染，往往继承父兄之业。未克箕裘：意犹为不能继承世业。　㉑ 假托神仙：指《飞鸟帖》所云："臣年二十四，隐林下，有飞鸟左手持纸，右手持笔，惠臣五百七十九字，臣未经一周，形势仿佛。"　㉒ 面墙：指喻不学习而见识浅薄的人。《书・周官》："不学墙面，莅事惟烦。"孔传："人而不学，其犹正墙面而立，临政事必烦。"　㉓ 志学之年：指少年时代，《论语》："子曰'吾十有五，而志于学'。"　㉔ 二纪：二十四年。古称十二年为一纪。　㉕ 入木之术：语出唐张怀瓘《书断》："王羲之书祝版。二人削之，笔入木三分。"比喻书法功力深厚。　㉖ 导：指执笔中的运指笔法，南唐李煜《书述》："导者小指引名指过右。"　㉗ 峰杪：峰或谓锋，指笔尖。　㉘ 衄挫：指书法用笔中的衄锋和挫锋，衄锋乃笔往下行至末端逆笔上收。挫锋亦作挫笔，即在运笔时突然停止以改变方向，一般在运笔至转角或趯处时用。　㉙ 班超、项籍：《后汉书・班超传》：超尝辍业投笔曰："大丈夫无他志略，犹当效傅介子张骞立功异域，以取封侯，安能久事笔砚间乎？""援项籍而自满"：《史记・项羽本纪》载，项籍少时学书不成，去学剑，又不成。项梁怒之，籍曰："书，足以记姓名而已，剑，一人敌，不足学，学万人敌耳。"此处犹言不肯学书或书法不佳者，援引项籍不肯学书的故事为托词。　㉚ 坐隐：下围棋的别称，宋黄庭坚《弈棋》："坐隐不知岩穴乐，手谈胜与俗人言。"　㉛ 垂纶：垂钓。传姜太公未仕时曾垂钓渭水，后以"垂纶"喻隐居；行藏：语出《论语・述而》："用之则行，舍之则藏。"意谓进与退。　㉜ 挻：亦作"埏"，埏埴，和泥制作陶器。《老子》："埏埴以为器，当其无，有器之用。"罔：无，没有。　㉝ 领要：又要领。《资治通鉴・唐高祖武德二年》："陛下语太多，而无领要。"　㉞ 畐：《佩文斋书画谱》作"富"、"方畐"指方形的笺册。古代点诰、诏命、表奏等用方形笺册，方畐：用以借指重要文书。　㉟ 厥：代词，其。《书・伊训》："古有夏先后方懋厥德，罔有天灾。"攸：所。《易・坤》："君子有攸往，先迷后得主，利。"　㊱ 检：一作险。　㊲ 流媚：犹谓柔媚。　㊳ 徇：《佩文斋书画谱》该字作"狥"，通"殉"。《史记・伯夷列传》："贪夫殉财。"徇知：舍身报答知己。　㊴ 阑：衰退、消沉。谢灵运《长歌行》："亹亹衰期迫，靡靡壮志阑。"情怠手阑：犹言神情疲惫，手腕无力。　㊵ 揆：度量、考察、揣摩。《汉书・董仲舒传》："孔子作《春秋》，上揆之天道，下质诸人情。"庸昧：资质愚钝，才识浅陋，用作谦词。《周书・于谨传》："此是家事，素虽庸昧，何敢有辞。"　㊶ 代：本为"世"，避太宗李世民讳。　㊷ 师宜官：汉代书法家。　㊸ 邯郸淳：一名竺，字子叔(或子淑)。三国魏颍川人。晋卫恒《四体书势》："魏初传古文者，出于邯郸淳。"南朝梁袁昂《古今书评》："邯郸淳书应规入矩，方圆乃成。"　㊹ 缣缃：供书写用的浅黄色细绢，泛指书册。　㊺ 崔、杜：崔瑗和杜度；萧、羊：指萧思话和羊欣。萧学书于羊，以隶书见长。羊受书法于王献之。羊欣(370—442)字敬元。泰山南城人，献之外甥，尝从王学书。范晔、萧思话、王僧虔皆师羊。　㊻ 籍甚：盛大、卓著。　㊼ 靡蠹不传：因碎烂蠹蚀而不能流传下来。靡，碎烂，毁坏。蛀蚀，败坏即为蠹。㊽ 觌缕：弯弯曲曲，谓详细陈述。　㊾ 六文：指六书。指六种文字，即古文、奇字、篆书、隶书、缪篆、鸟书。　㊿ 八体：指秦代八种不同用途的书体。东汉许慎《说文解字・叙》："自尔秦书的八体：一曰大篆，二曰小篆，三曰刻符，四曰虫书，五曰摹印，六曰署书，七曰殳书，八曰隶书。"

一说指书史上八种主要的书体。　⑤①龙蛇云露：中国古代象形书体之名。龙书传为庖牺氏时的古文字，六书之始。元郑杓《衍极》："太暤之时，龙马负图出于荣河，帝则之，画八卦，以龙纪官，乃命飞龙朱襄氏造六书，于是始有'龙书'。"唐韦续《墨薮·五十六种书》："蛇书，鲁人唐综，当汉、魏之际，梦龙绕身，寤而作之。"元刘有定记"唐终为'唐综'"，"梦龙"为"梦蛇"，黄帝时，因卿云作云书。唐徐坚《初学记》："垂露书，如悬针而势不遒劲，阿那若浓露之垂，故谓之'垂露'。"　⑤②龟鹤花英：一作"龟鹤芝英"，中国古代象形书体之名。唐韦续《墨薮·五十六种书》："帝尧陶唐氏因轩辕灵龟负图作龟书"，"鹤头书"与"偃波"皆诏版所用，汉家尺一之简是也，亦名"鹤头"，"芝英书，六国时各以异体为符信所制也。"　⑤③墨：该字《佩文斋书画谱》作"笔"。　⑤④希夷：指空虚静寂，无声无色的玄妙境界。《老子》："视之不见名曰夷，听之不闻名曰希。"　⑤⑤执、使、转、用：皆为用笔运笔之法。"执"指执笔，"使"指运笔，"转"指转折。"用"指点画结构安排。　⑤⑥《乐毅论》：夏侯泰初撰。晋永和四年(公元348年)十二月王羲之书，小楷，四十四行，真迹不传。《黄庭经》：亦称《换鹅经》。无款，末署"永和十二年五月"。传为王羲之书，小楷，六十行。《东方朔画赞》：无款，传为王羲之书，小楷，三十三行，真迹不传。《太师箴》：亦称《太史箴》。传为王羲之作，内容不详。《兰亭集序》：又名《兰亭序》、《兰亭宴集序》、《临河序》。二十八行，三百二十四字。《告誓文》：王羲之撰并书，王羲之为王述所扼，决意世事，为文以誓不复出。故称。　⑤⑦行：《佩文斋书画谱》作"得"。　⑤⑧怫郁：指心情不舒畅，多忧郁。　⑤⑨啴：和缓。嗳亦作"缓"，啴嗳即柔和舒缓。《礼记·乐记》："其乐心感者，其声啴以嗳。"　⑥⓪睢：水名。涣：亦水名也。　⑥①谙：熟悉。《佩文斋书画谱》该字作"闲"。　⑥②弘羊：指汉人桑弘羊(前152—前80年)洛阳人。武帝时为治粟都尉，大司农，嗣迁御史大夫。创立食盐、冶铁、酒类等国家专卖制度，广开财路，有益于国计民生。　⑥③仲尼：孔子字。　⑥④时然后言：语出《论语·宪问》，意指学书亦须善于把握时机。　⑥⑤槎枿：亦作"蘖"。被砍去或倒下的树木再生的枝芽。　⑥⑥跃：《佩文斋书画谱》作"濯"，此从"躍"。　⑥⑦淹留：运笔法之一。《尔雅·释诂》："淹，留久也。"此指运笔过程中涩笔顿挫之法谓之淹留。　⑥⑧五材：又作"五才"，即指金、木、水、火、土五种物质。《左传·襄公二七年》："天生五材，民并用之，废一不可。"杜预注："五材，金、木、水、火、土也。"又指五种德行。《公韬·龙韬》："所谓五材者，勇、智、仁、信、忠也。"　⑥⑨八音：对中国古代乐器的统称，后泛指音乐。《书·舜典》："三载，四海遏八音。"孔传："八音：金、石、竹、丝、土、革、木、匏。"　⑦⓪绛树青琴：皆为中国古代美女和传说中的女神。三国魏曹丕《答繁钦书》："今之妙舞莫巧于绛树，清歌莫善于宋臈。"《史记·司马相如列传》："若夫青琴宓妃之徒，绝殊离俗，妶冶娴都。"　⑦①隋珠和璧：原指隋侯之珠和和氏之璧。后泛指珍宝。　⑦②南威：指春秋时晋国的美女。《战国策·魏策二》："晋文公得南之威，三日不听朝，遂推南之威而远之，曰：'后世必有以色亡其国者。'"龙泉：指"龙渊"，唐人因避唐高祖李渊之讳而为"泉"。宝剑名，后泛指剑。唐李白《在水军宴赠幕府诸侍卿》："宁知草间人，腰下有龙泉。"　⑦③惠侯之好伪：语出南朝梁虞和《论书表》："惠侯雅所爱重，悬金招买，不讲贵贱，真伪相糅，莫之能别，故惠侯所蓄，多有非真。"　⑦④伯子之息流波：谓知音难觅，语出《韩诗外传》："伯牙善鼓琴，钟子期善听，能知其志在高山流水。钟子期死，伯牙终身不复鼓琴。"　⑦⑤蔡邕不谬赏：语出《后汉书·蔡邕传》："吴人有烧桐以爨者，邕闻火烈之声，知其良木。因请而裁为琴，果有美音，而其尾犹焦，故时人名曰'焦尾琴'焉。"　⑦⑥孙阳：秦穆公时人，善相马，世称伯乐。　⑦⑦爨：烧火煮饭，此泛指烧煮。　⑦⑧伯喈：蔡邕之字。　⑦⑨初怨而后请：语出《晋书·王羲之传》："在蕺山见一老姥，持六角竹扇卖之，羲之书其扇各为五字，老姥有愠色，因为媪曰：'但言是王羲之书，以求百钱。'姥如其言，人竞买之，他日姥又持扇来，羲之笑而不答。"

⑳ 父削而子懊：语出《晋书·王羲之传》："尝诣门生家，见棐几滑净，因书之，真草相半。后为其父误乱去之，门生惊懊者累日。" ㉑ 朝菌：一种朝生暮死的菌类植物。晦朔：月初曰朔，月末曰晦。此谓"早晚"也。语出《庄子·逍遥游》。 ㉒ 蟪蛄：寒蝉。春秋：指一年两季，合指一年。夏虫：语出《庄子·秋水》："夏虫不可以语于冰者，笃于时也。" ㉓ 垂拱：为唐武则天年号。垂拱三年为公元687年。

（张传友）

〔鉴赏〕 孙过庭（约648—703?），字虔礼，一说名虔礼，字过庭。唐河南陈留人（一说浙江富阳人，自称吴郡今江苏苏州人）。出身贫寒，直至不惑之年才担任率府录事参军、右卫胄参军等小官，不久即因品性高洁而遭谗去官，于是用力于书法。

孙过庭专习王羲之草书，细心临摹，几可乱真。张怀瓘《书断》中评价道："工于用笔，劲拔刚断，尚异好奇，凌越险阻。"《续书评》云："过庭草书如悬崖绝壑，笔势劲健。"通观《书谱》草书，其用笔变化无端，笔法古朴，姿态妍美，笔势纵横跌宕，奇诡刚峻。正如唐人所说，在笔法和骨力两方面，过庭不但深得右军精髓，而且表现得更为劲健、更为突出。陈子昂的《祭率府孙录事文》充分肯定他的书法："元常既殁，墨妙不传，君之遗翰，旷代同仙。"他把孙过庭的书法提高到与钟繇比肩的高度。不过，也有人由于他的草书字重复太多，一纸之内同一字缺少适当的灵活变化，讥评其草书"千纸一类，一字万同"。字同而书不能变，确是孙过庭学王不及之处。

《书谱》，分上下两卷，上卷为序，下卷为谱，但下卷已佚，一说作者生前未能完成。上卷原文纸本，该帖现藏台湾故宫博物院。历来《书谱》被视为中国书法史上文、书双绝的不朽之作。宋高宗赵构指出，"《书谱》匪特文辞华美，且草法兼备。"我们认为，《书谱》的意义和价值更多地在于其书论，尤其其书法美学的成就。全文三百五十一行，三千五百余字，主要论述了书法艺术的本质，王羲之在书法史上的地位，书体演变及其审美特征，学书、创作过程中专与博、心与手、乖与合、笔势的疾与迟等问题的辩证关系，书法评鉴与书论的古今考察等五个方面。

在隋唐之前，对书法艺术本质的思考，一直停留在形而下的实用、功能层面。如西汉扬雄提出的"书，心画也"（《法言·问神》），这"心画"并非如后来人所想象的那样，意指书法是对内在自我、主观心灵的表现，从而证明中国书法笔墨情韵的源远流长。联系其语境："言，心声也。书，心画也。声画形，君子小人见矣！"（《问神》）这"书"显然和书法不是一回事。且不说中国书法艺术的真正自觉在扬雄时代是否可能,他所言的“心画”,以及文中多次提到的“书”,明确指涉以《尚书》为代表的述事、记言、达情的文字载体——书籍。东汉《说文》解释说:“书,箸也。从聿,者声。”《说文·序》也有同样的记载:“箸于竹帛谓之书。”接下来说“书者,如也”。何谓“如”?清人段玉裁注曰:“谓如其事物之状也。……谓每一字皆如其物状。”此处方论到汉字字形构造、来源的方面,初步与作为艺术、关涉审美的书法产生了直接的关系。蔡邕接着“书者,如也”的思路,把汉字构造的象形特点作了明确的分疏:“为书之体,须入其形……若水火,若云雾,若日月,纵横有可象者,方得谓之书矣。”从此,“书”之书写、书法的含义才得以彰显。他在《笔论》中还提出“书者,散也”的命题:“欲书先散怀抱,任情恣性。”“散”是一种放下烦恼、拘束的舒适、逸裕状态,是书法创作之前的一种心地空灵、精神澄明的临界状态。这就把书法从实用的形而下的器的层次初步超拔到形而上的道的层次。唐人虞世南讲,“书者,如也,述事契誓者也”,他已经把汉字的象形、述事两方面结合起来,但相比蔡邕则显得过于拘泥。张怀瓘则超越了初唐的遗规,在《书断》中写道:“书者,如也,舒也,著也,记也。”自然接续上了蔡邕的“书者,散也”的思路。

当我们观赏《兰亭》,感慨其中所展露的与自然同情的宇宙观、人生观,流连于笔墨流转所形成的酣畅淋漓的超逸之美,所体会到的是一种动态的勃勃生气。也许魏晋玄学太过空灵深邃,虽然在书法创作、书家陶冶方面浸润了其空、灵的神采,但还未来得及沉潜下来,在书法理论、书法审美的层面有成熟、透彻的思考。过庭之前,如赵壹的《非草书》,蔡邕的《笔论》、《九势》,对汉字字形与物象的关系的论述还是素朴的、牵强的。两晋时出现大量以千姿百态的物象、变化多端的动势,来类比、描绘字形的形态美、动态美的书论,如成公绥的《隶书体》、卫恒的《四体书势》、索靖的《草书状》、刘劭的《飞白势》、杨泉的《草书赋》、卫夫人的《笔阵图》、王羲之的《书论》、《笔势论》等,透露出鲜明的由实用向审美转化的趋向。稍后有羊欣的《采古来能书人名》、虞和的《论书表》、庾肩吾的《书品》,尤其是王僧虔的《书赋》、《论书》、《笔意赞》等书论,已专注书法本身在审美化、艺术化过程中的创作、品鉴问题。

到了孙过庭,则深刻揭示了中国书法美学、水墨艺术最精粹、最深邃、最核心的哲学意蕴——“同自然之妙有”。以书法为代表的东方艺术与东方哲学,在感悟深层的审美、精神生命的意味,透彻天人之际涯,无不相互贯通,亦艺术亦哲学的。在孙过庭那里,主要是道家推崇的本然、素朴、本真,不经人为,超越人为的状态,而道家既讲自然,也推崇“自然”的观念,强调无为、虚无、无。“有”与“无”

相对，道家的“无”不是空“无”所“有”，而是一种超越寻常之“有”的特殊存在状态，非常人感官所能感知。书法之“有”是可视的笔、墨、点、画。对“有”之“妙”的探讨构成了中国书法笔墨论、章法论等的内容。而中国书法的神秘、神韵即在于笔墨流动间给予观者的感受，首先是一种表层的“象”、形象、意象，随后是深层的情绪、意味、寄托，最后感受到一种精神的超拔提升，感悟人生乃至宇宙之“自然”、本然。这“同自然之妙有”，即是中国艺术审美的最高境界——无、虚、道。孙过庭一句话，道出了中国书法、韩国书艺、日本书道之间最本质、最核心的共同性。

通过笔墨点画的营构可以找到通达自然之“妙有”的道路，实际就是把书法与中国哲学、中国文化最本质、最核心的“道”建立了直接的联系。王羲之的时代，这种艺术思维在境界上已经和玄学殊途同归，渐渐合拢。魏晋文学的自觉、艺术的自觉逐步走向审美玄学化、哲学化。到孙过庭、张怀瓘的盛唐时代，这种潜行终于可以冲出地面，掀起狂澜，形成中国书法艺术的巅峰。

《书谱》以五分之二的篇幅论述王羲之的书法成就和地位，试图从书法美学的角度把梁武帝、唐太宗两次“造圣”运动的成果作一总结。元常（钟繇）、伯英（张芝）、右军（王羲之）、子敬（王献之）都是当时后世难以企及的书法高峰。四人成就孰高孰低，也是千余年来人们津津乐道的话题。孙过庭认为，就隶体而言，元常古今卓绝，世善草书者，伯英众推第一。右军隶体稍逊元常，草书堪与伯英比肩。即，无论是在隶体或是草书方面，右军自有他的崇高地位。但与元常、伯英只能独擅一体不同，右军兼善草、隶。就此一点，钟、张二人均逊于右军。子敬的书法成就自知不如乃父，尚且品德有亏，实在和右军无法相比。其实，关于子敬的书法，同时的虞和曾作过比较中肯的评价：“献之始学父书，正体乃不相似，至于笔绝章草，殊相拟类，笔迹流泽，宛转妍媚，乃欲过之。”除了恪守法度楷则不足，追求妍媚流便则可凌驾右军。“古质今妍”的书风递变，正是南朝重视绮丽华美的审美风尚使然。而这，正是与以儒家为主干的传统文化、与刚健雄强的盛唐气象相抵牾的，右军那种寓规矩于自然、属情感于流便，妍媚而不失法度的书风终于受到上层的推崇、提倡，成为书坛正宗。右军之所以能得到梁武帝、唐太宗等的推崇，除了对书体作了大胆变革，点画的书写、流转更具有美感之外，更重要的是客观的点画与主体的情感产生了相互感应、相互感通，使书法超越了实用和舒散怀抱的层次。一点一画，一颦一笑，令观者可以想见书家种种情状。这就是过庭所主张的书法要“达其情性，形其哀乐”。重新审视王羲之的书法地位，肯定他对书体改革以及行草方面的成就，既是一种偏爱“复古”的文化传统惯性使然，是彰显书法之为显学的一种高调姿态，更是从美学、哲学的高度把王羲之所体验的书法之“道”的境界透彻显现出来。王羲之草书所达到的，就是“同自然之妙有”境界的最好文本。书家对生命的体验，对天地宇宙的冥思玄想，无不在其心理、情感上激起阵阵涟漪，感悟到其中的节奏、韵律。当他把这种节奏、韵律通过笔墨、点画的形式宣泄、表现出来，那么，这种书迹本身似乎也具有了生命的节奏、生命的韵律。

肯定“今妍”与“古质”审美风尚的同等正当性、合理性，所昭示的不仅仅是肯定右军较之元常、伯英、子敬的崇高地位。真、草、隶、篆等书体在唐代均发展定型，并达到了很高的成就，导致不同书体、不同书风、不同审美情趣之间争讼不已，需要有人从哲学美学的高度作出合理的解释。过庭指出，“质以代兴，妍因俗易”。由于生活方式的进步，经济水平的提高，政治制度的开明，进而开创一新时代精神，必然反映到文化、艺术的层面。书体愈来愈丰富，书风愈来愈多样，风格愈来愈分化，都是事物发展的自然趋势。作为书家，贵能学古而自出新意，有所发明而能不流时弊。反之，强要书法停留在上古记言的古朴、实用，仅能辨识的层次，正如“易雕宫于穴处，反玉辂于椎轮”，是有悖于社会和艺术发展的大趋势的。那种把“书法”等同于“写字”，局限于实用功能考量的态度，已被唐人毫不犹豫地抛弃。值得注意的是，过庭还注意到不同书体之间审美风格与适用范围的差异：“篆尚婉而通，隶欲精而密，草贵流而畅，章务检而便。”这种不可通约性有助于不同书体形成自己的面目，分途并进，各有专家。对比曹丕论文主张“本同而末异”，由同样点画组合成的不同书体的不同面目构成书之“末”，过庭此论虽较曹丕晚了四个多世纪，他所代表的同样是书法的“自觉”、书体的“自觉”。

书体的“自觉”，是以书家加倍勤奋为基础的。元常、伯英贵在专，右军高在能兼。钟张的时代正当真草初创，所以元常之真而不自觉间有草之“使转纵横”，伯英不经意间能兼真之“点画狼藉”。而今日书家者不得不博涉不同书体，然后能专。落实到临摹、习字、创作，过庭尤强调用心、用情。他在中国书法史上最早提出了心手合一，情感与书法相统一的命题。即，无论何种书体，虽具体技法、风格各有不同，但都要经过“凛之以风神，温之以妍润，鼓之以枯劲，和之以闲雅”，最终使局部的点画与整体的风格都能够“达其情性，形其哀乐”。具体而言，临摹时“贵似”，体会时“贵精”，勤摹苦练，做到“心不厌精，手不忘熟”；“镕铸虫篆，陶均草隶”，虽学宗一家，而又能“变成多体”，能够在创作时顺着自己的性情、思绪，选择适当的书体予以表现;无论笔法之执、使、转、用,笔势之“淹留”、“劲疾”,都会因书家情性的差异、选择的不同而呈现出不同的书法面目、书体风格;人幼善学,人老多思,书家大多随着年龄的增长,人生阅历的增加,性格情感的成熟丰富,最终达到“人书俱老”的境界,呈现出由平正而险绝,由险绝而归平正的阶段性特点;始则“意先笔后”,继而“无间心手”,最终“忘怀楷则”,“一心运化”。从起笔的“一点成一字之规,一字乃终篇之准”,到“泯规矩于方圆,遁钩绳之曲直”,“穷变态于毫端,合情调于纸上”,点画的顺逆、行笔的疾徐、墨色的枯润,无不可以顺着生命的节奏,情感的韵律,如右军那样“涉乐方笑,言哀已叹”。

然而,艺术的创作带有极强的即兴式特点,情绪的波动,工具材料的优劣,无不影响艺术作品成就的高低。《书谱》中初步探讨了主客观条件对创作的影响,这就是“五乖”、“五合”理论,即主观的“神怡务闲”与“心遽体留”、“感惠徇知”与“意违势屈”、“偶然欲书”与“情怠手阑”,客观的“时和气润”与“风燥日炎”、“纸墨相发”与“纸墨不称”,得心顺手时则无所“不适”,“思遏手蒙”时则无所适从。相较而言,“得时不如得器,得器不如得志”。孙过庭所论述的影响创作的种种主客观因素,构成了以后中国书论探讨的主要问题之一,进而影响到中国画论。

以上论及的书法“同自然之妙有”、不同书体的专与博、创作自己的心手合一等命题,同时也是在论述书法鉴赏的方法、标准。过庭认为正如创作中存在种种争议和迷惑,书法鉴赏、评论时同样存在众口喧哗、妍媸混杂的纷乱现象。其中的关键在于“知”还是“不知”。领悟书法本质、精通笔法墨妙的书论家,自会“不滞于耳目”,不同于流俗,不随人脚跟,作出自己的公允判断。另外,过庭还论及鉴赏家、评论家与书法家之间的关系问题。书法家成就的高低,作品的优劣,不一定立即能够得到时人的公正评价。而所谓的“评论家”却常常故弄玄虚、颠倒美丑,在这种情况下,精于鉴赏的“伯乐”尤显得可贵。

对于自己的草书,过庭虽自谦不能如右军“入木三分”,但对于自己的《书谱》,还是颇为自信可以被后人奉为“规模”的。如果可以肯定,王羲之的《兰亭序》开创了中国书法步入艺术殿堂的坦途。那么,孙过庭的《书谱》,则是随着魏晋玄学所打开的哲思与审美的狂风,和着钟繇、张芝、二王的书法创作巨澜,踏着初唐四家的鼓点,拉开了中国书法登上艺术巅峰的大幕。特别是他的“同自然之妙有”、“心手双畅”等命题,成为中国书法乃至中国艺术从创作到鉴赏永远说不完的话题。

(张传友)

史通·直书

刘知幾

夫人禀[①]五常[②]，士兼[③]百行[④]，邪正[⑤]有别，曲直[⑥]不同。若邪曲者，人之所贱，而小人之道也；正直者，人之所贵，而君子之德也。然世多趋邪而弃正，不践君子之迹，而行由小人者，何哉？语曰："直如弦，死道边；曲如钩，反封侯。"故宁顺从以保吉，不违忤[⑦]以受害也。况史之为务，申以劝诫，树之风声[⑧]。其有贼臣逆子，淫君乱主，苟直书其事，不掩其瑕[⑨]，则秽迹彰于一朝，恶名被于千载。言之若是，吁[⑩]可畏乎！

夫为于可为之时则从，为于不可为之时则凶。如董狐之书法不隐，赵盾之为法受屈，彼我无忤，行之不疑，然后能成其良直，擅名今古。至若齐史之书崔弑[⑪]，马迁之述汉非，韦昭仗正[⑫]于吴朝，崔浩犯讳于魏国，或身膏斧钺[⑬]，取笑当时；或书填坑窖，无闻后代。夫世事如此，而责史臣不能申其强项[⑭]之风，励其匪躬[⑮]之节，盖亦难矣。是以张俨发愤，私存《嘿记》之文；孙盛不平，窃撰辽东之本。以兹避祸，幸获两全。足以验世途之多隘，知实录之难遇耳。

然则历考前史，徵诸直词，虽古人糟粕，真伪相乱，而披沙拣金[⑯]，有时获宝。案金行[⑰]。在历，史氏尤多。当宣、景开基之始，曹、马构纷之际，或列营渭曲，见屈武侯，或发仗云台，取伤成济。陈寿、王隐咸杜口而无言，陆机、虞预各栖毫[⑱]而靡述。至习凿齿，乃申以死葛走达[⑲]之说，抽戈犯跸[⑳]之言。历代厚诬，一朝如雪。考斯人之书事，盖近古之遗直[㉑]欤？次有宋孝王《风俗传》、王劭《齐志》，其叙述当时，亦务在审实。案于时河朔王公，箕裘未陨[㉒]；邺城将相，薪构[㉓]仍存。而二子书其所讳，曾无惮色。刚亦不吐[㉔]，其斯人欤？

盖烈士徇名[㉕]，壮夫重气，宁为兰摧玉折，不作瓦砾长存。若南、董之仗气直书，不避强御；韦、崔之肆情奋笔，无所阿容㉖。虽周身之防有所不足,而遗芳余烈,人到于今称之。与夫王沈《魏书》,假回邪㉗以窃位,董统《燕史》,持谄媚以偷荣,贯三光㉘而洞九泉㉙,曾未足喻其高下也。

〔注释〕 ① 禀:领受。 ② 五常:此指人的气质。 ③ 兼:同时具有。 ④ 百行:各种品行。 ⑤ 邪正:善恶。 ⑥ 曲直:是非。 ⑦ 忤:抵触。 ⑧ 风声:风化声教。 ⑨ 瑕:疵病、过失。 ⑩ 吁:叹词。 ⑪ 齐史之书崔弑:齐大夫崔杼杀死齐庄公,太史写上"崔杼弑其君",崔杼把太史杀掉。太史的两个弟弟继续这样写,又被杀掉。剩下的幼弟继续这样写,崔杼不敢再杀。事见《左传·襄公二十五年》。 ⑫ 仗正:主持正义。 ⑬ 身膏斧钺:意思是被处死。 ⑭ 强项:指性格刚强,不肯低头。项,颈后部。 ⑮ 匪躬:忠于职守而奋不顾身。 ⑯ 披沙拣金:比喻细心挑选。 ⑰ 金行:指西晋。按五行的说法,晋朝以金德王天下。 ⑱ 栖毫:指停笔。 ⑲ 死葛走达:死了的诸葛亮,吓跑了活着的司马懿。仲达,司马懿的字。 ⑳ 抽戈犯跸:指魏高贵乡公曹髦把铠甲、兵器发给军士出讨司马昭。跸,帝王的车驾。 ㉑ 古之遗直:古人正直的遗风。 ㉒ 箕裘未陨:指北魏王公后裔威势尚在。箕裘,比喻祖先的事业;陨,坠落。 ㉓ 薪构:此指父祖的遗业。薪,指薪传,谓柴虽烧尽,火种仍可留传;构,指堂构,谓立堂基,盖房屋。 ㉔ 刚亦不吐:意指不畏强暴。 ㉕ 徇名:为美好的名声而舍身。 ㉖ 阿容:曲从容忍。 ㉗ 回邪:枉曲、不正。 ㉘ 贯三光:指上天。 ㉙ 洞九泉:指下地。

（张剑光）

〔鉴赏〕《史通》为唐代史学家刘知幾著。全书共二十卷,四十九篇。《直书》篇反映了作者的一个重要史学观点。

"直书"是中国史学的优良传统之一,在古代,无论史家的内心是否认同于此,在公开的理论场合,几无人敢对此表示异议。这一观念的形成,可追溯到商周时代的宫廷史官,因而有着极为深厚的历史背景。

我国的史官制度,传说起于黄帝时期,这当然不可信。但有可靠的证据表明,至少在商代,我国已出现了史官与官方记事制度,甲骨文中便有"作册"、"史"和"尹"等史官名称。至西周,史职日繁,不但天子有史官,一些诸侯国也先后设置了史官。其时史官的职掌范围虽然很广,包括天算历法、祭祀、占卜、图籍管理、宫廷文秘等,但据实直书史事无疑是其基本工作之一,《国语·楚语》即称"有事不书,是史失其职守"。由于史官须具备广博的天文、地理和人文知识者才能充任,故在当时社会文化尚不发达的条件下,一般只能通过家族内的父子传授和世袭来继续这一事业,这就使史官在先秦国家的政府中形成了一个比较特殊而自成一格的职官系统。加之其时统治阶级普遍养成了一种重视历史借鉴的深沉意识,史官及其专业职能遂因之而受到朝廷和社会的相当尊重,处于非他人所能随意罢斥或替代的地位。本篇中提到春秋时齐卿崔杼杀庄公后,因怒齐大史兄弟相继坚持直书"崔杼弑其君"而连杀三人,仍未能迫使对方屈服,终于不得不放弃了篡改史实的念头,便是在上述历史背景下发生的。也可以说,先秦诸侯国史官董狐、齐大史和南史氏能够做到"仗气直书,不避强御",不光取决于他们个人作为史官所具备的品德、素养和气节,也是和当时的制度及一般上层社会长期形成的舆论共识制约分不开的。

秦汉以后,史官在政治上的地位有所下降,并且一般也不再为世袭了,而是完全融入了普通官员的任免系统之中。尽管如此,史官在奉命记载宫廷史事的过程中,仍保持着一定的独立权限。特别是由史官掌记的"起居注",为保持其客观公正性,一般连当世的皇帝也不得观看,其中亦寓有督促帝王不得为非作歹的含义。但到了唐代,这一传统渐遭破坏。首先是唐太宗,晚年曾几次提出要看"起居注"。开始褚遂良等大臣还能拒绝他,后来却终于拗不过,将"起居注"删为"实录"给他看。此例一开,史官"直书"传统从制度上遭到了进一步破坏,以致后来的"实录"屡有被篡改的记录。于是,"实录不实"遂不免为后世所诟病。本篇正是针对这种史学现状而展开对"直书"问题的讨论。

不过刘知幾去古已远,他并未能从古代制度的兴灭上去考察此事,而只是从人治和个人品行的角度作了论述。他认为,"直书"之所以难得,乃是因为人皆有趋利避害的本能,所谓"宁顺从以保吉,不违忤以受害也"。但也正因如此,更显得"直书"之可贵。在他看来,史家能否做到"直书",取决于两方面:一是当权者的名誉、地位和利益因史家"直书"而受损时,能否大度容纳;二是史家能否在强权高压、名利引诱下不变节而维护历史的尊严,坚持真理和直书其事。董狐的"书法不隐",指责晋正卿"赵盾弑其君",赵盾心中虽感不快,却能容忍之,是以二者各能成为"良史"和"良大夫"而"擅名今古"。至于齐大史、三国吴韦昭、北魏崔浩的"直书",则因不为统治者所容,"或身膏斧钺,取笑当时;或书填坑窖,无闻后代",岂不悲哉!

当然,刘知幾并不认为暴君权臣的淫威杀戮和利禄笼络,能够使天下史家皆屈服而缄口不言、以是为非。千百年来,那不顾种种压力和坎坷遭际而坚持发扬"直书"精神的史家依然代有其人。这些人之所以冒死直书,不但是为保存信史,实亦名节观念激励所由然,"盖烈士徇名,壮夫重气,宁为兰摧玉折,不作瓦砾长存","虽周身之防有所不足,而遗芳余烈,人到于今称之"。他们以自己的生命和矢忠不渝的事业,保持了史家的自我尊严,实现了自己所追求的人生价值。

本篇所提出的"直书"问题,就其精神实质而言,不但对史家的事业和史学的发展具有普遍的意义。推而广之,就是对于从事其他的学术研究和社会事业,这种独立不倚、实事求是和勇于为真理献身的精神也是必不可少的。 (胡逢祥)

史通·自叙 刘知幾

予幼奉庭训①,早游文学②。年在纨绮③,便受古文尚书。每苦其辞艰琐④,难为讽读。虽屡逢捶挞⑤,而其业不成。尝闻家君为诸兄讲春秋左氏传,每废书而听。逮⑥讲毕,即为诸兄说之。因窃叹曰:“若使书皆如此,吾不复怠⑦矣。”先君奇其意,于是始授以左氏,期年⑧而讲诵都毕。于时年甫⑨十有二矣。所讲虽未能深解,而大义略举⑩。父兄欲令博观义疏,精此一经。辞以获麟⑪已后,未见其事,乞且观余部,以广异闻。次又读《史》、《汉》、《三国志》。既欲知古今沿革,历数相承,于是触类⑫而观,不假师训。自汉中兴已降,迄乎皇家实录,年十有七,而窥览略周⑬。其所读书,多因假赁⑭,虽部帙残缺,篇第有遗,至于叙事之纪纲,立言之梗概,亦粗知之矣。

但于时将求仕进,兼习揣摩,至于专心诸史,我则未暇。洎年登弱冠⑮,射策⑯登朝,于是思有余闲,获遂本愿⑰。旅游京洛,颇积岁年,公私借书,恣情披阅。至如一代之史,分为数家,其间杂记小书,又竞为异说,莫不钻研穿凿⑱,尽其利害。加以自小观书,喜谈名理,其所悟者,皆得之襟腑⑲,非由染习。故始在总角⑳,读班、谢㉑两汉,便怪前书不应有《古今人表》,后书宜为更始立纪。当时闻者,共责以为童子何知,而敢轻议前哲。于是赧然㉒自失,无辞以对。其后见《张衡》、《范晔集》,果以二史为非。其有暗合于古人者,盖不可胜纪。始知流俗之士,难与之言。凡有异同,蓄诸方寸㉓。

及年以过立㉔,言悟日多,常恨时无同好,可与言者。维东海徐坚,晚与之遇,相得甚欢,虽古者伯牙之识钟期,管仲之知鲍叔,不是过也。复有永城朱敬则、沛国刘允济、义兴薛谦光、河南元行冲、陈留吴兢、寿春裴怀古，亦以言议见许[25]，道术相知。所有榷扬[26]，得尽怀抱[27]。每云："德不孤，必有邻，四海之内，知我者不过数子而已矣。"

昔仲尼以睿圣明哲，天纵多能，睹史籍之繁文，惧览者之不一，删《诗》为三百篇，约史记以修《春秋》，赞易道以黜八索[28]，述职方以除九丘[29]，讨论坟、典[30]，断自唐、虞，以迄于周。其文不刊[31]，为后王法。自兹厥后，史籍逾多，苟非命世大才，孰能刊正其失？嗟予小子，敢当此任！其于史传也，尝欲自班、马已降，讫于姚、李、令狐、颜、孔诸书，莫不因其旧义，普加厘革。但以无夫子之名，而辄行夫子之事，将恐致惊末俗，取咎时人，徒有其劳，而莫之见赏。所以每握管叹息，迟回[32]者久之。非欲之而不能，实能之而不敢也。

既朝廷有知意者，遂以载笔[33]见推。由是三为史臣，再入东观[34]。每惟皇家受命，多历年所，史官所编，粗惟纪录。至于纪传及志，则皆未有其书。长安中，会奉诏预修唐史。及今上即位，又敕撰《则天大圣皇后实录》。凡所著述，尝欲行其旧议。而当时同作诸士及监修贵臣，每与其凿枘[35]相违，龃龉[36]难入。故其所载削，皆与俗浮沈。虽自谓依违[37]苟从，然犹大为史官所嫉。嗟乎！虽任当其职，而吾道不行；见用于时，而美志不遂。郁怏[38]孤愤[39]，无以寄怀[40]。必寝而不言，嘿[41]而无述，又恐没世之后，谁知予者。故退而私撰《史通》，以见其志。

昔汉世刘安著书，号曰《淮南子》。其书牢笼[42]天地，博极古今，上自太公，下至商鞅。其错综[43]经纬，自谓兼于数家，无遗力矣。然自淮南已后，作者无绝。必商榷而言，则其流又众。盖仲尼既殁，微言不行；史公著书，是非多谬。由是百家诸子，诡说异辞，务为小辨，破彼大道，故扬雄《法言》生焉。儒者之书，博而寡要，得其糟粕，失其菁华。而流俗鄙夫，贵远贱近，传兹牴牾[44]，自相欺惑，故王充《论衡》生焉。民者，冥也，冥然罔知，率彼愚蒙，墙面[45]而视。或讹音[46]鄙句[47]，莫究本源，或守株[48]胶柱[49]，动多拘忌[50]，故应劭《风俗通》生焉。五常[51]异禀[52]，百行[53]殊执[54]，能有兼偏，知有长短。苟随才而任使，则片善不遗，必求备而后用，则举世莫可，故刘劭《人物志》生焉。夫开国承家，立身立事，一文一武，或出或处，虽贤愚壤隔[55]，善恶区分，苟时无品藻[56]，则理难铨综[57]，故陆景《典语》生焉。词人属文，其体非一，譬甘辛殊味，丹素异彩，后来祖述[58]，识昧圆通[59]，家有诋诃[60]，人相掎摭[61]，故刘勰《文心》生焉。

若《史通》之为书也，盖伤当时载笔之士[62]，其义不纯。思欲辨其指归[63]，殚[64]其体统[65]。夫其书虽以史为主，而余波所及，上穷王道，下掞[66]人伦，总括万殊，包吞千有。自法言已降，迄于文心而往，固以纳诸胸中，曾不慸芥[67]者矣。夫其为义也，有与夺焉，有褒贬焉，有鉴诫焉，有讽刺焉。其为贯穿者深矣，其为网罗者密矣，其所商略者远矣，其所发明者多矣。盖谈经者恶闻服、杜[68]之嗤，论史者憎言班、马之失。而此书多讥往哲，喜述前非。获罪于时，固其宜矣。犹冀[69]知音君子，时有观焉。尼父有云："罪我者春秋，知我者春秋。"抑斯之谓也。

昔梁征士[70]刘孝标作《叙传》，其自比于冯敬通[71]者有三。而予辄不自揆[72]，亦窃比于扬子云者有四焉。何者？扬雄尝好雕虫小技[73]，老而悔其少作。余幼喜诗赋，而壮都不为，耻以文士得名，期以述者自命。其似一也。扬雄草玄[74]，累年不就，当时闻者，莫不哂其徒劳。余撰史通，亦屡移寒暑。悠悠尘俗，共以为愚。其似二也。扬雄撰《法言》，时人竞尤其妄，故作《解嘲》以詶[75]之。余著《史通》，见者亦互言其短，故作《释蒙》以拒之。其似三也。扬雄少为范踆、刘歆所重，及闻其撰《太玄经》，则嘲以恐盖酱瓿[76]。然刘、范之重雄者，盖贵其文彩若《长扬》、《羽猎》之流耳。如《太玄》深奥，理难探赜[77]。既绝窥逾[78]，故加讥诮。余初好文笔，颇获誉于当时。晚谈史传，遂减价于知己。其似四也。夫才唯下劣，而迹类先贤。是用铭之于心，持以自慰。

抑犹有遗恨，惧不似扬雄者有一焉。何者？雄之《玄经》始成，虽为当时所贱，而桓谭以为数百年外，其书必传。其后张衡、陆绩果以为绝伦[79]参圣[80]。夫以史通方诸《太玄》，今之君山，即徐、朱等数君是也。后来张、陆，则未之知耳。嗟乎！傥使平子不出，公纪不生，将恐此书与粪土同捐[81]，烟烬俱灭。后之识者，无得而观。此予所以抚卷涟洏[82]，泪尽而继之以血也。

〔注释〕 ①庭训：父亲的教诲。训，教诲，开导。 ②文学：泛指文章经籍。 ③纨绮：指少年时期。 ④艰琐：艰难琐碎。 ⑤捶挞：鞭打。 ⑥逮：到。 ⑦怠：怠懈。 ⑧期年：一整年。 ⑨甫：才。 ⑩举：穷尽。 ⑪获麟：春秋鲁哀公十四年西狩获麟，孔子作《春秋》至此绝笔。引申指春秋末期。 ⑫触类：接触同类。 ⑬周：遍及。 ⑭假赁：借、租赁。 ⑮弱冠：古代二十岁行冠礼，指男子二十岁左右的年龄。弱，年少。 ⑯射策：应试。 ⑰获遂本愿：能够满足本来的愿望。 ⑱穿凿：原意为牵强附会，此指尽力了解史书。 ⑲襟腑：心胸、襟怀。 ⑳总角：童年时代。 ㉑谢：谢承，吴国人，著《后汉书》。 ㉒赧然：脸红、难为情。 ㉓方寸：心、脑海。 ㉔立：即三十而立。 ㉕见许：相称许。许，称赞。 ㉖榷扬：研讨。 ㉗怀抱：胸襟、抱负。 ㉘八索：古书名。 ㉙九丘：古书名。 ㉚坟典：三坟五典的并称，后转为古代典籍的通称。 ㉛不刊：即不刊之词，不必删改、修订。 ㉜迟回：迟疑不决。 ㉝载笔：史传、制疏、表奏一类文字。 ㉞东观：汉代藏书之地，后代泛指史馆。 ㉟凿枘：圆凿方枘的略语，指不相容。 ㊱龃龉：相违抗。 ㊲依违：违心地依顺。 ㊳郁怏：抑郁不乐。 ㊴孤愤：因孤高嫉俗而产生的愤慨之情。 ㊵寄怀：寄托怀抱。 ㊶嘿：同"默"，静默、不语。 ㊷牢笼：包罗。 ㊸错综：交错综合。 ㊹牴牾：抵触。 ㊺墙面：谓面对墙壁，目无所见。比喻一无所知。 ㊻讹音：不合标准的异音。 ㊼鄙句：俚俗的语句。 ㊽守株："守株待兔"的省称。 ㊾胶柱：胶住瑟上的弦柱，以致不能调节音的高低，比喻固执拘泥，不知变通。 ㊿拘忌：拘束顾忌。 51五常：金、木、水、火、土，此指人的气质。 52禀：领受、承受。 53百行：各种品行。 54执：执持、具有。 55壤隔：即天壤之隔，指差别很大。 56品藻：评论、品题。 57铨综：权衡和综合。 58祖述：效法、遵循前人的行为或学说。 59圆通：通达事理。 60诋诃：诋毁、指责。 61掎摭：指摘。 62载笔之士：史官。 63指归：即旨归，指主旨。 64殚：竭尽。 65体统：文章的体裁和条例。 66揆：尽。 67蔕芥：也作"芥蒂"，细小的梗塞物。 68服、杜：即服虔、杜预。 69冀：希望。 70征士：不接受朝廷征聘的文士。 71冯敬通：冯衍，汉朝人。有奇才，博通群书。 72揆：度量、揣度。 73雕虫小技：比喻小技、小道，多指辞章之学。　⑭ 玄：指《太玄》。　⑮ 詶：酬答。　⑯ 酱瓿：装酱的瓦器。瓿，瓦器。　⑰ 賾：幽深难见。　⑱ 窥逾：也作“窥觎”，希求。　⑲ 绝伦：无与伦比。　⑳ 参圣：位跻圣人之列。　㉑ 捐：抛弃。　㉒ 涟洏：泪流不止的样子。　（张剑光）

〔**鉴赏**〕《自叙》是刘知幾《史通》全书的点睛之篇，灵魂所在，纲领所系，可目为导读篇。

《自叙》述一生学术生涯、《史通》缘起、宗旨、内容及学术价值，体现了刘知幾的独断之学和通识之才。

他“幼奉庭训，早游文学”，“将求仕进，兼习揣摩”。年二十中进士，任获嘉县主簿（相当九品官）达三十年。后以文笔见长被推荐入史馆，参与纂修实录与国史。

在幼年时代，他就显示出自立、自强的学习精神。《自叙》对此有所披露，说自己“年在总角”，其父令他读古文《尚书》，他以“其辞艰琐”，弃而不学，虽屡受“捶挞”，决不曲就。遂自选《左传》，旁听一年，便能“略举大义”，令父兄辈刮目相看。其父有意让他“专此一经”，他又以《春秋》止于“获麟”，后史不详为由，另读群史，“以广见闻”。十余岁的少年，便养成了独特的读书精神。尤其可贵的是能独申己见，不与俗苟合，又“不假师训”，如《自叙》所说：“自小观书，喜谈名理，其所悟者，皆得之襟腑，非由习染。”对于名家著述，他也勇于质疑问难，指陈利弊，以致招来责备，有人教训他：“童子何知，而敢轻议前哲！”面对这种责难，他反以“流俗之士，难与之言”相抗衡。在刘知幾看来，前人的成就，理应继承，并且要做到博览群书，善于取其精华，弃其糟粕。他年十七，对汉、唐史籍便能“窥览略周”。“射策登朝”之后，又能“公私借书，恣情披阅”、“杂记小书，莫不钻研穿凿，尽其利害”。做到了博而不杂，多而不芜。善读书，是刘知幾独断之学的起点。

由博览达到专精是刘知幾独断之学成熟的标志。汉代设立“五经博士”之后，学者多走上章句之学，一生专治一经。刘知幾反对这种治学方法，旗帜鲜明地提倡博览群书的主张：“学者有博闻归来，多识其物，若不窥别录，不讨异书，专治周、孔之章句，直守迁（司马迁）、固（班固）纪传，亦何能自致于此乎？”（《史通·杂述》）显然，博与专反映了两种不同的治学之道。刘知幾主张治学以博览为基础，然后向专精方向发展，不能停留在博览阶段，只图博览，也不是真正的治学。“独断之学”的精髓，要在择善；学术专精，务在辨伪。他强调指出：“假有学穷千载，书总五车，见良直而不觉其善，逢牴牾而不知其失”，“虽多亦安用为？”（《杂说》下）只有做到多闻择善、明得失、辨真伪、评是非、析其流、通其义，才称得起独断之学。刘知幾精读了《史记》、《汉书》、《三国志》等纪传体正史，也深究过《淮南子》、《法言》、《论衡》、《风俗通》、《文心》等子学名著，从中汲取了可贵的学术营养，丰富了自己的才、学、识。更为重要的是从前人的失误、偏见、缺憾中寻找正确答案，探求真理，以形成自己的独特治学之道。他指出，孔子之后，“史籍逾多，苟非世也大才，孰能刊正其失？嗟予小子，敢当此任！其于史传也，尝欲自班、马已降，迄于姚(察)、李(百药)、令狐(德棻)、孔(颖达)诸书，莫不因其旧义，普加厘革”(《自叙》)。他视此举为效法孔子删“六经”的盛事，是“无夫子之名，而辄行夫子之事”。孔子删订了“六经”，“其文不刊，为后王法”。而他要修订群史，却要“致惊末俗，取咎时人”。这使他“徘徊良久”，“握管叹息”。由于对独断之学的追求，毅然冲破世俗偏见，奋力开拓新的学术领域。他在阐述《史通》动机时指出：“若《史通》之为书也，盖伤当时载笔之士，其义不纯。思欲辨其指归，殚其体统。”这种博览群书、指正群书、编撰新作的激情，正是他的独断之学发展的动力。

《史通》是刘知幾独断之学成熟的象征。他身在史馆，心系独断之学。他提出修国史必须坚持“据事直书”的原则，反对曲笔阿主，却遭到权贵们的敌视，兼史馆兼修的宰相宗楚客竟然诬指“其言抵切”，并在史臣中煽动说：“是子作书，欲致吾何地！”(《新唐书·刘子玄传》)语中暗藏杀机。刘知幾愤怒地指出，史馆埋没人才，重用尸素，不可能有所作为。他认为，古来名家，立言垂后，不必身居官舍，而是“杜门不出，成其一家，独断而已”(《辨职》)。鉴于史馆腐败之风根深蒂固，他愤然决定与之分道扬镳。在《自叙》中他追述了当时的心境：“嗟乎！虽任当其职，吾道不行；见用于时，而美志不遂。郁怏孤愤，无以寄怀。必寝而不言，嘿而无述，又恐没世之后，谁知予者。故退而私撰《史通》，以见其志。”这种杜门私撰，就是“成其一家”，完成独断之学。《史通》作为独断之学的结晶，正是刘知幾学术生涯的圆满结局。

《史通》何以称通，它究竟是一部什么书？刘知幾都有明确解释。他指出，史籍有二类，一类“贵乎博闻”，以博采史料见称。一类是以贯通古今著称，“贵乎俊识通才”。孔子、左丘明、司马迁、班固、扬雄、王充、刘勰等名家，皆为“俊识通才”。刘知幾直追孔子，效法《史记》。特别是对司马迁所说“通古今之变，成一家之言”，更是一脉相承。他说：“汉求司马迁之后，封为史通子，是知史之称通，其来自久。博采众议，爰定兹名。”“史通子”是司马迁后人荣获的荣誉封号，含有通史鼻祖之义。刘知幾以《史通》名书，其义在继承通史传统，弘扬司马迁“成一家之言”的独断之学。

《史记》旨在“通古今之变”，总结历史发展规律；《史通》之通，在于总结史籍、史制发展、演变规律。在贯通古今这一点上，有一定共性。《史通》之通，有纵通、横通之别，如《六家》、《二体》、《史官建制》、《古今正史》诸篇，皆贯通历代，纵论史籍、史制演变。又如《载言》、《本纪》、《世家》、《列传》、《书志》、《杂述》等篇，均从横向评论史籍体裁、体例。又如《直书》、《曲笔》、《疑经》、《惑古》等篇，又是横中有通，纵横交错，对某些专题作纵向总结、评论。从总体上看《史通》无疑是一部史学史、史学理论杰作，具有融会贯通的特色。所以，《自叙》评价此书“贯穿者深矣”、“网罗者密矣”、“商略者远矣”、“发明者多矣”，诚非虚言。《自叙》在揭示《史通》内容时说：是书以史为主，旁及“王道”，“下捴人伦”，“总括万殊，包吞千有”。可谓博通古今，体现了通识之才。

“通识”除含有贯通古今的才能之外，还包含写史的见识、观点、态度，也就是史德。没有良好的史德，谈不上贯通古今，更无法对历史人物、事件作出正确评论。《自叙》在阐明《史通》宗旨时说：“其为义也，有与夺焉，有鉴诫焉，有讽刺焉。”就是通识之才的集中体现。这与他一贯主张的“良史以实录直书为贵”，反对“曲笔阿时，谀言媚主”(《曲笔》)的原则是一致的。史家的天职是“记功司过，彰善瘅恶”，史家应有的节操是“仗气直书，不避强御”(《直书》)。他还认为，对“曲笔”献媚之徒，“投畀豺虎可也”。这种曲、直之辨，反映了史界两种对立的道德观。《自叙》所说“与夺”、“鉴戒”、“讽刺”正是对《史通》一书性质的高度概括，也是通识之才的最准确的注解。

《史通》问世之后，史学家、刘知幾的好友徐坚评价说：“为史氏者宜置此坐右也。”(本传)然而，刘知幾对自己的著作的历史命运却十分担忧。他说：“此书多讥往哲、喜述前非，获罪于时，固其宜矣。犹冀知音君子，时有观焉。尼父有云：‘罪我者《春秋》，知我者《春秋》’，抑斯之谓也。”《史通》的确是惊世骇俗之作。世人对直言不讳之作，多有异词诽语，《史通》也逃不出此厄。所以，刘知幾最担心的是《史通》的未来命运。他指出，扬雄所撰《太玄经》，“极阴阳之数”，张衡赞为“绝伦参圣”。而后世若没有张衡、徐坚再世，“将恐此书与粪土同捐，烟烬俱灭，后之识者，无得而观。此予所以抚卷涟洏，泪尽继之以血也”。值得庆幸的是，武、韦集团先后覆灭，权臣宗楚客被诛，他才“获免于难”。唐玄宗继位，派人就家抄录《史通》，读而善之，遂追赠刘知幾为工部尚书。《史通》得以流传于世，避免了泪与血的厄运。

（陈秉才）

原　道[①]　　韩 愈

博爱[②]之谓仁，行而宜之之谓义[③]，由是而之焉之谓道[④]，足乎己无待于外[⑤]之谓德。仁与义为定名[⑥]，道与德为虚位[⑦]。故道有君子小人，而德有凶有吉[⑧]。老子之小[⑨]仁义，非毁之也，其见者小也。坐井而观天，曰天小者，非天小也。彼以煦煦[⑩]为仁，孑孑[⑪]为义，其小之也则宜。其所谓道，道其所道[⑫]，非吾所谓道也；其所谓德，德其所德，非吾所谓德也。凡吾所谓道德云者，合仁与义言之也，天下之公言也；老子之所谓道德云者，去仁与义[⑬]言之也，一人之私言也。周道衰[⑭]，孔子没[⑮]，火于秦[⑯]，黄老于汉[⑰]，佛于晋、魏、梁、隋之间，其言道德仁义者，不入[⑱]于杨[⑲]，则入于墨[⑳]；不入于老，则入于佛。入于彼，必出于此。入者主之[㉑]，出者奴之[㉒]；入者附[㉓]之，出者汙[㉔]之。噫！后之人其欲闻仁义道德之说，孰从而听之？老者曰[㉕]："孔子，吾师之弟子也。"佛者曰[㉖]："孔子，吾师之弟子也。"为孔子者[㉗]，习闻其说，乐其诞[㉘]而自小[㉙]也，亦曰："吾师亦尝云尔[㉚]。"不惟举[㉛]之于其口，而又笔[㉜]之于其书。噫！后之人虽欲闻仁义道德之说，其孰从而求之？甚矣，人之好怪也！不求其端[㉝]，不讯[㉞]其末[㉟]，惟怪之欲闻。

古之为民者四[㊱]，今之为民者六[㊲]。古之教者[㊳]处其一[㊴]，今之教者处其三[㊵]。农之家一[㊶]，而食粟之家六；工之家一，而用器之家六；贾[㊷]之家一，而资焉[㊸]之家六；奈之何民不穷且盗也！古之时，人之害多矣。有圣人者立，然后教之以相生养之道[㊹]。为之君，为之师，驱其虫蛇禽兽而处之中土[㊺]；寒，然后为之衣；饥，然后为之食；木处[㊻]而颠[㊼]，土处[㊽]而病也，然后为之宫室；为之工以赡[㊾]其器用，为之贾以通其有无；为之医药以济其夭死，为之葬埋祭祀以长其恩爱；为之礼以次其先后，为之乐以宣[㊿]其壹郁[51]；为之政以率其怠勧[52]，为之刑以锄其强梗[53]。相欺也，为之符[54]玺[55]斗斛[56]权衡[57]以信之；相夺也，为之城郭甲兵以守之。害至而为之备，患生而为之防。今其言曰："圣人不死，大盗不止；剖斗折衡，而民不争。"呜呼！其亦不思而已矣。如古之无圣人，人之类灭久矣。何也？无羽毛鳞介[58]以居寒热也，无爪牙以争食也。

是故君者，出令者也；臣者，行君之令而致之民者也；民者，出粟米麻丝，作器皿，通货财，以事其上者也。君不出令，则失其所以为君；臣不行君之令而致之民，则失其所以为臣；民不出粟米麻丝，作器皿、通货财以事其上，则诛[59]。今其法[60]曰：必弃而[61]君臣，去而父子，禁而相生养之道，以求其所谓清净寂灭[62]者。呜呼！其亦幸而出于三代[63]之后，不见黜[64]于禹、汤、文、武、周公、孔子也；其亦不幸而不出于三代之前，不见正于禹、汤、文、武、周公、孔子也。帝之与王，其号[65]虽殊[66]，其所以为圣一也。夏葛而冬裘，渴饮而饥食，其事虽殊，其所以为智一也。今其言曰："曷[67]不为[68]太古之无事[69]？"是亦责冬之裘者曰：曷不为葛之之易也；责饥之食者曰：曷不为饮之之易也。传曰："古之欲明明德[70]于天下者，先治其国；欲治其国者，先齐[71]其家；欲齐其家者，先修其身[72]；欲修其身者，先正其心；欲正其心者，先诚其意[73]。"然则古之所谓正心而诚意者，将以有为[74]也。今也欲治其心而外[75]天下国家，灭其天常[76]，子焉而不父其父，臣焉而不君其君，民焉而不事其事。孔子之作《春秋》也，诸侯用夷礼则夷之[77]，进于中国则中国之。《经》曰："夷狄之有君，不如诸夏之亡也。"《诗》曰："戎狄是膺，荆舒是惩[78]。"今也举夷狄之法而加之先王之教之上，几何[79]其不胥[80]而为夷也？

夫所谓先王之教者何也？博爱之谓仁，行而宜之之谓义，由是而之焉之谓道，足乎己无待于外之谓德。其文《诗》、《书》、《易》、《春秋》，其法礼乐刑政，其民士农工贾，其位君臣、父子、师友、宾主、昆弟[81]、夫妇，其服麻丝，其居宫室，其食粟米、果蔬、鱼肉，其为道易明，而其为教易行也。是故以之为己，则顺而祥；以之为人，则爱而公；以之为心，则和而平；以之为天下国家，无所处而不当。是故生则得其情[82]，死则尽其常[83]，郊焉而天神假[84]，庙焉而人鬼飨[85]。曰：斯道也，何道也？曰：斯吾所谓道也，非向[86]所谓老与佛之道也。尧以是传之舜，舜以是传之禹，禹以是传之汤，汤以是传之文、武、周公，文、武、周公传之孔子，孔子传之孟轲。轲之死，不得其传焉。荀与扬[87]也，择焉而不精[88]，语焉而不详[89]。由周公而上，上而为君，故其事行。由周公而下，下而为臣，故其说长[90]。然则如之何而可也？曰：不塞不流，不止不行。人其人[91]，火其书，庐其居[92]。明先王之道以道之[93]，鳏寡孤独[94]废疾者有养也，其亦庶乎[95]其可也。

〔注释〕 ① 原道：探求儒道本原的意思。 ② 博爱：广泛施与爱心。博，大、广泛。 ③ 行而宜之之谓义：实行仁并做得适合当时制度叫做义。宜，适宜、适合。之，指示代词，指当时制度。 ④ 由是而之焉之谓道：从这里出发达到仁义的途径叫做道。由，从；是，指仁义；之，到达、往。 ⑤ 足乎己无待于外：意思为自我完善，不依赖外界的力量。待，依赖。 ⑥ 仁与义为定名：儒家的仁和义有固定的具体的内涵。定名，固定的名称。 ⑦ 道与德为虚位：指道与德是抽象的原则。虚位，空虚之位，这里作抽象。 ⑧ 德有凶有吉：德有恶美。凶，恶；吉，美、好。 ⑨ 小：使……小，即轻视之意。 ⑩ 煦煦：慈爱的样子。 ⑪ 孑孑：琐屑细小的样子。 ⑫ 道其所道：把他说的道当作道。 ⑬ 去仁与义：违背仁义。去，离开、违背。 ⑭ 周道衰：周平王东迁洛阳后，国势衰落，王朝权力日益削弱。 ⑮ 没：通"歿"，死。 ⑯ 火于秦：秦始皇三十四年下焚书令，即儒家仁义道德之说被毁。火，焚烧。 ⑰ 黄老于汉：黄老之学盛行于汉代。 ⑱ 入：归入。 ⑲ 杨：杨朱，战国时哲学家。 ⑳ 墨：墨翟。 ㉑ 主之：以之为主，即尊崇的意思。 ㉒ 奴之：以之为奴，即贬低的意思。 ㉓ 附：附和、赞同。 ㉔ 汙：同"污"，污蔑、诋毁。 ㉕ 老者曰：尊奉老子学说的人说。 ㉖ 佛者曰：信奉佛教的人说。 ㉗ 为孔子者：推崇孔子学说的人。 ㉘ 诞：荒诞、虚妄。 ㉙ 自小：自卑、贬低自己。 ㉚ 云尔：语助词，相当于"等等"。 ㉛ 举：称述。 ㉜ 笔：书写、记载。 ㉝ 端：本原、开始。 ㉞ 讯：问。 ㉟ 末：指学术思想的流变。 ㊱ 古之为民者四：古时候把民区分为士、农、工、商四类。 ㊲ 六：士、农、工、商以外加上僧徒、道士。 ㊳ 教者：推行教化的。 ㊴ 一：指儒家之教。 ㊵ 三：指儒佛道。 ㊶ 一：六民之一。 ㊷ 贾：商人。 ㊸ 资焉：依赖商贾而生活。资，依赖；焉，于此。 ㊹ 相生养之道：互相合作共同维持生存的方法。 ㊺ 中土：中原。 ㊻ 木处：指远古人类在树上筑巢而居。 ㊼ 颠：跌倒、坠落。 ㊽ 土处：指远古人类穴居野处。 ㊾ 赡：供应。 ㊿ 宣：宣泄、排解。 51 壹郁：当作"湮郁"，抑郁。 52 怠勧：怠懈懒散。勌,倦的异体字。 ⑬ 强梗:强横、强暴。 ㊹ 符:古代一种凭证,以竹、木、玉、铜等制成,刻有文字,双方各执一半,相合以验真伪。 ㊺ 玺:印章。 ㊻ 斗斛:量器。 ㊼ 权衡:衡器。 ㊽ 介:甲。 ㊾ 诛:责罚。 ⑩ 其法:指佛教。 ⑪ 而:同"尔",你。 ⑫ 清净寂灭:佛教教义,佛家以离开一切恶行烦恼为清净。寂灭,梵语"涅槃"的意译。 ⑬ 三代:夏、商、周。 ⑭ 黜:贬斥。 ⑮ 号:名号。 ⑯ 殊:不同。 ⑰ 曷:何,为什么。 ⑱ 为:实行。 ⑲ 太古之无事:指远古时代的无为而治。 ⑳ 明明德:发扬美好品德。前一"明"作动词,发扬的意思;后一"明"是形容词,美好。 ㉑ 齐:整治。 ㉒ 修其身:修养其品德。修,修养。 ㉓ 诚其意:使思想意念纯真而不虚假。 ㉔ 有为:有作为。 ㉕ 外:遗弃、抛开。 ㉖ 天常:天伦,指君臣、父子、师友、昆弟、夫妇等伦理关系。 ㉗ 夷之:即视为夷狄。 ㉘ 戎狄是膺,荆舒是惩:意为进攻戎狄,惩罚荆舒。戎狄,泛指古代西北方的少数民族;膺,攻击、打击;荆,指楚国;舒,臣服于楚的小国。 ㉙ 几何:差不多。 ㉚ 胥:全部。 ㉛ 昆弟:兄和弟。昆,兄。 ㉜ 生则得其情:活着的时候能够感受到人们相互之间的情谊。 ㉝ 死则尽其常:死能终其天年,得到合乎礼义的丧葬待遇。常,即天常。 ㉞ 郊焉而天神假:古代祭天在南郊举行,因此称郊礼。假,通"格",到、降临的意思。 ㉟ 庙焉而人鬼飨:祭祖则祖先的灵魂享用。庙,指宗庙祭祀;人鬼,指已逝去的祖宗灵魂;飨,同"享",享食祭品。 ㊱ 向:从前。 ㊲ 荀与扬:指荀况和扬雄。 ㊳ 择焉而不精:从儒家中选择了一些东西但不够精当。择,选择;精,精当。 ㊴ 语焉而不详:谈到了儒家的内容但不够详尽。 ㊵ 长:长久,这里指流传久远。 ㊶ 人其人:前一"人"作动词,意谓使僧尼、道士返还四民之中,各就本业。 ㊷ 庐其居:"庐"作动词用,意谓把寺观庙宇改为民用的房屋庐舍。 ㊸ 道之:道同"导"。 ㊹ 鳏寡孤独:老年无妻曰鳏,老年无夫曰寡,老年无子曰独,幼年无父曰孤。 ㊺ 庶乎:差不多。

（张剑光）

〔鉴赏〕 道,原意是指人所行的道路。后演变为思想史的基本范畴。先秦以来的诸子百家几乎没有不谈"道"的,尽管他们之间的解释歧异,但都把"道"作为各自最高的思想或政治原则,形成了以"道"为中心的各家争鸣的态势。唐代韩愈为了重新确立儒学在学术界的主导地位,恢复被佛家和道家所摒弃的儒家仁义之道的本来面貌,故作《原道》。

《原道》不是一篇简单反对佛家和道家的檄文。对该文的思想倾向,必须联系韩愈一贯的治学主张予以说明。他自称年轻时就"穷究于经、传、史书、百家之说",从中吸取了各家各派的学术营养,因此,他虽推重儒学,但并不独尊一家。在《读孟子》中,他认为"孔子必用墨子,墨子必用孔子,不相用,不足为孔墨",把儒、墨二家看作是相辅相成的两个学术派别。在《进士策问》中,他称赞管仲、商鞅对齐、秦富强事业的贡献,让考生们大胆地议论法家。在《送孟东野序》中,他把包括杨朱、墨翟、老聃、韩非、邹衍、孙武、张仪、苏秦等在内的先秦诸子之学,都看作是以不同的思想和方式反映了社会问题,都应予以介绍和研讨。韩愈这种以儒学为主,兼容百家之学的立场,决定了他在《原道》中排斥佛、道而又融合佛、道的态度。

这篇文章,通过对“道”的诠释,提出了复兴儒学的基本纲领。对于什么是“道”,他分析说:“博爱之谓仁,行而宜之之谓义,由是而之焉之谓道,足乎己无待于外之谓德。仁与义为定名,道与德为虚位。”认为从仁义出发,一直向前走去,这条路就是“道”;行“道”要靠自己,不假外力,这样才能有所得(“德”)。因此,道德与仁义的关系是虚与实、形式与内容的关系;道德是仁义的抽象,仁义是道德的内容。“道”这种形式,哪一个学派都可以用,但必须定位在仁义的内容上。他批评道家说:“吾所谓道德云者,合仁与义言之也……老子之所谓道德云者,去仁与义言之也。”而佛家所说的“道”,乃去“弃君臣”、“去父子”、“禁生养”的“道”,也不包括仁义。韩愈认为这种弃仁义的老、佛之道,是只欲“治心”而“外天下国家”,必将“灭其天常”,造成“子焉而不父其父,臣焉而不君其君,民焉而不事其事”的封建秩序的混乱。这里,韩愈批评佛、道只欲治心,不欲治世的观点,可见韩愈排斥的只是佛、道的出世说,而把它们的治心说看作是和儒家思想可以相通的一环。为了阐述治心与治世的统一,他从儒家经典中找到了《大学》作为理论根据。《大学》本是《礼记》中的一篇,唐以前没有多大的学术影响,很少有人提到,从韩愈开始,才有知名度,因为它专讲修身齐家治国平天下的道理。据韩愈的解释,“修齐治平”,既讲治心,又讲治世;而仁是存于内的,是修身,治心;义是见于外的,是齐家治国平天下,是治世,两者结合起来,就是从古至今一脉相传下来的儒家仁义道德的传统思想,故被称之为道统。

韩愈指出,实现儒家“道统”,必须从各个领域内清除佛家和道家的观点和行为。在教育上,要教育人们学习《诗》、《书》、《易》、《春秋》等儒家经典;在法制上,要健全礼、乐、刑、政等方面的法规;在社会分工上,要区别士、农、工、贾;在社会地位上,要区别君臣、父子、师友、宾主、昆弟、夫妇;在服饰上,要穿麻或丝织的衣服;在住房上,要住宫或室;在饮食上,要吃粟米、果蔬、鱼肉。韩愈认为,采取了上述措施,就能加速佛家和道家的儒学化,就比较容易实现三教归一的理想。可见,韩愈所说的“道统”及其所拟采取的措施,既是为了反对佛家和道家的靡费及其对国家的财源、兵源和劳动力的侵蚀,也是为了进一步把封建伦理关系制度化、系统化、理论化,从而成为宋代理学的先奏。

《原道》是韩愈“文书自传道”(后称“文以载道”)思想的代表作品之一。这篇文章中以道是文的思想内容,以文为道的艺术形式,表现出鲜明的特点,其一是文章的口语化。韩愈的文章一般都具有口语化的特点。平易明晰,流畅顺口,句读或长或短，曲折舒展自如，意无不达。他在该文中创造的许多口头成语，如坐井观天，求端讯末、士农工贾等，成为后人所选用的佳句，他的口语新词和句法对去除陈言、阐述儒学新意起了很好的作用。其二是文章的形象化。就是在一般的概念叙述中，韩愈往往运用比喻或人物形象，“引物连类，穷情尽变”，务使行文旨趣，豁达无余，具体生动。他在该文中要求对僧人、道人“人其人，火其书，庐其居，明先王之道以道之，鳏寡孤独废疾者有养也”。这里，通过鳏寡孤独废疾者与游惰而不生产的僧人、道人生活的强烈反差，来说明清除社会上宗教迷信风气的必要性，使他的文章产生了巨大的反响。其三是文章的具体化，就是指文章同现实的联系。他的《原道》就像自然界的各种声音一样，都是有感而发、不平则鸣的产物。正是由于《原道》自觉地体现了文章要反映现实这一根本观点，才冲破儒学和文学旧传统的束缚，在文道合一的叙述中，迸发出现实主义的气息。

（龚　杰）

原　人　　　　韩　愈

形于上者谓之天，形于下者谓之地，命于其两间者谓之人。形于上，日月星辰皆天也；形于下，草木山川皆地也；命于其两间，夷狄禽兽皆人也。曰：“然则吾谓禽兽人，可乎？”曰：“非也。指山而问焉，曰山乎？曰山，可也。山有草木禽兽，皆举之矣。指山之一草而问焉，曰山乎？曰山，则不可。”故天道乱，而日月星辰不得其行①；地道乱，而草木山川不得其平；人道乱，而夷狄禽兽不得其情。天者，日月星辰之主也；地者，草木山川之主也；人者，夷狄禽兽之主也。主而暴②之，不得其为主之道矣，是故圣人一视而同仁，笃③近而举④远。

〔注释〕　① 不得其行：不能正常运行。　② 暴：糟蹋。　③ 笃：专注、关切。　④ 举：照顾。

（杨英姿）

〔鉴赏〕　天底下有些名文，初读时不过尔尔，宣传儒家道统的经典尤其如此。但有些话尽管是老调，听起来却是常新的，正如有些话听起来很新，骨子里却散发出陈腐气一样。韩愈的《原人》即属于听起来似乎为“老话”，其实是“常新”的一类。在经历了千百年以后，重读此文，觉得时间弥久，意义弥新。

仿韩愈推原之法，先“原”题目：《原人》之“人”一作“仁”，为人需要“仁”。仁的核心是“爱人”，故“人”即“仁”，“仁”即爱人，爱人还要推己及物爱天下山川草木、夷狄禽兽；“不仁”即“不人”。推本溯源说“人”，就必须说“仁”，这是儒家的道统。

为什么要爱人？又为什么要行“仁义”？这要从“人从何处来”说起，韩愈的回答是：“形于上者谓之天，形于下者谓之地，命于其两间者谓之人。”天，包括日月星辰，地，包括草木山川，人则包括夷狄禽兽，三才则天地人都包括在其中，其他宇宙万物都囊括其中。这是文章的第一层意思。

因为人是动物中有思维者，可称为万物之灵长，故以“人”可指代天地一切之动物，而不可以某“禽兽”指代人；因为“山”中有草木禽兽，可用“山”代表天底下的山川草木，而不可以某山之一草来代表“山”，这是进一步解释“天”“地”“人”究竟包容哪些东西。是为文章第二层意思。

第三，韩愈进一步推论：天有天道，地有地道，人有人道，天下万物皆有道，天不变道亦不变。何谓“道”，道即是规律，顺道而为，则万事兴旺；逆道而行，则必败之。所以韩愈说：“天道乱，而日月星辰不得其行；地道乱，而山川草木不得其平；人道乱，而夷狄禽兽不得其情。”这些责任由谁来负？当然由天、地、人来负，因为天是日月星辰之“主”，地是山川草木之“主”，人是夷狄禽兽之“主”。然而，实际上，天行有常，天地无情，天若有情天亦老，地如有心地崩裂，可以追究责任的唯有人。“主而暴之，不得其为主之道矣。”说到底要行道的是人，这样自然而然得出了他的结论：“是故圣人一视而同仁，笃近而举远”，施仁义而及普天之下，则万物得其平矣。否则便是无道，万物不得其平。

韩愈的哲学思想一贯强调“道”与“德”，道与德离不开仁义，“博爱之谓仁，行而宜之之谓义”（《原道》），人施仁义，必施之于宇宙万物，“一视同仁”就要对天地之物同施仁爱，由近及远，由亲及疏，这是韩愈理想中的标准，符合这些标准的行为称为“义”，能够推行仁义的并施之于天地万物乃至夷狄禽兽的即是圣人。一篇主旨反复宣传的便是这个宗旨。

在进入 21 世纪之时，重读韩愈此文，回顾历史，可以清晰地见到，人类纵然有许多令人骄傲的成果，然而战争、灾难、暴政、愚昧、贫穷、疾病依然在同文明抗争，世界上许多地区离“人道”还相距很远。好在人类已越来越认识到天、地、人互相协调的重要性。韩愈在《原人》中的有关论述，至少可作为对“现代文明病”振聋发聩的棒喝。读韩愈《原人》于此中作一二思考，对作者的思想庶几乎可近之。

（赵志伟）

师　说　　韩　愈

古之学者必有师。师者，所以传道受业解惑也。人非生而知之者，孰能无惑？惑而不从师，其为惑也，终不解矣。生乎吾前，其闻道也，固先乎吾，吾从而师之；生乎吾后，其闻道也，亦先乎吾，吾从而师之。吾师道也，夫庸知其年之先后生于吾乎？是故无贵无贱，无长无少，道之所存，师之所存也。

嗟乎，师道之不传也久矣，欲人之无惑也难矣！古之圣人，其出人也远矣，犹且从师而问焉；今之众人，其下圣人也亦远矣，而耻学于师。是故圣益圣，愚益愚。圣人之所以为圣，愚人之所以为愚，其皆出于此乎？

爱其子，择师而教之，于其身也，则耻师焉，惑矣！彼童子之师，授之书而习其句读①者，非吾所谓传其道解其惑者也。句读之不知，惑之不解，或师焉，或不焉②，小学而大遗，吾未见其明也。巫医、乐师、百工之人，不耻相师。士大夫之族，曰师、曰弟子云者，则群聚而笑之。问之，则曰："彼与彼年相若也，道相似也。"位卑则足羞，官盛则近谀。呜乎！师道之不复可知矣！巫医、乐师、百工之人，君子不齿，今其智乃反不能级，其可怪也欤！

圣人无常师③。孔子师郯子、苌弘、师襄、老聃④。郯子之徒，其贤不及孔子。孔子曰："三人行，则必有我师。"是故弟子不必不如师，师不必贤于弟子，闻道有先后，术业有专攻，如是而已。

李氏子蟠，年十七，好古文，六艺⑤经传，皆通习之，不拘于时，学于余。余嘉其能行古道，作《师说》以贻之。

〔**注释**〕 ① 句读(dòu)：古代指断句，句子的停顿叫句，句中的停顿叫读，读即逗号。 ② 不：同"否"。 ③ 常师：固定的老师。 ④ 郯(tán)子：春秋时郯国君主，传说孔子曾向他请教少皞氏以鸟名官之事。苌(cháng)弘：周敬王时大夫，传说孔子曾向他请教音乐。师襄：鲁国乐官，传说孔子曾向他学琴。老聃(dān)，即老子，传说孔子曾向他问礼。 ⑤ 六艺：即六经，包

括《诗》、《书》、《礼》、《乐》、《易》、《春秋》等诸经。（施忠连）

〔鉴赏〕 古人的文章能流传下来，是经得起时间的淘洗的，除了文趣，还有理趣。读韩愈的《师说》，就好像他的话是对今人说的，原来他批评的一些现象不但过去有，今天还存在，也就是说，世上浅薄的人并不因为时间的推移就消失殆尽，世风如有浇薄之处，也就有可指摘之处。

韩愈在《师说》里，一开始就阐释了为师的职责，他用了“传道、受业、解惑”六个字，刷新了“师者”理念。通常，人们觉得为师就是授业、解惑，纯粹是知识层面的。耐人寻味的是，韩愈把传道放在首位，而“道”的含义非常广，我们今天可以理解为对理想的追求，对客观世界发展规律的认识，也可理解为处世之道、为人之道等等，那是做人的灵魂，比学问本身更重要。“道”是挂帅的东西。其次才是授予专业知识和解答疑难问题。这是对老师所说的，也是为师者之重负和光荣。对学生而言，我们则应当体会，从老师那里所获可如此丰厚，就是受益匪浅啊！任何人的成长，都离不开老师。孔子也说过他非生而知之。连皇帝在小的时候也要给他安排“侍读”，也就是老师。人降生于世，会碰到各种各样的问题，要通过后天的学习获取知识，其中就离不开老师。不是所有的知识，都能通过自学和自我钻研解决的。老师是我们人生最切近的启蒙者，是打开知识门径的引路人。是老师为我们点亮洞幽烛微的灯火，为我们在攀登的山路指点迷津，让我们在百思莫解的困恼中茅塞顿开。人呱呱落地对大千世界充满好奇，待智力到一定的发育阶段，父母就是他最早的老师，后来进幼稚园，再从小学、初中、高中到大学，都有老师的教导起着作用。再者，我们走上社会，面对纷纭复杂的人事和工作，面对不同门类的知识领域，有问题，得到老师指教与否，效果是迥然有异的。哪有老师在我们面前，不去请教的道理呢？

韩愈在《师说》中所表现的另一个可贵之处，就是在等级森严的封建社会，他敢于向传统挑战，坚决破除拜师的门第观念，世俗偏见在他的眼里荡然无存。在他看来，“无贵无贱，无长无少，道之所存，师之所存也”。这也是一种敢为人先的平等通脱的理念，人皆可为学，如你具备条件亦皆可为师。韩愈强调的，是能者为师，是谦逊的学风、不耻下问的广阔胸襟。只要他人“闻道”于自己前，有老师的资质，足矣！至于其是否出生比自己早，是否社会地位比自己高，全然无所谓的。知识的大海浩瀚，领域甚多，没有哪一个人能穷尽它，有的人在某一方面比自己知道的多，懂得的多，不论自己的职位有多高，资格有多老，都需要放下架子，虚心拜师学习。

有了这样的铺垫，韩愈就理直气壮，要剑指一种发人深省的倾向了。在《师说》里，韩愈嗟叹，从师学习的风气竟已失传很久了。老师是一种客观存在，可有些人就是“耻学于师”，不肯“从师而问”。他剖析一种现象，加以对比，古时候的圣人，其德行、智慧和知识超出一般人够远了，他们仍虚心问师求教，而现在有些人功底并不怎么样，却羞于、耻于跟从老师。再看三百六十行，像巫医、音乐师、各种手工业者，尚且相互请教、切磋，而读书、做了官的人，反而群聚讥笑“老师”和“学生”的称呼。韩愈是在大声疾呼，是在警策世人呀！但韩愈并未停留在这一点上，他穷追猛打，以更深刻、犀利的笔触，去挖掘一些人嘲笑“师道”的思想根源。原来，有一些出身于世禄之家的人，以为自己门第高，上面有头有脸为自己作幌子，哪里用得到刻苦治学，走学问之途啊！再往深里看，那些人是自视地位高，是上层人士，其实是好脸面，讲虚荣，耻于向年龄比自己小、地位比自己低的人学习啊。他们的明智程度连巫医、音乐师、手工业者都不如啊。向比自己年轻，或者地位不如自己高的人，尊其为师又有什么不光彩的呢？感到羞耻，所受损失当然只能是自己了。从中我们可悟得，几千年来，中国人在人与人相交中，把人情面子放在首位，不愿谦恭地向他人学习，敏于求知，做有真才实学的人，实在是一件可悲哀的事情。

韩愈在本文中，还提出“圣人无常师”的观点，是完全开放性，眼界开阔，启人心智的。既然没有人能掌握世间所有的知识，就每位老师的个体来说，知识也是有局限的，不可能是“万宝全书”，我们需要向多方面的老师请益，不同的老师有不同的长处，也就是通常所说的“转益多师为我师”。老师多了，学到的东西也多，这是应该成正比的。孔子就曾经以多人为师（如郯子、苌弘、师襄、老聃），并说“三人行，则必有我师”。只要不受时俗拘束，我们随时随地，都不难找到老师。在韩愈看来，从各方面的情形看，学生未必都不及老师，老师未必都高明于学生，只不过“闻道有先后，术业有专攻”罢了。如果全社会上下都持有这种开明的观念，我们周围的老师多多，学习的空气、氛围就会随处涌现了。联想到“文革”时，以扫“四旧”为名，多少老师、学者和专家挨斗，“师道尊严”荡然无存，知识愈多被视为愈反动，岂不可笑，让人奇怪吗？在今天，我们的社会主流仍是尊崇师道的，在学校，在各行各业，老师的地位像千年的大树深深扎根，是不能撼动的，凡是渴求知识，精进不休的人，都乐意从老师那里学到更多东西的。但在某些人的眼睛里，尊师意识或者观念仍不强。比如，有些中学生不遵守课堂纪律，不遵从老师的规劝，对老师缺乏应有的尊重，甚至受到老师的批评竟然报复老师，等等，令人担忧。读一读韩愈的《师说》篇，深思其中的道理，是很有益的。

由此，不禁想到清康熙帝在教子方面所犯的一桩过失。1707 年在他第六次南巡途中，发现三个小皇子的学习情况欠佳，康熙就认为是师傅徐元梦没有教好，下令将其革职，并当着他学生的面，杖笞 30 大板，徐顿时身上皮开肉绽，恨不得有地洞可钻。而在此前，康熙教皇子射箭，因徐元梦是文人于箭术不通，就予以责骂，徐为自己辩解了几句，即被按倒在地打成重伤，还抄了他的家。康熙本身是崇尚读书的，却疏于对皇子在品德上的教育，以致无端让自己钦定的师傅受辱，"师道尊严"扫地，皇子们反而有恃无恐，从小就有了人格上的缺失，骄横无比。而后来的皇四子雍正也有了反思，在他继位后不久下了一道上谕，令"皇子见师傅，礼当拜"。这难道不值得我们今天深思吗？尊师之风关系到社会伦理，哪能不看重呢！

韩愈被苏轼称为"文起八代之衰"，"唐宋八大家"他居首，是我国古代继司马迁之后最杰出的散文大家。他最擅长于论说文，笔下事理交织，逻辑严密，结构紧凑，又在变化中求明快，气体浑灏自然，含义深广，处处可见真知灼见。《师说》就很好地体现了这一点，把道理说透了，说者，释也，解也，晓以当世，开启后人。他自己也不顾流俗，"抗颜为师"，敢把年轻的学生招于自己的门下，鼓励青年从师勤学。实际上，他是在理直气壮地为师道正名，为学习正名。　　（王雅军）

历代名画记·叙画之源流　　　　张彦远

夫画者，成教化，助人伦，穷神变，测幽微，与六籍同功，四时并运，发于天然，非繇①述作。古先圣王②，受命应箓③，则有龟字效灵，龙图呈宝。自巢燧④以来，皆有此瑞，迹暎⑤乎瑶牒⑥，事传乎金册⑦。庖牺氏发于荣河⑧中，典籍图画萌矣；轩辕氏得于温洛中⑨，史皇仓颉⑩状焉。奎有芒角⑪，下主辞章；颉有四目，仰观垂象。因俪鸟龟之迹，遂定书字之形。造化不能藏其秘，故天雨粟；灵怪不能遁其形，故鬼夜哭。是时也，书画同体而未分，象制肇创而犹略。无以传其意故有书，无以见其形故有画，天地圣人之意也。按字学之部，其体有六：一古文，二奇字，三篆书，四佐书，五缪篆，六鸟书。——在幡信上书端象鸟头者，则画之流也。[12]颜光禄[13]云："图载之意有三：一曰图理，卦象是也；二曰图识，字学是也；三曰图形，绘画是也。"又周官教国子以六书[14]，其三曰象形，则画之意也。

是故知书画异名而同体也。洎乎有虞[15]作绘，绘画明焉。既就彰施，仍深比象；于是礼乐大阐，教化繇兴，故能揖让而天下治，焕乎而词章备。《广雅》云："画——类也。"《尔雅》云："画——形也。"《说文》云："画——畛也。象田畛畔[16]所以画也。"《释名》云："画——挂[17]也。以彩色挂物象也。"故钟鼎刻则识魑魅而知神奸；旂章[18]明则昭轨度而备国制。清庙肃而罇彝陈[19]，广轮度而疆理辨[20]。以忠以孝，尽在于云台；有烈有勋，皆登于麟阁。见善足以戒恶，见恶足以思贤。留乎形容，式昭盛德之事；具其成败，以传既往之踪。记传所以叙其事，不能载其容；赋颂有以咏其美，不能备其象；图画之制所以兼之也。故陆士衡云："丹青之兴，比《雅》、《颂》之述作，美大业之馨香。宣物莫大于言，存形莫善于画。"此之谓也。善哉曹植有言曰："观画者，见三皇五帝，莫不仰戴；见三季异主，莫不悲惋；见篡臣贼嗣，莫不切齿；见高节妙士，莫不忘食；见忠臣死难，莫不抗节；见放臣逐子，莫不叹息；见淫夫妒妇，莫不侧目；见令妃顺后，莫不嘉贵。——是知存乎鉴戒者图画也。"昔夏之衰也，桀为暴乱，太史终[21]抱画以奔商；殷之亡也，纣为淫虐，内史挚载图而归周。燕丹请献，秦皇不疑；萧何先收，沛公乃王。图画者有国之鸿宝，理乱之纪纲。是以汉明宫殿[22]，赞兹粉绘之功；蜀郡学堂[23]，义存劝戒之道。马后女子，尚愿戴君于唐尧；石勒羯胡[24]，犹观自古之忠孝。岂同博弈用心，自是名教乐事。余尝恨王充之不知言云："人观图画上所画古人也。视[25]画古人，如视死人，见其面而不若观其言行。古贤之道，竹帛之所载灿然矣，岂徒墙壁之画哉？"余以此等之论，与夫大笑其道，诟病其儒，以食与耳，对牛鼓簧，又何异哉？

〔注释〕 ① 繇:此处通由。 ② 圣王,一作"圣先"。 ③ 箓:即符箓,上有隐语,被看作帝王受命的征验。 ④ 巢燧:传说中的原始部落联盟首领有巢氏和燧人氏的并称。 ⑤ 暎:一作映。⑥ 瑶牒:帝王的族谱,后引申为珍贵的典册。 ⑦ 金册:古称记国史的史册。 ⑧ 荣河:红色的光芒从河中映起。《尚书中候》:帝尧即政,荣光出河。 ⑨ 温洛:《易乾凿度》:帝盛德之应,洛水先温,九日乃寒,五日变为五色。 ⑩ 史皇:史皇与仓颉皆古圣人。仓颉造书,史皇制画。《山水纯全集》云:"史皇状鱼、龙、龟、鸟之迹。" ⑪ 奎星:二十八宿中白虎七宿的首宿,因其"屈曲相钩,似文字之画",所以《孝经·援神契》有"奎主文章"之说。《春秋元命苞》中记仓颉"仰观奎星圜曲之势,俯察鱼文鸟羽、山川指掌,而创文字"。 ⑫ 其体有六:指汉末大司空甄丰校字体有六书。古文:孔子壁中书,奇字:古文之异者,篆书:小篆,佐书:秦隶书,缪篆:临摹印玺,鸟书:幡信上作虫鸟形状。 ⑬ 颜光禄:颜延文(384—456),字延年,刘宋琅玡临沂(今山东临沂)人,孝武帝时为金紫光禄大夫。其诗与谢灵运齐名,称"颜谢"。光禄:官名,战国时代置中大夫,秦有中大夫,为郎中令属官,汉武帝时始改郎中令为光禄勋,改中大夫为光禄大夫,隶于光禄勋。 ⑭ 周礼保章氏掌六书:指事、谐声、象形、会意、转注、假借,皆仓颉之遗法也。又《汉书·艺文志》:"古者八岁入小学,故周官保氏掌养国子,教之六书。"《周礼·春官宗伯下》:"保章氏,掌天星,以志星辰日月之变动,以观天下之迁,辨其吉凶。"二氏异职,掌教六书者乃保氏而非保章氏。 ⑮ 有虞:指舜,传说中的远古帝王,五帝之一,姓姚,名重华,号有虞氏,史称虞舜。⑯ 畛:井田间陌也,即田间小路,引申为界限,区分之义;畔,田界。引申为画是用来描绘物的形廓。 ⑰ 挂:一作掛。 ⑱ 旂章:亦作"旗章",具有区别贵贱等级名分的标志的旗帜。 ⑲ 清庙:此处指太庙,后泛指帝王的宗庙;罇彝:尊、彝皆盛酒器,祭祀、朝聘之礼多用之,后泛指礼器。 ⑳ 广轮:古筑墙之法,既度其广轮,先植桢于两头,又植干于两边,而后横施版于干内,以绳束干,实土筑之。 ㉑ 太史终:《礼记·曲礼》说:"史载笔,士载言。"夏有太史终,殷有太史挚。周制史官分太史、小史、内史、外史、御史五官,如太史佚、太史儋等。 ㉒ 汉明宫:西汉元帝时,呼韩邪单于为明妃建造汉明宫,以慰藉昭君思乡之情。 ㉓ 蜀郡学堂:公元前141年蜀郡太守文翁建立了中国最早的地方官办学堂"文翁石室",即今天的成都石室中学。 ㉔ 石勒:十六国时期后赵建立者。公元319—333年在位,字世龙,原名匐勒。上党武乡(今山西榆社北)人,羯族。 ㉕ 视:一作观。

(张传友)

〔赏析〕 东西方文化都有一个有趣的现象,即新思潮、新观念、新流派,无不打着借尸还魂的旗号,以"复古"相号召以博取上层的认可和民众的支持。古代中国的绘画艺术由于借着与书法的"亲缘"关系,终能一跃而攀附上造字的三皇五帝,得以由附庸而渐变为画学专门,俨然终得扶正而可以扬眉吐气了。

在古代中华国力最为鼎盛的盛唐时代,随着唐太宗本人对书法的酷爱,立书学为国学,诸艺术门类如绘画的研究、梳理也较以前有了更大的话语空间,绘画不再只是文人余事,而有了可以攀附传统文化的核心——"道"的可能。如果说南北朝的谢赫,在品藻人物内在风貌气质的文化场中,虽然自觉地意识到绘事六法,但六法只是品评画家、画作的审美标准之一,终不免淹没在画"品"的汪洋之中,而难能对画理有详备的阐发。也许谢赫有些不合时宜的早熟,在伦理至上的泱泱儒家文化氛围中，他朦胧地站在以画说话的本位立场，为中国绘画艺术的独立发展确立了自信，为中国画的未来文脉遥示了路向。那么，唐代张彦远的《历代名画记》则令人信服地宣称绘画与书法的同源关系，把谢赫提出的绘画六法作了具体而深入的阐释，赋予画家和画作以独立的艺术价值和人文价值。同时他还摆脱了东汉末年以来“品”画笼罩于“品”人的依附状态，真正把书法、绘画所达到的不同审美境界统一到纯粹艺术境界上来。就此而言，张彦远在绘画美学上的地位应该与魏文帝曹丕把文学从政治的附庸解放出来，并把立言与立功、立德放在人生境界三峰并峙的高度，具有同样的意义。

张彦远，字爱宾，约生于唐宪宗元和年间(公元815年左右)，河东人(今山西永济)。他虽生于“三相张氏”豪门，却没有继承家族亨通的官运。优裕的家庭环境，良好的书法氛围，哺育了他稚嫩而敏感的心灵。他自年少起就对书画的嗜好达到了如痴如醉的程度，他自觉地“以千乘为轻，以一瓢为倦。身外之累，且无长物，唯书与画，犹未忘情”。一旦沉浸在艺术美的世界里，人情世故、柴米油盐、荣华富贵都如过眼烟云，在他心底不起一丝波澜。这些真实地反映出作为艺术家的张彦远对书画艺术热爱之深，标示了他在体验艺术的神奇境界时的逸趣及超然物外的高迈情怀。虽然他生前落魄，但幸运的是，由于《历代名画记》的流传，使后人透过简短的文字，烛悉其中闪现的审美智慧光芒。

《历代名画记》为中国第一部体例完备、论述精到、内容丰富的绘画通史，全书共十卷，分别从画史、画理、画鉴、画家、书画装裱等方面作了系统论述。全书汇集了三百七十余位画家的画传以及作品著录，并分层别级作了评述，在中国绘画史学发展上具有承前启后的划时代意义。

张彦远在绘画美学上的最大贡献在于从绘画史的角度提出书画同源论，从而确立了绘画的“艺术”地位，把绘画从长期处于“技艺”的尴尬窘境、把画师从长期位列宫廷玩偶的社会低贱层级中超拔出来。书法因为与书写内容多为举世推崇的经籍，书家多为士人的关系，而受到举国上下的推重，甚至在太宗时代被立为国学，而绘画、画家则时乖命蹇，远没有如此幸运。据记载，初唐大画家阎立本曾担任工部尚书，官至“右相”，世有“左相(姜恪)宣威沙漠，右相驰誉丹青”。在任主爵郎中时，有一次太宗泛舟春苑池，见异鸟荣与波上，“阁外传呼画师阎立本”：

立本不得已，俯伏池左，研吮丹粉，望座者羞怅流汗，因此，归家告诫儿子道，“吾少读书，文辞不减侪辈，今以画见名，与厮役等，若曹慎毋习。

因此，张彦远自觉自己有责任为绘画和画师正名。他提出书画两种艺术本来“同体”，只是由于表达方式的不同而导致“异名”状况。推本溯源，在上古以至周代，绘图与写字实处于一种混一状态，均本于上古先贤书写两间之象以传万物之意，图绘灵怪之形以窥造化之秘，二者本无高低轩轾。只是由于历史的误会，世人扬书抑画，才导致绘画、画师与书法、书家的地位分野。盛唐文治武功所开创的中国文化辉煌时代，大众审美趣味的普遍提升以及审美视野的开放，恰好为纠正这一历史误会提供了前所未有的机缘。

其次，高度标举绘画的社会功能。张彦远把绘画提高到与“六艺”(《诗经》、《尚书》、《礼记》、《乐记》、《易》、《春秋》)经典同等重要的地位。较之以往论及绘画的社会、文化意义的片言只语，张彦远可以说是中国绘画美学史上第一个全面而深刻地阐述绘画的社会功能的绘画史家。他认为，绘画具有其他艺术不可代替的独特地位，其最基本的功能是“图形”、“存形”，作为中国画发端最早的人物画，主要起到了记载人物形象，追思往日先贤，类似当代的摄影存念。这种“图形”、记录本身，无形中对观者，尤其是对本族本宗中人，起了教育、激励、劝诫作用。

张彦远日日浸润于儒家文化氛围中，对儒家所宣扬的礼乐教化，维护的伦理秩序，无不在绘画方面予以肯认。就绘画而言，描述对象的选择，实际也是一种对社会主流价值的判断、取舍，对画中人物形象个体价值所代表的道德理念与事功的认同、向往和体认。对那位被后世顶礼膜拜的王充，他站在绘画本位的立场毫不掩饰自己批判的锋芒。王充“视画古人，如视死人，见其面而不若观其言行”，是一种极端实用主义的观点，就像以耳朵进食，让牛吹奏乐曲一样，实在是无知妄言，这只能显露他的无知和褊狭。他接过谢赫的扬善抑恶论，进一步把绘画升华到“有国之鸿宝，理乱之纪纲”的高度。且不论这种提法是否符合绘画等艺术自身的内在规定性，在中国这个伦理至上、政权至上的国度，这从客观上有利于世人从审美而非实用的角度重新观照绘画和画家，并予以相当的重视。可以说，这与之前曹丕以文学为“不朽之盛事，经国之大业”有异曲同工之妙。当然，这种忽视文学、艺术自身的本体特征与内在诉求，片面拔高其在社会、伦理、教化等方面的功能，必然会陷入文学为政治服务，绘画为道德献身的泥淖。

另外，张彦远是第一个从哲学本体论的角度，揭示绘画所包蕴的与传统哲学本体意义上的“道”相互贯通的意蕴。他认为，绘画的功能不仅表现于伦理、教化方面，而且能够“穷神变，测幽微”，通过画中形象传达一种对生命乃至天地自然四时变化本然状态的体验与认识。这种体验和认识,就画作所把握的对象而言,是一种主体与表达对象外在体貌与内在性灵之间零距离的全息"透视",同时也是对画中作为个体的生命世界与外在自然世界关系的体察默认,是一种由"有"进入"无",由"艺"转入"道",由"象"深入"意"的境界、体悟层进的过程。这就摆脱了以往纠缠于绘画属"技"属"艺"的枝蔓之弊,从而赋予中国画学以哲学、美学的意义。尽管,这种依"道"谈画,带有传统东方文化所具有的浓厚的神秘、混沌、玄虚色彩,但终于打开了中国绘画美学的理论深度和审美视野。至此,中国画才真正与书法等艺术一起,裹挟到传统文化的洪流中,成为具有华夏神韵的独特表现形式。

在诗与画的关系上,张彦远见出不同艺术的个性,而非强调它们之间的共性,从而凸显出绘画艺术的独特魅力。绘画作为视觉艺术与记传相较,同样能够图说人物的丰功伟绩,与赋颂相比,也可以通过人物神韵、姿态的描绘,传达一种敬仰和尊崇。而后者所唤起的某种联想与想象,与形象本身相比,终难逼真而显得朦胧和无奈。绘画则不同,它可以如实描绘人物的本来面目,抓住人物最感人、最富有生命力的刹那,穿透时空的阻隔而与观者相对。人物画如此,山水亦不例外。中国山水画所表现出的丰富细腻的意境,甚至可以达到诗歌的艺术效果,从而实现了画境与诗境的契合。这种艺术个性的把握,较之今日中西艺术之间简单的比附,甚至抑中褒西的要噱头做法,更显得难能可贵。

《历代名画记》历来受到论家的推重,余绍宋的《书画书录解题》称道说"画史之有是书,犹正史之有《史记》"。这不但是对张彦远绘画史料取舍上的高度评价,也是对他独具只眼史识的精到认识。该书不但是唐代以前绘画的"百科全书",而且对后世画史、画理的编撰,提供了极佳的标本。北宋郭若虚编撰《图画见闻志》,就参照了他的体例。邓椿的《画继序》中说:"自昔赏鉴之家留神绘事者多矣,著之传记何止一书!独唐张彦远总括画人姓名品而第之……著为《历代名画记》。本朝郭若虚作《图画见闻志》……名人艺士亦复编次。两书既出,他书为赘矣。"张彦远对此也颇为得意,他自信地宣称他的《历代名画记》与书学论著《法书要录》,"有好事者得余二书,书画之事毕矣"。

可惜的是,自宋以后,画史著述虽多,多集中于资料的堆砌,而在画理的探讨,特别是绘画艺术的美学意蕴的阐发方面,已鲜有人能够有所超越张彦远所达到的境界。

（张传友）

笔法记 荆 浩

太行山有洪谷①，其间数亩之田，吾常耕而食之。有日登神钲山四望，回迹入大岩扉，苔径露水，怪石祥烟，疾进其处，皆古松也。中独围大者，皮老苍藓，翔鳞乘空，蟠虬之势，欲附云汉。成林者，爽气重荣；不能者，抱节自屈。或回根出土，或偃截巨流，挂岸盘溪，披苔裂石。因惊其异，遍而赏之。明日携笔复就写之，凡数万本，方如（一作知）其真。明年春，来于石鼓岩间遇一叟②。因问，具以其来所由而答之。

叟曰："子知笔法乎？"曰："叟，仪形③野人也，岂知笔法邪？"叟曰："子岂知吾所怀耶？"闻而惭骇。

叟曰："少年好学，终可成也。夫画有六要：一曰气，二曰韵，三曰思，四曰景，五曰笔，六曰墨。"曰："画者华④也。但贵似得真，岂此挠矣。"叟曰："不然。画者，画也。⑤度物象而取其真。物之华，取其华；物之实，取其实⑥。不可执华为实。若不知术，苟似可也；图真不可及也。⑦"曰："何以为似？何以为真？"叟曰："似者得其形遗其气。真者气质俱盛，凡气传于华，遗于象，象之死也。"谢曰："故知书画者，名贤之所学也。耕生知其非本，玩笔取与，终无所成。⑧惭惠受要⑨，定画不能。"

叟曰："嗜欲者，生之贼也。⑩名贤纵乐琴书图画，代去杂欲。子既亲善，但期终始所学，勿为进退。图画之要，与子备言：气者，心随笔运，取象不惑。韵者，隐迹立形，备仪（一作遗）不俗。思者，删拔大要，凝想形物。景者，制度时因，搜妙创真。笔者虽依法则，运转变通，不质不形，如飞如动。墨者⑪，高低晕淡，品物浅深，文采自然，似非因笔。"复曰："神、妙、奇、巧。神者，亡有所为，任运成象。妙者，思经天地，万类性情，文理合仪，品物流笔。奇者，荡迹不测，与真景或乖异，致其理偏，得此者亦为有笔无思。巧者，雕缀小媚，假合大经，强（一作假）写文章，增邈气象，此谓实不足而华有余。

“凡笔有四势，谓筋、肉、骨、气。笔绝而断（一作笔绝而不断）谓之筋。起伏成实谓之肉。生死刚正谓之骨。迹画不败谓之气。故知墨大质者失其体；色微者败正气；筋死者无肉；迹断者无筋；苟媚者无骨。

“夫病有二：一曰无形，一曰有形。有形病者，花木不时，屋小人大，或树高于山，桥不登于岸，可度形之类也。是如此之病，不可改图。无形之病，气韵俱泯，物象全乖，笔墨虽行，类同死物，以斯格拙，不可删修。

“子既好写云林山水，须明物象之源。夫木之生，为受其性。松之生也，枉而不曲，遇[12]如密如疏，非青非翠，从微自直，萌心不低。势既独高，枝低复偃，倒挂未坠于地下，分层似迭于林间，如君子之德风也。有画如飞龙蟠虬，狂生枝叶者，非松之气韵也。柏之生也，动而多屈，繁而不华，捧节有章，文转随日，叶如结线，枝似衣麻。有画如蛇如素，心虚逆转，亦非也。其有楸、桐、椿、栎、榆、柳、桑、槐，形质皆异，其如远思即合一一分明也。

“山水之象，气势相生。故尖曰峰，平曰顶，圆曰峦，相连曰岭，有穴曰岫，峻壁曰崖，崖间崖下曰岩，路通山中曰谷，不通曰峪，峪中有水曰溪，山夹水曰涧。其上峰峦虽异，其下岗岭相连，掩映林泉，依稀远近。夫画山水无此象亦非也。有画流水，下笔多狂，文如断线，无片浪高低者亦非也。夫雾云烟霭，轻重有时，势或因风，象皆不定，须去其繁章，采其大要。先能知此是非，然后受其笔法。”

曰：“自古学人，孰为备矣？”叟曰：“得之者少。谢赫品陆之为胜，今已难遇亲踪。张僧繇所遗之图，甚亏其理。夫随类赋彩，自古有能；如水墨晕章，兴我唐代。故张璪员外，树石气韵俱盛，笔墨积微；真思卓然，不贵五彩；旷古绝今，未之有也。麹庭与白云尊师气象幽妙，俱得其元，⑬动用逸常，深不可测。王右丞笔墨宛丽，气韵高清，巧象写成，亦动真思。李将军理深思远，笔迹甚精，虽巧而华，大亏墨彩。项容山人(一作水)树石顽涩，棱角无踪。用墨独得玄门，用笔全无其骨，然于放逸不失真元气象，元人创巧媚⑭。吴道子笔胜于象，骨气自高，树不言图，亦恨无墨。陈员外及僧道芬以下粗升凡格，作用无奇，笔墨之行，甚有行迹。今示子之径，不能备词。”

遂取前写者异松图呈⑮之。叟曰：“肉笔无法，筋骨皆不相转，异松何之能用？我既教子笔法。”乃赍素数幅，命对而写之。叟曰：“尔之手，我之心。吾闻察其言而知其行。子能与吾言咏之乎？”谢曰：“乃知教化，圣贤之职也。禄与不禄，而不能去。善恶之迹，感而应之。诱进若此，敢不恭命。”因成古松赞曰：

“不凋不荣，惟彼贞松。势高而险，屈节以恭。叶张翠盖，枝盘赤龙。下有蔓草，幽阴蒙茸。如何得生，势近云峰。仰其擢干，偃举千重。巍巍溪中，翠晕烟笼。奇枝倒挂，徘徊变通。下接凡水，和而不同。以贵诗赋，君子之风。风清非歇，幽音凝空。”

叟嗟异久之，曰：“愿子勤之，可忘笔墨，而有真景。吾之所居，即石鼓岩间，所字即石鼓岩子也。”曰：“愿从侍之。”叟曰：“不必然也。”遂亟辞而去。别日访之而无踪。后习其笔术，尝重所传。今进修集以为图画之轨辙耳。

〔注释〕 ① 洪谷山：南太行林虑山中一座名山，位于林州市区西南13公里处。北齐文宣帝高洋曾建洪谷寺于其中。 ② 叟：文中荆浩通过自己与老叟的对话借老叟之口来阐述自己的绘画主张和见解，实即老叟代荆浩而言。 ③ 仪形：仪容；形体。 ④ 华：华美，华丽。“华”是对“赋彩画”外在的华美富丽的色彩效果而言，不同于下文“物之华”之“华”。 ⑤ 画：绘画，图画。 ⑥ 华：光彩、光辉，引申为自然万物的外在形色。实：真实，引申为事物之真相、内质，与“华”相对。 ⑦ 图真：《笔法记》的核心理论，荆浩认为如果画家不能掌握从事物形色等外在之“华”的关照中体悟其气韵和精神，那么其绘画就只能达到“似”而不能“图真”。 ⑧ 耕生指荆浩自己。本：根源。自己以前没有认识到才德、修养才是绘画创作之根本，而只是“玩笔取兴”，因此在绘画上没有取得大的进展和成就。　⑨ 惭：难得，侥幸；受：通“授”，授予。⑩ 生：通“性”，性情，心性。贼：祸害。贾谊《论积贮疏》：“淫侈之俗日日以长，是天下之大贼也”。　⑪ 墨：荆浩“六要”之一。荆浩以“六要”代谢赫“六法”，以“墨”代“赋彩”，是继张彦远“运墨而五色具”之后首次将“墨”作为独立范畴提出。　⑫ 遇：此字系衍文。　⑬ 元：同“玄”，玄妙。下文“用墨独得玄门”、“不失元真气象”与此同；麴庭：会昌(841—846)时人。善山水，格不甚高，但细巧耳。　⑭ 元人创巧媚：此五字恐系衍文。　⑮ 呈：通“程”，定量、标准，引申为衡量。

（张传友）

〔鉴赏〕　当东汉时期的书法热在华夏大地刮起阵阵旋风的时候，中国的绘画艺术也渐渐引起世人注意。曹丕的一声呐喊：文学乃“经国之大业，不朽之盛事”，渐次催醒了文学之外各种艺术的自觉。包括书法、绘画等艺术在内的情感“符号”化的表现形式，何尝不是作为立言的一部分，与立德、立功同等重要，甚至更能体现生命的本真。在点画的挥洒、线条的流动、墨彩的涂抹中，我们对生命、生存、生活的体验，不是更为充盈、更为丰富、更为鲜活生动吗？

不过，刚刚觉醒、自觉的各门艺术，其发展初期无不纠缠于浓得化不开的东方伦理境域，每每迈着趔趄的脚步，带有几分儿童的率真和恣肆。绘画艺术走到五代时期，所呈现的正是这种初期的艺术自觉所带来的审美觉醒。其中，荆浩——中国北派山水的开创者，正是此一时代精神潮头浪尖的人物。

据最近的考古发现，大约东汉时期就已经出现了比较像样的山水画。当魏晋玄风独擅，忘情于自然山水的审美情趣逐渐成为士林的时尚，绘画中开始大量出现山水自然画面。这一趋势，到了隋唐时期更加丰赡。如初唐展子虔的青绿初绽，吴道子的简峻利爽，李思训的富丽典雅，甚至出现了张璪的水墨山水、敦煌的没骨壁画。以上种种，为中国山水画论的发展提供了丰富的艺术作品和多样的创作经验，有力地推动了山水画论的发展。荆浩的出现，为中国山水画迈入快速发展的坦途奠定了基础。

荆浩，河南沁水（今山西）人，生活于唐末至五代后唐之间。早年“业儒，博通经史，善属文”，希图以一腔热血博得功名，可惜生不逢时，北方的战乱频仍、豪门世族当道，断绝了普通士子通达上流社会的途径，他不得已而隐居太行洪谷山，自号洪谷子。据载他自幼擅画山水，造诣颇高，汤垕的《画鉴》把他评为唐末山水之冠，存世作品有《匡庐图》、《雪景山水图》。他的绘画美学思想，主要见于《笔法记》。统观其画、其论，明确传达了自己的艺术感悟。

关于《笔法记》一书的真伪，历来争论不休。《四库全书》中把该篇收录在荆浩的《画山水赋》后，而《全唐文》则仅有《赋》，汤垕的《画鉴》又作《山水诀》，又有标《画山水录》、《山水受笔记》的。而《四库》之所以定《笔法记》为伪作，主要是画论中的语言风格文雅与俗鄙掺杂，似非一人所作。今人俞剑华则提出，对于画家，大可不必以评家的标准对待："纵然文字间有不纯，岂可直断为伪书？况本画家笔记，并非文学家文章，文字自不一定高妙。"这话有一定道理。我们认为，即使是优秀的画家也常常为偏于经验、感性的表述方法所左右，其随意发表的言论难以作为评骘画家个人的圭臬，《山水记》在传承过程中，荆门后学以及好事者有意无意的编纂，也是应予参考的因素。

抛开《山水记》的真伪问题，单就该文在绘画史上的影响及其美学价值而言，其中所主张的作画应"度物象而取其真"的思想，准确抓住了中国山水画艺术精神的核心。

在魏晋玄学沉醉于生命本然的体验，一超生存惨淡现实的自然生命而入对人生本然之"真"的精神追求的时代风尚之下，绘画美学对此有所回应和言说，也是极自然的事。唐代张彦远把绘画提高到与书法同等高度的努力，虽然意识到画中之象与生命之意，画之为艺与天地之道的内在关联，但多少有些狐(画)假虎(书)威的味道，底气不是那么充足，况就绘画中言、象、意与道之间的关系，他也并未作进一步的分疏，明显表现出过渡性特点。荆浩所处的时代，正经历着从隋唐到五代的一治一乱，儒、道、玄思想混杂交织，煎熬着传统的士大夫心灵。与荆浩交往甚密的张璪较之张彦远，其泼墨山水的创作实践使他对山水有更为深切的体验，他所参悟的"外师造化、中得心源"，与荆浩主张的"度物象而取其真"，同时敏锐地感触到那个时代绘画艺术之河奔流的脉搏。而张璪传奇式的生活方式与艺术生涯，使他无暇把这一偈语式的感悟发散开来，荆浩的《笔法记》恰好成为这一时代艺术精神集中而透彻的传达。

值得注意的是，荆浩之前王维的诗中有画、诗中有禅，其中的禅悦成分无疑加深了中国山水画的审美意境，他的画论对荆浩不无启发。而对水墨的强调，奠定了中国画有别于西画的独特表达方式、审美意蕴和艺术精神的基调。

玄学、佛学的兴盛拓宽了中国人的审美视野与审美心境，使得谢赫六法中的"技"的层面，不得不在已经发生审美转型的隋唐五代人那里以新的方式出现。该书假托山中遇到的一位老者之口，道出他所体悟到的绘画"六要"：气、韵、思、景、笔、墨。其中对气、韵方面的强调是对谢赫绘画美学思想的继承。山水画与人物画相同，都要赋予画中之象以生命，处处体现出生机，表现出画者对自然生命和人类生命的体悟；不同在于，自然山水的描摹，不仅仅是一种记录，更是一种个人、社会生命寄托在山水中的实现，单纯地记录、如实地传真（如西方绘画）不是中国人艺术表达的方式。

“似者得其形遗其气。真者气质俱盛。”所谓“气”，一是与“形”相对，与“质”相连。形是无生命的物理属性的感性把握，“气”是有生命的精神属性的概括，缺乏生命之气的形，只是形骸、躯壳，生命之气的贯注，才赋予了自然万物以勃勃生机，把自然的人从动物状态超拔为富有灵性的自由人；同时我与物、主观与客观、心象与意象等生命之“气”如果能够相互涵容，自我把握住了他者（自然物象或人物形象）的内在生命本真，本心自然可以处于一种虚静状态，言、象、意，笔、手、心自然能够畅心所欲，笔底华章自然成为我之心印。所谓“韵”，是以最能体现对象精神的笔墨传达出其生命的本真，画中形象生命的脉搏跃动似乎是纯任自然，而这种看似描摹自然的形象实以一种合着自我生命气息的律动，达到了对自然与现实的超越。

以气韵求画，在他看来，不免“有形病”与“无形病”。前者虽“度物象”而尚能得其本然之“真”，但这种“形”所具有的气不能与整幅作品之气、画者生命之气有所照应；后者既不能度物象之真，更没有体悟物与我的生命境界。当然，画者如何超越物象形质方面的体悟，如何把这种物象之真的把握与自我的生命体验涵容起来，是整幅作品气韵能够生动起来的要害所在。

与谢赫的“气韵生动”相比，无论是强调“气”的生命向度、韵的生命节奏上，荆浩都把对画中对象（人物或山水）单纯的内在生命的体悟与画者的生命体验贯通在一起，从而丰富了中国山水画的意境，使得自然之山水俨然画者精神生命的对象化显现。联系张璪的“外师造化，中得心源”一语，可以体会到那个时代的画家，虽然不能风云际会，大展身手建功业，但笔耘墨耕中，山水已不再被视为文人余事，而是与自我的生命融为一体。显然，荆浩所讲的气、韵，才具有了完全意义上的传统绘画的审美意蕴，绘画不再只是书法、道德的附庸，而取得了真正独立的审美意义和人生价值。

所谓“思”，荆浩继承了谢赫画论“经营位置”的成分，又不局限于作画前的意象图取方式的考量，更主要的是如何把芜杂、纷乱的自然物象通过一番去伪存真、删繁剔芜的提纯和抽象，即由物象到心象，呈现出其丰富的自然性与勃勃的生命性的本来之“真”。如果说经营位置，画者往往受画中形象规模与笔底尺幅所限的画，那么荆浩的“思”，更强调画者的独立性和创造性。

所谓“景”，有类于谢之“应物象形”，此“物”此“形”，既来源于天地两间之万物，同时又是被赋予了画者之“情”的有生命之“象”。即取景的过程就是“度物象而取其真”，“搜妙创真”的过程。“画不贵于似而贵于真”，传真机般的毫发不爽地再现客观物象，不是东方审美的旨趣所在。“似”只是最基本的要求，是做基础的“度物象”准备性工作。中国人物画、山水画之所以又被称为“图真”，就在于这一术语抓住了画中形象与画者性情两个方面。就客观之“景”而言，首先要“似”，即“得其形”，抓住对象的外在特征；荆浩认为停留在“似”的阶段，只是得物之“华”，而真正的画者，更要求物之“实”，即体悟到对象的内在生气、神气，否则，所得物之“华”、“似”，也是“死象”。“度”、“取”的过程，也就是由“华”到“实”，从“似”至“真”的过程。

对笔墨，尤其墨的强调，是荆浩的发明。谢赫也讲骨法用笔，但他的笔法，必须不离人物的骨形体相。张彦远的书画同源说，初步意识到了山水画与人物画用笔方面的差异，尤其这种“笔”随“象”走的图绘方式，显然与超脱放达的道玄风度难能相称。而卫夫人、王羲之、虞世南、张怀瓘、张旭、怀素等人的书法用笔方面的探索和主张，为绘画领域笔法方面的突破开了先导。荆浩所谓“笔”既重视遵循“法则”，更强调“运转变通”，他不但不被形质所能累，而更应该是与淡泊浩远的内在气质相应的“如飞如动”。在此之前，吴道子、张彦远于笔法亦有所体会，不过人物、服饰的线条飞动，笔法爽利，却与山水画的笔法去之甚远。人物画是笔尽意尽、一泄无遗，其笔法是恣肆、豪放的，要能追摹出人物的气质神态；山水画则不能一览无余，它讲究的是幽远苍茫的意境，笔法上既可以豪放粗犷，又可以深邃含蓄，是笔尽而意长的，显然人物画的笔法线条已很难适应以道玄为底蕴的山水画。

荆浩所处的时代，人们已有意识地把书法用笔引入到绘画领域。试对照一下他与卫夫人的书论：

卫夫人的《笔阵图》认为：“善笔力者多骨，不善笔力者多肉。多骨微肉者谓之筋书，多肉微骨者谓之墨猪。”

而荆浩认为笔有四势，筋、骨、皮、肉是也。笔绝而不断谓之筋，缠转随骨谓之皮，笔迹刚正而露节谓之骨，起伏圆混而肥谓之肉。

荆浩熟稔书学中笔法论，山水画对书法的借鉴学习，可见一斑。而五代之后，书画美学在笔墨方面的相互交融就更可观了。

“随类赋彩，自古有能；如水墨晕章，兴吾唐代”，水墨山水的大规模崛起，正是从荆浩所处的时代为标志，中国山水画的发展方向为之一变，水墨山水终于超越青绿山水而成为中国画的重镇。当然荆之“墨”与谢之“随类赋彩”虽有关联，但青绿山水毕竟不是此后中国山水画主流，荆浩对墨的发明，于中国绘画美学意义重大。六朝以来，山水画都是青绿设色，钩线填彩，唐代开始出现水墨山水，而整个时代风尚的转变，到五代才走向成熟，并出现了把笔墨与气韵贯通起来的趋向，强调笔法的运动变化与用墨的韵味天趣。中国画强调笔墨，其实落脚点在墨，墨之深浅晕淡所引起的丰富联想与想象，与姿态万千的自然物象若然相应，仿佛画者已得造化之秘。“可忘笔墨而有真景”，虚虚实实，若有若无的水墨意象，几令观者得意而忘言，感触到一种生命的脉动。反观荆浩的《匡庐图》等画作，其用墨的皴、擦、点、染，山石云树的笔墨意象，极大地拓展了山水画的审美空间，提高了审美境界。

根据“度物象而取其真”所达到的境界高低，荆浩把山水画分为神、妙、奇、巧四个品级。以审美风格品鉴艺术成就的高低，本源于东汉以来的人物品藻。而荆浩的品评方式，又受到了魏晋以来玄学的影响。崇尚自然，淡泊名教，尤其儒家伦理的束缚，表现于绘画领域，是对“图鉴”、教化功能的日益疏离。他尤为推崇画之神、妙品格。画之“神”品，“亡有所为，任运成象”，是“度物象”而超越物象之“形”，得物之“华”而臻于“实”，忘笔墨、忘画之后的对物、我之“真”的“自然”之境，看似无意、无为，实是画尽千山万松之后对物之本然的体察，是超越必然之后忘物、忘我之后对天地自然之“道”的契同。对照张彦远的“自然”上品，二者似可映照。“妙”品虽得物我之真，但较之神品稍逊一筹，其“思”接天地之道而不能与万物同情，其度物象取其真而滞于笔墨，难免为物象、笔墨所缠绕，心地不够澄明。换句话说，妙品之画有神有迹，画境徘徊于自然与人为间而不能超拔。对于奇、巧两境，荆浩是持否定态度的。奇者一味放笔直写，但求痛快，常常违背物象之本然，形似而偏离于真；巧者一味任性使气，笔墨既乖离于常理，其物象似是而非，貌合而神离，实为哗众取宠的颟顸画法。

对照五代以来的山水画发展，荆浩的画论及创作，都具有标示性的作用。他的山水“六要”、“度物象而取其真”的创作观念，以及鉴识画品高低的要诀，为宋元山水画的鼎盛奠定了理论基础，启发了后来的《林泉高致》、《画禅室随笔》等的出现；他的创作，为后人称为“百代标程”的关仝、李成、范宽所继承，由荆浩所开创的北派山水几乎主宰了整个山水画坛。可以说，今天的山水画创作，仍然可以感受到荆浩以及他所处的那个时代的审美意趣的影响。　（张传友）

林泉高致·山水训

郭 熙

君子之所以爱夫山水者，其旨安在？丘园养素，所常处也；泉石啸傲，所常乐也；渔樵隐逸，所常适也；猿鹤飞鸣，所常亲(一作观)也。尘嚣缰锁，此人情所常厌也。烟霞仙圣，此人情所常愿而不得见也。直以太平盛日，君亲之心两隆，苟洁一身，出处节义斯系，岂仁人高蹈远引，为离世绝俗之行，而必与箕颖①(画苑补益误为频，画论丛刊作颖。)埒素，黄绮同芳哉。白驹之诗，紫芝之咏，②皆不得已而长往者也。然则林泉之志，烟霞之侣，梦寐在焉，耳目断绝。今得妙手郁然出之，不下堂筵，坐穷泉壑；猿声鸟啼依约在耳；山光水色，滉漾③夺目，此岂不快人意，实获我心哉，此世之所以贵夫画山之本意也。不此之主而轻心临之，岂不芜杂神观，溷浊④清风也哉！

画山水有体，铺舒为宏图而无余，消缩为小景而不少。看山水亦有体：以林泉之心临之则价高，以骄侈之目临之则价低。

山水大物也。人之看者须远而观之，方见得一障山川之形势气象。若士女人物，小小之笔，即掌中几上，一展便见，一览便尽，此看画之法也。

世之笃论，谓山水有可行者，有可望者，有可游者，有可居者。画凡至此，皆入妙品。但可行可望不如可居可游之为得。何者？观今山川，地占数百里，可游可居之处，十无三四，而必取可居可游之品。君子之所以渴慕林泉者，正谓此佳处故也。故画者当以此意造，而鉴者又当以此意穷之，此之谓不失其本意。

画亦有相法，李成⑤子孙昌盛，其山脚地面皆浑厚阔大，上秀而下丰，合有后之相也，非特谓相，兼理当如此故也。

人之学画，无异学书，今取钟王虞柳，⑥久必入其仿佛。

至于大人达士，不局于一家，必兼收并览，广议博考，以使我自成一家，然后为得。今齐鲁之士，惟摹营丘，关陕之士，惟摹范宽，一已之学，犹为蹈袭，况齐鲁关陕，幅员数千里，州州县县，人人作之哉？专门之学，自古为病，正谓出于一律，而不肯听者，不可罪不听之人，迨由陈迹，人之耳目，喜新厌故，天下之同情也，故予以为大人达士不局于一家者此也。

柳子厚善论为文，余以为不止于文。万事有诀，尽当如是，况于画乎？何以言之？凡一景之画，不以大小多少：必须注精以一之。不精则神不专，必神与俱成之。神不与俱成，则精不明；必严重以肃之，不严则思不深；必恪勤以周之，不恪则景不完。故积惰气而强之者，其迹软懦而不决，此不注精之病也。积昏气而汩之者，其状黯猥而不爽，此神不与俱成之弊也。以轻心挑之者，其形脱略而不圆，此不严重之弊也。以慢心忽之者，其体疏率而不齐，此不恪勤之弊也。故不决则失分解法，不爽则失潇洒法，不圆则失体裁法，不齐则失紧慢法，此最作者之大病出，然可与明者道。

思⑦平昔见先子作一二图，有一时委下不顾，动经一二十日不向，再三体之，是意不欲。意不欲者，岂非所谓惰气者乎？又每乘兴得意而作，则万事俱忘，及事汩志挠，外物有一，则亦委而不顾。委而不顾者，岂非所谓昏气者乎？凡落笔之日，必明窗净几，焚香左右，精笔妙墨，盥手涤砚，如见大宾；必神闲意定，然后为之，岂非所谓不敢以轻心挑之者乎？已营之，又彻之，已增之。又润之。一之可矣，又再之；再之可矣，又复之。每一图必重复终始，如戒严敌，然后毕。此岂非所谓不敢以慢心忽之者乎？所谓天下之事，不论大小，例须如此，而后有成。先子向思每丁宁⑧委曲论及于此，岂教思终身奉之，以为进修之道耶！

学画花者以一株花置深坑中，临其上而瞰之，则花之四面得矣。学画竹者，取一枝竹，因月夜照其影于素壁之上，则竹之真形出矣。学画山水者何以异此？盖身即山川而取之，则山水之意度见矣。真山水之川谷，远望之以取其势，近看之以取其质。真山水之云气，四时不同：春融怡，夏蓊郁，秋疏薄，冬黯淡。画（一作尽）见其大象，而不为斩刻之形，则云气之态度活矣。真山水之烟岚，四时不同：春山淡冶而如笑，夏山苍翠而如滴，秋山明净而如妆，冬山惨淡而如睡。画见其大意，而不为刻画之迹，则烟岚之景象正矣。真山水之风雨，远望可得，而近者玩习不能究错纵起止之势，真山水之阴晴，远望可尽，而近者拘狭不能得明晦隐见之迹。山之人物以标道路，山之楼观以标胜概，山之林木映蔽以分远近，山之溪谷断续以分浅深。水之津渡桥梁以足人事，水之渔艇钓竿以足人意，大山堂堂为众山之主，所以分布以次冈阜林壑，为远近大小之宗主也。其象若大君赫然当阳，而百辟⑨奔走朝会，无偃蹇背却之势也。长松亭亭为众木之表，所以分布以次藤萝草木，为振挈依附之师帅也，其势若君子轩然得时而众小人为之役使。无凭陵愁挫之态也。山近看如此，远数里看又如此，远十数里看又如此，每远每异，所谓山形步步移也。山正面如此，侧面又如此，背面又如此，每看每异，所谓山形（画苑补益本误作曲眇）面面看也。如此是一山而兼数十百山之形状，可得不悉乎？山春夏看如此，秋冬看又如此，所谓“四时之景不同”也。山朝看如此，暮看又如此，阴晴看又如此，所谓朝暮之变态不同也。如此是一山而兼数十百山之意态，可得不究乎？春山烟云连绵人欣欣，夏山嘉木繁阴人坦坦，秋山明净摇落人肃肃，冬山昏霾翳塞人寂寂。看此画令人生此意，如真在此山中，此画之景外意也。见青烟白道而思行，见平川落照而思望，见幽人山客而思居，见岩扃⑩泉石而思游。看此画令人起此心，如将真即其处，此画之意外妙也。

东南之山多奇秀，天地非为东南私也。东南之地极下，水潦[11]之所归，以漱濯开露之所出，故其地薄，其水浅，其山多奇峰峭壁而斗出霄汉之外，瀑布千丈飞落于霞云之表。如华山垂溜，非不千丈也，如华山者鲜尔，纵有浑厚者，亦多出地上而非出地中也。

西北之山多浑厚，天地非为西北偏也。西北之地极高，水源之所出，以冈陇拥肿[12]之所埋，故其地厚，其水深，其山多堆阜盘礴而连延不断于千里之外，介丘有顶，而迤逦拔萃于四逵之野。如嵩山少室非不峭拔也，如嵩少类者鲜尔。纵有峭拔者，亦多出地中而非地上也。

嵩山多好溪，华山多好峰，衡山多好别岫，常山多好列岫，泰山特好主峰，天台武夷庐霍雁荡岷峨巫峡天坛王屋林庐武当皆天下名山巨镇，天地宝藏所出，仙圣窟宅所隐，奇崛神秀，莫可穷其要妙。欲夺其造化，则莫神于好，莫精于勤，莫大于饱游饫看，历历罗列于胸中，而目不见绢素，手不知笔墨，磊磊落落，杳杳漠漠，莫非吾画，此怀素夜闻嘉陵江水声而草圣益佳，张颠见公孙大娘舞剑器，而笔势益俊者也。今执笔者所养之不扩充，所览之不淳熟，所经之不众多，所取之不精粹，而得纸拂壁，水墨遽下，不知何以掇景于烟霞之表，发兴于溪山之颠哉？后生妄语，其病可数。何谓所养欲扩充？近者画手有《仁者乐山图》，作一叟支颐于峰畔，《智者乐水图》作一叟侧耳于岩前，此不扩充之病也。盖仁者乐山，宜如白乐天[13]《草堂图》，山居之意裕足也。智者乐水，宜如王摩诘[14]《辋川图》，水中之乐饶给也。仁智所乐，岂只一夫之形状可见之哉？何谓所览欲淳熟？近世画工，画山则峰不过三五峰，画水则波不过三五波，此不淳熟之病也。盖画山：高者、下者、大者、小者，盎晬向背，[15]颠顶[16]朝揖，其体浑然相应，则山之美意足矣。画水：齐者、汩者、卷而飞激者、引而舒长者，其状宛然自足，则水态富赡也。何谓所经之不众多？近世画手，生于吴越者写东南之耸瘦；居咸秦者貌关陇之壮，学范宽者乏营丘之秀媚，师王维者缺关仝之风骨。凡此之类，咎在于所经之不众多也。何谓所取之不精粹？千里之山，不能尽奇；万里之水，岂能尽秀？太行枕华夏而面目者林虑，泰山占齐鲁而胜绝者龙岩。一概画之，版图何异？凡此之类，咎在于所取之不精粹也。故专于坡陀⑰失之粗，专于幽闲失之薄，专于人物失之俗，专于楼观失之冗，专于石则骨露，专于土则肉多。笔迹不混成谓之疎，疎则无真意；墨色不滋润谓之枯，枯则无生意。水不潺湲则谓之死水，云不自在则谓之冻云，山无明晦则谓之无日影，山无隐见则谓之无烟霭。今山：日到处明，日不到处晦，山因日影之常形也。明晦不分焉，故曰无日影。今山：烟霭到处隐，烟霭不到处见，山因烟霭之常态也。隐见不分焉，故日无烟霭。

山大物也，其形欲耸拔，欲偃蹇，欲轩豁，欲箕踞，欲盘礴，欲浑厚，欲雄豪，欲精神，欲严重，欲顾盼，欲朝揖，欲上有盖，欲下有乘，欲前有据，欲后有倚，欲上瞰而若临观，欲下游而若指麾，此山之大体也。

水活物也，其形欲深静，欲柔滑，欲汪洋，欲回环，欲肥腻，欲喷薄，欲激射，欲多泉，欲远流，欲瀑布插天，欲溅扑入地，欲渔钓怡怡，欲草木欣欣，欲挟烟云而秀媚，欲照溪谷而光辉，此水之活体也。

山以水为血脉，以草木为毛发，以烟云为神彩，故山得水而活，得草木而华，得烟云而秀媚。水以山为面，以亭榭为眉目，以渔钓为精神，故水得山而媚，得亭榭而明快，得渔钓而旷落，此山水之布置也。

山有高，有下：高者血脉在下，其肩股开张，基脚壮厚，峦岫冈势，培拥相勾连，映带不绝，此高山也。故如是高山，谓之不孤，谓之不什。下者血脉在上，其颠半落，项领相攀，根基庞大，堆阜臃肿，直下深插，莫测其浅深，此浅山也。故如是浅山，谓之不薄，谓之不泄。高山而孤，体干有什之理；浅山而薄，神气有泄之理，此山水之体裁也。

石者天地之骨也，骨贵坚深而不浅露。水者天地之血也，血贵周流而不凝滞。

山无烟云，如春无花草。

山无云则不秀，无水则不媚，无道路则不活，无林木则不生，无深远则浅，无平远则近，无高远则下。

山有三远：自山下而仰山颠谓之高远，自山前而窥山后谓之深远，自近山而望远山谓之平远。高远之色清明，深远之色重晦，平远之色有明有晦。高远之势突兀，深远之意重叠，平远之意冲融而缥缥缈缈。其人物之在三远也，高远者明了，深远者细碎，平远者冲淡。明了者不短，细碎者不长，冲淡者不大，此三远也。

山有三大，山大于木，木大于人。山不数十重如木之大，则山不大。木不数十重如人之大，则木不大。木之所以比夫人者，先自其叶。而人之所以比夫木者，先自其头。木叶若干可以敌人之头，人之头自若干叶而成之，则人之大小，木之大小，山之大小，自此而皆中程度，此三大也。

山欲高，尽出之则不高，烟霞锁其腰，则高矣。水欲远，尽出之则不远，掩映断其派，则远矣。盖山尽出不惟无秀拔之高，兼何异画碓嘴？[18]水尽出不惟无盘折之远，何异画蚯蚓？

正面溪山林木，盘折委曲，铺设其景而来，不厌其详，所以足人目之近寻也。傍边平远峤岭，重叠钩连缥缈而去，不厌其远，所以极人目之旷望也。远山无皴，远水无波，远人无目。非无也，如无耳。

〔**注释**〕 ① 箕颖：即箕颍河（也叫颍河），在箕山旁。箕山为山东省西南鄄城四山之一，相传尧想把王位让给许由,许由不愿意当官,便躲避在这里。尧派人找到了他,劝他为官,许由一听,不停地洗耳朵,说怕耳朵脏了。 ②《白驹》一诗,《毛诗序》以为是大夫刺宣王不能留用贤者于朝廷。朱熹《诗集传》说:"为此诗者,以贤者之去而不可留";紫芝:比喻贤人。《淮南子·俶真训》:"巫山之上,顺风纵火,膏夏紫芝,与萧艾俱死。"高诱注:"膏夏、紫芝皆喻贤智……" ③ 滉瀁:荡漾。 ④ 溷浊(hùn zhuó):混乱污浊。 ⑤ 李成:字咸熙。原籍长安(今陕西西安),五代及北宋画家。唐宗室,祖父李鼎于五代时避乱迁家营丘(今山东昌乐),故又称李成为李营丘。 ⑥ 指楷书大家钟繇、王羲之、虞世南、柳公权。 ⑦ 思:郭思。 ⑧ 丁宁:通"叮咛"。 ⑨ 百辟:百官。 ⑩ 岩扃:山洞的门,借指隐居之处。 ⑪ 水潦:大雨;雨水。 ⑫ 拥肿:臃肿;又隆起,不平直。 ⑬ 白乐天:即白居易,字乐天,号香山居士。祖籍太原(今属山西)。在文学上积极倡导新乐府运动,主张文章合为时而著,诗歌合为事而作。 ⑭ 王摩诘:即王维(699—759),字摩诘,盛唐时期的著名诗人。擅画人物、丛竹、山水。其山水一类似李氏父子,一类则以破墨法画成,其名作《辋川图》即为后者。 ⑮ 盎:充溢,睟(zuì):同"晬",润泽的样子。盎睟向背:谓德性表现于外,而有温润之貌,敦厚之态。指有德者的仪态。 ⑯ 颠顶:即顶颠,本义为人体的最高部位,指头顶。引申为物体的最高部位,事物发展的极点。 ⑰ 坡陀:又作"陀坡",山势起伏貌;山坡。 ⑱ 碓嘴:舂米的杵。末梢略尖如鸟嘴,故名;又指鸟雀。

（张传友）

〔鉴赏〕 当代著名美学家李泽厚认为,中国美学之演进有四大思潮:即儒、道、释以及楚骚美学,它们构成了中国美学的"精英和灵魂"。就东方哲学美学而言,确乎如此。魏晋之后千余年的哲学、美学流变,直至今天也未能发展出与这四种美学思潮趋向相颉颃的新流派或新风格。但说到中国艺术,可谓"江山代有才人出",魏晋之后各时代的艺术发展、繁荣较之以往无不表现出自己的独特优势和特色。

就有宋一代而言,可谓人文化极。陈寅恪说:"华夏民族之文化……造极于赵宋之世。"在诗词、瓷器、航海、丝绸、绘画诸文化方面宋人之所以能够集大成,主要原因在于儒道释三教的融合、艺术创作技法经验的丰富和大胆革新以及社会结构的转型三方面。宋人对自己山水画方面的成就颇为自信:"本朝画山水之学,为古今第一","若论佛道人物仕女牛马,则近不及古。若论山水林石花鸟禽鱼,则古不及近"。郭熙的山水画创作和郭熙、郭思父子所撰的《林泉高致》,无疑是其中的硕果。

郭熙(1023—约1085),字淳夫,河南温县(今河南孟县)人,历任御画院艺学、翰林待诏。与李成齐名,人称"李郭"。后人把他们与同时代的关仝、范宽并列为中国北派山水画大师。

盛名之下,他得到宋神宗赏识,一时被评为画坛"天下第一",凡宫中作画"非郭熙画不足以称"。有诗云"绕殿峰峦匝青,画中多见郭熙名"。

除绘画外，他的另一重要成就在于以当时援佛、道而重新获得自信的儒家思想观照北方壮美奇绝的自然山水，同时结合隋唐五代以来的水墨体验，撰写了绘画美学著作《林泉高致》。据其子郭思在《林泉高致·序》记载，熙“每落笔必曰‘画山水有法，岂得草草’。思闻一说，旋即笔记”。作为郭熙山水画创作的经验总结，《林泉高致》又称《林泉高致集》，是中国第一部山水画理论著作。全书分六节，即序言、山水训、画意、画诀、画格拾遗以及画题。除序言、画格拾遗为郭思所写外，其余均为郭熙所述。其中的《山水训》一节是全书的精华所在，并以《山水诀纂》、《山水画论》题名流行于世。

我们认为，奠定郭熙在中国绘画美学、中国绘画史上崇高地位的，除了大家熟悉的“三远”透视法外，主要是他在《林泉高致·山水训》中所主张的“身即山川而取之”的审美观念。明曹昭的《格古要论》评价该书：“议论一时，卓绝千古可规”，应该是就后者而言。“身即山川而去之”即是一种学画山水的体察方法，更是一种审美观念，这种观念在精神上是与中国艺术精神，特别其中的道家精神是相通的。

可以说，郭熙把儒道两种审美观念在绘画领域从人生体验的角度圆融起来。在诸子及其前的时代，儒道两家本非后人所认为的轩轾分明，甚至相互敌对。在对待自然山水的态度上，孔子说“仁者乐山，智者乐水”，老庄讲纵身大化，视我与自然山水都是宇宙、人生本然之“道”的大化流行，两种思想都把自我与自然视为整一的生命宇宙，“我”为阴阳二气的生命化显现，“自然”为“道”的现实对象化呈现。

据其子郭思记述：熙“少从道家之学，吐故纳新，本游方外”。道家与自然同情，纵身大化，忘情于山水的自然观、宇宙观，有助于他领悟生命与山水之“真”。这种超然的态度，使他能够在晚年坦然面对宫廷审美一时的好恶。青年仕途的通达使他对儒家的人生价值观念态度亦有同感。为传统士人所向往的以人生为艺术的亦生活亦审美的境界，表现在郭熙身上是亦艺术亦人生的。

一般而言，自然之山水可行、可望者甚多，而可观、可居者却可遇而不可求。如何满足身居庙堂的士大夫费神劳心之余亲近自然山水的需求呢？郭熙认为，山水画完全可以替代、甚且能够超越自然山水的素朴状态。这种对自然山水的记忆、描摹，并非简单地再现山水本身，而是以自然山水为底本，既要“快人意”，即满足观者仿佛身历山水的审美和生活需要；又要“获我心”，即在对自然山水之“真”的领悟、对宇宙人生丰富的体验、对笔性墨韵的体用技巧等基础上，实现一种既立足于现世,又能够独与天地精神相往来的生命意蕴的超越。这种“真”,既指向山水本然状态之“真”,同时又是郭熙对人生本然之“真”与天地大化之“真”的朦胧体认的混合体。此一山水观,是对以往“卧游”、“畅神”绘画美学思想的发展。这种以山水融通于人的精神生命,甚至视山水自然之性为我之德性品行的象征,实渊源于儒家尊崇阳刚之美的比德传统;以山水为我之身心的寄托,甚至忘情于山水,视自然之我与自然之山水能够混融澄明、相互涵容,恰符合道家的自然观、生命观。简言之,在三教融合的思潮下,郭熙所谓“林泉高致”,人在庙堂而心在林泉,这种生活、审美进退裕如的态度绝非纯粹的儒或者道所能笼囿的。他又强调山水的鉴赏和玩味要有“林泉之心”,不可有“骄侈之目”,否则,心为物役,老是停留在名缰利锁的意欲之牢结,是不可能从品味山水画中获得精神的寄托和解放的。这种艺术人生的生活态度,集中体现在他的“身即山川而取之”的审美观念。

相对于山水画,人物画由于“一展便见”,缺乏远观细品的纵深审美域间及感悟深度,难以在受众审美心理意识的流动过程中形成相应丰富意象的建构;山水则不然,它不局限于某一确定的物象,而是绵延往复,幽深淡远,时空无限。简言之,“远望之以取其势,近看之以取其质”,大处着眼,便于把握山水大概、规模、气势,细处用心,易于感知山水的色泽、纹理、质地、结构。具体而言,山形随“步步移”而一步一景;山形“面面看”而一山兼数山之美。观者的每一次赏鉴品味,都能从中得到程度不同的心理体验和审美享受,从而与敏感的性灵、想象丰富的人类审美心理建立某种内在的同构关系,进而获得精神的感触、滋味、愉悦、共鸣,进而畅快人意,深获我心。

他从审美的高度认识到山水画与人物画之间审美意趣的差别,为山水画超迈人物画并成为最能代表中国画正统、最能传达中国文人精神生命的画种,奠定了最为关键的理论基础。

山水通灵,画中山水可以满足人们寄心“林泉”的精神需要,可以超越山水的自然状态,被画家赋予种种可能与观者、画者心灵相互感应的情状。这就要求画家心下存有一份“敬”,心中不可轻忽,下笔不可疏忽。郭熙提出,作画从始至终须保持一种如见贵宾、如临大敌的严肃态度,须择一“窗明几净,焚香左右”的清净环境,准备“精笔妙墨、盥手洗砚”,“神闲气定”之际“乘兴得意”而作。初稿完成之后,“又彻之,已增之,又润之,一之可矣,又再之,再之可矣,又复之”,其中的反复修改与增删是必要的。如因杂事烦扰而心绪不宁,就应停止作画;在茹毫含笔之际,如踌躇不定,就应多方体味,甚至暂时搁笔。这种构思、作画过程的种种现象,郭熙认为和画家本身的"堕气"、"昏气",所持有的"轻心"、"慢心"是有关系的。如何有效地避免这些弊病呢?关键在于养兴、养气。这种"养",既包含了平时搜尽千峰打草稿的长期艺术积累、生活积累,"身即山川而取之"本身即是一种对自然山水的体察默认;还包含了创作之际对不同素材、不同构思、不同手法的反复琢磨,对人生体验即宇宙人生命意义的真切思索。其中,老庄的"养生"、"养气"与郭熙乃至中国艺术的审美底蕴是相通的,线条、造型、色彩艺术,逼真描摹客观物象并非中国古代画家追求的至高境界,通过艺术形象,表达一种对自我生命的体悟,对天地之美的契同才是他们旨趣所在。尤其在山水画中,传真似的摹写之所以不被看重,原因即在于此。对可居、可游山水的体悟表现是如此,观山水也同样需要一种与山水同情的心境。所谓画者"以意造"境,观者"以意求"境,双方之"意"会合之处,在于山水"本意",也就是山水自然之"真"。当然,郭熙所谓"真"还只是朦胧地意识到自然山水本然的种种情态与人生命本然状态的某种涵容、某种通贯两者的感触,其审美意象并未完全超脱、超拔山水物象之本然,进入以意运象的"写意"阶段。明代董其昌评价中国山水画,"唐人画(山水)法,至宋乃畅,"这种"畅",除了指笔墨技法方面的拓展、成熟之外,更多的是对画者如何表现胸中丘壑的"意"畅。这种以写"意"为主旨的审美取向,应该是在郭熙之后才成为众多山水画家的有意识选择。

郭熙在绘画美学上最为人所称道的贡献在于"三远"说。所谓"三远",我们认为主要是三种不同的山水审视、审美视角、立足点。单从文本来看,"高远"指"自山下而仰山颠","深远"为"自山前而窥山后","平远"是"自近山而望远山",三者完全是从不同地点、不同角度的三种观察方法、审视方式。同一山水,仰望之则其色"清明",自前而后窥探之则其色"重晦",自近而远望之则其色若明若暗;仰望所见山水之势突兀峭拔,窥探所见山水之势层峦叠嶂,远望所见山水之势缥缥缈缈,呈现一种冲融之象。三种不同视角、不同立足点所感知到的山水物象,与西方印象派绘画颇有些相似,"三远"的不同视觉效果,也可视为是山水在不同光影和浓淡不匀的水雾气衬托下从不同的视点所产生的微妙变化。

"三远"视点下,不但山水呈现出不同样态,山水画中的人物也会给观者以不同的印象。以往人们多注意山水方面,而对山水中人物因光影、水汽的变幻而示人不同印象,常被人忽略。"清明"山水中人物多明朗丰伟,"重晦"山水中人物多难窥全貌,山水"缥缈"中人物气韵冲淡平易,简言之,山水中人物多作为点缀,与其所处的自然环境是浑然一体的，绝不能凸出于山水之外。

在一幅山水画中，“三远”的观察体会方法常常是交叉运用的，这也就是与西方的焦点透视相对的散点透视。此前画家往往于此潜运默用而难以自明，是郭熙慧眼灼见，揭示了中国画观物取象的独特方法。这种取景方法，把观者、画者置于一种全息宇宙场中，人在画中游，观画山水若观真山水，甚至较亲身游历更能感觉、体会山水之“真”。当这种“真”与人生之真、生命之真融通之时，实际上也就接近了中国哲学、中国艺术的精神核心——道。其中境界，首先是画境，而后可通于人生之境，天地之境。“我”并非立于一点，而是如影随形，随心所欲，于三远中随意取景。

在“三远”画景中，郭熙论及最多的是“平远”之景，其画作中也多以平远取景。其子思在《画格拾遗》中记述：“烟生乱山，生绢六幅，皆作平远。”由近及远的观察方式，符合常人的观赏习惯和思维方式。画为心印，物我面面相对，这种感应和观照，较之回环曲折的取景方式，更易给人一览无余、一泻直下的酣畅、爽利之感；而光影、水雾之气中的山水，在人的视觉产生的“缥缥缈缈”的视觉体验，在人的审美心理所产生“冲融”的美感效果，无论是东方还是西方，把它表现出来都是“人之所难”。这种冲融、平淡，是一种天人合一、物我同化的自然之境。有人主张这种境界属于儒家的中和之美。我们认为，平远透视所达到的境界，其落脚点和归宿在自然，无论可居、可游，目的都在于营构一种近似于自然、甚至比自然本身更符合自然“本真”的山水，其中透出画者心印，而这种心之终极在企羡自然，走向自然。当然，山水本真与天地、人生本相是相通、回互的，其中境界，既有“有我之境”，而其无限处应该是“无我之境”，是偏于道而疏于儒的。

“三远”所论除了涉及由于观者空间位置的变化所带来的视觉效果的变化，郭熙还注意到时间的因素。四季不同，山水给予观者的审美体验也会发生变化。即：“春山烟云连绵人欣欣，夏山佳木繁阴人坦坦，秋山明净摇落人肃肃，冬山昏霾翳塞人寂寂。”对照东汉大儒董仲舒的《春秋繁露·阴阳尊卑》篇：“夫（天）喜怒哀乐之发，与清暖寒暑，其实一贯也。喜气为暖而当春，怒气为清而当秋，乐气为太阳而当夏，哀气为太阴而当冬。”两者有着明显的文脉联系。董仲舒的贡献在于把人的种种情感与宇宙天地的季节变化联系起来，构建了他的“天人感应”、天人合一立论；郭熙则延续这一文脉，接着前人以情系景（自然山水）的思路，把画者、观者的情感与画中山水联系起来。此景令人生此意，让人感觉身在此山中，产生“思居”、“思游”之想。前者可称为“景外意”，后者可谓“意外妙”。无论春山之欣欣，夏山之坦坦，还是秋山之肃肃，冬山之寂寂，山水的色调、质感令我有种种联想、种种情愫，体会到其中种种妙处，全在于我有一颗敏感、空灵之心。如此一来，郭熙便把自然山水之境、画中山水之境与我之心境，巧妙地贯通起来。其中表现出来的首先是对中国山水意境的感触和阐释。从自然物象到画者意象，从画者意象到画中物象，从画中物象到观者心象，这一观、感、作(画)、观的过程，经过层层心意活动，自然山水变成胸中山水、画中山水、心中山水，更加之散点透视所形成的全息影像，这山水已然超越自然，浸融了东方式的审美、情感，脱胎为东方式的山水意境。这山水既带有东方自然中北方的雄奇壮伟，南方的清幽秀润，又饱含着胎息天地之气，与宇宙相往来的智慧灵光，情景交融，意象万千。

重视自然山水种种情态的观察、揣摩，重视"身即山川而去之"的饱游饫看，看得多了，自然能够感受到南北山水的天然差异。所谓"东南之山多奇秀"，"西北之山多浑厚"。郭熙认为，造成这种差异的原因在于，东南地势低，为水汇聚之地，雨水多，水流快，冲刷大，造成土地瘠薄，形成了多水雾、多瀑布的奇峰峭壁，往往给人奇秀清润之感；西北地势高，土层厚，雨水少，易成为长河大川的源头，形成千里绵延气势磅礴的群峰并峙。对不同地域山水特征的认识，实际上也是对表现南北山水不同风貌的山水画风格的初步概括，对明代董其昌提出中国山水南北宗论不无启发。

另外，在水墨技法方面，郭熙在中国画史上第一次系统总结了积墨法、用笔的皴擦点刷法，丰富、提高了水墨画在山水的层次和意境方面的表现力。

元好问称赞道："山水家李成、范宽之后，郭熙为高品"，就其在山水的审美意境、"身即山川而取之"的学画方法、以"三远"为核心的散点透视法、水墨技法以及艺术和人生境界而言，是远远超过李、范二人的。尤其在强调体察山水自然种种情态、总结出中国画的散点透视方法方面，在西方文化艺术之风日炙的语境下，《林泉高致》中的绘画思想仍值得我们学习、借鉴和继承。　　(张传友)

太极图说　　周敦颐

无极①而太极②。太极动而生阳，动极而静，静而生阴。静极复动。一动一静，互为其根③；分阴分阳，两仪④立焉。阳变阴合而生水火木金土，五气⑤顺布⑥，四时行焉。五行一阴阳也，阴阳一太极也，太极本无极也。

五行之生也，各一其性⑦。无极之真⑧，二五之精⑨，妙合而凝。“乾道成男，坤道成女。”二气交感⑩，化生万物，万物生生而变化无穷焉。

唯人也得其秀而最灵。形既生矣，神发知矣，五性感动而善恶分，万事出矣。圣人定之以中正仁义，而主静立人极⑪焉。

故圣人“与天地合其德，日月合其明，四时合其序，鬼神合其吉凶”，君子修之吉，小人悖⑫之凶。故曰：“立天之道，曰阴与阳。立地之道，曰柔与刚。立人之道，曰仁与义。”又曰：“原始反终，故知死生之说。”大哉易也，斯其至矣！

〔注释〕 ① 无极：中国古代哲学中认为形成宇宙万物的本原。以其无形无象，无声无色，无始无终，无可指名，故曰无极。 ② 太极：最原始的混沌之气，是宇宙万物最高存在的范畴。③ 互为其根：相互依存。根，根基。 ④ 两仪：指天地。 ⑤ 五气：五行之气。 ⑥ 布：流传、流布。 ⑦ 各一其性：各有其属性。 ⑧ 真：精诚、精粹的东西。真与“二五之精”的精同义。⑨ 二五之精：阴阳二气和五行的精粹。二，阴阳二气；五，五行。 ⑩ 交感：相互感应。⑪ 人极：指做人的最高标准。 ⑫ 悖：违背。 （张剑光）

〔鉴赏〕 说起北宋的周敦颐，人们很自然就会想到他的那篇中学语文必选的传世名作《爱莲说》。但是，稍稍了解一点中国哲学史的人都知道，周敦颐之出名主要不是因为他的《爱莲说》，而是因为他是宋明理学的重要开山人物之一。而周敦颐之所以能成为理学的开山人物，在很大程度上又是因为他写了《太极图说》。

《太极图说》由“图”和“说”两部分构成。周敦颐根据中国传统的《周易》阴阳哲学原理绘出一个易象图，然后以非常简洁的文字对图中的易理加以解说。《太极图说》的全文不过二百多字，它由两段意思构成，第一段言“太极”，展示整个宇宙原始反终的生成与复归图式，即由太极→阴阳→五行→万物（人）的生化过程，以及万物（人）→五行→阴阳→太极复归过程，这就是“天道”。第二段言“人极”，说明人虽然是与万物一样由自然的气化过程而生，但人之所以为人在于其社会性即具有善恶的道德选择，“圣人”据此人性的本质而确立了以“中正仁义”的道德原则和“主静”的修养方法为代表的“人道”。

《太极图说》的篇幅尽管很短，其所揭示的内涵也不能说太深奥，但其在当时意义却非同小可。因为它为发源于先秦的儒家学说建立起了一个新的，足以与当时外来思想文化——佛教相抗衡的，但又不全同于传统道家和道教思想的，自然主义与人文主义相结合的宇宙论的理论框架结构。

大家知道，佛教是一种外来的宗教，从魏晋南北朝到隋唐时期，它以其特有的一套精致的思辨哲学风靡于中国的思想界，并向传统的儒家和道家及道教思想提出了严峻的挑战，中国传统的文化价值理想面临一场严重的危机。当时，佛教徒认为中国传统文化的哲学基础即宇宙论和心性论过于浅薄，根本不足以与佛教相抗衡。如唐代的华严宗大师宗密在其《原人论》中，就攻击儒道二家共同的宇宙论——“元气”论，认为这种宇宙论只相当于小乘佛教所说的“空劫”阶段，“不知空界以前早经千千万万遍成住坏空、终而复始。故知佛教法中小乘浅浅之教，已超外典(儒道二家之学)深深之说”。照佛教大乘的教义，宇宙本是人心生灭妄想所变之境，其本身是虚幻不实的，因此称之为“假有”。而中国传统思想文化的“元气论”，实质上是一种“迷执”，即执迷于所谓的“假有”，这是不对的。正确的做法应该是破除“迷执”，返照心源，终归于涅槃静寂，这最后部分就进入了佛教的心性论。

佛教的这种宇宙论显然是为以儒道两家为代表的中国传统思想文化所不能接受的，中国传统思想中从来不曾怀疑宇宙的客观存在，一向把宇宙看成是一个生生不已、大化流行的整体，即肯定其为实有。体现这一思想的典籍就是《周易》，所以《周易》成为儒道两家所共同重视的经典。但就宇宙论而言，在宋代之前，道教比儒家显然更为注重，因为前者以自然为性命，从《周易》的太极元气理论中可以发展出一套炼精化气、炼气化神的养生之道。而后者的文化价值理想属于人文主义的，更注重的是仁义礼乐和名教规范，由这里再转向人的道德性命的修养即心性论。

《太极图说》的价值和贡献就在于，它首先从《周易》阴阳哲学立论，汲取道教关于太极元气为世界万物生成演化的本源和动力，肯定宇宙的本源为实有，从而批判了佛教的宇宙论，重新确立了中国传统文化的价值观。其次是把人与宇宙贯通起来，并突出强调人之异于禽兽及他物的本质属性，论证了“仁义中正”这一儒家核心思想与天道的一致性，把太极元气落实到心性论的层面，从而也与道教的思想区别开来。再大一点言，它可以说是在新的历史条件和思想背景下，发展了中国传统的“天人合一”思想。以后的宋明理学家正是在这个理论基础上进一步深化和拓展，逐步建立起一个新型的世界观，并恢复了儒家文化价值理想在中

国思想界的主流地位。　　　　（徐洪兴）

正蒙·西铭　　　　张　载

乾称父，坤称母。予兹藐①焉，乃混然②中处③。故天地之塞④，吾其体；天地之帅⑤，吾其性。民，吾同胞；物，吾与⑥也。大君⑦者，吾父母宗子⑧；其大臣，宗子之家相⑨也。尊高年，所以长其长；慈孤弱，所以幼其幼。圣，其合德⑩；贤，其秀也。凡天下疲癃⑪残疾、惸独⑫鳏寡，皆吾兄弟之颠连⑬而无告者也。"于时保之"，子之翼也。"乐且不忧"，纯乎孝者也。违曰悖德⑭，害仁曰贼，济恶者不才⑮，其践形⑯，惟肖者⑰也。知化⑱则善述其事，穷神⑲则善继其志。不愧屋漏为无忝⑳；存心养性为匪懈㉑。恶旨酒㉒，崇伯子㉓之顾养㉔；育英才，颖封人㉕之锡类㉖。不弛劳㉗而底豫㉘，舜其功也；无所逃㉙而待烹㉚，申生其恭也。体其受㉛而归全㉜者，参乎！勇于从而顺令㉝者，伯奇也。富贵福泽，将厚吾之生也；贫贱忧戚㉞，庸㉟玉汝于成㊱也。存，吾顺事；没，吾宁也。

〔注释〕 ① 藐：幼小的样子。 ② 混然：浑然一体。 ③ 中处：处于其中。 ④ 塞：充塞。 ⑤ 帅：领导。 ⑥ 与：党与、同伴。 ⑦ 大君：君主、帝王。 ⑧ 宗子：宗法社会中享有继承权的嫡长子。 ⑨ 家相：一家的总管。 ⑩ 合德：同德。合，相同、一致。 ⑪ 疲癃：曲腰高背之疾，泛指年老多病或年老多病之人。 ⑫ 惸(qióng)独：无兄弟的人，引申为孤独无依的人。 ⑬ 颠连：狼狈困苦的样子。 ⑭ 悖德：违背道德。悖，违背。 ⑮ 不才：没有才能。 ⑯ 践形：意谓将仁义实践于形色之中，来体现人天赋的品质。 ⑰ 惟肖者：不愧为人。惟，发语词；肖，仿效。一说像父母的儿子。 ⑱ 知化：通晓事物变化之理。 ⑲ 穷神：穷究事物之神妙。 ⑳ 无忝：不玷辱、不羞愧。 ㉑ 匪懈：不懈怠。匪，通"非"。 ㉒ 旨酒：美酒。 ㉓ 崇伯子：指禹。 ㉔ 顾养：孝顺赡养父母。 ㉕ 颖封人：即颍考叔。 ㉖ 锡类：以善赐及众人。 ㉗ 不弛劳：不畏辛劳。 ㉘ 底豫：得到欢乐。 ㉙ 无所逃：晋献公欲杀世子申生，申生辞狐突而就戮，表现为顺从，死后谥恭。 ㉚ 待烹：待杀。 ㉛ 体其受：指身体受之父母。 ㉜ 归全：身体受之父母，不可残形不全。 ㉝ 勇于从而顺令：指伯奇孝顺父母，其妻离间父子关系，伯奇逐妻而顺从父母。 ㉞ 忧戚：忧愁烦恼。 ㉟ 庸：用。 ㊱ 玉汝于成：天器重你，使你得到成就。

（张剑光）

〔鉴赏〕 《西铭》本是张载的哲学名作《正蒙》中最后一篇《乾称》的开首一段文字，是张载原为学者所写的一篇铭文，初定名为《订顽》，后来在程颐的建议下改为《西铭》。

《西铭》的全文并不长，一共才253个字，但却是张载体大思精的“气本论”哲学思想体系的高度浓缩。全文可分为五段：第一段讲人与宇宙的连接以及人在宇宙中的地位，提出“民胞物与”、天人一体的思想；第二段讲社会理想，表达一种“宇宙大家庭”的思想，人们骨肉相连、休戚与共；第三段讲人性论，道德植根于人性，而人性则本于天性，因此恪守道德规范是符合宇宙秩序的绝对义务；第四段举出六个实现了道德理想的历史人物，以证明理想人格的塑造与落实是可能和必要的；最后一段以乐天知命、尽伦尽职的人生理想结束。

《西铭》所表达的是一种洋溢着人文关怀、合理地处理个人与社会、内在与外在关系的积极进取的人生观。它所要解决的实际是如何从个人的立场来看待宇宙，又如何运用这种对宇宙的观解进而去看待社会和个人的一生。在张载看来：宇宙间万物都是由气所构成的，人当然也不能例外，而构成人的气也就是构成万物的气。因而从个人的角度来看，天地就如同我的父母，一切人都是我的同胞，宇宙间其他万物都是我的朋友，君主可以说是这个“大家庭”中的长子，而圣人之所以能为圣人是因为他与天地合德，等等。从“吾体”、“吾性”、“吾同胞”、“吾与”依次展开，张载论证了人人同等，万物共性。因此人应该尊老抚幼，应该同情和照顾鳏寡孤独残疾者，应该普爱众生，泛爱万物，帮助弱者，因为这是个人对这个“大家庭”应尽的神圣义务。而对每一个人说来，不论富贵贫贱，都应该乐天安命，泰然处之，活一天就必须尽一天义务，直到问心无愧地死去。

张载的《西铭》是宋明理学中的经典作品，受到各派理学家的高度重视和赞赏。二程兄弟对张载之学最欣赏的就在于他《西铭》中所提出的伦理思想。如程颢认为，张载的《西铭》讲“乾父坤母”、“民胞物与”，充分体现了“万物一体”之仁，所以他多次强调，《西铭》是孟子之后儒家最重要的文字，其价值远在韩愈的《原道》之上。程颐则认为《西铭》突出了儒家“理一分殊”的思想，因而与墨子的“兼爱”不同。朱熹还专门为《西铭》作了详尽的注解。而理学家之所以这么称赞《西铭》，最根本的原因实际在于它将儒家对人生的态度，与佛教、道教、道家、墨家等对人生的态度，清楚地区别开来。

总之，张载《西铭》所提出的“民胞物与”思想，与传统儒家的“礼运大同”理想是一脉相承的，它把中国传统哲学中“天人合一”的思想发展到了一个新境界，因此可以认为它代表了旧时代中国知识分子的最高的人生理想。这一理想曾激励正直的知识分子勇于以天下国家为己任，救邦国于危难，拯生民于涂炭，置生死利害于度外。这是值得充分肯定的、优秀的传统思想文化。

当然，从今天的立场来分析，我们在肯定张载《西铭》思想的同时，还应该注意到：张载的这一思想中隐含了一种倾向，那就是在强调个人义务的同时，忽略了个人应有的权利；强调人与人、人与自然和谐的同时，忽略了还存在着竞争的一面。这也可认为是儒家思想的一个通病。所以，作为一个现代人，即使对优秀的传统思想文化，也应该有一个继承和扬弃的正确态度。 （徐洪兴）

识仁篇 程 颢

学者须先识仁。仁者，浑然与物同体。义、礼、知、信皆仁也。识得此理，以诚敬存之而已，不须防检①，不须穷索②。若心懈③则有防，心苟不懈，何防之有？理有未得，故须穷索。存久自明，安待穷索？此道与物无对，大不足以名之，天地之用皆我之用。孟子言“万物皆备于我”，须反身而诚，乃为大乐。若反身未诚，则犹是二物有对，以己合彼，终未有之，又安得乐？《订顽》④意思，乃备言此体。以此意存之，更有何事？“必有事焉而勿正，心勿忘，勿助长”，未尝致纤毫之力，此其存之之道。若存得，便合有得。盖良知⑤良能⑥元不丧失，以昔日习心未除，却须存习此心，久则可夺旧习。此理至约⑦，惟患不能守。既能体之而乐，亦不患不能守也。

〔注释〕 ① 防检：防备检点。 ② 穷索：追根问底。 ③ 懈：懈怠。 ④《订顽》：宋代张载所作，又称《西铭》。 ⑤ 良知：天生的分辨善恶是非的智能。 ⑥ 良能：天赋为善的能力。 ⑦ 约：简约。 （杨英姿）

〔鉴赏〕 “仁”是孔子思想的核心，历来学者对“仁”的种种诠释，各具所见。北宋理学家程颢撰有《识仁篇》，他以“天理”为“仁”，着重将孔子的“仁者，人也”的思想作了深层的阐发，颇多新意。

首先，他认为“仁”的内容极其广泛，它既包括了义、礼、智、信等整个伦理道德的全德总称，同时，仁义是天理或道的别名。凡是体现“仁”之崇高道德境界的人，称之为“仁者”，他们必须完全贯彻、实践孔子博施济众、立己立人、推己及人的精神，只有这样才“可以得仁之体”，领会、掌握“仁”的实质。

程颢强调主体道德的培育和发扬“仁者、己也”，认为“仁”不存在“我”之外，是自己“心”中固存的“良知良能”的“天德”，只要主体“己”能自觉而毫不松懈地以“诚”和“敬”的心态将它保持住，也便万无一失了。程颢是理学家中主张“心与理一”的心本论者，有较明显的道德先验论的倾向，但他主张以德润身，以善及人，提倡那种以完善主体道德为完善社会道德的基础，将个人修养和对他人、群体社会的义务和责任联系起来，这也正是儒家学说的特点。程颢以“认得为己”为“识仁”的方法，乃基本上遵循儒家“内圣”的路线。

在《识仁篇》中，程颢特别赞赏张载《订顽》(即《西铭》)以“天地之塞，吾其体，天地之帅，吾其性。民，吾同胞，物，吾与也”来理解“仁”的含义，即认为人类是天地所生的同胞，万物是人类的朋友，而这也正合《识仁篇》中“仁者浑然与物同体”之意。所以程颢说：“《订顽》(《西铭》)意思，乃备言此体。”这里的“体”指“仁之体”，也就是孔子“仁者爱人”、“泛爱众”思想的发扬。二程(颢、颐)的后继者朱熹则说“仁”是“爱之理、心之德”是对张载、程颢说“仁”的一个补充。

程颢提出“仁者以天地万物为一体”，“仁者浑然与物同体”，这是将“人道”和“天道”两者紧密结合起来考察“仁”，由“观仁”而得出“识仁”的结论。先秦孔子谈论人道多，而少谈天道，程颢综合、汲取了《易传》、《中庸》、《孟子》等中有关天人之道的思想资料来阐发《论语》中语焉而未详的天人合一思想，如《论语》中有“天何言哉？四时行焉，万物生焉……”以及某些知天、顺天、乐天的思想片断。程颢借用孟子的“万物皆备于我”和“万物与我为一”的词句来诠释孔子“仁”的含义。诚然，程颢的“与物同体”作为“仁”的境界，可能与孔子的“仁”的原义尚有距离，但却可以说是对孔子“仁”观念的演变和发展。

程颢认为达到“仁”的境界者，就会以天地万物为一身，反之，以天地万物“不与己相干”便是“不仁”，他引用医书上所说的“手足痿痹不仁”之语，即本来手足是人身体的有机组成部分，一旦患有痿痹症就手足失灵了，以此论证天人之间的和谐、统一。他强调“天地之用，皆我之用”，注意了主体的人与客观自然界的平衡、和谐，他认为孟子的“万物皆备于我”之意是主体的“我”与万物在主观上浑然一体的精神境界“一天人”，而并非说“我”真能把世界的一切集于己身或者说天地万物由“我”而派生。他提出“仁”是体现了人类和客观自然界保持“无对”(“此道与物无对”)避免矛盾和冲突，以要求在天与人的和谐、协调中实现人的意义和价值。

“仁者以天地万物为一体”，就是要求人类以公正的态度对待自然生态。因而程颢一再说“观天地万物气象”、“万物之生意最可观”。程颢的《识仁篇》内容主要归纳为“己”与“人”,“天”与“人”的关系。说明人与人之间有一个人类共同的行为规范——“仁”或“天理”,应为人类所共同维护,破坏了和谐就是“不仁”。天与人之间,凡人为地破坏自然环境的“生意”、“气象”也是“不仁”的行为。由此看来,《识仁篇》的“仁者,浑然与物同体”,在今天也有借鉴意义。 (潘富恩)

答杨时论西铭书　　程 颐

前所寄史论十篇,其意甚正,才一观,便为人借去,俟更子细看。西铭之论,则未然。横渠①立言,诚有过者,乃在《正蒙》②。《西铭》之为书,推理以存义,扩前圣所未发,与孟子性善养气之论同功,二者亦前圣所未发。岂墨氏之比哉?《西铭》明理一而分殊③,墨氏则二本而无分。老幼及人,理一也。爱无差等,本二也。分殊之蔽④,私胜⑤而失仁;无分之罪,兼爱而无义。分立而推理一,以止私胜之流 ,仁之方也。无别而迷兼爱,至于无父之极,义之贼也。子比⑥而同之,过矣。且谓言体而不及用。彼欲使人推而行之,本为用也,反谓不及,不亦异乎?

〔注释〕 ① 横渠:即张载。 ②《正蒙》:张载所著。 ③ 理一而分殊:程朱理学的重要概念,即理一分殊。理一分殊是指天下之理为一,即天理;具体事物各具一理,但都体现出完整之天理。 ④ 蔽:弊病。 ⑤ 私胜:为私心所胜。 ⑥ 比:比拟。 (张剑光)

〔鉴赏〕 《西铭》,为北宋张载所著的一篇铭文,后合于《正蒙》书中,作为《乾称篇》的首段。张载在横渠学堂讲学时,曾把这一段和《乾称篇》的末段录出,贴于学堂的双牖,作为座右铭。前者题为《订顽》,后者题为《砭愚》。后程颐将《订顽》改称《西铭》,《砭愚》改称《东铭》。在张载所有的著作中,最受二程和后来理学家赞扬的就是《西铭》。张载去世以后,二程以《西铭》教学,此文就是北宋学者程颐与其学生杨时讨论《西铭》的书信。

要了解程颐与其学生的讨论,就必须首先了解《西铭》篇的主要内容。在北宋五子中,张载别具一格地提出了气本体论。他认为太虚即气,“气”是宇宙万物的本原和本体,它体用不二,“有无”、“虚实”的统一是其“体”,“聚散”、“出入”运动变化是其“用”。万物(包括人)就是由气之聚、散即气化而产生的。从人和物都具有气之性出发,张载在《西铭》篇中提出了“民胞物与”的主张,认为天地是人和万物的父母，人是渺小的，与万物浑然共处于天地之间。充满于天地间的气构成了我的身体，统帅天地的气之性是我的本性。人民是我的同胞兄弟，万物是我的同伴侪辈。所以，我应该爱一切人、一切物。张载的这一主张在形式上具有泛爱主义的特点，它曲折反映了当时社会下层人民要求平等互爱的愿望。

正因如此，程颐的学生杨时在学习《西铭》时，“疑《西铭》言体而不及用，恐其流于兼爱”（《河南程氏粹言》卷一）。以为《西铭》之论与墨子“兼爱”之说无异，于是与程颐往返致书。程颐否定了这一看法，写下此文。此书信全文仅199字，但寓意深刻。程颐首先充分肯定了《西铭》篇的基本思想，指出“横渠立言，诚有过者，乃在《正蒙》。《西铭》之为书，推理以存义，扩前圣所未发，与孟子性善养气之论同功”。直言自己在本体论上尽管和张载有着重大原则分歧，但是对张载还是礼敬甚备，因为张载在道德伦理观和人性论上与孟子是一致的。理由有二：其一，张载推演说，由于人与天地同出一源，均为气之聚合，所以从本质上说，人的本性也就是天地之性。张载设想天地之性没有缺点，故而人的本性也是善的。所谓“性于人无不善”。这就与孟子的“性善论”一致，并为“性善论”提供了理论依据，使它上升到本体论的高度。其二，张载又提出了“气质之性”，认为每个具体的人，有了生命之后，就有了不同于他人的本性。这一本性和他的生理条件、身体特点结合在一起，是气质之性。张载提出的目的在于解决人何以有恶的问题，也是为了更好地向人们灌输封建道德观点，这就把人性论和封建的修养论紧紧结合起来，这与孟子的“养气论”有异曲同工之妙。难怪二程在其他场合称此说是“道尽高，言尽醇。自孟子后，儒者都无他见识”（《二程遗书》卷二上）。朱熹后来也称此说“有功于圣门，有补于后学”。

继而，程颐指出《西铭》的思想与墨子的“兼爱”说有本质的区别。《西铭》主张“理一而分殊”，“兼爱”说是“二本而无分”。张载在《西铭》中说，“大君者，吾父母宗子；其大臣，宗子之家相也。尊高年，所以长其长；慈孤弱，所以幼其幼”，“凡天下疲癃残疾、惸独鳏寡，皆吾兄弟之颠连而无告者也”，认为君主是父母（天地）的长子，大臣是帮助长子的管事人。尊敬老人，就是尊敬兄长，慈爱孤儿小孩，就是慈爱幼弟。天下所有衰疲、残病、鳏寡的人，都是我们可怜无告的兄弟。张载的这一说法，其实是突出了宗法制。所以，程颐指出，“老吾老以及人之老，幼吾幼以及人之幼”是“理一”；人各亲其亲，各子其子，便是“分殊”。天道人道原是“一本”，本来就是“一理”。而“爱无差等”是“二本”，是天道人道“二本”，不分亲疏是“无分”，可见二种学说完全不同。同时，程颐强调“分殊”的流弊在于为私心所胜而丧失“仁”，但在分殊的基础上推致“理一”，就能防止私心太胜而成就“仁”。这与“兼爱”无分的过错在于“兼爱而无义”根本不同。“无分”便走向“无文之极”是否定亲疏有别的宗法观念，是“义之贼”，是禽兽。

最后，程颐告诉杨时，《西铭》既讲明了“理一分殊”的道理，又欲使人实际推行，这就是“用”。所以，绝不能理解为“上言体而不及用”。

《答杨时论西铭书》作为一篇诠释《西铭》的书信，为人们全面理解《西铭》民胞物与的理论实质，提供了独到的见解。同时，程颐在此书信中第一次提出了作为宋明理学重要特色的“理一分殊”命题，“理一分殊”学说后来经过二程、朱熹的发挥，成为理学思想体系的重要组成部分。这样，经张载到二程，我们不难看出宋代理学产生、发展和完善的过程。所以，此书信也是掌握二程思想体系的重要参考资料。

（杨 芳）

仁 说　　朱 熹

天地以生物为心①者也，而人物之生，又各得夫天地之心以为心者也。故语心之德，虽其总摄贯通，无所不备，然一言以蔽之，则曰仁而已矣。请试详之。盖天地之心，其德有四，曰元、亨、利、贞，而元无不统。其运行焉，则为春、夏、秋、冬之序，而春生之气无所不通。故人之为心，其德亦有四，曰仁、义、礼、智，而仁无不包。其发用焉，则为爱恭宜别②之情，而恻隐之心无所不贯。故论天地之心者，则曰乾元、坤元，则四德之体用不待悉数而足。论人心之妙者，则曰仁，人心也，则四德之体用亦不待遍举而该③。盖仁之为道，乃天地生物之心，即物而在。情之未发，而此体已具；情之既发，而其用不穷。诚能体而存之，则众善之源、百行之本莫不在是。此孔门之教所以必使学者汲汲④于求仁也。其言有曰：“克己复礼为仁。”言能克去己私，复乎天理，则此心之体无不在，而此心之用无不行也。又曰：“居处恭，执事敬，与人忠”，则亦所以存此心也。又曰：“事亲孝，事兄弟，乃物恕”，则亦所以行此心也。又曰：“求仁得仁”，则以让国而逃，谏伐而饿⑤为能不失乎此心也。又曰:“杀身成仁”,则以欲甚于生、恶甚于死为能不害乎此心也。此心何心也? 在天地则坱然⑥生物之心,在人则温然爱人利物之心,包⑦四德而贯四端者也。

或曰:“若子之言,则程子所谓爱情仁性⑧,不可以爱为仁者,非欤?”曰:“不然。程子之所诃⑨,以爱之发而名仁者也。吾之所论,以爱之理而名仁者也。盖所谓情性者,虽其分域之不同,然其脉络之通,各有攸属⑩者,则曷尝判然离绝而不相管哉? 吾方病⑪夫学者诵程子之言而不求其意,遂至于判然离爱而言仁,故特论此以发明其遗意。而子顾以为异乎程子之说,不亦误哉?”

或曰:“程氏之徒言仁多矣,盖有谓爱非仁,而以万物与我为一为仁之体者矣。亦有谓爱非仁,而以心有知觉⑫释仁之名者矣。今子之言若是,然则彼皆非欤?”曰:“彼谓物我为一者,可以见仁之无不爱矣,而非仁之所以为体之真也。彼谓心有知觉者,可以见仁之包乎智矣,而非仁之所以得名之实也。观孔子答子贡博施济众之问,与程子所谓觉不可以训仁者,则可见矣。子尚安得复以此而论仁哉? 抑泛言同体者,使人含胡昏缓而无警切之功,其弊或至于认物为己者有之矣。专言知觉者,使人张皇迫躁⑬而无沉潜之味,其弊或至于认欲为理者有之矣。一忘一助,二者盖胥⑭失之。而知觉之云者,于圣门所示乐山能守之气象尤不相似,子尚安得复以此而论仁哉?”因并记其语,作《仁说》。

〔**注释**〕 ① 心:认识能力。 ② 宜别:适当区别。 ③ 该:周备、详核。 ④ 汲汲:急切貌。 ⑤ 让国而逃,谏伐而饿:指伯夷、叔齐之事。 ⑥ 坱(yǎng)然:原指弥漫状,此作整个、全体。 ⑦ 包:包容。 ⑧ 爱情仁性:爱是情,仁是性。朱熹认为,情是已发,性是未发,因此,情、性不可等同。 ⑨ 诃:诃斥。 ⑩ 攸属:归属。 ⑪ 病:以……为病。 ⑫ 知觉:感官认识客观事物的作用。 ⑬ 迫躁:窘迫急躁。 ⑭ 胥:皆、都。　　(汤勤福)

〔**鉴赏**〕“仁”自孔子创论,便成为儒学的核心,成为儒家社会政治、伦理道德的最高理想和标准,而深深地影响后世。宋代学者在儒学哲理化的发展中,对仁学进行了更深入的理性思辨，不仅丰富了仁学的理论内容，扩大了仁爱的范围，而且在论争中进一步完善了仁学的义理结构，提高了仁的观念在儒学思想体系中的地位。这其中，朱熹的《仁说》便是标志着宋儒思辨的仁学体系诞生的一篇精彩的散文。

朱熹作《仁说》，先有初稿，历两年"数易其稿"，约改定于乾道九年(1173 年)44 岁时，这正是他的理学思想体系发展形成的重要阶段。乾道六年，朱熹在融合闽学与湖湘学、程颢的主静和程颐的主敬思想，确定他的中和新说之后，进而撰《仁说》，触发了与湖湘学者有关仁说的大辩论。论争围绕性说、仁说、心说三阶段展开，论争的结果是张栻放弃了湖湘派以"觉"言仁的说法，与朱熹达成一些共识，而朱熹也在论争中不断修正、改定了《仁说》。这场辩论对于朱子思想的发展而走向成熟具有决定性的影响。

文章前半直陈己意，论说仁的义理结构；后半批驳两种异说，一是以"仁为爱之理"是否违背程颐"爱情仁性，不可以爱为仁"的说法，二是以"万物与我为一为仁之体"说和"心有知觉释仁"说。

根据《仁说》，并综合朱子《语类》、《文集》之所论，可以看出，朱熹的仁学体系是建立在理体气用的宇宙本体到人性二元论再到心统性情论的理论基础上的。这个仁学体系以天人合一为基础，以心统性情为构架，认为天地生生不已，永无止息，是生物之仁；人得天地之心以为心，因而人心之德即为仁。天地之心的元、亨、利、贞四德落实到人的本心即为仁义礼智，而仁包四德。心有未发已发之分，未发为性，已发为情。性之未发为仁之体，情之已发为仁之用。情具恻隐、羞恶、是非、辞让四端，而恻隐贯通四端。"爱之理便是心之德"，因而亦可言爱之理为仁、为体，爱之发为情、为用。不能离爱而言仁，"爱亲仁民爱物，无非仁也"。孔门求仁之教，也就是要存此仁心，行此仁教，克己复礼，爱人利物。在这个体系中，强调的是道德规范之理对情的主导作用。而由道德本体发生的道德行为，如克己复礼，也便体现了天理。这样便形成了天理转化为人心主体，再达到道德感情与行为符合天理的合一。

自孔子言"仁者爱人"，学者多以爱说仁，成为传统旧说，至宋而新说出。程颢以"仁者浑然与物同体"为论，程颐更区分"爱自是情，仁自是性"，湖湘学者则标榜谢良佐(上蔡)以知觉为仁的旗帜，张栻、吕祖谦等也都相信以觉说仁的新说。朱熹深感学者们离爱说仁、造成架空说出、使仁"更无安顿处"、且忽略操存涵养工夫的流弊，因而他主张以爱推求仁，把知仁与为仁统一起来，把认识仁的

"知"与涵养仁的"行"结合起来。他认为,他的这种思想并不违背程颐的"爱情仁性"说,《语类》有言:"伊川也不是道爱不是仁,若当初有人会问,必说道'爱是仁之情,仁是爱之性',如此方分晓。"事实上,朱熹"仁为爱之理"说正是以伊川"爱情仁性"说为指导、受启发而提出来的。朱熹在"爱为情"说上找到了所以爱之理,"一方面可以保住仁之超越性,另一方面又重新发现仁与爱的关系"(刘述先语),正是伊川理路的发展。

朱熹批驳"物我为一",针对的是程门高弟杨时,批评"心有知觉",则针对谢良佐,然间接而言都在驳程颢。程颢在"心是理"、"道即性"的天人一本论基础上提出了"以觉识仁"的修养论,即把仁当作感性直觉,自然而然地做到"仁者以天地万物为一体",这是一种类似于禅宗当下即是、明心见性的感性直觉方法。朱熹以为,仁者之心可以与天地万物同体,却不是将天地万物同体为仁(《语类》卷二十)。从本体而言,此心之德为仁乃能爱,爱出于心,乃天性所本有,心有爱并不因其同体;若必为同体始爱,则爱之理在外不在内(《文集》卷四十二《答胡广仲》)。再者,"万物与我为一"不是仁之体,却是仁之量。"譬如说屋,不论屋是木做柱、竹做壁,却只说屋如此大,容得许多物。如万物为一,只是说得仁之量。"所以朱熹认为这"非仁之所以为体之真也"。

谢良佐亦程氏门人,他发挥了程颢"以觉识仁"的直觉内省观点,认为道是自然移易不得之理,体现于我身即是德,心有知觉识得痛痒便是仁。仁既是生命,又是感觉。湖湘学者甚至把他"心有知觉谓之仁"捧为"谢先生救拔千余年陷溺固滞之病"。朱熹却认为,以知觉言仁"非得名之实",是仁智不分,在《答胡广仲书》及《答张敬夫论仁说》诸书作了反复论辩。朱子以为,孟子之言知觉,谓知此事觉此理,而广仲引之以明上蔡之说,以知此觉此为知仁觉仁,"仁本吾心之德,又将谁使知之而觉之耶?"仁者固能觉,谓觉为仁却不可。仁者心有知觉,乃以仁包四者之用而言,如言仁者必有勇,岂可便以勇为仁,这就是不知仁之所以得名,而指其所兼者为仁体之误。然而实际上,上蔡所言知觉,知是知此仁体,觉是觉此仁体,朱子释为感官知觉,却是误解。

以觉言仁与以爱言仁,反映的是湖湘派与程朱派道德修养方法的不同。湖湘派主张先察识仁体(知仁),而后操存涵养,先知后行;朱熹的主张则从先涵养后察识出发,注重的是用敬的践履工夫。

（吴长庚）

答吕伯恭

朱 熹

自顷[1]谋归，即无暇奉问，而辱书[2]至三四，感慰不可言。近书报及饮食衣服已不须人，尤以为喜。吾道之衰，日以益甚，天意亦不应如此之恝然[3]也。比日庚暑[4]，伏惟尊候益轻健：熹一出两年，无补公私，而精神困弊，学业荒废，既往之悔，有不可言者。自去年秋冬灾伤之后，不能求去，以及今春，遂有江西之命。又俟[5]代者，至闰月二十七日方得合符而归。初欲乘此一走长沙，自彼取道分宁，往还甚径[6]。寻以女弟之讣，悲伤殊甚，谊[7]不可以他适，遂罢前议。替后只走山南山北旬日，拜谒濂溪书堂而归。以四月十九日至家，虽幸息肩[8]，又苦人事纷冗，老幼病患，未能有好况。然大概已是入清凉境界中矣。

道中看《中庸》，觉得旧说有费力处[9]，略加修订，稍觉胜前。计他书亦须如此。义理无穷，知识有限，求之言语之间，尚乃不能无差[10]，况体之身、见诸事业哉？稍定，从头整顿一过，会须更略长进也。

子静旧日规模终在，其论为学之病，多说如此即只是意见，如此即只是议论，如此即只是定本。熹因与说既是思索，即不容无意见[11]；既是讲学，即不容无议论；统论为学规模，亦岂容无定本？但随人材质病痛而救药之，即不可有定本耳。渠[12]却云正为多是邪意见、闲议论，故为学者之病。熹云如此即是自家呵叱亦过分了，须著“邪”字、“闲”字方始分明，不教人作禅会耳。又教人恐须先立定本，却就上面整顿，方始说得无定本底道理。今如此一概挥斥[13]，其不为禅学者几希矣。渠虽唯唯，然终亦未竟穷也。

来喻十分是当之说，岂所敢当？功夫未到，则乃是全不曾下功夫，不但未到而已也。子静之病，恐未必是看人不看理，自是渠合下有些禅底意思，又自主张太过⑭，须说我不是禅，而诸生错会⑮了，故其流⑯至此。如所喻陈正己，亦其所诃，以为溺于禅者。熹未识之，不知其果然否⑰也。大抵两头三绪⑱，东出西没，无提撮处。从上圣贤，无此样辙⑲。方拟⑳湖南欲归途过之，再与子细商订，偶复蹉跌，未知久远竟如何也。然其好处自不可掩覆㉑，可敬服也。他时或约与俱诣见，相与剧论㉒尤佳。俟寄书扣㉓之，或是来春始可动也。

敬夫遗文不曾誊得，俟旦夕略为整次㉔写出，却并寄元本求是正也。詹体仁寄得新刻钦夫《论语》来，比旧本甚不干事㉕。若天假之年，又应不止于此，令人益伤悼也。刘家事极感垂念。渠家为闲人来问者多，颇费应酬，又招怨怒，亦欲早闻定论也。塾子㉖蒙招拂，令写《纲目》大字。渠懒甚，向令写一二年《大事记》及他文字一两篇，竟不写来，不知竟能为办此否耳。意绪㉗本自不佳，见此等事，益令人叹惋，奈何奈何！子澄相聚月余，意思尽好，直至湖口渡头，方分手也。闻淛㉘中水潦疾疫，死者甚众，闻之令人酸鼻。诸公直是放得下，可叹服也。未即承教，引领驰情，切冀厚自爱重，以幸斯人。

〔注释〕 ① 顷：不久前。 ② 辱书：受人来信的谦辞。 ③ 恝(jiá)然：无愁貌。 ④ 庚暑：与庚伏同义，即三伏。 ⑤ 俟：等候。 ⑥ 径：捷速、直接。 ⑦ 谊：意为从情谊说。 ⑧ 息肩：卸去负担。 ⑨ 费力处：指意义不明、难于理解之处。 ⑩ 差：错。 ⑪ 意见：己意私见，谦辞。 ⑫ 渠：他。 ⑬ 挥斥：原义为奔放，此作痛加批判指斥。 ⑭ 过：偏、偏激。 ⑮ 错会：错误理会。 ⑯ 流：流弊。 ⑰ 果然否：是不是这样呢。 ⑱ 两头三绪：与下面“东出西没、无提撮处”是同一意思，即根据不足而无法寻找正确答案。 ⑲ 辙：车迹，此指仿效、榜样。 ⑳ 拟：打算。 ㉑ 掩覆：掩盖。 ㉒ 剧论：激烈地论辩。 ㉓ 扣：斥询。 ㉔ 整次：整顿编次。 ㉕ 不干事：不如。 ㉖ 塾子：指朱熹儿子朱塾，随吕伯恭学习。 ㉗ 意绪：心情。 ㉘ 淛：同浙，浙江。

（汤勤福）

〔鉴赏〕 南宋淳熙八年，陆九渊访朱熹于南康。朱子率僚友与诸生俱至白鹿洞书院，请陆子升讲席。陆子为讲《论语》义利章，表达了鹅湖之会以来心学方法论上的某些转变，受到朱熹的赞赏。朱陆双方继续就为学工夫进行讨论，其论辩内容，朱熹在与吕伯恭的通信中多有记载，本文即是其中重要的一篇。

全文四层,开头至“人清凉境界中矣”为第一层,向友人寒暄问候,略述近况。自“道中看《中庸》”至“须更略长进也”为第二层,由修订《中庸章句》而总结出理论认识。自“子静旧日规模”至“然终亦未竟穷也”为第三层,对陆学所云“意见”、“议论”、“定本”之说提出不同意见。第四层自“来喻十分是当”至结束,进一步分析陆学之病的禅学实质。

自淳熙五年朱子差知南康军,两年中曾数上书请祠,皆未得允,因有文章开头“谋归”之说。淳熙七年秋,南康军大旱,盛暑中,朱子竭力措置,为荒政之备;恐怖忧劳,无顷刻之暇。至八年三月任满,改提举江南西路常平茶盐公事。待次交接后,乃于闰三月二十七日离郡东归武夷,四月十九日到家,“虽幸息肩,又苦人事纷冗,老幼病患,未能有好况”,这是朱子近年来个人经历和心情的简况。

在离郡东归的日子里,他一路上反复阅读《中庸》,发现旧说有勉强迁就处,复为作修改。宋代理学,本重四书过于五经,至朱子乃竭毕生精力而为《四书集注》,于义理发挥尽致,成为朱子之学大有影响于后世的最主要著作。朱子 34 岁为《论语要义》,43 岁为《论孟精义》,至 50 岁前已完成《大学》《中庸》注,成《四书集注》,此后历 20 余年仍改订不辍,于此可见一斑。他由改订《中庸》,进一步认识到义理无穷,知识有限,注释前人言语尚难免差讹,若体之于身,行之诸事,岂不更有甚者?他由此想到将《中庸集注》再整顿一过,也想到与陆子的论辩。

朱陆学术异同之争,有较长的发展演变过程。淳熙二年的鹅湖之会是其开端。这年六月,朱熹送吕祖谦至信州铅山鹅湖寺,与陆九龄、九渊兄弟就为学功夫等方面进行论辩。朱陆分歧主要表现为是否承认读书讲学为修养学问的基本工夫。陆有脱略文字直趋本根之意,而朱熹则反对陆学废弃读书讲论的极端主张。论辩历三四天,双方不合而罢。此后,又有淳熙六年的铅山观音寺之会,陆九龄自讼前日偏见之说,致负荆请罪之意。朱陆“语三日,然皆未能无疑”。观音寺之会,表明朱陆通过融洽和谐的讲论切磋,虽不能一致,但陆子于鹅湖所持之易简工夫、反对读书讲学的观点已有所改变。就在这样的学术气氛中发生了南康之会。

陆九渊此次来会,一为践前时“秋凉来游庐阜”之约,一为请朱熹为其亡兄作墓志铭。朱陆携弟子僚友泛舟落星湖,畅游庐阜名胜,继续为学工夫的论辩。会后,吕伯恭曾致书问朱熹:“陆子静留得几日?讲论必甚可乐。不知鹅湖意思已全转否?……大抵子静之病在看人不看理,不如吾丈所学,十分是当,无可议者。所议者只是功夫未到耳。”(《东莱文集·答朱侍讲》)朱子便回了这封信。信中着重谈了陆氏提出的"意见"、"议论"、"定本"之说的看法。《朱子语类》有载："某向与子静说话，子静以为'意见'，某曰：'邪意见不可有，正意见不可无。'子静说：'此是闲议论。'某曰：'闲议论不可议论，合议论则不可不议论。'"陆氏所谓意见、议论，是指学者读书讲学时发表的个人见解；所谓定本，是指学者解经注经时将己意立为成说。陆子以为朱学倡读书讲学之病，就在以己意揣测附会圣贤文字，致使这些空言蒙蔽至理。他说："今讲学之路未通，而以己意附会往训，立为成说，则恐反成心之蟊贼。"(《陆九渊集》卷七《与彭子寿》)"所谓讲学者，遂为空言以滋伪习。"(《陆九渊集》卷十二《与赵然道》)这里实已包含了朱陆从方法论到世界观的对立。陆氏以心即理，"人皆有是心，心皆有是理"(《陆九渊集》卷十一《与李宰书》)。一心备众理，人只须保此本心，发明此本心，即可应对万事。读书讲学虽不能废，但总难免生出"邪意见"、"闲议论"，使本心反受蒙蔽，朱学之弊即在此。

朱熹对陆氏的回应是明确的。读圣贤经典，要思索便不容无意见；既是讲学便不可无议论；统论为学规模，更不能无定本。若说不可发邪意见、闲议论，当然是对的；教人进学，先立定本，就上面整顿端正，而后方始说得无定本的道理，也是必需的；若是纠人为学之病，则当随人材质及所犯之病痛而因材施教、对症下药，即不可有定本，这也是必需的。若笼统地反对"意见"、"议论"和"定本"，也就是承认"心"的圆满具足，而将一切"意见"、"议论"和"定本"统统摒弃，要人心同外物隔绝，既不容外物干扰蒙蔽心，也不使心有任何感觉和意识，那无异于心的寂灭，类同于佛教的涅槃。朱熹认为："既不尚议论，则是默默无言而已；既不贵意见，则是寂然无思而已。圣门问学，不应如此。若说偏议论、私意见，则可去；不当概以议论意见为可去也。"(《朱子语类》卷一二〇)所以朱熹指出："如此一概挥斥，其不为禅学者几希矣。"陆子这种同读书讲学相排斥的"意见"说，表明直至南康之会前后他的心学体系尚未成熟。白鹿会后，陆九渊为自圆其说，私下修正了读书讲学与发明本心的易简工夫的矛盾，他吸取张载的气禀说建立起一个由易简工夫、师友剖剥、读书讲学三位一体的修养方法(束景南《朱子大传》)。

朱子不同意吕伯恭来信中所论陆子之病的看法，他认为陆子之疑于讲读，不是"功夫未到"，而是"全不曾下功夫"；陆子之病不是"看人不看理"，而是"有些禅底意思"。而陆子之主张又大过激烈。按朱子意，陆子当说我不是禅，而弟子们领会错了，故其流以至于此。陈正己是陆九渊大弟子，陆子信中曾厉声呵斥他溺于禅学之过，有"恐时僧牢笼诱掖，来作渠法门外护"之言，所以朱子引以为说。

但朱之指陆为禅，并非意指陆学的佛教唯心主义实质，而是指“径易超绝厌弃文字的为学倾向及遗外求内、绝物存心的修养风格”(陈来《朱熹哲学研究》)。文中所谓“两头三绪、东出西没，无提撮处”，即指厌弃讲习、但求一悟的为学方法，这决非圣贤之学。文章最后，朱子说到他时再与陆子仔细商榷的愿望，或邀陆子俱至浙江访吕伯恭，相与剧论尤佳，只可惜，就在这年八月，吕伯恭病逝，他们之间“相与剧论”的愿望再也无法实现了。

(吴长庚)

朱子语类·读书法上(节选) 朱 熹

读书乃是学者第二事①。读书已是第二义。盖人生道理合下②完具，所以要读书者，盖是未曾经历见许多。圣人是经历见得许多，所以写在册上与人看。而今读书，只是要见得许多道理。及理会得了，又皆是自家合下元有底③，不是外面旋添得来。

学问，究自家身己上切要处理会方是，那读书底已是第二义。自家身上道理都具，不曾外面添得来。然圣人教人，须要读这书时，盖为自家所有这道理，须是经历过，方得。圣人说底，是他曾经历过来。学问，无贤愚，无大小，无贵贱，自是人合④理会底事。且如圣贤不生，无许多书册，无许多发明，不成不去理会！也只当理会。今有圣贤言语，有许多文字，却不去做。师友只是发明得。人若不自向前，师友如何着得力！为学之道，圣贤教人，说得甚分晓。大抵学者读书，务要穷究。“道问学”⑤是大事。要识得道理去做人。大凡看书，要看了又看，逐段、逐句、逐字理会，仍参诸解、传，说教通透，使道理与自家心相肯⑥，方得。读书要看自家道理浃洽⑦透彻。杜元凯⑧云：“优而柔之⑨，使自求之；厌而饫⑩之，使自趋之。若江海之浸，膏泽之润，涣然冰释，怡然理顺，然后为得也。”今读书紧要，是要看圣人教人做工夫是如何。如用药治病，须看这病是如何发，合用何方治之；方中使何药材，何者几两，何者几分，如何炮⑪，如何炙，如何制，如何切，如何煎，如何吃，只如此而已。读书以观圣贤之意;因[12]圣贤之意,以观自然之理。做好将圣人书读,见得他意思如当面说话相似。圣贤之言,须常将来[13]眼头过,口头转,心头运。开卷便有与圣贤不相似处,岂可不自鞭策!圣人言语,一重又一重,须入深去看。若只要皮肤,便有差错,须深沉方有得。人看文字,只看得一重,更不去讨他第二重。读书,须是看着他那缝罅[14]处,方寻得道理透彻。若不见得缝罅,无由入得。看见缝罅时,脉络自开。文字大节目[15]痛理会三五处,后当迎刃而解。学者所患,在于轻浮,不沉着痛快。

学者初看文字,只见得个混沦物事。久久看作三两片,以至于十数片,方是长进。如庖丁解牛,目视无全牛,是也。读书,须是穷究道理彻底。如人之食,嚼得烂,方可嚥[16]下,然后有补。看文字,须逐字看得无去处。譬如前后门塞定,更去不得,方始是。关了门,闭了户,把断了四路头,此正读书时也。学者只知观书,都不知有四边,方始有味。

学者读书,须是于无味处当致思焉。至于群疑并兴,寝食具废,乃能骤进。因叹:"骤进"二字,最下得好,须是如此。若进得些子,或进或退,若存若亡,不济事。如用兵相杀,争得些儿小可[17]一二十里地,也不济事。须大杀一番,方是善胜。为学之要,亦是如此。看文字,须大段着精彩看。耸起精神,竖起筋骨,不要困,如有刀剑在后一般!就一段中,须要透。击其首则尾应,击其尾则首应,方始是。不可按册子便在,掩了册子便忘却;看注时便忘了正文,看正文又忘了注。须这一段透了,方看后板[18],看文字,须要入在里面,猛滚一番。要透彻,方能得脱离。若只略略地看过,恐终究不能得脱离,此心又自不能放下也。

人言读书当从容玩味,此乃自怠之一说。若是读此书未晓道理,虽不可急迫,亦不可放下,犹可也。若徜徉[19]终日,谓之从容,却无做工夫处。譬之煎药,须是以大火煮滚,然后以慢火养之,却不妨。须是一棒一条痕!一掴一掌血!看人文字,要当如此,岂可忽略!

看文字,须是如猛将用兵,直是鏖战一阵,如酷吏治狱,只是推勘到底,决是不恕他,方得。看文字,正如酷吏之用法深刻,都没人情,直要做到底。若只是恁底等闲[20]看过了,有甚滋味!大凡文字有未晓处,须下死工夫,只要见得道理是自家底,方住。看文字如捉贼,须是知道贼发处,自一文以上赃罪情节,都要堪出。若只描摸个大纲,纵使知道此人是贼,却不知何处做贼。看文字,当如高艇大艑[21],顺风张帆,一日千里,方得。如今只才离小港,便着浅了,济甚事!文字不通如此看。读书看义理,须是胸次放开,磊落明快,凭地去。第一不可责效。才责效,便有忧愁底意。只管如此,胸中便结聚一饼子不散。今且放置闲事,不要闲思量。只专心去玩味义理,便会心精;心精,便会熟。读书,放宽著心,道理自会出来。若忧愁迫切,道理终无缘得出来。读书,须是知贯通处,东边西边,都触着这关捩子[22],方得。只认下着头去做,莫要思前算后,自有至处。而今说已前不曾做得,又怕迟晚,又怕做不及,又怕那个难,又怕性格迟钝,又怕记不起,都是闲说[23]。只认下着头去做,莫问迟速,少间自有至处。既是已前不曾做得,今便用下工夫去补填。莫要瞻前顾后,思量东西,少间耽搁一生,不知年岁之老!

〔注释〕 ① 第二事:根据作者思想,第一等要事是躬行践履。 ② 合下:当下,当初,本来。 ③ 元:同“原”。底:助词,同“的”。 ④ 合:应当。 ⑤ 道问学:与尊德性相对,指通过读书学习知识的途径来求道。 ⑥ 肯:这里表示紧密结合在一起。 ⑦ 浃(jiā)洽:融会贯通。 ⑧ 杜元凯(222—284):即杜预,西晋大臣、著名学者,字元凯,京兆杜陵(今陕西西安东南)人。他的《春秋左氏经传集解》是后世通行的《左传》注本。 ⑨ 优而柔之:悠然自得。 ⑩ 厌、饫(yù):都意为饱。 ⑪ 炮(páo):炮制,用烘炒法把中药炼制成精品,或去除其中毒性。 ⑫ 因:根据,按照。 ⑬ 将来:拿来。 ⑭ 缝罅(xià):缝隙。 ⑮ 节目:纲目。 ⑯ 嚥(yàn):同“咽”。 ⑰ 小可:简单,平常。 ⑱ 后板:下一页。 ⑲ 徜徉:原意徘徊,这里意为安闲自在。 ⑳ 恁(rèn)底：如此。等闲：轻易，随便。 ㉑ 艘(é)、艑(biàn)：都是大船。㉒ 关捩(liè)子：关键，机关。 ㉓ 闲说：无关紧要的话。 (施忠连)

〔鉴赏〕《朱子语类》是朱熹讲学语录的分类汇编，内容涉及哲学、政治、经济、史学、法律、文学、教育学、自然科学等各个领域，分二十六门，共一百四十卷。《读书法上》选自此书第十卷"学四"。这一篇中的语录多为十几字或几十字一段，原为不同弟子在不同时间、不同场合所记，为了编排紧凑，编者删去记录话语的弟子的名字，把多条语录按原文次序置于一段内。

朱熹是南宋杰出的哲学家，学识渊博的学者和成就卓著的教育家，他从来对一切有用的知识都深感兴趣，一生孜孜不倦研究学问，直至生命的最后一刻。因此对读书的方法积累了许多宝贵的经验，其中有不少是他经历了长期艰辛的探索和思索后获得的，是对他学术研究的总结。由于他是认识深邃的思想家和循循善诱的教育家，所以对读书方法的见解和叙述既精到深刻，又生动透彻，尤其是他使用的众多形象比喻，既使谈话变得极其活泼有趣，又把读书法讲述得鞭辟入里，发挥得淋漓尽致，使受他点拨的听众或读者如饮醍醐，豁然觉悟，深受启发，多有教益。

这篇文字着重讲述的读书法主要有以下几条：

第一，朱熹提出，读书要有强大的内在动力，为此，他要求人们要有学习的自觉性，要认识到读书的重要性。在他看来，人生第一等要事是躬行践履，第二等要事就是读书学习。因为一个人受种种限制，未曾经历许多，不懂得一些重要的人生道理。这些人生道理是人们自己必须去努力掌握的，因为懂得这些道理才好去做人。所以朱熹强调说，不论什么人，对于这种学问，不分贤愚、大小、贵贱，都是应当钻研的。就是圣贤不生，没有这么多书籍，没有许多阐发，难道就不钻研了不成！还是要去钻研，必须去钻研。在他看来，现在有圣人的言语，有许多文字，提供了这么有利的条件，更应当努力读书学习。在寻求人生道理上，决定性的一点是靠自己有用力去做的愿望和要求。朱熹指出，老师朋友只是阐发，人若自身不努力，师友们如何能使得上力气！朱熹引杜预诗云："优而柔之，使自求之；厌而饫之，使自趋之。"朱熹深知，读书求知识、真理，是一个极为艰难的长期过程，如若人们没有内在的强大动力，是不可能坚持到底、取得成效的。

第二，朱熹反复强调，读书要努力把书上的知识真正变为自己的认识和思想。朱熹已看到有不少士人，读了许多书，但只是学人语言，重复别人的见解，讲不出自己的观点和意见。所以他特别重视通过读书把别人的知识变成自己的认识,把间接的经验变成自己的直接经验。因此朱熹在一开头讲读书的目的时就提出,读书的目的是明白其中的许多道理,等到理解了,道理才能同自我、同自己融合为一,才算真正学到了东西。更重要的是,学到了道理,一定要亲身经历过,才算真正获得,这就是说只有拿来加以实行,通过躬行实践,书上讲的道理才可能真正变为自己的。

第三,读书要专心致志,集中精力,用心钻研。这就像朱熹所形容的,"关了门,闭了户,把断了四路头,此正读书时也。学者只知观书,都不知有四边,方始有味"。读书要读到废寝忘食的地步,他说:"至于群疑并兴,寝食具废,乃能骤进。"因此,他反对那种认为读书应从容玩味的说法,认为这是松懈自身的一个借口。他一针见血地指出,如若把安闲自在当作从容,那就没有什么工夫可做了。

第四,读书要抓住关键问题,就是他所谓的"缝罅"。他认为如果不知缝罅,则无法深入其中,如果看到了,则"脉络自开"。这种关键问题他又称之为"大节目",主张要下大功夫钻研它们三五处,随后难处自然会迎刃而解。他还把关键问题称为"关捩子",说书中各部分的道理都同它相关联,弄懂了它,就会收到一通百通的效果。

第五,读书要善于分析,就像庖丁解牛,目视无全牛。他说书中的内容初看是混沌一片,仔细地分析研究,就能分成三四个部分,以至于十几个部分,这表明读书有了长进。他在同另外的弟子谈到这方面的想法时,用医生配药治病的过程来说明这种道理。他非常具体地讲述了这种分析的方法:就像用药治病,一定要看这病是如何引起的,应该用什么方法来治;方子里用哪种药材,哪种是几两,哪种是几分,再如何煎制,如何服用这些药。实际上朱熹在这里是教人分析问题产生的原因、解决问题的手段和方法,如何获得这种手段,怎样从量上把握分寸。毫无疑问,经过这样的分析,就能逐步弄清和解决问题。

第六,读书不能浅尝辄止,不可满足于一知半解,而要透彻理解,追寻其深层含义。朱熹用作战做比喻说,读书倘若稍有进步,就或进或退,或存或亡,这是无济于事的,就像用兵打仗一样,占领区区一二十里地方起不了什么作用,一定要痛痛快快地大战一场,向纵深推进,才能取得真正的胜利。他批评有些人看文字只看到表层,不能深入其中,掌握其核心意义。他认为圣人的话的含义一层又一层,一定要深入去体会其深刻意义。

第七,读书要力求做到融会贯通,用他自己的语言来说,就是"就一段中,须要透。击其首则尾应,击其尾则首应,方始是"。朱熹是解释儒家经典、发挥其中义理的大师,因此才能用如此精彩的语言把自己的亲身体会表达出来。

第八,读书不可急功近利,急于见成效。他要求读书看义理,心胸一定要放得开,光明磊落,明白通畅。如果一定要立竿见影,达不到目的就会产生忧愁,一直如此,胸口就像塞了一块饼子,始终消化不掉。他主张,现在先暂且别管闲事,也不要胡思乱想,只是一心去体会义理,就会精通其中的理论和思想。

总之,从根本上来说,朱熹认为读书像做任何一件事那样,必须认真刻苦,始终保持勇猛奋发的精神状态,要有一股巨大的精神力量。他说要"耸起精神,竖起筋骨,不要困,如有刀剑在后一般!"朱熹在许多场合,以各种方式强调这一思想。如他说读书"须是一棒一条痕!一掴一掌血"!又说"看文字,须是如猛将用兵,直是鏖战一阵,如酷吏治狱,只是推勘到底,决是不恕他……正如酷吏之用法深刻,都没人情,直要做到底。……看文字如捉贼,须是知道贼发处,自一文以上赃罪情节,都要堪出"。可以肯定,有了这种精神,读书学习中的任何困难都能逐一解决,经过一段时间,学业必大有长进。

(施忠连)

杂　说　　　　陆九渊

皇极①之建,彝伦②之叙③,反是则非,终古不易④。是极是彝,根乎人心,而塞⑤乎天地。居其室,出其言善,则千里之外应之;出其言不善,则千里之外违之。是非之致,其可诬哉!

虽然,苗⑥民之弗用灵⑦,当尧之时则然矣。逮⑧舜受终,而未有格心⑨,乃窜⑩之于三危⑪。又数十载,而禹始受命,爰⑫有徂征⑬之师。夫以尧舜之圣,相继而临天下,可谓盛矣。箫韶九成⑭,凤凰来仪,而蠢兹有苗,侮慢自若⑮。不要诸舞干⑯七旬之后,而论于其不恭自贤之日,则违应⑰之理,殆⑱无证于此矣。周自后稷积仁修德,其来远矣,武王缵⑲太王王季文王之绪⑳以有天下,而商之顽民,乃至三世而弗化。天之所以与人者,岂独缺于是乎?苗顽之于唐虞,商顽之于成周,可诿㉑曰寡。乡原,夫子所恶也,而人皆悦之。杨墨,孟子所辟㉒也,而言者归之。夫子㉓受徒㉔久矣,而颜渊独为好学。其后无疑于夫子之道者,仅有曾子。夫子没㉕,而子夏子游子张乃欲强之以事有若。自夫子不能喻[26]之于其徒，曾子不能喻之于其友，则道之所存亦孤矣。呜乎！是非之决，于其明，不于其暗，众寡非所决也。苗民之未格，商民之未化，乡原之未知其非，杨墨之未归于儒，子夏子游子张之徒，未能克己而复礼[27]，彼其私说[28]诐论[29]可胜听哉？揆[30]之至理，则是所谓不善者也，是所谓不明者也，是其所以为非者也。苗民之格，商民之化，乡原而知其非，杨墨而归于儒，子夏子游子张之徒，一日克己而复礼，则是非之辨判然明矣。是理之在天下无间然[31]也。然非先知先觉为之开导，则人固未免于暗[32]。故惟至明而后可以言理，学未至于明而臆决[33]天下之是非，多见其不知量也。纯乎其善，纯乎其不善，夫人而能知之也。人非至圣至愚，时非至泰至否[34]，固有所不纯。有所不纯，则其大小、本末、轻重、多寡、表里、隐显、始卒[35]、久近、剧[36]易、幸不幸之变，非至明谁能辨之？有善于此，至大至重，宜在所师，宜在所尊，而以其有不善焉，而其善不遂[37]，其事不济[38]，举世莫辨，而反以为非，反以为慸[39]，岂不甚可叹哉？

念虑之正不正，在顷刻之间。念虑之不正者，顷刻而知之，即可以正。念虑之正者，顷刻而失之，即是不正。此事皆在其心。《书》曰："惟圣罔念[40]作狂，惟狂克念[41]作圣。"然心念之过，有可以形迹指者，有不可以形迹指者。今人有慢侮人之心，则有慢侮之容，慢侮之色[42]，慢侮之言，此可以形迹指者也。又有慢侮人之心，而伪为恭敬，容色言语反若庄重，此则不可以形迹指者也。深情厚貌，色厉而内荏[43]者是也。可以形迹指者，其浅者也。不可以形迹指者，其深者也。必以形迹观人，则不足以知人。必以形迹绳[44]人，则不足以救人。非惟念虑之不正者，有著[45]于形迹，有不著于形迹，虽念虑之正者，亦有著有不著；亦有事理之变而不可以形迹观者；亦有善不善杂出者。如比干之忠则可见，如箕子佯[46]狂，微子适[47]周，不可谓之不忠。如曾子之孝则可见，如舜不告而娶，不可谓之不孝。此是事理之变，而不可以形迹观者。如匡章之得罪于其父，乃在于责善，此是善不善杂出者。通国皆称不孝，则便见匡章不得。孟子乃见得他善不善处分明，故与之游[48]，又从而礼貌之。常人不能知此等处，又未足论。世固有两贤相值[49]而不相知者，亦是此处，如老泉[50]之于王临川[51]，东坡之于伊川先生[52]是也。

尧舜文王孔子四圣人，圣之盛者也。二典[53]之形容尧舜，《诗》《书》之形容文王，《论语》《中庸》之形容孔子，辞各不同。诚使圣人者，并时而生，同堂而学，同朝而用，其气禀[54]德性，所造所养，亦岂能尽同？至其同者，则禹益汤武亦同也。夫子之门，惟颜曾得其传。以颜子之贤，夫子犹曰“未见其止”，孟子曰“具体而微”。曾子则又不敢望颜子。然颜曾之道固与圣人同也。非特[55]颜曾与圣人同，虽其他门弟子亦固有与圣人同者。不独当时之门弟子，虽后世之贤固有与圣人同者。非独士大夫之明有与圣人同者，虽田亩[56]之人，良心之不泯[57]，发见于事亲从兄，应事接物之际，亦固有与圣人同者。指其同者而言之，则不容强异。然道之广大悉备[58]，悠久不息，而人之得于道者，有多寡久暂之殊，而长短之代胜，得失之互居，此小大广狭浅深高卑优劣之所从分，而流辈等级之所由辨也。……

苟无所蔽[59]，必无所穷[60]。苟有所蔽，必有所穷。学必无所蔽而后可。

学不亲师友，则《太玄》可使胜《易》。

主于道则欲消，而艺亦可进。主于艺则欲炽[61]而道亡，艺亦不进。

以道制欲，则乐而不厌，以欲忘道，则惑而不乐。

有有志，有无志，有同志，有异志。观鸡与彘[62]，可以辨志,絷[63]猿槛[64]虎,可以论志。谨微不务小,志大坚强有力,沉重善思。

四方上下曰宇,往古来今曰宙。宇宙便是吾心,吾心即是宇宙。千万世之前,有圣人出焉,同此心同此理也。千万世之后,有圣人出焉,同此心同此理也。东南西北海有圣人出焉,同此心同此理也。近世尚同之说甚非。理之所在,安得不同?古之圣贤,道同志合,咸[65]有一德,乃可共事,然所不同者,以理之所在,有不能尽见。虽夫子之圣,而曰:"回非助我","启予者商"。又曰:"我学不厌。"舜曰:"予违汝弼[66]。"其称尧曰:"舍己从人,惟帝时克[67]。"故不惟都俞[68],而有吁咈[69]。诚君子也,不能,不害为君子。诚小人也,虽能,不失为小人。

宇宙内事,是己分内事。己分内事,是宇宙内事。

人心至灵,此理至明,人皆有是心,心皆具是理。

圣人固言仁矣,天下之言仁者,每不类圣人之言仁。圣人固言义矣,天下之言义者,每不类圣人之言义。圣人之言,知道之言也,天下之言,不知道之言也。知道之言,无所陷溺[70],不知道之言,斯陷溺矣。

右[71]贤而左[72]能,德成而上[73],艺成而下[74]。

道行道明,则耻尚得所,不行不明,则耻尚失所。耻得所者,本心也,耻失所者,非本心也。圣贤所贵乎耻者,得所耻者也。耻存则心存,耻忘则心忘。

求处情,求处厚,求下贤,欲行浮于名,耻名浮于行。

邪正纯杂系念虑,清浊强弱系血气。

朱均管蔡,志不变也,非质不可变也。苗格、崇[75]降,圣人有以变其志也。

后世知有事而不知有政,知责详[76]于法而不知责详于人。

学者规模多系其闻见。孩提之童,未有传习,岂能有是规模?是故所习不可不谨。处乎其中而能自拔者,非豪杰不能。

劫⑦于事势而为之趋向者，多不得其正，亦理之常也。

道譬则水，人之于道，譬则蹄涔⑱、污沱⑲、百川、江海也。海至大矣，而四海之广狭深浅，不必齐也。至其为水，则蹄涔亦水也。

常人所欲在富，君子所贵在德。士庶人有德，能保其身；卿大夫有德，能保其家；诸侯有德，能保其国；天子有德，能保其天下。无德而富，徒增其过恶，重后日之祸患，今日虽富，岂能长保？又况天生民而立之君，使司牧⑳之，故君者，所以为民也。《书》曰："德惟㉑善政，政在养民。"行仁政者所以养民。君不行仁政，而反为之聚敛以富之，是助君虐民也，宜为君子之所弃绝。当战国之时，皆矜㉒富国强兵以相侵伐，争城以战，杀人盈城，争地以战，杀人盈野。故孟子推明孔子之言，以为率土地而食人肉，罪不容于死。推论既明，又断之曰："人臣善战者服上刑，连诸侯者次之，辟草莱㉓任土地㉔者次之。"孟子在当时所陈者皆尧舜之道，勉其君修德行仁，劝之以闲暇之时明其政刑。自谓以齐王㉕犹反手㉖耳。使孟子得用，必能使天下仕者皆欲立于其朝，耕者皆欲耕于其野，商贾皆欲藏于其市，行旅皆欲出于其涂，天下之民尽归之，则无敌于天下矣。此理甚明，效可必至。当时之君，徇俗㉗自安，不能听用其说，乃反谓之迂阔㉘，可谓不明之甚也。

〔注释〕 ① 皇极：特指帝王统治天下的最高准则。 ② 彝伦：伦常。彝，常；伦，理。 ③ 叙：排列等级次第。 ④ 易：变、改变。 ⑤ 塞（sè）：充满、流盈。 ⑥ 苗：有苗氏，或称三苗，先秦时期的部落。 ⑦ 灵：人的精神状态，此指有苗氏不归化中原的伦理。 ⑧ 逮：及、到。 ⑨ 未有格心：指有苗氏纠正自己错误之心。格心，正心。 ⑩ 窜：放逐。 ⑪ 三危：古代山名，相传在我国西部。 ⑫ 爰（yuán）：句首语气词。 ⑬ 徂（zú）征：前往讨伐。徂，往、到。 ⑭ 箫韶九成：泛指美妙典雅的乐章。箫韶，虞舜时的乐曲名；九成，九章。 ⑮ 自若：像原来一样。 ⑯ 舞干：舞，表演；干，盾牌。此特指德化。 ⑰ 违应：违背和感应。 ⑱ 殆：大概。 ⑲ 缵（zuǎn）：继续、继承。 ⑳ 绪：余绪。即前人未竟的功业。 ㉑ 诿（wěi）：推诿、找借口。 ㉒ 辟：批评、批判。 ㉓ 夫子：指孔子。 ㉔ 受徒：接受学生。 ㉕ 没（mò）：通"殁"，去世。 ㉖ 喻：晓谕、开导。 ㉗ 克己而复礼：儒家的修养方法。意思是约束自己的视听言动，以回复和符合"礼"的要求。 ㉘ 私说：私家见解。指一偏之见。 ㉙ 诐（bì）论：偏颇的言论。诐，偏颇、邪僻。 ㉚ 揆(kuí):度量、揣度。 ㉛ 无间然:没有空隙。意即毫无疑问,无可非议。 ㉜ 暗:愚昧不明。 ㉝ 臆决:臆断。 ㉞ 至泰至否(pǐ):至,特别;泰,泰卦,是表示安宁通顺的吉卦;否,否卦,是表示穷窘不通的凶卦。 ㉟ 卒:终、结束。 ㊱ 剧:繁难。 ㊲ 遂:尽。 ㊳ 济:成功。 ㊴ 惩:警戒。 ㊵ 罔念:不思为善的念头。 ㊶ 克念:能够思善的念头。 ㊷ 色:脸上的神色。 ㊸ 荏(rěn):软弱、怯懦。 ㊹ 绳:纠正。 ㊺ 著:显现。 ㊻ 佯:假装、佯装。 ㊼ 适:到……去。 ㊽ 游:交游、交往。 ㊾ 相值:相遇。 ㊿ 老泉:北宋苏洵。 51 王临川:北宋王安石。 52 伊川先生:北宋程颐。 53 二典:指《尚书》中的《尧典》和《舜典》。 54 气禀:气质所禀。宋代理学家称人所禀赋的气为气禀。 55 特:只、仅仅。 56 田亩:泛指农村、乡野。 57 泯:泯灭。 58 悉备:详尽完备。 59 蔽:被遮蔽、被蒙蔽。 60 穷:尽。 61 炽(chì):旺。 62 彘(zhì):猪。 63 絷(zhí):拴、捆。 64 槛:囚禁。 65 咸:全、都。 66 弼:矫正、纠正。 67 克:能够。 68 都俞:两字都是表示肯定的感叹词。 69 吁咈(fú):两字都是表示否定的感叹词。 70 陷溺:比喻困境而难以自拔。 71 右:崇尚。 72 左:贬低。 73 上:高尚、尊贵。 74 下:低下、卑微。 75 崇:指崇侯虎,曾向商纣王诬陷周文王,后被文王征服。 76 责详:责,求;详,完备。 77 劫:胁迫、威逼。 78 蹄涔:兽蹄踪迹内所存留的雨水,形容水量极少。 79 污沱:池塘和支流中的蓄水,形容水量较少。 80 牧:管理、统治。 81 惟:语气助词。 82 矜:夸耀。 83 辟草莱:开垦荒地。 84 任土地:根据土地肥沃或贫瘠的状况征收赋税。 85 以齐王:通过齐国推行王道。 86 犹反手:易如反掌。 87 徇俗:苟且顺从当时的风俗。徇,曲从。 88 迂阔:迂腐而不切实际。

(杨英姿)

〔**鉴赏**〕 杂是色彩斑斓、错综复杂之意。本篇以“杂”立论,不拘一格;“说”是谈非,不落俗套,生动地体现了陆九渊“诛除荡涤,慨然奋发”的洒脱人格,艺术地凝聚了作者一生“收拾精神,自作主宰”的心学智慧。

果敢决断是非,准确判别善恶,这是文化事业历久常新的话题,也是道德生活始终不渝的追求。然而,行为的是非趋向,言语的善恶影响,并不总是泾渭分明、昭然若揭的。

在文化历史长河里,至善的道德理想,时常受到愚蠢与傲慢的严峻挑战,以至无法发挥其文明和教化的巨大功能。尧舜堪称千古圣王,道德恩泽饮誉四海,苗民“侮慢自若”,并未幡然开化。大禹迫不得已,兴师动众,受命讨伐。文武不愧百世贤君,“修仁积德”而有天下,商民冥顽不灵,并未洗心革面。周公无可奈何,率军东征,平定叛乱。由此可见,至善与不善杂然相处,文明与暗昧交替出现,使人类告别野蛮的历史注定是漫长而痛苦的奋斗过程。

在思想观点争鸣中,求是的科学精神,也时常遭遇异端和邪说的轮番进攻,以至不能展示其启迪与感召的持续效应。孔孟祖述尧舜,宪章文武,在春秋战国之际居乱思治,为华夏文化的大一统确立了仁义道德准则。当时的君主热衷于争战杀戮,讥笑其学说“迂阔”,反而竭力推崇杨墨的狭隘功利主义。一般说来,真理与谬误的具体界限异常复杂。谬误因善于哗众取宠，满足了眼前的利欲，人们会“反以为是”，心悦诚服地接受其蒙蔽陷溺。真理因不懂趋炎附势，批判了盲目的冲动，人们会“反以为非”，怒不可遏地迫害其“先知先觉”。真假杂糅，是非混淆，这是人类探究真理必须面对的矛盾困惑。

既然在文明的进步里没有判别善恶的万能公式，在科学的发展中也不存在决断是非的普适教条，那么，识别人间善恶、明辨天下是非的价值天平，就只能到规范人类活动的道德良心中设计，在改造天地自然的劳动实践中建构。

人心是思维的复杂器官。只要道德良心尚未泯灭，意念和思虑活动的邪正善恶，就可自觉地甄别出来。心灵这种知觉善恶与判断是非的能力，是圣人、贤哲和普通民众都具有的道德本性。向善之心，求是之志，人皆有之。圣贤与民众的差异仅仅在于，是非判断能力有大有小，善恶知觉水平有高有低。

天地万物是劳动实践的客观对象，宇宙自然是科学探索的无穷境域。与人类文化及其道德生活相似，天地自然也是极其复杂的活动过程。天道运行岁岁有差，天体形状“北高南下”，日月轨道交相掩蚀。天地之间，没有纯粹的完善；宇宙之内，没有绝对的圆满。因而，人既不要狂妄自大，陶醉在纯粹的道德理想主义中自以为是；也不要执迷不悟，陷溺在简单的功利现实主义中想入非非。作为日月之精华，万物之灵长，人类必须“坚强有力，沉重善思”，将崇高的道德理想与远大的功利目标杂合起来，以胸怀宇宙、情系圣贤的坦然心境，义无反顾地履行弘扬仁义道德、参赞生态化育的生存职责。

“上是天，下是地，人居其间。须是做得人，方不枉。”(《象山语录》)陆九渊认为，人类是夹杂在天地之间的高贵生物。虽说他与禽兽浑然杂处，但却能不断以独特的文化风貌奋发向上，以觉醒的道德精神自作主宰。因此，仁义道德就理所当然地成了人类安身立命的精神家园。富裕和强盛，只不过是营造精神家园所必需的建筑材料。

要想成为自己精神家园的主人，人们就必须像君子那样崇尚道德，像圣人一样推行仁义。否则，如果人们自甘下贱，如禽兽一般弱肉强食，自相残杀，那么，文明的理智之光就会在强弱的残酷较量中耗散殆尽，道德的情感之火也会在祸福的无常变幻下归于寂灭。可是，仁义道德毕竟是“终古不易”的价值规范。推行仁义准则，决断言行是非，人道充满科学理性的光芒；修养道德品性，识别念虑善恶，人文洋溢慈爱感情的温馨。只要文道斑斓错杂，情理和乐交融，人们就能潇洒自在，不枉为人。

(祁润兴)

文献通考·总序 马端临

昔荀卿子[①]曰："欲观圣王之迹，则于其粲然者[②]矣，后王是也。""君子审后王之道，而论于百王之前，若端拜而议[③]。"然则考制度，审宪章[④]，博闻而强识之，固通儒[⑤]也。

《诗》、《书》、《春秋》之后，惟太史公号称良史，作为纪、传、书、表。纪、传以述理乱[⑥]兴衰，八书以述典章经制[⑦]，后之执笔操简牍者[⑧]，卒不易其体。然自班孟坚[⑨]而后，断代为史[⑩]，无会通因仍之道[⑪]，读者病之。至司马温公作《通鉴》，取千三百余年之事迹[⑫]，十七史[⑬]之纪述，萃为一书，然后学者开卷之馀，古今咸在。然公之书，详于理乱兴衰，而略于典章经制，非公之智有所不逮也，编简浩如烟埃，著述自有体要[⑭]，其势不能以两得也。窃尝以为理乱兴衰不相因者也，晋之得国异乎汉，隋之丧邦殊乎唐，代各有史，自足以该[⑮]一代之始终，无以参稽互察[⑯]为也。典章经制，实相因者也，殷因夏，周因殷，继周之损益，百世可知，圣人盖已预言之矣[⑰]。

爰自秦汉以至唐宋，礼乐兵刑之制，赋敛选举之规，以至官名之更张，地理之沿革，虽其终不能以尽同，而其初亦不能以遽异，如汉之朝仪官制，本秦规也；唐之府卫租庸[⑱]，本周制也[⑲]。其变通张弛[⑳]之故，非融会错综、原始要终[㉑]而推寻之，固未易言也。其不相因者，犹有温公之成书，而其本相因者顾无其书，独非后学之所宜究心[㉒]乎！

唐杜岐公[㉓]始作《通典》，肇自上古，以至唐之天宝[㉔]，凡历代因革之故粲然可考。其后，宋白尝续其书至周显德[㉕]，近代魏了翁[㉖]又作《国朝通典》。然宋之书成而传习者少，魏尝属稿[㉗]而未成书。今行于世者，独杜公之书耳。天宝以后盖阙焉。有如杜书纲领宏大，考订该洽[㉘]，固无以议为也。然时有古今，述有详略，则夫节目[㉙]之间未为明备，而去取之际颇欠精审，不无遗憾焉。

盖古者因田制赋，赋乃米粟之属，非可析之于田制之外[30]也。古者任土作贡[31]，贡乃包篚[32]之属，非可杂之于税法之中也。乃若叙选举，则秀孝与铨选不分[33]，叙典礼，则经文与传注相汩[34]；叙兵，则尽遗赋调之规，而姑及[35]成败之迹。诸如此类，宁免小疵！至于天文、五行、艺文，历代史各有志，而《通典》无述焉。马、班二史[36]，各有诸侯王、列侯表，范晔《东汉书》以后无之，然历代封建王侯未尝废也。王溥[37]作唐及五代会要，首立帝系一门，以叙各帝历年之久近，传授之始末；次及后妃、皇子、公主之名氏封爵，后之编会要者仿之，而唐以前则无其书。凡是二者，盖历代之统纪[38]，典章系焉，而杜书亦复不及，则亦未为集著述之大成也。

愚自蚤[39]岁盖尝有志于缀辑，顾百忧薰心[40]，三馀[41]少暇，吹竽已涩[42]，汲绠不修[43]，岂复敢以斯文自诡[44]！昔夫子[45]言夏殷之礼，而深慨文献之不足征，释之者曰："文，典籍也；献，贤者也。"生乎千百载之后，而欲尚[46]论千百载之前，非史传之实录具存，何以稽考？儒先之绪言[47]未远，足资讨论。虽圣人亦不能臆为之说[48]也。

窃伏自念业绍箕裘[49]，家藏坟索[50]，插架[51]之收储，趋庭[52]之问答，其于文献盖庶几[53]焉。尝恐一旦散轶失坠，无以属来哲[54]，是以忘其固陋[55]，辄加考评，旁搜远绍[56]，门分汇别[57]，曰田赋、曰钱币、曰户口、曰职役、曰征榷、曰市籴、曰土贡、曰国用、曰选举、曰学校、曰职官、曰郊社、曰宗庙、曰王礼、曰乐、曰兵、曰刑、曰舆地、曰四裔，俱效《通典》之成规，自天宝以前，则增益其事迹之所未备，离析其门类之所未详；自天宝以后至宋嘉定[58]之末，则续而成之。曰经籍、曰帝系、曰封建、曰象纬、曰物异，则《通典》元[59]未有论述，而采摭诸书以成之者也。凡叙事则本之经史，而参之以历代会要，以及百家传记之书，信而有证者从之，乖异传疑者不录，所谓“文”也。凡论事则先取当时臣僚之奏疏，次及近代诸儒之评论，以至名流之燕谈⑥⑩，稗官⑥①之纪录，凡一话一言，可以订典故⑥②之得失，证史传之是非者，则采而录之，所谓“献”也。其载诸史传之纪录而可疑，稽诸先儒之论辨而未当者，研精覃思⑥③悠然有得，则窃著己意，附其后焉。命其书曰《文献通考》，为门二十有四，卷三百四十有八。而其每门著述之成规，考订之新意，各以小序详之。

昔江淹⑥④有言：“修史之难，无出于志。”诚以志者宪章之所系，非老⑥⑤于典故者不能为也。陈寿号善叙述，李延寿⑥⑥亦称究悉旧事，然所著二史⑥⑦，俱有纪传而独不克作志，重其事也。况上下数千年，贯串二十五代⑥⑧，而欲以末学陋识操觚窜定其间⑥⑨，虽复穷老尽气⑦⑩，刿目𫘤心⑦①，亦何所发明？聊辑见闻，以备遗忘耳。后之君子傥⑦②能芟削繁芜，增广阙略，矜其仰屋之勤⑦③，而俾免于覆车⑦④之愧，庶有志于经邦稽古者或可考焉⑦⑤。

〔注释〕 ① 荀卿子：即荀子。 ② 粲然者：清楚明白的东西。 ③ 引语见《荀子·不苟》。论：评论，议论；端拜：正坐拱手，形容从容不劳神。 ④ 审：详查，细究；宪章：典章制度。⑤ 通儒：学识渊博，通晓儒学文献典故的儒者。 ⑥ 理乱：治乱。 ⑦ 八书：指司马迁《史记》中的礼书、乐书、律书、历书、天官书、封禅书、河渠书、平准书。经制：治国的法令制度。⑧ 简牍：竹简和木牍。执笔操简牍者：指撰写历史之人。 ⑨ 班孟坚：即班固。其所著《汉书》起自高祖，终于王莽，共12世，230年。 ⑩ 断代为史：断取一代成书，故称“断代为史”。⑪ 会通：融会贯通。因仍：因袭，沿袭。 ⑫ 司马温公：即司马光。光死后，追赠太师、温国公。《通鉴》上起周威烈王二十三年(前403年)，下迄后周世宗显德六年(959年)，共1362年。⑬ 十七史：宋人所称十七史，指《史记》、《汉书》、《后汉书》、《三国志》、《晋书》、《宋书》、《南齐书》、《梁书》、《陈书》、《魏书》、《北齐书》、《北周书》、《南史》、《北史》、《隋书》、《新唐书》、《新五代史》。 ⑭ 体要：著作的体例要领。 ⑮ 该：通“赅”，包括，兼备。 ⑯ 参稽互察：互相比较考察。参稽，参考比较。 ⑰ 圣人：指孔子。因，继承，沿袭；损益，增加和减少；百世，百代。⑱ 府卫：指府兵制。唐府兵分置于中央及各地方，其中归中央统辖的，任宿卫京师之职，故称。租庸：指租庸调制。租：田租；庸：代役税交纳实物；调：随乡土所产交纳的织物。 ⑲ 本：本源，根源。周：指北朝的北周。 ⑳ 张弛：开弓为张，松弓为弛，比喻事物的兴废起落。㉑ 原始要终：原，推源；要，求取。原始要终，推求事物发展的起源和结果。 ㉒ 究心：尽心。㉓ 杜岐公：即杜佑，封岐国公。《通典》作者。 ㉔ 天宝：唐玄宗李隆基的年号(742—755)。

㉕ 宋白(936—1012)：字太素，北宋大名(今河北大名东)人。官至刑部尚书、吏部尚书。尝与李昉等撰《文苑英华》一千卷。按宋白所撰《续通典》今不传。显德：五代后周世宗柴荣年号(954—959)。 ㉖ 魏了翁(1178—1237)：字华父，南宋邛州(今四川邛崃)蒲江人。尝筑室靖州(今湖南靖县)白鹤山下，开门授徒，世称"鹤山先生"。 ㉗ 属稿：起草文稿。 ㉘ 该洽：详尽广博。 ㉙ 节目：章节细目。 ㉚ 析之于田制之外：《通典·食货门》将田制、赋税分为两类，故有此议论。 ㉛ 任土：犹"任地"，指古代统治者按照土地的肥瘠等情况把土地分为若干等，据以制定贡赋。贡：古指把物品进献给天子。 ㉜ 包篚(fěi)：包，包裹。篚，盛物的竹器，方形的叫筐，圆形的叫篚。文中"包篚"两字用作贡物的代称。 ㉝ 秀孝：秀才与孝廉，为汉代至南北朝选拔官吏的主要科目，由丞相、列侯、刺史、守相等推举，经过考核，任以官职。铨(quán)选：为唐宋以后选用官吏的制度，除最高级职官由皇帝任命外，一般都由吏部按照规定选补某种官缺。凡经考试等具有资格的人均须到吏部听候铨选。 ㉞ 汩(gǔ)：扰乱，弄乱。㉟ 姑及：且及。 ㊱ 马、班二史：司马迁《史记》、班固《汉书》。 ㊲ 王溥(922—982)：字齐物，并州祁县(今属山西)人。曾著《唐会要》一百卷，《五代会要》三十卷。 ㊳ 统纪：纲纪，准则。 ㊴ 蚤：同"早"。 ㊵ 百忧：种种忧虑；薰心：如同以火烟薰进心头。百忧薰心，相当于说"心忧如焚"。 ㊶ 三馀：即"冬者岁之馀，夜者日之馀，阴雨者时之馀"。 ㊷ 吹竽已涩：自谦语，其义与"滥竽"同，比喻自己没有真才实学。涩，艰涩，不滑润。 ㊸ 汲绠(gěng)不修：自谦语，其义与"绠短汲深"同，比喻自己能力小，难以胜任艰巨的事。汲，从井中取水。绠，汲水桶上的绳索。修，长。 ㊹ 斯文：斯，此；文，礼乐制度，或指儒者或文人。诡，欺诈。 ㊺ 夫子：此处指孔子。 ㊻ 尚：同"上"。 ㊼ 绪言：发端之言，已发而未尽的言论。 ㊽ 臆为之说：想当然的言论，无稽之谈。臆，主观。 ㊾ 业绍箕裘：比喻继承祖先的事业。 ㊿ 坟索：三坟八索，皆古书名，泛指古书。 51 插架：书架。 52 趋庭：承受父亲教导。 53 庶几：差不多。 54 属：通"嘱"，托付；来哲，后世高明的人。 55 固陋：固塞鄙陋，谓见闻浅少。56 旁搜远绍：指广泛搜集各方面的资料。远，远古。绍，承继。 57 门分汇别：分门别类。汇，品类。 58 嘉定：南宋宁宗赵扩的第四个年号(1208—1224)。 59 元：原来。 60 燕谈：闲谈。燕，通"宴"，安闲，休息。 61 稗官：小官，后也称野史、小说、小说家为稗官。文中为小说家的代称。 62 典故：典制和掌故。 63 研精覃(tán)思：精心研究，深入思考。64 江淹(444—505)：南朝济阳考城(今河南兰考东)人。字文通。著有《齐史十志》，已佚。65 老：富有经验的，老练的。此处作"熟悉"解。 66 李延寿：唐初史学家。字遐龄，相州(今河南安阳)人。曾整理南北朝史事，经十六年编成《南史》、《北史》两书。 67 二史：指陈寿《三国志》与李延寿《南史》、《北史》。 68 二十五代：谓自唐、虞至宋二十五代。 69 末学：无本之学；陋识：见识浅陋。操觚：操，持；觚，木简。指作文。审定：删正改定。 70 穷老：垂老，衰老。尽气：竭尽心力。 71 刿(guì)目鉥(shù)心：刺目伤心。文中是伤目劳神之意。刿，刺，刺伤。鉥，长针，此处作动词用。 72 傥(tǎng)：同"倘"。芟(shān)削：删除。 73 矜：同情，怜惜。仰屋之勤：形容苦思冥想专心著书的勤苦之状。 74 覆车：比喻失败的教训。《韩诗外传》卷五："前车覆，而后车不诫，是以后车覆也。" 75 经邦：治理国家。稽古：犹言考古，即研习古事、历史。

（施忠连）

〔鉴赏〕 马端临(1254？—1323)是宋末元初杰出的历史学家，字贵与，乐平(今属江西)人，宋丞相马廷鸾之子，以荫补承事郎，宋亡拒招不仕，任慈湖、柯山两书院院长。他费二十余年之力，写成史学巨著《文献通考》三百四十八卷，记述自三代到南宋宁宗嘉定末年(1224年)的历代典章制度。全书分二十四门,其中田赋、钱币、户口、职役、征榷、市籴、土贡、国用、选举、学校、职官、郊社、宗庙、王礼、乐、兵、刑、舆地、四裔十九门,是依照唐代杜佑的《通典》的成例,作者另外增加了经籍、帝系、封建、象纬、物异五门。《文献通考》虽然不及《通典》谨严思精,但是它的史料极为丰富,分类详细,多所创新,值得注意的是作者熟知宋代士大夫的议论,又亲身经历了宋代灭亡的惨祸,痛恨南宋统治集团的腐败,因此在书中对宋朝制度记述最详细,对宋朝政治的黑暗痛加揭露,愤慨批判。书中有许多按语,它们据事实立论,常发前人所未发;对使用的材料分析评判也颇允当。此书成了研究典章制度的史学著作的一个典范。后来明代王圻作《续文献通考》二百五十四卷,上接嘉定,下至明神宗万历朝;清康熙中朱奇龄又撰《续文献通考补》四十八卷,补充万历以后到明末的材料。此后还有《清朝文献通考》二百六十六卷、《清朝续文献通考》四百卷,由此可见本书对后世史学的影响之巨大。

马端临在这篇自序中指出了研究历代典章制度的重要性,比较了自古以来史学名著的长处和短处,比较详细地分析了《通典》的不足之处,表达了自己的史学观念,讲述了他著《文献通考》的动机、指导思想和取材原则。从中我们可以看到马端临丰富和发展了我国古代的史学思想。

自古以来,不论是东方还是西方,许多史家都只重视记述和研究政治、军事事件,最感兴趣的多为帝王将相的故事。与此不同,马端临更重视对社会制度的研究,他提出只有"考制度,审宪章,博闻而强识之",方能称为"通儒",也才能据以掌握治国的原则、理论和方法。他特别推崇司马迁,其中一个重要原因就是因为《史记》有礼、乐、律、历、天官、封禅、河渠、平准八书,以记述治国经邦的典章法令制度。马端临赞扬司马光的《资治通鉴》"取千三百余年之事迹,十七史之纪述,萃为一书",但是指出其缺陷是忽略了典章制度方面的内容。从《文献通考》二十四门的分类来看,马端临把历史研究的范围开拓得十分广泛,包括政治制度史,军事制度史,经济制度史,财政制度史,法律制度史,货币史,教育史,音乐史,人口问题,职官和边疆的沿革,等等,极大地拓展了史学研究的领域和内容。

更可贵的是马端临指出了研究典章制度史的意义所在,即能从中发现历史、政治演变的规律性的东西。他提出,治乱兴衰不能相互沿袭,晋朝取得政权跟汉朝不一样,隋朝的灭亡与唐朝有差别,因此只看记录政治、军事事件的历史,只读断代史就不能发现某个历史因素在不同的时代、朝代的发生、发展的演变过程,从而就看不到社会治乱兴衰的规律。但是典章制度不同,他认为典章制度确实有继承关系，殷从夏沿革而来，周从殷沿革而来，由此可以推测后世的变化。他举例说，从秦汉一直到唐宋，礼乐兵刑的制度，赋税选举的规章，虽然最终不能完全相同，但在开始时不能完全不一样，如汉朝朝仪官制，是根据秦朝规制而来，唐朝的府卫制和租庸调制，是根据北朝周的制度而来，如果注意它们之间的关系，联系起来加以考察，就会看到制度变通兴革的原因，推求事情的起源和发展变化。虽然马端临不懂得政治制度与经济制度的关系对历史演变和发展的重要作用，但是他认识到社会的治乱兴衰的深层次原因应当从制度的演变过程中去寻找，并且主张根据制度的形成、变化、发展来推测历史发展的趋势，应当看到，这些认识十分深刻，很有价值。实际上他的《文献通考》为研究我国古代社会中经济基础与上层建筑的关系、寻求历史发展的规律性提供了大量生动的材料，这是他对中国史学不可磨灭的重大贡献。

（施忠连）

答徐成之(壬午)　　王守仁

一

承以朱、陆同异见询，学术不明于世久矣，此正吾侪①今日之所宜明辨者。细观来教，则舆庵之主象山既失，而吾兄之主晦庵亦未为得也。是朱非陆，天下之论定久矣，久则难变也。虽微②吾兄之争，舆庵亦岂能遽行其说乎？故仆以为二兄今日之论，正不必求胜。务求象山之所以非，晦庵之所以是，穷本极源，真有以见其几微③得失于毫忽④之间。若明者之听讼⑤，其事之曲者，既有以辨其情之不得已；而辞之直者，复有以察其处之或未当。使受罪者得以伸其情，而获伸者亦有所不得辞其责，则有以尽夫事理之公，即夫人心之安，而可以俟圣人于百世矣。今二兄之论，乃若出于求胜者。求胜则是动于气也。动于气，则于义理之正何啻千里，而又何是非之论乎！凡论古人得失，决不可以意度而悬断⑥之。今舆庵之论象山曰："虽其专以尊德性为主，未免堕于禅学之虚空；而其持守端实⑦，终不失为圣人之徒。若晦庵之一于道问学，则支离决裂，非复圣门诚意正心之学矣。"吾兄之论晦庵曰："虽其专以道问学为主，未免失于俗学之支离；而其循序渐进，终不背于《大学》之训。若象山之一于尊德性，则虚无寂灭，非复大学'格物致知'之学矣。"夫既曰"尊德性"，则不可谓"堕于禅学之虚空"；"堕于禅学之虚空"，则不可谓之"尊德性"矣。既曰"道问学"，则不可谓"失于俗学之支离"；"失于俗学之支离"，则不可谓之"道问学"矣。二者之辩，间不容发[8]。然则二兄之论，皆未免于意度也。昔者子思之论学，盖不下千百言，而括之以"尊德性而道问学"之一语。即如二兄之辩，一以"尊德性"为主，一以"道问学"为事，则是二者固皆未免于一偏，而是非之论尚未有所定也，乌[9]得各持一是而遽以相非为乎？故仆愿二兄置心于公平正大之地，无务求胜。夫论学而务以求胜，岂所谓"尊德性"乎？岂所谓"道问学"乎？以某所见，非独吾兄之非象山、舆庵之非晦庵皆失之非，而吾兄之是[10]晦庵、舆庵之是象山，亦皆未得其所以是也。稍暇当面悉[11]，姑务养心息辩，毋遽。

二

昨所奉答[12]，适有远客酬对纷纭，不暇细论。姑愿二兄息未定之争，各反究其所是者，必己所是已无丝发之憾，而后可以及人之非。早来承教，乃为仆漫为含胡两解之说，而细绎[13]辞旨，若有以阴[14]助舆庵而为之地者。读之不觉失笑。曾为吾兄而亦有是言耶？仆尝以为君子论事当先去其有我之私，一动于有我，则此心已陷于邪僻[15]，虽所论尽合于理，既已亡[16]其本矣。尝以是言于朋友之间，今吾兄乃云尔，敢不自反其殆陷于邪僻而弗觉也？求之反复，而昨者所论实未尝有是。则斯言也无乃吾兄之过欤？虽然，无是心而言之未尽于理，未得为无过也。仆敢自谓其言之已尽于理乎？请举二兄之所是者以求正。

舆庵是象山,而谓其“专以尊德性为主”,今观《象山文集》所载,未尝不教其徒读书穷理。而自谓“理会文字颇与人异”者,则其意实欲体之于身。其亟⑰所称述以晦人者,曰“居处恭,执事敬,与人忠”,曰“克己复礼”,曰“万物皆备于我,反身而诚,乐莫大焉”,曰“学问之道无他,求其放心而已”,曰“先立乎其大者,而小者不能夺”。是数言者,孔子、孟轲之言也,乌在其为空虚者乎?独其“易简⑱觉悟”之说颇为当时所疑。然“易简”之说出于《系辞》,“觉悟”之说虽有同于释氏,然释氏之说亦自有同于吾儒,而不害其为异者,惟在于几微毫忽之间而已。亦何必讳⑲于其同而遂不敢以言、狃⑳于其异而遂不以察之乎?是舆庵之是象山,固犹未尽其所以是也。

吾兄是晦庵,而谓其“专以道问学为事”。然晦庵之言,曰“居敬穷理”,曰“非存心无以致知”,曰“君子之心常存敬畏,虽不见闻,亦不敢忽,所以存天理之本然,而不使离于须臾㉑之顷也”。是其为言虽未尽莹㉒,亦何尝不以尊德性为事?而又乌在其为支离者乎?独其平日汲汲于训解,虽韩文、《楚辞》、《阴符》、《参同》之属,亦必与之注释考辩,而论者遂疑其玩物㉓。又其心虑恐学者之躐等㉔而或失之于妄作,使必先之以格致而无不明,然后有以实之于诚正而无所谬。世之学者挂一漏万,求之愈繁而失之愈远,至有敝力终身,苦其难而卒无所入,而遂议其支离。不知此乃后世学者之弊,而当时晦庵之自为,则亦岂至是乎?是吾兄之是晦庵,固犹未尽其所以是也。

夫二兄之所信而是者既未尽其所以是,则其所疑而非者亦岂必尽其所以非乎?然而二兄往复之辩不能一反焉,此仆之所以疑其或出于求胜也。一有求胜之心,则已亡其学问之本,而又何以论学为哉?此仆之所以惟愿二兄之自反也,安有所谓“含胡两解而阴为舆庵之地”者哉!夫君子之论学,要在得之于心。众皆以为是,苟求之心而未会焉,未敢以为是也;众皆以为非,苟求之心而有契焉,未敢以为非也。心也者,吾所得于天之理也,无间于天人,无分于古今。苟尽吾心以求焉,则不中不远矣。学也者,求以尽吾心也。是故尊德性而道问学,尊者,尊此者也;道者,道此者也。不得于心而惟外信于人以为学,乌在其为学也已!仆尝以为晦庵之与象山,虽其所为学者若有不同,而要皆不失为圣人之徒。今晦庵之学,天下之人童而习之,既已入人之深,有不容于论辩者。而独惟象山之学,则以其尝与晦庵之有言,而遂藩篱之[25]。使若由、赐之殊科[26]焉,则可矣,而遂摈放[27]废斥,若碔砆[28]之与美玉,则岂不过甚矣乎?夫晦庵折衷群儒之说,以发明《六经》、《语》、《孟》之旨于天下,其嘉惠后学之心,真有不可得而议者。而象山辩义利之分,立大本,求放心,以示后学笃实为己之道,其功亦宁可得而尽诬之!而世之儒者,附和雷同,不究其实,而概目之以禅学,则诚可冤也已!故仆尝欲冒天下之讥,以为象山一暴其说,虽以此得罪,无恨[29]。仆于晦庵亦有罔极[30]之恩,岂欲操戈而入室者?顾晦庵之学,既已若日星之章明[31]于天下;而象山独蒙无实之诬,于今且四百年,莫有为之一洗者。使晦庵有知,将亦不能一日安享于庙庑[32]之间矣。此仆之至情,终亦必为吾兄一吐者,亦何肯"漫为两解之说以阴助于舆庵"?舆庵之说,仆犹恨其有未尽也。

夫学术者,今古圣贤之学术,天下之所公共,非吾三人者所私有也。天下之学术,当为天下公言之,而岂独为舆庵地哉!兄又举太极之辩,以为象山"于文义且有所未能通晓,而其强辩自信,曾何有于所养"。夫谓其文义之有未详,不害其为有未详也;谓其所养之未至,不害其为未至也。学未至于圣人,宁免太过不及之差乎!而论者遂欲以是而盖之,则吾恐晦庵禅学之讥,亦未免有激于不平也。夫一则不审于文义,一则有激于不平,是皆所养之未至。昔孔子,大圣也,而犹曰“假我数年以学《易》,可以无大过”;仲虺之赞成汤,亦惟曰“改过,不吝”而已。所养之未至,亦何伤于二先生之为贤乎?此正晦庵、象山之气象,所以未及于颜子、明道者在此。吾侪正当仰其所以不可及,而默识其所未至者,以为涵养规切㉝之方,不当置偏私于其间,而有所附会增损之也。夫君子之过也,如日月之食㉞,人皆见之;更㉟也,人皆仰之。而小人之过也必文㊱。世之学者以晦庵大儒,不宜复有所谓过者,而必曲为隐饰增加,务诋象山于禅学,以求伸其说;且自以为有助于晦庵,而更相倡引㊲,谓之扶持正论。不知晦庵乃君子之过,而吾反以小人之见而文之。晦庵有闻过则喜之美,而吾乃非徒顺之,又从而为之辞也。晦庵之心,以圣贤君子之学期后代,而世之儒者,事之以事小人之礼,是何诬象山之厚而待晦庵之薄耶!

仆今者之论,非独为象山惜,实为晦庵惜也。兄视仆平日于晦庵何如哉?而乃有是论,是亦可以谅其为心矣。惟吾兄去世俗之见,宏虚受之诚,勿求其必同,而察其所以异;勿以无过为圣贤之高,而以改过为圣贤之学;勿以其有所未至者为圣贤之讳,而以其常怀不满者为圣贤之心;则兄与舆庵之论,将有不待辩说而释然㊳以自解者。孟子云:“君子亦仁而已,何必同?”惟吾兄审择㊴而正之!

〔注释〕 ① 吾侪:我辈。 ② 微:无。 ③ 几微:一点点。 ④ 毫忽:极其微小。 ⑤ 听讼:听理诉讼。 ⑥ 意度而悬断:揣测而凭空臆断。意,通“臆”。 ⑦ 端实:正直诚实。 ⑧ 间不容发:比喻两者之间的距离极小。 ⑨ 乌:怎么可以。乌,表疑问。 ⑩ 是:肯定。 ⑪ 面悉:当面给你讲清楚。悉,清楚,此处作使动,使……清楚。 ⑫ 奉答:答复。 ⑬ 细绎:仔细地理出头绪。 ⑭ 阴:暗中。 ⑮ 邪僻:乖谬不正。 ⑯ 亡:无。 ⑰ 亟:一再。 ⑱ 易简:平易简约。 ⑲ 讳:顾忌。 ⑳ 狃:迷惑。 ㉑ 须臾:一会儿。 ㉒ 莹:透明。此作清楚。㉓ 玩物:犹玩世。 ㉔ 躐等:逾越等级。 ㉕ 藩篱之:以它为界限。藩篱,以……为界限。㉖ 殊科:不同。 ㉗ 摈放:斥逐。 ㉘ 碔砆:似玉之石。 ㉙ 恨:遗憾。 ㉚ 罔极:无穷尽。㉛ 章明:显扬。章,通“彰”。 ㉜ 庙庑:供祀先哲的屋舍。 ㉝ 规切:劝诫谏正。 ㉞ 日月之食:指日蚀、月蚀。食,通“蚀”。 ㉟ 更:改正。 ㊱ 文:文饰。 ㊲ 倡引:荐引。 ㊳ 释然:喜悦的样子。 ㊴ 审择:审定选择。

（储玲玲）

〔**鉴赏**〕 王守仁(世称阳明先生)是宋明理学心学派的集大成者,其讲课稿及书信、文集、诗作等被后人编纂成集。其中,《答徐成之》有两篇,是王守仁给徐成之的两封书信,《答徐成之(辛未)》篇幅较短,《答徐成之(壬午)》(即收入本书者)包括两篇,篇幅较长,所以,前者内容也较简单,后者则较详实,比较具体地探讨了问题的原委。这两封书信有一个共同的观点:对于事物的认识应该去除主观偏见,不要掺杂私欲,要客观地看待事物本身;对于人物的评价则更应摆正心态,避免臆测揣度和求胜之心,更不应该因同斥异。

《答徐成之(辛未)》赞扬其好学、好思、恳切求道的难得,然而又警告人们勿要急迫求之,反为私己所害。在王守仁看来,"日用间何莫非天理流行,但此心常存而不放,则义理自熟",所以,"着意把持振作"的心态是要不得的,这是心学派一贯所主张的"去蔽"观。

《答徐成之(壬午)》则就如何评价朱熹与陆九渊两人学问之异同展开了详尽的论述。王守仁认为对朱陆的褒贬常有偏蔽之毛病,造成此种局面的根本原因乃是人们常怀自我之私臆度而判断人物的优劣高低。所以,"求胜之心"是要不得的,"一有求胜之心,则已亡其学问之本。"

心学家一贯反对各种偏见,主张反观自身,自陆九渊以来,就认为"蔽理溺心"、"喜夸好胜"、"崇私务胜"而失却"本心"不足为取。他非常注重"心正"的重要性,认为"一正则百正",而"心"为"天理",无天人、古今的分别。王守仁继承和发扬了此一观点,认为"凡论古人得失,决不可以臆度而悬断之","君子论事当先去其有我之私"。"有我"的意思就是以个人的"意见"作为裁断人物事件的出发点,而这是靠不住的。要做到公正公平地看待事物本身,除了全面地观察事物的整体,还要"得之于心",而此"心"不带有半点"私欲"杂于其中。

南宋时期,朱熹与陆九渊之间展开了一场学习方法的辩论,其中,于《大学》篇语句"尊德性而道问学",两人各有偏废。陆九渊从"易简工夫"出发,认为须是先有"尊德性"才可言"道问学";而朱熹则注重先进行"格物致知"的下手工夫,然后才可谓"尊德性"。如此以至于后人对朱陆各持一端,王守仁则认为他们的看法实在是偏颇自私的结果,批评他们对朱陆二人的另一方面视而不见的"求胜"心理。王守仁说这种心理是"动于气"、"动于有我"的不公平心态,必然导致邪僻,无法正确判断事物的是非。在王守仁看来,陆九渊并非"专以尊德性为主",他"未尝不教其徒读书穷理",而朱熹也不是"专以道问学为事",他"何尝不以尊德性为事"?王守仁因此讥笑后世学者对朱陆的评价是挂一漏万。另外,在人物评价上，王守仁认为完全没有必要人云亦云，不必为了既定的看法而去文饰所赞扬者以及他的某些方面，重要的是要有自己的公正观点，全面地理解事物的各个方面。他说："勿求其必同，而察其所以异；勿以无过为圣贤之高，而以改过为圣贤之学；勿以其有所未至者为圣贤之讳，而以其常怀不满者为圣贤之心。"

王守仁在此所提倡的观察事物、评价人物的观点是一种较为客观的方法，对于我们全面而准确地认识事物的本质具有非常重要的指导意义。　（杨月清）

大　学　问(节选)　　王守仁

大学者，昔儒①以为大人之学矣。敢问大人之学何以在于明明德乎？阳明子曰："大人者，以天地万物为一体者也。其视天下犹一家、中国犹一人焉。若夫间②形骸③而分尔④我者，小人矣。大人之能以天地万物为一体也，非意之也，其心之仁本若是。其与天地万物而为一也，岂惟大人，虽小人之心，亦莫不然。彼顾自小之耳。是故见孺子⑤之入井，而必有怵惕⑥恻隐⑦之心焉，是其仁之与孺子而为一体也。孺子犹同类者也，见鸟兽之哀鸣觳觫⑧，而必有不忍之心⑨焉，是其仁之与鸟兽而为一体也。鸟兽犹有知觉者也，见草木之摧折而必有悯恤⑩之心焉，是其仁之与草木而为一体也。草木犹有生意者也，见瓦石之毁坏而必有顾惜之心焉，是其仁之与瓦石而为一体也。是其一体之仁也，虽小人之心，亦必有之。是乃根于天命之性，而自然灵昭⑪不昧者也，是故谓之明德。小人之心，既已分隔隘陋⑫矣，而其一体之仁犹不能昧，若此者，是其未动于欲而未蔽于私之时也。及其动于欲，蔽⑬于私，而利害相攻，忿怒相激则将戕物⑭圮类⑮，无所不为，其甚至有骨肉相残者，而一体之仁亡矣。是故苟无私欲之蔽，则虽小人之心，而其一体之仁犹大人也；一有私欲之蔽，则虽大人之心，而其分隔隘陋犹小人矣。故夫为大人之学者，亦惟去其私欲之蔽，以自明其明德，复其天地万物一体之本然而已耳。非能于本体之外，而有所增益之也。"

曰:"然则何以在亲民乎?"曰:"明明德者,立其天地万物一体之体也。亲民者,达其天地万物一体之用也。故明明德必在于亲民,而亲民乃所以明其明德也。是故亲吾之父以及人之父,以及天下人之父,而后吾之仁实与吾之父,人之父,与天下人之父,而为一体矣。实与之为一体,而后孝之明德始明矣。亲吾之兄以及人之兄,以及天下人之兄,而后吾之仁实与吾之兄,人之兄与天下人之兄而为一体矣。实与之为一体,而后弟之明德始明矣。君臣也、夫妇也、朋友也,以至于山川鬼神鸟兽草木也,莫不实有以亲之,以达吾一体之仁,然后吾之明德始无不明,而真能以天地万物为一体矣。夫是之谓明明德于天下,是之谓家齐国治而天下平,是之谓尽性。"

曰:"然则又乌在其为止至善乎?"曰:"至善者,明德亲民之极则⑯也。天命之性,粹然⑰至善。其灵昭不昧者,此其至善之发见,是乃明德之本体,而即所谓良知者也。至善之发见,是而是焉,非而非焉。轻重厚薄,随感随应,变动不居,而亦莫不自有天然之中,是乃民彝⑱物则⑲之极,而不容少有拟议⑳增损于其间也;少有拟议增损于其间,则是私意小智,而非至善之谓矣。自非慎独㉑之至,惟精惟一者,其孰能与于此乎?后之人惟其不知至善之在吾心,而用其私智以揣摸测度于其外,以为事事物物各有定理也。是以昧其是非之则,支离决裂㉒,人欲肆而天理亡,明德亲民之学遂大乱于天下。盖昔之人固有欲明其明德者矣,然惟不知止于至善,而骛㉓其私心于过高,是以失之虚罔㉔空寂㉕,而无有乎家国天下之施,则二氏之流㉖是矣。固有欲亲其民者矣,然惟不知止于至善,而溺㉗其私心于卑琐㉘,是以失之权谋智术,而无有乎仁爱恻怛㉙之诚,则五伯㉚功利之徒是矣,是皆不知止于至善之过也。故止至善之于明德亲民也,犹之规矩㉛之于方圆也,尺度之于长短也,权衡㉜之于轻重也。故方圆而不止于规矩,爽㉝其则矣;长短而不止于尺度,乖㉞其剂㉟矣;轻重而不止于权衡,失其准矣;明明德亲民而不止于至善,亡其本矣。故止于至善以亲民,而明其明德,是之谓大人之学。"

〔注释〕 ① 昔儒:指朱熹。 ② 间:分隔、分离。 ③ 形骸:人的躯体。 ④ 尔:你。 ⑤ 孺子:幼儿。 ⑥ 怵惕:惊惧。 ⑦ 恻隐:同情;怜悯。 ⑧ 觳觫(hú sù):恐惧的样子。 ⑨ 不忍之心:感情上觉得过不去。 ⑩ 悯恤:怜悯。 ⑪ 灵昭:明白、清楚。 ⑫ 隘陋:狭窄简陋。 ⑬ 蔽:蒙蔽。 ⑭ 戕物:杀害生物。 ⑮ 圮(pǐ)类:毁伤同类。 ⑯ 极则:最高的准则。 ⑰ 粹然:纯粹的样子。 ⑱ 民彝:人伦。 ⑲ 物则:事物的法则。 ⑳ 拟议:揣度议论。 ㉑ 慎独:独处中谨慎不苟。 ㉒ 决裂:毁坏。 ㉓骛:追求。 ㉔ 虚罔:虚无。 ㉕ 空寂:空洞枯寂。 ㉖ 二氏之流:指佛、道两家。 ㉗ 溺:沉湎。 ㉘ 卑琐:微末琐屑。 ㉙ 恻怛:怜悯。 ㉚ 五伯:即春秋五霸。 ㉛ 规矩:规和矩,校正圆形和方形的两种工具。 ㉜ 权衡:称量物体轻重的器具。权,秤锤;衡,秤杆。 ㉝ 爽:不合。 ㉞ 乖:背离;违背。 ㉟ 剂:分量。此处指标准。

(储玲玲)

〔鉴赏〕 《大学问》是王守仁晚年在浙江稽山书院讲解儒家经典《大学》的问答体著作,它简明扼要地表述了成熟时期的王守仁哲学的基本观念,与《传习录》一样,是王守仁思想的代表作。

从中国思想史上看,这篇文章的价值在于,以天地万物为一体释仁。并且根据这个观念来解释《大学》的"三纲"(即"明明德"、"亲民"、"止于至善"),从而把儒家对其最根本的价值观念仁的认识推进到一个新的高度,为《大学》的解释别开生面。

仁曾被孔子解释为"爱人",然而,自古以来对于仁的各种解释汗牛充栋,同时又由于历代儒家用种种特定的道德品质来说仁,因而仁的意义显得支离破碎,难以把握;此外,由于仁长时期来同规定人们的行为准则的封建主义的观念"礼义"、"礼法"紧密相连,因而成为人们的精神和个性的一种桎梏,从而失去其本意。虽然唐代韩愈在《原道》一文中也曾说"博爱之谓仁",宋代程颢在其《识仁篇》中言"仁者以天地万物为一体,莫非己也",为仁的概念的发展指点了一个新的方向,然而他们都没有加以充分说明,更没有一种哲学理论作为根据。但在王守仁那里,万物一体之仁已成为其思想的最高范畴即良知,从而也成为其哲学理论的核心观念,此文对它作了集中的、系统的、充分的阐述。根据这种论述,我们可以看到,仁不再只是一种外部强加的行为准则,也不是某种具体的道德品质,而是人们良知的本然状态,也是人们精神发展的内在动力和最高境界,又是人们种种美德的思想基础和精神根源。这样仁的观念就显示出它的最根本的意义,据之就可以对仁的各种解释和儒家种种道德观念加以整合。由于《大学问》的解释，万物一体的观念成了孔孟以来所阐述的仁的精义的最高概括，成为历代仁学的一个结晶。

根据万物一体的观念来思考问题，《大学》中的主要理念就显出了新意。按照王守仁的说法，“明明德”是“立其天地万物一体之体”，“亲民”是“达其天地万物一体之用”，“止于至善”则是“明德亲民之极则”。这样，“明明德”不再只是体认种种外在的道德理念，而是确立自己的心灵与天地万物一体这一根本观念；“亲民”也不是如传统儒学所解，是“新民”，即教化百姓，而是自己不断地扩展万物一体之仁，使之达到愈来愈高的境界；“止于至善”也不再只是达到道德修养的最高程度，而且也是在家庭、社会和国家政治生活中实践万物一体之仁到最完美的程度。这样，《大学问》不仅展示了万物一体的观念在儒家思想体系中的突出地位，而且将这一观念的内容充分地展现出来。王守仁实际上把诸如忠、孝、悌、礼、义这些儒家的道德理念都归结为万物一体之仁，表现出以仁的观念取代“礼义”观念的倾向；又将儒家“修身齐家治国平天下”的功夫，变成“致良知”、“达其天地万物一体之用”一事，所有这些都表明，在《大学问》中儒家仁的观念获得了重大发展。

仁的观念原先带有明显的宗法主义色彩，如《论语》讲“孝悌”为仁之本，而孟子则将仁规定为“亲亲”，说仁之“实”是“事亲”。就此而言，仁作为一种爱，是相当狭隘的情感。但是，万物一体之仁的观念把仁爱的范围扩大到了最广大的地步。文中“君臣也，夫妇也，朋友也，以至于山川鬼神鸟兽草木也，莫不实有以亲之，以达吾一体之仁”，虽然其中仍有纲常观念和迷信思想，然而，从思想倾向上来看，它显示出一种最博大的人道主义精神和博爱思想，这在等级森严的封建社会中是难能可贵的。

不仅如此，它甚至超越了人类中心主义，主张连鸟兽草木也要加以关爱，反对人类摧残生物，破坏自然环境，这些论述可以视为现代人发展生态哲学、保护自然环境、维护生态平衡的思想资源，应该加以珍惜和发掘。　(施忠连)

答顾东桥[1]书(节选)　　王守仁

来书云：“近时学者务外[2]遗内[3]，博而寡要[4]，故先生特倡‘诚意’一义，针砭膏肓[5]，诚大惠[6]也。”

吾子[7]洞见[8]时弊如此矣，亦将何以救之乎？然则鄙人之心，吾子固已一句道尽，复何言哉！复何言哉！若“诚意”之说，自是圣门教人用功第一义。但近世学者乃作第二义看，故稍与提掇[9]系要[10]出来，非鄙人所能特倡也。

来书云：“但恐立说太高，用功太捷，后生师传，影响谬误，未免坠于佛氏明心见性[11]、定慧[12]顿悟[13]之机，无怪闻者见疑。”

区区“格致诚正[14]”之说，是就学者本心日用事为间[15]，体究践履[16]，实地用功，是多少次第[17]、多少积累在，正与空虚顿悟之说相反。闻者本无求为圣人之志，又未尝讲究其详，遂以见疑，亦无足怪。若吾子之高明，自当一语之下便瞭然[18]矣！乃亦谓立说太高，用功太捷，何邪？

来书云：“所喻知行并进，不宜分别前后，即《中庸》尊德性而道问学之功交养互发[19]、内外本末一以贯之之道。然工夫次第不能无先后之差，如知食乃食，知汤乃饮，知衣乃衣，知路乃行，未有不见是物，先有是事。此亦毫厘[20]倏忽[21]之间，非谓有等今日知之而明日乃行也。”

既云“交养互发、内外本末一以贯之”，则知行并进之说无复可疑矣。又云“工夫次第不能不无先后之差”，无乃自相矛盾已乎？“知食乃食”等说，此尤明白易见，但吾子为近闻障蔽[22]，自不察耳。夫人必有欲食之心然后知食：欲食之心即是意，即是行之始矣。食味之美恶必待入口而后知，岂有不待入口而已先知食味之美恶者邪？必有欲行之心然后知路：欲行之心即是意，即是行之始矣。路岐[23]之险夷[24]必待身亲履历[25]而后知，岂有不待身亲履历而已先知路岐之险夷者邪？“知汤乃饮”，“知衣乃服”，以此例之，皆无可疑。若如吾子之喻，是乃所谓不见是物而先有是事者矣。吾子又谓“此亦毫厘倏忽之间，非谓截然有等今日知之而明日乃行也”，是亦察之尚有未精。然就如吾子之说,则知行之为合一并进,亦自断无可疑矣。

来书云:“真知即所以为行,不行不足谓之知,此为学者吃紧[26]立教,俾[27]务躬行则可。若真谓行即是知,恐其专求本心,遂遗物理[28],必有暗[29]而不达之处。抑岂圣门知行并进之成法哉?”

知之真切笃实[30]处,即是行;行之明觉精察处,即是知,知行工夫本不可离。只为后世学者分作两截用功,失却知行本体,故有合一并进之说。“真知即所以为行,不行不足谓之知”,即如来书所云“知食乃食”等说可见,前已略言之矣。此虽吃紧救弊而发,然知行之体本来如是,非以己意抑扬[31]其间,姑[32]为是说以苟一时之效者也。“专求本心,遂遗物理”,此盖失其本心者也。夫物理不外于吾心,外吾心而求物理,无物理矣;遗物理而求吾心,吾心又何物邪?心之体,性也;性即理也。故有孝亲之心,即有孝之理,无孝亲之心,即无孝之理矣。有忠君之心,即有忠之理,无忠君之心,即无忠之理矣。理岂外于吾心邪?晦庵[33]谓:“人之所以为学者,心与理而已。”心虽主乎一身,而实管乎天下之理,理虽散在万事,而实不外乎一人之心。是其一分一合之间,而未免已启[34]学者心理为二之弊。此后世所以有专求本心,遂遗物理之患[35],正由不知心即理耳。夫外心以求物理,是以有暗而不达之处;此告子“义外”之说[36],孟子所以谓之不知义也。心,一而已。以其全体恻怛[37]而言谓之仁,以其得宜而言谓之义,以其条理而言谓之理;不可外心以求仁,不可外心以求义,独可外心以求理乎?外心以求理,此知行之所以二也。求理于吾心,此圣门知行合一之教,吾子又何疑乎?

来书云:“所释《大学》古本,谓致其本体之知,此固孟子尽心之旨。朱子亦以虚灵[38]知觉为此心之量。然尽心由于知性,致知在于格物。"

"尽心由于知性,致知在于格物",此语然矣。然而推本吾子之意,则其所以为是语者,尚有未明也。朱子以尽心、知性、知天[39]为物格知致,以存心、养性、事天[40]为诚意、正心、修身,以夭寿不贰[41]、修身以俟为知至仁尽、圣人之事。若鄙人之见,则与朱子正相反矣。夫尽心、知性、知天者,生知安行:圣人之事也;存心、养性、事天者,学知利行:贤人之事也;夭寿不贰,修身以俟者,困知勉行:学者之事也。岂可专以尽心知性为知,存心养性为行乎?吾子骤闻此言,必又以为大骇矣。然其间实无可疑者,一为吾子言之:夫心之体,性也;性之原,天也。能尽其心,是能尽其性矣。《中庸》云"惟天下至诚为能尽其性";又云"知天地之化育[42];质诸鬼神而无疑,知天也",此惟圣人而后能然,故曰"此生知安行,圣人之事也"。存其心者,未能尽其心者也,故须加存之之功;必存之既久,不待于存而自无不存,然后可以进而言尽。盖"知天"之"知",如"知州"、"知县"之"知",知州则一州之事皆己事也,知县则一县之事皆己事也,是与天为一者也;事天则如子之事父,臣之事君,犹与天为二也。天之所以命于我者,心也,性也,吾但存之而不敢失,养之而不敢害,如父母全而生之、子全而归之[43]者也:故曰"此学知利行,贤人之事也"。至于"夭寿不贰",则与存其心者又有间矣。存其心者虽未能尽其心,固已一心于为善,时有不存,则存之而已;今使之夭寿不贰,是犹以夭寿贰其心者也,犹以夭寿贰其心,是其为善之心犹未能一也,存之尚有所未可,而何尽之可云乎?今且使之不以夭寿贰其为善之心,若曰死生夭寿皆有定命,吾但一心于为善,修吾之身,以俟天命而已,是其平日尚未知有天命也。事天虽与天为二,然已真知天命之所在,但惟恭敬奉承之而已耳;若俟之云者,则尚未能真知天命之所在,犹有所俟者也,故曰所以立命。"立"者"创立”之“立”，如“立德”、“立言”、“立功”、“立名”之类，凡言“立”者，皆是昔未尝有而本始建立之谓，孔子所谓“不知命，无以为君子”者也：故曰“此困知勉行，学者之事也”。今以尽心、知性、知天为格物致知，使初学之士尚未能不贰其心者，而遽责之以圣人生知安行之事，如捕风捉影[44]，茫然莫知所措[45]其心，几何[46]而不至于率天下而路也！今世致知格物之弊，亦居然可见矣。吾子所谓“务外遗内、博而寡要”者，无乃亦是过[47]欤？此学问最紧要处，于此而差，将无往而不差矣！此鄙人之所以冒天下之非笑，忘其身之陷于罪戮[48]，呶呶[49]其言，其不容已者也。

来书云：“闻语学者乃谓即物穷理之说，亦是玩物丧志；又取其厌繁就约，涵养本原数说，标示[50]学者，指为晚年定论，此亦恐非。”

朱子所谓“格物”云者，在即物而穷其理也。即物穷理，是就事事物物上求其所谓定理者也。是以吾心而求理于事事物物之中，析“心”与“理”而为二矣。夫求理于事事物物者，如求孝之理于其亲之谓也。求孝之理于其亲，则孝之理其果在于吾之心邪？抑果在于亲之身邪？假而果在于亲之身，则亲没之后，吾心遂无孝之理欤？见孺子之入井，必有恻隐之理，是恻隐之理果在于孺子之身欤？抑在于吾心之良知欤？其或不可以从之于井欤？其或可以手而援之欤？是皆所谓理也，是果在于孺子之身欤？抑果出于吾心之良知欤？以是例之，万事万物之理，莫不皆然。是可以知析心与理为二之非矣。夫析心与理而为二，此告子“义外”之说，孟子之所深辟也。务外遗内，博而寡要，吾子既已知之矣。是果何谓而然哉？谓之玩物丧志，尚犹以为不可欤？若鄙人所谓致知格物者，致吾心之良知于事事物物也。吾心之良知，即所谓天理也。致吾心良知之天理于事事物物，则事事物物皆得其理矣。致吾心之良知者,致知也。事事物物皆得其理者,格物也。是合心与理而为一者也。合心与理而为一,则凡区区前之所云,与朱子晚年之论,皆可以不言而喻矣!

来书云:“人之心体本无不明;而气拘物蔽鲜[51]有不昏,非学问思辨以明天下之理,则善恶之机[52],真妄之辨,不能自觉;任情恣意,其害有不可胜言者矣。”

此段大略似是而非,盖承沿旧说之弊,不可以不辨也。夫学、问、思、辨、行,皆所以为学,未有学而不行者也。如言学孝,则必服劳奉养,躬行[53]孝道,然后谓之学,岂徒悬空[54]口耳讲说,而遂可以谓之学孝乎?学射则必张弓挟矢,引满[55]中的;学书则必伸纸执笔,操觚染翰[56];尽天下之学无有不行而可以言学者,则学之始固已即是行矣。笃者敦实笃厚之意,已行矣,而敦笃其行,不息其功之谓尔。盖学之不能以无疑,则有问,问即学也,即行也;又不能无疑,则有思,思即学也,即行也;又不能无疑,则有辨,辨即学也,即行也。辨既明矣,思既慎矣,问既审矣,学既能矣,又从而不息其功焉,斯之谓笃行。非谓学、问、思、辨之后而始措之于行也。是故以求能其事而言谓之学;以求解其惑而言谓之问;以求通其说而言谓之思;以求精其察而言谓之辨;以求履其实而言谓之行:盖析其功而言则有五,合其事而言则一而已。此区区心理合一之体,知行并进之功,所以异于后世之说者,正在于是。今吾子特举学、问、思、辨以穷天下之理,而不及笃行,是专以学、问、思、辨为知,而谓穷理为无行也已。天下岂有不行而学者邪?岂有不行而遂可谓之穷理者邪?明道[57]云:“只穷理,便尽性至命。”故必仁极仁,而后谓之能穷仁之理;义极义,而后谓之能穷义之理。仁极仁则尽仁之性矣,义极义则尽义之性矣。学至于穷理至矣,而尚未措之于行,天下宁[58]有是邪?是故知不行之不可以为学,则知不行之不可以为穷理矣;知不行之不可以为穷理,则知知行之合一并进,而不可以分为两节事矣。夫万事万物之理不外于吾心,而必曰穷天下之理,是殆以吾心之良知为未足,而必外求于天下之广,以裨补[59]增益之,是犹析心与理而为二也。夫学、问、思、辨、笃行之功,虽其困勉至于人一己百,而扩充之极,至于尽性知天,亦不过致吾心之良知而已。良知之外,岂复有加于毫末乎?今必曰穷天下之理,而不知反求诸其心,则凡所谓善恶之机,真妄之辨者,舍吾心之良知,亦将何所致其体察乎?吾子所谓"气拘物蔽"者,拘此蔽此而已。今欲去此之蔽,不知致力于此,而欲以外求,是犹目之不明者,不务服药调理以治其目,而徒伥伥然[60]求明于其外,明岂可以自外而得哉!任情恣意之害,亦以不能精察天理于此心之良知而已。此诚毫厘千里之谬者,不容于不辨,吾子毋谓其论之太刻也。

来书云:"教人以致知明德,而戒其即物穷理,诚使昏暗[61]之士深居端坐,不闻教告,遂能至于知致而德明乎?纵令静而有觉,稍悟本性,则亦定慧无用之见,果能知古今,达事变,而致用于天下国家之实否乎?其曰'知者意之体,物者意之用,格物如格君心之非'之'格'[62],语虽超悟[63]独得,不踵[64]陈见,抑恐于道未相吻合。"

区区论致知格物,正所以穷理,未尝戒人穷理,使之深居端坐而一无所事也。若谓即物穷理,如前所云务外而遗内者,则有所不可耳。昏暗之士,果能随事随物精察此心之天理,以致其本然之良知,则虽愚必明,虽柔必强,大本立而达道行,九经之属[65]可一以贯之而无遗矣。尚何患其无致用之实乎?彼顽空虚静[66]之徒,正惟不能随事随物精察此心之天理,以致其本然之良知,而遗弃伦理,寂灭虚无以为常,是以要之不可以治家国天下。孰谓圣人穷理尽性之学而亦有是弊哉?心者身之主也,而心之虚灵明觉,即所谓本然之良知也。其虚灵明觉之良知,应感而动者谓之意;有知而后有意,无知则无意矣。知非意之体乎?意之所用,必有其物,物即事也。如意用于事亲,即事亲为一物;意用于治民,即治民为一物;意用于读书,即读书为一物;意用于听讼,即听讼为一物:凡意之所用无有无物者,有是意即有是物,无是意即无是物矣。物非意之用乎?"格"字之义,有以"至"字训者,如"格于文祖"、"有苗来格",是以"至"训者也。然格于文祖,必纯孝诚敬,幽明之间,无一不得其理,而后谓之格;有苗之顽,实以文德诞敷[67]而后格,则亦兼有"正"字之义在其间,未可专以"至"字尽之也。如"格其非心"、"大臣格君心之非"之类,是则一皆正其不正以归于正之义,而不可以"至"字为训矣。且《大学》格物之训,又安知其不以"正"字为训,而必以"至"字为义乎?如以"至"字为义者,必曰穷至事物之理,而后其说始通。是其用功之要全在一"穷"字,用力之地全在一"理"字也。若上去一"穷"、下去一"理"字,而直曰"致知在至物",其可通乎?夫穷理尽性,圣人之成训,见于《系辞》者也。苟格物之说而果即穷理之义,则圣人何不直曰"致知在穷理",而必为此转折不完之语,以启后世之弊邪?盖《大学》格物之说,自与《系辞》穷理大旨虽同,而微有分辨。穷理者,兼格致诚正而为功也;故言穷理则格致诚正之功皆在其中,言格物则必兼举致知、诚意、正心,而后其功始备而密。今偏举格物而遂谓之穷理,此所以专以穷理属知,而谓格物未常有行,非惟不得格物之旨,并穷理之义而失之矣。此后世之学所以析知行为先后两截,日以支离决裂,而圣学益以残晦者,其端实始于此。吾子盖亦未免承沿积习见,则以为于道未相吻合,不为过矣。……

来书云:"谓《大学》格物之说专求本心,犹可牵合[68];至于六经、四书所载多闻多见,前言往行,好古敏求,博学审问,温故知新,博学详说,好问好察,是皆明白求于事为之际,资于论说之间者,用功节目固不容紊矣。”

格物之义,前已详悉;牵合之疑,想已不俟复解矣。至于多闻多见,乃孔子因子张之务外好高,徒欲以多闻多见为学,而不能求诸其心,以阙疑殆,此其言行所以不免于尤悔,而所谓见闻者,适以资其务外好高而已。盖所以救子张多闻多见之病,而非以是教之为学也。夫子尝曰“盖有不知而作之者,我无是也”,是犹孟子“是非之心,人皆有之”之义也。此言正所以明德性之良知,非由于闻见耳。若曰“多闻择其善者而从之,多见而识之”,则是专求诸见闻之末,而已落在第二义矣,故曰“知之次也”。夫以见闻之知为次,则所谓知之上者果安所指乎?是可以窥圣门致知用力之地矣。夫子谓子贡曰:“赐也,汝以予为多学而识之者欤?非也,予一以贯之。”使诚在于多学而识,则夫子胡乃谬为是说以欺子贡者邪?“一以贯之”,非致其良知而何?《易》曰“君子多识前言往行,以畜其德。”夫以畜其德为心,则凡多识前言往行者,孰非畜德之事?此正知行合一之功矣。“好古敏求”者,好古人之学而敏求此心之理耳。心即理也;学者,学此心也;求者,求此心也。孟子云:“学问之道无他,求其放心而已矣。”非若后世广记博诵古人之言词,以为好古,而汲汲然惟以求功名利达之具于其外者也。“博学审问”,前言已尽。“温故知新”,朱子亦以温故属之尊德性矣。德性岂可以外求哉?惟夫知新必由于温故,而温故乃所以知新,则亦可以验知行之非两节矣。“博学而详说之”者,将以反说约也,若无反约之云,则博学详说者果何事邪?舜之“好问好察”,惟以用中而致其精一于道心耳。道心者,良知之谓也。君子之学,何尝离去事为而废论说?但其从事于事为论说者,要皆知行合一之功,正所以致其本心之良知;而非若世之徒事口耳谈说以为知者,分知行为两事,而果有节目先后之可言也。

〔**注释**〕 ① 顾东桥:顾璘(1476—1545)。 ② 务外:指研究学问只致力于字句研究。 ③ 遗内:舍弃根本。遗弃文章内部的精华。即放弃对文章中蕴含着的理的探索。 ④ 博而寡要:涉及的方面虽广,但缺乏要点。 ⑤ 针砭膏肓:用针石治重病。此指挽救衰微的学风。 ⑥ 惠:通"慧"。才智、智慧。 ⑦ 吾子:对对方的敬爱之称。 ⑧ 洞见:洞察幽微。 ⑨ 提掇:提出。⑩ 系要:归纳要点。 ⑪ 明心见性:以自心本有的"般若智慧"去体悟自心真性的内省修行方法。 ⑫ 定慧:定是佛教名词,指心专注一境而不散乱的精神状态。慧也是佛教名词,指通过事理,决断疑念取得认识的精神作用。 ⑬ 顿悟:佛教名词,指无须经过长期而烦琐的修习,只要把握佛教"真理",即可豁然觉悟而成佛。 ⑭ 格致诚正:"格物""致知""诚意""正心"的略语。 ⑮ 间:区分。 ⑯ 体究践履:体察考究;践履,实践。 ⑰ 次第:头绪。 ⑱ 瞭然:明白、清楚。 ⑲ 交养互发:交互涵养和相互启发。 ⑳ 毫厘:比喻极细微。 ㉑ 倏忽:很快、忽然。 ㉒ 障蔽:蒙蔽。 ㉓ 岐:高低不平。 ㉔ 险夷:险要与平坦。 ㉕ 履历:经历。㉖ 吃紧:着力、用力。 ㉗ 俾:使。 ㉘ 物理:事物的道理、规律。 ㉙ 暗:不明了。 ㉚ 笃实:实在。 ㉛ 抑扬:褒贬。 ㉜ 姑:暂且。 ㉝ 晦庵:朱熹别号。 ㉞ 启:招致。 ㉟ 患:弊病。 ㊱ 告子"义外"之说:指《孟子·告子上》中告子曰:"食色,性也。仁,内也,非外也。义,外也,非内也。" ㊲ 恻怛:怜悯。 ㊳ 虚灵:指心灵。 ㊴ 尽心、知性、知天:语本《孟子·尽心上》:"尽其心者,知其性也,知其性则知天矣。" ㊵ 存心、养性、事天:语本《孟子·尽心上》"存其心,养其性,所以事天也。" ㊶ 夭寿不贰:夭寿,指人的寿命的长短;不贰,怀疑。 ㊷ 化育:演化养育。 ㊸ 全而归之:指至死不敢毁伤身体。 ㊹ 捕风捉影:喻虚幻无实。 ㊺ 措:运用。 ㊻ 几何:多少(时间)。 ㊼ 过:过失。 ㊽ 罪戮:以罪处死。 ㊾ 呶呶:喋喋不休。㊿ 标示:揭示。 51 鲜:少。 52 机:关键。 53 躬行:亲自践履。 54 悬空:凭空。 55 引满:拉弓至满。 56 操觚染翰:写文章。觚,古代写字用的木版;翰,毛笔。 57 明道:指程颢。58 宁:岂、难道。 59 裨补:增加补益。 60 伥伥然:迷迷糊糊的样子。 61 昏暗:昏庸愚昧。62 格:正也。 63 超悟:彻悟。 64 踵:跟随。 65 九经之属:《礼记·中庸》:"凡为天下国家,有九经,曰:修身也,尊贤也,亲亲也,敬大臣也,体群臣也,子庶民也,来百工也,柔远人也,怀诸侯也。" 66 顽空虚静:指一种顽劣无知、空虚无为的状态。 67 诞敷:遍布。诞,大;敷,铺叙。 68 牵合:牵强凑合。

(储玲玲)

〔**鉴赏**〕 思想只有在磨砺中才能产生火花。以思辨为特征的哲学,更是除了需要哲学家自身的反思外,还需要与同仁的切磋、与不同观点的论辩。王守仁的《答顾东桥书》,就是一篇学者间切磋论辩的范例。

比王守仁小两岁的顾东桥,与王守仁一样是弘治年间的进士,官至南京刑部尚书,著述颇丰。但是,顾东桥在学术观点上,却与王守仁不一致,具有程朱理学的倾向。王守仁在与他的书面论辩中,批评了顾东桥的理学观,全面阐述了阳明心学的主要观点。因《答顾东桥书》一文包含了王学"立言宗旨"的主要条目,从而成为王守仁思想的代表作,收入王守仁的《传习录》(中),在中国思想史上占有重要的地位,是研究和了解中国哲学史必读的名篇。

《答顾东桥书》阐述了以下几条阳明心学主要的"立言宗旨":

1. 致良知。心与理的关系问题是心学与理学分歧的根本点，在朱熹、陆九渊的宋学中就已分宗立派。陆象山的心学认为心即理，主心理合一论；而朱熹认为理在万事万物，心只具理而不是理。王守仁继承和发展了陆学传统，在"心即理"的基础上更进一步，提出"心外无理"。在《答顾东桥书》一文中，王守仁认为理不外于心，朱熹"心虽主乎一身，而实管乎天下之理。理虽散在万事，而实不外乎一人之心"的观点容易产生"心理为二之弊"，使得人们"不知心即理"，"外心以求物理"，"务外遗内，博而寡要"，"不知反求诸其心"。王守仁提出："心者身之主也，而心之虚灵明觉，即所谓本然之良知也。""良知良能，愚夫愚妇与圣人同。但惟圣人能致其良知，而愚夫愚妇不能致，此圣愚之所由分也"。"天下人之心，其始亦非有异于圣人也。特其间于有我之私，隔于物欲之蔽，大者以小，通者以塞，人各有心"。"夫万事万物之理，不外于吾心，而必曰穷天下之理，是殆以吾心之良知为未足，而必外求于天下之广"。因此，"所谓学者，正惟致其良知，以精察此心之天理"。由"心外无理"而发展出的"致良知"的观点，是阳明心学的基点。

2. 格物致知。王守仁少年时曾在他父亲任职的官署庭院里面对竹子以体验孔孟之道，最后精疲力竭，大病一场。"官庭格竹"的失败，使之坚信格物致知，只能格内心而不能格外物。后来，他通过"龙场悟道"，揭示了"心外无理"和"致良知"之教。王守仁指出，既然心外无理，那么，程朱理学"即物穷理，是就事事物物上求其所谓定理者也，是以吾心而求理于事事物物之中，析心与理而为二矣"。"若鄙人所谓致知格物者，致吾心之良知于事事物物也。吾心之良知，即所谓天理也。致吾心良知之天理于事事物物，则事事物物皆得其理矣。致吾心之良知者，致知也；事事物物皆得其理者，格物也。是合心与理而为一者也"。

3. 知行合一。既然理在于心，格物致知在于格心，因此，合乎逻辑的结论是："求理于吾心，此圣门知行合一之教。"王守仁认为心意是行之始，"食味之美恶，必待入口而后知，岂有不待入口，而已先知食味之美恶者"。"知之真切笃实处即是行，行之明觉精察处即是知，知行功夫本不可离"。"真知即所以为行，不行不足谓之知"。他强调"知行之合一并进"，"要皆知行合一之功，正所以致其本心之良知"，不能"分知行为两事"。

王守仁敢于标新立异，说："若鄙人之见，则与朱子正相反矣"。他认为自己所提出的"心外无理"、"致良知"、"知行何以"之教，"此学问最紧要处，于此而差，将无往而不差矣！此鄙人之所以冒天下之非笑，忘其身之陷于罪戮，呶呶其言，其不容已者也"。他坚定自己的学说是"圣人之学"，"吾之说虽或暨明于一时，终将冻解于西而冰坚于东,雾释于前而云滃于后”。事实也正是这样。王守仁的学说是针对世人“圣人之学日远日晦,而功利之习愈趋愈下”,“相衿以知,相轧以势,相争以利,相高以技能,相取以声誉”而提出的疗救之方。对于那些只要求别人讲奉献,而自己却缺乏起码的良知的人,那些只重视物质文明建设,而忽视精神文明建设的人,那些只口头上讲道德良心,却不付诸行动,甚至于言行不一,说的一套,做的又是另一套的人,我们重温王守仁的致良知、格物致知和知行合一说,应当是有现实的教益的。

(戢斗勇)

画禅室论画·画旨(节选)　董其昌

朝起看云气变幻,可收入笔端,吾尝行洞庭湖推篷旷望,俨然米家墨戏。①又米敷文②居京口,谓北固诸山与海门连亘,取其境为潇湘白云卷。故唐世画马入神者,曰:天闲十万匹皆画谱也。③

士人作画,当以草隶奇字之法为之。④树如屈铁山如画沙,绝去甜俗蹊径,乃为士气,不尔纵俨然及格,已落画师魔界⑤,不复可救药矣。若能解脱绳束,便是透网鳞⑥也。

文人之画自王右丞始,其后董源巨然李成范宽为嫡子⑦,李龙眠王晋卿米南宫及虎儿皆从董巨得来,直至元四大家黄子久王叔明倪元镇吴仲圭皆其正传。吾朝文沈则又远接衣钵。若马夏及李唐刘松年又是大李将军之派,⑧非吾曹当学也。

以境之奇怪论,则画不如山水,以笔墨之精妙论,则山水决不如画。东坡有诗曰:“论画以形似,见与儿童邻。作诗必此诗,定知非诗人。”余曰:“此元画⑨也。”晁以道诗云:“画写物外形,要物形不改。诗传画外意,贵有画中态。”余曰:“此宋画也。”

荆浩,河内人,自号洪谷子。博雅好古,以山水专门,颇得趣向⑩。为云中山顶,四面峻厚。自撰山水诀一卷,语人曰:“吴道子画山水有笔而无墨,项容⑪有墨而无笔。吾当采二子所长，为一家之体。”故关仝[12]北面事之。世论荆浩山水为唐末之冠。盖有笔无墨者，见落笔蹊径而少自然；有墨无笔者，去斧凿痕而多变态。

李思训写海外山，董源写江南山，米元晖写南徐山，李唐写中州山，马远夏圭写钱塘山，赵吴兴写霅苕山，黄子久写海虞山，若夫方壶蓬阆必有羽人传照，[13]余以意为之，未知似否？

摊烛作画，正如隔帘看月，隔水看花，意在远近之间，亦文章法也。

高房山[14]多瓦屋，米家多草堂，以此为辨。此图潇洒出尘，非南宫不能作。

云林[15]生平不画人物，惟龙门僧一幅有之，亦罕用图书[16]，惟荆蛮民一印者，其画遂名荆蛮民，今藏余家。

昔人评石之奇曰透曰漏，吾以知画石之诀，亦尽此矣。赵文敏常为飞白石，又常为卷云石，又为马牙钩石[17]，此三种足尽石之变，孙汉阳[18]推其意为此册，若使米公见，堪仆仆下拜[19]。

余尝与眉公[20]论画。画欲暗不欲明。明者如觚棱钩角[21]是也，暗者如云横雾塞是也。眉公胸中素具一丘壑，虽草草泼墨，而一种苍老之气，岂落吴下之画师恬俗魔境耶？[22]同观者修微王道人[23]也。

沈石田[24]每作迂翁[25]画，其师赵同鲁[26]见辄呼之曰："又过矣，又过矣。"盖迂翁妙处实不可学，启南力胜于韵，故相去犹隔一尘也。[27]逊之为迂翁，萧疏简贵，如此图者，假令启南见之当咄咄难赏。

画家以神品为宗极[28]，又有以逸品加于神品之上者，曰出于自然而后神也。此诚笃论，恐护短者窜入其中。士大夫当穷工极妍，师友造化，能为摩诘而后为王洽之泼墨[29]，能为营丘而后为二米之云山，[30]乃足关画师之口，而供赏音之耳目。

杨龙友生于贵竹㉛,独破天荒,所作台荡等图,有宋人之骨力去其结,有元人之风雅去其佻。余讶以为出入巨然惠崇㉜之间,观止矣。龙友一日千里,春秋甚富,未见其止,不知分手之后,变化若何?余画禅室中专待溪藤一幅与摩诘同供养耳。㉝

米老难于浑厚,但用淡黑、浓墨、泼墨、破墨、积墨、焦墨,尽得之矣。

文太史本色画极类赵承旨,㉞第微尖利耳。同能不如独诣,无取绝肖似,所谓鲁男子㉟学柳下惠。

〔**注释**〕 ① 米家墨戏:米家:指米芾、米友仁父子。米家墨戏,指其随兴作画,不拘传统成法,脱略形迹,以泼墨法画云山之法。 ② 米敷文:即米友仁,因尝官敷文阁直学士,故称。京口:古城名。在今江苏镇江市。北固:山名。在今镇江市东北,形势险要,故称"北固"。海门:即海口,内河出海之处。 ③ 天闲:皇帝养马之处;画谱:临摹用的绘画范本。 ④ 奇字:汉王莽时六体书之一,由古文加以改变而成。亦泛指古文字。 ⑤ 魔界:(界名)又云魔道。恶魔之境界也。智度论五曰:夺慧命,坏道法功德善本,是故名为魔。 ⑥ 透网鳞:比喻生动活泼,富有生气。透,跳跃。 ⑦ 嫡子:喻指嫡派,技艺相传的正宗。 ⑧ 李龙眠:名公麟,字伯时,号龙眠居士,北宋画家;王晋卿:名诜,字晋卿,太原人,能诗工书善山水;米南宫:米芾,曾官礼部员外郎,南宫乃礼部别称;虎儿:米友仁小字;文沈:文徵明、沈周;大李将军:即李思训,因其官左武卫大将军,故称。 ⑨ 元画:重气韵而不重形似,是其特色。 ⑩ 趣向:好尚,兴味。⑪ 项容:唐画家,善山水。 ⑫ 关仝:(约907—960)长安(今西安)人,初师荆浩,刻意力学,意欲逾浩,俗称"关家山水"。 ⑬ 海外山:边远地区的山,南徐山:指镇江的山。东晋侨置徐州于京口城,南朝宋改南徐,即今镇江市。方壶:一名方丈。传说神山名。蓬阆:蓬莱、阆苑,传说神仙居住之处。羽人:神话中的飞仙。 ⑭ 高房山:高克恭,号房山老人。 ⑮ 云林:即倪瓒(1301—1374),初名珽,字元镇,号云林居士、幻霞子、荆蛮民等,元无锡人。擅画山水,与黄公望、吴镇、王蒙合称为"元四家"。 ⑯ 图书:图章,印章。 ⑰ 飞白石:以书之飞白体人画石者。卷云、马牙钩两石,谓卷状之云、马牙钩状两异石,当以草隶奇字入画者。 ⑱ 孙汉阳:孙叔美,字汉阳,吴人,明画家。 ⑲ 仆仆:形容烦琐。 ⑳ 眉公:陈继儒号,明华亭人,善诗文,工书画,尤工山水梅竹。 ㉑ 觚棱:棱角。 ㉒ 魔境:魔障之境地。西方合论卷五(大四七·四〇二下):是故当知,心外见佛,即成魔境。何以故?以心外无一法可得故。㉓ 修微王道人:其人不详。 ㉔ 沈石田:名周,字启南,号石田,晚号白石翁,人称白石先生,今江苏吴县人。与文徵明、唐寅、仇英并为"明四家",为"吴门画派"领袖。 ㉕ 迂翁:对倪瓒的敬称,倪自称倪迂。 ㉖ 赵同鲁:字与哲、明长洲人,善山水。 ㉗ 一尘:道家称一世为一尘。此处指相当大的距离。 ㉘ 宗极:至高无上,最高境界。 ㉙ 王洽:一作王默或王墨,唐画家,善山水。泼墨:以墨泼于纸素,随其自然之形画出景物的绘画方法。 ㉚ 营丘:李成,宋画家,营丘人,故称。二米云山:又称米氏云山、米家山水,其特点是以卧笔横点成块面,称"落狂法",强调写意,连点成片,打破传统线条成规,构成云烟变灭、生意无穷的画面景致。 ㉛ 杨龙友:名文聪,字龙友,万历末孝廉,工画山水。贵竹:《明史》作贵阳人。 ㉜ 惠崇:宋僧,建阳人，一作淮南人。工待善画，尤精水鸟。　㉝ 溪藤：剡溪纸，浙江传统名纸。亦称“剡藤”、“溪藤”。唐、宋时，越中多以古藤制纸，故名“藤纸”。此处是说专等杨龙友用剡纸作画。㉞ 文太史：即文徵明(1470—1559)，初名壁，字徵明，后以字行，更字徵仲，号衡山，江苏长洲人。与祝枝山、唐寅、徐祯卿等被称为“吴中四才子”。曾荐为翰林待诏，故后人又称之为文待诏或文太史。文徵明花鸟、人物、山水皆擅，尤以山水画成就最高。赵承旨：即赵孟頫，字子昂，号松雪道人，别署水精宫道人。因他是古称吴兴的浙江湖州人，故人称赵吴兴。元仁宗时拜翰林学士承旨，故又称赵承旨。卒后追封魏国公，谥文敏，故后世又称其为赵文敏。　㉟ 鲁男子：春秋时鲁国人颜叔子独居一室，一天一位女子要求投宿，颜叔子整夜点着蜡烛火把照明以避嫌，时人称他为“鲁男子”。后因称拒近女色的人为“鲁男子”。

(张传友)

〔鉴赏〕 明代是中华历史上介于元、清两个异族政权之间的汉人王朝。尽管它在政治、经济、文化、宗教等方面打着“反元复宋”的旗号，意图恢复华夏文化政治清明、经济繁荣、艺术发达的两宋文明，但纵观有明一代，残酷的政治高压，残忍的大肆屠戮，肆意地操弄士子，严苛的经济重负，愈演愈烈的党争，近乎窒息的文化政策，使得从异族统治的废墟上建立的华夏政权带有更为强烈的专制色彩。

这种精神与肉体的禁锢，表现为文学上的复古模拟，思想文化上的偏执癫狂，生活上的纵情恣欲。特别是王阳明特标心性之学，为讲究道学问、尊德性的程朱理学转向亦佛亦道亦儒，主张明心见性的禅学化儒学奠定了思想基础。以佛家语汇言说哲学、美学、艺术思想，成为那个时代的文化时尚。以董其昌为代表的一批论者，强调绘画领域的南北宗分野，推重文人画的艺术地位和市场价值，与阳明心学遥相呼应，共同描绘了那个时代的文化色彩。

明代绘画与诗文领域严重的复古模拟构成中华文化的一大不可忽视的现象。华夏文化历史积淀的深厚，对每一后来者而言，都构成一种浓得化不开的生存处境，要么深陷其中而难以形成自己面目；要么时时以叛逆者的姿态高倡自我，实不知这种叛逆恰恰是以被叛逆的传统为资源和动力，个人的任何自负与得意如果离开了传统的坐标，就什么也不是。可惜，真正能入传统而又能出传统来的大师，并不是每个时代都有的。明清文化的积重难返，主要原因即在于这种文化传统惯性黑洞般难以抗拒的魔力。董其昌的出现，只不过通过自己的言传身教，把这种摹古、复古甚至泥古的艺术传授方法变本加厉而已。当然，董其昌本人是能够冲得进去，打得出来的。他以前人画的题材为内容，而又能匠心独运，以书法的笔墨用之于山水，其用笔柔中有力，变化多端，其墨法清雅隽逸，层次分明，成为华亭派执牛耳的人物，同时也是松江画派的奠基人。

董其昌(1555—1636),字玄宰,号思白、思翁、香光居士,华亭(今上海松江)人,故又称"董华亭"。曾任庶吉士、南京礼部尚书。其一生跨越了明后期从嘉靖到崇祯六个皇帝,还一度担任过神宗之子泰昌帝朱常洛的老师。

他所处的时代,吴、浙画派已呈颓相。他与莫世龙、陈继儒等人以释家南北宗论画,高倡文人画对院体画的优越,其中董的贡献最大。其画主要有两种风格,一为常见的水墨浅绛,一为偶用没骨的青绿设色。同时,他经常揣摩前人画法,临仿前人画迹,对传统技法很是推重。特别是笔墨方面,能够以书法的笔墨修养,融汇于绘画的皴、擦、点、划中。在题材上,多临仿宋元画迹,并常在题识中夸耀自己与古人会心的得意。

家室豪富的董其昌,天资聪颖,少年即以书画负有盛名,时有"南董北米"之说,清代吴伟业把他列为"画中九友"之首。甚至曹溶把他视为明代书画首屈一指的人物,"有明一代书画,结穴于董华亭,文、沈诸君子虽噪有时名,不得不望而泣下"。加之江南人文荟萃,书画市场运作成熟,一方面使他得以鉴识、收藏了丰富的历代绘画精品,同时自己也声名鹊起。出仕后他更得以出入内廷,饱览稀世真迹;结交文人雅士,得窥私家珍藏。由于名声日盛,作画益精,求画者甚众,片纸尺褚而价值不菲,他一跃而为江南闻名的大地主。令后人颇为齿冷的,是他横行乡间,纵容家仆为非作歹,成为地方一霸,乡民还一度抢劫焚烧了他的庄园。

这种看似奇怪的人生态度,一般认为他主要是接受了佛教禅宗的影响。就董其昌以"南北宗"论画,并有意识地崇南抑北而言,确乎如此。读佛经,参佛理,心境进入禅悦状态,对审美感觉敏锐艺术大师参悟意境、人生和艺理是一条捷径,何况以道家精神为主干的中国艺术精神与佛家在思维方式上,存在着诸多贯通之处。另一方面,我们认为,儒家,特别是宋明新理学——心学对他的影响,应该更为显著。禅宗倡言顿悟,就是强调心的力量,新理学强调心性本体,也是看到了心力贯通知与行间的能动性。作为早年仕途顺利的董其昌,儒家的外王理想不会不在他柔弱的心灵产生涟漪,但皇权、阉党、东林之间龌龊的残酷争斗,实在是他富贵温柔乡中培育的柔弱心灵难以承受之重,不由自主间慢慢滑向狂禅、放纵、世俗、乡愿的泥淖。而他周遭的环境和个人的书画功力,也为他选择这种大俗大雅的生活提供了条件。

在绘画领域,董其昌的主要贡献在于把当时画界以禅学论画的说法固定下来,强调"心"在创作与品画中的作用,通过强调笔墨的独特表现力,抬高文人画的地位。就其在山水画创作以及中国画史而言,对后世影响最大者是他的《画禅室随笔》,另传世还有《画旨》、《画眠》,不过三者多有重复,可能是后人辑录错乱所致。

他的“南北宗”论集中于《画旨》一文。何谓“画旨”?《宋史·职官志二》记载:(枢密院)面得旨者为录白,批奏得画者为画旨,并留为底。本义是在圣旨上书字判行,后转义指绘画的主旨、画中所展现的画者的审美观念、创作主张,宋代苏辙题《王维吴道子画》诗有云:“我非画中师,偶亦识画旨。”董其昌所言“画旨”,除了包含主旨、精神之意,主要是就绘画艺术的精神品格和内在意蕴,探讨画风、画品、画境与画者的关系,以及绘画所用笔墨的问题。其中的核心问题是以禅论画。

《画旨》中有对“南北宗”论的最集中表述:

禅家有南北二宗,唐时始分;画之南北二宗,亦唐时分也,但其人非南北耳。北宗则李思训父子着色山水,流传而为宋之赵干、赵伯驹、赵伯骕,以至马(远)、夏(圭)辈;南宗则王摩诘(维)始用渲淡,一变钩斫之法,其传为张噪、荆(浩)、关(仝)、董(源)、巨(然)、郭忠恕、米家父子(芾、友仁),以至元之四大家(黄公望、吴镇、倪瓒、王蒙),亦知六祖(即慧能)之后,有马驹、云门临济儿孙之盛,而北宗(神秀为代表)微矣。

其中所涉及的问题,主要有四:一、中国山水画风格的大分化和佛教发展过程中南北分宗,都是发生在唐代。实际上,随着东汉传入的佛教中国化的过程,也是中国文化、哲学思想、艺术精神多元分化的过程。其中既有本土思想和文化已渐渐吸纳佛教,如道家走向玄学,儒家被迫默默地援佛入儒,而佛学也吸收道家的语汇和重生理念而嬗变为具有中国特色的禅宗;二、画之南北宗与佛教相似,画家思想观念的差异、创作技法的不同,与其所生活的地域是不能等同的。这一区别,常为以往论者所忽略,董其昌之所以强调画家地域与画风的不同,是注意到了人为地划分画家门户宗派难以回避的错综复杂。同时他还吸收了莫是龙的思想,后者的《画说》分辨画风与画家不可一概而观:“画分南北二宗……但其人非南北耳。”对比晚三个多世纪的英国丹纳,后者把决定艺术和文化的因素简单归结为气候、环境与种族三因素,还是较为客观、全面的;三、南北宗绘画创作各有特色,其衍变也有清晰的脉络可循。在董看来,传统青绿山水以工笔重彩为特色,此派重视技法的研习,恰如佛教北宗的“渐悟”修行之法。这一脉以李思训、李昭道父子肇其端,传至北宋有赵干、赵伯驹、赵伯骕,以及南宋的马远、夏圭等人。与重视笔墨技法相反,在唐代出现了以水墨渲染为主的文人画,以王维为始祖,这一派变讲究笔墨机变的工笔细描为笔墨皴染的积墨法。其脉由晚唐的张璪传至荆、关、董、巨以及郭忠恕、米家父子、元四家等人。此派对山水的体悟颇与禅家“顿悟”的休习方式相似;四、北宗画与北宗禅相似,均不如南宗人脉兴旺、门户广大。

另一有趣的吊诡是,佛家与国画的分宗,都是由自名的南宗始,且都带有某种轻视北宗的意味。当然这种情感的偏倚,是与北宗长期以来受到宫廷画苑和皇家的青睐分不开的,这种人身的政治依附恰恰与文人、士人所彰显的个性独立、精神自由相背离的。所以青绿工笔画家常常被目为职业画家、画匠,受到文人的轻视揶揄。这种“崇南抑北”的画风和审美的趋向,经明清一直延续到今天。

与他同一时期的陈继儒在《偃曝余谈》中也表述了同样的山水画之“南北宗”的观点,两人在强调山水画以唐代为分水岭,南北宗始祖及各宗谱系方面是一致的。而陈氏更强调笔墨技法之外的文人气质与审美趣味方面的差异,如北宗“板细无士气”,南宗“虚和萧散”,较董氏更为深刻地道出了山水画的南北画风的精神的差异。近人黄宾虹以北宗的“金碧辉煌”与南宗的“水墨”相对,实际并未触及两派审美境界上的差异。这种差异,表面上是笔墨技法的不同,实质上却成为中国自两宋以来所形成的文人画与院体画、神品与能品、文人与匠人间泾渭分明的界限。

与工笔细描、浓墨重彩,重视对自然万物如真描摹的院体画相反,南宋以后传统中国画的主脉强调画为“心印”,画中山水并非单纯对自然山水的逼真描摹,而是画者宇宙观、人生观、价值观的体现,其哲学思想、社会理想、人生感悟乃至审美趣味和审美理想无不可以从中见其端倪。举手抚琴,众山皆响,山水通灵,取景通幽,当你的目光随着画卷的舒展领略山水之美的时候,常常能够感觉到生命之气的流动,触摸到画者心灵的颤动,甚至可以听到一个时代、一段历史的声音。南北朝以来所谓的“传神”,并不限于传达自然山水本身的奥妙神奇,表现出某种“神韵”,还带有画者以自己的心灵、情感、思想赋予山水人的“精神”。董其昌提到山水“传神”,先要“看得熟”,因为“传神者必以形”。这种看,既包括对前人画作的细心观察体摹,也带有冲破这种泥古临摹藩篱的“行万里路”,自然山水与前人画中山水是一个人把握山水之“真”的积累过程。同时董氏又指出“形与心手相凑而相忘,神之所托也”,“心”有所主,则山水之形已经我手化为画中山水,这笔墨的皴擦点染怎能不是我心灵的寄托和外化。所以,他所偏向的南宗画尤要有“脱尽尘浊”的“士气”,这种“士气”、文气的培养,主要来自“读万卷书”。

这一点,与西方油画所表现的山水迥异其趣。

不过,董氏所倡导的南宗画,主要是那种风格偏向于平和冲淡之境的文人画,而缺少了文人士大夫另外一种骨鲠之气,一种天行健君子以自强不息的大丈夫气概。就其作为个人审美趣味而言,本无可厚非,但这种画风影响明清画坛二百余年,导致中国山水画长期沉潜于万马齐喑、陈陈相因的泥淖,不能说董其昌没有责任。

我们认为个中原因在于,董氏虽才思过人,而生活环境的优裕使他不必在意饮食冷暖,年少得志的快意使他不必计较功名利禄,东林与阉党的倾轧使他无意卷入政治漩涡。他“视一切功名文字”如“黄鹄之笑壤虫而已”,一生大部分时间过着亦官亦隐的生活。明哲保身、崇佛礼道、修心养生的自我选择,表现于审美趣味和艺术主张上,少了几分锋芒,多了几许恬淡圆熟,所以在董氏眼里,“诗文书画,少而工,老而淡。淡胜工,不工亦何能淡。东坡云:‘笔势峥嵘、文采灿烂,渐老渐熟,乃造平淡,实非平淡,绚烂之极也。’”老、熟、平淡,给人的是一种与世无争、恬淡自守、自得其乐的富家翁感觉。清人恽南田讥讽他“文敏秀绝,故弱,秀不掩弱,限于资地”,董画的“秀”、“弱”既是他的特点,也是他自觉选择的结果。

以这种审美眼光观照北宗那极端写实的青绿山水与如钩似斫的刚性线条,如大李将军、马夏、李唐、刘松年等人,就显得格格不入了。北宗用笔的刚劲、燥硬、风骨与恣肆,与讲究含蓄、内敛、柔和、朗润的南宗既代表两种截然不同审美风格,同时也是华北、华南自然环境本身所具有的特征。董其昌推崇南宗画,还带有对浙派末流一味放纵霸悍而乏学养画风的否定。

从笔墨上分疏南北画风的不同,在董之前是没有的。而对山水画中笔墨的自觉与体悟,主要得益于他书法方面的造诣。他常常把书法的使转用笔用墨的浓淡干湿表现山川树石、烟云水雾,呈现出带有文人气息的情韵和幽雅的意境。相比自然山水,画中山水在雄奇诡怪上略逊一筹,而在通过笔行墨运表现胸中山水的丰富意境和生命气韵上,则自然山水相形见绌。不过,有些作品确如清代钱杜指出的董氏画风“有笔墨而乏丘壑”,陈传席先生所批评的,“由于过分强调笔墨风趣与形象的‘脱略’,未免缺乏山川自然的真实感”。

另外,值得一提的是,董其昌在倡导摹古方面,也有自己独特的体会,并非如明代诗文那样亦步亦趋,有时也强调个人的“独诣”和个性。在“元四家”的排定上,鉴于赵孟頫大节有亏,董以倪云林取代了原来赵的位置。后人认可了董的这一做法。

纵观董其昌的南北宗论和他留存的画迹，今人黄宾虹把他视为文人画之“正宗”，傅抱石赞许他是“画坛中兴健将，画坛唯一的宗匠”，应该说是符合中国山水画史和中国绘画美学史实际的。然而，文人画并非中国画的全面，而文人画也并非全然一派平淡萧和之象，要发扬中国山水画的优良传统，如何学习董的笔墨与士气，扬弃董的秀弱与拘泥，是我们必须解决的问题。（张传友）

画禅室随笔·论用笔　　董其昌

米海岳书“无垂不缩，无往不收”。① 此八字真言，无等等咒② 也。然须结字得势，海岳自谓集古字③，盖于结字最留意，比其晚年，始自出新意耳。学米书者，惟吴琚④ 绝肖。黄华、樗寮⑤，一支半节，虽虎儿⑥ 亦不似也。

作书所最忌者位置等匀，且如一字中，须有收有放，有精神相挽处。王大令⑦ 之书，从无左右并头者。右军如凤翥鸾翔，似奇反正。米元章谓大年⑧《千文》，观其有偏侧之势，出二王外。此皆言布置不当平匀，当长短错综，疏密相间也。作书之法，在能放纵，又能攒捉⑨。每一字中失此两窍，便如昼夜独行，全是魔道⑩ 矣。

余尝题永师⑪《千文》后曰：“作书须提得笔起，自为起，自为结，不可信笔。后代人作书皆信笔耳。”信笔二字，最当玩味。吾所云须悬腕，须正锋者，皆为破信笔之病也。东坡书笔俱重落。米襄阳⑫ 谓之画字，此言有信笔处耳。

笔画中须直，不得轻易偏软。捉笔时须定宗旨，若泛泛涂抹，书道不成形象。用笔使人望而知其为某书，不嫌说定法也。作书最要泯没棱痕⑬，不使笔笔在纸素成板刻样。东坡作诗论书法云：“天真烂漫是吾师。”此一句丹髓⑭ 也。书道只在巧妙二字，拙⑮ 则直率而无化境矣。

颜平原屋漏痕，折钗股，谓欲藏锋。后人遂以墨猪当之，皆成偃笔，痴人前不得说梦。欲知屋漏痕，折钗股，于圆熟求之，未可朝执笔而暮合辙也。古人神气淋漓翰墨间，妙处在随意所如，自成体势，故为作者。字如算子，便不是书，谓说定法也。

予学书三十年，悟得书法，而不能实证者，在自起自倒、自收自束处耳。⑯过此关，即右军父子亦无奈何也。转左侧右，乃右军字势。所谓迹似奇而反正者，世人不能解也。

书家好观《阁帖》，此正是病。盖王著辈绝不识晋、唐人笔意，专得其形，故多正局。字须奇宕潇洒，时出新致，以奇为正，不主故常。此赵吴兴⑰所未尝梦见者，惟米痴能会其趣耳。今当以王僧虔、王徽之、陶隐居⑱、大令帖几种为宗，余俱不必学。

古人作书，必不作正局。盖以奇为正。此赵吴兴所以不入晋唐门室也。《兰亭》非不正，其纵宕用笔处，无迹可寻。若形模相似，转去转远。柳公权云"笔正"，⑲须善学柳下惠⑳者参之。余学书三十年，见此意耳。

字之巧处在用笔，尤在用墨。然非多见古人真迹，不足与语此窍也。发笔处便要提得笔起，不使其自偃，乃是千古不传语。盖用笔之难，难在遒劲，而遒劲非是怒笔木强㉑之谓，乃大力人通身是力，倒辄能起。此惟褚河南、虞永兴㉒行书得之。须悟后始肯㉓余言也。

用墨须使有润，不可使其枯燥。尤忌秾肥，㉔肥则大恶道也。作书须提得笔起，不可信笔。盖信笔则其波画皆无力。提得笔起，则一转一束处皆有主宰。转、束二字，书家妙诀也。今人只是笔作主，未尝运笔。书楷当以《黄庭》、《怀素》为宗，不可得，则宗《女史箴》。行书以米元章、颜鲁公为宗，草以《十七帖》为宗。

〔注释〕 ① 无垂不缩、无往不收：语出米芾。指运笔时，笔势有来必有往，有去必有回，有放必有收，有行必有止。米芾(1051—1107)，北宋书法家，画家，书画理论家。初名黻，后改芾，字元章，号襄阳居士、海岳山人等。祖籍太原。与苏轼、黄庭坚、蔡襄并称宋代四大书法家。 ② 无等等咒：般若波罗蜜多咒四名之一。此咒独绝无伦，故曰无等等咒。般若心经曰："故知般若波罗蜜多是大神咒……是无等等咒。”同略疏曰：“四独绝无偈，名无等等咒。” ③ 集古字：博取古代书家的长处。米芾《海岳名言》：“人谓吾书为‘集古字’，盖取诸长处，总而成之”。 ④ 吴琚：字居父，号云鹤，汴人（今河南开封）。《宋史》有传。位少师，世称吴七郡王。书学米芾，有《碎锦帖》、《寿父帖》等传世。 ⑤ 黄华：王庭筠（1151—1202），金代书法家。字子端，河东（今山西永济）人。一作辽东人、熊岳人，又作益州人。米芾甥，自号黄华山人，又号黄华老子。书学米芾；樗寮：张即之（1186—1263），金代书法家。字温夫，号樗寮，历阳（今安徽和县）人。⑥ 虎儿：米友仁（1086—1155），一字尹仁，字元晖，小字虎儿，号海岳后人、懒拙道人。米芾之子。仕至工部侍郎，敷文阁直学士。工书，有父风。 ⑦ 王大令：即东晋书法家王献之（344—386），因其至中书令，故人亦称王大令。 ⑧ 大年：赵令穰，字大年。宋宗室。明陶宗仪《书史会要》云：“令穰游心《经》、《史》，戏弄翰墨，尤工草书。” ⑨ 攒捉：聚集。宋黄庭坚：“用笔不知擒纵，故字中无笔耳。字中有笔，如禅家句守有眼”。 ⑩ 魔道：又作魔罗道。指恶魔之行为，或恶魔之世界。楞严经卷六：纵有多智禅定现前，如不断淫，必落魔道。 ⑪ 永师：即智永，中国南朝陈、隋书法家。名法极。生卒年不详。会稽（今浙江绍兴）人，王羲之的七代孙。因习字刻苦，用废的笔埋起来像冢一样，故而有“退笔成冢”的故事。 ⑫ 米襄阳：米芾。 ⑬ 棱痕：生硬的用笔棱角。 ⑭ 丹髓：红色的骨髓，精华。 ⑮ 拙：笨拙、不灵活，用笔无变化。⑯ 自起自倒、自收自束：指用笔起倒、收束十分自然，达到得心应手的自由境地。 ⑰ 赵吴兴：即赵孟頫，字子昂，号雪松道人，又号水晶宫道人，湖州（浙江吴兴）人，故称。 ⑱ 陶隐居：即陶弘景（452—536），南朝梁书家。字通明，自号阳陶隐，又号华阳隐居，晚称华阳真逸，又曰华阳真人。丹阳秣陵（今江苏南京）人。善书，学钟繇、王羲之，书风淡雅。 ⑲ 笔正：唐穆宗曾问柳公权用笔的方法，柳公权说：“心正则笔正，乃可法矣。” ⑳ 柳下惠：春秋时晋国大夫，姓展，名获，字禽。因食邑柳下，谥惠，故称柳下惠。以善礼节著称。此处以柳公权言“笔正”与柳下惠善礼节喻书法中“奇”的变化，不应拘于临摹形似，要在心领神会。 ㉑ 怒笔木强：用笔怒张，以为雄强有力，却使笔画如木干僵直。米芾：“筋骨之说出于挪，世人但以怒张为筋骨，不知不怒张，自有筋骨焉。”米与董意相通。 ㉒ 褚河南：即褚遂良（596—658），字登善，钱塘（今浙江杭州市）人，一作阳翟（今河南禹县人）。高宗时封河南县公，进郡公，人称“褚河南”。初唐四大家之一；虞永兴：虞世南（558—638）初唐书法家。字伯施，越州余姚（今浙江余姚县）人。官至秘书监，封永兴县子，世称“虞永兴”。 ㉓ 肯：首肯、同意。 ㉔ 秾肥：秾，本意花木繁盛貌，后泛指盛美。此处与枯燥相对，指用墨丰肥过腻而乏骨力。

（张传友）

〔鉴赏〕 当西方世界经过文艺复兴，思想启蒙，大踏步迈入近代社会，不遗余力地在世界各地大肆扩张的时候，东方老大帝国却正从蒙古铁蹄蹂躏的百业凋敝中慢慢恢复。这种恢复性发展，如果能够获得思想领域革命性思潮的呼应，往往可以推动社会和文化在比较落后的经济条件下发生质的飞跃。可惜，随着朱明王朝的政治高压、宦官弄权，华夏文明全球领先的优势在慢慢丧失。作为文化精英的士大夫们或消极避祸流于清谈，或放纵性情趋于狂禅，或雅爱清玩附庸风雅，或放浪形骸逐于声色。表现在文艺领域，正如近代学者丁文隽的《书法精论》所言：“有明一代，操觚谈艺者，率皆剽窃摹拟，无何创制。”

此一时期的书风和画风基本相似，复古模拟占据主流，大多一意在古人遗翰墨迹中打转转，难能有大作为。他们不但不能上溯秦汉，追踪唐宋，而且书体集中于行楷，竞尚纤巧秀丽，形成自明至清毫无生气的“台阁体”、“馆阁体”，尚雅尚逸为其主要特点。《书林藻鉴》中说：“（明代）帖学大行，故明人类能行草，虽绝不知名者，亦有可观，简牍之美，几越唐宋。惟妍媚之极，易粘俗笔。可与入时，未可与议古。”当文化和国运丧失了汉唐的雄强豪迈，拒绝了两宋的开明繁华，书法也就远离了晋人风韵、盛唐法度、宋人意趣，只能在浓得化不开的往昔追忆中走向衰落、停滞。

即使如明代书法第一人董其昌，天纵其才的他也算不上“创新派”。他“笔笔取法古人，有本有源”（郑歌平语）。然而客观上说，对明清两代乃至今日书法最具影响的，赵孟頫之后无过于董其昌者。

董其昌不同时期的书风清晰地体现出他学书境界的推进。即：从颜真卿《多宝塔》入手，后改学虞世南。在此过程中，他逐渐感觉唐人法度森严，不若魏晋风韵高古，于是上追钟、王。仅经三年便书法精进，已不把当时书坛巨擘文徵明、祝枝山等人放在眼里。殆及中年致力于米芾，同时吸取李邕、杨凝式、徐浩等各家之长。后在嘉兴遇到大收藏家项元汴，得以饱览其家藏的书画真迹。在南京时有幸一睹王羲之《官奴帖》，对右军笔法又多了几分真切的体会。晚年回归颜真卿。

可以说，他成熟时期的书法融合了晋人之韵，唐人之法，宋人之意，而又有自己面目，笔画圆劲秀逸，平淡古朴，布局闲适疏朗。尽管他以为自己的小楷不如行草古朴、秀逸、漂亮。这是与他学书能够超迈唐人，力学钟繇、王羲之有关的。但即使单论小楷的成就，也已经远远超过文徵明了。比之于宋元以来书坛领袖赵孟頫，他也自觉毫不逊色，并认为“赵书因熟得俗态，吾书因生得秀色。赵书无弗作意，吾书往往率意；当吾作意，赵书亦输一筹”。

赵孟頫的“熟”、“俗”，特别是他的“千字一同”，工整谨饬，本是中国畅神适意的文人书大忌。纵观历代书法之所以成为艺术，能够肯定书家的心灵寄托和自由精神，表现出书家彼时彼地的情绪状态，是最为根本的理由。他书法的“秀气”，其中所展现的性情意趣，是赵书所缺乏的；对于古人的学习临摹，董其昌较之赵孟頫更为用力。值得注意的是，同是临帖，董其昌不同于时人之处在于，他能够在摹拟中加入自己的体悟、情感，与前人取得了深度的共鸣。换言之，临书而不死临，学书而不为前人所拘牵，是他能够卓然于明清两代的原因。

另外，他批评赵孟頫的书法，除了表明自己众所周知的某种政治立场，在书法层面也是对宋人“尚意”的否定。宋人“尚意”实是崇理，是对以程朱为代表的理学的一种不由自主的向往。理学本身既是援佛入儒，从宇宙、天地、生命终极层面的哲学思索，同时代表一种立足伦理的道德理性。董其昌标榜自己作书“率意”，从思想的维度言是对程朱理学的悖逆。从而，他的书法与阳明心学在打开心性、性灵的向度上达到了默契。这种“率意”最突出的表现就是他的书法创作和墨法论。

关于墨法，他说：字之巧处在用笔，尤在用墨。用墨润，不可枯燥，忌秾肥。

比照董其昌的书作，我们会注意到这一明显的特点，即墨色层次变化丰富，起笔、收束处似乎不经意间透出文人的逸趣。这与董以书法用笔的使转、用墨的浓淡干湿表现山川树石、烟云水雾，所呈现出带有文人气息的情韵和幽雅的意境有异曲同工之妙。所谓书画同源，不但指两者本源上的指物象形之同，笔墨纸砚工具、材料之同，还包括两者在笔墨、意象上的相互借鉴、相互影响。表现在亦书亦画的董其昌身上，这种共同性尤显得突出。

在书法史上，引人注目的是他就不同时代书风审美特征准确概括。即：

晋人书取韵，唐人书取法，宋人书取意。

这是历史上第一次用韵、法、意三个概念划定晋、唐、宋中国书法发展三大巅峰时期的审美取向。对此后书家研习、临摹、把握名家书法，对鉴者从整体上认识、体会不同时期的书风特征起着引导、提升作用。至此，晋人尚韵，唐人尚法，宋人尚意，成为后世定论。在晋唐宋之间，董其昌尤为心仪晋人的古澹、自然的风韵，他主张以唐人法度为入晋人堂奥的途径。他常常讲：

晋、宋人书，但以风流胜，不为无法，而妙处不在法。至唐人始专以法为蹊径，而尽态极研矣。

晋唐无态，学唐乃能入晋。晋诗如其书，虽陶元亮之古澹，阮嗣宗之后爽，在书法中无虞、褚可当，以其无门也。因为唐人诗及之。

唐书是建立在法度谨严基础上可以言说的尽善尽美，而晋书那种毫无雕琢痕迹的天真自然之美，善在何处，美在哪里，似乎都如盐在水中般神化无痕。这种美才是中国书法艺术、书法审美的至高境界。而赵孟頫的局限在于，他虽然意识到宋人以“意”作书的弊病，但在透过唐人直追晋人的魄力和才气上，窒碍了他一超而入晋人的可能。但是我们也要看到，董其昌虽然天才地意识到唐、宋书法的境界未足之处，但他坦承自己的“懒”、忙于应酬，不如赵孟頫的勤奋、专意，其本人也未能“追踪晋”，甚至不如后者能够超越宋人，未能真正进入二王、钟繇、张芝的世界。

他的《画禅室随笔》,第二卷以论画为主,第一卷主要论书,笔法论占了相当的篇幅。他结合自己的创作经验和禅学修养,提出了极富辩证思想的"以奇为正"命题。《随笔》中说:

奇非狂怪、正非拘泥。

在他之前,二王、赵孟𫖯、文徵明的书法笔墨,亦称陈陈相因,被奉为不可改变、不能怀疑的圭臬,导致明代书法和诗文领域一样,几无生气的馆阁体盛行。早年、中年的董其昌针对这种情况,强调笔锋、笔势、笔意、起笔收束等具体用笔的方法,学习唐人笔法而又能加入自己的独到心得:

予学书三十年,悟得书法,而不能实证者,在自起自倒、自收自束处耳。过此关,即右军父子亦无奈何也。转左侧右,乃右军字势。所谓迹似奇而反正者,世人不能解也。

世人所不能解处,是他打破宋人以意运笔的不切实用,而找到了学书先须"笔作主",心随笔运这一门径。具体而言,是他以晋书的自然古朴为鹄的,注重"似奇实正"和"以奇为正"的表现方法;结字、字形有疏有密,能收能放,在变化中求得均衡,"时出新致"。平时应把晋唐人结字"一一录出,时常参取"。反对位置均匀、章法整饬、状如算子的结体;点画线条不可如宋人率意、信笔,应遒劲而丰润;运笔贵在提按自如,饱墨切忌重按,按则秾肥臃肿。选帖草书宜以《十七帖》为宗,临帖多"以意背临",多领会其"精神流露处"。

由于董其昌书画上的造诣,《画禅室随笔》中以南北宗论画的方法,加上他的才气和权势,使得他成为赵孟𫖯之以至今天的书画重镇。《明史·文苑传》中记述,他在世时"(私人)造请无虚日,尺素短笺,流布人间,争购宝之","名闻外国"。明末书评家何三畏称赞董书:

天真烂漫,结构森然,往往有书不尽笔,笔不尽意者,龙蛇云物,飞动腕指间,此书家最上乘也。

在赵孟𫖯妩媚、圆熟的"松雪体"称雄书坛数百年后,董其昌以其生秀雅逸的风格,直追晋唐的气度,成为当时正宗。在清代,康熙还曾为他的书法题跋,更使得董书风靡一时。

清代书家王文治的《论书绝句》也把董其昌推举到和颜真卿并列的地位。直到咸丰时,随着碑学压倒帖学,情况才发生了变化。对他的批评,以包世臣、康有为最为激烈,如包世臣说他行笔"空怯"。

确实董书的“生”、“秀”，延续了宋人偏于女性化的妍媚、秀逸，与魏晋钟繇、张芝、二王的书法相比，缺少了一种生机勃勃的朝气，一种跃跃欲动的生气，一种旁若无人的大气。

造化弄人，造化成人。在以文人书、文人画占据中国艺术主流的历史境遇中，无疑董其昌是一座难以超越的巅峰。有人说他的书论“已触到华夏美学的真谛”，其实明清之际华夏美学已在酝酿着嬗变，董其昌敢于冲破赵孟頫的牢笼，以其书论上的卓见，书作上的成就，推动着、催化着华夏美学的真“谛”焕发新生。

（张传友）

明夷待访录·原君　　黄宗羲

有生之初，人各自私也，人各自利也；天下有公利而莫或兴之，有公害而莫或除之。有人者出，不以一己之利为利，而使天下受其利，不以一己之害为害，而使天下释其害；此其人之勤劳必千万于天下之人。夫以千万倍之勤劳而己又不享其利，必非天下之人情所欲居也。故古之人君，去之而不欲入者，许由、务光①是也；入而又去之者，尧、舜是也；初不欲入而不得去者，禹是也。岂古之人有所异哉？好逸恶劳，亦犹夫人之情也。

后之为人君者不然，以为天下利害之权皆出于我，我以天下之利尽归于己，以天下之害尽归于人，亦无不可；使天下之人不敢自私，不敢自利，以我之大私为天下之大公。始而渐②焉，久而安焉，视天下为莫大之产业，传之子孙，享受无穷；汉高帝所谓“某业所就孰与仲多”③者。其逐利之情，不觉溢之于辞矣。此无他，古者以天下为主，君为客，凡君之所毕世④而经营者，为天下也。今也以君为主，以天下为客，凡天下之无地而得安宁者，为君也。是以其未得之也，屠毒⑤天下之肝脑⑥，离散天下之子女，以博我一人之产业，曾不惨然。曰：“我固为子孙创业也。”其既得之也，敲剥天下之骨髓，离散天下之子女，以奉我一人之淫乐，视为当然，曰：“此我产业之花息⑦也。”然则为天下之大害者，君而已矣。向使无君，人各得自私也，人各得自利也。呜呼，岂设君之道固如是乎！

古者天下之人爱戴其君，比之如父，拟之如天，诚不为过也。今也天下之人怨恶其君，视之如寇仇⑧，名之为独夫⑨，固其所也。而小儒规规焉⑩以君臣之义无所逃于天地之间，至桀纣之暴，犹谓汤、武不当诛之，而妄传伯夷、叔齐无稽之事，使兆人万姓崩溃之血肉，曾不异夫腐鼠⑪。岂天下之大，于兆人万姓之中，独私其一人一姓乎！是故武王圣人也，孟子之言圣人之言也；后世之君，欲以如天如父之空名禁人之窥伺者，皆不便于其言，至废孟子而不立⑫，非导源于小儒乎！

虽然，使后之为君者果能保此产业，传之无穷，亦无怪乎其私之也。既以产业视之，人之欲得产业，谁不如我；摄缄縢⑬，固扃𫔎⑭，一人之智力不能胜天下欲得之者之众，远者数世，近者及身，其血肉之崩溃在其子孙矣。昔人愿世世无生帝王家，而毅宗⑮之语公主，亦曰“若何为生我家”！痛哉斯言！回思创业时，其欲得天下之心，有不废然摧沮⑯者乎！是故明乎为君之职分，则唐、虞之世，人人能让，许由、务光非绝尘⑰也。不明乎为君之职分，则市井之间，人人可欲，许由、务光所以旷后世而不闻也。然君之职分难明，以俄顷⑱淫乐不易无穷之悲，虽愚者亦明之矣。

〔注释〕 ① 许由、务光：相传尧想将天下传给许由，汤想把天下让给务光，他俩都不接受，所以称为去之而不欲入。 ② 渐：一点一点地进行。 ③ 某业所就孰与仲多：语见《史记·高祖本纪》。即“我所成就的家业，与二哥比谁多？”当初，刘邦的父亲认为刘邦是无赖，不如其二哥刘仲能干活。刘邦得天下之后，以此话问其父亲。这里，刘邦把天下作为自己的家业。 ④ 毕世：一生。 ⑤ 屠毒：宰割、残害百姓。 ⑥ 肝脑：使百姓肝脑涂地。意指给百姓带来惨烈的痛苦。 ⑦ 花息：利息。 ⑧ 寇仇：强盗，仇敌。 ⑨ 独夫：指残暴无道、众叛亲离的统治者。语出《孟子》。 ⑩ 规规焉：浅陋拘泥、小心谨慎的样子。 ⑪ 腐鼠：腐臭了的死老鼠。喻最不值钱之物，语出《庄子》。 ⑫ 至废孟子而不立：明太祖朱元璋读到《孟子》“民为贵，君为轻”一章，下令毁孔子庙中孟子的牌位；他在洪武二十三年、二十七年两次下诏修订《孟子》，书中凡含有民主思想的章节全部删去。 ⑬ 摄缄縢(téng)：摄，扎紧；缄、縢，均是捆扎箱子的绳索。 ⑭ 固扃(jiōng)𫔎(jué)：扃，门闩，𫔎，锁钥，两句的意思都是为了防人入室开箱盗物。但是遇到大盗,他会连箱子一起搬走。比喻统治者为维护统治设立了许多法律,但也不可能永远保住天下。 ⑮ 毅宗:明崇祯帝朱由检。李自成进入北京时,毅宗挥剑杀其女儿,曰:汝奈何生我家? ⑯ 摧沮:沮丧。 ⑰ 绝尘:超脱尘俗。 ⑱ 俄顷:短暂。 (储玲玲)

〔鉴赏〕《明夷待访录》是明清之际伟大思想家黄宗羲写作的一部脍炙人口的政治哲学名著。

《明夷待访录》的初稿(后被称为《留书》)一卷八篇,写于清顺治十年(1653年),时值作者参与的浙东抗清斗争失败之后。作者自称写书目的是要总结历代“治乱之故”,为后人治国而留言。时隔十年,即康熙二年(1663年),作者进一步探究“治乱之故”而“条具为治大法”,在原稿基础上扩充为二卷二十六篇,定名《明夷待访录》。后来刊刻时,其弟子又剔除其中有强烈反清内容的五篇另行抄录而刊行了一卷二十一篇本的《明夷待访录》(即今传本)。

在《明夷待访录》中,黄宗羲把批判矛头指向了秦、汉以来统治中国的整个君主专制制度,从政治、经济、法律、军事、教育、文化等各个方面提出了有民主启蒙思想倾向的政治大纲,从而奠定了黄宗羲作为“伟大启蒙思想家”的历史地位。

《原君》篇是《明夷待访录》之首篇,也是最富批判性的一篇。作者以古今对比的手法表现其托古改制的政治态度,严厉批判了“天下君有”的君主专制制度的弊害,阐明了“天下(人民)为主,君为客”的民主思想主张。全文可分三个部分去赏析:

一是赞美古代(主要指尧舜禹三代)之治世,提倡“天下为公”、“君为民”的公利主义的“服务”思想。作者认为,自私自利是人之本性,好逸恶劳是人之常情,但天下(社会、人民)是有公利需要兴、有公害需要除的,这就需有人出来领导民众兴利除害。这种领导者(即“人君”)勤劳无私,其职责是为天下人民兴利除害,其典范就是古代的尧、舜、禹。他们使天下人民“受其利,释其害”,所以得到了人民的拥护与爱戴。

二是批判“三代”以后之乱世及其根源——君主专制制度,提出了反专制主义的“君害”论思想。作者认为,三代而下(自春秋至清朝两千多年)的中国社会都处在“一乱之运”、“有乱无治”(见《明夷待访录·题辞》),而造成这种乱局的根本原因是后之人君“以我(君)之大私为天下之大公”,视天下为可以“传之子孙,受享无穷”的私产。他们在未得天下以前,不惜荼毒天下、离散人民而残酷争战,既得天下之后,则“敲剥天下之骨髓,离散天下之子女,以奉我一人之淫乐”,残酷剥削和压迫人民。所以,作者的结论是:“为天下之大害者,君而已矣。”这是对两千年封建社会的君主专制制度的根本否定。

三是揭示出君与民的责权关系，提出了具有民主主义倾向的“天下为主，君为客”的思想。作者认为，古代理想社会的君民关系是“天下为主，君为客，凡君之所毕世而经营者，为天下也”。这里的“天下”即指民众（人民），“主”即主体，是主宰者，是权力的来源；“客”即客体，是为主体服务者。君的天职是毕生为天下人民兴利除害，而非“以为天下利害之权皆出于我……以我之大私为天下之大公”。

虽然，黄宗羲在本篇及《明夷待访录》全书中还没有“民为主”、“主权在民”这样的语言文字，但在其“君害”论和“天下为主，君为客”的思想中已经隐含着“民为主宰”、“利害之权皆出于民”的思想。其实，在中国思想史上，最早提出类似“主权在民”的“民主”思想的人是与黄宗羲几乎同时同地区的明末绍兴文人张岱，张在所著《四书遇·孟子·丘民章》中阐述孟子“民贵君轻”主张时说：“予夺之权，自民主之，非‘贵’而何？”这与黄宗羲的“天下为主君为客”的思想主张有异曲同工之妙，可见，“伸张民权、抑制君权”的思想在当时有蔚为思潮之势。所以，侯外庐先生在所著《中国早期启蒙思想史》中高度评价《明夷待访录》说：“此书类似《人权宣言》，尤以《原君》、《原臣》、《原法》诸篇明显地表现出民主主义思想。”这一评价是相当中肯的。

（吴　光）

明夷待访录·原臣　　黄宗羲

有人焉，视于无形，听于无声，以事其君，可谓之臣乎？曰：否！杀其身以事其君，可谓之臣乎？曰：否！夫视于无形，听于无声，资于事父也；杀其身者，无私之极则也。而犹不足以当①之，则臣道如何而后可？曰：缘夫天下之大，非一人之所能治，而分治之以群工。故我之出而仕也，为天下，非为君也；为万民，非为一姓也。吾以天下万民起见，非其道，即君以形声强我，未之敢从也，况于无形无声乎！非其道，即立身于其朝，未之敢许也，况于杀其身乎！不然，而以君之一身一姓起见，君有无形无声之嗜欲②，吾从而视之听之，此宦官宫妾之心也；君为己死而为己亡，吾从而死之亡之，此其私昵③者之事也。是乃臣不臣之辨也。

世之为臣者昧④于此义，以谓臣为君而设者也。君分吾以天下而后治之，君授吾以人民而后牧⑤之，视天下人民为人君橐⑥中之私物。今以四方之劳扰，民生之憔悴，足以危吾君也，不得不讲治之牧之之术。苟无系于社稷之存亡，则四方之劳扰，民生之憔悴，虽有诚臣，亦以为纤芥⑦之疾也。夫古之为臣者，于此乎，于彼乎？

盖天下之治乱，不在一姓之兴亡，而在万民之忧乐。是故桀、纣之亡，乃所以为治也；秦政、蒙古之兴，乃所以为乱也；晋、宋、齐、梁之兴亡，无与于治乱者也。为臣者轻视斯民之水火，即能辅君而兴，从君而亡，其于臣道固未尝不背也。夫治天下犹曳⑧大木然，前者唱邪⑨，后者唱许⑩。君与臣，共曳木之人也，若手不执绋⑪，足不履地，曳木者唯娱笑于曳木者之前，从曳木者以为良，而曳木之职荒⑫矣。

嗟乎！后世骄君自恣⑬，不以天下万民为事。其所求乎草野⑭者，不过欲得奔走服役之人。乃使草野之应于上者，亦不出夫奔走服役，一时免于寒饿，遂感在上之知遇⑮，不复计其礼之备与不备，跻⑯之仆妾之间而以为当然。万历初，神宗之待张居正，其礼稍优，此于古之师傅未能百一。当时论者骇然⑰居正之受无人臣礼。夫居正之罪，正坐不能以师傅自待，听指使于仆妾，而责之反是，何也？是则耳目浸淫⑱于流俗之所谓臣者以为鹄⑲矣！又岂知臣之与君，名异而实同耶？

或曰：臣不与子并称乎？曰：非也。父子一气，子分父之身而为身。故孝子虽异身，而能日近其气，久之无不通矣；不孝之子，分身而后，日远日疏，久之而气不相似矣。君臣之名，从天下而有之者也。吾无天下之责，则吾在君为路人。出而仕于君也，不以天下为事，则君之仆妾也；以天下为事，则君之师友也。夫然，谓之臣，其名累变。夫父子固不可变者也。

〔注释〕 ① 当：担当、承受。 ② 嗜欲：嗜好与欲望。 ③ 私暱：同“私昵”，亲近爱幸的人。

④ 昧:不明。 ⑤ 牧:统治。 ⑥ 橐(tuó):盛物的袋子。 ⑦ 纤芥:细微。 ⑧ 曳:拖,牵引。 ⑨ 唱邪:劳动时发出呼声。唱,长声高呼。 ⑩ 唱许:回应的答声。 ⑪ 执绋(fú):执,拉;绋,原意为大麻索,可译为绳子。 ⑫ 荒:废弃、弃置。 ⑬ 自恣:自我放任、为所欲为。 ⑭ 草野:指民间。 ⑮ 知遇:赏识宠遇。 ⑯ 跻:登、升。 ⑰ 骇然:诧异的样子。 ⑱ 浸淫:渐次接近。 ⑲ 鹄(gǔ):目的、目标。"臣者以为鹄",即受到帝王礼遇,是臣下追求的目标。

（张　静）

〔鉴赏〕 明朝灭亡之后,黄宗羲总结了经验教训,思想上有了较大的变化,对专制主义的政体极其痛恨,因此特别富于民主思想的色彩。他写下了一系列文章,对封建的君主专制主义进行批判,其中《原臣》一文是其重要的组成部分。

该文在《原君》批判封建君主专制政体的基础上,进一步展开论述。如果说《原君》是从君主角度来分析专制政体弊病的话,那么《原臣》则是从臣道的角度出发,对封建专制主义政体进行了深刻的批判。黄宗羲反对君主把天下作为私有财产,强调"公天下"的重要性,他批判了那些盲从君主而不以"天下为事"的臣子,批判了传统的"君为臣纲"的专制主义伦理与奴化思想。

《原臣》大致可分为五个部分。文章首段分析"臣道",开篇便将封建专制政体下的那些对君主专制行径"视于无形,视于无声",甚至"杀其身以事其君"的所谓"臣节"罗列出来,强调这并非是为臣之道。因为"天下之大,非一人之所能治",臣下出仕是"为天下,非为君也;为万民,非为一姓也"。因此,盲从君主而毫无见解,屈从帝王而毫无建树,"君有无形无声之嗜欲,吾从而视之听之",这便是"不臣",并未真正遵从臣道。

第二部分进一步指出臣子的这种所作所为,是"臣为君而设"。因为在专制主义政体之下,君主分设臣下,是基于"视天下人民为人君橐中之私物"的观念。君主把天下当成"私物",必然将导致四方劳扰,民生憔悴,从而使国家衰亡。

第三部分则从"天下治乱,不在一姓之间,而在万民之忧乐"这一根本理论出发,以夏桀、商纣、秦王朝等国家的兴衰作例证,分析了君臣关系。黄宗羲认为:为臣之道,若"轻视斯民之水火",即使"辅君而兴,从君而亡",仍然是违背真正的"臣道"。在黄宗羲看来,治理国家就像拉大木一样,君与臣便是一起拉大木之人,如果"手不执绋,足不履地",那么治国之职守便荒而不理。从这一叙述中,我们可以看出黄宗羲初步具备了那种君臣是为百姓服务的民主主义思想。这在当时乃至此后的相当长的一段时间内,仍是一种极为进步的观点。

第四部分分析为何会出现臣下盲从君主的情况。黄宗羲认为,那些"骄君"并不为天下万民考虑,为了满足自己的私欲,他们只想得到那些肯为自己"奔走服役之人”，而那些为了自己“一时免于寒饿”的士大夫，则对君主感恩戴德，自以为受到“恩遇”，因此只求效忠于帝王一人，而不顾万民死亡。黄宗羲揭露了这些甚至处于“仆妾之间而以为当然”的臣子们的可恶嘴脸。在黄宗羲看来，在“以天下万民为事”的前提下，君臣“名异而实同”，并非主人与“仆妾”关系。

文章最后对传统的君臣、父子关系作了对比分析。按照封建专制主义的制度，君君臣臣、父父子子是万世不变的纲常，君臣关系与父子关系只是在“国”与在“家”的区别。黄宗羲对这种君臣如同父子的说法进行了批判。他认为君臣关系并非是父子关系，因为父子之间有血缘关系，“子分父之身而为身”，君臣之间并无血缘关系。况且君臣之名是因为有“天下(国家)”而存在的，因此，如果没有治理国家的责任，那么我对国君如同路人。至于为官之人，也必然以“天下为事”，那么这种关系是“师友”关系，否则臣下便成为“君之仆妾”，两者关系成为主仆关系了。在黄宗羲看来，君臣关系是经常改变的，而父子关系是永远不可改变的。

显然，《原臣》一文思想深刻，对封建专制政体进行了极其尖锐的批判，具有启蒙思想色彩。文章观点鲜明，逻辑性很强，文字相当流畅，不失为一篇极有价值的佳作。

(汤勤福)

明夷待访录·原法　　黄宗羲

三代以上有法，三代以下无法。何以言之？二帝[①]、三王[②]知天下之不可无养也，为之授田以耕之；知天下之不可无衣也，为之授地以桑麻之；知天下之不可无教也，为之学校以兴之；为之婚姻之礼以防其淫；为之卒乘之赋[③]以防乱；此三代以上之法也，固未尝为一己而立也。后之人主，既得天下，唯恐其祚命[④]之不长也，子孙之不能保有也，思患于未然以为之法。然而其所谓法者，一家之法而非天下之法也。是故秦变封建而为郡县，以郡县得私于我也；汉建庶孽[⑤]，以其可以藩屏[⑥]于我也；宋解方镇[⑦]之兵，以方镇不利于我也；此其法何曾有一毫为天下之心哉，而亦可谓之法乎？

三代之法，藏天下于天下[⑧]者也；山泽之利不必其尽取，刑赏之权不疑其旁落[⑨]，贵不在朝廷也，贱不在草莽也。在后世方议其法之疏，而天下之人不见上之可欲，不见下之可恶，法愈疏而乱愈不作，所谓无法之法也。后世之法，藏天下于筐箧⑩者也；利不欲其遗于下，福必欲其敛于上；用一人焉则疑其自私，而又用一人以制其私；行一事焉则虑其可欺，而又设一事以防其欺。天下之人共知其筐箧之所在，吾亦鳃鳃然⑪日唯筐箧之是虞⑫，故其法不得不密，法愈密而天下之乱即生法之中，所谓非法之法也。

论者谓一代有一代之法，子孙以法祖为孝。夫非法之法，前王不胜其利欲之私以创之，后王或不胜利欲之私以坏之；坏之者固足以害天下，其创之者亦未始非害天下者也。乃必欲周旋于此胶彼漆⑬之中以博⑭宪章之余名，此俗儒之剿说⑮也。即论者谓天下之治乱不系于法之存亡。夫古今之变，至秦而一尽，至元而一尽，经此二尽之后，古圣王之所恻隐爱人而经营者荡然无具，苟非为之远思深览，一一通变，以复井田、封建、学校、卒乘之旧，虽小小更革，生民之戚戚终无已时也。即论者谓有治人无治法，吾以谓有治法而后有治人。自非法之法桎梏⑯天下人之手足，即有能治之人，终不胜其牵挽⑰嫌疑之顾盼；有所设施，亦就其分之所得，安于苟简⑱，而不能有度外⑲之功名。使先王之法而在，莫不有法外之意存乎其间；其人是也，则可以无不行之意；其人非也，亦不至深刻罗网，反害天下。故曰有治法而后有治人。

〔注释〕 ① 二帝：尧舜。 ② 三王：夏禹、商汤、周文王。 ③ 卒乘之赋：征集士兵和战车。卒乘，泛指军队。 ④ 祚命：上天所赐的福运。此处特指君主统治天下的时间长短。 ⑤ 庶孽：原指妃妾所生的子女，此指西汉初年分封同姓王。汉初为了保卫皇室，大封同姓王，但导致吴楚七国之乱。 ⑥ 藩屏：保卫。 ⑦ 方镇：镇守一方，集政权、财权、军权于一身的军事长官。宋代解除方镇之权，是中央集权的措施之一。 ⑧ 藏天下于天下：即公天下。 ⑨ 旁落：落在别人手。 ⑩ 藏天下于筐箧：即私天下。筐、箧，均是盛物的竹器。 ⑪ 鳃鳃然：恐惧的样子。⑫ 虞：担心。 ⑬ 此胶彼漆：胶漆均是有黏性的物质。此胶彼漆喻拘泥于祖宗的成法，不知变通。 ⑭ 博：获取。 ⑮ 剿说：抄袭别人的言论为己说。 ⑯ 桎梏：束缚。 ⑰ 牵挽：牵制。⑱ 苟简：草率而简略。 ⑲ 度外：法度之外。

（储玲玲）

〔鉴赏〕 过去，在人们的印象中，传统的中国是人治的社会，古代中国虽然有成文的律法，但几乎没有产生民主法制的思想，对法理进行阐述的著作更是寥若晨星。然而，明末清初的思想家黄宗羲，却以他惊世骇俗的《原法》一文，把法的本意建立在民本、公天下的基础之上，在中国政治、法制思想史上占据了十分重要的地位。

《原法》是反映黄宗羲政治理想的著作《明夷待访录》中的一篇，是关于法制本质问题的专论。黄宗羲在提出了《原君》、《原臣》论之后，就提出了《原法》，对法的本义追根溯源，由此论及了法制的本质的几个重大问题。

首先，黄宗羲揭示了法的由来和基础。他提出夏商周三代以上有法，而三代以下却无法。尧舜二帝和禹、汤、文王、武王，知天下人民需要养家糊口，便授给人民田地；知天下人民需要教育，便兴办学校；知天下人民需要有秩序的生活，便设立婚姻制度以防淫乱，建立军事力量以保卫国家的安宁。因此，三代以上是有法的，其特征为“藏天下于天下”，“未尝为一己而立”，即公天下，可称之为“天下之法”。由于三代之法“藏天下于天下”，因而“山泽之利不必其尽取，刑赏之权不疑其旁落，贵不在朝廷也，贱不在草莽也”，故被后世之人讥评为“其法之疏”。然而，“法愈疏而乱愈不作，所谓无法之法也”。夏商周三代以后，“后之人主，既得天下，唯恐其祚命之不长也，子孙之不能保有也，思患于未然以为之法”，特征为“藏天下于筐”即私天下，可称之为“一家之法”。后世之法“利不欲其遗于下，福必欲其敛于上；用一人焉则疑其自私，而又用一人以制其私；行一事焉则虑其可欺，而后设一事以防其欺。天下之人共知其筐箧之所在，吾亦鳃鳃然日唯筐箧之是虞，故其法不得不密，法愈密而天下之乱即生于法之中，所谓非法之法也”。这就是说，法的根由是“需要”，但需要有两种截然不同的性质，一是天下之公的需要，一是一家之私的需要。法制的基础应当是立天下之法，以民为贵、天下为公，而不应立一家之私法。立天下之法的话，法虽疏而乱不作，因而称为“无法之法”；立一家之法的话，法虽密而乱愈生，因而称“非法之法”。

其次，黄宗羲提出了应怎样继承和变更法制。他认为，虽然说一代有一代之法，但不必以法古为是，因为夏商周三代以下的法都是“非法之法”，无论是创立者还是改造者，都是以自己的私利为目的，其结果都是“害天下”的。黄宗羲认为，过去的非法之法，后人不必遵循。如果要有所变更，也要看是出于公心还是出于私利，否则，无论是谨守祖法还是变更祖法，都一样是毫无意义的。关键在于充分了解设立法制的本意，为天下立法。不为天下立法，只作一些无关痛痒的小的变更,要想以这样的方式来治理社会弊病、解除民生的困苦,是不切实际的“俗儒”之说。

再次,黄宗羲讨论了“治人”与“治法”的关系。当时,有人提出“有治人无治法”的观点,即认为只有依靠杰出的人物才能实施法制。黄宗羲针锋相对地提出“有治法而后有治人”的观点。他认为,非法之法桎梏着人们的手脚,即便有能治之人,也不免受非法之法的限制和牵累,更不能有“度外之功”,即不能超越非法之法的局限而伸张正义。反之,如果有“治法”的存在,那么,统治老百姓的当权者如果是个杰出人物,就能够更好地执行法律,伸张正义。而一旦统治者是个不正直或能力低下的人,由于“治法”的存在,这个统治者也就会受到法的约束,以免对社会造成极大的危害。

最后,特别值得注意的是黄宗羲还提出了“法外之意”之说。他认为,除了法制以外,“莫不有法外之意存乎其间”,也就是有与立天下之大公的法的精神、法制的本质相一致的道德成为社会的规范,在法律不完备的时候,人们可以按“法外之意”的社会道德规范人们的行为。这正是夏商周三代无法之法能够达到法虽疏而乱不作的原因,也是有治法而后有治人的原因。

黄宗羲在《原法》中提出的上述观点直到今天仍然是具有启发和借鉴意义的。

(戢斗勇)

日知录·正始(天下兴亡,匹夫有责)　　顾炎武

亡国,有亡天下。亡国与亡天下奚辨?曰:易姓改号谓之亡国,仁义充塞而至于率兽食人①,人将相食,谓之亡天下。

魏晋人之清谈②何以亡天下?是孟子所谓杨墨之言,至于使天下无父无君,而入禽兽者也③。昔者嵇绍之父康④,被杀于晋文王⑤,至武帝⑥革命之时,而山涛⑦荐之入仕,绍时屏居私门,欲辞不就。涛谓之曰:“为君思之久矣。天地四时犹有消息,而况于人乎?”⑧一时传诵以为明言,而不知其败义伤教,至于率天下而无父者也。夫绍之于晋,非其君也,忘其父而事其非君。当其未死三十余年之间,为无父之人,亦已久矣。而荡阴之死何足以赎其罪乎?且其入仕之初,岂知必有乘舆败绩之事,而可树其忠名,以盖于晚也。

自正始⑨以来而大义之不明,遍于天下。如山涛者,既为邪说之魁,遂使嵇绍之贤,且犯天下之不韪而不顾。夫邪正之说,不容两立,使谓绍为忠,则必谓王裒⑩为不忠而后可也。何怪其相率臣于刘聪⑪、石勒⑫,观其故主青衣行酒⑬而不以动其心者乎?是故知保天下,然后知保其国。保国者,其君其臣肉食者谋之⑭,保天下者,匹夫⑮之贱,与有责焉耳。　　(朱义禄)

〔注释〕 ① 率兽食人:出自《孟子·梁惠王上》。带着野兽来吃人。比喻统治者虐害人民。 ② 清谈:亦称清言、玄谈。魏晋时期流行的一种远离世事、崇尚虚无、空谈名理的风气。代表人物是何晏、王弼、郭象、王衍等。 ③"孟子所谓杨墨之言……入禽兽者也":孟子以为,杨朱与墨子的学说,一个崇尚"为我",一个宣扬"兼爱",使天下人目无父母,目无君上。这是用邪说来愚弄百姓,仁义的道路阻塞了,人就堕落为禽兽了。 ④ 嵇绍之父康:嵇康(225—264),三国魏哲学家、文学家。与阮籍、山涛、向秀等作"竹林之游",世称"竹林七贤"。早孤,有奇才。与曹操宗室通婚,官至中散大夫,世称嵇中散。好老庄哲学,"非汤武而薄周孔",不满司马氏集团执政。抨击时政,遭钟会构陷,以言论放荡的罪名为司马昭所杀。著作有《嵇康集》传世。 ⑤ 晋文王(211—265):司马昭,司马懿之子。魏大将军,专国政,日夜谋划代魏。魏帝曹髦曾说:"司马昭之心,路人皆知。"后杀曹髦,立曹奂为帝。自称晋公,后为晋王。 ⑥ 武帝:指晋武帝(236—290),即司马炎。晋朝的建立者。在位时,加强门阀制度,生活荒淫。死后不久,晋王朝就陷入分裂混战的局面。 ⑦ 山涛(205—283):字巨源。好老庄,与嵇康、阮籍等人交游,为"竹林七贤"之一。任吏部尚书,选用官吏,掌用人大权,欲引嵇康为吏部侍郎,为嵇康所拒。嵇康为此与山涛绝交,留下著名的《与山巨源绝交书》。 ⑧ 天地四时,犹有消息,而况于人乎:语出《世说新语·政事》。天地间春夏秋冬四季,尚有一消一长互为更替,更何况人生短暂的一世。 ⑨ 正始:魏齐王曹芳年号(240—249)。 ⑩ 王裒:据《晋书·王裒传》记载,其父王仪为晋文帝司马昭所杀,"痛父非命,未尝西向而坐,示不臣朝廷也"。多才多艺,生性正直。屡拒朝廷的征召。西晋覆灭,他的亲人都渡长江移居江东。作为孝子的王裒,依恋父母坟墓不肯离去,后为贼人杀害。 ⑪ 刘聪(?—318):十六国时期汉国国君。公元310—318年在位。派刘曜率兵攻破洛阳、长安,俘晋怀、愍二帝。在位穷兵黩武,沉溺酒色,激起各族人民的反抗。 ⑫ 石勒(274—333):十六国时期后赵的建立者。公元319年自称赵王建立政权,史称后赵。建都襄国(今河北邢台)。319—333年在位。 ⑬ 青衣行酒:永嘉五年(公元311年),刘曜攻破洛阳,晋怀帝司马被俘到平阳(今山西临汾西南)。刘聪在宴会中叫他穿着青衣,充当仆人,为客人斟酒。随从的晋大臣悲愤号哭,因此被害。 ⑭ 肉食者:语出《左传·庄公十年》中"曹刿论战",意为当权者。 ⑮ 匹夫:平民,庶人。《韩非子·有度》:"刑过不避大夫,赏善不遗匹夫。"

〔鉴赏〕 "天下兴亡,匹夫有责",这一为炎黄子孙常挂在嘴边的口头禅,原意是顾炎武在《日知录·正始》中提出的。意为民族兴亡的大事,每一个老百姓都有义不容辞的责任。

顾炎武学问很渊博,读过他的代表作《日知录》,都会有这样的感受。《日知录》涉及领域极广,政治、经济、军事、教育、哲学、历史、法律、伦理、文学、艺术、语言文字、风俗习惯、天文地理、典章制度,无所不包。在对文献和现实作了调查研究后,进行排比归纳,用专题写出来,既有充足的事实,又有作者独到的见识。《日知录》是笔记形式的史学著作,共十二卷,是他花了三十多年心血写成的。书不分门目,但编次有先后,略以类从。他著书的原则有两个,一是讲述前人没有的新见解,二是认为后世之不可无而详论之。《日知录》一书,为顾炎武一生精力贯注的结晶所在,他自称"平生之志与业皆在其中"(《亭林文集》卷三《与友人论门人书》)。

"天下兴亡,匹夫有责"结论,是从西晋史实中提炼出来的。竹林七贤之一的嵇康,为晋文帝司马昭所杀害,临死前托孤于山涛,且前留下《家诫》一文,文中希望儿子不要效法他,告诫儿子要坚守志向,心口相应,言行一致。结尾语是:"若临朝做官,临义让生,若孔文举求代兄死,此忠臣烈士之节也。"孔文举就是孔融,他代兄死的事情发生在东汉末年。士人张俭在阉党擅权时,毁了宦官侯览的家园,上疏弹劾侯览,请汉桓帝下令诛之。侯览反诬张俭私结朋党,张俭出逃。士人重其言行,往往破家相容。张俭与孔融兄孔褒有旧交,就躲到孔褒处,后事泄。张俭得脱走而孔融、孔褒弟兄二人被捕。孔融将包庇罪揽到自己身上。嵇康临死前强调"忠臣烈士之节",是要出自内心的自觉而非外在的仿效。这与他"越名教而任自然"的主张相背。嵇康内心是很矛盾。他不满司马氏集团,打着以"孝治天下"的名教大肆屠杀政敌;而对自己理想中的名教,却是很执著的。

后嵇绍为晋惠帝血战而死。许或是山涛记得嵇康之嘱,把嵇绍推荐给晋惠帝,嵇绍出任为秘书丞。成都王司马颖反叛,晋惠帝率兵讨伐。双方激战于荡阴一带,在紧要关头,百官与待从皆四散溃逃,惟独嵇绍不顾自身安危,"以身捍卫,兵交辇御,飞箭雨集"(《晋书·嵇绍传》)。嵇绍倒在血泊中,晋惠帝幸免于难。大约是嵇绍不忘"忠臣烈士之节"的父训吧!王裒之父王仪,遭晋文帝无端杀害,王裒表示不在西晋朝廷为臣,"三征七辟皆不就",后为盗贼所杀害(《晋书·王裒传》)。二人同怀父仇,但嵇绍弃之脑后,拼却性命救了晋惠帝,王裒则屡屡拒绝了晋惠帝的征召。顾炎武以为,嵇绍属于"肉食者"之列,是为了保卫西晋这一小朝廷而捐躯的,属于"保国"的范围。顾炎武说:"夫邪正之说,不容两立。使谓绍为忠,则必谓王裒为不忠而后可也。"对嵇绍来说,晋国君并非他的国君,但他忘却父亲被弑之仇,而"事其非君"。他活在世上的三十多年之间,作为无父母之人已经很久了,在荡阴的效忠又如何能赎回他的罪过呢?

顾炎武断言,自曹魏正始以来,大义不明已遍及天下。像山涛之流就是异端邪说的祸首,让嵇绍去冒天下之大不韪而无所顾忌。邪和正的评价是不可并行不悖。假如断定嵇绍是忠,那么就一定确认王裒是不忠才可以。否则如何能责怪那些晋代旧臣,相继去侍奉刘聪、石勒,眼看着他的故主晋怀帝身穿青衣贱服,为人行酒而无动于衷呢?从顾炎武反问中可知,他是褒扬王裒而看轻嵇绍的。于是顾炎武断言:“保国者,其君、其臣,肉食者谋之;保天下者,匹夫之贱,与有责焉耳矣。”

顾炎武对“国”与“天下”作了严格的区别。他认为,“亡国”只是改姓换朝的事情,是关系到统治者利益的。无非是调个皇帝,换个年号。“保国”是“肉食者”们的事情,是帝王及大臣们谋划的事。“肉食者”出于《左传·庄公十年》。那年春天齐军攻鲁,鲁庄公准备迎战。曹刿请求进见。他的同乡人说:“吃肉的人在那里谋划,你去掺和什么?”曹刿说:“吃肉的人鄙陋不通,他们是不能作长远考虑的。”“肉食者”,是指不能为百姓利益作长远考虑的在位者。“天下兴亡”就不同了,它关系到整个民族生死存亡的大事,每个百姓都有责任去关心。“肉食者”是比不上“匹夫”的,“匹夫”是把“天下人”的“生民利病”,一直置于“心”中的:“梦中之心,觉时之心也;匹夫之心,天下人之心也。今将暂别贵地,民生利病望悉以见教。”(《亭林文集》卷四《与人书七》)“匹夫”就是在梦中,也要念念不忘自身对民族兴亡所负的责任感。尽管这种责任感是产生在明清鼎革之际,是汉民族遭到少数民族入侵所蒙受的灾难这一特定条件下产生的,但它并未给人们以时过境迁的感受,而是烙在了炎黄子孙心坎里的。比体现他思想特色的“博学于文”与“行己有耻”相统一的主张,更易为后世人们所接受。

作为在现实生活的人,自其成年后就有社会责任了。这个责任是由人的社会本质决定的。社会责任感是在人与人的交往中,是人与社会、民族、国家的联系中产生的。人作为社会的一员,客观上都处于一定的关系中,扮演一定的角色。如教师有教书育人的责任、家长对子女有监护的责任、个人对民族的兴亡有责任等。这是由角色的定性决定了的。“天下兴亡,匹夫有责”,是建立在个人主体对民族的社会责任感之上的。责任感不仅是一种生理上的情感,更主要的是它是一种有力地推动人们干预社会现实生活的情感,是崇高的理想在主体意识中的基石。用顾炎武的话来说,就是“今日拯斯人于涂炭,为万世开太平,此吾辈之任也。仁以为己任,死而后已”(《亭林文集》卷三《病起与蓟门当事书》)。

对“亡国”与“亡天下”、“保国”与“保天下”的根本区别所持的这一精到的见解，后被梁启超概括为“天下兴亡，匹夫有责”这一名言而广为流传。梁启超以为，要雪“国耻”的关键在于“我辈之自新”。如何达到“自新”呢？“我勿问他人，问我而已。斯乃真顾亭林所谓天下兴亡，匹夫有责也。”（《饮冰室合集》文集之三十三《痛定罪言》）顾炎武的著作众多，但他对炎黄子孙影响最大、流传最久远，当为“天下兴亡，匹夫有责”了。在21世纪的今天，它已成为每一个有志于中华腾飞的热血青年与志士仁人的习惯语。 （朱义禄）

日知录·郡县论一 顾炎武

知封建之所以变而为郡县，则知郡县之弊而将复变。然则将复变而为封建乎？曰，不能。有圣人起，寓封建之意于郡县之中，而天下治矣。

盖自汉以下之人，莫不谓秦以孤立①而亡，不知秦之亡，不封建亡，封建亦亡。而封建之废，固自周衰之日而不自于秦也。封建之废，非一日之故也，虽圣人起，亦将变而为郡县。方今郡县之弊已极，而无圣人出焉，尚一一仍其故事，此民生之所以日贫，中国之所以日弱而益趋于乱也。何则？封建之失，其专②在下，郡县之失，其专在上。古之圣人，以公心待天下之人，胙③之土而封之国。今之君人者，尽四海之内为我郡县犹不足也，人人而疑之，事事而制之，科条文簿④日多于一日，而又设之监司，设之督抚，以为如此，守令不得以残害其民矣。不知有司之官，凛凛焉救过之不给，以得代为幸，而无肯为其民兴一日之利者，民乌⑤得而不穷，国乌得而不弱？率此不变，虽千百年，而吾知其与乱同事，日甚一日者矣。

然则尊令长之秩，而予之以生财治人之权，罢监司之任，设世官⑥之奖，行辟属⑦之法，所谓寓封建之意于郡县之中，而二千年以来之弊可以复振。后之君苟欲厚民生，强国势，则必用吾言矣。

〔注释〕 ① 孤立：孤立无援，指秦行郡县而不分封。 ② 专：专断、专横。 ③ 胙（zuò）：赐予。 ④ 科条文簿：即各种规章制度。 ⑤ 乌：怎么。 ⑥ 世官：古代官职由一族一姓世代相

袭,故称世官。 ⑦ 辟属:辟,任用;属,属吏。　　(汤勤福)

〔**鉴赏**〕 顾炎武字宁人,时人称之亭林先生,是明清之际著名的思想家,卓越的历史学家,著述极为丰富。顾炎武年轻时曾参加复社,明亡之后曾投入反清的武装斗争中。他在学术上很有造诣,思想敏锐,观点鲜明。他曾作读书札记《日知录》,以"明道"、"救世"为宗旨,该书集中体现了作者的学术政治思想。《郡县论一》是其中的一篇名文,表现其对历史发展规律的探讨,极有价值。

文章开头便提出"知封建之所以变而为郡县,则知郡县之弊而将复变"的观点,实际上这是顾炎武对历史发展规律的探讨。在这里,他指出无论哪种制度,它的变化发展是本身之"弊"(即内在矛盾)而导致的,分封制走向自己的对立面,也是它内在矛盾发展的必然结果,从而使它产生"质"的变化,从而成为郡县制。显然,顾炎武没有以僵化的观点来看待一种制度,而是比较辩证地观察它。应该说,这是有一定价值的。他断然否定了循环论,认为郡县制不可能再回复到封建制去,在此基础上提出了自己的观点,即郡县制的内在矛盾的发展、变化的必然结果是"寓封建之意于郡县之中",如此便能达到"天下大治"。

接着,他指出自汉代以来人们都认为秦亡是由于没有实行分封制而导致的观点是错误的,认为秦"不封建亡,封建亦亡"。他指出分封制度实际在周末已经衰微并走向灭亡,并非是秦王朝所废。而且,这种制度的衰微并"非一日之故",而是一个长期积累的必然结果。在顾炎武看来,秦朝废分封制是顺应历史潮流的,因为"虽圣人起,亦将变而为郡县",即实行郡县制是历史发展的必然要求。应该说,这种观点具有历史主义的眼光,很有参考价值。

顾炎武进一步分析了明末郡县制的弊病。他认为,当时郡县制之弊已经达到极点,然而并没有出现能够挽救世道衰微的"圣人",人们仍然沿袭这种弊病日益明显的制度而不加改变,这必然导致"民生之所以日贫,中国之所以日弱而益趋于乱"。他说:"封建之失,其专在下;郡县之失,其失在上",而"今之君人者,尽四海之内为我郡县犹不足也",指出了封建帝王将国家作为自己私有财产的封建制度的根本弊病。这一议论是针对自宋代起而至明末的过分集权的弊病、视国家为己产而发的,并非主张分封反对统一,因为顾炎武已经明确指出郡县制不可能变回到分封制。

在文章最后一段中,顾炎武提出自己改革的设想,认为要给予地方官员"生财治人之权",罢免那些"监司","设世官之奖,行辟属之法",这就是所谓"寓封建之意于郡县之中”，如此便可革除“二千年以来之弊”而复振社会。他十分自信地说，要是后世帝王想“厚民生，强国势”，一定会采纳他的建议的。

客观地说，当时封建社会虽然已经日落西山，并非完全腐朽而一发不可收拾，它仍然具有自行调节功能，然而改革是必然的、必需的。因此，顾炎武的观点在当时的历史条件下，仍属于有一定积极价值的观点。

全文逻辑结构严密，观点鲜明而具有特色，不失为一篇分析封建制度弊病的佳作。

（汤勤福）

与友人论学书 顾炎武

比往来南北，颇承友朋推一日之长①，问道于盲②。

窃叹夫百余年以来之为学者，往往言心言性，而茫乎不得其解也。命与仁，夫子之所罕言也；性与天道，子贡之所未得闻也。性命之理，著③之《易传》，未尝数以语人。其答问士也，则曰“行己有耻”；其为学，则曰“好古敏求”；其与门弟子言，举尧、舜相传所谓危微精一④之说一切不道，而但曰“允执其中，四海困穷，天禄永终⑤”。呜呼！圣人之所以为学者，何其平易而可循也，故曰“下学而上达”。颜子之几乎圣⑥也，犹曰“博我以文”，其告哀公也，明善之功，先之以博学。自曾子而下，笃实无若子夏，而其言仁也，则曰“博学而笃志，切问而近思”。今之君子则不然，聚宾客门人之学者数十百人，“譬诸草木，区以别矣”，而一皆与之言心言性。舍多学而识⑦，以求一贯⑧之方，置四海之困穷不言，而终日讲危微精一之说。是必其道之高于夫子，而其门弟子之贤于子贡，祧⑨东鲁而直接二帝之心传者也，我弗敢知也。

《孟子》一书，言心言性，亦谆谆矣，乃至万章、公孙丑、陈代、陈臻、周霄、彭更之所问，与孟子之所答者，常在乎出处、去就、辞受、取与之间。以伊尹之元圣⑩，尧舜其君其民之盛德大功，而其本乃在乎千驷一介⑪之不视不取。伯夷、伊尹之不同于孔子也，而其同者，则以“行一不义，杀一不辜，而得天下不为”。是故性也，命也，天也，夫子之所罕言，而今之君子之所恒言也；出处、去就、辞受、取与之辨，孔子、孟子之所恒言，而今之君子所罕言也。谓忠与清之未至于仁，而不知不忠与清而可以言仁者，未之有也；谓不忮不求⑫之不足以尽道；而不知终身于忮且求而可以言道者，未之有也，我弗敢知也。

愚所谓圣人之道者如之何？曰“博学于文”，曰“行己有耻”。自一身以至于天下国家，皆学之事也；自子臣弟友以至出入、往来、辞受、取与之间，皆有耻之事也。耻之于人大矣，不耻恶衣恶食，而耻匹夫匹妇之不被其泽，故曰“万物皆备于我矣，反身而诚”。

呜呼，士不先言耻，则为无本之人；非好古而多闻，则为空虚之学。以无本之人，而讲空虚之学，吾见其日从事于圣人而去之弥远也。虽然，非愚之所敢言也，且以区区之见，私诸同志而求启予⑬。

〔**注释**〕 ① 一日之长：意为年龄稍大一些。 ② 问道于盲：自谦辞，意为别人向自己问学，犹如向盲人问路。 ③ 著：标举。 ④ 危微精一：即《伪古文尚书》中《大禹谟》的“人心惟危，道心惟微，惟精惟一，允执厥中”，此为理学家的至理名言，被称为“十六字心传”。 ⑤ 允执其中，四海困穷，天禄永终：此为尧戒舜为君之言。意为统治者不关心民众困苦，就不能保持永久禄位。允，信；困，极；永，长。 ⑥ 几乎圣：差一点达到圣人的地步。 ⑦ 多学而识：博学而有识见。 ⑧ 一贯：贯通。 ⑨ 祧（tiāo）：原意为祭祀。 ⑩ 元圣：大圣人。 ⑪ 千驷一介：形容众多之中的极少一点。 ⑫ 不忮不求：不嫉妒不贪求。 ⑬ 启予：启发我。 （汤勤福）

〔**鉴赏**〕 顾炎武的《与友人论学书》是一篇批判理学的重要文章。

这篇文章中，顾炎武特别强调“博学于文”、“行己有耻”两个重要观点，从全文论述的侧重来说，大致可分为五段。

第一段是给友人回信时的自谦之语，并无深意。

第二段便直接进入问题的关键，即指出“百余年以来”的学者对“心性”问题“茫乎不得其解”。在顾炎武看来，明代理学家与孔子之学大不相同。孔子教人，不谈性命天道而强调“行己有耻”，要求学者“好古敏求”，不说“危微精一”而强调“允执其中，四海困穷，天禄永终”，这就是孔子平易实用的“下学上达”工夫。同时，顾炎武还列举颜子、曾子、子夏等人都“博学而笃志，切问而近思”。显然，“博学于文”并非只是片面追求所谓的书本知识，其关键在于施用切于实际。这一观点无疑是有一定价值的。然后，顾炎武批判了明代理学家“舍多学而识，以求一贯之方，置四海之困穷而不言，而终日讲危微精一之说”的不切实际、不关心时政的空疏无用学问。他嘲笑明代这些理学家以为如此便可以“祧东鲁而直接二帝之心传”，其实是自欺欺人的把戏。实际上，顾炎武另在《与施愚山书》中明确指出：“古之所谓理学”是经学，“今之所谓理学”实际便是“禅学”，正是这一问题的注脚。

第三段侧重谈孟子言心性与明代理学家谈的心性之间的差异。顾炎武指出，孟子言心性在于“出入、往来、辞受、取与之间”。在他看来，伊尹、尧、舜之类具有“元德”“盛德大功”的圣人，“其本乃在乎千驷一介之不视不取”、不行不义、不杀无辜而得天下。顾炎武认为，宋明理学家不讨论“出入、往来、辞受、取与”，而专门讨论“忠与清”是否为仁、“不忮不求”是否尽道，实际是不切实用的无稽之谈。其实，宋代朱熹、明代王世贞、刘宗周都讨论过“忠与清”是否为仁、宋代朱熹、戴溪、明代刘宗周都讨论过“不忮不求”是否可以言道的问题，显然，顾炎武的矛头所指是十分明确的。在他看来，“不忠与清而可以言仁”、“终身于忮且求而可以言道”是自古“未之有”的，是不必讨论的问题，因为这根本不涉及“圣人之道”。

那么“圣人之道”如何呢？顾炎武在第四段中便回答了这一问题。他以为，“圣人之道”是在于“博学于文”和“行己有耻”。博学于文要求切于实际，防止浮华无根之谈；“行己有耻”，即“自一身以至于天下国家”的事，是“自子臣弟友以至出入、往来、辞受、取与之间，皆有耻之事也”。在他看来，这种“行己有耻”的“耻”字，并不是耻“恶衣恶食”，而是耻“匹夫匹妇之不被其泽”。显然，他从对百姓有无利益的民本主义高度来认识学者的品德行为，其实也就是更看重学者品德行为的社会性这一层面，而不看重伦理性这一层面。这种观点确实是有一定价值的。

最后一段是总结。顾炎武认为“士不先言耻”，便是“无本之人”；“非好古而多闻”，则是“空虚之学”。如果是“无本之人”来讲谈“空虚之学”，那么离开“圣人之道”就实在太远了。

全文一气呵成，逻辑性强而说理透彻，这对当时空疏而不切实际的理学无疑是一记当头棒喝！

（汤勤福）

物理小识·自序

方以智

盈①天地间皆物也。人受其中以生②,生寓于身,身寓于世。所见所用,无非事也;事一物也。圣人制器利用以安其生③,因④表理⑤以治其心。器固物也,心一物⑥也。深而言性命,性命一物也。通观天地,天地一物也。推而至于不可知⑦,转以可知者⑧摄⑨之,以费知隐⑩,重玄一实⑪,是物物神⑫神之深幾⑬也。寂感⑭之蕴,深究其所自来,是曰通幾⑮。物有其故,实考究之,大而元会⑯,小而草木螽蠕⑰,类其性情,征其好恶,推其常变,是曰质测⑱;质测即藏通幾⑲者也。有竟扫⑳质测而冒举通幾,以显其宥密㉑之神者,其流遗物㉒。谁是合外内㉓、贯一多㉔而神明者乎!万历年间,远西学入㉕,详于质测而拙于言通幾。然智士推之,彼之质测,犹未备也。儒者守宰理㉖而已。圣人通神明,类万物,藏之于《易》。呼吸《图》策㉗,端幾㉘至精,历、律、医、占,皆可引触㉙,学者几能研极㉚之乎?智何人斯,敢曰通知,顾自小而好比,因虚舟㉛师《物理所》,随闻随决,随时录之,以俟后日之会通云耳;且以自娱。岁在昭易汁洽㉜日至箕三㉝,浮山愚者㉞记。

〔注释〕 ① 盈:满。 ② 人受其中以生:《左传·成公十三年》:"民受天地之中以生。"孔颖达疏:"天地之中,谓中和之气也。" ③ 圣人制器利用以安其生:语本《周易·系辞上》:"备物致用,立成器以为天下利,莫大乎圣人。" ④ 因:凭借。 ⑤ 表理:揭示事物的道理。 ⑥ 心一物也:方以智认为心即一物,还认为心具有认识能力。 ⑦ 不可知:指抽象的道理。 ⑧ 可知者:指有形的事物。 ⑨ 摄:统摄、包括。 ⑩ 以费知隐:费指具体的事物;隐指隐藏在事物中的道理。此句的意思是从研究具体的事物出发而求得事物之理。 ⑪ 重玄一实:重玄,即玄之又玄。此句是说一切看来十分玄虚的道理,都是从实际事物中产生出来的。 ⑫ 神:《周易·系辞》"变化不测之谓神"。 ⑬ 深幾:穷尽未形之事之理称为深,事物运动变化之际称为幾。⑭ 寂感:《易·系辞上》"寂然不动,感而遂通天下之故"。 ⑮ 通幾:指贯通一切事物的内在道理,相当于现在的哲学。 ⑯ 元会:指世界。 ⑰ 螽蠕:小虫。 ⑱ 质测:观察事物的形质,即现在所说的自然科学和应用科学。 ⑲ 藏通幾:即哲学蕴藏在科学之中。 ⑳ 竟扫:排除。㉑ 宥密:宏大深密。 ㉒ 遗物:离开具体事物而空谈理论。 ㉓ 合外内:语本《礼记·中庸》:"成己,仁也;成物,知也,性之德也,合内外之道也,故时措之宜也。"合外内,就是要成己成物。㉔ 贯一多:通幾之学为一;质测之学为多;贯,贯通。 ㉕ 远西学入:指明神宗万历年间西方传教士利玛窦等来到中国,把西洋的天文、地理和数学等自然科学传到中国。 ㉖ 宰理:指研究社会政治、教育、伦理的理论。 ㉗ 呼吸《图》策:呼吸,反复深入研究。《图》指《河图》;《书》指《洛书》;策指卦策。 ㉘ 端幾:事物精微深刻的道理。 ㉙ 引触:引申出深奥的道理并触类旁通。 ㉚ 研极:钻研穷究。 ㉛ 虚舟:即王宣,号虚舟子,方以智的老师,《物理所》是其著作。 ㉜ 昭易汁洽:据《尔雅·释天》,昭易、汁洽为癸、未。癸未即明崇祯十六年(1643 年)。 ㉝ 日至箕三:指太阳运行到和箕宿第三星同一经度,当为阳历十二月二十七日前后。 ㉞ 浮山愚者:方以智自称。

(储玲玲)

〔鉴赏〕 明末清初,是我国思想、学术又一个群星灿烂的时代。伴随着明王朝土崩瓦解之势,在统治中国思想界长达六个世纪的理学体系内部,孕育出一批自我批判的智能之士。方以智便是其中杰出的一员,被誉为“中国的百科全书派”代表,而《物理小识》便是其代表作之一。该书十二卷,共分天地、人身、医药、器用以至方术、异事等十五门。虽然只有约十万字,却花了作者三十余年心血。《四库提要》称此书说:“张华、赞宁所撰,但言兙制生化之性,而此则推阐其所以然……细大兼收,因亦又以资博识而利民用。”此书的中心思想,集中体现在作者的《自序》之中。

《自序》开宗明义提出了“盈天地间皆物也”的命题,认为天地以及天地之间的人和一切现象,自费(有形象的)至隐(无形象的),无非事物。这一判断,表明了方以智在宇宙观上的唯物论立场。

基于这一立场,方以智在“自序”中进一步提出了自然科学与哲学联盟的“质测通幾”论。他说:“寂感之蕴,深究其所自来,是曰通幾;物有其故,实考究之,大而元、会,小而草木、螽蠕,类其性情,征其好恶,推其常变,是曰质测。”其所谓质测,是考究悠久广大、无所不包的客观物质世界。大至于亘古以来的人类社会的发生发展史,小至于一草一木,昆虫、菌类,都是研究对象,其内容是鉴定性质,评论优劣,把握规律,相当于今天所说的物理实证科学或称自然科学。通幾则是深究天地万物动静变化的“至理”,“幾”是指天地万物变化的内在根据或必然性。它是事物内部矛盾开始发生转化即由静到动的一种微妙状况,所谓“权之始也,变之端也”。通幾就是揭示这种变化的固有的因果联系,相当于今天我们所说的哲学、形上学。换言之,质测是考究物之理、物之当然,通幾则是把握物之所以然。前者是后者的基础和前提,“质测即藏通幾”;而后者则泳涵了前者的本质与规律,“通幾护质测之穷”。二者相辅相成,因而不可执此废彼。这种质测通幾的辩证关系论,否定了那种“扫质测而冒举通幾”,脱离客观实际而凭主观想象去创造什么体系、规律的“遗物”倾向,强调了哲学认知论的自然科学基础以及哲学对自然科学的方法论意义。是方以智的一个重大理论贡献。

《自序》说:明万历以来,西学传入。西学只是凭着它较先进的实践和认识工具,“详于质测”,但于“通幾”却显得落后。正由于此,所以其“质测”之学也不算完善。这是方以智对西学的一分为二。这种观点有别于当时一些担心“以夷变夏”的思想僵化的保守派,也有别于一些认为“中不如洋”,主张全盘西化的崇洋媚外派。他自己不仅大量地阅读了当时翻译过来的西方科学著作,而且还教儿子从传教士学数学、物理学,对西方的神学则采取了拒绝的态度,对西学也是持两分法的态度,有选择地吸取。

方以智把世界上的知识分为三类。除了质测之学、通幾之学而外,便是宰理之学。宰理即是作宰、为官之道。他说“儒者惟守宰理”,对这种人,他颇不以为然。他说:“世所谓儒者,多有二病,穷理而不博学,闻道而不为善。……拘守苦难(名教),以尊礼法者,皆好名之徒,桎梏其至性为之者也。”(《稽古堂文集·旷达论》)而“汉儒解经,类多臆说,宋儒惟守宰理,至于考索物理时制,不达其实,半依前人”(《通雅·考古通说》)。批评他们只知株守为官之道,对于自然科学却一窍不通,只能鹦鹉学舌,这种批评可谓切于实际,入木三分,痛快淋漓!其在当时有着发聋振聩的启蒙作用。

方以智所崇奉的“圣人”与此类人相反,他们能“通神明,类万物”,从《易》的阴阳、中和、变化之道中去领会和把握世界万物发展变化的真正原因。方以智出身于四世研《易》之家,所受家学和塾师的《河》《洛》象数之说的影响很大。他的全部学说,都是建立在这一理论基础之上的。所谓“因邵、蔡为嚆矢,征《河》《洛》之通符,借远西为郯子,申禹、周之矩积”,都是归宗于《周易》。方以智认为,“周公,商高之方圆积矩,全本于《易》”(《曼寓草》卷下)而“物物神神之深幾”,都“藏之于《易》。呼吸图策,端幾至精,历律医占,皆可引触”。《易》不仅包容万有,而且“征天地之幾”,即“征其动静之显而阐其动静之幽”(《易余·三冒五衍》)。“显”,是指《河》《洛》图书象数;“隐”是指其蕴含的义理。也就是说,《易》就在于揭示事物动静变化的外在形式和内在根源。方以智认为,象数与义理,既是阐明易理的两种方法,同时又是太极功能的体现,只是表达方式不同罢了。一靠卦象符号展示,一靠语言文字阐述,在通幾中可以结合运用。不过,他于二者中更强调以象数法解“易”。他说:“象数正有无交轮之幾所寓于无言者也”,“此推理、质理,以象数征之盖信者也”(《东西均·象数》)。从而构成了他通幾之学的一大特色。直可以说,方以智在其家学基础上所构建的质测通幾之学,是自北宋以来,我国象数易学发展的代表性成果。黄宗羲说方以智“言河、洛之数,另出新意”(《思旧录·方以智》)。王夫之说:“密翁与其公子为质测之学,诚学思兼致之实功。”(《骚首问》)这些都是对方以智质测通幾之学的肯定。然以今天的科学发展而论,方氏之论仍包含了不少非科学的地方,这也正是哲学科学需要不断扬弃,从而不断发展的原因。

(罗　炽)

张子正蒙注·太和(节选)　王夫之

此章乃一篇之大指[①],贞[②]生死以尽人道,乃张子之绝学[③],发前圣之蕴[④],以辟佛,老而正人心者也。朱子以其言既聚而散,散而复聚,讥其为大轮回。而愚以为朱子之说反近于释氏灭尽之言,而与圣人之言异。孔子曰:“未知生,焉知死。”则生之散而为死,死之可复聚为生,其理一辙,明矣。《易》曰:“精气为物,游魂为变。”游魂者,魂之散而游于虚也,为变,则还以生变化明矣。又曰:“屈伸相感而利生焉。”伸之感而屈,生而死也;屈之感而伸,非既屈者因感而可复伸乎!又曰:“形而上者谓之道,形而下者谓之器。”形而上,即所谓清通而不可象[⑤]者也。器有成毁,而不可象者寓于器以起用,未尝成,亦不可毁,器敝而道未尝息也。以天运物象言之,春夏为生,为来,为伸,秋冬为杀,为往,为屈,而秋冬生气潜藏于地中,枝叶槁而根本固荣,则非秋冬之一消灭而更无余也。车薪之火,一烈已尽,而为焰,为烟,为烬,木者仍归木,水者仍归水,土者仍归土,特希微[⑥]而人不见尔。一甑[⑦]之炊,湿热之气,蓬蓬勃勃,必有所归;若奁盖[⑧]严密,则郁而不散。汞见火则飞,不知何往,而究归于地。有形者且然,况其絪缊[⑨]不可象者乎!未尝有辛勤岁月之积,一旦悉化为乌有,明矣。故曰往来,曰屈伸,曰聚散,曰幽明,而不曰生灭。生灭者,释氏之陋说也。傥如[⑩]散尽无余之说,则此太极浑沦[⑪]之内,何处为其翕受[⑫]消归之府乎?又云造化日新而不用其故,故此太虚之内,亦何从得此无尽之储,以终古趋于灭而不匮邪?

虚空者，气之量。气弥沦⑬无涯而希微不形，则人见虚空而不见气。凡虚空皆气也，聚则显，显则人谓之有，散则隐，隐则人谓之无。神化者，气之聚散不测之妙，然而有迹可见。性命者，气之健顺有常之理，主持神化而寓于神化之中，无迹可见。若其实，则理在气中，气无非理，气在空中，空无非气，通一而无二者也。其聚而出为人物则形，散而入于太虚则不形，抑必有所从来。盖阴阳者气之二体，动静者气之二几⑭，体同而用异则相感而动，动而成象则静，动静之几，聚散、出入、形不形之从来也。《易》之为道，乾、坤而已，乾六阳⑮以成健，坤六阴以成顺，而阴阳相摩，则生六子以生五十六卦⑯，皆动之不容已者，或聚或散，或出或入，错综变化，要以动静夫阴阳。而阴阳一太极之实体，唯其富有充满于虚空，故变化日新，而六十四卦之吉凶大业⑰生焉。阴阳之消长隐见不可测，而天地人物屈伸往来之故尽于此。知此者，尽《易》之蕴矣。

老氏以天地如橐籥⑱，动而生风，是虚能于无生有，变幻无穷，而气不鼓动，则无是有限矣。然则孰鼓其橐籥令生气乎？有无混一⑲者，可见谓之有，不可见遂谓之无，其实动静有时而阴阳常在，有无无异也。误解《太极图》者，谓太极未有阴阳，因动而始生阳，静而始生阴。不知动静所生之阴阳，为寒暑、润燥、男女之情质⑳，乃固有之蕴，其絪缊充满在动静之先。动静者即此阴阳之动静，动则阴变于阳，静则阳凝于阴，一震、巽、坎、离、艮、兑之生于乾、坤也。非动而后有阳，静而后有阴，本无二气，由动静而生，如老氏之说也。

虚必成实，实中有虚，一也。而来则实于此，虚于彼，往则虚于此，实于彼，其体分矣。止而行之，动动也；行而止之，静亦动也，一也。而动有动之用，静有静之质，其体分矣。聚者聚所散，散者散所聚，一也。而聚则显，散则微，其体分矣。清以为浊，浊固有清，一也。而清者通，浊者碍，其体分矣。使无一虚一实,一动一静,一聚一散,一清一浊,则可疑太虚之本无有,而何者为一？惟两端迭㉑用,遂成对立之象,于是可知所动所静,所聚所散,为虚为实,为清为浊,皆取给于太和絪缊之实体。一之体立,故两之用行;如水唯一体,则寒可为水,热可为汤,于冰汤之异,足知水之常体。

〔注释〕 ① 大指:主旨。 ② 贞:正。 ③ 绝学:造诣独到的学说。 ④ 蕴:深奥的含义。 ⑤ 象:具体形象。 ⑥ 希微:空寂玄妙。 ⑦ 甑:古时蒸饭用的瓦质烹饪器。 ⑧ 盦盖:覆盖。 ⑨ 絪缊:指天地阴阳二气交互作用时的虚无缥缈的状况。 ⑩ 傥如:假如。 ⑪ 浑沦:囫囵、整个儿。 ⑫ 翕(xī)受:吸收。翕,聚、合。 ⑬ 弥沦:包罗、统括。 ⑭ 几:隐微。指事物的迹象。 ⑮ 六阳:《周易》以六画成一卦,每画为一爻,爻分阴阳。乾卦六画均阳爻,是刚健的象征;坤卦六画均阴爻,是柔顺的象征。 ⑯ 六子以生五十六卦:阴爻阳爻迭成演成乾、坤两卦,乾坤两卦又产生出震、巽、坎、离、艮、兑六卦,所以叫六子。《周易》以乾为父,坤为母,震为长男,巽为长女,坎为中男,离为中女,艮为少男,兑为少女。八卦相互交错而产生五十六卦。 ⑰ 大业:天下的大事业。 ⑱ 橐籥:鼓风设备,即风箱。 ⑲ 混一:混同合一。 ⑳ 情质:实情与气质。按照气禀学说,人、物之生,禀气禀时,故生之时即禀受固定的先天情质。 ㉑ 迭:轮流。

(储玲玲)

〔鉴赏〕 《张子正蒙注》是明末清初思想家王夫之的主要哲学著作之一。他通过为北宋张载《正蒙》一书作注解的形式,继承和发展了张载的朴素辩证唯物主义思想和佛老唯心主义的批判精神。其中,《太和》篇列于《正蒙》之首,内容极其丰富,地位相当重要,是张载确立其朴素辩证唯物主义世界观的基础。经王夫之进一步引申发挥后,更是增色不少,从而把中国哲学元气本体论的思想推向了一个新高潮。纵观注文,以下几点十分精彩:

首先,王夫之明确强调宇宙是由元气构成的物质实体,并再次肯定了张载提出的“虚空即气”的命题。太和、太虚、太极、道等范畴,长期以来一直被中国传统哲学用来指称产生宇宙万物的本始,但它们究竟是物质性的还是精神性的,在不同时代不同哲学家那里向来有不同的解释。张载认为,太和是元气的絪缊未分状态。王夫之则更明确地指出,阴阳二气的和合是谓“太和”。“太和之中,有气有神,神者非他,二气清通之理也”。张载的一个杰出贡献是平息了中国哲学史上纷争不已的虚空与气的关系,提出:“知太虚即气,即无无”的命题。王夫之说得就更透彻,“阴阳二气充满太虚,此外更无物,亦无间隙。天之象,地之形,皆其范围也”,“凡虚空皆气也,聚则显,显则人谓之有;散之隐,隐则人谓之无”。整个世界除了气之外,更无他物,空间只不过是物质存在的一种基本形式。

其次,生动地证明了元气是永恒的不生不灭的,表达了物质既不能被创造,也不能被消灭的思想。王夫之举例说,木柴、水、汞这些物质经火燃烧后或"为烟"、"为烬"、蒸发、"见火则飞",实际上是转化成了其他东西。在自然界中一物减少了,他物则增多了。有形的东西是这样,细微无形的气更是如此。"傥如散尽无余之说,则此太极浑沦之内,何处为其翕受消归之府乎?又云造化日新而不用其故,则此太虚之内,亦何从得此无尽之储,以终古趋于灭而不匮邪?"这是说如果客观物质世界可以消灭,它消灭到什么地方去,总要有个归宿吧;说它能被创造出来,又从何处创造出来,以致宇宙间有无穷无尽的物质储存来供它源源不断地创造出来,消灭下去而永不枯竭呢?

再次,在继承发展张载"一物两体"辩证法思想的基础上,深刻阐述了事物的矛盾运动是物质的根本属性。张载认为,任何事物都有对立统一的两个方面,彼此相互依存又相互斗争,"两不立则一不可见,一不可见则两之用息"。王夫之对此进行了淋漓尽致的发挥,他指出对立面的统一不是简单的拼凑,而是一种有机的结合。"一之体立,故两之用行。""非有一,则无两也。"天地之化,人物、草木、鸟兽之生等,皆具阴阳二气。既无孤阳之物,亦无独阴之物。凡动静、升降、往来、屈伸、出入、聚散、显隐、生灭、刚柔、昼夜、寒暑之变,都是事物对立统一矛盾运动的具体表现,进而得出运动是绝对的,静止是相对的,运动是物质世界的永恒属性或存在方式的结论。

老子认为,天地就像一座冶铸铜铁的熔炉,里面原本空空如也,什么也没有,是一派虚、无、静寂的景象,不知是谁用"橐龠"向里面不断地鼓气生风,才产生了有形的万物。宋儒周敦颐的《太极图说》和朱熹的《太极图说解》则认为先有一个绝对不动的太极,由这太极产生动静,然后才有物质世界的阴阳对立和变化发展。"误解《太极图》者,谓太极本未有阴阳,因动而始生阳,静而始生阴。不知动静所生之阴阳,为寒暑、润燥、男女之情质,乃固有之蕴,其细缊充满在动静之先。动静者即此阴阳之动静……"王夫之批驳说,他们脱离物质讲动静,其实是在宣扬一种从无中生有,从虚中产生气的唯心主义世界观。

有无、动静、虚空和气的关系,一直是中国哲学史上争论不休的一些重要范畴和基本命题。自从在老子哲学中发轫后,经魏晋玄学、佛教、道教的推波助澜,到宋明理学那里,唯心主义的痕迹越来越浓。王夫之继承发扬了中国哲学的朴素辩证唯物主义的优良传统,再次深刻阐明世界是物质的世界,物质世界是不生不灭的,它按照自身固有的规律处于不断的运动之中,运动是物质世界的根本属性,运动的形式是多样的和相互转化的,阴阳二气的对立统一矛盾运动是事物变化发展的源泉和动力,世界上除了物质性的气以及由气的运动而产生的具体物质之外,什么也不存在,虚空只不过是物质运动存在的一种基本形式。这些观点颇有现代辩证唯物主义哲学的意蕴,从而达到了“辟佛、老而正人心”的目的。

此外,在认识论上王夫之也有一些真知灼见。譬如提出:“形也,神也,物也,三相遇而知觉乃发。”人的知觉和认识产生于感觉器官、心理活动和客观对象三方面条件的综合。

(邵祖新　董凌白)

周易外传·系辞上传第十二章(节选)　　王夫之

“谓之”者,从其谓而立之名也。“上下”者,初无定界,从乎所拟议①而施之谓也。然则上下无殊畛②,而道器无易体,明矣。天下惟器而已矣。道者器之道,器者不可谓之道之器也。

无其道,则无其器,人类③能言之。虽然,苟有其器矣,岂患无道哉?君子之所不知,而圣人知之;圣人之所不能,而匹夫匹妇能之。人或昧于其道者,其器不成,不成非无器也。

无其器则无其道,人鲜④能言之,而固其诚然者也。洪荒⑤无揖让⑥之道,唐、虞无吊伐⑦之道,汉、唐无今日之道,则今日无他年之道者多矣。未有弓矢而无射道,未有车马而无御道,未有牢醴璧币⑧、钟磬管弦而无礼乐之道。则未有子而无父道,未有弟而无兄道,道之可有而且无者多矣。故无其器则无其道,诚然之言也。而人特未之察耳。

〔注释〕 ① 拟议:揣度议论。 ② 殊畛:不同的界限。 ③ 类:大抵、大致。 ④ 鲜:少。 ⑤ 洪荒:混沌、蒙昧的状态。指远古时代。 ⑥ 揖让:即禅让,指尧、舜“禅让”帝位。 ⑦ 吊伐:即“吊民伐罪”,抚慰民众,讨伐有罪。 ⑧ 牢醴璧币:泛指各种礼仪制度。牢,祭祀使用猪牛羊三牲;醴,祭祀使用甜酒;璧,聘嫁使用玉璧;币,聘嫁使用钱币。

(储玲玲)

〔鉴赏〕 在西方,19世纪德国哲学家费尔巴哈,独居偏僻乡村构建哲学体系,成了近代唯物主义的杰出代表、德国古典哲学的“终结”者;在中国,18世纪哲学家王夫之,也是在明清交替之际起兵反清失败后,隐居乡村从事著述,人称船山先生,成为中国古代唯物主义的集大成者。而王夫之著作的哲理性、思辨性及其思想体系的宏大系统,又可以与黑格尔哲学相媲美。我们从王船山的《周易外传·系辞上传第十二章》,就可以领略到船山哲学的风采。

《系辞上传第十二章》是王夫之《周易外传》中的部分内容。中国的文化传统注重阐释经典的微言大义,以“我注六经”的方式达到“六经注我”的目的。《易经》是中国最为古老的经典,相传从孔子起就对《易经》进行了微言大义的注释,孔子读《易经》,作《十翼》,称《易传》,后人将《易经》与孔子的《易传》合并成书,即为《周易》。而《周易外传》,就是船山先生对《周易》思想的阐释和发挥,其中包含了许多王夫之的哲学观,是反映船山哲学思想的重要著作之一。由于《系辞上》在《周易》中本来就是重要的篇章,因而《系辞上传第十二章》也就成为《周易外传》的重要篇章,是治中国哲学史、思想史者的必读原著和史料。

从思想史、哲学史的角度读《系辞上传第十二章》,最主要的是了解王夫之的“道”、“器”观。“道”和“器”是中国哲学的范畴,二者的内涵及其关系大致相当于前者是事物的规律、本质,后者是事物有形有象的本身,犹如我们理解“哲学的物质概念”与“具体的物质”之间的联系和区别。王夫之在《系辞上传第十二章》中,阐释了《系辞上》的名句:“形而上者谓之道,形而下者谓之器”,树立了以“器”为本的唯物主义哲学观。他主要从以下两方面进行阐述。

一方面,王夫之从理论上辨析了道与器、形而上与形而下之间的关系,从而确立了以“器”为本的唯物主义观点。对道、器关系,船山先生认为:“天下惟器而已矣,道者器之道,器者不可谓之道之器也”,“无其器则无其道”,“故古之圣人能治器,而不能治道。治器者则谓之道。道得则谓之德。器成则谓之行。器用之广,则谓之变通。器效之著,则谓之事业”。对形而上、形而下的关系,船山先生认为:“形而上者,非无形之谓。既有形矣,有形而后有形而上。无形之上,恒古今,通万变,穷天穷地,穷人穷物,皆所未有者也”。形而上与形而下“统之乎一形”,“无形无下”,“无形无上”。因此,孟子所说“惟圣人然后可以践形”,是“践其下,非践其上也”;《尚书》的“正德、利用、厚生”,也是重“器”、重“形”。显然,王夫之的哲学主张属于典型的朴素唯物主义。

另一方面,王夫之通过对以往唯心主义哲学思潮的批判,进一步明确了他的重“器”、重“形”的唯物主义观点。他反驳老子的“道在虚”,认为“虚亦器之虚也”。他反驳佛教的“道在寂”,提出“寂亦器之寂也”。他批评王弼的“筌非鱼,蹄非兔”,指出“两器不相为通,故可以相致而可以相舍”,我们不能把因果联系偷换成取舍关系。他批评玄学家的“得言忘象,得意忘言”,认为这种观点固然可以克服虞翻象数易学的囿于象数而不知易理的弊端,但却忽视了"器"、"形",因而"于道则逾远矣"。

船山先生在《系辞上传第十二章》中突出的重"器"、重"形"的唯物主义哲学观,是明清"实学"思潮的哲学本体论的概括和总结。宋明理学空谈心性,一直遭到理学内部以罗钦顺为代表的"气"唯物主义者的批判,形成提倡实际、实行、实践、实效的"实学"思潮。明清李代桃僵之际,一些知识分子将明亡的原因归结为宋明以来的理学特别是心学的空谈误国,要求在思想上一扫程朱理学和阳明后学的枯寂之弊,实学思潮达到高潮。船山先生,就是这一时期实学思潮的代表人物。如果说,我们当今所提倡的"实事求是"、"不惟书,不惟上,只惟实"与明清实学思潮有着源流关系的话,那么,我们学习王夫之的《系辞上传第十二章》,领会船山先生重"器"、重"形"的唯物主义哲学精神,无疑是极有教益的。(戢斗勇)

读通鉴论·秦始皇

王夫之

两端争胜,而徒为无益之论者,辨封建者是也。郡县之制,垂二千年而弗能改矣,合古今上下皆安之,势之所趋,岂非理而能然①哉?天之使人必有君②也,莫之为③而为之④。故其始也,各推其德之长⑤人、功之及人者而奉⑥之,因而尤⑦有所推⑧以天子。人非不欲自贵,而必有奉以为尊,人之公也。安于其位者习于其道,因而有世及⑨之理,虽愚且暴,犹贤于草野之罔据⑩者。如是者数千年而安之矣。虽弱相噬而尽失其故⑪,至于战国,仅存者无几,岂能役⑫九州而听命于此数诸侯王哉?于是分国而为郡县,择人以尹⑬之。郡县之法,已在秦先。秦之所灭者六国耳,非尽灭三代之所封也。则分之为郡,分之为县,俾⑭才可长民者⑮皆居民上以尽其才,而治民之纪⑯,亦何为而非天下之公乎?

古者诸侯世国,而后大夫缘⑰之以世官,势所必滥也。士之子恒⑱为士,农之子恒为农,而天之生才也无择,则士有顽⑲而农有秀⑳;秀不能终屈于顽,而相乘以兴㉑,又势所必激也。封建毁而选举行,守令席㉒诸侯之权刺史牧督司方伯之任,虽有元德㉓显功㉔，而无所庇其不令㉕之子孙。势相激而理随以易，意者㉖岂天乎！阴阳不能偏用，而仁义相资㉗以为亨利㉘，虽圣人岂能违哉！选举之不慎而守令残民，世德㉙之不终而诸侯乱纪，两俱有害，而民于守令之贪残，有所藉于黜陟以苏㉚其困。故秦、汉以降，天子孤立无辅，祚㉛不永㉜于商、周；而若㉝东迁以后，交兵毒民，异政殊俗，横敛繁刑，艾㉞削其民，迄之数百年而不息者亦革㉟焉，则后世生民之祸亦轻矣。郡县者，非天子之利也，国祚所以不长也；而为天下计，则害不如封建之滋㊱也多矣。呜呼！秦以私天下之心而罢侯置守，而天假㊲其私以行其大公，存乎神者之不测，有如是夫！

世㊳其位者习其道，法所便也；习其道者任其事，理所宜也。法㊴备于三王㊵，道著㊶于孔子，人得而习之。贤而秀者，皆可以奖之以君子之位而长民。圣人之心，于今为烈㊷。选举不慎，而贼㊸民之吏代作㊹，天地不能任咎㊺，而况圣人！未可为郡县咎也。若夫国祚之不长，为一姓言也，非公义也。秦之所以获罪于万世者，私己而已矣。斥秦之私，而欲私其子孙以长存，又岂天下之大公哉！

〔**注释**〕 ① 能然：那样。 ② 君：此指有意识。 ③ 莫之为：指客观形势。 ④ 为之：所导致。 ⑤ 长：超过。 ⑥ 奉：尊奉、拥戴。 ⑦ 尤：特别。 ⑧ 推：推举。 ⑨ 世及：世袭。 ⑩ 罔据：罔，没有；据，凭借、凭据。 ⑪ 故：指原来状况。 ⑫ 役：役使。 ⑬ 尹：治理。 ⑭ 俾：使。 ⑮ 长(zhǎng)民者：为民之长者，即指可以为官。 ⑯ 纪：纲纪。 ⑰ 缘：凭借。 ⑱ 恒：长久。 ⑲ 顽：顽劣。 ⑳ 秀：杰出。 ㉑ 相乘以兴：乘机而兴。 ㉒ 席：依仗、凭借。 ㉓ 元德：大德。 ㉔ 显功：显著功绩。 ㉕ 不令：不好、不善。 ㉖ 意者：想必。 ㉗ 相资：相互借助。 ㉘ 亨利：通达顺利。 ㉙ 世德：世传的功德。 ㉚ 苏：苏息，即困顿后获得休息。 ㉛ 祚：国祚，指享国时间。 ㉜ 永：长。 ㉝ 而若：然而。 ㉞ 艾：通“刈”，割。 ㉟ 革：改变、革除。 ㊱ 滋：滋长蔓延。 ㊲ 假：凭借。 ㊳ 世：世袭。 ㊴ 法：泛指典章制度。 ㊵ 三王：指禹、汤、周文王。 ㊶ 著：阐明。 ㊷ 烈：特别明显。 ㊸ 贼：贼害。 ㊹ 作：出现。 ㊺ 任咎：承担责任。

（汤勤福）

〔**鉴赏**〕 明清之际思想家王夫之一生写下了许多光辉篇章，《秦始皇》便是其中一篇重要的代表作。此文出于《读通鉴论》，全文大致可分为三个层次。

第一层次着重讨论郡县之制是“势之所趋”。在王夫之看来，后世对封建、郡县的争论是"无益"之争，因为郡县制是一种"垂二千年而弗能改，合古今上下皆安之"的制度，已经深入民心而习以为然，而且它又是历史发展必然趋势的结果。因此，再讨论分封与郡县优劣毫无意义。

接着，王夫之分析了人类社会发展的基本趋势：最初是"各推其德之长、功之及人者而奉之"，这并不是当时的人们不想自贵，而是基于"人之公"这一基础之上的必由之路。之后的世袭分封制度，虽然"愚且暴"，然而比起"草野之罔据"仍更为进步，因此也沿袭了数千年之久。接着出现强弱相噬，到战国时期分封之国所存无几，自然也就不可能仅凭几个诸侯来统治广阔的九州之地。因此，只得采用郡县制度来进行统治。王夫之正确地指出，郡县制早在秦统一之前就出现了，秦所灭者并非是三代所分封之国，而仅仅是其中六国而已，只不过统一之后的秦王朝采取了选择"才可长民者"来担任治民之者的郡县制的统治方法，这种行为也不是"天下之公"的方法。实际上，王夫之指出秦行郡县制，只是历史发展的一种必然趋势而已。

第二层次中，王夫之从"天下为私"还是以"天下为公"来分析分封制与郡县制的利弊。他指出，导致世袭制败坏的原因是"士之子恒为士，农之子恒为农"这种僵化的血统制度，造成"天之生才也无择"的结果，而实际上，士有顽劣无能者、农有秀异出众者，如此又必然导致分封制度下的世袭制的毁灭和郡县制下选举制的产生。实际上，王夫之试图从分封制的内在矛盾来分析问题，虽然没有认识到使分封制衰弱并崩溃的是社会经济发展这一关键原因，但他至少看出了分封制存在的一些弊病。自然，王夫之也发现了由于"选举之不慎"而产生"守令残民"的情况，但他认为，守令贪残可以通过"黜陟"来解决问题。相比之下，秦汉之后实行选举制，虽国祚没有商周长，但避免了周王朝东迁之后那种"交兵毒民，异政殊俗，横敛繁刑、艾削其民"的弊病，因此"后世生民之祸亦轻"。他答出的结论是：郡县制并不利于帝王，国祚亦不长，但从天下着眼，它的害处不如分封制那样多。因而，秦王朝以天下为私而罢黜分封制、设置郡县，而天则假借了它的私心而行使了"大公"。

王夫之对三代盛世是赞美的，因此他在第三层次中指出"法备于三王，道著于孔子"。在他看来，只要掌握了"法"和"道"，自然便可以"奖之以君子之位而长民"，这便是"圣人之心"。不过，在郡县制度下必然又会出现"选举不慎"，"贼民之吏代作"的情况，他以为，天地都不能承担其咎，自然也不能归罪于圣人或郡县制度本身！王夫之认为，国祚不长，是从一家一姓而言的，并非"公义"，秦王朝之所以获罪于万世，正是“私己而已”。由此，他答出结论：“斥秦之私，而欲私其子孙以长存”也不是“天下之大公”。

《秦始皇》中提出“天下大公”的命题是有一定价值的，这在当时帝王以天下为私的封建制度下，无疑是一种极其大胆的向封建政体的挑战，对当时那种僵化、死气沉沉的社会来说确实具有一种启蒙作用。当然，这种观点也有其局限性。因为在封建专制制度下，根本不可能实现这种所谓的“天下大公”的理想，因此，这种理想充其量不过是一种没有任何实现可能的幻想。（汤勤福）

治家格言　　朱柏庐

黎明即起，洒扫庭除①，要内外整洁；既昏便息，关锁门户，必亲自检点。一粥一饭，当思来处不易；半丝半缕，恒念物力维艰。宜未雨而绸缪②，毋临渴而掘井。自奉必须俭约，宴客切勿留连。器具质而洁，瓦缶胜金玉；饮食约而精，园蔬愈珍馐③。勿营华屋，勿谋良田。三姑六婆④，实淫盗之媒；婢美妾娇，非闺房之福。童仆勿用俊美，妻妾切忌艳妆。祖宗虽远，祭祀不可不诚；子孙虽愚，经书不可不读。

居身务期俭朴，教子要有义方。莫贪意外之财，莫饮过量之酒。与肩挑⑤贸易，毋占便宜；见穷苦亲邻，须加温恤。刻薄成家，理无久享；伦常乖舛⑥，立见消亡。兄弟叔侄，须分多润寡⑦；长幼内外，宜法肃辞严。听妇言，乖骨肉，岂是丈夫？重资财，薄父母，不成人子。嫁女择佳婿，毋索重聘；娶媳求淑女，勿计厚奁⑧。见富贵而生谄容⑨者最可耻，遇贫穷而作骄态者贱莫甚。

居家戒争讼，讼则终凶；处世戒多言，言多必失。勿恃势力而凌逼孤寡，毋贪口腹而恣杀牲禽。乖僻自是，悔误必多；颓惰自甘⑩，家道难成。狎昵恶少，久必受其累；屈志老成⑪，急则可相依。轻听发言，安知非人之谮诉⑫？当忍耐三思；因事相争，焉知非我之不是？须平心再想。施惠无念，受恩莫忘。凡事当留余地，得意不宜再。人有喜庆，不可生妒忌心；

人有祸患，不可生喜幸心。善欲人见，不是真善；恶恐人知，便是大恶。见色而起淫心，报在妻女；匿怨⑬而用暗箭，祸延子孙。家门和顺，虽饔飧⑭不继，亦有余欢；国课⑮早完，即囊橐⑯无余，自得至乐。读书志在圣贤，为官心存君国。守分安命，顺时听天；为人若此，庶乎近焉。

〔注释〕 ① 庭除：庭院。 ② 宜未雨而绸缪(móu)：天还未下雨，应先修补好屋舍门窗。喻凡事要预先做准备。 ③ 珍馐(xiū)：精美的食物。 ④ 三姑六婆：三姑，指尼姑、道姑与卦姑；六婆，指牙婆、媒婆、师婆、虔婆、药婆与稳婆。 ⑤ 肩挑：指串街走巷的小商贩。 ⑥ 乖舛(chuǎn)：违背，错乱。 ⑦ 分多润寡：财物多的要分匀出来，资助财物少的。 ⑧ 厚奁(lián)：丰厚的嫁妆。 ⑨ 谄(chǎn)容：巴结奉承的神态。 ⑩ 颓惰自甘：颓废懒惰，沉溺不悟。 ⑪ 屈志老成：恭敬自谦，虚心与那些阅历多而善于处事的人交往。 ⑫ 谮(zèn)诉：诬蔑人的坏话。 ⑬ 匿怨：对人怀恨在心，面上却不显现出来。 ⑭ 饔飧(yōng sūn)：早饭与晚饭。 ⑮ 国课：国家的赋税。 ⑯ 囊橐(tuó)：口袋、袋子。 （朱义禄）

〔鉴赏〕 《治家格言》，全称为《朱伯庐治家格言》，又名《朱子家训》，是一部流传很广、影响很大的家教名作。作者朱用纯，字致一，号柏庐。理学家、教育家。江苏昆山人，明末诸生。与顾炎武、归庄是好朋友。清顺治二年(1645年)，其父朱集璜在守昆山城抵御清军时遇难。朱用纯痛不欲生，弟弟用白、用锦尚幼，他得上奉老母，下育弟妹，备极艰辛。局势稍定他返回故里，设馆教授学生。潜心程朱理学，提倡知行并进，躬行实践。敬仰晋人王裒(二十四孝之一)攀柏庐墓之义，自号柏庐。深感当时的教育方法，难以学到真实的学问，写了《辍讲语》，反躬自责，语颇痛切。清康熙十八年(1679年)，坚辞不应博学鸿词科。康熙三十七年染疾，临终前嘱弟子："学问在性命，事业在忠孝。"著有《删补易经蒙引》、《四书讲义》、《困衡录》、《愧讷集》、《春秋五传酌解》、《毋欺录》等。

历代名人留下了众多的家训。影响较大的有诸葛亮《诫子书》、嵇康《家训》、颜之推《颜氏家训》、李世民《帝范》、司马光《温公家训》等。其中部头最大为《颜氏家训》，对立身治家之法有全面的论述，但文字不便于记忆。朱熹所著的《朱子家训》、《朱文公家政》、《朱子格言》等著作，因族规禁锢之因，未公开刊刻。《治家格言》只有522字，对仗工整，整齐押韵。语言通俗生动，道理深入浅出，具有很强的感染力。此为《治家格言》脍炙人口之缘由。《治家格言》以"修身"、"治家"为宗旨，汇集了历代治家教子的名言警句，如"一粥一饭，当思来处不易；半丝半缕，恒念物力维艰"等句，读来琅琅上口，极易背诵。三百多年来，一直为官宦士绅、书香世家所津津乐道，被视为整齐门风、振作家声的良规，悬挂于厅、堂、室，用以训诫童蒙。文字通俗流畅，在旧时几乎家喻户晓。《治家格言》面世后，为人们所赞许。争相抄传。在昆山及其周围苏州等地，有人把它编成词曲，随处演唱。黄宗羲的友人汤斌，康熙年间任江苏巡抚时，责备儿子让仆人买鸡来改善生活，罚儿子跪在庭院内诵读《治家格言》。乾隆三十年(1765 年)，礼部左侍郎满人德保把《治家格言》译成满文，用以教导八旗子弟。

《治家格言》面世后，很多人为它作注。光绪年间，浙江乌程人戴翊，完成了《朱夫子治家格言释义》二卷。每句原文后，用了近两万字作了详解。如"听妇言，乖骨肉，岂是丈夫?"戴翊的解释是："妇从他姓娶来，与夫之父母兄弟，相不相识。亦有世家女，得父母教，一入门便能孝翁姑，然十不得一焉。所赖为丈夫者，当妇之初来，先以孝友之型示之，然后察其情性之何如，而徐徐化导。尚虑各存意见，多所乖违。奈何为丈夫者，薄天性之亲，听帷房之语。"朱柏庐的意思是，听信妇人话，不顾骨肉情，怎能算是大丈夫? 戴翊赞同朱柏庐的观点，认为娶进门的媳妇，好的仅占十分之一不到。二人均以为家庭不和睦的根源在女性，娶进门的媳妇是惹祸的根苗。很有点女祸论的味道，这是当时颇为流行的主张。五百余字的小文章，让后人作注诠释，足见历日旷久的影响了。

《治家格言》的内容比较广泛，包括持家、伦理、处世、读书、敬业与因果报应、天命论等诸多方面。节俭作为美德是治家的前提，这是《治家格言》开门见山的话。如一顿饭粥当思它的来之不易，半根丝线，也要考虑它生产的艰难。自己享受，必须节约；请客来吃酒，食宴不可没有限度。饮食用具，质朴结实，又洗得干净，虽用泥土做的瓦器，也比金玉制的好些。园里种的蔬菜，胜于珍贵的肴馔。透过这些文字，背后映照的却是中国古代农耕社会的真实情况。自两汉以降到明清之际，农业和家庭手工业的牢固结合，构成了古代社会生产方式的基石。《汉书·文帝纪》载："农，天下之大本也。"贾谊说得更明白："一夫不耕，或为之饥；一妇不织，或为之寒。"(《新书·无蓄》)贾谊注明此引"古人曰"，说明这样的认识大约在先秦时就有了。以农为本的思想，在岁月流逝二千年后，雍正皇帝还在老调重弹，"农为天下之本务"(《清世宗实录》卷五十七)。一个调子唱了这么长时间而不变，其牢固程度是不言而喻的。农耕社会里对民众来说，最重要的是衣食问题。"一粥一饭，当思来处不易；半丝半缕，恒念物力维艰"，这样的语句，人们接受并背诵它，实在是有社会背景的。

《治家格言》讲得最多的是通俗易懂的人生处世守则。不占他人的便宜。同做小生意的挑贩们交易，不要占他们的便宜。帮助穷人。看到穷苦的亲戚或邻人们，要温慰他们，并且要为他们提供援助。不要贪图财物。嫁女儿要选择贤良的夫婿，不能索取贵重的聘礼；娶媳妇须求贤淑的女子，不要贪图丰厚的妆奁。对他人施恩惠，不要望酬报；受他人恩惠，不要忘报答。他人有了吉庆事，不可妒忌；他人有祸患，不可幸灾乐祸。凡事要预先做好准备。到下雨时，就要先把房子修补完善；不要临时抱佛脚，到了口渴时才去掘井。见富贵的人，显出谄媚的样子是最可耻的；遇贫穷的人，装起骄傲的态度是最鄙贱的。无论做什么事要留有余地，得意以后就要知足，不应该再进一步。处世不可多说话，话说多了难免有失当的地方。贪小便宜、贪图财物、施恩望报、临渴掘井、欺贫爱富、不留余地、言多必失等行为，是人们常犯而难以改正的弊病。朱用纯一一提出来，希望人们克服之。

《治家格言》十分重视家庭伦理。家庭伦理是规范家庭成员之间行为关系的准则。“兄弟叔侄，须分多润寡”，是说兄弟叔侄中，钱财多的，要匀点出来去补助少的。又如讲看重钱财而薄待父母，不是做儿子的道理。朱柏庐强调，一家人里，老的、少的、女的、男的，各人都应有严正的规矩和庄重的言辞。他告诫人们，不可恃势，来欺凌压迫孤儿寡妇。力劝人们要戒色，认为三姑和六婆是奸淫和盗窃的媒介，美丽的婢女和娇艳的姬妾不是家庭的幸福。家僮与奴仆，不可雇用俊美的；家中的妻妾，不可有艳丽的妆饰。希望家庭要和睦。朱柏庐说的都是老生常谈，但真正要践履这些伦常准则，没有较高道德修养与宽容精神，是难以做到的。“家门和顺，虽饔飧不继，亦有余欢”，家庭和睦了，即使物质生活上不太富裕，还是充满着欢乐气氛的。

《治家格言》还强调交友要慎。不能亲近不良的少年，否则日子久了必然会受牵累。朱柏庐希望人们，要敬奉老练有德的人，遇到急难的时候，就可以靠他指导或扶助。这是很有价值的人生哲理。生活在社会关系中的人，是一定要与他人交往的。交往的范围如同学、师友、亲戚、同事等。与朋友的交往，是人生所不可缺的。唐宋八大家之一的柳宗元写过一篇《师友箴》。在批评当时不愿从师、以利交友的恶习以后，认为人成长的重要途径之一，是要靠师友的帮助。有利于“道”的实现，即使“佣丐”也不妨交之，而公侯贵族若违背于“道”，也不妨离开。（《柳河东集》卷十九）朱柏庐要人们远离“恶少”，要以虚心的态度亲近阅历丰富的人，这是相当有道理的。同样一句话，饱经风霜的老人说出来，所包含的人生哲理要比年轻人来得丰富。

当然不能漠视《治家格言》的缺陷，而一味颂扬。朱柏庐提出要“戒争讼”。因为无论胜败，诉讼总要伤财耗时，甚至破家荡产，结果总是凶多吉少的。这是传统文化疏于法制的观念的体现。另一缺陷是讲因果报应：“见色而起淫心，报在妻女；匿怨而用暗箭，祸延子孙。”看到美女而起邪心的，将来报应恐怕要在自己的妻女身上；怀恨在心而暗中用计伤害人的，会替子孙留下祸根。三是宣扬天命论：“守分安命，顺时听天。”孔子说自己有“三畏”，其中之一就是“畏天命”（《论语·季氏》）。在古代社会里，人们对许多自然现象和社会现象，难以找出真实原因时，常会赋予命中注定的含义，这其实是一种盲目的必然性。人作为力量有限的生存物，在主观上尽了极大努力也无济于事时，就免不了把盲目必然性神化为命运。这种命运有多种表现形式，但最主要的是天命论。朱柏庐承袭了孔子的“畏天命”，倒不失为儒生的本色。

（朱义禄）

苦瓜和尚画语录·资任①　　石　涛

古之人寄兴②于笔墨，假道于山川。不化而应化，无为而有为。身不炫而名立，因有蒙养③之功，生活之操，载之寰宇，已受山川之质也。以墨运观之则受蒙养之任，以笔操观之则受生活之任，以山川观之则受胎骨之任，以皴④观之则受画变之任，以沧海观之则受天地之任，以坳堂⑤观之则受须臾之任，以无为观之则受有为之任，以一画观之则受万画之任，以虚腕观之则受颖脱⑥之任。有是任者，必先资其任之所任，然后可以施之于笔。如不资之则局隘浅陋，有不任其任之所为。且天之任于山无穷，山之得体也以位，山之荐灵也以神，山之变幻也以化，山之蒙养也以仁，山之纵横也以动，山之潜伏也以静，山之拱揖也以礼，山之纡徐也以和，山之环聚也以谨，山之虚灵也以智，山之纯秀也以文，山之蹲跳也以武，山之峻厉也以险，山之逼汉也以高，山之浑厚也以洪，山之浅近也以小。此山天之任而任，非山受任以任天也。人能受天之任而任，非山之任而任人也。由此推之，此山自任而任也，不能迁山之任而任也，是以仁者不迁于仁而乐山也。山有是任，水岂无任耶？水非无为而无任也。夫水汪洋广泽也以德，卑下循礼也以义，潮汐不息也以道，决行激跃也以勇，潆洄⑦平一也以法，盈远通达也以察，沁泓⑧鲜洁也以善，折旋朝东也以志。其水见任于瀛潮溟渤⑨之间者，非此素行其任则又何能周天下之山川，通天下之血脉乎？人之所任于山不任于水者，是犹沉于沧海而不知其岸也，亦犹岸之不知有沧海也。是故知者知其畔岸，逝于川上，听于源泉而乐水也。非山之任不足以见天下之广，非水之任，不足以见天下之人。非山之任水，不足以见乎周流；非水之任山不足以见乎环抱。山水之任不著，则周流环抱无由；周流环抱不著，则蒙养生活无方。蒙养生活有操，则周流环抱有由；周流环抱有由，则山水之任息矣。吾人之任山水也，任不在广则任其可制，任不在多则任其可易，非易不能任多，非制不能任广。任不在笔则任其可传，任不在墨则任其可受；任不在山则任其可静，任不在水则任其可动；任不在古则任其无荒，任不在今则任其无障。是以古今不乱，笔墨常存，因其浃洽⑩斯任而已矣。然则此任者诚蒙养生活之理，以一治万，以万治一，不任于山，不任于水，不任于笔墨，不任于古今，不任于圣人⑪，是任也，是有其资也。

〔注释〕 ① 资任：取得、禀受这些技巧、悟性（的能力）。资：资取，取得；任：（先天或后天）赋予的能力、技巧。　② 寄兴：寄托情感、情志。　③ 蒙养：潜心修养。《易·蒙》："蒙以养正，圣功也。"孔颖达疏，能以蒙昧隐默，自养正道，乃成至圣之功。　④ 鞟（kuò）皴：鞟，去毛的兽皮；皴，即画山石时，勾出轮廓后，再用淡干墨侧笔而画。　⑤ 坳堂：低洼之处。《庄子·逍遥游》：复杯水于坳堂之上。引申为狭小之地。　⑥ 颖脱：即脱颖，尖端突出出来。语出《史记·平原君虞卿列传》：脱颖而出。此处指用笔精到脱逸。　⑦ 潆洄：水流回旋的样子。　⑧ 沁泓：古水名。沁水源出山西省沁源，向东南流经河南省入黄河；泓水在今河南省柘城县西北。⑨ 溟渤：溟海和渤海，泛指大海。鲍照《代君子有所思》诗：筑山拟蓬壶，穿池类溟渤。　⑩ 浃洽：由外至内沾润，引申为关系融洽、和谐。《汉书·礼乐志》：于是教化浃洽。　⑪ 圣人：本文指王石谷（王翚）。张庚《国朝画征录》：石谷，国圣也。清初王翚有"画圣"之誉。

（张传友）

〔鉴赏〕　在中国美术史上，有一位亦僧亦俗的画家，其画论主张在三个多世纪的摹拟复古、几无生气的时代洪流中犹如一声惊雷，划破了束缚在东方画坛的层层阴云。甚至，他不同于以往的观照自然的方法和对传统绘画理念的叛逆。这个人就是清初与朱耷、弘仁、髡残并称“四画僧”的石涛。

石涛(约1642—1718)，广西全州人，本名朱若极，字石涛，明太祖朱元璋重孙清江王朱守谦之子朱赞仪的十世孙。崇祯煤山自杀后，其父朱亨嘉权欲膨胀冒称监国，意欲取代风雨飘摇的南明政权。他不自量力的愚蠢行为很快被唐王朱聿键击溃，不但本人身死名裂，也给家人带来灭顶之灾，幸亏时在幼年的石涛由太监匆匆带出而活命。此一番变故令石涛国破而痛哭无门，家亡而举世加沮，无奈遁入佛门，取法名元济，还曾用过原济、超济，又自称苦瓜和尚，别号阿长、济山僧、大涤子、清湘老人、清湘遗人、靖江后人等，后还俗以卖画为生。

石涛少喜颜鲁公书法，擅画山水，工于兰竹。寄身佛门初期，在宣城与梅清等新安派画家往来，得以临仿他们收藏的古代书画，其山水初学黄公望、王蒙，多用方折曲笔，用墨枯淡，皴法细腻，时呈秀嫩之气，以《山水图》册为代表；在南京时与戴本孝、王概、柳堉等人结识，当时金陵八家的画作和主张也多少对他产生了影响。往返京师虽然未遂心愿，但于绘画却收获不少，既见到了豪门府第的大量珍贵的书画真迹，开拓了眼界，同时不获帝王赏识的刺激反而激发了他冲破传统的决心，为晚年“一画”说的提出奠定了基础。流连黄山、庐山期间“搜尽奇峰打草稿”，又汲取元四家及沈周、陈洪绶等人的笔墨、技法和风格，一变对传统的顶礼膜拜，把一腔愤懑宣泄而出，形成富有个性的豪放狂逸、水墨淋漓、汪洋恣肆的粗犷画风。这种风格以《泼墨山水图》、《搜尽奇峰打草稿图》为代表。晚年定居扬州后，画风由奔放洒脱逐渐变为沉雄深邃，对传统及四王的态度稍有改变，以《清湘书画稿图》、《云山图》等为代表。其中晚期作品，构图新颖，常用“截取法”从山水局部取景，有时用“之”字形全境构图，洒脱奔放，不拘微瑕。

石涛的内心世界可以用亦僧亦俗来概括。难以回首的家世与亡国丧家之痛，令他终生难以割舍那份出身帝胄的高贵自傲，难以用平常心看待朝代鼎革与民族歧视。所以他只能通过出世避开众口的喧哗，选择孤独以与世人拉开距离，只能通过入仕证明自己的卓尔不凡以找回昔日的辉煌与荣耀。通观石涛一生，其生活与内心一直在出世与入世、僧(道)与俗、叛逆与传统之间挣扎与冲突。

他所处的明清之交这个天崩地解的时代，弥漫在画坛的是以“四王”为首沿着董其昌以“南北宗”论为准的所构建的南宗文人山水画模式的复古之风，一味埋首于以往少数名家的画技、笔墨、皴法、章法中，甚至以古人笔下的山水苛求自然山水，一点一画都要讲来历、看师承。认为表现自然山水之精妙古人已经达到了巅峰，当代人已没有必要也没有可能有所超越，所能做的只能是在笔墨上做文章，最多能达到“与古人同鼻孔出气”就很满足了。许多画家作画也只是在古人规矩中转来转去，偶悟古人用心处，便喜不自胜。当然，这种复古摹拟画风是与主流话语的推崇、扶持分不开的。康熙赐书王翚“山水清晖”，晚年更入京绘制《南巡图》，成了画坛正宗领袖。与王翚同时入京的石涛本意是参与《南巡图》，却未被康熙看中。此一番遭遇让石涛失去了成为御用画师的机缘，却成就了《苦瓜和尚画语录》。他在《画语录》中提出“一画”说，把为士人视为“游艺”、墨戏的绘画艺术，提升到哲学的高度，从而奠定了他在中国山水画史、中国绘画美学史上的重要地位。

就石涛本人的思想倾向而言，早年遁入佛门，可能本无意于侧身异族政权中。后与本月主持结识，二人的诗画唱和无疑有益于他更深刻地领悟禅理妙境，较为圆融地解决禅理与画理之间的关系，当然本月在皇室中的地位也一定点燃了石涛步入权力中心的欲望。而不被赏识、重用的失落，使他更为反感四王那种复古、泥古的绘画主张。他晚年的弃佛从道，不能说没有对本月等人有意无意赋予他的那种御用禅师光环的失望。他的自号“大涤子”，甚至“向上一齐涤”，决意要抛弃的不仅仅是佛家弟子的名分，还包含对早年热心利禄、权欲的几多羞愧和否定。从这个意义上说，无论为僧为道的躯壳，他思想深处这些都是可以随意抛掷的。当然不能涤除的，是多年禅宗思想的耳濡目染，与众多画友的往来切磋，在《画语录》中所展现的以禅为主，掺杂儒、道思想，带有叛逆色彩的“一画论”。

“一画”一词并非石涛首创。东汉崔瑗的《草书势》中描述自己欣赏草书时的感受：“远而望之，濯焉若注岸奔崖；就而察之，即一画不可移”。唐代张彦远论及书画用笔：“昔张芝……以成今草书之体势，一笔而成，其脉相连，隔行不断。唯王子敬明其深旨，故行首之字，往往继其前行，世上谓之一笔书。其后陆探微亦作一笔画，连绵不断”。(《历代名画记》)孙过庭谈及书法用笔“一画之间，变起伏于峰杪；一点之内，殊衄挫于毫芒。”(《书谱》)以上数人所论“一画”，这“一画”是以手运笔在纸上从起笔到收笔所留下的水墨痕迹，均未超出书画技法之“用”、形而下之“器”的层次。石涛之后的笪重光《书筏》说“数画之转接欲折，一画之自转贵圆”，也是从具体技法层次来谈的。

石涛的“一画”有没有具体用笔技法层次的含义呢？是否把他的“一画”和行笔用墨联系起来，就降低了石涛画论的美学价值和历史地位呢？我们认为，无论对古人还是今人，无论他的地位曾经有多高，影响曾经有多大，不为尊者讳，不为恶者彰，是每一个为历史负责、为未来负责的人应有的态度。石涛自有他美术史上的地位，自有他美学的价值，不会因为我们着意的抑扬而有所改变。

《兼字》章指出，"字与画者，其具两端，其功一体。"此处只是重复前人所言书画同源、书画的功用，并无新意。《运腕》章说"一画者，字画下手之浅近功夫也"，书法与绘画最基本的表达方式即"一画"，即书画中所用的一根笔墨线条。

"一画"除了具体的笔墨线条，在石涛那里还具有更深刻的涵义。

石涛从宇宙生成论的角度，把一画与天地之根联系到一起。一画作为耳目感官所闻所见的万物、众有、万象的本根，实际上就是天地未分之际的一种混沌状态。这种状态就是《周易》之"太极"、道家之"道"、佛家之"真如"的存在状态。有人认为"一画"之"一"取自《易经》乾卦中的阳爻和由其发展而出的阴爻，用以代表宇宙万物及其变化之根本。我们认为如此坐实不见得符合实际。"一画"如果可以等同于太极的话，他应该较之阴阳两仪更具有本根、本源性的意义，如果实在要做比附的话，一画可以相当于阳爻，一画外的时空可以等同于阴爻。对比仓颉造字的"近取诸身"、"远取诸物"，把绘画的源起、功能推崇到无以复加的历史高度，不但是从艺术本体论的角度，更是从哲学的意义上把绘画从"形而下"的"器"的层次提升到"形而上"的"道"的高度。这种提升，在石涛之前还没有人做得这么彻底、讲得这么深刻。之所以如此，是由于这一画之于画家日用而不知，习焉而不察。"一画"画的好与坏，是与画者本人的智力、悟性、灵性直接成正比的。

由此他实际上把画家看作具有无限能力，随手一指，要有光、有天、有地，便天地分判、日月光辉。画者胸中山水与自然山水本非二物，当把这胸中山水化作纸上山水，画者实际在经历一番再造自然、宇宙、天地、山水的过程。画非画，而是宇宙的再造，我非我，而是天地幻化的宗主，画中山水已经成为我的精神、灵明、情感的象征。当代画家吴冠中以"感受"来解释石涛的"一画"，可以说深得个中三昧。一画作为一种天地、人生的体验，抛开其中被古人所赋予的层层神秘面纱，实际就是画者个人所独有的不可移易的感受。

《资任》为《画语录》最后一章，而其中所论是"一画"论思想从哲学、美学层次向艺术实践层次的展开，而"资任"层次的感悟、体会与践行又有益于画家对艺术本体论的认识。

石涛曾写过一首题画诗：吾写此纸时，心入春江水。江花随我开，江水随我起。(《题春江图》)江水作为自然、客观的对象，在和人发生关系之前，其静其动均是一种自为的状态，不带有任何感情色彩。一旦以我“心”去主动感受、移情于此“江水”中，则江水皆着我之色彩。这种人与自然相互感应所体现的观念，就是具有中国特色的“天人合一”思想。随着这一观念的日益深入和衍化，人们自然地把山水与人的性情联系起来，所谓“春山如笑，夏山如怒，秋山如妆，冬山如睡”，其根源就在于此。

当我“心”与春江水相互感应，水中花似乎随我心情的舒畅而一同开放，江中水似乎随我情绪的起伏而荡漾起来。这花之开放、水之荡漾所具有的美好情态，皆是因我心赋予其情的结果，这种赋予石涛称之为“任”，我心即是江花、江水可以“资”取的对象。即以江花观之则受我心之任，以江水观之则受我心之任。有人认为自然山水的种种情态，种种与人的道德情操可以相互比附的方面，皆源于天(道)。似乎山水的种种自然情状、运动流行是其本身的特性，与人的心理、情感间的关系是一种只有经过审美观照才有的结果。其实不然。

我们认为，《资任》章作为“一画”论的收束部分，山水画中所展现的自然山水所具有的审美的、道德的、伦理的特性，无不可以追溯到人对天地、宇宙、自然、人生的丰富体验感悟，无不可以追溯到我“心”灵深处。

只有从“自我”出发，看到“心”的作用，我们才能理解《资任》所说“不任于山，不任于水，不任于笔墨，不任于古今，不任于圣人，是任也，是有其资也”。山水、笔墨、古今、圣人(包括前人)并非不可“任”，它们只能是一时之“任”，而非本源之任。《一画》章所说“夫画，从于心者也”，“一画之法，乃自我立”，这“心”、“自我”才是根本之“任”，才是可以资取的对象。山水所具有的与人类似的道德伦理特征，比如仁、动、静、神、化、和、礼、智、文、武，德、义、道、勇、法、察、善、志，是自然山水本身所具有的吗？当然不是，它们只能是自然山水的本然特征所引起的审美联想和审美直觉与人对自我、对人与社会道德伦理的认识和联想所形成的审美心理结构具有某些相似的结构，从而产生审美移情的结果。单独强调造化、宇宙等外在客观因素的作用，是不可能解开遮蔽“一画”论的层层迷雾的。

在很多场合，“一画”不但是一种描述画之“道”本根性的概括，同时也是一种价值取向、审美趋向，即画者所要表达的既是以我为纽带“中得心源”的过程，以我心去体悟宇宙、人生真谛的过程。同时“一画”论还继承了“外师造化”的优良传统，强调“搜尽奇峰打草稿”，摄自然山水之瑰丽雄奇于一画。其《山川》章说：“山川使予代山川而言也，山川脱胎于予也，予脱胎于山川也……山川与予神遇而迹化也”。山川与“我”混融无间，物我不分。人与自然的这种亲近的态度，可以说与道家以“涤除玄览”的思维态度观照自然与人的方式极相符契的。

当然，以“搜尽奇峰打草稿”作为“一画”之前的酝酿工夫，同学习、临摹、领悟古人画作并非截然对立的两端，师造化与师古人是每一位成功的绘画大师的必经之路。但明代以来泛滥的书画领域摹古、师古风气，几近阻扼了人们走向自然的冲动。石涛迥异时俗的绘画美学主张，就是要冲破这旧的樊篱，打破封闭的画室，把鲜活生动的自然山水引入进来。石涛直言自己的“一画”论，即是一种画“法”。当混沌未分之际，无所谓画，亦无所谓法，于其中有意无意的轻轻“一画”，便天地分判，具有了形成万千形象的可能。一画之“法”就是如何以笔墨再现万物的种种情态，如何以我手表现自我宇宙以及自我与外在宇宙相互感应的关系，如何把二者笼括于笔端。

其实，只要画者已经作了“搜尽奇峰打草稿”的下手工夫，对自己的感受和理解能力有充分的自信，则“一画之法立，而万物著矣”。问题是，经过数千年的层层累积，前人已经总结出了丰富的绘画技法和美学思想，如“绘事六法”、“外师造化，中得心源”、“传神”等等具有指导意义的艺术观念，对后人的创作和创新发挥了积极作用。然而，这种艺术传统所凝聚的惯性力量也碾碎了很多原创性的天才思想，如果缺乏巨大的气魄和勇气，要扭转这种传统的惯性是根本不可能的。

一般人看来，“古人为后人立法”是古今通理；在石涛看来，古人与我可以跨越时空的阻隔，古人可以立法，我也可以“自立我法”，我法对于后人何尝不是“古人之法”。他这种破执一切法，敢自立我法的精神，与贯穿《周易》的“天行健，君子以自强不息”的勇于开拓创新精神，与道家崇尚自然，追求“逍遥游”的自由精神也是相通的，而数十年的禅学修养对石涛的这一思想亦不无助益。

“一画”论作为一种艺术哲学主张，在对自然山水的认识、对水墨技法的态度、对画家的审美修养、对山水境界层次的评判，都与四王等守旧派形成鲜明的对立。其鲜明的主张、独特的个性、张狂的笔墨，明显与当时画坛主流相颉颃。

同时代的王原祁评价他说：“海内丹青家不能尽识，而大江以南，当推石涛为第一。”不过，石涛在世时的影响主要局限于扬州一带的扬州八怪产生过影响。王原祁的这种推崇无疑是就其打破传统、走进自然的气魄而言。他的《画语录》直可以凌跨（南）宋明，成为继郭熙的《林泉高致》之后，最富有创见的画论著作。

在近现代画史上，张大千、傅抱石、吴昌硕、齐白石、潘天寿等人都曾经偏爱、推崇石涛，无疑也是看到了他画论中反对复古摹拟的革新精神。石涛一生徘徊于执著与顿悟、钻营与归隐、出世与入世之间，留给后人无数的话题。今人吴冠中把石涛视为中国的凡·高，称他为“中国现代艺术之父”，称他的《画语录》是“理论之母”，这种赞誉与石涛在近现代绘画史上实际产生的影响基本上是相符合的。这一“石涛现象”是与近现代中国历史的曲折、多难密切相关的。然而，我们也应看到，中国之由传统封建到现代跃进过程中存在着痛苦和无奈，中国绘画由传统艺术到现代艺术跨越过程中同样存在着痛苦和无奈，在历史长河的冲刷中，时人的种种挣扎、困惑和思考无疑都会成为越来越自信的中国人沉重的记忆。而对什么是现代、什么是现代艺术，以及对石涛和他的“一画”论的认识和评价，也必然会是一个不断调整、不断修正的过程。 （张传友）

孟子字义疏证·天道　　戴 震

道，犹行也；气化流行，生生① 不息，是故谓之道。《易》曰：“一阴一阳之谓道。”《鸿范》：“五行：一曰水，二曰火，三曰木，四曰金，五曰土。”行亦道之通称。举阴阳则② 赅五行，阴阳各具五行也；举五行即赅阴阳，五行各有阴阳也。《大戴礼记》曰：“分于道谓之命，形于一谓之性。”言分于阴阳五行以有人物，而人物各限于所分以成其性。阴阳五行，道之实体也；血气心知，性之实体也。有实体，故可分；惟分也，故不齐。古人言性惟本于天道如是。

问：《易》曰：“形而上者谓之道，形而下者谓之器。”程子云：“惟此语截得上下最分明，元来③ 止此是道，要在人默而识之。”后儒言道，多得之此。朱子云：“阴阳，气也，形而下者也；所以一阴一阳者，理也，形而上者也；道即理之谓也。”朱子此言，以道之称惟理足以当之。今但曰“气化流行，生生不息”，乃程朱所目为形而下者；其说据《易》之言以为言，是以学者信之。然则《易》之解可得闻欤？

曰：气化之于品物④，则形而上下之分也。形乃品物之谓，非气化之谓。《易》又有之：“立天之道，曰阴与阳。”直举阴阳，不闻辨别所以阴阳而始可当道之称，岂圣人立言皆辞不备哉？一阴一阳，流行不已，夫是之为道而已。古人言辞，“之谓”、“谓之”有异：凡曰“之谓”，以上所称解下，如《中庸》“天命之谓性，率性之谓道，修道之谓教”，此为性、道、教言之，若曰性也者天命之谓也，道也者率性之谓也，教也者修道之谓也；《易》“一阴一阳之谓道”，则为天道言之，若曰道也者一阴一阳之谓也。凡曰“谓之”者，以下所称之名辨上之实，如《中庸》“自诚明谓之性，自明诚谓之教”，此非为性教言之，以性教区别“自诚明”“自明诚”二者耳。《易》“形而上者谓之道，形而下者谓之器”，本非为道器言之，以道器区别其形而上形而下耳。形谓已成形质⑤，形而上犹曰形以前，形而下犹曰形以后。阴阳之未成形质，是谓形而上者也，非形而下明矣。器言乎一成而不变，道言乎体物而不可遗。不徒阴阳非形而下，如五行水火木金土，有质可见，固形而下也，器也；其五行之气，人物咸禀受⑥于此，则形而上者也。《易》言“一阴一阳”，《洪范》言“初一曰五行”，举阴阳，举五行，即赅鬼神；《中庸》言鬼神之“体物而不可遗”，即物之不离阴阳五行以成形质也。由人物溯⑦而上之，至是止矣。《六经》孔孟之书不闻理气之辨，而后儒创言之，遂以阴阳属形而下，实失道之名义也。

问：后儒论阴阳，必推本“太极”，云：“无极而太极，太极动而生阳；动极而静，静而生阴；静极复动。一动一静，互为其根；分阴分阳，两仪⑧立焉。”朱子释之云：“太极生阴阳，理生气也。阴阳既生，则太极在其中，理复在气之内也。”又云：“太极，形而上之道也；阴阳，形而下之器也。”今既辨明形乃品物，非气化，然则“太极”、“两仪”，后儒据以论道者，亦必傅合⑨失之矣。自宋以来，学者惑之已久，将何以解其惑欤？

曰：后世儒者纷纷言太极，言两仪，非孔子赞《易》太极、两仪之本指也。孔子曰：“《易》有太极，是生两仪，两仪生四象⑩，四象生八卦⑪。”曰仪，曰象，曰卦，皆据作《易》言之耳，非气化之阴阳得两仪四象之名。《易》备于六十四，自八卦重之，故八卦者,《易》之小成,有天、地、山、泽、雷、风、水、火之义焉。其未成卦画,一奇以仪阳,一偶以仪阴,故称两仪。奇而遇奇,阳已长也,以象太阳;奇而遇偶,阴始生也,以象少阴;偶而遇偶,阴已长也,以象太阴;偶而遇奇,阳始生也,以象少阳。伏羲氏睹于气化流行,而以奇偶仪之象之。孔子赞《易》,盖言《易》之为书起于卦画,非漫然[12]也,实有见于天道一阴一阳为物之终始会归[13],乃画奇偶两者从而仪之,故曰“《易》有太极,是生两仪”。既有两仪,而四象,而八卦,以次生矣。孔子以太极指气化之阴阳,承上文“明于天之道”言之,即所云“一阴一阳之谓道”,以两仪、四象、八卦指《易》画。后世儒者以两仪为阴阳,而求太极于阴阳之所由生,岂孔子之言乎!

问:宋儒之言形而上下,言道器,言太极、两仪,今据孔子赞《易》本文疏通证明之,洵[14]于文义未协。其见于理气之辨也,求之《六经》中无其文,故借太极、两仪、形而上下之语以饰其说,以取信学者欤?

曰:舍圣人立言之本指,而以己说为圣人所言,是诬圣;借其语以饰吾之说,以求取信,是欺学者也。诬圣欺学者,程朱之贤不为也。盖其学借阶[15]于老、庄、释氏,是故失之。凡习于先入之言,往往受其蔽而不自觉。在老、庄、释氏就一身分言之,有形体,有神识[16],而以神识为本。推而上之,以神为有天地之本,遂求诸无形无迹者为实有,而视有形有迹为幻。在宋儒以形气神识同为己之私,而理得于天。推而上之,于理气截之分明,以理当其无形无迹之实有,而视有形有迹为粗。益就彼之言而转之,因视气曰“空气”,视心曰:“性之郛郭[17]”,是彼别形神为二本,而宅于空气、宅于郛郭者,为天地之神与人之神。此别理气为二本,而宅于空气、宅于郛郭者,为天地之理与人之理。由考之《六经》孔孟,茫然不得所谓性与天道者,及从事老、庄、释氏有年,觉彼之所指,独遗夫理义而不言,是以触于形而上下之云，太极两仪之称，顿然有悟，遂创为理气之辨，不复能详审文义。其以理为气之主宰，如彼以神为气之主宰也。以理能生气，如彼以神能生气也。以理坏于形气，无人欲之蔽则复其初，如彼以神受形而生，不以物欲累之则复其初也。皆改其所指神识者以指理，徒援彼例此，而实非得之于此。学者转相传述，适所以诬圣乱经。善夫韩退之氏曰："学者必慎所道。道于杨、墨、老、庄、佛之学而欲之圣人之道，犹航断港绝潢以望至于海也。"此宋儒之谓也。

〔注释〕 ① 生生：《易·系辞》"生生之谓易"，意指孳息不绝。 ② 赅：包括。 ③ 元来：同"原来"。 ④ 品物：万物。品，众多。 ⑤ 形质：有形实体。 ⑥ 禀受：承受。 ⑦ 溯：追溯。 ⑧ 两仪：天地。 ⑨ 傅合：附会。 ⑩ 四象：春、夏、秋、冬四时，体现在卦上即指太阴、太阳、少阴、少阳四种爻象。 ⑪ 八卦：《周易》中由阳爻和阴爻分别组成八种具有象征意义的基本图形。 ⑫ 漫然：随便。 ⑬ 会归：归结。 ⑭ 洵：实在。 ⑮ 阶：依据。 ⑯ 神识：精神意志。 ⑰ 郛郭：屏障。

（储玲玲）

〔鉴赏〕 "饿死事小，失节事大"，"存天理、灭人欲"，这是宋明理学鼓吹的"天理人欲之辨"的社会价值主题。这个主题受到明清之际进步学者的严正批判。清代著名哲学家戴震深刻指出，宋明理学家是"以理杀人"。为了揭示、批驳理学家"以理杀人"的理论根源，戴震借对《孟子》一书中的"理"、"天道"、"性"、"才"、"道"、"仁义礼智"、"诚"、"权"等范畴的解释，阐发自己的见解，写出了《孟子字义疏证》这部著名的哲学著作。《天道》是该书中的一篇。该篇继承、发扬了中国文化史上进步思想家的传统，批判了程朱理学"道即理"、"理在气先"的错误观点，提出了"气化即道"、"性本于天道"的正确观点。

道、阴阳五行，是中国哲学史、中国文化史上使用十分广泛的范畴，对它的理解各不相同。宋明理学家宣扬"道即理"，认为阴阳是气，属于形而下的范畴；产生阴阳并使之变化运动的是理，属于形而上的范畴。而《易传》认为"形而上者谓之道，形而下者谓之器"，因此，作为形而下的阴阳，不配称为道，只有作为形而上的理，才配称为道。针对理学家的这种观点，戴震明确提出"道，犹行也；气化流行，生生不息，是故谓之道"。这就是说，道是事物运动的过程，宇宙间阴阳二气的不断运动和变化，推动事物不断产生、变化、发展，这个过程就叫做道。戴震还指出，阴阳五行紧密联系，阴阳之中包括五行，五行之中包括阴阳。没有脱离阴阳五行而能运行的道，也没有脱离道而存在的阴阳五行，因此，"阴阳五行，道之实体也；血气心知，性之实体也”。有实体，才可以分；只有分，才有差别。古人讲性来源于天道，原因就在于此。戴震在此将“血气心知”看作性的实体，就是充分肯定人的情感欲望存在的合理性，是对宋明理学家存天理灭人欲理论的批驳。戴震指出，气化流行，生生不息，被程朱看作形而下者，并且利用《易传》关于形上形下的区分来论证自己的谬说，以致人们误信。实际上，程朱所讲并不是《易》的正确含义。

戴震指出，所谓形而上，是指形成有形的实体以前；所谓形而下，是指形成有形的实体以后。因此，阴阳二气交感运动，在没有形成具体的器物之前，是形而上的。不仅如此，五行的水火木金土，有形体可见的，属于器，当然是形而下；但人和物所禀受的没有成形的五行之气，则是形而上的。《六经》和孔孟之书，并没有关于理气关系的分辨，但宋儒程朱却另搞一套，将阴阳归于形而下，说什么理在气先、理在气上，这实际上是歪曲了道的真意。

戴震还指出，宋儒程朱谈论的形上形下、道器、太极、两仪之类问题，是牵强附会之说，违背了孔子有关阐释的原意。孔子以太极标举气化之阴阳，就是指的“一阴一阳之谓道”，而不是把两仪说成是阴阳，并将太极说成是阴阳产生的根源。宋儒在《六经》中找不出自己关于理气关系的根据，就假借太极、两仪、形上形下等概念来装饰自己的学说，骗取学者信任。之所以程朱之学违背了孔孟学说的真精神，原因在于他们的学说是借助老子、庄子和佛教而建立起来的。在戴震看来，宋儒把形体和精神都视为自己私有的，而理则是天给的。理成了无形无迹而又实有的精神本体，有形有迹的形体却成了低级的东西。老庄佛教在形神问题上和宋儒在理气问题上，其思想实质都是一样，即人为地将二者割裂开来。宋儒程朱考察《六经》和孔孟学说，不能掌握性与天道的精神实质，转而吸收老庄佛教的思想，创立了理气之辩的理论，却并未详细研究形上形下、太极、两仪等概念的真正含义。其实，程朱以理为气的主宰，犹如老庄佛教以神为气的主宰；程朱以理能生气，犹如老庄佛教以神能生气，其思想实质都是一样的。程朱的观点，实际上是用老庄佛教的思想比附孔孟思想，实则不是真正从孔孟那里得来的，这是歪曲圣人搞乱经典。

显然，戴震对程朱理学的批判具有重要的社会价值和认识意义，是明清社会转型时期思想启蒙的重要篇章。但是，戴震在批驳程朱理学的时候，往往是用维护孔孟精神和儒学传统的方式阐发自己的观点，走的是“利用传统反传统”（利用孔孟传统反对程朱传统）的路子，这固然有其合理的、不得已的一面，同时却又暴露出戴震思想的局限性。此外,戴震全盘否定宋明理学对佛教和道教思想的吸收,没有看到这种吸收对于增强中国传统哲学的思辨性和哲理性的作用,有失偏颇。

(李宗桂)

原　善(上)　　戴　震

善:曰仁,曰礼,曰义,斯三者,天下之大本也。显之为天明谓之命,实之为化之顺谓之道,循之而分治有常谓之理。命,言乎天地之中昭明[①]以信也;道,言乎化之不已也;理,言乎其详至也。善,言乎无淆杂[②]也;性,言乎本于天,征为事能也。言乎其同谓之善,言乎其异谓之材,因材而善之谓之教。材以类殊则性殊,人之材不侔[③]也,而相肖以类,故性亦相近。得化育[④]之正以为形气,而秀发于神,材也。善则其中正无邪也。材一于善,不贰其德也,智仁勇是也。

血气心知之性,人皆有之,非二本然也;分而言之,惧夫人之与天地日以隔也。血气心知之性主乎材,天之性全乎善。主乎材者成于化,全乎善者通于命。成于化者道,通于命者德。心之恭见于貌,心之从见于言,心之明见于视,心之聪见于听,心之睿见[⑤]于思,此之谓能尽其材。名其无妄谓之诚,名其不渝[⑥]谓之信。言乎顺之谓道,言乎信之谓德,行于人伦庶物[⑦]之谓道,侔于天地化育之谓诚,如听于所制者然之谓命。是故生生[⑧]者,化之原;生生而条理者,化之流。动而输者,立天下之博;静而藏者,立天下之约。博者其生,约者其息;生者动而时出[⑨],息者静而自正。至动而条理也,至静而有本也。卉木之株叶华实谓之生,果实之白全其生之性谓之息。君子之于问学也,如生;存其心合天地之心,如息。人道举配乎生,性配乎息。生则有息,息则有生,天地所以成化也。

生生者,仁乎!生生而条理者,礼与义乎!何谓礼?条理之秩然有序,其著也;何谓义?条理之截然不可乱,其著也。得乎生生者谓之仁,得乎条理者谓之智。至仁必易,大智必简,仁智而道义出于斯矣。是故生生者仁,条理者礼,断决者义,藏主⑩者智。仁智中和曰圣人;圣合天,是谓无妄。无妄之于百物生生,至贵者仁。仁得则父子亲,礼得则亲疏上下之分尽,义得则百事正,藏于智则天地万物为量,归于无妄则圣人之事。

〔注释〕 ① 昭明:显明、光明。 ② 淆杂:混杂。 ③ 侔:齐等、相等。 ④ 化育:教化培育。 ⑤ 睿见:通达明智的见解。 ⑥ 渝:改变。 ⑦ 庶物:万物。 ⑧ 生生:此处指道。 ⑨ 时出:不时地向外表现。 ⑩ 藏主:藏在心中,作为心的主宰。 **(储玲玲)**

〔鉴赏〕 善,是人类社会的重要道德,也是中国封建社会格外重视的美德。不同的人对善有不同的理解。戴震根据自己的自然观、社会历史观和政治观,阐发了对于善的基本见解,写出了《原善》。原善的原,有推究根源之意;也是一种文体的名称,属于论文的一种,用原字为题,推究某种事物或者某个问题的本源,进而加以论述,如《原道》、《原过》、《原人》等。戴震这篇《原善(上)》,与《原善(中)》、《原善(下)》是一个系列,是他的早期作品。后来,他在这三篇以及《读〈易·系辞〉论性》、《读〈孟子〉论性》的基础上,修改、扩充,完成了《原善》上、中、下三卷,成书于乾隆三十一年(1766年)。书中着重论述了善的内涵、范围及其与天道、人道、人性的关系,认为善的内容是仁、义、礼,善是符合自然规律的行为,是人类的最高行为准则;人道是天道在人类日常生活和社会政治生活中的表现,道德标准应当符合人类自然本能的欲望,要"遂己之欲,亦思遂人之欲";分析了人性与物性的关系,肯定人具有认识和掌握善的能力,揭示了社会弊病产生的根源。以下仅对《原善(上)》进行评析。

在《原善(上)》中,戴震认为,所谓善,就是仁、义、礼三种道德行为规范。这三种道德行为规范是社会治理和个人安身立命的根本。善显现为自然规律就叫命,具体体现为发展变化的规律就叫道,遵循善的要求去做而掌握具体规律就叫理。善,是至纯的,中正无邪;性,本于天道,表现为人做事的各种能力。人就其材质而言,各有不同,但都应当归依于善,具备智、仁、勇的品德。

戴震指出,"血气心知"之性,人皆有之,它取决于人的材质;天之性则完全合乎善。血气心知之性形成于阴阳五行的变化运动,属于道;天之性则与命相通,属于德。人的精神感官分别表现为貌、言、视、听、思的功能,就是各尽其材。他强调,阴阳二气的运动是自然界万事万物不断产生、变化、发展的源泉;不断运动变化而有规律,是变化的过程。事物运行不息而有条理,纷纭复杂而又汇归为一;运行不息而有新事物产生,同时又保持着相对的稳定性。君子追求学问,应当符合自然法则,像气化流行不断产生事物一样,把知识积累在心中,就像事物的相对静止而又保持自己的稳定性。

戴震认为,事物运行不息,就是仁;运行不息而有条理,就是礼义。条理井然有序,就是礼;条理清楚而不混乱,就是义。把握了事物运行不息的道理,就是把握了仁;把握了事物运行的规律,就是把握了智。最具仁德的人必然平易待人,具有最高智慧的人办事必然简约。仁智皆备,则道义也就由此产生。因此,运行不息是仁,具有条理是礼,办事从容是义,具有主见是智。能够把仁和智有机结合的人是圣人。

显然,戴震对于善的观念的阐释,具有明显的朴素唯物主义和朴素辩证法的特征。他将善所包含的诸多内容,与自然界万事万物运动变化的现象及其规律相联系,力图使二者具有相应性,以获得人与自然、人与人之间的协调互动效果。他把仁、义、礼这些道德规范纳入善的范畴,并努力用事物的发展变化及其规律说明仁、义、礼的内在本质和外在特征,以及把握仁与智的途径。他论述了仁、义、礼、智的特征和功能:仁的特征是不断变化生长,其功能是使得父子相亲;礼的特征是井然有序,其功能是区分亲疏上下;义的特征是截然不乱,其功能是使得事物各得其所;智的特征是收藏积累仁、义、礼,使得天地万物有是非标准。戴震的这些论说,是对传统道德观念的新阐释,有其合理的一面。特别是他在阐释善的观念时,高度重视血气心知之性,强调它是"人皆有之",凸显了道德伦理与自然界、与形体精神的必然联系,肯定了人的情感欲望的正当性,从而批驳了宋明理学束缚人们正当欲望的天理人欲之辨。但是,我们应当看到,戴震所使用的概念、范畴,仍然是旧有的,他所申论的关于善和仁、义、礼、智、道、理、命等思想,仍然属于传统的范畴。而他所要维护的,仍然是当时的现实统治秩序。在这个意义上,戴震并没有走出传统的藩篱。

(李宗桂)

文史通义·易教(上)　　章学诚

《六经》皆史也。古人不著书;古人未尝离事而言理,《六经》皆先王之政典①也。或曰:《诗》《书》《礼》《乐》《春秋》,则既闻命矣;《易》以道阴阳,愿闻所以为政典而与史同科之义焉。曰:闻诸夫子之言矣:“夫易开物成务[2],冒天下之道,知来藏往[3],吉凶与民同患”,其道盖包政教典章之所不及矣;“象天法地,是兴神物,以前民用”,其教盖出政教典章之先矣。《周官》太卜掌《三易》之法,夏曰《连山》,殷曰《归藏》,周曰《周易》,各有其象与数,各殊其变与占[4],不相袭也。然《三易》各有所本,《大传》[5]所谓庖羲神农与黄帝尧舜是也。由所本而观之,不特三王不相袭,三皇五帝亦不相沿矣。盖圣人首出御世[6],作新视听,神道设教,以弥纶[7]乎礼乐刑政之所不及者,一本天理之自然;非如后世托之诡异妖祥,谶纬术数[8],以愚天下也。夫子曰:“我观夏道,杞不足徵[9],吾得夏时焉;我观殷道,宋不足徵,吾得坤乾焉。”夫夏时,《夏正》书也;坤乾,《易》类也。夫子憾夏商之文献无所徵矣,而坤乾乃与《夏正》之书同为观于夏商之所得,则其所以厚民生与利民用者,盖与治宪[10]明时[11]同为一代之法宪,而非圣人一己之心思,离事物而特著一书,以谓明道也。夫悬象设教[12]与治宪授时,天道也;礼、乐、诗、书与刑政、教令,人事也。天与人参,王者治世之大权也。韩宣子之聘鲁也,观书于太史氏,得见《易象》《春秋》,以为周礼在鲁。夫《春秋》乃周公之旧典,谓周礼之在鲁可也。《易象》亦称周礼,其为政教典章,切于民用而非一己空言,自垂昭代[13]而非相沿旧制,则又明矣。夫子曰:“《易》之兴也,其于中古乎!作《易》者其有忧患乎[14]!”顾氏炎武尝谓“《连山》《归藏》,不名为《易》,太卜所谓《三易》,因《周易》而牵连得名。”今观八卦起于伏羲,《连山》作于夏后,而夫子乃谓《易》兴于中古,作《易》之人独指文王,则《连山》《归藏》不名为《易》,又其徵矣。或曰:文王拘幽,未尝得位行道,岂得谓之作《易》以垂政典欤?曰:八卦为《三易》所同,文王自就八卦而系之辞。商道之衰,文王与民同其忧患,故反复于处忧患之道而要于无咎,非创制也。武周[15]既定天下,遂名《周易》而立一代之典教,非文王初意所计及也。夫子生不得位,不能创制立法以前民用,因见《周易》之于道法,美善无可复加,惧其久而失传,故作《彖》《象》《文言》诸传以申其义蕴⑯,所谓述而不作,非力有所不能,理势固有所不可也。后儒拟《易》,则亦妄而不思之甚矣。彼其所谓理与数者,有以出《周易》之外邪?无以出之,而惟变其象数法式,以示与古不相袭焉;此王者宰制天下,作新耳目,殆如汉制所谓色黄数五⑰,事与改正朔而易服色者为一例也。扬雄不知而作,则以九九八十一⑱者变其八八六十四矣。后代大儒,多称许之,则以其数通于治宪,而蓍揲⑲合其吉凶也。夫数乃古今所共,凡明于宪学者皆可推寻,岂必《太玄》而始合哉!蓍揲合其吉凶,则又阴阳自然之至理,诚之所至,探筹钻瓦⑳,皆可以知吉凶,何必支离其文,艰深其字,然后可以知吉凶乎!《元包》㉑妄托《归藏》,不足言也。司马《潜虚》㉒又以五五更其九九,不免贤者之多事矣。故《六经》不可拟也,先儒所论,仅谓畏先圣而当知严惮耳;此指扬氏《法言》、王氏《中说》,诚为中其弊矣。若夫《六经》,皆先王得位行道,经纬世宙之迹,而非托于空言,故以夫子之圣,犹且述而不作。如其不知妄作,不特有拟圣之嫌,抑且蹈于僭窃王章㉓之罪也,可不慎欤!

〔**注释**〕 ① 政典:治国的典章制度。 ② 开物成务:揭露事物的真相,使人事各得其宜。 ③ 知来藏往:对未来有所预见,对以往心中了然。 ④ 各殊其变与占:《周礼·春官》贾《疏》说:《连山易》"其卦以纯艮为首,艮为山,山上山下,是名《连山》"。《归藏易》"以纯坤为首,坤为地,故万物莫不归而藏于中,故名为归藏也"。《周易》"以纯乾为首,乾为天,天能周市于四时,无所不备。故名《易》为《周》也"。《周礼》称《三易》"其经卦皆八,其别皆六十有四"。郑注:"《三易》卦别之数亦同,其名占异也。"贾疏:"占异者,谓《连山》《归藏》占七八,《周易》占九六。" ⑤《大传》:即《周易·系辞》。 ⑥ 御世:治理天下。 ⑦ 弥纶:补充。 ⑧ 谶纬术数:汉朝以后方士依傍儒家经书而作的迷信书籍和方术。 ⑨ 徵:征信。 ⑩ 治宪:制定历法。 ⑪ 明时:分清四季。 ⑫ 悬象设教:利用卦象来立教。 ⑬ 昭代:原意为政治清明的时代,此指数代,即称颂本朝政治清明。 ⑭ 作《易》者其有忧患乎:相传文王被商纣囚禁在羑里而演《周易》,因此有此语。 ⑮ 武周:指周武王和周公。 ⑯ 义蕴:精深的含义。 ⑰ 色黄数五:汉武帝时,司马迁等从贾谊之说,以汉为土德,色尚黄,数用五。 ⑱ 九九八十一:扬雄仿《易经》作《太玄经》,太玄从一玄分为三方,每方分为三州,每州分为三部,每部分为三家,共有九九八十一家。《太玄》中的八十一首，就像《易经》的六十四卦。　⑲ 蓍揲：即卜筮。　⑳ 探筹钻瓦：探筹，犹抽签；钻瓦，巫师击瓦，观其纹理以卜凶吉。　㉑《元包》：后周卫元嵩撰。体系近似《太玄》，以坤为首，因此说他“妄托《归藏》”。　㉒《潜虚》：宋司马光仿《太玄》而撰。此书以五行为本。　㉓ 僭窃：非分窃取。王章：帝王之典章，即朝廷的法律。　（储玲玲）

〔鉴赏〕 经与史的关系，古代学者多有论及，而没有像章学诚《易教上》那样集中专篇阐述的；将“经”等同于“史”或将“史”比拟于“经”，自古以来亦多有学者提出，而没有像章学诚《易教上》那样说得如此明确肯定的。章学诚，无疑是古代“六经皆史”论的集大成者；而《易教上》，无愧为反映作者由“六经皆史”论进而阐发学术必须“经世致用”这一思想核心的代表作，无愧为古代历史哲学名篇。

《易教上》位列章学诚的代表作《文史通义》首篇，开宗明义第一句便明确无误地提出了“六经皆史”的论断。

在章学诚之前，谈及经史关系的学者不下十余家，如隋王通提出过《书》、《诗》、《春秋》三经“同出于史”的观点；明代王守仁则提出“《春秋》亦经，五经亦史”的观点；明李贽更在《经史相为表里》篇中提出了“六经皆史”的命题。但前人对这一命题均未作过具体的论述，大多只是在行文中带到三言两语。而章学诚则是在新的历史条件和学术背景下，针对时弊，重新提出这一命题，并加以系统阐述；更为重要的是，章学诚并非单纯地为辩证经史关系而重提“六经皆史”，他是把“六经皆史”作为自己“经世致用”学术思想的理论依据，这就使他的这一论说比之他的前人更具有深刻的现实意义和历史意义。

当时的社会学术氛围是，在清初统治者笼络和钳制相结合的文化专制主义政策下，在杀人不见血的文字狱威慑下，学者们被迫皓首穷经，埋头故纸堆，脱离现实政治斗争。乾嘉考据学笼罩整个学术，学术不求宗旨，为考据而考据，与现实社会越离越远。与此同时，宋学空谈性理的空疏学风流弊，也严重存在。整个学术界，既空疏不实，又远离现实，走向歧途。

章学诚是一位正直而富有社会责任感的学者，他不为“世风所囿”，而且要扭转这种不良学风，挽救学术危机，对这种不良学术风气作出应有的批判。诚如他在许多文章中所一再强调的：“文章经世之业，立言亦期有补于世，否则古人著述已厌其多，岂容更益简编，撑床叠架矣！”(《与史余村》)“所贵君子之学术，为能持世而救偏。”(《原学下》)“君子经世之学，但当相弊而救其偏。”(《淮南子洪保辨》)高唱“六经皆史”，就是为了追溯学术源头，彻底澄清学术宗旨，阐明学术必须“经世致用”是自古君子治学的宗旨，也是任何一位学者都必须坚持的学术原则。

在《易教上》中，章学诚认为，古人治学从来不会离开事实而空谈理论。空谈著书。就如《六经》，记载的都是先王时代的政典史事，是与现实社会政治紧密结合的当代宪章与史事；孔子整理《六经》，也是本着“述而不作”的原则，其目的乃在于明人道，“经纬世宙之迹”，垂戒后世；后世对《六经》的种种虚幻附会的解释，统统都是“妄作”。也就是说，《六经》作为史书的真谛和核心乃在于紧密联系现实社会，能经世致用，不空发议论。章学诚的这一观点，真可谓破天荒首次发掘了《六经》的真正底蕴和意义！

章学诚“六经皆史”论的阐述，在所著其他文章中常有论及，而为什么在本篇中会集中阐述呢？据作者自己的解释，这是因为，《诗》、《书》、《礼》、《乐》、《春秋》是先王政典的观点比较容易被一般人所接受，而在人们看来，《易》是专讲阴阳道理的，怎么能将它作为“政典”之书而与“史”同科呢？殊不知，《易》中的阴阳道理也是根据当时的政教事实总结出来的，并不是“圣人一己之心思，离事物而特著一书，以谓明道也”。所以，在全篇文章中，作者重点阐述了《易》是“政教典章，切于民用而非一己空言，自垂昭代”的史学属性。

也许是章学诚的大多数文章都是在旅途中写就的缘故，在《易教上》中集中阐述了“六经皆史”的经世致用思想后，又在其他许多文章中阐述这一观点。如在《浙东学术》中说：“史学所以经世，固非空言著述也。且如《六经》，同出孔子……正以切合当时人事耳。后之言著述者，舍今而求古，舍人事而言性天，则吾不得而知之矣。学者不知斯义，不足言史学也。”而在《报孙渊如书》中更明确提出：“盈天地间，凡涉著作之林，皆是史学。《六经》特圣人取此六种之史以垂训者耳。子集诸家，其源皆出于史。”在当时，章学诚“六经皆史”论一出，犹如惊世“骇俗”，学界哗然，甚至被视为“怪物”，斥为“异类”，而其意义已远远超出了单纯对经史关系的辨证。

章学诚“六经皆史”论的意义，首先在于它批判了当时埋头考据的汉学与空谈性理的宋学两种不良学风，重新树立起学术必须“经世致用”的旗帜。《六经》皆是古代学术经世致用之作，是切合时事、反映时事、服务于时事的历史著作。学习《六经》，就是要学习它那“切合人事”的“经世”精神。由此可见，在章学诚的学术思想体系中，“经世致用”与“六经皆史”是两个互为表里、相辅相成的命题。“六经皆史”说是从古代学术的源头说起，论证学术必须经世致用的必然性和必要性，从而有力地驳斥了以脱离现实社会为共同特征的汉学、宋学两种学术倾向，从理论上大大深化发展了古代学术经世致用的优良传统。这一理论为后来的龚自珍等思想家所进一步发挥，从而成为近代经世致用学术思潮的理论依据。

从今天的学术眼光来分析，章学诚“六经皆史”论还具有重要的政治意义，因为它将这几部儒家经典拉至与史并列的地位，恢复了它们作为史书的本来面貌，这在客观上抹去了千百年来笼罩在它们上面的神圣光环，这对传统统治者实施统治的理论依据——儒学，是一个沉重的打击（尽管章学诚的本意并不在此）。章学诚还依据历史的观点，将《六经》作为古代典章制度的源流演变来研究，使其成为研究古代社会历史的重要资料，这也在很大程度上扩大了历史研究和史料搜集的范围，对传统史学产生深远的影响。

（叶建华）

文史通义·史德

章学诚

才、学、识，三者得一不易，而兼三尤难，千古多文人而少良史[①]，职是故也。昔者刘氏子玄[②]，盖以是说谓足尽其理矣。虽然，史所贵者义也，而所具者事也，所凭者文也。孟子曰："其事则齐桓、晋文，其文则史，义则夫子自谓窃取之矣。"非识无以断其义，非才无以善其文，非学无以练[③]其事，三者固各有所近也；其中固有似之而非者也。记诵以为学也，辞采以为才也，击断[④]以为识也，非良史之才学识也。虽刘氏之所谓才学识，犹未足以尽其理也。

夫刘氏以谓有学无识，如愚估[⑤]操金，不解贸化[⑥]，推此说以证刘氏之指，不过欲于记诵之间，知所决择以成文理耳。故曰：古人史取成家，退处士[⑦]而进奸雄，排死节[⑧]而饰主阙[⑨]，亦曰一家之道然也。此犹文士之识，非史识也。能具史识者，必知史德。德者何？谓著书者之心术也。夫秽史者所以自秽，谤书者所以自谤，素行[⑩]为人所羞，文辞何足取重！魏收[⑪]之矫诬[⑫]，沈约[⑬]之阴恶，读其书者先不信其人，其患未至于甚也。所患夫心术[⑭]者，谓其有君子之心而所养未底于粹也。

夫有君子之心而所养未粹，大贤以下所不能免也，此而犹患于心术，自非夫子之《春秋》不足当也。以此责人，不亦难乎？是亦不然也。

盖欲为良史者，当慎辨于天人之际[15]，尽其天而不益以人也。尽其天而不益以人，虽未能至，苟允[16]知之，亦足以称著书者之心术矣。而文史之儒，竞言才学识而不知辨心术，以议史德，乌乎[17]可哉？夫是尧、舜而非桀、纣，人皆能言矣；崇[18]王道而斥霸功，又儒者之习故矣。至于善善而恶恶，褒正而嫉邪，凡欲托文辞以不朽者，莫不有是心也。然而心术不可不虑者，则以天与人参[19]，其端甚微，非是区区[20]之明所可恃[21]也。夫史所载者事也，事必藉[22]文而传，故良史莫不工文，而不知文又患于为事役[23]也。盖事不能无得失是非，一有得失是非，则出入予夺[24]相奋摩[25]矣，奋摩不已而气积焉。事不能无盛衰消息[26]，一有盛衰消息，则往复凭吊生流连[27]矣，流连不已而情深焉。

凡文不足以动人，所以动人者气也；凡文不足以入人[28]，所以入人者情也。气积而文昌，情深而文挚[29]；气昌而情挚，天下之至文也。然而其中有天有人，不可不辨也。气得阳刚而情合阴柔[30]，人丽[31]阴阳之间，不能离焉者也。气合于理，天也；气能违理以自用，人也。情本于性，天也；情能汩[32]性以自恣[33]，人也。史之义出于天，而史之文不能不藉人力以成之。人有阴阳之患，而史文即忤[34]于大道之公，其所感召者微也。

夫文非气不立，而气贵于平。人之气，燕居[35]莫不平也，因事生感，而气失则宕[36]，气失则激，气失则骄，毗[37]于阳矣。文非情不得，而情贵于正。人之情，虚置无不正也，因事生感，而情失则流[38]，情失则溺，情失则偏，毗于阴矣。阴阳伏沴[39]之患，乘于血气而入于心知，其中默运潜移[40]，似公而实逞于私，似天而实蔽于人，发为文辞，至于害义而违道，其人犹不自知也。故曰心术不可不慎也。

夫气胜而情偏，犹曰动于天而参于人也。才艺之士，则又溺于文辞以为观美之具焉，而不知其不可也。史之赖于文也，犹衣之需乎采，食之需乎味也。采之不能无华朴[41]，味之不能无浓淡，势也。华朴争而不能无邪色[42]，浓淡争而不能无奇味。邪色害目，奇味爽口，起于华朴浓淡之争也。文辞有工拙，而族[43]史方且以是为竞焉，是舍本而逐末矣。以此为文，未有见其至者；以此为史，岂可与闻古人大体乎？

韩氏愈曰："仁义之人，其言蔼如[44]。"仁者情之普，义者气之遂也。程子尝谓有《关雎》、《麟趾》之意而后可以行《周官》之法度。吾则以谓通六义比兴之旨而后可以讲春王正月之书，盖言心术贵于养也。史迁百三十篇[45]，《报任安书》所谓"究天人之际，通古今之变，成一家之言"，自序以谓"绍[46]名世，正《易传》，本《诗》、《书》、《礼》、《乐》之际"，其本旨也。所云"发愤[47]著书"，不过叙述穷愁而假以为辞耳。后人泥于发愤之说，遂谓百三十篇皆为怨诽所激发，王允亦斥其言为谤书。于是后世论文，以史迁为讥谤[48]之能事，以微文[49]为史职之大权，或从羡慕而仿效为之，是直以乱臣贼子之居心而妄附《春秋》之笔削，不亦悖[50]乎！今观迁所著书，如《封禅》之惑于鬼神，《平准》之算及商贩，孝武之秕政[51]也。后世观于相如[52]之文，桓宽[53]之论，何尝待史迁而后著哉？《游侠》、《货殖》诸篇，不能无所感慨，贤者好奇，亦洵[54]有之。余皆经纬[55]古今，折衷[56]六艺，何尝敢于讪上[57]哉！朱子尝言《离骚》不甚怨君，后人附会有过。吾则以谓史迁未敢谤主，读者之心自不平耳。夫以一身坎坷，怨诽及于君父，且欲以是邀[58]千古之名，此乃愚不安分，名教中之罪人，天理所诛，又何著述之可传乎？

夫《骚》与《史》，千古之至文也。其文之所以至者，皆抗怀[59]于三代之英而经纬乎天人之际者也。所遇皆穷，固不能无感慨。而不学无识者流，且谓诽君谤主不妨尊为文辞之宗焉，大义何由得明，心术何由得正乎？

夫子曰："《诗》可以兴。"说者以谓兴起好善恶恶之心也。

好善恶恶之心，惧其似之而非，故贵平日有所养也。《骚》与《史》，皆深于《诗》者也，言婉多风，皆不背于名教，而梏[60]于文者不辨也。故曰必通六义比兴之旨而后可以讲春王正月之书。

〔注释〕 ① 良史：指能秉笔直书，记事信而有征的史官。 ② 刘氏子玄：即刘知幾。 ③ 练：详熟、熟悉。 ④ 击断：果敢、坚决。 ⑤ 愚估：估，同“贾”，愚贾即愚蠢的商人。 ⑥ 贸化：买卖财货。 ⑦ 处士：有才德而隐居不仕的人。 ⑧ 死节：为保全节操而死。 ⑨ 阙：缺误、疏失。 ⑩ 素行：一贯的品行。 ⑪ 魏收：北齐巨鹿下曲人，累官中书令，兼著作郎，受诏著北魏史。时人认为他的《魏书》是报怨酬恩，记史不实。《魏书》被讥为“秽史”。 ⑫ 矫诬：假借名义以行诬罔。 ⑬ 沈约：南朝梁吴兴武康人，历仕宋、齐、梁三代。自负高才，后触怒武帝，受谴，忧郁而死。著有《宋书》。 ⑭ 心术：思想和心计。 ⑮ 天人之际：天道与人事之间的相互关系。 ⑯ 苟允：假如确实。 ⑰ 乌乎：即呜乎，怎么。 ⑱ 崇：推崇。 ⑲ 参：并立。 ⑳ 区区：形容人心之小。 ㉑ 恃：依赖。 ㉒ 藉：凭借。 ㉓ 事役：政务、公务。 ㉔ 予夺：赐予和剥夺。 ㉕ 奋摩：奋，振作；摩，切磋。 ㉖ 消息：消长、增减。 ㉗ 流连：依恋不舍。 ㉘ 入人：指为人所感受和理解。 ㉙ 挚：恳切。 ㉚ 阴柔：温和。 ㉛ 丽：附着。 ㉜ 汩：扰乱。 ㉝ 恣：放纵。 ㉞ 忤：忤逆、触犯。 ㉟ 燕居：闲居。 ㊱ 宕：即“荡”，不受约束。 ㊲ 毗：损伤。 ㊳ 流：无节制。 ㊴ 伏沴：藏匿灾害。 ㊵ 默运潜移：暗中运行移动。 ㊶ 华朴：华丽和朴素。 ㊷ 邪色：不正之色。 ㊸ 族：众。 ㊹ 蔼如：和气可亲的样子。 ㊺ 史迁百三十篇：指司马迁所著的《史记》。 ㊻ 绍：承继。 ㊼ 发愤：发泄愤懑。 ㊽ 讥谤：讥议诽谤。 ㊾ 微文：隐喻讽喻的文辞。 ㊿ 悖：违逆。 51 秕政：不良的政治措施。 52 相如：即司马相如。工辞赋。 53 桓宽：西汉汝南人，治《公羊春秋》，善属文，擅长议论。 54 洵：实在。 55 经纬：条理、梳理。 56 折衷：判断、评析。 57 讪上：毁谤在上位者。 58 邀：谋求。 59 抗怀：坚守高尚的情怀。 60 梏：约束、限制。　（储玲玲）

〔鉴赏〕 历史研究，是对客观历史的一种认识活动，认识的真实性和科学性如何，不能不受到研究者自身的认识能力、水平以及品德的制约。所以，史家自身修养对于历史研究来说，是至关重要的。章学诚对史家修养的理论贡献，突出地表现在，他在总结前人思想成果的基础上，首次提出“史德”论，大大完善和深化了古代史家修养的理论，为中国古代史学理论建立起又一块丰碑。《文史通义》中《史德》一文，便是古代独一无二的一篇专门阐述“史德”的理论篇章。

应该看到，在古代史学史上，对史家自身修养的培育一直比较重视。早在先秦时期，史学正在逐渐形成的时候，孔子即率先强调史家应“书法不隐”，也就是要直笔，并将它作为“良史”的标准。其后史家也一直以据事直书为史家必须坚持的原则，而反对曲笔隐讳、毁誉任情等不良作风。司马迁《史记》被称为“不虚美，不隐恶，善恶必书”的“实录”之作，而魏收的《魏书》则被视作“曲笔”、“秽史”

的典型。刘勰在《文心雕龙·史传》中对史家提出“素心”的要求,认为史家在分析评价历史时,应做到“析理居正”,从而使史家修养论略具理论色彩。到唐朝刘知幾则明确提出史家“三长”论,他在回答礼部尚书郑惟忠的提问时说:“史才须有三长,世无其人,故史才少也。三长,谓才也,学也,识也。”(《旧唐书·刘子玄传》)此后的史家批评,便以才、学、识三者来衡量。但刘知幾的史家“三长”论,仅仅是提出了一个基本概念,用比喻的方式说明了“三长”在史家撰述过程中的作用及相互关系,并未对“三长”的具体内容加以理论上的阐述。所以,后来的史家又逐渐加以补充和发挥。如明代胡应麟,在所著《少室山房笔丛·史书占毕》中补充了“二善”。他说:“才、学、识三长,足尽史乎?未也。有公心焉,直笔焉,五者兼之,仲尼是也。董狐、南史,制作无征,唯公与直,庶几尽矣。秦汉而下,三长不乏,二善靡闻。”其实,胡应麟的“二善”是互为表里的一码事,“公心”是“直笔”的主观前提,“直笔”是“公心”的客观必然。

章学诚对前人的这些理论和观点加以总结和概括,对史家修养提出了更为完整、深刻的理论,特别是在总结刘知幾才、学、识三长理论的基础上,明确提出了“史德”论。并在《文心通义》中,专立《史德》一篇,加以阐发。

在《史德》篇中,章学诚对才、学、识、德四者都作了论述,特别是讲清了它们之间的区别与联系。“才”即写文章的表达能力;“学”即丰富的历史知识;“识”即对史实的观察鉴别和判断能力。作为一名优秀史家,才、学、识三者不可缺少。然而,在章学诚看来,刘知幾的三长论“犹未足以尽其理也”,因为还有更重要的一点,那就是“史德”,即“著书者之心术”,也就是史家作史,能否忠实于客观史实,做到“善恶褒贬,务求公正”的一种品德。所谓“史之义出于天,而史之文不能不藉人力以成之……故曰心术不可不慎也。”

章学诚的“史德”论,并不是对自孔子、刘知幾、胡应麟等人以来强调史家必须据事直书、书法不隐等观点的简单重复,而是赋予了更深层次的内涵和解释,这就是他进一步阐明了史家主观与历史客观之间的相互关系。他认为,所谓“著书者之心术”的“史德”,其内容不只是据事直书、书法不隐而已,更重要的还在于分清史家主观与历史客观,正确处理好两者之间的关系,要尽可能地如实反映客观史实,尊重历史真相,而不掺杂主观偏见。《史德》篇说:“盖欲为良史者,当慎辨于天人之际,尽其天而不益以人也。尽其天而不益以人,虽未能至,苟允知之,亦足以称著书者之心术矣。”

写历史要“辨天人之际”,这是司马迁最早提出来的。但司马迁的“欲究天人之际”,是希望通过分析历史事实,探究人类生活与天道、自然的内在联系;而章学诚提出的“慎辨于天人之际”,重点是探讨史家主观与历史客观之间的内在联系,两者的侧重点是完全不同的。特别是章学诚更进一步提出史家应当尽量做到“尽其天而不益以人”,这是要求史家在分清主观与客观关系之后,要尽量尊重客观史实,如实反映客观史实,不要随心所欲地把自己的主观意图掺杂到客观史实中去。只要抱着这个态度去努力,即使还有不足之处,也可以称得上有“著书者之心术”了,即也就是具备“史德”了。

当然,章学诚也深知事情并不那么简单,因为人是有感情的,史实是复杂的,“史之义出于天,而史之文不得不藉人力以成之”。而“天与人参,其端甚微,非是区区之明所可恃特。……其中有天有人,不可不辨也”。这就是说,史学家在历史事实面前不能没有自己的想法和看法,特别是史实有是非得失时,想法看法也就更多,甚至引起感情上的很大变化。在感情充沛的情况下写出来的文章往往是好文章,原因在于情感随着史事的是非得失而起变化,情感与史事几乎水乳交融,文字容易做到流畅动人。可是,这样一来,史实的客观(“天”)与感情的主观(“人”)交杂在一起,因而史文中便“有天、有人”,这当然不可不慎辨清楚。章学诚认为,史家不可能没有自己的主观见解,见到史实是非得失时不能不动感情,问题在于如何防止和引导,使感情不放任自流,直至违背史实的“天”。解决的办法就是要求主观尽量服从客观,史学家要克制自己的感情,使自己的感情尽量符合事理,以理性来制约自己的感情。他说:“气合于理,天也;气能违理以自用,人也。情本于性,天也;情能汩性以自恣,人也。”这里,他提出了要“气合于理”、“情本于性”,即主观服从于客观,反对“违理以自用”、“汩性以自恣”,强调“气贵于平”、“情贵于正”。总的精神就是要以理性制约感情,使感情符合于事理,力求做到“尽其天而不益以人”。

可见,章学诚提出的“史德”论,其内容是非常丰富的,其阐述也是相当深刻的。这种思想虽然来源于刘知幾等人的“据事直书”精神,但无论在内容上或精神上都大大超出了“直书”的范围,特别是“慎辨于天人之际,尽其天而不益以人”的要求,把我国古代史学领域的“据事直书”优良传统发展到一个新的阶段,也是对古往今来历史经验的总结。章学诚和刘知幾一样,都看到了历史上许多史学家,具备一定的才、学、识,而惟独“心术不正”,缺少“史德”,遇到个人利害,不是屈从于权威势力,就是贪图个人名利,存有私心,伪造史实,篡改历史,以个人主观意图取代客观的历史事实。他们看到了这种事实,都有想法加以防止。刘知幾在《史通》里大力提倡直笔，反对曲笔。章学诚则更看到单是提倡直书还不足以解决这一矛盾，便进一步提出作为一个良史“当慎辨于天人之际，尽其天而不益以人”，要史学家作出主观努力，尽量辨清客观与主观的关系，防止把主观的东西掺进客观史事中去。

应当看到，章学诚这些议论在当时是具有针对性的，因而也具有重要的现实意义。他早已指出：“好名之心，必坏心术。”因为凡是好名者，必然趋炎附势，专赶浪头。他还特地写了《针名》一文进行针砭。我们只要能了解乾嘉时代学术界的状况和许多学者的精神状态，对于章学诚的这些论述就容易理解了，他完全是言有所指，而不是空发议论。

当然，章学诚所谓的“心术”依然是具有历史局限性的。他经常以是否背“天理”、“名教”作为“心术”正与不正的标准，并以此去评论史家，动辄给人扣上“名教中之罪人，天理所诛”的帽子。这样，他所得出的一些具体结论，自然也就不可能真正做到“尽人达天”了。他甚至还在《丙辰札记》中说：“史臣不必心术偏私，但为君父大义，则于理自不容无所避就，夫子之于《春秋》不容不为君亲讳也。”这无疑又是章学诚“史德”论的局限性所在。 （叶建华）

附　录

名篇作者小传

【管子】(?—前645)　即管仲、管敬仲。春秋初政治家。名夷吾,字仲。颍上(颍水之滨)人。早年经商,后被齐桓公任为卿,历四十年,进行改革,富国强兵,助齐桓公成为春秋时第一个霸主。提出“仓廪实则知礼节,衣食足则知荣辱”的观点;把礼、义、廉、耻看作国之“四维”,强调“四维不张,国乃灭亡”。《管子》托名于管仲所作,反映了管子的思想。

【孔子】(前551—前479)　春秋末思想家、教育家。名丘,字仲尼。鲁国陬邑(今山东曲阜东南)人。少“贫且贱”,及长,做过“委吏”(司会计)、“乘田”(管畜牧)等。五十岁时,由鲁国中都宰升任司寇,摄行相事。后周游列国,传布其政治主张,为儒家的创始者,曾聚徒讲学,相传弟子三千。其学以“仁”为核心,以“孝悌”为仁之本,其学说在汉以后成为两千年封建文化的正统,影响极大。现存《论语》一书记有其谈话及与门人的问答,是研究其学说的重要资料。

【老子】　春秋时思想家。一说即老聃,姓李名耳,字伯阳,楚国苦县(今河南鹿邑东)厉乡曲仁里人(一说为今安徽涡阳人)。曾为周朝“守藏室之史”(管理藏书的史官)。一说即太史儋,或老莱子。《老子》一书是否为老子所作,历来有争论,一般认为书中所述,基本反映了他的思想。他是道家的创始人,以“道”来说明宇宙万物的演变,提出“道生一,一生二,二生三,三生万物”和“天下万物生于有,有生于无”的观点。对中国哲学的发展产生很大影响。

【孙子】　春秋末兵家。名武。字长卿。齐国人。曾以《兵法》十三篇见吴王,被任为将,率吴军攻破楚国。所著《孙子兵法》为中国最早最杰出的兵书。提出“兵者国之大事”、“知彼知己,百战不殆”、“兵无常势,水无常形,能因敌变化而取胜者谓之神”等一系列具有丰富辩证法内容的兵家思想。

【墨子】(约前468—前376)　春秋战国时

思想家、政治家。名翟。传为宋国人,后长期居住鲁国。曾习儒术,后因不满儒术烦琐的“礼”而另立新说,聚徒讲学,创墨家学说。主张“兼相爱,交相利”,反对儒家的“天命”说;提倡“非攻”、“非乐”、“节用”等,反对当权贵族的“繁饰礼乐”;提出“尚贤”、“尚同”的政治主张,反对儒家的亲亲尊尊。还探究了逻辑和知识的问题。与儒家并称为“显学”。现存《墨子》五十三篇,为研究墨家学说的基本材料。

【左丘明】 春秋时史学家。鲁国人。一说复姓左丘,名明;一说单姓左,名丘明。双目失明,曾任鲁太史,或为讲诵历史及传说的史官,与孔子同时,或谓在其前。相传曾著《左传》,又传《国语》亦出其手。

【邓析】(前545—前501) 春秋末思想家、名家。郑国人。曾为郑国大夫。宣传法治,曾创办私学,以所作《竹刑》(写在竹简上的法律)教人。又“操两可之说,设无穷之词”,对后来辩者颇有影响。《汉书·艺文志》著录《邓析》两篇,列名家,已佚。今本《邓析子》系后人托名所作。

【曾子】(前505—前436) 春秋末鲁国南武城(今山东费县)人。名参,字子舆。孔子弟子。以孝著称。提出“吾日三省吾身”(见《论语·学而》)的修养方法。《大戴礼记》中记载有他的言行。相传《大学》是他所作。后被尊为“宗圣”。

【子思】(前483—前402) 战国初哲学家。姓孔,名伋。孔子之孙。相传曾受业于曾子。以“中庸”为其学说的核心。孟子曾受业于他的门人,形成思孟学派。相传曾作《中庸》,后被尊为“述圣”。

【商鞅】(约前390—前338) 战国时政治家。公孙氏,名鞅。卫国人,亦称卫鞅。曾封商邑,故又称商君或商鞅。初为魏相家臣,后入秦进说秦孝公。曾任左庶长,实行变法:废除井田制;取消分封制,加强中央集权;厉行法治,促进了秦国政治经济的发展,奠定了秦国富强的基础。秦孝公死后被贵族车裂而死。法家的主要代表,主张“一任于法”、“世事变则行道异”。《汉书·艺文志》著录《商君》二十九篇,今存二十四篇。

【孙膑】 战国时兵家。齐国阿(今山东阳谷东北)人。孙武的后代。约与商鞅、孟轲同时。同学庞涓忌其才能,将其诳到魏,处以膑刑(去膝盖骨),故称孙膑。后被齐国秘密救回,被齐威王任为军师,先后设计大败魏军。主张“战胜而强立,故天下服矣”。提倡“赏不逾日,罚不还面(转脸)”;具体分析敌我条件,做到“内得其民之心,外知敌之情”。著有《孙膑兵法》。

【吴起】(?—前381) 战国时兵家。卫国左氏(今山东定陶西)人。善用兵。初任鲁将,后任魏将,屡建战功,被魏文侯任为西河守。魏文侯死后,遭陷害,逃奔楚国,初为宛守,不久任令尹，辅佐楚悼王实行变法。提出“明法审令”，“要在强兵”；“废公族疏远者”；整顿统治机构。变法促进了楚国的富强。楚悼王死后被贵族杀害。《汉书·艺文志》著录《吴起》四十八篇，已佚。今本《吴子》六篇系后人所托。

【孟子】（约前 372—前 289）　战国时思想家、政治家、教育家。名轲，字子舆。邹（今山东邹县东南）人。曾任齐宣王客卿，因主张不被用，晚年与弟子万章等著书立说。把孔子“仁”的观念发展为“仁政”学说，被认为是孔子学说的继承者，有“亚圣”之称。提出“民贵君轻”说，主张“法先王”、“行仁政”；提出“性善说”，肯定人性天生是善的；把治学和认识归结为找回散失本心的心性修养，强调了认识论和伦理学统一的“天人合一”说。他的学说对后世儒者影响很大。著作有《孟子》。

【庄子】（约前 369—前 286）　战国时哲学家。名周。宋国蒙（今河南商丘东北）人。家贫。曾在当地任漆园吏。但拒绝楚威王的厚币礼聘。继承和发展了老子“道法自然”的思想，认为“道”是“自本自根”、无所不在的；一切都处在“无动而不变，无时而不移”中；主张通过“坐忘”，达到“天地与我并生，万物与我为一”的境界。其思想对后世影响很大。为文汪洋恣肆，想象丰富，流传甚广。著有《庄子》，全面反映了他的思想，在哲学、文学上都有较高研究价值。

【公孙龙】（约前 320—前 250）　战国时哲学家，名家代表人物。传说字子秉。赵国人。曾为平原君门客。反对诸侯间的兼并之战，与赵惠王论偃兵，主张“偃兵之意兼爱天下之心也”。是当时有名的“辩者之徒”，在当时的名辩思潮中代表“离坚白”派，有“离坚白”、“白马非马”等名辩论题，对中国古代逻辑思维的发展有一定贡献。著作有《公孙龙子》。

【荀子】（约前 313—前 238）　战国末思想家。名况，时人尊其为“卿”。因避宣帝讳，称为孙卿。赵国人。曾游学于齐，后赴楚国，为兰陵（今山东苍山兰陵镇）令。后著书终老其地。韩非、李斯均为其学生。主张礼法兼治，王霸并用。反对天命、鬼神说，提出“制天命而用之”的思想。与孟子“性善”说相反，持“性恶”说，主张以教育和环境影响引导人们为“善”。著作有《荀子》。

【韩非】（约前 280—前 233）　战国末哲学家。出身韩国贵族。与李斯同师事荀子。曾建议韩王变法图强，不被用。著《孤愤》、《五蠹》、《说难》等十余万言，为秦王所重视，被邀出使秦国。不久遭李斯等谗害，下狱自杀。其思想汇集道、儒、墨各家，尤集法家学说之大成。提出以“法”为中心的“法、术、势”三者合一的君主统治术，强调加强中央集权；认为趋利避害是人之常情，是国家执行赏罚、法令的依据。著作有《韩非子》。

【吕不韦】(? —前 235) 战国末政治家。卫国濮阳(今河南濮阳西南)人。原为商人。在赵都邯郸遇见入质于赵的秦公子后,遂说服秦华阳夫人立为太子。太子继位(即庄襄王),他被任为相国,封文信侯。庄襄王死后,秦始皇年幼即位,继任相国,称为“仲父”。秦始皇亲理政务后被免职。后忧惧自杀。《吕氏春秋》是其集合门客编著,内容以儒、道思想为主,兼及名、法、墨、农及阴阳家言。汇合先秦各派学说,为秦统一天下、治理国家提供思想工具,基本反映了吕不韦的思想。

【董仲舒】(前 179—前 104) 西汉哲学家,今文经学大师。广川(治今河北景县西南)人。曾任博士、江都相和胶西王相。汉武帝诏举贤良之士,他对以“天人三策”,建议“罢黜百家,独尊儒术”,为武帝采纳,确立了儒学在中国两千余年封建社会中的正统地位。专治《春秋公羊传》,以儒学与阴阳五行说相结合,提出“天人感应”说,试图论证“天不变,道亦不变”。还提出“三纲五常”、“性三品”等论点。著作有《春秋繁露》及《董子文集》。

【刘安】(前 179—前 122) 西汉思想家、文学家。沛郡丰(今江苏丰县)人。汉高祖之孙,袭父封为淮南王。好读书鼓琴,善文辞。后以谋反事发自杀。曾集门客编著《淮南子》(又称《淮南鸿烈》)一书。其内容以道家思想为主,杂糅儒、法、阴阳五行等家思想。政治上主张无为而治,批评儒家为“俗世之学”。有集,已佚。

【司马谈】(? —前 110) 西汉史学家、思想家。夏阳(今陕西韩城南)人。官至太史令。根据《国语》、《世本》、《战国策》等书撰写史籍,死后由其子迁续成为《史记》。其《论六家之要旨》,总结当时流行的阴阳、儒、墨、名、法、道等先秦各派学说,对后世颇有影响。

【司马迁】(约前 145 或 135—?) 西汉史学家、文学家、思想家。字子长。夏阳(今陕西韩城南)人。司马谈之子。初任郎中,后继父职,任太史令,得尽读皇室藏书。后因替投降匈奴的李陵辩解,下狱受腐刑。出狱后任中书令,完成中国最早的通史著作《太史公书》,后称《史记》,创纪传体史书形式,对后世影响很大。

【班固】(32—92) 东汉史学家、文学家。字孟坚。扶风安陵(今陕西咸阳西北)人。曾为兰台史令、典校秘书,在其父班彪《史记后传》基础上,整理补充,撰成《汉书》(其中八表和天文志等由其妹班昭和马续续成)。又著《白虎通义》,善作赋,有《两都赋》等。

【毛亨】 西汉学者,相传为古文诗学“毛诗学”的开创者,鲁(郡治今山东曲阜一带)人,一说河间(郡治今河北献县东南)人。据称其诗学传自子夏,曾作《毛诗故训传》。

【王充】(27—约 97)　东汉哲学家。字仲任。会稽上虞(今属浙江)人。出身"细族孤门"。少游洛阳太学,好博览而不守章句。历任郡功曹、治中等官,后罢职著述。持"元气自然论"观点,认为"天地合气,万物自生,犹夫妇合气,子自生矣";批判"天人感应"说与谶纬迷信,提出"夫天道,自然也,无为;如谴告人,是有为,非自然也";主张人性因禀气不同而有善恶,强调人性可以改变。著作有《论衡》。

【许慎】(约 58—约 147)　东汉文字学家。字叔重。汝南召陵(今河南郾城)人。曾任太尉南阁祭酒、洨长等职。博通经籍,著有《说文解字》十四卷并叙目为十五卷,集古今经学训诂之大成,创部首编排法,为后代研究文字及编辑字书的最重要的根据。又著有《五经异义》、《淮南子注》等。

【张衡】(78—139)　东汉科学家、文学家。字平子。南阳西鄂(今属河南)人。曾观太学,出任南阳太守主簿,后两度官太史令,迁侍中,出为河间相。精通天文历算,创制世界上最早利用水力转动的浑象仪(浑天仪)与测定地震的地动仪。天文学著作有《浑天仪图注》、《灵宪》,文学作品有《两京赋》、《四愁诗》、《同声歌》等。

【赵壹】　汉末辞赋家、书论家。字元叔。汉阳西县(今甘肃天水南)人。约活动于桓、灵年间(147—188)。灵帝时为上计吏入京。曾作《刺世疾邪赋》,抨击当时势族豪强垄断政权,以及官场中腐朽丑恶的状况。在书法上作《非草书》,对后世书法艺术颇有影响。

【张仲景】　汉末医学家。名机,以字行。南阳郡(治今河南南阳)人。学医于同郡张伯祖。曾官长沙太守,世称"张长沙"。钻研《内经》、《难经》等,广泛收集治疗伤寒方剂,著《伤寒杂病论》(后人整理成《伤寒论》、《金匮要略》两书)。

【刘熙】　东汉末训诂学家。一名熹,字成国,青州北海(今山东潍坊西南)人。曾师郑玄,汉献帝建安中避乱至交州。以语源学观点研究训诂,所著《释名》,为汉语训诂学的重要著作。

【诸葛亮】(181—234)　三国蜀汉政治家、军事家。字孔明,琅邪阳都(今山东沂南南)人。东汉末,隐居隆中,后成为刘备的主要谋士,刘备称帝后,任丞相,刘禅继位后,封武乡侯,领益州牧。励精图治,赏罚严明。谥封忠武侯。著作有《诸葛亮集》。

【杨泉】　魏晋之际哲学家。字德渊。梁国(治今河南南丘南)人。约与傅咸(239—294)同时。一生隐居著书。反对当时流行的清谈之风。从研究天文、地理、工艺、农业、医学等科学知识出发,提出"所以立天地者,水也,成天地者,气也"。认为"人含气而生,精尽而死",犹如薪尽火灭。著作有《物理论》十六卷,已佚。清孙星衍辑有《物理论》一卷。

【刘徽】　魏晋数学家。淄乡(今山东邹平)人。生于汉末,历魏入晋。曾官仪同。博览群书,尤耽于数学。又曾至洛阳从事天文观测。魏景元四年(公元263年)撰《九章算术注》十卷,其第十卷《重差》为自撰自注,后单行,名《海岛算经》,又撰《九章重差图》一卷,已佚。

【曹丕】(187—226)　即魏文帝。三国时魏国的建立者,文学家。字子桓,沛国谯县(今安徽亳州)人。曹操次子。操死,他袭位为魏王,不久代汉称帝。爱好文学,创作和理论上都有成就。所著《典论·论文》为中国文学批评史上的重要著作。有《魏文帝集》。

【王羲之】(约321—379,一作303—361)　东晋书法家。字逸少,琅邪临沂(今属山东)人。官至右军将军。工书法,尤擅正行。博采众长,字势雄强多变化,为历代学书者所宗,影响极大。书迹刊本甚多,行书保存在唐怀仁集书《圣教序》内最多。草书有《十七帖》等。

【刘勰】(约465—约532)　南朝梁文学批评家。字彦和。原籍东莞莒县(今属山东),世居京口(时称南东莞,今江苏镇江)。早年笃志好学,依沙门僧祐,精通佛教经论。梁武帝时,历任奉朝请、东宫通事舍人等。晚年出家为僧,改名慧地。南齐末年,写成《文心雕龙》五十篇,发展了前人的文学批评理论,是中国古代文学批评史上的杰作。

【萧统】(501—531)　南朝梁文学家。字施德。南兰陵(今江苏常州西北)人。梁武帝长子,曾立为太子,未即位而卒,谥昭明,世称昭明太子。编有《文选》,为我国现存最早的文章总集。

【谢赫】　南朝齐画家、评论家。生平事迹已不可考。工人物,尤擅肖像。画迹有《安期先生像》,著有《古画品录》,提出"六法"之说,为世所宗。

【钟嵘】(?—约518)　南朝梁文学批评家。字仲伟。颍川长社(今河南长葛东)人。齐时官至司徒行参军。入梁,历任中军临川王行参军与衡阳王、晋安王记室。曾撰《诗品》,品评自汉至梁一百多个诗人。

【贾思勰】　南北朝北魏农学家。齐郡益都(治今山东寿光南)人。曾任高阳郡(今河北境内)太守。具有广泛的农事知识。他以文献中搜集到的资料和访问老农及自己观察、试验的心得,写成《齐民要术》。认为"人生在勤"、"力能胜贫",又要顺应自然"上因天时,下尽地力,中用人力"。

【郦道元】(约470—527)　北魏地理学家、散文家。字善长,范阳涿县(今河北涿州市)人。曾官颍川太守、鲁阳太守、东荆州刺史、河南尹、刺史中尉等。好学博览,在各地"访渎搜渠",留心考察水道变迁和城邑兴废等地理现象,撰《水经注》,为中国历史上重要的地理巨著。

【陆法言】(562—?)　隋音韵学家。名词,一说名慈,以字行。临漳(今属河北)人。先祖为鲜卑人,姓步陆孤氏,后改为汉姓陆氏。官承奉郎。曾与颜之推、刘臻、萧该等讨论音韵，评议古今是非，南北通塞，编成《切韵》。

【颜之推】(531—约 590)　北齐文学家。字介。琅邪临沂(今属山东)人。仕梁，曾任散骑侍郎。仕齐，任黄门侍郎、平原太守等。入周，为御史上士。隋时召为学士。著有《颜氏家训》，以传统道德观念及古今事例，劝其子弟守道崇德，志学修业。另著有佛书《冤魂志》、《戒杀训》等。

【魏徵】(580—643)　唐初政治家。字玄成，巨(钜)鹿(今属河北)人，后移居相州内黄(今河南内黄西)。少孤贫，曾为道士。隋末曾参加瓦岗军，后入唐为太子洗马。唐太宗即位，擢为谏议大夫，前后陈谏二百余事，曾提出“兼听则明，偏信则暗”。后任秘书监，参预朝政，后一度任侍中，封郑国公。其言论见《贞观政要》。著作有《隋书》的序论和《梁书》、《陈书》、《北齐书》的总论，并主编《群书治要》。后人编有《魏郑公文集》。

【王通】(584—617)　隋哲学家。字仲淹，门人私谥曰文中子。绛州龙门(今山西河津)人。曾上太平策，不见用，退居河、汾之间，授徒自给。有弟子千余人，时称“河汾门下”。主张儒、佛、道三教合一，但其基本立足点则为儒学。著作有《中说》，亦称《文中子》。

【孙过庭】　唐书法家、书学理论家。字虔礼(一说名虔礼，字过庭)。河南陈留(今开封)人，一说浙江富阳人，自称吴郡(今江苏苏州)人。官率府录事参军、右卫胄参军等。工正、行，尤擅草书。撰有《书谱》。

【刘知幾】(661—721)　唐史学家。字子玄。彭城(今江苏徐州)人。永隆进士。曾任著作佐郎、左史等职，兼修国史。玄宗时官至左散骑常侍，后贬为安州都护府别驾。专攻史学，强调“史才须有三长”，即“才”、“学”、“识”，尤重“史识”，强调“疑古”、“惑经”的批判精神。所著《史通》，是中国第一部史学评论的专书，对历代史书及体例的评论尤详。

【吴兢】(669 或 670—749)　唐史学家。汴州浚仪(今河南开封)人。曾官右补阙、起居郎、水部郎中、卫尉少卿，兼修文馆学士，累迁太子左庶子。与刘知幾等撰《武后实录》，直书不讳。另撰有《贞观政要》。

【韩愈】(768—824)　唐文学家、哲学家。字退之。河南河阳(今河南孟州南)人。自谓郡望昌黎，世称韩昌黎。贞元进士。曾任监察御史、国子博士、刑部侍郎等职，因谏阻宪宗迎佛骨，贬为潮州刺史，后官至吏部侍郎。思想上尊儒排佛，强调儒家道统。文学上提倡散体文，与柳宗元同为古文运动的倡导者，列为“唐宋八大家”之首。著作编为《昌黎先生集》。

【张彦远】(约 815—?)　唐书画理论家。字爱宾。河东(今山西永济)人。工书，楷、隶俱善，撰《历代名画记》，并辑《法书要录》，收入东汉至唐元和时名家书法理论及法书著录等。

【荆浩】 五代后梁画家。字浩然，沁水（今属山西）人。隐居太行山洪谷，号洪谷子。擅画山水，亦工佛像。存世作品相传有《匡庐图》，著《笔法记》。

【郭熙】（1023—约 1085） 北宋画家。河南温县（今孟县）人。历官御画院艺学、翰林待诏。与李成齐名，人称“李郭”。工画山水，存世作品有《早春》、《关山春雪》等，有画论，其子郭思纂集为《林泉高致》。

【周敦颐】（1017—1073） 北宋哲学家。字茂叔。道州营道（今湖南道县）人。曾官大理寺丞、国子博士。因筑室庐山莲山峰下的小溪上，取营道故居濂溪以名之，后人遂称为濂溪先生。继承《易传》、《中庸》和道教思想，依托道士陈抟的《无极图》，提出一个简单而有系统的宇宙构成论。他提出的太极、理、气、性、命等，成为宋明理学的创始人之一。著作有《太极图说》、《通书》等，后人编有《周子全书》。

【张载】（1020—1077） 北宋哲学家。字子厚。凤翔郿县（今陕西眉县）横渠镇人，世称横渠先生。理学创始人之一。曾任著作佐郎、崇文院校书等职。青年时喜兵法，后求之于儒家“大经”。讲学关中，故其学派被称为“关学”。提出“太虚即气”的学说。提倡“民吾同胞，物吾与也”。其思想对宋明理学影响很大。著作有《正蒙》、《经学理窟》、《易说》等，编入《张子全书》中。

【程颢】（1032—1085） 北宋哲学家、教育家。字伯淳，学者称明道先生。洛阳（今属河南）人。嘉祐进士。曾任鄠县、上元县主簿。神宗时为太子中允监察御史里行。反对王安石新政。曾和弟程颐学于周敦颐，同为北宋理学的奠基者，世称“二程”。在洛阳讲学十余年。提出“天者理也”的命题。为学以“识仁”为主。他和弟颐的学说后被朱熹所继承和发展，世称程朱学派。著作有《定性书》、《识仁篇》等。后人所编《遗书》、《文集》、《经说》等，收入《二程全书》中。

【程颐】（1033—1107） 北宋哲学家、教育家。字正叔。学者称伊川先生。洛阳（今属河南）人。曾任秘书省校书郎，官至崇政殿说书。反对王安石新政，曾和兄程颢学于周敦颐，并同为北宋理学的奠基人，世称“二程”。讲学达三十余年。其学以“穷理”为主，并主张“涵养须用敬，进学在致知”的修养方法。他和兄颢的学说后被朱熹所继承和发展，世称程朱学派。著作有《易传》、《颜子所好何学论》等。后人所编《遗书》、《文集》、《经说》等，收入《二程全书》中。

【朱熹】（1130—1200） 南宋哲学家、教育家。字元晦，别称紫阳。徽州婺源（今属江西）人。侨寓建阳（今属福建）。曾任秘阁修撰等职。曾师事李侗，为二程四传弟子。博极群书，广注典籍，对经学、史学、文学、乐律以至自然科学有不同程度研究。发展了二程关于理气关系的学说，集理学之大成，建立了一个完整的客观唯心主义的理学体系，世称程朱学派。著作有《四书章句集注》、《周易本义》、《诗集传》、《楚辞集注》以及后人编纂的《朱文公文集》、《朱子语类》等。

【陆九渊】（1139—1193）　南宋哲学家、教育家。字子静，自号存斋。抚州金溪（今属江西）人。曾结茅讲学于象山（在今江西贵溪西南），学者称象山先生。乾道进士。曾任靖安县、崇安县主簿，国子正，后官至奉议郎知荆门军。其学与兄九韶、九龄并称"三陆子之学"，为"心学"创始人。提出"心即理"说，认为"宇宙便是吾心，吾心即是宇宙"。他的学说后由明王阳明继承发展，形成陆王学派。著作经后人编为《象山先生全集》。

【马端临】（1254？—1323）　宋元之际历史学家。字贵与，乐平（今属江西）人。以荫补承事郎，宋亡拒召不仕，任慈湖、柯山两书院院长、费二十余年之力，著《文献通考》。

【王守仁】（1472—1529）　明哲学家、教育家。字伯安。余姚（今属浙江）人。尝筑室故乡阳明洞中，世称阳明先生。早年因反对宦官刘瑾，曾被贬为贵州龙场(修文县治)驿丞，后官至南京兵部尚书。卒谥文成。发展了陆九渊的心学，用以对抗程朱学派。又提出"致良知"的学说。主张"知行合一"和"知行并进"。在明代中期以后，他的学说影响很大，还流行到日本。著作由门人辑成《王文成公全书》三十八卷，其中最重要的是《传习录》和《大学问》。

【董其昌】（1555—1637）　明书画家。字玄宰，号思白、香光居士，华亭（今上海松江）人。官南京礼部尚书，书法上，为明末四大书家之一。擅画山水，又将古代山水画家分为南北宗，并推崇南宗。撰有《画禅室随笔》、《画旨》、《画眼》等。

【黄宗羲】（1610—1695）　明清之际思想家、史学家。字太冲，号南雷，学者称梨洲先生。浙江余姚人。问学于刘宗周，领导"复社"成员坚持反宦官权贵的斗争，几遭残杀。清兵南下，他招募义兵，成立"世忠营"，武装抵抗，被鲁王任为左副都御史，明亡后隐居著述，屡拒清廷征召。对经史百家及天文、算术、乐律、释道之书，均有研究，著《明儒学案》，开浙东史学研究的风气。著作还有《宋元学案》、《南雷文案》等。

【方以智】（1611—1671）　明清之际思想家、科学家。字密之，号曼公。桐城（今属安徽）人。少年时代参加"复社"，崇祯进士，任翰林院检讨。清兵下广东，出家为僧，改名大智，字无可，别号弘智、药地、浮山愚者等。通晓中国传统自然科学和当时刚传入的西方近代科学。对天文、地理、历史、物理、生物、医学、文学等都有研究，主张"寓通幾（哲学）于质测（实验科学）"。著作有《通雅》、《物理小识》、《东西均》、《药地炮庄》、《浮山集》等。

【顾炎武】(1613—1682) 明清之际思想家、学者。初名绛,字宁人,曾自署蒋山佣。江苏昆山人。学者称亭林先生。少年时参加"复社",以反对宦官权贵。清兵南下,参加昆山、嘉定一带的抗清起义,失败后,遍游华北,纠合同道,不忘复兴。学问很博,于国家典制、郡邑掌故、天文仪象、河漕、兵农及经史百家、音韵训诂之学,都有研究。晚年治经侧重考据,开清代朴学风气。著作有《日知录》、《天下郡国利病书》、《肇域志》、《音学五书》、《韵补正》、《亭林诗文集》等。

【朱柏庐】(1617—1688) 明清之际学者。昆山(今属江苏)人。名用纯,字致一,自号柏庐。明生员。清康熙时坚辞不应博学鸿词科。专治程朱理学。曾作《治家格言》,世称《朱子家训》。另有《大学中庸讲义》、《愧讷集》。

【王夫之】(1619—1692) 明清之际思想家。字而农,号薑斋,学者称船山先生。衡阳(今属湖南)人。明亡,曾在衡阳举兵阻击清军南下,后隐伏深山,勤恳著书,学术成就很大,对天文、历法、数学、地理学都有研究,尤精于经学、史学、文学,主要贡献是在哲学上总结和发展了中国传统的朴素唯物主义和辩证法。著作后人编为《船山遗书》。

【石涛】(约 1642—约 1718) 明清之际画家。姓朱,名若极,字石涛。为明宗室后裔,明亡后隐蔽为僧,法名元济,又自称苦瓜和尚、大涤子等。后还俗以卖画为生。所画山水、兰竹、花果,人物,讲求独创,对扬州画派影响很大。有《苦瓜和尚画语录》等。

【戴震】(1724—1777) 清思想家。字东原。安徽休宁人。以塾师为生。乾隆间修《四库全书》,特召为纂修官,后赐同进士出身,授翰林院庶吉士。为一代考据大师。尤精名物训诂,从训诂探讨古书义理。著作有《原善》、《原象》、《孟子字义疏证》、《声韵考》、《声类表》、《方言疏证》等。后人编有《戴氏遗书》。

【章学诚】(1738—1801) 清史学家、思想家。字实斋,号少岩。会稽(今浙江绍兴)人。乾隆进士。官国子监典籍。主讲定州定武、保定莲池、归德文正等书院。后入湖广总督毕沅幕府,赞助编纂《续资治通鉴》等。一生专心于史学,致力于讲学、著述和编修方志。所著《文史通义》为史学理论名著。著作编为《章氏遗书》。

篇目笔画索引

说　明

一、篇目按第一字笔画先后，笔画数相同的按起笔笔形一丨丿、乛顺序排列。第一字相同的篇目，按第二字的笔画和起笔笔形排列。以下类推。

二、一、丨、丿、丶、乛以外的笔形作如下处理：提(㇀)归入横(一)，捺(㇏)归入点(丶)，笔形带钩或曲折的(如𠃍𠃊㇜乙㇈乚)等都归入折(乛)。

三、篇目后面的数字，表示该篇目在本辞典中的页码。

八画

〔一〕

〔丨〕

〔丿〕

〔丶〕

〔乛〕

九画

〔一〕

〔丨〕

〔丿〕

〔丶〕

〔乛〕

十画

〔一〕

图书在版编目(CIP)数据

国学名篇鉴赏辞典/上海辞书出版社编. —新一版. —上海：上海辞书出版社，2014.7(2022.6重印)
ISBN 978-7-5326-4167-3

Ⅰ.①国… Ⅱ.①上… Ⅲ.①国学-著作-鉴赏-中国-词典 Ⅳ.①Z126.27-61

中国版本图书馆CIP数据核字(2014)第098157号

GUOXUE MINGPIAN JIANSHANG CIDIAN (XINYIBAN)

国学名篇鉴赏辞典(新一版)

上海辞书出版社 编

责任编辑 张良一 朱可宁 廖健华
封面设计 姜 明

出版发行 上海世纪出版集团
上海辞书出版社(www.cishu.com.cn)
地　　址 上海市闵行区号景路159弄B座(邮政编码：201101)
印　　刷 安徽新华印刷股份有限公司
开　　本 890×1240毫米 1/32
印　　张 32.25 插页4
字　　数 1 088 000
版　　次 2014年7月第1版 2022年6月第6次印刷
书　　号 ISBN 978-7-5326-4167-3/B·259
定　　价 95.00元